2011 年世界发展指标

世界银行 著

中国财政经济出版社
为世界银行出版

图书在版编目（CIP）数据

2011 年世界发展指标/世界银行著；王辉等译. —北京：中国财政经济出版社，2011.9
书名原文：World Development Indicators 2011
ISBN 978-7-5095-3110-5

Ⅰ.①2… Ⅱ.①世… ②王… Ⅲ.①世界经济-经济发展-综合指标-国际复兴开发银行-2011 Ⅳ.①F112

中国版本图书馆 CIP 数据核字(2011)第 186081 号

中国财政经济出版社出版
URL：http://www.cfeph.cn
E-mail：cfeph@cfeph.cn
（版权所有　翻印必究）
社址：北京市海淀区阜成路甲 28 号　邮政编码：100142
发行处电话：88190406　财经书店电话：64033436
北京中兴印刷有限公司印刷　各地新华书店经销
889×1194 毫米　16 开　27.5 印张　1 400 000 字
2011 年 9 月第 1 版　2011 年 9 月北京第 1 次印刷
定价：98.00 元
ISBN 978-7-5095-3110-5/F·2633
图字：01-2011-5696
（图书出现印装问题，本社负责调换）

前 言

《2011 年世界发展指标》该系列丛书已连续出版 15 年，本书旨在向读者提供有关全球发展和人们生活水平的并具有国际可比性的高质量统计数据。与本书一起面世的还有在线数据库 http://data. worldbank. org、《世界发展数据小手册》系列以及 DataFinder（一种在移动设备上进行数据索引和图表制作的应用软件）。

15 年前，我们对《世界发展指标》作了全面修订，并重新进行了设计，不但使数据能够更全面地反映全球发展状况，而且更加便于政策制定者、发展专家、学生和公众使用。尽管存在一些小的变化，但是该版本经得起时间的检验，而且新版的章节安排与旧版的并无二致：世界概览、人口、环境、经济、政府与市场、全球联系。

技术创新和计算机互联网的兴起正在逐步改变世界发展指标数据库用户获取和使用数据的方式。去年更是发生了一场大变革：2010 年 4 月数据库免费共享，在线数据资源的使用量立刻大幅度增长。但是，数据使用方式的变革也许更为重要。软件开发商目前都可以免费使用其开发的应用软件中的数据——而且他们也这样做了。我们欢迎并鼓励人们积极使用世界银行数据库，以解决全球面临的紧迫的发展难题。

这一版《世界发展指标》主要关注免费开放数据、改进网上搜索工具所产生的影响。为了帮助那些以新的方式进行数据使用和再使用的用户，每章的简介部分都先给出了图、表所反映的经济现象和社会现象的测量方法，并介绍了新的数据资源。

许多非常优秀的合作机构向《世界发展指标》提供了其数据，在此，我们谨向这些合作者表示感谢：联合国、国际货币基金、世界贸易组织、经济合作与发展组织、200 多个国家和地区的统计机构以及其他许多为这一数据库作出贡献的机构。我们一如既往地期待您的意见和建议，以使《世界发展指标》中的数据更加实用，更加有助于提高全世界人民的生活水平。

Shaida Badiee
发展数据局局长

致　谢

本书是在 Neil Fantom 的管理下由 Soong Sup Lee 领导的小组编撰，小组成员有 Awatif Abuzeid、Mehdi Akhlaghi、Azita Amjadi、Uranbileg Batjargal、Maja Bresslauer、David Cieslikowski、Mahyar Eshragh－Tabary、Shota Hatakeyama、Masako Hiraga、Bala Bhaskar Naidu Kalimili、Buyant Khaltarkhuu、Elysee Kiti、Alison Kwong、Ibrahim Levent、Johan Mistiaen、Sulekha Patel、William Prince、Premi Rathan Raj、Evis Rucaj、Eric Swanson、Jomo Tariku 和 Estela Zamora。小组与世界银行发展经济学副行长办公室发展数据组的其他小组开展了密切合作。《世界发展指标》的电子产品由 Reza Farivari 领导的小组制作，小组成员有 Ramvel Chandrasekaran、Ying Chi、Jean－Pierre Djomalieu、Ramgopal Erabelly、Shelley Fu、Gytis Kanchas、Ugendran Makhachkala、Vilas Mandlekar、Nacer Megherbi、Parastoo Oloumi、Malarvizhi Veerappan 和 Vera Wen。本项工作是在 Shaida Badiee 的领导下进行的。Shahrokh Fardoust 提出了宝贵的建议。

本书指标的选择和正文内容是通过与世界银行的四个主题网络——可持续发展、人类发展、减贫与经济管理和金融与私营部门发展——以及国际金融公司和多边投资担保机构的工作人员密切磋商而形成的，并得到了这些人员的大力帮助。更为重要的是，我们还得到了外部合作者的大量帮助、指导和提供的数据。向为本书内容作出贡献的个人的致谢，见“作出贡献的其他人员”一节；本书主要合作者名单见“合作者”一节。

由 Meta de Coquereaumont、Bruce Ross－Larson 和 Christopher Troot 领导的通信发展公司为本书的总体设计提供了指导，并负责封面设计。Deborah Arroyo 和 Elaine Wilson 负责本书的排版，Katrina Van Duyn 对本书进行了校对，Azita Amjadi 和 Alison Kwong 负责协助印制。出版社对外事务部门的工作人员负责监督本书的印制与发行。

目　录

前缀

1　世界概览

2　人口

3 环境

4 经济

5 政府与市场

6 全球联系

后缀

合 作 者

本书所定义、收集并公布的国际统计数据是许多人士和组织集体努力的结果。《世界发展指标》提供的各种指标数据是各个不同层次的工作人员几十年工作的结晶，他们包括在世界各地实际从事于普查和家庭调查的现场工作人员，以及各种委员会及各国和国际统计机构的工作人员。这些委员会和统计机构确定的术语、分类方法和标准，为国际统计体系奠定了基础。非政府组织和私人部门也在收集基本数据、组织和出版其成果方面作出了重要贡献。另外，学术研究人员也在建立统计方法方面发挥了重要作用，并就统计指标的质量和解释开展了持续对话。所有这些人员都拥有一个强烈的信念，那就是获得精确的数据有利于提高公共和私人决策的质量。

通过与以下机构共享它们的数据和专业知识，这本《世界发展指标》才有可能出版。更为重要的是，这些机构提供的合作为世界银行致力于发展的努力作出了贡献，同时也对其他旨在提高人类生活质量的努力作出了贡献。我们要对那些努力帮助我们建立了有关这个世界及其人民的综合的、丰富翔实的信息基础的人们表示谢意。

为方便大家查询，我们在此列出了有关组织所拥有的网址。这些网址在2011年3月1日时仍有效。这里也提供了有关世界银行的信息。

国际和政府机构

二氧化碳信息分析中心

二氧化碳信息分析中心（CDIAC）是美国能源部主要的全球气候变化数据与信息分析中心。CDIAC的研究范围包括对关注温室效应和全球气候变化的人可能有价值的任何事物，包括二氧化碳浓度和大气中其他放射性活跃气体；地球生物圈与海洋在温室气体生物地球化学循环中的作用；大气中的二氧化碳排放情况；长期气候变化趋势；二氧化碳浓度上升对植物生长的影响；以及沿海地区对海平面上升的承受能力。

欲了解更多信息，见 http：//cdiac. esd. ornl. gov/。

德国技术合作公司

德国技术合作公司（GTZ）是一家德国政府拥有的在全世界范围开展国际合作业务的公司。GTZ的宗旨是在伙伴国家中积极推动政治学、经济学、生态学和社会发展，从而改善人们的生活条件和前景。

欲了解更多信息，见 www. gtz. de/。

联合国粮食及农业组织

联合国粮食与农业组织（FAO）是联合国的一个专门机构，成立于1945年10月。其宗旨是提高营养和生活水准，提高农业生产率，改善农村人口的生存条件。该组织负责提供直接的发展援助；收集、分析并传播各种信息；为各国政府提供政策和计划咨询；为与粮食及农业问题有关的争议提供国际论坛。

欲了解更多信息，见 www. fao. org。

国内流离失所监测中心

国内流离失所监测中心由挪威难民理事会于1998年建立，是一个检测世界范围内由于冲突导致国内流离失所的主要国际组织。该中心主要致力于提高国内和国际上保护和援助全球数百万由于冲突或者人权侵害而背井离乡的难民的能力。

欲了解更多信息，见 www. internal – displacement. org/。

国际民用航空组织

国际民用航空组织（ICAO）是联合国的一个专门机构。主要负责建立与国际民用航空业务有关的技术、经济和法律等方面的国际标准，并就其实际操作和程序提供建议。ICAO的战略目标包括加强全球航空的安全保障，提高航空业务的效率，使全球民航活动对环境的负面影响降到最小，保持航空业务的持续性，加强对国际民用航空的法制管理。

欲了解更多信息，见 www. icao. int/。

国际能源署

国际能源署（IEA）成立于1973—1974年间，其使命在于在保护环境的同时，促进国际能源署成员国之间的合作，以提高能源使用效率，推动清洁能源和清洁技术的使用，使能源资源多样化。国际能源署定期发布年度和季度统计出版物，内容涵盖OECD成员国和非OECD成员国有关石油、天然气、煤炭、电力、可再生能源、能源供应和消耗以及能源价格和税收的统计资料。同时，国际能源署还致力于全球可持续发展各方面的研究，并提出政策建议。

欲了解更多信息，见 www. iea. org/。

国际劳工组织

国际劳工组织（ILO）是联合国的一个专门机构。该组织谋求促进社会公正及国际公认的人权和劳工权利。国际劳工组织帮助推动创建体面的就业机会、提高各种经济和工作条件，使工作的人们和商业人士拥有一个永久和平、繁荣和进步的环境。作为其使命的一部分，国际劳工组织

合　作　者

拥有一个内容广泛的统计出版计划。

欲了解更多信息，见 www. ilo. org/。

国际货币基金组织

国际货币基金组织（IMF）是由 187 个成员国组成的国际机构。它的建立在于促进国际货币合作、汇率体系的稳定、国际贸易的平稳扩展以及促进经济增长、提高就业率。IMF 审议各国、各地区以及全球经济和金融发展状况，为其成员国提供政策建议。同时，IMF 还是讨论这些政策对各国、各地区以及全球影响的场所。

IMF 还为各成员国提供临时性资金，以帮助其解决国际收支问题。IMF 的核心任务之一就是收集和发布宏观经济与金融统计信息，这些信息是制定适当政策所必不可少的先决条件。IMF 在其核心专业领域为其成员国提供技术援助和培训，包括依照国际标准的经济和金融发展方面的数据。

欲了解更多信息，见 www. imf. org/。

国际电信联盟

国际电信联盟（ITU）是联合国负责信息和通讯技术的一个专门机构。ITU 的使命不仅是确保电信和信息网络的增长和持续发展，而且还要为全球准入提供便利，进而任何地方的人都可以参与这一新兴信息社会和全球经济并从中受益。在构建所谓的数字鸿沟中关键的问题就是加强信息通讯基础设施建设和适当的能力建设，通过提高网络安全增强人们使用电脑空间的信心。针对疾病的预防和消除，国际电信联盟还关注加强应急通讯。

欲了解更多信息，见 www. itu. int/。

国家自然科学基金会

国家自然科学基金会（NSF）是独立于美国政府的一个机构，其使命就是推动科学技术进步，提高国民的健康、繁荣和福利以及保卫国家安全。NSF 的目标——探索、学习、基础研究和管理——为推动前沿知识提供一个整体战略，培养世界级、范围宽泛的科学工程人员，提高所有公民的科学知识普及率，通过对先进工具和设备的投资，增强国家的研究能力，通过有能力并负责任的机构，支持强化科技、工程研究和教育。

欲了解更多信息，见 www. nsf. gov/。

经济合作与发展组织

经济合作与发展组织（OECD）包括34个成员国，其共同的信念就是建立民主政府和市场经济，以推动经济的可持续增长、增加就业、提高生活水平、维持金融稳定、帮助其他国家的经济发展，并且为世界贸易的增长作出贡献。该组织与其他100多个国家积极合作，并试图延伸到全球任何角落。其最为著名的出版物和统计项目内容涵盖来自贸易宏观经济学、教育、发展以及科研与创新等领域的经济与社会问题。

发展援助委员会（DAC，www. oecdOrg/dac）是OECD最主要的机构，OECD通过该机构来处理与发展中国家合作的相关问题。DAC也是主要双边捐赠者的一个重要论坛，捐赠者在此共同工作，以提高它们为支持可持续发展所作出的共同努力的效率。DAC关注于两个重要的领域：国际发展对发展中国家参与全球经济的能力的贡献，以及人们战胜贫困，充分参与到其社会中的能力。

欲了解更多信息，见 www. new. oecd. org/。

斯德哥尔摩国际和平研究所

斯德哥尔摩国际和平研究所（SIPRI）从事有关冲突以及国际和平与安全方面的合作重要性等问题的研究，旨在帮助人们了解和平解决国际冲突和实现稳定的和平所需具备的条件。SIPRI的主要出版物《SIPRI年鉴》是有关武装力量和武力控制以及其他冲突与安全问题的权威的、独立的信息来源。

欲了解更多信息，见 www. sipri. org/。

理解儿童工作项目规划小组

作为制定长期、有效的童工解决方案的广泛尝试的一部分，国际劳工组织、联合国儿童基金会和世界银行于2000年12月共同组建了“理解儿童工作及其影响”机构联合研究项目规划小组。理解儿童工作项目规划小组（UCW）一直位于意大利佛罗伦萨的联合国儿童基金会的Innocenti研究中心，直到2004年6月，UCW才搬到罗马的经济增长国际研究中心。

UCW致力于满足人们对数量更多、质量更好的童工数据的需求。UCW的在线数据库包括各国提供的有关劳工和儿童状况的数据。

欲了解更多信息，见 www. ucw – project. org/。

联合国

联合国（UN）目前已拥有192个成员国。如其宪章所指出的，联合国的宗旨是维护世界和平与安全；发展国与国之间的友好关系；在解决国际经济、社会、文化与人道主义问题以及促进尊重人权与基本自由方面进行合作；以及成为一个协调中心，以协调各国为实现这些目标而采取的行动。

欲了解更多信息，见 www. un. org/。

合　作　者

联合国人类居住中心，全球城市观测计划

联合国人类居住中心城市指标计划是为解决全球对提高关于城市的知识的迫切需求而设立的，旨在帮助各国和城市在城市一级设计、收集和使用以政策为导向的与城市发展有关的指标。

根据城市指标和最佳惯例方案，全球城市观测计划正在建立一个全球信息、评估和能力培养网络，以帮助各级政府、地方当局、私营部门、非政府组织和其他市民社会组织。

欲了解更多信息，见 www. unhabitat. org/。

联合国儿童基金会

联合国儿童基金会（UNICEF）为改善 190 多个发展中国家儿童的生活，通过各种教育和医疗卫生项目与其他联合国机构及政府和非政府组织一起努力。UNICEF 主要关注以下 5 个领域：儿童的生存与发展、基础教育与性别平等（包括女性教育）、儿童保护、艾滋病以及政策倡导和伙伴关系。

欲了解更多信息，见 www. unicef. org。

联合国贸易与发展会议

联合国贸易与发展会议（UNCTAD）是联合国大会在贸易和发展领域的主要机构。其使命就是加速经济增长和发展，尤其是发展中国家的经济增长和发展。该组织通过政策分析，政府间磋商、建立共识以及谈判，监控、执行与跟踪调查以及技术合作等途径履行其使命。

欲了解更多信息，见 www. unctad. org/。

联合国维持和平行动部

联合国维持和平行动部主要致力于联合国的一项最重要的功能——维护国际和平和安全。联合国维持和平行动部帮助受冲突之患的国家创造实现持久和平的条件。第一个维持和平特派团成立于 1948 年，为了应对各种不同的冲突和不断变化的政治格局，联合国维持和平行动部也经历了变革。今天的维持和平人员担负着多种多样的复杂任务，从协助建立可持续的施政机构，到人权监督、安保部门改革、前战斗员解除武装、复员和重返社会，不一而足。

欲了解更多信息，见 www. un. org/en/peacekeeping/。

联合国教育、科学及文化组织，统计研究所（UIS）

联合国教育、科学及文化组织（UNESCO）是联合国的一个专门机构，以促进成员国和准成员国之间在教育、科学、文化和交流方面的国际合作。UNESCO 的统计研究所是该机构的统计部门，成立于 1999 年 7 月，目的是为了满足 UNESCO 的成员国和国际社会日益增长的对在这些方面的更为广泛的相关政策、及时和可靠的统计信息的需求。

欲了解更多信息，见 www. uis. unesco. org/。

联合国环境规划署

联合国环境规划署（UNEP）的使命是为全球环境保护提供领导，促进伙伴关系的建立，激励各国政府及其人民，向他们提供信息，提高其能力，以改善他们的生活质量，而不危及后代人的利益。

欲了解更多信息，见 www. unep. org/。

联合国工业发展组织

联合国工业发展组织（UNIDO）是为了充当工业活动的核心协调机构，促进工业发展以及全球、地区、国家和部门各层次上的合作而建立的。其使命在于帮助公共部门、合作团体和私营部门制订科技计划和工业化方案。

欲了解更多信息，见 www. unido. org/。

联合国药物管制与预防犯罪办事厅

联合国药物管制与预防犯罪办事厅创建于 1977 年，是全球打击非法药物和国际犯罪的领导者。该办事厅不仅通过帮助成员国增强自身能力，协助其打击非法药物、犯罪和恐怖主义；还从事研究分析工作，帮助签订和执行相关国际协议，帮助各国在药物、犯罪和恐怖主义方面立法。

欲了解更多信息，见 www. unodc. org/。

联合国难民署

联合国难民署（UNHCR）的使命是领导和协调国际行动以保护难民，解决世界范围内的难民问题。其主要目的就是保护难民的权利和福利。UNHCR 还收集和发布有关难民的统计信息。

欲了解更多信息，见 www. unhcr. org/。

乌普萨拉大学冲突数据库

乌普萨拉大学冲突数据库收集自 1946 年以来有关武装冲突的信息，它是有关全球武装冲突最准确、最实用的数据资料来源。其对武装冲突的定义已经成为系统定义和研究冲突的标准。此外，该机构还收集了有关武装冲突的数据，其研究人员基于理论和经验对武装冲突的原因、升级、扩散、预防以及解决进行分析。

欲了解更多信息，见 www. pcr. uu. se/research/UCDP/。

合 作 者

世界银行集团

世界银行集团是为发展中国家提供资金和技术援助的重要来源。世界银行集团拥有 187 个成员国，由两个特定的机构组成——国际复兴开发银行和国际开发协会。这两个机构在推动具有包容性的、可持续发展的全球化方面发挥着不同却又相互协调的作用。国际复兴开发银行关注中等收入国家和贫困国家，国际开发协会则关注最贫困国家。它们共同为发展中国家提供低息贷款、无息贷款和赠款，用于各种用途，包括对教育、卫生、公共管理、基础设施、金融和私营部门的发展、农业以及环境和自然资源管理的投资。世界银行集团的工作重点是通过与合作伙伴的共同努力，消除贫困，最终实现千年发展目标。

欲了解更多信息，见 www. worldbank. org/data/。

世界卫生组织

作为联合国的专门机构，世界卫生组织（WHO）的目标是使所有人都能获得最大可能的健康水平。WHO 负责对全球卫生事项提供引导、制定卫生研究议程、制定规范和标准、阐明以证据为基础的政策方案、为各国提供技术支持、检测并评估健康趋势。

欲了解更多信息，见 www. who. int/。

世界知识产权组织

世界知识产权组织（WIPO）是联合国的一个专门机构，致力于创建一个平稳可行的国际知识产权体系，该体系在保护公众利益的同时，通过奖励发明，激励创新，来推动经济的发展。WIPO 还执行一些与知识产权保护相关的大量不同的任务，其中，包括制定国际知识产权法；提供全球国际知识产权保护服务；鼓励在经济发展中运用国际知识产权；促进对国际知识产权的更好理解；为争端提供一个平台。

欲了解更多信息，见 www. wipo. int/。

世界旅游组织

世界旅游组织是受联合国之托负责促进和发展旅游业的政府间组织。它是旅游政策问题和旅游知识资源的一个国际论坛。

欲了解更多信息，见 www. unwto. org/。

世界贸易组织

世界贸易组织（WTO）是处理国家间全球贸易规则的唯一的国际组织。其主要职能是确保贸易流量尽可能地平稳、可预测和自由。为达到此目的，它对各种贸易协定进行管理，为各种贸易谈判提供讲坛，寻求解决贸易争端的途径，监控各国贸易政策，并通过技术援助和培训计划，为发展中国家解决贸易政策中的问题提供援助，以及与其他国际机构开展合作。众所周知的多边贸易体制是 WTO 协定的核心体系，它由世界上大多数参与贸易的国家参加谈判并签署，并得到各国议会的批准。

欲了解更多信息，见 www. wto. org/。

私人组织与非政府组织

国际集装箱化组织

《国际集装箱化年鉴》是集装箱产业最为权威的参考书之一。该年鉴的信息可在国际集装箱化组织的网站上获取，该网址还提供有关集装箱产业全面的每日商务在线新闻以及信息服务。

欲了解更多信息，见 www. ci – online. co. uk/。

DHL

DHL 为顾客提供 220 多个国家和地区间的物流和传统的运输解决方案。该公司在快递、空运与海运、陆运、合同物流解决方案及国际邮递等领域提供专业性服务。

欲了解更多信息，见 www. dhl. com/。

国际战略研究所

国际战略研究所（IISS）就战略性趋势提供信息与分析，为政府领导人、商业人士和分析家间的交往提供便利，这些有可能使得在国际安全和国际关系方面制定出更好的公共政策。IISS 是关于国际战略问题准确、客观的信息的主要来源。

欲了解更多信息，见 www. iiss. org/。

国际道路联合会

国际道路联合会（IRF）是一个非政府、非营利性组织。其任务是鼓励和促进更好、更安全和更具可持性的道路以及道路网络的发展与维护。IRF 与其成员和合作者一起努力，以便从规划良好并且有利于环境的交通网络中获取社会效益和经济效益。同时，它帮助实施技术解决方案和管理，以从国家道路投资中获得最大的经济和社会收益。IRF 与政府、金融机构、成员和道路专业团体一道致力于世界范围内的道路政策和发展的所有方面。

欲了解更多信息，见 www. irfnet. org/。

合　作　者

网络行会

网络行会（Netcraft）提供网络完全服务，例如，反欺诈和反网略钓鱼服务；应用测试；编码审查；自动渗透测试。同时，它还提供有关互联网诸多方面的研究数据和分析。它是一个在网络服务商、操作系统、托管服务提供商、互联网服务提供商、加密转换、电子商务、书写语言以及互联网内容技术领域市场所占份额可观的权威机构。

欲了解更多信息，见 www. netcraft. com/。

普华永道会计师事务所

普华永道会计师事务所（PricewaterhouseCoopers）主要提供行业所关注的保险、税收、人力资源、交易、业绩改善以及危机管理服务，以帮助顾客和股东解决问题。

欲了解更多信息，见 www. pwc. com/。

标准普尔

标准普尔是世界上最主要的独立信用评级、数据指数、风险评估、投资研究以及相关数据的提供方。标准普尔《全球股票市场概况》中的数据主要来自标准普尔的新兴市场数据库（EM-DB）以及其他资料来源，其中涵盖了 82 个国家 100 个市场全方位的数据。标准普尔利用每个新兴市场数据库中的样本股票计算出相关指数，以作为跨境不变的基准。

欲了解更多信息，见 www. standardandpoors. com/。

世界保护监测中心

世界保护监测中心（WCMC）负责提供有关全世界生物资源保护和可持续利用方面的情况，帮助其他机构建立它们各自的信息系统。它与其他许多组织和个人密切合作，以增进人类对世界生物资源进行明智管理所需的信息的了解。

欲了解更多信息，见 www. unep – wcmc. org/。

世界经济论坛

世界经济论坛是一个独立的国际组织，致力于通过合作伙伴领导人的参与，改善世界形势，制定全球、地区及行业议程。世界经济论坛的经济研究成果——全球竞争力计划——主要关注鉴别阻碍经济增长的因素，以便制定实现经济可持续发展、减少贫困并增强经济活力的战略。世界经济论坛的竞争力报告涵盖的范围从全球层面，例如，《全球竞争力报告》，到地区和主题层面，例如，《非洲竞争力报告》、《里斯本评论》和《全球信息技术报告》。

欲了解更多信息，见 www. weforum. org/。

世界资源研究所

世界资源研究所是一家就全球环境与发展问题进行政策研究和技术援助的独立机构。该研究所提供（并帮助其他机构提供）有利于强化环境、实现社会公平发展的政策方面和机构变革的客观信息和实践建议。该研究所目前的工作领域包括贸易、森林、能源、经济、技术、生物多样性、人类健康、气候变化、可持续的农业、资源和环境信息以及国家环境和资源管理战略。

欲了解更多信息，见 www. wri. org/。

使用指南

表格

表格按部分编号并给出了各部分的编码。国家和经济体则按字母顺序排列（中国香港例外，它排在中国之后）。表格中的数据展示了人口在100万以上的155个经济体的情况，个别表格中还列出了中国台湾的数据。表1.6列出的是另外58个经济体的部分指标，它们包括人口在3万到100万之间的小型经济体以及更小型经济体，如果它们是国际复兴开发银行（或者人们通常说的世界银行）的成员。《世界发展指标》的CD-ROM和"《世界发展指标》在线"给出了这些经济体的完整指标数据。

国家这个术语与经济体是通用的，它并不意味着政治上的独立，而是指其当局单独呈报了社会或经济统计数据的任何地区。如果可能的话，表末还列出了所属收入和地区组别的合计数值。

统计指标反映的是最近一年或者最近一个时期可获得的数据，在大多数表格中还提供了前一年或前一时期的数据（本书中通常是1990年或者1995年）。《世界发展指标》的CD-ROM和"《世界发展指标》在线"还给出了所有213个经济体的时间序列数据。

对已知的与标准定义的偏离或跨时间、跨国家可比性的中断，均在表后以脚注做了说明，或者在"关于数据的说明"中加以解释。如果有些现有数据被认为不足以提供可靠的水平估计值，或者有可能或不完全符合国际标准，这些数据就没有在表中给出。

各收入组别的合计数值

各收入组别的合计数值包括了213个经济体（即主表中列出的经济体加上表1.6中的经济体），而无论其数据是否可以获得。为保持各时期之间与不同表格之间合计数值的一致性，缺失的数据尽可能作了推算。这些合计数为总数（如果该合计数包括为缺失数据而填补的估计数，则以"t"表示；如果是简单加总数，则以"s"表示），平均值（m）、加权平均值（w）或者简单（未加权的）平均值（u）。没有将填补缺失的数据划归到具体国家可能会导致分组别合计值与总数不符。对合计数值计算方法的进一步讨论见"统计方法"。

各地区的合计数值

各地区的合计数值仅包括低收入经济体和中等收入经济体，并且这些数值包括表1.6中列出的人口不足100万的经济体。

各地区的国家构成基于世界银行为进行分析而做的地区划分，可能与通用的地理划分法不同。地区划分，见封三的地图和封底勒口的国家列表。有关合计方法进一步的讨论见"统计方法"。

统计数据

数据显示的是2009年各经济体的情况，历史数据经过修订以便反映当前的政治安排。所有表格都对例外的情况作了说明。

"基本数据文献"一节提供了关于数据的额外信息。该节概括了各国和国际机构为改进基本数据收集工作所做的努力，并提供了关于基本来源、人口普查年份、财政年度、统计方法和使用的概念以及其他背景信息。"统计方法"一节则提供了本书使用的一些基本计算方法和公式等技术性信息。

数据的连续性、可靠性和可比性

尽管我们尽了最大的努力以使数据标准化，但不能确保它们具有充分的可比性，因而在对指标进行解释时应谨慎。许多因素影响着数据的可获得性、可比性和可靠性：许多发展中国家的统计系统还较薄弱；统计方法、口径、实际操作和定义差别较大；跨国和跨时期的比较涉及复杂的技术和概念上的问题，这些问题尚得不到明确的解决。由于一些特殊的情况（如武装冲突）影响到数据的收集与公布，使得数据覆盖面可能不完整。

由于这些原因，尽管数据具有最权威的来源，但它们只能作为主要用来反映各经济体之间的差别的趋势性指标和特征性指标，而并不能为这些差距提供精确的量化测算值。不同年份的《世界发展指标》所提供的数据之间的差异反映了各国对数据的更新以及对历史数据的修订，或者统计方法的改变。因此，读者应避免对不同年份的《世界发展指标》或不同的世界银行出版物中的数据进行比较。1960—2009年间连贯的时序数据可以从《世界发展指标》CD-ROM和"《世界发展指标》在线"中获得。

除非另有说明，增长率均指实际值（欲了解增长率的计算方法，见"统计方法"一节）。某些经济体的某些经济指标是按财政年度而非日历年度给出的，见"基本数据文献"一节。所有美元的数据都是现值美元，除非另有说明。"统计方法"一节还介绍了各国货币兑换的方法。

国别说明

- 除非另有说明，有关中国的数据不包括中国香港、中国台湾和中国澳门。
- 印度尼西亚的数据包括 1999 年以来东帝汶的数据，除非另有说明。
- 黑山于 2006 年 6 月 3 日从塞尔维亚和黑山独立。如果数据可以获得，两国的数据就分别给出。然而，2005 年塞尔维亚的一些指标仍然包括黑山的数据，这些数据在表中都加了脚注。此外，按照联合国安全理事会第 1244 条决议（1999 年），对于塞尔维亚自 1999 年以来的数据，大多数指标都不包括科索沃的数据。2009 年 6 月 29 日科索沃成为世界银行的成员国，如果数据可以获得，其数据就在表中给出。
- 荷属安的列斯于 2010 年 10 月 10 日起解体，库拉索岛与圣马丁岛成为荷兰王国的构成国家。波内赫、圣尤斯特歇斯与萨巴岛则成为荷兰特别行政区。

对各经济体的分类

为便于操作和分析，世界银行对世界各经济体分类的主要标准是（按照“世界银行 Atlas 方法”计算的）人均国民总收入（GNI）。每一个经济体被划分为低收入、中等收入（又分为下中等收入和上中等收入两个亚组别）或高收入三个组别。欲了解收入分类情况，请查阅封二的地图及封面勒口上的国家列表。低收入经济体和中等收入经济体有时也指发展中经济体。使用该术语是出于方便，并不意味着该组别的所有经济体都经历着相同的发展阶段，或者其他经济体达到了更高的或最终的发展阶段。请注意，根据收入进行的分类并不一定反映发展的状况。因为随着时间的推移，人均国民总收入会发生变化，因此，各收入组别的国别构成会发生此辑《世界发展指标》不同于下一辑的情况。某一辑的分类一旦确定，则所有的历史数据就都根据同一组别中可得到的最近一年的人均国民总收入数据（本书为 2009 年的数据）计算。

低收入经济体是指 2009 年人均国民总收入为 995 美元或以下者。中等收入经济体是指人均国民总收入为 995 美元以上但低于 12, 196 美元者。下中等收入和上中等收入经济体以人均国民总收入 3, 945 美元为界限划分。高收入经济体是指人均国民总收入为 12, 196 美元或以上者。欧元区 17 个成员国作为高收入经济体组别中的一个亚组列示。爱沙尼亚于 2011 年 1 月 1 日加入欧元区。

符号的使用

..

表示该数据无法获得或者由于该年度数据遗漏无法计算合计数值。

0 或 0.0

表示零或者数值非常小，小数位的值都归于零。

/

用于日期中表示跨越两个日历年的一段时间（通常是 12 个月），例如 2003/2004 年，也指一个收成年度、一个调查年度或者一个财政年度。

$

为现值美元，除非另有说明。

>

为大于符号。

<

为小于符号。

数据表示惯例

- 空格表示不适用，或在合计数中表示没有分析上的意义。
- 10 亿为 1, 000 个百万。
- 万亿为 1, 000 个 10 亿。
- 斜体数字表示非特定年份或时期的数据，或者是非整个特定时期计算的增长率。
- 脚注中给出了超过所示范围 3 年以上的年份的数据。

数据截止日期为 2011 年 2 月 1 日。

世界概览

1

“我们的目标是共享数据、共享知识和共享解决方案。”

——罗伯特·佐利克，
乔治敦大学，2010 年 9 月

《世界发展指标》全方位地提供了国家和国际层面的数据，这些数据涵盖了重要的发展议题，为研究提供便利，促使更多的人对政策选择进行思考和分析，以及监测发展目标的实现进程。该书共分为六个部分：世界概览、人口、环境、经济、政府与市场和全球关系，书中的800 多个指标涵盖了人口超过百万的155 个经济体，以及与这些经济体相关的总量信息。在线数据库则收集了213 个经济体的1, 100 余项指标，许多时间序列甚至可追溯至1960 年。

为了扩大指标的影响，以及提供数据平台以帮助人们解决迫切的发展难题，《世界发展指标》数据库及世界银行旗下的其他公共数据库于 2010 年免费开放，用户通过因特网即可获得。今年世界概览的第一部分介绍了世界银行共享数据倡议、共享数据平台的影响、全球共享数据运动的简短调查报告以及共享数据与发展的相互关系。第二部分则评估了千年发展目标的完成情况——距离目标期限 2015 年只剩四年的时间。

世界银行共享数据倡议

共享数据倡议是世界银行改变数据经营模式以及使数据使用者获取数据的一项新策略，之前的模式是在世界银行公共信息中心与大学图书馆、发展研究机构和私人企业之间架设网络，这些机构需通过订购才能免费获得和使用世界银行的数据。当共享数据倡议提出之时，每年订阅数据的固定使用者约140, 000 人——对于一个高度专业化的数据产品来说，已算是数量惊人。即便如此，免费、快捷的数据渠道仍然对数据使用产生了直接、持久的推动作用。自 2010 年 4 月以来，新数据网站 http：//data. worldbank. org 的浏览量已超过 2, 000 万人次。到本版《世界发展指标》出版的时候，网站每周向100, 000 余名不同的访问者提供数据，三倍于以前（见图 1a）。

免费开放《世界发展指标》以及其他数据库仅仅只是打造共享数据环境的第一步。在共享数据环境下，数据使用者应该能够免费获得和搜索公共数据资源，从不同的数据源合成数据，添加或选择数据对派生文献进行加工，改变数据格式或架构，以及转让或销售其创造的任何成果。要实现这一目标，世界银行还需要设计开发新的用户界面和搜索工具，使查找和报告数据更加便捷。此

共享数据倡议提出后，世界银行数据的使用量上升 **1a**

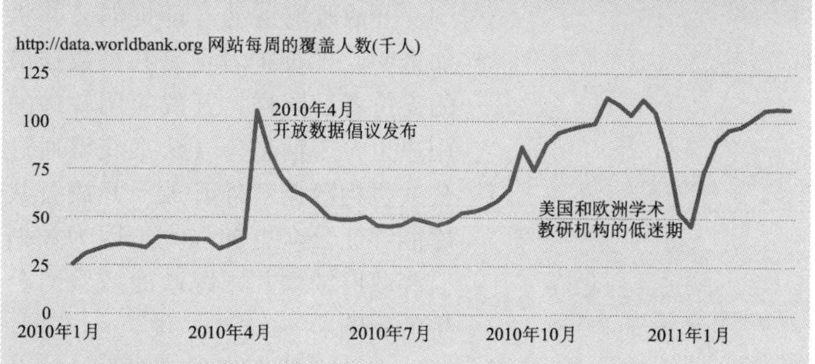

资料来源：世界银行根据 Omniture 数据的计算。

世界银行数据使用条例 1b

共享数据为什么需要许可呢？这是因为许可不但赋予了被许可方（这里指数据使用者）特定的权利，同时也保护了许可方的利益。如果数据库没有附加清晰的许可条款，用户可能不清楚自己享有的权利。比如，这些数据是否可以重新发表？是否可以与其他来源的数据一起形成新的数据集？是否可以赠送或再次出售？

每个国家都有自己的知识产权法。但如果是通过互联网发布数据，在这种国际环境下何种法律适用就模糊不清了。一个谨慎的数据用户在没有许可的情况下，会首先想到应该获取数据拥有者或发行商的同意，这就有形或无形地制约了数据的使用。许可能够清楚地界定权利，从而鼓励数据使用，对于免费数据来说也一样。

使用世界银行的数据应当遵守世界银行数据库使用条例 http：//data. worldbank. org。该条例参照创作共享许可协议（Creative Commons Attribution License，http：//creativecommons. org/licenses/by/3. 0）和共享数据共享许可协议（Open Data Commons Attribution License，www. opendatacommons. org/licenses/by/1. 0）。这类许可要求使用者在出版或再次使用数据时注明数据来源，这一点对于世界发展指标来说非常重要，因为其数据大多数都来自其他机构，比如，联合国和国际上的专业机构。此外，使用条例还设有其他一些限制，但都服务于共享数据许可协议的主旨：使用者未经同意不得声称获得世界银行许可或使用世界银行的名称或标识。

即使没有条例规定，使用者也应该标注数据来源，这有助于其他人查找相同或类似数据。而且标明数据创作方或出版方的名称也是对他们所作出的努力的认可，并鼓励他们继续提供数据。

根据世界银行数据使用条例，数据来源标注格式为：世界银行：数据库名称：数据来源。

有关数据来源标注格式的详细信息见 http：//data. worldbank. org。

外，还需要有一个新的许可，对数据使用条例重新界定（见专栏 1b）。为了发展新读者群和数据用户，世界银行破天荒地为此举办了一场“发展应用软件”竞赛——邀请软件开发商编写台式机或移动设备上的应用软件，使用包括《世界发展指标》数据在内的世界银行数据库。

共享数据与开放政府

开放政府运动（即提倡公共机构更加透明）的拥护者正是共享数据最坚定的支持者。同样，开发应用软件的数据用户也希望信息公开法案获得通过以及公共机构数据对外开放。开放公共数据库能够让公众更加强大，因为数据可以监测政府绩效并跟踪政府政策对公众产生的影响。

在共享数据拥护者的眼中，政府机构就像巨大的储存统计信息和非统计信息的仓库，其利用价值还没有被完全开发。共享数据和开放政府背后的政治经济因素及哲理往往是互通的。一位共享数据的支持者写道：“所谓‘共享数据’就是通过哲学和方法学手段实现数据民主，让公众可以获取公共部门信息，并利用这些信息创造财富”（Rahemtulla，2011）。

美国的民间社会组织阳光基金会曾这样描述它的目标：“通过在网上开放政府信息让更多的人获得数据，‘开放’信息实际上就是‘上网’……增设新的搜索工具和网站让个人和群体更好地获取并利用数据……我们希望更多的个人和群体——技术人员、政策专家、开放政府的支持者以及社会大众——参与政治，这将促使政府更加透明和负责”（http：//sunlightfoundation. com/about/）。

数字信息和通讯技术可以以极低的成本传播大量数据，这也推动了公共部门信息免费开放。Pollock（2010）指出，英国政府免费开放公共信息直接获益大约 16—60 亿英镑，而在此之前出售数据收入不过 4 亿英镑，其收益是损失的 4—15 倍。此外，使用共享数据库及其配套设施的产品和服务也间接地创造了可观的价值，数据用户也因交易成本的降低而受益。

发达国家在共享数据和开放政府方面取得的进步比发展中国家更大。当然，也许是发展中国家的政治意愿和公众需求不如发达国家强烈，但更主要的是发展中国家没有技术能力和资源让公众获取数据。透明与责任倡议（Hogge，2010）委托研究报告指出，英国和美国成功案例的背后有三大支柱：

- 公民社会，尤其是一小群热衷于政治的“民间黑客”，负责开发草根阶层的参政网站。
- 政府机构中掌握资源的技术官僚构成的“中间层”。
- 高层决策，其动力可能来自外部压力（英国案例），也可能出于政治管理变革的迫切需要（美国案例）。

统计机构是政府官僚中典型的“中间层”，拥有收集和组织大型数据的专业知识。但是即使如此，他们也缺乏动力或资源对公众免费共享数据，除非高层管理者全力支持。

对于发展中国家来说，援助国可以算得上第四大支柱，他们可以提供技术支持和共享数据项目所需资金，以及为发展中国家树立透明公开的榜样。国际援助透明度倡议（International Aid Transparency Initiative）——世界银行是该倡议的创始成员——筹划成立一个有关援助数据的全球信息库，收集的数据包括：援助国承诺援助的资金数额、向受助国支付援助款的连续性、援助占国内预算的比例、物资和服务采购、援助效果测度等。

该倡议致力于向援助国和受助国的民众提供完整的援助财务信息，但只有援助国和受助国精诚合作才能实现这一目标。双方不但都要采用标准化的术语和编码系统，还要在所有方面达成一致，如报告的时间安排、数据登录和处理机制等。在很多情况下，援助国和国际机构为了使自己的援助项目完全透明公开，相应修改了其信息开放的规定（见专栏 1c）。有关该倡议的更多信息见 www. aidtransparency. net。

世界银行信息共享 **1c**

世界银行采取了一系列措施以提高其参与的援助项目的透明度，共享数据库就是其中的一部分，另一项有关信息共享的新举措已于 2010 年 1 月 1 日生效。包括共享数据倡议在内，信息共享政策（Access to Information Policy，www. worldbank. org/wbaccess）的宗旨是：世界银行将共享除特殊数据外的全部信息资源。在此之前，只有用于信息披露的特定文件才会向公众开放。新的政策改变了这一状况，大多数信息都可以对外公开。不对公众开放的信息包括：个人信息、员工记录、内部文件、行政事务以及从客户或第三方手中获得的保密信息。有些文件不允许查看是因为还在保密期内，需等到解密时才能够向公众开放。此外，世界银行还建立了一套文件查询程序，使用者可以用七种语言按国别或标题搜索文件。

成果映射——数据不但可得而且可用

在新的信息共享政策和共享数据倡议的推动下，世界银行集团的数据资源比以往更加开放。但是，获得信息和使用信息是两回事。援助项目的文档记录了有关该项目活动的详细信息——比如，项目实施地点。但对于不同的利益群体——如项目受益人、公众团体和民间社会组织——而言，从纷繁冗长的文字或图标中提炼和搜索相关数据并不容易。

为了解决这一难题，世界银行在试点的基础上，开始对其援助项目的相关数据和信息进行地理定位，尝试通过改善项目透明度和问责制度来提高援助的效率。定位信息不但使数据更加开放和“当地化”，而且使数据更加贴近项目的利益关系人。软件开发者通过应用程序界面和交互式网页应用软件“成果映射”（Mapping for Results，http：//maps. worldbank. org）即可获得这些数据。

与共享数据倡议的宗旨一致，成果映射软件使用的是采用地理定位技术的援助项目数据集，并将数据与当地的人类发展指标和社会发展指标相结合，如儿童死亡率、贫困发生率、营养不良率、人口测量法等。此外，软件更大的价值还在于其他研究者和软件开发者如何使用数据：把这些数据与他们自己的数据或其他来源的数据结合起来；根据数据进行分析；开发软件使当地居民和项目受益人通过信息反馈或其他机制与援助项目联系起来。

2015 千年发展目标倒计时

今年距离千年发展目标（Millennium Development Goals，MDGs）的截止还有四年的时间。千年发展目标让全世界关注生活在贫困发展中国家的数十亿人口的生存状况，关注监测目标进展情况的统计数据的质量、频率和时效性。从进展情况来看，全球鲜有显著发展成果，但在数据共享方面却有长足进步。

《世界发展指标》自 1997 年以来一直在追踪全球和各地区的减贫、教育、

在减贫方面所取得的进展　1d

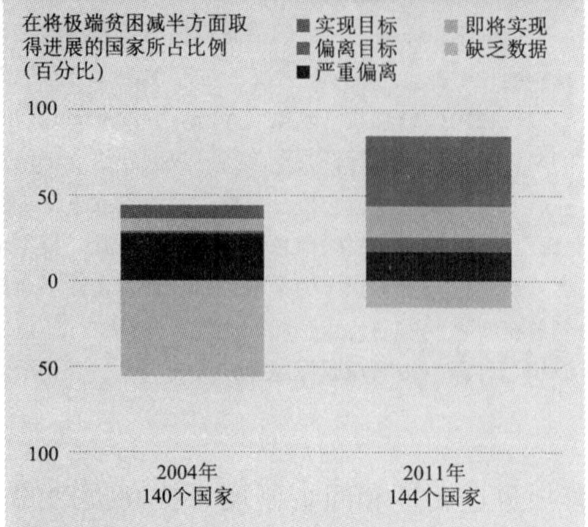

资料来源：世界银行工作人员的估算。

在全民普及初等教育方面所取得的进展　1e

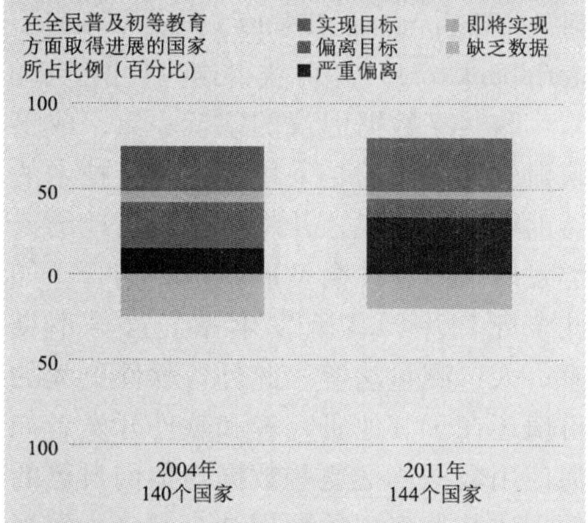

资料来源：世界银行工作人员的估算。

在性别平等方面所取得的进展　1f

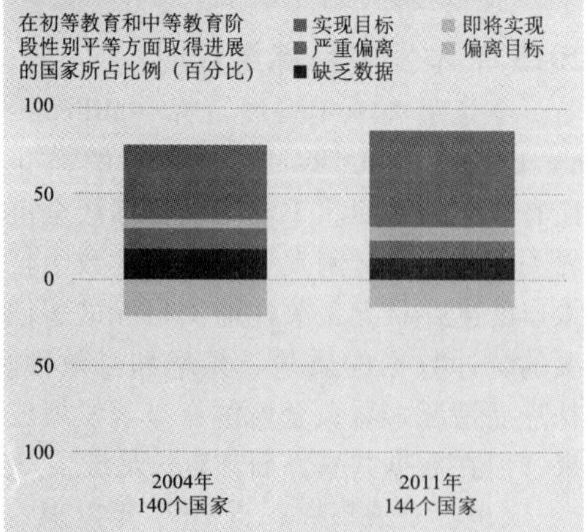

资料来源：世界银行工作人员的估算。

健康和环境发展趋势。2000 年联合国千年峰会后，《世界发展指标》开始密切关注各个国家在实现千年发展目标的道路上所取得的进展。千年发展目标凸显了发展成果的重要性，但在关注这些有限指标的同时，我们也应该清楚地认识到：发展是一个复杂的过程，地理位置、历史环境、制度能力以及气候条件和自然灾害等不可抗力都或多或少地左右着这一进程。不可否认，无论成功或失败都有很大的运气成分在里面。

从 2004 年开始，《世界发展指标》就采用一套评估方法来追踪各国在实现 MDGs 各个量化目标上取得的进展，本书也沿用了相同的评估方法。“即将实现”是指这类国家的进展速度等于或超过实现目标所需要的速度。少数国家已经提前实现了目标，这类国家归入“实现目标”，当然，有的国家实现目标后又有所倒退。“偏离目标”或“严重偏离”的国家进展缓慢，以它们过去的进展速度来看，再给它们 25 年时间也未必能实现目标。还有一些国家缺乏足够的数据，我们无法评估它们的进展情况——有些国家缺少 1990—1999 年的基期数据，而另一些国家则缺少最近年份的数据。但这种情况正在好转：与《2004 年世界发展指标》（基于 1990—2002 年的数据）相比，缺乏数据的国家的数量有所下降，我们可以描绘出一张更清晰的千年发展目标进程图。

世界银行及世界银行合作伙伴为实现千年发展目标所做的其他工作见 www. worldbank. org/mdgs，该网站提供了与世界银行 MDG eAtlas 的链接。

目标 1. 消灭极端贫困与饥饿

日均消费低于 1. 25 美元的人口数量已经从 1990 年的 18 亿下降至 2004 年的 14 亿。尽管 2008 年的金融危机以及最近高企的食品价格减缓了一部分国家的减贫进程，但是 2011 年下半年即将出炉的全球和区域数据可能会延续之前的下降趋势。由于调查家庭收入和支出需要大量的财力和时间，政府和相关机构很少进行这类调查，因此，现有的可以进行时间比较和跨国比较的可靠数据极少。图 1d 对 140 个发展中国家 2005—2011 年间的减贫进程进行了比较。43 个国家即将甚至已经将极度贫困减半，是 2005 年取得这一成果的国家数量的两倍。中国、巴西和俄罗斯都位列其中。但是拥有超过 4 亿贫困人口的印度却落在后面，不过随着该国经济快速增长，仍然有望达到 2015 年的目标。

目标 2. 实现普及初等教育

出乎我们的意料，普及初等教育这一目标很可能难以实现。初等教育完成率是指剔除重复计算因素后，在小学最后一年进行登记注册的学生比例。2011 年，已经或即将达到 100% 初等教育完成率的国家有 49 个，只比 2004 年多了 3 个，但是严重偏离这一目标的国家数量却在增加，尤其在撒哈拉以南非洲地区（见图 1e）。虽然现在的数据质量和数量都有所提升，但要实现这一目标仍然任重道远。

目标 3. 促进两性平等

两性平等以及赋予女性权力有助于推动其他几项千年发展目标向前迈进。教育机会平等——通过小学和中学男女入学比例计算——仅仅只是第一步。自 2004 年以来，有望实现这一目标的国家数量一直在稳步增长，一方面是因为能够受到学校教育的女童人数上升，另一方面是因为缺乏数据的国家数量下降（见图 1f）。

目标 4. 减少儿童死亡率

2011 年 2 月，在有数据的 144 个国家中，有 11 个已经将 5 岁以下儿童死亡率降低了 2/3，还有 25 个即将实现这

在降低儿童死亡率方面所取得的进展 1g

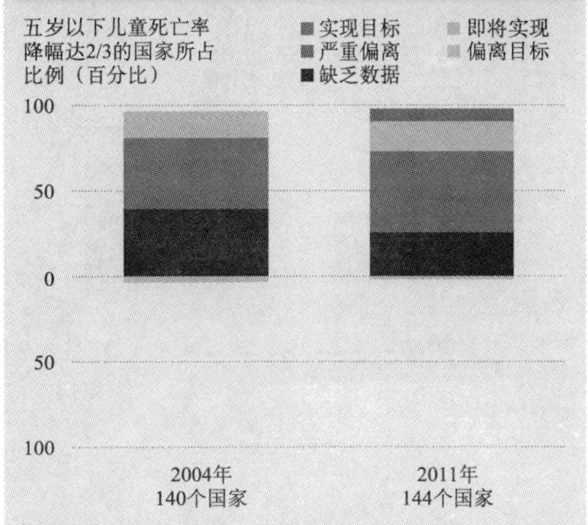

资料来源：世界银行工作人员的估算。

在改善孕产妇医疗卫生方面所取得的进展 1h

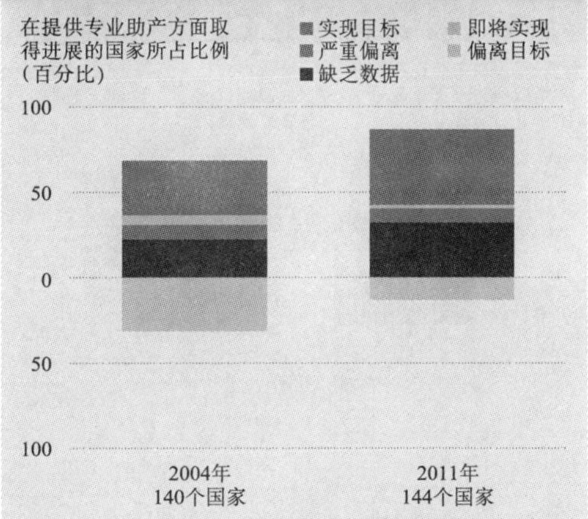

资料来源：世界银行工作人员的估算。

许多发展中国家艾滋病发病率稳中有降，但还有一些国家缺乏数据 1i

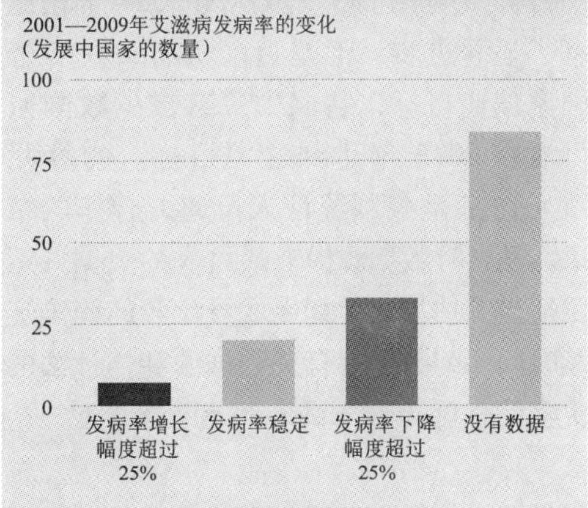

资料来源：联合国艾滋病规划署。

在获得改善水资源方面所取得的进展 1j

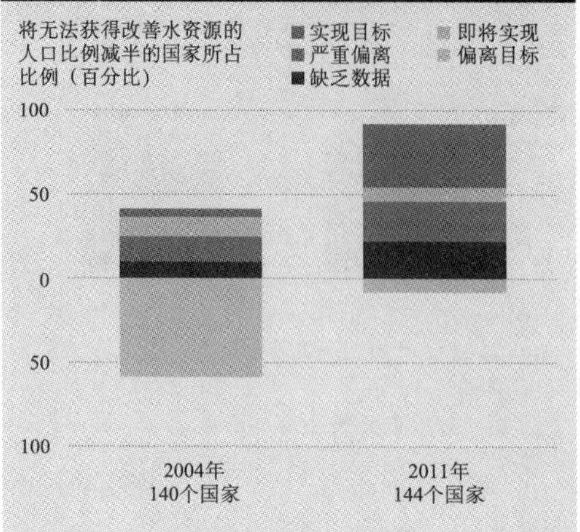

资料来源：世界银行工作人员的估算。

在获得改善卫生防疫设施方面所取得的进展 1k

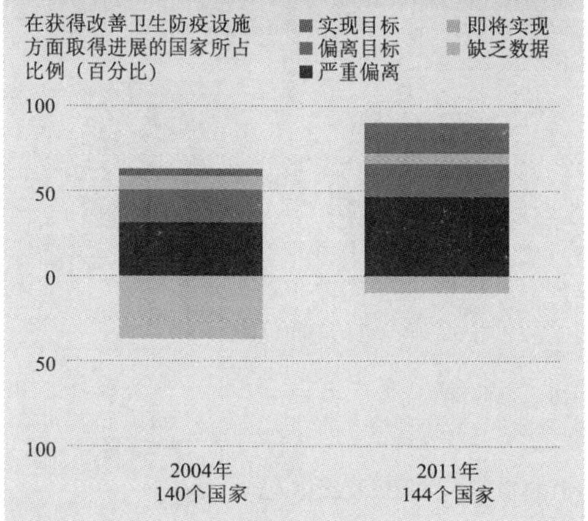

资料来源：世界银行工作人员的估算。

一目标（见图1g）。虽然与2004年相比有了显著进步，但是目前仍有100多个国家偏离目标，它们中只有极少数国家可能在2015年达到这一目标。测算儿童死亡率是各国统计人员通力合作的结果。从各种数据源提取最可靠的数据并运用适当的估算法计算生成可比较的跨国连续时间序列数据。有关数据源和估计法的更多信息见www. childmortality. org。

目标5. 提高孕产妇健康水平

目前还没有找到测算孕产妇死亡率的可靠方法。许多国家估算孕产妇死亡率的方法和技术都不尽相同，因此，没有可比较的时间和跨国数据。近年出现了比较可靠的连续模拟估算值，根据模拟数据来看，有30个国家有望将孕产妇死亡率降低3/4，而94个国家却偏离或严重偏离目标。图1h引用了2004年和2011年《世界发展指标》的数据，比较了专业助产——降低孕产妇和婴儿死亡的关键因素——的变化情况。严重偏离目标的国家有所增加，缺乏数据的国家出现下降，有专业医护人员助产的国家比例上升了35%。

目标6. 防治艾滋病、疟疾和其他疾病

在千年发展目标发布的时候，艾滋病正在迅速传播，使非洲南部的许多贫困国家陷入困境。有关艾滋病发病情况的数据主要来自监测站和医疗卫生系统有限的报告文件。这一目标的提出就是为了制止和扭转艾滋病蔓延的局势，但在这样的数据条件下我们无法提出量化指标以及规定完成时间。近年来统计数据的质量开始好转，UNAIDS在《2010年全球艾滋病流行报告》中估计，每年新增艾滋病感染者已经较1997年的峰值下降了21%（图1i）。然而，我们只掌握了60个发展中国家的可靠数据，其中还不包括巴西、中国和俄罗斯。

目标7. 确保环境的可持续发展

要减少环境损失以及确保地球资源的可持续性就需要：保护森林和动植物物种，减少碳的排放，将气候变化的影响降低至最小并适应这一变化。此外，加强环境建设也十分重要。MDGs的目标就是将无法获得安全水源和卫生服务的人口数量减半。自2004年以来，有关这两个目标进展情况的监测数据数量大幅增加，在有足够数据的发展中国家中，近一半国家有望达到安全水源目标

（见图 1j）。但医疗卫生服务方面的进展就缓慢多了：这些国家中近一半都严重偏离目标（见图 1k）。

目标 8. 为发展而建立全球伙伴关系

发达国家和发展中国家之间的合作是实现千年发展目标的基石，两者间的合作需要四个支柱：减少发展中国家的外债，降低发展中国家进入 OECD 国家市场的门槛，让发展中国家享受新技术和基本药物带来的好处，以及向最贫困国家提供发展资金。千年发展目标发布后，2002 年发展融资问题国际会议（International Conference on Financing for Development）号召发达国家“切实采取行动，以实现向发展中国家提供的官方发展援助达到各国国民总收入的 0.7%”。

在此之后，许多国家提供的官方发展援助确实有所增加，但能达到 0.7% 的却寥寥无几（见图 1l）。2009 年有 5 个国家的援助额超过其 GNI 的 0.7%，但其份额只占援助总额的 15%。援助额最大的前 10 个援助国只拿出了其 GNI 的 0.3%—0.7%。最大的援助国——美国——提供的官方发展援助只占其 GNI 的 0.21%。

发展援助委员会成员国提供的官方发展援助　1l

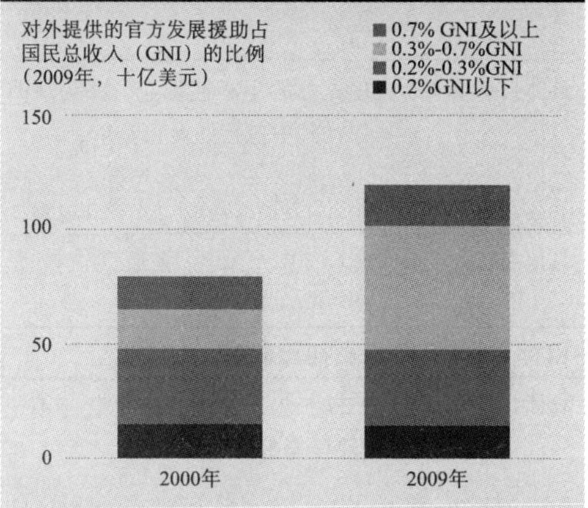

资料来源：世界银行工作人员的估算。

千年发展目标

千年宣言的目标和具体目标		监测进展的指标
目标 1　消除极端贫困与饥饿		
具体目标 1. A	1990—2015 年间，将每日收入低于 1 美元的人口比例减少一半	1.1　每日生活费低于 1 美元（购买力平价）的人口所占比重[1] 1.2　贫困差距率（发生率 × 贫困程度） 1.3　最贫困的 1/5 人口在国民消费中所占比重
具体目标 1. B	实现充分的生产性就业，并为所有人提供体面的工作，其中包括妇女和青年	1.4　就业人口的人均 GDP 增长率 1.5　人口就业率 1.6　就业人口每天生活费低于 1 美元（购买力平价）的比例 1.7　自营工作者和无报酬家庭劳动者占总就业的比例
具体目标 1. C	1990—2015 年间，将遭受饥饿的人口比例减少一半	1.8　5 岁以下儿童体重不足的发生率 1.9　饮食中摄入能量少于最低标准的人口所占比重
目标 2　实现普及初等教育		
具体目标 2. A	到 2015 年，确保全球儿童（不论男女）都能完成小学全部课程	2.1　初等教育的净入学率 2.2　入学儿童中小学毕业的儿童所占的比重 2.3　15—24 岁年龄组人口的识字率
目标 3　促进两性平等并赋予女性权力		
具体目标 3. A	最好在 2005 年前消除初等教育和中等教育中的性别不平等，最迟于 2015 年前消除各级别教育中的性别不平等	3.1　接受初等、中等和高等教育的女性与男性人数比例 3.2　女性在非农业部门有工资收入的就业人员中所占比重 3.3　女性在国家议会中所占席位的比重
目标 4　减少儿童死亡率		
具体目标 4. A	1990—2015 年间，将 5 岁以下儿童死亡率减少 2/3	4.1　5 岁以下儿童死亡率 4.2　婴儿死亡率 4.3　1 岁儿童接种麻疹疫苗的比例
目标 5　提高孕产妇健康水平		
具体目标 5. A	1990—2015 年间，将孕产妇死亡率减少 3/4	5.1　孕产妇死亡率 5.2　在熟练医护人员护理下的分娩比率
具体目标 5. B	到 2015 年，实现生殖健康服务的普及	5.3　避孕普及率 5.4　青少年生育率 5.5　产前护理覆盖率（接受至少 1 次和至少 4 次产前检查） 5.6　家庭意外怀孕率
目标 6　防治 HIV/AIDS、疟疾和其他疾病		
具体目标 6. A	到 2015 年，遏制并开始逆转 HIV/AIDS 的蔓延趋势	6.1　HIV 在 15—24 岁人口中的传播情况 6.2　上一次高风险性行为中避孕套的使用情况 6.3　全面、正确了解 HIV/AIDS 知识的 15—24 岁年龄段人口的比例 6.4　10—14 岁年龄段的孤儿与非孤儿入学人数的比例
具体目标 6. B	到 2010 年，针对所有需要 HIV/AIDS 治疗的病人实现治疗的普及	6.5　可获得抗逆转录（酶）病毒药物的 HIV 重度感染者的比例
具体目标 6. C	到 2015 年，遏制并开始逆转疟疾和其他主要疾病的发生	6.6　疟疾的发病率和死亡率 6.7　5 岁以下儿童睡在经过处理的蚊帐中的比例 6.8　5 岁以下儿童发烧后服用适当的抗疟疾药物的比例 6.9　肺结核的感染率、传播率和死亡率 6.10　在短期直接观察治疗方案下查出和治愈的肺结核病例所占的比重

千年发展目标来自于千年宣言，由 189 个国家在 2000 年 9 月签订，其中包括 147 个国家政府首脑（www.un.org/millennium/declaration/ares552e.htm），2005 年 9 月的第 60 届联合国大会对此进行了更新。修订过的千年发展目标主要监测以上给出的框架，其中包括新的目标和指标，并提交给了第 62 届联合国大会，2007 年 11 月 14 日第 12 次会议上相关机构和专家组提供有关千年发展目标指标的新数据。目标都是相关的，应当看作一个整体。它们体现了发达国家和发展中国家之间的伙伴关系，"为创造一个环境——国家和全球层次的——以促进发展和消除贫困"。所有指标尽可能地都按性别和城市—农村区位划分。

千年宣言的目标和具体目标		监测进展的指标
目标 7	**确保环境的可持续发展**	
具体目标 7. A	将可持续发展原则融入国家政策和规划中，逆转环境资源的丧失趋势	7. 1 土地森林覆盖率 7. 2 （按购买力平价计算的）总的、人均以及 1 美元 GDP 的二氧化碳排放量 7. 3 消耗臭氧物质的消费量 7. 4 安全生态限制区内鱼类存量的比例 7. 5 所使用的水资源总量比例 7. 6 陆地保护区和海洋保护区比例 7. 7 濒危物种的比例
具体目标 7. B	减少生物多样性损失，到 2010 年实现损失率的大幅度降低	
具体目标 7. C	到 2015 年，将无法持续获得安全饮用水和基本卫生设施的人口比例减半	7. 8 使用改善的水资源的人口比重 7. 9 使用改善的环卫设施的人口比重
具体目标 7. D	到 2020 年，使至少 1 亿贫民窟居民的生活得到显著改善	7. 10 生活在贫民窟的城市人口比重[2]
目标 8	**为发展而建立全球伙伴关系**	
具体目标 8. A	进一步建立一个开放、遵循规则、可预测、非歧视性的贸易和金融体系 （包括在单个国家内和国际层面上致力于改善治理、发展和减少贫困）	以下指标中有些是分别用来监测最不发达国家、非洲国家、内陆发展中国家和小岛屿发展中国家的。 **官方发展援助** 8. 1 官方发展援助净额占 OECD/DAC 捐助国国民总收入的比重 8. 2 OECD/DAC 捐助国为社会基础服务（基础教育、初级医疗卫生、营养、安全饮用水和卫生设施）提供的双边、可在部门间分配的官方发展援助所占的比重 8. 3 OECD/DAC 捐助国提供的无附加条件的双边官方发展援助所占比重 8. 4 内陆国家接受到的官方发展援助占其国民总收入的百分比 8. 5 小岛屿发展中国家接受到的官方发展援助占其国民总收入的百分比 **市场准入** 8. 6 发达国家从发展中国家和最不发达国家进口的免征关税货物总额（按价值计，武器除外）所占比重 8. 7 发达国家对来自发展中国家的农产品、纺织品和服装征收的平均关税 8. 8 经济合作与发展组织成员国的农产品补贴的估计值占 GDP 的百分比 8. 9 用于帮助建设贸易能力的官方发展援助所占比重 **债务的可维持性** 8. 10 达到重债穷国决定点的国家总数和完成点（累计）的国家总数 8. 11 在重债穷国倡议和多边债务减免倡议下承诺的债务减免额 8. 12 还本付息额占货物和服务出口额的比重
具体目标 8. B	关注最不发达国家的特殊需求 （包括对最不发达国家的出口产品免除关税和配额；加强对重债穷国的债务减免计划并取消官方双边债务；对承诺减少贫困的国家提供更多的官方发展援助）	
具体目标 8. C	关注内陆发展中国家和小岛屿发展中国家的特殊需求（通过《小岛屿发展中国家可持续发展行动纲领》和联合国大会第 22 届特别会议的成果来实现）	
具体目标 8. D	通过国内和国际措施全面解决发展中国家的债务问题，以便使债务可长期承受	
具体目标 8. E	与制药公司合作，为发展中国家提供负担得起的必需药品	8. 13 可持续获得支付得起的必需药品的人口所占比重
具体目标 8. F	与私营部门合作，使新技术特别是信息和通信技术惠及大众	8. 14 每百人中的电话线用户 8. 15 每百人中的移动电话用户 8. 16 每百人中的互联网用户

1. 为了监测国家贫困趋势，在可能的情况下应该使用以国家贫困线为基准的指标。
2. 生活在贫民窟的人口比例以替代指标来衡量，即具有以下至少一个特征的城市家庭人口：不能获取改善的水源供应、不能获取改善的卫生防疫设施、过度拥挤（每个房间居住 3 人或者以上），以及住所由非耐用材料建成。

1.1 经济规模

	人口	地表面积	人口密度	国民总收入(GNI),图表集法		人均GNI,图表集法		以PPP衡量的 GNI[a]			国内生产总值	
	百万 2009	千平方公里 2009	人/平方公里 2009	10亿美元 2009	排名 2009	美元 2009	排名 2009	10亿美元 2009	人均(美元) 2009	排名 2009	增长百分比 2008–2009	人均增长百分比 2008–2009
阿富汗	30	652	46	*9.1*	125	*310*	207	*25.1*[a]	*860*[a]	201	40.8	37.1
阿尔巴尼亚	3	29	115	12.6	114	4,000	116	27.3	8,640	106	2.5	2.1
阿尔及利亚	35	2,382	15	154.2	49	4,420	112	283.2[a]	8,110[a]	110	2.1	0.6
安哥拉	18	1,247	15	69.4	63	3,750	123	96.1	5,190	131	0.7	–1.9
阿根廷	40	2,780	15	304.1	29	7,550	85	567.5	14,090	76	0.9	–0.1
亚美尼亚	3	30	108	9.5	124	3,100	131	16.7	5,410	128	–14.4	–14.6
澳大利亚	22	7,741	3	957.5	15	43,770	23	842.3	38,510	24	1.3	–0.8
奥地利	8	84	101	388.5	25	46,450	17	321.3	38,410	25	–3.9	–4.2
阿塞拜疆	9	87	106	42.5	76	4,840	106	79.2	9,020	101	9.3	8.0
孟加拉国	162	144	1,246	93.5	57	580	189	250.6	1,550	181	5.7	4.3
白俄罗斯	10	208	48	53.7	68	5,560	100	123.1	12,740	88	1.4	1.6
比利时	11	31	356	488.4	19	45,270	20	395.0	36,610	32	–2.8	–3.5
贝宁	9	113	81	6.7	138	750	182	13.5	1,510	183	3.8	0.6
玻利维亚	10	1,099	9	16.1	105	1,630	155	41.9	4,250	146	3.4	1.6
波斯尼亚和黑塞哥维那	4	51	74	17.7	103	4,700	107	33.0	8,770	105	–2.9	–2.7
博茨瓦纳	2	582	3	12.2	117	6,260	92	25.0	12,840	87	–3.7	–5.1
巴西	194	8,515	23	1,564.2	8	8,070	83	1,968.0	10,160	98	–0.6	–1.5
保加利亚	8	111	70	46.0	73	6,060	95	100.6	13,260	84	–4.9	–4.5
布基纳法索	16	274	58	8.0	133	510	190	18.4	1,170	193	3.5	0.1
布隆迪	8	28	323	1.2	186	150	213	3.3	390	211	3.5	0.6
柬埔寨	15	181	84	9.7	123	650	185	27.0	1,820	176	–1.9	–3.5
喀麦隆	20	475	41	23.2	93	1,190	162	42.8	2,190	169	2.0	–0.3
加拿大	34	9,985	4	1,416.4	10	41,980	28	1,257.7	37,280	29	–2.5	–3.7
中非共和国	4	623	7	2.0	177	450	195	3.3	750	207	2.4	0.5
乍得	11	1,284	9	6.7	139	600	187	13.0	1,160	194	–1.6	–4.2
智利	17	756	23	160.7	48	9,470	75	227.7	13,420	81	–1.5	–2.5
中国	1,331	9,600	143	4,856.2	3	3,650	125	9,170.1	6,890	119	9.1	8.5
中国香港	7	1	6,721	221.1	37	31,570	40	311.9	44,540	18	–2.8	–3.1
哥伦比亚	46	1,142	41	227.8	36	4,990	103	392.5	8,600	107	0.8	–0.6
刚果民主共和国	66	2,345	29	10.6	121	160	211	19.6	300	212	2.7	0.0
刚果共和国	4	342	11	7.7	135	2,080	147	11.2	3,040	157	7.6	5.6
哥斯达黎加	5	51	90	28.7	86	6,260	92	50.0[a]	10,930[a]	95	–1.5	–2.8
科特迪瓦	21	322	66	22.5	95	1,070	168	34.5	1,640	179	3.6	1.2
克罗地亚	4	57	79	61.0	66	13,770	65	85.1	19,200	65	–5.8	–5.8
古巴	11	110	105	62.2	65	*5,550*	98	..	..		*4.3*	*4.3*
捷克共和国	10	79	136	181.6	43	17,310	57	251.1	23,940	59	–4.2	–4.8
丹麦	6	43	130	326.5	28	59,060	9	214.4	38,780	23	–4.9	–5.5
多米尼加共和国	10	49	209	45.9	74	4,550	110	81.9[a]	8,110[a]	110	3.5	2.0
厄瓜多尔	14	256	55	54.1	67	3,970[b]	118	110.4	8,100	112	0.4	–0.7
埃及	83	1,001	83	172.1	45	2,070	148	471.2	5,680	126	4.6	2.8
萨尔瓦多	6	21	297	20.8	100	3,370	127	39.6[a]	6,420[a]	121	–3.5	–4.0
厄立特里亚	5	118	50	1.6	180	320	207	2.9[a]	580[a]	210	3.6	0.6
爱沙尼亚	1	45	32	18.9	102	14,060	63	25.6	19,120	66	–14.1	–14.1
埃塞俄比亚	83	1,104	83	27.2	89	330	206	77.3	930	200	8.7	5.9
芬兰	5	338	18	245.3	33	45,940	19	188.3	35,280	34	–8.0	–8.4
法国	63[c]	549[c]	114[c]	2,750.9	5	42,620	25	2,191.2	33,950	36	–2.6	–3.2
加蓬	1	268	6	10.9	120	7,370	86	18.4	12,450	89	–1.0	–2.7
冈比亚	2	11	171	0.7	196	440	196	2.3	1,330	186	4.6	1.8
格鲁吉亚	4	70	61	11.1[d]	118	2,530[d]	140	20.6[d]	4,700[d]	137	–3.9[d]	–4.0[d]
德国	82	357	235	3,476.1	4	42,450	26	3,017.3	36,850	31	–4.7	–4.5
加纳	24	239	105	28.4	87	1,190[e]	162	36.6	1,530	182	4.7	2.5
希腊	11	132	88	327.7	27	29,040	42	325.0	28,800	46	–2.0	–2.4
危地马拉	14	109	131	37.2	81	2,650	138	64.1[a]	4,570[a]	139	0.6	–1.9
几内亚	10	246	41	3.8	162	370	202	9.5	940	199	–0.3	–2.6
几内亚比绍	2	36	57	0.8	194	510	190	1.7	1,060	196	3.0	0.7
海地	10	28	364	..		..[f]		..	..		2.9	1.3
洪都拉斯	7	112	67	13.5	111	1,800	153	27.7[a]	3,710[a]	148	–1.9	–3.8

	人口	地表面积	人口密度	国民总收入(GNI),图表集法		人均GNI,图表集法		以PPP衡量的 GNI[a]			国内生产总值	
	百万 2009	千平方公里 2009	人/平方公里 2009	10亿美元 2009	排名 2009	美元 2009	排名 2009	10亿美元 2009	人均(美元) 2009	排名 2009	增长百分比 2008–2009	人均增长百分比 2008–2009
匈牙利	10	93	112	130.1	51	12,980	66	191.3	19,090	67	–6.3	–6.2
印度	1,155	3,287	389	1,405.7	11	1,220	160	3,786.3	3,280	154	9.1	7.7
印度尼西亚	230	1,905	127	471.0	20	2,050	149	855.0	3,720	147	4.5	3.4
伊朗	73	1,745	45	330.6	26	4,530	111	836.5	11,470	94	1.8	0.5
伊拉克	31	438	72	69.7	62	2,210	146	105.0	3,330	151	4.2	1.6
爱尔兰	4	70	65	197.1	39	44,280	22	147.0	33,040	38	–7.1	–7.6
以色列	7	22	344	192.0	40	25,790	46	201.0	27,010	52	0.8	–1.0
意大利	60	301	205	2,114.5	7	35,110	35	1,919.2	31,870	41	–5.0	–5.7
牙买加	3	11	249	12.4	116	4,590	109	19.5[a]	7,230[a]	117	–3.0	–3.5
日本	128	378	350	4,857.2	2	38,080	32	4,265.3	33,440	37	–5.2	–5.1
约旦	6	89	67	23.7	92	3,980[b]	117	34.1	5,730	125	2.3	–0.1
哈萨克斯坦	16	2,725	6	110.0	55	6,920	89	164.0	10,320	97	1.2	–0.2
肯尼亚	40	580	70	30.3	84	760	181	62.5	1,570	180	2.6	–0.1
朝鲜	24	121	199	..		..[f]		..	..		..	..
韩国	49	100	503	966.6	13	19,830	54	1,328.0	27,240	51	0.2	–0.1
科索沃	2	11	166	5.9	143	3,240	129	..	..		4.0	3.4
科威特	3	18	157	*117.0*	50	*43,930*	10	*143.5*	*53,890*	6	*4.4*	*1.9*
吉尔吉斯斯坦	5	200	28	4.6	153	870	179	11.7	2,200	167	2.3	1.5
老挝	6	237	27	5.6	146	880	178	13.9	2,200	167	6.4	4.5
拉脱维亚	2	65	36	27.9	88	12,390	68	39.7	17,610	71	–18.0	–17.6
黎巴嫩	4	10	413	34.1	82	8,060	84	56.6	13,400	82	9.0	8.2
莱索托	2	30	68	2.0	175	980[b]	175	3.7	1,800	178	0.9	0.0
利比里亚	4	111	41	0.7	197	160	211	1.2	290	213	4.6	0.3
利比亚	6	1,760	4	77.2	61	12,020	71	105.3[a]	16,400[a]	74	2.1	0.1
立陶宛	3	65	53	38.1	80	11,410	72	57.8	17,310	72	–15.0	–14.6
前南斯拉夫马其顿共和国	2	26	81	9.0	128	4,400	113	22.2	10,880	96	–0.7	–0.8
马达加斯加	20	587	34	8.5	131	430	200	19.5	990	197	–3.7	–6.2
马拉维	15	118	162	4.4	156	290	210	11.9	780	206	7.6	4.7
马来西亚	27	331	84	201.8	38	7,350	87	376.6	13,710	78	–1.7	–3.3
马里	13	1,240	11	8.9	129	680	184	15.4	1,190	189	4.3	1.9
毛里塔尼亚	3	1,031	3	3.3	166	990	174	6.4	1,940	173	–1.1	–3.3
毛里求斯	1	2	628	9.2	127	7,250	88	16.9	13,270	83	2.1	1.6
墨西哥	107	1,964	55	962.1	14	8,960	78	1,506.3	14,020	77	–6.5	–7.5
摩尔多瓦	4	34	110	5.6[g]	145	1,560[g]	157	10.7[g]	3,010[g]	158	–6.5[g]	–6.4[g]
蒙古	3	1,564	2	4.4	157	1,630	155	8.9	3,330	151	–1.6	–2.7
摩洛哥	32	447	72	89.9[h]	58	2,770[h]	136	143.1[h]	4,400[h]	143	4.9[h]	3.6[h]
莫桑比克	23	799	29	10.0	122	440	196	20.1	880	201	6.3	4.0
缅甸	50	677	77	..		..[f]		..	..		..	..
纳米比亚	2	824	3	9.3	126	4,270	114	13.8	6,350	122	–0.8	–2.7
尼泊尔	29	147	205	13.0	113	440	196	34.7	1,180	191	4.7	2.8
荷兰	17	42	490	801.1	16	48,460	15	657.0	39,740	22	–4.0	–4.5
新西兰	4	268	16	124.3	53	28,810	43	120.0	27,790	48	–0.4	–1.5
尼加拉瓜	6	130	48	5.7	144	1,000	171	14.6[a]	2,540[a]	163	–5.6	–6.9
尼日尔	15	1,267	12	5.2	148	340	204	10.3	680	209	1.0	–2.9
尼日利亚	155	924	170	184.7	42	1,190	162	321.0	2,070	170	5.6	3.2
挪威	5	324	16	408.5	24	84,640	3	267.5	55,420	8	–1.6	–2.8
阿曼	3	310	9	*49.8*	69	*17,890*	56	*68.3*	*24,530*	54	*12.8*	*10.4*
巴基斯坦	170	796	220	169.8	46	1,000	171	454.7	2,680	162	3.6	1.4
巴拿马	3	75	46	22.7	94	6,570	91	42.1[a]	12,180[a]	91	2.4	0.8
巴布亚新几内亚	7	463	15	7.9	134	1,180	165	15.2[a]	2,260[a]	166	4.5	2.1
巴拉圭	6	407	16	14.3	108	2,250	145	28.1	4,430	142	–3.8	–5.5
秘鲁	29	1,285	23	122.4	54	4,200	115	236.7	8,120	109	0.9	–0.3
菲律宾	92	300	308	164.6	47	1,790	154	325.6	3,540	149	1.1	–0.7
波兰	38	313	125	467.6	21	12,260	69	697.9	18,290	69	1.7	1.6
葡萄牙	11	92	116	232.9	35	21,910	51	256.1	24,080	57	–2.6	–2.7
波多黎各	4	9	447	..		..[i]		..	..		..	..
卡塔尔	1	12	122	..		..[i]		..	..		8.6	–1.3

	人口	地表面积	人口密度	国民总收入(GNI)，图表集法		人均GNI，图表集法		以PPP衡量的 GNI[a]			国内生产总值	
	百万	千平方公里	人/平方公里	10亿美元	排名	美元	排名	10亿美元	人均(美元)	排名	增长百分比	人均增长百分比
	2009	2009	2009	2009	2009	2009	2009	2009	2009	2009	2008–2009	2008–2009
罗马尼亚	21	238	93	178.9	44	8,330	81	312.4	14,540	75	–8.5	–8.4
俄罗斯联邦	142	17,098	9	1,324.4	12	9,340	76	2,599.4	18,330	68	–7.9	–7.8
卢旺达	10	26	405	4.9	150	490	193	11.3	1,130	195	4.1	1.2
沙特阿拉伯	25	2,000[j]	13	436.9	23	17,210	58	609.8	24,020	58	0.6	–1.7
塞内加尔	13	197	65	13.1	112	1,040	170	22.7	1,810	177	2.2	–0.4
塞尔维亚	7	88	83	43.9	75	6,000	96	85.6	11,700	93	–3.0	–2.6
塞拉利昂	6	72	80	1.9	178	340	204	4.5	790	205	4.0	1.5
新加坡	5	1	7,125	185.7	41	37,220	33	248.3	49,780	11	–1.3	–4.2
斯洛伐克共和国	5	49	113	87.4	60	16,130	60	119.8	22,110	63	–6.2	–6.4
斯洛文尼亚	2	20	101	48.1	72	23,520	49	54.1	26,470	53	–7.8	–8.8
索马里	9	638	15	..		..[f]		..	..		..	..
南非	49	1,219	41	284.3	31	5,760	97	495.6	10,050	99	–1.8	–2.8
西班牙	46	505	92	1,476.2	9	32,120	39	1,447.2	31,490	43	–3.6	–4.5
斯里兰卡	20	66	324	40.4	77	1,990	151	95.8	4,720	136	3.5	2.8
苏丹	42	2,506	18	51.5	70	1,220	160	84.1	1,990	171	4.5	2.2
斯威士兰	1	17	69	2.9	167	2,470	143	5.7	4,790	134	1.2	–0.3
瑞典	9	450	23	454.4	22	48,840	14	353.9	38,050	28	–5.1	–6.0
瑞士	8	41	193	505.8	18	65,430	8	364.1	47,100	14	–1.9	–3.0
阿拉伯叙利亚共和国	21	185	115	50.9	71	2,410	144	97.3	4,620	138	4.0	1.5
塔吉克斯坦	7	143	50	4.8	151	700	183	13.5	1,950	172	3.4	1.7
坦桑尼亚	44	947	49	21.4[k]	97	500[k]	192	57.9[k]	1,360[k]	184	6.0[k]	3.0[k]
泰国	68	513	133	254.7	32	3,760	122	517.5	7,640	115	–2.2	–2.8
东帝汶	1	15	76	2.7	169	*2,460*	141	*5.2*[a]	*4,730*[a]	133	1.9	–1.3
多哥	7	57	122	2.9	168	440	196	5.6	850	203	2.5	0.0
特立尼达和多巴哥	1	5	261	22.4	96	16,700	59	33.4[a]	24,970[a]	55	–3.0	–3.4
突尼斯	10	164	67	38.9	78	3,720	124	81.4	7,810	113	3.1	2.1
土耳其	75	784	97	652.4	17	8,720	79	1,009.8	13,500	80	–4.7	–5.8
土库曼斯坦	5	488	11	17.5	104	3,420	126	35.7[a]	6,980[a]	118	8.0	6.6
乌干达	33	241	166	15.2	106	460	194	39.0	1,190	189	7.1	3.6
乌克兰	46	604	79	128.9	52	2,800	135	284.4	6,180	123	–15.1	–14.6
阿拉伯联合酋长国	5	84	55	..		..[i]		..	..		–0.7	–3.2
英国	62	244	256	2,558.1	6	41,370	29	2,217.4	35,860	33	–4.9	–5.6
美国	307	9,832	34	14,233.5	1	46,360	18	14,011.0	45,640	16	–2.6	–3.5
乌拉圭	3	176	19	30.2	85	9,010	77	43.1	12,900	86	2.9	2.5
乌兹别克斯坦	28	447	65	30.6	83	1,100	167	80.9[a]	2,910[a]	159	8.1	6.3
委内瑞拉	28	912	32	286.4	30	10,090	74	346.9	12,220	90	–3.3	–4.8
越南	87	331	281	87.7	59	1,000[b]	171	243.6	2,790	161	5.3	4.0
西岸和加沙	4	6	672	..		..[l]		..	..		..	..
也门共和国	24	528	45	25.0	90	1,060	169	55.0	2,330	165	3.8	0.8
赞比亚	13	753	17	12.5	115	960	176	16.5	1,280	187	6.4	3.8
津巴布韦	13	391	32	4.6	154	360	203	..	..		5.7	5.2
全世界	**6,775 s**	**134,123 s**	**52 w**	**59,162.8 t**		**8,732 w**		**71,774.4 t**	**10,594 w**		**–1.9 w**	**–3.0 w**
低收入国家	846	17,838	49	431.0		509		1,032.5	1,220		4.6	2.4
中等收入国家	4,813	80,558	61	16,346.7		3,397		30,653.8	6,370		2.6	1.5
中低收入国家	3,811	31,898	124	8,845.9		2,321		18,229.1	4,784		7.1	5.9
中高收入国家	1,002	48,659	21	7,515.1		7,502		12,461.9	12,440		–2.6	–3.4
低收入和中等收入国家	5,659	98,396	59	16,792.6		2,968		31,684.3	5,599		2.7	1.4
东亚和太平洋地区	1,944	16,302	123	6,148.6		3,163		11,712.8	6,026		7.4	6.6
欧洲和中亚	404	23,549	18	2,745.8		6,793		5,097.0	12,609		–5.8	–6.1
拉丁美洲和加勒比地区	572	20,394	28	4,011.3		7,007		5,888.7	10,286		–1.9	–3.0
中东和北非	331	8,778	38	1,190.2		3,597		2,617.6	7,911		3.4	1.6
南亚	1,568	5,131	329	1,735.4		1,107		4,658.7	2,972		8.1	6.5
撒哈拉以南非洲地区	840	24,242	36	944.2		1,125		1,722.2	2,051		1.7	–0.7
高收入国家	1,117	35,727	33	42,417.7		37,990		40,433.9	36,213		–3.3	–3.9
欧元区	327	2,583	128	12,723.2		38,872		11,127.6	33,997		–4.1	–4.5

a. 这一估计以回归法为基础；其他按 2005 年国际比较项目的基准估计数推断。b. 包括在基于早期数据的中低收入经济体的合计数中。c. 不包括法国海外属地：法属圭亚那、瓜德罗普、马提尼克和留尼旺。d. 不包括南奥塞梯和阿布哈兹。e. 包括在基于早期数据的中低收入经济体的合计数中。f. 估计为低收入经济体（995 美元及其以下）。g. 不包括德涅斯特河沿岸地区。h. 包括前西班牙的撒哈拉地区。i. 估计为高收入经济体（12196 美元及其以上）。j. 临时估计。k. 仅仅为坦桑尼亚大陆的数据。l. 估计为中低收入经济体（996—3945 美元）。

关于数据的说明

人口、土地面积、收入水平、产出和产出的增长是衡量经济规模的基本方法。它们同时还提供了实际资源和潜在资源的广义指标。因此，人口、土地面积、收入水平——用国民总收入（GNI）衡量——以及产值——用国内生产总值（GDP）衡量——在《世界发展指标》中被用来规范其他指标。

人口估计数通常是从各国最新的人口统计中推断出来的。关于人口和人口增长的测算方法的进一步说明，可见表2.1中“关于数据的说明”和“统计方法”。

一个经济体的地表面积包括其内陆水域和沿海水路的面积。因此，地表面积与土地面积（不包括内陆水域面积）和总面积（可能包括离岸领海面积）不同。土地面积对研究一个经济体的农业生产力和人类活动对环境造成的影响非常重要（关于土地面积的测算方法以及农村人口密度、土地使用和农业生产力的资料，请见表3.1—表3.3）。卫星测绘技术和计算机数据库的创新，使土地和水域测绘更为精确。

GNI用以测算一个国家居民在国内和国外创造的总增加值。GNI包括国内生产总值和来自非居民途径的初级收入的净收入（雇员获得的报酬和财产收入）。世界银行为进行分析而使用以美元为单位的人均国民总收入来对不同国家加以分类，并确定其借款资格。关于《世界发展指标》中使用的收入组别的定义，请见“使用指南”。关于国民收入在衡量生产率和福利方面的作用的讨论，见表4.1和表4.2中的“关于数据的说明”。

在将各国提供的以本国货币计算的国民总收入换算成以美元计算的国民总收入时，世界银行使用了它自己的图表集换算法。这一方法使用汇率的三年平均数，以熨平短暂的汇率波动所带来的影响（关于图表集换算法的进一步说明，可见“统计方法”）。需要指出的是，国内生产总值和人均国内生产总值增长率是按不变价格和本国货币单位计算的。

由于汇率并不总能反映国家间的价格差异，因此，该表还反映了根据购买力平价（PPP）换算成国际美元的国民总收入和人均国民总收入。购买力平价率是衡量国与国之间实际支出水平的标准方法，就像协定价格指数是衡量不同时间内实际价值的方法一样。

PPP比率是通过同时比较众多国家同类货物和服务的价格计算得出的。最近一轮物价调查来自国际比较项目（ICP），146个国家和地区参与了这次数据收集，其中中国是首次参加，而印度也是1985年以来的首次，这还包括几乎所有的非洲国家。本表中的PPP换算因子通过3种渠道获得。45个高收入或上中收入国家的换算因子由欧盟统计局和经济合作与发展组织（OECD）提供，其中34个欧洲国家的PPP估计数于2005年起纳入了新的价格数据。对于其余加入2005年ICP的国家，其PPP估计数是以2005年ICP的结果推断得出的，其依据是这些经济体与美国在相关物价上的变动情况。未列入调查的经济体的PPP估计数则是通过使用统计模型得出的。

更多有关2005年国际比较项目结果的信息，见 www. worldbank. org/data/icp。

《世界发展指标》中列出的213个经济体都是按其规模进行排名的，包括那些在表1.6中列出的经济体。排名只在表1.1中有显示。那些没有公布人均国民总收入估计数的经济体则未列入这一排名。数据不全的经济体也按照其近似水平进行了排名，以使其他经济体的相对次序保持连贯。

定义

• **人口**是以人口的实际定义为基础的。它包括所有居民，不论其法律地位或国籍。但未在避难国永久定居的难民通常被视为其原国籍人口的一部分。人口数是年中的估计数。另见表2.1。
• **地表面积**是一个国家的总体面积，包括内陆水域面积和一些沿海水路。 • **人口密度**是年中人口数除以以平方公里为计量单位的土地面积。 • **国民总收入（GNI）**是所有居民生产者创造的增加值的总和，加上未统计在估计产值中的产品税（减去补贴），再加上境外营业收入的净收益（雇员获得的报酬和财产收入）。资料中的数据已根据世界银行图表集换算法被换算成现值美元（见“统计方法”）。 • **人均GNI**是国民总收入除以年中人口数。以美元计算的人均国民总收入是用世界银行图表集换算法换算的。 • **以购买力平价（PPP）衡量的GNI**是使用购买力平价率换算成国际美元后的国民总收入。对国民总收入而言，1个国际美元的购买力等同于1美国美元在美国的购买力。 • **国内生产总值（GDP）**是所有居民生产者的收入，加上未统计在估计产值中的产品税（减去补贴）。增长率根据以本国货币表示的不变价格的国内生产总值计算得出。 • **人均GDP**是国内生产总值除以年中人口数。

数据资料来源

人口是世界银行工作人员根据多种资料来源估算的（见表2.1中的“数据资料来源”）。地表面积和土地面积的数据取自联合国粮农组织（见表3.1中的“数据资料来源”）。国民总收入、人均国民总收入、国内生产总值的增长和人均国内生产总值的增长是由世界银行工作人员根据各国国民账户数据估算的，这些数据由世界银行工作人员在经济使团出访期间收集，或来自各国统计部门向其他国际组织（例如，经济合作与发展组织等）的报告。购买力平价换算因子来自欧盟统计局和OECD，以及世界银行工作人员基于ICP所收集数据的估算。

1.2 千年发展目标：消除贫困和改善生活

	消除极端贫困与饥饿					实现普及初等教育		促进两性平等		减少儿童死亡率	
	最贫困的1/5人口在国民消费或收入中所占比重(百分比)	脆弱性就业、无报酬家庭劳动者和自营工作人员占总就业的百分比		儿童营养不良和体重不足状况占5岁以下儿童的百分比		初等教育毕业率(百分比)		小学和中学的女生与男生入学比率(百分比)		5岁以下儿童死亡率(每千名儿童)	
	1995–2009[a,b]	1990	2008	1990	2004–2009[a]	1991	2009[c]	1991	2009[c]	1990	2009
阿富汗	9.0	..	..	..	32.9	28	..	54	62	250	199
阿尔巴尼亚	8.1	..	..	..	6.6	..	90	96	100	51	15
阿尔及利亚	6.9	..	..	9.2	3.7	80	91	83	..	61	32
安哥拉	2.0[d]	..	..	..	..	33	..	..	..	258	161
阿根廷	4.1[d]	..	20[e]	..	2.3	..	102	..	105	28	14
亚美尼亚	8.8	..	..	..	4.2	..	98	..	103	56	22
澳大利亚	..	10	9	..	..	..	..	100	97	9	5
奥地利	8.6	..	9	..	..	..	99	95	97	9	4
阿塞拜疆	8.0	..	53	..	8.4	95	92	100	102	98	34
孟加拉国	9.4	..	..	61.5	41.3	41	61	75	108	148	52
白俄罗斯	9.2	..	..	..	1.3	94	96	..	101	24	12
比利时	8.5	16	10	..	..	79	86	101	98	10	5
贝宁	6.9	..	..	..	20.2	22	62	..	..	184	118
玻利维亚	2.8	40[e]	..	9.7	4.5	71	99	..	99	122	51
波斯尼亚和黑塞哥维那	6.7	..	..	..	1.6	..	..	..	102	23	14
博茨瓦纳	..	..	..	..	..	90	95	109	100	60	57
巴西	3.3	29[e]	27	..	2.2	93	..	..	103	56	21
保加利亚	5.0	..	9	..	1.6	90	90	99	97	18	10
布基纳法索	7.0	..	..	29.6	26.0	20	43	..	86	201	166
布隆迪	9.0	..	..	30.2	..	46	52	82	93	189	166
柬埔寨	6.6	..	..	..	28.8	..	83	..	90	117	88
喀麦隆	5.6	..	..	18.0	16.6	53	73	83	86	148	154
加拿大	7.2	..	10[e]	..	..	..	..	99	..	8	6
中非共和国	5.2	..	..	..	..	28	38	61	69	175	171
乍得	6.3	94	..	..	33.9	18	33	41	64	201	209
智利	8.6	..	25	..	0.5	..	95	100	99	22	9
中国	5.7	..	..	12.6	4.5	107	..	86	105	46	19
中国香港	5.3	6	7[e]	..	..	102	93	..	102	..	..
哥伦比亚	2.5	28[e]	41	8.8	5.1	73	115	108	105	35	19
刚果民主共和国	5.5	..	..	..	28.2	48	56	70	77	199	199
刚果共和国	5.0	..	..	21.1	11.8	54	74	89	..	104	128
哥斯达黎加	4.2	25	20	2.5	..	79	96	101	102	18	11
科特迪瓦	5.6	..	..	..	16.7	42	46	..	..	152	119
克罗地亚	8.1	..	22[f]	..	1.0	..	100	103	102	13	5
古巴	..	..	..	..	..	99	98	106	99	14	6
捷克共和国	10.2	7	13	0.9	..	92	95	98	101	12	4
丹麦	8.3	7	5	..	..	98	101	101	102	9	4
多米尼加共和国	4.4	39	42	8.4	3.4	..	90	..	97	62	32
厄瓜多尔	4.2	36[e]	34[e]	..	6.2	..	103	100	103	53	24
埃及	9.0	28[e]	25	10.5	6.8	..	95	81	..	90	21
萨尔瓦多	4.3	35	36	11.1	..	65	89	101	98	62	17
厄立特里亚	..	..	..	36.9	..	..	48	82	77	150	55
爱沙尼亚	6.8	2[e]	6[e]	..	..	..	100	103	101	17	6
埃塞俄比亚	9.3	..	52[e]	..	34.6	23	55	68	88	210	104
芬兰	9.6	..	9	..	..	97	98	109	102	7	3
法国	7.2	11	6	..	..	106	..	102	100	9	4
加蓬	6.1	48	..	..	..	62	..	96	..	93	69
冈比亚	4.8	..	..	..	15.8	45	79	65	102	153	103
格鲁吉亚	5.3	..	62	..	2.3	..	107	98	96	47	29
德国	8.5	..	7	..	1.1	100	104	99	98	9	4
加纳	5.2	..	..	24.1	14.3	64	83	78	95	120	69
希腊	6.7	40[e]	27	..	..	99	101	99	97	11	3
危地马拉	3.4	..	..	27.8	..	..	80	87	94	76	40
几内亚	6.4	..	..	..	20.8	17	62	45	77	231	142
几内亚比绍	7.2	..	..	..	17.4	..	..	55	..	240	193
海地	2.5	..	..	23.7	18.9	27	..	..	..	152	87
洪都拉斯	2.0	49[e]	..	15.8	8.6	64	90	104	107	55	30

千年发展目标：消除贫困和改善生活

	消除极端贫困与饥饿					实现普及初等教育		促进两性平等		减少儿童死亡率	
	最贫困的1/5人口在国民消费或收入中所占比重（百分比）	脆弱性就业、无报酬家庭劳动者和自营工作人员占总就业的百分比		儿童营养不良和体重不足状况占5岁以下儿童的百分比		初等教育毕业率（百分比）		小学和中学的女生与男生入学比率（百分比）		5岁以下儿童死亡率（每千名儿童）	
	1995–2009[a,b]	1990	2008	1990	2004–2009[a]	1991	2009[c]	1991	2009[c]	1990	2009
匈牙利	8.4	7[e]	7	2.3	..	82	95	100	98	17	6
印度	8.1	..	..	59.5	43.5	..	95	73	92	118	66
印度尼西亚	7.6	..	63	31.0	17.5[g]	93	109	93	98	86	39
伊朗	6.4	..	43	..	..	88	101	85	97	73	31
伊拉克	..	..	..	10.4	7.1	58	64	79	81	53	44
爱尔兰	7.4	20	12	..	..	103	99	104	103	9	4
以色列	5.7	..	7	..	..	..	99	105	101	11	4
意大利	6.5	27	19	..	..	98	104	100	99	10	4
牙买加	5.2	42	35	4.0	2.2	94	89	103	100	33	31
日本	..	19	11	..	..	102	101	101	100	6	3
约旦	7.2	..	..	4.8	1.9	101	100	101	102	39	25
哈萨克斯坦	8.7	..	..	..	4.9	..	106	..	99	60	29
肯尼亚	4.7	..	..	20.1	16.4	..	..	..	95	99	84
朝鲜	..	..	..	..	20.6	..	..	..	..	45	33
韩国	7.9	..	25	..	..	99	99	99	97	9	5
科索沃	..	..	..	..	..	..	..	..	..	..	..
科威特	..	..	..	..	1.7	57	93	100	101	17	10
吉尔吉斯斯坦	8.8	..	47	..	2.7	..	94	102	101	75	37
老挝	7.6	..	..	39.8	31.6	41	75	77	87	157	59
拉脱维亚	6.8	..	7	..	..	..	95	101	100	16	8
黎巴嫩	..	..	..	..	4.2	..	85	101	104	40	12
莱索托	3.0	38	..	13.8	16.6	59	70	124	107	93	84
利比里亚	6.4	..	..	..	20.4	..	58	..	..	247	112
利比亚	..	..	..	..	5.6	..	..	..	..	36	19
立陶宛	6.6	..	9	..	..	..	92	96	100	15	6
前南斯拉夫马其顿共和国	5.4	..	22	..	1.8	98	92	99	98	36	11
马达加斯加	6.2	84	..	35.5	36.8	36	79	96	97	167	58
马拉维	7.0	..	..	24.4	15.5	31	59	82	100	218	110
马来西亚	4.5	29	22	22.1	..	91	97	101	103	18	6
马里	6.5	..	..	29.0	27.9	..	59	58	78	250	191
毛里塔尼亚	6.2	..	..	43.3	16.7	33	64	71	103	129	117
毛里求斯	..	12	17	..	..	115	89	102	101	24	17
墨西哥	3.9	26	30	13.9	3.4	88	104	97	102	45	17
摩尔多瓦	6.8	..	32	..	3.2	..	93	105	101	37	17
蒙古	7.1	..	..	10.8	5.3	..	93	109	103	101	29
摩洛哥	6.5	..	51	8.1	9.9	48	80	70	88	89	38
莫桑比克	5.2	..	..	..	..	26	57	71	88	232	142
缅甸	..	..	..	28.8	..	..	99	95	100	118	71
纳米比亚	..	..	..	21.5	17.5	74	87	106	104	73	48
尼泊尔	6.1	..	..	..	38.8	51	..	59	..	142	48
荷兰	7.6	8	9	..	..	..	..	97	98	8	4
新西兰	6.4	13	12	..	..	..	..	100	103	11	6
尼加拉瓜	3.8	..	45	9.6	4.3	42	75	119	102	68	26
尼日尔	8.3	..	..	41.0	39.9	17	40	53	75	305	160
尼日利亚	5.1	..	..	35.1	26.7	..	79	77	85	212	138
挪威	9.6	..	6	..	..	100	98	102	99	9	3
阿曼	..	..	..	21.4	..	74	80	89	97	48	12
巴基斯坦	9.0	..	62	39.0	..	..	61	48	82	130	87
巴拿马	3.6	34	28	..	..	86	102	99	101	31	23
巴布亚新几内亚	4.5	..	..	..	18.1	46	..	80	..	91	68
巴拉圭	3.8	23[e]	47	2.8	..	68	94	98	100	42	23
秘鲁	3.9	36[e]	40[e]	8.8	5.4	..	101	96	99	78	21
菲律宾	5.6	..	45[e]	29.8	..	88	94	99	102	59	33
波兰	7.6	28[e]	19	..	..	96	96	101	99	17	7
葡萄牙	5.8	25[e]	19	..	..	..	..	103	100	15	4
波多黎各	..	..	..	..	..	..	..	..	102	..	..
卡塔尔	3.9	..	..	..	..	71	108	98	120	19	11

1.2 千年发展目标：消除贫困和改善生活

	消除极端贫困与饥饿					实现普及初等教育		促进两性平等		减少儿童死亡率	
	最贫困的1/5人口在国民消费或收入中所占比重（百分比）	脆弱性就业、无报酬家庭劳动者和自营工作人员占总就业的百分比		儿童营养不良和体重不足状况占5岁以下儿童的百分比		初等教育毕业率（百分比）		小学和中学的女生与男生入学比率（百分比）		5岁以下儿童死亡率（每千名儿童）	
	1995–2009[a,b]	1990	2008	1990	2004–2009[a]	1991	2009[c]	1991	2009[c]	1990	2009
罗马尼亚	8.1	27[e]	31	5.0	..	96	96	99	99	32	12
俄罗斯联邦	6.0	1	6	..	..	..	95	105	98	27	12
卢旺达	4.2	..	..	24.3	18.0	50	54	95	100	171	111
沙特阿拉伯	..	..	..	..	5.3	..	93	..	91	43	21
塞内加尔	6.2	83	..	19.0	14.5	39	57	69	95	151	93
塞尔维亚	9.1	..	23	..	1.8	..	96	..	101	29	7
塞拉利昂	6.1	..	..	25.4	21.3	..	88	64	84	285	192
新加坡	5.0	8	10	..	..	..	..	..	..	8	3
斯洛伐克共和国	8.8	..	11	..	..	95	96	102	100	15	7
斯洛文尼亚	8.2	12[e]	11	..	..	95	96	103	99	10	3
索马里	..	..	..	..	32.8	..	..	..	53	180	180
南非	3.1	..	3	..	..	76	93	104	99	62	62
西班牙	7.0	22[e]	12	..	..	104	100	104	103	9	4
斯里兰卡	6.9	..	41[e]	29.3	21.6	101	97	102	..	28	15
苏丹	..	..	..	31.8	31.7	..	57	78	89	124	108
斯威士兰	4.5	..	..	..	6.1	61	72	..	92	92	73
瑞典	9.1	..	7	..	..	96	94	102	99	7	3
瑞士	7.6	9	10	..	..	53	94	97	97	8	4
阿拉伯叙利亚共和国	7.7	..	..	11.5	10.0	89	112	85	97	36	16
塔吉克斯坦	9.3	..	..	..	14.9	..	98	..	91	117	61
坦桑尼亚	6.8	..	88[e]	25.1	16.7	55	102	97	96	162	108
泰国	3.9	70	53	16.3	7.0	..	..	99	103	32	14
东帝汶	9.0	..	..	..	..	..	80	..	..	184	56
多哥	5.4	..	..	21.2	22.3	35	61	59	75	150	98
特立尼达和多巴哥	..	22	..	4.7	..	102	93	101	101	34	35
突尼斯	5.9	..	..	8.5	3.3	74	93	86	103	50	21
土耳其	5.7	..	35	8.7	3.5	90	93	81	93	84	20
土库曼斯坦	6.0	..	..	..	..	..	..	..	..	99	45
乌干达	5.8	..	..	19.7	16.4	..	72	77	99	184	128
乌克兰	9.4	..	..	..	..	92	95	102	99	21	15
阿拉伯联合酋长国	..	..	..	..	..	103	99	104	100	17	7
英国	6.1	10	11	..	..	..	..	102	101	10	6
美国	5.4	..	..	..	1.3	..	95	100	100	11	8
乌拉圭	5.6	..	25[e]	6.5	6.0	94	106	..	104	24	13
乌兹别克斯坦	7.1	..	..	..	4.4	..	92	..	99	74	36
委内瑞拉	4.9	..	30	6.7	3.7	81	95	105	102	32	18
越南	7.3	..	..	40.7	20.2	..	..	..	..	55	24
西岸和加沙	..	..	36	..	2.2	..	82	..	104	43	30
也门共和国	7.2	..	..	29.6	..	..	61	..	..	125	66
赞比亚	3.6	65	..	21.2	14.9	..	87	..	96	179	141
津巴布韦	4.6	..	..	8.0	14.0	97	..	92	97	81	90
全世界		.. w	.. w	.. w	21.3 w	79 w	88 w	87 w	96 w	92 w	61 w
低收入国家		..	..	..	27.7	44	63	80	91	171	118
中等收入国家		..	..	31.7	20.8	83	92	85	97	85	51
中低收入国家		..	..	33.5	24.0	82	90	81	95	93	57
中高收入国家		..	26	..	..	88	100	98	101	51	22
低收入和中等收入国家		..	..	32.5	22.4	78	87	84	96	100	66
东亚和太平洋地区		..	..	18.0	8.8	101	99	89	102	55	26
欧洲和中亚		..	19	..	..	92	96	98	97	52	21
拉丁美洲和加勒比地区		..	30	..	3.8	84	101	99	102	52	23
中东和北非		..	37	..	6.8	..	95	80	96	76	33
南亚		..	..	57.2	42.5	62	79	69	91	125	71
撒哈拉以南非洲地区		..	..	..	24.7	51	64	82	88	181	130
高收入国家		..	12	..	..	..	98	100	99	12	7
欧元区		..	11	..	..	101	..	..	..	9	4

a. 最近年份可获得的数据。b. 见表 2.9 的调查年份，其份额是基于收入或消费支出的。c. 临时的数据。d. 仅包括城市地区。e. 有限覆盖范围。f. 2009 年的数据。g. 2010 年的数据。

千年发展目标：消除贫困和改善生活

关于数据的说明

表1.2—表1.4提供了“千年发展目标”所要实现的21个具体目标中的17个相关指标。8个“千年发展目标”中的每一个都包含一个或几个具体目标，每个具体目标都有几个与之相关的指标，以对这些具体目标实现的过程进行监控。大多数具体目标都用一个特定指标在某时间段内所应达到的值来表示。在某些情况下，目标值是相对于1990年的水平来设定的，而其他一些目标则被设定为绝对值。目标7和目标8中还有一些具体目标尚无量化的指标。

本表中的指标是衡量千年发展目标1—4的。目标1在1990—2015年间有3个所要实现的具体目标：将每天收入少于1.25美元的人口比例减少一半，实现完全高效率就业并为所有的人提供体面的工作，以及将受饥饿困扰的人口比例减少一半。关于贫困率的估算可见表2.7和表2.8。本表中列出的最贫困的20%人口占国民消费或收入的比重这一指标是一种分配衡量方法。在平均收入水平给定的情况下，消费（或收入）分配越不平均的国家，贫困率也越高。脆弱性就业衡量的是就业中接受最低工资和最低保障的劳动力比例。没有哪个指标能够单独反映出忍饥挨饿的情况。儿童营养不良是粮食供应不足、缺乏必要营养、消耗这些营养的疾病和孕妇营养不良（她们产下的婴儿将体重不足）的综合体现。

在实现全球普及初等教育方面取得的进展是用小学毕业率来衡量的。由于许多教学体系并不是在一致的基础上记录毕业率，而是根据小学最后一年的总入学率进行估计，再根据复读数加以调整。但是官方统计的入学人数与实际的入学人数有时相差很大，即使在平均入学率很高的教学体系中，学生毕业率也可能会很低。

消除教育中的性别不平等将有助于提高女性的地位和能力。小学和中学中，女生与男生入学比率是衡量女孩受教育的相对能力的一个不太完善的标准。

有关减少5岁以下儿童死亡率的目标是“千年发展目标”中最具挑战性的一部分。5岁以下儿童死亡率是根据加权最小二乘法回归模型以及大多数国家定期进行的相关调查所获得的数据估计得出。

与“千年发展目标”有关的60项指标，绝大多数可在《世界发展指标》中找到。表1.2a为有关前4项“千年发展目标”的指标提供了在其他表中的查询索引。关于数据搜集方法和局限性的进一步说明，可见这些表中的“关于数据的说明”。关于千年发展目标5—8的指标的信息，可见表1.3和表1.4中“关于数据的说明”。

定义

• **最贫困的1/5人口在国民消费或收入中所占的比重**是指人口中20%最贫困人口的消费（有时是收入）所占百分比。 • **脆弱性就业**是自营工作者和无报酬家庭劳动者的总数占总就业的百分比。 • **儿童营养不良发生率**是指在5岁以下儿童中，其相对应年龄的体重比0—59月龄的国际参照人口相对应年龄的体重平均值低2个标准差的儿童所占比重。这些数据都是基于世界卫生组织2006年公布的针对婴儿和儿童的国际儿童成长标准，即所谓的儿童成长标准。 • **初等教育毕业率**是指完成最后一年小学教育的学生人数的比率。它是以小学教育中的最后一年的学生总数减去这一年中的复读人数除以官方设定的毕业年龄的学生总数得出的。 • **小学和中学的女生与男生入学比率**是指小学和中学的女生与男生总入学人数的比率。 • **5岁以下儿童死亡率**是指新生儿如果按照目前特定年龄组人口的死亡率，其在5岁以前死亡的可能性。这一可能性以千分比表示。

与“千年发展目标1—4”相对应的指标索引 1.2a

目标1. 消除极端贫困与饥饿		
1.1	每天生活费低于1.25美元的人口所占比重	表2.8
1.2	贫困差距率	表2.7和表2.8
1.3	最贫困的1/5人口在国民消费中所占比重	表1.2和表2.9
1.4	就业人口的人均GDP增长率	表2.4
1.5	人口就业率	表2.4
1.6	就业人口每天生活费低于1美元的比例	—
1.7	自营工作者和无报酬家庭劳动者占总就业的比例	表1.2和表2.4
1.8	5岁以下儿童体重不足的发生率	表1.2和表2.20
1.9	饮食中摄入能量少于最低标准的人口所占比重	表2.20
目标2. 实现普及初等教育		
2.1	初等教育的净入学率	表2.12
2.2	入学儿童中小学毕业的儿童所占的比重	表2.13
2.3	15—24岁年龄组人口的识字率	表2.14
目标3. 促进两性平等并赋予女性权力		
3.1	接受初等、中等和高等教育的女性与男性人数比率	表1.2和表2.12*
3.2	女性在非农业部门有工资收入的就业人员中所占比重	表1.5和表2.3*
3.3	女性在国家议会中所占席位的比重	表1.5
目标4. 减少儿童死亡率		
4.1	5岁以下儿童死亡率	表1.2和表2.22
4.2	婴儿死亡率	表2.22
4.3	1岁儿童接种麻疹疫苗的比例	表2.18

— 数据在《世界发展指标》数据库中无法获得。* 本表提供了相关指标的信息。

数据资料来源

这里以及本书其他地方出现的指标是由世界银行工作人员根据第一手和第二手资料汇编而成。在汇编时，工作人员已经尽量使这些数据序列与联合国千年发展目标网站（www.un.org/millenniumgoals）所公布的相一致，但在时间、数据来源和定义等方面仍存在一些差异。欲了解更多的信息，见表1.2a所列指标的“数据资料来源”。

1.3 千年发展目标：保护我们共同的环境

	提高孕产妇健康水平			防治HIV/AIDS及其他疾病		确保环境的可持续发展					为发展而建立全球伙伴关系
	孕产妇死亡率（模型估计的每10万例活产）	避孕普及率占15–49岁已婚妇女的百分比		HIV流行状况占15–49岁年龄组的百分比	肺结核患病数每10万人口	二氧化碳排放量（人均吨数）		濒危物种的比例（百分比）	使用改善的卫生设施的人口比重占人口的百分比		互联网用户数[a]（每百人）
	2008	1990	2004–2009[b]	2009	2009	1990	2007	2008	1990	2008	2009
阿富汗	1,400	..	15	..	189	0.1	0.0	0.7	..	37	3.4
阿尔巴尼亚	31	..	69	..	15	2.3	1.4	1.5	..	98	41.2
阿尔及利亚	120	*47*	61	0.1	59	3.1	4.1	2.1	88	95	13.5
安哥拉	610	..	..	2.0	298	0.4	1.4	1.4	25	57	3.3
阿根廷	70	..	78	0.5	28	3.5	4.6	1.9	90	90	30.4
亚美尼亚	29	..	53	0.1	73	*1.1*	1.6	0.9	..	90	6.8
澳大利亚	8	..	..	0.1	6	17.2	17.7	4.7	100	100	72.0
奥地利	5	..	..	0.3	11	7.9	8.3	1.9	100	100	73.5
阿塞拜疆	38	..	51	0.1	110	*6.0*	3.7	0.8	..	45	42.0
孟加拉国	340	*40*	53	<0.1	225	0.1	0.3	1.9	39	53	0.4
白俄罗斯	15	..	73	0.3	39	*9.6*	6.9	0.7	..	93	45.9
比利时	5	*78*	75	0.2	9	10.8	9.7	1.3	100	100	75.2
贝宁	410	..	17	1.2	93	0.1	0.5	1.5	5	12	2.2
玻利维亚	180	*30*	61	0.2	140	0.8	1.4	0.8	19	25	11.2
波斯尼亚和黑塞哥维那	9	..	36	..	50	*1.2*	7.7	13.1	..	95	37.7
博茨瓦纳	190	*33*	53	24.8	694	1.6	2.6	0.5	36	60	6.2
巴西	58	*59*	81	..	45	1.4	1.9	1.3	69	80	39.2
保加利亚	13	..	..	0.1	41	8.8	6.8	1.1	99	100	44.8
布基纳法索	560	..	17	1.2	215	0.1	0.1	1.0	6	11	1.1
布隆迪	970	..	9	3.3	348	0.1	0.0	1.5	44	46	0.8
柬埔寨	290	..	40	0.5	442	0.0	0.3	29.8	9	29	0.5
喀麦隆	600	*16*	29	5.3	182	0.1	0.3	5.4	47	47	3.8
加拿大	12	..	..	0.2	5	16.2	16.9	1.8	100	100	77.7
中非共和国	850	..	19	4.7	327	0.1	0.1	0.6	11	34	0.5
乍得	1,200	..	3	3.4	283	0.0	0.0	1.0	6	9	1.7
智利	26	56	58	0.4	11	2.6	4.3	2.4	84	96	34.0
中国	38	*85*	85	0.1[c]	96	2.2	5.0	2.4	41	55	28.8
中国香港	..	*86*	..	..	82	4.8	5.8	13.2	..	..	61.4
哥伦比亚	85	66	78	0.5	35	1.7	1.4	1.2	68	74	45.5
刚果民主共和国	670	*8*	21	..	372	0.1	0.0	2.5	9	23	0.6
刚果共和国	580	..	44	3.4	382	0.5	0.4	1.0	..	30	6.7
哥斯达黎加	44	..	80	0.3	10	1.0	1.8	1.9	93	95	34.5
科特迪瓦	470	..	13	3.4	399	0.5	0.3	3.9	20	23	4.6
克罗地亚	14	..	..	<0.1	25	*3.8*	5.6	1.8	..	99	50.4
古巴	53	..	78	0.1	6	3.1	2.4	4.2	80	91	14.3
捷克共和国	8	*78*	..	<0.1	9	*13.5*	12.1	1.5	100	98	63.7
丹麦	5	*78*	..	0.2	7	9.8	9.1	1.6	100	100	85.9
多米尼加共和国	100	*56*	73	0.9	70	1.3	2.1	2.1	73	83	26.8
厄瓜多尔	140	*53*	73	0.4	68	1.6	2.2	10.4	69	92	15.1
埃及	82	*47*	60	<0.1	19	1.3	2.3	4.1	72	94	20.0
萨尔瓦多	110	*47*	73	0.8	30	0.5	1.1	1.8	75	87	14.4
厄立特里亚	280	..	..	0.8	99	..	0.1	15.0	9	14	4.9
爱沙尼亚	12	..	..	1.2	30	*16.3*	15.2	0.6	..	95	72.3
埃塞俄比亚	470	4	15	..	359	0.1	0.1	1.3	4	12	0.5
芬兰	8	*77*	..	0.1	9	10.2	12.1	1.3	100	100	83.9
法国	8	*81*	71	0.4	6	7.0	6.0	2.5	100	100	71.3
加蓬	260	..	..	5.2	501	6.6	1.4	2.1	..	33	6.7
冈比亚	400	12	..	2.0	269	0.2	0.2	2.2	..	67	7.6
格鲁吉亚	48	..	47	0.1	107	*2.9*	1.4	1.0	96	95	30.5
德国	7	*75*	..	0.1	5	*12.0*	9.6	2.2	100	100	79.5
加纳	350	*13*	24	1.8	201	0.3	0.4	3.7	7	13	5.4
希腊	2	..	..	0.1	5	7.2	8.8	2.1	97	98	44.1
危地马拉	110	..	54	0.8	62	0.6	1.0	2.4	65	81	16.3
几内亚	680	..	9	1.3	318	0.2	0.1	2.2	9	19	0.9
几内亚比绍	1,000	..	10	2.5	229	0.2	0.2	2.4	..	21	2.3
海地	300	*10*	32	1.9	238	0.1	0.2	2.3	26	17	10.0
洪都拉斯	110	*47*	65	0.8	58	0.5	1.2	3.5	44	71	9.8

千年发展目标：保护我们共同的环境

	提高孕产妇健康水平			防治HIV/AIDS及其他疾病		确保环境的可持续发展					为发展而建立全球伙伴关系
	孕产妇死亡率(模型估计的每10万例活产)	避孕普及率占15–49岁已婚妇女的百分比		HIV流行状况占15–49岁年龄组的百分比	肺结核患病数每10万人口	二氧化碳排放量(人均吨数)		濒危物种的比例(百分比)	使用改善的卫生设施的人口比重占人口的百分比		互联网用户数[a](每百人)
	2008	1990	2004–2009[b]	2009	2009	1990	2007	2008	1990	2008	2009
匈牙利	13	..	..	<0.1	16	6.1	5.6	1.8	100	100	61.6
印度	230	*43*	54	0.3	168	0.8	1.4	3.3	18	31	5.3
印度尼西亚	240	*50*	57	0.2	189	0.8	1.8	3.4	33	52	8.7
伊朗	30	*49*	79	0.2	19	4.2	7.0	1.0	83	..	38.3
伊拉克	75	*14*	50	..	64	2.8	3.3	11.0	..	73	1.0
爱尔兰	3	60	89	0.2	9	8.6	10.2	1.8	99	99	68.4
以色列	7	68	..	0.2	5	7.2	9.3	4.3	100	100	49.7
意大利	5	..	..	0.3	6	7.5	7.7	2.2	..	..	48.5
牙买加	89	55	..	1.7	7	3.3	5.2	7.7	83	83	58.6
日本	6	58	54	<0.1	21	9.3	9.8	4.9	100	100	77.7
约旦	59	40	59	..	6	3.3	3.8	3.4	..	98	29.3
哈萨克斯坦	45	..	51	0.1	163	*15.9*	14.7	1.1	96	97	33.4
肯尼亚	530	*27*	46	6.3	305	0.2	0.3	3.9	26	31	10.0
朝鲜	250	62	..	..	345	12.1	3.0	1.3	..	..	0.0
韩国	18	*79*	80	<0.1	90	5.6	10.4	1.7	100	100	80.9
科索沃	..	..	..	..	..	..	..	..	..	..	..
科威特	9	..	..	..	35	19.2	32.3	6.3	100	100	39.4
吉尔吉斯斯坦	81	..	48	0.3	159	*2.4*	1.2	0.8	..	93	41.2
老挝	580	..	38	0.2	89	0.1	0.3	1.2	..	53	4.7
拉脱维亚	20	..	..	0.7	45	*5.1*	3.4	1.4	..	78	66.7
黎巴嫩	26	..	58	0.1	15	3.1	3.2	1.2	..	..	23.7
莱索托	530	*23*	47	23.6	634	..	..	0.6	32	29	3.7
利比里亚	990	..	11	1.5	288	0.2	0.2	3.8	11	17	0.5
利比亚	64	..	..	..	40	9.2	9.3	1.6	97	97	5.5
立陶宛	13	..	..	0.1	71	*6.0*	4.5	0.9	..	..	58.8
前南斯拉夫马其顿共和国	9	..	14	..	23	5.6	5.5	0.9	..	89	51.8
马达加斯加	440	*17*	40	0.2	261	0.1	0.1	6.4	8	11	1.6
马拉维	510	*13*	41	11.0	304	0.1	0.1	3.3	42	56	4.7
马来西亚	31	*50*	..	0.5	83	3.1	7.3	6.9	84	96	57.6
马里	830	..	8	1.0	324	0.0	0.0	1.0	26	36	1.9
毛里塔尼亚	550	*3*	9	0.7	330	1.3	0.6	2.9	16	26	2.3
毛里求斯	36	*75*	..	1.0	22	1.4	3.1	24.3	91	91	22.7
墨西哥	85	..	73	0.3	17	4.3	4.5	3.2	66	85	26.5
摩尔多瓦	32	..	68	0.4	178	*4.8*	1.3	1.3	..	79	35.9
蒙古	65	..	55	<0.1	224	4.5	4.0	1.1	..	50	13.1
摩洛哥	110	*42*	63	0.1	92	0.9	1.5	1.9	53	69	32.2
莫桑比克	550	..	16	11.5	409	0.1	0.1	2.9	11	17	2.7
缅甸	240	*17*	41	0.6	404	0.1	0.3	2.7	..	81	0.2
纳米比亚	180	*29*	55	13.1	727	0.0	1.5	2.1	25	33	5.9
尼泊尔	380	*23*	48	0.4	163	0.0	0.1	1.1	11	31	2.1
荷兰	9	*76*	69	0.2	8	11.0	10.6	1.3	100	100	90.0
新西兰	14	..	..	0.1	8	6.9	7.7	5.1	..	..	83.4
尼加拉瓜	100	..	72	0.2	44	0.6	0.8	1.3	43	52	3.5
尼日尔	820	*4*	11	0.8	181	0.1	0.1	1.0	5	9	0.8
尼日利亚	840	6	15	3.6	295	0.5	0.6	4.3	37	32	28.4
挪威	7	*74*	88	0.1	6	7.4	9.1	1.5	100	100	91.8
阿曼	20	*9*	..	0.1	13	5.6	13.7	4.2	85	..	43.5
巴基斯坦	260	15	30	0.1	231	0.6	1.0	1.7	28	45	12.0
巴拿马	71	..	..	0.9	48	1.3	2.2	2.9	58	69	27.8
巴布亚新几内亚	250	..	32	0.9	250	0.5	0.5	3.6	47	45	1.9
巴拉圭	95	48	79	0.3	47	0.5	0.7	0.5	37	70	15.8
秘鲁	98	*59*	73	0.4	113	1.0	1.5	2.8	54	68	27.7
菲律宾	94	*36*	51	<0.1	280	0.7	0.8	6.6	58	76	6.5
波兰	6	*49*	..	0.1	24	9.1	8.3	1.2	..	90	58.8
葡萄牙	7	..	67	0.6	30	4.5	5.5	2.8	92	100	48.6
波多黎各	18	..	..	..	2	..	..	3.6	..	..	25.2
卡塔尔	8	..	..	0.1	49	25.2	55.4	..	100	100	28.3

1.3 千年发展目标：保护我们共同的环境

	提高孕产妇健康水平			防治HIV/AIDS及其他疾病		确保环境的可持续发展					为发展而建立全球伙伴关系
	孕产妇死亡率(模型估计的每10万例活产)	避孕普及率占15–49岁已婚妇女的百分比		HIV流行状况占15–49岁年龄组的百分比	肺结核患病数每10万人口	二氧化碳排放量(人均吨数)		濒危物种的比例(百分比)	使用改善的卫生设施的人口比重占人口的百分比		互联网用户数[a](每百人)
	2008	1990	2004–2009[b]	2009	2009	1990	2007	2008	1990	2008	2009
罗马尼亚	27	..	70	0.1	125	6.8	4.4	1.6	71	72	36.2
俄罗斯联邦	39	34	80	1.0	106	13.9	10.8	1.3	87	87	42.1
卢旺达	540	21	36	2.9	376	0.1	0.1	1.6	23	54	4.5
沙特阿拉伯	24	..	24	..	18	13.2	16.6	3.8	..	..	38.6
塞内加尔	410	..	12	0.9	282	0.4	0.5	2.2	38	51	7.4
塞尔维亚	8	..	41	0.1	21	..	..	..	..	92	56.1
塞拉利昂	970	..	8	1.6	644	0.1	0.2	3.2	..	13	0.3
新加坡	9	65	..	0.1	36	15.4	11.8	9.7	99	100	73.3
斯洛伐克共和国	6	74	..	<0.1	9	8.6	6.8	1.1	100	100	75.0
斯洛文尼亚	18	..	..	<0.1	12	6.2	7.5	2.1	100	100	63.6
索马里	1,200	1	15	0.7	285	0.0	0.1	3.2	..	23	1.2
南非	410	57	..	17.8	971	9.5	9.0	1.6	69	77	9.0
西班牙	6	..	66	0.4	17	5.9	8.0	3.8	100	100	61.2
斯里兰卡	39	..	68	<0.1	66	0.2	0.6	14.0	70	91	8.7
苏丹	750	9	8	1.1	119	0.2	0.3	2.4	34	34	9.9
斯威士兰	420	20	51	25.9	1,257	0.5	0.9	0.8	..	55	7.6
瑞典	5	..	..	0.1	6	6.0	5.4	1.4	100	100	90.3
瑞士	10	..	..	0.4	5	6.4	5.0	1.4	100	100	70.9
阿拉伯叙利亚共和国	46	..	58	..	21	2.9	3.5	2.0	83	96	18.7
塔吉克斯坦	64	..	37	0.2	202	3.9	1.1	0.8	..	94	10.1
坦桑尼亚	790	10	26	5.6	183	0.1	0.1	5.1	24	24	1.5
泰国	48	..	77	1.3	137	1.7	4.1	3.4	80	96	25.8
东帝汶	370	..	22[d]	..	498	..	0.2	..	..	50	..
多哥	350	34	17	3.2	446	0.2	0.2	1.2	13	12	5.4
特立尼达和多巴哥	55	..	43	1.5	23	13.9	27.9	1.7	93	92	36.2
突尼斯	60	50	60	<0.1	24	1.6	2.3	2.1	74	85	33.5
土耳其	23	63	73	<0.1	29	2.7	4.0	1.4	84	90	35.3
土库曼斯坦	77	..	48	..	67	7.2	9.2	10.7	98	98	1.6
乌干达	430	5	24	6.5	293	0.0	0.1	2.5	39	48	9.8
乌克兰	26	..	67	1.1	101	11.7	6.8	1.1	95	95	33.3
阿拉伯联合酋长国	10	..	..	..	4	29.3	31.0	14.1	97	97	82.2
英国	12	..	..	0.2	12	10.0	8.8	2.8	100	100	83.2
美国	24	71	..	0.6	4	19.5	19.3	5.7	100	100	78.1
乌拉圭	27	..	78	0.5	22	1.3	1.9	2.6	94	100	55.5
乌兹别克斯坦	30	..	65	0.1	128	5.3	4.3	1.0	84	100	16.9
委内瑞拉	68	..	..	..	33	6.2	6.0	1.1	82	..	31.2
越南	56	53	80	0.4	200	0.3	1.3	3.5	35	75	27.5
西岸和加沙	..	..	50	..	19	..	0.6	..	..	89	8.8
也门共和国	210	10	28	..	54	0.8	1.0	12.6	18	52	1.8
赞比亚	470	15	41	13.5	433	0.3	0.2	0.7	46	49	6.3
津巴布韦	790	43	65	14.3	742	1.5	0.8	0.9	43	44	11.4
全世界	**260 w**	**57 w**	**61 w**	**0.8 w**	**137 w**	**4.3[e] w**	**4.6[e] w**		**52 w**	**61 w**	**27.1 w**
低收入国家	580	23	33	2.7	294	0.7	0.3		23	35	2.7
中等收入国家	200	58	66	0.6	138	2.6	3.3		45	57	20.9
中低收入国家	230	60	63	0.4	147	1.6	2.8		37	50	17.2
中高收入国家	82	52	75	1.4	101	6.1	5.3		78	84	34.6
低收入和中等收入国家	290	54	61	0.9	161	2.4	2.9		43	54	18.1
东亚和太平洋地区	89	75	77	0.2	136	1.9	4.0		42	59	24.1
欧洲和中亚	32	..	69	0.6	89	10.7	7.2		87	89	36.4
拉丁美洲和加勒比地区	86	..	75	0.5	45	2.3	2.7		69	79	31.5
中东和北非	88	42	62	0.1	39	2.5	3.7		73	84	21.5
南亚	290	40	51	0.3	180	0.7	1.2		22	36	5.5
撒哈拉以南非洲地区	650	15	21	5.4	342	0.9	0.8		27	31	8.8
高收入国家	15	70	..	0.3	14	11.9	12.5		100	99	72.3
欧元区	7	..	..	0.3	9	8.6	8.2		100	100	67.3

a. 数据来自国际电信联盟（ITU）的《世界电信发展报告》数据库。引用这些数据时，请注明国际电信联盟。b. 最近年份可获得的数据。c. 包括中国香港。d. 2010 年的数据。e. 包括没有分配给特定国家的排放物。

关于数据的说明

"千年发展目标"体现了所有经济体共同关心的问题。疾病和环境恶化并没有国界之分。世界上只要还有一个地方有流行性疾病存在，就会对全世界人民的生命构成威胁。只要有一个地方的环境遭到破坏，就有可能对遥远地方的植物、动物及人类的福祉产生影响。下表中的指标涉及千年发展目标5、6和7以及目标8中有关获得新技术的部分。目标8所要达到的其他具体目标请见表1.4。

实现普及生殖卫生的目标已经加入到目标5中，以体现计划生育和卫生服务在改善孕产妇健康、防止孕产妇死亡方面的重要性。怀有多胞胎的女性很可能死于分娩。采取避孕措施是限制和控制生育的非常重要的途径。

测算一种疾病的流行情况或发生率有时非常困难。大多数发展中经济体缺乏监控疫情所需的报告体系。相关估算往往来自一些观察点的调查和报告，再推而广之到所有人口。对诸如HIV/AIDS和疟疾等疾病进行监控非常困难，因为HIV/AIDS从感染到发病可能会间隔很长时间，而疟疾则有潜伏周期。本表列出的指标是HIV在15—49岁年龄组的成年人中估计的流行情况。在老年人口中的传染率可施以终身治疗加以控制。肺结核患病数是根据已发现病例的数据以及对已发现病例在人口中所占比重的估计值推算出来的。

二氧化碳排放是温室气体的主要来源，进而造成全球气候变暖，威胁人类和自然的生存环境。认识到动植物物种的脆弱性之后，一个新目标——阻止生物多样性的丧失已经加入到目标7中。

能得到可靠的安全饮用水供应和拥有处理粪便的卫生设施是提高人们健康和加强环境保护的两个最重要的方式。改善的卫生设施将人类、动物和昆虫与粪便隔离。

互联网的使用包括宽带和窄带互联网。窄带往往局限于基本应用，而宽带则是电子商务、电子学习、电子政务和电子健康不可或缺的推动力。

与"千年发展目标5—7"相对应的指标索引 1.3a

目标5. 提高孕产妇健康水平		
5.1	孕产妇死亡率	表1.3和表2.19
5.2	在熟练医护人员护理下的分娩比例	表2.19
5.3	避孕普及率	表1.39和表2.19
5.4	青少年生育率	表2.19
5.5	产前护理覆盖率	表1.59和表2.19
5.6	家庭意外怀孕率	表2.19
目标6. 防治HIV/AIDS、疟疾和其他疾病		
6.1	HIV在15—24岁人口中的传播情况	表1.3*和表2.21*
6.2	上一次高风险性行为中避孕套的使用情况	表2.21*
6.3	全面、正确了解HIV/AIDS知识的15—24岁年龄段人口的比例	—
6.4	10—14年龄段的孤儿与非孤儿入学人数的比例	—
6.5	可获得抗逆转录（酶）病毒药物的HIV重度感染者的比例	—
6.6	疟疾的发病率和死亡率	—
6.7	5岁以下儿童睡在经过处理的蚊帐中的比例	表2.18
6.8	5岁以下儿童发烧后服用适当的抗疟疾药物的比例	表2.18
6.9	肺结核的感染率、传播率和死亡率	表1.3和表2.21
6.10	在短期直接观察治疗方案下查出和治愈的肺结核病例所占的比重	表2.18
目标7. 确保环境的可持续发展		
7.1	土地森林覆盖率	表3.1
7.2	（按购买力平价计算的）总的、人均以及1美元GDP的二氧化碳排放量	表3.8
7.3	消耗臭氧物质的消费量	表3.9*
7.4	安全生态限制区内鱼类存量的比例	—
7.5	所使用的水资源总量比例	表3.5
7.6	陆地保护区和海洋保护区比例	—
7.7	濒危物种比例	表1.3
7.8	使用改善的水资源的人口比重	表1.3、表2.18和表3.5
7.9	使用改善的卫生设施的人口比重	表1.3、表2.18和表3.11
7.10	生活在贫民窟的城市人口比重	—

— 数据在《世界发展指标》数据库中无法获得。* 本表提供了相关指标的信息。

定义

• **孕产妇死亡率**是指在妊娠或分娩期间每10万例活产中死于与妊娠相关的原因的孕妇人数。这里使用的数据是在不同的年份收集的，并以2008年为共同的基准年作了调整。数据值是模型的估计值（见表2.19的"关于数据的说明"）。 • **避孕普及率**是指其本身或者其性伴侣采取了任何形式的避孕措施的、已婚或者同居的、15—49岁女性所占的百分比。

• **HIV流行状况**指15—49岁年龄组人中感染HIV的人数所占比重。 • **肺结核患病数**是对新发现肺结核病例（包括肺部涂片呈阳性的和肺部以外的肺结核病例）的估计数字。

• **二氧化碳排放**是化石燃料燃烧以及水泥生产过程中产生的气体。它们包括在消耗固态、液态、气态燃料以及气态闪光过程中产生的二氧化碳（见表3.8）。 • **濒危物种的比例**是指濒危的哺乳动物（不包括鲸和海豚）、鸟类、高级原始人以及维管植物种类的数量占同种类遗址类别总数量的百分比。 • **使用改善的卫生设施的人口比重**指拥有基本的、可有效地将人、动物和昆虫与粪便隔离的卫生处理设施（个人使用或与别人合用，但不是公共设施）的人口所占比重。改善的卫生设施包括简单但有保护的坑式厕所和有排污管道的冲水式厕所。为确保其有效性，这些卫生设施必须设计合理，并且管理得当。 • **互联网用户数**指能够使用万维网的人。

数据资料来源

这里以及本书其他地方出现的指标都是世界银行工作人员根据第一手和第二手资料汇编而成的。在汇编时，工作人员已经尽力让这些数据序列与联合国千年发展目标网站（www.un.org/millenniumgoals）所公布的相一致，但在时间、来源和定义上仍存在一些差异。欲了解更多信息，见表1.3a和表1.4a所列指标的"数据资料来源"。

1.4 千年发展目标：克服障碍

发展援助委员会成员国

	来自捐赠国的净官方发展援助(ODA)		最不发达国家进入高收入国家市场								对农业的支持
					对最不发达国家出口商品征收的平均关税						
	官方发展援助净额(ODA)占捐助国GNI的百分比	用于基本社会服务的ODA[a]占ODA总额可分配部分的百分比	免关税货物(不包括武器)占最不发达国家出口的百分比		农产品(百分比)		纺织品(百分比)		服装(百分比)		占GDP的百分比
	2009	2009	2002	2008	2002	2008	2002	2008	2002	2008	2009[b]
澳大利亚	0.29	14.5	95.9	100.0	0.2	0.0	5.1	0.0	19.7	0.0	0.15
加拿大	0.30	25.5	67.2	100.0	0.3	0.1	5.7	0.2	17.9	1.7	0.75
欧盟			97.0	98.7	1.8	0.9	0.1	0.1	1.2	1.2	0.84
奥地利	0.30	6.3									
比利时	0.55	12.7									
丹麦	0.88	21.3									
芬兰	0.54	5.8									
法国	0.46	8.8									
德国	0.35	8.7									
希腊	0.19	11.2									
爱尔兰	0.54	32.1									
意大利	0.16	12.9									
卢森堡	1.04	35.4									
荷兰	0.82	11.9									
葡萄牙	0.23	3.6									
西班牙	0.46	24.2									
瑞典	1.12	10.8									
英国	0.52	21.4									
日本	0.18	18.6	33.2	99.6	4.8	1.4	2.8	2.6	0.1	0.1	1.11
韩国[c]	0.10	6.7	14.6	*57.7*	26.1	*28.5*	11.4	*4.0*	12.5	*3.7*	2.44
新西兰[c]	0.28	27.7	98.0	98.2	3.1	0.0	0.3	0.0	0.3	0.0	0.20
挪威	1.06	21.9	97.9	99.9	3.8	18.0	3.1	0.0	1.3	1.0	1.07
瑞士	0.45	9.5	93.4	100.0	5.1	0.1	0.0	0.0	0.0	0.0	1.37
美国	0.21	31.7	61.7	83.8	6.3	5.8	6.6	5.7	12.5	11.3	0.87

重债穷国（HIPCs）

	HIPC 决定点[d]	HIPC 完成点[d]	HIPC 债务倡议	MDRI 援助		HIPC 决定点[d]	HIPC 完成点[d]	HIPC 债务倡议	MDRI 援助
			2009年年末的净现值(百万美元)					2009年年末的净现值(百万美元)	
阿富汗	2007年7月	2010年1月	654	20	海地	2006年11月	2009年6月	164	665
贝宁	2000年7月	2003年3月	385	754	洪都拉斯	2000年7月	2005年4月	816	1,893
玻利维亚[e]	2000年2月	2001年6月	1,949	1,953	利比里亚	2008年3月	2010年6月	2,958	243
布基纳法索[e,f]	2000年7月	2002年4月	812	764	马达加斯加	2000年12月	2004年10月	1,228	1,598
布隆迪	2005年8月	2009年1月	1,009	58	马拉维[f]	2000年12月	2006年8月	1,379	898
喀麦隆	2000年10月	2006年4月	1,861	646	马里[e]	2000年9月	2003年3月	792	1,308
中非共和国	2007年9月	2009年1月	675	435	毛里塔尼亚	2000年2月	2002年6月	913	558
乍得	2001年5月	不固定	241	..	莫桑比克[e]	2000年4月	2001年9月	3,147	1,322
科摩罗	2010年6月	不固定	151	..	尼加拉瓜	2000年12月	2004年1月	4,861	1,191
刚果民主共和国	2003年7月	2010年7月	9,493	515	尼日尔[f]	2000年12月	2004年4月	947	651
刚果共和国	2006年3月	2010年1月	1,906	120	卢旺达[f]	2000年12月	2005年4月	956	283
科特迪瓦	2009年3月	不固定	3,245	..	圣多美和普林西比[f]	2009年12月	2007年3月	172	34
埃塞俄比亚[f]	2001年11月	2004年4月	2,735	1,862	塞内加尔	2000年6月	2004年4月	717	1,661
冈比亚	2000年12月	2007年12月	98	232	塞拉利昂	2002年3月	2006年12月	919	465
加纳	2002年2月	2004年7月	3,091	2,570	坦桑尼亚	2000年4月	2001年11月	2,977	2,517
几内亚	2000年12月	不固定	801	..	多哥	2008年11月	2010年12月	305	463
几内亚比绍	2000年12月	2010年12月	746	77	乌干达[e]	2000年2月	2000年5月	1,509	2,245
圭亚那[e]	2000年11月	2003年12月	897	493	赞比亚	2000年12月	2005年4月	3,672	1,962

a．包括初等教育、青年及成人的基本生活技能和儿童早期教育、基本的卫生保健、基本的基础卫生设施、基本的营养、传染病控制、健康教育、医疗卫生人员的发展、人口政策和行政管理、生殖健康保健、计划生育、性传播疾病控制（包括艾滋病）、从事人口和生殖健康服务人员的发展、基本的饮用水供应和基本的防疫设施，以及用于基本社会服务的多部门援助。b．临时的数据。c．由世界银行的工作人员基于联合国贸易与发展会议的贸易分析和信息系统数据库，利用世界综合贸易解决方案计算得出。d．数据引自重债穷国增强倡议。e．在原有重债穷国框架内也达到了完成点。援助包括原有的债务减免。f．援助包括完成点的额外援助。

关于数据的说明

要实现“千年发展目标”需要一个开放的、遵循规则的、所有国家（无论贫富）都能参与其中的全球经济。许多贫穷国家缺乏发展所需要的资金，背负着难以承受的高额债务，也无法在全球市场中进行竞争，它们需要富裕国家的援助。因此许多关于目标8——为发展建立全球伙伴关系——的指标是监测经济合作与发展组织（OECD）中的发展援助委员会（DAC）成员国的行动的。

近年来官方发展援助（ODA）有所上升，这反映在援助额占捐助国国民总收入（GNI）的比重上，但是最贫困国家要想实现“千年发展目标”需要更多的援助。以实际值来衡量，来自OECD发展援助委员会的官方发展援助净额增加了0.7%，达到1,196亿美元，相对于发展援助委员会所有成员国国民总收入总额的0.31%。

减少对低收入经济体和中等收入经济体的出口壁垒是高收入经济体可采取的最重要的援助措施之一。欧盟已经宣布将不对最不发达国家的任何（除武器外）出口产品征税，美国也宣布了一项特别计划，对来自撒哈拉以南非洲地区的出口给予关税优惠。但是这些项目仍然有一些限制条款。

该表中的平均关税显示了经济合作与发展组织的高收入成员国对联合国确认的最不发达国家的出口征收的关税表。尽管平均关税已经降低，但是平均值可能掩盖了对特定产品征收的高关税（关于每个国家关税表中达到“国际最高关税税率”的关税种类所占比例的估计数，见表6.8）。表中的平均关税包括从价税和等价税种。

经济合作与发展组织国家对农产品生产商和出口商实施的补贴是针对发展中经济体出口产品的另一种壁垒。据估计，2009年OECD国家对农产品的补贴总额达到3,840亿美元。

重债穷国（HIPC）债务倡议是通过采取综合措施来减少世界上最贫困、负债最重国家外债的第一步，也是将减债问题置于减少贫困这一总框架内的重要一步。1999年的一次重要评估使原有框架得到了改进。由八国集团推动的多边债务减免倡议（MDRI）于2005年实施，以便进一步减少重债穷国的债务，为帮助它们实现千年发展目标提供额外的资源。

在多边债务减免倡议下，4个多边机构——国际开发协会、国际货币基金组织和非洲开发基金、泛美开发银行——对那些符合条件的债务提供100%的债务减免，因为这些国家完成了HIPC债务倡议的程序。本表数据显示的是2011年3月的情况，可能不包含那些已经达到决定点或完成点的国家。HIPC债务倡议下的债务减免将减少36个达到决定点的国家的共计590亿美元（以2009年末净现值计算）的未来债务。而32个达到完成点的国家已经收到了MDRI下的300亿美元（以2009年末净现值计算）的额外援助。

与“千年发展目标8”相对应的指标索引 1.4a

目标8 为发展而建立全球伙伴关系

8.1	官方发展援助净额占OECD/DAC捐助国国民总收入的比重	表1.4和表6.14
8.2	为社会基础服务提供的官方发展援助所占的比重	表1.4
8.3	无附加条件的官方发展援助所占比重	表6.15b
8.4	内陆国家接受到的官方发展援助占其国民总收入的百分比	—
8.5	小岛屿发展中国家接受到的官方发展援助占其国民总收入的百分比	—
8.6	发达国家从最不发达国家进口的免征关税货物总额（按价值计，武器除外）所占比重	表1.4
8.7	发达国家对来自最不发达国家的农产品、纺织品和服装征收的平均关税	表1.4和表6.8*
8.8	经济合作与发展组织成员国的农产品补贴的估计值占GDP的百分比	表1.4
8.9	用于帮助建设贸易能力的官方发展援助所占比重	—
8.10	达到重债穷国决定点的国家总数和完成点（累计）的国家总数	表1.4
8.11	在重债穷国倡议和多边债务减免倡议下承诺的债务减免额	表1.4
8.12	还本付息额占货物和服务出口额的比重	表6.11*
8.13	可持续获得支付得起的必需药品的人口所占比重	—
8.14	每百人中的电话线用户	表1.3*和表5.11
8.15	每百人中的移动电话用户	表1.3*和表5.11
8.16	每百人中的互联网用户	表5.12

— 数据在《世界发展指标》数据库中无法获得。* 该表提供了相关指标的信息。

定义

• **官方发展援助净拨付额（ODA）**由符合发展援助委员会（DAC）的官方发展援助定义的捐款和贷款（本金偿还后的净额）组成，援助对象是发展援助委员会受援国名单中的国家和地区。 • **用于基本社会服务的官方发展援助**是发展援助委员会捐助国承诺的用于基础教育、初级医疗卫生、营养、人口政策和计划、生殖健康、水和卫生设施的援助。

• **免关税货物**指来自最不发达国家的免征关税的出口货物（不包括武器）。 • **平均关税率**是需缴纳关税的所有商品的实际使用税率的未加权平均值。 • **农产品**指植物和动物产品，包括林业作物，但不包括木材和渔业产品。 • **纺织品和服装**包括自然和人工纤维及纺织品，以及用这些材料做成的服装。

• **对农业的支持**是指由于支持农业的政策措施引起的，每年来自纳税人和消费者所有转移支付的货币价值，相关的预算补贴，不论这些支持的目的，这些支持对农业生产和农业收入以及对农产品消费的影响。 • **重债穷国决定点**是指重债穷国（该国需具有成功实施国际货币基金组织和世界银行支持的调整计划的良好记录）做出进一步推行改革、制定并实施减贫战略的承诺的日期。 • **重债穷国完成点**是指重债穷国成功完成在决定点时承诺的关键性结构改革（包括制定并实施减贫战略）的日期。在这种情况下，该国将在重债穷国债务倡议下获得大幅度的、不再附加政策条件的债务减免。 • **重债穷国倡议援助**是指在决定点承诺的债务减免净现值，并且是在2009年期末衡量的。 • **多边债务减免倡议（MDRI）援助**是指国际开发协会、国际货币基金组织、非洲开发基金和泛美开发银行向那些达到重债穷国完成点的国家提供100%的债务减免。

数据资料来源

官方发展援助的数据来自经济合作与发展组织。世界贸易组织与联合国贸发会议以及国际贸易中心合作，提供了免征关税商品和平均关税的数据。这些数据都可以在www.mdg-trade.org上获得。农业补贴数据来自经济合作与发展组织的“生产者和消费者支持估计”（OECD 1986—2009年的数据库）。有关HIPC倡议和MDRI的数据来源于世界银行的经济政策与债务部。

1.5 发展进程中的女性状况

	女性人口	出生时预期寿命		获得孕期保健的孕妇	青少年母亲	非农业部门中的女性	无报酬家庭劳动者		女性非全日制工作者	制造业中女性与男性的工资比例	议会中的女性	
	占总人口的百分比	年龄		百分比	占15-19岁女性人口的百分比	占非农业就业工资的百分比	男性占男性就业的百分比	女性占女性就业的百分比	占总人口的百分比	百分比	占总席位的百分比	
		男性	女性									
	2009	2009	2009	2004–2009[a]	2004–2009[a]	2008	2008	2008	2004–2009[a]	2004–2009[a]	1990	2010
阿富汗	48.2	44	44	36	..	..	..	..	..	..	4	28
阿尔巴尼亚	50.6	74	80	97	..	..	..	..	..	..	29	16
阿尔及利亚	49.5	71	74	89	..	*13*	..	..	..	..	2	8
安哥拉	50.7	46	50	80	29	..	..	..	..	..	15	39
阿根廷	51.0	72	79	99	..	*45*	*0.7*[b]	*1.6*[b]	61[b]	..	6	39
亚美尼亚	53.4	71	77	93	5	*45*	..	..	..	..	36	9
澳大利亚	50.3	79	84	..	..	47	*0.2*	*0.4*	71[b]	90	6	25
奥地利	51.2	77	83	..	..	47	2.0	2.7	81	..	12	28
阿塞拜疆	51.1	68	73	77	6	44	*0.0*	*0.0*	..	..	..	11
孟加拉国	49.4	66	68	51	33	..	..	..	..	..	10	19
白俄罗斯	53.5	65	76	99	..	56	..	..	..	..	..	35
比利时	51.0	78	84	..	..	47	0.4	2.2	81	86	9	39
贝宁	49.5	61	63	84	21	..	..	..	..	..	3	11
玻利维亚	50.1	64	68	86	..	*38*	..	..	..	..	9	25
波斯尼亚和黑塞哥维那	51.9	73	78	99	..	36	*2.0*	*8.9*	..	..	..	19
博茨瓦纳	50.0	55	55	94	..	*43*	..	..	..	66	5	8
巴西	50.8	69	76	97	..	*42*	*4.6*	*8.1*	..	..	5	9
保加利亚	51.7	70	77	..	..	*51*	0.6	1.5	54	69	21	21
布基纳法索	50.1	52	55	85	..	..	..	..	..	..	..	15
布隆迪	51.0	49	52	92	..	..	..	..	..	..	..	32
柬埔寨	51.1	60	63	83[b]	8	..	..	..	..	..	..	21
喀麦隆	50.0	51	52	82	28	..	..	..	..	..	14	14
加拿大	50.5	79	84	..	..	50	*0.1*	*0.2*	68[b]	..	13	22
中非共和国	50.9	46	49	69	..	..	..	..	..	..	4	10
乍得	50.3	48	50	39	37	..	..	..	..	..	..	5
智利	50.5	76	82	..	..	36	*0.9*	*2.8*	56	..	..	14
中国	48.1[c]	72[c]	75[c]	91	..	..	..	..	..	..	21	21
中国香港	52.6	80	86	..	..	49	*0.1*[b]	*1.1*[b]	..	59	..	..
哥伦比亚	50.8	70	77	94	21	48	3.2	*6.1*	..	60	5	8
刚果民主共和国	50.4	46	49	85	24	..	..	..	..	..	5	8
刚果共和国	50.1	53	55	86	27	..	..	..	..	..	14	7
哥斯达黎加	49.2	77	82	90	..	42	*1.3*	2.8	..	70	11	39
科特迪瓦	49.1	57	59	85	..	..	..	..	..	..	6	9
克罗地亚	51.8	73	80	100[b]	4	45[d]	0.9[d]	3.9[d]	59	77	..	24
古巴	49.9	77	81	100	..	43	..	..	..	..	34	43
捷克共和国	50.9	74	80	..	..	46	0.3	1.0	69	..	..	22
丹麦	50.4	77	81	..	..	49	0.3	0.5	62	87	31	38
多米尼加共和国	49.8	70	76	99	21	*39*	*2.9*	*3.4*	..	..	8	21
厄瓜多尔	49.9	72	78	84	19	*39*	*4.4*[b]	*11.1*[b]	..	..	5	32
埃及	49.7	69	72	74	10	*19*	*8.6*	*32.6*	..	76	4	2
萨尔瓦多	52.8	67	76	94	..	*48*	*8.8*	*9.9*	..	85	12	19
厄立特里亚	50.8	58	62	..	..	..	..	..	..	..	..	22
爱沙尼亚	53.9	70	80	..	..	52	*0.0*[b]	*0.0*[b]	68	..	..	23
埃塞俄比亚	50.3	54	57	28	17	*47*	*7.8*[b]	*12.7*[b]	56[b]	..	..	28
芬兰	51.0	77	83	..	..	51	0.6	0.4	64	84	32	40
法国	51.4	78	85	..	..	49	0.3	0.9	80	82	7	19
加蓬	50.0	60	62	..	..	..	..	..	..	..	13	15
冈比亚	50.4	55	58	98	..	..	..	..	..	..	8	8
格鲁吉亚	53.0	68	75	94	10	46	..	..	56	61	..	7
德国	51.0	77	83	..	..	47	0.4	1.5	80	74	..	33
加纳	49.3	56	58	90	13	..	..	..	..	..	..	8
希腊	50.4	78	83	..	..	42	3.4	9.8	68	..	7	17
危地马拉	51.3	67	74	..	..	*43*	..	..	..	..	7	12
几内亚	49.5	56	60	88	32	..	..	..	..	..	..	*19*
几内亚比绍	50.5	47	50	78	..	..	..	..	..	..	20	10
海地	50.6	60	63	85	14	..	..	..	..	..	..	4
洪都拉斯	50.0	70	75	92	22	*34*	..	..	..	..	10	18

	女性人口	出生时预期寿命		获得孕期保健的孕妇	青少年母亲	非农业部门中的女性	无报酬家庭劳动者		女性非全日制工作者	制造业中女性与男性的工资比例	议会中的女性	
	占总人口的百分比	年龄		百分比	占15-19岁女性人口的百分比	占非农业就业工资的百分比	男性占男性就业的百分比	女性占女性就业的百分比	占总人口的百分比	百分比	占总席位的百分比	
		男性	女性									
	2009	2009	2009	2004–2009[a]	2004–2009[a]	2008	2008	2008	2004–2009[a]	2004–2009[a]	1990	2010
匈牙利	52.5	70	78	..	..	48	0.3	0.5	65	77	21	9
印度	48.3	63	66	75	16	..	..	..	..	..	5	11
印度尼西亚	50.1	69	73	93	9	32	*7.8*	*33.6*	..	..	12	18
伊朗	49.2	70	73	98	..	..	*5.4*	*32.7*	..	..	2	3
伊拉克	49.4	65	72	84	..	12	..	..	..	..	11	25
爱尔兰	49.9	77	82	..	..	49	0.6	0.8	77	..	8	14
以色列	50.4	80	84	..	..	49	*0.1*	*0.4*	73	..	7	18
意大利	51.4	79	84	..	..	44	1.2	2.5	78	..	13	21
牙买加	51.1	69	75	91	..	48	*0.5*	*2.2*	..	..	5	13
日本	51.3	80	86	..	..	42	*1.1*	*7.3*	70	60	1	11
约旦	48.7	71	75	99	4	16	..	..	..	61	0	6
哈萨克斯坦	52.4	64	74	100	7	50	..	..	..	70	..	18
肯尼亚	50.0	54	55	92	..	..	..	..	..	..	1	10
朝鲜	50.6	65	70	..	..	..	..	..	..	..	21	16
韩国	50.5	77	84	..	..	42	*1.2*	*12.7*	59	57	2	15
科索沃	..	68	72	..	..	..	..	..	..	..	..	..
科威特	40.5	76	80	..	..	..	..	..	..	..	..	8
吉尔吉斯斯坦	50.7	62	72	97	..	*51*	*8.8*	*19.3*	..	..	..	26
老挝	50.1	64	67	35	17	..	*26.4*	*64.2*	..	..	6	25
拉脱维亚	53.9	68	78	..	..	53	1.4	1.2	59	77	..	22
黎巴嫩	51.0	70	74	96	..	..	..	..	..	..	0	3
莱索托	52.8	45	46	92	20	..	..	..	..	..	..	24
利比里亚	50.3	57	60	79	38	..	..	..	..	..	..	13
利比亚	48.3	72	77	..	..	..	..	..	..	..	..	8
立陶宛	53.2	68	79	..	..	*53*	1.0	2.0	60	71	..	19
前南斯拉夫马其顿共和国	50.1	72	77	94	..	42	*7.0*	*14.9*	47	..	..	33
马达加斯加	50.2	59	62	86	34	..	..	..	..	..	7	*8*
马拉维	50.3	53	55	92	34	..	..	..	..	..	10	21
马来西亚	49.2	72	77	79	..	39	*2.7*	*8.8*	..	..	5	10
马里	50.6	48	50	70	36	..	..	..	..	..	..	10
毛里塔尼亚	49.3	55	59	75	..	..	..	..	..	..	..	22
毛里求斯	50.4	69	76	..	..	37	*0.9*	*4.7*	44	..	7	19
墨西哥	50.8	73	78	94	..	39	*4.9*	*10.0*	65	70	12	26
摩尔多瓦	52.5	65	72	98	6	54	*1.3*	*3.4*	..	..	..	24
蒙古	50.5	64	70	100	..	51	..	..	..	77	25	4
摩洛哥	50.9	69	74	68	7	21	*16.5*	*51.8*	..	..	0	11
莫桑比克	51.4	47	49	89	..	..	..	..	..	..	16	39
缅甸	51.2	60	64	80	..	..	..	..	..	89	..	..
纳米比亚	50.7	61	62	95	15	..	0.9	1.1	..	..	7	24
尼泊尔	50.3	66	68	44	19	..	..	..	..	..	6	33
荷兰	50.4	79	83	..	..	48	0.2	0.8	75	82	21	41
新西兰	50.6	78	82	..	..	48	*0.8*	*1.5*	72[b]	82	14	34
尼加拉瓜	50.5	70	77	90	25	*38*	*12.2*	*9.1*	..	..	15	21
尼日尔	49.9	51	53	46	39	36	..	..	..	..	5	*12*
尼日利亚	49.9	48	49	58	23	..	..	..	..	..	..	7
挪威	50.3	79	83	..	..	49	0.2	0.4	71	89	36	40
阿曼	43.6	75	78	..	..	22	..	..	..	..	..	0
巴基斯坦	48.5	67	67	61	9	*13*	*18.6*	*61.9*	..	..	10	22
巴拿马	49.6	73	79	..	..	42	*2.3*	*4.0*	47	95	8	9
巴布亚新几内亚	49.2	59	64	79	..	..	..	..	..	..	0	1
巴拉圭	49.5	70	74	96	13	40	*10.8*	8.9	..	..	6	13
秘鲁	49.9	71	76	94	26	38	*4.7*[b]	*9.9*[b]	..	..	6	28
菲律宾	49.6	70	74	91	10	42	*9.0*[b]	*18.0*[b]	..	91	9	21
波兰	51.8	72	80	..	..	47	2.7	5.9	68	..	14	20
葡萄牙	51.6	76	82	..	..	48	0.7	1.2	68	69	8	27
波多黎各	52.0	75	83	..	..	42	*0.0*	*0.0*	..	..	..	..
卡塔尔	24.6	75	77	..	..	*13*	..	..	..	142	..	0

1.5 发展进程中的女性状况

	女性人口 占总人口的百分比	出生时预期寿命 年龄		获得孕期保健的孕妇 百分比	青少年母亲 占15-19岁女性人口的百分比	非农业部门中的女性 占非农业就业工资的百分比	无报酬家庭劳动者		女性非全日制工作者 占总人口的百分比	制造业中女性与男性的工资比例 百分比	议会中的女性 占总席位的百分比	
		男性	女性				男性占男性就业的百分比	女性占女性就业的百分比				
	2009	2009	2009	2004-2009[a]	2004-2009[a]	2008	2008	2008	2004-2009[a]	2004-2009[a]	1990	2010
罗马尼亚	51.4	70	77	94	..	46	6.0	18.9	49	74	34	11
俄罗斯联邦	53.8	63	75	..	..	51	*0.1*	*0.1*	62	..	..	14
卢旺达	51.6	49	52	96	4	..	..	..	..	..	17	56
沙特阿拉伯	44.8	73	74	..	..	15	..	..	..	..	..	0
塞内加尔	50.4	54	57	94	18	..	..	..	..	..	13	23
塞尔维亚	50.5	71	76	98	..	44	*3.1*	*11.9*	..	..	..	22
塞拉利昂	51.3	47	49	87	34	..	..	..	..	..	..	13
新加坡	49.8	79	84	..	..	46	*0.4*[b]	*1.3*[b]	..	65	5	23
斯洛伐克共和国	51.5	71	79	..	..	48	0.1	0.2	59	..	..	15
斯洛文尼亚	51.2	76	82	..	..	*47*	3.2	5.4	57	..	..	14
索马里	50.4	49	52	26	..	..	..	..	..	..	4	7
南非	50.7	50	53	..	..	44	*0.3*	*0.6*	..	..	3	45
西班牙	50.7	79	85	..	..	45	0.8	1.4	79	..	15	37
斯里兰卡	50.8	71	78	99	..	*31*	*4.4*[b]	*21.7*[b]	..	93	5	5
苏丹	49.6	57	60	64	..	..	..	..	..	..	..	26
斯威士兰	51.1	47	46	85	23	..	..	..	..	..	4	14
瑞典	50.4	79	83	..	..	50	0.2	0.3	64	90	38	45
瑞士	51.2	80	84	..	..	48	*1.7*[b]	*3.2*[b]	81	77	14	29
阿拉伯叙利亚共和国	49.5	73	76	84	..	*16*	..	..	..	..	9	12
塔吉克斯坦	50.6	64	70	80	..	*37*	..	..	..	..	..	19
坦桑尼亚	50.1	56	57	76	26	*31*	*9.7*	*13.0*	..	..	..	31
泰国	50.8	66	72	98	..	45	*14.0*	*29.9*	..	..	3	13
东帝汶	49.1	61	63	..	..	..	..	..	..	..	..	29
多哥	50.5	61	65	84	..	..	..	..	..	..	5	11
特立尼达和多巴哥	51.4	66	73	96	..	..	..	..	..	..	17	29
突尼斯	49.7	73	77	96	..	..	..	..	..	..	4	28
土耳其	49.8	70	75	95	..	22	5.3	37.7	58	..	1	9
土库曼斯坦	50.7	61	69	99	..	..	..	..	..	..	26	17
乌干达	49.9	53	54	94	25	..	..	..	..	..	12	32
乌克兰	53.9	64	75	99	4	55	*0.4*	*0.3*	..	71	..	8
阿拉伯联合酋长国	32.7	77	79	..	..	20	..	..	..	..	0	23
英国	50.9	78	82	..	..	52	0.2	0.5	76	80	6	22
美国	50.7	76	81	..	..	48	*0.1*	*0.1*	67[b]	..	7	17
乌拉圭	51.7	73	80	96	..	*46*	*0.9*[b]	*3.0*[b]	59[b]	..	6	15
乌兹别克斯坦	50.3	65	71	99	..	*39*	..	..	..	..	..	22
委内瑞拉	49.8	71	77	..	..	42	*0.6*	*1.6*	..	..	10	*19*
越南	50.6	73	77	91	..	..	..	..	..	..	18	26
西岸和加沙	49.1	72	75	99	..	18	*6.6*	*31.5*	..	53	..	..
也门共和国	49.4	62	65	47	..	6	..	..	..	..	4	0
赞比亚	50.1	46	47	94	28	..	..	..	..	..	7	14
津巴布韦	51.7	45	46	93	21	..	..	..	..	..	11	15
全世界	**49.6 w**	**67 w**	**71 w**	**82 w**		**.. w**	**.. w**	**.. w**	**.. w**	**71 m**	**13 w**	**19 w**
低收入国家	50.1	56	59	67		..	..	..	..	89	..	19
中等收入国家	49.3	67	71	85		..	..	..	..	71	13	18
中低收入国家	48.8	66	70	83		..	..	..	..	85	13	17
中高收入国家	50.9	69	75	95		*43*	3.3	*7.2*	..	70	12	19
低收入和中等收入国家	49.4	65	69	82		..	..	..	..	71	13	18
东亚和太平洋地区	48.8	71	74	91		..	..	..	..	91	17	19
欧洲和中亚	52.2	66	75	..		48	*1.9*	*5.3*	..	71	..	15
拉丁美洲和加勒比地区	50.6	71	77	95		*41*	*4.0*	*7.5*	..	70	12	24
中东和北非	49.6	69	73	83		..	..	..	..	53	4	9
南亚	48.5	63	66	70		..	..	..	..	93	6	19
撒哈拉以南非洲地区	50.2	51	54	71		..	..	..	..	66	..	20
高收入国家	50.6	77	83	..		46	*0.6*	*2.4*	71	71	12	23
欧元区	51.1	78	83	..		47	0.8	1.8	78	73	12	26

a. 最近年份可获得的数据。b. 有限覆盖范围。c. 包括中国台湾。d. 2009 年的数据。

关于数据的说明

尽管最近几十年已经取得了巨大成就，性别不平等依然在生活的许多领域普遍存在——在世界范围内都是如此。不过，尽管这种现象在全球无处不在，但它在贫困的发展中国家尤为普遍。男女不平等在教育、医疗卫生、营养和政治方面等资源配置上有着重大的影响，因为它与福利、生产力和经济增长密切相关。这种不平等现象在人们幼年时就出现了。例如，男孩受教育的机会通常比女孩多，并总能接受更好的卫生保健。

由于生理差异，女孩的婴幼儿死亡率应该比男孩低，预期寿命也应该比男孩长。但是，这种生理上的优势可能会被营养和医疗方面的性别不平等以及妊娠、生育期间的护理不善所压倒，因此女性的发病率和死亡率有时会超过男性。这些性别差异可以从儿童死亡率（表2.22）或者男女预期寿命中看出。如果女孩死亡率等同于或高于男孩死亡率，就可能表明女孩受到了不平等的待遇。

在十几岁时就生育孩子限制了女孩获得更好的教育、工作和收入的机遇，增大了离婚和分居的可能性。在十几岁时怀孕往往都是计划外发生的，早产的可能性通常更大，生产时出现并发症和死亡的风险也更高。在许多国家，孕产妇死亡（表1.3和表2.19）都是育龄女性死亡的主要原因，尽管绝大部分是可以避免的。

当女性处于带薪就业时，她们往往集中于非农业部门。然而，在许多发展中国家，女性在农业就业中的大部分属于无偿的家庭劳动者。在那些没有薪水的人口中，女性比男性更有可能是无报酬的家庭劳动者；而男性更有可能是个体经营者或雇主。这其中有几个方面的原因。

绝大部分女性更难以获取信贷，而这些可能是创办一个企业所需要的。文化习俗可能阻碍了女性从事个体工作或监督其他劳动者。另外，女性由于肩负传统的家庭职责，可能受到时间的制约。因为偏见和错误的分类，相当多的已就业女性可能被低估或报告为无报酬的家庭劳动者，即使她们在家庭企业中与丈夫一道或从事平等的工作。

女性有报酬的工作对经济增长和家庭福利很重要。但是女性不仅通常很难进入信贷市场，更难以获得资本、土地、培训和教育，而且还承担着传统的家务劳动，在劳动力市场上还受到歧视。而这些往往限制了女性对有报酬的经济活动的参与，降低了她们的生产力，减少了她们的工资。女性相对于男性更有可能是无报酬的家庭劳动者和非全日制的工作者。在全球大多数国家，制造业部门的工资男女之间差别很大，尽管这一差距不能完全归因于性别歧视。

在政府决策部门，女性远远未得到充分地代表，尽管一些迹象表明近年来这种情况正在好转。议会席位中的两性平等仍然远未实现。2010年，全球议员中女性占据的比例为19%，1987年则为9%。如果女性在这一决策层面上没有足够的代表，她们就很难对国家政策产生影响。

关于性别方面的其他信息，见表1.2（千年发展目标：消除贫困和改善生活），表1.3（千年发展目标：保护我们共同的环境），表2.3（按经济活动划分的就业），表2.4（体面的工作和生产性就业），表2.5（失业），表2.6（童工），表2.10（对脆弱性和安全性的评估），表2.13（教育效率），表2.14（毕业率及教育成果），表2.15（收入和性别引起的教育差距）表2.19（生殖卫生），表2.21（健康风险因素和未来的挑战），表2.22（死亡率）。

定义

• **女性人口**是女性占总人口的比重。

• **出生时预期寿命**指一个新生儿在其出生时既定死亡率模式不变的情况下可能生存的年数。 • **获得孕期保健的孕妇**是指女性在妊娠期间因为与妊娠有关的问题接受过熟练医护人员至少一次护理的人数比重。 • **青少年母亲**是指15—19岁女性中已经有小孩或正处在孕期的女性所占的百分比。 • **非农业部门中的女性**指非农业部门有工资的就业女性占整个非农业部门就业的百分比。 • **无报酬家庭劳动者**是那些在自己家庭中亲属经营的市场导向企业或活动中进行无报酬工作的人。

• **女性非全日制工作者**是指非全日制工作者中女性的比例。非全日制工作者是指那些正常工作时间少于可比的全日制工作者的就业人员。各国对非全日制的定义存在差异。• **制造业中女性与男性的工资比例**是制造业中女性工资与男性工资的比例。 • **议会中的女性**是指在惟一或较低一级的议院中由女性担任的议员席位的百分比。

数据资料来源

女性人口数据来自于联合国人口署的《世界人口展望》（2008年修订版），本表一半以上国家（大多数发展中国家）的预期寿命数据来自于《世界人口展望》（2008年修订版），其余数据则来自于人口普查报告、各国统计部门的统计出版物、欧洲统计局的《人口统计》、太平洋共同体秘书处的《人口统计公报》和美国人口普查局的国际数据库。获得孕期保健的孕妇数据来自联合国儿童基金会的《2010年世界儿童状况》，该报告基于家庭调查，其中包括"宏观国际"的人口和卫生调查、联合国儿童基金会的多重指标数据集调查。青少年母亲数据来自于"宏观国际"的人口和卫生调查。劳动力、就业和工资数据来自国际劳工组织的《劳动力市场的主要指标（第6版）》。议会中女性的数据来自国际议会联盟。

1.6 其他经济体的主要指标

	人口	地表面积	人口密度	国民总收入（GNI）				国内生产总值		出生时预期寿命	成人识字率	二氧化碳排放量
				图表集法		以PPP衡量的GNI[a]						
	千人	千平方公里	每平方公里人口数	百万美元	人均GNI（美元）	百万美元	人均GNI（美元）	增长百分比	人均增长百分比	岁	占15岁及以上人口的百分比	千吨
	2009	2009	2009	2009	2009	2009	2009	2008–2009	2008–2009	2009	2005–2009[a]	2007
美属萨摩亚	67	0.2	336	..	..[b]	..	..	..	..	..	..	..
安道尔	85	0.5	181	3,447	41,130	..	..	3.6	1.6	..	..	539
安提瓜和巴布达	88	0.4	199	1,062	12,130	1,548[c]	17,670[c]	−8.5	−9.5	..	99	436
阿鲁巴	107	0.2	592	..	..[d]	..	..	..	..	75	98	2,396
巴哈马	342	13.9	34	7,136	21,390	..	..	2.8	1.5	74	..	2,147
巴林	791	0.8	1,041	19,712	25,420	26,130	33,690	6.3	4.1	76	91	22,446
巴巴多斯	256	0.4	595	..	..[d]	..	..	..	..	77	..	1,345
伯利兹	333	23.0	15	1,205	3,740	1,929[c]	5,990[c]	0.0	−3.4	77	..	425
百慕大	64	0.1	1,288	..	..[d]	..	..	−8.1	−8.4	79	..	513
不丹	697	38.4	18	1,405	2,020	3,692	5,290	7.4	5.8	67	53	579
文莱	400	5.8	76	..	..[d]	19,706	51,200	0.6	−1.3	78	95	7,599
佛得角	506	4.0	125	1,520	3,010	1,783	3,530	2.8	1.4	71	84	308
开曼群岛	55	0.3	229	..	..[d]	..	..	..	..	..	99	539
海峡群岛	150	0.2	789	10,242	68,610	..	..	5.9	5.7	79	..	..
科摩罗	659	1.9	354	531	810	779	1,180	1.8	−0.6	66	74	121
塞浦路斯	871	9.3	94	24,400[e]	30,480[e]	24,250[e]	30,290[e]	−1.0[e]	−1.9[e]	80	98	8,193
吉布提	864	23.2	37	1,106	1,280	2,140	2,480	5.0	3.2	56	..	487
多米尼克	74	0.8	98	360	4,900	623[c]	8,460[c]	−0.8	−1.3	..	..	121
赤道几内亚	676	28.1	24	8,398	12,420	13,069	19,330	−5.4	−7.8	51	93	4,793
法罗群岛	49	1.4	35	..	..[d]	..	..	..	..	80	..	696
斐济	849	18.3	46	3,259	3,840[f]	3,850	4,530	−3.0	−3.6	69	..	1,458
法属波利尼西亚	269	4.0	74	..	..[d]	..	..	..	..	75	..	806
直布罗陀	31	0.0	3,105	..	..[d]	..	..	..	..	..	..	407
格陵兰	56	410.5	0[g]	1,467	26,160	..	..	−5.4	−5.0	68	..	520
格林纳达	104	0.3	306	580	5,580	802[c]	7,710[c]	−6.8	−7.1	75	..	242
关岛	178	0.5	329	..	..[d]	..	..	..	..	76	..	..
圭亚那	762	215.0	4	2,026	2,660	2,491[c]	3,270[c]	3.3	3.4	68	..	1,506
冰岛	319	103.0	3	13,858	43,430	10,478	32,840	−6.5	−7.0	81	..	2,338
马恩岛	80	0.6	141	3,972	49,310	..	..	7.5	7.4	..	..	..

关于数据的说明

该表列出了人口在3万到100万之间的小型经济体和属于世界银行成员的更小型的经济体的数据。在得不到人均国民总收入（GNI）的数据时，这里给出了一个估计的大致范围。关于计算GNI以及购买力平价（PPP）换算因子的进一步说明，请见表1.1中的“关于数据的说明”。关于表中经济体的其他数据见《世界发展指标》CD－ROM或者《世界发展指标》在线。

定义

• **人口**是以人口的实际定义为基础的。它包括所有居民，不论其法律地位或国籍。但未在避难国永久定居的难民通常被视为其原国籍人口的一部分。这里显示的人口数是年中的估计数。见表2.1。 • **地表面积**是一个国家的总体面积，包括内陆水域面积和一些沿海水路。 • **人口密度**是年中人口数除以以平方公里为计算单位的土地面积。 • **国民总收入（GNI）**是所有居民生产者创造的增加值的总和，加上未统计在估计产值中的税收（减去补贴），再加上境外营业收入的净收益（雇员获得的报酬和财产收入）。资料中的数据已被世界银行图表集换算法换算成现值美元（见“统计方法”）。 • **购买力平价衡量的国民总收入**是使用购买力平价汇率换算成国际美元后的国民总收入。对国民总收入而言，1国际美元的购买力等同于1美国美元在美国的购买力。 • **人均国民总收入**是国民总收入除以年中人口数。 • **国内生产总值（GDP）**是所有居民生产者的收入，加上未统计在产值中的税收（减去补贴）。增长率根据以本国货币表示的不变价格的国内生产总值计算得出。

其他经济体的主要指标

	人口	地表面积	人口密度	国民总收入（GNI）				国内生产总值		出生时预期寿命	成人识字率	二氧化碳排放量
				图表集法		以PPP衡量的GNI[a]						
	千人	千平方公里	每平方公里人口数	百万美元	人均GNI（美元）	百万美元	人均GNI（美元）	增长百分比	人均增长百分比	岁	占15岁及以上人口的百分比	千吨
	2009	2009	2009	2009	2009	2009	2009	2008–2009	2008–2009	2009	2005–2009[a]	2007
基里巴斯	98	0.8	121	180	1,830	324[c]	3,310[c]	−0.7	−2.2	..	..	33
列支敦士登	36	0.2	224	4,906	136,630	..	..	−1.2	−1.9	83	..	..
卢森堡	498	2.6	192	38,188	76,710	29,669	59,590	−4.1	−5.8	80	..	10,834
中国澳门	538	0.0	19,213	21,275	39,550	30,874	57,390	1.3	−0.9	81	93	1,554
马尔代夫	309	0.3	1,031	1,229	3,970[h]	1,625	5,250	−3.0	−4.4	72	98	898
马耳他	415	0.3	1,297	7,621	18,360	9,616	23,170	−2.1	−2.8	80	92	2,722
马绍尔群岛	61	0.2	339	186	3,060	..	..	0.0	−2.2	..	..	99
马约特	197	0.4	531	..	..[b]	..	..	..	..	76	..	..
密克罗尼西亚联邦	111	0.7	158	277	2,500	359[c]	3,240[c]	−1.5	−1.8	69	..	62
摩纳哥	33	0.0	16,406	6,483	197,590	..	..	−2.6	−2.9	..	..	..
黑山	624	13.8	46	4,149	6,650	8,183	13,110	−5.7	−6.0	74	..	..
荷属安的列斯	198	0.8	248	..	..[d]	..	..	..	..	76	96	6,232
新喀里多尼亚	250	18.6	14	..	..[d]	..	..	..	..	77	96	2,847
北马里亚纳群岛	87	0.5	189	..	..[d]	..	..	..	..	..	..	..
帕劳	20	0.5	44	127	6,220	..	..	−2.1	−2.7	..	..	213
萨摩亚	179	2.8	63	508	2,840	763[c]	4,270[c]	−5.5	−5.5	72	99	161
圣马力诺	31	0.1	524	*1,572*	*50,670*	..	..	*1.9*	*0.4*	83	..	..
圣多美和普林西比	163	1.0	170	185	1,130	301	1,850	4.0	2.4	66	88	128
塞舌尔	88	0.5	191	746	8,480	1,477[c]	16,790[c]	−7.6	−8.7	74	92	623
所罗门群岛	523	28.9	19	477	910	974[c]	1,860[c]	−2.2	−4.5	67	..	198
圣基茨和尼维斯	50	0.3	191	503	10,150	676[c]	13,640[c]	−8.0	−8.8	..	..	249
圣卢西亚	172	0.6	282	894	5,190	1,525[c]	8,860[c]	−3.8	−4.9	..	..	381
圣文森特和格林纳丁斯	109	0.4	280	560	5,130	964[c]	8,830[c]	−2.8	−2.8	72	..	202
苏里南	520	163.8	3	*2,454*	*4,760*	*3,469*[c]	*6,730*[c]	*5.1*	*4.2*	69	95	2,437
汤加	104	0.8	144	339	3,260	475[c]	4,570[c]	−0.4	−0.8	72	*99*	176
特克斯和凯科斯群岛	33	1.0	35	..	..[d]	..	..	..	..	..	..	158
图瓦卢	..	0.0	..	..	..[i]	..	..	..	..	..	..	..
瓦努阿图	240	12.2	20	627	2,620	1,028[c]	4,290[c]	4.0	1.4	71	81	103
维尔京群岛（美）	110	0.4	314	..	..[d]	..	..	..	..	79	..	..

a. 最近年份可获得的数据。b. 估计为中高收入经济体（3,946—12,195 美元）。c. 这一估计以回归法为基础；其他按2005年国际比较项目的基准估计数推断。d. 估计为高收入经济体（12,196 美元及其以上）。e. 数据为塞浦路斯共和国政府控制区域的数据。f. 包括在中高收入经济体基于早期数据的合计值中。g. 小于0.5。h. 包括在中低收入经济体基于早期数据的合计值中。i. 估计为中低收入经济体（996—3,945 美元）。

- **人均GDP**是国内生产总值除以年中人口数。 • **出生时预期寿命**指一个新生儿在其出生时既定死亡率模式不变的情况下可能生存的年数。 • **成人识字率**是能够理解、读懂和书写有关其日常生活的短文的15岁以上成年人所占比重。
- **二氧化碳排放量**是化石燃料燃烧以及水泥生产过程中产生的气体。它们包括在消耗固态、液态、气态燃料，以及气态闪光过程中产生的二氧化碳。

数据资料来源

这里及本书中其他地方使用的指标由世界银行工作人员根据第一手或第二手资料汇编而成。有关这些指标及其来源的进一步信息请见以后章节中附于每个表后的“关于数据的说明”、“定义”和“数据资料来源”。

人口

2

可持续发展就是要提高人们的生活质量并提高他们的自身能力，让他们能够决定自己的未来。这不但需要提高人均收入，还需要通过改善医疗卫生和教育状况来积累人力资本。尽管发展中国家已经对人力资本进行了大量投资，但仍有许多人缺乏良好的医疗保健和基础教育。他们因此无法获得工作，并深陷贫困的泥沼。

本部分的表表明了世界各国在提高人们福祉方面取得的成果。这些表反映了各国的贫困程度、收入分配状况以及使用童工的情况——当然，儿童劳动力减少了家庭贫困，但却是以儿童的教育和未来的人力资本为代价。此外，本章还关注健康和教育投资，及其对减少饥饿和营养不良、降低死亡率和扩大教育成果来改善情形最糟的非收入性贫困的影响。

世界银行贫困管理委员会最近成立了全球贫困工作组，由工作组出具今年的国别和国际贫困报告。表 2.7 至表 2.9 就是工作组的调查结果。数据库起初收集了 104 个国家的大约 231 个数据点（国别和年份合计数），后来增加至涵盖 115 个国家的大约 577 个数据点。由于出版篇幅的限制，调查报告只选取了自 2000 年以来有数据记录的部分国家的数据。完整的贫困统计数据可通过世界银行共享数据倡议获得（data. worldbank. org），数据库中有关贫困率（以每天 1.25 美元和 2 美元购买力评价计算）和贫困差距的数据也可以通过 PovcalNet 获得。

需要指出的是，我们在现有图表中增加了几个新的指标。表 2.14 增加了由国际学生评估项目（Programme for International Student Assessment）提供的儿童学习评估数据，表 2.19 增加了孕产妇死亡的终身罹患风险数据。机构间小组统计的孕产妇死亡率首次以连续时间序列的形式出现，表 2.19 列出了 1990 年的数据和最新数据。完整的时间序列可以通过 data. worldbank. org 获得；分地区和分收入群统计的孕产妇死亡率参见图 2a 和图 2b。

在接下来的部分中，我们将把目光转移到民事登记状况上，指出各国在为人民谋取福利的过程中面临的问题。国家政府至少应

1990 年以来所有发展中国家地区的孕产妇死亡率都有所下降 **2a**

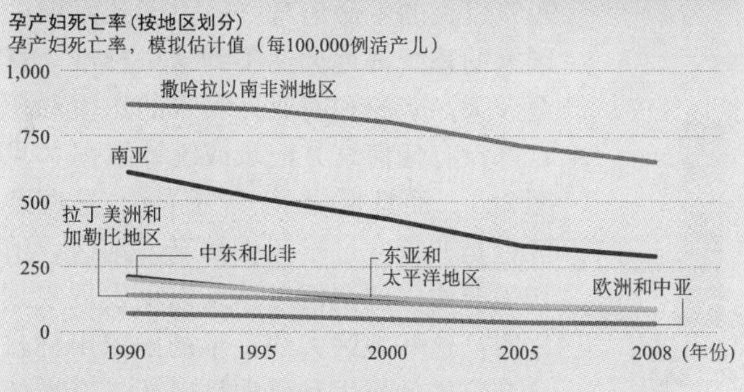

资料来源：世界卫生组织（WHO），联合国儿童基金会（UNICEF），联合国人口活动基金会（UNFPA），世界银行，《孕产妇死亡率变化趋势：1990—2008 年》。

孕产妇死亡率在低收入国家和中低收入国家下降最快，但绝对数值仍然很高 **2b**

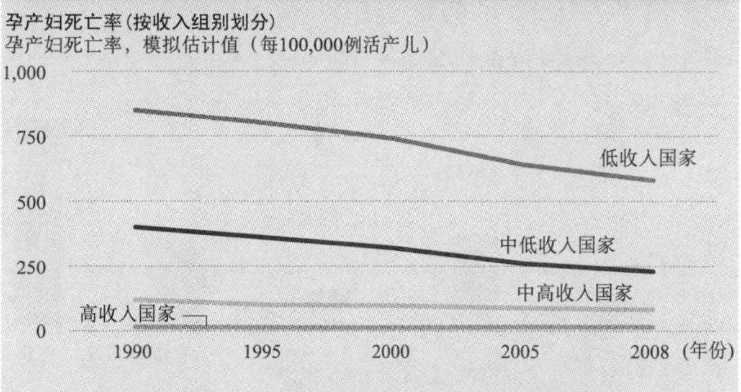

资料来源：世界卫生组织（WHO），联合国儿童基金会（UNICEF），联合国人口活动基金会（UNFPA），世界银行，《孕产妇死亡率变化趋势：1990—2008 年》。

当知道每年有多少人口出生和死亡。这一部分将探讨政府机构在登记出生和死亡人口时，需要克服的困难以及采用的临时性措施，这将决定这些国家及其发展合作伙伴的未来道路。

缺失的支柱——民事登记体系

2009 年，有 5,000 万新生儿没有登记在案，他们在没有年龄证明、国籍证明和出身证明的情况下来到了这个世界。同年，4,000 万人的死亡不为人知，只有他们的家人和朋友知道他们的逝去，没有任何记录显示他们的死亡地点、死亡时间以及更为重要的死忘原因。大多数高收入国家都有民事登记系统记录出生和死亡这类生命信息，除此之外，结婚、收养、离婚等也有所记录。但在许多发展中国家，这类登记体系就不完整，甚至有的国家根本没有这样的系统。南非的完整生命信息登记系统只覆盖了 1% 的人口（至少 90% 的记录是关于出生和死亡的），这一数字在撒哈拉以南非洲地区只有 2%（《2011 年联合国人口与生命统计报告》）。由于缺乏有效的登记体系，发展中国家为了维持政府运行和进行未来规划就不得不依靠人口普查和调查的方式来估算生命统计数据，这不但时效性差而且成本昂贵。

亚洲和非洲的许多新生儿都没有出生登记 **2c**

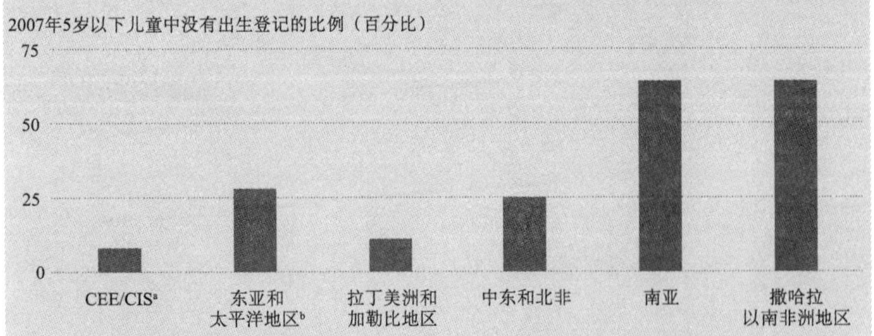

a. 中东欧地区和独联体。

b. 不包括中国。

资料来源：联合国儿童基金会儿童信息网站（www. childinfo. org/birth_ registration_ progress. html）。

一个先进的生命统计体系往往由以下三大支柱构成：人口普查和调查、行政档案和民事登记系统，三者相辅相成，不可或缺。人口普查是生命统计的基础和检查标准，调查则在人口普查和民事登记系统的基础上提供了更为详细的人口特征信息。卫生系统和教育系统的行政档案不但服务于本部门，也与人口普查、调查和生命统计数据一起作为政府部门制定未来发展规划的参考。

民事登记有两个作用：一个是行政上的，以法律文件保护公民的人身、国籍、产权以及其他经济社会权利和人权；另一个是统计上的，根据人口增长、规模和分布等动态变化经常、及时地提供例行信息，以及根据年龄、性别和原因按国家口径和区域口径统计出生和死亡数据。民事登记体系中的生命统计信息不但是基本社会服务和基础设施发展规划的必要参考，也是了解和监测一个国家健康状况的关键。

完整的民事登记系统有三大好处：需要的资金比人口普查或调查少，数据来源于客观事实，信息传播成本低。在一个运作良好的民事登记体系中，家庭成员或看护人员在当地的民事登记机构就可以办理出生和死亡手续，并得到相应法律文件。医护人员出具的死亡医学证明即可作为登记死亡原因的依据。

完整的民事登记系统至少须要覆盖 90% 以上的生命信息。但大多数发展中国家的系统都远远达不到这一标准。直至今天，非洲和南亚许多人的出生和死亡都没有任何官方记录或统计数据（见图 2c），而且形成了恶性循环。这些地区也是非正常过早死亡的高发地区，迫切需要建立健全信息体系以供发展规划之需。这些地区大约一半的国家声称自己有完整的出生和死亡登记（《2011 年联合国人口与生命统计报告》），照此计算，这些地区近 40% 的出生和 70% 的死亡没有记录（WHO，2007）。

由于各种原因，许多国家都没有建立生命事件报告制度，或者只有特定地区、年龄和人口的部分信息需要报告。这些国家的居民可能不知道自己有登记义务以及在哪里登记，或者由于距离登记地点路途遥远、文化原因以及登记成本过高而不去登记。从尼日利亚的数据来看，没有进行出生登记的人口大多集中在农村贫困地区和母亲受教育程度低的家庭，前者主要因为距离登记地点路程太远（见图 2d 至图 2f）。

孩子早年夭折的父母通常不会办理登记手续，除非他们认为孩子能够成活或者出于行政目的需要出生证明时才会进行登记。受文化习俗的影响，尤其在西非国家，当地居民通常不会报告两岁以下儿童的死亡。以布基纳法索为例，人们会用不同的词语来表达死亡。摩西人用“lebame”表达婴儿死亡，意思是“他/她回去了”；而表示青少年或成年人死亡则用“kiime”（非正式用语）。死亡登记往往少于出生登记，因为人们觉得死亡是一件个人的、伤感的事情，特别在没有什么正式遗产的情况下，进行死亡登记的动力就更小了。

登记的不完整直接影响了数据的质量。但是，即使登记制度健全，人们可能也会根据实际需要而不是客观事实记录出生和死亡事件，从而降低了数据的实效性和相关性。此外，不同行政层级储存登记数据的能力也参差不齐，使得错误与遗漏与人口不成比例，以致难以量化和修正。

有关死亡原因的事实数据对于政策制定和卫生体系都是至关重要的。来自英国民事登记系统的常规数据显示出 20 世纪 50 年代吸烟与肺癌间的因果关联。死亡年龄和死亡原因通常比死亡数量更难掌握。特别是发展中国家有关死亡原因的客观报告更为不全，因为许多人都是在没有医疗护理或证明的情况下死于家中。缅甸在每年的死亡人口中，只有10% 的人是在医院里去世的（Mahar，2010）。全球超过 2/3 的人口所在国家没有死亡原因统计数据，或者数据不全无法使用（见表 2g，Mahapatra 等，2007）。

由于缺乏来自民事登记体系的可靠的生命统计数据，我们无法得知重大疾病对发展中国家社会、经济和人口统计实际产生了怎样的长期影响，只能靠模

在尼日利亚，没有出生登记的新生儿很可能主要集中在农村地区……　2d

2007年尼日利亚出生登记率，按地区划分（百分比）

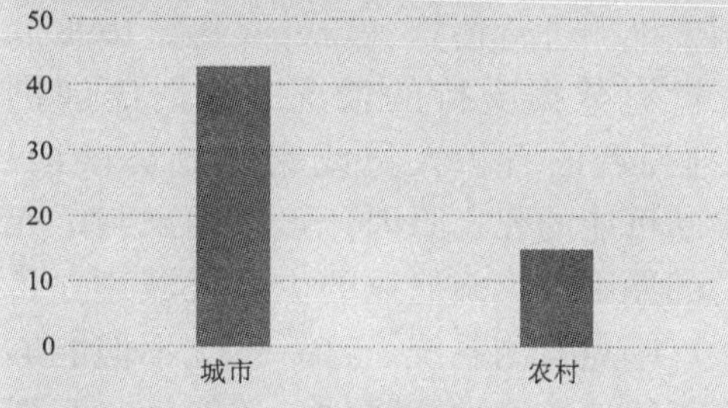

资料来源：《2007 年多指标类集调查》。

……贫困家庭……　2e

2007年尼日利亚出生登记率，按家庭收入五等分（百分比）

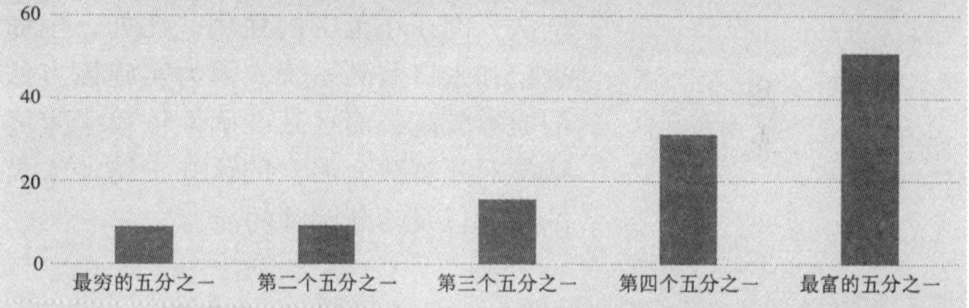

资料来源：《2007 年多指标类集调查》。

……以及母亲受教育程度较低的家庭……　2f

2007年尼日利亚出生登记率,按母亲受教育程度划分（百分比）

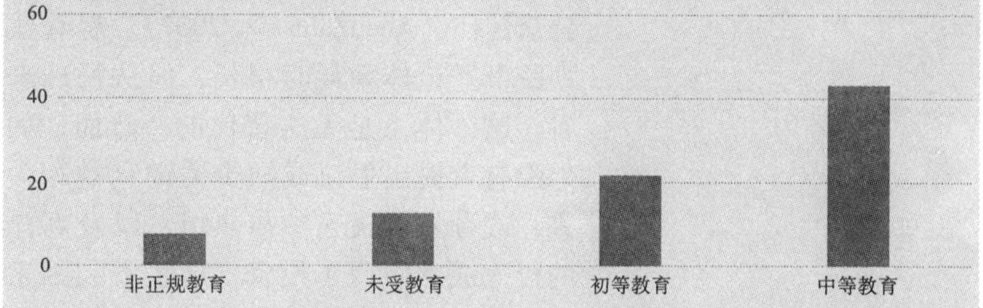

资料来源：《2007 年多指标类集调查》。

大多数人口所在国家的死亡原因统计数据质量都很低 **2g**

2007 年，根据报给世界卫生组织的死亡原因统计报告的质量对各国进行分类

报告质量	国家数量	占全球人口的比例（百分比）
高质量	31	13
中等质量	50	15
低质量	26	7
数据不全	17	41
没有报告	68	24
合计	**192**	**100**

资料来源：Mahapatra 等（2007）。

型或推测进行估算（Cooper 等，1998）。在没有数据支持的情况下，话语解剖（与死者的看护人员或家庭成员谈话，推断可能的死亡原因）可以用来判定死亡的原因。坦桑尼亚的少数区域建立了人口哨点监测系统，这一系统不但能够有规律地监测生命事件，还能从一系列有效的话语解剖核心程序中提取死亡原因的数据。地方议会根据这些信息了解民众的疾病负担、制定优先发展战略以及分配资源（Setel，2007）。但话语解剖法只能在小范围内使用，比如，生命登记和人口监测系统，因为实施该方法的成本较高，而且其准确性依赖于家庭成员对死者致命因素的认知、访谈人员的技能以及诊断医师的能力。

民事登记体系缺失的原因

健全的民事登记体系是多方面共同努力的结果：长期的政治支持、法律制度支撑、利益相关者履行各自的责任和义务、人力财力的投入以及最为重要的公众信任（AbouZahr 等，2007）。尽管建立民事登记体系耗时很长，但从长远来看，这一体系是无法替代的。然而，如果没有人提出倡议或缺少关键利益相关方，或者公众缺乏参与热情，以及高昂的投入成本阻碍了投资，这些不利因素都使得民事登记体系难以生根发芽。

但是，仅靠建立和维护民事登记体系并不一定能够得到及时全面的生命统计数据。各个国家面临的困难千差万别，需要根据不同国情制定相应战略。有些问题通过长期社会和经济发展就能解决。这些问题主要是地理和人口分布造成的，四处分散的居民需要依靠交通工具才能到达登记地点。而且大多数没受过教育的人口可能都不知道要履行这项法律义务或者没有动力进行登记。

还有些问题是因为人力资源和基础设施匮乏造成的，建立民事登记体系并维护该体系的正常运转都离不开这两种资源。虽然技术援助和发展资金能够提供最初的固定投入和人员培训，但是这远远不够，援助国还需要提供资金以满足维持民事登记体系有效运转的后续资金需求。由于大多数发展中国家都肩负着大量经济和社会发展任务，民事登记体系方面的需求可能不被重视。首先要做的是建立健全法律体系，这也是成本最低的一步。然而，即便大多数国家都通过立法要求进行生命信息登记，许多国家也可能没有相应的指导、协调和监管机制。

临时措施

由于建立健全民事登记体系耗时耗力，许多国家都采用其他替代手段采集和监测生命数据及相关的社会人口信息。但是随着对这些临时性措施依赖程

越来越多的国家用调查的方法统计死亡数据，但民事登记体系并没有扩展 **2h**

1980—2004年，57个低收入国家收集和报告死亡数据的信息来源（国家个数）

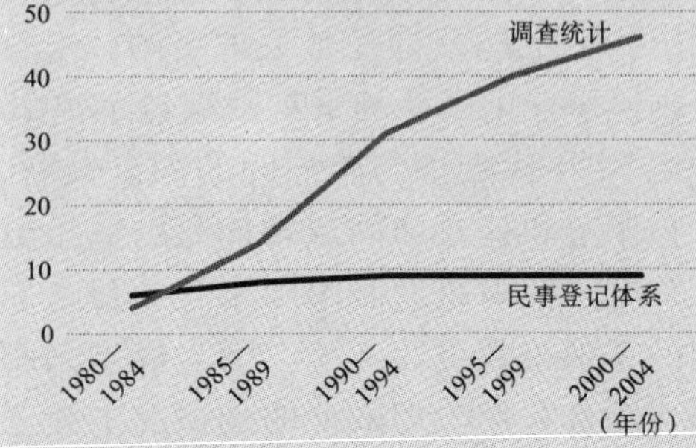

资料来源：Boerma 和 Stansfield（2007）。

度的不断增加，政府当局愈发没有动力投资建立完整的民事登记体系（见图2h，Setel 等，2007）。

这些临时性措施——主要有人口普查、家庭人口调查、抽样话语解剖、人口统计哨点监测站、生育信息等——有效地弥补了许多发展中国家的最新数据缺口。图2i 将儿童死亡率估算问题的机构间工作组（Inter－agency Group for Child Mortality Estimation）提供的数据与菲律宾生命登记系统的儿童死亡数据进行了比对，从中可以看出登记系统的数据遗漏情况。

不同数据来源对菲律宾婴儿死亡率的估计 2i

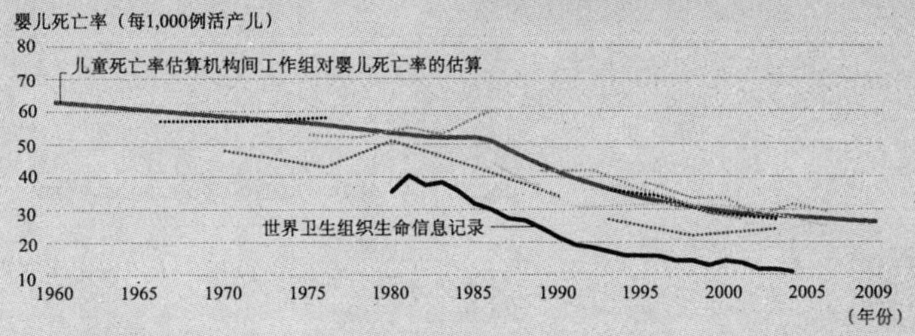

注：虚线是不同年份的人口与卫生调查数据（Demographic and Health Surveys）、世界生育率调查数据（World Fertility Surveys）和家庭计划调查数据（Family Planning Surveys）。

资料来源：儿童死亡率估算机构间工作组（www. childmortality. org）。

此外，这些临时性措施还可以提供民事登记系统没有收集的补充信息，如社会经济数据、风险因素、健康状况等。但这些措施毕竟不是长久之计。由于人口普查和调查需要花费大量的资金，因此，发展中国家经常向国际社会要求技术援助和资金援助。人口普查和调查必须经常开展才能收集有用的数据，而且还需要其他手段作为补充，或对原始数据进行调整才能得到可靠的估算值。布基纳法索建立了一个不完全的民事登记系统（可以涵盖60%的出生登记），该国迄今已进行了四次人口普查（1975，1985，1996，2006），五次人口统计和健康调查（1991，1993，1998，2003，2010），两次多指标类集调查（1996，2006）以及一次移民和城市化情况调查（1993）。

如何建立健全民事登记系统

近年来，国际发展机构一直在研究国家登记系统的优势和劣势，以及评估来自这些系统的数据质量。2001 年，联合国对《关于生命统计系统的原则和建议》（Principles and Recommendations for a Vital Statistics System，1973 年第一次出版）一书进行了补充更新，为各国建立民事登记系统以及生成时效性强、完整、准确的统计数据提供更好的操作指导。此外，联合国还发起了一些区域性倡议，如1994 年有关加速改善民事登记和生命统计系统战略的非洲工作会议（African Workshop on Strategies for Accelerating the Improvement of Civil Registration and Vital Statistics Systems）。2005 年世界卫生组织（WHO）建立了健康计量网络，提供建立包括民事登记在内的健康信息系统的整体解决方案。大约85 个国家根据该网络推荐的架构和标准建立了自己的国家健康信息系统，以生成连续的、具有可比性的跨国统计数据和时间序列统计数据。如果运用得当，这些原理和准则有助于提高数据质量，智利和坦桑尼亚就是成功的案例（Setel 等2007），但这些实践操作却没有被其他国家所采纳。

世界卫生组织对《疾病和有关健康问题的国际统计分类》进行了完善，使死亡原因数据更具可比性。然而，各个国家对疾病编码的解释和运用仍千差万别。2007 年，世界卫生组织192 个成员国中只有31 个（占全球人口的13%）出具了可靠的死亡原因报告，其中大多数是高收入国家（WHO，2007）。

国际支持

国际社会应该一如既往地为发展中国家提供支持，设立数据收集和系统有效性的标准和指引、宣传民事登记的重要性、提供综合全面的技术和资金援助。目前来看，没有任何一个联合国机构能够独立为民事登记提供清晰的指引和技术支持，因此，精诚合作才是关键。

	总人口			年均人口增长率		人口年龄构成			依附率		粗死亡率	粗出生率
						百分比			占劳动适龄人口的百分比			
	百万			百分比		0–14岁	15–64岁	65岁以上	幼年	老年	每千人	每千人
	1990	2009	2015	1990–2009	2009–2015	2009	2009	2009	2009	2009	2009	2009
阿富汗	18.6	29.8	35.0	2.5	2.7	46	52	2	89	4	19	46
阿尔巴尼亚	3.3	3.2	3.3	−0.2	0.5	24	67	10	35	14	6	15
阿尔及利亚	25.3	34.9	38.1	1.7	1.4	27	68	5	40	7	5	21
安哥拉	10.7	18.5	21.7	2.9	2.6	45	53	2	86	5	16	42
阿根廷	32.5	40.3	42.4	1.1	0.9	25	64	11	39	16	8	17
亚美尼亚	3.5	3.1	3.1	−0.7	0.2	20	68	11	30	16	9	15
澳大利亚	17.1	21.9	23.4	1.3	1.2	19	67	14	28	20	6	14
奥地利	7.7	8.4	8.4	0.4	0.1	15	68	17	22	26	9	9
阿塞拜疆	7.2	8.8	9.4	1.1	1.1	24	69	7	35	10	6	17
孟加拉国	115.6	162.2	176.3	1.8	1.4	31	65	4	49	6	6	21
白俄罗斯	10.2	9.7	9.4	−0.3	−0.4	15	72	14	21	19	14	12
比利时	10.0	10.8	11.0	0.4	0.3	17	66	17	25	26	10	12
贝宁	4.8	8.9	10.6	3.3	2.9	43	54	3	80	6	9	39
玻利维亚	6.7	9.9	10.8	2.1	1.6	36	59	5	61	8	7	27
波斯尼亚和黑塞哥维那	4.3	3.8	3.7	−0.7	−0.2	15	71	14	22	20	10	9
博茨瓦纳	1.4	1.9	2.1	1.9	1.3	33	63	4	53	6	12	24
巴西	149.6	193.7	202.4	1.4	0.7	26	67	7	39	10	6	16
保加利亚	8.7	7.6	7.3	−0.7	−0.6	13	69	17	19	25	14	11
布基纳法索	8.8	15.8	19.0	3.1	3.1	46	52	2	90	4	13	47
布隆迪	5.7	8.3	9.4	2.0	2.1	38	59	3	65	5	14	34
柬埔寨	9.7	14.8	16.4	2.2	1.7	33	63	3	53	6	8	25
喀麦隆	12.2	19.5	22.2	2.5	2.1	41	56	4	74	6	14	36
加拿大	27.8	33.7	35.7	1.0	0.9	17	70	14	24	20	7	11
中非共和国	2.9	4.4	4.9	2.2	1.8	41	55	4	73	7	17	35
乍得	6.1	11.2	13.1	3.2	2.6	46	51	3	89	6	16	45
智利	13.2	17.0	17.9	1.3	0.9	23	68	9	33	13	5	15
中国	1,135.2	1,331.5	1,377.7	0.8	0.6	20[a]	72[a]	8[a]	28[a]	11[a]	7	12
中国香港	5.7	7.0	7.3	1.1	0.8	12	75	13	16	17	6	12
哥伦比亚	33.2	45.7	49.3	1.7	1.3	29	65	5	45	8	6	20
刚果民主共和国	37.0	66.0	77.4	3.0	2.6	47	51	3	92	5	17	44
刚果共和国	2.4	3.7	4.2	2.2	2.3	40	56	4	73	7	13	34
哥斯达黎加	3.1	4.6	4.9	2.1	1.3	26	68	6	38	9	4	16
科特迪瓦	12.6	21.1	24.2	2.7	2.3	41	55	4	73	7	11	34
克罗地亚	4.8	4.4	4.4	−0.4	−0.2	15	68	17	22	25	12	10
古巴	10.6	11.2	11.2	0.3	0.0	18	70	12	25	17	7	10
捷克共和国	10.4	10.5	10.6	0.1	0.2	14	71	15	20	21	10	11
丹麦	5.1	5.5	5.6	0.4	0.2	18	65	16	28	25	10	11
多米尼加共和国	7.4	10.1	10.8	1.7	1.1	31	63	6	50	10	6	22
厄瓜多尔	10.3	13.6	14.6	1.5	1.1	31	62	7	50	10	5	20
埃及	57.8	83.0	91.7	1.9	1.7	32	63	5	51	7	6	24
萨尔瓦多	5.3	6.2	6.4	0.8	0.6	32	61	7	53	12	7	20
厄立特里亚	3.2	5.1	6.0	2.5	2.8	42	56	2	74	4	8	36
爱沙尼亚	1.6	1.3	1.3	−0.8	−0.1	15	68	17	22	25	12	12
埃塞俄比亚	48.3	82.8	96.2	2.8	2.5	44	53	3	82	6	12	38
芬兰	5.0	5.3	5.4	0.4	0.3	17	67	17	25	25	9	11
法国	56.7	62.6	63.9	0.5	0.3	18	65	17	28	26	9	13
加蓬	0.9	1.5	1.6	2.4	1.8	36	60	4	61	7	10	27
冈比亚	0.9	1.7	2.0	3.4	2.5	42	55	3	77	5	11	36
格鲁吉亚	5.5	4.3	4.1	−1.3	−0.7	17	69	14	24	21	12	12
德国	79.4	81.9	80.6	0.2	−0.3	14	66	20	20	31	10	8
加纳	15.0	23.8	26.6	2.4	1.8	38	58	4	66	6	11	32
希腊	10.2	11.3	11.4	0.6	0.2	14	68	18	21	27	10	11
危地马拉	8.9	14.0	16.2	2.4	2.4	42	54	4	78	8	6	32
几内亚	6.1	10.1	11.8	2.6	2.7	43	54	3	79	6	11	39
几内亚比绍	1.0	1.6	1.8	2.4	2.3	43	54	3	79	6	17	41
海地	7.1	10.0	10.7	1.8	1.1	36	59	4	61	7	9	27
洪都拉斯	4.9	7.5	8.4	2.2	1.9	37	58	4	64	7	5	27

	总人口			年均人口增长率		人口年龄构成			依附率		粗死亡率	粗出生率
						百分比			占劳动适龄人口的百分比			
	百万			百分比		0–14岁	15–64岁	65岁以上	幼年	老年	每千人	每千人
	1990	2009	2015	1990–2009	2009–2015	2009	2009	2009	2009	2009	2009	2009
匈牙利	10.4	10.0	9.9	−0.2	−0.2	15	69	16	22	24	13	10
印度	849.5	1,155.3	1,246.9	1.6	1.3	31	64	5	49	8	7	22
印度尼西亚	177.4	230.0	247.5	1.4	1.2	27	67	6	40	9	6	18
伊朗	54.4	72.9	78.6	1.5	1.2	24	71	5	34	7	6	19
伊拉克	18.9	31.5	36.3	2.7	2.4	41	56	3	74	6	6	31
爱尔兰	3.5	4.5	4.8	1.3	1.1	21	68	11	30	16	7	17
以色列	4.7	7.4	8.2	2.5	1.6	28	62	10	45	16	5	22
意大利	56.7	60.2	60.8	0.3	0.1	14	66	20	22	31	10	10
牙买加	2.4	2.7	2.8	0.6	0.4	29	63	8	47	12	7	16
日本	123.5	127.6	125.3	0.2	−0.3	13	65	22	21	34	9	9
约旦	3.2	6.0	6.8	3.3	2.2	34	62	4	56	6	4	25
哈萨克斯坦	16.3	15.9	16.9	−0.2	1.0	24	69	7	34	10	9	22
肯尼亚	23.4	39.8	46.4	2.8	2.6	43	55	3	78	5	11	38
朝鲜	20.1	23.9	24.4	0.9	0.3	22	69	10	32	14	10	14
韩国	42.9	48.7	49.3	0.7	0.2	17	73	11	23	15	5	10
科索沃	1.9	1.8	1.9	−0.2	0.6	..	..	..	..	..	7	19
科威特	2.1	2.8	3.2	1.4	2.1	23	74	2	31	3	2	17
吉尔吉斯斯坦	4.4	5.3	5.7	1.0	1.3	29	65	5	45	8	7	25
老挝	4.2	6.3	7.0	2.1	1.8	38	59	4	64	6	7	27
拉脱维亚	2.7	2.3	2.2	−0.9	−0.5	14	69	17	20	25	13	10
黎巴嫩	3.0	4.2	4.4	1.8	0.8	25	67	7	38	11	7	16
莱索托	1.6	2.1	2.2	1.3	0.8	39	56	5	69	8	17	29
利比里亚	2.2	4.0	4.8	3.2	3.2	43	54	3	79	6	10	38
利比亚	4.4	6.4	7.2	2.0	1.8	30	66	4	46	6	4	23
立陶宛	3.7	3.3	3.2	−0.5	−0.7	15	69	16	22	23	13	11
前南斯拉夫马其顿共和国	1.9	2.0	2.0	0.4	0.0	18	70	12	26	17	9	11
马达加斯加	11.3	19.6	22.8	2.9	2.5	43	54	3	79	6	9	35
马拉维	9.5	15.3	18.0	2.5	2.7	46	51	3	91	6	12	40
马来西亚	18.1	27.5	30.0	2.2	1.5	29	66	5	45	7	5	20
马里	8.7	13.0	15.4	2.1	2.8	44	54	2	83	4	15	42
毛里塔尼亚	2.0	3.3	3.7	2.7	2.1	39	58	3	68	5	10	33
毛里求斯	1.1	1.3	1.3	1.0	0.4	23	70	7	32	10	7	12
墨西哥	83.2	107.4	113.1	1.3	0.9	28	65	6	44	10	5	18
摩尔多瓦	4.4	3.6	3.5	−1.0	−0.7	17	72	11	23	15	13	12
蒙古	2.2	2.7	2.9	1.0	1.1	26	70	4	37	6	7	19
摩洛哥	24.8	32.0	34.3	1.3	1.2	28	66	5	43	8	6	20
莫桑比克	13.5	22.9	25.9	2.8	2.1	44	53	3	83	6	16	38
缅甸	40.8	50.0	53.0	1.1	1.0	27	68	5	40	8	10	20
纳米比亚	1.4	2.2	2.4	2.2	1.7	37	60	4	62	6	8	27
尼泊尔	19.1	29.3	32.5	2.3	1.7	37	59	4	62	7	6	25
荷兰	15.0	16.5	16.8	0.5	0.3	18	67	15	26	22	8	11
新西兰	3.4	4.3	4.6	1.2	1.0	20	67	13	31	19	7	15
尼加拉瓜	4.1	5.7	6.3	1.7	1.4	35	60	5	58	7	5	24
尼日尔	7.9	15.3	19.1	3.5	3.7	50	48	2	104	4	15	53
尼日利亚	97.3	154.7	178.7	2.4	2.4	43	54	3	78	6	16	39
挪威	4.2	4.8	5.1	0.7	0.8	19	66	15	29	22	9	13
阿曼	1.8	2.8	3.2	2.3	1.9	31	66	3	48	5	3	22
巴基斯坦	108.0	169.7	193.5	2.4	2.2	37	59	4	63	7	7	30
巴拿马	2.4	3.5	3.8	1.9	1.5	29	64	7	46	10	5	20
巴布亚新几内亚	4.1	6.7	7.7	2.6	2.2	40	58	2	69	4	8	31
巴拉圭	4.2	6.3	7.0	2.1	1.6	34	61	5	56	8	6	24
秘鲁	21.8	29.2	31.2	1.5	1.1	30	64	6	48	9	5	21
菲律宾	62.4	92.0	102.7	2.0	1.8	34	62	4	55	7	5	24
波兰	38.1	38.1	38.0	0.0	−0.1	15	72	13	21	19	10	11
葡萄牙	9.9	10.6	10.7	0.4	0.0	15	67	18	23	26	10	9
波多黎各	3.5	4.0	4.0	0.6	0.3	20	66	14	31	21	8	12
卡塔尔	0.5	1.4	1.6	5.8[c]	2.4	16	83	1	19	1	2	12

	总人口			年均人口增长率		人口年龄构成			依附率		粗死亡率	粗出生率
						百分比			占劳动适龄人口的百分比			
	百万			百分比		0—14岁	15—64岁	65岁以上	幼年	老年	每千人	每千人
	1990	2009	2015	1990–2009	2009–2015	2009	2009	2009	2009	2009	2009	2009
罗马尼亚	23.2	21.5	21.0	–0.4	–0.4	15	70	15	22	21	12	10
俄罗斯联邦	148.3	141.9	139.0	–0.2	–0.3	15	72	13	21	18	14	12
卢旺达	7.2	10.0	11.7	1.8	2.7	42	55	2	77	5	14	41
沙特阿拉伯	16.3	25.4	28.6	2.3	2.0	32	65	3	50	5	4	24
塞内加尔	7.5	12.5	14.5	2.7	2.4	44	54	2	81	4	11	38
塞尔维亚	7.6	7.3	7.2	–0.2	–0.3	18[d]	68[d]	14[d]	26[d]	21[d]	14	10
塞拉利昂	4.1	5.7	6.6	1.8	2.3	43	55	2	79	3	15	40
新加坡	3.0	5.0	5.4	2.6	1.2	16	74	10	22	13	4	10
斯洛伐克共和国	5.3	5.4	5.4	0.1	0.1	15	73	12	21	17	10	11
斯洛文尼亚	2.0	2.0	2.1	0.1	0.3	14	70	16	20	23	9	11
索马里	6.6	9.1	10.7	1.7	2.7	45	52	3	86	5	16	44
南非	35.2	49.3	51.1	1.8	0.6	31	65	4	47	7	15	22
西班牙	38.8	46.0	47.9	0.9	0.7	15	68	17	22	25	8	11
斯里兰卡	17.1	20.3	21.2	0.9	0.7	24	68	7	36	11	5	19
苏丹	27.1	42.3	47.7	2.3	2.0	39	57	4	68	6	10	31
斯威士兰	0.9	1.2	1.3	1.7	1.4	39	57	3	69	6	15	30
瑞典	8.6	9.3	9.6	0.4	0.5	17	65	18	25	28	10	12
瑞士	6.7	7.7	7.9	0.7	0.4	15	68	17	23	25	8	10
阿拉伯叙利亚共和国	12.7	21.1	24.1	2.7	2.2	35	62	3	57	5	3	27
塔吉克斯坦	5.3	7.0	7.8	1.4	1.8	37	59	4	62	6	6	28
坦桑尼亚	25.5	43.7	52.1	2.8	2.9	45	52	3	86	6	11	41
泰国	56.7	67.8	69.9	0.9	0.5	22	71	8	31	11	9	14
东帝汶	0.7	1.1	1.4	2.2	3.3	45	52	3	86	6	8	40
多哥	3.9	6.6	7.6	2.7	2.3	40	57	4	71	6	8	32
特立尼达和多巴哥	1.2	1.3	1.4	0.5	0.3	21	73	7	28	9	8	15
突尼斯	8.2	10.4	11.1	1.3	1.1	23	70	7	33	10	6	18
土耳其	56.1	74.8	79.9	1.5	1.1	27	67	6	40	9	6	18
土库曼斯坦	3.7	5.1	5.5	1.7	1.2	29	66	4	45	6	8	22
乌干达	17.7	32.7	39.7	3.2	3.2	49	49	3	101	5	12	46
乌克兰	51.9	46.0	44.4	–0.6	–0.6	14	70	16	20	22	15	11
阿拉伯联合酋长国	1.9	4.6	5.2	4.7	2.0	19	80	1	24	1	2	14
英国	57.2	61.8	63.8	0.4	0.5	17	66	16	26	25	9	13
美国	249.6	307.0	323.5	1.1	0.9	20	67	13	30	19	8	14
乌拉圭	3.1	3.3	3.4	0.4	0.2	23	63	14	36	22	9	15
乌兹别克斯坦	20.5	27.8	30.2	1.6	1.4	29	66	4	44	7	5	22
委内瑞拉	19.8	28.4	31.0	1.9	1.5	30	65	5	46	8	5	21
越南	66.2	87.3	92.8	1.5	1.0	26	68	6	38	9	5	17
西岸和加沙	2.0	4.0	4.8	3.8	2.8	45	52	3	86	6	3	35
也门共和国	12.3	23.6	27.8	3.4	2.7	44	54	2	81	4	7	36
赞比亚	7.9	12.9	15.0	2.6	2.4	46	51	3	91	6	17	42
津巴布韦	10.5	12.5	14.0	0.9	1.9	40	56	4	71	7	15	30
全世界	**5,278.9 s**	**6,775.2 s**	**7,241.9 s**	**1.3 w**	**1.1 w**	**27 w**	**65 w**	**8 w**	**42 w**	**12 w**	**8 w**	**20 w**
低收入国家	547.3	846.1	962.6	2.3	2.1	39	57	4	69	6	11	34
中等收入国家	3,751.3	4,812.5	5,131.2	1.3	1.1	27	66	6	41	10	8	19
中低收入国家	2,930.9	3,810.8	4,084.9	1.4	1.2	28	66	6	42	9	8	20
中高收入国家	820.3	1,001.7	1,046.3	1.1	0.7	25	68	8	36	11	8	17
低收入和中等收入国家	4,298.6	5,658.7	6,093.8	1.4	1.2	29	65	6	45	9	8	21
东亚和太平洋地区	1,599.6	1,943.8	2,035.8	1.0	0.8	23	70	7	32	11	7	14
欧洲和中亚	392.4	404.2	409.0	0.2	0.2	19	70	11	28	16	11	15
拉丁美洲和加勒比地区	435.6	572.5	606.9	1.4	1.0	28	65	7	43	10	6	18
中东和北非	227.4	330.9	366.1	2.0	1.7	31	64	4	48	7	6	24
南亚	1,128.7	1,567.7	1,706.5	1.7	1.4	32	63	5	51	7	7	24
撒哈拉以南非洲地区	514.9	839.6	969.5	2.6	2.4	43	54	3	78	6	14	38
高收入国家	980.4	1,116.6	1,148.0	0.7	0.5	17	67	15	26	23	8	12
欧元区	301.6	327.3	332.3	0.4	0.3	15	66	18	23	27	9	10

a. 包括中国台湾。b. 不包括法国海外属地：法属圭亚那、瓜德罗普、马提尼克和留尼旺。c. 增长是由 2004 年以来的移民数量激增导致的。d. 包括科索沃。

关于数据的说明

人口估计数通常是以各国的人口普查为基础。普查前和普查后的估计值都是根据人口模型内推或外推得出的。即使高收入国家的数据也存在误差和低估的情况，在发展中国家，由于进行全面普查所必需的交通、通讯和其他资源的不足，这种误差可能很大。

公众对政府的信任度、政府是否致力于保证统计的全面和准确性、对人口普查数据的保密和防止滥用，以及普查机构是否能够免于不适当的行政干预，也会影响官方人口数据的质量和可靠性。此外，由于各国统计机构和其他收集人口数据的组织所使用的概念、定义、数据收集程序和估算方法的不同，人口指标的国际可比性也很有限。

在本表中所列155个经济体和表1.6所列的55个经济体中，有180个（大约86%）在2000年普查期间（1995—2004年）进行了人口普查。到2011年1月，119个国家已经完成了2010年普查期间（2005—2014年）的人口普查。实时性以及调查和登记制度所提供的补充数据的可获得性是判定人口数据质量的较为客观的标准。在某些欧洲国家，在未进行人口普查的情况下，登记制度可以提供完整的人口数据信息。关于最近的普查或调查年份以及登记的完整性情况，见表2.17和“基本数据文献”。

缺少普查数据的发展中国家的当前人口估计数，以及有普查数据的国家的普查前和普查后的人口估计数，是由联合国人口署和其他统计机构提供的。标准估算法需要生育率、死亡率和净移民率的数据，这些数据常常是通过抽样调查来收集的，其中有些可能覆盖范围很小或很有限。人口估计数是用人口模型推算出的，由于模型以及数据本身的缺陷，很容易受到错误和偏见的影响。由于5岁年龄组是一个组别并且使用5岁年龄段的数据，因此为获得年度数据或单一年龄的构成而进行的修正，并不能反映实际情况和年龄构成。

总人口增长率可能掩盖了这样一个事实，即不同年龄组的增长率可能很不一样。在许多发展中国家，15岁以下人口曾迅速增长，但现在已经开始减少。以往的高生育率和死亡率的下降现在在工作年龄人口数量的迅速增长中得到了反映。

年龄依附率数据考虑了儿童、老人和工作年龄人口比例的变化。对幼年依附率和老年依附率的分别计算，反映出了工作年龄人口所必须承担的依附所造成负担的程度，这与儿童和老人在人口中所占的比例大小有关。但依附率是一个反映人口年龄构成而不是经济依附程度的指标。某些儿童和老人是劳动力的一部分，而许多处于工作年龄的人口并非劳动力。

生存率是基于国家统计局和其他组织提供的出生和死亡登记体系、人口普查、抽样调查等数据，抑或是人口统计学分析。大多数高收入国家2008年的数据是基于人口登记的临时性估计。许多国家的估计数是根据前几年的水平和趋势推断而来的，或者是联合国人口署对人口估算和推演的修正。

人口登记是这些数据比较好的来源。但在许多发展中国家，出生和死亡登记制度并不存在或由于地理或事件覆盖范围的不足而不完备。许多发展中国家进行专门的居民户调查，通过询问被访问者家中最近的出生和死亡情况来估算出生及死亡率。以这种方式得出的估计数，既受抽样误差的影响，又受被访问者不准确回忆的影响。

联合国统计署对出生及死亡登记制度的完备性进行监控。一些国家在过去60年已经取得了一定的进步。但是许多国家仍然缺少居民登记制度。例如，只有60%的国家和地区登记了至少90%的出生人口，只有47%的国家和地区登记了至少90%的死亡人口。一些人口众多的发展中国家——孟加拉国、巴西、印度、印度尼西亚、尼日利亚和巴基斯坦——仍然没有完备的出生及死亡登记制度。

除出生率和死亡率之外，国际移民是直接影响一国人口增长率的唯一其他因素。1990—2005年，高收入国家中的移民增加了4,000万。大约19.5亿人（占世界人口的3%）目前生活在母国以外，占世界总人口的大约3%。对国际移民进行估算是困难的。不管是什么时候，都有许多人因旅游、工作、逃难或其他原因而在母国以外的地方居住。停留多长时间、为什么目的而进行的国际旅行才能被视为移民的标准各不相同，要准确估计就需要一国人口流入和流出的数据信息，而这种数据是很难被收集的。

定义

- **总人口**是一个经济体中的总居民数，不管其法律地位或国籍如何——但不包括不将该国作为永久避难地的难民，这些人一般被视为其来源国人口的一部分。表中所示指标是1990年和2009年年中的估计数以及对2015年的预测数。 • **年均人口增长率**是所指时期内的指数变化（详见“统计方法”）。 • **人口年龄构成**表示各特定年龄组在总人口中所占的比例。 • **依附率**是依附人口（年龄不到15岁、超过64岁的人）与工作年龄人口（年龄在15—64岁人口）之比。 • **粗死亡率和粗出生率**是年中时估计的这一年里平均每千人中的死亡人数和成活出生人数。粗出生率与粗死亡率之差就是人口的自然增长率，即不包括移民的人口增长率。

数据资料来源

世界银行的人口估计数是人类发展数据组在咨询人类发展网络、世界银行工作人员和驻各国办事处后汇编得出的。一半以上国家的人口数据、大多数发展中国家的人口数据以及所有国家的年龄构成和依附率数据都是来源于联合国人口署的《世界人口展望：2008年修订版》；其他重要的资料来源包括各国统计部门的人口普查报告和其他统计出版物；来自各国机构、宏观国际公司以及美国疾病控制与预防中心的家庭调查；欧洲统计局的《人口统计》（各年度）；太平洋共同体秘书处的《人口统计公报》（各年度）；美国人口普查局的国际数据库。

2.2 劳动力结构

	劳动力参与率 占15岁及其以上人口的百分比 男性		女性		劳动力 总数 百万		15岁及其以上的劳动力年均增长百分比	女性在劳动力中所占的百分比	
	1990	2009	1990	2009	1990	2009	1990–2009	1990	2009
阿富汗	84	85	32	33	5.9	9.6	2.5	26.2	26.6
阿尔巴尼亚	74	70	51	49	1.4	1.4	0.2	39.9	42.5
阿尔及利亚	75	80	23	37	7.0	14.8	3.9	23.4	31.6
安哥拉	90	88	74	75	4.6	8.3	3.1	46.3	46.9
阿根廷	78	78	43	52	13.5	19.6	1.9	36.9	41.6
亚美尼亚	78	75	61	60	1.7	1.6	–0.2	46.3	49.6
澳大利亚	76	72	52	58	8.5	11.5	1.6	41.3	45.4
奥地利	70	68	43	53	3.5	4.3	1.0	40.9	45.5
阿塞拜疆	74	67	59	60	3.1	4.2	1.5	46.8	49.5
孟加拉国	89	83	61	59	49.5	78.6	2.4	39.9	41.2
白俄罗斯	75	67	60	55	5.3	5.0	–0.3	48.9	49.5
比利时	61	61	36	47	3.9	4.8	1.0	39.0	44.9
贝宁	89	78	57	67	1.9	3.7	3.5	41.1	46.2
玻利维亚	82	82	59	62	2.8	4.5	2.6	43.1	43.8
波斯尼亚和黑塞哥维那	67	68	53	55	2.0	1.9	0.0	45.2	47.1
博茨瓦纳	82	81	64	72	0.5	1.0	3.2	45.5	47.4
巴西	85	82	45	60	62.6	101.5	2.5	35.1	43.7
保加利亚	63	61	55	48	4.1	3.6	–0.7	47.9	46.1
布基纳法索	91	91	77	78	3.9	7.1	3.2	48.0	47.1
布隆迪	90	88	91	91	2.8	4.6	2.6	52.5	52.6
柬埔寨	84	86	78	74	4.3	7.8	3.1	52.8	48.3
喀麦隆	83	81	48	54	4.4	7.7	3.0	37.5	40.1
加拿大	76	73	58	63	14.7	19.1	1.4	44.1	47.0
中非共和国	87	87	69	72	1.3	2.1	2.5	45.6	46.5
乍得	81	78	65	63	2.4	4.3	3.1	45.6	45.2
智利	77	73	32	42	5.0	7.5	2.1	30.5	37.2
中国	85	80	73	67	643.9	783.2	1.0	44.8	44.6
中国香港	80	69	47	52	2.9	3.7	1.4	36.3	46.3
哥伦比亚	78	78	29	41	11.2	19.0	2.8	28.2	35.8
刚果民主共和国	85	86	53	57	13.4	24.9	3.3	39.9	40.6
刚果共和国	84	83	59	63	1.0	1.6	2.6	42.1	43.6
哥斯达黎加	84	80	33	45	1.2	2.1	3.2	27.4	35.5
科特迪瓦	88	82	43	51	4.7	8.4	3.1	30.1	36.9
克罗地亚	69	60	47	46	2.2	2.0	–0.4	42.7	45.8
古巴	73	67	36	41	4.4	5.0	0.6	33.0	38.1
捷克共和国	71	68	52	49	4.9	5.2	0.3	44.4	43.2
丹麦	75	71	62	60	2.9	3.0	0.1	46.1	46.9
多米尼加共和国	85	80	43	51	2.9	4.5	2.3	33.2	38.8
厄瓜多尔	78	78	33	47	3.5	5.9	2.7	29.5	38.0
埃及	74	75	27	22	16.8	27.4	2.6	26.6	23.0
萨尔瓦多	83	77	41	46	1.9	2.5	1.4	35.2	41.9
厄立特里亚	84	83	55	63	1.2	2.2	3.2	41.4	44.5
爱沙尼亚	77	69	63	55	0.8	0.7	–1.0	49.5	49.1
埃塞俄比亚	91	90	72	81	21.5	40.0	3.3	45.1	47.9
芬兰	72	65	59	57	2.6	2.7	0.2	47.1	48.1
法国	65	62	46	51	25.0	28.7	0.7	43.3	46.8
加蓬	83	81	63	70	0.4	0.7	3.1	44.2	46.7
冈比亚	86	85	71	71	0.4	0.8	3.4	46.2	46.2
格鲁吉亚	78	74	60	55	2.8	2.3	–1.2	46.9	46.8
德国	73	67	45	53	38.8	42.3	0.5	40.7	45.6
加纳	73	75	70	74	6.0	11.0	3.2	48.9	49.1
希腊	67	65	36	43	4.2	5.2	1.1	36.2	40.5
危地马拉	88	88	39	48	3.1	5.5	3.0	31.0	37.9
几内亚	90	89	79	79	2.9	4.8	2.7	46.8	46.9
几内亚比绍	81	84	59	60	0.4	0.7	2.4	43.0	42.4
海地	81	83	57	58	2.8	4.5	2.5	43.0	42.3
洪都拉斯	88	80	41	40	1.7	2.8	2.6	32.3	33.9

	劳动力参与率				劳动力				
	占15岁及其以上人口的百分比				总数 百万		15 岁及其以上的劳动力年均增长百分比	女性在劳动力中所占的百分比	
	男性		女性						
	1990	2009	1990	2009	1990	2009	1990–2009	1990	2009
匈牙利	65	59	46	43	4.5	4.3	–0.3	44.5	45.1
印度	84	81	34	33	317.8	457.5	1.9	27.1	27.6
印度尼西亚	81	86	50	52	74.9	115.6	2.3	38.4	38.1
伊朗	80	73	22	32	15.5	29.2	3.3	20.1	29.8
伊拉克	73	69	11	14	4.3	7.7	3.0	13.1	16.7
爱尔兰	71	73	35	54	1.3	2.2	2.7	33.9	43.0
以色列	64	63	42	52	1.7	3.1	3.1	40.6	46.5
意大利	66	61	35	38	23.7	25.4	0.4	36.5	40.5
牙买加	80	74	65	56	1.1	1.2	0.5	46.6	44.9
日本	77	72	50	48	63.9	65.8	0.2	40.7	41.6
约旦	71	74	15	23	0.7	1.9	5.0	16.2	23.0
哈萨克斯坦	78	76	62	66	7.8	8.6	0.5	47.0	49.8
肯尼亚	90	88	75	76	9.8	18.7	3.4	46.0	46.7
朝鲜	80	78	55	55	10.0	12.4	1.1	42.6	42.7
韩国	73	72	47	50	19.2	24.7	1.3	39.7	41.9
科索沃	..	..	..	..	..	..	..	..	..
科威特	82	83	36	45	0.9	1.5	2.8	22.4	25.0
吉尔吉斯斯坦	74	79	58	55	1.8	2.5	1.7	46.1	42.3
老挝	83	79	80	78	1.9	3.1	2.5	49.8	50.4
拉脱维亚	77	70	63	54	1.4	1.2	–1.0	49.6	48.3
黎巴嫩	72	72	20	22	0.9	1.5	2.8	23.3	25.0
莱索托	83	78	68	71	0.7	0.9	1.9	51.7	52.4
利比里亚	78	76	65	67	0.8	1.6	3.4	46.7	47.6
利比亚	75	79	15	25	1.2	2.4	3.7	14.8	22.5
立陶宛	74	62	59	50	1.9	1.6	–1.0	48.1	48.7
前南斯拉夫马其顿共和国	68	65	46	43	0.8	0.9	0.6	40.7	40.1
马达加斯加	89	89	83	84	5.4	9.7	3.1	48.4	49.2
马拉维	80	79	76	75	3.9	6.3	2.5	50.7	49.8
马来西亚	80	79	43	44	7.0	12.0	2.8	34.5	35.4
马里	68	67	37	38	2.5	3.8	2.2	36.1	37.3
毛里塔尼亚	82	81	53	59	0.7	1.4	3.3	39.8	42.0
毛里求斯	81	75	38	41	0.4	0.6	1.3	32.1	36.1
墨西哥	84	81	34	43	29.9	47.2	2.4	30.0	36.2
摩尔多瓦	74	53	61	47	2.1	1.5	–1.8	48.7	49.9
蒙古	77	78	63	68	0.9	1.4	2.5	45.6	47.4
摩洛哥	81	80	25	26	7.8	12.0	2.2	23.7	25.8
莫桑比克	88	87	85	85	6.3	11.0	3.0	53.2	52.0
缅甸	89	85	71	63	20.7	27.0	1.4	45.3	44.2
纳米比亚	64	63	48	52	0.4	0.8	3.0	44.9	46.5
尼泊尔	85	80	52	63	7.5	13.3	3.0	38.0	45.4
荷兰	70	73	43	60	6.9	9.0	1.4	38.8	45.7
新西兰	74	76	54	62	1.7	2.4	1.7	43.0	46.1
尼加拉瓜	85	78	39	47	1.4	2.3	2.8	32.3	38.7
尼日尔	91	88	27	39	2.3	4.8	3.8	24.7	31.6
尼日利亚	76	73	36	39	29.4	50.0	2.8	33.0	35.1
挪威	73	71	57	63	2.2	2.6	0.9	44.7	47.7
阿曼	80	77	19	25	0.6	1.1	3.4	13.7	18.8
巴基斯坦	85	85	14	22	31.0	58.1	3.3	12.7	19.4
巴拿马	79	81	39	48	0.9	1.6	2.8	32.4	37.4
巴布亚新几内亚	74	74	71	72	1.8	3.0	2.8	46.9	48.9
巴拉圭	87	87	47	57	1.7	3.0	3.1	34.9	39.4
秘鲁	75	76	49	58	8.3	13.6	2.6	39.7	43.6
菲律宾	83	79	48	49	24.1	38.8	2.5	36.5	38.6
波兰	72	62	55	46	18.1	17.4	–0.2	45.4	45.0
葡萄牙	73	69	49	56	4.7	5.6	0.9	42.4	46.9
波多黎各	61	58	31	36	1.2	1.5	1.2	35.8	40.8
卡塔尔	94	93	40	50	0.3	1.0	6.9	13.5	11.9

	劳动力参与率				劳动力				
	占15岁及其以上人口的百分比				总数 百万		15岁及其以上的劳动力年均增长百分比	女性在劳动力中所占的百分比	
	男性		女性						
	1990	2009	1990	2009	1990	2009	1990–2009	1990	2009
罗马尼亚	73	60	60	45	11.8	9.5	–1.1	46.3	45.0
俄罗斯联邦	76	69	60	58	76.8	75.9	–0.1	48.6	50.1
卢旺达	89	85	87	87	3.2	5.0	2.3	52.1	52.8
沙特阿拉伯	80	74	15	17	5.0	8.6	2.8	11.5	14.9
塞内加尔	90	89	62	65	3.0	5.4	3.0	40.8	43.3
塞尔维亚	..	..	..	..	..	..	..	..	..
塞拉利昂	68	68	66	65	1.6	2.1	1.6	50.9	51.4
新加坡	79	76	51	54	1.6	2.7	2.9	39.1	41.5
斯洛伐克共和国	72	69	59	51	2.6	2.7	0.3	46.8	44.7
斯洛文尼亚	59	65	47	53	0.8	1.0	1.2	46.8	46.2
索马里	84	85	58	57	2.6	3.5	1.6	41.8	40.9
南非	62	63	36	47	10.4	18.8	3.1	37.5	43.7
西班牙	67	69	34	49	15.6	22.9	2.0	34.8	42.8
斯里兰卡	79	75	37	34	6.8	8.3	1.1	31.8	32.4
苏丹	79	74	27	31	8.0	13.5	2.7	26.0	29.5
斯威士兰	81	75	45	53	0.3	0.5	2.7	41.2	43.4
瑞典	72	69	63	61	4.7	5.0	0.3	47.7	47.4
瑞士	81	74	57	61	3.8	4.4	0.7	42.9	46.8
阿拉伯叙利亚共和国	81	80	18	21	3.3	6.9	4.0	18.3	20.9
塔吉克斯坦	80	78	59	57	2.1	2.9	1.8	43.3	43.9
坦桑尼亚	91	91	87	86	12.3	21.4	2.9	49.8	49.4
泰国	87	81	75	66	32.1	38.7	1.0	47.0	46.1
东帝汶	82	83	58	59	0.3	0.4	1.8	40.4	40.9
多哥	87	86	56	64	1.5	3.0	3.5	40.1	43.5
特立尼达和多巴哥	76	78	39	55	0.5	0.7	2.3	35.0	43.3
突尼斯	76	71	21	26	2.4	3.8	2.4	21.6	26.7
土耳其	81	70	34	24	20.7	25.6	1.1	29.7	25.7
土库曼斯坦	72	74	58	62	1.4	2.4	2.9	46.1	47.1
乌干达	91	91	81	78	7.9	14.1	3.0	47.7	46.5
乌克兰	71	65	56	52	25.5	23.0	–0.5	49.2	49.0
阿拉伯联合酋长国	92	92	25	42	1.0	2.9	5.8	9.8	15.7
英国	74	70	52	55	29.0	31.8	0.5	43.2	45.7
美国	76	72	57	58	129.2	159.0	1.1	44.4	46.0
乌拉圭	76	76	48	54	1.4	1.7	0.9	40.8	44.1
乌兹别克斯坦	68	71	53	58	7.3	12.7	2.9	45.5	45.9
委内瑞拉	81	80	36	52	7.2	13.1	3.2	30.5	39.3
越南	82	76	74	68	31.1	46.6	2.1	50.7	48.6
西岸和加沙	66	68	11	17	0.4	1.0	4.4	13.8	19.0
也门共和国	74	74	16	20	2.6	6.2	4.5	18.0	21.1
赞比亚	79	79	61	60	3.0	4.8	2.5	44.3	43.4
津巴布韦	80	74	67	60	4.1	5.0	1.0	46.3	47.5
全世界	81 w	78 w	52 w	52 w	2,342.6 t	3,175.8 t	1.6 w	39.4 w	40.1 w
低收入国家	86	84	65	66	232.9	384.5	2.6	43.8	44.6
中等收入国家	82	79	52	50	1,646.7	2,244.8	1.6	38.1	38.4
中低收入国家	83	80	54	50	1,317.1	1,786.5	1.6	38.2	37.7
中高收入国家	78	75	45	48	329.6	458.2	1.7	37.6	40.8
低收入和中等收入国家	83	80	53	52	1,879.5	2,629.2	1.8	38.8	39.3
东亚和太平洋地区	84	80	69	64	853.5	1,090.7	1.3	44.2	43.9
欧洲和中亚	75	69	56	50	180.3	187.2	0.2	45.8	45.5
拉丁美洲和加勒比地区	82	80	40	52	169.1	269.3	2.4	33.8	40.5
中东和北非	77	75	22	26	63.3	115.2	3.2	22.0	25.7
南亚	85	82	35	35	418.8	625.9	2.1	27.8	29.0
撒哈拉以南非洲地区	82	81	57	61	194.6	341.0	3.0	42.0	43.6
高收入国家	73	70	49	52	463.0	546.6	0.9	41.6	43.9
欧元区	69	65	42	49	135.2	158.5	0.8	39.8	44.4

关于数据的说明

劳动力是一个经济体的货物和服务生产的可获得的劳动力供应。它包括目前的就业者、失业但正在寻找工作的人以及初次寻找工作的人。然而并不是每一个从事劳动的人都包括在内。无报酬的劳动者、家务劳动者和学生通常不包括在内，在有些国家军人也不包括在内。一年中季节性工人进入和离开劳动力队伍时，劳动力规模往往会发生变化。

有关劳动力的数据来自劳动力调查、人口普查和企业的普查和调查资料以及各种官方报告诸如就业变化记录和失业保障计划等，国际劳工组织（ILO）对此进行了汇总。一些国家的数据综合了各种来源的数字。进行国际比较时，最全面的信息是劳动力调查。该调查试图囊括所有的非机构公民、经济体所有的分支和部门以及所有类型的工人（包括拥有多份工作的人口）。相反，依据人口普查而获得的劳动力数据基于个人经济属性的限制，通常具有很小的调查余地。作为结果的数据与劳动力的调查数据通常是相反的，各国之间也相差很大，这取决于人口普查的范围，随经济的变化而可能发生变化。另一方面，企业的普查和调查数据只提供了就业人口的数据而没有包括失业者、在规模很小的公司工作的人和非正式部门的工作者（ILO，《2001—2002 年劳动力市场的关键指标》）。

人口普查或调查所涉及的时段是造成不同的另一个重要原因：在有些国家，数据指的是一个人在人口普查或调查的当天或者调查日之前特定时段内的状况；而在另外一些国家，数据记录时未说明特定时段。在发展中国家，家庭常常是生产的基本单位，家庭中所有成员都对产出有贡献，但是有些劳动强度低或时间间隔无规律，因而对劳动力的估计方面，可能大大低估了实际劳动力的数量。

就业年龄定义的不同也影响着可比性。对于大多数国家来讲，工作年龄就是在 15 岁或者 15 岁以上，但是在一些国家，15 岁以下儿童也从事全日制或非全日制工作，这包括在估计值中。类似地，一些国家还有年龄上限。其结果是以此年龄段计算的劳动力参与率的实际比率被系统地高估或低估了。有关资料来源、涉及时段或者定义的信息请查询原始资料。

表中的劳动力参与率来自《劳动力市场的关键指标》（第 6 版）。这些最新的估计值是利用严格的数据选择标准和完善的方法得出的，以确保国家之间以及各个时段之间的可比性。其中考虑到收集方法、制表方法以及各个国家的特定因素，例如，兵役需求。

这些估计值主要基于劳动力调查以及调查数据无法获得时所采用的其他资料来源（人口普查和各国报告的估计值）。

表中的劳动力估计值是世界银行工作人员通过把国际劳工组织数据库中劳动力参与率应用于世界银行人口估计数，从而得出一个与这些人口估计数相一致的序列计算出来的。这一过程得出的结果有时与国际劳工组织《劳动力统计年鉴》及其数据库“劳动力市场的关键指标”公布的数据略有不同。

通常女性劳动力的估计值低于男性，而且并不具有国际可比性。这反映出对女性而言，人口统计、社会、法律以及文化趋向等众多规范决定了她们的活动是否被看做经济活动。在许多国家，大量女性在农场或其他家庭企业干活但不拿工资，还有些女性在家中或离家不远的地方工作，一天中其工作与家庭活动相互混杂。

定义

• **劳动力参与率**是指年龄在 15 岁及 15 岁以上的人在劳动力市场从事经济活动的人口比率：即在特定时期参加工作或者正在找工作的人。 • **总劳动力**是指年龄在 15 岁及 15 岁以上的人在劳动力市场从事经济活动的人口，包括在特定时期参加工作或者正在找工作的人，包括就业者和失业者。 • **劳动力年均增长率**是用指数端点法计算得出的（更多的信息见“统计方法”一节）。 • **女性在劳动力中所占的比例**表明女性在劳动力中的实际参与程度。

数据资料来源

劳动力参与率来源于国际劳工组织的数据库——《劳动力市场的关键指标》（第 6 版）。劳动力数量由世界银行工作人员计算，并国际劳工组织的数据库，利用劳动参与率来估计人口。

2.3 按经济活动划分的就业

	农业				工业				服务业			
	男性 占男性就业百分比		女性 占女性就业百分比		男性 占男性就业百分比		女性 占女性就业百分比		男性 占男性就业百分比		女性 占女性就业百分比	
	1990–1992[a]	2005–2008[a]	1990–1992[a]	2005–2008[a]	1990–1992[a]	2005–2008[a]	1990–1992[a]	2005–2008[a]	1990–1992[a]	2005–2008[a]	1990–1992[a]	2005–2008[a]
阿富汗	..	..	..	..	..	..	..	..	..	..	..	..
阿尔巴尼亚	..	..	..	..	..	..	..	..	..	..	..	..
阿尔及利亚	..	..	..	..	..	..	..	..	..	..	..	..
安哥拉	..	..	..	..	..	..	..	..	..	..	..	..
阿根廷	0[b,c]	1[c]	0[b,c]	0[b,c]	40[c]	33[c]	18[c]	11[c]	59[c]	66[c]	81[c]	89[c]
亚美尼亚	..	46	..	46	..	21	..	10	..	33	..	45
澳大利亚	6	4	4	2	32	31	12	9	61	64	84	89
奥地利	6	6	8	6	47	37	20	12	46	57	72	82
阿塞拜疆	..	40	..	38	..	17	..	9	..	44	..	53
孟加拉国	54	42	85	68	16	15	9	13	25	43	2	19
白俄罗斯	..	15	..	9	..	33	..	24	..	37	..	64
比利时	3	2	2	1	41	36	16	11	56	61	81	88
贝宁	..	..	..	..	..	..	..	..	..	..	..	..
玻利维亚	..	..	..	..	..	..	..	..	..	..	..	..
波斯尼亚和黑塞哥维那	..	..	..	..	..	..	..	..	..	..	..	..
博茨瓦纳	..	35	..	24	..	19	..	11	..	46	..	65
巴西	31[c]	23	25[c]	15	27[c]	28	10[c]	13	43[c]	50	65[c]	72
保加利亚	..	9	..	6	..	42	..	29	..	49	..	65
布基纳法索	..	..	..	..	..	..	..	..	..	..	..	..
布隆迪	..	..	..	..	..	..	..	..	..	..	..	..
柬埔寨	..	..	..	..	..	..	..	..	..	..	..	..
喀麦隆	..	..	..	..	..	..	..	..	..	..	..	..
加拿大	6[c]	3[c]	2[c]	2[c]	31[c]	32[c]	11[c]	11[c]	64[c]	65[c]	87[c]	88[c]
中非共和国	..	..	..	..	..	..	..	..	..	..	..	..
乍得	..	..	..	..	..	..	..	..	..	..	..	..
智利	24	16	6	6	32	31	15	11	45	53	79	84
中国	..	..	..	..	..	..	..	..	..	..	..	..
中国香港	1[c]	0[b,c]	0[b,c]	0[b,c]	37[c]	21[c]	27[c]	6[c]	63[c]	78[c]	73[c]	94[c]
哥伦比亚	..	27	..	6	..	22	..	16	..	51	..	78
刚果民主共和国	..	..	..	..	..	..	..	..	..	..	..	..
刚果共和国	..	..	..	..	..	..	..	..	..	..	..	..
哥斯达黎加	32	18	5	5	27	28	25	13	41	54	69	82
科特迪瓦	..	..	..	..	..	..	..	..	..	..	..	..
克罗地亚	..	13[d]	..	15[d]	..	39[d]	..	15[d]	..	48[d]	..	69[d]
古巴	..	25	..	9	..	22	..	12	..	54	..	79
捷克共和国	..	4	..	2	..	51	..	27	..	45	..	71
丹麦	7	4	3	1	37	32	16	12	56	64	82	86
多米尼加共和国	26	21	3	2	23	26	21	14	52	53	76	84
厄瓜多尔	10[c]	11[c]	2[c]	4[c]	29[c]	28[c]	17[c]	13[c]	62[c]	61[c]	81[c]	83[c]
埃及	35	28	52	43	25	26	10	6	41	46	37	51
萨尔瓦多	48	29	15	5	23	26	23	19	29	45	63	76
厄立特里亚	..	..	..	..	..	..	..	..	..	..	..	..
爱沙尼亚	23	5	13	2	42	48	30	23	36	46	57	75
埃塞俄比亚	..	9[c,d]	..	10[c,d]	..	25[c,d]	..	20[c,d]	..	76[c,d]	..	64[c,d]
芬兰	11	6	6	3	38	39	15	11	51	54	78	86
法国	7	4	5	2	39	34	17	11	54	61	78	86
加蓬	..	..	..	..	..	..	..	..	..	..	..	..
冈比亚	..	..	..	..	..	..	..	..	..	..	..	..
格鲁吉亚	..	51	..	57	..	17	..	4	..	33	..	39
德国	4	3	4	2	50	41	24	16	46	56	73	83
加纳	66	..	59	..	10	..	10	..	23	..	32	..
希腊	20	11	26	12	29	30	17	9	51	59	57	79
危地马拉	..	44	..	16	..	24	..	21	..	32	..	63
几内亚	..	..	..	..	..	..	..	..	..	..	..	..
几内亚比绍	..	..	..	..	..	..	..	..	..	..	..	..
海地	76	..	50	..	9	..	9	..	13	..	38	..
洪都拉斯	53[c]	51[c]	6[c]	13[c]	18[c]	20[c]	25[c]	23[c]	29[c]	29[c]	69[c]	63[c]

	农业				工业				服务业			
	男性 占男性就业百分比		女性 占女性就业百分比		男性 占男性就业百分比		女性 占女性就业百分比		男性 占男性就业百分比		女性 占女性就业百分比	
	1990–1992[a]	2005–2008[a]	1990–1992[a]	2005–2008[a]	1990–1992[a]	2005–2008[a]	1990–1992[a]	2005–2008[a]	1990–1992[a]	2005–2008[a]	1990–1992[a]	2005–2008[a]
匈牙利	19	6	13	2	43	42	29	21	38	52	58	77
印度	..	..	..	..	..	..	..	..	..	..	..	..
印度尼西亚	54	41	57	41	15	21	13	15	31	38	31	44
伊朗	..	21	..	33	..	33	..	29	..	47	..	38
伊拉克	..	..	..	..	..	..	..	..	..	..	..	..
爱尔兰	19	9	3	2	33	38	18	10	48	53	78	88
以色列	5	3	2	1	38	32	15	11	57	65	83	88
意大利	8	5	9	3	41	39	23	16	52	57	68	81
牙买加	36	26	16	8	25	27	12	5	39	47	72	87
日本	6	4	7	4	40	35	27	17	54	59	65	77
约旦	..	..	..	..	..	..	..	..	..	..	..	..
哈萨克斯坦	..	..	..	..	..	..	..	..	..	..	..	..
肯尼亚	..	..	..	..	..	..	..	..	..	..	..	..
朝鲜	..	..	..	..	..	..	..	..	..	..	..	..
韩国	14	7	18	8	40	33	28	16	46	60	54	76
科索沃	..	..	..	..	..	..	..	..	..	..	..	..
科威特	..	..	..	..	..	..	..	..	..	..	..	..
吉尔吉斯斯坦	..	37	..	35	..	26	..	11	..	37	..	54
老挝	..	..	..	..	..	..	..	..	..	..	..	..
拉脱维亚	..	10	..	6	..	40	..	17	..	49	..	77
黎巴嫩	..	..	..	..	..	..	..	..	..	..	..	..
莱索托	..	..	..	..	..	..	..	..	..	..	..	..
利比里亚	..	..	..	..	..	..	..	..	..	..	..	..
利比亚	..	..	..	..	..	..	..	..	..	..	..	..
立陶宛	..	10	..	6	..	41	..	19	..	49	..	75
前南斯拉夫马其顿共和国	..	19	..	17	..	33	..	29	..	48	..	54
马达加斯加	..	82	..	83	..	5	..	2	..	13	..	16
马拉维	..	..	..	..	..	..	..	..	..	..	..	..
马来西亚	23	18	20	10	31	32	32	23	46	51	48	67
马里	..	..	..	..	..	..	..	..	..	..	..	..
毛里塔尼亚	..	..	..	..	..	..	..	..	..	..	..	..
毛里求斯	15	10	13	8	36	36	48	26	48	54	39	66
墨西哥	34	19	11	4	25	31	19	18	41	50	70	77
摩尔多瓦	..	36	..	30	..	25	..	12	..	39	..	58
蒙古	..	41	..	35	..	21	..	15	..	39	..	50
摩洛哥	..	35	..	60	..	24	..	15	..	41	..	25
莫桑比克	..	..	..	..	..	..	..	..	..	..	..	..
缅甸	..	..	..	..	..	..	..	..	..	..	..	..
纳米比亚	45	23	52	8	21	24	8	9	34	24	40	63
尼泊尔	75	..	91	..	4	..	1	..	20	..	8	..
荷兰	5	3	2	2	33	27	10	8	60	63	81	85
新西兰	13[c]	9	8[c]	5	31[c]	32	13[c]	10	56[c]	58	79[c]	85
尼加拉瓜	..	42	..	8	..	20	..	18	..	38	..	73
尼日尔	..	..	..	..	..	..	..	..	..	..	..	..
尼日利亚	..	..	..	..	..	..	..	..	..	..	..	..
挪威	7	4	3	1	34	33	10	8	58	63	86	90
阿曼	..	..	..	..	..	..	..	..	..	..	..	..
巴基斯坦	45	36	69	72	20	23	15	13	35	41	16	15
巴拿马	35	21	3	3	20	25	11	10	45	54	85	87
巴布亚新几内亚	..	..	..	..	..	..	..	..	..	..	..	..
巴拉圭	..	33	..	24	..	24	..	9	..	43	..	68
秘鲁	1[c]	12[c]	0[b,c]	6[c]	30[c]	41[c]	13[c]	43[c]	69[c]	46[c]	87[c]	51[c]
菲律宾	53[c]	42[d]	32[c]	23[d]	17[c]	18[d]	14[c]	10[d]	29[c]	41[d]	55[c]	68[d]
波兰	..	15[c]	..	14[c]	..	41[c]	..	18[c]	..	44[c]	..	68[c]
葡萄牙	10	11	13	12	39	40	24	17	51	49	63	71
波多黎各	5	2	0[b]	0[b]	27	26	19	10	67	72	80	89
卡塔尔	..	4	..	0	..	48	..	4	..	48	..	96

2.3 按经济活动划分的就业

	农业				工业				服务业			
	男性 占男性就业百分比		女性 占女性就业百分比		男性 占男性就业百分比		女性 占女性就业百分比		男性 占男性就业百分比		女性 占女性就业百分比	
	1990–1992[a]	2005–2008[a]	1990–1992[a]	2005–2008[a]	1990–1992[a]	2005–2008[a]	1990–1992[a]	2005–2008[a]	1990–1992[a]	2005–2008[a]	1990–1992[a]	2005–2008[a]
罗马尼亚	29	27	38	30	44	38	30	24	28	35	33	46
俄罗斯联邦	..	11	..	7	..	38	..	20	..	51	..	73
卢旺达	..	..	..	..	..	..	..	..	..	..	..	..
沙特阿拉伯	..	5[d]	..	0[b,d]	..	23[d]	..	2[d]	..	72[d]	..	98[d]
塞内加尔	..	34	..	33	..	20	..	5	..	33	..	42
塞尔维亚	..	22	..	20	..	37	..	20	..	42	..	61
塞拉利昂	..	..	..	..	..	..	..	..	..	..	..	..
新加坡	1	2	0[b]	1	36	26	32	18	63	72	68	82
斯洛伐克共和国	..	6	..	2	..	52	..	24	..	43	..	74
斯洛文尼亚	..	10[c]	..	10[c]	..	44[c]	..	23[c]	..	45[c]	..	65[c]
索马里	..	..	..	..	..	..	..	..	..	..	..	..
南非	..	5[d]	..	3[d]	..	31[d]	..	13[d]	..	57[d]	..	79[d]
西班牙	11	6	8	3	41	40	17	11	49	55	75	86
斯里兰卡	..	28[c]	..	37[c]	..	26[c]	..	27[c]	..	41[c]	..	34[c]
苏丹	..	..	..	..	..	..	..	..	..	..	..	..
斯威士兰	..	..	..	..	..	..	..	..	..	..	..	..
瑞典	5[c]	3[c]	2[c]	1[c]	40[c]	33[c]	12[c]	9[c]	55[c]	64[c]	86[c]	90[c]
瑞士	5	5	4	3	39	34	15	12	57	62	81	86
阿拉伯叙利亚共和国	23	..	54	..	28	..	8	..	49	..	38	..
塔吉克斯坦	..	..	..	..	..	..	..	..	..	..	..	..
坦桑尼亚	..	71	..	78	..	7	..	3	..	22	..	19
泰国	59	43	62	40	17	22	13	19	24	35	25	41
东帝汶	..	..	..	..	..	..	..	..	..	..	..	..
多哥	..	..	..	..	..	..	..	..	..	..	..	..
特立尼达和多巴哥	15	6	6	2	34	41	14	16	51	52	80	82
突尼斯	..	..	..	..	..	..	..	..	..	..	..	..
土耳其	33	18[d]	72	42[d]	26	21[d]	11	15[d]	41	53[d]	17	43[d]
土库曼斯坦	..	..	..	..	..	..	..	..	..	..	..	..
乌干达	..	..	..	..	..	..	..	..	..	..	..	..
乌克兰	..	..	..	..	..	..	..	..	..	..	..	..
阿拉伯联合酋长国	..	6	..	0[b]	..	45	..	6	..	49	..	92
英国	3	2	1	1	41	32	16	9	55	66	82	90
美国	4	2	1	1	34	30	14	9	62	68	85	90
乌拉圭	..	16[c]	..	5[c]	..	29[c]	..	13[c]	..	56[c]	..	83[c]
乌兹别克斯坦	..	..	..	..	..	..	..	..	..	..	..	..
委内瑞拉	17	13	2	2	32	30	16	12	52	56	82	86
越南	..	..	..	..	..	..	..	..	..	..	..	..
西岸和加沙	..	11	..	36	..	27	..	10	..	61	..	53
也门共和国	44	..	83	..	14	..	2	..	38	..	13	..
赞比亚	47	..	56	..	15	..	3	..	22	..	18	..
津巴布韦	..	..	..	..	..	..	..	..	..	..	..	..
全世界	.. w	.. w	.. w	.. w	.. w	.. w	.. w	.. w	.. w	.. w	.. w	.. w
低收入国家	..	..	..	..	..	..	..	..	..	..	..	..
中等收入国家	..	..	..	..	..	..	..	..	..	..	..	..
中低收入国家	..	..	..	..	..	..	..	..	..	..	..	..
中高收入国家	..	17	..	12	..	32	..	20	..	50	..	68
低收入和中等收入国家	..	..	..	..	..	..	..	..	..	..	..	..
东亚和太平洋地区	..	..	..	..	..	..	..	..	..	..	..	..
欧洲和中亚	..	18	..	18	..	34	..	20	..	48	..	63
拉丁美洲和加勒比地区	..	20	..	9	..	29	..	16	..	51	..	75
中东和北非	..	..	..	..	..	..	..	..	..	..	..	..
南亚	..	..	..	..	..	..	..	..	..	..	..	..
撒哈拉以南非洲地区	..	..	..	..	..	..	..	..	..	..	..	..
高收入国家	6	4	5	3	38	34	19	13	55	61	76	84
欧元区	7	5	6	3	42	38	20	13	50	57	73	83

注：由于工人不完全按照部门分类，跨部门合计数可能不等于100%。
a. 最近年份可获得的数据。b. 小于0.5。c. 有限覆盖范围。d. 2009年的数据。

关于数据的说明

国际劳工组织（ILO）根据全部经济活动的国际标准产业分类（ISIC）对经济活动进行了分类，1968 年进行了第 2 次修订，1990 年进行了第 3 次修订。由于分类的标准是以工作领域（行业）而不是以工作类型（职业）划分的，所以一个企业内的雇员，无论其专业或职位如何，都被划分为同一行业。各类别相加应等于 100%，否则这一差异就是由于一些人不能按经济活动分类引起。

有关就业的数据来源于劳动力调查、家庭调查、官方估计、人口普查、政府社会保险计划的记录以及其他信息无法获得时的企业调查。就业的概念一般是指一定年龄以上有工作的人或在特定时段内有工作的人。就业数据包括全日制工人和非全日制工人。

然而，各国在如何定义和衡量就业状况，特别对于军人、自我雇佣者和无报酬家务劳动者的定义，存在许多差异。如果包括军人，那么军人就会被归入服务部门，与不包括军人的经济体相比，这将导致该部门被夸大。通过企业调查获得的数据通常只包括雇员，而那些自我雇佣者和无报酬家务劳动者被排除在调查之外。在这种情况下，农业部门的就业率会被严重低估。因此，应当注意的是一些数据仅仅是指城市地区，而很少包括甚至不包括农村地区。此外，年龄组群以及涵盖的地区在各国之间也存在着差异，甚至在一个国家也会随着时间而发生变化。有关时间序列的拐点，可以查询原始资料。

各国对失业者的划分也采取了不同的方法。在大多数国家，以前有工作经历的失业者被按照最后所从事的工作划分。然而，在有些国家，失业和初次找工作的人是不根据经济活动分类的。由于这些差异，各国之间按经济活动划分的就业规模和分布不完全具有可比性。

国际劳工组织提供的数据根据 ISIC 第 2 次修版或第 3 次修订版的主要分类来公布数据。本表所报告的项或类被合并计入三个大组：农业、工业和服务业。划分为这样庞大的三个组别可能掩盖了各个国家行业格局内的根本性变化。大多数经济体根据 ISIC 第 2 次修订版来报告其经济活动，但也有部分经济体改用第 3 次修订版。使用一种或另一种分类应该不会对本表中三个大部门的信息产生重大影响。

世界范围内经济财富的分布与经济活动中的就业高度相关。富有的经济体在总就业中服务业所占的比例是最大的，相反较贫困的经济体，其农业部门中的就业比例则较高。

按性别划分的经济活动分布显示出某些明确的格局。尽管男性就业在三大部门中仍占据绝大部分，但是在工业部门性别差距最大。男性在农业部门的就业仍占统治地位，尽管其程度不如工业部门高。使一个性别的人局限于一个狭窄的职业范围内会减少劳动力市场的灵活性，减弱经济对变革的适应能力，因而极大地降低经济效率。这种分割对女性危害尤大，她们只能在一个非常狭窄的劳动力市场中作选择，收入也低于男性。但当男性主宰的行业集中发生失业，而就业增长机会往往集中于女性具有较好选择的服务性岗位时，这种分割对男性也不利，就像最近许多国家所发生的情况那样。

对于服务性岗位对女性的重要性日益增加有若干种解释。许多服务性岗位——例如，护理以及社会工作和文秘工作——被认为是"女性的"工作。因为人们认为这些工作与女性的传统角色相似。女性往往得不到在日益变化的就业机会中获得优势所需的培训。而更多地获取在服务业中非全日制的工作对于大多数女性都极具诱惑力，尽管还不清楚这究竟是女性更多地从事于这类工作的原因还是其结果。

定义

• **农业**与第 1 项（ISIC 第 2 次修订版）的主要类别或表格中的 A 类与 B 类（ISIC 第 3 次修订版）相对应。包括狩猎、林业和渔业。 • **工业**与第 2—5 项（ISIC 第 2 次修订版）的主要类别或表格中的 C—F 类（ISIC 第 3 次修订版）相对应。包括采矿和挖掘（含石油生产）、制造业、建筑业和公用事业（电、气和水）。 • **服务业**与第 6—9 项（ISIC 第 2 次修订版）的主要类别或表格中的 G—P 类（ISIC 第 3 次修订版）相对应。包括批发及零售贸易以及饭店旅馆业；交通运输、仓储和通信；金融、保险、房地产和商务服务以及社区、社会和私人服务。

数据资料来源

就业数据来源于国际劳工组织《劳动力市场关键指标》数据库（第 6 版）。

2.4 体面的工作与生产性就业

	人口就业率				中学总入学率		脆弱性就业				劳动生产率	
							无报酬家庭劳动者和自营工作人员					
	总数 占15岁及以上人口的百分比		青年人 占15–24岁人口的百分比		占相应年龄组的百分比		男性 占男性就业的百分比		女性 占女性就业的百分比		就业人口人均GDP增长 百分比	
	1991	2008	1991	2008	1991	2009[a]	1990	2008	1990	2008	1990–1992	2005–2008
阿富汗	54	55	45	47	16	44	..	..	..	..	..	..
阿尔巴尼亚	49	46	37	36	89	72	..	..	..	..	–17.5	6.1
阿尔及利亚	39	49	25	31	60	..	..	..	..	..	–4.0	–0.7
安哥拉	77	76	71	69	12	..	..	..	..	..	–5.0	14.6
阿根廷	53	57	42	36	74	85	..	22[b]	..	17[b]	9.0	3.7
亚美尼亚	38	38	24	25	..	93	..	..	..	..	–24.8	12.2
澳大利亚	56	59	58	64	132	149	12	11	9	7	3.3	0.7
奥地利	52	55	61	53	102	100	..	9	..	9	0.7	0.4
阿塞拜疆	57	60	38	39	88	99	..	41	..	66	–12.6	21.4
孟加拉国	74	68	66	56	18	42	..	..	..	..	1.9	4.0
白俄罗斯	58	52	40	35	93	95	..	..	..	..	–4.0	8.7
比利时	44	47	31	27	101	108	17	11	15	9	1.6	0.7
贝宁	70	72	64	59	..	..	..	..	..	..	..	..
玻利维亚	61	71	48	49	..	81	32[b]	..	50[b]	..	2.6	1.8
波斯尼亚和黑塞哥维那	42	42	17	18	..	91	..	..	..	..	–14.8	1.6
博茨瓦纳	47	46	34	27	49	82	..	..	..	..	..	..
巴西	56	64	54	53	..	101	29[b]	30	30[b]	24	–0.3	3.2
保加利亚	45	46	27	27	98	89	..	10	..	8	3.1	3.0
布基纳法索	82	82	77	74	7	20	..	..	..	..	1.3	1.3
布隆迪	85	84	74	73	5	21	..	..	..	..	..	..
柬埔寨	77	75	66	68	25	40	..	..	..	..	4.0	6.5
喀麦隆	59	59	37	33	26	41	..	..	..	..	–6.7	1.0
加拿大	58	61	57	61	101	..	..	12[b]	..	9[b]	0.8	0.2
中非共和国	73	73	59	58	12	14	..	..	..	..	..	..
乍得	67	70	51	50	6	24	..	..	..	..	..	..
智利	51	50	34	24	97	90	..	25	..	24	6.6	0.2
中国	75	71	71	55	41	78	..	..	..	..	6.8	10.6
中国香港	62	57	54	38	..	82	..	10[b]	..	4[b]	5.3	3.0
哥伦比亚	52	62	38	43	53	95	30[b]	41	26[b]	41	–0.7	4.8
刚果民主共和国	68	67	60	62	21	37	..	..	..	..	–12.9	2.9
刚果共和国	66	65	49	46	46	..	..	..	..	..	..	..
哥斯达黎加	56	57	48	43	45	96	26	20	21	20	2.4	1.9
科特迪瓦	63	60	52	45	..	..	..	..	..	..	–3.6	–0.7
克罗地亚	50	46	27	29	83	90	..	23[c]	..	20[c]	–7.7	2.8
古巴	52	54	40	32	94	90	..	..	..	..	..	..
捷克共和国	58	54	48	29	91	95	..	15	..	9	–5.2	3.4
丹麦	59	60	65	61	109	119	7	7	6	3	2.5	–0.7
多米尼加共和国	44	53	28	34	..	77	42	49	30	30	0.7	5.4
厄瓜多尔	52	61	39	40	55	81	33[b]	29[b]	41[b]	41[b]	–0.1	0.5
埃及	43	43	22	23	69	..	..	20	..	44	2.1	4.4
萨尔瓦多	59	54	42	39	38	64	..	29	..	44	..	..
厄立特里亚	66	66	60	54	11	32	..	..	..	..	..	..
爱沙尼亚	61	55	43	29	100	99	2[b]	8[b]	3[b]	4[b]	–9.4	2.4
埃塞俄比亚	71	81	64	74	14	34	..	48[b]	..	56[b]	–8.4	7.4
芬兰	57	55	45	44	116	110	..	11	..	7	1.4	1.5
法国	47	48	28	29	100	113	11	7	10	5	1.4	0.6
加蓬	58	58	37	33	40	..	..	..	..	..	..	..
冈比亚	73	72	59	55	19	51	..	..	..	..	..	..
格鲁吉亚	57	54	28	22	95	108	..	..	..	..	–25.3	10.1
德国	54	52	58	44	98	102	..	7	..	6	3.7	0.9
加纳	68	65	40	40	35	57	..	..	..	..	2.8	3.7
希腊	44	48	31	28	94	102	..	27	..	27	2.4	2.4
危地马拉	55	62	50	52	23	57	..	..	..	..	1.0	1.4
几内亚	82	81	75	73	11	37	..	..	..	..	..	..
几内亚比绍	66	67	57	63	5	..	..	..	..	..	..	..
海地	56	55	37	47	..	..	..	..	..	..	..	..
洪都拉斯	59	56	49	43	33	65	48[b]	..	50[b]	..	..	..

体面的工作与生产性就业

	人口就业率				中学总入学率		脆弱性就业				劳动生产率	
							无报酬家庭劳动者和自营工作人员					
	总数 占15岁及以上人口的百分比		青年人 占15–24岁人口的百分比		占相应年龄组的百分比		男性 占男性就业的百分比		女性 占女性就业的百分比		就业人口人均GDP增长百分比	
	1991	2008	1991	2008	1991	2009[a]	1990	2008	1990	2008	1990–1992	2005–2008
匈牙利	48	45	37	20	86	97	8[b]	8	7[b]	6	0.3	2.0
印度	58	56	46	40	46	60	..	..	..	..	1.0	5.9
印度尼西亚	63	62	46	41	46	79	..	60	..	68	6.2	3.8
伊朗	46	49	33	36	53	83	..	40	..	56	6.5	1.8
伊拉克	37	37	27	23	40	51	..	..	..	..	–33.6	1.9
爱尔兰	44	58	38	44	100	115	25	17	9	5	2.4	0.7
以色列	45	50	25	27	92	90	..	9	..	5	0.0	1.3
意大利	43	44	30	25	79	101	29	21	24	15	0.6	–0.3
牙买加	61	56	40	29	70	91	46	38	37	31	0.7	–2.2
日本	61	54	43	40	97	101	15	10	26	12	0.7	1.2
约旦	36	38	25	20	82	88	..	..	..	..	–5.5	2.5
哈萨克斯坦	63	64	46	42	98	99	..	..	..	..	–15.1	4.8
肯尼亚	73	73	62	59	..	59	..	..	..	..	–3.9	2.5
朝鲜	62	64	46	39	..	..	..	..	..	..	..	..
韩国	59	58	36	28	91	97[a]	..	23	..	28	5.0	3.1
科索沃	..	..	..	..	..	..	..	..	..	..	..	..
科威特	62	65	29	30	53	90	..	..	..	..	–0.2	3.2
吉尔吉斯斯坦	58	58	41	40	100	84	..	47	..	47	–13.1	4.3
老挝	80	78	74	64	21	44	..	..	..	..	..	..
拉脱维亚	58	55	43	35	92	98	..	8	..	6	–19.6	2.9
黎巴嫩	44	46	31	29	61	82	..	..	..	..	..	..
莱索托	48	54	40	40	24	45	..	..	..	..	..	..
利比里亚	66	66	57	57	..	..	..	..	..	..	..	..
利比亚	45	49	28	27	..	..	..	..	..	..	..	..
立陶宛	54	50	36	18	92	99	..	11	..	8	–13.9	5.2
前南斯拉夫马其顿共和国	37	35	17	13	76	84	..	24	..	20	–5.6	1.2
马达加斯加	79	83	65	71	19	32	..	..	..	..	–5.9	2.2
马拉维	72	72	48	49	17	30	..	..	..	..	–1.9	5.6
马来西亚	60	61	47	45	57	69	31	23	25	21	6.0	3.1
马里	49	47	40	35	7	38	..	..	..	..	0.4	1.9
毛里塔尼亚	67	47	54	23	13	24	..	..	..	..	..	..
毛里求斯	56	54	45	37	55	87	13	18	7	15	..	..
墨西哥	57	57	50	42	54	90	29	28	15	32	1.0	1.0
摩尔多瓦	58	45	39	17	90	88	..	35	..	30	–22.0	6.9
蒙古	50	52	39	35	82	92	..	..	..	..	..	..
摩洛哥	46	46	40	35	36	56	..	46	..	65	–1.7	2.8
莫桑比克	80	78	67	66	7	23	..	..	..	..	–3.0	5.5
缅甸	74	74	62	53	23	53	..	..	..	..	2.0	5.8
纳米比亚	45	43	24	14	43	66	..	..	..	..	..	..
尼泊尔	60	62	52	46	34	..	..	..	..	..	..	..
荷兰	51	59	55	67	120	121	7	10	10	8	0.4	1.0
新西兰	55	63	55	56	92	119	15	14	10	10	0.5	–0.3
尼加拉瓜	57	58	46	48	43	68	..	45	..	46	..	..
尼日尔	59	60	50	52	7	12	..	..	..	..	–5.7	2.3
尼日利亚	53	52	29	24	24	30	..	..	..	..	–2.9	3.3
挪威	58	62	49	56	103	112	..	8	..	3	3.9	–1.1
阿曼	53	51	30	29	45	91	..	..	..	..	0.2	3.7
巴基斯坦	48	52	38	44	23	33	..	58	..	75	6.5	2.5
巴拿马	50	59	33	40	62	73	44	30	19	24	..	..
巴布亚新几内亚	70	70	57	54	12	..	..	..	..	..	..	..
巴拉圭	61	73	51	58	31	67	17[b]	45	31[b]	50	..	..
秘鲁	53	69	34	53	67	89	30[b]	33[b]	46[b]	47[b]	–0.8	0.2
菲律宾	59	60	42	39	70	82	..	44[b]	..	47[b]	–3.3	3.9
波兰	53	48	31	27	87	100	..	20	..	18	2.8	1.9
葡萄牙	58	56	53	35	66	104	22	18	30	19	2.2	0.9
波多黎各	37	41	21	29	..	84	..	..	..	..	..	..
卡塔尔	73	77	35	47	84	85	..	..	..	..	0.1	13.3

2.4 体面的工作与生产性就业

	人口就业率				中学总入学率		脆弱性就业				劳动生产率	
							无报酬家庭劳动者和自营工作人员					
	总数 占15岁及以上人口的百分比		青年人 占15—24岁人口的百分比		占相应年龄组的百分比		男性 占男性就业的百分比		女性 占女性就业的百分比		就业人口人均GDP增长百分比	
	1991	2008	1991	2008	1991	2009[a]	1990	2008	1990	2008	1990–1992	2005–2008
罗马尼亚	56	48	42	24	92	92	21	31	33	32	–9.3	6.5
俄罗斯联邦	57	57	34	33	93	85	1	6	1	6	–7.9	6.4
卢旺达	87	80	79	64	18	27	..	..	..	..	..	..
沙特阿拉伯	50	48	26	13	..	97	..	..	..	..	4.9	0.7
塞内加尔	67	66	60	55	15	30	77	..	91	..	–1.0	0.9
塞尔维亚	49[d]	44[d]	28[d]	21[d]	..	91	..	25	..	20	..	..
塞拉利昂	64	65	38	42	16	35	..	..	..	..	..	..
新加坡	64	62	56	38	..	..	10	12	6	7	1.5	–1.8
斯洛伐克共和国	55	53	43	30	88	92	..	14	..	6	–0.8	6.1
斯洛文尼亚	55	54	38	32	89	97	..	12	..	10	–2.3	3.0
索马里	66	67	59	58	..	8	..	..	..	..	..	..
南非	39	41	19	15	69	94	..	2	..	3	–4.5	3.7
西班牙	41	49	36	37	105	120	20[b]	13	24[b]	10	2.4	0.7
斯里兰卡	51	55	31	36	72	..	..	39[b]	..	44[b]	5.5	9.3
苏丹	46	47	29	23	20	38	..	..	..	..	–1.3	7.5
斯威士兰	54	50	34	26	49	53	..	..	..	..	..	..
瑞典	62	58	59	45	90	103	..	9	..	4	1.9	0.6
瑞士	65	61	69	63	98	96	8	10	11	11	–0.6	1.0
阿拉伯叙利亚共和国	47	45	38	32	48	75	..	..	..	..	6.5	0.3
塔吉克斯坦	54	55	36	38	102	84	..	..	..	..	–20.4	6.3
坦桑尼亚	87	78	79	70	5	27	..	82[b]	..	93[b]	–2.4	4.5
泰国	77	72	70	46	31	76	67	51	74	56	6.8	2.7
东帝汶	64	67	51	58	..	51	..	..	..	..	..	..
多哥	66	65	58	53	20	41	..	..	..	..	..	..
特立尼达和多巴哥	45	61	33	46	82	89	22	..	21	..	–3.5	5.4
突尼斯	41	41	29	22	45	92	..	..	..	..	2.6	2.7
土耳其	53	42	48	31	48	82	..	30	..	49	1.0	2.6
土库曼斯坦	56	58	35	34	..	..	..	..	..	..	–13.0	7.9
乌干达	82	83	73	75	10	27	..	..	..	..	–1.1	6.1
乌克兰	57	54	37	34	94	94	..	..	..	..	–7.9	5.9
阿拉伯联合酋长国	71	76	43	46	68	95	..	..	..	..	–3.9	0.7
英国	56	56	66	56	87	99	13	14	6	7	2.0	2.2
美国	59	59	56	51	92	94	..	..	..	..	1.7	1.4
乌拉圭	53	56	42	39	84	88	..	26[b]	..	24[b]	5.2	4.9
乌兹别克斯坦	54	58	36	39	99	104	..	..	..	..	–7.8	5.9
委内瑞拉	51	61	35	40	56	82	..	28	..	33	4.5	4.3
越南	75	69	75	51	35	..	..	..	..	..	4.6	5.6
西岸和加沙	30	30	19	15	..	87	..	34	..	44	..	..
也门共和国	38	39	23	22	..	..	..	..	..	..	0.9	–0.8
赞比亚	57	61	40	46	21	49	56	..	81	..	–2.5	3.9
津巴布韦	70	65	48	50	49	..	..	..	..	..	–4.7	–7.7
全世界	**62 w**	**60 w**	**52 w**	**45 w**	**50 w**	**67 w**	**.. w**	**.. w**	**.. w**	**.. w**	**0.7 w**	**3.1 w**
低收入国家	71	70	60	58	26	38	..	..	..	..	–3.2	4.4
中等收入国家	63	61	52	42	47	68	..	..	..	..	1.3	6.2
中低收入国家	65	62	55	44	42	63	..	..	..	..	3.2	7.4
中高收入国家	53	56	41	38	67	88	..	26	..	26	–2.3	3.6
低收入和中等收入国家	63	62	53	45	44	63	..	..	..	..	1.1	6.1
东亚和太平洋地区	73	69	67	51	41	74	..	..	..	..	6.5	8.7
欧洲和中亚	55	53	38	33	85	89	..	19	..	19	–9.1	5.8
拉丁美洲和加勒比地区	55	61	46	45	57	89	..	30	..	30	1.8	2.6
中东和北非	43	45	29	29	54	73	..	33	..	52	1.4	2.2
南亚	59	57	48	42	37	52	..	..	..	..	3.1	5.5
撒哈拉以南非洲地区	64	64	50	49	22	34	..	..	..	..	–5.3	4.1
高收入国家	55	55	47	43	91	100	..	13	..	11	2.3	1.2
欧元区	48	50	41	37	..	..	..	12	..	9	2.4	0.7

a. 临时的数据。b. 有限覆盖范围。c. 2009 年的数据。d. 包括黑山。

体面的工作与生产性就业

关于数据的说明

2005 年，第 60 届联合国大会的世界峰会高级别会议为千年发展目标又增加了 4 个具体目标。其中之一就是充分的生产性就业和体面的工作，它被看作人们摆脱贫困的主要途径。为这个具体目标提出的 4 个指标都聚焦于经济，本表提供了其中的 3 个指标。

人口就业率表明一个经济体如何有效地为其愿意工作的人提供就业岗位。高比率意味着较大比例的人口获得就业。但是，人口中就业比率的下降也可能是一个积极的信号，尤其对于年轻人而言，如果这一下降是因其所受教育的提高造成的。由于一些女性不考虑工作性就业或者没意识到她是在工作，而使得这部分数据没有被计算在内，该指标就具有性别倾向性。这种倾向在不同国家具有不同的效应，反映了人口统计、社会、法律和文化的趋势和规范。

就业率的跨国可比性还受就业与人口定义上差别的影响（见表 2.3 中“关于数据的说明”）。最大的差异就是在定义劳动力活动时所使用的年龄范围不同。对作为就业率之基础的人口的定义也存在较大差异（见表 2.1）。大多数国家所使用的定义是，居住在私人居所、非收容机构的劳动适龄人口，不包括武装力量成员以及在精神病院、处罚场所或其他类型机构定居的个人。但一些国家的人口基数中包括武装力量成员，而就业率中则不把这些人口计算在就业数据中（国际劳工组织，《劳动力市场的关键指标》，第 6 版）。

在总就业中，自营工作者和无报酬家庭劳动者的比率是通过有关就业身份的信息而获得的。各组不同身份的人都面临着不同的经济风险，而自营工作者和无报酬家庭劳动者是最脆弱的——而且最有可能陷入贫困。他们最不可能得到正式的工作安排，最不可能得到社会保障网络的保护以防御经济冲击，而且常常无力积攒足够的储蓄来应对这些冲击。无报酬家庭劳动作者比率高的国家，其经济也欠发达，就业岗位增加极少，农村经济所占比例往往较高。

按不同身份划分的就业数据来源于劳动力调查和家庭经济状况调查，并以官方估计数局和人口调查数据对个别国家作补充。劳动力调查是国际可比的就业状况的最具综合性的来源，但对于跨国比较数据来说，它们仍显有限，而且随着时间的推移，即便在一国之内。从劳动力调查中得到的信息并不总是与就业所包含的信息一致。例如，由 OECD 提供的信息只与公民的就业有关，这可能低估了“就业者”和“不按身份划分的劳动者”的数量，尤其在武装力量人数众多的国家。而包括自营工作者和无报酬家庭劳动者在内的自我就业者这几种类别的相对比率可能不受影响。地理覆盖范围可能是对跨国比较形成限制的另一个因素。大多数拉丁美洲国家按身份划分的就业只涵盖城市地区。同样，撒哈拉以南非洲地区的一些国家各种渠道的可得信息有限，合作生产者人数中通常不包自我就业者。有关定义与覆盖范围的详细信息，请咨询原始资料来源。

劳动生产率用来衡量一国创造与维持能付给公平公正报酬的、体面的就业机会的能力。生产率的提高通过投资、贸易、技术进步或生产组织模式的改变来实现。这会提高社会保障并降低贫困，这反过来降低了就业的不稳定性和在职贫困。生产率的提高并不保证会产生这些改进，但如果没有前者——以及其所带来的经济增长——这些改进不太可能发生。单个部门劳动生产率的可比性是根据国民核算账户转换来的估计数。但由于按各国货币计算的和按购买力平价美元计算的不变产出序列数据都不容易获得，可靠数据的可得性还受到极大的限制。在发展中国家，各国之间由于在定义、覆盖范围和统计方法上都缺乏一致性，情况尤其如此。例如，各国在估计非市场服务部门缺失的数值时使用的方法不同，对非正规部门使用的定义也不同。

定义

• **人口就业率**是一国就业人口所占的比率。一般将 15 岁及其以上人口视为劳动适龄人口。15—24 岁人口一般被视为青年人。 • **中学总入学率**是指中学入学的总比率，即指官方的中学教育相对应的年龄组中的人口，而不论其年龄大小。 • **脆弱性就业**指无报酬家庭劳动者和自营工作者占就业总人数的百分比。 • **劳动生产率**是指国民生产总值（GDP）除以参与商品和服务生产的人数。

数据资料来源

人口就业率、脆弱性就业和劳动生产率的相关数据来源于国际劳工组织的数据库——《劳动力市场的关键指标》（第 5 版）。总入学率数据来自联合国教科文组织的统计部门。

	失业率						长期失业率			根据受教育程度划分的失业率		
	总失业人口占总劳动力的百分比		男性占男性劳动力的百分比		女性占女性劳动力的百分比		占总失业人口的百分比			占总失业人口的百分比		
							总数	男性	女性	初等	中等	高等
	1990-1992[a]	2006-2009[a]	1990-1992[a]	2006-2009[a]	1990-1992[a]	2006-2009[a]	2006-2009[a]	2006-2009[a]	2006-2009[a]	2006-2009[a]	2006-2009[a]	2006-2009[a]
阿富汗	..	..	..	..	..	..	..	..	..	..	..	..
阿尔巴尼亚	..	12.7	..	..	..	..	..	..	..	..	..	..
阿尔及利亚	23.0	11.3	24.2	11.0	20.3	10.1	..	..	..	..	..	..
安哥拉	..	..	..	..	..	..	..	..	..	..	..	..
阿根廷	6.7[b]	8.6[b]	6.4[b]	7.8[b]	7.0[b]	9.8[b]	..	..	..	48.1[b]	36.7[b]	15.3[b]
亚美尼亚	..	28.6[b]	..	21.9[b]	..	35.0[b]	..	..	..	5.2	83.0	11.9
澳大利亚	10.8	5.6[b]	11.4	5.7[b]	10.0	5.4[b]	14.7[b]	15.0[b]	14.4[b]	48.0	34.1	17.9
奥地利	3.6	4.8	3.5	5.0	3.8	4.5	20.3	19.7	21.0	37.9[b]	52.1[b]	10.0[b]
阿塞拜疆	..	6.1	..	7.1	..	4.9	..	..	..	6.3	78.9	14.9
孟加拉国	1.9	..	2.0	..	1.9	..	..	..	..	..	..	..
白俄罗斯	..	..	..	..	..	..	..	..	..	10.8	38.6	50.6
比利时	6.7	7.9	4.8	7.7	9.5	8.1	44.2	43.5	45.0	42.1	38.2	19.7
贝宁	1.5	..	2.2	..	0.6	..	..	..	..	..	..	..
玻利维亚	5.5[b]	5.2[b]	5.5[b]	4.5[b]	5.6[b]	6.0[b]	..	..	..	..	..	..
波斯尼亚和黑塞哥维那	17.6	23.9	15.5	21.8	21.6	27.1	..	..	..	95.7	..	4.0
博茨瓦纳	13.8	17.6[b]	11.7	15.3[b]	17.2	19.9[b]	..	..	..	..	..	..
巴西	6.4[b]	8.3	5.4[b]	6.1	7.9[b]	11.0	..	..	..	51.6	33.6	3.6
保加利亚	..	6.8	..	7.0	..	6.6	43.3	40.7	46.4	41.8	49.7	8.6
布基纳法索	..	..	..	..	..	..	..	..	..	..	..	..
布隆迪	0.5	..	0.7	..	0.3	..	..	..	..	..	..	..
柬埔寨	..	..	..	..	..	..	..	..	..	..	..	..
喀麦隆	..	2.9	..	2.5	..	3.3	..	..	..	..	..	..
加拿大	11.2[b]	8.3[b]	12.0[b]	9.4[b]	10.2[b]	7.0[b]	7.8[b]	8.1[b]	7.4[b]	27.7[b]	41.1[b]	31.2[b]
中非共和国	..	..	..	..	..	..	..	..	..	..	..	..
乍得	..	..	..	..	..	..	..	..	..	..	..	..
智利	4.4	9.7	3.9	9.1	5.3	10.7	..	..	..	17.8	58.5	23.5
中国	2.3[b]	4.3	..	..	..	..	..	..	..	..	..	..
中国香港	2.0[b]	5.2[b]	2.0[b]	6.0[b]	1.9[b]	4.3[b]	..	..	..	40.8[b]	41.4[b]	16.6[b]
哥伦比亚	9.5[b]	12.0	6.8[b]	9.3	13.0[b]	15.8	..	..	..	76.6	..	20.6
刚果民主共和国	..	..	..	..	..	..	..	..	..	..	..	..
刚果共和国	..	..	..	..	..	..	..	..	..	..	..	..
哥斯达黎加	4.1	4.9	3.5	4.1	5.4	6.2	..	..	..	65.2	27.3	6.4
科特迪瓦	6.7	..	..	..	..	..	..	..	..	..	..	..
克罗地亚	11.1	9.1	11.1	8.0	11.2	10.2	56.2	50.8	61.0	16.0	70.4	11.6
古巴	..	1.6	..	1.4	..	2.0	..	..	..	43.0	52.4	4.6
捷克共和国	2.3	6.7	2.4	5.8	2.1	7.7	31.2	29.0	33.4	26.8	68.8	4.3
丹麦	9.0	6.0	8.3	6.5	9.9	5.4	9.1	8.9	9.4	35.9	35.1	23.0
多米尼加共和国	20.7	14.2	12.0	8.5	35.2	22.8	..	..	..	35.0	44.5	16.4
厄瓜多尔	8.9[b]	6.5	6.0[b]	5.2	13.2[b]	8.4	..	..	..	74.0[b]	..	23.6[b]
埃及	..	9.4	..	5.2	..	22.9	..	..	..	..	..	..
萨尔瓦多	7.9[b]	5.9	8.4[b]	7.5	7.2[b]	3.6	..	..	..	..	..	..
厄立特里亚	..	..	..	..	..	..	..	..	..	..	..	..
爱沙尼亚	3.7[b]	13.7	3.9[b]	17.0	3.5[b]	10.8	27.4	26.8	28.4	23.1[b]	57.8[b]	16.6[b]
埃塞俄比亚	1.3	20.5[b]	1.1	12.1[b]	1.6	29.9[b]	..	..	..	..	..	..
芬兰	11.6	8.2	13.3	8.9	9.6	7.5	16.6	18.2	14.7	35.5	45.9	18.6
法国	10.2	9.1	8.1	8.9	12.8	9.3	35.4	35.6	35.3	39.9	39.6	19.9
加蓬	..	..	..	..	..	..	..	..	..	..	..	..
冈比亚	..	..	..	..	..	..	..	..	..	..	..	..
格鲁吉亚	..	16.5	..	16.8	..	16.1	..	..	..	5.1[b]	52.5[b]	42.3[b]
德国	6.6	7.7	5.3	8.1	8.4	7.3	45.5	44.4	47.0	33.1	56.3	10.6
加纳	4.7	..	3.7	..	5.5	..	..	..	..	..	..	..
希腊	7.8	9.5	4.9	6.9	12.9	13.1	40.8	34.4	45.6	29.3[b]	48.4[b]	21.8[b]
危地马拉	..	1.8	..	1.5	..	2.4	..	..	..	..	..	..
几内亚	..	..	..	..	..	..	..	..	..	..	..	..
几内亚比绍	..	..	..	..	..	..	..	..	..	..	..	..
海地	12.7	..	11.9	..	13.8	..	..	..	..	..	..	..
洪都拉斯	3.2[b]	2.9[b]	3.3[b]	2.9[b]	3.0[b]	2.9[b]	..	..	..	..	..	..

	失业率						长期失业率			根据受教育程度划分的失业率		
	总失业人口占总劳动力的百分比		男性占男性劳动力的百分比		女性占女性劳动力的百分比		占总失业人口的百分比			占总失业人口的百分比		
							总数	男性	女性	初等	中等	高等
	1990–1992[a]	2006–2009[a]	1990–1992[a]	2006–2009[a]	1990–1992[a]	2006–2009[a]	2006–2009[a]	2006–2009[a]	2006–2009[a]	2006–2009[a]	2006–2009[a]	2006–2009[a]
匈牙利	9.9	10.0	11.0	10.3	8.7	9.7	42.6	42.4	42.8	33.1[b]	58.7[b]	8.1[b]
印度	..	..	..	..	..	..	..	..	..	..	..	..
印度尼西亚	2.8	7.9	2.7	7.5	3.0	8.5	..	..	..	44.4	40.7	9.6
伊朗	11.1	10.5	9.5	9.1	24.4	16.8	..	..	..	..	..	..
伊拉克	..	17.5	..	16.2	..	22.5	..	..	..	..	..	..
爱尔兰	15.0	11.7	14.9	14.7	15.2	8.0	29.0	32.1	21.7	39.8	37.2	18.2
以色列	11.2	7.6	9.2	7.6	13.9	7.6	28.6	32.3	25.0	12.2	12.8	72.5
意大利	9.3	7.8	6.7	6.8	13.9	9.3	44.4	42.0	46.9	46.5	40.6	11.3
牙买加	15.4	11.4	9.4	8.5	22.2	14.8	..	..	..	9.7	4.3	8.4
日本	2.2	5.0	2.1	5.3	2.2	4.7	28.5	34.8	18.8	67.2	..	32.8
约旦	..	12.9	..	10.3	..	24.1	..	..	..	..	..	..
哈萨克斯坦	..	6.6	..	5.6	..	7.5	..	..	..	..	..	..
肯尼亚	..	..	..	..	..	..	..	..	..	..	..	..
朝鲜	..	..	..	..	..	..	..	..	..	..	..	..
韩国	2.5[b]	3.6[b]	2.8[b]	4.1[b]	2.1[b]	3.0[b]	0.5	0.6	0.3	15.2	49.7	35.2
科索沃	..	45.4	..	40.7	..	56.4	81.7	82.8	79.8	64.0	46.0	15.0
科威特	..	..	..	..	..	..	..	..	..	19.4	41.4	9.6
吉尔吉斯斯坦	..	8.2	..	7.3	..	9.4	..	..	..	13.3	77.1	9.6
老挝	..	..	..	..	..	..	..	..	..	..	..	..
拉脱维亚	..	17.1	..	20.4	..	14.0	26.7	27.1	26.0	24.3[b]	59.9[b]	14.6[b]
黎巴嫩	..	9.0	..	8.6	..	10.1	..	..	..	..	..	..
莱索托	..	..	..	..	..	..	..	..	..	..	..	..
利比里亚	..	5.6	..	6.8	..	4.2	..	..	..	..	..	..
利比亚	..	..	..	..	..	..	..	..	..	..	..	..
立陶宛	..	13.7	..	17.1	..	10.4	23.2	21.0	26.8	14.2[b]	70.4[b]	15.4[b]
前南斯拉夫马其顿共和国	..	32.2	..	31.7	..	33.0	81.6	82.2	80.6	..	..	..
马达加斯加	..	..	..	..	..	..	..	..	..	..	..	..
马拉维	..	..	..	..	..	..	..	..	..	..	..	..
马来西亚	3.7	3.7	..	3.2	..	3.7	..	..	..	13.3	61.6	25.1
马里	..	..	..	..	..	..	..	..	..	..	..	..
毛里塔尼亚	..	..	..	..	..	..	..	..	..	..	..	..
毛里求斯	3.3	7.3	3.2	4.4	3.6	12.3	..	..	..	44.2	48.5	6.4
墨西哥	3.1	5.2	2.7	5.4	4.0	4.8	1.9	1.8	2.1	50.7	24.5	22.9
摩尔多瓦	..	6.4	..	7.8	..	4.9	..	..	..	..	..	..
蒙古	..	..	..	..	..	..	..	..	..	..	..	..
摩洛哥	16.0[b]	10.0	13.0[b]	9.8	25.3[b]	10.5	..	..	..	..	..	..
莫桑比克	..	..	..	..	..	..	..	..	..	..	..	..
缅甸	6.0	..	4.7	..	8.8	..	..	..	..	..	..	..
纳米比亚	19.0	37.6	20.0	32.5	19.0	43.0	..	..	..	..	..	..
尼泊尔	..	..	..	..	..	..	..	..	..	..	..	..
荷兰	5.6	3.4	4.0	3.4	7.8	3.5	24.8	23.7	26.1	41.3	39.7	17.0
新西兰	10.6[b]	6.1[b]	11.4[b]	6.1[b]	9.7[b]	6.1[b]	6.3[b]	6.3[b]	6.4[b]	30.6	38.8	26.9
尼加拉瓜	14.4	5.0	11.3	4.9	19.5	5.1	..	..	..	72.8	2.1	18.0
尼日尔	..	..	..	..	..	..	..	..	..	..	..	..
尼日利亚	..	..	..	..	..	..	..	..	..	..	..	..
挪威	5.9	3.2	6.6	3.6	5.1	2.6	7.7	7.5	8.0	25.4	49.2	20.6
阿曼	..	..	..	..	..	..	..	..	..	..	..	..
巴基斯坦	5.2	5.0	3.8	4.0	14.0	8.7	..	..	..	14.3	11.4	26.0
巴拿马	14.7	5.9	10.8	4.6	22.3	7.9	..	..	..	36.0	39.6	24.0
巴布亚新几内亚	7.7	..	9.0	..	5.9	..	..	..	..	..	..	..
巴拉圭	5.0[b]	5.6	6.0[b]	4.4	3.7[b]	7.5	..	..	..	49.9	38.0	9.9
秘鲁	9.4[b]	6.8[b]	7.5[b]	5.4[b]	12.5[b]	8.3[b]	..	..	..	30.0[b]	31.9[b]	37.6[b]
菲律宾	8.6[b]	7.5	7.9[b]	7.5	9.9[b]	7.4	..	..	..	13.8	45.2	41.1
波兰	13.3	8.2	12.2	7.8	14.7	8.7	25.2	23.3	27.3	16.4[b]	73.2[b]	10.4[b]
葡萄牙	4.1[b]	9.5	3.5[b]	8.9	5.0[b]	10.1	44.2	40.8	47.5	68.1[b]	15.4[b]	13.2[b]
波多黎各	16.9	13.4	19.1	14.9	13.3	11.6	..	..	..	..	..	..
卡塔尔	..	0.5	..	0.2	..	2.6	..	..	..	..	..	..

	失业率						长期失业率			根据受教育程度划分的失业率		
	总失业人口占总劳动力的百分比		男性占男性劳动力的百分比		女性占女性劳动力的百分比		占总失业人口的百分比			占总失业人口的百分比		
							总数	男性	女性	初等	中等	高等
	1990–1992[a]	2006–2009[a]	1990–1992[a]	2006–2009[a]	1990–1992[a]	2006–2009[a]	2006–2009[a]	2006–2009[a]	2006–2009[a]	2006–2009[a]	2006–2009[a]	2006–2009[a]
罗马尼亚	..	6.9	..	7.7	..	5.8	31.6	32.2	30.6	25.8	66.3	6.1
俄罗斯联邦	5.2	8.2	5.2	8.4	5.2	7.9	35.7	33.3	38.4	13.7	54.2	32.1
卢旺达	0.3	..	0.6	..	0.2	..	..	..	..	..	..	..
沙特阿拉伯	..	5.4	..	3.5	..	15.9	..	..	..	7.5	48.6	43.6
塞内加尔	..	10.0	..	7.9	..	13.6	..	..	..	40.2	6.9	2.5
塞尔维亚	..	16.6	..	15.3	..	18.4	71.1	70.1	72.1	20.3	68.4	11.2
塞拉利昂	..	..	..	..	..	..	..	..	..	..	..	..
新加坡	2.7[b]	5.9	2.7[b]	5.4	2.6[b]	6.5	..	..	..	31.0	25.6	43.2
斯洛伐克共和国	..	12.1	..	11.4	..	12.9	50.9	47.8	54.4	29.2	65.3	5.3
斯洛文尼亚	7.1	5.9	8.1	5.9	6.0	5.8	30.1	28.3	32.1	25.0[b]	60.4[b]	12.5[b]
索马里	..	..	..	..	..	..	..	..	..	..	..	..
南非	..	23.8	..	22.0	..	25.9	14.4	..	..	36.2	56.3	4.5
西班牙	18.1	18.0	13.9	17.7	25.8	18.4	30.2	26.9	34.4	54.8[b]	23.6[b]	20.4[b]
斯里兰卡	14.2[b]	7.6	..	7.2	..	8.1	..	..	..	45.4[b]	22.0[b]	32.6[b]
苏丹	..	..	..	..	..	..	..	..	..	..	..	..
斯威士兰	..	..	..	..	..	..	..	..	..	..	..	..
瑞典	5.7	8.3	6.7	8.6	4.6	8.0	12.8	13.1	12.4	32.2[b]	46.0[b]	17.1[b]
瑞士	2.8	4.1	2.3	3.7	3.5	4.5	30.0	26.4	33.6	28.8	53.2	17.9
阿拉伯叙利亚共和国	6.8	8.4	5.2	5.2	14.0	25.7	..	..	..	..	..	..
塔吉克斯坦	..	..	..	..	..	..	..	..	..	66.5	28.8	4.6
坦桑尼亚	3.6[b]	4.3	2.8[b]	2.8	4.3[b]	5.8	..	..	..	..	..	..
泰国	1.4	1.2	1.3	1.2	1.5	1.1	..	..	..	40.5	45.5	0.1
东帝汶	..	..	..	..	..	..	..	..	..	..	..	..
多哥	..	..	..	..	..	..	..	..	..	..	..	..
特立尼达和多巴哥	19.6	5.3	17.0	3.5	23.9	6.2	..	..	..	..	..	..
突尼斯	..	14.2	..	..	..	..	..	..	..	..	..	..
土耳其	8.5	14.0	8.8	13.9	7.8	14.3	25.3	22.6	32.2	52.3	28.2	12.7
土库曼斯坦	..	..	..	..	..	..	..	..	..	..	..	..
乌干达	1.0	..	1.3	..	0.6	..	..	..	..	..	..	..
乌克兰	..	8.8	..	6.6	..	6.1	..	..	..	8.5	52.2	39.3
阿拉伯联合酋长国	..	4.0	..	2.0	..	12.0	..	..	..	..	..	..
英国	9.7	7.7	11.5	8.8	7.3	6.4	24.6	26.5	21.5	37.3	47.7	14.3
美国	7.5[b]	9.3[b]	7.9[b]	10.3[b]	7.0[b]	8.1[b]	16.3[b]	16.4[b]	16.1[b]	18.7	35.5	45.7
乌拉圭	9.0[b]	7.3	6.8[b]	5.3	11.8[b]	9.7	..	..	..	59.1[b]	27.0[b]	13.8[b]
乌兹别克斯坦	..	..	..	..	..	..	..	..	..	..	..	..
委内瑞拉	7.7	7.6	8.2	7.2	6.8	8.1	..	..	..	..	..	..
越南	..	2.4	..	..	..	..	..	..	..	..	..	..
西岸和加沙	..	24.5	..	17.7	..	38.6	..	..	..	54.3	14.2	23.5
也门共和国	..	15.0	..	11.5	..	40.9	..	..	..	..	..	..
赞比亚	18.9	..	16.3	..	22.4	..	..	..	..	..	..	..
津巴布韦	..	..	..	..	..	..	..	..	..	..	..	..
全世界	.. w	.. w	.. w	.. w	.. w	.. w	.. w	.. w	.. w	.. w	.. w	.. w
低收入国家	..	..	..	..	..	..	..	..	..	..	..	..
中等收入国家	..	..	..	..	..	..	..	..	..	..	..	..
中低收入国家	..	..	..	..	..	..	..	..	..	..	..	..
中高收入国家	6.7	9.1	6.4	8.5	7.4	10.3	..	..	..	43.4	40.9	14.3
低收入和中等收入国家	..	..	..	..	..	..	..	..	..	..	..	..
东亚和太平洋地区	2.5	4.6	..	..	..	..	..	..	..	..	..	..
欧洲和中亚	..	9.2	..	9.9	..	8.6	..	..	..	26.7	50.2	24.1
拉丁美洲和加勒比地区	6.6	7.9	5.4	6.6	8.4	9.8	..	..	..	50.8	34.9	12.3
中东和北非	..	10.6	..	8.9	..	16.7	..	..	..	..	..	..
南亚	..	..	..	..	..	..	..	..	..	..	..	..
撒哈拉以南非洲地区	..	..	..	..	..	..	..	..	..	..	..	..
高收入国家	7.5	8.1	7.1	8.4	8.0	7.7	24.8	25.3	23.8	33.9	43.7	25.7
欧元区	9.1	9.4	7.2	9.2	11.9	9.6	38.2	36.7	39.8	41.3	43.0	14.9

a. 最近年份可获得的数据。b. 有限覆盖范围。

关于数据的说明

一个经济体的失业和总就业状况是通过劳动力市场反映出的最宽泛的经济活动指标。国际劳工组织（ILO）把失业者定义为没有工作但可获得工作并正在寻找工作的经济活跃人口，包括失去工作的人和自愿离开工作的人。在所有的经济体中，某些失业都是不可避免的。任何时候都有工人暂时失业——在雇主寻找合适的工人和工人寻找合适的工作之时。这种失业通常被称为摩擦性失业，是劳动力市场正常运行的结果。

一段时期中失业状况的变化可以反映劳动力供求的变化，但它们也可能反映数据发布方法上的变化。具有讽刺意味的是，低失业率可能掩盖了一国的实际贫困状况，而高失业率也可能出现在经济发展水平较高、贫困程度较低的国家。在没有失业或福利保障的国家，人们不得不在非正规部门谋求生计；而在有良好的社会保障体系的国家，工人则可以等待合适的工作时机。然而，高而持久的失业表明在资源分配上严重的低效率。

尽管有国际劳工组织对失业的定义，然而各国在参照期限、找工作的标准以及如何对待临时被解雇的人和初次找工作的人等方面的做法并不相同。在许多发展中国家，衡量在农业中的失业和就业尤其困难。例如，对调查时机的选择可能会夸大农业中失业的季节性影响。由于缺乏对非正规经济活动的记录和跟踪，非正规部门的就业也很难量化。

有关失业的数据来自劳动力抽样调查和普通居民抽样调查、人口普查以及官方根据不同资料来源或更多方式综合得出的信息所作的估计。由于覆盖范围的限制，行政管理记录并不包括在本表中，例如，社会保险数据和就业的官方统计。劳动力调查通常能带来最全面的数据，因为它们包括在其他失业统计中没有被包括的各组人群——特别是初次找工作的人。这些调查一般使用的是比其他资料来源所使用的更接近于国际推荐的失业定义，且得出的统计数据更具有国际可比性。但是，年龄组群、涵盖的地区以及收集方法在各国之间也存在着差异，甚至在一个国家也会随着时间而发生变化。更详细的信息，可以查询原始资料。

由于种种原因，计算失业时一般不包括女性。女性遇到的歧视以及结构性、社会性和文化性壁垒更大，这会阻碍她们积极寻找工作。而且，女性常常还要承担照顾老人和孩子或其他家庭事务的责任。在短短的调查期中，她们可能无法工作，因为她们在工作之前必须先做安排。此外，当女性在非正规部门从事兼职或临时性工作时，她们也被视为已就业，尽管这些工作都很不稳定，她们也非常想找到更可靠的工作。

长期失业率是一个以持续时间来衡量的指标，即一个失业者处于无工作或正在找工作状态中的时间长度。其基本假设是短期失业相对而言并不重要，尤其是在失业者能够得到失业金或类似形式的福利支持的情况下。一个人处于失业中的时间长度一般很难测量，因为随失业时间的延续，人们越来越难回忆起具体的时间。在一些国家，女性在无报酬的家庭劳动力中占很大的比例，进而女性的长期失业率通常较低。

根据受教育程度划分的失业为观察工人的受教育水平与失业之间的关系提供了视角，从中也可以获取一些有关就业需求变动的参考。关于接受教育的信息是最容易获取的有关劳动力技术水平的指标。除由于失业统计的不同带来的可比性局限之外，不同国家间不同的受教育程度分类方式也会造成不一致。这里的教育水平分类将按 1997 年国际教育标准分类（ISCED97）来进行。更多的有关 ISCED97 的信息，见表 2. 11 的“关于数据的说明”。

定义

• **失业率**是指没有工作但可以找到工作并正寻求就业的那部分劳动力（在整个劳动力中）所占的比例。劳动力和失业的定义在各国有所不同（见“关于数据的说明”）。 • **长期失业率**指持续失业时间在一年及其以上的失业人口占全部失业人口的百分比。 • **根据受教育程度划分的失业率**指获得不同程度教育的失业人口占总失业的百分比；受教育程度的划分与联合国教科文组织（UNESCO）1997 年国际教育标准分类一致。

数据资料来源

失业数据来源于国际劳工组织的《劳动力市场关键指标》数据库（第 6 版）。

	调查年份	工作的儿童					按经济活动划分的就业[a]			雇佣形式[a]		
		占7–14岁儿童的百分比			占7–14岁工作的儿童的百分比		占7–14岁工作的儿童的百分比			占7–14岁工作的儿童的百分比		
		总数	男性	女性	只从事工作	工作兼学习	农业	制造业	服务业	自我雇佣	挣工资	无报酬家庭劳动
阿富汗		..	..	..	..	..	..	..	..	..	..	..
阿尔巴尼亚	2005	25.0	18.8	22.0	6.7	93.3	..	..	..	..	1.4	94.5
阿尔及利亚			..	..	..	..	..	..	..	..	..	..
安哥拉[b]	2001	30.1	30.0	30.1	26.6	73.4	..	..	..	..	6.2	80.1
阿根廷	2004	12.9	15.7	9.8	4.8	95.2	..	..	..	34.2	8.1	56.2
亚美尼亚		..	..	..	..	..	..	..	..	..	..	..
澳大利亚		..	..	..	..	..	..	..	..	..	..	..
奥地利		..	..	..	..	..	..	..	..	..	..	..
阿塞拜疆	2005	5.2	5.8	4.5	6.3	93.7	91.7	0.7	7.4	4.1	3.8	92.1
孟加拉国	2006	16.2	25.7	6.4	37.8	62.2	..	..	..	-	17.0	77.8
白俄罗斯	2005	11.7	12.1	11.2	0.0	100.0	..	..	..	..	9.2	78.8
比利时		..	..	..	..	..	..	..	..	..	..	..
贝宁	2006	74.4	72.8	76.1	36.1	63.9	..	..	..	..	..	..
玻利维亚	2008	32.1	33.0	31.1	5.2	94.8	73.2	6.1	19.2	0.9	9.2	89.9
波斯尼亚和黑塞哥维那	2006	10.6	11.7	9.5	0.1	99.9	..	..	..	..	1.6	92.1
博茨瓦纳		..	..	..	..	..	..	..	..	..	..	..
巴西	2008	5.2	6.9	3.5	4.8	95.2	54..7	7.6	34.6	5.5	24.7	69.8[c]
保加利亚		..	..	..	..	..	..	..	..	..	..	..
布基纳法索	2006	42.1	49.0	34.5	67.7	32.3	70.9	1.4	24.9	1.9	2.2	95.8
布隆迪	2005	11.7	12.5	11.0	38.9	61.1	..	..	..	..	25.9	68.6
柬埔寨[d]	2003/04	48.9	49.6	48.1	13.8	86.2	82.3	4.2	12.9	6.0	4.1	89.4
喀麦隆	2007	43.4	43.5	43.4	21.9	78.1	88.5	3.1	8.2	2.5	9.5	87.6
加拿大		..	..	..	..	..	..	..	..	..	..	..
中非共和国	2000	67.0	66.5	67.6	54.9	45.1	..	..	..	..	2.0	56.4
乍得	2004	60.4	64.4	56.2	49.1	50.9	..	..	..	..	1.8	77.2
智利	2003	4.1	5.1	3.1	3.2	96.8	24.1	6.9	66.9	..	..	..
中国		..	..	..	..	..	..	..	..	..	..	..
中国香港		..	..	..	..	..	..	..	..	..	..	..
哥伦比亚	2007	3.9	5.3	2.3	24.8	75.2	41.2	10.8	46.1	22.7	29.1	45.6
刚果民主共和国[d]	2000	39.8	39.9	39.8	35.7	64.3	..	..	..	..	6.6	76.7
刚果共和国	2005	30.1	29.9	30.2	9.9	90.1	..	..	..	..	4.2	84.5
哥斯达黎加[d]	2004	5.7	8.1	3.5	44.6	55.4	40.3	9.5	49.0	15.8	57.7	26.6
科特迪瓦	2006	45.7	47.7	43.6	46.8	53.2	..	..	..	..	2.4	88.0
克罗地亚		..	..	..	..	..	..	..	..	..	..	..
古巴		..	..	..	..	..	..	..	..	..	..	..
捷克共和国		..	..	..	..	..	..	..	..	..	..	..
丹麦		..	..	..	..	..	..	..	..	..	..	..
多米尼加共和国[d]	2005	5.8	9.0	2.7	6.2	93.8	18.5	9.8	57.5	23.8	19.5	56.2[e]
厄瓜多尔	2006	14.3	16.9	11.6	21.0	79.0	69.3	6.3	22.8	3.6	15.2	81.2
埃及	2005	7.9	11.5	4.3	21.0	79.0	..	..	..		11.4	87.4
萨尔瓦多	2007	7.1	10.1	3.8	24.9	75.1	50.1	13.3	35.2	2.2	23.6	74.2
厄立特里亚		..	..	..	..	..	..	..	..	..	..	..
爱沙尼亚		..	..	..	..	..	..	..	..	..	..	..
埃塞俄比亚	2005	56.0	64.3	47.1	69.4	30.6	94.6	1.5	3.7	1.7	2.4	95.8
芬兰		..	..	..	..	..	..	..	..	..	..	..
法国		..	..	..	..	..	..	..	..	..	..	..
加蓬		..	..	..	..	..	..	..	..	..	..	..
冈比亚	2005	43.5	33.9	52.3	32.1	67.9	..	..	..	..	1.1	87.3
格鲁吉亚	2006	31.8	33.6	29.9	1.0	99.0	..	..	..	..	4.3	77.0
德国		..	..	..	..	..	..	..	..	..	..	..
加纳	2006	48.9	49.9	48.0	18.7	81.3	..	..	..	..	6.1	76.2
希腊		..	..	..	..	..	..	..	..	..	..	..
危地马拉	2006	18.2	24.5	11.7	28.4	71.6	63.7	9.7	24.7	2.0	18.8	79.2
几内亚	1994	48.3	47.2	49.5	98.6	1.4	..	..	..	..	..	..
几内亚比绍	2006	50.5	52.8	48.1	36.4	63.6	..	..	..	..	4.0	87.7
海地	2005	33.4	37.3	29.6	17.7	82.3	..	..	..	..	1.8	79.4
洪都拉斯	2007	8.7	13.3	4.1	45.1	54.9	61.6	10.4	25.1	3.5	23.0	73.5

	调查年份	工作的儿童					按经济活动划分的就业[a]			雇佣形式[a]		
		占7–14岁儿童的百分比			占7–14岁工作的儿童的百分比		占7–14岁工作的儿童的百分比			占7–14岁工作的儿童的百分比		
		总数	男性	女性	只从事工作	工作兼学习	农业	制造业	服务业	自我雇佣	挣工资	无报酬家庭劳动
匈牙利		..	..	..	..	..	..	..	..	..	..	..
印度	2004/05	4.2	4.2	4.2	84.9	15.2	69.4	16.0	12.4	7.1	6.8	59.3
印度尼西亚	2000	8.9	8.8	9.1	24.9	75.1	..	..	..	..	17.8	75.8[e]
伊朗		..	..	..	..	..	..	..	..	..	..	..
伊拉克	2006	14.7	17.9	11.3	32.4	67.6	..	..	..	..	7.0	85.3
爱尔兰		..	..	..	..	..	..	..	..	..	..	..
以色列		..	..	..	..	..	..	..	..	..	..	..
意大利		..	..	..	..	..	..	..	..	..	..	..
牙买加	2005	9.8	11.3	8.3	2.5	97.5	..	..	..	..	16.3	74.9
日本		..	..	..	..	..	..	..	..	..	..	..
约旦		..	..	..	..	..	..	..	..	..	..	..
哈萨克斯坦	2006	3.6	4.4	2.8	1.6	98.4	..	..	..	-	4.0	75.0
肯尼亚	2000	37.7	40.1	35.2	14.1	85.9	..	..	..	..	..	..
朝鲜		..	..	..	..	..	..	..	..	..	..	..
韩国		..	..	..	..	..	..	..	..	..	..	..
科索沃		..	..	..	..	..	..	..	..	..	..	..
科威特		..	..	..	..	..	..	..	..	..	..	..
吉尔吉斯斯坦	2006	5.2	5.8	4.6	7.9	92.1	..	..	..	-	3.7	81.9
老挝		..	..	..	..	..	..	..	..	..	..	..
拉脱维亚		..	..	..	..	..	..	..	..	..	..	..
黎巴嫩		..	..	..	..	..	..	..	..	..	..	..
莱索托	2002	2.6	4.0	1.3	74.4	25.6	58.0	0.0	10.4	3.7	36.6	59.7[c]
利比里亚	2007	37.4	37.8	37.1	45.0	55.0	..	..	..	..	1.7	79.3
利比亚		..	..	..	..	..	..	..	..	..	..	..
立陶宛		..	..	..	..	..	..	..	..	..	..	..
前南斯拉夫马其顿共和国	2005	11.8	14.8	8.6	2.8	97.2	..	..	..	..	3.9	89.5
马达加斯加	2007	26.0	27.7	24.2	40.9	59.1	87.6	2.9	8.2	0.1	10.0	89.9
马拉维	2006	40.3	41.3	39.4	10.5	89.5	..	..	..	..	6.7	75.5
马来西亚		..	..	..	..	..	..	..	..	..	..	..
马里	2006	49.5	55.0	44.1	59.5	40.5	..	..	..	..	1.6	80.4
毛里塔尼亚		..	..	..	..	..	..	..	..	..	..	..
毛里求斯		..	..	..	..	..	..	..	..	..	..	..
墨西哥[f]	2009	12.2	16.5	7.6	22.6	77.4	38.2	11.7	47.0	2.7	34.3	63.1
摩尔多瓦	2000	33.5	34.1	32.8	3.8	96.2	..	..	..	..	2.9	82.0
蒙古	2006/07	10.1	11.4	8.6	16.4	83.6	91.3	0.3	6.3	5.1	0.1	94.7
摩洛哥	1998/99	13.2	13.5	12.8	93.2	6.8	60.6	8.3	10.1	2.1	10.0	81.7
莫桑比克[d]	1996	1.8	1.9	1.7	100.0	0.0	..	..	..	..	..	..
缅甸		..	..	..	..	..	..	..	..	..	..	..
纳米比亚	1999	15.4	16.2	14.7	9.5	90.5	91.5	0.4	8.0	0.1	4.5	95.0
尼泊尔	1999	47.2	42.2	52.4	35.6	64.4	87.0	1.4	11.1	4.2	3.3	92.4
荷兰		..	..	..	..	..	..	..	..	..	..	..
新西兰		..	..	..	..	..	..	..	..	..	..	..
尼加拉瓜	2005	10.1	16.2	3.9	30.8	69.2	70.5	9.7	19.3	1.2	13.8	85.0[c]
尼日尔	2006	47.1	49.2	45.0	66.5	33.5	..	..	..	4.8	74.5	
尼日利亚		..	..	..	..	..	..	..	..	..	..	..
挪威		..	..	..	..	..	..	..	..	..	..	..
阿曼		..	..	..	..	..	..	..	..	..	..	..
巴基斯坦		..	..	..	..	..	..	..	..	..	..	..
巴拿马	2008	8.9	12.1	5.4	14.6	85.4	73.3	2.9	22.9	12.6	11.3	76.1[c]
巴布亚新几内亚		..	..	..	..	..	..	..	..	..	..	..
巴拉圭[c]	2005	15.3	22.6	7.7	24.2	75.7	60.8	6.2	32.1	9.3	24.8	65.8
秘鲁	2007	42.2	44.8	39.5	4.0	96.0	62.6	5.0	31.1	3.8	7.6	88.6
菲律宾	2001	13.3	16.3	10.0	14.8	85.2	64.3	4.1	30.6	4.1	22.8	73.1
波兰		..	..	..	..	..	..	..	..	..	..	..
葡萄牙	2001	3.6	4.6	2.6	3.6	96.4	48.5	11.2	33.3	..	..	..
波多黎各		..	..	..	..	..	..	..	..	..	..	..
卡塔尔		..	..	..	..	..	..	..	..	..	..	..

	调查年份	工作的儿童					按经济活动划分的就业[a]			雇佣形式[a]		
		占 7—14 岁儿童的百分比			占7—14岁工作的儿童的百分比		占7—14岁工作的儿童的百分比			占7—14岁工作的儿童的百分比		
		总数	男性	女性	只从事工作	工作兼学习	农业	制造业	服务业	自我雇佣	挣工资	无报酬家庭劳动
罗马尼亚	2000	1.4	1.7	1.1	20.7	79.3	97.1	0.0	2.3	4.5	..	92.9[e]
俄罗斯联邦		..	..	..	..	..	..	..	..	..	..	..
卢旺达	2008	7.5	8.0	7.0	18.5	81.5	85.5	0.7	10.5	14.8	12.8	72.3
沙特阿拉伯		..	..	..	..	..	..	..	..	..	..	..
塞内加尔	2005	18.5	24.4	12.6	61.9	38.1	79.1	5.0	14.0	6.3	4.4	84.1
塞尔维亚	2005	6.9	7.2	6.6	2.1	97.9	..	..	..	..	5.2	89.4
塞拉利昂	2007	14.9	14.9	14.9	57.7	42.3	83.8	0.8	13.4	9.7	0.9	87.8
新加坡		..	..	..	..	..	..	..	..	..	..	..
斯洛伐克共和国		..	..	..	..	..	..	..	..	..	..	..
斯洛文尼亚		..	..	..	..	..	..	..	..	..	..	..
索马里	2006	43.5	45.5	41.5	53.5	46.5	..	..	..	..	1.6	94.8
南非	1999	27.7	29.0	26.4	5.1	94.9	..	..	..	7.1	7.1	85.8
西班牙		..	..	..	..	..	..	..	..	..	..	..
斯里兰卡	1999	17.0	20.4	13.4	5.4	94.6	71.2	13.1	15.0	2.9	8.3	88.0
苏丹[g]	2000	19.1	21.5	16.8	55.9	44.1	..	..	..	..	7.3	81.3
斯威士兰	2000	11.2	11.4	10.9	14.0	86.0	..	..	..	..	10.4	85.9
瑞典		..	..	..	..	..	..	..	..	..	..	..
瑞士		..	..	..	..	..	..	..	..	..	..	..
阿拉伯叙利亚共和国	2006	6.6	8.8	4.3	34.6	65.4	..	..	..	..	21.5	68.8
塔吉克斯坦	2005	8.9	8.7	9.1	9.0	91.0	..	..	..	..	24.2	71.3
坦桑尼亚[h]	2005/06	31.1	35.0	27.1	28.2	71.8	85.3	0.7	14.0	56.3	0.9	42.8[e]
泰国	2005	15.1	15.7	14.4	4.2	95.8	..	..	..	..	13.5	80.0
东帝汶		..	..	..	..	..	..	..	..	..	..	..
多哥	2006	38.7	39.8	37.4	29.8	70.2	82.9	1.3	15.1	5.0	1.6	93.4
特立尼达和多巴哥	2000	3.9	5.2	2.8	12.8	87.2	..	..	..	..	29.8	64.9
突尼斯		..	..	..	..	..	..	..	..	..	..	
土耳其[i]	2006	2.6	3.3	1.8	38.8	61.2	57.1	14.3	27.1	2.1	34.1	63.8
土库曼斯坦		..	..	..	..	..	..	..	..	..	..	..
乌干达	2005/06	38.2	39.8	36.5	7.7	92.3	95.5	1.4	3.0	1.4	1.5	97.1
乌克兰	2005	17.3	18.0	16.6	0.1	99.9	..	..	..	..	3.1	79.3
阿拉伯联合酋长国		..	..	..	..	..	..	..	..	..	..	..
英国		..	..	..	..	..	..	..	..	..	..	..
美国		..	..	..	..	..	..	..	..	..	..	..
乌拉圭		..	..	..	..	..	..	..	..	..	..	..
乌兹别克斯坦	2005	5.1	5.3	4.9	1.0	99.0	..	..	..	..	3.8	78.6
委内瑞拉[d]	2006	5.1	6.9	3.3	19.8	80.2	32.3	7.2	55.7	31.6	33.1	35.3
越南	2006	21.3	21.0	21.6	11.9	88.1	..	..	..	..	5.9	91.2
西岸和加沙		..	..	..	..	..	..	..	..	..	..	..
也门共和国	2006	18.3	20.7	15.9	30.9	69.1	..	..	..	..	6.1	86.1
赞比亚	2008	34.4	35.4	33.3	18.6	81.4	91.9	0.7	7.0	2.9	3.9	93.1
津巴布韦	1999	14.3	15.3	13.3	12.0	88.0	..	..	..	3.4	28.4	68.2

a. 由于本表不包括剩余分类，所以比例之和可能不等于 100%。b. 仅包括安哥拉安全区。c. 指无报酬劳动者，无论他们是不是家庭劳动者。d. 包括 10—14 岁儿童。e. 指家庭劳动者，无论是否支付报酬。f. 包括 12—14 岁儿童。g. 仅包括苏丹北部。h. 主要指在自家耕地上的劳动。i. 6—14 岁儿童的估计值。

关于数据的说明

本表提供有关儿童从事“经济活动”的情况——即就业的儿童。这比童工的概念涵盖的范围要广（详见 ILO（2009a）对此区别的具体说明）。

与第 13 届国际劳动力统计大会对经济活动的定义一致，人们从事经济活动的划分界限是在作为参照系的一段时期内从事了一个小时的货物和服务生产活动，该概念是根据联合国 1993 年版的国民核算体系设定的。寻找工作的儿童不包括在就业范畴内。经济活动涵盖所有的市场性生产活动以及一定类别的非市场性生产活动，包括为生产自用的产品而从事的活动。其不包括无报酬的家庭劳动（即我们通常所说的“家务”）——意指家庭成员为了自家消费所进行的家庭生产和个人服务。

家庭调查的数据来源于由国际劳工组织、联合国儿童基金会、世界银行以及各国统计机构进行的家庭调查。这些调查采集了有关教育、就业、卫生、支出和消费指标等与童工有关的数据。

家庭调查数据一般包括有关工作类别的信息——例如，儿童是为了获取现金或实物报酬而工作，还是在从事无报酬的工作？儿童是在为非家庭成员而工作，还是在（农庄或企业里）从事任何形式的家庭工作？还有诸如此类的信息。国别调查中定义童工所使用的年龄是 5—17 岁。对表中的数据进行了重新计算，使其成为目前对 7—14 岁儿童的统计数据。

尽管对就业以及问卷调查中使用的有关就业问题的定义做了大量协调工作，但在收集有关从事劳动的儿童的信息时，所使用的不同调查手段以及调查中所使用的样本设计之间，仍然存在着一些差异。这种差异不仅存在于同一国家不同的家庭调查之间，而且也存在于由不同国家进行的同一类型的调查之间，因此各国之间童工的估计值并不完全具有可比性。

本表根据国际标准行业分类（ISIC），计算了不同行业类别的工作中儿童的合计值。这些行业是农业、制造业和服务业。其余的行业类别，包括采矿和采石，电力、煤气和供水，建筑，不受管辖的机构以及其他不足以界定为经济活动的工作，未在表中列出。无论使用了 ISIC 第 2 版还是第 3 版，都是与各国在描述经济活动时所使用的汇编方法相对应的。两种不同的分类方法不影响表中对各行业组别的定义。

本表汇总了就业儿童的就业分布状况。就业状况是基于国际就业状况分类（1993 年），其表明了就业儿童主要的三大类分布：自我雇佣者、有报酬劳动者（也被称为雇员）以及无报酬家庭劳动者。其他的分类——包含那些无法根据状况分类的——未被列示。

在大多数国家，更多男孩列入到了就业数据中，而且性别差异也很小。然而，多数女孩通常都从事一些隐性就业和未公开就业，例如，家务劳动。在几乎所有的社会中，在家中女孩承担起了更多的家务杂事，这些就业超出了国民核算体系中生产的边界，进而没有对这些就业儿童加以估算。

定义

• **调查年份**指收集基础数据的年份。 • **就业儿童**指在调查期间的参照周内，至少从事了一个小时的经济活动的儿童。只从事工作指儿童参与经济活动而不去上学。 • **工作兼学习**指儿童在参与经济活动的同时还在上学。 • **按经济活动划分的就业**指按主要行业分类（ISIC 第 2 版或第 3 版）划分的儿童在各类经济活动中的分布。 • **农业**指与 ISIC 第 2 版的第 1 项或者 ISIC 第 3 版的 A 类和 B 类相应的经济活动，包括农业和狩猎、林业与伐木以及渔业。 • **制造业**指与 ISIC 第 2 版的第 3 项或者 ISIC 第 3 版的 D 类相应的经济活动。 • **服务业**指与 ISIC 第 2 版的第 6—9 项或者 ISIC 第 3 版的 G—P 类相应的经济活动，包括批发和零售、餐饮与酒店、运输业、金融中介、房地产、公共行政管理、教育、卫生与社工、其他社区服务以及家庭私人经济活动。 • **自我雇佣者**是指其报酬直接取决于其生产的货物和服务所带来的利润的劳动者。既可能包括也可能不包括其他雇员，并且包括雇主、自营工作者和合作社成员。 • **工资工人**（也被称作雇员）是那些持有明确（书面或口头）或不明确雇佣合同的劳动者，合同提供的基本报酬与其工作单位的收益没有直接影响。 • **无报酬家庭劳动者**是指家庭其他成员并不向其支付面向市场建立的工资的劳动者。

就业儿童最多的部门依然是农业，其中大多数就业儿童是无报酬家庭劳动者 2.6a

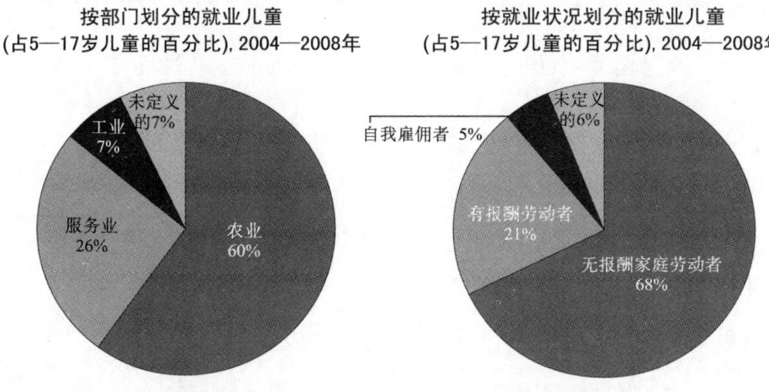

资料来源：《禁止童工加速行动计划》，国际劳工组织，日内瓦，2010 年。

数据资料来源

关于童工的估计数是由理解儿童工作情况项目根据家庭调查数据库得出的，该数据库由国际劳工组织在其童工统计监督计划项目下的关于消除童工现象的国际比较项目、联合国儿童基金会的多指标汇集群调查计划、世界银行的生活水准调研计划以及各国统计机构共同创建。有关数据收集整理以及它们的可靠性的情况，请登录 www. ilo. org/public/english/standards/ipec/sim poc/，www. childinfo. org 和 www. world bank. org/isms。各国的详细统计数据可在 www. ucw. project. org 上查到。

2.7 以国家贫困线衡量的贫困率

	低于国家贫困线的人口[a]								国家贫困线上的贫困差距[a]			
	调查年份[b]	农村百分比	城市百分比	国家百分比	调查年份[b]	农村百分比	城市百分比	国家百分比	调查年份[b]	农村百分比	城市百分比	国家百分比
阿富汗[c]		..	..	..	2008[d]	37.5	29.0	36.0	2008[d]	8.3	6.2	7.9
阿尔巴尼亚[c]	2005	24.2	11.2	18.5	2008	14.6	10.1	12.4	2008	2.6	1.9	2.3
阿尔及利亚		..	..	..	2000[d]	..	62.3	..		..	..	..
阿根廷	2008[e]	..	15.3	..	2009[e]	..	13.2	..		..	..	..
亚美尼亚[c]	2008	22.9	23.8	23.5	2009	25.5	26.9	26.5	2009	..	..	4.9
阿塞拜疆[c]	2001	42.5	55.7	49.6	2008	18.5	14.8	15.8	2008	..	..	2.0
孟加拉国	2000	52.3	35.2	48.9	2005	43.8	28.4	40.0	2005	9.8	6.5	9.0
白俄罗斯	2008	..	..	6.1	2009	..	..	5.4		..	..	..
贝宁		..	..	..	2003[d]	46.0	29.0	39.0	2003[d]	14.0	8.0	12.0
不丹		..	..	..	2007[d]	30.9	1.7	23.2	2007[d]	8.1	0.4	6.1
玻利维亚	2006[e]	76.5	50.3	59.9	2007[e]	77.3	50.9	60.1		..	..	..
波斯尼亚和黑塞哥维那[c]	2004	22.0	11.3	17.7	2007	17.8	8.2	14.0		..	..	..
博兹瓦纳	1993	40.4	24.7	32.9	2003	44.8	19.4	30.6	2003	18.4	6.5	11.7
巴西	2008[e]	..	..	22.6	2009[e]	..	..	21.4		..	..	..
保加利亚[c]	1997	..	..	36.0	2001	..	..	12.8	2001	..	..	4.2
布基纳法索		..	..	..	2003[d]	52.4	19.2	46.4	2003[d]	17.6	5.1	15.3
布隆迪		..	..	..	2006[d]	68.9	34.0	66.9	2006[d]	24.2	10.3	23.4
柬埔寨[c]	2004	37.8	17.6	34.7	2007	34.5	11.8	30.1	2007	8.3	2.8	7.2
喀麦隆		..	..	..	2007[d]	55.0	12.2	39.9	2007[d]	17.5	2.8	12.3
佛得角		..	..	..	2007[d]	44.3	13.2	26.6	2007[d]	14.3	3.3	8.1
中非共和国		..	..	..	2008[d]	69.4	49.6	62.0	2008[d]	35.0	29.8	33.1
乍得		..	..	..	2003[d]	58.6	24.6	55.0	2003[d]	23.3	7.4	21.6
智利	2006[e]	12.3	13.9	13.7	2009[e]	12.9	15.5	15.1		..	..	..
中国	2004[e]	2.8	..	..	2005[e]	2.5	..	..		..	..	..
哥伦比亚	2008[e]	65.2	39.8	46.0	2009[e]	64.3	39.6	45.5		..	..	..
科摩罗		..	..	..	2004[d]	48.7	34.5	44.8	2004[d]	17.8	12.1	16.3
刚果民主共和国		..	..	..	2005	75.7	61.5	71.3	2005	34.9	26.2	32.2
刚果共和国		..	..	..	2005	57.7	..	50.1	2005	20.6	..	18.9
哥斯达黎加	2008[e]	22.2	19.5	20.7	2009[e]	..	..	21.7		..	..	..
克罗地亚	2002	..	..	11.2	2004	..	..	11.1	2004	..	..	2.6
科特迪瓦[c]	2002	45.8	32.3	40.2	2008	54.2	29.4	42.7	2008	20.3	9.5	15.3
多米尼加共和国	2005[e]	60.2	49.9	53.5	2006[e]	57.1	45.3	49.4		..	..	..
厄瓜多尔	2008[e]	59.7	22.6	35.1	2009[e]	57.5	25.0	36.0		..	..	..
埃及	2005	26.8	10.1	19.6	2008	30.0	10.6	22.0		..	..	..
萨尔瓦多	2007[e,f]	43.8	29.8	34.6	2008[e,f]	49.0	35.7	40.0		..	..	..
埃塞俄比亚	1999	45.4	36.9	44.2	2004	39.3	35.1	38.9	2004	8.5	7.7	8.3
斐济	2003	40.0	28.0	35.0	2009	43.3	18.6	31.0	2009	14.8	5.4	10.1
加蓬		..	..	..	2005	44.6	29.8	32.7	2005	16.0	8.5	10.0
冈比亚[c]		..	..	..	2003[d]	67.8	39.6	58.0	2003[d]	30.5	14.8	25.1
格鲁吉亚[c]		..	..	..	2007	29.7	18.3	23.6	2007	9.2	5.3	7.2
加纳	1998	49.6	19.4	39.5	2006	39.2	10.8	28.5	2006	13.5	3.1	9.6
危地马拉	2000[e]	74.5	27.1	56.2	2006[e]	70.5	30.0	51.0		..	..	..
几内亚		..	..	..	2007[d]	63.0	30.5	53.0	2007[d]	22.0	7.7	17.6
几内亚比绍		..	..	..	2002	69.1	51.6	64.7	2002	27.8	16.9	25.0
海地		..	..	..	2001[e]	88.0	45.0	77.0		..	..	..
洪都拉斯	2008[e,f]	64.1	55.0	59.6	2009[e,f]	64.4	52.8	58.8		..	..	..
匈牙利	1994	37.3	32.4	36.0	2005	28.3	25.7	27.5		..	..	..
印度	2009	17.4	10.7	14.2	2010	16.6	9.9	13.3	2010	2.8	1.6	2.2
印度尼西亚		..	..	..	2007	39.3	16.1	22.9	2007	9.0	2.7	4.5
牙买加	2006[e]	..	..	14.3	2007[e]	..	..	9.9		..	..	..
约旦	2002	18.7	12.9	14.2	2006	19.0	12.0	13.0	2006	..	..	2.8
哈萨克斯坦[c]	2001	23.2	13.0	17.6	2002	21.7	10.2	15.4	2002	4.5	2.0	3.1
肯尼亚		..	..	..	2005[d]	49.1	33.7	45.9	2005[d]	17.5	11.4	16.3
科索沃[c]	2005	37.2	30.3	34.8	2006	49.2	37.4	45.0	2006	14.3	11.3	13.3
吉尔吉斯斯坦[c]	2003	57.5	35.7	49.9	2005	50.8	29.8	43.1	2005	12.0	7.0	10.0
老挝[c]	2003	..	..	33.5	2008	31.7	17.4	27.6		..	..	..
拉脱维亚[c]	2002	11.6	..	7.5	2004	12.7	..	5.9	2004	..	..	1.2

以国家贫困线衡量的贫困率

	低于国家贫困线的人口[a]								国家贫困线上的贫困差距[a]			
	调查年份[b]	农村百分比	城市百分比	国家百分比	调查年份[b]	农村百分比	城市百分比	国家百分比	调查年份[b]	农村百分比	城市百分比	国家百分比
莱索托[c]	1994	68.9	36.7	66.6	2003	60.5	41.5	56.6		..	..	..
利比里亚[c]		..	..	..	2007	67.7	55.1	63.8	2007	26.3	20.2	24.4
前南斯拉夫马其顿共和国[c]	2005	21.2	19.8	20.4	2006	21.3	17.7	19.0	2006	7.7	6.9	7.2
马达加斯加	2004	77.3	53.7	72.1	2005	73.5	52.0	68.7	2005	28.9	19.3	26.8
马拉维	1998	58.1	18.5	54.1	2004	55.9	25.4	52.4	2004	19.2	7.1	17.8
马来西亚[c]	2007	7.1	2.0	3.6	2009	8.2	1.7	3.8	2009	1.8	0.3	0.8
马里		..	..	..	2006[d]	57.6	25.5	47.4	2006[d]	..	..	16.7
毛里塔尼亚		..	..	..	2000[d]	61.2	25.4	46.3	2000[d]	24.1	6.3	17.0
墨西哥	2006[e]	54.7	35.6	42.6	2008[e]	60.8	39.8	47.4		..	..	..
摩尔多瓦[c]	2004	..	..	26.5	2005	..	..	29.0		..	..	..
蒙古		..	..	..	2008[d]	46.6	26.9	35.2	2008[d]	13.4	7.7	10.1
黑山共和国	2007	12.0	5.5	8.0	2008	8.9	2.4	4.9	2008	1.4	0.6	0.9
摩洛哥		..	..	..	2001	25.1	7.6	15.3		..	..	..
莫桑比克	2002	55.3	51.5	54.1	2008	56.9	49.6	54.7	2008	22.2	19.1	21.2
纳米比亚		..	..	..	2003[d]	49.0	17.0	38.0	2003[d]	16.0	6.0	13.0
尼泊尔	1996	43.3	21.6	41.8	2004	34.6	9.6	30.9	2004	8.5	2.2	7.5
尼加拉瓜	2001[e]	67.8	30.1	45.8	2005[e]	67.9	29.1	46.2		..	..	..
尼日尔		..	..	..	2007[d]	63.9	36.7	59.5	2007[d]	21.2	11.3	19.6
尼日利亚		..	..	..	2004[d]	63.8	43.1	54.7	2004[d]	26.6	16.2	22.8
巴基斯坦	2005	28.1	14.9	23.9	2006	27.0	13.1	22.3		..	..	..
巴拿马	2003	62.7	20.0	36.8	2008	59.8	17.7	32.7		..	..	..
巴拉圭	2008[e]	48.8	30.2	37.9	2009[e]	49.8	24.7	35.1		..	..	..
秘鲁	2008	59.8	23.5	36.2	2009	60.3	21.1	34.8		..	..	..
菲律宾	2006	..	..	26.4	2009	..	..	26.5	2009	..	..	2.7
波兰[c]	2001	..	..	15.6	2002	..	..	16.6		..	..	..
罗马尼亚[c]	2005	23.5	8.1	15.1	2006	22.3	6.8	13.8	2006	5.3	1.4	3.2
俄罗斯联邦[c]	2005	22.7	8.1	11.9	2006	21.2	7.4	11.1	2006	5.5	1.7	2.7
卢旺达		..	..	..	2006[d]	64.2	23.2	58.5	2006[d]	26.0	8.0	24.0
圣多美和普林西比		..	..	..	2001	64.9	45.0	53.8	2001	24.7	14.9	19.2
塞内加尔[c]		..	..	..	2005[d]	61.9	35.1	50.8	2005[d]	21.5	9.3	16.4
塞尔维亚[c]	2006	13.9	5.2	9.0	2007	9.8	4.3	6.6	2007	2.0	0.8	1.3
塞拉利昂		..	..	..	2003[d]	78.5	47.0	66.4	2003[d]	34.6	16.3	27.5
南非	2000	..	..	38.0	2005	..	..	23.0	2005	..	..	7.0
斯里兰卡	2002	24.7	7.9	22.7	2007	15.7	6.7	15.2	2007	3.2	1.3	3.1
斯威士兰		..	..	..	2001[d]	75.0	49.0	69.2	2001[d]	37.0	20.0	32.9
塔吉克斯坦[c]	2007	54.4	49.3	53.1	2009	49.2	41.8	47.2		..	..	..
坦桑尼亚	2000	38.6	23.1	35.6	2007	37.4	21.8	33.4	2007	11.0	6.5	9.9
泰国	2008	11.5	3.0	9.0	2009	10.4	3.0	8.1		..	..	..
东帝汶	2001	..	..	39.7	2007	..	..	49.9		..	..	..
多哥		..	..	..	2006	74.3	36.8	61.7	2006	29.3	10.3	22.9
土耳其	2008	34.6	9.4	17.1	2009	38.7	8.9	18.1		..	..	..
乌干达	2005	34.2	13.7	31.1	2009	27.2	9.1	24.5	2009	7.6	1.8	6.8
乌克兰[c]	2004	18.1	12.0	14.0	2005	11.3	6.3	7.9	2005	2.3	1.1	1.5
乌拉圭	2007[e]	29.4	25.5	26.0	2008[e]	22.2	20.3	20.5		..	..	..
委内瑞拉	2008[e]	..	..	32.6	2009[e]	..	..	29.0		..	..	..
越南	2006	20.4	3.9	16.0	2008	18.7	3.3	14.5	2008	4.6	0.5	3.5
西岸和加沙	2007	..	..	31.2	2009	..	..	21.9	2009	..	..	4.9
也门共和国	1998	42.5	32.3	40.1	2005	40.1	20.7	34.8	2005	10.6	4.5	8.9
赞比亚	2004	77.3	29.1	58.4	2006	76.8	26.7	59.3	2006	38.8	9.4	28.5
津巴布韦		..	..	..	2003[d]	..	..	72.0		..	..	..

a. 基于利用家庭调查数据估计得出的人均消费，除非另有说明。b. 指收集基础家庭调查数据的年份；假如收集数据的时期横跨两个日历年份，将公布收集大多数数据的年份。c. 世界银行的估计。d. 基于最近年份可获得的调查数据的估计，但是与最近年份公布的数据不具有可比性，这些数据可在 http：//data. worldbank. org 上获得。e. 基于根据家庭调查数据估计得出的人均收入。f. 以家庭的份额衡量。

2.7 以国家贫困线衡量的贫困率

关于数据的说明

对贫困率和各国贫困线差距的估计，对于一国（而不是各国之间）各时点之间的贫困比较是有用的。表2.8表明以国际贫困线衡量的贫困指标可以进行跨国比较。

对于拥有有效贫困监测项目的国家，世界银行——与国家机构、其他发展机构和社会团体协作——定期准备贫困评估和其他分析报告，来评估贫困程度及原因。这些报告回顾了贫困水平、贫困指标随时间的变化以及一国各地区之间的差异，评估了经济增长和公共政策对贫困和不平等的影响，审核了监测和评估的充分性，并且涵盖了针对基础家庭调查数据及其所使用的贫困衡量方法更详细的技术评估。这些报告是以国家贫困线衡量的贫困指标大量信息的主要来源，并且通常都会纳入各国自己的程序，以减少贫困、构筑各国的国家能力并支持联合作业。

越来越多的国家已经拥有了自己的国家项目，来检测和发布以国家贫困线衡量的官方贫困估计值以及有完整记载的家庭调查数据资料和估计方法。来自国家贫困监测项目的估计值及其所用的基本方法都会定期由世界银行审核，并且包括在本表之中。

以国家贫困线衡量的贫困估计值完整在线数据库（可见 http：//data. worldbank. org）会定期更新，并且可能涵盖更近一段时期的数据或者经修订的数据，本表没有加入这些数据。该数据库由全球贫困工作小组维护，小组成员都是来自减贫和平等网络、发展研究组、发展数据组的贫困专家，近期对数据库的更新涵盖了115个国家和1974—2010年575组还多的以国家贫困线衡量的贫困估计值。

数据质量

以国家贫困线衡量的贫困估计值根据从各国具有代表性的家庭样本中收集的家庭调查数据计算。这些数据必须涵盖充分详细的信息来计算家庭总收入或者总消费（包括来自各自产值的消费或者收入）的综合估计值，利用这些数据来构建以适合权重加权的人均消费或者收入的分布。

对于从家庭调查中测算的任何一个指标，数据质量问题都有可能影响贫困估计的准确性及其随时间的可比性。其中包括部分调查没有回应、季节性影响、问卷中收入或者消费项目数量的差异以及回答者被问及其支出的时间期间差异。

国家贫困线

国家贫困线用于估计与一国特定的经济和社会状况相一致的贫困指标。国家贫困线的设置反映了当地对脱离贫困所需消费或收入水平的看法。贫困与非贫困能够看到的差距将会随着一国平均收入的提高而提高，因此，并未提供比较不同国家贫困率的统一衡量方法。尽管以国家贫困线衡量的贫困率并不适用于不同国家贫困率的比较，但是它们适合指导和检测特定国家其国家减贫战略的成果。

几乎所有国家的贫困线都采用普遍流行的饮食基础上的食品组合（其被普遍认为能够提供健康和维持正常活动水平所需要的营养要求），再加上非食品支出的津贴。国家贫困线必须要根据调查年份之间的通货膨胀率差异进行调整，以保持一个不变的实际值，进而也就可以对不同时点上的贫困进行有意义的比较。因为食品和消费篮子也随时间变化，所以各国都会定期基于最新调查对贫困线进行重新计算。在这种情况下，新的贫困线应当加以缩减，以获得一个能够与先前年份相比较的贫困估计值。本表基于最近两年可获得的调查数据公布了这些指标。各国最近公布的一些指标与基于先前年份的调查数据的指标不具有可比性，这些都在本表脚注中加以注释。

定义

• **调查年份**指收集基础家庭调查数据的年份；假如收集数据的时期横跨两个日历年份，将公布收集大多数数据的年份。 • **低于国家贫困线的人口**是生活在各国相应的农村贫困线、城市贫困线和国家贫困线以下的农村、城市和国家人口所占的百分比，并且以家庭调查数据估计得出的消费为基础，除非另有说明。

• **国家贫困线上的贫困差距**是以相当于相应的农村贫困线、城市贫困线和国家贫困线数值的百分比表示的在农村贫困线、城市贫困线和国家贫困线以下差额的平均值（非穷人的差额为零），并且以家庭调查数据估计得出的消费为基础，除非另有说明。这一衡量标准反映了贫困的程度以及贫困的范围。

数据资料来源

以国家贫困线衡量的贫困估计值由全球贫困工作小组以世界银行的国家贫困评估和分析报告以及国家减贫战略和官方贫困估计值为基础汇编。有关数据、衡量方法及工具、研究成果以及贫困评估和分析报告更详细的记载，可见网站：http：//data. worldbank. org、www. worldbank. org/poverty 和 http：//econ. worldbank. org。

以国际贫困线衡量的贫困率

	以当地货币计算的国际贫困线		国际贫困线以下的人口[a]									
	1.25美元/天 2005	2美元/天 2005	调查[b]年份	低于1.25美元/天的人口百分比	在1.25美元/天的贫困线上的贫困差距百分比	低于2美元/天的人口百分比	在2美元/天的贫困线上的贫困差距百分比	调查[b]年份	低于1.25美元/天的人口百分比	在1.25美元/天的贫困线上的贫困差距百分比	低于2美元/天的人口百分比	以2美元/天的贫困线衡量的贫困差距
阿尔巴尼亚	75.5	120.8	2005	<2	<0.5	7.9	1.5	2008	<2	<0.5	4.3	0.9
阿尔及利亚	48.4[c]	77.5[c]	1988	6.6	1.8	23.8	6.6	1995	6.8	1.4	23.6	6.5
安哥拉	88.1	141.0		..	..	..	..	2000[d]	54.3	29.9	70.2	42.4
阿根廷	1.7	2.7	2006[d,e]	2.8	0.6	8.0	2.4	2009[d,e]	<2	<0.5	<2	<0.5
亚美尼亚	245.2	392.4	2003	10.6	1.9	43.5	11.3	2008	<2	<0.5	12.4	2.3
阿塞拜疆	2,170.9	3,473.5	2005	<2	<0.5	<2	<0.5	2008	<2	<0.5	7.8	1.5
孟加拉国	31.9	51.0	2000[f]	57.8	17.3	85.4	38.8	2005[f]	49.6	13.1	81.3	33.8
白俄罗斯	949.5	1,519.2	2005	<2	<0.5	<2	<0.5	2008	<2	<0.5	<2	<0.5
伯利兹城	1.8[c]	2.9[c]	1995	14.0	5.4	23.6	10.5	1999[e]	12.1	4.7	23.9	9.7
贝宁	344.0	550.4		..	..	..	..	2003	47.3	15.7	75.3	33.5
不丹	23.1	36.9		..	..	..	..	2003	26.2	7.0	49.5	18.8
玻利维亚	3.2	5.1	2005[e]	19.6	9.7	30.4	15.5	2007[e]	14.0	5.8	24.7	10.9
波斯尼亚和黑塞哥维那	1.1	1.7	2004	<2	<0.5	<2	<0.5	2007	<2	<0.5	<2	<0.5
博茨瓦纳	4.2	6.8	1986	35.6	13.8	54.7	25.8	1994	31.2	11.0	49.4	22.3
巴西	2.0	3.1	2008[e]	4.3	1.4	10.4	3.6	2009[e]	3.8	1.1	9.9	3.2
保加利亚	0.9	1.5	2003	<2	<0.5	2.4	0.9	2007	<2	<0.5	7.3	1.5
布基纳法索	303.0	484.8	1998	70.0	30.2	87.6	49.1	2003	56.5	20.3	81.2	39.3
布隆迪	558.8	894.1	1998	86.4	47.3	95.4	64.1	2006	81.3	36.4	93.5	56.1
柬埔寨	2,019.1	3,230.6	2004	40.2	11.3	68.2	28.0	2007	28.3	6.1	56.5	20.2
喀麦隆	368.1	589.0	2001	32.8	10.2	57.7	23.7	2007	9.6	1.2	30.8	8.4
佛得角	97.7	156.3		..	..	..	..	2001	20.6	5.9	40.3	14.9
中非共和国	384.3	614.9	1993	82.8	57.0	90.8	68.4	2003	62.4	28.3	81.9	45.3
乍得	409.5	655.1		..	..	..	..	2003	61.9	25.6	83.3	43.9
智利	484.2	774.7	2006[e]	<2	<0.5	2.4	<0.5	2009[e]	<2	<0.5	<2	<0.5
中国	5.1[g]	8.2[g]	2002[h]	28.4	8.7	51.1	20.6	2005[h]	15.9	4.0	36.3	12.2
哥伦比亚	1,489.7	2,383.5	2003[e]	15.4	6.1	26.3	10.9	2006[e]	16.0	5.7	27.9	11.9
科摩罗	368.0	588.8		..	..	..	..	2004	46.1	20.8	65.0	34.2
刚果民主共和国	395.3	632.5		..	..	..	..	2006	59.2	25.3	79.6	42.4
刚果共和国	469.5	751.1		..	..	..	..	2005	54.1	22.8	74.4	38.8
哥斯达黎加	348.7[c]	557.9[c]	2005[e]	2.4	<0.5	8.6	2.3	2009[e]	<2	<0.5	4.8	0.9
克罗地亚	5.6	8.9	2005	<2	<0.5	<2	<0.5	2008	<2	<0.5	<2	<0.5
捷克共和国	19.0	30.4	1993[e]	<2	<0.5	<2	<0.5	1996[e]	<2	<0.5	<2	<0.5
科特迪瓦	407.3	651.6	2002	23.3	6.8	46.8	17.6	2008	23.8	7.5	46.0	17.9
吉布提	134.8	215.6	1996	4.8	1.6	15.1	4.5	2002	18.8	5.3	41.2	14.6
多米尼加共和国	25.5[c]	40.8[c]	2006[e]	4.0	0.7	13.5	3.7	2007[e]	4.3	0.9	13.6	3.9
厄瓜多尔	0.6	1.0	2007[e]	4.7	1.2	12.8	4.0	2009[e]	5.1	1.6	13.4	4.4
埃及	2.5	4.0	2000	<2	<0.5	19.4	3.5	2005	<2	<0.5	18.5	3.5
萨尔瓦多	6.0[c]	9.6[c]	2005[e]	11.0	4.8	20.5	8.9	2008[e]	5.1	1.1	15.2	4.5
爱沙尼亚	11.0	17.7	2003	<2	<0.5	2.7	0.9	2004	<2	<0.5	<2	<0.5
埃塞俄比亚	3.4	5.5	2000	55.6	16.2	86.4	37.9	2005	39.0	9.6	77.6	28.9
加蓬	554.7	887.5		..	..	..	..	2005	4.8	0.9	19.6	5.0
冈比亚	12.9	20.7	1998	66.7	34.7	82.0	50.0	2003	34.3	12.1	56.7	24.9
格鲁吉亚	1.0	1.6	2005	13.4	4.4	30.4	10.9	2008	14.7	4.6	32.6	11.8
加纳	5,594.8	8,951.6	1998	39.1	14.4	63.3	28.5	2006	30.0	10.5	53.6	22.3
危地马拉	5.7[c]	9.1[c]	2002[e]	16.9	6.5	29.8	12.9	2006[e]	12.7	3.8	25.7	9.6
几内亚比绍	1,849.5	2,959.1	2003	70.1	32.2	87.2	50.3	2007	43.8	15.2	70.0	31.3
几内亚	355.3	568.6	1993	52.1	20.6	75.7	37.4	2002	48.8	16.5	77.9	34.8
圭亚那	131.5[c]	210.3[c]	1993[e]	5.8	2.6	15.0	5.4	1998[e]	7.7	3.9	16.8	6.9
海地	24.2[c]	38.7[c]		..	..	..	..	2001[e]	54.9	28.2	72.2	41.8
洪都拉斯	12.1[c]	19.3[c]	2006[e]	18.2	8.2	29.7	14.2	2007[e]	23.2	11.3	35.6	18.1
匈牙利	171.9	275.0	2004	<2	<0.5	<2	<0.5	2007	<2	<0.5	<2	<0.5
印度	19.5[i]	31.2[i]	1994[h]	49.4	14.4	81.7	35.3	2005[h]	41.6	10.8	75.6	30.4
印度尼西亚	5,241.0[i]	8,385.7[i]	2005[h]	21.4	4.6	53.8	17.3	2009[h]	18.7	3.6	50.7	15.5
伊朗	799.8	1,279.7		..	..	..	..	2007	4.0	0.6	25.3	5.6
牙买加	54.2[c]	86.7[c]	2002	<2	<0.5	8.7	1.6	2004	<2	<0.5	5.9	0.9
约旦	0.6	1.0	2003	<2	<0.5	11.0	2.1	2006	<2	<0.5	3.5	0.6
哈萨克斯坦	81.2	129.9	2003	3.1	<0.5	17.2	3.9	2007	<2	<0.5	<2	<0.5

以国际贫困线衡量的贫困率

	以当地货币计算的国际贫困线		国际贫困线以下的人口[a]									
	1.25美元/天 2005	2美元/天 2005	调查[b]年份	低于1.25美元/天的人口百分比	在1.25美元/天的贫困线上的贫困差距百分比	低于2美元/天的人口百分比	在2美元/天的贫困线上的贫困差距百分比	调查[b]年份	低于1.25美元/天的人口百分比	在1.25美元/天的贫困线上的贫困差距百分比	低于2美元/天的人口百分比	以2美元/天的贫困线衡量的贫困差距
肯尼亚	40.9	65.4	1997	19.6	4.6	42.7	14.7	2005	19.7	6.1	39.9	15.1
吉尔吉斯斯坦	16.2	26.0	2004	21.8	4.4	51.9	16.8	2007	<2	<0.5	29.4	5.5
老挝	4,677.0	7,483.2	2002	44.0	12.1	76.9	31.1	2008	33.9	9.0	66.0	24.8
拉脱维亚	0.4	0.7	2004	<2	<0.5	<2	<0.5	2008	<2	<0.5	<2	<0.5
莱索托	4.3	6.9	1995	47.6	26.7	61.1	37.3	2003	43.4	20.8	62.3	33.1
利比里亚	0.6	1.0		..	..	..	..	2007	83.7	40.8	94.8	59.5
立陶宛	2.1	3.3	2004	<2	<0.5	<2	<0.5	2008	<2	<0.5	<2	<0.5
前南斯拉夫马其顿共和国	29.5	47.2	2003	<2	<0.5	3.2	0.7	2008	<2	<0.5	4.3	0.7
马达加斯加	945.5	1,512.8	2001	76.3	41.4	88.8	57.2	2005	67.8	26.5	89.6	46.9
马拉维	71.2	113.8	1998	83.1	46.0	93.5	62.3	2004	73.9	32.3	90.5	51.8
马来西亚	2.6	4.2	2004[e]	<2	<0.5	7.8	1.4	2009[e]	<2	<0.5	2.3	<0.5
马尔代夫	12.2	19.5		..	..	..	..	2004	<2	<0.5	12.2	2.5
马里	362.1	579.4	2001	61.2	25.8	82.0	43.6	2006	51.4	18.8	77.1	36.5
毛里塔尼亚	157.1	251.3	1996	23.4	7.1	48.3	17.8	2000	21.2	5.7	44.1	15.9
墨西哥	9.6	15.3	2006	<2	<0.5	4.8	1.0	2008	<2	<0.5	8.6	2.0
密克罗尼西亚	0.8[c]	1.3[c]		..	..	..	..	2000	31.1	16.3	44.7	24.5
摩尔多瓦	6.0	9.7	2004	8.1	1.7	29.0	7.9	2008	<2	<0.5	12.5	2.6
蒙古	653.1	1,045.0		..	..	..	..	2002	15.5	3.6	38.9	12.3
黑山共和国	0.6	1.0		..	..	..	..	2008	<2	<0.5	<2	<0.5
摩洛哥	6.9	11.0	2001	6.3	0.9	24.3	6.3	2007	2.5	0.5	14.0	3.2
莫桑比克	14,532.1	23,251.4	2003	74.7	35.4	90.0	53.6	2008	60.0	25.2	81.6	42.9
纳米比亚	6.3	10.1		..	..	..	..	1993[e]	49.1	24.6	62.2	36.5
尼泊尔	33.1	52.9	1996	68.4	26.7	88.1	46.8	2004	55.1	19.7	77.6	37.8
尼加拉瓜	9.1[c]	14.6[c]	2001[e]	19.4	6.7	37.5	14.5	2005[e]	15.8	5.2	31.9	12.3
尼日尔	334.2	534.7	2005	65.9	28.1	85.6	46.7	2007	43.1	11.9	75.9	30.6
尼日利亚	98.2	157.2	1996	68.5	32.1	86.4	49.7	2004	64.4	29.6	83.9	46.9
巴基斯坦	25.9	41.4	2005	22.6	4.4	60.3	18.7	2006	22.6	4.1	61.0	18.8
巴拿马	0.8[c]	1.2[c]	2006[e]	9.5	3.1	17.9	7.1	2009[e]	2.4	<0.5	9.5	2.4
巴布亚新几内亚	2.1[c]	3.4[c]		..	..	..	..	1996	35.8	12.3	57.4	25.5
巴拉圭	2,659.7	4,255.6	2007[e]	6.5	2.7	14.2	5.5	2008[e]	5.1	1.5	13.2	4.3
秘鲁	2.1	3.3	2006[e]	7.9	1.9	18.5	6.0	2009[e]	5.9	1.4	14.7	4.7
菲律宾	30.2	48.4	2003	22.0	5.5	43.8	16.0	2006	22.6	5.5	45.0	16.4
波兰	2.7	4.3	2005	<2	<0.5	<2	<0.5	2008	<2	<0.5	<2	<0.5
罗马尼亚	2.1	3.4	2005	<2	<0.5	3.4	0.9	2008	<2	<0.5	<2	0.5
俄罗斯联邦	16.7	26.8	2005	<2	<0.5	<2	<0.5	2008	<2	<0.5	<2	<0.5
卢旺达	295.9	473.5	2000	76.6	38.2	90.3	55.7	2005	76.8	40.9	89.6	57.2
圣多美和普林西比	7,953.9	12,726.3		..	..	..	..	2001	28.6	8.2	57.3	21.6
塞内加尔	372.8	596.5	2001	44.2	14.3	71.3	31.2	2005	33.5	10.8	60.4	24.7
塞尔维亚	42.9	68.6		..	..	..	..	2008	<2	<0.5	<2	<0.5
塞舌尔	5.6[c]	9.0[c]	2000	<2	<0.5	<2	<0.5	2007	<2	<0.5	<2	<0.5
塞拉利昂	1,745.3	2,792.4	1990	62.8	44.8	75.0	54.0	2003	53.4	20.3	76.1	37.5
斯洛伐克共和国	23.5	37.7	1992[e]	<2	<0.5	<2	<0.5	1996[e]	<2	<0.5	<2	<0.5
斯洛文尼亚	198.2	317.2	2002	<2	<0.5	<2	<0.5	2004	<2	<0.5	<2	<0.5
南非	5.7	9.1	1995	21.4	5.2	39.9	15.0	2000	26.2	8.2	42.9	18.3
斯里兰卡	50.0	80.1	2002	14.0	2.6	39.7	11.9	2007	7.0	1.0	29.1	7.4
圣卢西亚	2.4[c]	3.8[c]		..	..	..	..	1995[e]	20.9	7.2	40.6	15.5
苏里南	2.3[c]	3.7[c]		..	..	..	..	1999[e]	15.5	5.9	27.2	11.7
斯威士兰	4.7	7.5	1995	78.6	47.7	89.3	61.7	2001	62.9	29.4	81.0	45.8
叙利亚	30.8	49.3		..	..	..	..	2004	<2	<0.5	16.9	3.3
塔吉克斯坦	1.2	1.9	2003	36.3	10.3	68.8	26.7	2004	21.5	5.1	50.9	16.8
坦桑尼亚	603.1	964.9	2000	88.5	46.8	96.6	64.4	2007	67.9	28.1	87.9	47.5
泰国	21.8	34.9	2004	<2	<0.5	11.5	2.0	2009	12.8	2.4	26.5	8.3
东帝汶	0.6[c]	1.0[c]	2001	52.9	19.1	77.5	37.1	2007	37.4	8.9	72.8	27.0
多哥	352.8	564.5		..	..	..	..	2006	38.7	11.4	69.3	27.9
特立尼达和多巴哥	5.8[c]	9.2[c]	1988[e]	<2	<0.5	8.6	1.9	1992[e]	4.2	1.1	13.5	3.9
突尼斯	0.9	1.4	1995	6.5	1.3	20.4	5.8	2000	2.6	<0.5	12.8	3.0

	以当地货币计算的国际贫困线		国际贫困线以下的人口[a]									
	1.25美元/天 2005	2美元/天 2005	调查[b]年份	低于1.25美元/天的人口百分比	在1.25美元/天的贫困线上的贫困差距百分比	低于2美元/天的人口百分比	在2美元/天的贫困线上的贫困差距百分比	调查[b]年份	低于1.25美元/天的人口百分比	在1.25美元/天的贫困线上的贫困差距百分比	低于2美元/天的人口百分比	以2美元/天的贫困线衡量的贫困差距
土库曼斯坦	5,961.1[c]	9,537.7[c]	1993[e]	63.5	25.8	85.7	44.9	1998	24.8	7.0	49.7	18.4
乌干达	930.8	1,489.2	2005	51.5	19.1	75.6	36.4	2009	37.7	12.1	64.5	27.2
乌克兰	2.1	3.4	2005	<2	<0.5	<2	<0.5	2008	<2	<0.5	<2	<0.5
乌拉圭	19.1	30.6	2006[e]	<2	<0.5	4.2	0.6	2009[e]	<2	<0.5	<2	<0.5
乌兹别克斯坦	470.1[c]	752.1[c]	2002	42.3	12.4	75.6	30.6	2003	46.3	15.0	76.7	33.2
委内瑞拉	1,563.9	2,502.2	2005[e]	10.0	4.5	19.8	8.4	2006[e]	3.5	1.1	10.2	3.2
越南	7,399.9	11,839.8	2006	21.5	4.6	48.4	16.2	2008	13.1	2.3	38.4	10.8
也门共和国	113.8	182.1	1998	12.9	3.0	36.4	11.1	2005	17.5	4.2	46.6	14.8
赞比亚	3,537.9	5,660.7	2003	64.6	27.1	85.2	45.8	2004	64.3	32.8	81.5	48.3

a. 基于名义人均消费平均值和从家庭调查数据估计得出的分配数据，除非另有说明。b. 指收集基础家庭调查数据的年份；假如收集数据的时期横跨两个日历年份，将公布收集大多数数据的年份。c. 由于使用回归，因此基于经购买力平价转换的美元。d. 只包括城市地区。e. 基于人均收入平均值和从家庭调查数据估计得出的分配数据。f. 基于空间消费价格指数数据进行调整。g. 基于城市价格的购买力平价的换算系数。h. 以人口为权重的城市和农村估计值的加权平均值。i. 基于基准国家购买力平价估计值，然后根据城市和农村地区的生活成本差异进行调整。

地区贫困估计和千年发展目标的进展

从20世纪80年代以来，以日均消费1.25美元的贫困线所衡量的全球贫困已经有所减少。1990年，生活标准低于日均1.25美元的人口份额下降了10个百分点，降至42%。之后在1990—2005年间又下降近17个百分点。生活在极端贫困中的人口已由1981年的19亿降至1990年的18亿，到2005年的14亿（图2.8a）。在过去25年间，极端贫困人口显著下降，但这一点掩盖了地区间的巨大差异。

最大的减贫发生在东亚和太平洋地区，该地区的贫困率由1981年的78%下降至2005年的17%，而日生活费不到1.25美元的人口减少了超过7.5亿（图2.8b）。这一下降的绝大部分来自中国，其贫困率从84%滑落至16%，6.2亿的人口摆脱了贫困。

同一时期，南亚的贫困率由59%降至40%（图2.8c）。相比之下，撒哈拉沙漠以南非洲地区的贫困率降幅很小，1981年不超过54%，到了1999年超过58%，到2005年降至51%。但处于贫困线以下的人口差不多翻了一番。只有东亚和太平洋地区的减贫进度与千年发展目标相一致，后者要求2015年的贫困率降至1990年的一半。拉丁美洲和加勒比地区以及南亚的经济相对于历史增长率的轻微加速上升可能使这些地区达到目标。然而，最近全球经济的放缓有可能使得这些区域和许多国家无法完成这一目标。

根据中等收入经济体的标准，那些摆脱极端贫困的人口依旧非常贫困。2005年，发展中国家贫困线的中位数为日均消费2美元。使用该贫困线进行衡量的所有发展中国家的贫困率由1981年的近70%降至2005年的47%，但日生活费低于2美元的人口还是基本保持在25亿。东亚和太平洋地区在数量和比例两个方面都降幅最大，这是由中国引领的。此外，日生活费低于2美元的人口上升了，而日均消费在1.25美元至2美元的人口几乎增长了一倍，升至12亿。

一旦一些大国——例如，中国、印度以及撒哈拉以南非洲地区、中东和北非地区的一些国家——在2005年之后收集到的家庭调查数据能够获得，世界银行发展研究组就会依据国际贫困线更新地区贫困估计值，参见 http://iresearch.worldbank.org/povcalnet/。

尽管日均消费低于1.25美元的人口已经下降了，但日均消费在1.25美元至2美元间的人口上升了 2.8a

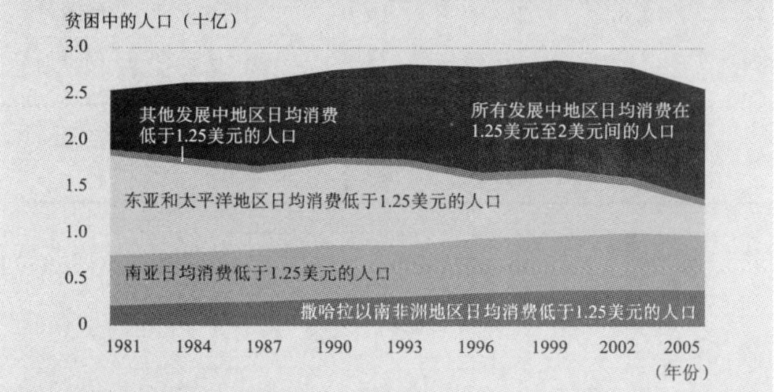

资料来源：世界银行 PovcalNet 数据库。

贫困率已经开始下降 2.8b

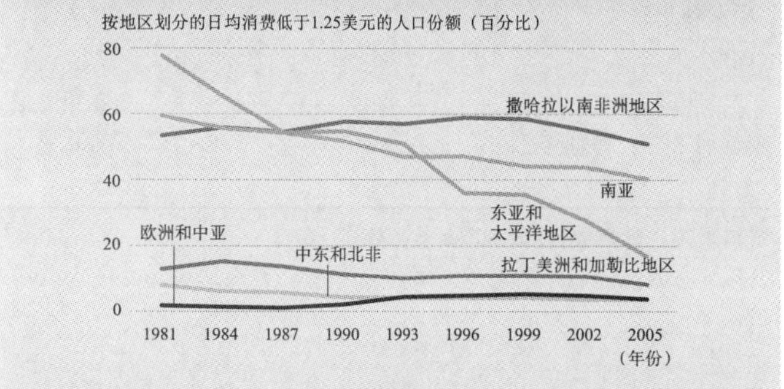

资料来源：世界银行 PovcalNet 数据库。

2.8 以国际贫困线衡量的贫困率

地区贫困估计 2.8c

地区或国家	1981	1984	1987	1990	1993	1996	1999	2002	2005
日均消费低于1.25美元（2005年PPP）的人口（百万）									
东亚和太平洋地区	1,072	947	822	873	845	622	635	507	316
中国	835	720	586	683	633	443	447	363	208
欧洲和中亚	7	6	5	9	20	22	24	22	17
拉丁美洲和加勒比地区	47	59	57	50	47	53	55	57	45
中东和北非	14	12	12	10	10	11	12	10	11
南亚	548	548	569	579	559	594	589	616	596
印度	420	416	428	436	444	442	447	460	456
撒哈拉以南非洲地区	211	242	258	297	317	356	383	390	388
总计	1,900	1,814	1,723	1,818	1,799	1,658	1,698	1,601	1,374
日均消费低于1.25美元（2005年PPP）的人口份额（百分比）									
东亚和太平洋地区	77.7	65.5	54.2	54.7	50.8	36.0	35.5	27.6	16.8
中国	84.0	69.4	54.0	60.2	53.7	36.4	35.6	28.4	15.9
欧洲和中亚	1.7	1.3	1.1	2.0	4.3	4.6	5.1	4.6	3.7
拉丁美洲和加勒比地区	12.9	15.3	13.7	11.3	10.1	10.9	10.9	10.7	8.2
中东和北非	7.9	6.1	5.7	4.3	4.1	4.1	4.2	3.6	3.6
南亚	59.4	55.6	54.2	51.7	46.9	47.1	44.1	43.8	40.3
印度	59.8	55.5	53.6	51.3	49.4	46.6	44.8	43.9	41.6
撒哈拉以南非洲地区	53.4	55.8	54.5	57.6	56.9	58.8	58.4	55.0	50.9
总计	51.9	46.7	41.9	41.7	39.2	34.5	33.7	30.5	25.2
日均消费低于2美元（2005年PPP）的人口（百万）									
东亚和太平洋地区	1,278	1,280	1,238	1,274	1,262	1,108	1,105	954	729
中国	972	963	907	961	926	792	770	655	474
欧洲和中亚	35	28	25	32	49	56	68	57	42
拉丁美洲和加勒比地区	90	110	103	96	96	107	111	114	94
中东和北非	46	44	47	44	48	52	52	51	51
南亚	799	836	881	926	950	1,009	1,031	1,084	1,092
印度	609	635	669	702	735	757	783	813	828
撒哈拉以南非洲地区	294	328	351	393	423	471	509	536	556
总计	2,542	2,625	2,646	2,765	2,828	2,803	2,875	2,795	2,564
日均消费低于2美元（2005年PPP）的人口份额（百分比）									
东亚和太平洋地区	92.6	88.5	81.6	79.8	75.8	64.1	61.8	51.9	38.7
中国	97.8	92.9	83.7	84.6	78.6	65.1	61.4	51.2	36.3
欧洲和中亚	8.3	6.5	5.6	6.9	10.3	11.9	14.3	12.0	8.9
拉丁美洲和加勒比地区	24.6	28.1	24.9	21.9	20.7	22.0	21.8	21.6	17.1
中东和北非	26.7	23.1	22.7	19.7	19.8	20.2	19.0	17.6	16.9
南亚	86.5	84.8	83.9	82.7	79.7	79.9	77.2	77.1	73.9
印度	86.6	84.8	83.8	82.6	81.7	79.8	78.4	77.6	75.6
撒哈拉以南非洲地区	73.8	75.5	74.0	76.1	75.9	77.9	77.6	75.6	72.9
总计	69.4	67.7	64.3	63.4	61.6	58.3	57.1	53.3	47.0

资料来源：世界银行 PovcalNet 数据库。

关于数据的说明

世界银行在其1990年的《世界发展报告》中首次为发展中国家做出了全球贫困估计：《基于22国家庭调查数据的贫困》(Ravallion、Datt和van de Walle，1991)。自此以后，进行家庭收入和支出调查的国家数量激增。世界银行贫困监测数据库现在已经包含115个发展中国家超过600次的调查资料。超过120万户家庭在这些调查中被随机抽取进行采访，其代表着发展中国家96%的人口。

数据可得性

在任何给定年份的两年内的数据集的数量在这些年中显著增长，从1978年至1982年间的13个增长到了2001年至2006年的158个。所有地区的数据覆盖都得到了改善，但中东、北非和撒哈拉以南非洲地区的数据还是滞后。由世界银行发展研究组的一个团队维护的完整的估计值数据库，随着新的调查数据的获得每年进行更新，并且每三年进行反贫困项目的重大更新。最新的估计值以及按年度、国别分类的数据的全面概述见http：//iresearch. worldbank. org/povcalnet/。

数据质量

除了调查数据的频率和及时性，在衡量家庭生活标准时还会出现其他数据质量问题。调查主要询问关于收入来源和支出方式的细节问题，这必须由受过训练的人员认真记录。收入通常更加难以准确记录，而消费与生活水平的概念更接近。即使生活水准不变，收入还是有可能随时间变化。但消费的数据并不总是可得的：最新公布的数据反映的是2/3国家的消费情况。

但是，即使相似的调查还是有可能不具严格的可比性，这是因为时间或数据质量和统计员的受训程度不同。处于不同发展水平的国家的比较同样构成一个潜在问题，即非市场货物消费的相对重要性存在差异。所有不同种类消费（包括自制的产品，其在欠发达的农村经济中尤为重要）的当地市场总价值应该包括在总消费支出内，不过有可能未包括在内。现在绝大多数调查数据包括自制产品的消费或收入估值，但其估值方法有所不同。

所报告的统计结果是基于消费数据，或者（当其不可得时）基于收入调查。约20个国家所分析的收入和支出数据都可以从相同的调查中得到，这些调查发现收入均值的提高带来更高的消费，同时也带来更大的不平等。当比较基于收入和消费的贫困度量时，两种效应大致相互抵消：没有出现显著的统计学差异。

国际贫困线

贫困估计的国际比较需要注意概念和实际这两个方面的问题。不同国家对贫困的定义不同，跨国的、一致的比较因此会变得困难。富国的本土贫困线倾向于拥有更高的购买力，因为其所使用的标准比穷国更高。

基于国际贫困线的贫困度量试图把握该跨越各国的固定贫困线的真实价值。自从1990年版的《世界发展报告》发表以来，世界银行旨在提供衡量极端贫困的通用标准，以确定贫困对世界上最贫困国家意味着什么。不同国家国民的福利可以通过一个共同的尺度衡量，该尺度经过调整以适应国家间购买力水平的差异。通常所用的标准是每天消费1美元，这是以1985年的国际物价水平设定的，并经过购买力平价（PPP）的调整。这一标准是1990年的《世界发展报告》选定的，因为这是当时低收入国家典型的贫困线。

早期版本的《世界发展指标》使用的是经宾夕法尼亚大学世界表（Penn World Tables）转换的PPP指标，其将当地货币的价值转换为等价的美元计值。后来的版本使用的是世界银行1993年制作的消费PPP估值。国际贫困线最近一次的修改使用的是2005年新一轮国际比较项目所汇总的PPP数据，以及扩大了的家庭收入和支出调查集的数据。新的极端贫困线被设在经2005年PPP计算的每日支出1.25美元，其代表了15个经由人均消费排名的最贫困国家的贫困线均值。新的贫困线对极度贫困依然采用相同的标准——世界上最贫困国家典型的贫困线——但其使用发展中国家最新的生活成本数据进行了更新。

PPP汇率被用于估计全球贫困，因为其考虑到了不参与国际贸易的货物和服务的本地价格。但设计PPP比率是用于比较国民核算总量，不是为了进行国际贫困比较。其结果是，我们无法肯定国际贫困线衡量了不同国家需要和损失的相同程度。所谓贫困PPP，其设计是为了比较世界上最贫困的人口的消费，这可能提供了一个更好的比较不同国家贫困的基础。这方面的工作还在进行中。

定义

• **以当地货币计算的国际贫困线**是指以2005年物价设定的每日消费1.25美元和2美元的国际贫困线，用国际比较项目所估算的PPP转换因子换算为当地货币计值。 • **调查年份**指收集基础家庭调查数据的年份；当收集数据的期间横跨两个日历年份时，要公布大部分数据收集的年份。 • **日均消费低于1.25美元的人口和日均消费低于2美元的人口**是指在2005年的国际物价标准下，生活在日均消费分别低于1.25美元和2美元的人口的百分比。由于PPP汇率的变动，单个国家的贫困率无法与先前版本公布的贫困率相比较。 • **贫困差距**是指实际消费与贫困线间的差距（将非贫困的贫困差距记为0），其被表示为占贫困线的百分比。这个方式同时反映了贫困的程度及其发生率。

数据资料来源

贫困衡量是由世界银行发展研究组准备的。国际贫困线基于各国由国家统计局、或政府监督下的私人机构、或国际机构所进行的全国代表性家庭调查，以及从政府统计部门和世界银行各国别局获得。世界银行集团已经从1993年起准备了其贫困研究工作的年度总结。关于世界银行最新估计所用数据和方法的详情以及相关出版物，参见http：//iresearch. worldbank. org/povcalnet/，以及Shaohua Chen和Martin Ravallion的《发展中世界比我们预想的更贫困，但其在对抗贫困方面是否真的那么不成功?》(2008)。

	调查年份	基尼指数	收入或消费的百分比份额						
			最低的10%	最低的20%	第二个20%	第三个20%	第四个20%	最高的20%	最高的10%
阿富汗	2008[b]	29.4	3.8	9.0	13.1	16.9	22.3	38.7	24.0
阿尔巴尼亚	2008[b]	34.5	3.5	8.1	12.1	15.9	20.9	43.0	29.0
阿尔及利亚	1995[b]	35.3	2.8	6.9	11.5	16.3	22.8	42.4	26.9
安哥拉[c]	2000[b]	58.6	0.6	2.0	5.7	10.8	19.7	61.9	44.7
阿根廷[c]	2009[d]	45.8	1.5	4.1	8.9	14.3	22.2	50.5	33.6
亚美尼亚	2008[b]	30.9	3.7	8.8	12.8	16.7	21.9	39.8	25.4
澳大利亚	1994[d]	35.2	2.0	5.9	12.0	17.2	23.6	41.3	25.4
奥地利	2000[d]	29.1	3.3	8.6	13.3	17.4	22.9	37.8	23.0
阿塞拜疆	2008[b]	33.7	3.4	8.0	12.1	16.2	21.7	42.1	27.4
孟加拉国	2005[b]	31.0	4.3	9.4	12.6	16.1	21.1	40.8	26.6
白俄罗斯	2008[b]	27.2	3.8	9.2	13.8	17.8	22.9	36.4	21.9
比利时	2000[d]	33.0	3.4	8.5	13.0	16.3	20.8	41.4	28.1
伯利兹	1999[d]	54.4	1.2	3.4	7.2	11.9	19.1	58.5	43.5
贝宁	2003[b]	38.6	2.9	6.9	10.9	15.1	21.2	45.9	31.0
玻利维亚	2007[d]	57.3	1.0	2.8	6.4	11.1	18.8	61.0	45.4
波斯尼亚和黑塞哥维那	2007[b]	36.2	2.7	6.7	11.3	16.1	22.7	43.2	27.3
博茨瓦纳	1994[b]	61.0	1.3	3.1	5.8	9.6	16.4	65.0	51.2
巴西	2009[d]	53.9	1.2	3.3	7.2	11.9	19.5	58.1	42.5
保加利亚	2007[b]	45.3	2.0	5.0	9.1	13.9	21.0	51.0	35.2
布基纳法索	2003[b]	39.6	3.0	7.0	10.6	14.7	20.6	47.1	32.4
布隆迪	2006[b]	33.3	4.1	9.0	11.9	15.4	21.0	42.8	28.0
柬埔寨	2007[b]	44.4	3.0	6.6	9.4	13.1	19.2	51.7	37.3
喀麦隆	2001[b]	44.6	2.4	5.6	9.3	13.7	20.5	50.9	35.5
加拿大	2000[d]	32.6	2.6	7.2	12.7	17.2	23.0	39.9	24.8
中非共和国	2003[b]	43.6	2.1	5.2	9.4	14.3	21.7	49.4	33.0
乍得	2003[b]	39.8	2.6	6.3	10.4	15.0	21.8	46.6	30.8
智利	2009[d]	22.6	3.1	8.6	15.5	20.2	24.7	30.9	16.5
中国	2005[d]	41.5	2.4	5.7	9.8	14.7	22.0	47.8	31.4
中国香港	1996[d]	43.4	2.0	5.3	9.4	13.9	20.7	50.7	34.9
哥伦比亚	2006[d]	58.5	0.9	2.5	6.0	10.7	18.7	62.1	46.2
刚果民主共和国	2006[b]	44.4	2.3	5.5	9.2	13.8	20.9	50.6	34.7
刚果共和国	2005[b]	47.3	2.1	5.0	8.4	13.0	20.5	53.1	37.1
哥斯达黎加	2009[d]	50.3	1.7	4.2	7.8	12.5	20.1	55.4	39.4
科特迪瓦	2008[b]	41.5	2.2	5.6	10.1	14.9	21.8	47.6	31.8
克罗地亚	2008[b]	33.7	3.3	8.1	12.2	16.2	21.6	42.0	27.5
古巴		..	..	..	..	..	..	..	..
捷克共和国	1996[d]	25.8	4.3	10.2	14.3	17.5	21.7	36.2	22.7
丹麦	1997[d]	24.7	2.6	8.3	14.7	18.2	22.9	35.8	21.3
多米尼加共和国	2007[d]	48.4	1.7	4.4	8.4	13.1	20.5	53.6	37.8
厄瓜多尔	2009[d]	49.0	1.6	4.2	8.3	13.2	20.4	53.9	38.3
埃及	2005[b]	32.1	3.9	9.0	12.6	16.1	20.9	41.5	27.6
萨尔瓦多	2007[d]	46.9	1.6	4.3	9.0	13.9	20.9	51.9	36.3
厄立特里亚		..	..	..	..	..	..	..	..
爱沙尼亚	2004[b]	36.0	2.7	6.8	11.6	16.2	22.5	43.0	27.7
埃塞俄比亚	2005[b]	29.8	4.1	9.3	13.2	16.8	21.4	39.4	25.6
芬兰	2000[d]	26.9	4.0	9.6	14.1	17.5	22.1	36.7	22.6
法国	1995[d]	32.7	2.8	7.2	12.6	17.2	22.8	40.2	25.1
加蓬	2005[b]	41.5	2.5	6.1	10.1	14.6	21.2	47.9	32.7
冈比亚	2003[b]	47.3	2.0	4.8	8.6	13.2	20.6	52.8	36.9
格鲁吉亚	2008[b]	41.3	2.0	5.3	10.3	15.2	22.1	47.2	31.3
德国	2000[d]	28.3	3.2	8.5	13.7	17.8	23.1	36.9	22.1
加纳	2006[b]	42.8	1.9	5.2	9.8	14.8	21.9	48.3	32.5
希腊	2000[d]	34.3	2.5	6.7	11.9	16.8	23.0	41.5	26.0
危地马拉	2006[d]	53.7	1.3	3.4	7.2	12.0	19.5	57.8	42.4
几内亚	2007[b]	39.4	2.7	6.4	10.5	15.1	21.9	46.2	30.3
几内亚比绍	2002[b]	35.5	2.9	7.2	11.6	16.0	22.1	43.0	28.0
海地	2001[d]	59.5	0.9	2.5	5.9	10.5	18.1	63.0	47.8
洪都拉斯	2007[d]	57.7	0.6	2.0	6.0	11.3	20.0	60.8	43.8

	调查年份	基尼指数	收入或消费的百分比份额						
			最低的10%	最低的20%	第二个20%	第三个20%	第四个20%	最高的20%	最高的10%
匈牙利	2007[b]	31.2	3.5	8.4	12.9	16.9	22.0	39.9	25.4
印度	2005[b]	36.8	3.6	8.1	11.3	14.9	20.4	45.3	31.1
印度尼西亚	2009[b]	36.8	3.3	7.6	11.3	15.1	21.1	44.9	29.9
伊朗	2005[b]	38.3	2.6	6.4	10.9	15.6	22.2	45.0	29.6
伊拉克		..	..	..	..	..	..	..	..
爱尔兰	2000[d]	34.3	2.9	7.4	12.3	16.3	21.9	42.0	27.2
以色列	2001[d]	39.2	2.1	5.7	10.5	15.9	23.0	44.9	28.8
意大利	2000[d]	36.0	2.3	6.5	12.0	16.8	22.8	42.0	26.8
牙买加	2004[b]	45.5	2.1	5.2	9.0	13.8	20.9	51.2	35.6
日本	1993[d]	24.9	4.8	10.6	14.2	17.6	22.0	35.7	21.7
约旦	2006[b]	37.7	3.0	7.2	11.1	15.2	21.1	45.4	30.7
哈萨克斯坦	2007[b]	30.9	3.8	8.7	12.8	16.7	22.0	39.9	25.2
肯尼亚	2005[b]	47.7	1.8	4.7	8.8	13.3	20.3	53.0	37.8
朝鲜		..	..	..	..	..	..	..	..
韩国	1998[d]	31.6	2.9	7.9	13.6	18.0	23.1	37.5	22.5
科索沃		..	..	..	..	..	..	..	..
科威特		..	..	..	..	..	..	..	..
吉尔吉斯斯坦	2007[b]	33.4	4.1	8.8	11.8	15.5	21.2	42.8	27.9
老挝	2008[b]	36.7	3.3	7.6	11.3	15.3	20.9	44.8	30.3
拉脱维亚	2008[b]	35.7	2.7	6.8	11.7	16.3	22.4	42.9	27.6
黎巴嫩		..	..	..	..	..	..	..	..
莱索托	2003[b]	52.5	1.0	3.0	7.2	12.5	21.0	56.4	39.4
利比里亚	2007[b]	52.6	2.4	6.4	11.4	15.7	21.6	45.0	30.1
利比亚		..	..	..	..	..	..	..	..
立陶宛	2008[b]	37.6	2.6	6.6	11.1	15.7	22.1	44.4	29.1
前南斯拉夫马其顿共和国	2008[b]	44.2	2.2	5.4	9.3	14.0	21.0	50.3	34.5
马达加斯加	2005[b]	47.2	2.6	6.2	9.6	13.1	17.7	53.5	41.5
马拉维	2004[b]	39.0	2.9	7.0	10.8	14.9	20.9	46.4	31.7
马来西亚	2009[d]	46.2	1.8	4.5	8.7	13.7	21.6	51.5	34.7
马尔代夫	2004[b]	37.4	2.7	6.5	10.9	15.7	22.7	44.2	28.0
马里	2006[b]	39.0	2.7	6.5	10.7	15.2	21.6	46.0	30.5
毛里塔尼亚	2000[b]	39.0	2.5	6.2	10.5	15.4	22.3	45.7	29.6
毛里求斯		..	..	..	..	..	..	..	..
墨西哥	2008[d]	51.7	1.5	3.9	7.9	12.5	19.4	56.2	41.4
密克罗尼西	2000[b]	61.1	0.4	1.6	5.2	10.2	19.1	64.0	47.1
摩尔多瓦	2008[b]	38.0	2.9	6.8	10.9	15.4	21.7	45.3	29.8
蒙古	2008[b]	36.5	3.0	7.1	11.2	15.6	22.1	44.0	28.4
黑山共和国	2008[b]	30.0	3.6	8.5	13.1	17.2	22.4	38.8	24.1
摩洛哥	2007[b]	40.9	2.7	6.5	10.5	14.5	20.6	47.9	33.2
莫桑比克	2008[b]	45.6	1.9	5.2	9.5	13.7	20.1	51.5	36.7
缅甸		..	..	..	..	..	..	..	..
纳米比亚	1993[d]	74.3	0.6	1.5	2.8	5.5	12.0	78.3	65.0
尼泊尔	2004[b]	47.3	2.7	6.1	8.9	12.5	18.4	54.2	40.4
荷兰	1999[d]	30.9	2.5	7.6	13.2	17.2	23.3	38.7	22.9
新西兰	1997[d]	36.2	2.2	6.4	11.4	15.8	22.6	43.8	27.8
尼加拉瓜	2005[d]	52.3	1.4	3.8	7.7	12.3	19.4	56.9	41.8
尼日尔	2007[b]	34.0	3.7	8.3	12.0	15.8	21.1	42.8	28.5
尼日利亚	2004[b]	42.9	2.0	5.1	9.7	14.7	21.9	48.6	32.4
挪威	2000[d]	25.8	3.9	9.6	14.0	17.2	22.0	37.2	23.4
阿曼		..	..	..	..	..	..	..	..
巴基斯坦	2006[b]	32.7	4.0	9.0	12.4	15.8	20.7	42.1	28.3
巴拿马	2009[d]	52.3	1.3	3.6	7.4	12.2	20.1	56.8	40.6
巴布亚新几内亚	1996[b]	50.9	1.9	4.5	7.7	12.1	19.3	56.4	40.9
巴拉圭	2008[d]	52.0	1.4	3.8	7.7	12.4	19.7	56.5	41.0
秘鲁	2009[d]	48.0	1.4	3.9	8.4	13.6	21.5	52.6	35.9
菲律宾	2006[b]	44.0	2.4	5.6	9.1	13.7	21.2	50.4	33.9
波兰	2008[b]	34.2	3.2	7.6	12.0	16.3	22.0	42.2	27.2

2.9 收入分配或消费分布

	调查年份	基尼指数	收入或消费的百分比份额						
			最低的10%	最低的20%	第二个20%	第三个20%	第四个20%	最高的20%	最高的10%
葡萄牙	1997[d]	38.5	2.0	5.8	11.0	15.5	21.9	45.9	29.8
波多黎各		..	..	..	..	..	..	..	..
卡塔尔	2007[b]	41.1	1.3	3.9	..	..	..	52.0	35.9
罗马尼亚	2008[b]	31.2	3.3	8.1	12.8	17.1	22.7	39.3	24.5
俄罗斯联邦	2008[b]	42.3	2.6	6.0	9.8	14.3	20.9	48.9	33.5
卢旺达	2005[b]	53.1	1.7	4.2	7.7	11.7	18.2	58.2	44.0
圣多美和普林西比	2000[b]	50.8	2.2	5.2	8.5	12.2	17.7	56.4	43.6
沙特阿拉伯		..	..	..	..	..	..	..	..
塞内加尔	2005[b]	39.2	2.5	6.2	10.6	15.3	22.0	45.9	30.1
塞尔维亚	2008[b]	28.2	3.9	9.1	13.5	17.5	22.5	37.4	22.8
塞锡尔群岛	2007[b]	19.0	4.7	10.8	15.7	19.9	24.2	29.4	15.4
塞拉利昂	2003[b]	42.5	2.6	6.1	9.7	14.0	20.9	49.3	33.6
新加坡	1998[d]	42.5	1.9	5.0	9.4	14.6	22.0	49.0	32.8
斯洛伐克共和国	1996[d]	25.8	3.1	8.8	14.9	18.6	22.9	34.8	20.8
斯洛文尼亚	2004[b]	31.2	3.4	8.2	12.8	17.0	22.6	39.4	24.6
索马里		..	..	..	..	..	..	..	..
南非	2000[b]	57.8	1.3	3.1	5.6	9.9	18.8	62.7	44.9
西班牙	2000[d]	34.7	2.6	7.0	12.1	16.4	22.5	42.0	26.6
斯里兰卡	2007[b]	40.3	3.1	6.9	10.4	14.4	20.5	47.8	32.9
苏丹		..	..	..	..	..	..	..	..
斯威士兰	2001[b]	50.7	1.8	4.5	8.0	12.3	19.4	55.9	40.8
瑞典	2000[d]	25.0	3.6	9.1	14.0	17.6	22.7	36.6	22.2
瑞士	2000[d]	33.7	2.9	7.6	12.2	16.3	22.6	41.3	25.9
阿拉伯叙利亚共和国	2004[b]	35.8	3.4	7.7	11.4	15.5	21.4	43.9	28.9
塔吉克斯坦	2007[b]	29.4	4.0	9.3	13.4	16.7	21.5	39.0	25.2
坦桑尼亚	2007[b]	37.6	2.8	6.8	11.1	15.6	21.7	44.8	29.6
泰国	2009[b]	53.6	1.6	3.9	7.0	11.4	19.2	58.6	42.6
东帝汶	2007[b]	31.9	4.0	9.0	12.5	16.1	21.2	41.3	27.0
多哥	2006[b]	34.4	2.0	5.4	10.3	15.2	22.0	47.1	31.3
特立尼达和多巴哥	1992[d]	40.3	2.1	5.5	10.3	15.5	22.7	45.9	29.9
突尼斯	2000[b]	40.8	2.4	5.9	10.2	14.9	21.8	47.2	31.6
土耳其	2008[b]	39.7	2.1	5.7	10.8	15.6	22.1	45.8	30.3
土库曼斯坦	1998[b]	40.8	2.5	6.0	10.2	14.9	21.7	47.2	31.8
乌干达	2009[b]	44.3	2.4	5.8	9.6	13.8	20.0	50.7	36.1
乌克兰	2008[b]	27.5	4.1	9.4	13.6	17.5	22.5	37.1	22.6
阿拉伯联合酋长国		..	..	..	..	..	..	..	..
英国	1999[d]	36.0	2.1	6.1	11.4	16.0	22.5	44.0	28.5
美国	2000[d]	40.8	1.9	5.4	10.7	15.7	22.4	45.8	29.9
乌拉圭	2009[d]	42.4	2.3	5.6	9.8	14.5	21.4	48.6	32.9
乌兹别克斯坦	2003[b]	36.7	2.9	7.1	11.5	15.7	21.5	44.2	29.5
委内瑞拉	2006[d]	43.5	1.9	4.9	9.6	14.7	21.8	49.0	33.0
越南	2008[b]	37.6	3.2	7.3	10.9	15.1	21.3	45.4	30.2
西岸和加沙		..	..	..	..	..	..	..	..
也门共和国	2005[b]	37.7	2.9	7.2	11.3	15.3	21.0	45.3	30.8
赞比亚	2004[b]	50.7	1.3	3.6	7.8	12.8	20.6	55.2	38.9
津巴布韦	1995[b]	50.1	1.8	4.6	8.1	12.2	19.3	55.7	40.3

a. 由于四舍五入，按五分位划分的份额合计值未必等于100%。b. 数据是按人口百分等分法划分的支出份额，按人均支出排列。c. 城市数据。d. 数据是按人口百分等分法划分的收入份额，按人均收入排列。

关于数据的说明

收入分配不均的情况反映在按收入或消费水平排列的人口组别所占的收入或消费的百分比份额之中。按个人收入排在最低的一组在总收入中所占的份额最低。基尼系数提供了一个方便的反映不均等程度的概括性指标。收入或消费分配数据来自各国有代表性的家庭调查。当可以获得家庭调查的原始数据时，就用这些数据直接计算每个五等分的人口组别所占有的收入（或消费）份额。否则，就根据最有可能获得的分组数据估算这些份额。

对有关分配的数据根据家庭规模进行了调整，以便对人均收入或人均消费提供更加一致的尺度。对一国之内不同地区的生活成本没有进行调整，因为这种计算所需要的数据通常找不到。欲详知低收入和中等收入经济体的估算方法，请参阅 Ravallion 和 Chen（1996）的有关研究。

由于基本的家庭调查在方法和收集的数据类型方面不同，分配指标在各国之间不具有严格的可比性。随着调查方法的改进和日益的标准化，这些问题正在减少，但是仍不可能具有严格的可比性（见表 2.7 和表 2.8 “关于数据的说明”）。

对下面两个导致非可比性的原因必须特别注意：第一，调查在许多方面可能不同，其中包括是用收入还是用消费支出作为生活标准的指标。与消费分布相比较，收入分配一般更为不均。另外，调查中使用的对收入的定义常常有很大的不同。消费常常是一个较好的福利指标，在发展中国家尤其如此。第二，家庭单位的规模（家庭成员数）和家庭成员分享收入的程度不同。个人在年龄和消费需求上也不同。在国家之间这些方面的不同可以使进行分配比较时出现偏差。

世界银行的工作人员努力使数据尽可能具有可比性。我们尽可能使用有关消费的数据而不是收入数据。高收入经济体的收入分布和基尼系数是直接利用卢森堡收入调研数据库中的数据计算得来的，其估算方法与用于发展中国家的估算方法一致。

定义

- **调查年份**指收集基础数据的年份。
- **基尼系数**测算的是一国经济中收入（在某些情况下是消费支出）在个人或家庭之间的分配偏离完全平均分配的程度。从最穷的个人或家庭开始，洛伦兹曲线描述了与收入获得者的累积人数相对应的总收入的累积百分比。基尼系数度量的是洛伦兹曲线和假想的绝对平均线之间的面积，表示为在该线以下最大面积中所占的百分比。因此，基尼系数为 0 表示完全平均，100% 则表示最不平均。
- **收入或者消费的百分比份额**是指按 10 等分或 5 等分划分的各人口组别在收入或者消费中所占的份额。

数据资料来源

有关分配的数据由世界银行发展研究小组用从政府统计部门和世界银行各国别局获得的基本家庭调查数据编制而成。高收入经济体的数据来源于卢森堡收入调研数据库。

对脆弱性和安全保障的评估

	青年失业率		以女性为户主的家庭比例	缴纳养老金的人口			公共养老金支出			
	男性	女性								
	占15–24岁男性劳动力的百分比 2006–2009[a]	占15–24岁女性劳动力的百分比 2006–2009[a]	占总数的百分比 2006–2009[a]	年份	占劳动力的百分比	占劳动适龄人口的百分比	年份	占GDP的百分比	年份	平均养老金占平均工资的百分比
阿富汗	..	..	..	2005	..	2.2	2005	0.5		..
阿尔巴尼亚	..	..	..	2007	51.1	34.7	2009	6.1		..
阿尔及利亚	..	..	..	2002	36.7	22.1	2002	3.2		..
安哥拉	..	..	25		..	..		..		..
阿根廷	19[b]	25[b]	34	2008	41.9	31.3	2007	8.0	2000	43.8
亚美尼亚	47[b]	69[b]	..	2008	39.2	23.9	2008	4.3	2007	20.3
澳大利亚	13[b]	10[b]	..	2005	92.6	69.6	2005	3.5		..
奥地利	10	9	..	2005	96.4	68.7	2005	12.6		..
阿塞拜疆	19	10	25	2007	35.4	24.7	2007	3.8	2006	24.3
孟加拉国	..	..	13	2004	2.8	2.1	2006	0.3		..
白俄罗斯	..	..	..	2008	93.5	66.8	2008	10.2	2002	41.6
比利时	21	22	..	2005	94.2	61.6	2005	9.0		..
贝宁	..	..	23		..	..	2006	1.5		..
玻利维亚	..	..	..	2008	11.4	8.9	2000	4.5		..
波斯尼亚和黑塞哥维那	45	52	..	2009	70.2	28.7	2009	9.4		..
博茨瓦纳	..	..	..	2006	9.0	7.3		..		..
巴西	14	23	..	2008	53.8	41.7	2004	12.6		..
保加利亚	18	14	..	2008	72.7	49.6	2007	9.8	2004	42.9
布基纳法索	..	..	..	2004	1.2	1.0		..		..
布隆迪	..	..	..		..	..		..		..
柬埔寨	..	..	..		..	..		..		..
喀麦隆	..	..	..		..	..	2001	0.8		..
加拿大	18[b]	12[b]	..	2007	66.9	53.6	2005	4.1		..
中非共和国	..	..	..	2004	1.5	1.3	2004	0.8		..
乍得	..	..	..		..	..		..		..
智利	21	24	..	2008	53.8	36.2	2001	2.9	2006	53.5
中国	..	..	..	2007	19.3	15.9		..		..
中国香港	15[b]	10[b]	..	2008	..	55.6		..		..
哥伦比亚	18	30	19	2008	31.3	20.0	2008	3.0		..
刚果民主共和国	..	..	21		..	..		..		..
刚果共和国	..	..	..		..	..	2004	0.9		..
哥斯达黎加	10	13	..	2004	55.3	37.6	2006	2.4		..
科特迪瓦	..	..	..		..	..		..		..
克罗地亚	19	27	24	2010	82.9	52.6	2009	10.3	2005	32.4
古巴	3	4	46		..	..		..		..
捷克共和国	17	17	..	2007	84.5	67.3	2007	8.5	2005	40.7
丹麦	12	10	..	2007	94.4	86.9	2005	5.4		..
多米尼加共和国	21	45	35	2008	21.0	15.2	2000	0.8		..
厄瓜多尔	12[b]	18[b]	..	2004	31.6	21.1	2002	2.5		..
埃及	17	48	..	2009	57.0	31.0	2004	4.1		..
萨尔瓦多	13	8	..	2008	23.9	16.2	2006	1.9		..
厄立特里亚	..	..	..		..	..	2001	0.3		..
爱沙尼亚	32	21	..	2004	95.2	68.6	2007	10.9	2007	35.4
埃塞俄比亚	20[b]	29[b]	..		..	..	2006	0.3		..
芬兰	22	19	..	2005	88.7	67.2	2005	8.4		..
法国	23	22	..	2005	89.9	61.4	2005	12.4		..
加蓬	..	..	..		..	..		..		..
冈比亚	..	..	..	2006	2.7	2.2		..		..
格鲁吉亚	32	41	..	2004	29.9	22.7	2004	3.0	2003	13.0
德国	12	10	..	2005	88.2	65.5	2005	11.4		..
加纳	..	..	34	2004	9.1	7.1	2002	1.3		..
希腊	19	34	..	2005	85.2	58.5	2005	11.5		..
危地马拉	..	..	..	2008	20.3	14.7	2005	1.0		..
几内亚	..	..	..	1993	1.5	1.8		..		..
几内亚比绍	..	..	..	2004	1.9	1.5	2005	2.1		..
海地	..	..	44		..	..		..		..
洪都拉斯	..	..	26	2008	18.7	12.6		..		..

对脆弱性和安全保障的评估

	青年失业率		以女性为户主的家庭比例	缴纳养老金的人口			公共养老金支出			
	男性	女性								
	占15—24岁男性劳动力的百分比	占15—24岁女性劳动力的百分比	占总数的百分比	年份	占劳动力的百分比	占劳动适龄人口的百分比	年份	占GDP的百分比	年份	平均养老金占平均工资的百分比
	2006–2009[a]	2006–2009[a]	2006–2009[a]							
匈牙利	28	24	..	2008	92.0	56.7	2008	10.5	2005	39.8
印度	..	..	14	2006	10.3	6.4	2007	2.2		..
印度尼西亚	22	23	13	2008	11.7	8.7		..		..
伊朗	20	34	..	2001	35.1	20.0	2000	1.1		..
伊拉克	..	..	11	2009	16.8	15.2	2009	3.9		..
爱尔兰	31	17	..	2005	88.0	63.9	2005	3.4		..
以色列	16	14	..		..	..		..		..
意大利	23	29	..	2005	92.4	58.4	2005	14.0		..
牙买加	22	33	..	2004	17.4	12.6		..		..
日本	10	8	..	2005	95.3	75.0	2005	8.7		..
约旦	23	46	10	2006	38.4	19.9	2001	2.2		..
哈萨克斯坦	7	8	..	2004	34.4	26.5	2009	3.2	2003	24.9
肯尼亚	..	..	..	2006	7.5	6.5	2003	1.1		..
朝鲜	..	..	..		..	..		..		..
韩国	12[b]	9[b]	..	2005	49.5	34.3	2005	1.6		..
科索沃	..	..	..		..	..	2007	2.7[c]		..
科威特	..	..	..		..	..		..		..
吉尔吉斯斯坦	14	16	25	2006	42.2	28.9	2010	2.7	2003	27.5
老挝	..	..	..		..	..		..		..
拉脱维亚	38	28	..	2003	92.4	66.5	2009	8.5	2005	33.1
黎巴嫩	22	22	..	2003	33.1	19.9	2003	2.1		..
莱索托	..	..	..	2005	5.7	3.6		..		..
利比里亚	6[b]	4[b]	31		..	..		..		..
利比亚	..	..	..	2004	65.5	38.1	2001	2.1		..
立陶宛	35	22	..	2007	99.3	68.7	2009	8.9	2005	30.9
前南斯拉夫马其顿共和国	53	59	8	2008	47.9	30.4	2008	9.4	2006	55.0
马达加斯加	..	..	..		..	..		..		..
马拉维	..	..	..		..	..		..		..
马来西亚	10	12	..	2008	49.0	32.5		..		..
马里	..	..	12		..	..		..		..
毛里塔尼亚	..	..	..		..	..		..		..
毛里求斯	18	26	..	2000	51.4	33.6		..		..
墨西哥	10	11	..	2008	30.3	20.6	2005	1.3		..
摩尔多瓦	16	15	..	2009	58.7	32.1	2009	9.1	2003	20.9
蒙古	..	..	29	2005	27.9	21.3	2007	6.5[d]		..
摩洛哥	23	19	..	2007	23.8	13.6	2003	1.9		..
莫桑比克	..	..	..		..	..		..		..
缅甸	..	..	..		..	..		..		..
纳米比亚	..	..	44		..	..		..		..
尼泊尔	..	..	23	2008	3.4	2.6	2006	0.2		..
荷兰	7	6	..	2005	90.7	70.7	2005	5.0[e]		..
新西兰	16[b]	17[b]	..	2003	92.7	72.3	2005	4.4[e]		..
尼加拉瓜	8	10	..	2008	21.7	14.6		..		..
尼日尔	..	..	19	2006	1.9	1.2	2006	0.7		..
尼日利亚	..	..	..	2004	1.9	1.1		..		..
挪威	10	8	..	2005	93.2	75.2	2005	4.8[e]		..
阿曼	..	..	..		..	..		..		..
巴基斯坦	7	10	10	2008	3.9	2.2	2004	0.5		..
巴拿马	12	21	..		..	..		..		..
巴布亚新几内亚	..	..	..		..	..		..		..
巴拉圭	9	17	..	2004	11.6	9.1	2001	1.2		..
秘鲁	13[b]	16[b]	22	2008	19.1	13.9	2000	2.6		..
菲律宾	16	19	19	2007	25.0	17.0		..		..
波兰	20	21	..	2005	83.8	54.7	2009	10.0	2007	47.1
葡萄牙	19	22	..	2005	92.0	71.6	2005	10.2[e]		..
波多黎各	29[b]	22[b]	..		..	..		..		..
卡塔尔	1	7	..		..	..		..		..

	青年失业率		以女性为户主的家庭比例	缴纳养老金的人口			公共养老金支出			
	男性 占15—24岁男性劳动力的百分比 2006–2009[a]	女性 占15—24岁女性劳动力的百分比 2006–2009[a]	占总数的百分比 2006–2009[a]	年份	占劳动力的百分比	占劳动适龄人口的百分比	年份	占GDP的百分比	年份	平均养老金占平均工资的百分比
罗马尼亚	21	20	..	2007	54.8	36.4	2009	8.3	2005	41.5
俄罗斯联邦	18	19	..	2007	67.0	50.0	2007	4.7	2003	29.2
卢旺达	..	..	..	2004	4.6	4.1		..		..
沙特阿拉伯	24	46	..		..	..		..		..
塞内加尔	12	20	..	2003	5.1	4.1	2003	1.3		..
塞尔维亚	31	41	29	2003	45.0	35.4	2010	14.0		..
塞拉利昂	..	..	..	2004	5.5	3.8		..		..
新加坡	10	17	..	2008	61.7	45.3		..		..
斯洛伐克共和国	28	27	..	2003	78.9	55.3	2007	9.3[e]	2005	44.7
斯洛文尼亚	14	13	..	2008	87.4	63.2	2007	12.7	2005	44.3
索马里	..	..	..		..	..		..		..
南非	45	53	..	2007	6.5	3.7	2006	1.2		..
西班牙	39	36	..	2005	69.4	48.7	2005	8.1[e]	2006	58.6
斯里兰卡	17	28	..	2006	24.1	14.9	2007	2.0		..
苏丹	..	..	19		..	..		..		..
斯威士兰	..	..	48		..	..		..		..
瑞典	26	24	..	2005	88.8	72.2	2005	7.7[e]		..
瑞士	8	9	..	2005	95.4	78.7	2005	6.8[e]	2000	40.0
阿拉伯叙利亚共和国	13	49	..	2008	26.8	13.8	2004	1.3		..
塔吉克斯坦	..	..	..		..	..		..	2003	25.7
坦桑尼亚	7	10	..	2006	4.3	4.0	2006	0.9		..
泰国	4	5	30	2008	23.0	18.6		..		..
东帝汶	..	..	..		..	..		..		..
多哥	..	..	..		..	..		..		..
特立尼达和多巴哥	9	13	..	2008	76.4	54.2		..		..
突尼斯	..	..	..	2004	48.6	25.5	2003	4.3		..
土耳其	25	25	..	2007	60.3	31.0	2008	6.2	2007	61.3
土库曼斯坦	..	..	..		..	..		..		..
乌干达	..	..	30	2004	10.3	9.2	2003	0.3		..
乌克兰	..	..	49	2010	65.3	52.3	2010	17.8	2007	48.3
阿拉伯联合酋长国	8	22	..		..	..		..		..
英国	22	16	..	2005	93.2	71.5	2005	5.7		..
美国	20[b]	15[b]	..	2005	92.2	71.5	2005	6.0[e]	2006	29.2
乌拉圭	16	25	..	2007	72.7	56.9	2007	10.0[e]		..
乌兹别克斯坦	..	..	..	2005	86.1	57.5	2005	6.5	2005	40.0
委内瑞拉	12	16	..	2008	32.1	22.7	2001	2.7		..
越南	..	..	..	2008	19.3	15.2		..		..
西岸和加沙	39	47	..	2009	18.5	8.0	2009	4.0		..
也门共和国	..	..	..	2006	10.4	5.0		..		..
赞比亚	..	..	24	2006	10.9	8.0	2008	1.0		..
津巴布韦	..	..	38		..	..	2002	2.3		..
全世界	.. w	.. w								
低收入国家	..	..								
中等收入国家	..	..								
中低收入国家	..	..								
中高收入国家	19	23								
低收入和中等收入国家	..	..								
东亚和太平洋地区	..	..								
欧洲和中亚	17	18								
拉丁美洲和加勒比地区	12	18								
中东和北非	18	37								
南亚	..	..								
撒哈拉以南非洲地区	..	..								
高收入国家	19	16								
欧元区	21	21								

a. 最近年份可获得的数据。b. 有限覆盖范围。c. 仅包括社会养老金支出。d. 包括老年人、生还者、残疾人、退伍、意外事故以及疾病养老金。e. 仅包括对老年人和生还者有利的支出。

关于数据的说明

按照传统的衡量标准，贫困是一个静态概念，脆弱性则是一个动态概念，它反映了家庭在面临意外冲击和由此可能导致生活水平下降的情况下的适应能力。因此，它主要依赖家庭的资产禀赋和保险机制。由于与富人相比，穷人资产较少，收入来源的多样性也较差，收入高低变化对其影响也较大。

改善穷人的保障程度意味着减少其在面对诸如疾病之类的风险时的易受伤害性，为其提供自我抵御风险的能力，并强化控制风险的公共和市场机制。工具包括小额融资项目、老年人补助和退休金以及公共基本卫生和教育（见表2.11 和表2.16）。

贫困的家庭面临许多风险，易受伤害性也是多层面的。本表中的指标主要关注个人的风险——青年失业、以女性为户主的家庭、老年人的收入不安全性——以及公共服务能够在多大程度上减轻这些风险。穷人面临劳动力市场的风险，常常不得不接受非正规部门的不稳定的、恶劣的工作，并且要通过他们的孩子来提高该户在劳动力市场的参与程度（见表2.4 和表2.6）。对老年人来说，收入的安全性是他们最为关心的问题之一。

对许多经济体来讲，青年失业率都是一个重要的政策问题。失业的经历可能永久性地损害一个年轻人的生产潜能和未来的就业机会。本表提供的是15—24 岁年龄段青年人的失业率，但由于青年人年龄的下限可由离开学校的最小年龄决定，因此，不同国家的年龄组划分可能有所不同。而且，由于这一年龄组可能包括辍学者，由于不同的学校开学和放假时间，一年中青年失业率的差异可能很大。在可比性方面，青年失业率和总失业率一样存在局限性。有关进一步的信息，见表2.5“关于数据的说明”和原始数据。

各经济体对以女性为户主家庭的定义和概念是不同的，所以就此进行各国间的比较也是困难的。在某种情况下，假定任何家庭的户主都不可能是女性，由于传统的性别偏向，这些家庭中的户主只能是成年男性。所以使用者在对这些数据进行说明时须非常谨慎。

在资格由公民身份、居住或收入情况决定的情况下，养老金计划的覆盖范围可能很广甚至是普遍的。而在与分摊相关的计划中，资格通常限于至少交纳过最低年限分摊额的人。在对与分摊相关的计划的覆盖范围进行长期或国家间比较时，定义的问题如与劳动力有关的定义就可能出现（具体各国的情况，见 Hinz 等，2011）。对那些不想把非正规部门的工人看成劳动力的一部分的国家来讲，养老金计划覆盖范围可能高估。

公共干预和公共机构能够为穷人直接提供服务，尽管这对穷人是否确实有效仍存在争议。国家的行动常常是无效的，部分原因是政府只能影响与福利有关的许多资源中的少数几种，其中一部分原因则是因为在提供货物和服务方面的困难。公共服务的有效性还受到政府所能控制的财政资源的限制，而且政府机构也未必能够对穷人的需要做出反应。

公共退休金支出的数据既包含了非分摊性的养老金和针对老年人或残疾人的社会救助，也包含以前已分摊支付的社会保险计划的支出。在很多情况下，不分担养老金或社会援助针对的是老年人和残疾人。一国的支出模式与其人口结构相关——支出随人口老龄的发展而增长。

定义

• **青年失业率**指劳动力中15—24 岁年龄段没有工作但能够且愿意找工作的人口比例。 • **以女性为户主的家庭比例**指以女性为户主的家庭在所有家庭中的比例。 • **交纳养老金的人口比例**指劳动力或劳动年龄人口（这儿定义为15—64 岁年龄段）中养老金计划覆盖比例。 • **公共养老金支出**包括政府在给老年人、残疾人和遗嘱的现金转移支付以及这些项目的行政管理成本方面的所有支出。 • **平均养老金**是指支付给主要养老金计划中养老金领取者（其中包括老年人养老金、生还者养老金、残疾人养老金、军人养老金以及意外事故、疾病养老金）的平均养老金额除以所有正式部门工作人员的平均工资。

数据资料来源

青年失业数据来自国际劳工组织（ILO）的数据库《劳动力市场关键指标》（第6版）。以女性为户主的家庭的数据来源于宏观国际的家庭调查和人口统计。养老金负担者数据和养老金支出数据来源于 Hinz 等人的《国际养老金保障模式 II：事实及其21 世纪初期的数据》（2011）。

	学生人均公共支出						教育公共支出比例		初等教育中接受培训的教师比例	小学师生比率
	占人均GDP的百分比									
	小学		中学		大学		占 GDP 的百分比	占政府总支出的百分比	占总数的百分比	小学生 / 教师
	1999	2009[a]	1999	2009[a]	1999	2009[a]	2009[a]	2009[a]	2009[a]	2009[a]
阿富汗	..	..	..	..	..	..	..	..	..	43
阿尔巴尼亚	..	..	..	..	..	..	..	..	..	20
阿尔及利亚	12.0	..	..	..	..	..	4.3	20.3	..	23
安哥拉	..	..	..	..	..	..	..	..	..	..
阿根廷	12.9	14.7	18.2	21.9	17.7	15.6	4.9	13.5	..	16
亚美尼亚	..	11.0	..	18.8	..	6.8	3.0	15.0	..	19
澳大利亚	16.4	16.4	15.0	14.5	26.6	20.2	4.5	..	..	..
奥地利	25.1	23.3	30.2	26.7	52.1	47.6	5.4	11.1	..	12
阿塞拜疆	6.9	..	17.0	..	19.1	15.6	2.8	9.1	99.9	11
孟加拉国	..	10.7	12.5	14.9	50.7	39.8	2.4	14.0	58.4	44
白俄罗斯	..	..	..	..	..	15.0	4.5	10.6	99.9	15
比利时	18.2	20.5	23.8	33.3	38.3	35.3	6.0	12.4	..	11
贝宁	12.1	..	24.6	..	212.7	..	3.5	15.9	40.4	45
玻利维亚	14.2	..	11.7	..	44.1	..	..	..	..	24
波斯尼亚和黑塞哥维那	..	..	..	..	..	..	..	..	..	..
博茨瓦纳	..	12.4	..	37.6	..	251.5	8.9	22.0	97.4	25
巴西	10.8	17.3	9.5	18.0	57.1	29.6	5.1	16.1	..	23
保加利亚	15.5	23.5	18.8	22.3	17.9	20.1	4.1	10.0	..	16
布基纳法索	..	29.0	..	30.2	..	307.1	4.6	21.8	86.1	49
布隆迪	14.7	21.1	..	59.4	1,051.5	520.4	8.3	23.4	91.2	51
柬埔寨	5.9	..	11.5	..	43.6	..	2.1	12.4	99.5	49
喀麦隆	..	7.4	..	30.7	..	35.8	3.7	19.2	..	46
加拿大	..	..	..	..	44.0	..	4.9	..	..	..
中非共和国	..	4.5	..	16.1	..	124.1	1.3	11.7	..	95
乍得	..	12.7	..	24.1	..	217.8	3.2	12.6	34.6	61
智利	14.4	14.7	14.8	16.0	19.4	12.1	4.0	18.2	..	25
中国	..	..	11.5	..	90.0	..	..	..	..	18
中国香港	12.4	13.8	17.7	16.7	..	56.2	4.5	24.1	95.1	16
哥伦比亚	15.2	15.9	16.1	15.4	37.7	27.4	4.8	14.9	100.0	29
刚果民主共和国	..	..	..	..	..	..	..	..	93.4	37
刚果共和国	..	..	..	..	..	..	..	..	..	64
哥斯达黎加	15.5	14.6	21.4	14.4	..	..	6.3	37.7	87.6	18
科特迪瓦	14.8	..	42.8	..	146.3	119.1	4.6	24.6	100.0	42
克罗地亚	..	21.8	..	25.2	35.8	26.2	4.6	10.4	100.0	11
古巴	27.8	44.7	41.2	51.9	86.2	58.8	13.6	17.5	100.0	9
捷克共和国	11.2	13.0	21.7	22.0	33.7	30.5	4.2	9.9	..	18
丹麦	24.6	24.5	38.1	32.2	65.9	53.8	7.8	15.4	..	..
多米尼加共和国	7.2	7.3	..	7.4	..	..	2.3	12.0	83.6	25
厄瓜多尔	4.4	..	9.6	..	..	..	..	..	82.6	17
埃及	..	..	..	..	..	..	3.8	11.9	..	27
萨尔瓦多	8.6	8.5	7.5	9.1	8.9	13.7	3.6	13.1	93.2	31
厄立特里亚	15.0	..	37.3	..	429.6	..	..	..	92.2	38
爱沙尼亚	20.9	20.0	27.2	23.9	31.8	20.8	4.8	13.9	..	12
埃塞俄比亚	..	12.4	..	8.9	..	642.9	5.5	23.3	84.6	58
芬兰	17.4	17.5	25.8	30.8	40.4	31.7	5.9	12.5	..	14
法国	17.3	17.7	28.5	26.4	29.7	34.8	5.6	10.7	..	19
加蓬	..	..	..	..	..	..	..	..	..	..
冈比亚	..	..	..	..	..	..	..	..	..	34
格鲁吉亚	..	14.5	..	15.2	..	11.2	3.2	7.7	94.6	9
德国	..	15.7	..	21.8	..	..	4.5	10.3	..	13
加纳	..	..	..	..	..	..	..	..	47.6	33
希腊	11.7	..	15.5	..	26.2	..	..	..	..	10
危地马拉	6.7	10.5	4.3	6.2	..	19.0	3.2	..	..	29
几内亚	..	7.1	..	6.3	..	102.3	2.4	19.2	73.1	44
几内亚比绍	..	..	..	..	..	..	..	..	..	..
海地	..	..	..	..	..	..	..	..	..	..
洪都拉斯	..	..	..	..	..	..	..	..	36.4	33

	学生人均公共支出						教育公共支出比例		初等教育中接受培训的教师比例	小学师生比率
	占人均GDP的百分比						占 GDP 的百分比	占政府总支出的百分比	占总数的百分比	小学生/教师
	小学		中学		大学					
	1999	2009[a]	1999	2009[a]	1999	2009[a]	2009[a]	2009[a]	2009[a]	2009[a]
匈牙利	18.0	24.9	19.1	23.1	34.2	23.8	5.2	10.4	..	10
印度	11.9	..	24.7	..	95.0	..	..	..	..	..
印度尼西亚	..	11.0	..	12.5	..	16.2	2.8	17.9	..	17
伊朗	9.1	15.1	9.9	21.0	34.8	22.2	4.7	20.9	98.4	20
伊拉克	..	..	..	..	..	..	..	..	..	17
爱尔兰	11.0	15.7	16.8	23.2	28.6	26.2	4.9	13.8	..	16
以色列	20.5	19.4	21.9	19.0	30.9	22.7	5.9	13.1	..	13
意大利	24.0	22.6	27.7	25.2	27.6	22.1	4.3	9.0	..	10
牙买加	13.4	15.8	21.0	26.8	70.4	42.4	5.8	..	..	..
日本	21.1	21.7	20.9	22.4	15.1	20.1	3.5	9.4	..	18
约旦	13.7	12.7	15.8	16.3	..	..	..	..	..	..
哈萨克斯坦	..	..	..	..	..	7.9	2.8	..	..	16
肯尼亚	21.5	..	14.5	..	209.0	..	..	..	96.8	47
朝鲜	..	..	..	..	..	..	..	..	..	..
韩国	18.4	17.0	15.7	22.2	8.4	9.0	4.2	14.8	..	24
科索沃	..	..	..	..	..	..	4.3	17.4	..	..
科威特	19.2	10.9	..	14.9	..	..	..	..	100.0	9
吉尔吉斯斯坦	..	..	..	..	24.3	17.3	5.9	19.0	65.7	24
老挝	2.3	..	4.5	..	68.6	..	2.3	12.2	96.9	29
拉脱维亚	19.5	23.3	23.7	24.1	27.9	16.3	5.0	13.9	..	11
黎巴嫩	..	..	..	..	13.9	10.2	1.8	7.2	..	14
莱索托	34.5	22.6	76.7	50.8	875.4	..	12.4	23.7	57.6	37
利比里亚	..	5.7	..	8.4	..	..	2.8	12.1	40.2	24
利比亚	..	..	..	..	23.9	..	..	..	..	..
立陶宛	..	15.8	..	20.1	34.2	17.1	4.7	13.4	..	13
前南斯拉夫马其顿共和国	..	..	..	..	..	..	..	..	..	17
马达加斯加	5.7	7.1	..	10.5	..	132.4	3.0	13.4	..	48
马拉维	14.0	..	10.0	..	2,613.3	..	..	..	..	..
马来西亚	12.5	14.3	21.7	12.4	81.1	34.0	4.1	17.2	..	15
马里	14.3	13.0	56.1	32.6	241.3	117.7	4.4	22.3	50.0	50
毛里塔尼亚	11.4	..	35.9	..	79.0	..	..	..	100.0	39
毛里求斯	9.3	9.3	14.2	15.1	25.4	16.7	3.2	11.4	100.0	22
墨西哥	11.7	13.3	14.2	13.4	47.8	37.0	4.8	..	95.4	28
摩尔多瓦	..	42.4	..	40.3	..	46.1	9.6	21.0	..	16
蒙古	..	16.2	..	..	..	..	5.6	14.6	100.0	30
摩洛哥	17.2	16.1	45.1	38.7	96.2	71.1	5.6	25.7	100.0	27
莫桑比克	..	..	..	..	1,412.2	..	..	..	71.2	61
缅甸	..	..	6.9	..	28.0	..	..	..	98.9	29
纳米比亚	21.4	15.6	35.2	15.8	152.2	..	6.4	22.4	95.6	30
尼泊尔	9.1	17.6	13.1	11.3	141.6	55.5	4.6	19.5	66.4	33
荷兰	15.2	16.9	22.2	24.5	47.4	40.2	5.3	11.7	..	..
新西兰	20.2	17.6	24.1	19.6	40.1	28.6	6.1	..	..	15
尼加拉瓜	..	..	..	..	..	..	..	..	72.7	29
尼日尔	..	28.3	..	56.6	..	429.3	4.5	19.3	98.0	39
尼日利亚	..	..	..	..	..	..	..	..	..	46
挪威	21.8	18.5	30.4	26.5	45.8	47.3	6.8	16.5	..	..
阿曼	11.2	..	21.8	..	..	..	..	..	100.0	12
巴基斯坦	..	..	..	..	..	..	2.7	11.2	85.2	40
巴拿马	13.7	7.5	19.1	9.9	33.6	21.6	3.8	..	91.5	24
巴布亚新几内亚	..	..	..	..	..	..	..	..	..	..
巴拉圭	13.6	10.8	18.5	16.3	58.9	26.0	4.0	11.9	..	26
秘鲁	7.6	8.1	10.8	9.9	21.2	..	2.7	20.7	..	21
菲律宾	12.8	9.0	11.0	9.1	15.4	9.6	2.8	16.9	..	34
波兰	..	24.3	10.9	22.0	21.1	16.6	4.9	11.7	..	10
葡萄牙	19.5	..	27.5	..	28.1	..	..	..	..	11
波多黎各	..	..	..	..	..	..	..	..	6.6	12
卡塔尔	..	9.2	..	9.8	..	337.7	..	..	48.9	11

	学生人均公共支出						教育公共支出比例		初等教育中接受培训的教师比例	小学师生比率
	占人均GDP的百分比									
	小学		中学		大学		占 GDP 的百分比	占政府总支出的百分比	占总数的百分比	小学生/教师
	1999	2009[a]	1999	2009[a]	1999	2009[a]	2009[a]	2009[a]	2009[a]	2009[a]
罗马尼亚	..	20.0	..	16.6	32.6	26.2	4.3	11.8	..	16
俄罗斯联邦	..	..	..	..	10.9	..	..	..	..	17
卢旺达	11.0	8.2	41.9	34.3	1,206.8	222.8	4.1	20.4	93.9	68
沙特阿拉伯	..	18.4	..	18.3	..	..	5.6	19.3	91.5	11
塞内加尔	14.1	20.9	..	25.7	..	191.5	5.8	19.0	..	35
塞尔维亚	..	56.9	..	13.6	..	40.1	4.7	9.3	94.2	16
塞拉利昂	..	7.1	..	18.0	..	..	4.3	18.1	49.4	44
新加坡	..	10.5	..	15.7	..	27.3	3.0	11.6	94.3	19
斯洛伐克共和国	10.2	15.6	18.4	14.7	32.9	19.5	3.6	10.5	..	17
斯洛文尼亚	26.3	..	25.7	..	27.9	..	..	..	..	17
索马里	..	..	..	..	..	..	..	..	..	36
南非	14.2	15.1	20.0	17.7	..	..	5.4	16.9	87.4	31
西班牙	18.0	19.4	24.4	24.1	19.6	25.1	4.3	11.1	..	12
斯里兰卡	..	..	..	..	..	..	..	..	..	23
苏丹	..	..	..	..	..	..	..	..	59.7	38
斯威士兰	8.5	13.0	23.7	36.2	444.5	..	7.8	21.6	94.0	32
瑞典	22.5	25.0	26.2	30.6	52.1	38.3	6.6	12.7	..	10
瑞士	22.7	22.5	27.3	25.2	53.8	46.7	5.2	16.1	..	..
阿拉伯叙利亚共和国	11.2	18.3	21.7	15.5	..	..	4.9	16.7	..	18
塔吉克斯坦	..	..	..	..	..	21.8	3.5	18.7	88.3	23
坦桑尼亚	..	22.1	..	18.8	..	..	6.8	27.5	100.0	54
泰国	17.8	24.0	15.9	9.1	36.0	22.3	4.1	20.3	..	16
东帝汶	..	27.6	..	..	..	92.7	16.8	15.5	..	29
多哥	8.5	13.0	30.3	19.1	..	155.2	4.6	17.6	14.6	41
特立尼达和多巴哥	11.5	9.0	12.2	9.9	148.7	..	..	..	88.0	17
突尼斯	15.6	..	27.1	..	89.4	54.5	7.1	22.4	..	17
土耳其	9.8	..	9.6	..	33.5	..	..	..	..	..
土库曼斯坦	..	..	..	..	..	..	..	..	..	..
乌干达	..	7.3	..	21.2	..	105.4	3.2	15.0	89.4	49
乌克兰	..	..	..	..	36.5	25.1	5.3	20.2	99.9	16
阿拉伯联合酋长国	8.7	4.9	11.6	6.7	41.4	15.5	1.2	23.4	100.0	16
英国	13.9	23.0	23.8	28.2	25.6	24.4	5.5	11.7	..	18
美国	17.9	22.0	22.5	24.2	27.0	21.7	5.5	14.1	..	14
乌拉圭	7.2	..	9.9	..	..	..	..	..	..	15
乌兹别克斯坦	..	..	..	..	..	..	..	..	100.0	17
委内瑞拉	..	9.2	..	8.2	..	..	3.7	..	86.3	16
越南	..	19.7	..	17.3	..	61.7	5.3	19.8	99.6	20
西岸和加沙	..	..	..	..	..	..	..	..	100.0	28
也门共和国	..	..	..	..	..	..	5.2	16.0	..	..
赞比亚	7.2	..	19.4	..	164.6	..	1.3	..	..	61
津巴布韦	12.7	..	19.3	..	193.0	..	..	..	..	..
全世界	**.. m**	**.. m**	**.. m**	**.. m**	**.. m**	**.. m**	**4.5 m**	**.. m**	**.. m**	**24 w**
低收入国家	..	..	..	..	..	..	3.7	..	80.4	46
中等收入国家	..	..	..	..	..	..	4.1	..	..	23
中低收入国家	..	..	..	..	..	..	..	..	..	23
中高收入国家	12.0	13.8	16.4	17.0	..	..	4.5	13.5	..	21
低收入和中等收入国家	..	..	..	..	..	..	..	..	..	26
东亚和太平洋地区	..	..	..	..	38.2	..	3.5	15.9	..	18
欧洲和中亚	..	..	..	..	..	..	4.2	13.4	..	17
拉丁美洲和加勒比地区	12.7	12.2	13.7	13.4	..	..	4.0	..	..	24
中东和北非	..	..	..	..	..	..	4.6	18.0	..	23
南亚	..	..	13.6	..	90.8	..	2.9	..	..	..
撒哈拉以南非洲地区	..	..	..	..	..	..	3.8	..	..	45
高收入国家	18.0	19.4	22.5	23.9	31.4	25.2	5.1	12.5	..	15
欧元区	17.4	17.6	25.1	24.8	29.1	28.9	5.2	11.1	..	15

a. 临时的数据。

关于数据的说明

有关教育的数据由联合国教科文组织（UNESCO）统计研究所通过官方调查和各国教育主管部门提供的报告编制，并被用于监督、决策和进行资源配置。尽管国际标准确保了数据集之间的可比性，但是数据收集方法在各国之间以及在一国内不同时间可能不同。

对于大多数国家来讲，表中教育支出的数据仅指公共支出——政府用于各层次教育的总支出加上对家庭及其他个体的补贴——数据一般不含外国对教育的援助，它们不包括在政府预算内。可能也不含用于宗教学校的支出，这些学校在许多发展中国家具有很大的作用。数据来自教育部门以及其他涉及教育支出的部委和司局。

用于教育的公共支出的份额表明了政府在与其他相关的公共投资中对教育的支出更有优先权，也反映出政府投资于人力资本发展的承诺。可是如果简单地把现行的教育指标与国家的收入作比较，那么对教育投资的利润却是不能令人理解的。通常一个人从入学开始，到能够对国家的经济有所贡献需要一个很长的时期（Hanushek，2002）。

缺乏高质量的教育融资数据。联合国教科文组织统计研究所优先考虑的就是提高教育融资数据的质量。其他资源则分配给了需要技术援助的国家，尤其是撒哈拉以南非洲国家。各机构之间的合作以及各国负责教育融资数据的部委之间的合作都需要加强，实际支出数据正在逐步收集。对于所有国家来讲，追踪私人教育支出仍然是一个挑战。

具备必需的教学资格的教师所占比例可用于评价小学教员的素质。它没有考虑教师在职业生涯和自学中获得的能力，也未考虑诸如工作经历、教学方法和材料、教室条件等因素，而这些都有可能影响教学质量。由于具备教学资格的教师之间差别很大（执教前或执教中），在进行跨国比较时应注意。

小学教育中具备必需的教学资格的教师所占的比例，反映了一个国家承诺给教学的人力资本发展的投资，但是该指标并没有考虑教师的经历和地位、教学方法、教学材料以及教室条件的不同——所有这些因素都影响教学质量和学习质量。一些没有接受过正规培训的老师通过职业生涯可能会获得等同的教育技能。

小学师生比率反映了平均每位教师所教的学生数量。它不同于平均班级规模，因为各个国家都采用了不同的方式，例如，业余教师、学校轮班以及各年级同在一个班。各国师生比率的可比性受教师的定义以及各年级班级规模大小和教学小时数不同的影响。此外，基本入学水平还受许多报告错误的影响（有关入学数据的进一步讨论见表 2.12 中“关于数据的说明”）。尽管师生比率常用于比较各国学校的质量，它往往与学生学习和教育质量关系不大。

联合国教科文组织（UNESCO）统计研究所公布的所有教育数据都是依据 1997 年国际标准教育分类（ISCED97，1997）。这一分类体系确保了国际层面的教育项目的可比性。联合国教科文组织制定国际标准教育分类标准，是为了便于不同国家的教育统计数据和指标基于统一的、国际通用的定义进行比较。该分类标准最初创建于 20 世纪 70 年代，1997 年 11 月正式采用当前的版本。

本表给出的参考年份反映了这些数据表明的学年。在一些国家，学年横跨两个日历年份（例如，2009 年 9 月至 2010 年 6 月）；在这种情况下，参考年份就是指学年结束的年份（例如，前例中的 2010 年）。

定义

• **每个学生的公共支出比例**指用于公共教育的经常支出和资本支出除以各年级的学生数的数值占人均国内生产总值（GDP）的百分比。 • **教育公共支出**指当地、地区以及中央政府（包括市政当局）用于教育的经常支出和资本支出。 • **具备必需教学资格的小学教师比例**指在其国家至少具备符合最低教学资格要求（任职前或任职中）的小学教师所占的百分比。 • **小学师生比率**是入学小学生人数与小学教师（无论其承担何种教学任务）人数之比。

数据资料来源

教育投入数据来自联合国教科文组织统计研究所（www.uis.unesco.org）。

2.12 受教育的机会

	总入学率				净入学率				经调整的小学净入学率		失学儿童	
	占相应年龄组的百分比				占相应年龄组的百分比				占小学适龄儿童的百分比		小学适龄儿童(千人)	
	学前教育	小学教育	中学教育	大学教育	小学教育		中学教育		男性	女性	男性	女性
	2009[a]	2009[a]	2009[a]	2009[a]	1991	2009[a]	1999	2009[a]	2009[a]	2009[a]	2009[a]	2009[a]
阿富汗	..	104	44	4	28	..	..	27	..	..	..	..
阿尔巴尼亚	58	119	72	..	..	85	70	..	86	84	15	16
阿尔及利亚	23	108	..	31	89	94	..	..	96	94	59	82
安哥拉	40	128	..	..	..	..	..	..	..	..	..	..
阿根廷	69	116	85	68	..	..	76	79	..	..	..	..
亚美尼亚	33	99	93	50	..	84	86	87	92	94	5	3
澳大利亚	82	106	149	77	98	97	90	88	97	98	33	22
奥地利	95	100	100	55	90	..	..	..	..	..	..	..
阿塞拜疆	24	95	99	19	89	85	75	93	86	85	38	37
孟加拉国	10	95	42	8	64	86	40	41	86	93	1,234	575
白俄罗斯	102	99	95	77	..	94	82	87	94	96	12	7
比利时	122	103	108	63	96	98	..	..	98	99	6	4
贝宁	14	122	..	..	51	95	18	..	99	86	7	91
玻利维亚	47	107	81	38	..	91	68	69	92	92	58	53
波斯尼亚和黑塞哥维那	15	109	91	37	..	87	..	..	86	88	11	9
博茨瓦纳	17	109	82	..	89	87	54	60	86	88	21	18
巴西	65	120	90	38	..	95	66	52	96	94	289	393
保加利亚	81	101	89	51	..	96	85	83	97	98	4	3
布基纳法索	3	78	20	3	27	63	9	15	68	60	392	473
布隆迪	10	147	21	3	50	99	..	9	98	100	9	1
柬埔寨	19	116	40	10	..	95	15	34	90	87	99	131
喀麦隆	26	114	41	9	69	92	..	..	97	86	38	210
加拿大	71	98	..	..	98	..	95	..	..	..	..	..
中非共和国	5	89	14	2	53	67	..	10	77	57	78	149
乍得	1	90	24	2	..	..	7	..	..	..	..	..
智利	55	106	90	55	..	95	..	85	96	95	35	41
中国	47	113	78	25	97	..	..	..	..	..	..	..
中国香港	121	104	82	57	..	94	74	75	97	100	6	0[b]
哥伦比亚	51	120	95	37	71	90	56	74	93	93	155	152
刚果民主共和国	4	90	37	6	56	..	..	..	..	..	..	..
刚果共和国	13	120	..	6	..	..	..	..	..	..	..	..
哥斯达黎加	70	110	96	..	87	..	..	..	..	..	..	..
科特迪瓦	4	74	..	8	46	57	19	..	62	52	609	774
克罗地亚	60	94	90	51	..	91	81	..	91	92	8	8
古巴	105	104	90	118	94	99	73	83	100	99	2	2
捷克共和国	111	103	95	58	..	..	81	..	..	..	..	..
丹麦	96	98	119	78	98	95	88	90	94	97	12	7
多米尼加共和国	37	106	77	..	..	87	38	61	96	89	23	70
厄瓜多尔	131	117	81	42	..	97	46	59	..	..	..	..
埃及	16	100	..	28	..	94	71	..	97	93	137	324
萨尔瓦多	60	115	64	25	..	94	47	55	95	96	23	15
厄立特里亚	13	48	32	2	20	36	17	27	39	34	190	202
爱沙尼亚	95	100	99	64	..	94	84	89	96	97	1	1
埃塞俄比亚	4	102	34	4	30	83	12	..	86	81	929	1,255
芬兰	65	97	110	94	99	96	95	96	96	96	7	7
法国	110	110	113	55	100	98	94	98	99	99	18	15
加蓬	..	..	..	..	..	..	..	..	..	..	..	..
冈比亚	22	86	51	5	50	69	26	42	69	74	40	33
格鲁吉亚	63	108	108	25	..	100	76	81	96	93	6	10
德国	109	105	102	..	84	98	..	..	..	..	..	..
加纳	70	105	57	9	..	76	33	46	76	77	430	398
希腊	69	101	102	91	95	99	82	91	99	100	2	0[b]
危地马拉	29	114	57	18	..	95	24	40	98	95	23	55
几内亚	12	90	37	9	27	73	12	29	78	68	174	244
几内亚比绍	..	..	..	..	..	..	10	..	..	..	..	..
海地	..	..	..	..	21	..	..	..	..	..	..	..
洪都拉斯	40	116	65	19	88	97	..	..	96	96	22	9

	总入学率				净入学率				经调整的小学净入学率		失学儿童	
	占相应年龄组的百分比				占相应年龄组的百分比				占小学适龄儿童的百分比		小学适龄儿童（千人）	
	学前教育	小学教育	中学教育	大学教育	小学教育		中学教育		男性	女性	男性	女性
	2009[a]	2009[a]	2009[a]	2009[a]	1991	2009[a]	1999	2009[a]	2009[a]	2009[a]	2009[a]	2009[a]
匈牙利	87	99	97	65	..	90	82	91	95	95	9	9
印度	54	117	60	13	..	91	..	..	91	88	5,543	7,112
印度尼西亚	50	121	79	24	95	95	50	69	..	..	..	..
伊朗	40	103	83	36	97	99	..	..	..	..	..	..
伊拉克	6	103	51	..	76	88	30	43	93	82	176	415
爱尔兰	..	105	115	58	90	97	84	88	96	98	9	5
以色列	97	111	90	60	..	97	86	86	97	98	13	9
意大利	100	103	101	67	..	98	88	95	100	99	5	15
牙买加	86	93	91	24	97	80	83	77	82	79	31	35
日本	89	102	101	58	100	100	99	98	..	..	..	..
约旦	36	97	88	41	..	89	79	82	93	94	30	23
哈萨克斯坦	52	108	99	41	..	89	87	89	89	90	52	42
肯尼亚	51	113	59	4	..	83	33	50	83	84	532	497
朝鲜	..	..	..	..	..	..	..	..	..	..	..	..
韩国	111	105	97	98	99	99	97	95	100	98	4	31
科索沃	..	..	..	..	..	..	..	..	..	..	..	..
科威特	76	95	90	29	47	88	89	80	94	93	6	8
吉尔吉斯斯坦	18	95	84	51	..	84	..	79	91	91	19	18
老挝	22	121	44	13	59	93[c]	26	36	84	81	65	76
拉脱维亚	89	98	98	69	..	..	..	..	..	..	..	..
黎巴嫩	77	103	82	53	..	90	..	75	92	90	19	21
莱索托	..	104	45	..	72	73	17	29	71	76	54	45
利比里亚	145	91	..	..	..	..	20	..	..	..	..	..
利比亚	..	..	..	..	..	..	..	..	..	..	..	..
立陶宛	72	96	99	77	..	92	90	92	96	96	3	3
前南斯拉夫马其顿共和国	23	88	84	40	..	86	79	..	91	92	6	5
马达加斯加	10	160	32	4	72	98	..	26	99	100	16	3
马拉维	..	119	30	0	..	91	29	25	89	94	152	85
马来西亚	71	95	69	36	..	94	65	68	94	94	97	95
马里	4	95	38	6	..	73	..	30	84	70	165	304
毛里塔尼亚	..	104	24	4	..	76	14	16	74	79	66	51
毛里求斯	98	100	87	26	93	94	67	..	93	95	4	3
墨西哥	114	114	90	27	98	98	56	72	99	100	39	23
摩尔多瓦	74	94	88	38	..	88	79	80	91	90	8	8
蒙古	59	110	92	53	..	90	58	82	99	99	1	1
摩洛哥	57	107	56	13	56	90	30	..	92	88	154	203
莫桑比克	..	114	23	..	42	91	3	15	93	88	149	264
缅甸	7	116	53	11	..	..	31	50	..	..	..	..
纳米比亚	..	112	66	9	82	89	39	54	88	92	22	14
尼泊尔	..	..	..	..	..	..	..	..	..	..	..	..
荷兰	100	107	121	61	95	99	91	88	99	99	4	9
新西兰	94	101	119	78	100	99	90	..	99	100	1	0[b]
尼加拉瓜	56	117	68	..	70	92	35	45	93	94	29	24
尼日尔	3	62	12	1	23	54	6	9	60	48	511	637
尼日利亚	16	93	30	..	..	61	..	26	66	60	4,023	4,626
挪威	95	99	112	73	100	99	96	96	99	99	3	3
阿曼	38	84	91	26	69	77	65	82	82	81	33	34
巴基斯坦	..	85	33	6	..	66	..	33	72	60	3,108	4,191
巴拿马	66	109	73	45	92	97	59	66	98	97	4	6
巴布亚新几内亚	..	..	..	..	65	..	..	..	..	..	..	..
巴拉圭	109	102	67	29	94	87	46	59	88	88	52	50
秘鲁	72	109	89	..	86	94	62	71	97	98	54	43
菲律宾	49	110	82	29	96	92	50	61	91	93	555	407
波兰	62	97	100	69	..	95	90	94	95	95	62	55
葡萄牙	81	115	104	60	98	99	82	88	99	99	2	4
波多黎各	154	91	84	78	..	..	..	..	..	..	..	..
卡塔尔	53	106	85	10	89	93	74	77	98	98	1	1

	总入学率				净入学率				经调整的小学净入学率		失学儿童	
	占相应年龄组的百分比				占相应年龄组的百分比				占小学适龄儿童的百分比		小学适龄儿童（千人）	
	学前教育	小学教育	中学教育	大学教育	小学教育		中学教育		男性	女性	男性	女性
	2009[a]	2009[a]	2009[a]	2009[a]	1991	2009[a]	1999	2009[a]	2009[a]	2009[a]	2009[a]	2009[a]
罗马尼亚	73	100	92	66	73	90	75	73	96	97	16	14
俄罗斯联邦	90	97	85	77	..	..	..	..	..	..	..	..
卢旺达	17	151	27	5	..	96	..	..	95	97	38	22
沙特阿拉伯	11	99	97	37	..	86	..	72	88	85	205	244
塞内加尔	12	84	30	8	45	73	..	..	74	76	262	232
塞尔维亚	51	98	91	50	..	94	..	90	96	96	5	6
塞拉利昂	5	158	35	..	..	..	..	25	..	..	..	..
新加坡	..	..	..	..	..	..	..	..	..	..	..	..
斯洛伐克共和国	94	103	92	54	..	..	..	..	..	..	..	..
斯洛文尼亚	83	97	97	87	..	97	90	91	98	97	1	1
索马里	..	33	8	..	..	..	..	..	..	..	..	..
南非	64	101	94	..	90	85	63	72	89	91	385	331
西班牙	126	107	120	71	100	100	88	95	100	100	1	3
斯里兰卡	..	97	..	..	..	95	..	..	95	96	45	36
苏丹	28	74	38	..	..	..	..	..	..	..	..	..
斯威士兰	..	108	53	..	74	83	32	29	82	84	19	18
瑞典	102	95	103	71	100	95	96	99	95	94	16	17
瑞士	102	103	96	49	84	94	84	85	99	99	3	1
阿拉伯叙利亚共和国	9	122	75	..	91	..	36	69	..	..	..	..
塔吉克斯坦	9	102	84	20	..	97	63	83	99	96	2	15
坦桑尼亚	33	105	27	..	51	96	5	..	96	97	160	107
泰国	92	91	76	45	..	90	..	71	91	89	281	305
东帝汶	..	113	51	15	..	82	23	..	84	82	15	17
多哥	7	115	41	5	65	94	20	..	98	89	10	56
特立尼达和多巴哥	81	104	89	..	90	93	70	74	97	94	2	4
突尼斯	..	107	92	34	94	98	63	71	99	100	6	0[b]
土耳其	18	99	82	38	89	95	62	74	96	94	147	214
土库曼斯坦	..	..	..	..	..	..	..	..	..	..	..	..
乌干达	12	122	27	4	..	92	8	22	91	94	310	213
乌克兰	101	98	94	79	..	89	91	85	89	90	89	81
阿拉伯联合酋长国	94	105	95	30	97	90	69	83	98	97	2	4
英国	81	106	99	57	97	100	95	93	100	100	5	1
美国	58	99	94	83	97	92	88	88	93	94	944	770
乌拉圭	86	114	88	65	91	99	..	70	99	99	1	2
乌兹别克斯坦	26	92	104	10	..	87	..	92	91	89	101	119
委内瑞拉	77	103	82	79	..	92	47	71	94	94	108	96
越南	..	..	..	..	..	..	59	..	..	..	..	..
西岸和加沙	34	79	87	46	..	75	77	85	78	77	57	55
也门共和国	..	85	..	10	..	73	32	..	80	66	395	641
赞比亚	..	113	49	..	..	91	17	46	91	94	112	78
津巴布韦	..	..	..	3	..	..	40	..	..	..	..	..
全世界	**44 w**	**107 w**	**67 w**	**26 w**	**.. w**	**88 w**	**52 w**	**59 w**	**91 w**	**89 w**		
低收入国家	15	104	38	6	..	80	..	..	83	79		
中等收入国家	46	109	68	24	..	88	..	..	92	90		
中低收入国家	42	107	63	19	..	87	..	..	91	88		
中高收入国家	63	111	88	42	..	93	67	75	94	94		
低收入和中等收入国家	40	107	63	21	..	87	..	55	90	88		
东亚和太平洋地区	44	111	74	..	96	..	..	..	..	..		
欧洲和中亚	55	99	89	55	90	92	79	81	94	94		
拉丁美洲和加勒比地区	68	116	89	35	..	94	59	73	95	95		
中东和北非	20	105	73	27	..	89	60	64	92	89		
南亚	..	108	52	11	68	86	..	..	92	88		
撒哈拉以南非洲地区	17	100	34	6	..	75	..	..	78	75		
高收入国家	77	101	100	67	95	95	88	90	95	96		
欧元区	110	..	..	..	..	..	..	..	..	..		

a. 临时的数据。b. 小于 0.5。c. 2010 年的数据。

关于数据的说明

有关学校入学的数据是各国教育主管部门或者统计部门向联合国教科文组织（UNESCO）统计研究所报告的。入学率有助于监控普及小学教育的两个重要问题：千年发展目标所要求的，到2015年小学教育净入学率要达到100%的目标是否实现？教育系统是否有足够的能力满足普及小学教育的需要？

尽管入学率以年度学校调查为基础，但是未必反映出该年的实际出勤率或辍学率。此外，各国的小学教育年限存在着差异，进而可能影响入学率，尽管联合国教科文组织国际标准教育分类试图将这种差异最小化。时间短的往往会使入学率扩大，时间长的则会使之缩小（部分原因是在年龄较大的学童中有大部分是中途辍学者）。

超龄或不足龄儿童入学的情况时有发生，当父母亲更偏好于让孩子不按官方规定年龄上学时尤为如此。对孩子们入学年龄的估算也可能不准确或估算错误，尤其在出生登记不严格的社区。

用于计算人口基础指标的人口数据来自联合国人口署。利用单一来源的人口数据标准化定义、估计方法和插补方法，确保各国间方法的一致性以及各国人口普查中潜在的人口调查问题最小化。

尽管总入学率是教育系统中每个层次教育能力的一种展示，但高入学率可能反映了由于复读或者较晚入学所带来的每一年级入学超龄儿童的大量存在，而不能说明教育体系的成功。净入学率通过排除超龄儿童和不足龄儿童，以期精确地反映学校系统的覆盖范围和内在效率。总入学率和净入学率的差异显示了超龄或不足龄入学的发生率。

调整后的小学净入学率反映了处在上小学的年龄但相对于同龄人更快地进入初中学习的儿童，而传统的净入学率并不将此包括在内。

失学儿童（那些处在上小学的年龄但是没有上小学或者处在上中学的年龄但是没有上中学的儿童）的数据由行政管理部门的数据汇编得出。大量的失学儿童给教育系统带来了压力，要提供教室、教师以及教材进而让更多的学生上学，由于发展中国家有限的教育预算，进而给其带来了沉重的负担。然而，让这些孩子进入学校应该是一个国家优先考虑的事项，这对于实现千年发展目标中的普及基础教育也是至关重要的。

2006年，联合国教科文组织统计研究所改变了引用参考年份的传统惯例。更详细的信息见表2.11中的“关于数据的说明”。

定义

• **总入学率**指的是不考虑年龄的总入学人数占与其所表明的教育层次相对应的年龄组人口的比率。 • **学前教育**指主要目的在于把非常幼小的孩子引导到教学环境中的有组织施教的初期阶段。 • **小学教育**向孩子们提供基本的读、写和计算技能，同时使他们具备对历史、地理、自然科学、社会科学、艺术和音乐等学科的基本理解能力。 • **中学教育**要在小学水平的基础上学完基础教育的必备知识，目的在于通过使用更专业化的教师提供更多的学科或以技能为导向的教学，为终生学习和人力开发打下基础。 • **高等教育**指大范围的中学完成后的教育机构，其中包括技术与专业教育、学院和大学，无论其能否使学生具备将来进行研究的资格，作为进入研究领域的最低条件，一般要求其在中学水平基础上成功地完成教育。 • **学前教育**（ISCED 0）是指有组织教学最初阶段的课程教育，主要是给年龄非常小的儿童（通常从3岁开始）提供一个学习环境，以架起一个家庭与学校之间的桥梁。一旦完成这一阶段的课程，儿童将继续小学教育。 • **小学教育**（ISCED 1）是指正常给予学生的一个合理的读、写和计算的基础教育课程，同时对其他课程又有一个基本的理解，例如，历史、地理、自然、社会科学、艺术和音乐，同时也可能涉及宗教教育。有时也被叫做初等教育。 • **中学教育**是指初中教育（ISCED 2）和高中教育（ISCED 3）。初中教育将继续基础水平的教育课程，但是教学通常更关注学科内容。对于每个学科领域，都需要更专业的教师。在高中阶段，教学通常更多地依据学科主题进行组织，教师通常也需要在本学科有更高、更专业的资历。 • **高等教育**是指那些范围广泛的高级教育课程。高等教育的第一阶段（ISCED 5）是指理论基础课程，主要为参加须具备高级技术的高级研究课程和高级研究专业提供了足够的资历，这些课程具有一定的实践性、技术性和职业性。高等教育的第二阶段（ISCED 6）则是致力于高级研究和原创研究的课程，并且最终授予高级研究资历。 • **净入学率**是按官方规定学龄的入学总人数与相应的教育水平的官方学龄人口之比。 • **调整后的小学净入学率**是指达到官方入学年龄进而进入小学或者中学学习的总入学人数与总的小学学龄人口之比。 • **失学儿童**是那些处在上小学的年龄但是没有上小学或者处在上中学的年龄但是没有上中学的儿童数量。

数据资料来源

受教育机会的数据来自联合国教科文组织统计研究所，www.uis.unesco.org。

	小学一年级新生总入学率		各组幸存率						小学复读率		中学升学人数	
			占一年级学生的百分比									
	占相应年龄组的百分比		读到5年级				读到小学最后一年级		占入学人数的百分比		百分比	
	男性	女性	男性		女性		男性	女性	男性	女性	男性	女性
	2009[a]	2009[a]	1991	2008[a]	1991	2008[a]	2008[a]	2008[a]	2009[a]	2009[a]	2008[a]	2008[a]
阿富汗	129	93	89	..	89	..	..	..	..	..	..	..
阿尔巴尼亚	89	82	..	..	..	..	..	..	2	1	..	..
阿尔及利亚	101	99	82	94	79	95	91	95	13	8	90	92
安哥拉	..	..	..	..	..	..	..	..	..	..	..	..
阿根廷	111	111	..	95	..	98	93	97	7	5	93	96
亚美尼亚	86	89	..	..	..	..	98	97	0[b]	0[b]	100	98
澳大利亚	..	..	98	..	99	..	..	..	..	..	..	..
奥地利	104	100	..	..	..	..	96	99	0	0	100	99
阿塞拜疆	95	94	..	..	..	..	100	97	0[b]	0[b]	100	98
孟加拉国	101	105	..	67	..	66	67	66	14	13	..	..
白俄罗斯	97	102	..	..	..	..	99	99	0[b]	0[b]	100	100
比利时	97	98	87	90	90	92	86	88	4	3	100	99
贝宁	161	152	30	..	31	..	..	..	14	14	..	..
玻利维亚	114	113	57	86	51	85	85	82	1	1	96	94
波斯尼亚和黑塞哥维那	89	92	..	..	..	..	..	..	0[b]	0[b]	..	..
博茨瓦纳	114	112	73	..	81	..	..	..	6	4	98	97
巴西	..	..	..	..	..	..	..	..	..	..	..	..
保加利亚	107	108	..	..	..	..	93	94	2	1	95	95
布基纳法索	90	83	61	73[c]	58	78[c]	61[c]	67[c]	11	11	56[c]	51[c]
布隆迪	152	146	66	62	61	68	56	64	32	32	48	23
柬埔寨	158	157	..	68	..	71	60	63	10	8	80	81
喀麦隆	134	117	67	76	66	79	68	69	15	14	42	45
加拿大	..	..	..	..	..	..	..	..	..	..	..	..
中非共和国	110	86	52	58	39	48	51	41	24	24	45	45
乍得	131	98	43	..	22	..	..	..	22	24	64	65
智利	101	98	..	96	..	97	..	..	3	2	86	100
中国	94	98	..	..	..	..	..	..	0[b]	0[b]	..	..
中国香港	117	124	..	100	..	100	100	100	1	1	100	100
哥伦比亚	118	114	53	82	59	89	82	89	2	2	100	100
刚果民主共和国	119	106	66	78	55	77	78	73	15	16	83	76
刚果共和国	115	112	66	75	68	79	71	71	21	19	65	62
哥斯达黎加	98	96	70	95	73	97	93	96	6	4	97	91
科特迪瓦	77	67	68	66	61	66	62	59	19	19	47	45
克罗地亚	95	94	..	..	..	..	97	99	0[b]	0[b]	100	99
古巴	100	102	..	96	..	96	96	95	1	0[b]	99	98
捷克共和国	109	107	..	99	..	99	99	99	1	1	99	99
丹麦	98	99	98	100	99	99	99	99	0	0	95	98
多米尼加共和国	109	90	..	..	..	..	..	..	9	5	88	92
厄瓜多尔	119	124	..	80	..	83	79	82	6	5	81	77
埃及	98	96	..	..	..	..	..	..	4	2	..	..
萨尔瓦多	123	119	54	78	57	82	74	78	7	5	92	92
厄立特里亚	45	39	..	74	..	72	74	72	14	13	85	81
爱沙尼亚	102	102	..	99	..	98	99	98	1	0[b]	97	99
埃塞俄比亚	158	141	..	43	..	49	35	41	6	5	84	87
芬兰	100	98	96	99	97	100	99	100	1	0[b]	100	100
法国	..	..	..	..	..	..	..	..	..	..	..	..
加蓬	..	..	47	..	46	..	..	..	..	..	..	..
冈比亚	91	96	59	71	53	72	68	72	6	5	83	83
格鲁吉亚	107	112	..	96	..	95	95	94	0[b]	0[b]	99	99
德国	100	99	..	..	..	..	95	96	1	1	99	99
加纳	109	111	72	80	65	78	75	71	7	6	91	92
希腊	102	103	..	98	..	97	98	97	1	1	..	..
危地马拉	123	121	..	71	..	70	65	64	13	11	93	90
几内亚	106	96	43	72	35	64	68	57	15	16	50	40
几内亚比绍	..	..	..	..	..	..	..	..	..	..	..	..
海地	..	..	47	..	46	..	..	..	..	..	..	..
洪都拉斯	126	122	50	75	43	80	74	79	6	5	82	86

	小学一年级新生总入学率		各组幸存率						小学复读率		中学升学人数	
	占相应年龄组的百分比		占一年级学生的百分比						占入学人数的百分比		百分比	
			读到5年级				读到小学最后一年级					
	男性	女性	男性		女性		男性	女性	男性	女性	男性	女性
	2009[a]	2009[a]	1991	2008[a]	1991	2008[a]	2008[a]	2008[a]	2009[a]	2009[a]	2008[a]	2008[a]
匈牙利	103	103	..	..	..	..	99	99	2	1	99	99
印度	132	124	..	67	..	70	67	70	3	3	81	81
印度尼西亚	125	122	..	83	..	89	77	83	4	3	91	93
伊朗	100	100	75	94	67	94	94	95	2	2	96	97
伊拉克	105	103	75	..	70	..	..	..	19	14	..	..
爱尔兰	99	101	..	98	..	100	..	..	1	1	..	..
以色列	96	98	..	100	..	98	99	98	2	1	71	70
意大利	102	101	..	99	..	100	99	100	0[b]	0[b]	100	100
牙买加	90	86	92	..	94	..	..	..	3	3	..	..
日本	102	102	100	100	100	100	100	100	0	0	..	..
约旦	99	99	93	..	89	..	..	..	1	1	99	98
哈萨克斯坦	105	106	..	..	..	..	98[c]	99[c]	0[b]	0[b]	100[c]	100[c]
肯尼亚	..	..	..	..	..	..	..	..	..	..	..	..
朝鲜	..	..	..	..	..	..	..	..	..	..	..	..
韩国	106	104	92	98	92	99	98	99	0[b]	0[b]	100	100
科索沃	..	..	..	..	..	..	..	..	..	..	..	..
科威特	95	93	..	95	..	96	95	96	1	1	99	100
吉尔吉斯斯坦	97	97	..	..	..	..	96	97	0[b]	0[b]	99	100
老挝	124	115	34	66	32	68	66	68	15[d]	13[d]	80	77
拉脱维亚	104	105	..	98	..	94	97	94	5	2	92	97
黎巴嫩	100	105	..	94	..	96	90	93	11	7	84	89
莱索托	106	98	53	56	77	69	38	56	23	16	68	66
利比里亚	117	107	..	64	..	56	49	43	6	7	64	60
利比亚	..	..	..	..	..	..	..	..	..	..	..	..
立陶宛	97	94	..	..	..	..	98	98	1	1	99	99
前南斯拉夫马其顿共和国	92	93	..	..	..	..	98	97	0[b]	0[b]	99	100
马达加斯加	198	196	31	48	31	50	48	50	21	20	57	55
马拉维	136	144	37	51	33	50	42	42	19	18	75	74
马来西亚	89	89	86	96	87	97	96	96	..	..	100	99
马里	102	89	48	88	42	85	81	77	13	14	72	68
毛里塔尼亚	112	119	52	48	47	51	40	42	2	2	38	31
毛里求斯	99	99	..	96	..	99	94	98	4	3	64	75
墨西哥	122	122	81	93	82	95	90	93	4	3	94	93
摩尔多瓦	94	93	..	..	..	..	95	96	0[b]	0[b]	99	98
蒙古	147	142	..	94	..	95	94	95	0[b]	0[b]	96	99
摩洛哥	107	106	70	84	64	85	78	78	13	9	80	78
莫桑比克	163	156	42	56[c]	34	51[c]	37[c]	34[c]	7	7	52[c]	55[c]
缅甸	140	135	..	70	..	69	70	69	0[b]	0[b]	74	73
纳米比亚	98	99	52	90	57	93	80	85	18	14	80	83
尼泊尔	..	..	44	60	32	64	60	64	17	17	81	81
荷兰	101	101	..	99	..	100	..	..	..	..	..	..
新西兰	..	..	96	..	95	..	..	..	..	..	..	..
尼加拉瓜	158	148	39	48	48	55	45	52	13	9	..	..
尼日尔	97	83	68	66[c]	65	62[c]	63[c]	60[c]	5	5	56[c]	62[c]
尼日利亚	102	83	..	..	..	..	..	..	..	..	44	44
挪威	97	99	99	99	100	100	99	99	..	..	100	100
阿曼	88	86	77	..	78	..	..	..	1	2	..	..
巴基斯坦	111	96	..	61	..	60	61	60	3	3	73	72
巴拿马	105	103	..	88	..	91	86	88	6	4	96	97
巴布亚新几内亚	..	..	55	..	52	..	..	..	..	..	..	..
巴拉圭	101	97	58	82	60	85	77	81	5	3	88	89
秘鲁	100	100	..	87	..	88	82	84	7	7	94	93
菲律宾	139	130	..	75	..	82	71	80	3	2	100	98
波兰	..	..	..	..	..	..	..	..	2	1	..	..
葡萄牙	107	103	..	..	..	..	..	..	..	..	..	..
波多黎各	97	94	..	..	..	..	..	..	..	..	..	..
卡塔尔	103	108	98	92	99	99	91	97	0[b]	0[b]	100	100

	小学一年级新生总入学率		各组幸存率						小学复读率		中学升学人数	
	占相应年龄组的百分比		占一年级学生的百分比						占入学人数的百分比		百分比	
			读到5年级				读到小学最后一年级					
	男性	女性	男性		女性		男性	女性	男性	女性	男性	女性
	2009[a]	2009[a]	1991	2008[a]	1991	2008[a]	2008[a]	2008[a]	2009[a]	2009[a]	2008[a]	2008[a]
罗马尼亚	*101*	*99*	..	..	..	..	*93*	*94*	*2*	*1*	*97*	*97*
俄罗斯联邦	..	..	..	..	..	..	..	..	..	..	..	..
卢旺达	194	189	49	46	51	51	..	..	15	14	..	..
沙特阿拉伯	102	101	80	99	76	93	98	91	4	4	93	100
塞内加尔	96	102	*78*	69	*68*	71	56	59	8	7	62	57
塞尔维亚	95	94	..	..	..	..	99	97	1	1	100	99
塞拉利昂	*201*	*182*	..	..	..	..	..	..	*10*	*10*	..	..
新加坡	..	..	..	99	..	99	99	99	0[b]	0[b]	86	92
斯洛伐克共和国	*100*	*99*	..	..	..	..	*97*	*98*	*3*	*3*	*97*	*97*
斯洛文尼亚	*97*	*97*	..	..	..	..	..	..	*1*	*0[b]*	..	..
索马里	..	..	..	..	..	..	..	..	..	..	..	..
南非	92	87	61	..	67	..	..	..	8	8	90	91
西班牙	*105*	*106*	..	99	..	*100*	*99*	*100*	*3*	*2*	..	..
斯里兰卡	92	93	97	88	98	89	88	89	1	1	95	97
苏丹	*86*	*76*	..	*89*	..	*100*	*86*	*98*	4	4	*90*	*98*
斯威士兰	*105*	*101*	58	*75*	64	*86*	*70*	*74*	*21*	*15*	..	..
瑞典	*104*	*103*	99	*100*	99	*100*	*100*	*100*	*0*	*0*	*100*	*100*
瑞士	*93*	*96*	72	..	72	..	..	..	*2*	*1*	*99*	*100*
阿拉伯叙利亚共和国	117	113	87	..	85	..	93	94	9	7	94	96
塔吉克斯坦	*106*	*101*	..	..	..	..	..	..	*0[b]*	*0[b]*	*98*	*98*
坦桑尼亚	99	100	69	79	*71*	83	71	77	2	2	40	32
泰国	..	..	..	..	..	..	..	..	*12*	*6*	*85*	*89*
东帝汶	142	134	..	72	..	80	68	78	21	18	86	88
多哥	*105*	*102*	55	*80*	38	*71*	*76*	*62*	23	22	*66*	*58*
特立尼达和多巴哥	102	100	98	97	99	95	93	93	7	5	86	92
突尼斯	*106*	*107*	76	*96*	70	*96*	*94*	*95*	*10*	*6*	*79*	*86*
土耳其	*101*	*98*	93	*94*	92	*94*	*94*	*94*	*2*	*2*	..	..
土库曼斯坦	..	..	..	..	..	..	..	..	..	..	..	..
乌干达	140	143	..	57	..	58	54	53	14	14	58	55
乌克兰	*100*	*100*	..	..	..	..	*96*	*98*	*0[b]*	*0[b]*	*100*	*100*
阿拉伯联合酋长国	113	113	78	*97*	80	*97*	*97*	*97*	2	2	*98*	*99*
英国	..	..	..	..	..	..	..	..	*0*	*0*	..	..
美国	*103*	*109*	..	..	..	..	..	..	*0*	*0*	..	..
乌拉圭	*101*	*111*	98	*93*	100	*96*	*93*	*96*	*8*	*5*	*81*	*93*
乌兹别克斯坦	94	91	..	..	..	..	98	99	0[b]	0[b]	100	99
委内瑞拉	101	98	69	92	80	96	89	95	4	3	97	97
越南	..	..	..	..	..	..	..	..	..	..	..	..
西岸和加沙	77	77	..	..	..	..	99	97	0	0	97	97
也门共和国	*110*	*98*	..	..	..	..	..	..	*6*	*5*	..	..
赞比亚	116	119	..	71	..	70	55	52	6	6	66	67
津巴布韦	..	..	70	..	72	..	..	..	..	..	..	..
全世界	**114 w**	**110 w**	**.. w**	**.. w**	**.. w**	**.. w**	**.. w**	**.. w**	**5 w**	**4 w**	**.. w**	**.. w**
低收入国家	*133*	*126*	..	..	..	..	..	..	*11*	*11*	..	..
中等收入国家	*114*	*110*	..	..	..	..	..	..	*4*	*3*	..	..
中低收入国家	*115*	*110*	..	..	..	..	..	..	*4*	*3*	..	..
中高收入国家	..	..	..	..	..	..	..	..	..	..	..	..
低收入和中等收入国家	*115*	*111*	..	..	..	..	..	..	*5*	*4*	..	..
东亚和太平洋地区	*105*	*107*	..	..	..	..	..	..	*1*	*1*	..	..
欧洲和中亚	..	..	..	..	..	..	..	..	..	..	..	..
拉丁美洲和加勒比地区	..	..	..	..	..	..	..	..	..	..	..	..
中东和北非	*104*	*101*	..	..	..	..	..	..	*9*	*5*	..	..
南亚	*126*	*117*	..	68	..	*70*	*68*	*70*	*4*	*4*	*80*	*80*
撒哈拉以南非洲地区	*121*	*113*	..	..	..	..	..	..	*10*	*10*	*66*	*65*
高收入国家	*102*	*104*	..	..	..	..	..	..	*1*	*1*	..	..
欧元区	*102*	*101*	..	..	..	..	*98*	*99*	*2*	*1*	..	..

a. 临时的数据。b. 小于0.5。c. 2009年的数据。d. 2010年的数据。

关于数据的说明

联合国教科文组织（UNESCO）统计研究所计算了有关学生在校期间升级的指标。这些指标为教育系统招收学生，从而保持学生从一个年级向下一个年级有效流动，进而在某一特定水平的教育方面传播知识提供了一种衡量标准。

小学一年级总入学率表明了小学教育的普及程度，它同样表明了教育系统提供小学教育的能力。一年级新生的低入学率反映出这样一个事实，即许多孩子并未在官方规定的学龄入学。尽管在大多数国家里，至少在整个小学教育阶段，到学校接受教育是强制性的。由于总入学率包括所有的新生而不论其年龄的大小，故这一比率在一些情况下有可能超过100%，例如，刚刚免除学费之后或者当重新入学儿童的数量较大时。当1年级新入学学生和复读学生并不特别显著时，就没有计算该指标。

同级生持留率是通过同时入学的1年级新生中最后升至5年级的学生所占比例来估算的。它衡量的是一个教育体系的吸引力和内在效率。一般情况下，同级生持留率是用两个连续年份以年级统计的入学和复读数据来估算的。这个过程称为重构人群法，它做了三个简化的假设：辍学的学生不再回到学校上学；升级率、复读率和辍学率些学生入学后的整个时期保持不变；在给定的年级中所有入学的学生具有相同的升级率、复读率和辍学率，而不管他们以前是否复读过（Fredricksen，1993）。鉴于这些假设，作跨国比较时应谨慎从事。因为其他流量——无论由新加入、重新加入、留级、迁移或学年中期转学引起的——都未予考虑。

上至五年级以及小学最后一年级的持留率表明了希望上到特定年级的学生小学入学的百分比。它衡量了一个教育体系的吸引力和内在效率。持留率是基于重构人群法计算的，该方法利用了最近连续两年各年级的入学人数数据以及该两年各年级的复读人数数据，以反映当前的升学模式。持留率接近100%表明较高的持留水平和较低的辍学水平。

复读人数数据通常用于反映教育系统的内部效率。复读不仅给家庭和教育系统增加了教育成本，而且还重复利用了学校有限的资源。各国在复读和升级方面都有不同的政策；在一些情况下，复读人数由于有限的能力而受到控制。在其他情况下，由于自动升级——表明该系统效率很高，但是可能不会教给学生足够的认知技能。

小学到初中的升学率表明了这两个阶段的教育衔接程度和转换程度。由于完成小学教育是进入初中的先决条件，所以小学毕业人数的增长将必定给增加初中可利用的位置数量带来压力。低升学率反映了升学率的不足、初中升学考试系统欠缺以及能力不足等问题。当初中1年级的新生与复读生不能严格区分时，升学率数据的质量就会受到影响。那些在小学毕业后又中断了一两年学业的学生也可能影响数据的质量。

2006年，联合国教科文组织统计研究所改变了引用参考年份的传统惯例。更详细的信息见表2.11中的“关于数据的说明”。

在赞比亚贫困地区的小学存在着更多超龄儿童 2.13a

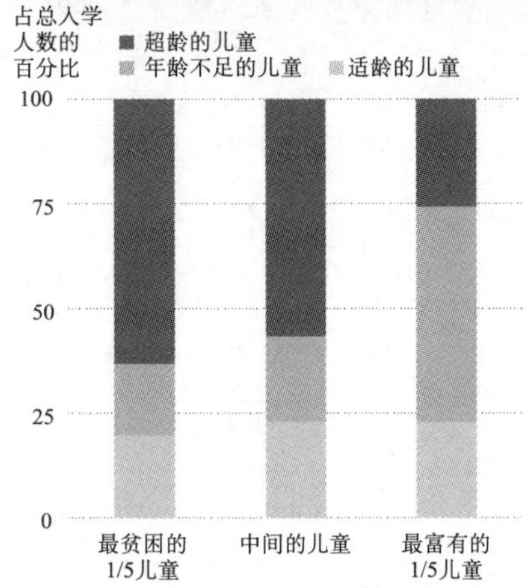

资料来源：世界银行教育统计数据库。

定义

- **小学一年级新生总入学率**指小学1年级新生入学人数（不论其年龄大小）占符合官方规定的小学入学年龄段人口的百分比。
- **各组幸存率**指读到5年级或者小学最后一年级的人数所占比率。它是根据重构人群方法（见“关于数据的说明”）估算的。
- **小学复读人数**是指仍在上年同一年级上学的学生人数，以占小学总入学人数的百分比表示。
- **中学升学人数**是指一定年份初中1年级的新生人数，以占前年完成小学最后一年学业学生人数的百分比表示。

数据资料来源

教育效率数据来自联合国教科文组织统计研究所，www.uis.unesco.org。

毕业率及教育成果

	小学毕业率						青年识字率				成年人识字率	PISA数学素养
	占相应年龄组的百分比						占15–24岁人口的百分比				占15岁及以上人口的百分比	平均得分
	总数		男性		女性		男性		女性			
	1991	2009[a]	1991	2009[a]	1991	2009[a]	1990	2005–2009[b]	1990	2005–2009[b]	2005–2009[b]	2009
阿富汗	*28*	..	*41*	..	*14*	..	..	..	..	..	..	..
阿尔巴尼亚	..	90	..	90	..	89	..	99	..	99	96	377
阿尔及利亚	80	91	86	90	73	91	*86*	94	*62*	89	73	..
安哥拉	33	..	..	..	..	..	..	81	..	66	70	..
阿根廷	*100*	*102*	..	*100*	..	*104*	..	99	..	99	98	388
亚美尼亚	*105*	98	..	*96*	..	*100*	*100*	100	*100*	100	100	..
澳大利亚	..	..	..	..	..	..	..	..	..	..	..	514
奥地利	..	99	..	99	..	98	..	..	..	..	..	496
阿塞拜疆	*95*	92	*96*	92	*94*	91	..	100	..	100	100	431
孟加拉国	*41*	61	..	58	..	63	..	74	..	77	56	..
白俄罗斯	94	*96*	95	*93*	95	*92*	*100*	100	*100*	100	100	..
比利时	79	*86*	76	*84*	82	*88*	..	..	..	..	..	515
贝宁	22	62	30	71	14	53	..	65	..	43	42	..
玻利维亚	71	99	78	99	64	98	..	99	..	99	91	..
波斯尼亚和黑塞哥维那	..	..	..	..	..	..	..	100	..	100	98	..
博茨瓦纳	90	*95*	83	*93*	98	*97*	..	94	..	97	84	..
巴西	*93*	..	..	..	..	..	..	97	..	99	90	386
保加利亚	90	*90*	88	*91*	92	*89*	..	98	..	97	98	428
布基纳法索	20	43	25	46	15	40	..	47	..	33	29	..
布隆迪	46	52	49	54	43	51	59	77	48	76	67	..
柬埔寨	*45*	83	..	83	..	84	..	89	..	86	78	..
喀麦隆	53	73	57	80	49	67	..	89	..	77	71	..
加拿大	..	..	..	..	..	..	..	..	..	..	..	527
中非共和国	28	38	37	47	20	29	63	72	*35*	57	55	..
乍得	18	33	29	42	7	24	26	54	9	39	34	..
智利	..	*95*	..	*101*	..	*88*	..	99	..	99	99	421
中国	107	..	..	..	..	..	97	99	91	99	94	..
中国香港	102	93	..	92	..	93	..	..	..	..	..	555
哥伦比亚	73	115	70	113	76	117	..	97	..	98	93	381
刚果民主共和国	48	56	61	66	36	46	..	73	..	62	67	..
刚果共和国	54	74	59	77	49	72	..	87	..	78	..	..
哥斯达黎加	79	96	77	95	81	97	..	98	..	99	96	..
科特迪瓦	42	46	53	54	32	39	60	72	*38*	61	55	..
克罗地亚	*85*	*100*	..	99	..	*100*	..	100	..	100	99	460
古巴	99	98	..	98	..	98	..	100	..	100	100	..
捷克共和国	*92*	*95*	*91*	*95*	*93*	*95*	..	..	..	..	..	493
丹麦	98	*101*	98	*100*	98	*101*	..	..	..	..	..	503
多米尼加共和国	*61*	90	..	90	..	89	..	95	..	97	88	..
厄瓜多尔	*91*	103	*91*	101	*92*	104	97	97	96	97	84	..
埃及	..	*95*	..	*97*	..	*93*	*71*	88	*54*	82	66	..
萨尔瓦多	65	*89*	64	*88*	66	*91*	..	95	..	95	84	..
厄立特里亚	*18*	48	*21*	52	*15*	43	..	92	..	86	67	..
爱沙尼亚	..	*100*	..	*100*	..	*101*	*100*	100	*100*	100	100	512
埃塞俄比亚	*23*	55	*28*	57	*18*	53	..	56	..	33	30	..
芬兰	97	98	98	*99*	97	*97*	..	..	..	..	..	541
法国	106	..	..	..	..	..	..	..	..	..	..	497
加蓬	*62*	..	*59*	..	*65*	..	..	99	..	97	88	..
冈比亚	*45*	79	*56*	76	*34*	83	..	71	..	60	46	..
格鲁吉亚	..	107	..	110	..	104	..	100	..	100	100	..
德国	100	104	99	103	100	104	..	..	..	..	..	513
加纳	64	83	71	85	56	81	..	81	..	79	67	..
希腊	*99*	*101*	*99*	*102*	*98*	*101*	..	99	..	99	97	466
危地马拉	..	*80*	..	*83*	..	*77*	..	89	..	84	74	..
几内亚	17	62	24	71	9	53	..	68	..	54	39	..
几内亚比绍	*5*	..	*7*	..	*3*	..	..	78	..	64	52	..
海地	27	..	29	..	26	..	..	..	..	..	49	..
洪都拉斯	64	*90*	67	*87*	61	*93*	..	93	..	95	84	..

	小学毕业率						青年识字率				成年人识字率	PISA数学素养
	占相应年龄组的百分比						占15–24岁人口的百分比				占15岁及以上人口的百分比	平均得分
	总数		男性		女性		男性		女性			
	1991	2009[a]	1991	2009[a]	1991	2009[a]	1990	2005–2009[b]	1990	2005–2009[b]	2005–2009[b]	2009
匈牙利	82	*95*	*89*	*97*	*90*	*94*	..	99	..	99	99	490
印度	*64*	*95*	*76*	*95*	*52*	*94*	..	88	..	74	63	..
印度尼西亚	93	109	..	109	..	110	97	100	95	99	92	371
伊朗	88	101	93	101	82	101	*85*	99	*66*	99	85	..
伊拉克	58	64	63	73	52	54	..	85	..	80	78	..
爱尔兰	*103*	*99*	*103*	*99*	*103*	*99*	..	..	..	..	..	487
以色列	..	*99*	..	*99*	..	*100*	..	..	..	..	..	447
意大利	98	*104*	98	*104*	97	*104*	..	100	..	100	99	483
牙买加	94	*89*	90	*88*	98	*90*	..	92	..	98	86	..
日本	102	*101*	102	*100*	102	*101*	..	..	..	..	..	529
约旦	101	*100*	101	*99*	101	*100*	..	99	..	99	92	387
哈萨克斯坦	*103*	106	*103*	106	*103*	106	*100*	100	*100*	100	100	405
肯尼亚	..	..	..	..	..	..	..	92	..	94	87	..
朝鲜	..	..	..	..	..	..	..	100	..	100	100	..
韩国	99	99	99	*100*	100	*97*	..	..	..	..	..	546
科索沃	..	..	..	..	..	..	..	..	..	..	..	..
科威特	*57*	93	*58*	94	*56*	93	*91*	99	*84*	99	94	..
吉尔吉斯斯坦	..	94	..	94	..	95	..	100	..	100	99	331
老挝	*41*	*75*	*46*	*78*	*36*	*71*	..	89	..	79	73	..
拉脱维亚	..	*95*	..	*97*	..	*93*	*100*	100	*100*	100	100	482
黎巴嫩	..	85	..	83	..	87	..	98	..	99	90	..
莱索托	59	70	42	60	76	81	..	86	..	98	90	..
利比里亚	..	*58*	..	*63*	..	*53*	..	70	..	81	59	..
利比亚	..	..	..	..	..	..	..	100	..	100	89	..
立陶宛	..	*92*	..	*92*	..	*92*	*100*	100	*100*	100	100	477
前南斯拉夫马其顿共和国	*98*	*92*	..	*91*	..	*93*	..	99	..	99	97	..
马达加斯加	36	79	35	79	37	79	..	66	..	64	64	..
马拉维	31	59	35	58	27	60	*70*	87	*49*	86	74	..
马来西亚	91	*97*	91	*97*	91	*97*	..	98	..	99	92	..
马里	*9*	59	*12*	67	*7*	52	..	47	..	31	26	..
毛里塔尼亚	33	*64*	39	*63*	26	*66*	..	71	..	64	57	..
毛里求斯	115	89	115	89	115	90	91	96	92	98	88	..
墨西哥	88	*104*	*91*	*104*	*92*	*105*	96	99	95	98	93	419
摩尔多瓦	..	93	..	94	..	91	*100*	99	*100*	100	98	..
蒙古	..	93	..	*94*	..	*92*	..	95	..	97	97	..
摩洛哥	48	80	57	84	39	77	..	87	..	72	56	..
莫桑比克	26	57	32	63	21	51	..	78	..	64	55	..
缅甸	..	99	..	98	..	100	..	96	..	95	92	..
纳米比亚	*74*	87	67	83	*81*	91	..	91	..	95	89	..
尼泊尔	51	..	*70*	..	*41*	..	..	87	..	77	59	..
荷兰	..	..	..	..	..	..	..	..	..	..	..	526
新西兰	..	..	..	..	..	..	..	..	..	..	..	519
尼加拉瓜	42	*75*	43	*71*	53	*78*	..	85	..	89	78	..
尼日尔	17	40	21	47	13	34	..	52	..	23	29	..
尼日利亚	..	*79*	..	*84*	..	*74*	..	78	..	65	61	..
挪威	100	*98*	100	*98*	100	*97*	..	..	..	..	..	498
阿曼	*74*	80	*78*	80	*70*	79	..	98	..	98	87	..
巴基斯坦	..	61	..	68	..	54	..	79	..	61	56	..
巴拿马	*86*	102	*86*	102	*86*	101	95	97	95	96	94	360
巴布亚新几内亚	46	..	51	..	42	..	..	65	..	70	60	..
巴拉圭	68	*94*	68	*93*	69	*95*	..	99	..	99	95	..
秘鲁	..	*101*	..	*101*	..	*101*	..	98	..	97	90	365
菲律宾	88	94	85	91	86	97	96	97	97	98	95	..
波兰	96	*96*	..	..	..	..	..	100	..	100	100	495
葡萄牙	..	..	..	..	..	..	..	100	..	100	95	487
波多黎各	..	..	..	..	..	..	92	87	94	88	90	..
卡塔尔	71	108	71	109	72	106	*89*	98	*91*	98	95	368

毕业率及教育成果

	小学毕业率						青年识字率				成年人识字率	PISA数学素养
	占相应年龄组的百分比						占15—24岁人口的百分比				占15岁及以上人口的百分比	平均得分
	总数		男性		女性		男性		女性			
	1991	2009[a]	1991	2009[a]	1991	2009[a]	1990	2005—2009[b]	1990	2005—2009[b]	2005—2009[b]	2009
罗马尼亚	96	96	96	96	96	96	..	97	..	98	98	427
俄罗斯联邦	92	95	92	..	93	..	100	100	100	100	100	468
卢旺达	50	54	51	52	50	56	..	77	..	77	71	..
沙特阿拉伯	..	93	..	95	..	90	..	99	..	97	86	..
塞内加尔	39	57	48	56	31	57	49	74	28	56	50	..
塞尔维亚	..	96	..	97	..	96	..	..	..	..	..	442
塞拉利昂	..	88	..	101	..	75	..	68	..	48	41	..
新加坡	..	..	..	..	..	..	99	100	99	100	95	562
斯洛伐克共和国	95	96	95	96	96	96	..	..	..	..	..	497
斯洛文尼亚	95	96	..	97	..	96	..	100	..	100	100	501
索马里	..	..	..	..	..	..	..	..	..	..	..	..
南非	76	93	72	93	80	94	..	97	..	98	89	..
西班牙	104	100	104	100	103	100	..	100	..	100	98	483
斯里兰卡	101	97	101	97	101	98	..	97	..	99	91	..
苏丹	..	57	..	53	..	47	..	89	..	83	70	..
斯威士兰	61	72	57	75	64	69	83	92	84	95	87	..
瑞典	96	94	96	95	96	94	..	..	..	..	..	494
瑞士	53	94	53	93	54	95	..	..	..	..	..	534
阿拉伯叙利亚共和国	89	112	94	113	84	111	..	96	..	93	84	..
塔吉克斯坦	..	98	..	97	..	93	100	100	100	100	100	..
坦桑尼亚	55	102	56	102	55	102	86	78	78	76	73	..
泰国	..	..	..	..	..	..	..	98	..	98	94	419
东帝汶	..	80	..	80	..	79	..	..	..	..	51	..
多哥	35	61	48	71	22	52	..	85	..	68	57	..
特立尼达和多巴哥	102	93	99	93	105	93	99	100	99	100	99	414
突尼斯	74	93	79	93	70	93	..	98	..	96	78	371
土耳其	90	93	93	95	86	92	97	99	88	97	91	445
土库曼斯坦	..	..	..	..	..	..	..	100	..	100	100	..
乌干达	..	72	..	72	..	73	..	90[c]	..	85[c]	73[c]	..
乌克兰	92	95	99	98	99	99	..	100	..	100	100	..
阿拉伯联合酋长国	103	99	104	100	103	98	81	94	85	97	90	..
英国	..	..	..	..	..	..	..	..	..	..	..	492
美国	..	95	..	94	..	97	..	..	..	..	..	487
乌拉圭	94	106	91	104	96	108	98	98	99	100	98	427
乌兹别克斯坦	80	92	..	93	..	91	..	100	..	100	99	..
委内瑞拉	81	95	76	94	86	96	95	98	96	99	95	..
越南	..	..	..	..	..	..	94	97	93	96	93	..
西岸和加沙	..	82	..	82	..	81	..	99	..	99	95	..
也门共和国	..	61	..	72	..	49	..	96	..	72	62	..
赞比亚	..	87	..	92	..	82	67	82	66	67	71	..
津巴布韦	97	..	99	..	96	..	..	98	..	99	92	..
全世界	**79 w**	**88 w**	**86 w**	**90 w**	**75 w**	**87 w**	**87 w**	**92 w**	**78 w**	**87 w**	**84 w**	
低收入国家	44	63	..	66	..	60	66	76	52	69	62	
中等收入国家	83	92	89	93	77	91	88	94	78	88	83	
中低收入国家	82	90	89	92	74	89	87	93	74	86	80	
中高收入国家	88	100	89	100	88	100	94	98	92	97	92	
低收入和中等收入国家	78	87	85	89	73	85	86	91	75	85	80	
东亚和太平洋地区	101	99	105	98	97	100	96	99	91	99	94	
欧洲和中亚	92	96	93	97	92	95	99	99	98	99	98	
拉丁美洲和加勒比地区	84	101	84	100	85	102	91	97	92	97	91	
中东和北非	..	95	..	97	..	92	84	93	67	87	74	
南亚	62	79	75	82	52	76	71	85	47	72	61	
撒哈拉以南非洲地区	51	64	57	69	47	60	73	77	58	67	62	
高收入国家	..	98	..	98	..	98	99	99	99	99	98	
欧元区	101	..	100	..	100	..	..	..	..	..	..	

a. 临时的数据。b. 最近年份可获得的数据。c. 2010 年的数据。

关于数据的说明

很多政府发布了它们各自教育系统运行和发展的统计资料，例如，学生入学情况的统计数据；复读率、师生比率以及群体升级率等指标。世界银行和联合国教科文组织（UNESCO）统计研究所共同制定了小学毕业率指标，该指标被越来越多地用作衡量教育系统业绩的核心指标，同时还反映了教育系统的覆盖范围和学生的受教育程度。该指标作为衡量小学教育成果、千年发展目标进展状况以及所有倡议中教育进展状况的措施也是非常重要的。然而，较高的小学毕业率并不一定意味着学生具有高水平的学识。

小学毕业率反映了国际教育标准分类所定义的小学周期，从3年或者4年的小学教育（数量很少的国家）到5年或者6年的小学教育（大多数国家），甚至7年的小学教育（数量很少的国家）。

表中给出的小学毕业率，也就是所谓的小学最后一年级的总入学率。它是小学最后一年级新入学的学生总数（不考虑其年龄），表示为占达到小学最后一年级入学年龄的人口的百分比。由于数据的限制，不可能根据最后一年辍学的学生数量来对这一数字进行调整。因此，该比率是一个替代性数值，应被视作实际小学毕业率估算的上限。

小学毕业率可能会超过100%有很多原因。分子可能包括复读过小学教育中的一个年级或更多年级但现在已成功毕业的超龄儿童和较早进入学校的儿童，分母是达到小学最后一年级入学年龄的儿童数量，这使得小学毕业率可能超100%。

基本的在校教育成果指根据既定标准测定的学生基本识字和计算能力的成绩。联合国教科文组织统计研究所已确立利用国际认可的识字率作为教育成就的一个衡量指标。识字率被定义为能在理解的情况下进行阅读并就其日常生活进行短而简单的描述的人口比例。在现实中，识字率是很难测算的，为根据定义估算识字率，需要运用人口普查或者一定条件下的调查测量。很多国家以自报为识字者的数据来估算识字人口。某些国家用教育成果数据来替代，但学业年限和完成水平的规定各不相同。由于各国数据定义和收集方法各不相同，使用这些数据时必须慎重。

本表所列的识字率数据是联合国教科文组织统计研究所依据1985—2009年各国的人口普查和家庭调查数据编辑成的。对于那些没有最近识字率数据的国家，联合国教科义组织统计研究所采用了全球按年龄划分的扫盲预测数据模型对识字率进行了估算。有关资料来源、定义和方法的详细信息请参见 www.uis.unesco.org。

大多数国家以5岁为一年龄组，对15岁及其以上的人口进行识字统计。但一些国家也纳入一些年轻的人口，或者在确立年龄范围时夸大了实际的识字数。15—24岁的青年识字率反映了近期教育的进步：该指标测算了小学教育在过去10年中的累计成果，或者表明了通过小学教育并获得基本识字和计数能力的人口比例。通常来讲，识字也包括识数，识数就是能够进行简单算术计算的能力。

在很多国家，教育部都是利用国家级评估来监控学习成果的进展。国际或者地区层面也进行了一些比较评估，其中最大的一个就是国际学生评价项目（PISA）。该项目由OECD协调，主要衡量15岁儿童（在大多数国家，这一年龄的学生近乎完成了义务教育）的知识和技能。对于阅读、数学和科学识字从一般资格角度进行的评估测试，就是看看学生在面临实际生活挑战时，其在学校学到的知识和技能运用得如何。但是，并不测试学生对学校的特定课程掌握的如何。

本表给出了PISA数学素养平均分，该指标通过当学生提出、解决和解释涉及数量、空间、概率以及其他数学概念的数学问题时，进行有效分析、推理和沟通的能力来说明。2009年的平均分是496。因为该数字由抽样得出，所以这一得分也反映了较小程度的统计不确定性。

定义

• **小学毕业率**是由小学最后一年级的总入学率近似估算，它是以小学最后一年级新入学的学生总数（不考虑其年龄）占达到小学最后一年级入学年龄的人口总数的百分比表示。 • **青年识字率**是指15—24岁的人口中，能够在理解的情况下进行阅读并就其日常生活进行简短描述的人口百分比。 • **成年人识字率**是指15岁及其以上的人口中，能够在理解的情况下进行阅读并就其日常生活进行简短描述的人口百分比。 • **PISA数学素养**是指各国来自国际学生评价项目（PISA）的平均数学得分。

数据资料来源

关于毕业率和教育成果的数据来自联合国教科文组织统计研究所。有关PISA数学素养的数据来自OECD。

2.15 收入和性别引起的教育差距

	调查年份	一年级新生总入学率		小学总入学率		在校平均时间		小学毕业率				失学儿童	
		占相应年龄组的百分比		占相应年龄组的百分比		15—19岁的人口		占相应年龄组的百分比				占相应年龄组的百分比	
		最贫困的1/5	最富裕的1/5	最贫困的1/5	最富裕的1/5	最贫困的1/5	最富裕的1/5	最贫困的1/5	最富裕的1/5	男性	女性	最贫困的1/5	最富裕的1/5
亚美尼亚	2005	93	80	106	102	9	10	119	116	113	112	2	1
阿塞拜疆	2006	92	118	100	108	9	11	94	109	103	105	20	11
孟加拉国	2006	144	147	96	105	8	13	65	97	83	86	12	6
伯利兹城	2006	80	89	106	113	8	11	59	130	107	72	5	7
贝宁	2006	67	107	61	114	6	8	31	95	67	52	57	12
玻利维亚	2003	92	95	108	129	6	9	76	98	90	81	22	5
布隆迪	2005	201	191	91	144	4	7	20	70	44	39	5	3
柬埔寨	2005	208	151	113	134	5	8	42	121	88	85	37	13
喀麦隆	2006	108	75	93	116	6	14	43	111	90	74	3	2
哥伦比亚	2005	161	84	127	99	6	10	94	109	100	103	11	2
科特迪瓦	2006	51	77	57	110	5	8	47	127	88	71	4	3
多米尼加共和国	2007	130	112	113	107	7	11	69	109	88	106	12	4
埃及	2005	107	97	95	99	9	12	84	92	92	88	12	1
埃塞俄比亚	2005	86	124	47	112	3	6	14	90	46	33	74	30
格鲁吉亚	2006	90	104	101	103	15	14	102	102	106	104	2	1
加纳	2006	107	121	81	117	5	8	62	88	93	86	22	12
危地马拉	2000	176	124	81	114	4	8	15	80	34	36	7	3
几内亚	2005	55	119	52	121	5	7	32	93	76	48	60	16
几内亚比绍	2006	135	184	94	166	4	7	34	125	80	54	12	11
圭亚那	2006	74	76	105	101	10	10	109	118	91	112	2	1
海地	2005	177	188	87	159	4	7	31	136	73	82	69	24
哈萨克斯坦	2006	118	101	106	103	9	9	102	115	102	97	0	1
肯尼亚	2003	134	125	92	106	6	9	40	76	71	72	38	11
科索沃	2000	104	119	95	104	9	11	82	94	98	83	1	4
莱索托	2004	169	111	116	124	5	8	36	122	69	85	18	3
前南斯拉夫马其顿共和国	2005	102	190	89	97	8	10	120	119	133	78	0	0
马达加斯加	2003/2004	250	153	118	145	3	8	42	141	77	77	33	3
马拉维	2004	235	145	98	122	5	8	24	81	47	35	23	4
马拉维	2006	234	207	133	169	5	7	30	80	49	52	0	0
马里	2006	41	98	46	110	5	8	36	79	55	41	67	20
毛利塔尼亚	2007	67	96	62	116	5	9	17	89	48	52	2	2
摩尔多瓦	2005	96	84	99	95	9	12	97	100	96	98	2	1
莫桑比克	2003	128	143	75	143	3	6	13	100	57	43	46	7
纳米比亚	2006	112	104	118	109	7	10	81	109	94	90	11	2
尼泊尔	2001	184	141	109	139	5	8	49	96	69	62	33	6
尼加拉瓜	2001	149	106	85	105	4	9	34	124	78	83	40	4
尼日尔	2006	50	90	35	89	4	7	31	71	60	30	74	28
尼日利亚	2003	78	101	70	108	7	10	48	71	70	54	52	6
巴拿马	2003	125	116	108	102	7	11	100	94	105	88	1	1
秘鲁	2004	121	90	118	96	7	11	106	99	100	97	6	1
卢旺达	2005	274	195	131	151	3	5	31	88	48	42	13	8
塞尔维亚	2005	90	98	98	100	9	10	86	96	94	89	1	0
索马里	2005	13	44	8	93	8	10	2	58	26	20	87	46
斯威士兰	2006	147	117	117	114	6	9	69	110	85	98	17	4
阿拉伯叙利亚共和国	2006	110	149	102	107	7	8	92	93	93	92	0	0
坦桑尼亚	2004	123	123	82	119	5	7	32	108	58	60	44	15
多哥	2006	115	148	99	128	6	7	40	82	67	56	1	1
土耳其	2003	108	111	97	97	6	7	95	85	100	81	20	5
乌干达	2006	180	144	107	124	5	8	27	68	50	42	25	7
越南	2006	99	100	108	100	..	..	99	104	96	103	3	2
也门共和国	2006	66	109	50	101	7	10	25	103	84	31	2	2
赞比亚	2007	135	123	105	112	5	9	50	101	88	73	22	3
津巴布韦	1999	106	111	144	144	7	10	36	80	51	57	22	8

关于数据的说明

本表的数据表明在一国之内，不同的社会经济群体其个人入学和受教育的情况。数据来自于美国国际开发署国际发展部支持的宏观国际所进行的人口统计和健康调查、美国儿童基金会进行的多指标类集调查以及世界银行发展经济学研究小组所进行的生活标准衡量研究。这种在发展中国家定期以标准问卷的形式进行的以家庭为样本的大规模调查，收集了大范围的卫生、营养和人口方面的信息以及回答者的社会、人口统计和经济方面的特征。这里给出的数据利用了个人和家庭调查问卷的回复。

一般来讲，人口统计和健康调查收集每个5—6岁和年龄稍大一点的家庭成员受教育情况和入学水平方面的基本信息，以作为家庭社会经济特征的一部分。该调查并不特意收集教育方面的详细数据，结果，对教育部门的调查不如人口和健康调查对卫生部门的调查充分详细，而且从调查中得到的数据并不能替代其他教育方面的数据。然而，它依然提供了整体国家水平数据不能解释的有关教育方面的微观信息，例如，没有上学的儿童的信息。

根据家庭资产（包括消费项目的所有权、家庭住宅的特征以及其他与财富有关的特征），本表定义了社会经济地位。每个被收集信息的家庭资产根据主成分分析产生的结果分配一个权重。这个数值按照均值为0、标准差为1的标准正态分布标准化。标准化数值然后被用于定义财富的五分位分界点，以人口中个人的五分位表示。

定义社会经济地位资产指数的选择是基于实际的考虑而不是基于观念的考虑：人口和健康调查的确不提供收入和消费数据，但是它提供每个家庭消费商品的所有权、各种货物和服务使用权的详细信息。与收入和消费一样，资产指数定义在基本经济项目中存在差别。因此，它排除群体差别的其他可能性，例如，基于性别、教育、民族背景或者其他社会不考虑的因素。达到那种程度的指数仅仅提供关于贫穷、不平等和不公平的多维概念的部分视角。

创建一个囊括所有资产指标的指数限制了可作分析的类型。特别是，使用统一指数不允许用分解分析去检测哪种资产指标与卫生状况或者卫生服务的使用情况有多大的相关性。另外，一些资产指标在一些国家比另外一些国家能够更好地反映家庭财富或者不同国家财富水平的差异。把这些信息考虑进去创建反映特定国家资产选择的特定国家资产指数，可能会产生关于每个国家的更有效、更准确的指数。在表中所使用的资产指数没有这种灵活性。

有80个国家进行这种分析。本表仅仅表明对最贫困和最富裕的1/5、性别以及最新数据的估计；对所有指标和其他子类别（其中包括按城市和农村划分的类别以及其他年份）的全套估计在国家报告中可以获得（见“数据资料来源”）。本表中的数据将与以前表中相类似的数据存在差异，要么由于指标使用的是调查日期之前几年的数据，要么由于指标的定义或者方法存在差别。要谨慎分析发现结果，因为所使用的调查数据存在内在的测量误差。

定义

• **调查年份**指收集基础数据的年份。 • **一年级新生总入学率**是任何年龄的小学一年级的学生人数，表示为占官方小学入学年龄人口的百分比。这些数据与表2.13的数据存在差别。 • **小学总入学率**是任何年龄参加小学的总人数和官方小学年龄组人数的比例。 • **在校平均时间**是指15—19岁成人平均接受正规学校教育的年数。 • **小学毕业率**是指官方小学最后一年级学生（不考虑年龄）的总数减去该年级复读的人数，再除以达到官方小学毕业年龄的儿童总数。这些数据由于资料来源不同，因此，与表2.14中的数据存在差别。 • **失学儿童**是指那些处在上小学或中学的年龄但是没有上小学或中学的儿童，以占达到官方小学入学年龄的儿童的百分比表示。那些达到官方小学入学年龄但是正接受学前教育的儿童被认为是失学儿童。这些数据由于资料来源不同，因此，与表2.12中的数据存在差别。

数据资料来源

收入和性别引起的教育差距的数据来源于宏观国际的人口和健康调查、联合国儿童基金会的多指标汇集群调查计划、世界银行发展经济学研究小组的生活水准调研计划和世界银行人类发展网络教育统计组利用ADePT教育所分析的资料来源。每个国家的报告、进一步的更新以及ADePT教育软件见网站信息：http://www.worldbank.org/education/edstats/。

2.16 医疗卫生服务

	医疗卫生支出						医疗卫生工作者		病床数	门诊就诊次数
	总数占GDP的百分比	公共支出占总支出的百分比	自付支出占总支出的百分比	外部资源占总支出的百分比	人均 美元	人均 PPP美元	每千人拥有 医生	每千人拥有 护士和接生员	每千人	人均
	2008	2008	2008	2008	2008	2008	2004–2009[a]	2004–2009[a]	2004–2009[a]	2000–2009[a]
阿富汗	7.4[b]	21.5[b]	77.7[b]	17.3[b]	47[b]	57[b]	0.2	0.5	0.4	..
阿尔巴尼亚	6.8	39.4	58.6	2.1	281	569	1.1	4.0	2.9	1.5
阿尔及利亚	5.4	86.1	13.2	0.0	272	437	1.2	2.0	1.7	..
安哥拉	3.3[c]	85.0[c]	15.0[c]	3.0[c]	148[c]	183[c]	0.1	1.4	0.8	..
阿根廷	8.4	62.6	22.2	0.0	695	1,062	3.2	0.5	4.0	..
亚美尼亚	3.8	44.5	51.8	10.4	143	224	3.7	4.9	4.1	2.8
澳大利亚	8.5[d]	65.4[d]	17.9[d]	0.0[d]	4,180[d]	3,365[d]	3.0	9.6	3.8	6.2
奥地利	10.5	73.7	15.1	0.0	5,201	4,150	4.7	7.8	7.7	6.7
阿塞拜疆	4.3	19.3	73.3	0.6	240	395	3.8	8.4	7.9	4.6
孟加拉国	3.3	31.4	66.2	5.8	17	44	0.3	0.3	0.4	..
白俄罗斯	5.6	72.2	19.9	0.2	351	688	5.1	12.6	11.2	13.2
比利时	11.1	66.8	20.5	0.0	5,243	4,096	3.0	0.3	6.6	7.0
贝宁	4.1	51.7	44.7	17.7	32	61	0.1	0.8	0.5	..
玻利维亚	4.4	63.1	30.1	9.1	75	187	..	..	1.1	..
波斯尼亚和黑塞哥维那	10.3	58.2	41.8	1.3	506	937	1.4	4.7	3.0	3.3
博茨瓦纳	7.6	78.2	7.2	4.2	530	1,053	0.3	2.8	1.8	..
巴西	8.4	44.0	31.9	0.0	721	875	1.7	6.5	2.4	..
保加利亚	7.1	57.8	36.5	0.0	482	974	3.6	4.7	6.5	..
布基纳法索	5.9	59.1	38.1	29.2	37	82	0.1	0.7	0.9	..
布隆迪	13.0[c]	40.0[c]	38.1[c]	34.5[c]	19[c]	50[c]	0.0	0.2	0.7	..
柬埔寨	5.7	23.8	64.4	17.1	43	118	0.2	0.8	0.1	..
喀麦隆	5.3[c]	22.7[c]	73.5[c]	5.5[c]	65[c]	117[c]	0.2	1.6	1.5	..
加拿大	9.8	69.5	15.5	0.0	4,445	3,867	1.9	10.1	3.4	6.3
中非共和国	4.3	39.3	57.7	31.5	20	32	0.1	0.4	1.2	..
乍得	6.4	50.6	47.8	5.3	49	86	0.0	0.3	0.4	..
智利	7.5	44.0	36.5	0.0	762	1,088	1.3	..	2.1	..
中国	4.3	47.3	43.5	0.2	146	265	1.4	1.4	4.1	..
中国香港	..	..	..	..	..	..	..	..	..	..
哥伦比亚	5.9	83.9	7.9	0.1	317	517	1.4	..	1.0	..
刚果民主共和国	7.3	54.2	39.2	18.8	13	23	0.1	0.5	0.8	..
刚果共和国	2.7	49.9	50.1	4.7	81	108	0.1	0.8	1.6	..
哥斯达黎加	9.4	66.9	29.3	0.1	618	1,059	..	..	1.2	..
科特迪瓦	5.4	16.9	75.6	5.9	61	88	0.1	0.5	0.4	..
克罗地亚	7.8	84.9	14.5	0.0	1,230	1,553	2.7	5.6	5.5	6.4
古巴	12.0	95.5	4.1	0.2	672	495	6.4	8.6	5.9	..
捷克共和国	7.1	80.1	15.7	0.0	1,469	1,830	3.6	8.6	7.2	15.0
丹麦	9.9	80.1	13.6	0.0	6,133	3,814	3.4	14.5	3.6	4.1
多米尼加共和国	5.7	37.1	41.8	1.6	261	465	..	..	1.0	..
厄瓜多尔	5.3	42.3	50.4	1.1	216	466	..	..	1.5	..
埃及	4.8	42.2	56.5	0.6	97	261	2.8	3.5	1.7	..
萨尔瓦多	6.0	59.6	35.8	3.5	217	410	1.6	0.4	1.1	..
厄立特里亚	3.1[c]	44.9[c]	55.1[c]	60.8[c]	10[c]	18[c]	0.1	0.6	1.2	..
爱沙尼亚	6.1	77.8	19.7	1.5	1,074	1,325	3.4	6.8	5.7	6.9
埃塞俄比亚	4.3	51.9	38.5	40.7	14	37	0.0	0.2	0.2	..
芬兰	8.8	70.7	18.5	0.0	4,481	3,299	2.7	15.5	6.5	4.3
法国	11.2	75.9	7.4	0.0	4,966	3,851	3.5	8.9	7.1	6.9
加蓬	2.6[c]	43.7[c]	56.3[c]	2.3[c]	264[c]	384[c]	0.3	5.0	1.3	..
冈比亚	5.5	48.1	25.1	38.0	27	75	0.0	0.6	1.1	..
格鲁吉亚	8.7	30.9	66.5	10.5	258	433	4.5	3.9	3.3	2.2
德国	10.5	74.6	11.8	0.0	4,720	3,922	3.5	10.8	8.2	7.0
加纳	7.8	50.0	39.4	14.0	55	114	0.1	1.1	0.9	..
希腊	10.1	60.9	37.0	0.0	3,110	3,010	6.0	3.7	4.8	..
危地马拉	6.5	35.7	57.4	1.8	184	308	..	..	0.6	..
几内亚	5.5	13.6	85.9	10.1	21	58	0.1	0.0	0.3	..
几内亚比绍	6.0[c]	26.0[c]	40.7[c]	77.3[c]	17[c]	32[c]	0.0	0.6	1.0	..
海地	6.1	22.1	47.4	34.7	40	69	..	..	1.3	..
洪都拉斯	6.3	58.6	34.5	10.4	121	248	..	..	0.8	..

医疗卫生服务

	医疗卫生支出						医疗卫生工作者		病床数	门诊就诊次数
					人均		每千人拥有			
	总数占GDP的百分比	公共支出占总支出的百分比	自付支出占总支出的百分比	外部资源占总支出的百分比	美元	PPP美元	医生	护士和接生员	每千人	人均
	2008	2008	2008	2008	2008	2008	2004–2009[a]	2004–2009[a]	2004–2009[a]	2000–2009[a]
匈牙利	7.2	68.9	23.9	0.0	1,119	1,506	3.1	6.3	7.0	12.9
印度	4.2	32.4	50.3	1.6	45	122	0.6	1.3	0.9	..
印度尼西亚	2.3	54.4	32.1	1.7	51	91	0.3	2.0	..	..
伊朗	5.5	42.4	55.6	0.0	254	613	0.9	1.6	1.4	..
伊拉克	3.2[c,e]	70.2[c,e]	29.8[c,e]	8.2[c,e]	109[c,e]	107[c,e]	0.7	1.4	1.3	..
爱尔兰	8.7	76.9	14.4	0.0	5,253	3,796	3.2	15.7	5.2	..
以色列	7.6	58.4	30.5	0.0	2,093	2,093	3.6	6.2	5.8	7.1
意大利	8.7	76.3	20.2	0.0	3,343	2,836	4.2	6.5	3.7	6.1
牙买加	4.8	50.4	35.2	1.5	256	364	..	..	1.7	..
日本	8.3	80.5	14.5	0.0	3,190	2,817	2.1	4.1	13.8	14.4
约旦	9.4[f]	62.7[f]	30.8[f]	1.8[f]	325[f]	496[f]	2.5	4.0	1.8	..
哈萨克斯坦	3.9	58.5	41.0	0.2	333	444	3.8	7.8	7.6	6.7
肯尼亚	4.2	36.3	49.2	26.8	33	66	0.1	..	1.4	..
朝鲜	..	..	..	..	..	..	..	..	..	..
韩国	6.5	53.9	35.0	0.0	1,245	1,806	2.0	5.3	12.3	..
科索沃	..	..	..	..	..	..	..	..	..	..
科威特	2.0	76.3	21.7	0.0	990	932	1.8	4.6	1.8	..
吉尔吉斯斯坦	5.7	48.4	45.0	12.6	54	123	2.3	5.7	5.1	3.6
老挝	4.0	17.6	62.6	16.1	34	84	0.3	1.0	1.2	..
拉脱维亚	6.6	60.0	38.7	0.0	979	1,206	3.0	4.8	6.4	5.5
黎巴嫩	8.5	48.3	40.7	4.8	604	1,009	3.5	2.2	3.5	..
莱索托	7.6	63.3	25.3	19.3	60	119	..	..	1.3	..
利比里亚	11.9	33.0	35.0	47.0	26	46	0.0	0.3	0.7	..
利比亚	3.0[c]	70.3[c]	29.7[c]	0.1[c]	458[c]	502[c]	1.9	6.8	3.7	..
立陶宛	6.6	68.3	26.8	1.1	931	1,318	3.7	7.3	6.8	6.6
前南斯拉夫马其顿共和国	6.8	68.2	31.6	1.8	328	738	2.5	4.3	4.6	6.0
马达加斯加	4.4	70.2	20.2	16.1	22	46	0.2	0.3	0.3	0.5
马拉维	6.5	59.4	11.6	87.0	18	50	0.0	0.3	1.1	..
马来西亚	4.3	44.1	40.9	0.0	353	621	0.9	2.7	1.8	..
马里	5.6	47.1	52.6	22.2	39	65	0.0	0.3	0.6	..
毛里塔尼亚	2.6[c]	61.4[c]	38.6[c]	27.4[c]	27[c]	54[c]	0.1	0.7	0.4	..
毛里求斯	5.5	34.8	57.8	2.0	402	681	1.1	3.7	3.3	..
墨西哥	5.9	46.9	49.3	0.0	588	837	2.9	4.0	1.6	2.5
摩尔多瓦	10.7[g]	50.6[g]	48.3[g]	4.7[g]	181[g]	320[g]	2.7	6.7	6.1	6.0
蒙古	3.8	81.4	14.6	7.5	73	131	2.8	3.5	5.9	..
摩洛哥	5.3	36.3	55.0	0.2	149	231	0.6	0.9	1.1	..
莫桑比克	4.7	75.2	7.0	80.8	21	39	0.0	0.3	0.8	..
缅甸	2.0	8.8	87.1	10.7	10	23	0.5	0.8	0.6	..
纳米比亚	6.9	54.6	8.1	21.4	284	440	0.4	2.8	2.7	..
尼泊尔	6.0	37.7	45.1	11.0	24	66	0.2	0.5	5.0	..
荷兰	9.9	75.3	5.7	0.0	5,243	4,233	3.9	0.2	4.3	5.4
新西兰	9.7	80.2	14.0	0.0	2,917	2,655	2.4	10.9	..	4.4
尼加拉瓜	9.4	54.6	41.8	10.3	105	251	..	..	0.9	..
尼日尔	5.9	57.7	40.7	26.3	21	40	0.0	0.1	0.3	..
尼日利亚	5.2[c]	36.7[c]	60.4[c]	4.6[c]	73[c]	113[c]	0.4	1.6	0.5	..
挪威	8.5	78.6	15.5	0.0	8,019	5,207	4.1	14.8	3.5	..
阿曼	2.1	76.4	14.4	0.0	454	593	1.9	4.1	1.9	..
巴基斯坦	2.6	32.3	53.7	4.8	22	62	0.8	0.6	0.6	..
巴拿马	7.2	69.3	25.7	0.2	493	924	..	..	2.2	..
巴布亚新几内亚	3.2	80.1	8.2	20.6	39	70	0.1	0.5	..	..
巴拉圭	6.0	40.1	52.8	1.6	161	281	..	..	1.3	..
秘鲁	4.5	59.4	30.6	0.8	200	381	0.9	1.3	1.5	..
菲律宾	3.7	34.7	53.9	1.5	68	129	1.2	6.0	0.5	..
波兰	7.0	67.4	22.4	0.0	971	1,271	2.1	5.7	6.6	6.1
葡萄牙	10.6	67.4	22.1	0.0	2,434	2,578	3.8	5.3	3.4	3.9
波多黎各	..	..	..	..	..	..	..	..	..	..
卡塔尔	2.1	79.8	14.8	0.0	1,775	1,689	2.8	7.4	1.4	..

2.16 医疗卫生服务

	医疗卫生支出						医疗卫生工作者		病床数	门诊就诊次数
					人均		每千人拥有			
	总数占GDP的百分比	公共支出占总支出的百分比	自付支出占总支出的百分比	外部资源占总支出的百分比	美元	PPP美元	医生	护士和接生员	每千人	人均
	2008	2008	2008	2008	2008	2008	2004–2009[a]	2004–2009[a]	2004–2009[a]	2000–2009[a]
罗马尼亚	5.4	78.9	17.6	0.0	517	840	1.9	4.2	6.5	5.6
俄罗斯联邦	4.8	64.3	29.1	0.0	568	985	4.3	8.5	9.7	9.0
卢旺达	9.4	47.8	23.2	42.6	45	102	0.0	0.5	1.6	..
沙特阿拉伯	3.6	68.2	17.0	0.0	676	831	0.9	2.1	2.2	..
塞内加尔	5.7	55.4	35.0	11.4	62	102	0.1	0.4	0.3	..
塞尔维亚	10.0	62.5	35.5	0.4	499	867	2.0	4.4	5.4	..
塞拉利昂	13.3	6.5	83.7	17.0	47	104	0.0	0.2	0.4	..
新加坡	3.3	34.1	62.1	0.0	1,404	1,833	1.8	5.9	3.1	..
斯洛伐克共和国	8.0	67.1	24.9	0.0	1,395	1,849	3.0	6.6	6.6	12.5
斯洛文尼亚	8.3	68.6	12.8	0.0	2,238	2,420	2.5	8.2	4.7	6.6
索马里	..	..	..	..	..	..	0.0	0.1	..	..
南非	8.2	39.7	17.9	1.2	459	843	0.8	4.1	2.8	..
西班牙	9.0	69.7	20.7	0.0	3,132	2,941	3.7	5.2	3.2	9.5
斯里兰卡	4.1	43.7	48.8	1.8	83	187	0.5	1.9	3.1	..
苏丹	6.9	33.1	64.1	4.3	97	147	0.3	0.8	0.7	..
斯威士兰	5.8	60.8	16.6	11.1	141	287	0.2	6.3	2.1	..
瑞典	9.4	78.1	15.6	0.0	4,858	3,622	3.6	11.6	..	2.8
瑞士	10.7	59.1	30.8	0.0	6,988	4,815	4.1	16.0	5.3	..
阿拉伯叙利亚共和国	3.1	38.8	61.2	0.5	71	123	1.5	1.9	1.5	..
塔吉克斯坦	5.0	27.7	68.8	10.5	37	95	2.0	5.0	5.4	8.3
坦桑尼亚	4.5	71.9	18.3	59.2	22	57	0.0	0.2	1.1	..
泰国	4.1	74.3	17.5	0.3	164	328	0.3	1.5	..	..
东帝汶	13.8	73.4	6.8	21.8	71	126	0.1	2.2	..	..
多哥	5.9	24.5	63.5	14.1	38	70	0.1	0.3	0.9	..
特立尼达和多巴哥	4.7	48.9	41.8	0.3	908	1,237	1.2	3.6	2.5	..
突尼斯	6.2	54.1	40.0	0.5	248	501	1.2	3.3	2.1	..
土耳其	6.1	73.1	17.4	0.0	623	845	1.6	1.9	2.4	3.1
土库曼斯坦	2.2[c]	49.1[c]	50.9[c]	0.3[c]	82[c]	146[c]	2.4	4.5	4.1	3.7
乌干达	8.4	17.4	54.0	27.9	44	112	0.1	1.3	0.4	..
乌克兰	6.8	55.9	40.9	0.4	268	502	3.1	8.5	8.7	10.8
阿拉伯联合酋长国	2.5	67.1	21.7	0.0	1,427	868	1.9	4.1	1.9	..
英国	8.7	82.6	11.1	0.0	3,771	3,222	2.7	10.3	3.4	4.9
美国	15.2	47.8	12.7	0.0	7,164	7,164	2.7	9.8	3.1	9.0
乌拉圭	7.8	63.1	12.1	0.2	725	982	3.7	5.6	2.9	..
乌兹别克斯坦	4.9	50.5	48.5	2.4	51	134	2.6	10.8	4.8	8.7
委内瑞拉	5.4	44.9	49.3	0.0	597	683	..	..	1.3	..
越南	7.2	38.5	55.5	1.7	76	201	1.2	1.0	2.9	..
西岸和加沙	..	..	..	..	..	..	..	..	..	..
也门共和国	5.3	30.1	68.9	4.6	67	137	0.3	0.7	0.7	..
赞比亚	5.9	62.0	28.3	38.4	68	80	0.1	0.7	1.9	..
津巴布韦	..	..	..	..	..	..	0.2	0.7	3.0	..
全世界	**9.4 w**	**60.5 w**	**17.9 w**	**0.2 w**	**857 w**	**901 w**	**1.4 w**	**3.0 w**	**2.9 w**	**.. w**
低收入国家	5.3	41.9	47.9	24.2	25	55	0.2	0.5	..	..
中等收入国家	5.3	51.4	37.0	0.6	186	314	1.3	2.3	2.4	..
中低收入国家	4.3	45.5	45.0	1.1	95	188	1.0	1.7	1.9	..
中高收入国家	6.3	55.4	31.4	0.2	531	792	2.3	4.8	4.5	..
低收入和中等收入国家	5.3	51.2	37.2	1.1	163	277	1.1	2.0	2.3	..
东亚和太平洋地区	4.2	48.2	42.2	0.5	125	231	1.2	1.7	4.0	..
欧洲和中亚	5.4	65.4	28.2	0.3	448	738	3.2	6.8	7.3	7.6
拉丁美洲和加勒比地区	7.2	50.3	34.3	0.2	542	733	2.2	4.8	..	..
中东和北非	5.0	53.0	44.3	1.0	176	350	1.5	2.2	1.6	..
南亚	4.0	32.6	51.5	2.4	40	106	0.6	1.1	0.9	..
撒哈拉以南非洲地区	6.1	42.9	36.5	9.3	74	132	0.2	1.0	..	..
高收入国家	11.0	62.2	14.2	0.0	4,455	4,136	2.9	7.9	6.1	8.5
欧元区	10.0	73.7	14.2	0.0	4,132	3,458	3.8	7.5	5.8	6.8

a. 最近年份可获得的数据。b. GDP 包括对非法活动的衡量，例如，鸦片生产。政府支出包括外部援助（外部预算）。c. 取自不完整数据。d. 不包括为照顾老年人在居住设施上的支出。e. 不包括伊拉克北部。f. 包括联合国近东巴勒斯坦难民救济和工程处的捐助。g. 不包括德涅斯特河沿岸摩尔达维亚共和国。

关于数据的说明

医疗卫生系统——致力于促进、恢复或保持健康的机构和活动的结合安排（世界卫生组织，《2000 年世界医疗卫生报告》）——正在被越来越多地认为是对抗疾病和改善人口健康状况的关键所在。世界银行的“健康发展：健康、营养和人口成果战略”强调加强医疗卫生系统（这一点在许多国家都存在隐患），从而提高旨在降低特定疾病及进一步降低发病率和死亡率（世界银行，2007a）的程序的有效性。为了评估卫生系统，世界卫生组织（WHO）建议运用一些关键指标检测那些重要组成部分，如融资、服务提供、劳动力、信息和治理（WHO，2008a）。本表数据是这些指标的子集。对卫生系统的检测使我们可以比较不同卫生系统模型的效力、效率和公平性。卫生系统数据同样也有助于找出长处和不足，以及需要投资的地区，这些投资包括额外的卫生设施、更好的卫生信息系统，抑或更加训练有素的人力资源。

医疗卫生支出数据分为公共支出和私人支出。总的来说，低收入经济体的私人卫生支出份额比中、高收入国家要高，而且自付支出（由家庭直接向提供者支付）成为在私人支出的最大组成部分。较高的自付支出可能降低人们预防或接受治疗性照顾的意愿，也可能使贫困家庭无力承担所需的照顾。卫生融资数据是通过国家卫生账户收集的，后者对卫生系统资源流动进行系统、全面和一致的监测。为了建立一个国家卫生账户，各国必须定义卫生系统的边界，并将卫生支出信息划分为几个方面，包括融资渠道、卫生服务提供者和卫生支出受益者。这样账户核算系统就能提供资源信息和融资流动的精确图景，并能够分析融资的公平和效率，为政策提供参考。

该表在本年度给出了自付支出占医疗卫生总支出的百分比；先前版本给出的是自付支出占私人医疗卫生支出的百分比。由于这一原因，关于该指标的数据在各版本之间不具有可比性。

医疗卫生外部资源是由援助国公布的向受援国的拨付金额，由于推迟一年，从而导致拨付和支出之间的耽搁。2002 年之前的拨付数据无法获得，因此，只能利用承诺额数据。除非那些已经拥有完全可靠的国家医疗卫生账户的地方，大部分数据都是来自 OECD 发展援助委员会的债权人报告系统数据库，该数据库汇集了政府支出账户数据、政府记录的外部援助数据、外部资金援助常规调查数据以及特殊服务数据。由于资料来源各种各样，因此，在解释这些数据时应谨慎对待。

在那些财政年度横跨两个日历年的国家，支出数据被归集到后一个年度（例如，2008 年的数据包括 2007 年和 2008 年两个财政年度的数据）。许多低收入国家则是利用援助国提供资金支持的人口和健康调查或多指标汇集调查，来获得卫生系统数据。

医疗卫生工作者（医生、护士和接生员）密度的数据显示了医务人员救助的可得性。WHO 估计每 1,000 人至少需要 2.5 名医生、护士和接生员，这样才能提供足够的覆盖面，满足千年发展目标（世界卫生组织，《2006 年世界医疗卫生报告》）中对初级卫生干预的规定。世界卫生组织从家庭和劳动力调查、人口普查和行政记录中汇集数据。数据的可比性受限于各国的不同定义和医疗卫生工作者受训程度的差异。此外，人力资源倾向于集中在城市，所以平均密度无法提供全体人民卫生工作者服务可得性的全貌。

卫生服务的使用和可得性体现在每1,000 人可用医院床位数，以及人均门诊就诊次数，这反映了供需两方面的因素。由于缺少统一的定义，身体、融资等方面的医疗保健障碍的指标显得比较粗糙。

定义

• **医疗卫生总支出**是公共医疗卫生支出和私人医疗卫生支出的总和。它包括提供卫生服务（预防和治疗）、计划生育活动、营养活动和为了健康而实施的紧急救助，但不包括供水和卫生设施。 • **公共医疗卫生支出**由（中央和地方）政府预算中的经常性开支和基本建设开支、对外借款和国外赠款（包括国际机构和非政府组织的捐款）以及社会（或强制性）医疗保险基金组成。 • **自付医疗卫生支出**是家庭支出的医疗卫生总费用的百分比，包括自愿支付的对卫生人员及其服务的额外费用和实物以及为了有助于恢复和改善个人或团体人员的健康状况所投入的主要物品和服务。 • **医疗卫生外部资源**是指由各实体（而非论及的国家本国的实体）提供的各种资金和服务。这些资源可能来自国际组织、其他国家（通过双边安排）或者外国非政府组织，并且成为公共医疗卫生和个人医疗卫生的组成部分。 • **人均医疗卫生支出**是指卫生总支出除以一国的人口数量，转换为以世界银行国际比较项目的 2005 年购买力平价（PPP）比率计算的美元和国际美元计值。 • **医生**包括通才型和专业型医生。 • **护士和接生员数**是专业护士、辅助护士、登记护士以及其他护士，例如，牙科护士和基本保健护士的数量。 • **病床数**是指病人在公立、私立、综合及专科医院和康复中心可获得的床位数。 • **人均门诊就诊次数**是指人均到卫生保健机构就诊的次数，这里包括重复就诊。

数据资料来源

医疗卫生支出的数据大部分来自于世界卫生组织（WHO）的国家卫生账户数据库（最新更新的数据见 www.who.int/nha/en），并用各国数据作补充。医生、护士和接生员和社区卫生工作者的数据来自世界卫生组织的《全球医疗卫生工作者图表集》。有关最新更新的数据和元数据见 http://apps.who.int/globalatlas/。有关医院病床数和门诊数的数据来自世界卫生组织，并由各国数据作补充。

	最近各国完成医疗卫生账户的年份	各国完成的医疗卫生账户数量 1995–2009	最近进行医疗卫生调查的年份	最近进行人口普查的年份 2001–2011	完整性 百分比 出生登记 2004–2009[a]	婴儿死亡报告 2004–2009[a]	总死亡报告 2004–2009[a]
阿富汗		0	2003		..	..	..
阿尔巴尼亚	2009	3	2008/09	2001	99	28	76
阿尔及利亚	2003	3	2006	2008	99	..	90
安哥拉		0	2006/07		..	..	..
阿根廷	1997	1		2010	91	100	100
亚美尼亚	2009	6	2005	2001	96	38	100
澳大利亚	2007	13		2006	..	100	96
奥地利	2008	14		2001	..	90	100
阿塞拜疆		0	2006	2009	94	24	100
孟加拉国	2008	13	2007	2001	10	..	..
白俄罗斯		0	2005	2009	..	55	96
比利时	2008	6		2001	..	100	97
贝宁	2008	4	2006	2002	60	..	..
玻利维亚	2007	13	2008	2001	..	..	30
波斯尼亚和黑塞哥维那	2009	6	2006		100	54	92
博茨瓦纳	2002	3	2000	2001	72	35	47
巴西	2006	7	1996	2010	91	48	87
保加利亚	2007	6		2001	..	79	100
布基纳法索	2008	6	2006	2006	64	29	88
布隆迪	2007	1	2005	2008	60	..	..
柬埔寨		0	2005	2008	66	0	100
喀麦隆	1995	1	2006	2005	70	..	..
加拿大	2009	15		2006	..	100	98
中非共和国		0	2006	2003	49	..	..
乍得		0	2004	2009	9	..	..
智利	2008	5		2002	99	100	100
中国	2007	13		2010	..	..	99
中国香港		0		2006	..	66	91
哥伦比亚	2003	9	2005	2006	90	52	71
刚果民主共和国	2009	7	2010		31	..	..
刚果共和国	2005	1	2009	2007	81	..	..
哥斯达黎加	2003	2	1993	2000	..	90	98
科特迪瓦	2008	2	2006		55	..	..
克罗地亚		0		2001	..	75	100
古巴		0	2006	2002	100	99	100
捷克共和国	2008	14	1993	2001	..	84	94
丹麦	2007	13		2001	..	97	97
多米尼加共和国	2008	8	2007	2010	78	1	54
厄瓜多尔	2008	7	2004	2010	85	58	86
埃及	2008	3	2008	2006	99	47	97
萨尔瓦多	2009	14	2008	2007	99	36	75
厄立特里亚		0	2002		..	..	..
爱沙尼亚	2008	10		2000	..	68	94
埃塞俄比亚	2008	4	2005	2007	7	..	88
芬兰	2008	14		2010	..	84	98
法国	2008	14		2006	..	95	100
加蓬		0	2000	2003	..	..	..
冈比亚	2004	3	2005/06	2003	55	..	..
格鲁吉亚	2009	9	2005	2002	92	54	83
德国	2008	14			..	96	99
加纳	2002	1	2008	2010	71	95	..
希腊		0		2001	..	78	95
危地马拉	2008	14	2002	2002	..	62	93
几内亚		0	2005		43	..	..
几内亚比绍		0	2010	2009	39	..	..
海地	2006	1	2005/06	2003	81	..	..
洪都拉斯	2005	3	2005/06	2001	94	100	99

	最近各国完成医疗卫生账户的年份	各国完成的医疗卫生账户数量	最近进行医疗卫生调查的年份	最近进行人口普查的年份	完整性		
					百分比		
					出生登记	婴儿死亡报告	总死亡报告
		1995–2009		2001–2011	2004–2009[a]	2004–2009[a]	2004–2009[a]
匈牙利	2008	14		2001	..	84	97
印度	2004	2	2005/06	2001	41	..	..
印度尼西亚	2008	8	2007	2010	53	..	..
伊朗	2007	4	2000	2006	..	..	99
伊拉克		0	2006		95	100	100
爱尔兰	2008	14		2006	..	75	99
以色列	2006	1		2009	..	90	99
意大利	2008	4		2001	..	99	98
牙买加	2000	1	2005	2001	89	76	68
日本	2007	13		2010	..	88	98
约旦	2008	5	2009	2004	..	..	76
哈萨克斯坦	2007	1	2006	2009	99	95	82
肯尼亚	2006	2	2008/09	2009	60	37	39
朝鲜		0	2010	2008	..	43	91
韩国	2008	14		2005	..	80	92
科索沃		0			..	..	..
科威特		0	1996	2010	..	100	100
吉尔吉斯斯坦	2009	5	2005/06	2009	94	78	95
老挝		0	2006	2005	72	..	..
拉脱维亚	2007	5		2000	..	79	96
黎巴嫩	2005	4	2000		..	..	72
莱索托		0	2009/10	2006	26	..	..
利比里亚	2008	1	2009	2008	4	..	..
利比亚		0	2000	2006	..	..	..
立陶宛	2008	7		2001	..	68	95
前南斯拉夫马其顿共和国		0	2005	2002	94	87	99
马达加斯加	2007	2	2008/09		75	..	..
马拉维	2006	5	2006	2008	..	..	75
马来西亚	2006	10		2010	..	62	100
马里	2004	6	2006	2009	53	..	..
毛里塔尼亚		0	2007	2000	56	..	..
毛里求斯	2004	2		2000	..	80	97
墨西哥	2009	15	1995	2010	..	89	100
摩尔多瓦		0	2005	2004	..	62	89
蒙古	2003	5	2005	2010	98	60	96
摩洛哥	2006	3	2006	2004	..	..	..
莫桑比克	2006	4	2009	2007	31	..	..
缅甸	2007	10	2000		..	56	55
纳米比亚	2008	11	2006/07	2001	67	..	100
尼泊尔	2005	5	2006	2001	35	..	..
荷兰	2008	14		2001	..	84	97
新西兰	2008	14		2006	..	100	98
尼加拉瓜	2008	14	2006/07	2005	..	66	68
尼日尔	2006	4	2006	2001	32	..	..
尼日利亚	2005	8	2008	2006	30	..	1
挪威	2008	12		2001	..	97	100
阿曼	1998	1	1995	2010	..	100	97
巴基斯坦	2006	1	2006/07		27	85	84
巴拿马	2003	1	2003	2010	..	70	88
巴布亚新几内亚	2000	3	1996	2000	..	..	..
巴拉圭	2008	13	2004	2002	..	34	71
秘鲁	2005	11	2008	2007	93	41	70
菲律宾	2007	13	2008	2010	..	39	100
波兰	2008	14		2002	..	95	100
葡萄牙	2007	8		2001	..	85	95
波多黎各		0	1996	2010	..	100	95
卡塔尔		0		2010	..	95	77

	最近各国完成医疗卫生账户的年份	各国完成的医疗卫生账户数量	最近进行医疗卫生调查的年份	最近进行人口普查的年份	完整性 百分比 出生登记	完整性 百分比 婴儿死亡报告	完整性 百分比 总死亡报告
		1995–2009		2001–2011	2004–2009[a]	2004–2009[a]	2004–2009[a]
罗马尼亚	2006	9	1999	2002	..	76	96
俄罗斯联邦	2007	13	1996	2010	..	80	95
卢旺达	2006	5	2007	2002	82	..	..
沙特阿拉伯		0	2007	2010	..	94	100
塞内加尔	2005	2	2008/09	2002	55	..	..
塞尔维亚	2009	7	2005/06	2002	99	38	90
塞拉利昂	2006	3	2008	2004	51	..	..
新加坡		0	2005	2010	..	93	72
斯洛伐克共和国	2008	12		2001	..	93	98
斯洛文尼亚	2008	14		2002	..	72	96
索马里		0	2006		3	..	..
南非	1998	3	2003	2001	92	81	81
西班牙	2008	14		2001	..	99	100
斯里兰卡	2006	12	2006/07	2001	97	63	91
苏丹	2008	1	2006	2008	33	..	..
斯威士兰		0	2006/07	2007	30	..	..
瑞典	2008	8			..	83	99
瑞士	2009	15		2010	..	100	99
阿拉伯叙利亚共和国		0	2006	2004	95	..	100
塔吉克斯坦	2008	2	2005	2010	88	19	69
坦桑尼亚	2006	3	2007/08	2002	22	..	..
泰国	2007	13	2005/06	2010	99	86	65
东帝汶		0	2009	2010	..	..	..
多哥	2002	1	2006	2010	78	..	..
特立尼达和多巴哥	2000	1	2006	2000	96	50	94
突尼斯	2005	5	2006	2004	..	..	98
土耳其	2005	8	2003	2000	94	56	100
土库曼斯坦		0	2006		96	..	..
乌干达	2006	6	2009/10	2002	21	..	..
乌克兰	2008	6	2007	2001	100	90	100
阿拉伯联合酋长国		0		2010	..	75	100
英国	2008	12		2001	..	100	95
美国	2009	15	2009	2010	..	100	100
乌拉圭	2008	13		2004	..	78	100
乌兹别克斯坦		0	2006		100	..	..
委内瑞拉		0	2000	2001	..	62	84
越南	2007	10	2006	2009	88	72	83
西岸和加沙		1	2006	2007	96	31	66
也门共和国	2007	4	2006	2004	22	..	15
赞比亚	2006	11	2007	2000	14	..	..
津巴布韦	2001	3	2005/2006	2002	74	..	..

a. 最近年份可获得的数据。

关于数据的说明

世界卫生组织认为，医疗卫生信息系统对于监测和评估医疗卫生体系具有重大意义，该系统在对抗疾病和改善医疗卫生状况方面的重要性也日益凸显。医疗卫生信息系统可以为决策制定提供有力支持，其作用主要有以下四点：数据生成、数据汇编、数据分析与合成、数据交流与运用。该系统从医疗卫生部门和其他有关部门采集数据，对这些数据进行分析，确保它们的总体质量、相关性和时效性，并将这些数据转换为信息，以作为医疗卫生相关领域制定决策的依据（世界卫生组织，2008b）。

衡量一国医疗卫生信息系统的指标不胜其数，这些指标大体上可以分为两类：一是与数据生成有关的指标，主要是评估数据生成过程中使用的核心资源和方法是否得当（医疗卫生调查报告、国民登记注册信息、各类普查、设施状况报告以及医疗卫生系统资源追踪）；二是与数据处理能力有关的指标，包括数据合成、数据分析和数据检验。与数据生成有关的指标反映了一国在恰当的时间段点利用最合适的数据资源收集相关数据的能力，衡量标准包括数据采集频率、时效性、内容和有效性。与数据处理能力有关的指标则从不同侧面衡量了一国的制度框架能否确保数据质量，例如，数据独立性、透明度和可得性，衡量标准包括各种机制是否独立且相互协调、能否获得微数据和元数据等（世界卫生组织，2008a）。

表中的指标都与数据生成有关，例如，完成国家卫生账户所需要的年数、最近一次医疗卫生调查和人口普查所耗费的年数等。数据采集频率——衡量数据生成的一项标准——以1995—2009年间完成一国医疗卫生账户所花费的年数表示。采集各国医疗卫生账户数据的方法多种多样，例如，经济合作与发展组织（OECD）的医疗卫生账户系统，世界卫生组织国家医疗卫生账户编制指引法，各国当地的医疗卫生账户核算法，或者泛美洲卫生组织/世界卫生组织医疗卫生账户法。

与数据生成有关的指标还包括出生注册登记、婴儿死亡报告和总死亡报告的完整性。

南亚未登记的出生人数最多 2.17a

2007年未登记的出生人数（百万）

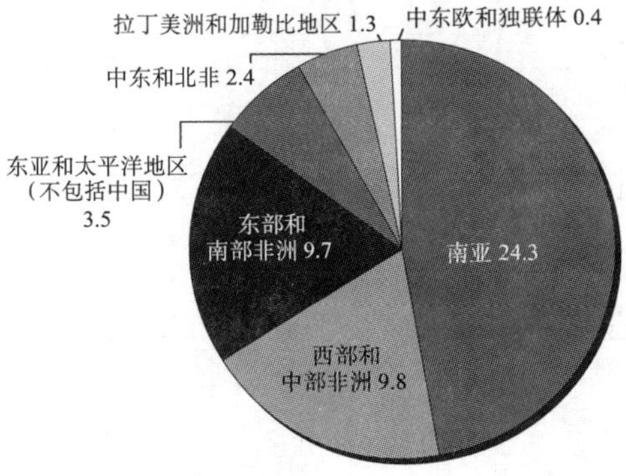

太多人口尤其是贫困人口从未统计在内。他们的出生、生活和死亡从未统计甚至被忽略。大约5千万人口（2007年出生的40%的儿童）就没有注册登记。

资料来源：联合国儿童基金会 Childinfo 数据库。

定义

• **最近各国完成医疗卫生账户的年份**是指在各国医疗卫生账户方法下有医疗卫生支出数据的最近年份。 • **各国完成的医疗卫生账户数量**是指在1995—2008年间各国编制完成的医疗卫生账户数目。 • **最近进行医疗卫生调查的年份**是指在全国范围内进行医疗卫生信息采集的最近一个年份。 • **最近进行人口普查的年份**是指在过去10年中最近一次进行人口普查的年份。 • **出生登记完整性**是指在调查期间进行过出生登记的5岁以下儿童的比例。进行出生登记的儿童包括调查者亲眼看到其出生证明的儿童，以及儿童的母亲或者监护人证实已做过出生登记的儿童。 • **婴儿死亡报告完整性**是用国家统计部门向联合国统计署《人口统计年鉴》提供的婴儿死亡数除以联合国人口署估算的婴儿死亡数。 • **总死亡报告完整性**是用国家统计部门向联合国统计署《人口统计年鉴》提供的总死亡数（来自民事登记体系）除以联合国人口署估算的总死亡数。

数据资料来源

有关最近各国完成医疗卫生账户的年份和各国完成的医疗卫生账户数量这两个数据由世界卫生组织医疗卫生融资部和世界银行健康、营养和人口小组根据世界卫生组织、经济合作与发展组织的报告，以及根据来自其他国家和国际组织的同事提供的医疗卫生开支信息进行汇编。有关最近进行医疗卫生调查的年份的数据来自宏观国际和联合国儿童基金会。有关最近进行人口普查的年份的数据来自联合国统计署2011年世界人口和住房调查项目（http://unstats.un.org/unsd/demographic/sources/census/2010_PHC/default.htm）。有关出生登记完整性的数据来自联合国儿童基金会《2010年世界儿童状况报告》，其中大部分数据来自家庭调查和医疗卫生部门。有关婴儿死亡报告完整性和总死亡报告完整性的数据来自联合国统计署的《人口和生命统计报告》和联合国人口署的《世界人口展望：2008年修订版》。

疾病防治：范围和质量

	获得改善的水源		获得改善的卫生设施		儿童免疫接种率		为ARI儿童实施的医疗保健服务	儿童患痢疾后口服再水化盐药片的情况	儿童在经处理过的蚊帐内睡眠的情况[a]	发烧儿童服用治疗疟疾药物的百分比	肺结核	
	占人口的百分比		占人口的百分比		占12—23个月儿童的百分比[b]		占5岁以下ARI儿童的百分比	占患有痢疾的5岁以下儿童的百分比	占5岁以下儿童的百分比	占5岁以下发烧儿童的百分比	治愈率 占最新报告病例的百分比	发现率 占最新估计病例的百分比
					麻疹	白、百、破						
	1990	2008	1990	2008	2009	2009	2004–2009[c]	2004–2009[c]	2004–2009[c]	2004–2009[c]	2008	2009
阿富汗	..	48	..	37	76	83	..	..	..	..	88	48
阿尔巴尼亚	..	97	..	98	97	98	70	63	..	..	91	94
阿尔及利亚	94	83	88	95	88	93	53	24	..	..	90	100
安哥拉	36	50	25	57	77	73	..	..	17.7	29.3	70	75
阿根廷	94	97	90	90	99	94	..	..	..	..	44	67
亚美尼亚	..	96	..	90	96	93	36	59	..	..	73	70
澳大利亚	100	100	100	100	94	92	..	..	..	..	80	89
奥地利	100	100	100	100	83	83	..	..	..	..	47	48
阿塞拜疆	70	80	..	45	67	73	33	31	..	..	56	75
孟加拉国	78	80	39	53	89	94	37	68	..	..	91	44
白俄罗斯	100	100	..	93	99	96	90	54	..	..	71	140
比利时	100	100	100	100	94	99	..	..	..	..	76	88
贝宁	56	75	5	12	72	83	36	42	20.1	54.0	89	47
玻利维亚	70	86	19	25	86	85	51	..	..	..	84	64
波斯尼亚和黑塞哥维那	..	99	..	95	93	90	91	53	..	..	92	91
博茨瓦纳	93	95	36	60	94	96	..	..	..	..	65	62
巴西	88	97	69	80	99	99	50	..	..	..	71	86
保加利亚	100	100	99	100	96	94	..	..	..	..	85	86
布基纳法索	41	76	6	11	75	82	39	42	9.6	48.0	76	14
布隆迪	70	72	44	46	91	92	38	23	8.3	30.0	90	25
柬埔寨	35	61	9	29	92	94	48	50	4.2	0.2	95	60
喀麦隆	50	74	47	47	74	80	35	22	13.1	57.8	76	70
加拿大	100	100	100	100	93	80	..	..	..	..	78	93
中非共和国	58	67	11	34	62	54	32	47	15.1	57.0	71	60
乍得	38	50	6	9	23	23	12	27	..	53.0	54	26
智利	90	96	84	96	96	97	..	..	..	..	72	130
中国	67	89	41	55	94	97	..	..	..	..	94	75
中国香港	..	..	..	..	..	..	..	..	..	..	68	89
哥伦比亚	88	92	68	74	95	92	62	39	..	..	76	70
刚果民主共和国	45	46	9	23	76	77	42	42	5.8	29.8	87	46
刚果共和国	..	71	..	30	76	91	48	39	6.1	48.0	76	69
哥斯达黎加	93	97	93	95	81	86	..	..	..	..	89	93
科特迪瓦	76	80	20	23	67	81	35	45	3.0	36.0	76	27
克罗地亚	..	99	..	99	98	96	..	..	..	..	58	76
古巴	82	94	80	91	96	96	..	..	..	..	88	120
捷克共和国	100	100	100	98	98	99	..	..	..	..	68	70
丹麦	100	100	100	100	84	89	..	..	..	..	41	79
多米尼加共和国	88	86	73	83	79	82	70	55	..	0.6	75	60
厄瓜多尔	72	94	69	92	66	75	..	..	..	..	78	51
埃及	90	99	72	94	95	97	73	19	..	..	89	63
萨尔瓦多	74	87	75	87	95	91	67	..	..	..	91	92
厄立特里亚	43	61	9	14	95	99	..	..	..	..	76	58
爱沙尼亚	98	98	..	95	95	95	..	..	..	..	60	89
埃塞俄比亚	17	38	4	12	75	79	19	15	33.1	9.5	84	50
芬兰	100	100	100	100	98	99	..	..	..	..	72	110
法国	100	100	100	100	90	99	..	..	..	..	..	77
加蓬	..	87	..	33	55	45	..	..	..	..	53	42
冈比亚	74	92	..	67	96	98	69	38	49.0	62.6	84	47
格鲁吉亚	81	98	96	95	83	88	74	37	..	..	73	100
德国	100	100	100	100	96	93	..	..	..	..	68	91
加纳	54	82	7	13	93	94	51	45	28.2	43.0	86	31
希腊	96	100	97	98	99	99	..	..	..	..	..	92
危地马拉	82	94	65	81	92	92	..	..	..	..	83	33
几内亚	52	71	9	19	51	57	42	38	4.5	43.5	78	26
几内亚比绍	..	61	..	21	76	68	57	25	39.0	45.7	70	59
海地	47	63	26	17	59	59	31	43	..	5.1	82	60
洪都拉斯	72	86	44	71	99	98	56	49	..	0.5	85	68

	获得改善的水源 占人口的百分比		获得改善的卫生设施 占人口的百分比		儿童免疫接种率 占12—23个月儿童的百分比[b]		为ARI儿童实施的医疗保健服务 占5岁以下ARI儿童的百分比	儿童患痢疾后口服再水化盐药片的情况 占患有痢疾的5岁以下儿童的百分比	儿童在经处理过的蚊帐内睡眠的情况[a] 占5岁以下儿童的百分比	发烧儿童服用治疗疟疾药物的百分比 占5岁以下发烧儿童的百分比	肺结核	
					麻疹	白、百、破					治愈率 占最新报告病例的百分比	发现率 占最新估计病例的百分比
	1990	2008	1990	2008	2009	2009	2004–2009[c]	2004–2009[c]	2004–2009[c]	2004–2009[c]	2008	2009
匈牙利	96	100	100	100	99	99	..	..	..	..	53	82
印度	72	88	18	31	71	66	69	33	..	8.2	87	67
印度尼西亚	71	80	33	52	82	82	66	54	3.3	0.8	91	67
伊朗	91	..	83	..	99	99	..	..	..	..	83	74
伊拉克	81	79	..	73	69	65	82	64	..	..	88	48
爱尔兰	100	100	99	99	89	93	..	..	..	..	76	89
以色列	100	100	100	100	96	93	..	..	..	..	81	89
意大利	100	100	..	..	91	96	..	..	..	..	..	66
牙买加	93	94	83	83	88	90	75	39	..	..	64	78
日本	100	100	100	100	94	98	..	..	..	..	48	89
约旦	97	96	..	98	95	98	75	32	..	..	84	100
哈萨克斯坦	96	95	96	97	99	98	71	48	..	..	64	80
肯尼亚	43	59	26	31	74	75	56	..	46.1	23.2	85	85
朝鲜	100	100	..	..	98	93	93	..	..	..	89	93
韩国	..	98	100	100	93	94	..	..	..	..	84	89
科索沃	..	..	..	..	..	..	..	..	..	..	..	..
科威特	99	99	100	100	97	98	..	..	..	..	80	89
吉尔吉斯斯坦	..	90	..	93	99	95	62	22	..	..	84	66
老挝	..	57	..	53	59	57	32	49	40.5	8.2	93	68
拉脱维亚	99	99	..	78	96	95	..	..	..	..	33	94
黎巴嫩	100	100	..	..	53	74	..	..	..	..	77	78
莱索托	61	85	32	29	85	83	66	53	..	..	73	93
利比里亚	58	68	11	17	64	64	62	47	26.4	67.2	79	52
利比亚	54	..	97	97	98	98	..	..	..	..	69	82
立陶宛	..	..	..	..	96	98	..	..	..	..	82	81
前南斯拉夫马其顿共和国	..	100	..	89	96	96	93	45	..	..	89	98
马达加斯加	31	41	8	11	64	78	42	47	45.8	19.7	81	44
马拉维	40	80	42	56	92	93	52	27	24.7	24.9	87	49
马来西亚	88	100	84	96	95	95	..	..	..	..	78	76
马里	29	56	26	36	71	74	38	38	27.1	31.7	82	16
毛里塔尼亚	30	49	16	26	59	64	45	32	2.1	20.7	68	24
毛里求斯	99	99	91	91	99	99	..	..	..	..	87	41
墨西哥	85	94	66	85	95	89	..	..	..	..	85	99
摩尔多瓦	..	90	..	79	90	85	60	48	..	..	62	68
蒙古	58	76	..	50	94	95	63	47	..	..	87	75
摩洛哥	74	81	53	69	98	99	38	46	..	..	85	93
莫桑比克	36	47	11	17	77	76	65	47	22.8	36.7	84	46
缅甸	57	71	..	81	87	90	..	..	..	..	85	64
纳米比亚	64	92	25	33	76	83	72	48	10.5	9.8	82	76
尼泊尔	76	88	11	31	79	82	43	37	..	0.1	89	73
荷兰	100	100	100	100	96	97	..	..	..	..	85	89
新西兰	100	100	..	..	89	92	..	..	..	..	73	89
尼加拉瓜	74	85	43	52	99	98	..	..	..	..	89	90
尼日尔	35	48	5	9	73	70	47	34	42.8	33.0	81	36
尼日利亚	47	58	37	32	41	42	45	25	5.5	33.2	78	19
挪威	100	100	100	100	92	92	..	..	..	..	84	91
阿曼	80	88	85	..	97	98	..	..	..	..	98	89
巴基斯坦	86	90	28	45	80	85	69	37	..	3.3	90	63
巴拿马	84	93	58	69	85	84	..	..	..	..	79	94
巴布亚新几内亚	41	40	47	45	58	64	63	..	..	..	64	73
巴拉圭	52	86	37	70	91	92	..	..	..	..	81	78
秘鲁	75	82	54	68	91	93	72	60	..	..	82	97
菲律宾	84	91	58	76	88	87	50	60	..	0.0	88	57
波兰	100	100	..	90	98	99	..	..	..	..	74	84
葡萄牙	96	99	92	100	95	96	..	..	..	..	87	86
波多黎各	..	..	..	..	..	..	..	..	..	..	63	89
卡塔尔	100	100	100	100	99	99	..	..	..	..	73	89

2.18 疾病防治：范围和质量

	获得改善的水源		获得改善的卫生设施		儿童免疫接种率		为ARI儿童实施的医疗保健服务	儿童患痢疾后口服再水化盐药片的情况	儿童在经处理过的蚊帐内睡眠的情况[a]	发烧儿童服用治疗疟疾药物的百分比	肺结核	
	占人口的百分比		占人口的百分比		占12—23个月儿童的百分比[b]		占5岁以下ARI儿童的百分比	占患有痢疾的5岁以下儿童的百分比	占5岁以下儿童的百分比	占5岁以下发烧儿童的百分比	治愈率 占最新报告病例的百分比	发现率 占最新估计病例的百分比
					麻疹	白、百、破						
	1990	2008	1990	2008	2009	2009	2004–2009[c]	2004–2009[c]	2004–2009[c]	2004–2009[c]	2008	2009
罗马尼亚	..	..	71	72	97	97	..	..	..	..	37	79
俄罗斯联邦	93	96	87	87	98	98	..	..	..	..	57	84
卢旺达	68	65	23	54	92	97	28	24	55.7	5.6	87	19
沙特阿拉伯	89	..	..	..	98	98	..	..	..	..	61	89
塞内加尔	61	69	38	51	79	86	47	43	29.2	9.1	84	31
塞尔维亚	..	99	..	92	95	95	93	71	..	..	86	89
塞拉利昂	..	49	..	13	71	75	46	57	25.8	30.1	86	31
新加坡	100	100	99	100	95	97	..	..	..	..	81	89
斯洛伐克共和国	..	100	100	100	99	99	..	..	..	..	93	89
斯洛文尼亚	100	99	100	100	95	96	..	..	..	..	80	80
索马里	..	30	..	23	24	31	13	7	11.4	7.9	81	42
南非	83	91	69	77	62	69	..	..	..	..	76	74
西班牙	100	100	100	100	98	96	..	..	..	..	..	89
斯里兰卡	67	90	70	91	96	97	58	67	2.9	0.3	85	70
苏丹	65	57	34	34	82	84	90	56	27.6	54.2	81	52
斯威士兰	..	69	..	55	95	95	73	22	0.6	0.6	68	67
瑞典	100	100	100	100	97	98	..	..	..	..	87	89
瑞士	100	100	100	100	90	95	..	..	..	..	..	89
阿拉伯叙利亚共和国	85	89	83	96	81	80	77	34	..	..	86	88
塔吉克斯坦	..	70	..	94	89	93	64	22	1.3	1.9	82	44
坦桑尼亚	55	54	24	24	91	85	59	53	63.8[d]	59.1[d]	88	77
泰国	91	98	80	96	98	99	84	46	..	..	82	69
东帝汶	..	69	..	50	70	72	71	..	..	..	85	84
多哥	49	60	13	12	84	89	23	22	38.4	47.7	79	10
特立尼达和多巴哥	88	94	93	92	94	90	74	32	..	..	67	89
突尼斯	81	94	74	85	98	99	59	62	..	..	86	86
土耳其	85	99	84	90	97	96	..	22	..	..	92	77
土库曼斯坦	..	..	98	98	99	96	83	25	..	..	83	92
乌干达	43	67	39	48	68	64	73	39	9.7	61.3	70	44
乌克兰	..	98	95	95	94	90	..	..	..	..	62	78
阿拉伯联合酋长国	100	100	97	97	92	92	..	..	..	..	68	61
英国	100	100	100	100	86	93	..	..	..	..	78	94
美国	99	99	100	100	92	95	..	..	..	..	85	89
乌拉圭	96	100	94	100	94	95	..	..	..	..	83	96
乌兹别克斯坦	90	87	84	100	95	98	68	28	..	..	81	50
委内瑞拉	90	..	82	..	83	83	..	..	..	..	83	68
越南	58	94	35	75	97	96	83	65	5.0	2.6	92	54
西岸和加沙	..	91	..	89	..	..	..	..	..	..	94	4
也门共和国	..	62	18	52	58	66	..	48	..	..	85	67
赞比亚	49	60	46	49	85	81	68	56	41.1	43.3	88	80
津巴布韦	78	82	43	44	76	73	25	35	17.3	23.6	74	46
全世界	77 w	87 w	52 w	61 w	82 w	82 w	.. w	.. w	.. w	.. w	86 w	62 w
低收入国家	55	64	23	35	78	80	45	39	..	30.6	86	50
中等收入国家	74	88	45	57	82	81	..	..	..	..	..	..
中低收入国家	70	86	37	50	79	79	..	..	..	..	89	63
中高收入国家	89	95	78	84	93	93	..	..	..	..	72	79
低收入和中等收入国家	72	84	43	54	81	81	..	..	..	..	..	..
东亚和太平洋地区	69	88	42	59	91	93	..	..	..	..	92	70
欧洲和中亚	91	95	87	89	96	95	..	..	..	..	67	78
拉丁美洲和加勒比地区	85	93	69	79	93	92	..	..	..	..	77	73
中东和北非	87	87	73	84	87	88	..	..	..	..	86	78
南亚	74	87	22	36	75	72	67	37	..	7.2	88	64
撒哈拉以南非洲地区	49	60	27	31	68	70	..	33	20.2	34.4	79	48
高收入国家	99	100	100	99	93	95	..	..	..	..	69	87
欧元区	100	100	100	100	94	96	..	..	..	..	..	..

a. 仅针对疟疾的防治。b. 指在12个月之前接受免疫的儿童，或者在一些情况下指调查之前的任何时间（12—23个月）。c. 最近年份可获得的数据。d. 2010年的数据。

疾病防治：范围和质量

关于数据的说明

人类健康受其生活环境的影响。干净的水和基础卫生设施的缺乏是经粪便传染的疾病在发展中国家如此多见的主要原因。从改善的水源获得饮用水以及获得改善的卫生设施并不能确保其安全或者充足，因为这些状况在调查的时候没有测试。但是改善饮用水和改善卫生设施的国家相对于那些未改善的更有可能提供安全饮用水，防止接触人类粪便。数据是以各国政府向世界卫生组织（WHO）和联合国儿童基金会（UNICEF）联合监督项目（JMP）提供的人口普查和具有代表性的家庭调查数据为基础的。覆盖率则基于服务使用者对其居民户实际使用的设施提供的信息，而不是基于服务供应者提供的信息，因为后者可能会把那些不起作用的系统也包括进去。尽管该估计值是基于使用数据，而JMP的报告则使用获取数据，因为获取是千年发展目标中关于饮用水和卫生防疫所用的术语。

在发展中国家，政府常常拨出经费用于麻疹和白喉、百日咳、破伤风（DTP）的免疫，将其作为基本公共卫生一揽子方案的一部分。在许多发展中国家，由于缺乏一岁以下儿童群体规模的准确数据信息，使人们难以对免疫覆盖率进行估算。本表所列数据是以世界卫生组织和联合国儿童基金会对各国免疫覆盖率的评估为基础的。该评估同时考虑了服务供应者提供的行政管理数据和对儿童免疫史进行的居民户调查。基于可获得的数据，考虑了可能的偏差，再加上当地专家的贡献，我们确定了每年最有可能正确的免疫水平。急性呼吸道感染一直是幼儿死亡率的一个主要原因。在发展中国家，每年大约有200万5岁以下的儿童死于这种疾病。这些数据主要来自一个由母亲报告的急性呼吸道感染发病及治疗情况的家庭健康调查。

从1990年起，与痢疾相关的儿童死亡已经急剧下降。大多数与痢疾有关的死亡是由于脱水所致，如果在家中使用口服再水化盐药片，其中许多可以避免死亡。然而，基于痢疾病处理的科学化进展，加之对治疗可行性的考虑，关于使用口服再水化治疗方法的建议已随时间的推移而改变。由于各国采用和提高口服再水化治疗方法的含义已经改变，所以难以精确地比较不同国家的使用率。直到各国都采纳和应用当代痢疾家庭处理的推荐方法后，这些数据才应谨慎使用。而且，痢疾的流行因季节而变化。由于各国在不同时间组织调查，进而会影响数据的可比性。

疟疾对于那些全球最贫困的国家来讲，都是一种地方流行病，主要出现在非洲、亚洲和美洲的热带和亚热带地区。经过处理的具有驱蚊作用的蚊帐，若能得以适当使用并能维持下去，进而限制人蚊接触，就是最重要的疟疾预防措施之一。

疟疾迅速有效的治疗是一项控制疟疾的重要措施。对于受害者来讲，在症状出现的24小时之内进行治疗以防止病情恶化进而导致严重的疟疾甚至死亡（通常很迅速）是非常重要的，尤其对于那些5岁以下的儿童。

有关肺结核治疗成功率的数据由那些向世界卫生组织提交数据的国家提供。肺结核治疗成功率有效地显示了卫生服务质量。质量低或无医治率表示受感染的患者没有得到有效治疗。这一比率的一个必要补充是DOTS发现率，该指标显示推荐的病例发现方法和医治战略所能覆盖的有效范围。本表并没有给出疾病发现率的不确定范围，其可在网站 http://data.worldbank.org 或者原始资料中获得。

2010年以前的版本包括了DOTS对肺结核的发现率，DOTS是国际上推荐的控制肺结核的战略。就像去年的版本，今年的版本也给出了所有检测方法对肺结核的发现率，因此，发现率数据与以前版本中的该数据不具有可比性。

对于那些来自家庭调查的指标，本表中的年份是指调查年份。更详细的信息，请查看原始资料来源。

定义

• **获得改善的水源**是指从经改善的水源合理地获得足够用水的人口所占的比重。经改善的水源包括接入家庭的水、公共水管、受到保护的蓄水池及井和泉以及雨积水。合理地获得被定义为每人每天从距居住区1公里范围内的水源可以获得至少20升水。 • **获得改善的卫生设施**是指具有最基本的处理排泄物设施的人口所占的比重。这些设施能够有效地防止人畜及蚊蝇通过排泄物接触。改善的设施范围包括从简单而有防护的厕坑到有排水系统的直冲式厕所。 • **儿童免疫接种率**是指12—23个月的儿童在1岁之前或在调查前的任何时间内对麻疹和白喉、百日咳、破伤风（DTP3）4种疾病接种预防疫苗的比率。 • **为急性呼吸道感染（ARI）儿童实施的医疗保健服务**指5岁以下、急性呼吸道感染儿童在患病的两个星期内获得适当的卫生医疗服务的百分比。 • **儿童患痢疾后口服再水化盐药片的情况**指5岁以下儿童在调查前的2个星期内患有痢疾而接受口服再水化盐药片治疗并继续喂育的情况。 • **儿童在经处理过的蚊帐内睡眠的情况**指5岁以下儿童为预防疟疾在调查前的2个星期内在经过杀虫剂处理的蚊帐内睡眠的情况。 • **发烧儿童服用治疗疟疾药物的百分比**是指那些5岁以下儿童在调查前的2个星期内出现发烧症状并服用任何适当的（根据当地的定义）治疗疟疾药物的百分比。 • **肺结核治愈率**指新的阳性感染者治愈或已接受全部必需治疗的患者比例。 • **肺结核病例发现率**指最新定义的肺结核病例（包括复发的）占估计的发病病例（所有发现的病例）的百分比。

数据资料来源

关于水和卫生设施的数据来自世界卫生组织和联合国儿童基金会的《实现千年发展目标中卫生设施和饮用水目标》（2010）。免疫率数据来自世界卫生组织和联合国儿童基金会国家免疫覆盖范围估计值（www.who.int/immunization_monitoring）。患急性呼吸道感染的儿童、患疟疾的儿童、睡在经处理过蚊帐内的儿童以及服用治疗疟疾药物的儿童来自联合国儿童基金会的《2010年世界儿童状况》、Childinfo数据库以及宏观国际的人口统计和健康调查。肺结核数据来自世界卫生组织的《2010年全球肺结核控制报告》。

	总生育率		青春期女性生育率	意外怀孕的女性	避孕普及率	接受产前护理的孕妇	在熟练医护人员护理下的分娩		孕产妇死亡率			孕产妇死亡的终身罹患风险
	每个女性生育数		每千名15—19岁少女生育数	占15—49岁已婚女性的百分比	占15—49岁已婚女性的百分比(任何方法)	百分比	占总数的百分比		每10万例分娩 国家估计数	模型估计数		死于生育原因的妇女数量
	1990	2009	2009	2004–2009[a]	2004–2009[a]	2004–2009[a]	1990	2004–2009[a]	2004–2009[a]	1990	2008	2008
阿富汗	8.0	6.5	117	..	15	36	..	24	..	1,700	1,400	11
阿尔巴尼亚	2.9	1.9	14	..	69	97	..	99	21	48	31	1,700
阿尔及利亚	4.7	2.3	7	11	61	89	77	95	..	250	120	340
安哥拉	7.2	5.6	121	..	..	80	..	47	..	1,000	610	29
阿根廷	3.0	2.2	56	..	78	99	96	95	40	72	70	600
亚美尼亚	2.5	1.7	35	13	53	93	..	100	27	51	29	1,900
澳大利亚	1.9	1.9	14	..	..	..	100	..	..	10	8	7,400
奥地利	1.5	1.4	12	..	..	..	..	..	..	10	5	14,300
阿塞拜疆	2.7	2.3	33	23	51	77	..	88	26	64	38	1,200
孟加拉国	4.4	2.3	68	17	53	51	..	24	348	870	340	110
白俄罗斯	1.9	1.5	20	..	73	99	..	100	3	37	15	5,100
比利时	1.6	1.9	7	..	75	..	..	..	..	7	5	10,900
贝宁	6.7	5.4	108	30	17	84	..	74	397	790	410	43
玻利维亚	4.9	3.4	76	..	61	86	43	71	310	510	180	150
波斯尼亚和黑塞哥维那	1.7	1.2	15	23	36	99	97	100	3	18	9	9,300
博茨瓦纳	4.7	2.8	50	..	53	94	77	95	198	83	190	180
巴西	2.8	1.8	74	..	81	97	72	97	75	120	58	860
保加利亚	1.8	1.6	40	..	..	..	..	100	6	24	13	5,800
布基纳法索	6.8	5.8	125	31	17	85	..	54	307	770	560	28
布隆迪	6.6	4.5	18	..	9	92	..	34	615	1,200	970	25
柬埔寨	5.8	2.9	37	25	51[b]	83[b]	..	71[b]	461	690	290	110
喀麦隆	5.9	4.5	122	3	29	82	58	63	669	680	600	35
加拿大	1.8	1.6	12	..	..	..	..	100	..	6	12	5,600
中非共和国	5.8	4.7	96	..	19	69	..	44	543	880	850	27
乍得	6.7	6.1	155	21	3	39	..	14	1,099	1,300	1,200	14
智利	2.6	1.9	59	..	58	..	..	100	18	56	26	2,000
中国	2.3	1.8	10	..	85	91	50	99	34	110	38	1,500
中国香港	1.3	1.0	6	..	..	..	..	100	..	..	..	..
哥伦比亚	3.1	2.4	72	6	78	94	82	96	76	140	85	460
刚果民主共和国	7.1	5.9	191	24	21	85	..	74	549	900	670	24
刚果共和国	5.4	4.3	106	16	44	86	..	83	781	460	580	39
哥斯达黎加	3.2	1.9	67	..	80	90	98	99	27	35	44	1,100
科特迪瓦	6.3	4.5	122	29	13	85	..	57	543	690	470	44
克罗地亚	1.6	1.5	14	..	..	100[b]	100	100[b]	13[b]	8	14	5,200
古巴	1.8	1.5	46	8	78	100	..	100	47	63	53	1,400
捷克共和国	1.9	1.5	10	..	..	..	..	100	6	15	8	8,500
丹麦	1.7	1.8	6	..	..	..	..	..	..	7	5	10,900
多米尼加共和国	3.5	2.6	107	11	73	99	93	98	159	220	100	320
厄瓜多尔	3.7	2.5	82	..	73	84	..	98	60	230	140	270
埃及	4.6	2.8	37	9	60	74	37	79	55	220	82	380
萨尔瓦多	4.0	2.3	81	..	73	94	52	96	59	200	110	350
厄立特里亚	6.2	4.5	62	..	..	..	..	..	..	930	280	72
爱沙尼亚	2.0	1.6	20	..	..	..	..	100	7	48	12	5,300
埃塞俄比亚	7.1	5.2	94	34	15	28	..	6	673	990	470	40
芬兰	1.8	1.9	11	..	..	..	..	..	..	7	8	7,600
法国	1.8	2.0	6	..	71	..	..	..	..	13	8	6,600
加蓬	5.2	3.2	85	..	..	..	..	..	..	260	260	110
冈比亚	6.1	5.0	87	..	..	98	44	57	..	750	400	49
格鲁吉亚	2.2	1.6	44	..	47	94	..	98	14	58	48	1,300
德国	1.5	1.4	7	..	..	..	..	100	..	13	7	11,100
加纳	5.6	3.9	61	35	24	90	40	57	451	630	350	66
希腊	1.4	1.5	8	..	..	..	..	..	..	6	2	31,800
危地马拉	5.6	4.0	104	..	54	..	..	51	133	140	110	210
几内亚	6.7	5.3	147	21	9	88	31	46	980	1,200	680	26
几内亚比绍	5.9	5.7	125	25	10	78	..	39	405	1,200	1,000	18
海地	5.4	3.4	45	38	32	85	23	26	630	670	300	93
洪都拉斯	5.1	3.2	90	17	65	92	45	67	..	210	110	240

	总生育率		青春期女性生育率	意外怀孕的女性	避孕普及率	接受产前护理的孕妇	在熟练医护人员护理下的分娩		孕产妇死亡率			孕产妇死亡的终身罹患风险
	每个女性生育数		每千名15—19岁少女生育数	占15—49岁已婚女性的百分比	占15—49岁已婚女性的百分比(任何方法)	百分比	占总数的百分比		每10万例分娩 国家估计数	模型估计数		死于生育原因的妇女数量
	1990	2009	2009	2004–2009[a]	2004–2009[a]	2004–2009[a]	1990	2004–2009[a]	2004–2009[a]	1990	2008	2008
匈牙利	1.8	1.3	19	..	..	..	..	100	17	23	13	5,500
印度	4.0	2.7	64	13	54	75	..	53	254	570	230	140
印度尼西亚	3.1	2.1	37	9	57	93	*32*	75	228	620	240	190
伊朗	4.8	1.8	17	..	79	98	..	97	25	150	30	1,500
伊拉克	6.0	3.9	80	..	50	84	*54*	80	84	93	75	300
爱尔兰	2.1	2.1	15	..	89	..	..	..	..	6	3	17,800
以色列	2.8	3.0	14	..	..	..	..	..	..	12	7	5,100
意大利	1.3	1.4	5	..	..	..	..	..	..	10	5	15,200
牙买加	2.9	2.4	75	..	..	91	*79*	95	..	66	89	450
日本	1.5	1.4	5	..	54	..	100	100	..	12	6	12,200
约旦	5.5	3.4	24	11	59	99	87	99	19	110	59	510
哈萨克斯坦	2.7	2.6	29	..	51	100	..	100	37	78	45	950
肯尼亚	6.0	4.9	101	..	46	92	*50*	44	488	380	530	38
朝鲜	2.4	1.9	0	..	..	..	..	..	77	270	250	230
韩国	1.6	1.3	6	..	80	..	98	..	..	18	18	4,700
科索沃	3.9	2.3	..	..	..	..	..	..	..	..	..	..
科威特	3.5	2.2	13	..	..	..	..	..	..	10	9	4,500
吉尔吉斯斯坦	3.7	2.8	32	1	48	97	..	98	55	77	81	450
老挝	6.0	3.4	34	..	38	35	..	20	405	1,200	580	49
拉脱维亚	2.0	1.3	14	..	..	..	..	100	8	57	20	3,600
黎巴嫩	3.1	1.8	16	..	58	96	..	98	..	52	26	2,000
莱索托	4.9	3.3	69	31	47	92	..	62	762	370	530	62
利比里亚	6.5	5.8	136	36	11	79	..	46	994	1,100	990	20
利比亚	4.8	2.6	3	..	..	..	..	..	..	100	64	540
立陶宛	2.0	1.5	20	..	..	..	..	100	9	34	13	5,800
前南斯拉夫马其顿共和国	2.1	1.4	21	34	14	94	..	100	4	16	9	7,300
马达加斯加	6.3	4.6	127	24	40	86	*57*	44	498	710	440	45
马拉维	7.0	5.5	127	28	41	92	*55*	54	807	910	510	36
马来西亚	3.7	2.5	12	..	..	79	..	99	29	56	31	1,200
马里	6.7	6.5	155	31	8	70	..	49	464	1,200	830	22
毛里塔尼亚	5.9	4.4	82	25	9	75	*40*	61	686	780	550	41
毛里求斯	2.3	1.5	41	..	..	..	91	99	..	72	36	1,600
墨西哥	3.4	2.1	63	..	73	94	..	93	63	93	85	500
摩尔多瓦	2.4	1.5	33	7	68	98	..	100	38	62	32	2,000
蒙古	4.2	2.0	15	14	55	100	..	99	81	130	65	730
摩洛哥	4.0	2.3	19	10	63	68	*31*	63	132	270	110	360
莫桑比克	6.2	5.0	139	..	16	89	..	55	..	1,000	550	37
缅甸	3.4	2.3	18	..	41	80	..	64	316	420	240	180
纳米比亚	5.2	3.3	67	7	55	95	*68*	81	449	180	180	160
尼泊尔	5.2	2.8	91	25	48	44	*7*	19	281	870	380	80
荷兰	1.6	1.8	4	..	69	..	..	..	..	10	9	7,100
新西兰	2.2	2.1	21	..	..	..	..	..	..	18	14	3,800
尼加拉瓜	4.8	2.7	111	8	72	90	..	74	77	190	100	300
尼日尔	7.9	7.1	152	16	11	46	*15*	33	648	1,400	820	16
尼日利亚	6.6	5.6	118	..	15	58	33	39	545	1,100	840	23
挪威	1.9	2.0	8	..	88	..	*100*	..	..	9	7	7,600
阿曼	6.6	3.0	10	..	..	..	..	99	17	49	20	1,600
巴基斯坦	6.1	3.9	42	25	30	61	*19*	39	276	490	260	93
巴拿马	3.0	2.5	80	..	..	..	..	92	60	86	71	520
巴布亚新几内亚	4.8	4.0	50	..	32	79	..	53	733	340	250	94
巴拉圭	4.5	3.0	69	..	79	96	*66*	82	118	130	95	310
秘鲁	3.8	2.5	52	8	73	94	*80*	83	..	250	98	370
菲律宾	4.3	3.0	43	22	51	91	..	62	162	180	94	320
波兰	2.0	1.4	13	..	..	..	..	100	5	17	6	13,300
葡萄牙	1.4	1.3	15	..	67	..	98	..	..	15	7	9,800
波多黎各	2.2	1.7	50	..	..	..	..	100	..	29	18	3,000
卡塔尔	4.4	2.4	15	..	..	..	..	..	..	15	8	4,400

	总生育率		青春期女性生育率	意外怀孕的女性	避孕普及率	接受产前护理的孕妇	在熟练医护人员护理下的分娩		孕产妇死亡率			孕产妇死亡的终身罹患风险
	每个女性生育数		每千名15—19岁少女生育数	占15—49岁已婚女性的百分比	占15—49岁已婚女性的百分比(任何方法)	百分比	占总数的百分比		每10万例分娩 国家估计数	模型估计数		死于生育原因的妇女数量
	1990	2009	2009	2004–2009[a]	2004–2009[a]	2004–2009[a]	1990	2004–2009[a]	2004–2009[a]	1990	2008	2008
罗马尼亚	1.8	1.4	29	..	70	94	..	99	14	170	27	2,700
俄罗斯联邦	1.9	1.6	24	..	80	..	..	100	32[b]	74	39	1,900
卢旺达	6.8	5.3	35	38	36	96	26	52	750	1,100	540	35
沙特阿拉伯	5.8	3.0	25	..	24	..	..	96	14	41	24	1,300
塞内加尔	6.7	4.7	97	32	12	94	..	52	401	750	410	46
塞尔维亚	1.8	1.4	21	29	41	98	..	99	6	13	8	7,500
塞拉利昂	5.5	5.2	124	..	8	87	..	42	857	1,300	970	21
新加坡	1.9	1.2	4	..	..	..	..	100	..	6	9	10,000
斯洛伐克共和国	2.1	1.4	20	..	..	..	..	100	4	15	6	13,300
斯洛文尼亚	1.5	1.5	5	..	..	..	100	100	26	11	18	4,100
索马里	6.6	6.4	69	26	15	26	..	33	1,044	1,100	1,200	14
南非	3.7	2.5	56	..	..	..	..	..	..	230	410	100
西班牙	1.3	1.4	12	..	66	..	..	..	..	7	6	11,400
斯里兰卡	2.5	2.3	29	..	68	99	..	99	39	91	39	1,100
苏丹	6.0	4.1	53	6	8	64	69	49	1,107	830	750	32
斯威士兰	5.7	3.5	78	24	51	85	..	69	589	260	420	75
瑞典	2.1	1.9	7	..	..	..	..	..	..	7	5	11,400
瑞士	1.6	1.5	5	..	..	..	..	100	..	8	10	7,600
阿拉伯叙利亚共和国	5.5	3.1	55	11	58	84	..	93	..	120	46	610
塔吉克斯坦	5.2	3.4	27	24	37	80	..	88	38	120	64	430
坦桑尼亚	6.2	5.5	128	22	26	76	53	43	578	880	790	23
泰国	2.1	1.8	36	..	77	98	..	97	12	50	48	1,200
东帝汶	5.3	6.4	52	..	22[b]	..	..	..	..	650	370	44
多哥	6.3	4.2	62	41	17	84	31	62	..	650	350	67
特立尼达和多巴哥	2.4	1.6	34	27	43	96	..	98	..	86	55	1,100
突尼斯	3.5	2.1	7	..	60	96	69	95	..	130	60	860
土耳其	3.1	2.1	36	18	73	95	..	95	29	68	23	1,900
土库曼斯坦	4.3	2.4	18	..	48	99	..	100	15	91	77	500
乌干达	7.1	6.3	142	41	24	94	38	42	435	670	430	35
乌克兰	1.8	1.5	27	10	67	99	..	99	16	49	26	3,000
阿拉伯联合酋长国	4.4	1.9	15	..	..	..	..	..	..	28	10	4,200
英国	1.8	2.0	22	..	..	..	..	..	..	10	12	4,700
美国	2.1	2.1	33	..	..	..	99	..	13	12	24	2,100
乌拉圭	2.5	2.0	60	..	78	96	..	99	34	39	27	1,700
乌兹别克斯坦	4.1	2.7	13	8	65	99	..	100	21	53	30	1,400
委内瑞拉	3.4	2.5	89	..	..	..	..	..	61	84	68	540
越南	3.7	2.0	16	..	80	91	..	88	75	170	56	850
西岸和加沙	6.4	4.9	73	..	50	99	..	99	..	..	..	..
也门共和国	8.1	5.1	64	24	28	47	16	36	..	540	210	91
赞比亚	6.5	5.7	133	27	41	94	51	47	591	390	470	38
津巴布韦	5.2	3.4	61	13	65	93	70	60	555	390	790	42
全世界	**3.3 w**	**2.5 w**	**50 w**	**.. w**	**61 w**	**82 w**	**50 w**	**65 w**		**400 w**	**260 w**	**140 w**
低收入国家	5.6	4.2	97	25	33	67	..	41		850	580	39
中等收入国家	3.3	2.4	46	..	66	85	46	71		350	200	190
中低收入国家	3.4	2.5	45	..	63	83	41	66		400	230	160
中高收入国家	3.0	2.0	49	..	75	95	..	96		120	82	570
低收入和中等收入国家	3.6	2.7	54	..	61	82	46	64		440	290	120
东亚和太平洋地区	2.6	1.9	17	..	77	91	48	89		200	89	580
欧洲和中亚	2.3	1.8	27	..	69	..	..	97		69	32	1,700
拉丁美洲和加勒比地区	3.2	2.2	71	..	75	95	72	89		140	86	480
中东和北非	4.9	2.7	34	..	62	83	47	80		210	88	380
南亚	4.3	2.8	63	15	51	70	32	47		610	290	110
撒哈拉以南非洲地区	6.3	5.1	112	24	21	71	..	44		870	650	31
高收入国家	1.8	1.7	18	..	..	..	..	..		15	15	3,900
欧元区	1.5	1.6	8	..	..	..	..	..		11	7	10,100

a. 最近年份可获得的数据。b. 2010 年的数据。

关于数据的说明

生殖卫生是与生殖系统功能和过程相关的身心健康状态。获得生殖卫生的手段包括产前护理和教育、安全分娩、提供安全有效的避孕措施以及治疗和预防性传染疾病。在发展中国家，孕产并发症是导致育龄女性死亡和残疾的主要原因。总生育率和青春期女性生育率是基于登记的成活分娩数据，这些数据来自人口动态登记系统或（在没有这种系统的情况下）人口普查或抽样调查。只要调查是最近的，估计的生育率对最近生育率的测算一般都很可靠。在得不到有关各年龄组的生育率的实证信息的情况下，就用一个模型来估算青春期女性生育占这一时期女性人数的份额。没有建立人口动态登记制度的国家生育率一般是根据较早年份人口普查或调查所观察到的趋势推测的。

发展中国家越来越多的夫妇愿意节制生育或推迟生育，但并没有采取有效的节育措施，这些夫妇都有意外怀孕的可能。不使用避孕措施的普遍原因是缺乏有关避孕方法的知识或者担心它们会对健康产生副作用。这一指标不包括产后排卵停止、绝经期或不育这些不存在意外怀孕风险的女性。

避孕普及情况表现为使用的所有方法——低效的传统方法和高效的现代方法。避孕普及率主要是从家庭调查，其中包括人口统计和健康调查、多指标汇集调查以及避孕普及调查获得的（有关最近的调查年份，见“基本数据资料文献”）。未婚女性往往在这类调查之外，因而估计数可能有偏差。

良好的产前产后护理能够改善孕产妇的健康并减少母婴死亡率。然而，享受孕产期保健服务这一指标没有提供有关服务内容和质量的信息。有关孕产期保健服务的信息主要是通过家庭调查获得，该调查询问了那些有小孩的妇女一些相关问题，即是否获得孕产期保健服务以及从哪儿获得孕产期保健服务？在熟练医护人员护理下的分娩所占比重是反映医疗卫生系统为孕妇提供适当医疗能力的指标。

孕产妇死亡率的可靠性常令人怀疑，其他许多有具体死亡原因的死亡率指标也是如此。对诸如人口统计和健康调查之类的家庭调查力图通过关于有财产继承关系的姐妹的问卷调查来测算孕产妇死亡率。这种调查方法的主要缺陷是对孕产妇死亡情况的估计已是调查前12年的了，从而使得这种方法不适于用来监督最近的变化或观察干预措施对孕产妇死亡率的影响。此外，孕产妇死亡率的测算还受到很多错误的影响。即使在一个具备动态登记系统的高收入国家也发现了由于对孕产妇死亡的错误分类而导致的严重低估情况。

本表给出的各国的孕妇死亡率数据是基于国家人口调查、动态登记或监控或者从社区和医院记录推导得出的。这一推导估计模型则是建立在世界卫生组织、联合国儿童基金会、联合国人口基金会和世界银行实践的基础上的。本年度的孕妇死亡率估计值包括了第一时间的国家层面的时间序列数据。对于那些拥有完整人口登记系统的国家，其能够很好地提供死亡率数据，进而利用这些数据可以直接估计孕产妇死亡率。对于那些报告了孕产妇死亡率数据的国家因为存在被高估、低估以及错误分类因素，而进行了调整。对于那些没有孕妇死亡率数据的国家（大约35%的国家）则利用回归模型推导得出，这一模型利用了有关生育、生育护理和GDP的有关信息。本年度各机构的估计方法不同于前些年份，因此与前几版本中的数据不具有可比性。有关估计方法的信息，见资料来源。

任何一种比率都不能被认为能够提供对表中任何国家的孕产妇死亡率的准确估计。

在那些孕产妇有高死亡风险的国家，许多女孩在达到生育年龄之前就已死亡。孕产妇死亡的终身罹患风险是指15岁的女孩最终死于生育原因的概率。

对于那些来自家庭调查的指标，本表中的年份是指调查年份。更详细的信息，请查看原始资料来源。

定义

• **总生育率**是一个女性到育龄期结束，并按目前特定年龄段的生育率生育孩子的话，她可能生育的孩子数量。 • **青春期女性生育率**是指每1,000个15—19岁的女性生育孩子的数量。 • **可能意外怀孕的女性**指不愿怀孕也没有采取避孕措施的有生育能力的已婚育龄女性所占百分比。 • **避孕普及率**是指15—49岁的已婚或者同居女性或者其性伴侣采取了任何形式的避孕措施的女性所占百分比。 • **接受产前护理的孕妇**是指怀孕期间由于与怀孕相关的原因至少接受一次熟练医护人员护理的女性所占的百分比。 • **在熟练医护人员护理下的分娩**是在经过培训的医护人员护理下分娩的百分比，护理内容包括在女性怀孕、分娩和产后期间给予必要的监护、照顾和忠告，引导产妇自己分娩以及照顾新生儿。 • **孕产妇死亡率**指在怀孕和分娩时死亡的女性数量占每10万例活产婴儿的比率。 • **孕产妇死亡的终身罹患风险**是指一个15岁的女孩最终死于生育原因的概率，如果对于给定的人群来讲，其一生面临的生育死亡风险和生育率、死亡率的整体水平都能观察到。数据表示死于生育原因的妇女数量。

数据资料来源

生育率数据由世界银行发展数据工作小组汇编并估计。其中主要的资料来源来自于联合国人口署的《世界人口展望：2008年修订版》；各国统计部门的人口普查报告、各国机构、宏观国际以及美国疾病控制和防御中心所进行的家庭调查、欧洲统计局的《人口统计》以及美国人口普查局的国际数据库。青少年生育率数据来自《世界人口展望：2008年修订版》，每年的数据由发展数据组加以线性解释。女性意外怀孕和避孕普及率数据来自一些家庭调查，例如，宏观国际的人口统计和健康调查；联合国儿童基金会的《多指标汇集调查》。孕妇接受破伤风疫苗接种数据、在熟练医护人员护理下的分娩数据以及各国孕妇死亡率的估计值都是来自联合国儿童基金会的《2011年世界儿童状况》、Childinfo数据库以及宏观国际的人口统计和健康调查。孕妇死亡率的模型估计值和孕产妇死亡的终身罹患风险数据来自WHO、UNICEF、UNFPA和世界银行的《1990—2008年孕产妇死亡率趋势》”（2010年）。

	营养不良的发生率		儿童营养不良的发生率		儿童体重超标的发生率	出生时体重不足的婴儿	完全母乳喂养率	食用加碘盐的比例	维生素A补充率	贫血的发生率	
	占人口的百分比		占5岁以下儿童的百分比		占5岁以下儿童的百分比	占出生婴儿的百分比	占6个月以下儿童的百分比	占居民的百分比	占6–59个月儿童的百分比	百分比	
			体重不足	发育不良						5岁以下儿童	孕妇
	1990–1992	2005–2009	2004–2009[a]	2004–2009[a]	2004–2009[a]	2004–2009[a]	2004–2009[a]	2004–2009[a]	2009	2004–2009[a]	2004–2009[a]
阿富汗	..	..	32.9	59.3	4.6	..	83	28	95	38	61
阿尔巴尼亚	10	<5	6.6	27.0	25.2	7	39	76	..	31	34
阿尔及利亚	<5	<5	3.7	15.9	12.9	6	7	61	..	43	43
安哥拉	67	41	..	..	..	..	..	45	28	..	57
阿根廷	<5	<5	2.3	8.2	9.9	7	..	..	..	17	31
亚美尼亚	45	22	4.2	18.2	11.7	7	33	97	..	37	..
澳大利亚	<5	<5	..	..	..	..	..	..	..	8	12
奥地利	<5	<5	..	..	..	..	..	..	..	11	15
阿塞拜疆	27	<5	8.4	26.8	13.9	10	12	54	79[b]	..	..
孟加拉国	38	27	41.3	43.2	1.1	22	43	84	91	58	39
白俄罗斯	<5	<5	1.3	4.5	9.7	4	9	55	..	27	26
比利时	<5	<5	..	..	..	..	..	..	..	9	13
贝宁	20	12	20.2	44.7	11.4	15	43	67	56	78	75
玻利维亚	29	27	4.5	27.2	8.7	6	60	89	45	52	37
波斯尼亚和黑塞哥维那	8	<5	1.6	11.8	25.6	5	18	62	..	27	35
博茨瓦纳	19	25	..	..	..	13	20	..	89	..	21
巴西	11	6	2.2	7.1	7.3	8	40	96	..	55	29
保加利亚	<5	10	1.6	8.8	13.6	9	..	100	..	27	30
布基纳法索	14	9	26.0	35.1	7.7	16	16	34	100	..	..
布隆迪	44	62	..	..	..	11	45	98	90	56	47
柬埔寨	38	22	28.8	39.5	2.0	9	66	73	98	62	57
喀麦隆	33	21	16.6	36.4	9.6	11	21	49	..	68	51
加拿大	<5	<5	..	..	..	..	..	..	..	8	12
中非共和国	44	40	..	..	..	13	23	62	87	..	..
乍得	60	37	33.9	44.8	4.4	22	2	56	71	71	60
智利	7	<5	0.5	2.0	9.5	6	85	..	..	24	28
中国	18[c]	10[c]	4.5	11.7	5.9	3	28	96	..	..	..
中国香港	..	..	..	..	..	..	..	..	..	..	..
哥伦比亚	15	10	5.1	16.2	4.2	6	47	..	..	28	31
刚果民主共和国	26	69	28.2	45.8	6.8	10	36	79	89	71	67
刚果共和国	42	15	11.8	31.2	8.5	13	19	82	8	66	55
哥斯达黎加	<5	<5	..	..	..	7	15	..	..	..	..
科特迪瓦	15	14	16.7	40.1	9.0	17	4	84	88	69	55
克罗地亚	18	<5	1.0	0.6	8.1	5	98	88	..	23	28
古巴	6	<5	..	..	..	5	26	88	..	27	39
捷克共和国	<5	<5	..	..	..	..	..	..	..	18	22
丹麦	<5	<5	..	..	..	..	..	..	..	9	12
多米尼加共和国	28	24	3.4	10.1	8.3	11	9	19	..	35	40
厄瓜多尔	23	15	6.2	29.0	5.1	10	40	..	..	38	38
埃及	<5	<5	6.8	30.7	20.5	13	53	79	68[b]	49	34
萨尔瓦多	13	9	..	..	..	..	31	..	*20*	..	..
厄立特里亚	67	64	..	..	..	..	..	..	44	70	55
爱沙尼亚	10	<5	..	..	..	..	..	..	..	23	23
埃塞俄比亚	69	41	34.6	50.7	5.1	20	49	20	84	75	63
芬兰	<5	<5	..	..	..	..	..	..	..	11	15
法国	<5	<5	..	..	..	..	..	..	..	8	11
加蓬	6	<5	..	..	..	..	..	..	0	44	46
冈比亚	14	19	15.8	27.6	2.7	20	41	7	*28*	..	..
格鲁吉亚	58	<5	2.3	14.7	21.0	5	11	100	..	41	42
德国	<5	<5	1.1	1.3	3.5	..	..	..	..	8	12
加纳	27	5	14.3	28.6	5.9	13	63	32	90	..	..
希腊	<5	<5	..	..	..	..	..	..	..	12	19
危地马拉	15	21	..	..	..	..	50	76	43	..	..
几内亚	20	17	20.8	40.0	5.1	12	48	41	*94*	76	..
几内亚比绍	22	22	17.4	47.7	17.0	24	16	1	80	75	58
海地	63	57	18.9	29.7	3.9	25	41	3	..	..	50
洪都拉斯	19	12	8.6	29.9	5.8	10	30	..	..	..	21

	营养不良的发生率		儿童营养不良的发生率		儿童体重超标的发生率	出生时体重不足的婴儿	完全母乳喂养率	食用加碘盐的比例	维生素A补充率	贫血的发生率	
	占人口的百分比		占5岁以下儿童的百分比		占5岁以下儿童的百分比	占出生婴儿的百分比	占6个月以下儿童的百分比	占居民的百分比	占6—59个月儿童的百分比	百分比	
			体重不足	发育不良						5岁以下儿童	孕妇
	1990–1992	2005–2009	2004–2009[a]	2004–2009[a]	2004–2009[a]	2004–2009[a]	2004–2009[a]	2004–2009[a]	2009	2004–2009[a]	2004–2009[a]
匈牙利	<5	<5	..	..	..	..	..	..	..	19	21
印度	20	21	43.5	47.9	1.9	28	46	51	66	74	50
印度尼西亚	16	13	17.5[d]	35.6[d]	11.2	11[d]	15[d]	62[d]	84	44	44
伊朗	<5	<5	..	..	..	7	23	99	..	35	..
伊拉克	..	..	7.1	27.5	15.0	15	25	28	..	56	38
爱尔兰	<5	<5	..	..	..	..	..	..	..	10	15
以色列	<5	<5	..	..	..	..	..	..	..	12	17
意大利	<5	<5	..	..	..	..	..	..	..	11	15
牙买加	11	5	2.2	3.7	7.5	14	15	..	..	..	..
日本	<5	<5	..	..	..	..	..	..	..	11	15
约旦	<5	5	1.9	8.3	6.6	13	22	..	..	..	..
哈萨克斯坦	<5	<5	4.9	17.5	14.8	6	17	92	..	..	26
肯尼亚	33	31	16.4	35.2	5.0	8	32	98	51	..	..
朝鲜	21	33	20.6	43.1	..	..	65	40	99	..	..
韩国	<5	<5	..	..	..	..	..	..	..	..	23
科索沃	..	..	..	..	..	..	..	..	..	..	..
科威特	20	5	1.7	3.8	9.0	..	..	..	..	..	31
吉尔吉斯斯坦	17	10	2.7	18.1	10.7	5	32	76	99	..	34
老挝	31	23	31.6	47.6	1.3	11	26	84	88	..	56
拉脱维亚	<5	<5	..	..	..	..	..	..	..	27	25
黎巴嫩	<5	<5	4.2	16.5	16.7	..	..	92	..	..	32
莱索托	15	14	16.6	45.2	6.8	13	54	91	*85*	49	25
利比里亚	30	33	20.4	39.4	4.2	14	29	..	92	..	..
利比亚	<5	<5	5.6	21.0	22.4	..	..	..	..	34	34
立陶宛	<5	<5	..	..	..	..	..	..	..	24	24
前南斯拉夫马其顿共和国	11	<5	1.8	11.5	16.2	6	16	94	..	..	32
马达加斯加	21	25	36.8	49.2	6.2	16	51	53	95	68	50
马拉维	43	28	15.5	53.2	11.3	13	57	50	95	73	47
马来西亚	<5	<5	..	..	..	11	..	..	..	32	38
马里	27	12	27.9	38.5	4.7	19	38	79	100	..	..
毛里塔尼亚	12	7	16.7	24.2	2.3	34	35	23	89	68	53
毛里求斯	7	5	..	..	..	..	..	..	..	..	..
墨西哥	<5	<5	3.4	15.5	7.6	8	..	..	..	24	21
摩尔多瓦	5	6	3.2	11.3	9.1	6	46	60	..	41	36
蒙古	28	26	5.3	27.5	14.2	5	57	83	*95*	21	37
摩洛哥	6	<5	9.9	23.1	13.3	..	31	21	..	..	..
莫桑比克	59	38	..	..	..	15	37	25	97	..	52
缅甸	47	16	..	..	..	..	..	93	95	63	50
纳米比亚	32	19	17.5	29.6	4.6	16	24	..	..	41	31
尼泊尔	21	16	38.8	49.3	0.6	21	53	..	95	48	42
荷兰	<5	<5	..	..	..	..	..	..	..	9	13
新西兰	<5	<5	..	..	..	..	..	..	..	11	18
尼加拉瓜	50	19	4.3	18.8	5.2	8	31	..	6	17	..
尼日尔	37	20	39.9	54.8	3.5	27	10	46	95	81	61
尼日利亚	16	6	26.7	41.0	10.5	12	13	..	78	..	..
挪威	<5	<5	..	..	..	..	..	..	..	6	9
阿曼	..	..	..	..	..	9	..	..	..	42	..
巴基斯坦	25	26	..	..	..	32	37	..	91	..	..
巴拿马	18	15	..	..	..	..	..	..	..	..	..
巴布亚新几内亚	..	..	18.1	43.9	3.4	10	56	92	12	60	55
巴拉圭	16	11	..	..	..	9	22	94	..	30	39
秘鲁	27	15	5.4	29.8	9.1	8	70	91	..	50	43
菲律宾	24	15	..	..	..	21	34	45	91	21	43
波兰	<5	<5	..	..	..	..	..	..	..	23	25
葡萄牙	<5	<5	..	..	..	..	..	..	..	13	17
波多黎各	..	..	..	..	..	..	..	..	..	..	..
卡塔尔	..	..	..	..	..	..	..	..	..	..	29

2.20 营养

	营养不良的发生率		儿童营养不良的发生率		儿童体重超标的发生率	出生时体重不足的婴儿	完全母乳喂养率	食用加碘盐的比例	维生素A补充率	贫血的发生率	
	占人口的百分比		占5岁以下儿童的百分比		占5岁以下儿童的百分比	占出生婴儿的百分比	占6个月以下儿童的百分比	占居民的百分比	占6–59个月儿童的百分比	百分比	
			体重不足	发育不良						5岁以下儿童	孕妇
	1990–1992	2005–2009	2004–2009[a]	2004–2009[a]	2004–2009[a]	2004–2009[a]	2004–2009[a]	2004–2009[a]	2009	2004–2009[a]	2004–2009[a]
罗马尼亚	<5	<5	..	..	..	8	16	74	..	40	30
俄罗斯联邦	<5	<5	..	..	..	6	..	..	..	27	21
卢旺达	44	34	18.0	51.7	6.7	6	88	88	94	56	..
沙特阿拉伯	<5	<5	5.3	9.3	6.1	..	..	..	..	33	32
塞内加尔	22	17	14.5	20.1	2.4	19	34	41	97	70	58
塞尔维亚	<5[e]	8[e]	1.8	8.1	19.3	6	15	32	..	..	..
塞拉利昂	45	35	21.3	37.4	10.1	14	11	58	99	83	60
新加坡	..	..	..	..	..	..	..	..	..	19	24
斯洛伐克共和国	<5	<5	..	..	..	..	..	..	..	23	25
斯洛文尼亚	<5	<5	..	..	..	..	..	..	..	14	19
索马里	..	..	32.8	42.1	4.7	11	9	1	62	..	..
南非	<5	<5	..	..	..	..	..	..	39	..	22
西班牙	<5	<5	..	..	..	..	..	..	..	13	18
斯里兰卡	28	19	21.6	19.2	0.8	17	76	92	..	..	..
苏丹	39	22	31.7	37.9	5.3	..	34	11	84	85	58
斯威士兰	12	18	6.1	29.5	11.4	9	33	80	27	47	24
瑞典	<5	<5	..	..	..	..	..	..	..	9	13
瑞士	<5	<5	..	..	..	..	..	..	..	6	..
阿拉伯叙利亚共和国	<5	<5	10.0	28.6	18.7	9	29	..	..	41	39
塔吉克斯坦	34	30	14.9	33.1	6.7	10	25	62	87	..	45
坦桑尼亚	28	34	16.7	44.4	4.9	10	50[d]	43	94	72	58
泰国	26	16	7.0	15.7	8.0	9	5	47	..	..	..
东帝汶	39	31	..	..	..	..	52[d]	60	45	..	..
多哥	43	30	22.3	27.8	4.7	12	48	25	100	52	50
特立尼达和多巴哥	11	11	..	..	..	19	13	28	..	30	30
突尼斯	<5	<5	3.3	9.0	8.8	5	6	..	..	..	..
土耳其	<5	<5	3.5	15.6	9.1	11	42	69	..	33	40
土库曼斯坦	9	6	..	..	..	4	11	87	..	..	30
乌干达	19	21	16.4	38.7	4.9	14	60	96	64	73	64
乌克兰	<5	<5	..	..	..	4	18	18	..	..	27
阿拉伯联合酋长国	<5	<5	..	..	..	..	..	..	..	28	28
英国	<5	<5	..	..	..	..	..	..	..	..	15
美国	<5	<5	1.3	3.9	8.0	..	..	..	..	..	6
乌拉圭	5	<5	6.0	13.9	9.4	8	57	..	..	19	27
乌兹别克斯坦	5	11	4.4	19.6	12.8	5	26	53	65	..	..
委内瑞拉	10	8	3.7	15.6	6.1	8	..	..	..	33	40
越南	31	11	20.2	30.5	3.0	5	17	93	99[b]	..	..
西岸和加沙	10	18	2.2	11.8	11.4	7	27	86	..	..	..
也门共和国	30	31	..	..	..	..	..	..	47[b]	68	58
赞比亚	35	43	14.9	45.8	8.4	11	61	..	91	..	..
津巴布韦	40	30	14.0	35.8	9.1	11	26	91	77	58	47
全世界	**17 w**	**14 w**	**21.3 w**	**31.7 w**	**6.1 w**	**15 w**	**37 w**	**71 w**	**.. w**	**.. w**	**.. w**
低收入国家	38	31	27.7	44.0	4.9	15	44	62	86	66	56
中等收入国家	17	13	20.8	30.0	6.3	15	35	73	..	..	..
中低收入国家	19	15	24.0	33.1	5.9	17	34	71	..	..	..
中高收入国家	8	6	..	..	..	8	..	..	..	36	31
低收入和中等收入国家	19	16	22.4	33.3	6.0	15	37	71	..	..	..
东亚和太平洋地区	20	11	8.8	19.0	6.6	6	29	87	..	..	..
欧洲和中亚	7	6	..	..	..	7	..	..	..	30	31
拉丁美洲和加勒比地区	13	9	3.8	14.1	7.2	8	44	89	..	38	33
中东和北非	7	7	6.8	25.0	16.6	10	31	69	..	48	..
南亚	23	22	42.5	47.5	1.9	27	46	55	73	71	49
撒哈拉以南非洲地区	31	26	24.7	42.0	7.0	14	33	52	81	..	..
高收入国家	5	5	..	..	..	..	..	..	..	..	13
欧元区	5	5	..	..	..	..	..	..	..	10	14

a. 最近年份可获得的数据。b. 各国的维生素 A 补充率并不总是针对 59 个月大的婴儿。c. 包括中国香港、中国澳门和中国台湾。d. 2010 年的数据。e. 包括黑山。

关于数据的说明

有关营养不足状况的数据来自联合国粮食与农业组织（FAO），这些数据基于平均每人可消费的粮食数量、在获得食物方面的不平等状况以及平均每人至少需要的卡路里数，来衡量事物匮乏状况。

但是从政策和项目角度来看，这一指标有其局限性。第一，即便不存在由于贫困家庭获得食物不足而导致的食物可获得性问题，粮食不安全问题也依然存在。第二，粮食不安全是个人或家庭现象，而每人平均能够获得的食物，即使经过低收入可能带来的影响的调整，也不是粮食不安全状况的好的预测指标。第三，营养安全不仅由粮食安全，也由母亲和孩子被照顾的质量及家庭健康环境的质量所决定（Smith 和 Haddad，2000）。

对儿童营养不良状况的评估来自各国的调查数据，它以流行的体重不足和发育不良为基础。体重不足的儿童所占比重是最常用的营养不良指标。如果体重不足，即使是轻微的，也会增加儿童死亡的危险，并妨碍其认知能力的发展。此外，由于营养不良的女性更有可能产下出生时体重不足的婴儿，这个问题可能从一代传给下一代，从而使之永久化。人们常常认为，发育不良或者低于同一年龄的平均身高是多方面匮乏的表现，也是体现长期营养不良变化的一个较好的指标。儿童超重的估计数也来自各国的调查数据。在发展中国家，儿童超重正成为越来越被关注的问题。研究者已经证明儿童过度肥胖与高血压、糖尿病、呼吸系统疾病以及心理社会性病患和畸形有关（de Onis 和 Blossner，2000）。

2006 年，世界卫生组织针对婴儿和少年儿童公布了新的国际儿童成长参考标准，以作为监控儿童营养状况的工具。相对于遗传或者基因，儿童在到了 5 岁之后其差异将越来越多地受到营养、喂养方法、环境以及卫生保健的影响。先前公布的数据都是基于美国国家卫生统计中心和世界卫生组织的儿童成长参考资料。因为标准的变化，所以本书中的数据与 2008 年以前各版的数据不具有可比性。

婴儿出生时体重不足与母亲营养不良增加了婴儿死亡以及在婴儿期和儿童时期发育不良的风险。并且也有证据表明，出生时体重不足的婴儿更易患诸如糖尿病和心血管疾病等非传染类疾病。体重不足婴儿的估计数大多来自医院的记录和家庭调查。但是在发展中国家许多婴儿在家中出生，很少有记录。在医院出生可能表示有较高的收入，因此有较好的营养，也可能意味属于高风险分娩。所以在使用这个数据时，应该谨慎对待。

据估计，母乳喂养每年可挽救 130 万名婴儿。母乳本身就含有一名婴儿健康成长所需的全部营养素、抗体、激素和抗氧化剂。它能使婴儿免患腹泻和急性呼吸道感染等疾病，刺激其免疫系统，对接种产生反应。而且，据某些研究，它还能带来认知能力方面的好处。这项母乳喂养数据来自各国的调查。

碘缺乏是导致可预防性智力发育受阻的最重要原因。它带来较大的死胎和流产风险。广泛使用且价格低廉的碘盐是碘的最佳来源，全球食用盐加碘则能极大地降低这些风险。碘盐的数据来自家庭调查。

维生素 A 对免疫系统发挥的功能至关重要。缺乏维生素 A 的儿童不仅会失明，而且还会患上一些儿童疾病（例如，患麻疹、疟疾或腹泻），从而面临更大的死亡风险。对新成为母亲并进行母乳喂养的女性提供维生素 A，有助于保护出生头一个月的孩子。食物中添加维生素 A 正在被引入许多发展中国家。

贫血数据是由 WHO 汇集的，其主要依据是各国具有代表性的调查，这些调查测定了血液中的血红蛋白含量。WHO 的血红蛋白基准在这之后被用于确定基于年龄、性别和生理状态的贫血状况。5 岁以下的儿童和孕妇的贫血风险最大。鉴于各调查的质量、覆盖面和受访组年龄的不同，以及不同国家和不同时点对贫血的治疗方式不同，我们需谨慎使用这些数据。

对于那些来自家庭调查的指标，本表中的年份是指调查年份。更详细的信息，请查看原始资料来源。

定义

• **营养不良的发生率**指营养不足的人在人口中所占的比重——其饮食中的食物能量一直低于维持健康生命和日常活动所必需的能量。 • **儿童营养不良的发生率**是指相对于年龄的体重（体重不足）和相对于年龄的身高（发育不良）低于 0—59 个月的国际参照人口平均值 2 个标准离差的 5 岁以下儿童所占的百分比。两岁以前儿童的身高是按横卧时的长度测得的，两岁以上儿童的身高是按站立姿势测得的。数据基于世界卫生组织 2006 年发布的儿童成长标准。 • **儿童体重超重的发生率**是指相对于身高的体重比国际参照人口平均值（世界卫生组织于 2006 年发布的最新儿童成长标准）高 2 个标准离差以上的 5 岁以下儿童所占的百分比。 • **出生时体重不足的婴儿**是指体重低于 2,500 克的新生儿，在出生后 1 小时之内体重出现较大损失之前测量得出。 • **完全母乳喂养率**指 6 个月以下的儿童在过去 24 小时内只用母乳（不喂其他液体）喂养的百分比。 • **食用加碘盐的比例**指食用碘盐的居户所占的比例。 • **维生素 A 补充率**指 6—59 个月大的婴儿，在前一年内至少服用过两次大剂量维生素 A 的比重。 • **5 岁以下儿童贫血发生率**是指 5 岁以下儿童在海平面其血红蛋白水平低于每升 110 克的比例。 • **孕妇贫血发生率**是指怀孕女性在海平面其血红蛋白水平低于每升 110 克的百分比。

数据资料来源

营养不良的数据来自 www.fao.org/faostat/foodsecurity/index_en.htm。营养不良和体重超重儿童的数据来自世界卫生组织的“全球儿童增长与营养不良数据库”（www.who.int/nutgrowthdb）。出生时体重不足的婴儿、母乳喂养、碘盐食用以及维生素 A 补充率数据来自联合国儿童基金会的《2011 年世界儿童状况》和 childinfo 数据库。贫血数据来自 WHO 的《1993—2005 年世界贫血流行》（2008 年 c），并纳入了世界卫生组织数据库。

	吸烟率		肺结核患病率	糖尿病患病率	HIV 感染率[a]					避孕套的使用	
	占成年人口的百分比			占20–79岁人口的百分比	总数占15–49岁人口的百分比		女性占感染人数的百分比	青年人占15–24岁人口的百分比		占15–24岁人口的百分比	
	男性	女性	每10万人					男性	女性	男性	女性
	2006	2006	2009	2010	1990	2009	2009	2009	2009	2004–2009[b]	2004–2009[b]
阿富汗	..	..	189	8.6	..	..	..	..	..	..	..
阿尔巴尼亚	43	4	15	4.5	..	..	..	..	..	..	..
阿尔及利亚	26	0	59	8.5	<0.1	0.1	30	0.1	<0.1	..	..
安哥拉	..	..	298	3.5	0.5	2.0	60	0.6	1.6	..	..
阿根廷	34	24	28	5.7	0.3	0.5	32	0.3	0.2	..	..
亚美尼亚	61	3	73	7.8	<0.1	0.1	<43	<0.1	<0.1	68	5
澳大利亚	22	19	6	5.7	0.1	0.1	31	0.1	0.1	..	..
奥地利	47	41	11	8.9	<0.1	0.3	29	0.3	0.2	..	..
阿塞拜疆	..	..	110	7.5	<0.1	0.1	60	<0.1	0.1	25	1
孟加拉国	43	1	225	6.6	<0.1	<0.1	30	<0.1	<0.1	..	..
白俄罗斯	64	22	39	7.6	<0.1	0.3	50	<0.1	0.1	..	..
比利时	30	24	9	5.3	<0.1	0.2	31	<0.1	<0.1	..	..
贝宁	13	1	93	4.6	0.2	1.2	58	0.3	0.7	39	10
玻利维亚	34	26	140	6.0	0.1	0.2	32	0.1	0.1	..	..
波斯尼亚和黑塞哥维那	49	35	50	7.1	..	..	..	..	..	..	..
博茨瓦纳	..	..	694	5.4	3.5	24.8	57	5.2	11.8	..	..
巴西	19	12	45	6.4	..	..	..	..	..	..	..
保加利亚	49	38	41	6.5	<0.1	0.1	29	<0.1	<0.1	..	..
布基纳法索	13	1	215	3.8	3.9	1.2	60	0.5	0.8	..	..
布隆迪	..	..	348	1.8	3.9	3.3	60	1.0	2.1	..	..
柬埔寨	55[c]	20[c]	442	5.2	0.5	0.5	63	0.1	0.1	31	3
喀麦隆	9	1	182	3.9	0.6	5.3	58	1.6	3.9	52	24
加拿大	21	18	5	9.2	0.1	0.2	21	0.1	0.1	..	..
中非共和国	..	..	327	4.5	3.1	4.7	61	1.0	2.2	..	..
乍得	12	1	283	3.7	1.1	3.4	59	1.0	2.5	18	2
智利	42	31	11	5.7	<0.1	0.4	31	0.2	0.1	..	..
中国	59	4	96	4.2	..	0.1[d]	..	..	..	..	..
中国香港	..	..	82	8.5	..	..	..	..	..	..	..
哥伦比亚	..	..	35	5.2	0.2	0.5	33	0.2	0.1	..	24
刚果民主共和国	10	1	372	3.2	..	..	..	..	..	16	26
刚果共和国	9	0	382	5.1	5.2	3.4	59	1.2	2.6	36	16
哥斯达黎加	26	7	10	9.3	<0.1	0.3	29	0.2	0.1	..	..
科特迪瓦	11	1	399	4.7	2.4	3.4	58	0.7	1.5	..	..
克罗地亚	34[e]	27[e]	25	6.9	<0.1	<0.1	<33	<0.1	<0.1	..	..
古巴	36	28	6	9.5	<0.1	0.1	31	0.1	0.1	..	..
捷克共和国	35	27	9	6.4	<0.1	<0.1	<42	<0.1	<0.1	..	..
丹麦	35	30	7	5.6	<0.1	0.2	27	0.1	0.1	..	..
多米尼加共和国	15	11	70	11.2	0.4	0.9	59	0.3	0.7	58	19
厄瓜多尔	23	5	68	5.9	0.3	0.4	31	0.2	0.2	..	..
埃及	24	1	19	11.4	<0.1	<0.1	23	<0.1	<0.1	..	..
萨尔瓦多	..	..	30	9.0	0.1	0.8	34	0.4	0.3	..	..
厄立特里亚	15	1	99	2.5	0.3	0.8	60	0.2	0.4	..	..
爱沙尼亚	48	25	30	7.6	<0.1	1.2	31	0.3	0.2	..	..
埃塞俄比亚	8	1	359	2.5	..	..	..	..	..	18	2
芬兰	33	23	9	5.7	<0.1	0.1	<36	0.1	<0.1	..	..
法国	36	27	6	6.7	0.3	0.4	32	0.2	0.1	..	..
加蓬	..	..	501	5.0	0.9	5.2	58	1.4	3.5	..	..
冈比亚	17	1	269	4.3	0.1	2.0	58	0.9	2.4	..	..
格鲁吉亚	57	6	107	7.5	<0.1	0.1	43	<0.1	<0.1	..	..
德国	37	26	5	8.9	0.1	0.1	18	0.1	<0.1	..	..
加纳	7	1	201	4.3	0.3	1.8	59	0.5	1.3	..	..
希腊	63	39	5	6.0	0.1	0.1	31	0.1	0.1	..	..
危地马拉	24	4	62	8.6	0.1	0.8	33	0.5	0.3	..	..
几内亚	..	..	318	4.3	1.1	1.3	59	0.4	0.9	35	10
几内亚比绍	..	..	229	3.9	0.3	2.5	60	0.8	2.0	..	..
海地	..	..	238	7.2	1.3	1.9	60	0.6	1.3	42	37
洪都拉斯	..	..	58	9.1	1.1	0.8	32	0.3	0.2	..	7

健康风险因素与未来挑战

	吸烟率		肺结核患病率	糖尿病患病率	HIV 感染率[a]					避孕套的使用	
	占成年人口的百分比			占20—79岁人口的百分比	总数占15—49岁人口的百分比		女性占感染人数的百分比	青年人占15—24岁人口的百分比		占15—24岁人口的百分比	
	男性	女性	每10万人					男性	女性	男性	女性
	2006	2006	2009	2010	1990	2009	2009	2009	2009	2004–2009[b]	2004–2009[b]
匈牙利	45	35	16	6.4	0.1	<0.1	<33	<0.1	<0.1	..	..
印度	28	1	168	7.8	0.1	0.3	39	0.1	0.1	15	6
印度尼西亚	66[f]	5[f]	189	4.8	<0.1	0.2	30	0.1	<0.1	..	..
伊朗	24	2	19	8.0	<0.1	0.2	29	<0.1	<0.1	..	..
伊拉克	29	3	64	10.2	..	..	..	..	..	..	..
爱尔兰	34	28	9	5.2	<0.1	0.2	29	0.1	0.1	..	..
以色列	31	18	5	6.5	<0.1	0.2	29	0.1	<0.1	..	..
意大利	34	19	6	5.9	0.3	0.3	33	<0.1	<0.1	..	..
牙买加	18	8	7	10.6	2.1	1.7	33	1.0	0.7	74	66
日本	42	13	21	5.0	<0.1	<0.1	34	<0.1	<0.1	..	..
约旦	59	10	6	10.1	..	..	..	..	..	..	..
哈萨克斯坦	43	9	163	5.8	<0.1	0.1	60	0.1	0.2	..	..
肯尼亚	23	1	305	3.5	3.9	6.3	59	1.8	4.1	64	40
朝鲜	58	..	345	5.3	..	..	..	..	..	..	..
韩国	53	6	90	7.9	<0.1	<0.1	31	<0.1	<0.1	..	..
科索沃	..	..	..	..	..	..	..	..	..	..	..
科威特	36	4	35	14.6	..	..	..	..	..	..	..
吉尔吉斯斯坦	46	2	159	5.2	<0.1	0.3	29	0.1	0.1	..	..
老挝	60	13	89	5.6	<0.1	0.2	42	0.1	0.2	..	..
拉脱维亚	53	24	45	7.6	<0.1	0.7	30	0.2	0.1	..	..
黎巴嫩	31	7	15	7.8	<0.1	0.1	31	0.1	<0.1	..	..
莱索托	..	..	634	3.9	0.8	23.6	62	5.4	14.2	44	26
利比里亚	10	..	288	4.7	0.3	1.5	61	0.3	0.7	19	9
利比亚	..	..	40	9.0	..	..	..	..	..	..	..
立陶宛	50	22	71	7.6	<0.1	0.1	<33	<0.1	<0.1	..	..
前南斯拉夫马其顿共和国	..	..	23	6.9	..	..	..	..	..	..	..
马达加斯加	..	..	261	3.2	0.2	0.2	31	0.1	0.1	6	3
马拉维	17	2	304	2.3	7.2	11.0	59	3.1	6.8	32	9
马来西亚	49	2	83	11.6	0.1	0.5	11	0.1	<0.1	..	..
马里	13	1	324	4.2	0.4	1.0	62	0.2	0.5	29	4
毛里塔尼亚	24	1	330	4.8	0.2	0.7	31	0.4	0.3	..	..
毛里求斯	34	1	22	16.2	<0.1	1.0	29	0.3	0.2	..	..
墨西哥	36	12	17	10.8	0.4	0.3	27	0.2	0.1	..	..
摩尔多瓦	45	5	178	7.6	<0.1	0.4	42	0.1	0.1	55	22
蒙古	46	6	224	1.6	<0.1	<0.1	<29	<0.1	<0.1	..	..
摩洛哥	27	0	92	8.3	<0.1	0.1	32	0.1	0.1	..	..
莫桑比克	19	1	409	4.0	1.2	11.5	61	3.1	8.6	..	..
缅甸	40	13	404	3.2	0.2	0.6	35	0.3	0.3	..	..
纳米比亚	22	8	727	4.4	1.6	13.1	59	2.3	5.8	78	55
尼泊尔	30	28	163	3.9	0.2	0.4	33	0.2	0.1	24	8
荷兰	33	28	8	5.3	0.1	0.2	30	0.1	<0.1	..	..
新西兰	22	20	8	5.2	0.1	0.1	<37	<0.1	<0.1	..	..
尼加拉瓜	..	..	44	10.0	<0.1	0.2	31	0.1	0.1	..	..
尼日尔	..	..	181	3.9	0.1	0.8	53	0.2	0.5	14	1
尼日利亚	8	0	295	4.7	1.3	3.6	59	1.2	2.9	50	36
挪威	30	30	6	3.6	<0.1	0.1	30	<0.1	<0.1	..	..
阿曼	20	0	13	13.4	<0.1	0.1	<33	<0.1	<0.1	..	..
巴基斯坦	30	3	231	9.1	<0.1	0.1	29	0.1	<0.1	..	..
巴拿马	..	..	48	9.6	0.2	0.9	31	0.4	0.3	..	..
巴布亚新几内亚	..	..	250	3.0	<0.1	0.9	58	0.3	0.8	..	..
巴拉圭	33	14	47	4.9	<0.1	0.3	31	0.2	0.1	..	..
秘鲁	..	..	113	6.2	0.4	0.4	25	0.2	0.1	..	..
菲律宾	50	11	280	7.7	<0.1	<0.1	30	<0.1	<0.1	..	..
波兰	30	38	24	7.6	<0.1	0.1	31	<0.1	<0.1	..	..
葡萄牙	34	15	30	9.7	0.1	0.6	31	0.3	0.2	..	..
波多黎各	..	..	2	10.6	..	..	..	..	..	..	..
卡塔尔	..	..	49	15.4	<0.1	0.1	<50	<0.1	<0.1	..	..

	吸烟率		肺结核患病率	糖尿病患病率	HIV 感染率[a]					避孕套的使用	
	占成年人口的百分比			占20—79岁人口的百分比	总数占15—49岁人口的百分比		女性占感染人数的百分比	青年人占15—24岁人口的百分比		占15—24岁人口的百分比	
	男性	女性	每10万人					男性	女性	男性	女性
	2006	2006	2009	2010	1990	2009	2009	2009	2009	2004–2009[b]	2004–2009[b]
罗马尼亚	46	24	125	6.9	<0.1	0.1	30	0.1	<0.1	..	..
俄罗斯联邦	60[g]	22[g]	106	7.6	<0.1	1.0	49	0.2	0.3	..	..
卢旺达	..	..	376	1.6	5.2	2.9	61	1.3	1.9	19	5
沙特阿拉伯	22	3	18	16.8	..	..	..	..	..	..	..
塞内加尔	13	1	282	4.7	0.2	0.9	59	0.3	0.7	48	5
塞尔维亚	40	27	21	6.9	0.1	0.1	24	0.1	0.1	..	..
塞拉利昂	..	..	644	4.4	<0.1	1.6	60	0.6	1.5	20	9
新加坡	34	5	36	10.2	<0.1	0.1	30	<0.1	<0.1	..	..
斯洛伐克共和国	41	20	9	6.4	<0.1	<0.1	<17	<0.1	<0.1	..	..
斯洛文尼亚	32	21	12	7.7	<0.1	<0.1	<29	<0.1	<0.1	..	..
索马里	..	..	285	3.0	0.1	0.7	47	0.4	0.6	..	..
南非	27	8	971	4.5	0.7	17.8	62	4.5	13.6	..	..
西班牙	37	27	17	6.6	0.4	0.4	24	0.2	0.1	..	..
斯里兰卡	27	0	66	10.9	<0.1	<0.1	<32	<0.1	<0.1	..	..
苏丹	25	2	119	4.2	0.1	1.1	58	0.5	1.3	..	..
斯威士兰	21	2	1,257	4.2	2.3	25.9	58	6.5	15.6	66	44
瑞典	17	23	6	5.2	0.1	0.1	31	<0.1	<0.1	..	..
瑞士	32	23	5	8.9	0.2	0.4	32	0.2	0.1	..	..
阿拉伯叙利亚共和国	40	..	21	10.8	..	..	..	..	..	..	..
塔吉克斯坦	..	..	202	5.0	<0.1	0.2	30	<0.1	<0.1	..	..
坦桑尼亚	20	2	183	3.2	4.8	5.6	59	1.7	3.9	36	13
泰国	40	2	137	7.1	1.0	1.3	40	..	..	..	..
东帝汶	..	..	498	3.5	..	..	..	..	..	..	..
多哥	..	..	446	4.3	0.6	3.2	59	0.9	2.2	..	..
特立尼达和多巴哥	..	..	23	11.7	0.2	1.5	33	1.0	0.7	..	..
突尼斯	53	6	24	9.3	<0.1	<0.1	<37	<0.1	<0.1	..	..
土耳其	48[e]	15[e]	29	8.0	<0.1	<0.1	30	<0.1	<0.1	..	..
土库曼斯坦	..	..	67	5.3	..	..	..	..	..	..	..
乌干达	17	2	293	2.2	10.2	6.5	58	2.3	4.8	36	13
乌克兰	65	24	101	7.6	0.1	1.1	49	0.2	0.3	64	43
阿拉伯联合酋长国	24	2	4	18.7	..	..	..	..	..	..	..
英国	26	24	12	3.6	0.1	0.2	31	0.2	0.1	..	..
美国	25	19	4	10.3	0.5	0.6	25	0.3	0.2	..	..
乌拉圭	39	29	22	5.7	0.1	0.5	32	0.3	0.2	..	..
乌兹别克斯坦	23	3	128	5.2	<0.1	0.1	29	<0.1	<0.1	..	..
委内瑞拉	32	27	33	6.5	..	..	..	..	..	..	..
越南	41	2	200	3.5	<0.1	0.4	30	0.1	0.1	16	8
西岸和加沙	..	..	19	8.6	..	..	..	..	..	..	..
也门共和国	28	6	54	3.0	..	..	..	..	..	..	..
赞比亚	17	2	433	4.0	12.7	13.5	57	4.2	8.9	39	17
津巴布韦	28	2	742	4.1	10.1	14.3	60	3.3	6.9	52	9
全世界	39 w	8 w	137 w	6.4 w	0.3	0.8 w	37 w	0.4 w	0.7 w	.. w	.. w
低收入国家	28	4	294	4.4	2.0	2.7	46	0.9	2.0	..	..
中等收入国家	42	6	138	6.3	0.2	0.6	..	..	..	..	..
中低收入国家	43	3	147	6.0	0.2	0.4	..	..	..	..	..
中高收入国家	38	16	101	7.5	0.3	1.4	36	0.5	1.2	..	..
低收入和中等收入国家	40	6	161	6.1	0.3	0.9	39	..	..	..	..
东亚和太平洋地区	56	4	136	4.6	0.1	0.2	..	0.1	0.1	..	..
欧洲和中亚	58	22	89	7.3	0.1	0.6	42	0.1	0.2	..	..
拉丁美洲和加勒比地区	27	15	45	7.4	0.4	0.5	..	0.2	0.2	..	..
中东和北非	28	2	39	9.1	0.1	0.1	28	0.1	0.1	..	..
南亚	30	2	180	7.8	0.1	0.3	36	0.1	0.1	15	6
撒哈拉以南非洲地区	14	2	342	3.8	2.4	5.4	58	1.5	3.8	36	19
高收入国家	33	21	14	7.9	0.2	0.3	28	0.2	0.1	..	..
欧元区	37	25	9	7.1	0.2	0.3	27	0.1	0.1	..	..

a. 见数据库似是而非的限制和原始资料来源。b. 最近年份可获得的数据。c. 2010 年的数据。d. 包括中国香港。e. 2008 年的数据。f. 2007 年的数据。g. 2009 年的数据。

关于数据的说明

在发展中国家，可获得的有关健康状况的数据十分有限，这是对健康状况进行评估的主要制约因素。许多有关主要公共健康问题的监测数据缺乏。可以获得某些疾病的流行和发病率的估计值，但常常不可靠且不完全。国家卫生管理当局收集或报告信息的能力和愿望有很大不同。为了弥补数据的缺乏和确保数据的可靠性及国际可比性，世界卫生组织编制了与流行病学和统计标准相应的估计数。

在许多国家，吸烟是烟草消费最普通的形式，因此，吸烟率是烟草流行程度的一个良好的指标（Corrao 等，2000）。吸烟不仅会导致心脏病和其他血管疾病，而且还会导致肺部组织以及其他组织的癌变。由于开始吸烟与发病之间的间隔很长，吸烟对发展中国家人口健康状况的影响将在以后几十年间迅速上升。由于数据只给出了当前一段时间内吸烟流行情况的估计而没有关于流行程度或持续时间的信息，同时还由于各国成年人概念的不同，所以对数据的解释应谨慎。

肺结核是发展中国家成人中由单一传染媒介物导致的主要死因。在发达国家，由于移民中的病例而导致这一疾病再次大量出现。这种肺结核发病率不能直接衡量，估计值不是通过引用专家意见获得，就是通过衡量感染率或者死亡率获得。这些估计值都有一些不确定的间隔，表中没有给出，其可以在网站 http：//data. worldbank. org 或者原始资料中获得。

糖尿病是发达国家影响人们健康的重要原因，也是导致其他疾病的高风险因素，而且这种疾病在发展中国家也正在迅速蔓延。虽然这种病在老年人中是最普遍的，但其在发展中国家的年轻人及劳动力人口中的患病率却正在上升。发展中国家经济的发展，使其更大程度上采用了西方人的生活方式和饮食方式，从而导致了糖尿病的大量增加。如果没有有效地防治和控制计划，糖尿病很可能继续增长。数据基于抽样调查。

成年人 HIV 感染率反映了每个国家人口的 HIV 感染程度。然而，较低的国家人口患病率可能非常具有误导性。它们常常掩盖最初只集中于某些地方或某些人群的、有扩散给更多的人的危险的严重传染病。许多发展中国家的新感染者大都是年轻的成年人，年轻女性尤其容易被感染。

HIV 数据来自联合国艾滋病合作规划署（UNAIDS）的全球报告——《2010 年 UNAIDS 全球艾滋病疫情报告》。数据估计程序和假定的变更以及对各国更好的协调已经使得 HIV 和 AIDS 数据估计更为完善。例如，经过改良的软件通常可以用于给艾滋病流行进程及其影响建模，以充分利用有关 HIV 流行趋势的信息，这些信息来自监测数据和调查数据。当计算 HIV 的发病率时，该软件明确涵盖了抗逆转录病毒治疗的效果，而且该软件还模型化了还原后的接受抗逆转录病毒治疗的人们的传染性，抗逆转录病毒治疗已经对 HIV 的流行产生了越来越大的影响，使得具有艾滋病阳性反应的人们寿命更长。该软件还允许城市化随时间变化——这一点非常重要，不仅因为这一疾病在城市地区更为流行，而且还因为许多国家在过去 20 年经历了更为迅速的城市化。

估计值涵盖了合理的边界（本表没有给出），它反映了与每个估计值相关的确定性。该边界可在网站 http：//data. worldbank. org 或者原始资料中获得。

避孕套使用数据来自家庭调查并且是指上次性交过程中使用的避孕套。然而，在预防 HIV 的传播方面，避孕套并不有效，除非一直使用。虽然一些调查试图直接询问避孕套持续使用情况，但是回答通常会受到记忆以及其他偏见的影响。对数据的解释应该谨慎。

对于那些来自家庭调查的指标，本表中的年份是指调查年份。更详细的信息，请查看原始资料来源。

定义

• **吸烟率**是指吸烟的男性和女性所占的百分比。年龄各国有所不同，但大多数是 18 岁以上或 15 岁以上。 • **肺结核患病率**是指每 10 万人中新增的肺结核病例和复发的肺结核病例数量。 • **糖尿病患病率**指年龄在 20—79 岁的人口患 1 型或 2 型糖尿病的人所占的人口比例。 • **HIV 感染率**指感染 HIV 的人口百分比。总的感染率和年轻人感染率都是指占相应年龄组别的百分比。女性感染率是指占所有感染 HIV 人口的百分比。 • **避孕套的使用**是指最近 12 个月内在性交过程中使用避孕套的 15—24 岁的人口所占百分比。

数据资料来源

吸烟率数据来自世界卫生组织的《2009 年全球烟草流行报告：落实无烟环境》。肺结核数据来自世界卫生组织的《2009 年全球肺结核控制报告》。糖尿病数据来自国际糖尿病联合会的《糖尿病数据集》第三版。艾滋病感染率数据来自 UNAIDS 的全球报告《2010 年 UNAIDS 全球艾滋病流行报告》。避孕套使用数据来自宏观国际的人口统计和健康调查。

2.22 死亡率

	出生时的预期寿命		婴儿死亡率		5岁以下儿童死亡率		儿童死亡率		成人死亡率		活到65岁以上的人口比例	
	岁		每千例活产婴儿		每千人		每千人		每千人		男性占同群组百分比	女性占同群组百分比
	1990	2009	1990	2009	1990	2009	男性 2004–2009[a,b]	女性 2004–2009[a,b]	男性 2005–2009[a]	女性 2005–2009[a]	2009	2009
阿富汗	41	44	167	134	250	199	..	..	435	409	34	36
阿尔巴尼亚	72	77	41	14	51	15	3	1	98	51	82	90
阿尔及利亚	67	73	51	29	61	32	..	..	118	98	78	82
安哥拉	42	48	153	98	258	161	..	..	406	350	37	44
阿根廷	72	76	25	13	28	14	..	..	163	75	75	87
亚美尼亚	68	74	48	20	56	22	8	3	162	79	73	85
澳大利亚	77	82	8	4	9	5	..	..	82	47	88	93
奥地利	76	80	8	3	9	4	..	..	99	50	85	93
阿塞拜疆	65	70	78	30	98	34	9	5	178	108	69	79
孟加拉国	54	67	102	41	148	52	16	20	206	172	66	71
白俄罗斯	71	70	20	11	24	12	..	..	330	115	54	83
比利时	76	81	9	4	10	5	..	..	108	62	85	92
贝宁	54	62	111	75	184	118	64	65	207	170	62	67
玻利维亚	59	66	84	40	122	51	18	20	232	172	64	72
波斯尼亚和黑塞哥维那	67	75	21	13	23	14	..	..	132	61	79	89
博茨瓦纳	64	55	46	43	60	57	..	..	487	505	42	43
巴西	66	73	46	17	56	21	..	..	226	118	67	81
保加利亚	72	73	14	8	18	10	..	..	213	91	72	87
布基纳法索	47	53	110	91	201	166	..	..	331	277	46	52
布隆迪	46	51	114	101	189	166	65	65	382	346	42	47
柬埔寨	55	62	85	68	117	88	20	20	288	218	56	64
喀麦隆	55	51	91	95	148	154	73	72	401	398	43	45
加拿大	77	81	7	5	8	6	..	..	92	55	87	92
中非共和国	49	47	115	112	175	171	74	82	452	426	36	41
乍得	51	49	120	124	201	209	96	101	358	317	42	47
智利	74	79	18	7	22	9	..	..	129	64	81	90
中国	68[c]	73[c]	37	17	46	19	..	..	147	88	76	83
中国香港	77	83	..	..	..	..	..	..	198	92	72	84
哥伦比亚	68	73	28	16	35	19	4	3	397	348	38	44
刚果民主共和国	48	48	126	126	199	199	70	64	373	350	46	50
刚果共和国	59	54	67	81	104	128	49	43	111	59	82	90
哥斯达黎加	76	79	16	10	18	11	..	..	305	271	53	59
科特迪瓦	58	58	105	83	152	119	..	..	144	57	77	90
克罗地亚	72	76	11	5	13	5	1	1	108	68	83	89
古巴	75	79	10	4	14	6	..	..	143	65	79	90
捷克共和国	71	77	10	3	12	4	..	..	107	67	83	89
丹麦	75	79	8	3	9	4	..	..	206	134	70	79
多米尼加共和国	68	73	48	27	62	32	6	4	164	86	76	86
厄瓜多尔	69	75	41	20	53	24	5	5	161	105	72	80
埃及	63	70	66	18	90	21	5	5	285	121	63	81
萨尔瓦多	66	71	48	15	62	17	..	..	374	281	46	58
厄立特里亚	48	60	92	39	150	55	..	..	283	92	64	87
爱沙尼亚	69	75	13	4	17	6	..	..	334	293	49	54
埃塞俄比亚	47	56	124	67	210	104	56	56	129	57	84	93
芬兰	75	80	6	3	7	3	..	..	121	55	85	93
法国[d]	77	81	7	3	9	4	..	..	317	276	56	61
加蓬	61	61	68	52	93	69	..	..	324	264	48	55
冈比亚	51	56	104	78	153	103	46	39	195	77	70	84
格鲁吉亚	70	72	41	26	47	29	5	4	102	54	85	92
德国	75	80	7	4	9	4	..	..	323	286	51	56
加纳	57	57	76	47	120	69	38	28	92	37	86	94
希腊	77	80	9	3	11	3	..	..	232	127	68	80
危地马拉	62	71	57	33	76	40	..	..	252	195	55	63
几内亚	48	58	137	88	231	142	89	86	398	347	39	45
几内亚比绍	44	48	142	115	240	193	110	88	284	223	57	64
海地	55	61	105	64	152	87	33	36	170	119	73	80
洪都拉斯	66	72	43	25	55	30	8	9	75	33	88	94

	出生时的预期寿命		婴儿死亡率		5岁以下儿童死亡率		儿童死亡率		成人死亡率		活到65岁以上的人口比例	
	岁		每千例活产婴儿		每千人		每千人		每千人			
							男性	女性	男性	女性	男性占同群组百分比	女性占同群组百分比
	1990	2009	1990	2009	1990	2009	2004–2009[a,b]	2004–2009[a,b]	2005–2009[a]	2005–2009[a]	2009	2009
匈牙利	69	74	15	5	17	6	..	..	250	104	68	86
印度	58	64	84	50	118	66	9	12	256	170	59	68
印度尼西亚	62	71	56	30	86	39	13	12	162	113	72	81
伊朗	65	72	55	26	73	31	..	..	142	96	75	82
伊拉克	65	68	42	35	53	44	6	7	211	105	66	81
爱尔兰	75	80	8	4	9	4	..	..	88	56	87	92
以色列	77	82	10	3	11	4	..	..	86	48	87	93
意大利	77	81	8	3	10	4	..	..	82	43	86	94
牙买加	71	72	28	26	33	31	5	6	221	116	70	81
日本	79	83	5	2	6	3	..	..	86	43	88	95
约旦	67	73	32	22	39	25	3	7	159	109	74	82
哈萨克斯坦	68	68	51	26	60	29	5	4	400	151	47	76
肯尼亚	60	55	64	55	99	84	27	25	392	403	47	48
朝鲜	70	67	23	26	45	33	..	..	169	117	67	77
韩国	71	80	8	5	9	5	..	..	105	41	83	93
科索沃	68	70	..	..	..	..	..	..	..	..	..	..
科威特	75	78	14	8	17	10	..	..	84	51	85	90
吉尔吉斯斯坦	68	67	63	32	75	37	8	4	257	122	61	78
老挝	54	65	108	46	157	59	..	..	222	180	63	70
拉脱维亚	69	73	12	7	16	8	..	..	311	114	64	86
黎巴嫩	69	72	33	11	40	12	..	..	150	98	74	83
莱索托	59	45	74	61	93	84	22	19	666	633	25	29
利比里亚	49	59	165	80	247	112	62	64	251	206	56	63
利比亚	68	75	32	17	36	19	..	..	144	89	75	84
立陶宛	71	73	12	5	15	6	..	..	346	116	60	86
前南斯拉夫马其顿共和国	71	74	32	10	36	11	2	1	132	79	77	85
马达加斯加	51	61	102	41	167	58	30	31	266	216	57	63
马拉维	49	54	129	69	218	110	52	54	434	395	44	49
马来西亚	70	75	16	6	18	6	..	..	147	84	76	85
马里	43	49	139	101	250	191	117	114	386	355	39	42
毛里塔尼亚	56	57	81	74	129	117	53	44	304	236	50	59
毛里求斯	69	73	21	15	24	17	..	..	230	114	67	81
墨西哥	71	75	36	15	45	17	..	..	137	76	79	87
摩尔多瓦	67	69	30	15	37	17	7	4	279	125	60	78
蒙古	61	67	73	24	101	29	11	10	284	180	58	71
摩洛哥	64	72	69	33	89	38	9	11	144	94	74	83
莫桑比克	43	48	155	96	232	142	..	..	489	469	36	40
缅甸	59	62	84	54	118	71	..	..	250	188	58	66
纳米比亚	62	62	49	34	73	48	24	19	346	334	55	59
尼泊尔	54	67	99	39	142	48	21	18	196	171	67	71
荷兰	77	81	7	4	8	4	..	..	81	59	87	92
新西兰	75	80	9	5	11	6	..	..	87	58	87	91
尼加拉瓜	64	73	52	22	68	26	..	..	201	113	71	81
尼日尔	42	52	144	76	305	160	138	135	344	295	44	49
尼日利亚	45	48	126	86	212	138	91	93	404	380	40	42
挪威	77	81	7	3	9	3	..	..	82	50	88	92
阿曼	70	76	37	9	48	12	..	..	96	71	83	87
巴基斯坦	61	67	101	71	130	87	14	22	162	131	68	72
巴拿马	72	76	25	16	31	23	..	..	136	72	79	87
巴布亚新几内亚	55	61	67	52	91	68	..	..	344	251	50	61
巴拉圭	68	72	34	19	42	23	..	..	170	123	73	80
秘鲁	66	73	62	19	78	21	13	4	162	100	74	83
菲律宾	65	72	41	26	59	33	10	9	153	99	74	83
波兰	71	76	15	6	17	7	..	..	209	80	73	89
葡萄牙	74	79	12	3	15	4	..	..	124	53	83	92
波多黎各	75	79	..	..	..	..	..	..	130	52	80	91
卡塔尔	70	76	17	10	19	11	..	..	109	100	82	83

2.22 死 亡 率

	出生时的预期寿命		婴儿死亡率		5岁以下儿童死亡率		儿童死亡率		成人死亡率		活到65岁以上的人口比例	
							每千人		每千人		男性占同群组百分比	女性占同群组百分比
	岁		每千例活产婴儿		每千人		男性	女性	男性	女性		
	1990	2009	1990	2009	1990	2009	2004–2009[a,b]	2004–2009[a,b]	2005–2009[a]	2005–2009[a]	2009	2009
罗马尼亚	70	73	25	10	32	12	..	..	192	82	70	86
俄罗斯联邦	69	69	23	11	27	12	..	..	396	147	47	78
卢旺达	33	51	103	70	171	111	69	55	397	351	40	47
沙特阿拉伯	68	73	35	18	43	21	3	4	137	88	76	85
塞内加尔	52	56	73	51	151	93	43	39	325	266	48	55
塞尔维亚	*71*	74	25	6	29	7	4	3	153[e]	82[e]	75	86
塞拉利昂	40	48	166	123	285	192	67	61	498	464	30	34
新加坡	74	81	6	2	8	3	..	..	80	41	86	93
斯洛伐克共和国	71	75	13	6	15	7	..	..	195	73	72	88
斯洛文尼亚	73	79	9	2	10	3	..	..	149	57	81	92
索马里	45	50	109	109	180	180	53	54	368	315	42	47
南非	61	52	48	43	62	62	..	..	575	517	32	41
西班牙	77	82	8	4	9	4	..	..	106	44	86	94
斯里兰卡	70	74	23	13	28	15	..	..	192	76	71	86
苏丹	53	58	78	69	124	108	38	30	302	257	53	59
斯威士兰	60	46	67	52	92	73	32	30	605	638	30	29
瑞典	78	81	6	2	7	3	..	..	78	48	88	93
瑞士	77	82	7	4	8	4	..	..	78	46	88	93
阿拉伯叙利亚共和国	68	74	30	14	36	16	5	3	120	81	79	86
塔吉克斯坦	63	67	91	52	117	61	18	13	208	137	64	74
坦桑尼亚	51	56	99	68	162	108	56	52	369	355	49	52
泰国	69	69	27	12	32	14	..	..	291	170	63	77
东帝汶	46	62	138	48	184	56	..	..	259	224	58	63
多哥	58	63	89	64	150	98	55	43	238	197	61	68
特立尼达和多巴哥	69	70	30	31	34	35	5	8	236	139	63	78
突尼斯	70	74	40	18	50	21	..	..	122	70	78	87
土耳其	65	72	69	19	84	20	6	6	149	83	74	84
土库曼斯坦	63	65	81	42	99	45	..	..	298	151	55	73
乌干达	48	53	111	79	184	128	75	62	401	399	44	47
乌克兰	70	69	18	13	21	15	4	1	385	142	53	80
阿拉伯联合酋长国	73	78	15	7	17	7	..	..	76	63	86	89
英国	76	80	8	5	10	6	..	..	100	61	86	91
美国	75	79	9	7	11	8	..	..	141	81	84	89
乌拉圭	73	76	21	11	24	13	..	..	139	63	77	89
乌兹别克斯坦	67	68	61	32	74	36	11	7	237	135	62	75
委内瑞拉	71	74	27	15	32	18	..	..	175	91	74	84
越南	65	75	39	20	55	24	5	4	134	88	78	85
西岸和加沙	68	74	35	25	43	30	3	3	125	90	78	84
也门共和国	54	63	88	51	125	66	10	11	247	198	60	67
赞比亚	51	46	108	86	179	141	66	55	528	518	33	35
津巴布韦	61	45	54	56	81	90	21	21	687	664	24	27
全世界	**65 w**	**69 w**	**64 w**	**43 w**	**92 w**	**61 w**	**.. w**	**.. w**	**213 w**	**151 w**	**68 w**	**77 w**
低收入国家	52	57	108	76	171	118	52	49	312	275	52	58
中等收入国家	64	69	61	38	85	51	..	..	201	134	67	77
中低收入国家	63	68	66	43	93	57	..	..	201	136	67	75
中高收入国家	68	72	41	19	51	22	..	..	201	122	67	81
低收入和中等收入国家	63	67	70	47	100	66	..	..	216	153	65	74
东亚和太平洋地区	67	72	41	21	55	26	..	..	158	99	74	82
欧洲和中亚	68	70	43	19	52	21	..	..	286	123	59	80
拉丁美洲和加勒比地区	68	74	42	19	52	23	..	..	190	103	72	83
中东和北非	64	71	57	27	76	33	..	..	155	104	73	81
南亚	58	64	89	55	125	71	11	15	242	169	61	69
撒哈拉以南非洲地区	50	53	109	81	181	130	68	65	390	358	44	48
高收入国家	75	80	10	6	12	7	..	..	120	63	84	91
欧元区	76	81	8	3	9	4	..	..	107	52	85	93

a. 最近年份可获得的数据。b. 指调查年份。从调查中直接测算出估值，并涵盖调查前5年或10年的数据。c. 包括中国台湾。d. 不包括法国海外属地：法属圭亚那、瓜德罗普、马提尼克和留尼旺。e. 包括科索沃。

关于数据的说明

像婴儿死亡率、儿童死亡率和成人死亡率这样不同的年龄组的死亡率指标以及像出生时预期寿命或存活到某一特定年龄这样的总体死亡率指标，都是反映一国健康状况的重要指标。因为无法获得有关疾病患病率或流行的数据，死亡率经常被用于甄别弱势人群。在国际上则被广泛用作比较各国社会经济发展水平的指标。

死亡率数据的主要来源是人口动态登记系统和基于抽样调查或人口普查的直接或间接的估算。"完善的"人口动态登记系统——即系统至少应覆盖90%的人口——是特定年龄死亡率数据的最佳来源。如果特定年龄的死亡率数据是可靠的，出生时的预期寿命就可以直接通过人寿表估测，后者是根据特定年龄死亡率数据构建的。

但是在发展中国家并不普遍具备这一系统。这样就必须根据抽样调查来估算，或者应用间接的估算技术对登记、人口普查或调查的数据进行推导来得到估计值（见表2.17的"基本数据文献"）。调查数据容易受记忆错误的影响；而且由于某一年孩子出生或死亡的家庭不一定会事先被选作样本，调查估计婴儿死亡率需要大量的样本。间接估算值依据于人寿模型表，但它也可能不适合有关人口的情况。由于出生时预期寿命是用婴儿死亡数据和人寿表模型算出的，这些指标也会带来类似的可靠性问题。根据过时的调查得出的数据进行外推对于监测健康状况的变化或比较分析性工作是不可靠的。

对婴儿和5岁以下儿童死亡率的估计倾向于因其给定时间和地点所用方法和数据来源的不同而不同。不同国家可得估计的年份也存在差异，这使得跨国跨时间的比较变得困难。为了可比较婴儿和5岁以下儿童死亡率的估计，并保证来自不同机构的估计相一致——联合国儿童死亡率估计机构间组织（其中包括联合国儿童基金会、联合国人口署、世界卫生组织、世界银行以及其他大学和研究机构）开发并采用了一种统计方法，其使用所有可得的信息来调和差异。该方法利用加权最小二乘法，以确定死亡率与其参考期之间相互关系的回归线，并推断自此以后的趋势。（有关儿童死亡率估算的进一步讨论，见UNICEF、WHO、世界银行和联合国人口，2010年。更多图表和详细的背景数据，见www.childmortality.org/）。

在父母亲没有性别偏爱的国家，婴儿和儿童死亡率中男孩高于女孩。儿童死亡率比婴儿死亡率更能反映性别歧视的影响，因为营养不良和医疗干预措施对于该年龄组更为重要。如果女孩死亡率较高，如南亚某些国家的情况，就可能是女孩享受医疗食品等资源的机会不公平。本表中的儿童死亡率与婴儿死亡率、5岁以下儿童死亡率不一致，因为方法和参考年份存在差异。儿童死亡率数据是直接从调查中估计的，并且覆盖了过去10年的调查。除了从人口卫生调查中估计，"多指标分类调查"（MIC）第三版所带来的新的估算已经添加到了表中，其涵盖了过去5年的调查。

成年人死亡率和65岁以上生存者比率来自人寿表。撒哈拉以南非洲十几个国家的成年人死亡率在1995—2000年和2000—2005年明显增加。而在20世纪90年代前5年欧洲和中亚的一些国家这种情况也曾出现。撒哈拉以南非洲地区的上升来自于AIDS有关的死亡率，其对男性和女性都有影响，但女性受到的影响更大。在欧洲和中亚其原因更加多样化（高吸烟率、高脂肪饮食、饮酒过量和经济转型期所带来的心理压力等发病率），男性受到的影响更大。

活到65岁以上人口百分比同时反映了儿童和成人死亡率。像预期寿命一样，它是建立在当时特定年龄死亡率之上的一个综合指标。它表明即使在高死亡率的国家，当前出生人群组中一定比例的人的寿命将超过预期寿命，而在低死亡率的国家则有近90%的人至少能够活到65岁。

来自联合国的年度数据序列是基于5年的估计值加以推导的，从而就可能不会影响实际情况。

定义

• **出生时的预期寿命**是指假定出生时死亡率格局在其一生保持不变的情况下，一名新生儿可能生存的年数。 • **婴儿死亡率**是指特定年份每千例活产婴儿在1岁之前死亡的人数。 • **5岁以下儿童死亡率**是指按照当时的特定年龄死亡率，一名新生儿在年满5岁之前死亡的概率。这一概率用每千人中的比率表示。 • **儿童死亡率**是指按照当时特定年龄死亡率，1岁到5岁之间儿童死亡的概率。这一概率用每1,000人中的比率表示。 • **成人死亡率**是指年龄在15—60岁之间的人口死亡的概率——也就是按照目前15—60岁特定年龄死亡率，15岁以上的人在60岁生日前死亡的概率。这一概率用每1,000人中的比率表示。 • **活到65岁以上的人口比例**指按当时的特定年龄死亡率能活到65岁的新生婴儿的比例。

数据资料来源

婴儿死亡率和5岁以下儿童死亡率数据来自"关于数据的说明"中所说的联合国儿童死亡率估计机构间组织2010年的报告《儿童死亡数量与趋势》，其中主要基于家庭调查、人口普查以及人口动态登记，并由世界银行基于家庭调查和人口动态登记的估计值作补充。儿童死亡率数据来自宏观国际的人口统计和健康调查、世界银行基于UNICEF"多指标分类调查"的婴儿死亡率和5岁以下儿童死亡率的计算。活到65岁以上的人口比例数据和大多数成人死亡率数据为《世界人口展望：2008年修订版》5年的数据的线性内插。其他成人死亡率数据来自加州大学伯克利分校的人类死亡数据库和Max Planck的人口统计研究所（www.mortality.org）。出生时的预期寿命数据为世界银行基于《世界人口展望：2008年修订版》（一多半国家，大多数发展中国家）男性和女性数据、各国统计部门的人口普查报告以及其他统计出版物、欧洲统计局的《人口统计》和美国人口局国际数据库的计算。

环境

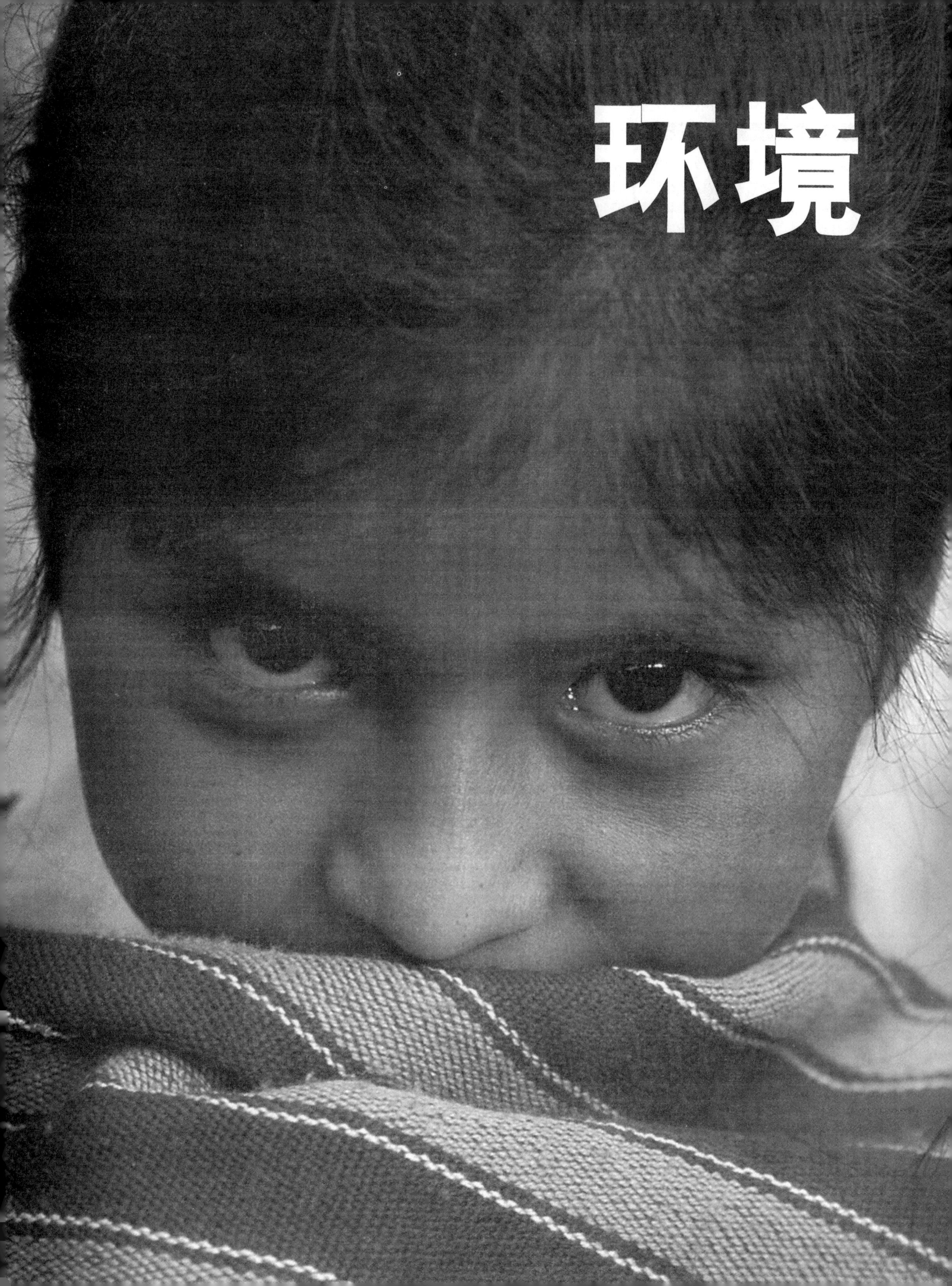

环境的可持续性

3

1972年在斯德哥尔摩召开的联合国人类环境会议让全世界开始关注人类活动对环境造成的日益严重的影响，人类需要对环境资源进行可持续规划利用。20年后，联合国环境与发展大会（United Nations Conference on Environment and Development）在里约热内卢通过了一项关于可持续发展的广泛行动计划。该计划有一部分后来被写进了千年宣言（Millennium Declaration），其要义就是千年发展目标7所体现的：确保环境的可持续发展。

了解气候变化是确保环境可持续发展以及制定发展政策的关键。公共政策应当帮助人们应对新的或更严重的问题，提高对清洁能源的投入，使土地和水源在养育更多更繁荣人口的同时，也更好地保护岌岌可危的自然环境。

世界银行在促使全球适应气候变化以及减轻气候变化影响方面，发挥着重要作用。1999年以来，世界银行一直在碳市场建设中走在前列，今天这一市场正引导资金向清洁低碳的项目流动。在2009年哥本哈根召开的联合国气候变化大会上，世界银行发起了碳伙伴融资计划，更加丰富了碳基金和碳融资方式。这一融资计划开创性地以碳金融形式撬动公共领域和私人领域的资本投向清洁技术，以帮助发展中国家发展低碳事业，快速减少温室气体排放。在2010年坎昆召开的联合国气候变化框架公约会议上，世界银行与全球领袖、政策制定者们一起加入了行动路线图：农业发展、粮食安全和气候变化都在促使全球采取切实行动，推动农业投资和农业政策向“气候智能”型增长倾斜。路线图展示了一个“三赢”局面：提高农业产出和收入，促使农业适应气候变化，让农业成为应对气候变化的一种手段（土壤和生物量可以截留大量的碳）。

环境指标

我们需要新的测量框架和新的数据来监测千年发展目标的环境目标进程以及复杂的环境现象。2011年《世界发展指标》的环境部分收录了有关自然资源租金的图表，以反映人类对环境资源的依赖程度。考虑到绿色核算法已成为主流，经调整的净储蓄数据——即总储蓄扣减资本折旧、资源耗减、污染损失和人力资本投资——被放在了经济部分（见表4.11），与其他图表一起反映经调整后的国民收入数据（见表4.10）。通过这些图表，我们可以更清楚地看到环境因素会对长期经济增长的可持续性造成哪些影响。

这一部分的其他环境指标还有：土地使用、农业和粮食产出、森林和生物多样化、水资源、能源利用和效率、城市化、环境影响、政府承诺、濒危物种。我们尽可能从国际数据源中选取数据构建这些指标，以便进行跨国比较。但需要指出的是，这些指标的国家覆盖范围并不均衡，生态系统往往也会跨越国境，不同地区的自然资源也各不相同。举例来说，温室气体排放和气候变化是以全球口径来测量的，但其效应却体现在各个地区，影响当地居民的生活和境遇。

衡量对环境资源的依赖度

将自然资源对经济产出的贡献度纳入计算范畴，有助于我们对可持续发展建立分析框架。对自然资源进行开采或自然资源的孳息可以产生丰厚的租金——扣除开采成本后的收入，一种资源商品的价格与生产该商品的平均成本之间的差额就是自然资源租金。自然资源租金的计算方法是：单位特定自然资源商品的世界市场价格减去开采或收获该自然资源的平均单位成本，单位租金乘以国家开采或收获的自然资源数量就得到每种商品的租金，以占国民总收入比重的形式表示。

自然资源租金最高的10个国家主要是石油和天然气生产国　3a

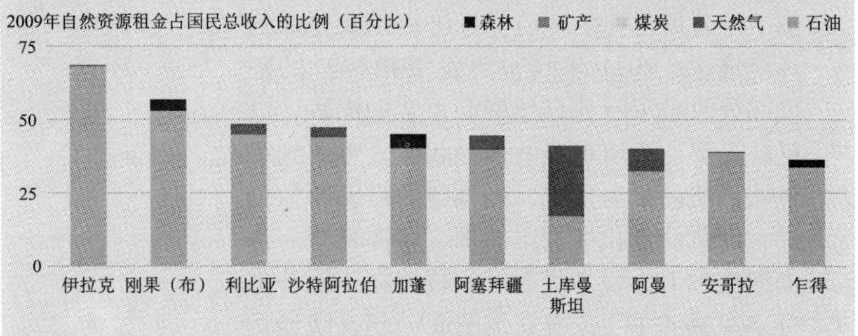

资料来源：表3.1。

调整后的净储蓄为负的国家一味消耗着自然资源而没有使用其他替代物，变得越来越穷　3b

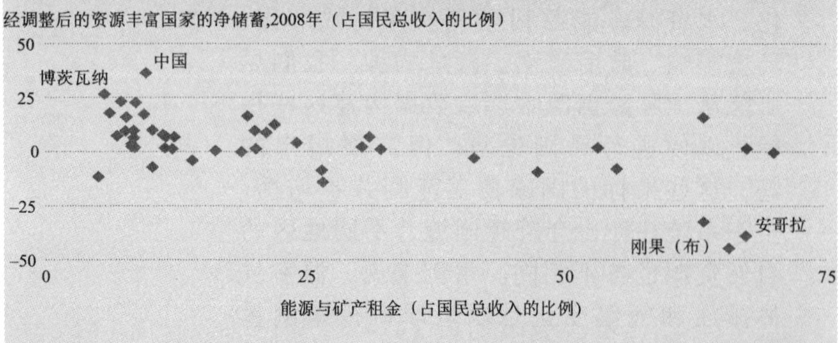

注：原数据来自世界银行评估可持续发展能力的一个长期项目。自然资源租金估算数据被用于计算综合财富和经调整的净储蓄，见表4.10和表4.11。有关财富核算法的更多信息见《国民财富的变化》（世界银行，2011）。

资料来源：《世界发展指标》数据库。

表3.16列举了石油租金、天然气租金、煤租金、其他矿产租金以及森林租金占GNI的比重。一些国家的这类租金，尤其是化石燃料和矿产租金，占GNI的比重约30%—50%（见图3a），伊拉克几乎达到70%。当一个国家的资本存量所剩无几时，它就会从化石燃料和矿产等不可再生资源和过度开采森林中攫取租金，如果这些国家是用这些租金来满足当前的消费，而不是用来投资新资本或替代消耗殆尽的物资，那么它们就是在透支未来。

如果资源租金在一个国家的GNI中占比达到5%以上，这个国家就可以称为资源丰富。这类国家面临的一个重大的发展挑战就是把不可再生资源转变成其他形式的财富。图3b描绘了资源丰富的国家经调整的净储蓄与能源和矿产租金的对比情况，净储蓄即净国民储蓄加教育支出减去能源耗减、矿产耗减、净森林流失、二氧化碳和颗粒排放损失。以安哥拉和刚果（布）为代表的净储蓄为负的国家都在消耗着自然资本，没有寻找其他替代物，随着时间的推移将变得越来越穷。与这些国家形成鲜明对比的是，像博茨瓦纳和中国这类净储蓄为正的国家都通过投资其他形式的资源增加了财富和福利，减少了自然资源耗减（见表4.10和表4.11中的“关于数据的说明”）。

环境核算和财富核算成为国家统计的主流

在联合国统计委员会的大力支持下，过去20年来环境核算（包含自然资本核算）有了长足进步。委员会成立了环境核算伦敦工作组（London Group on Environmental Accounting）研究制定相关方法指引，这个工作组就是后来的联合国环境和经济核算专家委员会（UN Committee of Experts on Environmental and Economic Accounting）。2003年联合国和其他国际组织一起编制了《国民核算手册：综合环境和经济核算》（Handbook of National Accounting：Integrated Environmental and Economic Accounting，UN等，2003）。该书目前正在修订之中，有望与国民账户体系（System of National Accounts，该体系建立了一套国民核算的法则）一样成为统计标准。

在过去的20年中，还有一些机构和学者致力于研究制定财富核算。30多个国家的官方统计机构建立了财富核算制度，其中有16个国家定期编制至少一种自然资源的资产账户。大多数国家主要关注的是矿产和能源资产，但以澳大利亚和挪威为代表的少数国家却拥有更为全面的自然资本账户。

官方统计机构、学术界和非政府组织在研究编制国家性、区域性和地方性自然资本核算方面做了大量工作。这些成果使我们对财富核算有了更深入的了解，能够更全面地分析全球尤其是资源丰富国家的发展和减贫前景。

Stiglitz、Sen和Fitoussi（2009）进一步论证了综合财富对可持续发展的重要性。他们建议修改和拓宽传统的国民账户，为政策制定提供更准确有用的指导。他们提出的一个重要概念就是综合财富，建议编制账户要涵盖全部资产（自然资产、人造资产以及人力资本）以及资产的变化，这样才与经调整的净储蓄口径一致。

3.1 农村人口和土地利用

	农村人口			土地面积	土地利用							
	占总人口的百分比		年均增长百分比	千平方公里	占土地面积的百分比						每100人的耕地面积（公顷）	
					森林面积		永久性作物用地		耕地			
	1990	2009	1990–2009	2009	1990	2010	1990	2008	1990	2008	1990	2008
阿富汗	82	76	2.1	652.2	2.1	2.1	0.2	0.2	12.1	11.9	42.6	26.9
阿尔巴尼亚	64	53	–1.2	27.4	28.8	28.3	4.6	3.2	21.1	22.3	17.6	19.4
阿尔及利亚	48	34	–0.1	2,381.7	0.7	0.6	0.2	0.4	3.0	3.1	28.0	21.8
安哥拉	63	42	0.8	1,246.7	48.9	46.9	0.4	0.2	2.3	2.7	27.2	18.9
阿根廷	13	8	–1.6	2,736.7	12.7	10.7	0.4	0.4	9.6	11.7	81.2	80.2
亚美尼亚	33	36	–0.2	28.5	12.2	9.2	*2.1*	1.9	*14.9*	15.8	1.5	14.6
澳大利亚	15	11	–0.1	7,682.3	20.1	19.4	0.0	0.0	6.2	5.7	280.7	205.4
奥地利	34	33	0.2	82.5	45.8	47.1	1.0	0.8	17.3	16.7	18.5	16.5
阿塞拜疆	46	48	1.3	82.6	11.2	11.3	*3.7*	2.8	*20.5*	22.5	0.8	21.4
孟加拉国	80	72	1.2	130.2	11.5	11.1	2.5	6.1	70.0	60.7	7.9	4.9
白俄罗斯	34	26	–1.7	202.9	38.4	42.5	*0.9*	0.6	*30.0*	27.2	0.5	57.0
比利时	4	3	–1.3	30.3	22.4	22.4	0.5[a]	0.8	23.3[a]	27.9	0.2	7.9
贝宁	66	58	2.7	110.6	52.1	41.2	0.9	2.7	14.6	23.1	33.7	29.4
玻利维亚	44	34	0.6	1,083.3	58.0	52.8	0.1	0.2	1.9	3.3	31.5	37.1
波斯尼亚和黑塞哥维那	61	52	–1.5	51.2	43.2	42.7	*2.9*	1.8	*16.6*	19.7	3.5	26.7
博茨瓦纳	58	40	–0.1	566.7	24.2	20.0	0.0	0.0	0.7	0.4	31.1	13.0
巴西	25	14	–1.7	8,459.4	68.0	61.4	0.8	0.9	6.0	7.2	33.9	31.8
保加利亚	34	29	–1.6	108.6	30.1	36.2	2.7	1.7	34.9	28.2	44.2	40.2
布基纳法索	86	80	2.7	273.6	25.0	20.6	0.2	0.2	12.9	23.0	39.9	41.4
布隆迪	94	89	1.7	25.7	11.3	6.7	14.0	15.2	36.2	35.0	16.4	11.1
柬埔寨	87	78	1.6	176.5	73.3	57.2	0.6	0.9	20.9	22.1	38.1	26.8
喀麦隆	59	42	0.7	472.7	51.4	42.1	2.6	2.5	12.6	12.6	48.6	31.2
加拿大	23	20	0.1	9,093.5	34.1	34.1	0.7	0.8	5.0	5.0	163.7	135.4
中非共和国	63	61	2.0	623.0	37.2	36.3	0.1	0.1	3.1	3.1	65.6	44.5
乍得	79	73	2.8	1,259.2	10.4	9.2	0.0	0.0	2.6	3.4	53.6	39.4
智利	17	11	–0.7	743.5	20.5	21.8	0.3	0.6	3.8	1.7	21.2	7.5
中国	73	56	–0.5	9,327.5	16.8	22.2	0.8	1.5	13.3	11.6	10.9	8.2
中国香港	1	0	..	1.0	..	..	..	..	..	..	..	..
哥伦比亚	32	25	0.5	1,109.5	56.3	54.5	1.5	1.5	3.0	1.6	10.0	4.1
刚果民主共和国	72	65	2.5	2,267.1	70.7	68.0	0.5	0.3	2.9	3.0	18.0	10.4
刚果共和国	46	38	1.2	341.5	66.5	65.6	0.1	0.2	1.4	1.4	19.6	13.6
哥斯达黎加	49	36	0.5	51.1	50.2	51.0	4.9	5.9	5.1	3.9	8.4	4.4
科特迪瓦	60	51	1.8	318.0	32.1	32.7	11.0	13.4	7.6	8.8	19.3	13.6
克罗地亚	46	43	–0.8	56.0	33.1	34.3	*2.0*	1.5	*21.7*	15.4	2.4	19.4
古巴	27	24	–0.2	106.4	19.2	27.0	4.2	3.8	31.6	33.5	32.0	31.9
捷克共和国	25	27	0.4	77.3	34.0	34.4	*3.1*	3.1	*41.1*	39.2	32.1	29.0
丹麦	15	13	–0.4	42.4	10.5	12.8	0.2	0.2	60.4	56.6	49.8	43.7
多米尼加共和国	45	30	–0.4	48.3	40.8	40.8	9.3	10.3	18.6	16.6	12.2	8.0
厄瓜多尔	45	34	0.0	248.4	49.9	39.7	4.8	5.1	5.8	5.0	15.6	9.2
埃及	57	57	2.0	995.5	0.0	0.1	0.4	0.8	2.3	2.8	4.0	3.4
萨尔瓦多	51	39	–0.6	20.7	18.2	13.9	12.5	11.1	26.5	33.1	10.3	11.2
厄立特里亚	84	79	2.1	101.0	16.0	15.2	*0.0*	0.0	*4.9*	6.6	0.1	13.6
爱沙尼亚	29	31	–0.5	42.4	49.3	52.3	*0.3*	0.2	*26.3*	14.1	3.5	44.6
埃塞俄比亚	87	83	2.5	1,000.0	15.1	12.3	*0.5*	0.9	*10.0*	13.6	1.4	16.9
芬兰	39	36	0.1	303.9	71.9	72.9	0.0	0.0	7.4	7.4	45.5	42.4
法国	26	22	–0.2	547.7	26.5	29.1	2.2	2.0	32.9	33.3	31.7	29.3
加蓬	31	15	–1.5	257.7	85.4	85.4	0.6	0.6	1.1	1.3	31.8	22.4
冈比亚	62	43	1.5	10.0	44.2	48.0	0.5	0.5	18.2	39.0	20.3	23.5
格鲁吉亚	45	47	–1.0	69.5	40.0	39.5	*4.8*	1.7	*11.4*	6.7	1.0	10.9
德国	27	26	0.0	348.6	30.8	31.8	1.3	0.6	34.3	34.2	15.1	14.5
加纳	64	49	1.1	227.5	32.7	21.7	6.6	12.5	11.9	19.3	18.0	18.8
希腊	41	39	0.2	128.9	25.6	30.3	8.3	8.7	22.5	16.3	28.5	18.7
危地马拉	59	51	1.6	107.2	44.3	34.1	4.5	8.8	12.1	12.4	14.6	9.7
几内亚	72	65	2.1	245.7	29.6	26.6	2.0	2.8	3.3	9.8	13.1	24.4
几内亚比绍	72	70	2.3	28.1	78.8	71.9	4.2	8.9	8.9	10.7	24.5	19.0
海地	72	52	0.1	27.6	4.2	3.7	11.6	10.9	28.3	36.3	11.0	10.1
洪都拉斯	60	52	1.5	111.9	72.7	46.4	3.2	3.7	13.1	9.1	29.8	13.9

	农村人口			土地面积	土地利用							
	占总人口的百分比		年均增长百分比	千平方公里	占土地面积的百分比						每100人的耕地面积（公顷）	
					森林面积		永久性作物用地		耕地			
	1990	2009	1990–2009	2009	1990	2010	1990	2008	1990	2008	1990	2008
匈牙利	34	32	–0.5	89.6	20.0	22.6	2.6	2.2	56.2	51.0	48.7	45.6
印度	75	70	1.3	2,973.2	21.5	23.0	2.2	3.8	54.8	53.2	19.2	13.9
印度尼西亚	69	47	–0.6	1,811.6	65.4	52.1	6.5	8.3	11.2	12.1	11.4	9.7
伊朗	44	31	–0.3	1,628.6	6.8	6.8	0.8	1.1	9.3	10.5	27.9	23.7
伊拉克	30	34	3.2	437.4	1.8	1.9	0.7	0.6	13.3	11.9	30.7	16.9
爱尔兰	43	38	0.7	68.9	6.7	10.7	0.0	0.0	15.1	16.0	29.7	24.9
以色列	10	8	1.7	21.6	6.1	7.1	4.1	3.6	15.9	13.9	7.4	4.1
意大利	33	32	0.1	294.1	25.8	31.1	10.1	9.0	30.6	24.2	15.9	11.9
牙买加	51	47	0.2	10.8	31.9	31.1	9.2	10.2	11.0	11.5	5.0	4.7
日本	37	33	–0.4	364.5	68.4	68.5	1.3	0.9	13.1	11.8	3.9	3.4
约旦	28	22	2.1	88.2	1.1	1.1	0.8	0.9	2.0	1.7	5.6	2.6
哈萨克斯坦	44	42	–0.4	2,699.7	1.3	1.2	*0.1*	0.0	*13.0*	8.4	0.3	144.8
肯尼亚	82	78	2.5	569.1	6.5	6.1	0.8	0.9	8.8	9.3	21.3	13.7
朝鲜	42	37	0.3	120.4	68.1	47.1	1.5	1.7	19.0	22.4	11.4	11.3
韩国	26	18	–1.2	96.9	64.5	64.2	1.6	*1.9*	19.8	16.0	4.6	3.2
科索沃	..	..	..	10.9[b]	..	..	..	..	..	*27.6*	..	*16.8*
科威特	2	2	0.3	17.8	0.2	0.3	0.1	0.2	0.2	0.6	0.2	0.4
吉尔吉斯斯坦	62	64	1.1	191.8	4.4	5.0	*0.4*	0.4	*6.9*	6.7	1.2	24.2
老挝	85	68	1.0	230.8	75.0	68.2	0.3	0.4	3.5	5.4	19.0	20.1
拉脱维亚	31	32	–0.7	62.2	51.1	53.9	*0.4*	0.1	*27.2*	18.8	2.0	51.6
黎巴嫩	17	13	0.4	10.2	12.8	13.4	11.9	13.9	17.9	14.1	6.2	3.4
莱索托	86	74	0.5	30.4	1.3	1.4	0.1	0.1	10.4	11.7	19.8	17.3
利比里亚	55	39	1.4	96.3	51.2	44.9	1.6	2.3	3.6	4.2	16.2	10.5
利比亚	24	22	1.6	1,759.5	0.1	0.1	0.2	0.2	1.0	1.0	41.4	27.8
立陶宛	32	33	–0.5	62.7	31.0	34.5	*0.7*	0.4	*46.0*	29.7	1.5	55.4
前南斯拉夫马其顿共和国	42	33	–1.0	25.2	35.9	39.6	*2.2*	1.4	*23.8*	17.1	3.0	21.2
马达加斯加	76	70	2.5	581.5	23.5	21.6	1.0	1.0	4.7	5.1	24.1	15.4
马拉维	88	81	2.0	94.1	41.4	34.4	1.4	1.3	23.9	37.2	23.8	23.6
马来西亚	50	29	–0.7	328.6	68.1	62.3	16.0	17.6	5.2	5.5	9.4	6.7
马里	77	67	1.5	1,220.2	11.5	10.2	0.1	0.1	1.7	4.0	23.7	38.2
毛里塔尼亚	60	59	2.5	1,030.7	0.4	0.2	0.0	0.0	0.4	0.4	20.1	12.4
毛里求斯	56	58	1.1	2.0	19.2	17.2	3.0	2.0	49.3	42.9	9.5	6.9
墨西哥	29	23	0.1	1,944.0	36.2	33.3	1.0	1.4	12.5	12.8	29.2	23.3
摩尔多瓦	53	59	–0.5	32.9	9.7	11.7	12.8	*9.2*	*52.8*	55.4	39.7	50.1
蒙古	43	43	0.9	1,553.6	8.1	7.0	0.0	0.0	0.9	0.5	61.8	32.2
摩洛哥	52	44	0.5	446.3	11.3	11.5	1.6	2.1	19.5	18.0	35.1	25.5
莫桑比克	79	62	1.5	786.4	55.2	49.6	0.3	0.3	4.4	5.7	25.5	20.1
缅甸	75	67	0.4	653.5	60.0	48.6	0.8	1.7	14.6	16.2	23.4	21.4
纳米比亚	72	63	1.5	823.3	10.6	8.9	0.0	0.0	0.8	1.0	46.6	37.6
尼泊尔	91	82	1.7	143.4	33.7	25.4	0.5	0.8	16.0	16.4	12.0	8.2
荷兰	31	18	–2.5	33.8	10.2	10.8	0.9	1.0	26.0	31.6	5.9	6.5
新西兰	15	13	0.5	263.3	29.3	31.4	0.2	0.3	10.0	1.7	76.7	10.6
尼加拉瓜	48	43	1.2	120.3	37.5	25.9	1.6	1.9	10.8	15.8	31.4	33.5
尼日尔	85	83	3.4	1,266.7	1.5	1.0	0.0	0.0	8.7	11.4	139.6	98.6
尼日利亚	65	51	1.2	910.8	18.9	9.9	2.8	3.3	32.4	41.2	30.3	24.8
挪威	28	23	–0.5	305.5	30.0	32.9	0.0	0.0	2.8	2.8	20.3	17.7
阿曼	34	28	1.3	309.5	0.0	0.0	0.1	0.1	0.1	0.2	1.9	2.0
巴基斯坦	69	63	1.9	770.9	3.3	2.2	0.6	1.1	26.6	26.4	19.0	12.2
巴拿马	46	26	–1.1	74.3	51.0	43.7	2.1	2.0	6.7	7.4	20.7	16.1
巴布亚新几内亚	85	88	2.7	452.9	69.6	63.4	1.2	1.4	0.4	0.6	4.6	4.1
巴拉圭	51	39	0.7	397.3	53.3	44.3	0.2	0.3	5.3	10.6	49.7	67.3
秘鲁	31	29	1.1	1,280.0	54.8	53.1	0.3	0.6	2.7	2.9	16.1	12.7
菲律宾	51	34	–0.1	298.2	22.0	25.7	14.8	16.8	18.4	17.8	8.8	5.9
波兰	39	39	0.0	304.2	29.2	30.7	1.1	1.3	47.3	41.3	37.7	33.0
葡萄牙	52	40	–1.0	91.5	36.4	37.8	8.5	6.4	25.6	11.5	23.7	9.9
波多黎各	28	1	–15.0	8.9	32.4	62.2	5.6	4.2	7.3	6.8	1.8	1.5
卡塔尔	8	4	2.7	11.6	0.0	0.0	0.1	0.3	0.9	1.1	2.1	1.0

农村人口和土地利用

	农村人口			土地面积	土地利用							
	占总人口的百分比		年均增长百分比	千平方公里	占土地面积的百分比						每100人的耕地面积（公顷）	
					森林面积		永久性作物用地		耕地			
	1990	2009	1990–2009	2009	1990	2010	1990	2008	1990	2008	1990	2008
罗马尼亚	47	46	–0.5	229.9	27.8	28.6	2.6	1.6	41.2	37.9	40.7	40.5
俄罗斯联邦	27	27	–0.1	16,376.9	49.4	49.4	0.1	0.1	8.1	7.4	0.0	85.7
卢旺达	95	81	1.0	24.7	12.9	17.6	12.4	11.3	35.7	52.3	12.3	13.3
沙特阿拉伯	23	18	0.8	2,000.0c	0.5	0.5	0.0	0.1	1.7	1.7	20.9	13.9
塞内加尔	61	57	2.4	192.5	48.6	44.0	0.2	0.3	16.1	18.2	41.0	28.7
塞尔维亚	50	48	–0.4	88.4	26.2	30.7	..	3.4	..	37.4	4.5	44.9
塞拉利昂	67	62	1.3	71.6	43.5	38.1	1.9	1.9	6.8	25.1	11.9	32.3
新加坡	0	0	..	0.7	3.0	2.9	1.5	0.3	1.5	0.7	0.0	0.0
斯洛伐克共和国	44	43	0.1	48.1	40.0	40.2	1.0	0.5	32.5	28.7	31.0	25.6
斯洛文尼亚	50	52	0.3	20.1	59.0	62.2	1.8	1.3	9.9	9.0	1.8	9.0
索马里	70	63	1.1	627.3	13.2	10.8	0.0	0.0	1.6	1.6	15.5	11.2
南非	48	39	0.7	1,214.5	6.8	4.7	0.7	0.8	11.1	11.9	38.2	29.7
西班牙	25	23	0.5	499.1	27.7	36.4	9.7	9.6	30.7	25.0	39.5	27.4
斯里兰卡	83	85	1.0	62.7	37.5	29.7	15.9	15.1	14.4	19.9	5.3	6.2
苏丹	73	56	0.9	2,376.0	32.1	29.4	0.0	0.1	5.4	8.7	47.2	50.1
斯威士兰	77	75	1.5	17.2	27.4	32.7	0.7	0.8	10.5	10.3	20.8	15.2
瑞典	17	15	–0.1	410.3	66.5	68.7	0.0	0.0	6.9	6.4	33.2	28.5
瑞士	27	27	0.7	40.0	28.8	31.0	0.6	0.6	10.3	10.2	6.1	5.3
阿拉伯叙利亚共和国	51	45	2.0	183.6	2.0	2.7	4.0	5.3	26.6	25.6	38.4	22.8
塔吉克斯坦	68	74	1.8	140.0	2.9	2.9	0.9	1.0	6.1	5.3	1.0	10.8
坦桑尼亚	81	74	2.4	885.8	46.8	37.7	1.1	1.5	10.2	10.8	35.4	22.6
泰国	71	66	0.6	510.9	38.3	37.1	6.1	7.1	34.2	29.8	30.9	22.6
东帝汶	79	72	1.8	14.9	65.0	49.9	3.9	4.4	7.4	10.8	14.9	14.6
多哥	70	57	1.7	54.4	12.6	5.3	1.7	3.1	38.6	45.2	53.5	38.1
特立尼达和多巴哥	92	86	0.2	5.1	47.0	44.1	6.8	4.3	7.0	4.9	3.0	1.9
突尼斯	42	33	0.0	155.4	4.1	6.5	12.5	14.2	18.7	18.2	35.7	27.5
土耳其	41	31	0.0	769.6	12.6	14.7	3.9	3.8	32.0	28.0	43.9	29.2
土库曼斯坦	55	51	1.4	469.9	8.8	8.8	0.1	0.1	2.9	3.9	36.7	36.7
乌干达	89	87	3.1	197.1	24.1	15.2	9.4	11.4	25.4	28.7	28.2	17.8
乌克兰	33	32	–0.8	579.3	16.0	16.8	1.9	1.6	57.6	56.1	0.1	70.2
阿拉伯联合酋长国	21	22	5.0	83.6	2.9	3.8	0.2	2.4	0.4	0.8	1.9	1.4
英国	11	10	–0.2	241.9	10.8	11.9	0.3	0.2	27.4	24.8	11.6	9.8
美国	25	18	–0.6	9,147.4	32.4	33.2	0.2	0.3	20.3	18.6	74.4	56.0
乌拉圭	11	8	–1.6	175.0	5.3	10.0	0.3	0.2	7.2	9.4	40.6	49.2
乌兹别克斯坦	60	63	1.9	425.4	7.2	7.7	0.9	0.8	10.5	10.1	21.8	15.7
委内瑞拉	16	6	–2.9	882.1	59.0	52.5	0.9	0.7	3.2	3.1	14.3	9.7
越南	80	72	0.9	310.1	28.8	44.5	3.2	10.0	16.4	20.3	8.1	7.3
西岸和加沙	32	28	3.0	6.0	1.5	1.5	19.1	19.5	18.1	16.8	..	2.8
也门共和国	79	69	2.7	528.0	1.0	1.0	0.2	0.6	2.9	2.4	12.4	5.6
赞比亚	61	64	2.9	743.4	71.0	66.5	0.0	0.0	3.1	3.2	29.0	18.7
津巴布韦	71	62	0.2	386.9	57.3	40.4	0.3	0.3	7.5	9.6	27.6	29.9
全世界	**57 w**	**50 w**	**0.6 w**	**129,561.8 s**	**32.1 w**	**31.1 w**	**1.1 w**	**1.1 w**	**9.0 w**	**10.7 w**	**22.2 w**	**20.7 w**
低收入国家	78	71	1.8	17,303.9	31.9	28.2	0.7	0.9	6.4	8.6	20.1	17.9
中等收入国家	62	52	0.4	78,352.9	33.9	32.8	1.4	1.4	8.4	11.0	17.7	18.2
中低收入国家	70	59	0.5	30,841.8	26.2	25.9	1.8	2.4	14.9	16.0	15.8	13.1
中高收入国家	33	25	–0.3	47,511.0	38.8	37.2	1.0	0.7	4.2	7.8	24.5	37.4
低收入和中等收入国家	64	55	0.7	95,656.7	33.5	31.9	1.2	1.3	8.1	10.6	18.0	18.2
东亚和太平洋地区	71	55	–0.3	15,853.7	29.0	29.6	2.2	3.1	12.1	11.3	12.0	9.3
欧洲和中亚	37	36	0.0	22,686.7	38.4	38.6	0.4	0.4	2.1	10.4	12.1	58.8
拉丁美洲和加勒比地区	29	21	–0.3	20,116.2	51.6	47.0	0.9	1.0	6.6	7.4	30.3	26.4
中东和北非	48	42	1.3	8,643.6	2.4	2.4	0.8	1.0	5.9	6.0	22.4	16.0
南亚	75	70	1.4	4,771.2	16.6	17.1	1.8	2.9	42.6	41.5	18.0	12.8
撒哈拉以南非洲地区	72	63	1.9	23,585.4	31.3	28.0	0.8	1.0	6.2	8.5	28.4	24.4
高收入国家	27	23	–0.3	33,905.1	28.1	28.9	0.7	0.7	11.8	10.9	41.5	34.0
欧元区	29	27	–0.1	2,552.0	33.6	37.3	4.8	4.2	26.7	24.4	22.1	18.9

a. 包括卢森堡。b. 数据来自各国的资料来源。c. 临时估计。

关于数据的说明

全世界30亿人口，其中70%为贫困人口，生活在农村。因此，用足够多的指标来监控农村地区的进展非常重要。然而，没有几个指标是按照城市—农村细目分类加以分解的（部分指标见表2.7、表3.5和表3.11）。本表给出了农村人口和土地使用的指标。农村人口被近似地看做是年中非城市人口数。尽管已有实际方法来鉴定农村人口，但是并不准确（关于这一问题的进一步讨论，见专栏3.1a）。

表中的数据表明土地使用格局正在发生变化，而且这些数据还显示出国家之间在资源禀赋和使用方面存在的主要差异。然而，由于在定义、统计方法和数据收集质量方面的变化，数据真正的可比性是受到限制的。各国对农村人口、城市人口以及土地的使用就存在不同的定义。这些数据的主要汇集机构——粮食及农业组织（FAO），将不定期地调整土地使用分类的定义，有时对早期数据也加以修订。因为数据反映了报告程序的变化和土地使用情况的实际变化，在解释明显的趋势时应该谨慎。

卫星图像显示的土地使用情况不同于根据耕作面积和土地使用类型实地测量得到的结果。此外，在诸如印度等国家中，土地使用数据都是基于为征集税收而设计的报告体系。因为土地税已不再是政府收入的主要来源，土地使用数据（作物用地除外）的质量和涵盖范围已有所下降。由于定义上的差异和不定期的调查，森林面积数据可能尤其不可靠（见表3.4中的"关于数据的说明"）。粮食及农业组织的《2005年全球森林资源评估》是这些数据重要的背景文件。粮食及农业组织于1948—1963年间公布的森林面积统计数据主要是基于各国的问卷调查数据。自1980年以来，随着遥感技术、统计建模以及对各国调查的专家分析的采用，完善了对森林面积的估计。囊括了233个国家的《2010年全球森林资源评估》是到目前为止针对森林和林业在范围、国家数量及其涉及的人口方面最为全面的评估。该评估报告利用大约90个变量（涵盖森林及其他林业用地的范围、状况、使用及其价值）对当前的地位及其近期的趋势进行了考察。

什么是农村？什么是城市？ 3.1a

表3.1给出的农村人口被近似为总人口与城市人口之差，其中城市人口是基于联合国人口署给出的城市人口份额计算的。然而，对于区别城市与农村地区并没有统一的标准，任何一种城市—农村二分法都过于简化（见表3.11中的"关于数据的说明"）。两种不同的景象——与世隔绝的农村和兴旺发达的城市——代表了一个连续统一体的两极。生命沿着不同的空间而发生转变，从最为遥远的森林边远地带前进，经过旷野和牧场，经过一些小的村庄，到达每周有一次田头市场交易的小型城镇，再到文化氛围较为浓厚的大型城镇和小型城市，最终到达国际大都市的中心。沿着这条路所能获得的基础设施服务、社会服务及其非农业就业机会都会增加，同时人口密度及其收入都会增加。因此，为了政策上的目的，我们必须要超越表3.1、表3.5和表3.11给出的城市—农村二分法，因为农村地区拥有许多空间。2005年世界银行的一篇政策研究文章试图基于两个因素给出农村具有可操作性的定义：人口密度及其与大城市的距离（Chomitz、Buys和Thomas，2005）。该报告认为这些标准构造了大量斜线，沿着这些斜线经济行为和适当的发展干预存在巨大的差异。人口密度低的地方，商品市场就较少，提供大多数社会服务及其许多类型的基础设施的单位成本就高。离大城市地区越远的地方，产出的出厂价格就会相对较低，投入的价格就会相对较高，进而派遣技术熟练的人员到公共服务部门及其私人企业是困难的。因此，遥远的距离和较低人口密度一起给出了面临特定发展挑战的农村地区的定义。

基于这些标准，利用全球网络人口（CIESIN，2005），作者对拉丁美洲和加勒比地区的农村人口进行了估计，而结果与表3.1给出的数据大为不同。这些估计值的取值范围从占总人口的13%（基于人口密度每平方公里低于20人）到64%（基于人口密度每平方公里高于500人）。如果考虑到距离，对农村人口的估计可能在占人口的13%—52%之间。表3.1中对拉丁美洲和加勒比地区的估计为22%。

定义

• **农村人口**计为总人口与城市人口之间的差值（见表2.1和表3.11中的"定义"）。 • **土地面积**是一个国家除去内陆的水体面积、国家领有的大陆架和全部经济区以外的总面积。大多数情况下，内陆水体的定义包括主要的河流和湖泊（见表1.1中国家的总表面积）。年与年之间数据的差异可能是由于数据的更新和修订，而不是地区的改变。土地利用是一国的总面积，不包括内陆水体面积、各国大陆架以及专属经济区。在大多数情况下，内陆水体的定义包括主要河流和湖泊（见表1.1，各国的地表总面积）。年度间的变化可能是由于数据的更新或者数据的修订，而不是面积的变化。 • **森林面积**是指天然森林或者人工森林（树木离原地至少5米高）占据的土地面积，无论生产性的、非生产性的。不包括农业生产体系中的树木（果木种植和农林体系）以及城市公园中的树木。 • **永久性作物用地**是指用于种植每次收获后不需要再重新种植并长期占据土地的作物（例如，可可、咖啡和橡胶）的土地；这类土地还包括种植开花灌木、果树、坚果树和松树的土地，但是为获得木材而种植树木的土地除外。 • **耕地**包括FAO定义的临时性作物用地（收获两次的只计算一次）、供刈草或者牧场用的临时性草地、商业用地或者菜园和临时休耕地。因为轮作而弃耕的土地不包括在内。

数据资料来源

用来估计农村人口的城市人口份额的数据来自联合国人口署的《世界城市化预测：2009年修订版》。总人口数据采用世界银行的估计值。土地面积、永久性作物用地和耕地的数据来源于FAO的电子文件。FAO通过年度问卷以及分析各国农业普查的结果，从各国机构收集这些数据。森林面积数据来源于FAO的《2010年全球森林资源评估》。

	农业用地[a]			平均年度降雨量	谷物生产用地		化肥消耗量		农业就业		农业机械	
	占土地面积的百分比		灌溉用地(百分比)	毫米	千公顷		占化肥产量的百分比	千克/公顷可耕地	占总就业的百分比		每100平方公里耕地拥有的拖拉机数量	
	1990	2008	2008	2008	1990	2009	2008	2008	1990	2008	1990	2008
阿富汗	58	58	5.8	327	2,253.0	3,188.0	146.9	3.2	..	..	0.2	1.2
阿尔巴尼亚	41	43	10.0	1,485	321.0	146.2	..	38.4	..	*58.0*	212.4	121.9
阿尔及利亚	16	17	2.1	89	2,366.0	3,176.3	226.4	6.8	..	..	129.1	139.6
安哥拉	46	46	..	1,010	775.1	1,752.1	..	8.3	*5.1*	..	..	..
阿根廷	47	49	..	591	9,015.0	8,031.6	305.9	38.8	0.4	*0.8*	100.2	..
亚美尼亚	*41*	61	8.9	562	*162.8*	169.3	..	18.1	..	*46.2*	*345.5*	327.8
澳大利亚	60	54	0.4	534	13,428.8	19,805.6	161.3	33.9	5.6	*3.4*	..	..
奥地利	42	38	*1.4*	1,110	948.4	838.0	..	109.6	7.9	5.6	2,373.7	*2,390.3*
阿塞拜疆	53	58	30.0	447	*627.0*	1,113.8	..	20.9	30.9	*38.7*	*194.8*	116.1
孟加拉国	77	71	*62.0*	2,666	11,140.6	12,032.5	141.1	164.5	*64.9*	*48.1*	2.4	*3.9*
白俄罗斯	*46*	44	0.7	618	*2,603.0*	2,418.0	22.0	237.4	..	..	*206.9*	89.8
比利时	44[b]	45	*1.7*	847	368.2[b]	345.0	..	..	3.1	1.8	1,523.3[b]	*1,127.1*
贝宁	21	31	..	1,039	643.9	976.1	..	0.0	..	..	1.0	..
玻利维亚	33	34	..	1,146	582.5	897.0	..	5.5	1.2	..	24.8	..
波斯尼亚和黑塞哥维那	*43*	42	..	1,028	*304.1*	295.8	..	11.9	..	..	*235.3*	..
博茨瓦纳	46	46	*0.0*	416	205.1	85.7	..	..	..	*29.9*	140.5	134.8
巴西	29	31	..	1,782	18,512.4	20,220.4	313.5	165.7	22.8	*19.3*	143.8	*129.2*
保加利亚	56	48	*1.4*	608	2,055.3	1,829.2	68.4	81.8	18.5	*7.5*	135.8	173.5
布基纳法索	35	45	..	748	2,528.9	4,178.6	..	3.9	..	..	2.4	..
布隆迪	83	85	..	1,274	217.5	222.0	..	2.2	..	..	1.8	..
柬埔寨	25	31	..	1,904	1,900.0	2,888.0	..	22.7	..	..	3.3	11.8
喀麦隆	19	19	..	1,604	657.6	1,223.3	..	8.6	..	..	0.9	..
加拿大	7	7	..	537	21,547.9	14,863.2	25.1	56.9	4.1	*2.5*	164.8	*162.5*
中非共和国	8	8	..	1,343	110.5	264.3	..	..	..	..	..	..
乍得	38	39	..	322	1,075.4	2,486.7	..	..	*83.0*	..	..	..
智利	21	21	*5.6*	1,522	823.5	567.5	102.8	588.8	19.3	*12.3*	127.6	*425.9*
中国	57	56	*10.2*	..	93,555.2	88,592.8	99.2	468.0	53.4	..	66.6	277.1
中国香港	..	..	..	..	..	..	..	..	0.9	*0.2*	..	..
哥伦比亚	41	38	..	2,612	1,742.8	1,186.0	278.7	492.4	1.4	*18.4*	96.8	..
刚果民主共和国	10	10	..	1,543	1,863.6	1,977.3	..	1.0	..	..	..	..
刚果共和国	31	31	..	1,646	9.6	27.5	..	1.1	..	..	..	..
哥斯达黎加	45	35	..	2,926	92.6	74.4	..	707.5	25.9	*13.2*	..	..
科特迪瓦	60	64	..	1,348	1,400.0	853.5	..	18.9	..	..	19.9	..
克罗地亚	*43*	23	*0.7*	1,113	*592.7*	562.7	70.7	387.6	..	*12.8*	*35.2*	..
古巴	63	62	..	1,335	230.5	419.9	554.4	39.7	*24.9*	*18.7*	226.2	*203.2*
捷克共和国	*55*	55	0.2	677	*1,613.6*	1,544.4	117.1	135.1	*7.7*	3.3	264.6	276.4
丹麦	66	63	9.5	703	1,570.3	1,497.7	..	128.3	5.5	2.7	634.7	*486.3*
多米尼加共和国	53	52	..	1,410	122.2	158.2	..	..	*20.3*	*14.5*	25.9	..
厄瓜多尔	28	30	10.2	2,087	802.2	819.1	..	214.1	7.5	*8.3*	54.2	..
埃及	3	4	..	51	2,283.4	3,129.8	68.5	723.6	39.0	*31.2*	249.6	372.1
萨尔瓦多	68	75	*2.1*	1,724	425.4	363.0	..	118.4	*10.2*	*18.9*	..	..
厄立特里亚	*73*	75	..	384	*329.3*	492.3	..	0.0	..	..	*5.0*	..
爱沙尼亚	*32*	19	..	626	*453.7*	316.4	65.4	100.3	21.0	3.7	*455.3*	*604.7*
埃塞俄比亚	*31*	35	*0.5*	848	*4,040.3*	8,748.0	..	7.7	..	*8.6*	..	..
芬兰	8	8	*2.8*	536	1,212.6	1,133.1	77.4	134.2	8.8	4.5	916.5	*784.7*
法国	56	53	*5.4*	867	9,060.4	9,388.2	153.8	146.1	5.6	3.0	800.0	*635.3*
加蓬	20	20	..	1,831	14.4	20.5	..	14.1	*41.6*	..	..	..
冈比亚	64	66	..	836	90.0	295.2	..	2.6	*64.7*	..	..	..
格鲁吉亚	46	36	4.0	1,026	*248.5*	193.8	13.0	37.1	..	*53.4*	*295.6*	*594.0*
德国	52	49	..	700	6,944.9	6,908.4	55.7	160.4	*4.1*	2.2	1,309.4	*646.0*
加纳	55	69	..	1,187	853.0	1,570.7	..	6.4	*62.0*	..	7.1	*4.5*
希腊	72	36	*27.4*	652	1,470.4	1,174.8	472.4	143.8	23.9	11.4	744.2	*1,196.9*
危地马拉	40	39	..	1,996	718.5	855.9	..	92.0	12.9	*33.2*	..	..
几内亚	49	56	..	1,651	729.6	1,863.0	..	1.5	..	..	45.0	..
几内亚比绍	51	58	..	1,577	109.3	152.6	..	..	..	..	0.8	..
海地	58	65	..	1,440	351.5	437.0	..	..	65.6	..	2.6	..
洪都拉斯	30	28	..	1,976	465.1	382.6	..	107.7	50.1	*39.2*	30.9	..

农业投入

	农业用地[a]			平均年度降雨量	谷物生产用地		化肥消耗量		农业就业		农业机械	
	占土地面积的百分比		灌溉用地(百分比)	毫米	千公顷		占化肥产量的百分比	千克/公顷可耕地	占总就业的百分比		每100平方公里耕地拥有的拖拉机数量	
	1990	2008	2008	2008	1990	2009	2008	2008	1990	2008	1990	2008
匈牙利	72	64	1.4	589	2,778.6	2,883.6	227.2	94.3	18.2	4.5	97.7	*261.9*
印度	61	60	..	1,083	102,536.5	99,880.0	190.6	153.5	..	..	60.7	..
印度尼西亚	25	27	*16.3*	2,702	13,660.5	17,044.2	117.6	189.1	55.9	*41.2*	2.2	..
伊朗	38	30	19.0	228	9,468.1	9,095.5	148.1	90.9	..	*22.8*	141.5	*182.8*
伊拉克	23	22	..	216	3,256.3	2,141.4	132.8	43.8	..	..	65.8	..
爱尔兰	82	61	..	1,118	298.9	293.5	..	480.3	15.1	5.6	1,623.4	*1,476.4*
以色列	27	23	..	435	113.8	79.1	2.6	252.6	4.1	*1.6*	798.8	705.3
意大利	57	46	*19.2*	832	4,413.4	3,453.8	264.9	156.0	8.8	3.8	1,586.5	..
牙买加	44	43	..	2,051	2.1	1.5	..	51.3	*27.3*	*18.2*	..	..
日本	16	13	35.1	1,668	2,471.5	1,936.2	135.7	278.2	7.2	*4.2*	4,492.9	*4,382.4*
约旦	12	11	9.5	111	105.8	48.3	3.1	337.4	*6.6*	..	340.4	366.8
哈萨克斯坦	82	77	..	250	*22,152.4*	16,575.0	38.1	3.1	..	..	*62.0*	*17.7*
肯尼亚	47	48	*0.1*	630	1,785.5	2,329.0	..	33.3	..	..	20.0	..
朝鲜	21	25	..	1,054	1,605.0	1,265.5	..	..	..	..	..	..
韩国	22	19	*51.6*	1,274	1,441.0	1,018.5	134.0	479.5	17.9	*7.4*	211.0	1,632.5
科索沃	..	52	..	..	..	..	..	..	..	..	..	..
科威特	8	8	..	121	0.5	1.4	3.2	1,250.9	*1.3*	..	220.0	95.6
吉尔吉斯斯坦	*53*	56	9.3	533	*578.0*	612.4	..	19.0	32.7	*36.3*	*189.4*	191.1
老挝	7	10	..	1,834	687.0	1,048.9	..	..	..	..	..	..
拉脱维亚	*41*	29	*0.0*	641	*696.7*	540.9	..	124.3	..	7.7	*363.7*	*501.4*
黎巴嫩	59	67	*19.9*	661	41.2	67.9	8.6	56.2	..	..	174.9	..
莱索托	76	78	..	788	233.5	179.2	..	..	..	..	57.7	..
利比里亚	26	27	..	2,391	175.0	190.0	..	..	..	..	..	..
利比亚	9	9	..	56	404.1	342.9	17.2	27.3	..	..	184.3	..
立陶宛	*54*	43	..	656	*1,134.0*	1,103.5	13.5	79.1	..	7.7	*256.0*	631.6
前南斯拉夫马其顿共和国	*51*	42	*2.7*	619	*235.2*	178.9	..	56.2	..	*18.2*	*730.3*	*1,243.8*
马达加斯加	62	70	2.2	1,513	1,326.9	1,476.5	..	4.3	..	*82.0*	4.9	..
马拉维	45	58	..	1,181	1,425.3	1,780.1	3,197.3	1.7	..	..	..	..
马来西亚	22	24	..	2,875	700.7	678.6	242.6	929.9	26.0	*14.8*	152.9	..
马里	26	32	..	282	2,438.7	3,988.4	..	9.0	..	..	10.2	*2.7*
毛里塔尼亚	38	38	..	92	118.9	242.9	..	..	..	..	8.4	*9.8*
毛里求斯	56	48	21.4	2,041	0.6	0.1	..	210.1	16.7	*9.1*	..	..
墨西哥	53	53	*5.2*	752	10,543.1	10,182.4	319.7	44.7	22.6	*13.5*	123.5	*97.2*
摩尔多瓦	*78*	76	9.1	450	*675.6*	881.6	..	12.5	33.8	*32.8*	*310.1*	197.5
蒙古	81	75	..	241	654.1	252.4	..	8.2	*39.5*	40.6	80.3	38.0
摩洛哥	68	67	4.4	346	5,603.3	5,316.7	40.0	53.8	3.9	*43.3*	45.0	..
莫桑比克	61	62	..	1,032	1,549.5	1,892.0	..	0.0	..	..	..	..
缅甸	16	18	*24.8*	2,091	5,221.4	8,912.0	1,515.4	3.3	69.7	..	13.6	10.9
纳米比亚	47	47	..	285	214.2	307.2	..	0.3	*48.2*	..	..	..
尼泊尔	29	29	27.7	1,500	3,045.2	3,418.0	..	7.7	*81.2*	..	21.9	122.9
荷兰	59	57	*10.6*	778	195.3	220.8	17.9	269.1	4.5	2.7	2,073.1	*1,301.5*
新西兰	61	43	..	1,732	172.5	162.7	320.3	1,721.0	10.6	*7.2*	..	..
尼加拉瓜	33	43	..	2,391	320.0	438.2	..	32.3	39.3	*29.1*	20.0	..
尼日尔	26	34	..	151	6,882.3	9,929.1	..	0.4	..	..	0.2	..
尼日利亚	79	86	..	1,150	15,400.0	18,899.0	1,929.1	13.3	..	..	4.7	*6.6*
挪威	3	3	*5.4*	1,414	356.4	305.9	24.4	219.0	6.4	2.8	1,779.1	*1,539.1*
阿曼	3	6	..	125	2.4	5.0	2.4	395.0	*9.3*	..	41.1	..
巴基斯坦	34	34	73.0	494	11,864.1	13,689.0	115.6	163.3	51.1	*43.6*	129.7	*204.8*
巴拿马	29	30	..	2,692	184.6	144.3	..	35.3	*29.1*	*14.7*	102.0	..
巴布亚新几内亚	2	2	..	3,142	1.7	3.3	..	78.6	..	..	59.4	..
巴拉圭	43	51	..	1,130	393.7	1,344.8	..	66.8	*1.9*	*29.5*	71.6	61.5
秘鲁	17	17	..	1,738	683.7	1,286.1	..	81.6	1.2	*9.3*	36.3	..
菲律宾	37	40	..	2,348	7,138.5	7,216.3	973.8	131.2	45.2	*36.1*	65.2	..
波兰	62	53	*0.5*	600	8,530.9	8,582.8	100.0	190.4	25.2	*14.7*	823.6	1,246.0
葡萄牙	43	38	*12.0*	854	760.0	305.9	190.1	236.5	17.9	11.5	563.1	*1,397.7*
波多黎各	49	21	*8.5*	2,054	0.5	0.3	..	..	3.6	*1.1*	438.5	*525.0*
卡塔尔	64	59	1.9	637	5,704.1	5,265.5	42.1	45.6	29.1	28.7	140.6	200.4

3.2 农业投入

	农业用地[a]			平均年度降雨量	谷物生产用地		化肥消耗量		农业就业		农业机械	
	占土地面积的百分比		灌溉用地(百分比)	毫米	千公顷		占化肥产量的百分比	千克/公顷可耕地	占总就业的百分比		每100平方公里耕地拥有的拖拉机数量	
	1990	2008	2008	2008	1990	2009	2008	2008	1990	2008	1990	2008
罗马尼亚	*14*	13	2.0	460	*59,541.3*	41,715.7	11.9	15.9	13.9	*9.0*	*97.8*	30.0
俄罗斯联邦	76	82	..	1,212	254.1	368.2	..	8.3	*90.1*	..	1.0	..
卢旺达	5	6	..	74	1.1	2.0	0.3	276.9	..	*3.0*	84.0	*56.2*
沙特阿拉伯	..	..	..	59	974.6	466.4	14.5	75.2	..	*4.7*	19.2	..
塞内加尔	46	48	*0.7*	686	1,229.0	1,647.2	53.7	2.4	..	*33.7*	1.6	..
塞尔维亚	..	*57*	0.5	..	..	1,919.0	*252.9*	*115.2*	..	*20.8*	..	17.7
塞拉利昂	39	58	..	2,526	468.6	1,111.4	..	..	..	..	4.1	..
新加坡	3	1	..	2,497	..	1,918.9	..	..	0.4	*1.1*	..	..
斯洛伐克共和国	*51*	40	1.3	824	*836.6*	768.7	81.1	130.0	..	4.0	*197.5*	154.7
斯洛文尼亚	*28*	25	0.8	1,162	*112.5*	101.9	..	283.6	*10.7*	*10.2*	..	..
索马里	70	70	..	282	732.5	470.2	..	..	..	..	16.0	*12.0*
南非	80	82	..	495	6,162.9	3,318.7	262.4	49.7	..	*8.8*	107.9	..
西班牙	61	56	*11.9*	636	7,551.4	6,043.3	84.8	106.5	11.5	4.3	483.1	824.4
斯里兰卡	37	42	..	1,712	869.8	1,017.9	2,961.4	284.3	47.8	*31.3*	..	..
苏丹	52	58	1.3	416	3,734.6	9,453.8	..	3.6	..	..	7.2	12.4
斯威士兰	72	71	..	788	85.7	48.7	..	..	..	..	228.9	*87.1*
瑞典	8	8	..	624	1,285.2	1,032.1	414.7	142.1	3.4	*2.2*	601.9	*592.4*
瑞士	40	39	..	1,537	211.9	153.0	..	226.3	4.2	3.9	2,783.1	*2,597.2*
阿拉伯叙利亚共和国	73	76	9.8	252	4,134.4	2,774.1	184.5	88.0	*26.5*	..	128.1	233.9
塔吉克斯坦	*32*	34	15.0	691	*266.5*	409.5	*452.5*	0.0	*44.7*	..	*415.4*	216.1
坦桑尼亚	38	39	..	1,071	2,629.3	5,087.0	..	6.0	..	*74.6*	8.2	..
泰国	42	38	..	1,622	10,536.9	12,282.7	1,462.8	130.9	63.3	*41.7*	33.0	..
东帝汶	21	25	..	..	82.6	103.4	..	..	..	..	8.5	..
多哥	59	67	..	1,168	648.0	826.7	..	4.9	..	..	0.5	0.5
特立尼达和多巴哥	15	11	..	2,200	5.9	2.1	17.8	2,337.2	12.3	*4.3*	..	..
突尼斯	56	64	4.0	207	1,445.7	876.6	8.7	32.1	*25.8*	..	82.4	142.6
土耳其	52	51	13.3	593	13,640.1	11,955.9	242.3	88.7	46.9	26.2	279.8	488.5
土库曼斯坦	*69*	69	..	161	*331.3*	970.3	..	..	..	..	*464.7*	..
乌干达	61	66	..	1,180	1,055.0	1,826.0	..	3.4	..	..	..	..
乌克兰	*72*	71	5.3	565	*12,542.3*	15,114.8	40.7	32.8	19.8	*16.7*	*153.3*	103.3
阿拉伯联合酋长国	3	7	..	78	1.3	0.0	7.6	336.3	..	*4.9*	51.4	..
英国	75	73	..	1,220	3,657.3	3,173.0	133.5	208.2	2.1	1.4	*760.6*	..
美国	47	45	..	715	65,700.0	58,001.4	96.2	103.1	2.9	*1.4*	238.4	*257.6*
乌拉圭	85	85	1.2	1,265	514.6	1,049.4	1,492.7	118.3	0.0	*11.0*	260.4	222.4
乌兹别克斯坦	65	63	..	206	*1,225.3*	1,607.5	..	..	..	..	..	..
委内瑞拉	25	24	..	1,875	753.9	1,237.1	74.5	232.9	13.4	*8.7*	..	..
越南	21	32	..	1,821	6,474.6	8,528.5	218.6	286.6	..	..	47.0	..
西岸和加沙	62	61	*4.6*	402	0.0	35.0	..	..	..	*15.6*	442.2	767.9
也门共和国	45	45	*3.3*	167	844.9	672.8	..	14.3	*52.6*	..	39.0	..
赞比亚	27	30	..	1,020	895.2	1,062.5	..	50.1	49.8	..	*27.2*	..
津巴布韦	34	41	..	657	1,576.1	2,236.8	164.7	27.9	..	..	60.1	..
全世界	**37 w**	**38 w**	**..**		**708,090.3 s**	**708,451.8 s**	**94.9 w**	**119.4 w**	**.. w**	**.. w**	**186.4 w**	**.. w**
低收入国家	35	37	..		63,834.3	92,275.5	221.9	16.7	..	..	15.7	..
中等收入国家	37	38	..		482,334.4	468,186.3	103.8	139.6	..	..	91.7	..
中低收入国家	49	50	..		307,764.8	321,963.9	115.0	191.8	..	..	66.0	..
中高收入国家	30	30	..		174,569.6	146,222.5	76.9	70.7	*20.8*	*14.9*	125.1	..
低收入和中等收入国家	37	38	..		546,168.7	560,461.8	104.8	123.1	..	..	85.0	..
东亚和太平洋地区	49	48	..		142,232.3	148,824.2	108.5	..	*53.6*	..	53.2	..
欧洲和中亚	28	28	..		127,839.3	104,480.3	26.9	33.3	*22.9*	*16.3*	132.3	111.0
拉丁美洲和加勒比地区	34	35	..		47,401.7	50,290.2	279.7	111.8	*18.7*	*15.8*	120.9	..
中东和北非	24	23	..		29,953.1	27,642.2	57.6	95.3	..	..	114.6	*190.2*
南亚	55	55	..		131,803.8	133,310.2	176.9	148.0	..	..	62.2	*119.9*
撒哈拉以南非洲地区	42	45	..		66,938.5	95,914.7	578.1	11.6	..	..	20.2	..
高收入国家	39	37	..		161,921.6	147,990.0	73.6	109.3	*6.5*	*3.5*	*474.9*	..
欧元区	51	44	..		34,697.5	31,367.7	95.1	150.5	*7.2*	3.8	977.3	*811.1*

a. 包括永久性牧场、耕地和永久性作物用地。b. 包括卢森堡。

关于数据的说明

农业仍然是许多经济体的主要部门，并且农业活动为发展中国家提供粮食和收入。但是农业活动也会使自然资源退化。粗犷的农业经营方式可能会导致土壤侵蚀和肥力损失。通过使用化学肥料、杀虫剂和集中灌溉方式来提高生产率，也会带来环境上的代价，并对健康造成影响。过量使用化学肥料可能会改变土壤的化学性质。在发展中国家就经常发生农药中毒现象。灌溉土地的盐碱化降低了土壤肥力。因此，农业生产投入的不适当使用具有长远的影响。

本表给出了主要农业生产投入的指标：土地、化肥、劳动力和农业机械。不存在唯一正确的投入组合：合理水平和施用率因国家和时间而有所不同，这取决于作物类型、气候、土壤以及所使用的生产程序。

农业部门是最为集中用水的部门，农业水利灌溉越来越重要。本表给出了农业灌溉用地占总农业用地的份额和平均降雨量数据，以说明各国如何获得农业用水。

全球几乎40%的土地用于农业 3.2a

2008年土地总面积：1.3亿平方公里

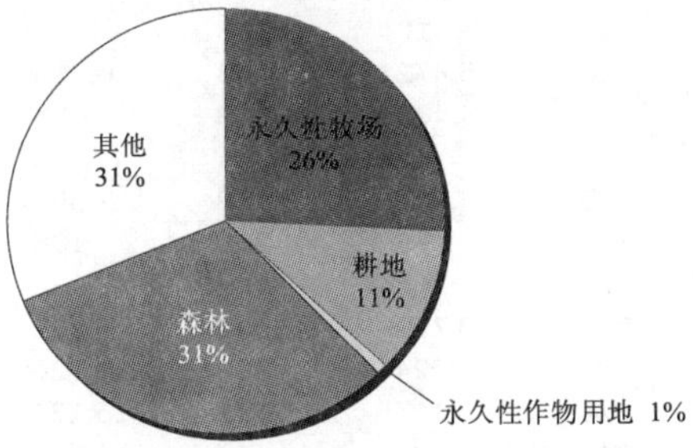

注：农业用地包括永久性牧场、耕地以及永久性作物用地。

资料来源：表3.1和表3.2。

这儿给出的数据和表3.3中的数据都是由粮食及农业组织（FAO）通过年度问卷调查收集的。尽管FAO试图使用标准的定义和报告方式，但是在各国之间以及在时间上达到完全一致是不可能的。因此，不同气候条件下的农业用地数据可能不具有可比性。例如，非洲国家和干旱的中东国家永久性牧场的初始状况和强度就截然不同。我们尤其应该谨慎使用农业就业数据。在许多国家，大量的农业就业数据都是非正式和无记录的，包括由妇女和儿童承担的大量工作。为了解决这方面的问题，该指标着重标出了数据的来源、定义和覆盖面。

用化肥消耗量衡量植物养分量。消费量的计算是用生产量加上进口量减去出口量。因为用于肥料的一些化学成分还有其他的工业用途，消费量数据可能夸大了用于农作物的数量。尽管粮食及农业组织近期修订了2002年以前的化肥消耗量和灌溉的时间序列数据，但是近期所有国家的数据还无法获得。粮食及农业组织通过新的粮食及农业组织化肥资源问卷调查收集了生产、进口、出口和消耗的化肥统计数据。过去公布的数据是基于化肥的总消费量，而最近公布的数据是基于化肥的养分。一些国家收集的化肥数据是以日历年份为基础，而其他一些国家则以农作物收割年份（7月至6月）为基础。《世界发展指标》先前的版本都是以农作物收割年份为基础，但是本年度的《世界发展指标》则是以粮食及农业组织所采用的日历年份为基础。因此，进行跨期对比时需谨慎。

雨养农业在撒哈拉以南非洲地区农业中占据着主导地位，2008年该地区95%的农作物都依靠降雨量 3.2b

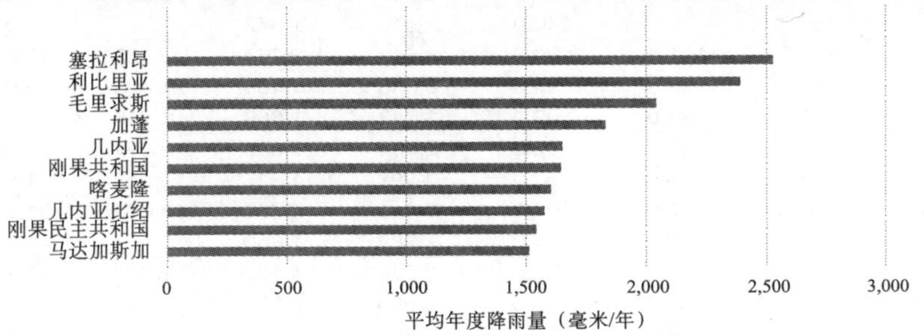

资料来源：表3.2。

定义

• **农业用地**是指永久性牧场、耕地以及永久性作物用地。永久性牧场是牲畜草料能够生长5年或者更长时间的土地，包括天然作物和养殖作物。耕地包括FAO定义的临时性作物用地（收获两次的只计算一次）、供割草或者牧场用的临时性草地、商业用地或者菜园和临时休耕地。因为轮作而弃耕的土地不包括在内。永久性作物用地是指用于种植每次收获后不需要再重新种植并长期占据土地的作物（例如，可可、咖啡和橡胶）的土地；这类土地还包括种植开花灌木、果树、坚果树和松树的土地，但是为获得木材而种植树木的土地除外。 • **灌溉用地**指人为控制供水的土地，包括通过控制洪水实施灌溉的土地。 • **平均年度降雨量**是指各国年度降雨深度（跨过时间和空）的长期平均值。降雨量被定义为从云端降下来的各种水分，包括液体和固体。 • **谷物生产用地**指收获面积，尽管有些国家只报告播种面积或者栽培面积。化肥消耗量指单位耕地的植物养分用量。化肥产品包括含氮、碳酸钾、磷酸盐的化肥（包括地表磷酸盐岩石）。传统养分——动、植物肥料——不包括在内。化肥生产量为花费的消耗量、出口量和化肥产品的非正常使用减去化肥的进口量。农业就业指从事农业、林业、狩猎或者渔业的就业人口（见表2.3）。农业机械是指在指定的日历年末或者下一年第一季度农业上使用的轮式或者履带式拖拉机（不包括园艺拖拉机）。

数据资料来源

表中的农业投入数据来自世界银行可获得的FAO制作的电子文档和FAO的网站（www.fao.org）。

3.3 农业产出和生产率

	作物生产指数		粮食生产指数		牲畜生产指数		谷物产量		农业生产率	
	1991—2001年=100		1991—2001年=100		1991—2001年=100		千克/公顷		单位劳动力的农业增加值(以2000年美元计算)	
	1990	2009	1990	2009	1990	2009	1990	2009	1990	2009
阿富汗	96.0	176.0	77.0	127.0	63.0	89.0	1,201	1,983	..	..
阿尔巴尼亚	107.0	140.0	82.0	115.0	65.0	92.0	2,794	4,315	764	..
阿尔及利亚	66.0	196.0	69.0	163.0	80.0	121.0	688	1,654	1,703	2,184
安哥拉	56.0	250.0	61.0	198.0	72.0	92.0	321	588	200	313
阿根廷	64.0	101.0	72.0	106.0	90.0	108.0	2,232	3,167	6,702	9,987
亚美尼亚	106.0	195.0	108.0	191.0	108.0	177.0	1,843	2,230	1,607	5,049
澳大利亚	58.0	88.0	68.0	95.0	82.0	95.0	1,716	1,764	20,150	29,257
奥地利	97.0	108.0	89.0	97.0	90.0	94.0	5,577	6,136	13,413	24,715
阿塞拜疆	136.0	152.0	107.0	151.0	102.0	152.0	2,113	2,607	1,000	1,342
孟加拉国	74.0	130.0	72.0	132.0	70.0	137.0	2,491	3,890	251	435
白俄罗斯	110.0	161.0	135.0	157.0	146.0	150.0	2,741	3,372	2,042	5,184
比利时	72.0[a]	113.0	85.0[a]	96.0	88.0[a]	91.0	5,755[a]	9,632	..	42,035
贝宁	53.0	110.0	58.0	116.0	88.0	135.0	848	1,330	422	..
玻利维亚	62.0	126.0	72.0	133.0	80.0	139.0	1,361	2,089	681	733
波斯尼亚和黑塞哥维那	107.0	125.0	119.0	138.0	119.0	167.0	3,553	4,539	..	14,299
博茨瓦纳	102.0	120.0	109.0	113.0	110.0	112.0	265	465	770	597
巴西	74.0	149.0	65.0	148.0	58.0	142.0	1,755	3,526	1,625	3,760
保加利亚	160.0	103.0	151.0	76.0	165.0	63.0	3,954	3,413	3,983	10,227
布基纳法索	62.0	144.0	62.0	136.0	65.0	132.0	600	1,035	113	..
布隆迪	109.0	108.0	109.0	110.0	131.0	118.0	1,349	1,313	116	..
柬埔寨	66.0	202.0	64.0	184.0	59.0	109.0	1,362	2,947	..	411
喀麦隆	69.0	117.0	72.0	120.0	83.0	105.0	1,241	1,574	419	730
加拿大	90.0	119.0	84.0	119.0	76.0	105.0	2,636	3,301	28,898	44,752
中非共和国	75.0	110.0	68.0	123.0	64.0	132.0	807	948	321	..
乍得	59.0	118.0	64.0	125.0	82.0	120.0	559	812	168	..
智利	74.0	113.0	71.0	120.0	66.0	134.0	3,620	5,472	3,453	6,618
中国	68.0	130.0	59.0	133.0	45.0	133.0	4,323	5,460	263	525
中国香港	..	..	..	..	..	..	..	..	..	..
哥伦比亚	91.0	120.0	81.0	128.0	79.0	140.0	2,475	4,017	3,122	2,861
刚果民主共和国	122.0	97.0	119.0	98.0	102.0	96.0	800	772	209	168
刚果共和国	81.0	116.0	79.0	123.0	73.0	157.0	624	776	..	..
哥斯达黎加	68.0	118.0	68.0	126.0	77.0	126.0	3,097	3,770	2,984	5,232
科特迪瓦	71.0	109.0	73.0	120.0	90.0	132.0	887	1,724	653	926
克罗地亚	80.0	96.0	100.0	104.0	126.0	129.0	3,975	6,117	5,546	15,137
古巴	119.0	82.0	127.0	83.0	152.0	109.0	2,342	2,069	4,117	3,647
捷克共和国	..	98.0	..	99.0	..	90.0	..	5,074	..	5,687
丹麦	113.0	113.0	100.0	107.0	86.0	104.0	6,118	6,810	14,588	45,905
多米尼加共和国	118.0	111.0	101.0	131.0	74.0	151.0	3,996	4,246	1,925	4,579
厄瓜多尔	75.0	114.0	67.0	126.0	61.0	140.0	1,724	2,974	2,105	1,766
埃及	66.0	136.0	64.0	139.0	62.0	134.0	5,703	7,635	1,737	3,024
萨尔瓦多	95.0	102.0	85.0	116.0	74.0	131.0	1,939	2,727	1,742	2,778
厄立特里亚	..	154.0	..	126.0	..	101.0	..	938	..	66
爱沙尼亚	121.0	127.0	180.0	134.0	192.0	118.0	1,304	2,761	3,288	3,207
埃塞俄比亚	..	153.0	..	151.0	..	140.0	..	1,652	..	215
芬兰	116.0	115.0	113.0	104.0	111.0	100.0	3,543	3,760	17,163	43,813
法国	96.0	101.0	97.0	98.0	95.0	94.0	6,083	7,460	21,423	58,070
加蓬	81.0	104.0	91.0	103.0	84.0	100.0	1,643	1,663	1,216	1,869
冈比亚	55.0	114.0	60.0	117.0	95.0	132.0	1,004	1,053	272	275
格鲁吉亚	122.0	61.0	99.0	66.0	78.0	67.0	1,998	1,917	2,359	1,872
德国	86.0	102.0	102.0	103.0	115.0	105.0	5,411	7,201	13,669	31,659
加纳	43.0	156.0	46.0	155.0	89.0	127.0	989	1,660	..	..
希腊	75.0	76.0	84.0	83.0	105.0	99.0	3,036	4,103	6,707	10,779
危地马拉	73.0	138.0	72.0	141.0	81.0	118.0	1,998	1,624	2,243	2,783
几内亚	71.0	133.0	72.0	133.0	56.0	167.0	1,455	1,711	156	225
几内亚比绍	72.0	120.0	73.0	122.0	78.0	128.0	1,531	1,422	..	..
海地	111.0	110.0	101.0	112.0	65.0	111.0	1,027	961	..	..
洪都拉斯	100.0	153.0	90.0	145.0	66.0	133.0	1,468	1,752	1,180	1,958

	作物生产指数		粮食生产指数		牲畜生产指数		谷物产量		农业生产率	
	1991—2001年=100		1991—2001年=100		1991—2001年=100		千克/公顷		单位劳动力的农业增加值(以2000年美元计算)	
	1990	2009	1990	2009	1990	2009	1990	2009	1990	2009
匈牙利	119.0	102.0	123.0	100.0	140.0	85.0	4,521	4,713	4,232	*10,948*
印度	78.0	116.0	75.0	119.0	70.0	133.0	1,891	2,471	362	468
印度尼西亚	80.0	145.0	80.0	146.0	81.0	157.0	3,800	4,813	512	734
伊朗	71.0	117.0	69.0	124.0	64.0	142.0	1,445	2,291	1,906	*3,061*
伊拉克	105.0	83.0	111.0	92.0	140.0	128.0	1,061	1,222	..	..
爱尔兰	91.0	84.0	94.0	90.0	93.0	93.0	6,577	6,798	..	13,573
以色列	112.0	108.0	90.0	122.0	69.0	130.0	3,484	3,250	..	..
意大利	88.0	91.0	90.0	95.0	94.0	103.0	3,945	5,035	10,410	29,498
牙买加	83.0	95.0	75.0	100.0	64.0	110.0	1,116	1,253	2,224	2,716
日本	115.0	89.0	109.0	95.0	106.0	101.0	5,846	5,920	20,934	*52,062*
约旦	102.0	157.0	81.0	156.0	52.0	139.0	1,220	1,044	2,077	3,030
哈萨克斯坦	*163.0*	150.0	*163.0*	145.0	*178.0*	141.0	*1,338*	1,254	*1,781*	2,033
肯尼亚	79.0	107.0	83.0	126.0	89.0	147.0	1,562	1,204	400	334
朝鲜	111.0	107.0	104.0	112.0	124.0	133.0	3,926	3,698	..	..
韩国	88.0	96.0	79.0	101.0	62.0	106.0	5,853	7,073	5,338	19,105
科索沃	..	..	..	..	..	..	..	..	..	..
科威特	57.0	122.0	53.0	114.0	63.0	102.0	3,653	2,679	..	..
吉尔吉斯斯坦	*68.0*	108.0	*78.0*	103.0	*110.0*	105.0	*2,772*	3,034	*684*	*1,041*
老挝	65.0	157.0	60.0	148.0	57.0	126.0	2,268	3,808	387	*516*
拉脱维亚	*129.0*	147.0	*222.0*	138.0	*274.0*	126.0	*1,641*	3,075	*1,896*	3,636
黎巴嫩	99.0	96.0	92.0	111.0	64.0	149.0	1,878	2,828	..	41,037
莱索托	101.0	72.0	91.0	72.0	86.0	78.0	1,036	421	260	207
利比里亚	71.0	115.0	88.0	131.0	91.0	127.0	1,029	1,553	..	..
利比亚	78.0	102.0	77.0	109.0	77.0	116.0	674	623	..	..
立陶宛	*79.0*	138.0	*157.0*	138.0	*185.0*	116.0	*1,938*	3,450	..	*5,369*
前南斯拉夫马其顿共和国	*108.0*	112.0	*108.0*	115.0	*101.0*	115.0	*2,652*	3,387	*2,413*	5,811
马达加斯加	93.0	115.0	91.0	114.0	99.0	111.0	1,945	2,291	214	192
马拉维	54.0	141.0	47.0	129.0	78.0	153.0	992	1,599	89	162
马来西亚	74.0	141.0	67.0	144.0	71.0	133.0	2,740	3,750	3,850	6,529
马里	68.0	162.0	79.0	183.0	94.0	153.0	726	1,588	406	*523*
毛里塔尼亚	60.0	116.0	86.0	116.0	91.0	115.0	870	873	653	408
毛里求斯	108.0	95.0	95.0	106.0	57.0	138.0	4,193	7,895	3,446	5,556
墨西哥	81.0	111.0	74.0	117.0	68.0	123.0	2,424	3,111	2,275	3,364
摩尔多瓦	*135.0*	100.0	*159.0*	105.0	*197.0*	98.0	*2,928*	2,417	*1,349*	1,531
蒙古	293.0	270.0	101.0	110.0	94.0	101.0	1,098	1,552	1,241	1,888
摩洛哥	100.0	142.0	93.0	140.0	81.0	128.0	1,120	1,003	1,806	3,306
莫桑比克	70.0	130.0	68.0	102.0	47.0	89.0	474	846	132	220
缅甸	60.0	151.0	61.0	162.0	51.0	248.0	2,762	3,585	..	..
纳米比亚	77.0	140.0	98.0	101.0	101.0	90.0	457	465	1,267	1,638
尼泊尔	75.0	135.0	76.0	130.0	78.0	120.0	1,920	2,374	247	238
荷兰	92.0	100.0	102.0	94.0	101.0	101.0	6,959	9,032	23,593	45,969
新西兰	78.0	109.0	74.0	115.0	77.0	114.0	5,034	6,922	19,782	25,446
尼加拉瓜	70.0	117.0	63.0	135.0	59.0	149.0	1,524	1,872	..	2,495
尼日尔	64.0	210.0	61.0	186.0	56.0	153.0	310	489	235	..
尼日利亚	60.0	134.0	60.0	135.0	70.0	121.0	1,148	1,598	..	..
挪威	143.0	90.0	112.0	95.0	101.0	95.0	4,399	3,094	17,454	40,666
阿曼	59.0	95.0	57.0	102.0	65.0	122.0	2,160	3,358	1,037	..
巴基斯坦	77.0	125.0	67.0	132.0	64.0	135.0	1,766	2,803	739	903
巴拿马	116.0	114.0	91.0	116.0	67.0	116.0	1,867	2,735	2,303	4,185
巴布亚新几内亚	76.0	112.0	77.0	119.0	79.0	127.0	2,395	3,727	563	672
巴拉圭	93.0	122.0	76.0	136.0	81.0	134.0	1,979	2,358	1,657	1,338
秘鲁	51.0	145.0	55.0	153.0	65.0	158.0	2,601	3,910	907	1,545
菲律宾	87.0	131.0	78.0	131.0	57.0	134.0	2,065	3,229	911	1,204
波兰	124.0	99.0	119.0	111.0	123.0	110.0	3,284	3,475	*1,605*	2,776
葡萄牙	110.0	86.0	101.0	95.0	82.0	103.0	1,878	3,455	4,495	6,764
波多黎各	153.0	105.0	125.0	94.0	119.0	91.0	1,080	1,897	..	..
卡塔尔	51.0	121.0	64.0	77.0	77.0	46.0	2,897	3,820	..	..

	作物生产指数		粮食生产指数		牲畜生产指数		谷物产量		农业生产率	
	1991—2001年=100		1991—2001年=100		1991—2001年=100		千克/公顷		单位劳动力的农业增加值(以2000年美元计算)	
	1990	2009	1990	2009	1990	2009	1990	2009	1990	2009
罗马尼亚	98.0	100.0	105.0	107.0	124.0	115.0	3,011	2,825	2,351	8,993
俄罗斯联邦	*126.0*	136.0	*129.0*	130.0	*147.0*	118.0	*1,743*	2,279	*1,917*	3,031
卢旺达	97.0	132.0	94.0	134.0	79.0	158.0	1,043	1,097	172	..
沙特阿拉伯	118.0	124.0	103.0	124.0	64.0	135.0	4,245	5,212	7,863	20,431
塞内加尔	72.0	130.0	73.0	134.0	80.0	144.0	795	1,135	252	245
塞尔维亚	*98.0*[b]	..	*109.0*[b]	..	*103.0*[b]	..	*2,926*[b]	4,626	..	..
塞拉利昂	127.0	204.0	121.0	201.0	105.0	144.0	1,202	989	..	..
新加坡	223.0	440.0	335.0	132.0	481.0	105.0	..	..	..	*49,867*
斯洛伐克共和国	..	102.0	..	97.0	..	80.0	..	4,335	..	9,728
斯洛文尼亚	*82.0*	94.0	*76.0*	97.0	*76.0*	97.0	*3,279*	5,266	*13,217*	67,838
索马里	144.0	96.0	101.0	104.0	95.0	105.0	793	417	..	..
南非	86.0	111.0	87.0	122.0	93.0	130.0	1,877	4,395	2,290	3,641
西班牙	91.0	97.0	88.0	97.0	77.0	103.0	2,485	2,957	8,947	21,831
斯里兰卡	90.0	115.0	91.0	120.0	88.0	123.0	2,965	3,722	678	926
苏丹	49.0	112.0	51.0	119.0	58.0	123.0	456	587	501	922
斯威士兰	112.0	101.0	106.0	115.0	108.0	140.0	1,278	560	1,025	1,176
瑞典	126.0	103.0	110.0	100.0	100.0	93.0	4,964	5,086	23,307	51,057
瑞士	112.0	103.0	104.0	104.0	103.0	106.0	5,984	6,579	20,451	26,726
阿拉伯叙利亚共和国	66.0	115.0	71.0	131.0	74.0	143.0	750	1,707	2,613	4,717
塔吉克斯坦	*123.0*	148.0	*134.0*	162.0	*196.0*	168.0	*1,020*	2,250	*370*	542
坦桑尼亚	91.0	154.0	86.0	134.0	75.0	104.0	1,506	1,224	220	283
泰国	76.0	129.0	77.0	126.0	74.0	111.0	2,009	2,954	446	708
东帝汶	88.0	105.0	94.0	111.0	89.0	114.0	1,608	1,276	..	..
多哥	71.0	109.0	74.0	132.0	85.0	137.0	747	1,136	351	..
特立尼达和多巴哥	120.0	89.0	90.0	125.0	72.0	149.0	2,826	2,659	1,825	1,502
突尼斯	93.0	119.0	81.0	115.0	57.0	110.0	1,143	1,401	2,736	3,602
土耳其	87.0	112.0	88.0	119.0	91.0	125.0	2,214	2,808	2,175	3,491
土库曼斯坦	*98.0*	128.0	*60.0*	137.0	*64.0*	129.0	*2,210*	2,974	*1,272*	2,930
乌干达	77.0	109.0	78.0	112.0	79.0	120.0	1,498	1,539	177	203
乌克兰	*131.0*	155.0	*147.0*	123.0	*170.0*	101.0	*2,834*	3,004	*1,232*	2,461
阿拉伯联合酋长国	16.0	52.0	19.0	45.0	54.0	125.0	2,216	2,000	9,042	..
英国	101.0	96.0	105.0	98.0	105.0	99.0	6,171	7,008	21,400	26,370
美国	86.0	112.0	82.0	115.0	81.0	108.0	4,755	7,238	18,523	49,512
乌拉圭	66.0	187.0	74.0	144.0	83.0	127.0	2,182	4,047	6,166	9,064
乌兹别克斯坦	*107.0*	145.0	*93.0*	155.0	*99.0*	137.0	*1,777*	4,578	*1,427*	2,584
委内瑞拉	77.0	116.0	73.0	122.0	73.0	128.0	2,486	3,826	4,443	7,941
越南	57.0	137.0	59.0	138.0	50.0	157.0	3,073	5,075	225	356
西岸和加沙	..	104.0	..	102.0	..	93.0	..	*1,684*	..	..
也门共和国	75.0	130.0	71.0	144.0	63.0	165.0	908	1,003	428	..
赞比亚	81.0	170.0	87.0	135.0	83.0	106.0	1,352	2,068	212	216
津巴布韦	77.0	55.0	87.0	82.0	79.0	107.0	1,625	313	270	141
全世界	**81.0[c] w**	**122.2 w**	**80.0[c] w**	**123.0 w**	**82.0[c] w**	**120.3 w**	**2,755[c] w**	**3,514 w**	**803 w**	**998 w**
低收入国家	76.2	134.1	76.5	134.4	78.3	131.0	1,561	1,966	236	278
中等收入国家	73.6	128.2	68.8	130.2	62.5	131.5	2,563	3,210	489	777
中低收入国家	71.9	128.6	66.5	130.5	56.5	132.6	2,696	3,446	360	604
中高收入国家	79.2	126.9	75.6	129.3	75.1	129.4	2,103	2,690	2,270	3,683
低收入和中等收入国家	73.8	128.7	69.4	130.5	63.3	131.4	2,429	3,005	460	704
东亚和太平洋地区	69.9	133.1	62.7	135.1	48.8	135.2	3,795	4,843	313	570
欧洲和中亚	*111.3*	129.3	*117.7*	126.2	*136.8*	119.1	2,596	2,471	2,188	3,182
拉丁美洲和加勒比地区	75.8	128.1	71.2	131.2	69.7	132.6	2,089	3,282	2,227	3,436
中东和北非	74.7	127.3	72.8	131.6	69.3	134.7	1,471	2,352	1,760	*2,896*
南亚	78.0	119.3	74.5	122.7	69.2	132.9	1,926	2,628	372	495
撒哈拉以南非洲地区	71.1	128.7	72.9	130.0	80.1	125.1	1,033	1,302	304	318
高收入国家	90.7	103.9	90.4	106.3	90.7	104.1	4,138	5,439	14,116	25,066
欧元区	90.9	96.9	95.6	97.7	98.2	100.0	4,490	5,822	11,982	26,730

a. 包括卢森堡。b. 包括黑山。c. 联合国粮食及农业组织的估计。

关于数据的说明

表中的农业生产指数由联合国粮食及农业组织（FAO）制定。FAO从官方和半官方的关于作物产量、生产面积和牲畜数量的报告中获取了数据。如果没有可用数据，则由FAO进行估计。指数通过Laspeyres公式进行计算：各种农产品的生产量用基期平均国际农产品价格加权，再对各年加总。因为FAO的指数基于把农业视作单一企业的概念，因此，要从产量的数据中减去种子和饲料的估计保有量，以避免重复计算。该总数可代表用于所有用途（用于种子和饲料的除外）的生产量，并以“净值”列报。FAO的指数由于在覆盖范围、权重、概念、时间跨度、计算方法和国际价格使用方面存在差别，因此，可能不同于其他出处。

为使跨国比较更为容易，FAO使用国际农产品价格对产量进行估价。这些以国际货币（相当于对于美元的购买力）表示的价格，是通过用于农业产出的Geary-Khamis公式得到的（见“1993年国民经济核算秘书间工作组”，第16.93—16.96部分）。这种方法是给各种农产品赋予一种价格，以使例如1吨小麦不论出产于何地都具有同样的价格。国际价格的使用消除了由于名义汇率的暂时性变动（与国内货币的购买力无关）导致的产出价值波动。

谷物产量的数据可能由于报告和选时的不同受到影响。在欧洲和北美作为牲畜和家禽饲料种植的黍和高粱，在非洲、亚洲和前苏联国家却用作食物。因此，根据谷物的用途不同，某些谷物在一些国家的数据中不包括在内，而其他国家则包括在内。

自1960年早期粮食生产指数稳步上升，自2000年早期以来低收入经济体的该指数就高于世界平均水平 3.3a

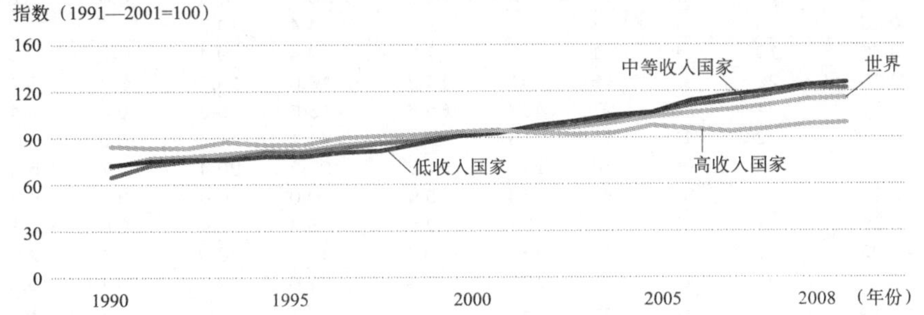

资料来源：表3.3。

1990—2009年，尽管撒哈拉以南非洲地区的谷物产量一直增加，但是仍然是所有地区中产量最低的 3.3b

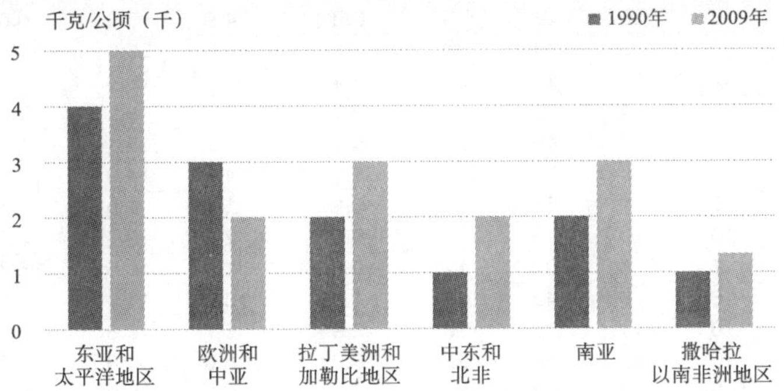

资料来源：表3.3。

定义

• **作物生产指数**表示与1999—2001年基期平均值相关的各期农业生产量。包括除饲料作物以外的所有作物。FAO的地区和收入组别生产指数汇总数值按照国际美元的内在价值计算，按1999—2001年基期平均值进行标准化。 • **粮食生产指数**包括被认为可食用并具有营养的粮食作物。咖啡和茶叶不包括在内，因为它们尽管可以食用，但是没有营养价值。 • **牲畜生产指数**包括各种来源的肉类和牛奶、乳制品（例如乳酪）、蛋类、蜂蜜、生丝、羊毛和皮革。 • **谷物产量**以每公顷土地收获的公斤数衡量，包括小麦、水稻、玉米、大麦、燕麦、黑麦、黍、高粱、荞麦和杂交谷类。谷物的产量数据仅指作为干谷收获的谷物。不包括作为干草收割的谷物或者作为食物、饲料和青贮饲料收青的谷物以及用作放牧的谷物。粮食及农业组织按照日历年收集产量数据，其间获取了大量收成。但是在年终收获的大多数农作物将在来年使用。 • **农业生产率**指以2000年不变美元计算的农业增加值与农业劳动力数量之比。农业生产率是按照单位投入的增加值来衡量（对国民经济核算中增加值计算的进一步讨论见表4.1和表4.2的“关于数据的说明”）。农业增加值包括林业和渔业所得。因此，应该谨慎地对土地生产率加以解释。

数据资料来源

世界银行通过FAO制定得电子文件可获得农业生产指数、谷物产量和农业就业数据。电子文件中可能包含比印刷版本更新的信息。农业增加值的数据来源来自于世界银行的国民账户档案。

3.4 森林面积减少和生物多样性

	森林面积		年均森林面积减少量[a]		濒危物种				GEF生物多样性受益指数	国家保护区			
										陆地		海洋	
	千平方公里		百分比		哺乳动物	鸟类	鱼类	高等植物[b]	0—100（无多样性到最大多样性）	占表面积的百分比		占表面积的百分比	
	1990	2010	1990-2000	2000-2010	2010	2010	2010	2010	2008	1990	2009	1990	2009
阿富汗	14	14	0.00	0.00	11	13	5	2	3.4	0.4	0.4	..	..
阿尔巴尼亚	8	8	0.26	–0.09	3	6	38	0	0.2	4.3	9.8	0.1	1.5
阿尔及利亚	17	15	0.54	0.57	14	11	33	15	2.9	6.3	6.3	0.2	0.3
安哥拉	610	585	0.21	0.21	15	21	37	33	8.3	12.4	12.4	0.1	0.1
阿根廷	348	294	0.88	0.80	37	50	36	44	17.7	4.6	5.4	0.8	1.1
亚美尼亚	3	3	1.31	1.48	9	10	3	1	0.2	6.9	8.0	..	..
澳大利亚	1,545	1,493	–0.03	0.37	55	52	100	67	87.7	7.4	10.5	10.9	28.3
奥地利	38	39	–0.16	–0.13	3	8	11	4	0.3	20.1	22.9	..	..
阿塞拜疆	9	9	0.00	0.00	7	15	10	0	0.8	6.2	7.1	..	..
孟加拉国	15	14	0.18	0.18	34	29	19	16	1.4	1.5	1.6	0.4	0.8
白俄罗斯	78	86	–0.62	–0.42	4	4	2	0	0.0	6.5	7.3	..	..
比利时	7	7	0.15	–0.16	3	2	10	1	0.0	0.6	0.9	0.0	0.0
贝宁	58	46	1.29	1.03	11	5	27	14	0.2	23.8	23.8	0.0	0.0
玻利维亚	628	572	0.44	0.49	20	33	0	72	12.5	8.5	18.2	..	..
波斯尼亚和黑塞哥维那	22	22	0.11	0.00	4	6	31	1	0.4	0.5	0.6	0.7	0.7
博茨瓦纳	137	114	0.90	0.99	7	9	2	0	1.4	30.3	30.9	..	..
巴西	5,748	5,195	0.51	0.49	80	123	80	387	100.0	10.8	28.0	11.4	20.1
保加利亚	33	39	–0.14	–1.53	7	12	18	0	0.8	1.9	9.1	0.1	3.0
布基纳法索	68	56	0.91	1.00	9	6	4	3	0.3	13.3	13.9	..	..
布隆迪	3	2	3.71	1.40	10	10	17	2	0.3	3.8	4.8	..	..
柬埔寨	129	101	1.14	1.33	37	24	28	30	3.5	0.0	24.0	0.0	0.9
喀麦隆	243	199	0.94	1.04	39	16	110	378	12.5	7.0	9.2	0.4	0.4
加拿大	3,101	3,101	0.00	0.00	12	15	32	2	21.5	6.0	8.0	0.8	1.2
中非共和国	232	226	0.13	0.13	8	7	3	17	1.5	14.4	14.7	..	..
乍得	131	115	0.62	0.66	13	9	1	2	2.2	9.4	9.4	..	..
智利	153	162	–0.37	–0.25	20	34	19	41	15.3	16.0	16.5	3.4	3.7
中国	1,571	2,069	–1.20	–1.57	74	85	97	453	66.6	13.5	16.6	0.4	1.4
中国香港	..	..	..	..	2	17	11	6	..	41.1	41.8	0.0	0.0
哥伦比亚	625	605	0.16	0.17	51	91	50	227	51.5	20.3	20.4	3.7	5.9
刚果民主共和国	1,604	1,541	0.20	0.20	30	34	81	83	19.9	10.0	10.0	3.7	4.3
刚果共和国	227	224	0.08	0.06	11	3	45	37	3.6	5.4	9.4	0.0	2.1
哥斯达黎加	26	26	0.76	–0.92	9	19	46	116	9.7	18.7	20.9	12.1	12.3
科特迪瓦	102	104	–0.10	–0.07	24	14	43	106	3.4	22.6	22.6	0.1	0.1
克罗地亚	19	19	–0.19	–0.18	7	10	56	3	0.6	7.1	7.3	1.2	1.2
古巴	21	29	–1.70	–1.66	14	17	30	166	12.5	4.3	6.2	1.3	2.7
捷克共和国	26	27	–0.03	–0.08	2	6	2	4	0.1	13.7	15.1	..	..
丹麦	4	5	–0.89	–1.13	2	2	14	3	0.2	4.8	5.0	3.7	3.8
多米尼加共和国	20	20	0.00	0.00	6	14	17	30	6.0	22.1	22.1	30.4	30.4
厄瓜多尔	138	99	1.53	1.81	43	71	49	1,837	29.3	21.6	25.1	0.1	13.0
埃及	0	1	–2.98	–1.72	17	10	36	2	2.9	1.9	5.9	4.4	9.3
萨尔瓦多	4	3	1.26	1.45	5	5	12	27	0.9	0.6	0.8	3.2	3.2
厄立特里亚	16	15	0.28	0.28	10	10	18	3	0.8	4.9	5.0	0.0	0.0
爱沙尼亚	21	22	–0.71	0.12	1	3	4	0	0.1	19.6	20.0	26.1	26.1
埃塞俄比亚	151	123	0.97	1.08	32	23	14	26	8.4	17.7	18.4	..	..
芬兰	219	222	–0.26	0.14	1	4	5	1	0.2	4.2	9.1	3.5	5.0
法国	145	160	–0.55	–0.38	9	7	40	15	5.3	10.1	15.1	1.1	3.4
加蓬	220	220	0.00	0.00	14	5	59	120	3.0	4.2	14.9	0.2	7.1
冈比亚	4	5	–0.42	–0.40	10	6	21	4	0.1	1.5	1.5	0.1	0.1
格鲁吉亚	28	27	0.04	0.09	10	10	9	0	0.6	2.8	3.7	0.2	0.4
德国	107	111	–0.31	0.00	6	6	21	12	0.6	31.8	40.5	35.7	36.3
加纳	74	49	1.99	2.08	16	9	42	118	1.9	13.9	14.0	0.0	0.0
希腊	33	39	–0.88	–0.81	10	11	73	13	2.8	5.7	13.8	0.6	2.5
危地马拉	47	37	1.20	1.39	16	10	20	82	8.0	26.0	30.6	0.3	12.5
几内亚	73	65	0.51	0.53	22	13	63	22	2.3	6.8	6.8	0.0	0.0
几内亚比绍	22	20	0.44	0.47	12	3	30	4	0.6	7.6	16.1	2.7	45.8
海地	1	1	0.62	0.76	5	13	17	29	5.2	0.3	0.3	0.0	0.0
洪都拉斯	81	52	2.38	2.06	7	9	22	113	7.2	13.6	18.2	0.0	1.9

	森林面积		年均森林面积减少量[a]		濒危物种				GEF生物多样性受益指数	国家保护区			
	千平方公里		百分比		哺乳动物	鸟类	鱼类	高等植物[b]	0—100(无多样性到最大多样性)	陆地 占表面积的百分比		海洋 占表面积的百分比	
	1990	2010	1990–2000	2000–2010	2010	2010	2010	2010	2008	1990	2009	1990	2009
匈牙利	18	20	–0.57	–0.62	2	9	8	1	0.2	4.6	5.1	..	..
印度	639	684	–0.22	–0.46	94	78	122	255	39.9	5.0	5.3	1.5	1.7
印度尼西亚	1,185	944	1.75	0.51	183	119	138	393	81.0	10.0	14.1	0.5	1.9
伊朗	111	111	0.00	0.00	16	21	29	1	7.3	5.2	7.1	1.3	1.9
伊拉克	8	8	–0.17	–0.09	13	18	11	0	1.6	0.1	0.1	0.0	0.0
爱尔兰	5	7	–3.16	–1.53	5	1	18	1	0.6	0.6	1.0	0.1	0.1
以色列	1	2	–1.49	–0.07	15	13	35	0	0.8	17.2	18.7	1.0	1.0
意大利	76	91	–0.98	–0.90	7	8	42	27	3.8	5.0	9.9	0.5	16.7
牙买加	3	3	0.12	0.12	5	10	17	209	4.4	10.2	18.9	0.2	4.2
日本	250	250	0.03	–0.04	28	40	59	15	36.0	13.2	16.3	2.0	5.6
约旦	1	1	0.00	0.00	13	10	13	1	0.4	8.4	9.4	0.0	20.8
哈萨克斯坦	34	33	0.17	0.17	16	21	14	16	5.1	2.4	2.5	..	..
肯尼亚	37	35	0.35	0.33	28	30	66	129	8.8	11.5	11.6	5.1	10.4
朝鲜	82	57	1.67	2.00	9	22	12	6	0.7	3.9	4.0	0.1	0.1
韩国	64	62	0.13	0.11	9	30	17	3	1.7	2.2	2.4	5.0	5.3
科索沃	..	5[c]	..	..	..	..	..	..	..	..	..	..	..
科威特	0	0	–5.24	–1.84	6	9	11	0	0.1	1.6	1.6	0.0	0.0
吉尔吉斯斯坦	8	10	–0.26	–1.07	6	12	3	14	1.1	6.4	6.9	..	..
老挝	173	158	0.46	0.48	45	22	23	22	5.0	0.8	16.3	..	..
拉脱维亚	32	34	–0.21	–0.34	1	3	5	0	0.0	6.4	17.8	4.6	6.6
黎巴嫩	1	1	0.00	–0.45	10	7	21	1	0.2	0.5	0.5	0.0	0.1
莱索托	0	0	–0.49	–0.47	2	7	1	4	0.3	0.5	0.5	..	..
利比里亚	49	43	0.63	0.67	19	11	52	47	2.6	18.1	18.1	0.0	0.0
利比亚	2	2	0.00	0.00	12	4	21	2	1.6	0.1	0.1	0.0	0.0
立陶宛	19	22	–0.38	–0.67	3	4	5	0	0.0	1.4	4.5	0.8	2.7
前南斯拉夫马其顿共和国	9	10	–0.49	–0.41	5	10	14	0	0.2	4.2	4.8	..	..
马达加斯加	137	126	0.42	0.44	63	35	83	280	29.2	2.1	2.9	0.0	0.1
马拉维	39	32	0.88	0.97	7	14	101	14	3.5	15.0	15.0	..	..
马来西亚	224	205	0.36	0.54	70	45	60	692	13.9	16.9	17.9	1.1	1.6
马里	141	125	0.58	0.61	12	7	3	6	1.5	2.3	2.4	..	..
毛里塔尼亚	4	2	2.66	2.66	15	9	30	0	1.3	0.5	0.5	32.1	32.1
毛里求斯	0	0	0.00	1.08	6	11	12	88	3.3	1.7	4.5	0.3	0.3
墨西哥	703	648	0.52	0.30	99	55	150	255	68.7	2.4	11.1	1.9	16.7
摩尔多瓦	3	4	–0.16	–1.77	4	9	9	0	0.0	0.9	1.4	..	..
蒙古	125	109	0.67	0.72	11	21	1	0	4.2	4.1	13.4	..	..
摩洛哥	50	51	0.06	–0.22	18	10	45	31	3.5	1.2	1.5	0.7	1.2
莫桑比克	434	390	0.52	0.54	12	23	52	52	7.2	14.8	15.8	1.8	3.3
缅甸	392	318	1.17	0.93	45	41	33	42	10.0	3.1	6.3	0.3	0.3
纳米比亚	88	73	0.87	0.96	12	24	25	26	5.2	14.4	14.5	0.5	0.5
尼泊尔	48	36	2.09	0.70	31	33	8	7	2.1	7.7	17.0	..	..
荷兰	3	4	–0.43	–0.14	4	2	12	0	0.2	11.0	12.4	13.5	21.2
新西兰	77	83	–0.69	0.00	9	70	21	21	20.2	25.0	25.8	0.4	7.1
尼加拉瓜	45	31	1.67	2.01	6	11	26	43	3.3	15.4	36.7	0.7	20.1
尼日尔	19	12	3.74	0.98	12	6	4	2	0.9	6.8	6.8	..	..
尼日利亚	172	90	2.68	3.67	27	13	56	172	6.0	11.6	12.8	0.2	0.2
挪威	91	101	–0.19	–0.79	7	2	18	2	1.3	4.7	14.4	1.0	2.3
阿曼	0	0	0.00	0.00	9	10	24	6	3.7	0.0	10.7	0.0	1.3
巴基斯坦	25	17	1.76	2.24	23	26	33	2	4.9	10.3	10.3	1.8	1.8
巴拿马	38	33	1.18	0.36	15	17	36	202	10.9	17.2	18.7	3.1	4.0
巴布亚新几内亚	315	287	0.45	0.48	39	37	41	143	25.4	1.9	3.1	0.3	0.3
巴拉圭	212	176	0.88	0.96	8	27	0	10	2.8	2.9	5.4	..	..
秘鲁	702	680	0.14	0.18	54	96	19	274	33.4	4.7	13.6	2.8	2.8
菲律宾	66	77	–0.80	–0.74	39	72	65	222	32.3	8.7	10.9	0.2	1.5
波兰	89	93	–0.20	–0.30	5	6	6	4	0.5	15.3	21.8	3.8	4.5
葡萄牙	33	35	–0.28	–0.10	11	9	47	21	5.5	5.9	5.9	1.8	1.8
波多黎各	3	6	–4.92	–1.75	3	8	15	53	4.0	10.1	10.1	1.5	1.6
卡塔尔	0	0	0.00	0.00	2	5	11	0	0.1	0.0	0.7	0.0	0.3

3.4 森林面积减少和生物多样性

	森林面积		年均森林面积减少量[a]		濒危物种				GEF生物多样性受益指数	国家保护区			
	千平方公里		百分比		哺乳动物	鸟类	鱼类	高等植物[b]	0—100 (无多样性到最大多样性)	陆地 占表面积的百分比		海洋 占表面积的百分比	
	1990	2010	1990–2000	2000–2010	2010	2010	2010	2010	2008	1990	2009	1990	2009
罗马尼亚	64	66	0.01	−0.32	7	12	18	1	0.7	2.8	7.1	1.5	33.2
俄罗斯联邦	8,090	8,091	0.00	0.00	32	18	35	8	34.1	8.2	9.0	3.1	9.1
卢旺达	3	4	−0.79	−2.37	20	12	9	4	0.9	9.9	10.0	..	..
沙特阿拉伯	10	10	0.00	0.00	9	14	22	3	3.2	7.6	31.3	0.6	3.4
塞内加尔	93	85	0.49	0.49	16	9	41	9	1.0	24.1	24.1	5.8	12.4
塞尔维亚	23	27	−0.62	−0.98	6	11	11	1	0.2	3.0	6.0	..	..
塞拉利昂	31	27	0.65	0.69	17	10	45	48	1.3	5.0	5.0	0.0	0.0
新加坡	0	0	0.00	0.00	11	17	25	57	0.1	5.0	5.4	0.0	1.6
斯洛伐克共和国	19	19	0.01	−0.06	3	7	5	2	0.1	19.5	23.5	..	..
斯洛文尼亚	12	13	−0.37	−0.16	4	4	26	0	0.2	7.5	12.1	0.0	0.6
索马里	83	67	0.97	1.07	15	11	26	21	6.1	0.6	0.6	0.0	0.0
南非	82	57	1.67	2.00	24	39	81	97	20.7	6.5	6.9	0.7	6.5
西班牙	138	182	−2.09	−0.68	16	15	62	55	6.8	7.7	8.6	0.6	3.4
斯里兰卡	24	19	1.20	1.12	30	14	41	283	7.9	19.6	20.8	0.1	1.1
苏丹	764	699	0.80	0.08	15	14	17	18	5.1	4.7	4.9	0.0	0.0
斯威士兰	5	6	−0.93	−0.84	5	9	4	11	0.1	3.0	3.0	..	..
瑞典	273	282	−0.04	−0.29	1	3	11	3	0.3	7.1	11.3	3.7	5.3
瑞士	12	12	−0.37	−0.38	2	2	9	3	0.2	14.5	22.8	..	..
阿拉伯叙利亚共和国	4	5	−1.51	−1.29	16	13	33	3	0.9	0.3	0.6	0.0	0.6
塔吉克斯坦	4	4	−0.05	0.00	8	9	5	14	0.7	1.9	4.1	..	..
坦桑尼亚	415	334	1.02	1.13	35	42	172	298	14.8	26.5	27.7	3.7	10.0
泰国	195	190	0.28	0.02	57	45	72	91	8.0	14.2	19.6	4.0	4.3
东帝汶	10	7	1.22	1.40	4	7	5	0	0.6	0.0	6.0	0.0	6.7
多哥	7	3	3.37	5.13	11	3	24	10	0.3	11.3	11.3	0.0	0.0
特立尼达和多巴哥	2	2	0.29	0.35	2	2	19	1	2.2	30.5	31.2	0.2	2.8
突尼斯	6	10	−2.67	−1.86	13	7	31	7	0.5	1.3	1.3	1.1	1.2
土耳其	97	113	−0.47	−1.11	17	15	67	5	6.2	1.7	1.9	2.4	2.4
土库曼斯坦	41	41	0.00	0.00	9	15	11	3	1.8	3.0	3.0	..	..
乌干达	48	30	2.03	2.55	22	19	61	41	2.8	7.3	9.7	..	..
乌克兰	93	97	−0.25	−0.20	11	12	21	1	0.5	1.8	3.5	4.1	4.9
阿拉伯联合酋长国	2	3	−2.38	−0.22	7	10	13	0	0.2	0.3	5.6	0.3	2.6
英国	26	29	−0.68	−0.31	5	2	41	14	3.5	21.8	24.4	4.7	5.2
美国	2,963	3,040	−0.13	−0.13	37	74	177	245	94.2	14.8	14.8	18.3	24.7
乌拉圭	9	17	−4.38	−2.13	11	23	35	1	1.2	0.3	0.3	0.2	0.2
乌兹别克斯坦	30	33	−0.54	−0.20	10	15	7	15	1.1	2.1	2.3	..	..
委内瑞拉	520	463	0.57	0.60	32	27	34	70	25.3	39.3	53.7	7.0	15.3
越南	94	138	−2.28	−1.64	54	40	46	146	12.1	4.4	6.2	0.3	2.1
西岸和加沙	0	0	0.00	0.00	3	8	0	0	..	..	..	..	..
也门共和国	5	5	0.00	0.00	9	14	21	159	3.2	0.0	0.5	0.0	1.9
赞比亚	528	495	0.32	0.33	9	14	20	9	3.8	36.0	36.0	..	..
津巴布韦	222	156	1.58	1.88	9	13	3	16	1.9	18.0	28.0	..	..
全世界	41,582 s	40,204 s	0.20 w	0.13 w	1,131 s	1,240 s	1,851 s	8,724 s		9.1 w	12.5 w	4.8 w	9.2 w
低收入国家	5,524	4,881	0.63	0.61						10.0	11.2	..	..
中等收入国家	26,552	25,660	0.24	0.10						8.6	12.4	2.9	6.6
中低收入国家	8,103	7,996	0.26	−0.13						8.8	11.5	0.8	2.0
中高收入国家	18,449	17,664	0.23	0.20						8.4	13.0	4.1	9.4
低收入和中等收入国家	32,076	30,541	0.31	0.18						8.9	12.2	3.2	6.6
东亚和太平洋地区	4,602	4,698	0.17	−0.38						10.8	14.9	0.5	1.5
欧洲和中亚	8,703	8,750	−0.02	−0.03						6.6	7.4	3.1	8.8
拉丁美洲和加勒比地区	10,389	9,460	0.48	0.45						10.5	20.8	6.7	13.1
中东和北非	207	211	−0.08	−0.13						3.1	4.0	0.9	2.0
南亚	795	817	0.01	−0.27						5.5	6.1	1.5	1.7
撒哈拉以南非洲地区	7,379	6,605	0.58	0.52						11.0	11.7	3.2	4.7
高收入国家	9,506	9,663	−0.13	−0.03						9.9	13.4	8.7	15.1
欧元区	838	930	−0.73	−0.31						11.1	15.4	6.5	10.1

a. 负数表明森林面积的增加。b. 仅指开花植物。c. 数据来自各国的资料来源。

关于数据的说明

由于面临对生物多样性的巨大威胁，国际社会越来越关注对多样性的保护。森林面积减少是生物多样性减少的一个主要原因，栖息地保护对阻止生物多样性的减少至关重要。保护工作主要集中于生物高度多样性的保护区。联合国粮食及农业组织（FAO）的《2010年全球森林资源评估》提供了2010年森林覆盖的详细信息、1990年和2000年的森林覆盖调整后的估计值。当前的这次调查使用了统一的森林定义。由于篇幅所限，表中所列的森林面积没有细分成天然林和人造林（FAO提供的分类只是针对发展中国家）。因此，表中的森林面积减少数据可能低估一些国家天然林的消失速率。

濒危物种的数量是衡量一个地理区域所直接需要的保护效力的指标。针对几组生物体已经进行了全球濒危物种状况分析。对于哺乳动物、鸟类以及两栖动物，仅仅对所有事实上非常知名的物种进行了状况评估。根据世界保护联盟（IUCN）的分类，濒危物种被定义为：濒危的（处于灭绝的危险之中，如果诱发因素继续作用则不可能存活），以及脆弱的（如果诱发因素继续作用，在不远的将来可能归入濒危类）。

全球环境基金（GEF）的生物多样性受益指数是一个衡量各国生物多样性状况的综合指数，以指导生物多样性优先的安排。对于每个国家来讲，生物多样性指标囊括了以下4个相关方面最容易获得且最具有可比性的信息：具有代表性的物种、濒危物种、具有代表性的生态区以及濒危的生态区。为了将这几个方面融合成为一个衡量指数，该指标运用了以上各方面的权重，该权重获得了全球环境基金（GEF）、世界保护联盟（IUCN）、世界野生动物协会（WWF）国际以及其他非政府组织的生物保护科学家的一致同意。

世界保护监控中心（WCMC）从各种来源汇编了关于保护区、某些物种的数量及其濒危物种数量的数据。由于定义、报告惯例和报告期限的不同，跨国比较受到限制。国家保护区是面积至少1,000公顷且属于IUCN定义的6种管理类型之一的地区：科学保护区与限制公众进入的严格自然保护区；具有国家或者国际意义的国家公园（没有受到人类活动太大的影响）。自然遗址和独特的自然风景区；加以管理的自然保护区和野生禁猎区；风景保护区（可能包括文化风景区）；主要为使自然系统可持续地利用进而确保生物多样性的长期保护和维持而加以管理的区域。表中涵盖这六6类数据，并包含未被IUCN计入分类的陆地保护区的数据。把一段地带定为保护区并不一定意味着保护生效。对一些只有不到1,000公顷保护区的小型国家来讲，该定义中的规模限制可能会导致对保护区的低估。

由于连贯性和收集方法的不同，各个国家数据质量的差异很大。部分国家要比其他国家更为频繁地更新信息，部分国家覆盖范围方面的数据更为准确，而许多国家则低估了保护区的数量或者范围。

定义

• **森林面积**是陆地面积超过0.5公顷、树木高于5米、树冠覆盖面积占10%以上或者树木能够达到以上限度的森林覆盖面积。它不包括主要的农村用地和城市用地。 • **年均森林面积减少量**是指天然森林永久性地转变为其他用地，包括农业、牧业、居住地和基础设施建设。森林减少面积不包括已砍伐但是准备重植的面积，也不包括采集薪柴、酸沉降或者森林火灾所导致的森林退化的面积。 • **濒危物种**指IUCN划分的濒危的、脆弱的、稀少的、不确定的、脱离危险的以及不够知名的物种的数量。哺乳动物不包括鲸和海豚。鸟类包括一国内喂养的和过冬的。鱼类指冷血水生脊椎鱼类。高等植物指当地维管束植物物种。

• **GEF生物多样性受益指数**是基于各国具有代表性的物种、濒危状况以及各国栖息地类型的多样性构建的衡量各国相关生物多样性潜力的综合指数。该指数标准化后的范围为0（无生物多样性潜力）至100（生物多样性的潜力最大）。 • **国家保护区**是面积至少为1,000公顷的完全或者部分保护的区域，它们被设计成限制公众进入的科学保护区、国家公园、自然遗址、自然保护区或者野生禁猎区及其海陆风景保护区。陆地保护区不包括海洋、未分类的区域、沿海区域以及地方性或者省级法律规定的保护区。海洋保护区是指潮间带或者潮下带的海域——以及水上相关的植物群和动物群并具有一定的历史文化特征——这些保存下来以保护部分有限的环境或者整个有限环境。

至少33%的评估物种估计面临濒危　3.4a

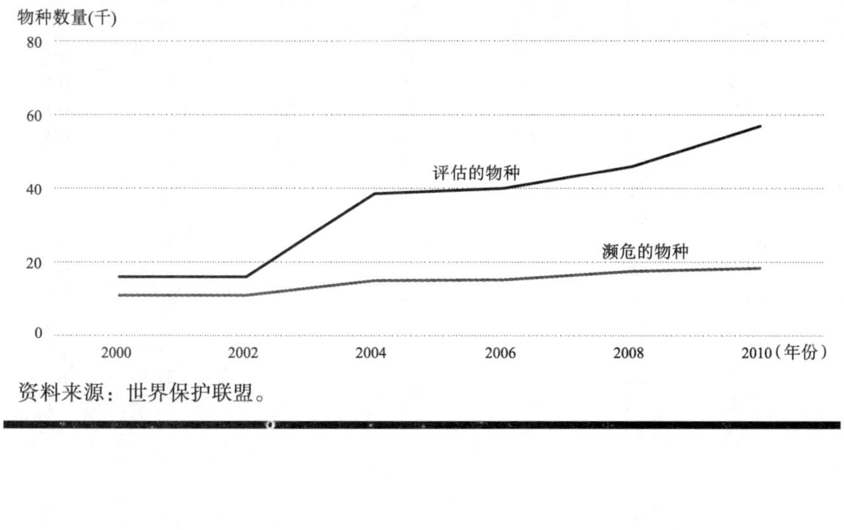

资料来源：世界保护联盟。

数据资料来源

森林面积数据来自FAO的《2010年全球森林资源评估》和FAO的网站。物种数据来自联合国环境规划署和WCMC的电子文件、IUCN的《2010年IUCN濒危动物红色名单》以及Froese和Pauly（2008）的鱼类数据库。GEF生物多样性受益指数来自Kiran Dev Pandey、Piet Buys、Ken Chomitz和David Wheeler的《生物多样性保护指数：全球环境机构优先设定新工具》（2006）。保护区的数据来自联合国环境规划署和WCMC，以各国当局、各国法律以及国际协议的数据为基础。

	可再生内陆淡水资源[a]		年度淡水使用量					水生产率	改善的水资源获取状况	
	流量 10亿立方米 2007	人均 立方米 2007	10亿 立方米 2007[b]	占内陆资源的百分比 2007[b]	农业用水所占百分比 2007[b]	工业用水所占百分比 2007[b]	生活用水所占百分比 2007[b]	GDP/水使用量 2000年美元/立方米 2007[b]	占农村人口的百分比 2008	占城市人口的百分比 2008
阿富汗	55	1,946	23.3	42.3	98	0	2	..	39	78
阿尔巴尼亚	27	8,588	1.7	6.4	62	11	27	3	98	96
阿尔及利亚	11	332	6.1	54.0	65	13	22	12	79	85
安哥拉	148	8,431	0.4	0.2	60	17	23	61	38	60
阿根廷	276	6,989	29.2	10.6	74	9	17	13	80	98
亚美尼亚	9	2,952	3.0	32.5	66	4	30	1	93	98
澳大利亚	492	23,348	23.9	4.9	75	10	15	22	100	100
奥地利	55	6,626	2.1	3.8	1	64	35	105	100	100
阿塞拜疆	8	946	12.2	150.5	76	19	4	1	71	88
孟加拉国	105	666	79.4	75.6	96	1	3	1	78	85
白俄罗斯	37	3,834	2.8	7.5	30	47	23	8	99	100
比利时	12	1,129	0.0	..	..	..	..	..	100	100
贝宁	10	1,227	0.1	1.3	45	23	32	23	69	84
玻利维亚	304	31,868	1.4	0.5	81	7	13	7	67	96
波斯尼亚和黑塞哥维那	36	9,395	0.0	..	..	..	..	..	98	100
博茨瓦纳	2	1,268	0.2	8.1	41	18	41	41	90	99
巴西	5,418	28,498	59.3	1.1	62	18	20	14	84	99
保加利亚	21	2,742	10.5	50.0	19	78	3	2	100	100
布基纳法索	13	849	0.8	6.4	86	1	13	5	72	95
布隆迪	10	1,283	0.3	2.9	77	6	17	3	71	83
柬埔寨	121	8,417	4.1	3.4	98	0	1	2	56	81
喀麦隆	273	14,630	1.0	0.4	74	8	18	13	51	92
加拿大	2,850	86,426	46.0	1.6	12	69	20	19	99	100
中非共和国	141	33,119	0.0	0.0	4	16	80	39	51	92
乍得	15	1,412	0.2	1.5	83	0	17	13	44	67
智利	884	53,137	12.6	1.4	64	25	11	8	75	99
中国	2,813	2,134	554.1	22.4	65	23	12	4	82	98
中国香港	..	..	..	..	..	..	..	..	..	..
哥伦比亚	2,112	47,611	10.7	0.5	46	4	50	13	73	99
刚果民主共和国	900	14,395	0.4	0.0	31	17	53	16	28	80
刚果共和国	222	62,516	0.0	0.0	9	22	70	89	34	95
哥斯达黎加	112	25,209	2.7	2.4	53	17	29	9	91	100
科特迪瓦	77	3,819	0.9	1.2	65	12	24	11	68	93
克罗地亚	38	8,499	0.0	..	..	..	..	..	97	100
古巴	38	3,402	8.2	21.5	69	12	19	6	89	96
捷克共和国	13	1,272	2.6	19.6	2	57	41	30	100	100
丹麦	6	1,099	1.3	21.2	43	25	32	141	100	100
多米尼加共和国	21	2,139	3.4	16.1	66	2	32	10	84	87
厄瓜多尔	432	32,379	17.0	3.9	82	5	12	1	88	97
埃及	2	22	68.3	3,794.4	86	6	8	2	98	100
萨尔瓦多	18	2,907	1.3	7.2	59	16	25	13	76	94
厄立特里亚	3	586	0.6	20.8	95	0	5	1	57	74
爱沙尼亚	13	9,475	0.2	1.2	5	38	57	64	97	99
埃塞俄比亚	122	1,551	5.6	4.6	94	0	6	2	26	98
芬兰	107	20,232	2.5	2.3	3	84	14	62	100	100
法国	200	3,229	31.8	22.4	12	69	18	38	100	100
加蓬	164	115,340	0.1	0.1	42	8	50	49	41	95
冈比亚	3	1,857	0.0	1.0	65	12	23	19	86	96
格鲁吉亚	58	13,339	1.6	2.8	65	13	22	3	96	100
德国	107	1,301	47.1	44.0	20	68	12	44	100	100
加纳	30	1,325	1.0	3.2	66	10	24	7	74	90
希腊	58	5,182	7.8	13.4	80	3	16	22	99	100
危地马拉	109	8,177	2.0	1.8	80	13	6	12	90	98
几内亚	226	23,505	1.5	0.7	90	2	8	3	61	89
几内亚比绍	16	10,383	0.2	1.1	82	5	13	1	51	83
海地	13	1,338	1.0	7.6	94	1	5	4	55	71
洪都拉斯	96	13,372	0.9	0.9	80	12	8	12	77	95

	可再生内陆淡水资源[a]		年度淡水使用量					水生产率	改善的水资源获取状况	
	流量 10亿立方米 2007	人均 立方米 2007	10亿 立方米 2007[b]	占内陆资源的百分比 2007[b]	农业用水所占百分比 2007[b]	工业用水所占百分比 2007[b]	生活用水所占百分比 2007[b]	GDP/水使用量 2000年美元/立方米 2007[b]	占农村人口的百分比 2008	占城市人口的百分比 2008
匈牙利	6	597	7.6	127.3	32	59	9	8	100	100
印度	1,276	1,134	40.4	51.2	91	2	7	1	84	96
印度尼西亚	2,019	8,987	82.8	2.9	82	7	12	1.2	71	89
伊朗	129	1,809	93.3	72.6	92	1	7	2	..	98
伊拉克	35	1,175	66.0	187.5	79	15	7	0	55	91
爱尔兰	49	11,246	..	..	..	..	..	125	100	100
以色列	1	104	2.0	260.5	58	6	36	79	100	100
意大利	183	3,074	44.4	24.3	45	37	18	27	100	100
牙买加	9	3,514	0.4	4.4	49	17	34	25	89	98
日本	430	3,365	88.4	20.6	62	18	20	59	100	100
约旦	1	120	0.9	138.0	65	4	31	14	91	98
哈萨克斯坦	75	4,871	35.0	46.4	82	17	2	1	90	99
肯尼亚	21	548	2.7	13.2	79	4	17	6	52	83
朝鲜	67	2,824	9.0	13.5	55	25	20	..	100	100
韩国	65	1,338	18.6	28.7	48	16	36	40	88	100
科索沃	..	..	..	..	..	..	..	..	..	..
科威特	0	0	0.5	..	54	2	44	67	99	99
吉尔吉斯斯坦	46	8,873	10.1	21.7	94	3	3	0	85	99
老挝	190	31,256	3.0	1.6	90	6	4	1	51	72
拉脱维亚	17	7,355	0.3	1.8	13	33	53	48	96	100
黎巴嫩	5	1,153	1.3	27.3	60	11	29	17	100	100
莱索托	5	2,574	0.1	1.0	20	40	40	18	81	97
利比里亚	200	55,138	0.1	0.1	55	18	27	5	51	79
利比亚	1	97	4.3	721.0	83	3	14	11	..	..
立陶宛	16	4,610	0.3	1.7	7	15	78	73	..	..
前南斯拉夫马其顿共和国	5	2,647	0.0	..	..	..	..	..	99	100
马达加斯加	337	18,114	15.0	4.4	96	2	3	0	29	71
马拉维	16	1,118	1.0	6.3	80	5	15	2	77	95
马来西亚	580	21,841	9.0	1.6	62	21	17	15	99	100
马里	60	4,835	6.5	10.9	90	1	9	1	44	81
毛里塔尼亚	0[c]	127	1.7	425.0	88	3	9	1	47	52
毛里求斯	3	2,182	0.7	26.4	68	3	30	8	99	100
墨西哥	409	3,885	78.2	19.1	77	5	17	9	87	96
摩尔多瓦	1	273	2.3	231.0	33	58	10	1	85	96
蒙古	35	13,326	0.4	1.3	52	27	20	4	49	97
摩洛哥	29	929	12.6	43.4	87	3	10	4	60	98
莫桑比克	100	4,586	0.6	0.6	87	2	11	12	29	77
缅甸	1003	20,415	33.2	3.8	89	1	10	..	69	75
纳米比亚	6	2,949	0.3	4.9	71	5	24	19	88	99
尼泊尔	198	7,007	10.2	5.1	96	1	3	1	87	93
荷兰	11	671	7.9	72.2	34	60	6	55	100	100
新西兰	327	77,336	2.1	0.6	42	9	48	31	100	100
尼加拉瓜	190	33,912	1.3	0.7	83	2	15	4	68	98
尼日尔	4	248	2.2	62.3	95	0	4	1	39	96
尼日利亚	221	1,496	8.0	3.6	69	10	21	9	42	75
挪威	382	81,119	2.2	0.6	11	67	23	90	100	100
阿曼	1	514	1.3	94.4	88	1	10	20	77	92
巴基斯坦	55	338	169.4	308.0	96	2	2	1	87	95
巴拿马	147	44,094	0.8	0.6	28	5	67	21	83	97
巴布亚新几内亚	801	124,716	0.1	0.0	1	42	56	59	33	87
巴拉圭	94	15,343	0.5	0.5	71	8	20	18	66	99
秘鲁	1,616	56,685	20.1	1.2	82	10	8	4	61	90
菲律宾	479	5,399	28.5	6.0	74	9	17	4	87	93
波兰	54	1,406	16.2	30.2	8	79	13	14	100	100
葡萄牙	38	3,582	11.3	29.6	78	12	10	11	100	99
波多黎各	7	1,801	0.0	..	..	..	..	..	..	..
卡塔尔	0	45	0.4	870.6	59	2	39	90	100	100

3.5 淡　　水

	可再生内陆淡水资源[a]		年度淡水使用量					水生产率	改善的水资源获取状况	
	流量 10亿立方米 2007	人均 立方米 2007	10亿 立方米 2007[b]	占内陆资源的百分比 2007[b]	农业用水所占百分比 2007[b]	工业用水所占百分比 2007[b]	生活用水所占百分比 2007[b]	GDP/水使用量 2000年美元/立方米 2007[b]	占农村人口的百分比 2008	占城市人口的百分比 2008
罗马尼亚	42	1,963	23.2	54.8	57	34	9	2	..	..
俄罗斯联邦	4,313	30,350	76.7	1.8	18	63	19	5	89	98
卢旺达	10	1,005	0.2	1.6	68	8	24	19	62	77
沙特阿拉伯	2	99	23.7	986.1	88	3	9	10	..	97
塞内加尔	26	2,169	2.2	8.6	93	3	4	3	52	92
塞尔维亚	44[c]	5,419[c]	0.0[c]	..	..	..	..	..	98	99
塞拉利昂	160	29,518	0.4	0.2	92	3	5	4	26	86
新加坡	1	131	0.0	..	..	..	..	..	..	100
斯洛伐克共和国	13	2,334	0.0	..	..	..	..	..	100	100
斯洛文尼亚	19	9,251	0.0	..	..	..	..	..	99	100
索马里	6	687	3.3	55.0	99	0	0	..	9	67
南非	45	928	12.5	27.9	63	6	31	14	78	99
西班牙	111	2,478	35.6	32.0	68	19	13	21	100	100
斯里兰卡	50	2,499	12.6	25.2	95	2	2	2	88	98
苏丹	30	742	37.3	124.4	97	1	3	1	52	64
斯威士兰	3	2,293	1.0	39.5	97	1	2	2	61	92
瑞典	171	18,692	3.0	1.7	9	54	37	103	100	100
瑞士	40	5,350	2.6	6.4	2	74	24	111	100	100
阿拉伯叙利亚共和国	7	349	16.7	238.4	88	4	9	2	84	94
塔吉克斯坦	66	9,855	12.0	18.0	92	5	4	0	61	94
坦桑尼亚	84	2,035	5.2	6.2	89	0	10	3	45	80
泰国	210	3,135	87.1	41.5	95	2	2	2	98	99
多哥	12	1,825	0.2	1.5	45	2	53	9	41	87
特立尼达和多巴哥	4	2,891	0.3	8.1	6	26	68	46	93	98
突尼斯	4	410	2.6	62.9	82	4	14	10	84	99
土耳其	227	3,109	40.1	17.7	74	11	15	9	96	100
土库曼斯坦	1	273	24.7	1,812.5	98	1	2	0	72	97
乌干达	39	1,273	0.0	..	40	16	43	..	64	91
乌克兰	53	1,142	37.5	70.7	52	35	12	1	97	98
阿拉伯联合酋长国	0	34	4.0	2,665.3	83	2	15	28	100	100
英国	145	2,378	9.5	6.6	3	75	22	185	100	100
美国	2,818	9,344	477.8	17.1	40	46	14	24	94	100
乌拉圭	59	17,750	3.2	5.3	96	1	3	8	100	100
乌兹别克斯坦	16	608	58.3	357.0	93	2	5	0	81	98
委内瑞拉	722	26,287	8.4	1.2	47	7	46	19	75	94
越南	367	4,304	71.4	19.5	68	24	8	1	92	99
西岸和加沙	1	212	0.4	..	45	7	48	..	91	91
也门共和国	2	94	3.4	161.9	90	2	8	4	57	72
赞比亚	80	6,513	1.7	2.2	76	7	17	3	46	87
津巴布韦	12	985	4.2	34.3	79	7	14	1	72	99
全世界	**43,464 s**	**6,616 w**	**3,850.0 s**	**9.0 w**	**70 w**	**20 w**	**10 w**	**10 w**	**78 w**	**96 w**
低收入国家	4,418	5,452	240.9	5.6	93	2	5	1	56	85
中等收入国家	29,421	6,271	2,672.1	9.1	78	14	9	3	81	95
中低收入国家	11,728	3,155	2,103.9	17.9	81	12	7	2	81	94
中高收入国家	17,694	18,142	568.2	3.2	65	19	15	7	86	98
低收入和中等收入国家	33,839	6,150	2,913.0	8.6	79	13	8	3	76	94
东亚和太平洋地区	9,454	4,940	959.0	10.2	74	20	7	3	81	96
欧洲和中亚	5,059	12,911	351.9	7.0	63	27	10	3	89	98
拉丁美洲和加勒比地区	13,425	24,001	264.9	2.0	71	10	19	10	80	97
中东和北非	225	714	275.6	122.3	86	6	8	2	80	95
南亚	1,819	1,194	941.1	51.7	90	4	6	1	83	95
撒哈拉以南非洲地区	3,858	4,826	120.5	3.2	87	3	10	4	47	82
高收入国家	9,624	9,017	937.0	10.5	42	43	15	32	98	100
欧元区	955	2,932	200.2	22.0	38	48	15	34	100	100

a. 由于数据不可靠，不包括来自其他国家的河水流量。b. 最近年份可获得的数据（见基本数据文献）。c. 包括科索沃和黑山。

关于数据的说明

淡水资源的数据是基于对河川径流量和地下水补给量的估计。这些估计值都是根据不同资料来源计算得到，涉及不同年份，因此，在进行淡水资源数据的跨国比较时，应该谨慎。因为这些数据的收集是间歇性的，所以可能掩盖了相邻年份之间可再生水资源总量的重大变化。这儿的数据也不能反映国家内部水资源可获得性的季节差异和地理差异。小国的数据及其于旱、半干旱地区国家的数据，其可靠性不如那些大国及其降水量丰富的国家。

在对淡水每年的使用状况数据进行比较时，也需要谨慎。这些数据也受数据收集和估计方法差异的影响。除此之外，因为流入和流出可能是在不同时间、不同质量和精确水平上估计的，所以对这些数据的解释需要谨慎对待，尤其是水资源短缺的国家，特别在中东和北非地区。

水生产率是各国水资源使用效率的唯一指标。如果各国经济结构存在差异，那么这些指标的使用就应该更加谨慎，同时还要考虑该国的部门活动和自然资源禀赋。

关于获取改善的水资源的数据是用来衡量能够方便地获取足够安全民用水的人口比例。该数据主要基于政府向世界卫生组织和联合国儿童基金会的联合监控规划提供的调查和估计。覆盖率主要基于服务使用者关于其家庭实际使用什么信息，而不是来自服务提供者的信息（其中可能包括非运行系统）。从改善的水资源获取饮用水并不能确保水是安全的或者足够的，正如这些特征并不能在调查的时候测试出来。尽管关于获取改善的水资源方面信息被广泛使用，但是这些信息具有极强的主观性。例如，“安全的”、“改善的”、“足够的”和“方便的”之类的术语，即便有世界卫生组织的官方定义（见“定义”），但是在不同国家可能具有不同的含义。即使在高收入国家，经过处理的水也并非总是能够安全饮用。尽管获取改善的水资源等同于与供水系统的连接，但是他并未考虑这些设施一旦连接所产生的质量和成本的变化（广义上的）。

农业仍然是使用水资源最多的，大约占到了全球使用量的70%…… 3.5a

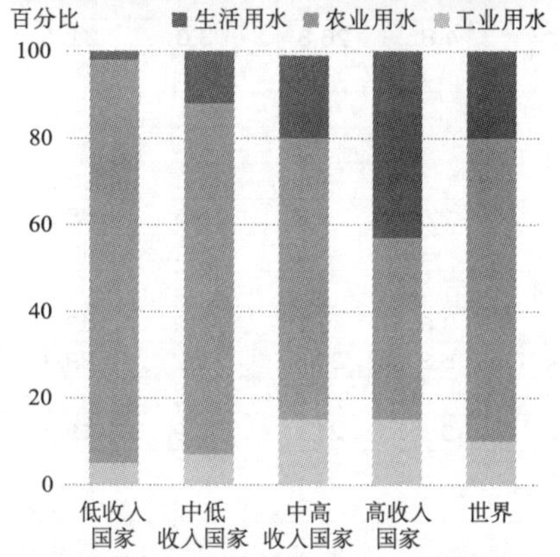

资料来源：表3.5。

……在一些发展中地区，农业用水几乎占到了90% 3.5b

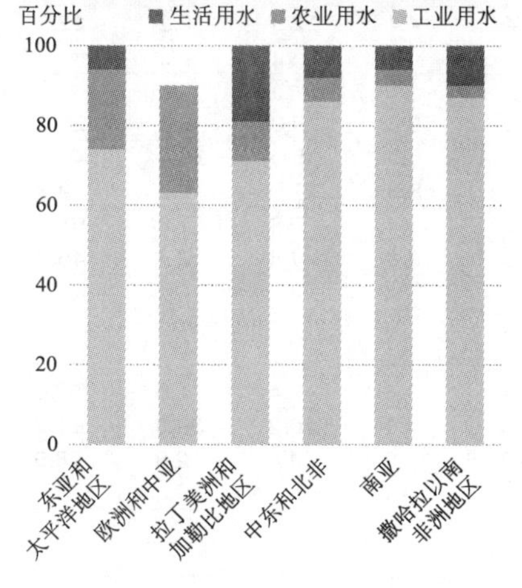

资料来源：表3.5。

定义

• **可再生内陆淡水资源**是指一个国家的河流、降水产生的地下水的年平均流量。不包括源于一国边境外的天然流入量。地表水流入地下，地下水再吸收，双方重叠的部分也排除在外。 • **人均可再生内陆淡水资源**用世界银行的人口估计数计算（见表2.1）。 • **年度淡水使用量**指的是用水总量，不包括在水存储地点的蒸腾损失。水使用量也包括一个国家咸水淡化厂的水生产量，这种水是那些国家重要的用水资源。当从不可再生的含水地层抽取或者咸水淡化厂生产的淡水量很大时，或者当水的重复利用规模很大时，水的使用量可以超过可再生的资源总量。农业和工业用水是指灌溉和畜牧业生产以及直接用于工业（包括热电厂冷却用水）的用水的总和。民用水包括饮用水、市政用水或者供水，公共设施用水、商业设施用水和家庭用水。 • **水生产率**是用不变价格的GDP除以年度总的水使用量计算的。 • **改善的水资源获取状况**是指方便从改善的水资源获取足够水量的人口所占的百分比，改善的水资源包括家庭供水系统、公用水塔、钻井、受保护的井和泉以及雨水收集系统。未加改善的水资源包括自动售水机、水罐车以及未加保护的井和泉。方便地获取被定义为每人每天从距离居住区1公里范围内的水源获取至少20升水。

数据资料来源

淡水资源和使用量的数据来自联合国粮食及农业组织的AQUASTAT数据库。用于计算水生产率的GDP估计值来自世界银行的国家账户数据库。关于水资源获取的数据来自WHO和UNICEF的《卫生设施和饮用水进展》（2010）。

	有机污水排放量				有机污水排放中工业所占份额							
					占总数的百分比							
	1,000千克/日		千克/人、日		冶金	造纸	化工	食品和饮料	建材	纺织	木材	其他
	1990	2007[a]	1990	2007[a]	2007[a]	2007[a]	2007[a]	2007[a]	2007[a]	2007[a]	2007[a]	2007[a]
阿富汗	..	0.2	..	0.21	..	19.7	27.9	14.1	11.7	23.3	..	3.1
阿尔巴尼亚	2.4	3.6	0.25	0.25	..	..	..	39.8	..	60.2	..	11.9
阿尔及利亚	..	..	..	..	..	..	..	..	..	..	..	..
安哥拉	..	..	..	..	..	..	..	..	..	..	..	..
阿根廷	181.4	155.5	0.21	0.23	3.8	8.4	15.8	30.5	3.5	14.3	2.1	21.6
亚美尼亚	..	..	..	..	..	..	..	..	..	..	..	..
澳大利亚	..	..	..	..	..	..	..	..	..	..	..	..
奥地利	90.5	84.4	0.15	0.14	5.7	7.1	9.3	12.2	5.8	4.3	6.0	49.5
阿塞拜疆	41.3	20.0	0.15	0.18	8.8	3.0	18.5	19.6	8.4	11.7	1.5	28.6
孟加拉国	250.8	303.0	0.15	0.14	0.7	2.3	3.0	7.6	2.6	79.3	0.5	4.2
白俄罗斯	..	..	..	..	..	..	..	..	..	..	..	..
比利时	107.8	95.9	0.17	0.17	6.4	7.9	18.6	16.4	3.1	5.5	2.2	40.0
贝宁	..	..	..	..	..	..	..	..	..	..	..	..
玻利维亚	11.3	11.5	0.24	0.25	0.9	9.8	13.1	35.4	7.7	18.4	5.3	9.5
波斯尼亚和黑塞哥维那	..	..	..	..	..	..	..	..	..	..	..	..
博茨瓦纳	2.5	3.2	0.30	0.23	..	2.4	..	43.8	0.6	3.9	..	50.0
巴西	..	..	..	..	..	..	..	..	..	..	..	..
保加利亚	124.3	102.1	0.17	0.17	3.7	4.3	8.0	17.7	4.8	26.8	3.0	31.7
布基纳法索	..	..	..	..	..	..	..	..	..	..	..	..
布隆迪	..	..	..	..	..	..	..	..	..	..	..	..
柬埔寨	3.8	..	0.17	..	..	..	..	..	..	..	..	..
喀麦隆	..	..	..	..	..	..	..	..	..	..	..	..
加拿大	300.9	306.6	0.17	0.16	4.3	8.9	10.9	14.0	2.8	7.3	6.5	45.3
中非共和国	..	..	..	..	..	..	..	..	..	..	..	..
乍得	..	..	..	..	..	..	..	..	..	..	..	..
智利	..	92.5	..	0.25	7.6	6.3	13.7	35.1	3.6	9.1	6.9	17.7
中国	..	9,428.9	..	0.13	7.2	3.9	13.0	7.4	6.3	20.6	1.7	39.9
中国香港	..	..	..	..	..	..	..	..	..	..	..	..
哥伦比亚	..	87.0	..	0.20	2.3	8.9	17.3	21.3	5.3	24.1	0.9	19.9
刚果民主共和国	..	..	..	..	..	..	..	..	..	..	..	..
刚果共和国	..	..	..	..	..	..	..	..	..	..	..	..
哥斯达黎加	..	..	..	..	..	..	..	..	..	..	..	..
科特迪瓦	..	..	..	..	..	..	..	..	..	..	..	..
克罗地亚	48.5	42.9	0.17	0.17	3.1	7.2	9.5	17.6	5.9	14.5	4.9	37.2
古巴	..	..	..	..	..	..	..	..	..	..	..	..
捷克共和国	177.1	146.5	0.14	0.13	5.4	4.8	10.9	10.9	6.4	7.4	4.4	49.8
丹麦	84.5	61.0	0.18	0.16	1.4	11.5	13.1	16.4	4.8	1.5	4.0	47.3
多米尼加共和国	88.6	..	0.18	..	..	..	..	..	..	..	..	..
厄瓜多尔	28.6	44.7	0.24	0.28	1.8	7.8	12.8	46.4	4.4	12.3	2.2	12.3
埃及	206.5	..	0.19	..	..	..	..	..	..	..	..	..
萨尔瓦多	..	..	..	..	..	..	..	..	..	..	..	..
厄立特里亚	2.4	2.5	0.19	0.20	0.2	4.4	9.5	27.3	9.6	29.0	0.1	20.3
爱沙尼亚	21.7	16.0	0.15	0.14	0.4	7.3	7.1	14.6	5.5	8.0	16.4	40.8
埃塞俄比亚	18.5	32.2	0.23	0.24	1.4	6.0	10.9	34.7	8.3	27.9	1.5	9.3
芬兰	72.5	55.3	0.19	0.14	1.0	15.4	8.7	9.0	4.4	2.8	7.3	51.4
法国	326.5	569.4	0.11	0.16	3.2	7.4	15.0	16.6	3.8	4.8	2.4	46.9
加蓬	..	..	..	..	..	..	..	..	..	..	..	..
冈比亚	0.8	..	0.27	..	..	..	..	..	..	..	..	..
格鲁吉亚	..	..	..	..	..	..	..	..	..	..	..	..
德国	806.6	936.2	0.13	0.14	3.8	7.1	12.4	11.4	3.4	2.4	1.9	57.6
加纳	..	16.0	..	0.17	3.0	3.8	15.9	18.6	4.1	10.2	33.3	11.2
希腊	50.9	60.8	0.19	0.20	3.9	9.0	10.1	23.9	7.0	14.4	2.8	28.9
危地马拉	..	..	..	..	..	..	..	..	..	..	..	..
几内亚	..	..	..	..	..	..	..	..	..	..	..	..
几内亚比绍	..	..	..	..	..	..	..	..	..	..	..	..
海地	5.2	..	0.20	..	..	..	..	..	..	..	..	..
洪都拉斯	..	..	..	..	..	..	..	..	..	..	..	..

	有机污水排放量				有机污水排放中工业所占份额							
					占总数的百分比							
	1,000千克/日		千克/人、日		冶金	造纸	化工	食品和饮料	建材	纺织	木材	其他
	1990	2007[a]	1990	2007[a]	2007[a]	2007[a]	2007[a]	2007[a]	2007[a]	2007[a]	2007[a]	2007[a]
匈牙利	122.1	110.6	0.18	0.15	2.7	6.4	10.6	15.2	3.7	9.1	3.3	49.0
印度	..	..	..	..	..	..	..	..	..	..	..	..
印度尼西亚	721.8	883.0	0.18	0.19	1.4	4.1	12.0	23.1	4.0	29.2	6.3	19.9
伊朗	131.6	160.8	0.16	0.15	7.1	2.8	12.8	16.1	13.8	11.2	0.7	35.5
伊拉克	7.7	7.7	0.27	0.27	13.1	25.6	29.9	16.9	5.4	9.1	..	..
爱尔兰	36.1	28.4	0.19	0.16	1.3	10.2	17.6	14.8	5.9	0.8	3.8	45.5
以色列	54.6	52.7	0.16	0.16	1.6	8.9	13.4	16.4	2.9	7.9	1.2	47.6
意大利	378.3	479.2	0.13	0.13	3.5	5.2	10.3	9.3	5.4	13.6	2.9	49.6
牙买加	..	..	..	..	..	..	..	..	..	..	..	..
日本	1,455.0	1,126.9	0.14	0.15	3.3	7.0	11.2	15.0	3.6	5.3	2.0	52.5
约旦	15.0	29.1	0.18	0.18	2.3	6.1	13.7	20.8	11.5	18.6	2.3	24.5
哈萨克斯坦	123.5	97.4	0.23	0.24	33.3	2.3	8.9	18.7	9.3	3.9	0.6	23.0
肯尼亚	..	..	..	..	..	..	..	..	..	..	..	..
朝鲜	..	..	..	..	..	..	..	..	..	..	..	..
韩国	366.9	319.6	0.12	0.11	4.2	5.4	12.1	6.3	3.0	9.3	0.9	58.9
科索沃	..	..	..	..	..	..	..	..	..	..	..	..
科威特	..	..	..	..	..	..	..	..	..	..	..	..
吉尔吉斯斯坦	28.9	12.2	0.14	0.20	9.8	6.3	8.5	24.2	17.5	9.8	1.6	22.4
老挝	4.3	4.3	0.14	0.14	1.8	2.2	3.8	9.2	7.5	49.2	21.4	4.9
拉脱维亚	39.8	28.4	0.12	0.18	2.7	7.7	5.8	21.1	4.4	11.8	19.1	27.3
黎巴嫩	14.7	14.7	0.19	0.19	0.5	7.5	6.0	25.5	12.9	16.7	4.5	26.3
莱索托	..	5.3	..	0.13	0.9	0.5	0.3	2.6	0.8	93.5	..	1.4
利比里亚	..	..	..	..	..	..	..	..	..	..	..	..
利比亚	..	..	..	..	..	..	..	..	..	..	..	..
立陶宛	54.0	42.2	0.15	0.17	0.9	5.7	8.3	20.5	4.7	17.6	11.4	30.8
前南斯拉夫马其顿共和国	27.0	20.3	0.20	0.18	5.8	4.7	6.3	15.1	3.2	44.7	2.9	17.3
马达加斯加	..	92.8	..	0.14	0.3	1.6	12.4	7.6	2.8	58.9	6.3	10.0
马拉维	37.2	32.7	0.40	0.39	..	1.4	3.7	82.1	0.6	7.5	1.1	3.6
马来西亚	..	208.3	..	0.12	2.8	4.9	16.5	9.1	3.8	6.6	7.8	48.5
马里	..	..	..	..	..	..	..	..	..	..	..	..
毛里塔尼亚	..	..	..	..	..	..	..	..	..	..	..	..
毛里求斯	16.8	15.4	0.16	0.17	0.4	3.6	5.9	14.7	..	63.9	0.7	10.9
墨西哥	425.0	..	0.18	..	..	..	..	..	..	..	..	..
摩尔多瓦	29.2	18.8	0.44	0.45	..	3.8	..	95.2	..	..	..	0.9
蒙古	..	8.8	..	0.22	3.7	5.1	3.3	27.2	9.5	41.6	5.4	4.1
摩洛哥	..	74.0	..	0.16	1.0	2.9	7.9	16.3	6.5	43.5	2.0	19.9
莫桑比克	..	..	..	..	..	..	..	..	..	..	..	..
缅甸	..	..	..	..	..	..	..	..	..	..	..	..
纳米比亚	..	..	..	..	..	..	..	..	..	..	..	..
尼泊尔	26.4	26.8	0.14	0.16	1.6	3.9	7.2	19.2	29.9	29.4	2.0	6.8
荷兰	142.3	128.2	0.20	0.19	3.1	13.4	14.1	18.2	4.0	2.1	2.6	42.5
新西兰	46.7	61.6	0.24	0.23	2.0	12.2	8.6	31.1	3.1	5.8	8.0	29.3
尼加拉瓜	..	..	..	..	..	..	..	..	..	..	..	..
尼日尔	..	..	..	..	..	..	..	..	..	..	..	..
尼日利亚	..	..	..	..	..	..	..	..	..	..	..	..
挪威	51.8	46.9	0.20	0.18	4.9	12.1	7.5	19.1	4.3	2.0	6.0	44.2
阿曼	3.8	7.6	0.15	0.16	4.0	4.6	17.8	20.4	20.5	2.4	4.0	26.3
巴基斯坦	..	153.7	..	0.17	2.2	1.9	9.1	15.1	4.3	55.6	0.4	11.2
巴拿马	10.3	13.7	0.30	0.32	0.9	11.6	6.9	55.2	4.0	4.7	1.6	15.0
巴布亚新几内亚	..	..	..	..	..	..	..	..	..	..	..	..
巴拉圭	15.3	10.8	0.20	0.28	3.1	9.3	16.7	42.6	5.9	11.0	4.5	6.9
秘鲁	..	..	..	..	..	..	..	..	..	..	..	..
菲律宾	169.0	144.6	0.17	0.15	2.6	4.2	9.5	14.4	2.7	21.6	2.1	42.9
波兰	446.7	359.7	0.16	0.16	3.3	5.1	11.3	18.1	5.5	10.3	4.9	41.5
葡萄牙	140.6	87.7	0.14	0.17	0.2	8.1	3.4	19.8	5.2	16.3	8.5	38.5
波多黎各	..	..	..	..	..	..	..	..	..	..	..	..
卡塔尔	..	6.4	..	0.12	3.7	6.7	10.5	6.5	18.1	20.7	12.5	21.3

	有机污水排放量				有机污水排放中工业所占份额							
					占总数的百分比							
	1,000千克/日		千克/人、日		冶金	造纸	化工	食品和饮料	建材	纺织	木材	其他
	1990	2007[a]	1990	2007[a]	2007[a]	2007[a]	2007[a]	2007[a]	2007[a]	2007[a]	2007[a]	2007[a]
罗马尼亚	411.2	222.1	0.12	0.15	4.5	3.5	7.1	13.9	4.0	25.0	5.3	36.8
俄罗斯联邦	*1,521.4*	1,381.7	*0.16*	0.17	8.4	4.9	11.6	17.9	8.3	6.3	4.2	38.4
卢旺达	*8.1*	*8.1*	*0.37*	*0.37*	..	..	*9.0*	*77.1*	*4.3*	*1.9*	*2.9*	*4.8*
沙特阿拉伯	..	106.6	..	0.18	3.2	6.9	11.6	20.0	10.7	14.4	3.3	30.0
塞内加尔	*6.1*	*6.6*	*0.30*	*0.29*	*4.9*	*6.3*	*23.8*	*44.6*	*3.9*	*10.5*	*0.8*	*5.3*
塞尔维亚	..	..	..	..	..	..	..	..	..	..	..	..
塞拉利昂	..	..	..	..	..	..	..	..	..	..	..	..
新加坡	*33.1*	38.3	0.09	0.09	0.5	5.5	11.9	5.3	1.3	2.3	0.5	72.7
斯洛伐克共和国	*72.8*	*47.9*	*0.13*	*0.14*	*7.9*	*5.4*	*9.1*	*10.7*	*6.0*	*5.0*	*4.2*	*51.7*
斯洛文尼亚	*28.1*	28.8	0.13	0.13	4.6	6.1	12.2	7.7	4.1	10.8	4.9	49.6
索马里	..	..	..	..	..	..	..	..	..	..	..	..
南非	*260.5*	229.6	*0.17*	0.17	9.9	6.6	10.6	15.7	5.2	10.4	4.2	37.4
西班牙	*348.0*	*378.8*	*0.16*	*0.15*	*3.1*	*8.0*	*10.8*	*15.3*	*7.9*	*8.4*	*3.8*	*42.7*
斯里兰卡	..	266.1	..	0.19	2.6	4.3	9.0	22.4	6.3	43.6	2.5	9.3
苏丹	..	*38.6*	..	*0.29*	*0.6*	*1.9*	*7.0*	*57.5*	*14.2*	*8.0*	*1.7*	*9.1*
斯威士兰	..	..	..	..	..	..	..	..	..	..	..	..
瑞典	116.8	*96.9*	0.15	*0.14*	*5.3*	*11.9*	*9.9*	*8.6*	*2.6*	*1.2*	*5.6*	*54.9*
瑞士	..	..	..	..	..	..	..	..	..	..	..	..
阿拉伯叙利亚共和国	*59.7*	*80.4*	*0.16*	*0.16*	*1.6*	*1.9*	*7.3*	*19.9*	*11.3*	*32.0*	*5.2*	*20.9*
塔吉克斯坦	29.1	*12.8*	0.17	*0.24*	*28.2*	*2.7*	*2.0*	*18.0*	*8.9*	*38.4*	*0.3*	*1.8*
坦桑尼亚	..	*30.3*	..	*0.34*	*2.6*	*4.8*	*8.6*	*61.2*	*1.9*	*12.7*	*2.9*	*5.3*
泰国	*369.4*	*581.4*	0.15	*0.15*	*1.9*	*4.2*	*12.4*	*16.4*	*4.7*	*20.5*	*2.8*	*37.2*
东帝汶	..	..	..	..	..	..	..	..	..	..	..	..
多哥	..	..	..	..	..	..	..	..	..	..	..	..
特立尼达和多巴哥	*7.0*	*7.6*	*0.23*	*0.29*	*4.8*	*18.2*	*21.3*	*39.3*	*8.0*	*7.7*	*8.5*	*5.0*
突尼斯	..	..	..	..	..	..	..	..	..	..	..	..
土耳其	*175.8*	*346.4*	*0.18*	*0.15*	*3.8*	*3.8*	*8.6*	*12.4*	*6.6*	*32.2*	*1.7*	*30.9*
土库曼斯坦	..	..	..	..	..	..	..	..	..	..	..	..
乌干达	*3.3*	*2.1*	*0.29*	*0.23*	..	*7.8*	*7.3*	*34.8*	*13.3*	*17.2*	*2.3*	*19.6*
乌克兰	..	498.2	..	0.19	13.9	4.3	11.2	19.7	6.8	5.6	2.1	36.5
阿拉伯联合酋长国	..	..	..	..	..	..	..	..	..	..	..	..
英国	*599.9*	*521.7*	*0.16*	*0.17*	*2.7*	*12.5*	*13.5*	*14.9*	*3.6*	*4.3*	*2.5*	*46.1*
美国	*2,307.0*	*1,850.8*	*0.14*	*0.14*	*3.5*	*8.1*	*13.1*	*12.0*	*3.9*	*4.3*	*4.1*	*51.1*
乌拉圭	..	..	..	..	..	..	..	..	..	..	..	..
乌兹别克斯坦	..	..	..	..	..	..	..	..	..	..	..	..
委内瑞拉	..	..	..	..	..	..	..	..	..	..	..	..
越南	*141.0*	544.8	0.16	0.14	1.4	3.5	6.8	12.7	6.4	40.2	3.3	25.8
西岸和加沙	..	..	..	..	..	..	..	..	..	..	..	..
也门共和国	*12.6*	46.5	0.24	0.21	..	2.1	7.4	35.9	14.6	15.5	5.1	19.4
赞比亚	..	..	..	..	..	..	..	..	..	..	..	..
津巴布韦	*29.3*	..	*0.20*	..	..	..	..	..	..	..	..	..

a. 数据利用联合国工业发展组织（UNIDO）产业数据库四位数国际标准产业分类（ISIC）得出。斜体数据为最近年份可获得的数据，并且是利用UNIDO产业数据库三位数国际标准产业分类得出的。

关于数据的说明

工业活动的有机污染物排放是水质退化的一个主要原因。水体质量水平和污染水平一般以污染浓度或者污染负荷来测度—— 一种物质以水溶态出现的比率。污染物质包括有机物、金属、矿物质、沉淀物、细菌和有毒化学物质。本表着眼于工业活动导致的有机水污染。因为水污染往往对当地条件非常敏感，所以表中关于国家层次的数据也许并不能反映出特定区域的水体质量。

本表的数据来自一项工业污染排放的国际研究，它可能是第一次包括了发展中国家的数据（Hettige、Mani 和 Wheeler，1998）。世界银行发展研究工作组已更新为2007年的数据。与以前根据工程或者经济模型得出的估计值不同，这些估计值都是基于对企业层面水污染的实际测量。重点是有机废物造成的有机水污染，以生化需氧量（BOD）指标来衡量，因为该指标的数据对于排放量的跨国比较而言最为丰富、最为可靠。BOD是根据分解时消耗的氧气总量来衡量有机废物的强度。如果天然水体中污染物过量，将会耗尽水中的溶解氧。相反，污水处理就是要减少BOD。

水污染数据比其他污染排放数据更为容易获得，因为大多数工业污染控制项目的启动都是从控制有机污水的排放开始。这些数据是相当可信的，因为相对于那些衡量大气污染的技术，测量水污染的采样技术得到了更为广泛的理解，也更为省钱。

在 Hettige、Mani 和 Wheeler（1998）的研究中，他们利用了13个国家环保局提供的企业层次和部门层次污染排放和就业的信息，以及联合国工业发展组织（UNIDO）提供的部门层次的产出和就业信息。对这些数据的计量经济学分析表明，各个工业部门的BOD与就业之比在不同国家之间大致相同。该发现使作者可以跨国家、跨时段估计BOD负荷，它等于每单位就业的BOD强度估计值与UNIDO的1980—1998年工业数据库中的部门就业人数相乘。将部门排放量估计值加总，从而获得各个国家每年每天的有机污水排放量（千克/天）。然后，将这些估计值更新到2007年就得到表中的数据。

定义

• **有机污水排放量**可以通过生化需氧量（BOD）来测定，是以水中细菌在分解废弃物时所耗费的氧气量表示的。这是一种验证是否存在有机污水的标准水处理试验。单位工作人员的排放量等于排放总量除以工业部门的工作人员数量。 • **有机污水排放中工业所占份额**是指《国际标准工业分类（ISIC）》第3次修订版两位数的各项定义的制造业部门的污染物排放。

1990—2007年，各国有机污水的排放存在差别 **3.6a**

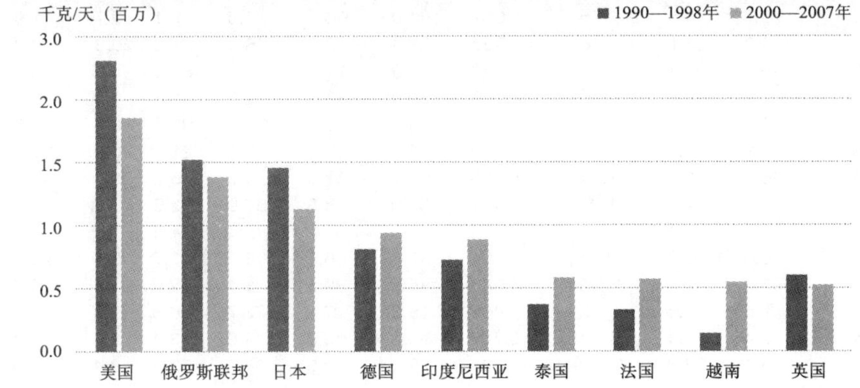

注：数据为特定时期内最近年份可获得的数据。

资料来源：表3.6。

数据资料来源

水污染数据来自 Hettige、Mani 和 Wheeler于1998年开展的研究——“经济发展中的工业污染：对库兹涅茨问题的再研究”。世界银行发展研究工作组利用与最初研究同样的方法，将这些数据更新到2007年。工业部门就业人数来自UNIDO的工业数据库。

	能源生产量		能源使用量									清洁能源生产量	
	总数 百万吨 石油当量		总数 百万吨 石油当量		平均 年增长 百分比	人均千克 石油当量		占总数的百分比 化石燃料		占总数的百分比 易燃可再生物质和废弃物		占能源 总使用量 的百分比	
	1990	2008	1990	2008	1990–2008	1990	2008	1990	2008	1990	2008	1990	2008
阿富汗	..	..	..	..	..	..	..	..	..	..	..	..	..
阿尔巴尼亚	2.4	1.2	2.7	2.1	2.0	809	664	76.5	63.7	13.6	10.3	9.2	15.9
阿尔及利亚	100.1	162.0	22.2	37.1	2.8	878	1,078	99.9	99.8	0.1	0.1	0.1	0.1
安哥拉	28.7	105.8	5.9	11.0	3.6	552	609	25.5	33.5	73.5	63.5	1.1	3.0
阿根廷	48.4	82.9	46.1	76.4	2.5	1,418	1,915	88.7	89.8	3.7	3.7	7.5	5.9
亚美尼亚	0.1	0.8	7.7	3.0	–2.8	2,171	974	97.2	73.4	0.1	0.0	1.7	26.6
澳大利亚	157.5	302.1	86.2	130.1	2.3	5,053	6,071	93.9	94.6	4.6	4.2	1.5	1.2
奥地利	8.1	11.0	24.8	33.2	1.9	3,214	3,988	79.2	71.6	10.0	16.3	11.0	10.8
阿塞拜疆	21.3	58.6	25.8	13.4	–2.7	3,609	1,540	100.0	98.9	0.0	0.0	0.2	1.4
孟加拉国	10.8	23.4	12.7	27.9	4.6	110	175	45.5	68.4	53.9	31.1	0.6	0.5
白俄罗斯	3.3	4.0	45.5	28.1	-1.8	4,470	2,907	95.6	92.1	0.4	5.5	0.0	0.0
比利时	13.1	14.5	48.3	58.6	1.0	4,844	5,471	76.0	73.8	1.6	4.0	23.1	20.4
贝宁	1.8	1.8	1.7	3.0	3.2	346	347	4.8	37.1	94.2	61.0	0.0	0.0
玻利维亚	4.9	16.8	2.8	5.7	3.2	416	587	69.1	82.1	27.2	14.4	3.6	3.4
波斯尼亚和黑塞哥维那	4.6	4.3	7.0	6.0	2.6	1,627	1,588	93.9	92.8	2.3	3.1	3.8	6.5
博茨瓦纳	0.9	1.0	1.3	2.1	2.5	933	1,102	66.1	67.2	33.4	22.3	0.1	0.0
巴西	104.2	228.1	140.2	248.5	3.1	938	1,295	51.2	52.6	34.1	31.6	13.1	14.3
保加利亚	9.6	10.2	28.6	19.8	–1.2	3,277	2,595	84.3	76.2	0.6	3.8	13.9	22.3
布基纳法索	..	..	..	..	..	..	..	..	..	..	..	..	..
布隆迪	..	..	..	..	..	..	..	..	..	..	..	..	..
柬埔寨	..	3.6	..	5.2	3.5	..	358	..	29.7	..	69.6	..	0.1
喀麦隆	11.0	10.1	5.0	7.1	2.2	407	372	18.7	23.9	76.7	71.0	4.6	5.1
加拿大	273.8	407.4	208.7	266.8	1.6	7,509	8,008	74.5	74.9	4.0	4.5	21.5	21.6
中非共和国	..	..	..	..	..	..	..	..	..	..	..	..	..
乍得	..	..	..	..	..	..	..	..	..	..	..	..	..
智利	7.4	9.0	13.8	31.4	4.8	1,049	1,871	75.1	77.6	19.3	15.5	5.5	6.6
中国	886.3	1,993.3	863.0	2,116.4	4.9	760	1,598	75.5	86.9	23.2	9.6	1.3	3.5
中国香港	0.0	0.1	8.7	14.1	2.5	1,534	2,026	100.0	94.9	0.6	0.4	0.0	0.0
哥伦比亚	48.2	93.6	24.2	30.8	0.7	730	684	67.4	72.7	22.8	14.7	9.8	13.0
刚果民主共和国	12.0	22.7	11.8	22.3	3.9	319	346	11.2	4.0	84.7	93.4	4.1	2.9
刚果共和国	8.7	13.2	0.8	1.4	3.0	326	378	35.0	43.5	59.5	51.3	5.3	2.3
哥斯达黎加	1.0	2.7	2.0	4.9	5.0	658	1,084	48.3	45.6	36.6	17.3	14.4	37.3
科特迪瓦	3.4	11.4	4.3	10.3	5.1	343	499	23.3	25.0	73.5	74.0	2.6	1.6
克罗地亚	5.1	3.9	9.0	9.1	1.4	1,884	2,047	86.5	85.1	3.5	3.6	3.6	5.1
古巴	6.6	5.1	16.5	12.1	–1.1	1,558	1,076	64.3	89.9	35.6	10.0	0.1	0.1
捷克共和国	40.1	32.8	48.8	44.6	0.2	4,705	4,282	93.2	81.2	0.0	4.9	6.9	16.0
丹麦	10.1	26.6	17.3	19.0	0.2	3,374	3,460	89.6	80.4	6.6	15.6	0.3	3.3
多米尼加共和国	1.0	1.7	4.1	8.2	3.8	556	820	74.8	79.2	24.4	18.9	0.7	1.8
厄瓜多尔	16.5	28.5	6.0	10.3	3.9	583	767	79.1	83.9	13.8	6.3	7.2	9.4
埃及	54.9	87.5	31.8	70.7	4.8	551	867	94.0	96.1	3.3	2.1	2.7	1.9
萨尔瓦多	1.7	3.0	2.5	4.9	3.7	463	796	31.4	38.4	48.2	31.2	20.3	30.3
厄立特里亚	*0.7*	0.5	*0.9*	0.7	*–2.1*	*276*	138	*19.3*	19.8	*80.7*	80.0	*0.0*	0.0
爱沙尼亚	5.1	4.2	9.6	5.4	–1.8	6,101	4,026	100.0	88.3	2.0	11.7	0.0	0.2
埃塞俄比亚	14.1	29.6	14.9	31.7	3.5	308	393	5.5	6.7	93.9	92.4	0.6	0.9
芬兰	12.1	16.6	28.4	35.3	1.7	5,692	6,635	55.5	48.0	16.1	21.8	20.9	21.2
法国	111.9	136.6	223.9	266.5	1.0	3,946	4,279	58.1	51.0	4.9	5.2	38.7	45.3
加蓬	14.6	13.5	1.2	2.1	2.6	1,275	1,431	32.0	43.8	62.9	52.5	5.2	3.7
冈比亚	..	..	..	..	..	..	..	..	..	..	..	..	..
格鲁吉亚	1.8	1.1	12.1	3.0	-6.8	2,217	694	88.6	66.6	3.8	12.7	5.4	21.1
德国	186.2	134.1	351.4	335.3	-0.1	4,424	4,083	86.8	80.1	1.4	7.0	11.8	13.3
加纳	4.4	6.9	5.3	9.5	3.4	353	405	18.2	27.8	73.7	66.8	9.3	5.6
希腊	9.2	9.9	21.4	30.4	2.4	2,110	2,707	94.6	92.8	4.2	3.4	1.0	2.2
危地马拉	3.4	5.4	4.4	8.1	3.8	498	590	28.1	42.9	68.5	53.3	3.4	4.0
几内亚	..	..	..	..	..	..	..	..	..	..	..	..	..
几内亚比绍	..	..	..	..	..	..	..	..	..	..	..	..	..
海地	1.3	2.0	1.6	2.8	3.6	219	281	19.7	28.3	77.8	71.2	2.5	0.6
洪都拉斯	1.7	2.1	2.4	4.6	3.7	486	632	30.0	54.1	62.9	41.7	8.2	4.3

	能源生产量		能源使用量									清洁能源生产量	
	总数 百万吨石油当量		总数 百万吨石油当量		平均年增长百分比	人均千克石油当量		占总数的百分比				占能源总使用量的百分比	
								化石燃料		易燃可再生生物质和废弃物			
	1990	2008	1990	2008	1990–2008	1990	2008	1990	2008	1990	2008	1990	2008
匈牙利	14.6	10.5	28.7	26.5	0.0	2,762	2,636	81.5	77.8	2.3	5.8	12.8	15.2
印度	291.8	468.3	318.9	621.0	3.6	375	545	55.7	71.1	41.9	26.3	2.4	2.4
印度尼西亚	172.2	347.0	103.9	198.7	3.5	586	874	54.3	65.6	43.3	26.7	2.4	7.7
伊朗	179.8	326.9	68.3	202.1	6.1	1,256	2,808	98.2	99.4	1.0	0.5	0.8	0.2
伊拉克	104.9	117.7	18.1	34.0	3.8	957	1,107	98.6	99.4	0.1	0.1	1.2	0.1
爱尔兰	3.5	1.5	10.0	15.0	2.8	2,849	3,385	84.6	90.2	1.1	1.8	0.6	2.0
以色列	0.4	3.3	11.5	22.0	3.5	2,462	3,011	97.2	96.6	0.0	0.0	3.1	4.8
意大利	25.3	26.9	146.6	176.0	1.4	2,584	2,942	93.4	89.9	0.6	3.0	3.9	5.1
牙买加	0.5	0.5	2.8	4.4	2.7	1,167	1,633	82.6	88.5	17.1	11.1	0.3	0.4
日本	75.2	88.7	439.3	495.8	0.8	3,556	3,883	84.5	83.0	1.1	1.4	14.4	15.6
约旦	0.2	0.3	3.3	7.1	4.3	1,028	1,215	98.2	98.0	0.1	0.1	1.8	1.6
哈萨克斯坦	90.5	148.2	72.7	70.9	–0.8	4,450	4,525	96.9	98.8	0.2	0.2	0.9	0.9
肯尼亚	9.0	15.1	10.9	18.0	2.8	467	465	17.5	16.2	77.9	76.9	4.5	7.0
朝鲜	28.9	20.8	33.2	20.3	–2.1	1,649	851	93.1	88.9	2.9	5.1	4.0	6.0
韩国	22.6	44.7	93.1	226.9	4.8	2,171	4,669	83.8	81.2	0.8	1.3	15.4	17.5
科索沃	..	..	..	..	..	..	..	..	..	..	..	..	..
科威特	50.4	152.8	7.8	26.3	7.2	3,681	9,637	99.9	100.0	0.1	0.0	0.0	0.0
吉尔吉斯斯坦	2.5	1.2	7.5	2.9	-3.8	1,693	542	93.5	69.2	0.1	0.1	11.5	32.3
老挝	..	..	..	..	..	..	..	..	..	..	..	..	..
拉脱维亚	1.1	1.8	7.9	4.5	-2.3	2,941	1,979	81.8	64.3	8.4	24.8	4.9	6.1
黎巴嫩	0.1	0.2	2.2	5.2	3.5	755	1,250	93.5	95.3	4.6	2.7	1.9	1.0
莱索托	..	..	..	..	..	..	..	..	..	..	..	..	..
利比里亚	..	..	..	..	..	..	..	..	..	..	..	..	..
利比亚	73.2	103.7	11.3	18.2	2.2	2,596	2,895	98.9	99.1	1.1	0.9	0.0	0.0
立陶宛	4.9	3.9	16.1	9.2	–2.1	4,357	2,733	75.8	60.8	1.8	8.8	28.2	29.1
前南斯拉夫马其顿共和国	1.3	1.7	2.5	3.1	0.9	1,298	1,520	98.0	84.2	0.0	5.6	1.7	2.6
马达加斯加	..	..	..	..	..	..	..	..	..	..	..	..	..
马拉维	..	..	..	..	..	..	..	..	..	..	..	..	..
马来西亚	48.8	93.1	22.0	72.7	6.1	1,215	2,693	88.8	95.1	9.7	4.1	1.6	0.9
马里	..	..	..	..	..	..	..	..	..	..	..	..	..
毛里塔尼亚	..	..	..	..	..	..	..	..	..	..	..	..	..
毛里求斯	..	..	..	..	..	..	..	..	..	..	..	..	..
墨西哥	193.4	233.6	121.3	180.6	2.1	1,457	1,698	88.1	88.8	6.1	4.6	5.9	6.7
摩尔多瓦	0.1	0.1	9.9	3.2	–5.2	2,261	867	100.0	89.1	0.4	2.5	0.2	0.2
蒙古	2.7	3.9	3.4	3.2	–0.9	1,541	1,193	97.0	96.2	2.5	3.3	0.0	0.0
摩洛哥	0.8	0.6	6.9	15.0	4.0	280	474	93.8	93.7	4.6	3.2	1.5	0.7
莫桑比克	5.6	11.5	5.9	9.3	2.8	437	416	5.5	7.3	93.9	81.9	0.4	14.0
缅甸	10.7	23.1	10.7	15.7	2.4	261	316	14.4	31.0	84.7	66.8	1.0	2.2
纳米比亚	*0.2*	0.3	*0.7*	1.8	*5.2*	*446*	823	*62.0*	71.6	*16.0*	11.2	*17.5*	7.0
尼泊尔	5.5	8.7	5.8	9.8	3.1	303	340	5.1	10.9	93.7	86.4	1.3	2.7
荷兰	60.5	66.5	65.7	79.7	1.0	4,392	4,845	96.0	92.5	1.4	3.9	1.4	1.9
新西兰	11.4	14.9	12.7	16.9	1.5	3,682	3,967	67.3	66.7	4.3	6.1	28.1	27.0
尼加拉瓜	1.5	2.2	2.1	3.5	3.1	506	621	28.3	38.5	53.9	52.3	17.5	9.2
尼日尔	..	..	..	..	..	..	..	..	..	..	..	..	..
尼日利亚	150.5	226.8	70.6	111.2	2.5	725	735	19.3	18.3	80.2	81.2	0.5	0.4
挪威	119.1	219.7	21.0	29.7	1.6	4,952	6,222	51.9	58.6	4.9	4.6	49.6	40.7
阿曼	38.3	63.5	3.9	16.4	6.6	2,105	5,903	100.0	100.0	0.0	0.0	0.0	0.0
巴基斯坦	34.3	63.3	43.0	82.8	3.7	398	499	52.8	61.8	43.7	34.8	3.6	3.4
巴拿马	0.6	0.7	1.5	2.9	3.4	618	853	58.4	75.7	28.3	12.3	12.7	11.8
巴布亚新几内亚	..	..	..	..	..	..	..	..	..	..	..	..	..
巴拉圭	4.6	7.4	3.1	4.4	1.5	723	699	21.3	28.2	72.5	53.7	76.0	109.4
秘鲁	10.6	12.3	9.7	14.7	2.3	447	510	63.3	76.1	27.5	12.8	9.2	11.2
菲律宾	15.7	23.3	27.5	41.1	2.2	440	455	45.8	56.9	35.2	18.6	19.0	24.5
波兰	103.9	71.4	103.1	97.9	–0.5	2,705	2,567	97.8	93.8	2.2	6.0	0.1	0.3
葡萄牙	3.4	4.4	16.7	24.2	2.6	1,691	2,274	80.4	78.3	14.8	13.0	4.8	5.4
波多黎各	..	..	..	..	..	..	..	..	..	..	..	..	..
卡塔尔	26.6	124.8	6.9	24.1	7.1	14,732	18,830	99.9	100.0	0.1	0.0	0.0	0.0

	能源生产量 总数 百万吨石油当量		能源使用量 总数 百万吨石油当量		平均年增长百分比	人均千克石油当量		占总数的百分比 化石燃料		易燃可再生物质和废弃物		清洁能源生产量 占能源总使用量的百分比	
	1990	2008	1990	2008	1990–2008	1990	2008	1990	2008	1990	2008	1990	2008
罗马尼亚	40.8	28.8	62.3	39.4	–1.9	2,683	1,830	96.1	79.4	1.0	10.3	1.6	11.2
俄罗斯联邦	1,293.1	1,253.9	879.2	686.8	–1.1	5,929	4,838	93.4	90.9	1.4	0.9	5.2	8.4
卢旺达	..	..	..	..	..	..	..	..	..	..	..	..	..
沙特阿拉伯	370.6	579.0	59.0	161.6	4.8	3,631	6,514	100.0	100.0	0.0	0.0	0.0	0.0
塞内加尔	1.0	1.2	1.7	2.9	3.5	224	234	43.2	57.3	56.8	41.7	0.0	0.7
塞尔维亚	13.4[a]	9.9	19.3[a]	16.0	0.2	2,550[a]	2,181	90.6[a]	89.5	6.0[a]	5.0	4.2[a]	5.4
塞拉利昂	..	..	..	..	..	..	..	..	..	..	..	..	..
新加坡	0.0	0.0	11.5	18.5	1.8	3,760	3,828	100.0	100.0	0.0	0.0	0.0	0.0
斯洛伐克共和国	5.3	6.4	21.3	18.3	–0.1	4,037	3,385	81.6	70.0	0.8	3.7	15.5	26.0
斯洛文尼亚	3.1	3.7	5.7	7.7	2.0	2,858	3,827	71.3	69.4	4.7	6.7	25.6	25.6
索马里	..	..	..	..	..	..	..	..	..	..	..	..	..
南非	114.5	163.0	90.9	134.5	2.2	2,581	2,756	86.1	87.2	11.5	10.4	2.5	2.6
西班牙	34.6	30.4	90.1	138.8	3.0	2,320	3,047	77.4	81.7	4.5	4.2	18.1	14.6
斯里兰卡	4.2	5.1	5.5	8.9	3.3	322	443	24.1	43.4	71.0	52.6	4.9	4.0
苏丹	8.8	34.9	10.6	15.4	2.6	392	372	17.5	31.2	81.8	68.0	0.8	0.8
斯威士兰	..	..	..	..	..	..	..	..	..	..	..	..	..
瑞典	29.7	33.2	47.2	49.6	0.4	5,514	5,379	37.3	33.1	11.7	20.0	50.9	45.9
瑞士	10.0	12.7	24.0	26.7	0.6	3,581	3,491	59.3	52.7	4.8	8.1	36.7	39.6
阿拉伯叙利亚共和国	22.3	23.5	11.4	19.7	2.8	895	957	97.9	98.7	0.0	0.0	2.1	1.3
塔吉克斯坦	2.0	1.5	5.3	2.5	–3.1	1,001	365	71.3	42.3	0.0	0.0	26.7	54.7
坦桑尼亚	9.1	17.5	9.7	19.0	4.1	382	446	6.9	10.6	91.7	88.2	1.4	1.2
泰国	26.5	63.9	42.0	107.2	5.1	742	1,591	63.9	80.6	34.9	18.7	1.0	0.6
东帝汶	..	..	..	..	..	..	..	..	..	..	..	..	..
多哥	1.1	2.1	1.3	2.6	4.3	322	397	15.0	14.3	82.8	83.1	0.6	0.3
特立尼达和多巴哥	12.6	40.0	6.0	19.4	7.6	4,899	14,557	99.2	99.9	0.8	0.1	0.0	0.0
突尼斯	5.7	7.5	4.9	9.2	3.7	607	889	87.0	86.3	12.9	13.6	0.1	0.1
土耳其	25.8	29.0	52.8	98.5	3.6	941	1,333	81.8	90.6	13.7	4.9	4.6	4.6
土库曼斯坦	74.9	68.6	19.6	18.8	1.5	5,352	3,730	100.0	100.0	0.0	0.0	0.3	0.0
乌干达	..	..	..	..	..	..	..	..	..	..	..	..	..
乌克兰	135.8	81.3	251.8	136.1	–3.0	4,852	2,943	91.8	81.8	0.1	0.7	8.2	17.9
阿拉伯联合酋长国	110.2	180.5	19.9	58.4	5.4	10,645	13,030	100.0	100.0	0.0	0.0	0.0	0.0
英国	208.0	166.7	205.9	208.5	0.1	3,597	3,395	90.7	90.2	0.3	2.2	8.5	7.1
美国	1,652.5	1,706.1	1,915.0	2,283.7	1.1	7,672	7,503	86.4	85.0	3.3	3.7	10.3	11.2
乌拉圭	1.1	1.4	2.3	4.2	1.8	725	1,254	58.7	64.9	24.3	23.9	26.8	9.3
乌兹别克斯坦	38.6	62.0	46.4	50.5	0.6	2,261	1,849	99.2	98.1	0.0	0.0	1.2	1.9
委内瑞拉	148.9	180.7	43.6	64.1	1.6	2,206	2,295	91.5	87.6	1.2	0.8	7.3	11.7
越南	24.7	71.4	24.3	59.4	5.2	367	689	20.4	54.0	77.7	41.8	1.9	3.8
西岸和加沙	..	..	..	..	..	..	..	..	..	..	..	..	..
也门共和国	9.4	15.3	2.5	7.5	6.2	204	326	97.0	99.0	3.1	1.0	0.0	0.0
赞比亚	4.9	6.8	5.4	7.4	1.7	683	583	15.6	7.5	74.3	81.0	12.7	11.3
津巴布韦	8.6	8.5	9.3	9.5	–0.1	889	763	44.8	26.1	50.9	65.3	4.0	3.9
全世界	**8,840.1 t**	**12,357.7 t**	**8,569.9 t**	**11,899.4 t**	**1.9 w**	**1,669 w**	**1,835 w**	**81.0 w**	**81.1 w**	**10.1 w**	**9.8 w**	**8.7 w**	**9.1 w**
低收入国家	172.8	264.0	200.3	279.9	2.1	380	357	39.8	29.2	56.0	66.2	4.4	4.4
中等收入国家	4,796.0	7,284.5	3,864.0	6,002.2	2.5	1,029	1,261	78.9	81.5	16.9	13.3	4.1	5.2
中低收入国家	2,168.7	4,001.4	1,993.4	3,842.7	3.6	679	1,019	70.1	79.0	27.1	16.9	2.9	4.2
中高收入国家	2,627.2	3,284.5	1,871.1	2,161.8	1.0	2,283	2,177	88.2	86.0	6.1	6.8	5.4	7.0
低收入和中等收入国家	4,966.5	7,544.8	4,049.8	6,266.2	2.5	966	1,157	77.4	79.7	18.4	15.2	4.1	5.2
东亚和太平洋地区	1,226.1	2,658.9	1,139.4	2,655.4	4.6	716	1,380	71.5	83.7	26.6	12.4	1.9	4.0
欧洲和中亚	1,769.6	1,772.9	1,577.0	1,215.0	–1.1	4,038	3,030	93.0	89.7	1.5	1.7	5.3	8.7
拉丁美洲和加勒比地区	609.0	922.0	454.0	729.2	2.5	1,044	1,290	71.2	72.4	19.7	16.8	9.2	10.8
中东和北非	558.6	856.3	185.5	431.3	4.7	814	1,329	97.2	98.3	1.7	1.1	1.1	0.6
南亚	349.5	573.6	389.2	756.8	3.6	348	495	53.8	68.9	43.6	28.5	2.5	2.5
撒哈拉以南非洲地区	475.6	810.3	310.5	497.4	2.6	676	678	41.2	39.8	56.6	57.7	2.3	2.5
高收入国家	3,892.9	4,843.0	4,544.3	5,672.5	1.4	4,649	5,131	84.2	82.6	2.8	3.9	12.8	13.3
欧元区	476.5	463.1	1,059.7	1,226.5	1.0	3,527	3,763	79.8	75.0	3.2	5.9	16.7	18.6

a. 包括科索沃和黑山。

关于数据的说明

在发展中经济体，能源使用的增长是与这些国家现代化部门的发展紧密相关的，其中，这些部门包括工业、机械化交通运输和城市地区。但是，能源的使用也反映出气候、地理和经济等因素（例如，能源相对价格）。尽管能源的使用在低收入经济体和中等收入经济体一直增长迅速，但是高收入经济体仍然使用了多达5倍于其他经济体的人均能源。

能源数据由国际能源署（IEA）汇编。IEA关于非经济合作与发展组织国家的能源数据都是基于这些国家的能源数据，为与经济合作与发展组织成员国政府完成的年度问卷相一致，对这些国家的数据都做过调整。

总能源使用量是指国内初级能源在转化为其他最终燃料（例如，电力、精炼石油产品）之前的使用量。包括易燃的可更新物质和废弃物——固体生物质和动物产品、气态和液态的生物质、工业废弃物和市政废弃物。生物质定义为可以直接作为燃料使用或者转化为燃料、热能或者电能的任何植物材料。

易燃可更新物质和废弃物的数据经常是根据小范围调查或者其他不完整资料得到的。因此，数据只能提供一个粗略的发展痕迹，并不具备国家之间严格意义上的可比性。IEA报告（见“数据资料来源”）包括各国的注解，这些注解对其中的某些差别做了解释。各类能源——初级能源和初级电能——均换算为油当量。核电换算为油当量时，理论热效率设定为33%；对于水电，理论热效率可设定为100%。

国际能源署（IEA）向各国统计署、石油公司、电业部门以及各国能源出口部门进行了咨询，进而做出了估计。国际能源署有时会修订其时间序列以反映相应的政治变革，能源统计框架已经在统计范围和统计方法方面经历了持续变革，同时，也运用了更详细的能源账户。因此，时间序列的中断也是不可避免的。

定义

• **能源生产量**是指各种形态的初级能源——石油（原油、液态天然气以及非传统来源的燃料油）、天然气、固体燃料（烟煤、褐煤和其他衍生燃料）以及易燃可更新物质和废弃物——和初级电力，所有形态都换算为油当量（见“关于数据的说明”）。 • **能源使用量**是指在转化成其他具有最终用途的燃料之前初级能源的使用量，它等于国内生产量加进口量和存量的变化，减去出口量和用于国际航运的船舶和飞机用油（见“关于数据的说明”）。 • **化石燃料**包括煤炭、石油和天然气。 • **易燃可再生物质和废弃物**包括固体生物质、液体生物质、生物气、工业固体废弃物和市政废弃物。 • **清洁能源**是指不释放二氧化碳的非碳水化合物能源，其中，包括水能、核能、地热、太阳能以及其他能源。

2008年高收入经济体人均能源使用量平均是低收入经济体的14倍 3.7a

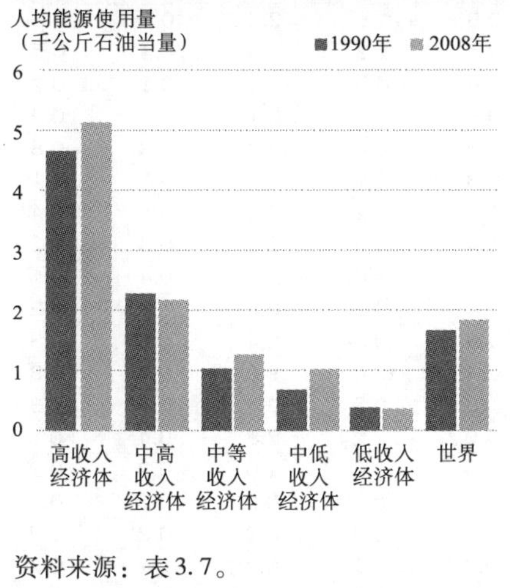

资料来源：表3.7。

2008年化石燃料仍然是全球能源主要的来源 3.7b

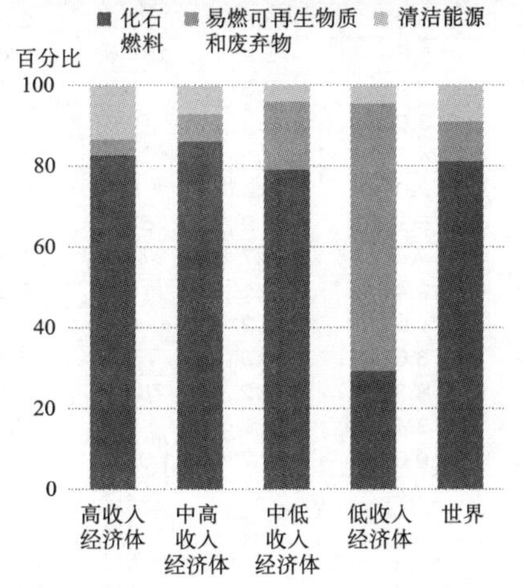

资料来源：表3.7。

数据资料来源

能源生产量与使用量的数据来自IEA的年度电子文件。IEA的数据也公布于其年度出版物——《非经济合作与发展组织国家的能源统计和收支》、《经济合作与发展组织国家能源统计》和《经济合作与发展组织国家能源收支》之中。

3.8 能源依存度、效率与二氧化碳的排放

	能源净进口量[a]		单位能源使用量产生的GDP		二氧化碳排放量							
	占能源使用量的百分比		2005年PPP美元每千克石油当量		总排放量百万吨		碳密度 千克/千克石油当量能源使用量		人均吨		千克/经PPP调整的2005年GDP	
	1990	2008	1990	2008	1990	2007	1990	2007	1990	2007	1990	2007
阿富汗	..	..	..	..	2.7	0.7	..	..	0.1	0.0	..	0.0
阿尔巴尼亚	8	45	4.8	11.0	7.5	4.2	2.8	2.0	2.3	1.4	0.6	0.2
阿尔及利亚	−351	−337	7.1	6.8	78.8	140.0	3.6	3.8	3.1	4.1	0.5	0.6
安哥拉	−387	−865	5.8	8.8	4.4	24.7	0.8	2.3	0.4	1.4	0.1	0.3
阿根廷	−5	−9	5.3	6.9	112.5	183.6	2.4	2.5	3.5	4.6	0.5	0.4
亚美尼亚	98	73	1.4	5.8	*3.7*	5.1	*0.5*	1.8	*1.2*	1.6	*0.4*	0.3
澳大利亚	−83	−132	4.7	5.7	292.9	373.7	3.4	3.0	17.2	17.7	0.7	0.5
奥地利	67	67	8.0	9.1	60.9	68.7	2.5	2.1	7.9	8.3	0.3	0.2
阿塞拜疆	17	−338	1.3	5.3	*44.1*	31.7	*1.9*	2.7	*7.0*	3.7	*1.5*	0.5
孟加拉国	16	16	6.2	7.1	15.5	43.7	1.2	1.7	0.1	0.3	0.2	0.2
白俄罗斯	93	86	1.5	4.0	*98.5*	66.7	*2.6*	2.4	*10.9*	6.9	*1.7*	0.7
比利时	73	75	5.2	6.1	107.5	103.0	2.2	1.8	10.8	9.7	0.4	0.3
贝宁	−7	39	3.2	3.9	0.7	3.9	0.4	1.3	0.1	0.5	0.1	0.3
玻利维亚	−77	−195	7.0	6.7	5.5	13.2	2.0	2.4	0.8	1.4	0.3	0.4
波斯尼亚和黑塞哥维那	34	28	..	4.7	*4.7*	29.0	*1.0*	5.2	*1.6*	7.7	..	1.1
博茨瓦纳	28	53	7.6	11.6	2.2	5.0	1.7	2.5	1.6	2.6	0.2	0.2
巴西	26	8	7.7	7.4	208.7	368.0	1.5	1.6	1.4	1.9	0.2	0.2
保加利亚	66	48	2.3	4.6	76.6	51.7	2.7	2.6	8.8	6.8	1.2	0.6
布基纳法索	..	..	..	..	0.6	1.7	..	..	0.1	0.1	0.1	0.1
布隆迪	..	..	..	..	0.3	0.2	..	..	0.1	0.0	0.1	0.1
柬埔寨	..	30	..	5.0	0.5	4.4	..	0.9	0.0	0.3	..	0.2
喀麦隆	−120	−42	5.1	5.4	1.7	6.2	0.3	0.8	0.1	0.3	0.1	0.2
加拿大	−31	-53	3.6	4.5	449.7	556.9	2.2	2.1	16.2	16.9	0.6	0.5
中非共和国	..	..	..	..	0.2	0.3	..	..	0.1	0.1	0.1	0.1
乍得	..	..	..	..	0.1	0.4	..	..	0.0	0.0	0.0	0.0
智利	46	71	6.3	7.2	34.9	71.6	2.5	2.3	2.6	4.3	0.4	0.3
中国	−3	6	1.4	3.6	2,458.7	6,533.0	2.8	3.3	2.2	5.0	2.0	0.9
中国香港	100	100	15.5	20.0	27.6	39.9	3.1	2.9	4.8	5.8	0.2	0.1
哥伦比亚	−99	−204	8.4	12.0	57.3	63.4	2.4	2.2	1.7	1.4	0.3	0.2
刚果民主共和国	−2	−2	1.9	0.8	4.1	2.4	0.3	0.1	0.1	0.0	0.2	0.1
刚果共和国	−997	-868	10.7	9.6	1.2	1.6	1.5	1.3	0.5	0.4	0.1	0.1
哥斯达黎加	49	45	9.5	9.6	3.0	8.1	1.5	1.7	1.0	1.8	0.2	0.2
科特迪瓦	22	−11	5.5	3.1	5.8	6.4	1.3	0.6	0.5	0.3	0.2	0.2
克罗地亚	43	57	7.1	8.5	*25.0*	24.8	*2.8*	2.7	*5.2*	5.6	*0.4*	0.3
古巴	60	58	..	..	33.3	27.0	2.0	2.7	3.1	2.4	..	..
捷克共和国	18	26	3.5	5.4	*162.6*	124.9	*3.3*	2.7	*15.7*	12.1	*1.0*	0.5
丹麦	42	−40	7.5	9.9	50.4	50.0	2.9	2.5	9.8	9.1	0.4	0.3
多米尼加共和国	75	79	6.7	9.2	9.6	20.7	2.3	2.6	1.3	2.1	0.3	0.3
厄瓜多尔	−175	−176	9.4	9.9	16.8	30.0	2.8	2.5	1.6	2.2	0.3	0.3
埃及	−72	−24	5.8	5.8	75.9	184.5	2.4	2.7	1.3	2.3	0.4	0.5
萨尔瓦多	31	38	8.0	7.9	2.6	6.7	1.1	1.4	0.5	1.1	0.1	0.2
厄立特里亚	*19*	20	*1.9*	3.8	..	0.6	..	0.8	..	0.1	..	0.2
爱沙尼亚	47	22	1.7	4.7	*28.2*	20.5	*2.9*	3.6	*18.0*	15.2	*1.8*	0.8
埃塞俄比亚	5	7	1.8	2.0	3.0	6.5	0.2	0.3	0.1	0.1	0.1	0.1
芬兰	57	53	4.1	5.1	50.9	64.1	1.8	1.8	10.2	12.1	0.4	0.4
法国	50	49	6.3	7.4	398.7	371.5	1.8	1.4	7.0	6.0	0.3	0.2
加蓬	−1,139	−552	11.8	9.4	6.1	2.0	5.2	1.1	6.6	1.4	0.4	0.1
冈比亚	..	..	..	..	0.2	0.4	..	..	0.2	0.2	0.2	0.2
格鲁吉亚	85	64	2.4	6.6	*15.3*	6.0	*1.4*	1.8	*3.2*	1.4	*0.6*	0.3
德国	47	60	5.8	8.3	*960.2*	787.3	*2.8*	2.4	*12.0*	9.6	*0.4*	0.3
加纳	17	27	2.5	3.4	3.9	9.8	0.7	1.0	0.3	0.4	0.3	0.3
希腊	57	68	8.3	10.0	72.7	98.0	3.4	3.0	7.2	8.8	0.4	0.3
危地马拉	24	33	6.7	7.4	5.1	12.9	1.1	1.6	0.6	1.0	0.2	0.2
几内亚	..	..	..	..	1.1	1.4	..	..	0.2	0.1	0.2	0.2
几内亚比绍	..	..	..	..	0.3	0.3	..	..	0.2	0.2	0.2	0.2
海地	20	28	*6.4*	3.7	1.0	2.4	0.6	0.9	0.1	0.2	*0.1*	0.2
洪都拉斯	29	55	5.5	5.7	2.6	8.8	1.1	1.9	0.5	1.2	0.2	0.3

能源依存度、效率与二氧化碳的排放

	能源净进口量[a]		单位能源使用量产生的GDP		二氧化碳排放量							
	占能源使用量的百分比		2005年PPP美元每千克石油当量		总排放量 百万吨		碳密度 千克/千克石油当量能源使用量		人均 吨		千克/经PPP调整的2005年GDP	
	1990	2008	1990	2008	1990	2007	1990	2007	1990	2007	1990	2007
匈牙利	49	60	4.4	6.8	63.4	56.4	2.2	2.1	6.1	5.6	0.5	0.3
印度	8	25	3.3	5.1	690.0	1,611.0	2.2	2.7	0.8	1.4	0.7	0.5
印度尼西亚	–66	–75	3.6	4.2	149.4	396.8	1.5	2.1	0.8	1.8	0.4	0.5
伊朗	–163	–62	5.0	3.7	227.0	495.6	3.3	2.7	4.2	7.0	0.7	0.7
伊拉克	–480	–246	..	2.9	52.5	100.0	2.9	3.0	2.8	3.3	..	1.1
爱尔兰	65	90	6.2	11.6	30.3	44.3	3.0	2.9	8.6	10.2	0.5	0.2
以色列	96	85	7.3	8.5	33.5	66.7	2.9	3.0	7.2	9.3	0.4	0.4
意大利	83	85	9.2	9.6	424.7	456.1	2.9	2.6	7.5	7.7	0.3	0.3
牙买加	83	88	5.1	4.4	8.0	14.0	2.9	2.8	3.3	5.2	0.6	0.7
日本	83	82	7.3	8.1	1,152.3	1,253.5	2.6	2.4	9.3	9.8	0.4	0.3
约旦	95	96	3.2	4.2	10.4	21.4	3.2	3.0	3.3	3.8	1.0	0.8
哈萨克斯坦	–24	–109	1.6	2.3	*261.1*	227.2	*4.0*	3.4	*18.0*	14.7	*2.5*	1.4
肯尼亚	18	16	3.0	3.1	5.8	11.2	0.5	0.6	0.2	0.3	0.2	0.2
朝鲜	13	-3	..	..	244.6	70.7	7.4	3.8	12.1	3.0	..	..
韩国	76	80	5.2	5.5	241.5	502.9	2.6	2.3	5.6	10.4	0.5	0.4
科索沃	..	..	..	..	..	..	..	..	..	..	..	..
科威特	–544	–481	*2.8*	4.8	40.7	86.1	5.2	3.4	19.2	32.3	*0.6*	0.7
吉尔吉斯斯坦	67	58	1.5	3.8	*11.0*	6.1	*1.6*	2.1	*2.8*	1.2	*1.1*	0.6
老挝	..	..	..	..	0.2	1.5	..	..	0.1	0.3	0.1	0.1
拉脱维亚	86	60	3.4	7.9	*13.3*	7.8	*1.9*	1.7	*5.6*	3.4	*0.6*	0.2
黎巴嫩	94	96	7.5	8.8	9.1	13.3	4.0	3.3	3.1	3.2	0.5	0.3
莱索托	..	..	..	..	..	..	..	..	..	..	..	..
利比里亚	..	..	..	..	0.5	0.7	..	..	0.2	0.2	0.5	0.5
利比亚	–546	–469	..	5.2	40.3	57.3	3.6	3.2	9.2	9.3	..	0.6
立陶宛	69	58	2.9	6.4	*22.1*	15.3	*1.5*	1.7	*6.8*	4.5	*0.5*	0.3
前南斯拉夫马其顿共和国	49	45	6.4	5.8	*10.8*	11.3	*6.4*	3.7	*8.3*	5.5	*1.0*	0.7
马达加斯加	..	..	..	..	1.0	2.2	..	..	0.1	0.1	0.1	0.1
马拉维	..	..	..	..	0.6	1.1	..	..	0.1	0.1	0.1	0.1
马来西亚	–122	–28	5.5	4.9	56.5	194.3	2.5	2.7	3.1	7.3	0.5	0.6
马里	..	..	..	..	0.4	0.6	..	..	0.0	0.0	0.1	0.0
毛里塔尼亚	..	..	..	..	2.7	1.9	..	..	1.3	0.6	0.9	0.3
毛里求斯	..	..	..	..	1.5	3.9	..	..	1.4	3.1	0.2	0.3
墨西哥	–60	-29	6.9	7.9	357.2	471.1	2.9	2.6	4.3	4.5	0.4	0.3
摩尔多瓦	99	97	1.7	3.1	*21.0*	4.7	*2.4*	1.4	*5.4*	1.3	*1.4*	0.5
蒙古	20	–23	1.4	2.8	10.0	10.6	2.9	3.4	4.5	4.0	2.0	1.3
摩洛哥	89	96	9.7	8.4	23.5	46.4	3.4	3.2	0.9	1.5	0.4	0.4
莫桑比克	5	–23	0.9	1.9	1.0	2.6	0.2	0.3	0.1	0.1	0.2	0.2
缅甸	0	–47	..	..	4.3	13.2	0.4	0.8	0.1	0.3	..	..
纳米比亚	67	82	*9.4*	7.3	0.0	3.0	*0.0*	1.9	0.0	1.5	0.0	0.2
尼泊尔	5	11	2.3	3.0	0.6	3.4	0.1	0.4	0.0	0.1	0.0	0.1
荷兰	8	16	6.0	7.9	164.0	173.1	2.5	2.2	11.0	10.6	0.4	0.3
新西兰	10	12	5.1	6.3	23.9	32.6	1.8	1.9	6.9	7.7	0.4	0.3
尼加拉瓜	29	39	3.7	4.1	2.6	4.6	1.3	1.3	0.6	0.8	0.3	0.3
尼日尔	..	..	..	..	1.0	0.9	..	..	0.1	0.1	0.2	0.1
尼日利亚	–113	–104	2.0	2.6	45.3	95.2	0.6	0.9	0.5	0.6	0.3	0.3
挪威	–467	–640	6.5	7.9	31.3	42.7	1.5	1.6	7.4	9.1	0.2	0.2
阿曼	–888	–286	7.1	4.0	10.3	37.3	2.4	2.4	5.6	13.7	0.4	0.6
巴基斯坦	20	24	4.2	4.7	68.5	156.3	1.6	1.9	0.6	1.0	0.4	0.4
巴拿马	59	76	9.8	13.8	3.1	7.2	2.1	2.6	1.3	2.2	0.2	0.2
巴布亚新几内亚	..	..	..	..	2.1	3.4	..	..	0.5	0.5	0.3	0.3
巴拉圭	–49	–69	5.5	6.2	2.3	4.1	0.7	1.0	0.5	0.7	0.1	0.2
秘鲁	–9	16	10.0	15.4	21.1	43.0	2.2	3.1	1.0	1.5	0.2	0.2
菲律宾	43	43	5.4	7.1	44.5	70.9	1.6	1.8	0.7	0.8	0.3	0.3
波兰	–1	27	3.0	6.4	347.6	317.1	3.4	3.3	9.1	8.3	1.1	0.5
葡萄牙	80	82	9.6	9.7	44.3	58.1	2.6	2.3	4.5	5.5	0.3	0.2
波多黎各	..	..	..	..	..	..	..	..	..	..	..	..
卡塔尔	–286	–418	..	*4.5*	11.8	63.0	1.7	2.8	25.2	55.4	..	0.7

3.8 能源依存度、效率与二氧化碳的排放

	能源净进口量[a]		单位能源使用量产生的GDP		二氧化碳排放量							
	占能源使用量的百分比		2005年PPP美元每千克石油当量		总排放量 百万吨		碳密度 千克/千克石油当量能源使用量		人均 吨		千克/经PPP调整的2005年GDP	
	1990	2008	1990	2008	1990	2007	1990	2007	1990	2007	1990	2007
罗马尼亚	34	27	2.9	6.4	158.7	94.1	2.5	2.4	6.8	4.4	0.9	0.4
俄罗斯联邦	−47	−83	2.1	3.1	*2,073.5*	1,536.1	*2.7*	2.3	*15.8*	10.8	*1.2*	0.8
卢旺达	..	..	..	..	0.7	0.7	..	..	0.1	0.1	0.1	0.1
沙特阿拉伯	−528	−258	5.3	3.3	214.9	402.1	3.6	2.7	13.2	16.6	0.7	0.8
塞内加尔	43	57	6.3	7.1	3.2	5.5	1.9	2.0	0.4	0.5	0.3	0.3
塞尔维亚	31	38	4.6	4.7	45.3[b]	53.5[b]	1.5[b]	..	6.4[b]	6.3[b]	..	..
塞拉利昂	..	..	..	..	0.4	1.3	..	..	0.1	0.2	0.1	0.3
新加坡	100	100	6.2	12.5	46.9	54.1	4.1	2.0	15.4	11.8	0.7	0.2
斯洛伐克共和国	75	65	3.1	6.1	*44.3*	37.0	*2.6*	2.1	*10.4*	6.8	*0.8*	0.4
斯洛文尼亚	46	53	5.7	7.1	*12.3*	15.1	*3.2*	2.1	*9.1*	7.5	*0.6*	0.3
索马里	..	..	..	..	0.0	0.6	..	..	0.0	0.1	..	..
南非	−26	−21	3.1	3.5	333.2	433.2	3.7	3.2	9.5	9.0	1.2	1.0
西班牙	62	78	8.5	9.3	227.4	359.0	2.5	2.5	5.9	8.0	0.3	0.3
斯里兰卡	24	43	6.3	9.5	3.8	12.3	0.7	1.3	0.2	0.6	0.1	0.2
苏丹	17	−127	2.5	5.3	5.6	11.5	0.5	0.8	0.2	0.3	0.2	0.2
斯威士兰	..	..	..	..	0.4	1.1	..	..	0.5	0.9	0.1	0.2
瑞典	37	33	4.5	6.4	51.7	49.2	1.1	1.0	6.0	5.4	0.2	0.2
瑞士	59	52	9.3	10.9	42.9	38.0	1.8	1.5	6.4	5.0	0.2	0.1
阿拉伯叙利亚共和国	−96	−19	3.3	4.4	37.4	69.8	3.3	3.6	2.9	3.5	1.0	0.8
塔吉克斯坦	62	40	3.1	4.8	*21.3*	7.2	*4.3*	1.9	*4.5*	1.1	*1.5*	0.6
坦桑尼亚	7	8	2.2	2.6	2.4	6.0	0.2	0.3	0.1	0.1	0.1	0.1
泰国	37	40	5.3	4.7	95.8	277.3	2.3	2.7	1.7	4.1	0.4	0.6
东帝汶	..	..	..	..	..	0.2	..	..	..	0.2	..	0.3
多哥	17	17	2.7	1.9	0.8	1.3	0.6	0.5	0.2	0.2	0.2	0.3
特立尼达和多巴哥	−111	−106	2.2	1.7	16.9	37.0	2.8	2.4	13.9	27.9	1.3	1.2
突尼斯	−16	18	6.6	8.3	13.3	23.8	2.7	2.7	1.6	2.3	0.4	0.3
土耳其	51	71	8.3	8.9	150.7	288.4	2.9	2.9	2.7	4.0	0.3	0.3
土库曼斯坦	−281	−265	0.7	1.7	*28.0*	45.8	*1.6*	2.5	*8.6*	9.2	*2.3*	1.6
乌干达	..	..	..	..	0.8	3.2	..	..	0.0	0.1	0.1	0.1
乌克兰	46	40	1.7	2.3	*611.0*	317.3	*2.7*	2.3	*13.3*	6.8	*1.6*	1.0
阿拉伯联合酋长国	−454	−209	4.8	4.2	54.8	135.4	2.8	2.6	29.3	31.0	0.6	0.6
英国	−1	20	6.6	10.0	569.8	539.2	2.8	2.6	10.0	8.8	0.4	0.3
美国	14	25	4.2	5.8	4,861.0	5,832.2	2.5	2.5	19.5	19.3	0.6	0.4
乌拉圭	49	67	10.1	9.3	4.0	6.2	1.8	2.0	1.3	1.9	0.2	0.2
乌兹别克斯坦	17	−23	0.9	1.3	*113.9*	116.0	*2.8*	2.4	*6.3*	4.3	*3.1*	1.9
委内瑞拉	−242	−182	4.3	5.1	122.1	165.4	2.8	2.6	6.2	6.0	0.6	0.5
越南	−2	−20	2.5	3.7	21.4	111.3	0.9	2.0	0.3	1.3	0.4	0.5
西岸和加沙	..	..	..	..	..	2.3	..	..	..	0.6	..	..
也门共和国	−273	−104	8.7	6.8	10.1	22.0	3.3	3.0	0.8	1.0	0.5	0.4
赞比亚	9	8	1.8	2.1	2.4	2.7	0.5	0.4	0.3	0.2	0.2	0.2
津巴布韦	8	10	..	..	15.5	9.6	1.7	1.0	1.5	0.8	..	..
全世界	**−3[c] w**	**−4[c] w**	**4.2 w**	**5.5 w**	**22,529.9[d] t**	**30,649.4[d] t**	**2.6[d] w**	**2.5[d] w**	**4.3[d] w**	**4.6[d] w**	**0.6[d] w**	**0.5[d] w**
低收入国家	14	6	2.6	3.2	357.6	228.2	2.2	1.0	0.7	0.3	0.8	0.3
中等收入国家	−24	−21	3.0	4.4	9,758.0	15,574.9	*2.6*	2.7	2.6	3.3	0.8	0.6
中低收入国家	−9	−4	2.4	4.0	4,772.5	10,391.5	2.4	2.9	1.6	2.8	1.0	0.7
中高收入国家	−40	−52	3.7	5.2	4,984.4	5,175.3	*2.7*	2.5	6.1	5.3	*0.7*	0.5
低收入和中等收入国家	−23	−20	3.0	4.4	10,115.2	15,802.5	*2.5*	2.7	2.4	2.9	0.8	0.6
东亚和太平洋地区	−8	0	2.0	3.8	3,091.2	7,693.8	2.7	3.1	1.9	4.0	1.4	0.8
欧洲和中亚	−12	−46	2.2	3.6	4,214.9	2,897.1	*2.7*	2.4	*10.7*	7.2	*1.2*	0.7
拉丁美洲和加勒比地区	−34	−26	6.9	7.7	1,017.3	1,538.1	2.2	2.2	2.3	2.7	0.3	0.3
中东和北非	−201	−99	5.7	4.7	578.7	1,177.0	3.1	2.9	2.5	3.7	0.6	0.6
南亚	10	24	3.5	5.2	781.4	1,828.9	2.0	2.5	0.7	1.2	0.6	0.5
撒哈拉以南非洲地区	−54	−63	2.8	3.2	465.1	679.5	1.7	1.6	0.9	0.8	0.6	0.4
高收入国家	15	15	5.3	6.6	11,669.7	13,761.0	2.6	2.4	11.9	12.5	0.5	0.4
欧元区	55	62	6.6	8.2	2,595.7	2,656.8	*2.4*	2.2	8.6	8.2	0.4	0.3

a. 负数表明该国是净出口国。b. 包括科索沃和黑山。c. 相对于 0 的偏离主要是由于统计误差和存量的变化。d. 包括未分配给特定国家的排放量。

能源依存度、效率与二氧化碳的排放

关于数据的说明

因为商业能源是广泛贸易的，所以需要区分生产量和使用量。净能源进口量表明一个经济体使用量超出本国生产量的程度。高收入经济体是净能源进口国，中等收入经济体一直是其主要的供应商。

GDP 与能源使用量的比率是衡量能源使用效率的尺度。用购买力平价比率将 GDP 转换成 2005 年不变的国际美元，以得到相对于 GDP 的物质投入（即能源使用量单位）的各国可比的和一致的实际 GDP 估计值。该比率随时间的变化以及经济体之间的差异部分地反映出经济结构的变化、特定部门能源使用效率的变化以及燃料结构的差异。

二氧化碳（二氧化碳）排放主要是能源生产和使用的副产品（见表 3.7），也是温室气体最主要的来源，而温室气体则与全球变暖有关。人为的二氧化碳排放主要来自化石燃料的燃烧和水泥的生产。在相同的能源使用水平上，不同的化石燃料燃烧时释放出不同量的二氧化碳：燃油释放的二氧化碳比天然气高 50% 以上，煤炭释放的二氧化碳则为 2 倍之多。在水泥生产过程中，每生产 1 吨水泥大约释放 0.5 吨的二氧化碳。

由美国能源部资助的二氧化碳信息分析中心（CDIAC）计算出了每年人为的二氧化碳排放量，这些计算都是根据联合国统计署维护的世界能源数据库关于化石燃料消费的数据，以及根据美国矿业局维护的水泥生产数据库关于世界水泥生产的数据推算出来的。二氧化碳排放量常常根据它们所含碳元素的数量加以计算并报告。我们通过对碳元素的质量乘以 3.664（为碳与二氧化碳的质量之比）将其转换为二氧化碳的实际质量。尽管全球二氧化碳排放量的估计值大约在实际排放量（根据全球平均燃料化学构成和使用量计算）的 10% 以内，但是各国估计值可能存在更大的误差范围。根据不变时间序列所作的趋势估计往往比单个值更为精确。CDIAC 每年都重新计算自 1949 年到现在的全部时间序列的数值，并将其最新结果和最新修正值纳入其数据库之中。这些估计值并不包括国际航运中给船舶和飞机提供的燃料，因为很难在那些由航运获益的国家中分摊燃料份额。每单位能源中二氧化碳的比率表明二氧化碳的密集度，即在生产过程中每使用一单位能源所释放的二氧化碳数量。每单位 GDP 对应的二氧化碳比例反映出生产过程的清洁（环保）程度。

高收入经济体依赖于进口能源 3.8a

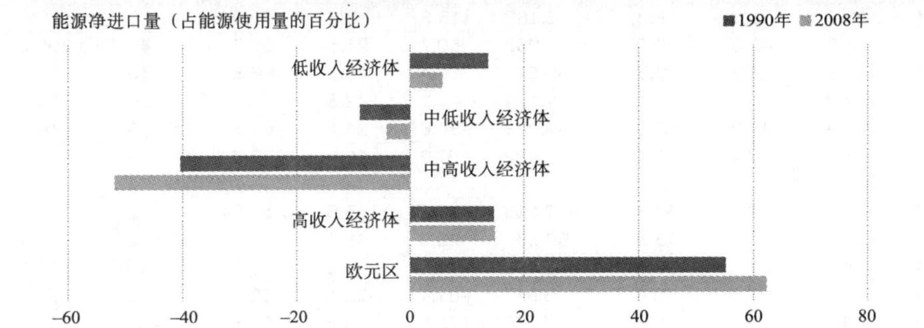

注：负值表明该收入组别的国家为能源净出口国。

资料来源：表 3.8。

定义

• **能源净进口量**按照能源使用量减能源生产量估算，两者都以石油当量衡量。 • **单位能源使用量产生的 GDP** 是每使用千克油当量能源所带来的经购买力平价调整的 GDP 之值。经购买力平价调整的 GDP 是以购买力平价比率将国内生产总值转换为 2005 年不变的国际美元。1 单位国际美元的 GDP 具有与 1 美元在美国境内相同的购买力。能源利用是指未转化为最终燃料的初始能源的利用，其等于本土产量加上进口量和库存量的变化值，再减去出口和参与国际运输的船舶和飞机的燃料供应（见表 3.7 的“关于数据的说明”）。 • **二氧化碳排放量**是指化石燃料燃烧和水泥生产所产生的二氧化碳，其中包括在消耗固态燃料、液态燃料、气态燃料和气态闪光时所产生的二氧化碳。

数据资料来源

能源生产量与使用量的基础数据来自国际能源署（IEA）的电子文件。二氧化碳排放量的数据来自二氧化碳信息分析中心、环境科学部和美国田纳西州的橡树岭国家实验室。

3.9 温室气体排放的趋势

	二氧化碳排放量 年均增长百分比[a] 1990–2007	二氧化碳排放量 变动百分比[b] 1990–2007	沼气排放量 总量千吨二氧化碳当量 2005	沼气排放量 变动百分比[b] 1990–2005	沼气排放量 占总量的百分比 能源生产过程 2005	沼气排放量 占总量的百分比 农业 2005	一氧化二氮排放量 总量千吨二氧化碳当量 2005	一氧化二氮排放量 变动百分比[b] 1990–2005	一氧化二氮排放量 占总量的百分比 能源生产过程 2005	一氧化二氮排放量 占总量的百分比 农业 2005	其他温室气体排放量 总量千吨二氧化碳当量 2005	其他温室气体排放量 变动百分比[b] 1990–2005
阿富汗	–7.8	–73.3	..	..	..	..	..	..	..	..	..	..
阿尔巴尼亚	2.5	–43.3	2,407	–5.1	20.0	70.8	1,036	–18.7	7.1	78.4	62	..
阿尔及利亚	3.7	77.6	54,219	33.1	83.2	8.2	4,898	27.5	22.6	58.6	489	50.0
安哥拉	10.1	459.0	45,409	–8.3	15.6	27.9	38,881	–6.7	0.4	38.4	20	..
阿根廷	2.4	63.1	101,821	–8.3	18.9	70.6	49,821	29.6	3.9	89.2	785	–65.8
亚美尼亚	1.2	21.8	2,962	2.5	50.8	36.7	580	–27.6	1.2	81.6	335	..
澳大利亚	1.4	27.6	126,488	9.7	29.7	55.1	62,966	–0.1	10.3	78.2	6,505	33.5
奥地利	1.1	12.7	8,515	–15.0	21.7	48.6	4,448	–13.5	31.0	52.5	2,329	46.2
阿塞拜疆	–2.2	–36.2	36,607	110.7	82.0	13.6	2,633	0.4	8.3	77.5	89	–49.5
孟加拉国	6.5	181.7	92,414	6.5	10.0	70.5	21,386	42.1	7.5	83.1	0	..
白俄罗斯	–2.6	–39.9	11,498	–32.8	7.6	70.9	11,680	–28.3	23.1	72.9	467	..
比利时	–0.3	–4.2	10,063	–21.8	11.6	56.7	6,571	–27.6	38.1	44.3	2,106	583.8
贝宁	9.1	442.1	4,080	–15.8	15.6	47.8	2,902	–21.5	4.0	61.5	0	..
玻利维亚	4.0	139.6	30,350	30.9	25.6	34.1	15,092	3.2	0.7	36.5	0	..
波斯尼亚和黑塞哥维那	14.1	315.2	2,741	–53.5	46.7	42.4	1,196	–40.8	24.7	57.8	571	–7.4
博茨瓦纳	4.1	130.2	4,501	–22.6	8.6	84.1	3,081	–44.1	1.4	92.0	0	..
巴西	3.3	76.3	492,160	56.4	7.6	61.1	235,987	52.6	3.4	67.0	11,816	40.5
保加利亚	–2.1	–32.5	10,867	–24.8	13.0	18.9	4,227	–55.2	36.0	48.1	383	..
布基纳法索	5.9	188.8	..	..	..	..	..	..	..	..	..	..
布隆迪	–4.7	–41.0	..	..	..	..	..	..	..	..	..	..
柬埔寨	16.0	884.6	20,215	35.0	4.9	76.1	5,794	46.9	3.5	66.1	0	..
喀麦隆	4.2	254.9	18,518	37.1	39.1	42.4	9,127	–13.3	2.6	75.9	419	–55.0
加拿大	1.5	23.8	89,338	30.8	32.2	29.3	40,171	–5.5	23.7	58.9	21,943	69.7
中非共和国	1.0	27.8	..	..	..	..	..	..	..	..	..	..
乍得	10.5	162.5	..	..	..	..	..	..	..	..	..	..
智利	4.6	105.4	18,149	49.8	24.4	39.4	8,135	57.5	16.6	73.4	13	–29.5
中国	5.2	165.7	1,333,098	28.5	45.8	38.8	467,213	48.5	12.9	74.3	141,394	1,073.0
中国香港	2.0	44.5	2,820	84.0	26.7	0.0	422	–1.0	38.5	0.0	119	–68.6
哥伦比亚	–0.3	10.6	58,108	13.5	19.9	68.0	21,288	5.2	4.4	86.1	83	98.3
刚果民主共和国	–3.7	–40.2	56,445	–41.6	10.2	23.1	54,643	–37.3	2.2	31.3	0	..
刚果共和国	–0.8	33.6	5,584	–10.4	32.2	31.9	3,566	–17.2	1.0	51.8	5	..
哥斯达黎加	5.1	174.7	2,580	–31.3	9.5	67.2	1,334	–26.2	4.5	85.4	62	..
科特迪瓦	1.5	10.1	10,997	–2.2	16.9	17.4	7,364	–1.6	2.7	29.3	0	..
克罗地亚	1.8	–0.8	3,864	–60.5	57.0	33.3	2,851	–24.5	36.6	52.4	59	–93.4
古巴	–1.3	–18.9	9,455	–21.0	11.2	62.4	6,356	–31.8	15.1	78.7	129	..
捷克共和国	–1.1	–23.2	11,497	–40.3	49.4	33.6	8,878	–10.2	53.0	36.9	1,121	..
丹麦	–1.0	–0.8	7,935	–0.5	16.4	65.2	6,290	–21.5	18.0	73.4	1,422	458.3
多米尼加共和国	4.7	116.9	6,081	3.8	7.8	63.7	2,255	11.0	7.8	76.8	0	..
厄瓜多尔	2.9	78.1	17,125	31.2	31.2	57.8	4,571	42.3	3.8	84.9	63	..
埃及	5.2	143.2	46,996	68.8	50.7	31.7	18,996	60.7	8.3	80.0	3,181	54.5
萨尔瓦多	4.7	155.9	3,131	18.0	12.4	53.1	1,377	7.7	8.2	76.2	77	..
厄立特里亚	7.4	..	2,467	30.9	11.2	73.2	1,189	15.6	3.8	90.9	0	..
爱沙尼亚	–2.1	–27.5	2,108	–36.8	42.3	30.5	932	–50.7	21.5	60.5	40	1,790.5
埃塞俄比亚	4.6	115.7	52,243	32.8	14.3	72.5	30,510	19.4	5.2	88.8	10	..
芬兰	1.3	26.0	9,742	–2.8	7.4	20.7	7,124	–4.1	42.8	41.7	826	724.4
法国	–0.3	–6.8	77,252	–0.3	44.3	47.7	49,058	–30.6	24.2	66.8	15,539	57.1
加蓬	–6.2	–66.6	8,218	1.4	90.4	1.1	482	57.9	10.0	23.3	9	..
冈比亚	4.2	107.7	..	..	..	..	..	..	..	..	..	..
格鲁吉亚	–6.2	–65.1	4,410	–12.4	36.1	50.8	2,019	–26.9	35.5	56.9	12	..
德国	–1.1	–18.0	67,582	–44.8	32.1	43.8	56,560	–23.9	38.2	52.2	31,543	8.1
加纳	4.9	149.5	8,990	24.2	23.3	39.5	4,899	–5.5	9.3	70.5	15	–97.5
希腊	2.2	34.9	7,289	2.1	26.3	50.0	5,977	–17.1	22.1	58.2	1,842	–20.9
危地马拉	6.0	154.2	8,306	74.7	12.4	48.8	5,376	121.2	5.5	56.8	481	..
几内亚	1.5	31.6	..	..	..	..	..	..	..	..	..	..
几内亚比绍	–0.4	13.0	..	..	..	..	..	..	..	..	..	..
海地	7.6	141.3	4,006	34.9	12.1	56.2	1,438	59.6	6.2	84.2	0	..
洪都拉斯	7.4	240.7	5,191	31.5	7.2	78.4	2,865	26.1	3.8	85.9	0	..

温室气体排放的趋势

	二氧化碳排放量		沼气排放量				一氧化二氮排放量				其他温室气体排放量	
	年均增长百分比[a] 1990–2007	变动百分比[b] 1990–2007	总量千吨二氧化碳当量 2005	变动百分比[b] 1990–2005	占总量的百分比 能源生产过程 2005	占总量的百分比 农业 2005	总量千吨二氧化碳当量 2005	变动百分比[b] 1990–2005	占总量的百分比 能源生产过程 2005	占总量的百分比 农业 2005	总量千吨二氧化碳当量 2005	变动百分比[b] 1990–2005
匈牙利	−0.6	−11.0	7,767	−22.9	29.1	33.6	6,961	−31.2	30.9	60.1	1,552	121.1
印度	4.8	133.5	583,978	10.5	15.9	64.4	212,927	33.3	12.8	73.4	8,433	−11.9
印度尼西亚	4.6	165.5	208,944	18.4	25.5	46.4	123,275	43.5	3.7	71.5	1,027	−40.6
伊朗	4.7	118.3	114,585	32.5	70.6	18.2	26,644	41.1	11.4	75.3	2,569	−2.9
伊拉克	3.7	90.5	15,937	−45.8	58.4	18.6	3,440	−9.9	9.7	63.3	86	−66.0
爱尔兰	2.5	46.1	15,331	14.3	11.9	76.7	7,486	−8.3	4.5	90.5	1,151	3,062.9
以色列	3.6	99.0	3,517	83.8	18.4	31.2	1,793	41.6	15.3	53.0	1,981	88.7
意大利	0.6	7.4	40,790	−13.4	14.7	39.8	28,620	−5.4	39.1	43.7	13,968	211.1
牙买加	2.4	75.3	1,302	14.4	11.4	50.3	599	29.5	12.1	59.0	51	..
日本	0.4	8.8	42,771	−36.5	8.1	71.2	29,785	−17.0	41.6	27.9	53,786	81.1
约旦	4.3	106.2	1,796	111.5	25.0	21.8	667	39.6	8.2	55.4	112	..
哈萨克斯坦	−2.1	−22.9	47,119	−27.3	66.2	25.3	17,594	−46.2	12.8	62.5	339	..
肯尼亚	4.6	92.9	22,130	23.3	16.9	65.5	10,542	14.3	5.0	88.8	0	..
朝鲜	−9.2	−71.1	18,195	−15.0	58.6	23.5	3,422	−60.6	13.2	62.3	2,794	..
韩国	4.0	108.2	32,069	2.4	19.9	38.6	13,548	34.7	41.3	35.9	10,221	66.0
科索沃	..	..	..	..	..	..	..	..	..	..	..	..
科威特	9.0	111.4	14,380	119.4	93.4	1.1	650	157.1	27.7	16.9	931	253.9
吉尔吉斯斯坦	−4.1	−51.2	3,591	−38.1	6.8	72.3	1,510	−57.7	11.2	72.6	24	..
老挝	14.0	554.7	..	..	..	..	..	..	..	..	..	..
拉脱维亚	−4.4	−47.9	3,108	−42.1	53.6	27.7	1,253	−58.7	11.6	77.4	890	..
黎巴嫩	3.0	46.8	1,003	46.6	9.7	25.5	672	79.1	12.6	58.8	0	..
莱索托	..	..	..	..	..	..	..	..	..	..	..	..
利比里亚	5.3	39.4	..	..	..	..	..	..	..	..	..	..
利比亚	2.2	42.2	14,682	−34.7	86.3	5.7	1,285	9.2	11.2	51.9	280	−0.7
立陶宛	−3.1	−38.9	5,516	−34.1	32.0	33.8	2,451	−45.7	5.0	86.0	656	..
前南斯拉夫马其顿共和国	−0.4	−29.3	1,403	−36.5	32.1	46.6	599	−33.9	15.9	63.9	120	..
马达加斯加	5.1	128.3	..	..	..	..	..	..	..	..	..	..
马拉维	3.8	72.5	..	..	..	..	..	..	..	..	..	..
马来西亚	6.4	243.6	46,501	64.7	69.3	12.4	15,087	13.5	6.7	64.9	994	66.3
马里	1.9	37.4	..	..	..	..	..	..	..	..	..	..
毛里塔尼亚	−4.6	−26.8	..	..	..	..	..	..	..	..	..	..
毛里求斯	6.2	165.7	..	..	..	..	..	..	..	..	..	..
墨西哥	1.6	31.9	128,209	26.3	40.2	42.3	42,514	8.9	10.6	75.2	4,555	53.1
摩尔多瓦	−10.5	−80.1	3,372	−17.5	45.2	29.4	849	−51.0	5.5	73.5	8	..
蒙古	−0.7	5.4	6,067	−25.9	2.5	92.1	3,489	−30.0	2.2	93.2	0	..
摩洛哥	3.8	97.1	10,573	15.8	8.0	51.7	5,814	12.2	3.0	82.6	0	..
莫桑比克	5.4	159.7	12,843	18.2	22.7	44.2	9,501	−12.7	3.4	71.4	282	..
缅甸	6.9	208.5	77,211	−7.4	12.6	69.0	30,932	−23.9	2.6	42.9	0	..
纳米比亚	42.7	..	5,057	47.2	0.3	94.9	3,797	47.1	1.1	94.3	0	..
尼泊尔	8.1	439.9	22,142	9.7	5.9	82.9	4,516	26.0	13.0	76.8	0	..
荷兰	0.0	5.6	21,259	−30.4	23.4	43.4	14,596	−10.7	52.5	39.5	3,750	−40.9
新西兰	2.2	36.5	27,635	3.6	3.6	90.2	12,930	23.5	3.5	94.2	973	3.4
尼加拉瓜	4.4	73.6	6,018	26.3	6.6	74.8	3,340	10.1	3.3	91.7	0	..
尼日尔	−1.2	−4.6	..	..	..	..	..	..	..	..	..	..
尼日利亚	5.9	110.0	130,317	10.9	68.9	19.8	21,565	12.6	9.1	77.3	669	176.6
挪威	2.9	36.5	16,870	47.2	74.6	12.6	4,737	−3.1	46.5	39.0	5,202	−39.4
阿曼	8.2	260.5	17,849	194.9	94.1	3.0	561	82.6	16.0	68.0	175	..
巴基斯坦	4.8	128.1	137,401	50.7	23.7	63.5	26,838	46.0	14.5	74.2	819	−18.8
巴拿马	4.4	131.2	3,219	16.5	4.0	79.2	1,204	18.1	4.9	83.7	0	..
巴布亚新几内亚	5.3	57.2	..	..	..	..	..	..	..	..	..	..
巴拉圭	3.0	82.7	15,388	2.0	3.9	84.1	9,067	0.6	1.7	82.6	0	..
秘鲁	3.6	103.1	17,187	22.7	13.5	61.3	7,560	35.4	2.9	81.9	330	..
菲律宾	3.1	59.2	51,889	28.6	9.3	63.7	12,950	34.0	9.1	73.1	365	125.6
波兰	−1.0	−8.8	70,023	−36.6	62.0	21.9	30,198	4.7	33.5	57.7	2,451	360.6
葡萄牙	2.0	31.2	12,173	22.4	13.8	35.4	5,958	24.3	22.0	43.8	783	606.6
波多黎各	..	..	..	..	..	..	..	..	..	..	..	..
卡塔尔	5.9	435.5	15,706	387.2	96.5	0.4	200	105.1	33.9	25.0	0	..

	二氧化碳排放量		沼气排放量				一氧化二氮排放量				其他温室气体排放量	
					占总量的百分比				占总量的百分比			
	年均增长百分比[a]	变动百分比[b]	总量千吨二氧化碳当量	变动百分比[b]	能源生产过程	农业	总量千吨二氧化碳当量	变动百分比[b]	能源生产过程	农业	总量千吨二氧化碳当量	变动百分比[b]
	1990–2007	1990–2007	2005	1990–2005	2005	2005	2005	1990–2005	2005	2005	2005	1990–2005
罗马尼亚	–2.9	–40.7	24,331	–35.1	42.7	36.0	11,537	–44.0	32.4	56.2	746	–62.8
俄罗斯联邦	–2.2	–34.3	562,801	–18.3	79.3	9.1	76,121	–48.7	27.8	44.3	59,673	130.6
卢旺达	0.6	4.8	..	..	..	..	..	..	..	..	..	..
沙特阿拉伯	2.6	87.1	48,152	67.4	83.6	4.0	6,501	17.5	14.0	46.1	2,193	–10.6
塞内加尔	3.0	72.1	7,129	35.1	9.9	68.3	4,083	37.2	2.7	88.5	0	..
塞尔维亚	0.6[c]	–20.1[c]	7,782	–58.7	41.5	43.7	4,581	–8.8	24.2	63.6	4,493	353.7
塞拉利昂	7.4	237.7	..	..	..	..	..	..	..	..	..	..
新加坡	0.3	15.4	2,237	136.6	60.1	1.3	1,068	162.8	77.6	2.8	2,532	396.0
斯洛伐克共和国	–1.6	–32.8	3,911	–39.7	18.2	39.0	3,354	–37.1	52.0	37.7	395	478.0
斯洛文尼亚	0.6	–17.3	3,498	0.6	30.7	32.1	1,156	–12.2	13.2	70.4	473	–38.5
索马里	*38.1*	..	..	..	..	..	..	..	..	..	..	..
南非	1.3	30.0	63,785	24.6	45.4	31.4	24,048	12.9	12.6	59.8	2,552	71.1
西班牙	2.9	57.9	36,338	11.9	10.4	56.8	26,529	6.5	18.7	62.6	9,080	47.7
斯里兰卡	7.5	226.3	10,210	–11.2	5.3	65.2	2,056	18.0	12.1	65.1	0	..
苏丹	6.4	107.3	67,441	55.5	7.1	85.2	49,472	34.9	1.3	92.6	0	..
斯威士兰	10.0	150.0	..	..	..	..	..	..	..	..	..	..
瑞典	–0.5	–4.8	11,311	1.3	9.9	28.1	5,865	–13.1	26.8	60.2	2,078	133.8
瑞士	–0.3	–11.6	4,748	–17.1	19.8	67.6	2,415	–15.5	20.8	59.3	2,109	97.4
阿拉伯叙利亚共和国	3.6	86.6	12,458	–10.8	53.8	28.1	5,509	33.4	9.0	78.1	0	..
塔吉克斯坦	–6.9	–69.9	3,898	–9.3	12.8	68.6	1,378	0.2	1.4	86.9	383	–86.3
坦桑尼亚	4.9	154.7	32,024	24.0	12.6	63.2	21,647	0.8	2.5	78.8	0	..
泰国	5.7	189.6	83,257	5.7	16.9	66.0	22,304	15.1	21.7	65.5	1,104	–22.8
东帝汶	..	..	..	..	..	..	..	..	..	..	..	..
多哥	3.6	70.1	2,889	5.0	23.5	39.8	1,738	–21.3	5.6	67.5	0	..
特立尼达和多巴哥	4.1	118.4	10,070	32.0	83.9	0.7	230	12.4	11.5	60.3	0	..
突尼斯	3.3	79.9	8,160	106.2	55.6	25.5	2,366	18.0	21.4	66.4	0	..
土耳其	3.4	91.4	64,251	46.4	16.0	33.6	32,781	12.8	22.7	66.4	5,066	96.9
土库曼斯坦	2.8	44.7	27,984	–5.0	75.2	21.6	4,276	93.8	16.4	78.1	73	..
乌干达	8.3	291.9	..	..	..	..	..	..	..	..	..	..
乌克兰	–4.4	–54.0	70,360	–42.2	62.1	23.3	26,097	–51.4	42.8	45.6	693	209.3
阿拉伯联合酋长国	5.5	147.3	23,283	58.0	93.1	2.6	1,169	78.7	18.3	43.6	1,075	27.4
英国	–0.5	–5.4	65,788	–44.1	24.8	38.2	30,565	–44.7	24.8	60.0	10,403	96.7
美国	1.2	20.0	548,074	–14.4	41.0	34.8	317,153	1.8	30.6	56.4	239,517	158.7
乌拉圭	2.0	55.7	19,589	24.1	1.5	94.3	7,017	16.1	1.4	96.9	59	..
乌兹别克斯坦	0.1	–9.7	39,602	24.0	57.3	33.7	10,003	9.4	6.2	84.2	608	..
委内瑞拉	2.9	35.5	61,183	5.9	47.4	40.0	14,935	23.4	5.0	75.2	2,468	–24.0
越南	11.7	420.3	82,978	40.1	22.7	63.9	23,030	98.3	6.1	83.0	0	..
西岸和加沙	*19.7*	..	..	..	..	..	..	..	..	..	..	..
也门共和国	4.5	117.4	6,677	73.5	17.0	54.9	3,250	57.4	11.2	72.5	0	..
赞比亚	–0.2	10.0	19,294	–28.4	6.7	59.3	25,068	–29.7	2.6	71.7	0	..
津巴布韦	–3.3	–37.9	9,539	–5.7	11.4	73.3	6,114	–16.1	3.7	85.2	0	..
全世界	**1.8 w**	**36.0 w**	**7,135,973 s**	**6.2 w**	**37.3 w**	**42.6 w**	**2,852,592 s**	**5.8 w**	**15.4 w**	**66.2 w**	**724,183 s**	**122.4 w**
低收入国家	–4.1	–36.2	464,616	–4.0	13.6	60.7	239,126	–16.7	4.1	63.6	..	..
中等收入国家	2.6	59.6	5,128,922	13.9	39.0	42.6	1,799,128	18.3	10.7	70.8	259,893	208.5
中低收入国家	4.3	117.7	3,120,011	18.6	35.1	46.9	1,153,692	30.5	10.8	72.3	159,984	439.4
中高收入国家	0.3	3.8	2,008,911	7.3	45.0	35.8	645,436	1.5	10.6	68.1	99,909	83.1
低收入和中等收入国家	2.4	56.2	5,593,538	12.2	36.9	44.1	2,038,253	12.8	10.0	70.0	263,401	200.5
东亚和太平洋地区	4.7	148.9	1,928,355	24.5	39.2	43.6	707,496	38.0	10.5	72.2	..	..
欧洲和中亚	–2.0	–31.3	933,500	–17.2	67.5	17.4	213,150	–38.8	25.4	56.6	74,802	112.0
拉丁美洲和加勒比地区	2.4	51.2	1,008,557	30.3	17.3	58.6	442,132	32.9	4.6	72.4	20,972	23.5
中东和北非	4.2	103.4	287,084	20.0	64.7	20.7	73,539	36.8	10.7	74.5	6,717	20.7
南亚	4.8	134.1	846,145	14.6	16.1	65.4	267,722	34.9	12.6	74.3	9,253	–12.5
撒哈拉以南非洲地区	2.2	46.1	589,897	5.4	30.5	44.0	334,216	–7.6	3.7	66.1	..	..
高收入国家	1.0	17.9	1,542,435	–10.8	38.9	37.0	814,339	–8.4	29.1	56.9	460,781	93.7
欧元区	0.2	2.4	315,597	–18.0	25.9	46.9	218,258	–17.8	31.7	55.4	84,190	37.2

a. 用最小二乘法的方法计算，涵盖了这个时期所有数据点的上下变动（见“统计方法”）。b. 自 1990 年以来，计算排放量的变化是京都协议要求的基准。c. 包括科索沃和黑山。

关于数据的说明

温室气体——其中包括二氧化碳、沼气、一氧化二氮、氢氟碳化物、全氟碳化物和六氟化硫——造成了气候变化。

二氧化碳的排放主要是能源生产与使用的副产品（见表3.7），也是温室气体最主要的来源。人为的二氧化碳排放主要来自化石燃料的燃烧和水泥的生产。燃油释放的二氧化碳大于天然气，而使用相同水平的能源，燃煤甚至释放更多的二氧化碳。在水泥生产过程中，每生产1吨水泥大约释放0.5吨的二氧化碳。

沼气的排放主要来自于农业活动、工业生产、垃圾掩埋和污水处理以及其他来源，例如，热带森林以及其他植被起火。沼气的排放可以用二氧化碳当量表示，该指标用于测算全球变暖的潜力，进而可以基于这一指标来比较不同气体对全球变暖的有效影响。1千克沼气在地球大气层内实际释放的热量在100年的时间范围内相当于1千克二氧化碳的21倍。

一氧化二氮的排放主要来自化石燃料燃烧、化肥、雨林起火以及动物粪便。一氧化二氮是强有力的温室气体，可以在大气层中生存大约114年，而沼气仅仅生存12年。1千克一氧化二氮的系数在100年的时间范围内几乎是1千克二氧化碳的310倍。

《京都议定书》中包含的其他温室气体还包括氢氟碳化物、全氟碳化物和六氟化硫。尽管这些人为气体的排放很少，但是它们相对于二氧化碳则是更强的温室气体，在大气层中具有更强的生命力和全球变暖潜力。

欲了解二氧化碳的来源和排放量的计算，见表3.8中的“关于数据的说明”。

6个最大的沼气排放国大约占到了全球沼气排放量的50%　3.9a

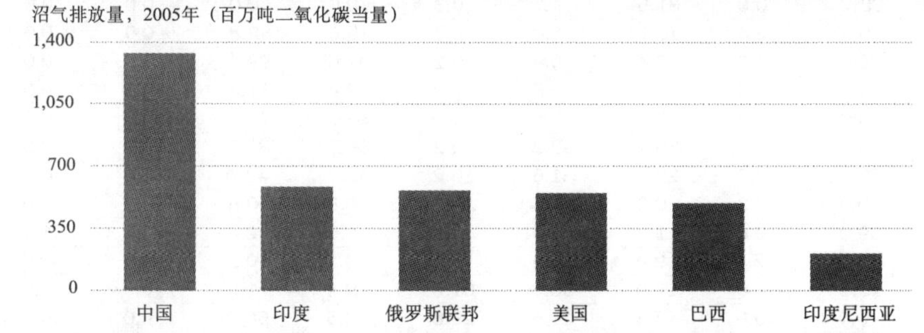

资料来源：表3.9。

5个最大的一氧化二氮排放国大约占到了全球一氧化二氮排放量的50%　3.9b

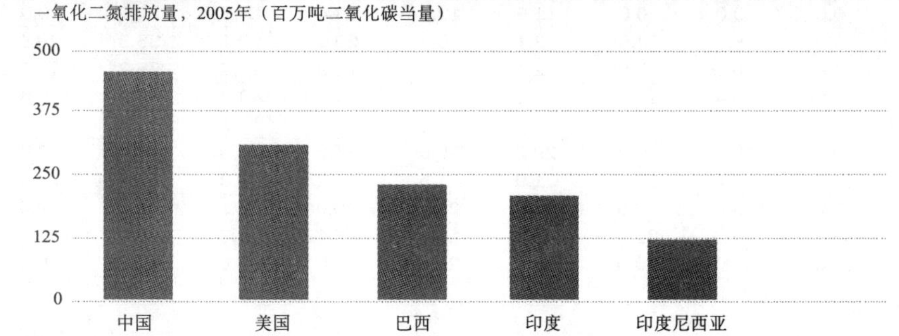

资料来源：表3.9。

定义

• **二氧化碳排放量**是指化石燃料燃烧和水泥生产所产生的二氧化碳，其中包括在消费固态燃料、液态燃料、气态燃料和气态闪光时所产生的二氧化碳。 • **沼气排放量**是指人类活动所产生的沼气，例如，农业活动以及沼气的工业生产活动。 • **能源生产的沼气排放量**来自化石燃料和生物燃料的生产、处理、输送以及燃烧所排放的沼气。 • **农业沼气的排放**是指来自动物、动物粪便、大米生产、农业废料的焚烧（非能源）以及草原燃烧所产生的沼气。 • **一氧化二氮排放量**是指来自于农业动植物燃烧、工业活动以及牲畜管理所产生的一氧化氮。 • **能源生产的一氧化二氮排放量**是指化石燃料和生物燃料燃烧所排放的一氧化二氮。 • **农业一氧化二氮**的排放是指施肥（合成化肥和动物肥料）、动物粪便处理、农业废料的焚烧（非能源）以及草原燃烧所产生的一氧化二氮。 • **其他温室气体的排放**包括氢氟碳化物、全氟碳化物和六氟化硫，这些气体都受京都议定书的约束。氢氟碳化物是一氯二氟甲烷（氟里昂）的副产品，氟里昂主要用于冰箱和其他半导体产品。全氟碳化物也是半导体制造中一氯二氟甲烷（氟里昂）的副产品，也是原铝生产和铀浓缩的副产品。六氟化硫最大的用途就是用于高电压电力设备的绝缘。

数据资料来源

二氧化碳排放量的数据来自二氧化碳信息分析中心、环境科学部和美国田纳西州的橡树岭国家实验室。沼气、一氧化二氮和其他温室气体排放量的数据由国际能源署汇编。

	发电量		电力资源[a]									
			占总量的百分比									
	10亿千瓦时		煤		天然气		石油		水能		核能	
	1990	**2008**	**1990**	**2008**	**1990**	**2008**	**1990**	**2008**	**1990**	**2008**	**1990**	**2008**
阿富汗	..	..	..	..	..	..	..	..	..	..	..	..
阿尔巴尼亚	3.2	3.8	0.0	0.0	0.0	0.0	10.9	0.0	89.1	100.0	0.0	0.0
阿尔及利亚	16.1	40.2	0.0	0.0	93.7	97.3	5.4	2.0	0.8	0.7	0.0	0.0
安哥拉	0.8	4.0	0.0	0.0	0.0	0.0	13.8	3.7	86.2	96.3	0.0	0.0
阿根廷	50.7	121.4	1.3	2.3	39.2	53.6	9.8	11.7	35.2	24.9	14.3	6.0
亚美尼亚	10.4	5.8	0.0	0.0	16.4	26.2	68.6	0.0	15.0	31.1	0.0	42.6
澳大利亚	154.3	257.1	78.7	76.9	9.3	15.0	2.3	1.1	9.2	4.6	0.0	0.0
奥地利	49.3	64.4	14.2	10.7	15.7	17.4	3.8	1.9	63.9	59.0	0.0	0.0
阿塞拜疆	23.2	23.9	0.0	0.0	0.0	84.1	97.0	6.6	3.0	9.3	0.0	0.0
孟加拉国	7.7	35.0	0.0	1.8	84.3	89.0	4.3	5.0	11.4	4.2	0.0	0.0
白俄罗斯	39.5	35.0	0.0	0.0	58.1	96.9	41.8	2.7	0.1	0.1	0.0	0.0
比利时	70.3	83.6	28.2	8.7	7.7	29.5	1.9	0.5	0.4	0.5	60.8	54.5
贝宁	0.0	0.1	0.0	0.0	0.0	0.0	100.0	99.3	0.0	0.7	0.0	0.0
玻利维亚	2.1	6.2	0.0	0.0	37.6	46.5	5.3	14.0	55.3	36.6	0.0	0.0
波斯尼亚和黑塞哥维那	14.6	13.3	71.8	64.4	0.0	0.0	7.3	1.3	20.9	34.3	0.0	0.0
博茨瓦纳	0.9	0.6	88.1	100.0	0.0	0.0	11.9	0.0	0.0	0.0	0.0	0.0
巴西	222.8	463.4	2.1	2.7	0.3	6.3	2.2	3.8	92.8	79.8	1.0	3.0
保加利亚	42.1	44.6	50.3	52.1	7.6	5.3	2.9	0.6	4.5	6.3	34.8	35.4
布基纳法索	..	..	..	..	..	..	..	..	..	..	..	..
布隆迪	..	..	..	..	..	..	..	..	..	..	..	..
柬埔寨	..	1.5	..	0.0	..	0.0	..	96.5	..	3.1	..	0.0
喀麦隆	2.7	5.6	0.0	0.0	0.0	7.7	1.5	15.9	98.5	76.2	0.0	0.0
加拿大	482.0	651.2	17.1	17.2	2.0	6.2	3.4	1.5	61.6	58.7	15.1	14.4
中非共和国	..	..	..	..	..	..	..	..	..	..	..	..
乍得	..	..	..	..	..	..	..	..	..	..	..	..
智利	18.4	59.7	38.3	23.6	2.1	3.7	9.2	26.9	48.5	40.5	0.0	0.0
中国	621.2	3,456.9	71.3	79.1	0.4	0.9	7.9	0.7	20.4	16.9	0.0	2.0
中国香港	28.9	38.0	98.3	68.2	0.0	31.5	1.7	0.3	0.0	0.0	0.0	0.0
哥伦比亚	36.4	56.0	10.1	5.4	12.4	10.3	1.0	0.3	75.6	82.8	0.0	0.0
刚果民主共和国	5.7	7.5	0.0	0.0	0.0	0.4	0.4	0.2	99.6	99.4	0.0	0.0
刚果共和国	0.5	0.5	0.0	0.0	0.0	18.7	0.6	0.0	99.4	81.3	0.0	0.0
哥斯达黎加	3.5	9.5	0.0	0.0	0.0	0.0	2.5	7.1	97.5	78.0	0.0	0.0
科特迪瓦	2.0	5.8	0.0	0.0	0.0	65.1	33.3	0.2	66.7	32.7	0.0	0.0
克罗地亚	9.2	12.2	6.8	20.4	20.2	20.1	31.6	16.2	41.3	42.7	0.0	0.0
古巴	15.0	17.7	0.0	0.0	0.2	0.0	91.4	97.0	0.8	0.8	0.0	0.0
捷克共和国	62.3	83.2	76.4	59.9	0.6	1.2	0.9	0.2	1.9	2.4	20.2	31.9
丹麦	26.0	36.4	90.7	48.0	2.7	19.0	3.4	3.1	0.1	0.1	0.0	0.0
多米尼加共和国	3.7	15.4	1.2	13.8	0.0	12.9	88.6	61.8	9.4	11.2	0.0	0.0
厄瓜多尔	6.3	18.6	0.0	0.0	0.0	7.3	21.5	29.8	78.5	60.7	0.0	0.0
埃及	42.3	131.0	0.0	0.0	39.6	68.4	36.9	19.7	23.5	11.2	0.0	0.0
萨尔瓦多	2.2	6.0	0.0	0.0	0.0	0.0	6.9	38.6	73.5	34.2	0.0	0.0
厄立特里亚	*0.1*	0.3	0.0	0.0	*0.0*	0.0	*100.0*	99.3	*0.0*	0.0	*0.0*	0.0
爱沙尼亚	17.4	10.6	85.8	91.0	5.5	4.0	8.3	0.3	0.0	0.3	0.0	0.0
埃塞俄比亚	1.2	3.8	0.0	0.0	0.0	0.0	11.6	12.4	88.4	87.3	0.0	0.0
芬兰	54.4	77.4	18.5	11.8	8.6	14.5	3.1	0.5	20.0	22.1	35.3	29.6
法国	417.2	570.3	8.5	4.8	0.7	3.8	2.1	1.0	12.9	11.2	75.3	77.1
加蓬	1.0	2.0	0.0	0.0	16.4	24.7	11.2	31.2	72.1	43.8	0.0	0.0
冈比亚	..	..	..	..	..	..	..	..	..	..	..	..
格鲁吉亚	13.7	8.4	0.0	0.0	15.6	15.2	29.2	0.0	55.2	84.8	0.0	0.0
德国	547.7	631.2	58.7	46.0	7.4	13.9	1.9	1.5	3.2	3.3	27.8	23.5
加纳	5.7	8.4	0.0	0.0	0.0	0.0	0.0	25.9	100.0	74.1	0.0	0.0
希腊	34.8	62.9	72.4	53.0	0.3	21.9	22.3	15.9	5.1	5.3	0.0	0.0
危地马拉	2.3	8.7	0.0	13.0	0.0	0.0	9.0	26.6	76.0	42.6	0.0	0.0
几内亚	..	..	..	..	..	..	..	..	..	..	..	..
几内亚比绍	..	..	..	..	..	..	..	..	..	..	..	..
海地	0.6	0.5	0.0	0.0	0.0	0.0	20.6	62.8	76.5	37.2	0.0	0.0
洪都拉斯	2.3	6.5	0.0	0.0	0.0	0.0	1.7	61.9	98.3	35.0	0.0	0.0

	发电量		电力资源[a]									
			占总量的百分比									
	10亿千瓦时		煤		天然气		石油		水能		核能	
	1990	2008	1990	2008	1990	2008	1990	2008	1990	2008	1990	2008
匈牙利	28.4	40.0	30.5	18.0	15.7	37.9	4.8	0.9	0.6	0.5	48.3	37.0
印度	289.4	830.1	66.2	68.6	3.4	9.9	3.5	4.1	24.8	13.8	2.1	1.8
印度尼西亚	33.3	149.4	31.5	41.1	2.3	16.9	42.7	28.8	20.2	7.7	0.0	0.0
伊朗	59.1	214.5	0.0	0.2	52.5	80.8	37.3	16.6	10.3	2.3	0.0	0.0
伊拉克	24.0	36.8	0.0	0.0	0.0	0.0	89.2	98.5	10.8	1.5	0.0	0.0
爱尔兰	14.2	29.4	41.6	17.8	27.7	54.7	10.0	5.9	4.9	3.3	0.0	0.0
以色列	20.9	56.4	50.1	62.7	0.0	26.2	49.9	10.6	0.0	0.0	0.0	0.0
意大利	213.1	313.5	16.8	15.5	18.6	55.1	48.2	10.0	14.8	13.3	0.0	0.0
牙买加	2.5	7.8	0.0	0.0	0.0	0.0	92.4	96.0	3.6	2.0	0.0	0.0
日本	835.5	1,075.0	14.0	26.8	20.0	26.3	18.5	9.7	10.7	7.1	24.2	24.0
约旦	3.6	13.8	0.0	0.0	11.9	80.6	87.8	18.9	0.3	0.4	0.0	0.0
哈萨克斯坦	87.4	80.3	71.1	70.3	10.5	10.7	10.0	9.7	8.4	9.3	0.0	0.0
肯尼亚	3.2	7.1	0.0	0.0	0.0	0.0	7.1	38.4	76.6	40.4	0.0	0.0
朝鲜	27.7	23.2	40.1	36.0	0.0	0.0	3.6	3.4	56.3	60.6	0.0	0.0
韩国	105.4	443.9	16.8	43.2	9.1	18.3	17.9	3.5	6.0	0.7	50.2	34.0
科索沃	..	..	..	..	..	..	..	..	..	..	..	..
科威特	18.5	51.7	0.0	0.0	45.7	30.4	54.3	69.6	0.0	0.0	0.0	0.0
吉尔吉斯斯坦	15.7	11.9	13.1	3.5	23.5	6.1	0.0	0.0	63.5	90.4	0.0	0.0
老挝	..	..	..	..	..	..	..	..	..	..	..	..
拉脱维亚	6.6	5.3	0.0	0.0	26.1	39.0	5.4	0.0	67.6	58.9	0.0	0.0
黎巴嫩	1.5	10.6	0.0	0.0	0.0	0.0	66.7	96.5	33.3	3.5	0.0	0.0
莱索托	..	..	..	..	..	..	..	..	..	..	..	..
利比里亚	..	..	..	..	..	..	..	..	..	..	..	..
利比亚	10.2	28.7	0.0	0.0	0.0	41.0	100.0	59.0	0.0	0.0	0.0	0.0
立陶宛	28.4	13.3	0.0	0.0	23.8	15.2	14.6	4.2	1.5	3.0	60.0	74.2
前南斯拉夫马其顿共和国	5.8	6.3	89.7	83.8	0.0	0.0	1.8	2.9	8.5	13.3	0.0	0.0
马达加斯加	..	..	..	..	..	..	..	..	..	..	..	..
马拉维	..	..	..	..	..	..	..	..	..	..	..	..
马来西亚	23.0	97.4	12.3	26.9	20.4	63.6	50.0	1.9	17.3	7.7	0.0	0.0
马里	..	..	..	..	..	..	..	..	..	..	..	..
毛里塔尼亚	..	..	..	..	..	..	..	..	..	..	..	..
毛里求斯	..	..	..	..	..	..	..	..	..	..	..	..
墨西哥	115.8	258.9	6.7	8.3	12.5	50.6	53.6	19.0	20.3	15.1	2.5	3.8
摩尔多瓦	16.2	3.6	30.8	0.0	42.3	95.6	25.4	0.4	1.6	2.3	0.0	0.0
蒙古	3.5	4.1	92.4	96.1	0.0	0.0	7.6	3.9	0.0	0.0	0.0	0.0
摩洛哥	9.6	20.8	23.0	56.2	0.0	13.8	64.4	24.2	12.7	4.5	0.0	0.0
莫桑比克	0.5	15.1	13.9	0.0	0.0	0.1	23.0	0.0	62.6	99.9	0.0	0.0
缅甸	2.5	6.6	1.6	0.0	39.3	35.7	10.9	3.5	48.1	60.8	0.0	0.0
纳米比亚	*1.4*	2.1	*1.5*	31.1	*0.0*	0.0	*3.3*	1.4	*95.2*	67.5	*0.0*	0.0
尼泊尔	0.9	3.1	0.0	0.0	0.0	0.0	0.1	0.4	99.9	99.6	0.0	0.0
荷兰	71.9	107.6	38.3	24.9	50.9	58.9	4.3	1.9	0.1	0.1	4.9	3.9
新西兰	32.3	43.8	2.1	11.0	17.7	24.3	0.0	0.3	71.9	51.0	0.0	0.0
尼加拉瓜	1.4	3.4	0.0	0.0	0.0	0.0	39.8	64.5	28.8	15.9	0.0	0.0
尼日尔	..	..	..	..	..	..	..	..	..	..	..	..
尼日利亚	13.5	21.1	0.1	0.0	53.7	58.2	13.7	14.7	32.6	27.1	0.0	0.0
挪威	121.6	141.7	0.1	0.1	0.0	0.3	0.0	0.0	99.6	98.5	0.0	0.0
阿曼	4.5	15.7	0.0	0.0	81.6	82.0	18.4	18.0	0.0	0.0	0.0	0.0
巴基斯坦	37.7	91.6	0.1	0.1	33.6	32.4	20.6	35.4	44.9	30.3	0.8	1.8
巴拿马	2.7	6.4	0.0	0.0	0.0	0.0	14.7	37.9	83.2	61.8	0.0	0.0
巴布亚新几内亚	..	..	..	..	..	..	..	..	..	..	..	..
巴拉圭	27.2	55.5	0.0	0.0	0.0	0.0	0.0	0.0	99.9	100.0	0.0	0.0
秘鲁	13.8	32.4	0.0	2.7	1.7	28.0	21.5	9.0	75.8	58.7	0.0	0.0
菲律宾	27.4	60.8	7.0	25.9	0.0	32.2	45.3	8.0	22.1	16.2	0.0	0.0
波兰	134.4	155.6	97.5	92.2	0.1	2.0	1.2	1.5	1.1	1.4	0.0	0.0
葡萄牙	28.4	45.5	32.1	24.6	0.0	33.4	33.1	9.1	32.3	15.0	0.0	0.0
波多黎各	..	..	..	..	..	..	..	..	..	..	..	..
卡塔尔	4.8	21.6	0.0	0.0	100.0	100.0	0.0	0.0	0.0	0.0	0.0	0.0

3.10 电力资源

	发电量		电力资源[a]									
	10亿千瓦时		占总量的百分比									
			煤		天然气		石油		水能		核能	
	1990	2008	1990	2008	1990	2008	1990	2008	1990	2008	1990	2008
罗马尼亚	64.3	65.0	28.8	39.8	35.1	15.3	18.4	1.1	17.7	26.5	0.0	17.3
俄罗斯联邦	1,082.2	1,038.4	14.3	18.9	47.3	47.6	11.5	1.5	15.3	15.9	10.9	15.7
卢旺达	..	..	..	..	..	..	..	..	..	..	..	..
沙特阿拉伯	69.2	204.2	0.0	0.0	48.1	43.1	51.9	56.9	0.0	0.0	0.0	0.0
塞内加尔	0.9	2.4	0.0	0.0	2.3	1.7	93.0	85.8	0.0	9.5	0.0	0.0
塞尔维亚	40.9	36.8	69.1	72.4	3.2	1.1	4.6	0.5	23.1	26.0	0.0	0.0
塞拉利昂	..	..	..	..	..	..	..	..	..	..	..	..
新加坡	15.7	41.7	0.0	0.0	0.0	80.3	100.0	19.7	0.0	0.0	0.0	0.0
斯洛伐克共和国	25.5	28.8	31.9	17.9	7.1	5.6	6.4	2.4	7.4	14.0	47.2	58.1
斯洛文尼亚	12.4	16.4	31.3	32.5	0.0	2.9	7.9	0.1	23.7	24.5	37.1	38.3
索马里	..	..	..	..	..	..	..	..	..	..	..	..
南非	165.4	255.5	94.3	94.2	0.0	0.0	0.0	0.1	0.6	0.5	5.1	5.1
西班牙	151.2	311.1	40.1	16.1	1.0	39.1	5.7	5.8	16.8	7.6	35.9	19.0
斯里兰卡	3.2	9.2	0.0	0.0	0.0	0.0	0.2	55.1	99.8	44.7	0.0	0.0
苏丹	1.5	4.5	0.0	0.0	0.0	0.0	36.8	67.6	63.2	32.4	0.0	0.0
斯威士兰	..	..	..	..	..	..	..	..	..	..	..	..
瑞典	146.0	149.9	1.1	1.1	0.3	0.4	0.9	0.6	49.7	46.1	46.7	42.6
瑞士	55.0	67.1	0.1	0.0	0.6	1.1	0.7	0.2	54.2	53.7	43.0	41.3
阿拉伯叙利亚共和国	11.6	41.0	0.0	0.0	20.5	31.3	56.0	61.7	23.5	7.0	0.0	0.0
塔吉克斯坦	18.1	16.1	0.0	0.0	9.1	1.9	0.0	0.0	90.9	98.1	0.0	0.0
坦桑尼亚	1.6	4.4	0.0	2.7	0.0	36.2	4.9	0.9	95.1	60.1	0.0	0.0
泰国	44.2	147.4	25.0	21.4	40.2	69.4	23.5	1.1	11.3	4.8	0.0	0.0
东帝汶	..	..	..	..	..	..	..	..	..	..	..	..
多哥	0.2	0.1	0.0	0.0	0.0	0.0	39.9	24.4	60.1	74.0	0.0	0.0
特立尼达和多巴哥	3.6	7.9	0.0	0.0	99.0	99.6	0.1	0.2	0.0	0.0	0.0	0.0
突尼斯	5.8	15.3	0.0	0.0	63.7	88.7	35.5	10.8	0.8	0.2	0.0	0.0
土耳其	57.5	198.4	35.1	29.1	17.7	49.7	6.9	3.8	40.2	16.8	0.0	0.0
土库曼斯坦	14.6	15.0	0.0	0.0	95.2	100.0	0.0	0.0	4.8	0.0	0.0	0.0
乌干达	..	..	..	..	..	..	..	..	..	..	..	..
乌克兰	298.6	192.5	38.2	35.6	16.7	11.4	16.1	0.4	3.5	5.9	25.5	46.7
阿拉伯联合酋长国	17.1	86.3	0.0	0.0	96.3	98.3	3.7	1.7	0.0	0.0	0.0	0.0
英国	317.8	385.3	65.0	32.9	1.6	45.9	10.9	1.6	1.6	1.3	20.7	13.6
美国	3,202.8	4,343.8	53.1	49.1	11.9	21.0	4.1	1.3	8.5	5.9	19.1	19.3
乌拉圭	7.4	8.8	0.0	0.0	0.0	0.0	5.1	39.1	94.2	51.4	0.0	0.0
乌兹别克斯坦	56.3	49.4	7.4	4.1	76.4	70.0	4.4	2.9	11.8	23.0	0.0	0.0
委内瑞拉	59.3	119.3	0.0	0.0	26.2	14.7	11.5	12.5	62.3	72.8	0.0	0.0
越南	8.7	73.0	23.1	20.8	0.1	41.5	15.0	2.1	61.8	35.6	0.0	0.0
西岸和加沙	..	..	..	..	..	..	..	..	..	..	..	..
也门共和国	1.7	6.5	0.0	0.0	0.0	0.0	100.0	100.0	0.0	0.0	0.0	0.0
赞比亚	8.0	9.7	0.5	0.0	0.0	0.0	0.3	0.3	99.2	99.7	0.0	0.0
津巴布韦	9.4	8.0	53.3	46.3	0.0	0.0	0.0	0.3	46.7	53.4	0.0	0.0
全世界	**11,839.5 t**	**20,201.4 t**	**37.3 w**	**40.8 w**	**14.6 w**	**21.3 w**	**10.2 w**	**5.1 w**	**18.0 w**	**15.8 w**	**17.0 w**	**13.5 w**
低收入国家	138.9	206.7	13.2	6.4	9.2	17.5	1.7	5.0	53.7	48.9	0.0	0.0
中等收入国家	3,984.6	8,948.5	32.4	47.4	22.3	19.8	14.6	6.0	23.1	20.4	6.4	4.7
中低收入国家	1,654.0	5,548.8	47.7	63.3	11.7	9.9	14.2	5.0	20.3	16.8	5.0	3.2
中高收入国家	2,330.2	3,402.8	21.6	21.3	29.8	35.8	14.9	7.6	25.1	26.4	7.3	7.2
低收入和中等收入国家	4,122.5	9,174.7	31.8	46.4	21.8	19.7	14.1	6.0	24.1	21.0	6.1	4.6
东亚和太平洋地区	796.3	4,044.1	61.0	71.6	3.4	6.7	12.6	2.0	21.4	16.4	0.0	1.7
欧洲和中亚	1,935.8	1,864.6	23.1	25.3	36.7	40.2	13.6	2.0	14.5	16.4	11.7	15.7
拉丁美洲和加勒比地区	598.1	1,285.3	4.0	4.5	9.4	20.7	17.8	13.5	64.4	55.3	2.1	2.4
中东和北非	187.9	566.8	1.2	2.1	36.9	62.5	48.3	29.4	12.4	4.4	0.0	0.0
南亚	341.7	977.2	56.1	58.3	8.5	14.6	5.3	7.5	27.4	15.4	1.9	1.7
撒哈拉以南非洲地区	260.2	424.1	62.2	58.0	2.8	4.4	1.9	3.8	15.9	17.2	3.2	3.1
高收入国家	7,736.5	11,079.9	40.2	36.1	10.7	22.5	8.1	4.4	14.7	11.3	22.7	20.8
欧元区	1,694.1	2,352.2	33.7	22.4	8.6	24.0	9.6	3.9	11.1	9.5	35.6	31.6

a. 由于一些电力资源（例如，风力、太阳能和地热等）并未给出，份额总数可能不等于100‰。

关于数据的说明

能源的使用是人民生活水平改善的重要因素。然而，电力生产也会破坏环境。这一破坏是否发生，在很大程度上取决于怎样发电。例如，煤燃烧过程中会释放出两倍于相同当量天然气燃烧产生的二氧化碳（见表3.8的“关于数据的说明”），而二氧化碳对于全球变暖发挥着重要作用。尽管核能不产生二氧化碳，但是它产生其他一些危险的废弃物。本表提供了各类电力生产方面的资料信息。

国际能源署（IEA）汇编了用于发电的能源投入数据。IEA关于非经济合作与发展组织国家的能源数据都是基于这些国家的能源数据，为与经济合作与发展组织成员国政府完成的年度问卷相一致，对这些国家的数据都做过调整。此外，有时还使用了估计值，以便在关键数据缺失时补充主要的综合数值，并为补偿在定义上的差异而做出调整。IEA在进行估算时，征询了有关国家统计局、石油公司、电力公司和国家能源专家的意见。IEA不定期地修正时间序列，以反映政治变革。例如，其已经完成前苏联各国的能源统计资料的汇编。此外，近些年来，随着越来越详细的能源核算资料可以获得，其他国家的能源统计资料在覆盖面和方法上一直在不断改变。序列的中断因此也是难以避免的。

拉丁美洲50%以上的电力都是来自水电 3.10a

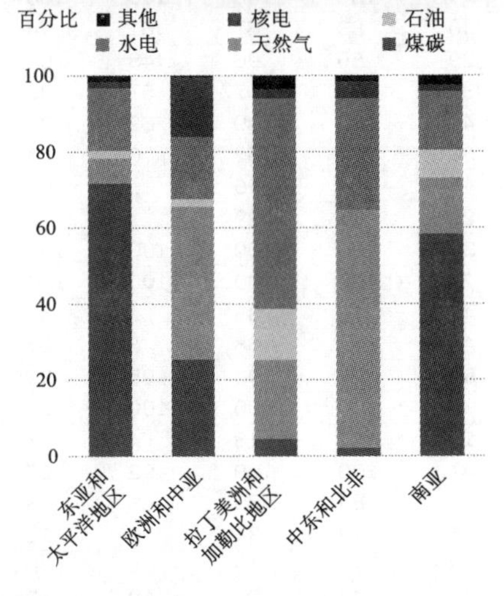

资料来源：表3.10。

中低收入国家电力的生产主要来自于煤炭 3.10b

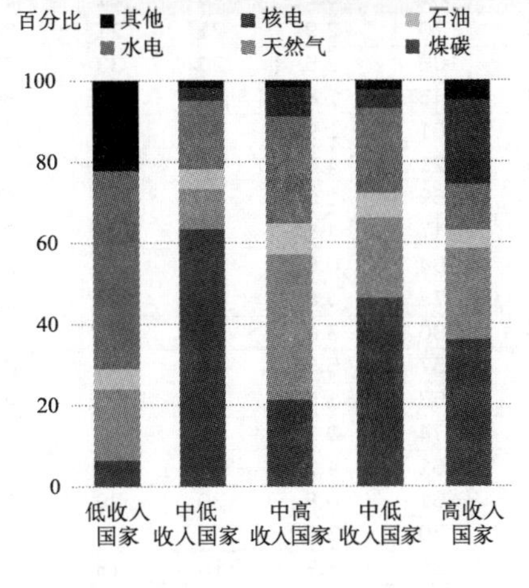

资料来源：表3.10。

定义

- **发电量**是在电站的所有发电机组的终端测量的。除了水电、煤电、油电、天然气发电和核电之外，还包括由地热、太阳能、风能、潮汐和浪潮等能源类型的发电，以及易燃可再生物质和废弃物的发电。发电量包括仅为发电而设计的电厂和热电联合厂的电输出量。
- **电力资源**是指用于发电的投入，包括水力、煤、石油、天然气和核能。煤是指所有的煤和褐煤，既包括原始的燃料（包括硬煤和褐煤），也包括派生的燃料（包括专利燃料、焦炭、煤气焦炭、焦炉煤气和高炉煤气）。泥煤也包括在这一种类中。气是指天然气，但不包括液态天然气。石油是指原油和石油产品。
- **水能**是指由水电站生产的电力。核能是指核电站生产的电力。

数据资料来源

发电量数据来自IEA的电子文件及其年度出版物——《非经济合作与发展组织国家能源统计和收支》、《经济合作与发展组织国家能源统计》和《经济合作与发展组织国家能源收支》。

	城市人口					人口在百万以上的城市的聚居人口		最大城市的人口		获取改善的卫生防疫设施的人口			
	百万人		占总人口的百分比		年均增长百分比	占总人口的百分比		占城市人口的百分比		占城市人口的百分比		占农村人口的百分比	
	1990	2009	1990	2009	1990–2009	1990	2009	1990	2009	1990	2008	1990	2008
阿富汗	3	7	18	24	4.0	7	12	38	49	..	60	..	30
阿尔巴尼亚	1	1	36	47	1.2	..	..	21	29	..	98	..	98
阿尔及利亚	13	23	52	66	2.9	7	8	14	12	99	98	77	88
安哥拉	4	11	37	58	5.2	15	24	40	42	58	86	6	18
阿根廷	28	37	87	92	1.4	39	39	37	35	93	91	73	77
亚美尼亚	2	2	68	64	-1.0	33	36	49	56	95	95	..	80
澳大利亚	15	19	85	89	1.5	60	59	25	23	100	100	100	100
奥地利	5	6	66	67	0.6	20	20	30	30	100	100	100	100
阿塞拜疆	4	5	54	52	0.9	24	22	45	43	..	51	..	39
孟加拉国	23	45	20	28	3.5	8	13	29	32	59	56	34	52
白俄罗斯	7	7	66	74	0.3	16	19	24	26	..	91	..	97
比利时	10	11	96	97	0.5	17	18	17	18	100	100	100	100
贝宁	2	4	35	42	4.3	..	..	30	22	14	24	1	4
玻利维亚	4	7	56	66	3.0	25	33	29	25	29	34	6	9
波斯尼亚和黑塞哥维那	2	2	39	48	0.4	..	..	24	22	..	99	..	92
博茨瓦纳	1	1	42	60	3.8	..	..	22	17	58	74	20	39
巴西	112	167	75	86	2.1	35	40	13	12	81	87	35	37
保加利亚	6	5	66	71	-0.3	14	16	21	22	100	100	98	100
布基纳法索	1	3	14	20	5.0	6	11	44	56	28	33	2	6
布隆迪	0	1	6	11	4.8	..	..	66	51	41	49	44	46
柬埔寨	1	3	13	22	5.2	6	10	50	46	38	67	5	18
喀麦隆	5	11	41	58	4.3	14	19	19	18	65	56	35	35
加拿大	21	27	77	81	1.3	40	44	18	20	100	100	99	99
中非共和国	1	2	37	39	2.4	..	..	43	41	21	43	5	28
乍得	1	3	21	27	4.6	..	..	38	27	20	23	2	4
智利	11	15	83	89	1.7	35	35	42	39	91	98	48	83
中国	311	586	27	44	3.3	9	17	3	3	48	58	38	52
中国香港	6	7	100	100	1.1	100	100	100	99	..	..	..	..
哥伦比亚	23	34	68	75	2.2	31	37	21	24	80	81	43	55
刚果民主共和国	10	23	28	35	4.2	13	17	35	37	23	23	4	23
刚果共和国	1	2	54	62	2.8	29	35	53	57	..	31	..	29
哥斯达黎加	2	3	51	64	3.3	24	31	47	48	94	95	91	96
科特迪瓦	5	10	40	49	3.9	17	19	42	38	38	36	8	11
克罗地亚	3	3	54	58	-0.1	..	..	27	27	..	99	..	98
古巴	8	8	73	76	0.5	20	19	27	25	86	94	64	81
捷克共和国	8	8	75	74	0.0	12	11	16	15	100	99	98	97
丹麦	4	5	85	87	0.5	20	21	24	24	100	100	100	100
多米尼加共和国	4	7	55	70	2.9	21	21	37	30	83	87	61	74
厄瓜多尔	6	9	55	66	2.5	26	33	28	29	86	96	48	84
埃及	25	35	44	43	1.8	21	18	36	31	91	97	57	92
萨尔瓦多	3	4	49	61	1.9	18	25	37	41	88	89	62	83
厄立特里亚	0	1	16	21	4.0	..	..	72	60	58	52	0	4
爱沙尼亚	1	1	71	69	-1.0	..	..	43	43	..	96	..	94
埃塞俄比亚	6	14	13	17	4.5	4	3	29	20	21	29	1	8
芬兰	3	3	61	64	0.5	17	21	28	33	100	100	100	100
法国	42	49	74	78	0.8	23	23	22	21	100	100	100	100
加蓬	1	1	69	86	3.6	..	..	62	49	..	33	..	30
冈比亚	0	1	38	57	5.5	..	..	66	45	..	68	..	65
格鲁吉亚	3	2	55	53	-1.5	22	26	41	50	97	96	95	93
德国	58	60	73	74	0.2	8	8	6	6	100	100	100	100
加纳	5	12	36	51	4.2	13	17	22	19	11	18	4	7
希腊	6	7	59	61	0.8	30	29	51	47	100	99	92	97
危地马拉	4	7	41	49	3.3	9	8	22	16	84	89	51	73
几内亚	2	4	28	35	3.8	15	16	52	45	18	34	6	11
几内亚比绍	0	0	28	30	2.7	..	..	53	63	..	49	..	9
海地	2	5	29	48	4.6	16	26	56	55	44	24	19	10
洪都拉斯	2	4	40	48	3.2	12	13	29	28	68	80	28	62

	城市人口					人口在百万以上的城市的聚居人口		最大城市的人口		获取改善的卫生防疫设施的人口			
	百万人		占总人口的百分比		年均增长百分比	占总人口的百分比		占城市人口的百分比		占城市人口的百分比		占农村人口的百分比	
	1990	2009	1990	2009	1990–2009	1990	2009	1990	2009	1990	2008	1990	2008
匈牙利	7	7	66	68	0.0	19	17	29	25	100	100	100	100
印度	217	345	26	30	2.4	10	13	4	6	49	54	7	21
印度尼西亚	54	121	31	53	4.2	10	9	15	8	58	67	22	36
伊朗	31	50	56	69	2.6	24	24	21	14	86	..	78	..
伊拉克	13	21	70	67	2.4	26	23	31	27	..	76	..	66
爱尔兰	2	3	57	62	1.7	26	24	46	39	100	100	98	98
以色列	4	7	90	92	2.5	56	57	48	47	100	100	100	100
意大利	38	41	67	68	0.4	19	17	9	8	..	..	..	..
牙买加	1	1	49	54	1.1	..	..	49	40	82	82	83	84
日本	78	85	63	67	0.5	46	49	42	43	100	100	100	100
约旦	2	5	72	78	3.9	27	18	37	23	98	98	..	97
哈萨克斯坦	9	9	56	58	0.0	7	9	12	15	96	97	97	98
肯尼亚	4	9	18	22	3.8	6	8	32	39	24	27	27	32
朝鲜	12	15	58	63	1.3	13	12	21	19	..	..	..	..
韩国	32	40	74	82	1.2	51	48	33	25	100	100	100	100
科索沃	..	..	..	..	..	..	..	..	..	..	..	..	..
科威特	2	3	98	98	1.5	65	80	67	81	100	100	100	100
吉尔吉斯斯坦	2	2	38	36	0.8	..	..	38	44	94	94	..	93
老挝	1	2	15	32	6.0	..	..	70	39	..	86	..	38
拉脱维亚	2	2	69	68	-1.0	..	..	49	46	..	82	..	71
黎巴嫩	2	4	83	87	2.1	43	45	52	52	100	100	..	..
莱索托	0	1	14	26	4.6	..	..	50	41	29	40	32	25
利比里亚	1	2	45	61	4.7	..	29	106	37	21	25	3	4
利比亚	3	5	76	78	2.2	20	17	26	22	97	97	96	96
立陶宛	2	2	68	67	-0.6	..	..	23	24	..	..	..	..
前南斯拉夫马其顿共和国	1	1	58	67	1.2	..	..	40	35	..	92	..	82
马达加斯加	3	6	24	30	4.2	8	9	36	31	14	15	6	10
马拉维	1	3	12	19	5.2	..	..	24	28	50	51	41	57
马来西亚	9	20	50	71	4.1	8	9	12	8	88	96	81	95
马里	2	4	23	33	3.9	9	13	37	38	36	45	23	32
毛里塔尼亚	1	1	40	41	2.8	..	..	53	52	29	50	8	9
毛里求斯	0	1	44	43	0.8	..	..	30	28	93	93	90	90
墨西哥	59	83	71	78	1.8	34	36	26	23	80	90	30	68
摩尔多瓦	2	1	47	41	-1.6	..	..	32	43	..	85	..	74
蒙古	1	2	57	57	1.0	..	..	45	62	..	64	..	32
摩洛哥	12	18	48	56	2.1	18	19	22	18	81	83	27	52
莫桑比克	3	9	21	38	5.8	6	7	27	18	36	38	4	4
缅甸	10	17	25	33	2.6	9	11	29	26	..	86	..	79
纳米比亚	0	1	28	37	3.8	..	..	35	42	66	60	9	17
尼泊尔	2	5	9	18	5.9	..	..	23	19	41	51	8	27
荷兰	10	14	69	82	1.5	13	12	9	8	100	100	100	100
新西兰	3	4	85	87	1.3	25	32	30	36	..	..	88	..
尼加拉瓜	2	3	52	57	2.2	18	23	34	29	59	63	26	37
尼日尔	1	3	15	17	3.9	5	7	35	40	19	34	2	4
尼日利亚	34	76	35	49	4.2	12	15	14	13	39	36	36	28
挪威	3	4	72	78	1.1	..	..	22	23	100	100	100	100
阿曼	1	2	66	72	2.7	..	..	27	31	97	97	61	..
巴基斯坦	33	62	31	37	3.3	16	18	22	21	73	72	8	29
巴拿马	1	3	54	74	3.6	35	39	65	53	73	75	40	51
巴布亚新几内亚	1	1	15	13	1.6	..	..	32	37	78	71	42	41
巴拉圭	2	4	49	61	3.3	26	31	53	51	61	90	15	40
秘鲁	15	21	69	72	1.7	27	30	39	42	71	81	16	36
菲律宾	30	60	49	66	3.6	14	14	26	19	70	80	46	69
波兰	23	23	61	61	0.0	4	4	7	7	96	96	..	80
葡萄牙	5	6	48	60	1.6	37	39	54	44	97	100	87	100
波多黎各	3	4	72	99	2.3	44	69	60	70	..	..	..	..
卡塔尔	0	1	92	96	6.0	..	..	54	32	100	100	100	100

	城市人口					人口在百万以上的城市的聚居人口		最大城市的人口		获取改善的卫生防疫设施的人口			
	百万人		占总人口的百分比		年均增长百分比	占总人口的百分比		占城市人口的百分比		占城市人口的百分比		占农村人口的百分比	
	1990	2009	1990	2009	1990–2009	1990	2009	1990	2009	1990	2008	1990	2008
罗马尼亚	12	12	53	54	-0.3	9	9	17	17	88	88	52	54
俄罗斯联邦	109	103	73	73	-0.3	17	18	8	10	93	93	70	70
卢旺达	0	2	5	19	8.3	..	..	57	49	35	50	22	55
沙特阿拉伯	12	21	77	82	2.7	34	41	19	23	100	100	..	..
塞内加尔	3	5	39	43	3.1	19	22	48	52	62	69	22	38
塞尔维亚	4	4	50	52	0.0	15	15	30	29	..	96	..	88
塞拉利昂	1	2	33	38	2.5	..	..	39	40	..	24	..	6
新加坡	3	5	100	100	2.6	99	95	99	95	99	100	..	..
斯洛伐克共和国	3	3	57	57	0.1	..	..	..	..	100	100	100	99
斯洛文尼亚	1	1	50	48	-0.1	..	..	27	26	100	100	100	100
索马里	2	3	30	37	2.9	16	15	53	40	..	52	..	6
南非	18	30	52	61	2.6	28	34	10	12	80	84	58	65
西班牙	29	36	75	77	1.0	22	23	15	16	100	100	100	100
斯里兰卡	3	3	17	15	0.2	..	..	21	22	85	88	67	92
苏丹	7	19	27	44	5.0	9	12	33	27	63	55	23	18
斯威士兰	0	0	23	25	2.2	..	..	22	25	..	61	..	53
瑞典	7	8	83	85	0.5	12	14	15	16	100	100	100	100
瑞士	5	6	73	74	0.8	15	15	20	20	100	100	100	100
阿拉伯叙利亚共和国	6	12	49	55	3.2	30	32	25	26	94	96	72	95
塔吉克斯坦	2	2	32	26	0.5	..	..	35	38	93	95	..	94
坦桑尼亚	5	11	19	26	4.5	5	7	27	28	27	32	23	21
泰国	17	23	29	34	1.7	10	10	35	30	93	95	74	96
东帝汶	0	0	21	28	3.8	..	..	79	53	..	76	..	40
多哥	1	3	30	43	4.6	16	24	52	56	25	24	8	3
特立尼达和多巴哥	0	0	9	14	3.0	..	..	44	32	93	92	93	92
突尼斯	5	7	58	67	2.1	..	..	14	11	95	96	44	64
土耳其	33	52	59	69	2.3	23	28	20	20	96	97	66	75
土库曼斯坦	2	3	45	49	2.2	..	..	25	25	99	99	97	97
乌干达	2	4	11	13	4.1	4	5	38	36	35	38	40	49
乌克兰	35	31	67	68	-0.5	12	14	7	9	97	97	91	90
阿拉伯联合酋长国	1	4	79	78	4.7	25	33	32	42	98	98	95	95
英国	51	56	89	90	0.5	26	26	15	15	100	100	100	100
美国	188	252	75	82	1.5	42	45	9	8	100	100	99	99
乌拉圭	3	3	89	92	0.6	50	49	56	53	95	100	83	99
乌兹别克斯坦	8	10	40	37	1.1	10	8	26	22	95	100	76	100
委内瑞拉	17	27	84	94	2.5	34	32	17	11	89	..	45	..
越南	13	25	20	28	3.2	9	12	25	24	61	94	29	67
西岸和加沙	1	3	68	72	4.1	..	..	..	..	..	91	..	84
也门共和国	3	7	21	31	5.5	5	9	25	30	64	94	6	33
赞比亚	3	5	39	36	2.0	10	11	24	31	62	59	36	43
津巴布韦	3	5	29	38	2.3	10	13	35	34	58	56	37	37
全世界	**2,257 s**	**3,398 s**	**43 w**	**50 w**	**2.2 w**	**17 w**	**20 w**	**17 w**	**16 w**	**77 w**	**76 w**	**35 w**	**45 w**
低收入国家	121	243	22	29	3.7	8	11	33	32	39	44	19	32
中等收入国家	1,437	2,309	38	48	2.5	14	18	14	13	69	71	31	43
中低收入国家	883	1,559	30	41	3.0	11	15	11	11	58	63	28	41
中高收入国家	554	750	68	75	1.6	25	29	19	19	87	90	58	67
低收入和中等收入国家	1,558	2,552	36	45	2.6	13	17	16	15	67	69	29	41
东亚和太平洋地区	461	875	29	45	3.4	..	..	9	7	54	64	37	54
欧洲和中亚	246	258	63	64	0.2	16	18	14	16	94	94	75	80
拉丁美洲和加勒比地区	308	452	71	79	2.0	32	35	24	22	81	86	38	54
中东和北非	117	191	52	58	2.6	20	20	26	22	90	92	57	76
南亚	281	467	25	30	2.7	10	13	9	12	53	57	11	27
撒哈拉以南非洲地区	145	310	28	37	4.0	11	14	27	26	43	43	21	24
高收入国家	699	845	73	77	1.0	..	..	20	19	100	100	99	98
欧元区	213	241	71	73	0.6	18	18	16	16	100	100	99	100

关于数据的说明

关于城市与农村之间的差别并没有一个一致的、普遍接受的标准定义，部分原因是由于各国状况存在巨大差异。大多数国家都采用了与居住地规模或者特征相关的城市分类。一些国家则基于一定基础设施和服务的提供来定义城市地区。其他国家则根据行政安排来制定城市地区。

一个城市或者大城市地区的人口取决于边界的选择。例如，1990 年中国的北京，在 87 平方公里的“内城”有 230 万人，在 158 平方公里的“核心城”有 540 万人，“内城和内城郊区”的人口为 630 万人，“内城、内城和外城郊区、内城和外城郊区县”人口为 1,080 万人（对于大多数国家来讲，都使用最后一个定义）。关于城市—农村问题的进一步讨论，见表 3.1“关于数据的说明”中的专栏 3.1a。

如果中国、印度和其他几个人口众多的国家改变其对城市中心的定义，则世界城市人口的估计值将会发生显著变化。依据中国国家统计局的数据，到 1996 年末，城市居民约为中国总人口的 43%，而在 1994 年，城市人口仅占总人口的 20%。除了人口不断由农村流入城市地区之外，这种变化的一个主要原因就是数百个小城镇的迅速兴起，它们在近几年被重新划定为城市。由于本表的估计值是依据各国关于小城市或者大都市的构成定义做出的，所以进行跨国比较时需要小心。为了估计城市人口，世界银行使用联合国的城市人口占总人口的比率来估计总人口（见表 2.1）。

本表给出了使用改善的卫生设施的城市人口和农村人口数据，以对城市和农村使用情况进行对比。然而，由于这一定义和城市地区的定义并不统一，所以国家之间的比较可能会产生误导。

发展中经济体城市人口在增长，尤其是低收入经济体和中低收入经济体 3.11a

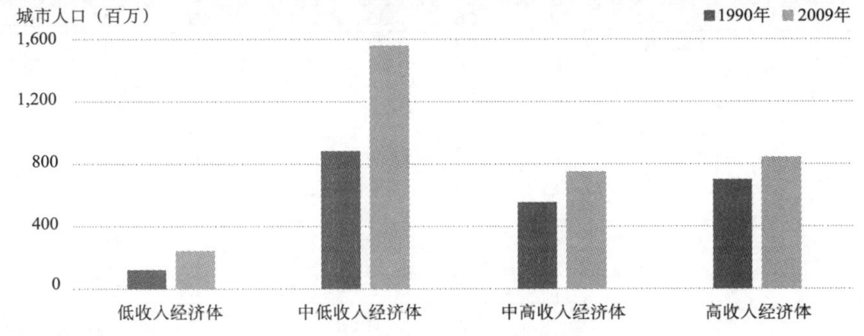

资料来源：表 3.11。

2009 年，拉丁美洲和加勒比地区的城市人口份额最高，甚至超过高收入经济体 3.11b

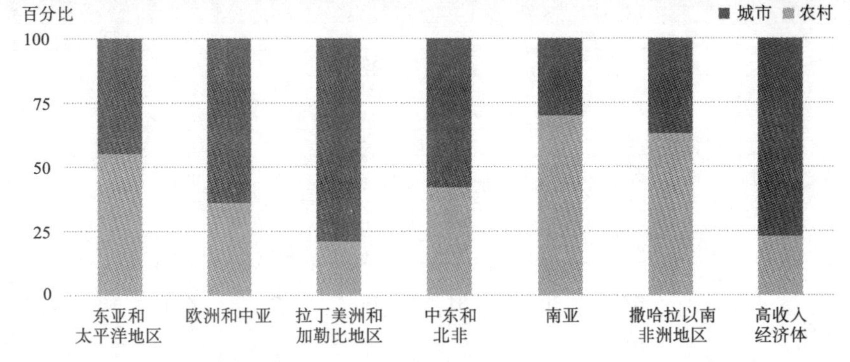

资料来源：表 3.1 和表 3.11。

定义

• **城市人口**是指各国所界定并报告给联合国的城镇地区的年中人口数（见“关于数据的说明”）。 • **人口在百万以上的城市的聚居人口**是指一个国家中生活在人口规模超过 1 百万的特大城市（以 2005 年计）的人口数占该国人口数量的百分比。 • **最大城市的人口**是一个国家最大的特大城市地区的人口占该国城市总人口的百分比。 • **获取改善的卫生设施的人口**是指城市或者农村人口中能够使用至少足够的排泄物处置设施（私有或者共享，但是非公共）的人口百分比，这些排泄物处置设施能够有效地防止人、动物和昆虫接触排泄物。改善的卫生防疫设施范围从简单但有保护的茅坑到连接污水处理系统的冲洗型厕所。卫生防疫设施必须要正确建造并加以适当维护，从而使之有效。

数据资料来源

城镇人口、城市聚居人口和最大城市的人口数据来自联合国人口署的《世界城市化展望：2009 年修订版》。总人口数据是世界银行的估计值。城市和农村地区卫生防疫设施获取情况的数据来自世界卫生组织和联合国儿童基金会的《卫生设施和饮用水进展》（2010 年）。

城市居住环境

	人口普查年份	家庭规模		拥挤状况		耐用住房单元		住房所有权		复合单元住房		空置率	
		人数		居住在拥挤居所内的家庭[a]占总量的百分比		耐用建材建筑的住房占总量的百分比		私人拥有的住房占总量的百分比		占总量的百分比		空置住房占总量的百分比	
		国家	城市	国家	城市	国家	城市	国家	城市	国家	城市	国家	城市
阿富汗		..	..	..	..	..	..	..	..	..	..	..	..
阿尔巴尼亚	2001	4.2	3.9	..	..	..	..	65[b]	30[b]	..	..	12	13
阿尔及利亚	1998	4.9	..	..	..	..	..	67	..	..	..	19	..
安哥拉		..	..	..	..	..	..	..	..	..	..	..	..
阿根廷	2001	3.6	..	19	..	97	..	..	..	4	..	16[b]	..
亚美尼亚	2001	4.1	4.0	4	6	93	93	95	90	1	1	..	..
澳大利亚	2001	3.8	..	1	..	..	..	..	..	..	..	..	..
奥地利	2001	2.4	..	2	..	..	..	48	..	..	..	..	..
阿塞拜疆	1999	4.7	4.4	..	..	..	..	74	62	4	5	..	..
孟加拉国	2001	4.8	4.8	..	..	21[b]	42[b]	88[b]	61[b]	..	..	..	..
白俄罗斯	1999	..	..	..	..	..	..	..	..	..	..	..	..
比利时	2001	2.6	..	0[b]	..	..	..	67	..	32[b]	..	..	..
贝宁	1992	5.9	..	..	..	26	..	59	..	..	..	..	..
玻利维亚	2001	4.2	4.3	40	..	43	58	70	59	3[b]	5[b]	6	4
波斯尼亚和黑塞哥维那		..	..	..	..	..	..	..	..	..	..	..	..
博茨瓦纳	2001	4.2	3.9	27	47	88	90[b]	61	47	1	..	..	..
巴西	2000	3.8	3.7	..	..	..	..	74	75	..	..	..	..
保加利亚	2001	2.7	2.7	..	..	79	89	98	98	..	..	23	17
布基纳法索	1996	6.2	5.8	30	53	..	..	..	..	..	..	..	..
布隆迪	1990	4.7	..	..	..	..	..	..	..	..	..	..	..
柬埔寨	2005	5.0	4.9	35	32	79	88	58	57	27	32	..	..
喀麦隆	1987	5.2	5.1	67	77	77	..	73	48	27	42	..	..
加拿大	2001	2.6	..	..	..	..	..	64	..	32	..	8	..
中非共和国	2003	5.2	5.8	32	36[b]	78	92	85	74	..	..	..	..
乍得	1993	5.1	5.1	..	..	..	..	..	..	..	..	..	..
智利	2002	3.4	3.5	..	..	91	92	66	65	13	15	11	10
中国	2000	3.4	3.2	..	..	82	..	88	74	..	..	1	..
中国香港		..	..	..	..	..	..	..	..	..	..	..	..
哥伦比亚	1993	4.8	..	27[b]	..	83[b]	..	68[b]	..	13	..	10[b]	..
刚果民主共和国	1984	5.4	..	55	..	..	..	..	..	..	..	..	..
刚果共和国	1984	10.5	..	..	..	..	..	76	..	..	..	..	..
哥斯达黎加	2000	4.0	..	22	..	88	..	72	..	2	3	9	6
科特迪瓦	1998	5.4	..	..	..	..	..	..	..	..	..	..	..
克罗地亚	2001	3.0	..	..	..	..	..	..	..	..	..	12	..
古巴	2002	3.1	..	5	..	..	..	..	..	..	..	..	..
捷克共和国	2001	2.4	..	..	..	..	..	52	..	49	..	12	..
丹麦	2001	2.2	..	..	..	..	..	..	..	..	..	..	..
多米尼加共和国	2002	3.9	..	..	..	97	..	..	..	8	..	11	..
厄瓜多尔	2001	3.5	3.7	30	..	81	88	68[b]	58[b]	9	14	12	7
埃及	1996	4.7	..	..	..	..	..	..	..	75	..	..	..
萨尔瓦多	1992	..	..	63	..	67	83	70	68	3	6	11	11
厄立特里亚		..	..	..	..	..	..	..	..	..	..	..	..
爱沙尼亚	2000	2.4	2.3	3	..	..	..	..	..	72	..	13	..
埃塞俄比亚	1994	4.8	4.7	..	..	..	23	..	54	..	..	..	..
芬兰	2000	2.2	..	..	..	..	..	64	..	44	..	..	..
法国	1999	2.5	..	..	..	..	..	55	..	..	..	7	..
加蓬	2003	5.2	..	..	..	..	..	..	..	..	..	..	..
冈比亚	1993	8.9	..	..	..	18	..	68	..	..	..	..	..
格鲁吉亚	2002	3.5	3.5	..	..	..	..	..	..	..	..	..	..
德国	2001	2.3	..	..	..	..	..	43	..	..	..	7	..
加纳	2000	5.1	5.1	..	..	45	..	57	..	53	..	5	..
希腊	2001	3.0	..	1	..	..	..	..	..	..	..	..	..
危地马拉	2002	4.4	4.7	..	..	67	80	81	74	2	4	13	11
几内亚	1996	6.7	..	63	..	..	..	76	..	..	..	..	..
几内亚比绍		..	..	..	..	..	..	..	..	..	..	..	..
海地	1982	4.2	..	26	..	..	..	92	68	..	..	9	19
洪都拉斯	2001	4.4	..	..	..	69	85	..	..	..	..	14	..

城市居住环境

	人口普查年份	家庭规模		拥挤状况		耐用住房单元		住房所有权		复合单元住房		空置率	
		人数		居住在拥挤居所内的家庭[a]占总量的百分比		耐用建材建筑的住房占总量的百分比		私人拥有的住房占总量的百分比		占总量的百分比		空置住房占总量的百分比	
		国家	城市	国家	城市	国家	城市	国家	城市	国家	城市	国家	城市
匈牙利	2001	2.6	..	2	..	..	..	..	..	..	..	4	..
印度	2001	5.3	5.3	77	71	83	81	87	67	..	..	6	9
印度尼西亚	2000	4.0	..	..	..	..	..	..	..	..	..	..	..
伊朗	1996	4.8	4.6	33[b]	26[b]	72	76	73	67	..	..	..	..
伊拉克	1997	7.7	7.2	..	..	88	96	70	66	4	5	13	15
爱尔兰	2002	3.0	..	..	..	..	..	..	..	8[b]	..	..	..
以色列	1995	3.5	..	..	..	..	..	..	..	..	..	..	..
意大利	2001	2.8	..	..	..	..	..	..	..	..	..	21	..
牙买加	2001	3.5	..	..	..	98[b]	..	58[b]	..	2[b]	..	..	..
日本	2000	2.7	..	..	..	..	..	61	..	37	..	..	..
约旦	2004	5.3	5.1	35	34	..	..	64	60	72	80	..	..
哈萨克斯坦		..	..	..	..	..	..	..	..	..	..	..	..
肯尼亚	1999	4.6	3.4	..	..	35	72	72	25	..	..	39	17
朝鲜	2000	3.8	..	23	..	..	..	50	..	15	..	..	..
韩国	1993	4.4	..	..	..	..	..	..	..	..	..	..	..
科索沃		..	..	..	..	..	..	..	..	..	..	..	..
科威特	1995	6.4	..	..	..	..	..	..	..	9[b]	..	11	..
吉尔吉斯斯坦	1999	4.4	3.6	..	..	..	..	..	..	..	..	..	..
老挝	1995	6.1	6.1	..	..	49	77	96	86	..	..	..	..
拉脱维亚	2000	3.0	2.6	4	..	88	..	58	..	74	..	0	..
黎巴嫩		..	..	..	..	..	..	..	..	..	..	..	..
莱索托	2001	5.0	..	10[b]	..	..	..	84	..	0	..	..	..
利比里亚	1974	4.8	..	31	..	20	..	1	..	..	..	..	..
利比亚		6.4	..	..	..	..	..	..	..	..	..	7	..
立陶宛	2001	2.6	..	7	..	..	..	..	..	..	..	..	..
前南斯拉夫马其顿共和国	2002	3.6	3.6	8[b]	..	95[b]	95[b]	48[b]	..	..	..	7[b]	3[b]
马达加斯加	1993	4.9	4.8	64	57	..	..	81	59	..	..	..	..
马拉维	1998	4.4	4.4	30	..	48	84	86	47	..	..	..	..
马来西亚	2000	4.5	4.4	..	..	..	..	..	..	10[b]	16[b]	..	..
马里	1998	5.6	..	..	..	..	..	..	..	..	..	..	..
毛里塔尼亚	1988	..	..	..	..	..	..	..	..	..	..	..	..
毛里求斯	2000	3.9	3.8	6	7	91	94	87	81	..	..	7	6
墨西哥	2005	4.0	3.9	24	20	..	..	..	..	..	..	3	2
摩尔多瓦	2003	..	..	..	..	..	..	..	..	..	..	..	..
蒙古	2000	4.4	4.5	..	..	..	..	..	..	48	56	..	..
摩洛哥	1982	5.9	5.3	..	..	..	..	..	..	..	..	..	..
莫桑比克	1997	4.4	4.9	37	28	7	20	92	83	1	1	0	..
缅甸		..	..	..	..	..	..	..	..	..	..	..	..
纳米比亚	2001	5.3	..	..	..	..	..	..	..	..	..	..	..
尼泊尔	2001	5.4	4.9	..	..	..	..	88	..	..	..	0	..
荷兰		..	..	..	..	..	..	..	..	..	..	..	..
新西兰	2001	2.8	..	1[b]	..	..	..	65	..	17	..	10	..
尼加拉瓜	1995	5.3	..	..	..	79	87	84	86	0	0	8	..
尼日尔	2001	6.4	6.0	..	..	..	..	77	40	..	..	..	..
尼日利亚	1991	5.0	4.7	..	..	..	..	..	..	..	..	..	..
挪威	1980	2.7	..	1	..	..	..	67	..	38	..	..	..
阿曼	2003	7.1	..	..	..	..	..	..	..	..	..	..	..
巴基斯坦	1998	6.8	6.8	..	..	58	86	81	..	..	..	..	..
巴拿马	2000	4.1	..	28[b]	..	88	98[b]	80	66[b]	10[b]	10[b]	14	..
巴布亚新几内亚	1990	4.5[b]	6.5	..	..	..	..	..	44	..	8	..	..
巴拉圭	2002	4.6	4.5	38[b]	..[b]	95[b]	98[b]	79	75	1[b]	2[b]	6[b]	6[b]
秘鲁	2007	3.9	3.9	35	31	..	..	..	..	..	..	..	..
菲律宾	2000	4.9	..	..	..	..	..	71	..	12			
波兰	1988	3.2	..	..	..	..	..	..	..	..	..	1	..
葡萄牙	2001	2.8	..	..	..	..	..	76	..	86	..	..	..
波多黎各	2005	2.8	.	1	..	..	..	75	..	..	..	..	..
卡塔尔		..	..	..	..	..	..	..	..	..	..	..	..

3.12 城市居住环境

	人口普查年份	家庭规模		拥挤状况		耐用住房单元		住房所有权		复合单元住房		空置率	
		人数		居住在拥挤居所内的家庭[a]占总量的百分比		耐用建材建筑的住房占总量的百分比		私人拥有的住房占总量的百分比		占总量的百分比		空置住房占总量的百分比	
		国家	城市	国家	城市	国家	城市	国家	城市	国家	城市	国家	城市
罗马尼亚	2002	2.9	2.8	20	20	..	..	84	72	..	..	..	..
俄罗斯联邦	2002	2.8	2.7	7	5	..	..	..	..	73	86	..	..
卢旺达	2002	4.4	3.7	43	36	13	31	79	41	36	60	..	..
沙特阿拉伯	2004	5.5	..	..	..	92[b]	..	43	..	..	..	..	..
塞内加尔	2002	9.2	8.0	72	68	..	..	74	54	..	..	..	..
塞尔维亚	2001	2.9	2.2	..	..	..	..	..	..	..	..	..	..
塞拉利昂	1985	6.8	..	..	..	34	..	68	..	..	..	..	..
新加坡	2000	4.4	..	..	..	..	..	..	..	..	..	..	..
斯洛伐克共和国		..	..	..	..	..	..	..	..	..	..	..	..
斯洛文尼亚	2002	2.8	2.7	14	17	..	..	91	87	33	56	..	..
索马里	1975	..	..	..	..	..	..	..	..	..	..	..	..
南非	2007	3.0	2.8	16	15	..	..	43	40	..	..	..	..
西班牙	2001	2.9	..	1	..	..	..	82	..	..	..	..	..
斯里兰卡	2001	3.8	..	..	..	93[b]	92[b]	70[b]	58[b]	1	14[b]	13	1[b]
苏丹	1993	5.8	6.0	..	..	..	..	86[b]	58[b]	0[b]	1[b]	..	..
斯威士兰	1997	5.4	3.7	..	..	..	..	..	..	..	..	..	..
瑞典	1990	2.0	..	..	..	..	..	..	..	54	..	1	..
瑞士	2000	2.2	..	1	..	..	..	34	..	77	..	..	..
阿拉伯叙利亚共和国	1981	6.3	6.0	..	..	..	..	..	..	..	..	..	..
塔吉克斯坦	2000	..	..	..	..	..	..	..	..	..	..	..	..
坦桑尼亚	2002	4.9	4.5	33[b]	7[b]	..	..	82[b]	43[b]	..	..	..	..
泰国	2000	3.8	..	..	..	93	93	81	62	3	..	3	..
东帝汶		..	..	..	..	..	..	..	..	..	..	..	..
多哥		..	..	..	..	..	..	..	..	..	..	..	..
特立尼达和多巴哥	2000	3.7	..	9[b]	..	98[b]	..	74[b]	..	17[b]	..	..	..
突尼斯	1994	8.0	..	..	..	99	..	71	89[b]	6	10[b]	15	12[b]
土耳其	1990	5.0	..	..	..	..	..	70	..	..	..	..	..
土库曼斯坦		..	..	..	..	..	..	..	..	..	..	..	..
乌干达	2002	4.7	3.9	..	..	19	61	76	28	37	71	..	..
乌克兰	2003	..	..	..	..	..	..	..	..	..	..	..	..
阿拉伯联合酋长国		..	..	..	..	..	..	..	..	..	..	..	..
英国	2001	..	2.4	..	..	..	..	..	69	..	19	..	..
美国	2005	2.5	..	0	..	..	..	74	..	26	..	..	..
乌拉圭	1996	3.3	3.4	22[b]	..	..	..	57[b]	57[b]	..	..	13[b]	13[b]
乌兹别克斯坦		..	..	..	..	..	..	..	..	..	..	..	..
委内瑞拉	2001	4.4	..	..	..	..	..	78	..	14	..	16	..
越南	1999	4.6	4.5	..	..	77	89	95	86	..	..	..	..
西岸和加沙	1997	7.1	..	..	..	..	..	78	..	45	..	..	..
也门共和国	1994	6.7	6.8	54[b]	6[b]	..	..	88[b]	68[b]	3[b]	11[b]	..	..
赞比亚	2000	5.3	5.9	..	..	..	..	94	30	..	..	..	..
津巴布韦	1992	4.8	4.2	..	..	..	..	94	30	6	..	..	..

a. 每间屋子住两个人以上。b. 数据来自以前的人口普查。

关于数据的说明

城市化能够产生重大的社会福利，使公共服务的获取渠道与就业市场的通达性得到改善。它同时还能够带来对服务的巨大需求。生活居住条件差以及对住房和栖息场所的需求成为决策者主要关心的问题。

对经济上负担得起的住房的需求难以满足，加上城市贫困问题，导致许多贫困国家贫民窟出现紧急状况。改善居住条件需要对商业化治理的住房市场加以更好地理解，并对住房可及性的治理加以改进。这就需要具备良好的数据和适当的、以政策为导向的分析，这样才能够从全球比较的角度，汲取其他国家的经验教训，以形成本国的住房政策。住房政策及其后果会对诸如婴儿死亡率、教育成效、居民储蓄、生产力水平、资本的形成以及政府预算赤字等等广泛的社会经济状况产生影响。因此，更好地理解住房状况就要具备一套在合理框架内的广泛指标。

量化指标能够用于衡量常规情况下的住房状况，以监督住房条件改善的进程，目前对这种指标存在着强大的需求。然而，数据短缺和缺乏严格的量化分析会使在制定政策时难以获得可靠的信息，而这类政策是有望能够改善住房条件的。本表的数据是从住房与人口调查中获得的，它们在收集时使用了相同的定义。本表会在将来的版本中加入家庭调查数据。本表关注的重点是城市地区，这里的住房状况一般更为严峻。由于版面有限，没有把收集到的指标都在表中列出。

较小经济体的部分住房指标 3.12a

	调查年份	家庭规模	拥挤状况	耐用住房单元	住房所有权	复合单元住房	空置率
		人数	居住在拥挤居所内的家庭占总量的百分比[a]	耐用建材建筑的住房占总量的百分比	私人拥有住房占总量的百分比	占总量的百分比	空置住房占总量的百分比
安提瓜和巴布达	2001	3.0	..	99[b]	65[b]	3[b]	22
巴哈马	1990	3.8	12	99	55	13	14
巴林	2001	5.9	..	94[b]	51	28	6
巴巴多斯	1990	3.5	3	100	76	9	9
伯利兹	2000	4.6	..	93	63	4	..
佛得角	1990	5.1	28	78	72	2	..
开曼群岛	1999	3.1	..	100	53	38	19
赤道几内亚	1993	7.5	14	56[b]	75	14	..
斐济	1996	5.4	..	60	65	7	..
关岛	2000	4.0	2[b]	93	48	29	19
马恩岛	2001	2.4	0	..	68	16	..
马尔代夫	2000	6.6	..	93	..	1	15
马绍尔群岛	1999	7.8	..	95	72	12	8
荷属安的列斯	2001	2.9	24[b]	99	60	16	12
新喀里多尼亚	1989	4.1	..	77	53	9	13
北马里亚纳群岛	1995	4.9	9[b]	99	33	27	17
帕劳	2000	5.7	8	76	79	11	3
塞舌尔	1997	4.2	15[b]	97	78	..	0
所罗门群岛	1999	6.3	51	23	85	1	..
圣文森特和格林纳丁斯	1991	3.9	..	98	71	7	..
特克斯和凯科斯群岛	1990	3.3	4	96	66	11	..
维尔京群岛（英）	1991	3.0	2	99	40	46	..
西萨摩亚	1991	7.3	..	42	90	47	30

a. 每间屋子住两个人以上。b. 数据来自以前的人口普查。

资料来源：国家人口及居住条件普查。

定义

• **人口普查年份**是指收集原始数据的年份。 • **家庭规模**指家庭的平均人数。它用总人口除以该国以及该城市地区的家庭数量得出。拥挤状况是指每个房间居住两人及其以上的家庭数量占该国以及该城市家庭总数的百分比。 • **耐用住房单元**指用耐用建材（混凝土、石头、水泥、砖、石棉、锌和灰泥）建筑的，根据当地条件在常规维修状况下预计可在20年或更长时间内保持其质量稳定性的住房单元数量占住房总数的百分比。这里考虑了诸如洪灾、泥石以及地震等灾害的影响。

• **住房所有权**指私人拥有的住房占住房总数的百分比，或者指拥有住房单元的家庭占家庭总数的百分比。这一类别包括私人拥有的以及所有权人在用的单元，具体情况取决于调查时所使用的定义。政府与社团拥有的单元、出租的、私自占用的以及免费租用的住房不包括在内。 • **复合单元住房**指复合单元的数量（例如，供单身租用的公寓套房、同层套房、房产私有和庭院私有的公寓、营房、提供膳食的寄宿舍、孤儿院、退休人员公寓、学生宿舍、旅店以及集体宿舍）占在用住房总量的百分比。 • **空置率**指目前空置的已完工住房单元所占的百分比。它包括所有空置的单元，而无论其是否上市（例如，第二套住房）。

数据资料来源

有关城市住房状况的数据来源于各国的人口与住房普查。

	机动车		客车	道路密度	道路部门的燃料消耗量				燃料价格		颗粒物浓度	
				道路公里数/100平方公里土地		石油当量(千克)			美元/升		每立方米中10微米以下的颗粒物的毫克数(以城市人口为权重)	
	每千人拥有量	每公里道路的汽车数量	每千人拥有量		占总消耗量的百分比	总量/人	柴油/人	汽油/人	超级汽油	柴油		
	2008	2008	2008	2008	2008	2008	2008	2008	2010	2010	1990	2008
阿富汗	27	19	19	6	..	..	..	..	1.15	1.00	68	37
阿尔巴尼亚	114	20	84	63	32	213	184	24	1.46	1.40	92	46
阿尔及利亚	112	35	72	5	16	173	92	63	0.32	0.19	113	69
安哥拉	40	..	8	..	11	65	31	30	0.65	0.43	111	55
阿根廷	314	..	..	8	18	346	179	102	0.96	1.05	104	68
亚美尼亚	105	42	96	26	10	100	0	64	1.08	0.99	481	69
澳大利亚	687	18	551	11	18	1,091	327	645	1.27	1.23	22	14
奥地利	562	42	514	132	22	877	605	199	1.63	1.55	39	29
阿塞拜疆	89	13	72	61	12	188	72	108	0.75	0.56	132	33
孟加拉国	2	2	1	166	6	11	5	2	1.09	0.63	237	134
白俄罗斯	282	..	240	46	6	161	89	51	1.08	0.86	23	7
比利时	543	38	479	503	15	827	659	134	1.87	1.62	30	21
贝宁	21	..	17	17	23	79	27	47	1.04	1.21	78	45
玻利维亚	68	7	18	6	25	149	72	48	0.70	0.54	113	74
波斯尼亚和黑塞哥维那	135	23	119	43	15	242	151	84	1.42	1.42	36	19
博茨瓦纳	113	7	56	4	31	340	136	186	0.93	0.97	93	69
巴西	198	18	158	21	23	298	148	73	1.58	1.14	39	21
保加利亚	353	67	310	36	13	335	196	78	1.51	1.58	108	51
布基纳法索	11	2	7	34	..	..	..	..	1.44	1.28	144	64
布隆迪	6	..	2	44	..	..	..	..	1.43	1.42	68	31
柬埔寨	20	6	18	21	7	26	14	11	1.15	0.98	88	41
喀麦隆	..	..	11	11	10	36	17	18	1.20	1.10	122	47
加拿大	605	14	399	14	17	1,324	336	889	1.21	1.08	25	15
中非共和国	0	0	0	..	..	..	..	..	1.71	1.69	60	34
乍得	6	2	..	3	..	..	..	..	1.32	1.31	209	81
智利	172	36	109	..	18	345	191	137	1.38	1.02	92	62
中国	37	13	27	39	5	85	36	45	1.11	1.04	115	66
中国香港	73	248	55	187	10	204	149	47	1.92	1.32	..	..
哥伦比亚	58	16	41	14	25	171	81	70	1.41	0.95	38	20
刚果民主共和国	5	..	..	7	1	3	0	3	1.28	1.27	71	40
刚果共和国	26	..	15	5	26	98	67	27	1.27	0.84	129	68
哥斯达黎加	163	19	126	74	30	320	159	144	1.14	0.97	43	32
科特迪瓦	20	5	16	25	4	21	14	6	1.68	1.30	87	32
克罗地亚	388	59	346	52	21	432	249	153	1.59	1.49	45	27
古巴	38	7	21	..	3	29	21	5	1.72	1.24	42	23
捷克共和国	513	41	424	166	13	553	330	189	1.75	1.69	67	18
丹麦	477	36	377	170	23	779	442	312	2.00	1.79	29	16
多米尼加共和国	123	..	62	..	18	144	48	89	1.23	1.03	43	16
厄瓜多尔	63	19	38	15	38	289	123	151	0.53	0.28	36	20
埃及	43	33	31	10	17	145	79	54	0.48	0.32	212	97
萨尔瓦多	84	..	41	..	16	131	58	67	0.92	0.89	44	28
厄立特里亚	11	..	6	..	5	7	6	1	2.54	1.07	141	71
爱沙尼亚	477	11	412	128	13	542	286	239	1.54	1.57	44	13
埃塞俄比亚	3	4	1	4	4	16	13	2	0.91	0.78	108	59
芬兰	534	36	461	23	11	740	419	284	1.94	1.60	22	15
法国	598	39	495	173	16	666	483	129	1.98	1.72	18	13
加蓬	..	..	..	3	10	143	106	31	1.14	0.90	9	7
冈比亚	7	3	5	33	..	..	..	..	0.79	0.75	136	62
格鲁吉亚	116	16	95	29	19	135	45	81	1.13	1.13	204	49
德国	554	71	502	180	15	609	309	243	1.90	1.68	27	16
加纳	33	13	21	24	12	49	23	23	0.82	0.83	38	24
希腊	560	54	443	88	21	581	192	359	2.05	1.78	64	32
危地马拉	117	..	..	..	23	134	64	63	0.95	0.85	69	60
几内亚	..	..	..	18	..	..	..	..	0.95	0.95	103	53
几内亚比绍	33	15	27	12	..	..	..	..	..	..	114	47
海地	..	..	..	..	9	25	0	23	1.16	0.89	68	35
洪都拉斯	97	..	69	..	21	135	73	55	1.04	0.92	44	42

	机动车		客车	道路密度	道路部门的燃料消耗量				燃料价格		颗粒物浓度	
	每千人拥有量	每公里道路的汽车数量	每千人拥有量	道路公里数/100平方公里土地	占总消耗量的百分比	石油当量(千克) 总量/人	柴油/人	汽油/人	美元/升 超级汽油	柴油	每立方米中10微米以下的颗粒物的毫克数(以城市人口为权重)	
	2008	2008	2008	2008	2008	2008	2008	2008	2010	2010	1990	2008
匈牙利	384	20	304	212	16	435	254	149	1.67	1.61	33	16
印度	15	4	10	129	7	36	22	10	1.15	0.82	111	59
印度尼西亚	77	40	43	23	12	103	31	67	0.79	0.51	133	72
伊朗	128	53	113	10	19	522	223	249	0.10	0.02	86	55
伊拉克	..	..	..	..	30	330	185	129	0.78	0.56	164	138
爱尔兰	534	24	451	137	29	996	570	385	1.78	1.69	23	13
以色列	313	126	260	82	16	481	155	300	1.85	1.87	66	28
意大利	673	83	596	162	21	626	389	181	1.87	1.69	41	23
牙买加	188	24	138	202	12	204	0	190	0.98	0.98	55	37
日本	593	63	319	318	14	541	175	331	1.60	1.37	42	27
约旦	146	110	102	9	22	264	105	150	1.04	0.73	107	33
哈萨克斯坦	197	33	164	3	6	277	25	238	0.71	0.51	42	15
肯尼亚	21	10	15	11	6	26	16	9	1.33	1.27	64	30
朝鲜	..	..	..	21	2	17	9	7	1.51	1.40	180	59
韩国	346	161	257	105	12	559	278	152	1.52	1.35	51	31
科索沃	..	..	..	..	..	..	..	..	1.63	1.60	..	..
科威特	507	233	282	32	14	1,343	401	868	0.23	0.21	77	95
吉尔吉斯斯坦	59	9	44	17	17	94	0	89	0.85	0.79	76	26
老挝	21	10	2	15	..	..	..	..	1.26	0.97	87	39
拉脱维亚	474	15	412	108	24	481	293	163	1.48	1.49	38	13
黎巴嫩	..	..	..	67	29	360	3	334	1.13	0.77	64	36
莱索托	..	..	..	..	..	..	..	..	0.97	1.07	123	46
利比里亚	3	..	2	..	..	..	..	..	0.98	0.96	68	31
利比亚	291	..	225	..	19	542	325	192	0.17	0.13	101	76
立陶宛	546	23	498	124	18	486	275	122	1.59	1.42	52	17
前南斯拉夫马其顿共和国	144	21	129	54	13	194	106	58	1.52	1.27	45	20
马达加斯加	27	10	8	..	..	..	..	..	1.52	1.26	91	33
马拉维	9	..	4	13	..	..	..	..	1.71	1.54	93	35
马来西亚	334	83	298	30	19	523	193	310	0.59	0.56	35	20
马里	9	..	7	2	..	..	..	..	1.42	1.25	259	112
毛里塔尼亚	..	..	..	1	..	..	..	..	1.16	0.99	145	69
毛里求斯	159	99	123	99	..	..	..	..	1.55	1.23	21	18
墨西哥	264	77	181	19	28	472	128	312	0.81	0.72	67	33
摩尔多瓦	139	39	101	38	10	85	53	26	1.21	1.08	109	36
蒙古	72	4	48	3	13	157	8	139	1.11	1.04	190	111
摩洛哥	71	38	53	13	24	112	93	15	1.23	0.88	38	27
莫桑比克	13	10	9	4	4	18	13	4	1.11	0.86	112	26
缅甸	7	13	5	4	7	22	11	8	0.80	0.80	113	46
纳米比亚	109	4	52	..	33	274	77	170	1.06	1.09	73	48
尼泊尔	5	..	3	12	3	11	7	2	1.18	0.91	67	32
荷兰	515	62	449	328	15	708	396	252	2.13	1.71	45	31
新西兰	733	33	616	35	25	1,004	423	529	1.47	0.97	14	12
尼加拉瓜	57	16	17	16	13	79	44	32	1.09	0.99	44	23
尼日尔	5	4	4	1	..	..	..	..	1.07	1.16	199	96
尼日利亚	31	..	31	21	8	58	8	46	0.44	0.77	195	46
挪威	575	29	461	29	12	733	437	271	2.12	2.01	21	16
阿曼	225	12	174	17	11	665	56	567	0.31	0.38	136	94
巴基斯坦	11	8	9	33	13	63	40	9	0.86	0.92	220	109
巴拿马	120	30	131	18	17	148	0	138	0.85	0.77	58	34
巴布亚新几内亚	9	..	6	..	..	..	..	..	0.94	0.90	35	18
巴拉圭	82	..	39	..	26	181	140	31	1.28	1.01	106	67
秘鲁	55	15	35	8	29	148	106	29	1.41	1.10	96	51
菲律宾	33	14	11	67	17	76	43	28	1.05	0.84	56	19
波兰	495	49	422	123	15	391	216	105	1.57	1.50	60	35
葡萄牙	509	70	495	90	25	579	409	140	1.85	1.58	49	21
波多黎各	642	..	614	287	..	..	..	..	0.65	0.78	23	21
卡塔尔	724	..	335	67	12	2,245	1,388	756	0.19	0.19	71	35

	机动车		客车	道路密度	道路部门的燃料消耗量				燃料价格		颗粒物浓度	
	每千人拥有量	每公里道路的汽车数量	每千人拥有量	道路公里数/100平方公里土地	占总消耗量的百分比	石油当量(千克) 总量/人	柴油/人	汽油/人	美元/升 超级汽油	柴油	每立方米中10微米以下的颗粒物的毫克数(以城市人口为权重)	
	2008	2008	2008	2008	2008	2008	2008	2008	2010	2010	1990	2008
罗马尼亚	219	24	187	83	12	216	136	67	1.46	1.46	36	12
俄罗斯联邦	245	35	206	6	7	318	80	222	0.84	0.72	41	16
卢旺达	4	3	2	53	..	..	..	..	1.63	1.62	60	27
沙特阿拉伯	..	20	415	11	20	1,279	568	646	0.16	0.07	157	104
塞内加尔	23	19	17	8	24	57	45	10	1.57	1.34	92	81
塞尔维亚	227	42	202	45	12	251	182	63	1.50	1.48	33[a]	14[a]
塞拉利昂	5	2	3	..	..	..	..	..	0.94	0.94	87	38
新加坡	150	218	114	475	13	494	305	167	1.42	1.04	107	31
斯洛伐克共和国	319	35	272	89	11	379	230	115	1.70	1.53	46	13
斯洛文尼亚	565	29	520	192	26	985	628	316	1.67	1.62	38	29
索马里	..	..	..	..	..	..	..	..	1.12	1.15	94	31
南非	159	..	108	..	11	293	121	161	1.19	1.14	33	22
西班牙	606	41	486	132	23	703	539	135	1.56	1.47	41	28
斯里兰卡	61	13	19	148	19	86	56	25	1.19	0.66	94	74
苏丹	28	..	20	..	14	54	36	15	0.62	0.43	282	159
斯威士兰	89	25	46	21	..	..	..	..	1.07	1.10	55	35
瑞典	521	8	464	128	16	844	410	365	1.87	1.82	15	11
瑞士	567	61	522	173	22	754	283	441	1.66	1.77	35	22
阿拉伯叙利亚共和国	62	20	27	35	20	189	118	62	0.96	0.45	145	69
塔吉克斯坦	38	..	29	..	4	15	0	12	1.02	0.91	112	43
坦桑尼亚	73	3	4	9	6	26	19	6	1.22	1.19	56	22
泰国	..	..	54	35	16	262	153	73	1.41	0.95	77	55
东帝汶	..	..	..	..	..	..	..	..	1.40	0.90	..	..
多哥	2	..	2	21	11	45	15	27	1.18	1.17	57	29
特立尼达和多巴哥	351	..	..	..	4	587	229	327	0.36	0.24	135	105
突尼斯	114	61	76	12	17	151	101	41	0.94	0.82	71	26
土耳其	138	24	92	54	14	181	114	31	2.52	2.03	76	37
土库曼斯坦	106	22	80	..	5	191	0	182	0.22	0.20	259	65
乌干达	7	3	3	29	..	..	..	..	1.42	1.11	33	12
乌克兰	152	41	138	28	6	177	55	114	1.01	0.92	71	18
阿拉伯联合酋长国	313	..	293	5	14	1,884	964	829	0.47	0.71	281	87
英国	526	77	462	172	19	641	335	271	1.92	1.98	24	13
美国	809	38	451	68	23	1,703	399	1,148	0.76	0.84	30	19
乌拉圭	176	..	151	44	21	259	163	81	1.49	1.44	236	160
乌兹别克斯坦	..	..	..	..	3	63	8	49	0.92	0.83	145	40
委内瑞拉	147	..	107	..	24	553	81	416	0.02	0.01	21	9
越南	13	7	13	48	13	90	50	38	0.88	0.77	123	53
西岸和加沙	39	29	30	85	..	..	..	..	1.71	1.54	..	..
也门共和国	35	..	..	14	27	90	18	62	0.35	0.23	137	67
赞比亚	18	..	11	..	2	10	0	10	1.66	1.52	124	39
津巴布韦	106	..	91	25	4	27	15	11	1.29	1.15	55	40
全世界	**.. w**	**.. w**	**118 w**	**28 w**	**14 w**	**261 w**	**103 w**	**135 w**	**1.21 m**	**1.07 m**	**80 w**	**46 w**
低收入国家	..	..	..	..	5	19	10	7	1.18	1.11	128	60
中等收入国家	42	..	36	25	10	129	56	61	1.08	0.96	96	53
中低收入国家	23	8	15	50	8	78	37	36	1.05	0.89	121	63
中高收入国家	..	..	129	..	15	320	127	156	1.14	1.03	57	31
低收入和中等收入国家	..	..	35	22	10	116	51	55	1.11	0.98	98	54
东亚和太平洋地区	47	16	33	36	7	97	42	50	1.08	0.93	112	61
欧洲和中亚	185	30	152	8	8	228	82	128	1.17	1.11	58	24
拉丁美洲和加勒比地区	169	..	118	18	23	302	121	136	1.04	0.98	58	32
中东和北非	88	..	66	12	19	259	128	111	0.94	0.56	124	71
南亚	16	4	10	129	7	36	23	9	1.12	0.83	133	72
撒哈拉以南非洲地区	34	..	25	..	8	57	24	31	1.22	1.15	119	49
高收入国家	622	38	432	43	19	964	356	526	1.63	1.54	38	24
欧元区	592	..	418	140	18	665	422	194	1.78	1.62	33	20

a. 包括黑山。

关于数据的说明

城市地区的交通拥挤制约了经济生产率，危害居民的健康，降低人们的生活质量。近些年来，轿车拥有量有所增加，经济活动的扩张又导致道路运输系统要在更长的距离内承载更多的货物和服务（见表5.10）。这些发展扩大了对道路和车辆的需求，也增加了城市的拥挤程度、空气污染、健康危害、交通事故以及伤亡等。本表中的机动车、轿车以及道路密度数据通过国际道路联合会（IRF）向各国有关组织发放问卷汇编而成。为了尽可能多地搜集信息，IRF把数据来源分为不同等级。最主要的数据来源就是国家道路协会。在这种协会缺乏数据或者未能得到回答的情况下，IRF将与其他机构联系，例如，道路管理机构、运输部门或者公共机构和中央统计局。因此，汇编的数据质量不同。每个指标由于国家之间定义上的差异，它们的具体内容也可能不同。即使报道的是时间序列，其可比性也是有限的。IRF正采取措施提高《2010年世界道路统计》中数据的质量。因为仅仅涵盖2003—2008年的数据，所以时间序列数据可能不具有可比性。另外一个原因就是覆盖范围。道路密集度只是可及性的粗略指标，并没有涵盖道路的宽度、类型以及状况的信息。因此，在进行跨时比较或者国家间比较时应当小心。数据由国际能源署提供。

燃料价格数据是由德国技术合作局（GTZ）从其地区办事处和代理机构的全球网络以及其他来源收集汇编的，这些来源包括Allgemeiner Deutscher汽车俱乐部（负责欧洲地区的数据）和拉丁美洲能源组织（OLADE，负责拉丁美洲地区的数据）的一个项目。地方价格已经利用调查日期《金融时报》的国际货币表列出的汇率转换成美元。对于存在多重汇率的国家，使用的是市场、并行或者黑市汇率而不是官方汇率。价格数据于2010年11月中旬汇编，基于81美元/桶的原油价格。

对颗粒物集中度的估计存在很大的不确定性，对它们进行解释时应当小心。但是它们适于针对城市居民面临的颗粒物污染的相对风险进行跨国比较。尽管城市户外颗粒物污染主要来源于交通车辆的尾气排放和工业废料的排放，但是非人为因素（例如，沙尘暴）可能也是一些城市颗粒物污染的主要来源。一个国家的技术状况和污染控制状况是该国颗粒物浓度重要决定因素。部分城市的颗粒物数据见表3.14。

生物汽油消耗量占总消耗量的份额最高的是巴西…… 3.13a

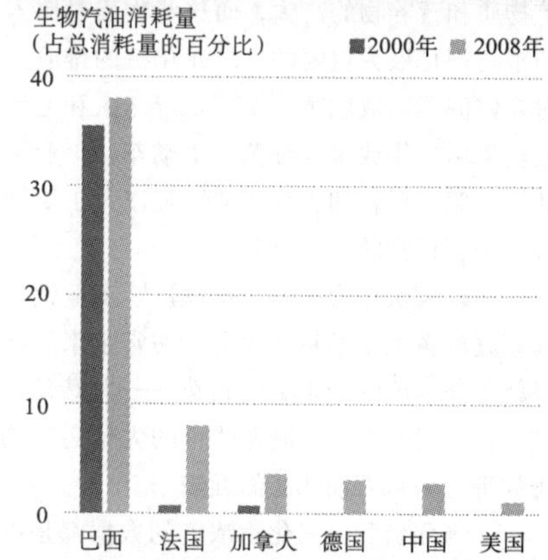

资料来源：国际能源署。

……但是美国消耗的生物汽油最多 3.13b

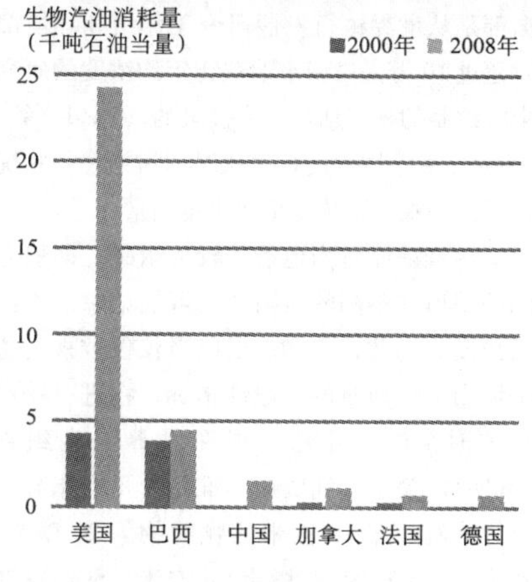

资料来源：国际能源署。

定义

• **机动车**包括轿车、公共汽车和货运汽车，但不包括双轮货车。人口数据指可获得数据的年份的年中人口。道路指汽车道、高速路、主干道或者国道以及中级路或者地区路。汽车道是指特别为机动车交通设计或者铺设的道路，把交通流分成相对的两个方向。

• **轿车**指不同于双轮的用于乘人的道路交通工具，包括司机在内可乘坐人数不超过9人。 • **道路密度**是指一个国家道路网络的总长度与该国国土面积的比率，道路网络包括汽车道、高速路、主干道或者国道、中级路或者地区路以及其他城市和农村道路。 • **道路部门的能源消耗量**指道路部门使用的能源总量，包括来自石油、天然气、可燃烧和可再生废弃物以及电力。 • **总能源消耗量**是一个国家消耗的来自各种来源的能源（见表3.7）。

• **汽油**是内燃发动机中使用的高碳氢化合物石油，例如，机动车，不包括飞机。 • **柴油**是内燃柴油发动机使用的重油燃料。 • **燃料价格**是指最普遍销售级别的汽油和燃料的灌注价格。这些价格已经由当地货币转换成美元（见关于数据的说明）。 • **颗粒物浓度**是指能够侵入呼吸道深处并造成重大健康危害的、直径小于10微米的微小悬浮颗粒物。各国的数据以及各区域、各收入群体的加总数据都是以城市人口为权重衡量的100,000名居民以上的城市居住区10微米以下的颗粒物（PM10）水平。这一估计表明了城市居民每年暴露于户外颗粒物的平均水平。

数据资料来源

机动车、道路密度的相关数据来自IRF的电子文件及其每年的《世界道路统计》（除了脚注）。公路部门能源消耗量数据来自IRF和国际能源署。燃料价格的数据来自GTZ的电子文档。颗粒物浓度数据来自Kiran Dev Pandey等的“世界城市居民区以及重点污染区颗粒物浓度：基于颗粒物的全球模型（GMAPS）的最新估计”（2006年b）。

3.14 大气污染

	城市	城市人口	颗粒物浓度		二氧化硫	二氧化氮
		千人	每立方米中PM10毫克数(以城市人口为权重)		毫克/立方米	毫克/立方米
		2009	1990	2008	2001[a]	2001[a]
阿根廷	布宜诺斯艾利斯	12,988	159	104	..	..
	科尔多瓦	1,479	78	51	..	97
澳大利亚	墨尔本	3,813	17	11	..	30
	珀斯	1,578	16	11	5	19
	悉尼	4,395	27	18	28	81
奥地利	维也纳	1,693	45	34	14	42
比利时	布鲁塞尔	1,892	33	23	20	48
巴西	里约热内卢	11,836	49	26	129	..
	圣保罗	19,960	57	30	43	83
保加利亚	索非亚	1,192	118	55	39	122
加拿大	蒙特利尔	3,750	24	15	10	42
	多伦多	5,377	29	17	17	43
	温哥华	2,197	17	10	14	37
智利	圣地亚哥	5,883	103	69	29	81
中国	鞍山	1,632	132	75	115	88
	北京	12,214	141	80	90	122
	长春	3,504	117	66	21	64
	成都	4,869	136	77	77	74
	重庆	9,348	194	110	340	70
	大连	3,252	79	45	61	100
	广州	8,735	99	56	57	136
	贵阳	2,125	111	63	424	53
	哈尔滨	4,224	121	69	23	30
	济南	3,186	148	84	132	45
	昆明	3,062	111	63	19	33
	兰州	2,243	145	82	102	104
	六盘水	*1,221*	94	53	102	..
	南昌	2,648	124	70	69	29
	上海	16,344	115	65	53	73
	沈阳	5,074	160	90	99	73
	深圳	8,847	89	50	..	..
	天津	7,759	198	112	82	50
	武汉	7,582	125	71	40	43
	郑州	2,914	154	87	63	95
	淄博	2,396	117	66	198	43
	佛山	4,876	107	61	..	..
	成都	4,869	136	77	..	..
	西安	4,704	221	125	..	..
哥伦比亚	波哥大	8,262	51	27	..	..
克罗地亚	萨格勒布	779[b]	48	28	31	..
古巴	哈瓦那	2,140	47	26	1	5
捷克共和国	布拉格	1,162	68	19	14	33
丹麦	哥本哈根	1,174	30	17	7	54
厄瓜多尔	瓜亚基尔	2,634	33	18	15	..
	基多	1,801	44	24	22	..
埃及	开罗	10,902	272	124	69	..
芬兰	赫尔辛基	1,107	24	17	4	35
法国	巴黎	10,410	14	10	14	57
德国	柏林	3,438	30	18	18	26
	法兰克福	680[b]	27	16	11	45
	慕尼黑	1,334	27	16	8	53
加纳	阿克拉	2,269	37	24	..	..
希腊	雅典	3,252	69	34	34	64
匈牙利	布达佩斯	1,705	35	16	39	51
冰岛	雷克雅未	319[b]	23	14	5	42
印度	阿默达巴德	5,606	127	68	30	21

关于数据的说明

户内和户外的空气污染给世界医疗卫生带来了重大负担。世界一半以上的人口都是主要依靠粪便、木材、农作物废料或者煤来获取基本的能源需求。在没有烟囱的灶台和炉子中，利用固体燃料进行烹饪和加热将给户内带来空气污染。户内空气污染每年将带来160万人的死亡——每20秒就有一人死亡。在许多城镇和城市中，暴露于大气污染是对人体健康的主要环境威胁。长期暴露于含有高浓度烟灰和细小颗粒物的大气中，就会造成大范围的健康影响，其中包括呼吸道疾病、肺癌和心脏病。颗粒物污染本身或者与 SO_2 结成的化合物都可能导致严重的健康恶化。

二氧化硫和氮氧化物的排放都会导致长距离的酸雨和其他酸性化合物的沉降。酸沉降改变了土壤的化学平衡，进而会导致大量矿物质和营养物的流失，而这些物质对树木和植物都是极为重要的。二元化硫的排放会对人体健康造成危害，尤其是青年人和老年人。NO_2 的排放来自细菌、机动车、工业活动、氮肥、燃料和生物质的燃烧以及土壤和海洋中有机物的厌氧分解。

在以煤炭作为电站、钢铁厂、工业锅炉和家庭取暖主要燃料的地方，通常带来的结果就是高浓度的城市大气污染——尤其是颗粒物，有时是 SO_2。最为严重的大气污染物排放都是来自石油产品的燃烧。

二氧化硫和氮氧化物浓度的数据都是以根据城市监测站点监测的浓度的平均值为基础。但是并非所有的城市都有监测点。

颗粒物浓度的数据都是所选城市的远离空气污染"热点"（例如，工业区和交通廊道）的居民区年平均浓度的估计值。这些数据都是从世界银行发展研究工作组和环境部对超过10万人口城市颗粒物年均浓度的研究中所编制的整套估计值中摘录的（Pandey 等，2006）。一个国家的技术状况和污染控制状况也是该国颗粒物浓度重要决定因素。

污染浓度对当地条件较为敏感，即使是同一城市，不同的监测站也可能记录下不同的浓度。因此，这些数据应当仅仅被视为各个城市大气质量的一般性指标，在进行跨国比较时，应当小心。现在世界卫生组织（WHO）关于大气质量标准的年平均指导值是：直径小于10微米的颗粒物为20微克/立方米，NO_2 为40微克/立方米，SO_2 为20微克/立方米。

城市		城市人口	颗粒物浓度		二氧化硫	二氧化氮
		千人	每立方米中PM10毫克数(以城市人口为权重)		毫克/立方米	毫克/立方米
		2009	1990	2008	2001[a]	2001[a]
	班加罗尔	7,079	69	37	..	..
	金奈	7,416	57	30	15	17
	德里	21,720	229	122	24	41
	海德拉巴	6,627	62	33	12	17
	坎普尔	3,298	166	89	15	14
	加尔各答	15,294	195	104	49	34
	勒克瑙	2,815	167	89	26	25
	孟买	19,695	96	51	33	39
	那格浦尔	2,556	85	45	6	13
	浦那	4,898	71	38	..	..
印度尼西亚	雅加达	9,121	138	74	..	..
伊朗	德黑兰	7,190	86	55	209	..
爱尔兰	都柏林	1,084	24	13	20	..
意大利	米兰	2,962	46	26	31	248
	罗马	3,357	44	25	..	..
	托里诺	1,662	66	38	..	..
日本	大阪	11,325	48	31	19	63
	东京	36,507	54	35	18	68
	横滨	3,654[b]	42	27	100	13
肯尼亚	内罗毕	3,375	67	32	..	..
韩国	釜山	3,439	52	31	60	51
	首尔	9,778	55	33	44	60
	大邱	2,458	59	36	81	62
马来西亚	吉隆坡	1,493	36	20	24	..
墨西哥	墨西哥城	19,319	89	43	74	130
荷兰	阿姆斯特丹	1,044	45	31	10	58
新西兰	奥克兰	1,360	13	11	3	20
挪威	奥斯陆	875	27	20	8	43
菲律宾	马尼拉	11,449	78	26	33	..
波兰	卡托维兹	309[b]	62	36	83	79
	罗兹	742[b]	61	36	21	43
	华沙	1,710	67	39	16	32
葡萄牙	里斯本	2,808	44	19	8	52
罗马尼亚	布加勒斯特	1,933	40	14	10	71
俄罗斯联邦	莫斯科	10,523	42	16	109	..
	鄂木斯克	1,128	44	17	20	34
新加坡	新加坡	4,737	107	31	20	30
斯洛伐克共和国	布拉迪斯拉发	500[b]	44	13	21	27
南非	开普敦	3,353	20	13	21	72
	德班	2,837	40	27	31	..
	约翰内斯堡	3,607	42	28	19	31
西班牙	巴塞罗那	5,029	43	29	11	43
	马德里	5,762	37	25	24	66
瑞典	斯德哥尔摩	1,279	14	10	3	20
瑞士	苏黎世	1,143	33	21	11	39
泰国	曼谷	6,902	88	63	11	23
土耳其	安卡拉	3,846	74	36	55	46
	伊斯坦布尔	10,378	87	42	120	..
乌克兰	基辅	2,779	91	22	14	51
英国	伯明翰	2,296	22	11	9	45
	伦敦	8,615	27	17	25	77
	曼彻斯特	2,247	24	12	26	49
美国	芝加哥	9,134	33	21	14	57
	洛杉矶	12,675	45	29	9	74
	纽约	19,300	28	18	26	79
委内瑞拉	加拉加斯	3,051	32	14	33	57

a. 最近年份可获得的数据。b. 数据来自各国的资料来源。

定义

• **城市人口**是国家权威机构界定并报告给联合国的城市或者大都市地区的居民数。 • **颗粒物浓度**：**颗粒物**是指能够侵入呼吸道深处并造成重大健康危害的、直径小于10微米的微小悬浮颗粒物；各国颗粒物浓度的数据以及各区域、各收入群体的加总数据都是以城市人口为权重衡量的100,000名居民以上的城市居住区10微米以下的颗粒物（PM10）水平。这一估计表明了平均城市居民每年暴露于户外颗粒物的平均水平。 • **二氧化硫**（SO_2）是含硫的化石燃料燃烧时产生的一种大气污染物。 • **二氧化氮**（NO_2）是由氮氧化物与碳氢化合物在阳光下通过光化学反应而生成的一种有毒的刺激性气体。这一情况在自然条件和人类活动中都会发生。

数据资料来源

城市人口数据来自联合国人口署的《世界城市化展望：2009年修订版》。颗粒物浓度数据来自Kiran Dev Pandey、David Wheeler、BartOstro、Uwe Deichmann、Kirk Hamilton和Katie Bolt的“世界城市居民区以及重点污染区颗粒物浓度：基于颗粒物的全球模型（GMAPS）的最新估计”（2006年）。二氧化硫和二氧化氮浓度数据来自世界卫生组织的《卫生城市大气管理信息系统》以及世界资源研究所。

3.15 政府承诺

	环境战略或行动计划	生物多样性评估、战略或行动计划	加入条约的状况[a]								
			气候变化[b]	臭氧层	氯氟烃的控制	海洋法[c]	生物多样性[b]	京都议定书	濒危野生动植物种国际贸易公约	联合国防治沙漠化公约	斯德哥尔摩公约
阿富汗			2002	2004[d]	2004[d]		2002		1985[d]	1996[d]	
阿尔巴尼亚	1993		1995	1999[d]	1999[d]	2003[d]	1994[d]	2005	2003[d]	2000[d]	2004
阿尔及利亚	2001		1994	1992[d]	1992[d]	1996	1995	2005	1983[d]	1996	2006
安哥拉			2000	2000[d]	2000[d]	1994	1998	2007		1997	2006[d]
阿根廷	1992		1994	1990	1990	1995	1994	2005	1981	1997	2005
亚美尼亚			1994	1999[d]	1999[d]	2002[d]	1993[e]	2005		1997	2003
澳大利亚	1992	1994	1994	1987[d]	1989	1994	1993	2008	1976	2000	2004
奥地利			1994	1987	1989	1995	1994	2005	1982[d]	1997[d]	2002
阿塞拜疆	1998		1995	1996[d]	1996[d]		2000[f]	2005	1998[d]	1998[d]	2004[d]
孟加拉国	1991	1990	1994	1990[d]	1990[d]	2001	1994	2005	1981	1996	2007
白俄罗斯			2000	1986[e]	1988[e]	2006[d]	1993	2005	1995[d]	2001[d]	2004[d]
比利时			1996	1988	1988	1998	1996	2005	1983	1997[d]	2006
贝宁	1993		1994	1993[d]	1993[d]	1997	1994	2005	1984[d]	1996	2004
玻利维亚	1994	1988	1995	1994[d]	1994[d]	1995	1994	2005	1979	1996	2003
波斯尼亚和黑塞哥维那			2000	1992[f]	1992[f]	1994[f]	2002[d]	2007	2002	2002[d]	2010
博茨瓦纳	1990	1991	1994	1991[d]	1991[d]	1994	1995	2005	1977[d]	1996	2002[d]
巴西		1988	1994	1990[d]	1990[d]	1994	1994	2005	1975	1997	2004
保加利亚		1994	1995	1990[d]	1990[d]	1996	1996	2005	1991[d]	2001[d]	2004
布基纳法索	1993		1994	1989	1989	2005	1993	2005	1989[d]	1996	2004
布隆迪	1994	1989	1997	1997[d]	1997[d]		1997	2005	1988[d]	1997	2005
柬埔寨	1999		1996	2001[d]	2001[d]		1995[d]	2005	1997	1997	2006
喀麦隆		1989	1995	1989[d]	1989[d]	1994	1994	2005	1981[d]	1997	2009
加拿大	1990	1994	1994	1986	1988	2003	1992	2005	1975	1996	2001
中非共和国			1995	1993[d]	1993[d]		1995	2008	1980[d]	1996	2008
乍得	1990		1994	1989[d]	1994		1994	2009	1989[d]	1996	2004
智利		1993	1995	1990	1990	1997	1994	2005	1975	1998	2005
中国	1994	1994	1994	1989[d]	1991[d]	1996	1993	2005	1981[d]	1997	2004
中国香港											
哥伦比亚	1998	1988	1995	1990[d]	1993[d]		1994	2005	1981	1999	2008
刚果民主共和国		1990	1995	1994[d]	1994[d]	1995	1996	2005	1976[d]	2004	2005[d]
刚果共和国		1990	1997	1994[d]	1994[d]	2008	1994	2007	1983[d]	1997	2007
哥斯达黎加	1990	1992	1994	1991[d]	1991[d]	1994	1994	2005	1975	1998	2007
科特迪瓦	1994	1991	1995	1993[d]	1993[d]	1994	1994	2007	1994[d]	1997	2004
克罗地亚	2001	2000	1996	1991[e]	1991[e]	1994[f]	1996	2007	2000[d]	2001[e]	2007
古巴			1994	1992[d]	1992[d]	1994	1994	2005	1990[d]	1997	2007
捷克共和国	1994		1994	1993[e]	1993[e]	1996	1993[g]	2005	1993[f]	2000[d]	2002
丹麦	1994		1994	1988	1988	2004	1993	2005	1977	1996[d]	2003
多米尼加共和国		1995	1999	1993[d]	1993[d]		1996	2005	1986[d]	1997[d]	2007
厄瓜多尔	1993	1995	1994	1990[d]	1990[d]		1993	2005	1975	1996	2004
埃及	1992	1988	1995	1988	1988	1994	1994	2005	1978	1996	2003
萨尔瓦多	1994	1988	1996	1992	1992		1994	2005	1987[d]	1997[d]	2008
厄立特里亚	1995		1995	2005[d]	2005[d]		1996[d]	2005	1994[d]	1996	2005[d]
爱沙尼亚	1998		1994	1996[d]	1996[d]	2005[d]	1994	2005	1992[d]		2008[d]
埃塞俄比亚	1994	1991	1994	1994[d]	1994[d]		1994	2005	1989[d]	1997	2003
芬兰	1995		1994	1986	1988	1996	1994[e]	2005	1976[d]	1996[e]	2002[e]
法国	1990		1994	1987[g]	1988[g]	1996	1994	2005	1978	1997	2004[g]
加蓬		1990	1998	1994[d]	1994[d]	1998	1997	2007	1989[d]	1996[d]	2007
冈比亚	1992	1989	1994	1990[d]	1990[d]	1994	1994	2005	1977[d]	1996	2006
格鲁吉亚	1998		1994	1996[d]	1996[d]	1996[d]	1994[d]	2005	1996[d]	1999	2006
德国			1994	1988	1988	1994[d]	1993	2005	1976	1996	2002
加纳	1992	1988	1995	1989[d]	1989	1994	1994	2005	1975	1997	2003
希腊			1994	1988	1988	1995	1994	2005	1992[d]	1997	2006
危地马拉	1994	1988	1996	1987[d]	1989[d]	1997	1995	2005	1979	1998[d]	2008
几内亚	1994	1988	1994	1992[d]	1992[d]	1994	1993	2005	1981[d]	1997	2007
几内亚比绍	1993	1991	1996	2002[d]	2002[d]	1994	1995	2005	1990[d]	1996	2008
海地	1999		1996	2000[d]	2000[d]	1996	1996	2005		1996	
洪都拉斯	1993		1996	1993[d]	1993[d]	1994	1995	2005	1985[d]	1997	2005

	环境战略或行动计划	生物多样性评估、战略或行动计划	加入条约的状况[a]								
			气候变化[b]	臭氧层	氯氟烃的控制	海洋法[c]	生物多样性[b]	京都议定书	濒危野生动植物种国际贸易公约	联合国防治沙漠化公约	斯德哥尔摩公约
匈牙利	1995		1994	1988[d]	1989[d]	2002	1994	2005	1985[d]	1999[d]	2008
印度	1993	1994	1994	1991[d]	1992[d]	1995	1994	2005	1976	1997	2006
印度尼西亚	1993	1993	1994	1992[d]	1992	1994	1994	2005	1978[d]	1998	
伊朗			1996	1990[d]	1990[d]		1996	2005	1976	1997	2006
伊拉克						1994		2009		2010	
爱尔兰			1994	1988[d]	1988	1996	1996	2005	2002	1997	2010
以色列			1996	1992[d]	1992		1995	2005	1979	1996	
意大利			1994	1988	1988	1995	1994	2005	1979	1997	
牙买加	1994		1995	1993[d]	1993[d]	1994	1995	2005	1997[d]	1998[d]	2007
日本			1994	1988[d]	1988	1996	1993[e]	2005	1980	1998[e]	2002[d]
约旦	1991		1994	1989[d]	1989[d]	1995[d]	1993	2005	1978[d]	1997	2004
哈萨克斯坦			1995	1998[d]	1998[d]		1994	2009	2000[d]	1997	2007
肯尼亚	1994	1992	1994	1988[d]	1988	1994	1994	2005	1978	1997	2004
朝鲜			1995	1995[d]	1995[d]		1994[g]	2005		2004[d]	2002[d]
韩国			1994	1992	1992	1996	1994	2005	1993[d]	1999	2007
科索沃											
科威特			1995	1992[d]	1992[d]	1994	2002	2005	2002	1997	2006
吉尔吉斯斯坦	1995		2000	2000[d]	2000[d]		1996[g]	2005		1997[d]	2006
老挝	1995		1995	1998[d]	1998[d]	1998	1996[g]	2005	2004[d]	1996[e]	2006
拉脱维亚			1995	1995[d]	1995[d]	2004[d]	1995	2005	1997[d]	2003[d]	2004
黎巴嫩			1995	1993[d]	1993[d]	1995	1994	2007		1996	2003
莱索托	1989		1995	1994[d]	1994[d]	2007	1995	2005	2003	1996	2002
利比里亚			2003	1996[d]	1996[d]	2008	2000	2005	2005[d]	1998[d]	2002[d]
利比亚			1999	1990[d]	1990[d]		2001	2006	2003[d]	1996	2005[d]
立陶宛			1995	1995[d]	1995[d]	2003[d]	1996	2005	2001[d]	2003[d]	2006
前南斯拉夫马其顿共和国			1998	1994[f]	1994[f]	1994[f]	1997[d]	2005	2000[d]	2002[d]	2004
马达加斯加	1988	1991	1999	1996[d]	1996[d]	2001	1996	2005	1975	1997	2005
马拉维	1994		1994	1991[d]	1991[d]		1994	2005	1982[d]	1996	2009
马来西亚	1991	1988	1994	1989[d]	1989[d]	1996	1994	2005	1977[d]	1997	
马里		1989	1995	1994[d]	1994[d]	1994	1995	2005	1994[d]	1996	2003
毛里塔尼亚	1988		1994	1994[d]	1994[d]	1996	1996	2005	1998[d]	1996	2005
毛里求斯	1990		1994	1992[d]	1992[d]	1994	1992	2005	1975	1996	2004
墨西哥		1988	1994	1987	1988	1994	1993	2005	1991[d]	1996	2003
摩尔多瓦	2002		1995	1996[d]	1996[d]	2007	1995	2005	2001[d]	1999[d]	2004
蒙古	1995		1994	1996[d]	1996[d]	1996	1993	2005	1996[d]	1996	2004
摩洛哥		1988	1996	1995	1995	2007	1995	2005	1975	1997	2004
莫桑比克	1994		1995	1994[d]	1994[d]	1997	1995	2005	1981[d]	1997	2005
缅甸		1989	1995	1993[d]	1993[d]	1996	1995	2005	1997[d]	1997[d]	2004[d]
纳米比亚	1992		1995	1993[d]	1993[d]	1994	1997	2005	1990[d]	1997	2005[d]
尼泊尔	1993		1994	1994[d]	1994[d]	1998	1993	2005	1975[d]	1997	2007
荷兰	1994		1994	1988[d]	1988[e]	1996	1994[e]	2005	1984	1996[e]	2002[e]
新西兰	1994		1994	1987	1988	1996	1993	2005	1989[d]	2000[d]	2004
尼加拉瓜	1994		1996	1993[d]	1993[d]	2000	1995	2005	1977[d]	1998	2005
尼日尔		1991	1995	1992[d]	1992[d]		1995	2005	1975	1996	2006
尼日利亚	1990	1992	1994	1988[d]	1988[d]	1994	1994	2005	1974	1997	2004
挪威		1994	1994	1986	1988	1996	1993	2005	1976	1996	2002
阿曼			1995	1999[d]	1999[d]	1994	1995	2005		1996	2005
巴基斯坦	1994	1991	1994	1992[d]	1992[d]	1997	1994	2005	1976[d]	1997	2008
巴拿马	1990		1995	1989[d]	1989	1996	1995	2005	1978	1996	2003
巴布亚新几内亚	1992	1993	1994	1992[d]	1992[d]	1997	1993	2005	1975[d]	2001[d]	2003
巴拉圭			1994	1992[d]	1992[d]	1994	1994	2005	1976	1997	2004
秘鲁		1988	1994	1989	1993[d]		1993	2005	1975	1996	2005
菲律宾	1989	1989	1994	1991[d]	1991	1994	1993	2005	1981	2000	2004
波兰	1993	1991	1994	1990[d]	1990[d]	1998	1996	2005	1989	2002	2008
葡萄牙	1995		1994	1988[d]	1988	1997	1993	2005	1980	1996	2004[d]
波多黎各											
卡塔尔								2005		1999	2004[d]

	环境战略或行动计划	生物多样性评估、战略或行动计划	加入条约的状况[a]								
			气候变化[b]	臭氧层	氯氟烃的控制	海洋法[c]	生物多样性[b]	京都议定书	濒危野生动植物种国际贸易公约	联合国防治沙漠化公约	斯德哥尔摩公约
罗马尼亚	1995		1994	1993[d]	1993[d]	1996	1994	2005	1994[d]	1998	2004
俄罗斯联邦	1999	1994	1995	1986[e]	1988[e]	1997	1995	2005	1992	2003	
卢旺达	1991		1998	2001[d]	2001[d]		1996	2005	1980[d]	1999	2002[d]
沙特阿拉伯			1995	1993[d]	1993[d]	1996	2001[g]	2005	1996[d]	1997	
塞内加尔	1984	1991	1995	1993[d]	1993	1994	1994	2005	1977[d]	1996	2003
塞尔维亚								2008		2008	2009
塞拉利昂	1994		1995	2001[d]	2001[d]	1994	1994[g]	2007	1994[d]	1997	2003[d]
新加坡	1993	1995	1997	1989[d]	1989[d]	1994	1995	2006	1986[d]	1999	2005
斯洛伐克共和国			1994	1993[f]	1993[f]	1996	1994[g]	2005	1993	2002	2002
斯洛文尼亚	1994		1996	1992[f]	1992[f]	1995[f]	1996	2005	2000[d]	2001	2004
索马里				2001[d]	2001[d]	1994		2011	1985[d]	2002	2010[d]
南非	1993		1997	1990[d]	1990[d]	1997	1995	2005	1975	1997	2002
西班牙			1994	1988[d]	1988	1997	1995	2005	1986[d]	1996	2004
斯里兰卡	1994	1991	1994	1989[d]	1989[d]	1994	1994	2005	1979[d]	1999	2005
苏丹			1994	1993[d]	1993[d]	1994	1995	2005	1982	1996	2006
斯威士兰			1997	1992[d]	1992[d]		1994	2006	1997[d]	1997	2006
瑞典			1994	1986	1988	1996	1993	2005	1974	1996	2002
瑞士			1994	1987	1988		1994	2005	1974	1996	2003
阿拉伯叙利亚共和国	1999		1996	1989[d]	1989[d]		1996	2006	2003[d]	1997	2005
塔吉克斯坦			1998	1996[d]	1998[d]		1997[g]	2009		1997	2007
坦桑尼亚	1994	1988	1996	1993[d]	1993[d]	1994	1996	2005	1979	1997	2004
泰国			1995	1989[d]	1989		2004	2005	1983	2001	2005
多哥	1991		1995	1991[d]	1991	1994	1995[e]	2005	1978	1996	2004
特立尼达和多巴哥			1994	1989[d]	1989[d]	1994	1996	2005	1984[d]	2000	2002[d]
突尼斯	1994	1988	1994	1989[d]	1989[d]	1994	1993	2005	1974	1996	2004
土耳其	1998		2004	1991[d]	1991[d]		1997	2009	1996[d]	1998	2009
土库曼斯坦			1995	1993[d]	1993[d]		1996[g]	2005		1996	
乌干达	1994	1988	1994	1988[d]	1988	1994	1993	2005	1991[d]	1997	2004[d]
乌克兰	1999		1997	1986[e]	1988[e]	1999	1995	2005	1999[d]	2002	
阿拉伯联合酋长国			1996	1989[d]	1989[d]		2000	2005	1990[d]	1999	2002
英国	1995	1994	1994	1987	1988	1997[d]	1994	2005	1976	1997	2005
美国	1995	1995	1994	1986	1988				1974	2001	
乌拉圭			1994	1989[d]	1991[d]	1994	1993	2005	1975	1999	2004
乌兹别克斯坦			1994	1993[d]	1993[d]		1995[g]	2005	1997[d]	1996	
委内瑞拉			1995	1988[d]	1989		1994	2005	1977	1998	2005
越南		1993	1995	1994[d]	1994[d]	2006[d]	1994	2005	1994[d]	1998	2002
西岸和加沙											
也门共和国	1996	1992	1996	1996[d]	1996[d]	1994	1996	2005	1997[d]	1997	2004
赞比亚	1994		1994	1990[d]	1990[d]	1994	1993	2006	1980[d]	1996	2006
津巴布韦	1987		1994	1992[d]	1992[d]	1994	1994	2009	1981[d]	1997	

a. 协议的批准。b. 所示年份为条约在该国生效的年份。c. 条约在1994年11月16日生效。d. 加入。e. 接受。f. 继承。g. 批准。

关于数据的说明

国家环境战略以及有关环境问题的国际条约的加入，提供了政府承诺对环境进行合理管理的证据。但是这些条约的签署并不意味着它们都能得到批准，也不能保证政府将遵守条约所规定的义务。

在许多国家，制止环境退化的努力都失败了，其主要原因在于政府不将这一问题置于优先地位，这也是竞相争取对稀缺资源所有权的反映。为了解决这一问题，许多国家正在准备制定国家环境战略——有些仅仅着眼于狭义的环境问题，而其他则关注环境、经济和社会问题的整体协调。在这些倡议中，就有保护战略和环境行动规划。一些国家还制定了国家环境框架，以及生物多样性战略和框架。

由世界保护联盟（IUCN）发起的国家保护战略，给保护和资源管理问题提供了全面的跨部门分析，有助于将对环境的关注融入到发展进程中。这些战略讨论了一个国家现在和未来的需求、制度的能力、推广技术的条件以及自然资源状况。

国家环境行动规划由世界银行和其他开发机构所支持，它说明一个国家主要的环境关注点，确认环境问题的主要原因，并制定解决这些问题的政策和行动。这些计划是一个持续的过程，其中，政府制定综合性的环境政策，推荐一些专项行动，并拟订为实施这些政策和行动所需要的投资策略、立法和制度安排。

由世界保护监控中心和 IUCN 提出的生物多样性框架，提供了在物种多样性、保护区、主要生态系统和栖息地类型、立法和行政支持等方面的基本背景。在制定科学基准以衡量在生物多样性保护方面所取得的进步的工作中，联合国环境规划署（UNEP）对全球生物多样性的评估进行了协调。

为解决全球性问题，在 1972 年斯德哥尔摩联合国人类环境会议和 1992 年里约热内卢联合国环境与发展大会（地球峰会，该会通过了应对环境挑战系列行动的《21 世纪议程》）感召下，许多国家政府签署了以下国际性条约与协议：

- 气候变化框架公约，其目的在于将大气温室气体浓度稳定在一定水平上，以防止人类活动危及全球气候。
- 保护臭氧层的维也纳公约，其目的在于通过促进对臭氧层变化的影响的研究以及对替代物（例如氯氟烃类替代物）和技术的研究，通过对臭氧层的监测，通过采取措施以控制产生负面效应的活动来保护人类健康和环境。
- 控制氯氟烃的蒙特利尔议定书，它要求各国为保护地球不受过量的紫外线辐射，到 1994 年将氯氟烃消费量在 1986 年基础上减少 20%，到 1999 年，在 1986 年基础上减少 50%，但是允许发展中国家消费量的增加。
- 联合国海洋法公约，于 1994 年 11 月生效。它建立了一套全面性的海洋法律体系，制定了有关环境标准和强制性条款的规则，并为防止和控制海洋污染创建了国际规则和国家立法。
- 生物多样性公约，要求国家之间通过科技合作、使用资金和遗传资源以及生态上合理的技术转移，推动生物多样性的保护。

里约可持续发展地球峰会召开 10 年了，但是许多提议的行动还有待落实。为帮助发展中国家履行条约规定的义务，还专门设立了一项全球环境基金（GEF），主要关注生物多样性、气候变化、国际水问题以及臭氧层破坏等问题的全球性改善。联合国环境规划署（UNEP）、联合国开发计划署（UNDP）和世界银行根据由各国代表组成的管理实体制定的政策，对全球环境基金进行管理。世界银行负责 GEF 的信托资金，并且是 GEF 的主席方。

定义

• **环境战略或行动计划**给环境保护和资源管理问题提供了一个全面的跨部门分析，从而有助于将对环境的关注与发展进程有机地结合起来。它们包括国家保护战略、国家环境行动计划、国家环境管理战略以及国家可持续发展战略。所示国家年份是一项战略或者行动计划通过的年份。 • **生物多样性评估、战略和行动计划**包括生物多样性框架（见“关于数据的说明”）。 • **加入条约的状况**包括 5 项国际条约（见“关于数据的说明”）。

• **气候变化**是指气候变化框架公约（1992 年在纽约签署）。 • **臭氧层**是指保护臭氧层的维也纳公约（1985 年签署）。 • **氯氟烃的控制**是指控制氯氟烃的蒙特利尔议定书（其正式名称为关于损耗臭氧层物质的议定书，1987 年签署）。 • **海洋法**是指联合国海洋法公约（1982 年在牙买加的蒙特哥贝市签署）。 • **生物多样性**指生物多样性公约（1992 年在里约热内卢的地球峰会上签署）。所示国家年份是指公约在该国生效的年份。

• **京都议定书**指 1997 年 12 月在日本东京举行的联合国气候变化框架公约第三次成员国会议通过的气候变化议定书。 • **世界濒危动植物物种国际贸易公约**（CITES），一项用于确保世界动植物的生存不会受到过度开发威胁的政府间协议。1973 年实施，1975 年生效。

• **联合国防治沙漠化公约**（CCD），一项致力于解决世界干旱地区土地恶化问题的国际公约。1994 年实施，1996 年生效。 • **斯德哥尔摩公约**是一项用于保护人类健康以及环境免受有机污染物长期污染的并具有国际法律约束的契约。2001 年实施，2004 年生效。

数据资料来源

有关环境战略以及参与国际环境条约的数据来自联合国《气候变化框架公约》秘书处、UNEP 臭氧秘书处、世界资源研究所、UNEP、国际地球科学信息网络中心和联合国条约丛书。

3.16 自然资源对国内生产总值的贡献

	自然资源总租金	石油租金	天然气租金	煤租金(包括硬煤和软煤)	矿产租金	森林租金
	占GDP的百分比	占GDP的百分比	占GDP的百分比	占GDP的百分比	占GDP的百分比	占GDP的百分比
	2009	2009	2009	2009	2009	2009
阿富汗	4.0	0.0	0.0	0.0	..	4.0
阿尔巴尼亚	1.8	1.7	0.0	0.0	0.0	0.1
阿尔及利亚	25.2	15.1	9.7	0.0	0.2	0.1
安哥拉	39.0	38.6	0.1	0.0	0.0	0.2
阿根廷	6.0	3.5	1.9	0.0	0.5	0.1
亚美尼亚	0.8	0.0	0.0	0.0	0.8	0.0
澳大利亚	6.7	0.9	0.8	1.2	4.9	0.1
奥地利	0.3	0.1	0.1	0.0	0.0	0.1
阿塞拜疆	44.5	39.6	4.9	0.0	0.0	0.0
孟加拉国	3.9	0.0	3.2	0.0	0.0	0.6
白俄罗斯	1.7	1.2	0.1	0.0	0.0	0.5
比利时	0.0	0.0	0.0	0.0	0.0	0.0
贝宁	1.9	0.0	0.0	0.0	0.0	1.9
玻利维亚	17.5	4.5	10.3	0.0	2.2	0.4
波斯尼亚和黑塞哥维那	2.0	0.0	0.0	1.2	1.5	0.5
博茨瓦纳	3.5	0.0	0.0	0.4	3.4	0.2
巴西	5.0	2.1	0.1	0.0	2.4	0.4
保加利亚	1.2	0.0	0.0	0.6	1.0	0.2
布基纳法索	3.7	0.0	0.0	0.0	0.0	3.7
布隆迪	11.3	0.0	0.0	0.0	1.2	10.1
柬埔寨	1.5	0.0	0.0	0.0	0.0	1.5
喀麦隆	9.4	6.8	0.3	0.0	0.1	2.2
加拿大	3.7	2.1	0.6	0.1	0.6	0.4
中非共和国	7.3	0.0	0.0	0.0	0.0	7.3
乍得	36.4	33.7	0.0	0.0	0.0	2.7
智利	15.6	0.0	0.1	0.0	14.8	0.6
中国	2.0	1.4	0.2	2.7	0.3	0.2
中国香港	0.0	0.0	0.0	0.0	0.0	0.0
哥伦比亚	6.3	5.2	0.5	1.0	0.5	0.1
刚果民主共和国	28.0	3.9	0.0	0.0	11.6	12.5
刚果共和国	56.8	52.8	0.0	0.0	0.0	3.9
哥斯达黎加	0.4	0.0	0.0	0.0	0.1	0.4
科特迪瓦	5.9	3.6	1.0	0.0	0.0	1.3
克罗地亚	1.1	0.4	0.5	0.0	0.0	0.2
古巴	..	..	..	..	..	..
捷克共和国	0.3	0.0	0.0	0.3	0.0	0.2
丹麦	1.8	1.4	0.4	0.0	0.0	0.0
多米尼加共和国	0.8	0.0	0.0	0.0	0.8	0.0
厄瓜多尔	15.7	15.3	0.1	0.0	0.0	0.2
埃及	10.7	5.3	5.1	0.0	0.2	0.1
萨尔瓦多	0.5	0.0	0.0	0.0	0.0	0.5
厄立特里亚	1.4	0.0	0.0	0.0	0.0	1.4
爱沙尼亚	0.7	0.0	0.0	1.1	0.0	0.7
埃塞俄比亚	5.0	0.0	0.0	0.0	0.2	4.8
芬兰	0.6	0.0	0.0	0.0	0.1	0.5
法国	0.1	0.0	0.0	0.0	0.0	0.0
加蓬	45.0	39.9	0.3	0.0	0.1	4.7
冈比亚	3.2	0.0	0.0	0.0	0.0	3.2
格鲁吉亚	0.3	0.2	0.0	0.0	0.0	0.1
德国	0.1	0.0	0.1	0.1	..	0.0
加纳	8.6	0.0	0.0	0.0	6.5	2.1
希腊	0.1	0.0	0.0	0.2	0.1	0.0
危地马拉	1.6	0.7	0.0	0.0	0.0	0.9
几内亚	10.5	0.0	0.0	0.0	5.3	5.3
几内亚比绍	3.5	0.0	0.0	0.0	0.0	3.5
海地	0.7	0.0	0.0	0.0	0.0	0.7
洪都拉斯	1.8	0.0	0.0	0.0	0.6	1.2

自然资源对国内生产总值的贡献

	自然资源总租金 占GDP的百分比 2009	石油租金 占GDP的百分比 2009	天然气租金 占GDP的百分比 2009	煤租金(包括硬煤和软煤) 占GDP的百分比 2009	矿产租金 占GDP的百分比 2009	森林租金 占GDP的百分比 2009
匈牙利	0.5	0.2	0.2	0.1	0.0	0.1
印度	4.0	0.8	0.5	2.2	1.7	1.0
印度尼西亚	5.9	2.4	1.3	2.5	1.6	0.5
伊朗	28.4	21.4	6.6	0.0	0.3	0.0
伊拉克	68.6	68.1	0.5	0.0	0.0	0.0
爱尔兰	0.1	0.0	0.0	0.0	0.0	0.0
以色列	0.3	0.0	0.2	0.0	0.1	0.0
意大利	0.1	0.1	0.0	0.0	0.0	0.0
牙买加	1.2	0.0	0.0	0.0	1.1	0.2
日本	0.0	0.0	0.0	0.0	..	0.0
约旦	1.7	0.0	0.1	0.0	1.6	0.0
哈萨克斯坦	27.3	20.9	4.7	4.3	1.7	0.0
肯尼亚	1.4	0.0	0.0	0.0	0.0	1.4
朝鲜	..	..	..	..	..	..
韩国	0.0	0.0	0.0	0.0	..	0.0
科索沃	0.0	0.0	0.0	..	..	..
科威特	..	..	..	..	..	..
吉尔吉斯斯坦	0.5	0.5	0.0	0.3	0.0	0.0
老挝	1.9	0.0	0.0	0.0	0.0	1.9
拉脱维亚	1.1	0.0	0.0	0.0	0.0	1.1
黎巴嫩	0.0	0.0	0.0	0.0	0.0	0.0
莱索托	1.8	0.0	0.0	0.0	0.0	1.8
利比里亚	15.6	0.0	0.0	0.0	0.7	14.9
利比亚	48.4	44.7	3.7	0.0	0.0	0.0
立陶宛	1.4	0.1	0.0	0.0	0.0	1.3
前南斯拉夫马其顿共和国	0.1	0.0	0.0	0.0	0.0	0.1
马达加斯加	2.0	0.0	0.0	0.0	0.1	1.9
马拉维	2.5	0.0	0.0	0.0	0.0	2.5
马来西亚	12.3	6.1	5.7	0.0	0.0	0.5
马里	1.3	0.0	0.0	0.0	0.0	1.3
毛里塔尼亚	30.1	0.0	0.0	0.0	29.4	0.6
毛里求斯	0.0	0.0	0.0	0.0	0.0	0.0
墨西哥	6.8	5.5	0.7	0.1	0.4	0.1
摩尔多瓦	0.2	0.1	0.0	0.0	0.0	0.1
蒙古	12.7	1.4	0.0	3.9	11.0	0.3
摩洛哥	2.3	0.0	0.0	0.0	2.2	0.1
莫桑比克	8.5	0.0	5.1	0.0	0.0	3.4
缅甸	..	..	..	..	..	..
纳米比亚	0.5	0.0	0.0	0.0	0.5	0.0
尼泊尔	5.6	0.0	0.0	0.0	0.0	5.6
荷兰	1.1	0.1	1.1	0.0	0.0	0.0
新西兰	2.3	0.7	0.5	0.1	0.4	0.6
尼加拉瓜	2.9	0.0	0.0	0.0	1.0	1.8
尼日尔	1.7	0.0	0.0	0.0	..	1.7
尼日利亚	23.3	20.3	1.8	0.0	0.0	1.2
挪威	13.2	9.5	3.6	0.0	0.0	0.1
阿曼	40.1	32.3	7.7	0.0	0.0	0.0
巴基斯坦	4.4	0.7	2.7	0.1	0.0	1.0
巴拿马	0.1	0.0	0.0	0.0	0.0	0.1
巴布亚新几内亚	32.7	0.0	0.0	0.0	29.7	3.0
巴拉圭	1.7	0.0	0.0	0.0	0.0	1.7
秘鲁	8.2	0.9	0.4	0.0	6.8	0.1
菲律宾	1.7	0.0	0.4	0.1	1.1	0.2
波兰	0.8	0.1	0.1	0.9	0.4	0.2
葡萄牙	0.1	0.0	0.0	0.0	..	0.1
波多黎各	..	..	..	..	..	..
卡塔尔	28.6	14.0	14.6	0.0	0.0	..

自然资源对国内生产总值的贡献

	自然资源总租金 占GDP的百分比 2009	石油租金 占GDP的百分比 2009	天然气租金 占GDP的百分比 2009	煤租金(包括硬煤和软煤) 占GDP的百分比 2009	矿产租金 占GDP的百分比 2009	森林租金 占GDP的百分比 2009
罗马尼亚	2.0	0.9	0.8	0.2	..	0.2
俄罗斯联邦	20.7	13.4	5.8	1.0	1.1	0.3
卢旺达	3.3	0.0	0.0	0.0	0.0	3.3
沙特阿拉伯	47.2	43.8	3.4	0.0	0.0	0.0
塞内加尔	1.8	0.0	0.0	0.0	0.4	1.3
塞尔维亚	..	..	..	..	..	..
塞拉利昂	4.5	0.0	0.0	0.0	0.6	3.8
新加坡	0.0	0.0	0.0	0.0	0.0	0.0
斯洛伐克共和国	0.3	0.0	0.0	0.0	0.0	0.3
斯洛文尼亚	0.1	0.0	0.0	0.1	0.0	0.1
索马里	..	..	..	..	..	..
南非	4.7	0.1	0.1	4.2	3.3	1.2
西班牙	0.0	0.0	0.0	0.0	..	0.0
斯里兰卡	0.8	0.0	0.0	0.0	0.0	0.8
苏丹	16.9	16.0	0.0	0.0	0.1	0.8
斯威士兰	2.3	0.0	0.0	0.0	..	2.3
瑞典	0.8	0.0	0.0	0.0	0.4	0.5
瑞士	0.0	0.0	0.0	0.0	0.0	0.0
阿拉伯叙利亚共和国	14.4	12.4	1.8	0.0	0.2	0.0
塔吉克斯坦	0.2	0.1	0.1	0.1	0.0	0.0
坦桑尼亚	6.3	0.0	0.4	0.0	3.5	2.4
泰国	3.6	1.6	1.7	0.1	0.0	0.3
东帝汶	0.4	0.0	0.0	0.0	0.0	0.4
多哥	4.5	0.0	0.0	0.0	2.1	2.4
特立尼达和多巴哥	35.2	10.3	24.9	0.0	0.0	0.0
突尼斯	4.9	3.8	0.9	0.0	..	0.2
土耳其	0.3	0.1	0.0	0.1	0.1	0.1
土库曼斯坦	41.0	17.1	24.0	0.0	0.0	..
乌干达	5.2	0.0	0.0	0.0	0.0	5.2
乌克兰	3.6	0.9	2.4	2.4	0.0	0.3
阿拉伯联合酋长国	20.9	17.6	3.3	0.0	0.0	..
英国	1.4	1.0	0.4	0.0	0.0	0.0
美国	0.9	0.5	0.2	0.2	0.1	0.1
乌拉圭	0.7	0.0	0.0	0.0	0.0	0.7
乌兹别克斯坦	28.2	2.8	25.4	0.1	0.0	0.0
委内瑞拉	15.6	13.8	1.2	0.0	0.5	0.0
越南	8.1	6.0	1.3	2.2	0.1	0.7
西岸和加沙	..	..	..	..	..	..
也门共和国	19.7	19.4	0.3	0.0	0.0	0.0
赞比亚	18.4	0.0	0.0	0.1	16.4	2.0
津巴布韦	5.2	0.0	0.0	3.2	1.9	3.3
全世界	3.7 w	1.9 w	0.6 w	0.5 w	0.5 w	0.2 w
低收入国家	6.3	0.7	0.9	0.1	2.0	2.6
中等收入国家	8.7	4.7	1.4	1.4	1.0	0.3
中低收入国家	6.8	2.9	0.8	2.1	0.6	0.4
中高收入国家	11.2	6.8	2.1	0.5	1.5	0.3
低收入和中等收入国家	8.7	4.6	1.3	1.3	1.0	0.4
东亚和太平洋地区	5.3	1.6	0.6	2.4	0.4	0.2
欧洲和中亚	13.7	8.2	3.7	0.9	0.7	0.2
拉丁美洲和加勒比地区	7.0	4.1	0.5	0.1	2.0	0.3
中东和北非	22.7	17.6	4.6	0.0	0.4	0.1
南亚	5.8	0.8	0.8	1.8	1.4	1.1
撒哈拉以南非洲地区	14.2	8.8	0.5	1.3	1.8	1.7
高收入国家	1.6	0.9	0.3	0.1	0.2	0.1
欧元区	0.2	0.0	0.1	0.0	..	0.0

注：由于四舍五入，各部分加总可能不等于100%。

3.16 自然资源对国内生产总值的贡献

关于数据的说明

在搭建可持续发展的分析框架时，需要把自然资源对经济产出的贡献计算在内。一些国家的自然资源尤其是化石燃料和矿产的收益占GDP的比重很高，主要以经济租金的形式存在——经济租金是指扣减开采成本后的收入。自然资源之所以能够产生经济租金是因为它们不是被生产出来的。对于生产形成的商品和服务来说，竞争会推动其产量扩大，直到经济利润下降为零。但自然资源的供给却是有限的，其收益大大高于开采成本。当一个国家的资本存量所剩无几时，它就会从化石燃料和矿产等不可再生资源和过度开采森林中攫取租金，如果这些国家是用这些租金来满足当前消费，而不是用来投资新资本或替代消耗殆尽的物资，那么它们就是在透支未来。

一种商品的价格与生产该商品的平均成本之间的差额就是经济租金，表中的自然资源租金也是这样计算出来的。租金的计算方法是：单位特定自然资源商品的世界市场价格减去开采或收获该自然资源的平均单位成本（其中，包括资本的正常收益）。单位租金乘以国家开采或收获的自然资源量就得到每种商品的租金，以占国民总收入比重的形式表示。本文对经济租金的定义不同于国民账户体系的定义，后者认为租金是一种所有权收入，佃户需要向土地所有者支付土地使用租金，机构组织需要向地下资源所有者付费，以获得地下资源开采权。

前几版《世界发展指标》的环境章节都收录了“广义储蓄”表，广义储蓄即经调整的净储蓄加上人力资本后扣减固定资本折旧、自然资源消耗和污染损失。经调整的净储蓄可以反映一个国家有形资本和无形资本存量的净增加或净减少。本版《世界发展指标》将该表放入经济章节（见表4.11），与表4.10“广义收入”互为补充。

定义

• **石油租金**是指原油的世界市场价格与开采原油总成本之间的差额。 • **天然气租金**是指天然气的世界市场价格与开采天然气总成本之间的差额。 • **煤租金**是指硬煤和软煤的世界市场价格与开采煤总成本之间的差额。 • **矿产租金**是指矿产的世界市场价格与开采矿产总成本之间的差额。本文所谓的矿产包括锡、金、铅、锌、铁、铜、镍、银、铁矾土和磷酸盐。 • **森林租金**是指圆木长成后圆木制成品的平均价格，是一种地区性租金（根据其他评论文献整理，世界银行，2011）。 • **自然资源总租金**是指石油租金、天然气租金、煤租金（硬煤和软煤）、矿产租金和森林租金的总和。

石油是中东和北非地区最主要的自然资源 3.16a

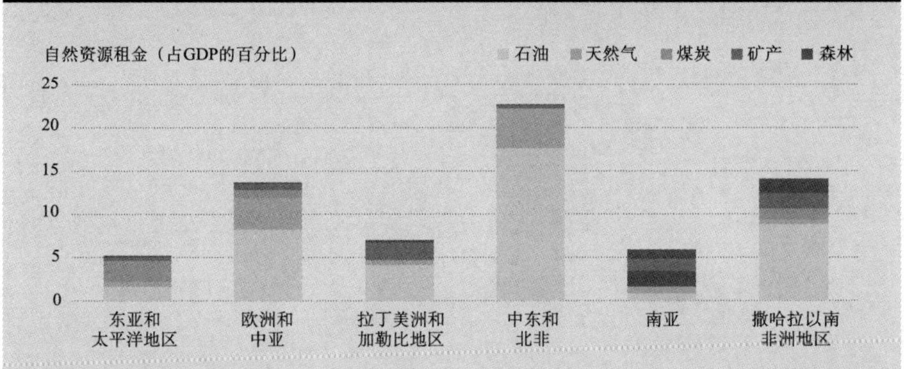

资料来源：表3.16。

中高收入国家的自然资源占GDP的比重最高 3.16b

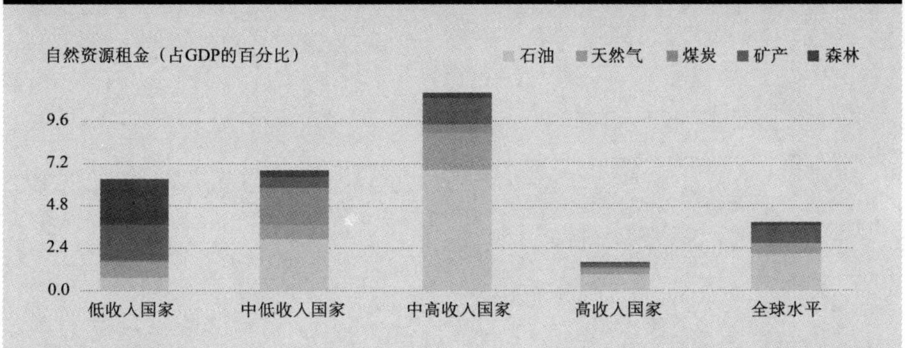

资料来源：表3.16。

数据资料来源

自然资源对GDP贡献度的数据根据《国家财富的变化：对新千年发展目标可持续发展的衡量》（世界银行，2011a）中的数据源和测算法估算得到。

经济

4

最新的修正数据显示，2009 年全球经济遭遇了大萧条以来最严重的衰退。全球国民生产总值（GDP）在2008 年8.6%的基础上缩减了1.9%，其中发达国家下降了3.3%，发展中国家上升了2.7%。在发展中国家地区，欧洲和中亚表现得最糟，降低了5.8%（见图4a）。与此形成鲜明对比的是，东亚和太平洋地区以及南亚地区分别增长了7.4%和7%。2010 年，全球经济开始回暖，其中发展中国家的国内需求为全球经济增长贡献了46%。发展中国家对全球增长的贡献度自2000 年以来持续上升，而且在经济危机中较发达国家相对稳定（见图4b）。据初步估计（随后可能会进行修正），2010 年全球增长率为3.9%——发达国家2.8%，发展中国家7%（见图4c）。

GDP 数据修正

在GDP 初值公布后的1—2 个月，政府当局会根据从其他渠道获得的最新数据对初值进行修正。比如，美国经济分析局会发布3 个不同的GDP 季度数据——预测值（约季度结束后1 个月），初值（季度结束后2 个月）和终值（季度结束后3 个月）。其他国家的操作与此类似，只是数据滞后时间有所差异。还有一些国家只统计GDP 年度数据，而不是按季度汇总。不同统计口径的GDP 数值差异会随着每次修正而缩小，GDP 均值则较为稳定（见图4d）。

每当出现新的统计方法或数据来源，或者数据收集手段有所改进，就需要对GDP 进行较大的改动。统计能力先进的国家每5 年就会对GDP 进行一次全面修正。修正方案会参考秘书处间国民账户工作组（Inter-secretariat Working Group on National Accounts）的最新建议。修正方案可能会变更作为不变价格基准的基期年度（即重订基期）。以新基年的一系列相关价格构成的新基准价格将改变总值中各分项的权重。

经过全面修正的GDP 值通常比修正前的更高，因为数据源的改善扩大了经济覆盖面，而且方兴未艾的工业部门的新权重也更准确地反映了这些部门对经济的贡献度。近年有几个国家对其国民账户数据进行了全面修正，这些国家修正的GDP 值都有所提高。

加纳统计局于2010 年11 月修正了国民账户数据，使2006 年的GDP 数值上升了60%（见图4e），其中农业上升了11%，工业上升了6%，服务业上升了44%（见图4f）。其他国家也因统计方法和数据来源改善

不同发展中地区的GDP 增长率不同 4a

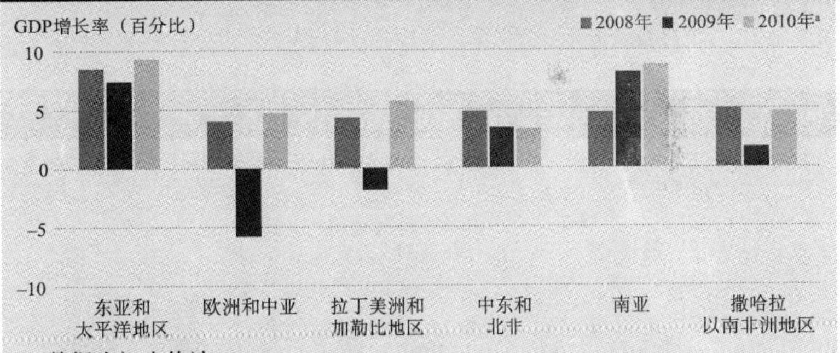

a. 数据为初步估计。

资料来源：《世界发展指标》数据库。

发展中国家对全球经济增长的贡献度日益提高 4b

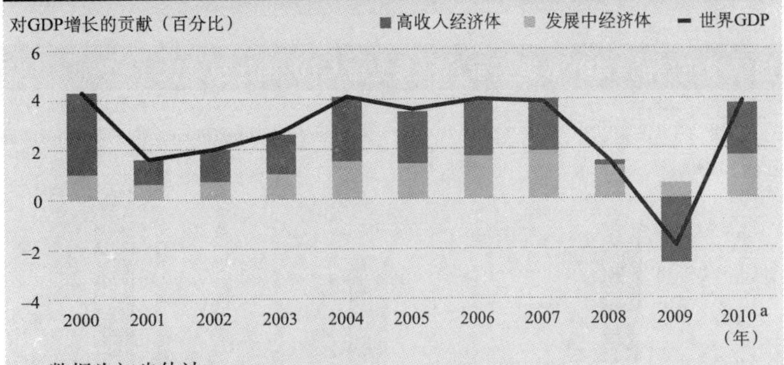

a. 数据为初步估计。

资料来源：《世界发展指标》数据库。

2010 年发展中经济体和高收入经济体经济增长反弹　4c

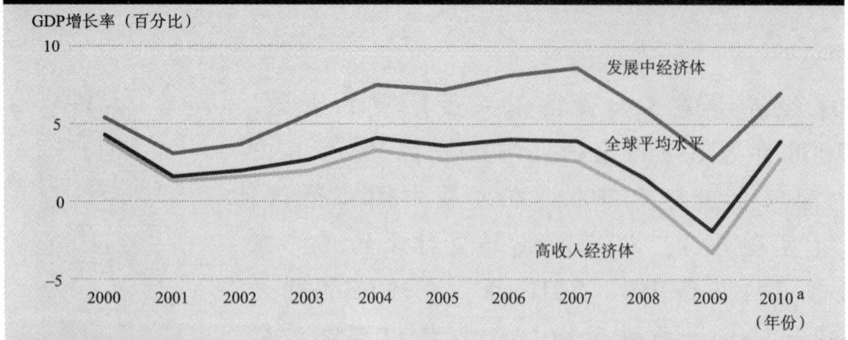

a. 数据为初步估计。
资料来源：《世界发展指标》数据库。

对 GDP 的修正幅度随时间不断缩小，GDP 均值也变得较为稳定　4d

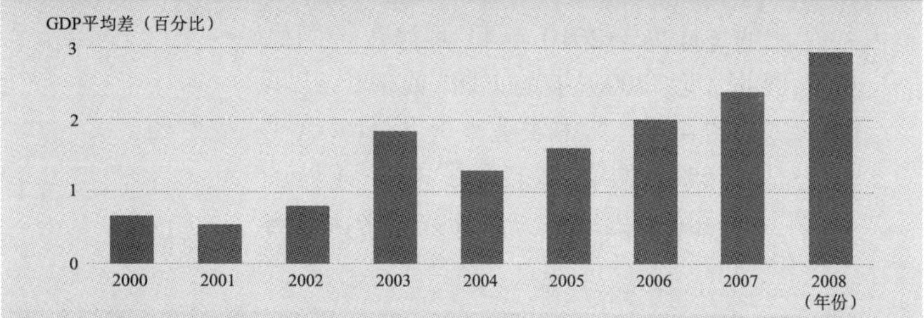

注：以当前价格衡量的 GDP 在《2010 年世界发展指标》与《2011 年世界发展指标》之间的平均差。
资料来源：《世界发展指标》数据库。

2006 年设定为新的基年后，加纳修正后的 GDP 增长了 60%　4e

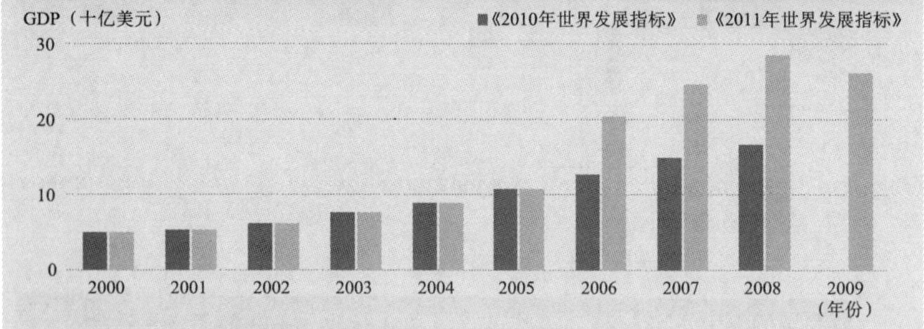

资料来源：《世界发展指标》数据库。

加纳修正后的 GDP 数据显示，服务业占 GDP 的比重最大　4f

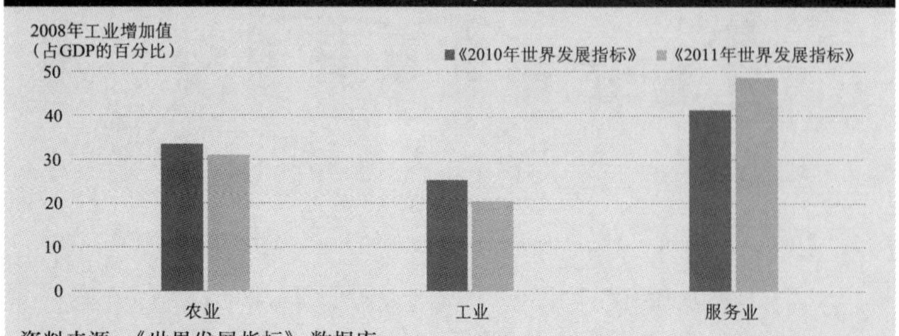

资料来源：《世界发展指标》数据库。

而对国民账户进行了类似修正。纳米比亚于 2008 年修正了国民账户，使 2000—2007 年的 GDP 上升了 10%—30%。马拉维于 2007 年修正了国民账户，GDP 上升了 37%。圣多美和普林西比于 2006 年修正了国民账户，修正后以 2001 年为新基年的 GDP 上升了 47.5%。有关近期修正国民账户国家的更多信息见“基础数据文献”。

许多国家只在变更基年的时候，才会将新的数据源纳入国民账户统计，基年就是不变价格的基期或定价期。如果两次变更之间相隔时间很长，那么由此产生的修正差就会很大。为了减少修正差，统计当局应当及时添加新的数据源，并且至少每 5 年就对国民账户基年进行一次变更。

需要提醒数据使用者的是，变更基年会使时间序列产生中断。新数据源和计算方法通常是最近几年才开始使用的，这就会使最后一年根据旧数据得到的 GDP 数值与第一年根据新数据得到的 GDP 数值之间出现断层。对于不变价 GDP 来说，这一问题比较容易解决，可以通过新旧数据序列对接，利用历史增长率来计算 GDP 数值。但对于名义 GDP 来说，时间序列的中断就很难避免了，除非统计局愿意逐段修正历史数据。

广义收入和储蓄

本年度的经济部分新增了两张图表。表 4.10 反映的是经调整的净国民收入，表 4.11 之前在环境部分，反映的是经调整的净储蓄。两张图表都参考了最新出版的《国家财富的变化》（世界银行，2011a）。

经调整的净储蓄可以反映一个国家国民财富的增减变化。总储蓄扣减固定资本折旧、自然资源耗减、人力资本损耗、二氧化碳及颗粒排放造成的损失等，即得到净储蓄。如果净储蓄为负，就意味着资本存量在下降以及未来福利将减少。本文认为，通过投资创造国家财富才是提高居民生活水平的关键，应该把国民储蓄用于投资。

经调整的净国民收入一表提供了GDP增长率、国民总收入（GNI）和经调整的净国民收入的数据。用GNI测量一国居民可支配的经济资源比GDP更为准确，因为该指标考虑了来自其他国家的收入（如利润、工资和租金），以及流向其他国家的支出（见专栏4g）。用GNI减去固定资本消耗（即折旧）和自然资源耗减，可以得到更准确的经调整的净国民收入。一些国家经调整的净国民收入增长率与其GDP增长率完全是两种不同的景象。

经济发展和社会进步的量度　4g

国内生产总值（GDP）是最常用的测量经济活动的手段，也经常被用于衡量福利水平。但是，正如经济发展和社会进步测量委员会（Commission on the Measurement of Economic and Social Progress）指出的那样，GDP作为单一指标衡量福利水平是有许多缺陷。委员会报告列举了GDP测量法本身存在的问题，建议增加补充测量手段，如有关福利水平的主客观测量以及当前消费水平可持续性的测量。委员会认为经调整的净储蓄是“可持续能力这一概念在经济上的体现”（Stiglitz、Sen和Fitoussi，2009，第108页）。报告同时也指出，对环境恶化的调整目前大都局限于二氧化碳排放，而且给自然资源和环境恶化定价有一定困难。其他有关改进GDP测量法的建议还有：准确测量产品和服务质量的提高以及政府服务的增值（通常是根据投入进行测量，而不考虑实际产出）。

货币指标的修正

根据国际货币基金组织（IMF）新公布的编制报告的格式，我们对表4.15中的货币指标进行了修正，在统一的新格式下，各国出具的货币数据报告将与《货币与金融统计手册》（IMF，2000）和《货币和金融统计编制指引》（IMF，2008）保持一致。目前有120多个国家依照新格式出具货币数据报告，其中大多数国家的标准报告都包含该国的货币总量以及其他储蓄机构和金融机构的资产负债数据。新报告格式对金融机构的资产负债进行了细分，根据金融工具、国内经济部门和辖区将资产和负债进行归类。这一新的格式拓宽了许多国家的统计覆盖面，把其他一些储蓄机构和货币体也纳入其中。

IMF的新报告格式采用了广义货币概念。广义货币是指在储蓄机构之外流通的现金、可转让存单及其他形式的流动性。表4.15用广义货币替代了货币和准货币；用金融机构对国内经济——包括私人部门、国家和地方政府、非金融公共企业及其他金融公司——的债权替代了金融机构对私人部门的债权；用金融机构对中央政府的净债权替代了金融机构对政府及其他公共实体的债权。

部分发展中国家近期的经济业绩

	国内生产总值		货物和服务出口		货物和服务进口		国内生产总值平减指数		经常账户余额		国际储备总额	
	年均增长百分比		年均增长百分比		年均增长百分比		年均增长百分比		占GDP的百分比		百万美元	进口覆盖的月份数
	2009	2010[a]	2009	2010[a]	2009	2010[a]	2009	2010[a]	2009	2010[a]	2010[a]	2010[a]
阿尔巴尼亚	2.5	3.0	5.9	12.7	−12.0	5.2	2.3	2.0	−15.6	−12.2	2,496	4.5
阿尔及利亚	2.1	2.4	−3.0	3.0	16.7	12.5	−9.4	8.6	−10.0	4.6	166,989	42.0
安哥拉	0.7	3.0	2.4	10.0	6.6	8.5	−5.8	36.1	−10.0	−5.1	..	..
阿根廷[b]	0.9	8.0	−6.4	12.8	−19.0	23.1	10.0	9.4	2.8	1.8	52,208	10.2
亚美尼亚	−14.4	4.0	−32.8	8.5	−21.0	4.2	1.4	7.5	−15.7	−12.7	1,859	6.7
澳大利亚	1.3	2.8	2.9	15.0	−9.0	28.7	4.9	5.7	−4.2	−2.2	42,268	1.8
奥地利	−3.9	1.5	−16.1	8.2	−14.4	6.8	0.8	0.6	2.9	3.9	22,339	1.4
阿塞拜疆	9.3	3.7	2.8	11.0	−5.3	3.5	−16.8	−2.7	23.7	27.2	6,409	7.0
孟加拉国	5.7	5.8	0.0	−9.0	−2.6	−12.5	6.5	10.7	3.7	2.4	11,175	6.4
白俄罗斯	1.4	7.0	−8.2	6.0	−8.6	3.4	3.9	6.4	−13.0	−14.0	5,025	2.0
比利时	−2.8	2.1	−11.4	9.7	−11.1	8.2	1.1	−2.8	0.7	0.6	26,779	0.9
玻利维亚	3.4	4.1	−10.8	11.4	−10.2	12.3	−2.4	6.5	4.7	8.0	..	..
博茨瓦纳	−3.7	7.8	−28.0	12.0	−9.3	8.9	−5.7	6.0	−4.4	−2.1	..	..
巴西	−0.6	7.6	−10.2	26.0	−11.5	35.1	5.7	5.3	−1.5	−2.7	288,575	13.9
保加利亚	−4.9	0.0	−10.3	11.0	−21.5	3.0	4.1	−0.6	−9.8	−2.4	17,223	7.6
柬埔寨	−1.9	4.9	−6.3	8.0	−4.9	12.6	5.1	3.9	−8.8	−8.6	3,787	6.0
喀麦隆	2.0	3.0	−4.8	17.0	−5.2	12.0	−3.4	3.4	−5.1	−2.7	..	..
加拿大	−2.5	3.0	−14.2	15.5	−13.9	14.6	−2.1	2.7	−2.9	−2.0	57,151	1.4
智利	−1.5	5.5	−5.6	8.5	−14.3	25.5	4.2	6.6	2.6	0.6	27,827	5.4
中国	9.1	10.0	−10.3	33.0	4.1	35.0	−0.6	1.7	6.0	5.5	2,711,162	21.6
中国香港	−2.8	6.0	−10.1	22.1	−8.8	22.5	0.2	0.3	8.3	22.0	266,055	6.7
哥伦比亚	0.8	4.3	−2.8	17.4	−7.9	21.4	4.9	4.8	−2.1	−2.7	28,076	6.6
刚果民主共和国	2.7	5.2	5.4	9.3	−11.9	10.8	30.2	21.7	−13.7	−17.2	1,768	7.3
哥斯达黎加	−1.5	3.6	0.6	6.2	−12.4	13.1	8.9	7.9	−1.8	−3.2	4,630	4.1
科特迪瓦	3.6	3.0	9.3	4.4	11.0	5.0	1.3	1.3	7.2	4.1	3,502	4.8
克罗地亚	−5.8	−0.8	−16.2	2.5	−20.7	1.5	3.3	1.6	−5.3	−4.4	14,133	7.1
捷克共和国	−4.2	1.7	−10.2	9.4	−10.2	10.4	2.7	1.6	−1.1	−2.7	42,328	3.9
丹麦	−4.9	2.1	−9.7	5.1	−12.5	1.0	0.4	5.3	3.6	5.6	75,077	6.7
多米尼加共和国	3.5	4.4	−7.4	8.1	−9.8	11.8	3.0	7.1	−4.6	−5.9	3,501	2.7
厄瓜多尔	0.4	2.3	−6.4	−2.0	−8.0	5.0	4.3	4.4	−0.5	−0.8	2,622	1.1
埃及	4.6	5.1	−14.5	11.8	−17.9	12.0	10.8	11.2	−1.8	−4.1	36,517	5.7
萨尔瓦多	−3.5	1.3	−16.4	9.4	−23.3	15.2	−1.0	3.6	−1.8	−3.1	2,897	3.9
爱沙尼亚	−14.1	1.0	−11.2	5.4	−26.8	4.0	−0.6	−1.1	4.7	4.0	2,567	2.3
埃塞俄比亚	8.7	9.0	6.9	11.7	16.4	4.4	24.4	9.9	−7.7	−8.5	..	..
芬兰	−8.0	3.0	−20.5	6.8	−18.1	3.5	0.9	−0.4	2.9	3.7	9,547	1.4
法国	−2.6	1.6	−12.2	6.6	−10.7	5.2	0.5	1.4	−2.0	−2.1	165,852	2.9
加蓬	−1.0	5.1	−4.9	7.0	−2.8	4.8	−19.0	9.1	..	12.7	..	..
冈比亚	4.6	5.0	2.5	5.2	3.8	3.1	2.4	4.8	8.6	5.2	..	..
格鲁吉亚	−3.9	5.5	−8.4	11.0	−6.4	9.0	−2.0	7.4	−11.3	−12.1	2,264	5.0
德国	−4.7	3.5	−14.3	10.7	−9.4	9.1	1.4	1.6	5.0	5.9	215,978	2.0
加纳	4.7	6.6	12.6	8.9	−14.1	10.5	16.7	10.6	−4.6	−3.6	..	..
希腊	−2.0	−4.0	−6.2	0.5	−18.6	−12.1	1.3	4.8	−10.9	−8.5	6,352	0.9
危地马拉	0.6	2.2	−6.2	9.9	−9.4	14.3	2.4	6.4	0.0	−2.5	5,949	5.1
海地	2.9	−8.5	9.9	−7.1	5.8	5.9	3.5	12.6	−3.6	−13.6	1,282	5.3
洪都拉斯	−1.9	2.4	−12.6	4.5	−26.0	10.4	4.4	10.5	−3.1	−4.7	..	..
匈牙利	−6.3	0.3	−9.1	6.8	−15.4	5.4	4.6	2.7	−0.5	−0.4	44,988	5.5
印度	9.1	9.5	−6.7	8.1	−7.3	6.8	7.5	11.5	−1.9	−3.8	300,480	9.7
印度尼西亚	4.5	5.9	−9.7	24.7	−15.0	32.5	8.4	6.2	2.0	2.6	92,815	7.1
伊朗	1.8	1.5	8.5	−3.0	7.8	16.5	0.6	15.0	3.4	6.1	..	..
爱尔兰	−7.1	−0.6	−4.2	1.7	−9.7	2.1	−3.2	0.6	−2.9	−3.6	2,114	0.2
以色列	0.8	3.8	−11.9	17.8	−17.7	17.5	5.2	4.6	3.9	4.9	70,914	12.0
意大利	−5.0	1.1	−19.1	8.0	−14.5	9.4	2.1	1.6	−3.1	−3.6	158,478	3.5
牙买加	−3.0	0.6	−10.8	5.7	−11.4	9.3	6.5	16.7	−9.3	−7.9	2,330	4.0
日本	−5.2	4.4	−24.2	28.7	−16.7	15.6	−0.9	−1.0	2.8	3.8	1,096,069	17.6
约旦	2.3	4.0	−2.7	5.2	−7.8	6.5	8.1	8.5	−5.0	−4.6	13,388	9.5

部分发展中国家近期的经济业绩

	国内生产总值		货物和服务出口		货物和服务进口		国内生产总值平减指数		经常账户余额		国际储备总额	
	年均增长百分比		年均增长百分比		年均增长百分比		年均增长百分比		占GDP的百分比		百万美元	进口覆盖的月份数
	2009	2010[a]	2009	2010[a]	2009	2010[a]	2009	2010[a]	2009	2010[a]	2010[a]	2010[a]
哈萨克斯坦	1.2	5.5	−6.2	13.0	−15.9	6.0	4.7	6.9	−3.7	3.8	28,281	8.4
肯尼亚	2.6	5.0	−7.0	12.0	−0.2	14.5	6.7	4.8	−5.7	−5.7	4,327	4.1
韩国	0.2	6.2	−0.8	28.0	−8.2	28.0	3.4	−0.5	5.1	3.7	292,143	7.0
科威特	−4.0	1.9	−11.1	−2.0	−17.0	22.0	−14.7	13.9	25.6	25.1	24,805	8.2
拉脱维亚	−18.0	−2.2	−13.9	4.0	−34.2	1.6	−0.7	−4.9	8.7	1.4	7,604	7.9
黎巴嫩	9.0	8.0	5.3	20.0	6.5	18.5	5.8	4.5	−21.9	−23.6	44,476	27.3
立陶宛	−15.0	0.4	−14.3	6.5	−29.4	4.2	−2.1	0.0	4.4	2.6	6,836	4.1
马来西亚	−1.7	7.4	−10.4	28.0	−12.3	30.0	−6.7	1.5	16.5	14.7	106,501	6.9
毛里求斯	2.1	4.2	−4.8	−4.0	−4.6	3.9	1.5	2.1	−7.9	−9.4	2,619	5.7
墨西哥	−6.5	5.2	−14.8	15.5	−18.2	19.4	4.3	4.9	−0.7	−1.0	120,583	4.7
摩洛哥	4.9	3.5	−13.1	18.4	−6.0	7.6	1.8	2.2	−5.4	−3.2	23,585	7.7
纳米比亚	−0.8	4.2	−14.0	5.3	5.3	8.3	6.5	4.3	1.3	−1.6	..	..
尼泊尔	4.7	3.3	38.4	6.4	20.2	6.8	12.1	15.1	−0.1	−3.0	..	..
荷兰	−4.0	1.7	−7.9	11.7	−8.5	12.7	−0.3	2.9	4.6	5.6	46,147	1.0
新西兰	−0.4	2.2	0.4	10.5	−14.8	17.5	1.7	4.4	−2.9	−2.5	15,787	4.8
尼日利亚	5.6	7.6	1.1	5.9	7.3	8.2	−0.6	17.0	12.5	10.7	..	..
挪威	−1.6	−0.2	−3.9	4.6	−11.4	8.1	−4.0	7.9	13.1	11.8	50,036	5.3
阿曼	3.6	4.8	−0.4	8.0	−13.0	18.0	−26.0	21.2	−0.6	8.5	13,025	7.3
巴基斯坦	3.6	4.4	−3.3	14.1	−15.2	11.2	20.0	13.4	−2.2	−3.1	17,256	5.7
巴拿马	2.4	5.7	−0.9	5.3	−5.6	13.1	4.1	2.4	−0.2	−6.1	..	..
巴拉圭	−3.8	8.5	−12.8	30.1	−13.2	30.3	−0.1	4.8	0.6	−1.8	3,962	5.0
秘鲁	0.9	8.0	−2.5	−4.1	−11.9	15.3	3.0	3.2	0.2	−1.7	44,215	17.1
菲律宾	1.1	6.8	−13.4	23.0	−1.9	23.8	2.6	5.6	5.3	5.3	62,324	12.1
波兰	1.7	3.5	−9.1	6.4	−14.3	7.5	3.7	2.4	−2.2	−3.1	93,472	6.3
葡萄牙	−2.6	1.4	−11.7	7.4	−10.8	3.6	0.1	1.0	−10.3	−10.6	20,937	2.9
罗马尼亚	−8.5	−1.9	−11.8	12.0	−24.6	8.5	6.5	5.5	−4.5	−6.3	48,048	8.0
俄罗斯联邦	−7.9	3.8	−4.7	5.2	−30.4	17.5	2.5	8.0	4.0	5.1	479,222	19.2
沙特阿拉伯	0.6	3.7	−2.8	1.5	−8.8	7.5	−21.6	16.7	6.1	7.8	452,391	32.9
塞内加尔	2.2	4.0	−8.8	6.8	−17.1	4.0	−0.5	0.7	−13.6	−14.3	1,911	3.9
新加坡	−1.3	17.5	−10.1	29.7	−11.7	26.7	−1.8	−2.2	17.9	22.6	..	..
斯洛伐克	−6.2	3.7	8.8	6.9	8.4	6.0	0.0	2.9	−3.2	−0.1	2,156	0.3
斯洛文尼亚	−7.8	1.5	−19.3	1.4	−7.9	−4.1	1.9	−0.2	−1.5	−2.2	1,108	0.5
南非	−1.8	2.7	−19.5	6.5	−17.4	12.7	7.3	5.6	−4.0	−4.1	43,820	5.8
西班牙	−3.6	−0.4	−11.6	7.8	−17.8	7.0	0.2	0.1	−5.5	−6.0	31,872	1.0
斯里兰卡	3.5	7.1	−12.3	2.0	−9.1	11.5	5.7	8.2	−0.5	−3.6	7,240	6.7
苏丹	4.5	5.9	−4.4	7.2	−7.3	7.2	−0.8	13.0	−7.1	−1.9	..	..
瑞典	−5.1	5.2	−13.3	12.2	−13.2	15.0	2.0	0.9	7.7	6.7	48,246	2.9
瑞士	−1.9	2.7	−8.7	6.7	−5.4	8.3	0.3	0.9	7.9	7.7	269,396	14.5
阿拉伯叙利亚共和国	4.0	5.0	5.6	−2.0	6.4	4.5	−7.6	10.2	−4.5	−3.9	..	..
坦桑尼亚	6.0	7.0	15.5	5.3	14.1	6.2	7.4	8.7	−8.5	−8.3	..	..
泰国	−2.2	7.5	−12.7	21.0	−21.8	32.0	2.0	−1.9	8.3	6.0	172,028	10.4
特立尼达和多巴哥	−3.0	2.2	−3.8	3.0	−4.1	4.2	−15.7	4.6	21.8	25.7	..	..
北非	3.1	3.8	−1.6	13.0	6.7	16.1	2.9	3.8	−3.1	−4.8	..	..
土耳其	−4.7	8.1	−5.3	6.5	−14.3	16.0	5.2	7.1	−2.3	−5.9	85,959	5.3
乌干达	7.1	6.3	16.2	3.4	25.2	10.5	16.5	6.1	−2.8	−3.6	..	..
乌克兰	−15.1	4.3	−25.6	9.5	−38.6	5.5	13.4	9.2	−1.5	−2.2	34,571	7.2
英国	−4.9	1.7	−10.1	7.0	−12.3	9.4	1.4	3.0	−1.7	−2.9	82,365	1.4
美国	−2.6	2.8	−9.5	15.0	−13.8	18.8	0.9	0.6	−2.7	−3.3	488,928	2.3
乌拉圭	2.9	7.9	2.5	15.6	−8.6	19.2	5.9	7.1	0.7	−0.6	7,744	9.7
委内瑞拉	−3.3	−2.3	−12.9	3.2	−19.6	−3.0	8.4	38.5	2.6	5.9	27,700	5.9
越南	5.3	6.7	11.1	25.0	6.7	32.5	6.0	12.5	−7.0	−15.5	..	..
也门共和国	3.8	8.0	−16.3	43.6	−4.7	14.2	−4.1	13.8	−9.7	−0.6	5,986	10.0
赞比亚	6.4	6.4	21.5	20.0	15.6	12.3	12.7	−5.8	−3.2	−4.5	2,094	5.6
津巴布韦	5.7	5.7	5.2	10.5	36.0	6.2	25.3	4.2	−1.8	−1.3	..	..

a. 数据是基于世界银行工作人员的估计值和各国资料来源的初步估计值。b. 私人分析家估计 2007—2009 年消费者价格指数的通货膨胀非常高，他们认为 GDP 数额的增长已大大高于自 2008 年最后一个季度以来官方发布的报告。

资料来源：《世界发展指标》数据档案；世界银行的《2011 年全球经济展望》；国际货币基金组织的《国际金融统计》。

4.1 产出的增长

	国内生产总值 年均增长 百分比		农业 年均增长 百分比		工业 年均增长 百分比		制造业 年均增长 百分比		服务业 年均增长 百分比	
	1990–2000	2000–2009	1990–2000	2000–2009	1990–2000	2000–2009	1990–2000	2000–2009	1990–2000	2000–2009
阿富汗	..	10.5	..	4.9	..	14.5	..	8.7	..	13.5
阿尔巴尼亚	3.8	5.4	4.3	1.4	–0.5	4.4	..	..	6.9	8.3
阿尔及利亚	1.9	4.0	3.6	4.6	1.8	3.3	–2.1	2.6	1.8	5.3
安哥拉[a]	1.6	13.1	–1.4	14.0	4.4	13.4	–0.3	20.2	–2.2	12.1
阿根廷	4.3	5.4[b]	3.5	2.5	3.8	6.1	2.7	5.8	4.5	4.7
亚美尼亚	–1.9	10.5	0.5	6.6	–7.8	11.3	–4.3	4.6	6.4	12.1
澳大利亚	3.7	3.3	3.1	0.0	2.7	2.6	1.8	1.3	4.2	3.7
奥地利	2.4	2.0	–0.1	1.3	2.5	2.3	2.5	2.9	2.5	2.1
阿塞拜疆	–6.3	17.9	–1.7	5.3	–2.1	23.1	–15.7	10.8	–2.7	10.6
孟加拉国	4.8	5.9	2.9	3.3	7.3	7.8	7.2	7.9	4.5	6.1
白俄罗斯	–1.6	8.4	–4.0	5.2	–1.8	12.3	–0.7	10.8	–0.4	5.9
比利时	2.2	1.7	2.7	–1.0	1.8	0.7	..	..	2.0	2.0
贝宁[a]	4.8	4.0	5.8	4.6	4.1	3.8	5.8	2.7	4.2	3.2
玻利维亚	4.0	4.1	2.9	3.1	4.1	5.3	3.8	4.5	4.3	3.1
波斯尼亚和黑塞哥维那	..	5.0	..	4.9	..	6.8	..	7.6	..	4.4
博茨瓦纳	5.0	4.4	–0.5	1.2	3.7	2.5	4.7	4.8	9.1	5.6
巴西	2.7	3.6	3.6	3.7	2.4	2.8	2.0	2.6	3.8	3.8
保加利亚	–1.1	5.4	–3.9	–2.5	–19.5	5.9	..	6.2	..	6.1
布基纳法索	5.5	5.4	5.9	6.2	5.9	7.3	5.9	6.3	3.9	5.5
布隆迪	–2.9	3.0	–1.9	–1.5	–4.3	–6.2	..	..	–2.8	10.4
柬埔寨	7.0	9.0	3.7	5.7	14.3	12.0	18.6	11.3	7.1	9.5
喀麦隆	1.7	3.3	5.4	3.4	–0.9	–0.4	1.4	..	0.2	6.2
加拿大	3.1	2.1	1.1	1.4	3.2	0.1	4.5	–1.6	3.1	3.0
中非共和国	2.0	0.8	3.8	0.3	0.7	–0.4	–0.2	–0.1	0.2	–2.5
乍得	2.2	10.2	4.9	..	0.6	..	..	..	0.8	..
智利	6.6	4.1	2.2	5.2	5.6	2.7	4.4	3.2	6.9	4.6
中国[a]	10.6	10.9	4.1	4.4	13.7	11.8	12.9	11.4	11.0	11.6
中国香港	3.6	4.7	..	–3.3	..	–2.6	..	..	..	5.3
哥伦比亚	2.8	4.5	–2.7	2.5	1.4	4.4	–2.5	4.0	4.1	4.7
刚果民主共和国	–4.9	5.2	1.4	1.7	–8.0	8.7	–8.7	6.3	–13.0	11.2
刚果共和国[a]	1.0	4.0	..	..	..	..	..	..	..	..
哥斯达黎加	5.3	5.1	4.1	3.5	6.2	5.1	6.8	4.7	4.7	5.6
科特迪瓦[a]	3.2	0.8	3.5	1.4	6.3	–0.2	5.5	–1.7	2.0	1.0
克罗地亚	0.5	3.9	–5.5	2.0	–2.2	4.6	–3.5	3.7	2.2	4.0
古巴	–0.7	6.7	–3.3	–0.9	–1.0	2.3	0.8	–1.5	–0.7	8.3
捷克共和国	1.1	4.1	0.0	0.1	0.2	5.7	4.3	7.0	1.2	4.3
丹麦	2.7	1.2	4.6	–1.8	2.5	–0.5	2.2	0.4	2.7	1.5
多米尼加共和国[a]	6.3	5.5	1.9	3.2	7.1	2.4	7.0	2.7	5.9	7.1
厄瓜多尔	1.9	5.0	–1.7	3.7	2.6	4.2	1.5	5.3	2.4	3.6
埃及	4.4	4.9	3.1	3.3	5.1	5.3	6.3	4.7	4.1	5.4
萨尔瓦多	4.8	2.6	1.2	3.6	5.1	1.7	5.2	2.1	4.0	3.2
厄立特里亚	5.7	0.2	1.5	2.7	15.0	0.6	10.6	–6.0	5.7	0.5
爱沙尼亚	0.4	5.9	–6.2	–2.9	–2.4	8.6	7.3	8.9	3.2	7.1
埃塞俄比亚	3.8	8.5	2.6	7.0	4.1	9.3	3.9	7.2	5.2	10.2
芬兰	2.7	2.5	–0.3	2.4	3.8	3.6	6.4	4.1	2.6	1.6
法国	1.9	1.5	2.0	0.3	1.1	0.5	..	0.1	2.2	1.9
加蓬[a]	2.3	2.1	2.0	1.4	1.6	0.9	3.0	3.1	3.1	3.2
冈比亚	3.0	5.2	3.3	3.0	1.0	7.4	0.9	..	3.7	6.1
格鲁吉亚	–7.1	7.4	–11.0	0.6	–8.1	10.0	..	10.9	–0.3	8.9
德国	1.8	1.0	0.1	–0.3	–0.1	0.3	0.1	0.8	2.9	1.5
加纳	4.3	5.8	..	..	..	..	..	..	..	..
希腊	2.2	3.6	0.5	–1.4	1.0	1.4	..	1.7	2.6	4.7
危地马拉	4.2	3.7	2.8	2.9	4.3	2.8	2.8	2.8	4.7	4.4
几内亚	4.4	3.0	4.3	6.7	4.9	4.4	4.0	3.1	3.6	–2.7
几内亚比绍	1.2	1.0	..	..	..	..	..	..	..	..
海地	0.5	0.7	..	..	..	..	..	..	..	..
洪都拉斯	3.2	4.9	2.2	3.3	3.6	4.1	4.0	4.6	3.8	6.2

	国内生产总值		农业		工业		制造业		服务业	
	年均增长百分比		年均增长百分比		年均增长百分比		年均增长百分比		年均增长百分比	
	1990–2000	2000–2009	1990–2000	2000–2009	1990–2000	2000–2009	1990–2000	2000–2009	1990–2000	2000–2009
匈牙利	1.5	2.9	−1.9	5.3	3.5	3.5	7.7	5.0	1.3	3.4
印度	5.9	7.9	3.2	2.9	6.1	8.6	6.7	8.7	7.7	9.5
印度尼西亚[a]	4.2	5.3	2.0	3.4	5.2	4.1	6.7	4.7	4.0	6.2
伊朗	3.1	5.4	3.2	5.9	2.6	6.9	5.1	9.9	3.8	5.3
伊拉克	..	−0.3	..	..	..	..	..	..	..	..
爱尔兰	7.4	3.9	0.0	−4.6	11.6	4.0	..	..	8.7	4.4
以色列[a]	5.5	3.6	..	..	..	..	..	..	..	..
意大利	1.5	0.5	2.1	−0.2	1.0	−0.5	1.6	−1.1	1.6	1.0
牙买加	1.6	1.5	−0.6	−0.7	−0.8	0.2	−1.8	−1.5	3.8	1.9
日本	1.0	1.1	−1.3	−0.3	−0.3	1.7	0.5	2.8	1.8	1.5
约旦	5.0	6.9	−3.0	8.3	5.2	8.4	5.6	9.6	5.0	6.1
哈萨克斯坦	−4.1	8.8	−8.0	4.6	−8.6	9.6	..	6.6	1.1	8.6
肯尼亚	2.2	4.4	1.9	2.2	1.2	4.8	1.3	4.3	3.2	4.5
朝鲜	..	..	..	..	..	..	..	..	..	..
韩国	5.8	4.2	1.6	2.0	6.0	5.4	7.3	6.3	5.6	3.7
科索沃	..	4.8	..	..	..	..	..	..	..	..
科威特[a]	4.9	8.4	1.0	..	0.3	..	−0.1	..	3.5	..
吉尔吉斯斯坦	−4.1	4.6	1.5	1.8	−10.3	0.8	−7.5	−1.2	−5.2	7.9
老挝	6.4	6.9	4.8	3.3	11.1	11.9	11.7	−1.9	6.6	7.6
拉脱维亚	−1.5	6.2	−5.2	2.7	−8.3	5.2	−7.3	3.1	2.7	7.0
黎巴嫩	5.3	4.6	2.9	1.4	−0.2	4.4	1.9	2.2	1.5	4.3
莱索托	4.0	3.1	2.8	−2.4	5.5	3.6	7.9	5.7	4.5	3.7
利比里亚	4.1	0.0	..	..	..	..	..	..	..	..
利比亚	..	5.4	..	..	..	..	..	..	..	..
立陶宛	−2.5	6.3	−0.4	1.7	3.3	9.6	6.6	9.0	5.8	7.4
前南斯拉夫马其顿共和国	−0.8	3.1	0.2	2.2	−2.3	3.5	−5.3	2.9	0.5	3.0
马达加斯加	2.0	3.6	1.8	2.4	2.4	4.2	2.0	5.1	2.3	3.6
马拉维	3.7	4.8	8.6	2.4	2.0	5.5	0.5	5.0	1.6	6.5
马来西亚[a]	7.0	5.1	0.3	3.5	8.6	3.5	9.5	4.3	8.2	6.4
马里	4.1	5.3	2.6	4.8	6.4	4.5	−1.4	5.1	3.0	6.5
毛里塔尼亚	2.9	4.7	−0.2	0.9	3.4	5.0	5.8	−1.4	4.9	5.5
毛里求斯	5.2	3.7	0.0	−0.8	5.4	1.7	5.3	0.4	6.3	5.7
墨西哥	3.1	2.2	1.5	2.0	3.8	1.3	4.3	1.1	2.9	2.6
摩尔多瓦	−9.6	5.6	−11.2	−0.6	−13.6	−1.7	−7.1	1.3	0.7	10.5
蒙古	1.0	7.4	2.5	5.9	−2.5	6.5	−9.7	7.1	0.7	8.7
摩洛哥	2.4	5.0	−0.4	5.8	3.2	4.1	2.6	3.1	3.1	5.0
莫桑比克	6.1	7.9	5.2	8.2	12.3	9.1	10.2	7.9	5.0	7.0
缅甸[a]	..	..	..	..	..	..	..	..	..	..
纳米比亚	4.0	5.3	3.8	0.5	2.4	6.2	7.4	5.6	4.2	5.5
尼泊尔	4.9	3.7	2.5	3.1	7.1	2.8	8.9	1.0	6.2	4.1
荷兰	3.2	1.7	1.8	1.5	1.7	0.9	2.6	1.2	3.6	2.1
新西兰	3.2	2.5	2.9	1.8	2.5	1.9	..	..	3.6	3.4
尼加拉瓜	3.7	3.3	4.7	2.7	5.5	3.7	5.3	4.8	5.0	3.7
尼日尔[a]	2.4	4.3	3.0	..	2.0	..	2.6	..	1.9	..
尼日利亚	2.5	6.6	..	..	..	..	..	..	..	..
挪威	3.9	2.1	2.6	2.4	3.8	−0.3	1.5	2.6	3.8	3.0
阿曼[a]	4.5	4.5	5.0	..	3.9	..	6.0	..	5.0	..
巴基斯坦	3.8	5.2	4.4	3.5	4.1	6.8	3.8	8.7	4.4	5.9
巴拿马	4.7	6.9	3.1	3.5	6.0	5.7	2.7	1.5	4.5	7.4
巴布亚新几内亚	3.8	3.4	4.5	2.2	5.4	4.1	4.6	3.8	−0.6	3.8
巴拉圭[a]	2.2	3.4	3.3	2.3	0.6	1.8	1.4	1.2	2.5	4.3
秘鲁	4.7	6.0	5.5	4.1	5.4	6.5	3.8	6.2	4.0	6.0
菲律宾[a]	3.3	4.9	1.7	3.6	3.5	4.0	3.0	3.9	4.0	6.1
波兰	4.7	4.4	0.5	0.8	7.1	5.8	9.9	8.5	5.1	3.7
葡萄牙	2.9	0.8	−0.6	−0.3	3.1	−0.8	2.7	−0.6	2.5	1.6
波多黎各[a]	4.2	..	..	..	..	..	..	..	..	..
卡塔尔	..	14.2	..	..	..	..	..	..	..	..

4.1 产出的增长

	国内生产总值 年均增长 百分比		农业 年均增长 百分比		工业 年均增长 百分比		制造业 年均增长 百分比		服务业 年均增长 百分比	
	1990–2000	2000–2009	1990–2000	2000–2009	1990–2000	2000–2009	1990–2000	2000–2009	1990–2000	2000–2009
罗马尼亚	−0.6	5.6	−1.9	7.3	−1.2	6.0	..	..	0.9	5.2
俄罗斯联邦	−4.7	6.0	−4.9	2.1	−7.1	4.6	..	..	−1.7	7.0
卢旺达[a]	−0.2	7.6	2.5	..	−3.8	..	−5.8	..	−0.9	..
沙特阿拉伯[a]	2.1	3.8	1.6	1.4	2.2	3.6	5.6	5.9	2.2	4.2
塞内加尔	3.0	4.3	2.4	2.0	3.8	3.3	3.1	1.4	3.0	6.3
塞尔维亚	−4.2	5.0	..	..	..	..	..	..	..	..
塞拉利昂	−5.0	9.5	..	..	..	..	..	..	..	..
新加坡	7.6	6.5	..	2.3	7.8	5.4	..	..	7.8	6.2
斯洛伐克共和国	2.2	5.8	0.2	5.0	3.7	10.5	9.3	10.7	5.4	2.4
斯洛文尼亚	2.7	3.8	0.4	−0.7	1.6	4.1	1.8	3.7	3.3	4.0
索马里	..	..	..	..	..	..	..	..	..	..
南非	2.1	4.1	1.0	1.5	1.0	2.9	1.6	3.1	3.0	4.1
西班牙	2.7	2.8	3.1	−0.2	2.3	1.3	5.2	−0.2	2.7	3.5
斯里兰卡[a]	5.3	5.5	1.8	2.8	6.9	5.5	8.1	4.4	5.7	6.2
苏丹	5.5	7.3	7.4	2.4	8.5	10.2	7.5	4.4	1.9	10.1
斯威士兰	3.4	2.6	0.9	1.3	3.2	1.7	2.8	1.8	3.9	3.9
瑞典	2.3	2.4	−0.8	3.5	4.6	2.8	8.9	3.3	1.8	2.2
瑞士	1.0	1.9	−0.9	0.3	0.3	2.1	1.0	2.5	1.2	1.8
阿拉伯叙利亚共和国	5.1	4.4	6.0	3.8	9.2	2.4	..	14.5	1.5	7.7
塔吉克斯坦	−10.4	8.2	−6.8	7.7	−11.4	9.2	−12.6	8.6	−10.8	8.3
坦桑尼亚[c]	3.0	7.1	3.2	4.4	3.1	9.5	2.8	8.7	2.6	7.8
泰国[a]	4.2	4.6	1.0	2.3	5.7	5.6	6.9	6.6	3.7	4.2
东帝汶[a]	..	2.4	..	..	..	..	..	..	..	..
多哥[a]	3.5	2.5	4.0	2.8	1.8	8.1	1.8	7.5	3.9	−0.7
特立尼达和多巴哥	3.2	7.4	2.7	−7.2	3.2	10.2	4.9	9.5	3.2	5.3
突尼斯[a]	4.7	4.9	2.3	2.6	4.6	3.6	5.5	3.6	5.3	5.9
土耳其	3.9	4.9	1.3	1.5	4.7	5.4	4.7	5.3	4.0	5.3
土库曼斯坦	−4.9	13.9	−4.7	14.3	−2.7	30.3	..	..	−5.8	16.0
乌干达	7.2	7.8	3.9	2.3	12.0	9.5	13.9	6.7	8.3	8.5
乌克兰	−9.3	5.6	−5.6	3.1	−12.6	4.6	−11.2	7.8	−8.1	5.8
阿拉伯联合酋长国	4.8	7.0	13.2	3.6	3.0	6.0	11.9	8.1	7.2	9.5
英国	2.8	2.0	−1.3	0.6	1.3	−0.6	..	..	3.5	2.9
美国	3.6	2.0	3.8	2.1	3.8	0.9	..	2.4	3.6	2.3
乌拉圭	3.3	3.4	2.6	2.9	1.1	4.0	−0.1	6.2	1.5	3.4
乌兹别克斯坦	−0.2	6.9	0.5	6.5	−3.4	4.7	0.7	2.3	0.4	8.5
委内瑞拉	1.6	4.9	1.2	3.6	1.2	3.3	4.5	3.6	−0.1	5.9
越南[a]	7.9	7.6	4.3	3.8	11.9	9.6	11.2	11.3	7.5	7.5
西岸和加沙	7.3	−0.9	..	..	..	..	..	..	..	..
也门共和国[a]	6.0	3.9	5.6	..	8.2	..	5.7	..	5.0	..
赞比亚	0.5	5.4	4.2	1.2	−4.2	9.2	0.8	5.0	2.5	5.6
津巴布韦	2.3	−7.5	4.3	−10.8	0.4	−5.8	0.4	−6.6	3.0	−4.8
全世界	**2.9 w**	**2.9 w**	**1.9 w**	**2.5 w**	**2.4 w**	**2.8 w**	**.. w**	**4.0 w**	**3.2 w**	**2.9 w**
低收入国家	3.1	5.4	2.9	3.6	3.4	7.4	3.7	6.4	2.9	5.9
中等收入国家	3.9	6.4	2.4	3.6	4.5	7.2	6.2	7.6	4.3	6.6
中低收入国家	6.5	8.5	3.1	3.8	8.7	9.6	9.2	9.8	6.8	9.3
中高收入国家	2.1	4.4	0.9	3.0	1.3	3.9	3.3	3.6	3.0	4.5
低收入和中等收入国家	3.9	6.4	2.4	3.6	4.5	7.2	6.2	7.6	4.3	6.6
东亚和太平洋地区	8.5	9.4	3.4	4.1	11.0	10.2	10.9	10.2	8.6	10.0
欧洲和中亚	−1.8	5.9	−2.1	3.0	−4.3	6.2	..	..	0.3	6.3
拉丁美洲和加勒比地区	3.2	3.8	2.0	3.0	3.0	3.2	2.9	2.9	3.5	3.9
中东和北非	3.8	4.7	2.9	4.4	4.2	3.6	4.3	6.0	3.3	5.5
南亚	5.5	7.3	3.3	3.0	6.0	8.2	6.4	8.5	6.9	8.7
撒哈拉以南非洲地区	2.5	5.1	3.2	3.2	1.9	4.9	2.2	3.4	2.6	4.8
高收入国家	2.7	2.0	1.2	0.9	1.9	1.1	..	2.9	3.0	2.2
欧元区	2.1	1.5	1.5	0.0	1.1	0.7	2.4	0.5	2.5	1.9

a. 各部分由生产价格计价。b. 私人分析家估计2007—2009年消费者价格指数的通货膨胀非常高，他们认为GDP数额的增长已经大大高于自2008年最后一个季度以来官方发布的报告。c. 仅包括坦桑尼亚大陆。

关于数据的说明

一个经济体的经济增长是由该经济体产出量的变化或者该经济体常住居民实际收入的变化衡量的。1993 年制定的联合国国民经济核算体系提供了 3 个似乎合理的指标，用以计算经济的增长率。其中这 3 个指标分别是：国内生产总值、实际国内总收入和实际国民总收入。国内生产总值是指以不变价格计算的，居民家庭、政府以及在该经济体运营的企业创造的增加值的总和。

各行业对各经济体产出增长的贡献可以用该行业增加值的增长来衡量。原则上来讲，以不变价格计算的增加值可以通过以下方法进行估算：首先测算一段时期内产品与服务的生产数量，然后按一系列统一的基年价格衡量其价值，然后再减去按不变价格计算的中间投入成本。这一由 1993 年及其以前年度的国民经济核算体系推荐的双重缩减法，需要投入产出价格结构的详细信息。

然而，很多行业的增加值是根据基年单一的产出量指数推算出来的，很少情况下采用投入量指数。尤其在服务业，其中包括大多数政府，以不变价格计算的增加值都是根据诸如实际工资或者就业人数等劳动投入量估算的。由于缺乏准确定义的产出衡量方法，测算服务业的增长仍然非常困难。

此外，由于技术进步能够改善生产程序，提高产品和服务的质量，如果不适当地考虑这一因素，就会扭曲对增加值进而经济增长的衡量。当使用投入量估算产出量时，例如，估算非市场化服务，不测算技术进步就会低估产出量。同样，不测算货物和服务质量的提高也会低估产值和增加值。结果就会导致对经济增长率和生产率提高的低估，而通货膨胀则会被高估。

非正规经济活动的存在给数据测算带来了一个特殊问题，尤其在发展中国家，因为在这些国家许多经济活动可能并没有记录。要完整地了解该经济体的全貌，需要估算家庭自用的以及在非正规市场上销售的产出、易货贸易以及违禁或者故意隐瞒不报的生产活动。上述估算值的一致性和完整性取决于统计汇编数据的技能和方法。

重建国民经济核算基础

在重新构筑国民经济核算基础时，国家要更新各组成部分的权重，以更好地反映当前的生产（或者产出使用）形式。新的基年应该代表经济体正常的运行状况——也就是说，这一年中没有发生严重的经济振荡或者扭曲。一些发展中国家已多年未重建国民经济核算体系。使用旧的基年可能会产生误导，因为隐含于其中的价格与数量权重的相关性和有用程度都在逐渐降低。

为得到可比的不变价格数据系列，世界银行将按产业来源划分的 GDP 和增加值都重新调整为同一参照年份的数据。在 2011 年版的《世界发展指标》中，继续将 2000 年作为参照年份。由于重新调整改变了正式的区域总值和收入组别总值中暗含的权重，因此，2011 年版的《世界发展指标》中总的经济增长率与以前不同基年的出版物中的这一数据不具有可比性。

重新调整可能会使调整后的 GDP 与调整后各组成部分之和这两个数据之间出现差异。由于分摊这一差异会导致经济增长率的扭曲，因此，未对它加以处理，结果各组成部分增长率的加权平均值一般不等于 GDP 的增长率。

经济增长率的计算

GDP 及其组成部分的增长率是使用最小二乘方法、以本币计值的不变价格数据计算的。在使用不变价格美元计算地区的增长率和按收入划分一组国家的增长率时，需先将各国本币按同一参照年份的汇率折算成以不变价格表示的美元。表中的经济增长率是复式计算的年均增长率。“统计方法”中给出了经济增长率的计算方法。

国民经济核算体系的变化

《世界发展指标》在 2001 年第一次采用了 1993 年国民经济核算体系的术语。虽然大多数国家依然按照第 3 版《国民经济核算体系》（同时也是指 1968 年国民经济核算体系）编制国民经济账户，但是越来越多的国家采用了 1993 年国民经济核算体系。一些低收入国家在描述主要的经济总量时，甚至还使用了更老的 1953 年国民经济核算体系指南中的概念，例如，对要素成本等的估值。采用 1993 年版体系的国家都在“基本数据文献”中标明了。

定义

• **国内生产总值（GDP）**是以购买者价格计算的一个经济体所有常住生产者创造的总增加值之和，加上所有未包括在产出价值内的产品税（减去补贴）。计算中没有扣除成套设备资产的折旧或者自然资源的消耗与分解。增加值是指一个部门所有产出之和减去中间投入后的净产出。增加值的产业来源划分是根据国际标准产业分类（ISIC）第 3 次修订版确定的。 • **农业**指 ISIC 第 1—5 项所对应行业（包括林业和渔业）的生产总值扣减生产环节中使用的中间要素价值。

• **工业**指对应 ISIC 第 10—45 项（包括采矿业、制造业［也单独作为一个子类列出］、建筑业、电力、水和天然气行业）所对应的总产出扣减中间要素投入的价值。 • **制造业**指 ISIC 第 15—37 项对应的行业的总产出扣减中间要素投入。 • **服务业**与 ISIC 第 50—99 项对应。该部门是 GDP 扣除农业和工业以后的残值，或许不能恰当地反映服务业（包括银行和金融服务行业）产出的总值。对于一些国家来讲，服务业包括了产品税（扣除补助），可能也包括了统计上的差异。

数据资料来源

大多数发展中国家的国民经济核算数据都是由世界银行访问团和常驻代表处取自各国的国民经济统计机构和中央银行。高收入经济体的数据来自经济合作与发展组织的数据档案。联合国统计署在《国民账户统计：主要综合数值与详细统计表》中公布了其成员国详细的国民经济核算数据，最新数据公布于《统计月报》。

4.2 产出结构

	国内生产总值		农业		工业		制造业		服务业	
	百万美元		占GDP的百分比		占GDP的百分比		占GDP的百分比		占GDP的百分比	
	1995	2009	1995	2009	1995	2009	1995	2009	1995	2009
阿富汗	..	14,483	..	33	..	22	..	13	..	45
阿尔巴尼亚	2,424	12,015	56	21	23	20	*14*	20	22	60
阿尔及利亚	41,764	140,577	11	12	50	55	12	6	39	34
安哥拉[a]	5,040	75,493	7	10	66	59	4	6	26	31
阿根廷	258,032	307,155	6	8	28	32	18	21	66	61
亚美尼亚	1,468	8,714	42	21	32	35	25	16	26	45
澳大利亚	371,091	924,843	3	*3*	29	*29*	15	*10*	68	*68*
奥地利	238,314	381,084	3	2	31	29	20	19	67	69
阿塞拜疆	3,052	43,019	27	8	34	60	13	*4*	39	32
孟加拉国	37,940	89,360	26	19	25	29	15	18	49	53
白俄罗斯	13,973	49,037	17	10	37	42	31	30	46	48
比利时	284,142	471,161	2	1	28	22	20	14	70	78
贝宁[a]	2,009	6,656	34	..	15	..	9	..	51	..
玻利维亚	6,715	17,340	17	14	33	36	19	14	50	50
波斯尼亚和黑塞哥维那	1,867	17,042	21	8	26	28	11	13	54	64
博茨瓦纳	4,774	11,823	4	3	51	40	5	4	45	57
巴西	768,951	1,594,490	6	6	28	25	19	16	67	69
保加利亚	13,069	48,722	16	6	28	30	*26*	15	56	64
布基纳法索	2,380	8,141	35	..	21	..	15	..	43	..
布隆迪	1,000	1,325	48	..	19	..	9	..	33	..
柬埔寨	3,441	10,447	50	35	15	23	10	15	36	42
喀麦隆	8,733	22,186	24	*19*	31	*31*	22	*17*	45	*50*
加拿大	590,517	1,336,068	3	..	31	..	18	..	66	..
中非共和国	1,122	2,006	46	56	21	15	10	..	33	30
乍得	1,446	6,839	36	*14*	14	*49*	11	*7*	51	*38*
智利	71,349	163,669	9	3	35	42	18	13	55	55
中国[a]	728,007	4,985,461	20	10	47	46	34	34	33	43
中国香港	144,230	210,568	..	..	15	*8*	8	*2*	85	*92*
哥伦比亚	92,507	234,045	15	7	32	34	16	14	53	58
刚果民主共和国	5,643	10,575	57	43	17	24	9	5	26	33
刚果共和国[a]	2,116	9,580	10	5	45	71	8	4	45	24
哥斯达黎加	11,722	29,240	14	7	30	27	22	19	57	66
科特迪瓦[a]	11,000	23,304	25	24	21	25	15	18	55	50
克罗地亚	22,046	63,034	7	7	32	27	23	16	61	66
古巴	30,428	*62,705*	9	*5*	23	*20*	15	*10*	68	*75*
捷克共和国	55,257	190,274	5	2	38	37	24	23	57	61
丹麦	181,984	309,596	3	1	25	22	17	13	71	77
多米尼加共和国[a]	16,358	46,788	10	6	36	32	26	24	54	61
厄瓜多尔	20,206	57,249	..	6	..	23	..	10	..	71
埃及	60,159	188,413	17	14	32	37	17	16	51	49
萨尔瓦多	9,500	21,101	14	12	30	27	23	21	56	60
厄立特里亚	578	1,873	21	14	17	22	9	6	62	63
爱沙尼亚	4,353	19,084	6	*3*	33	*29*	21	*17*	61	*68*
埃塞俄比亚	7,606	28,526	57	51	10	11	5	4	33	39
芬兰	130,700	237,989	4	3	33	28	25	18	62	69
法国	1,569,983	2,649,390	3	2	25	19	..	11	72	79
加蓬[a]	4,959	11,062	8	5	52	54	5	4	40	41
冈比亚	382	733	30	27	13	15	6	5	57	57
格鲁吉亚	2,694	10,744	52	10	16	21	*11*	12	32	69
德国	2,522,792	3,330,032	1	1	32	26	23	19	67	73
加纳	6,457	26,169	43	32	27	19	10	7	31	49
希腊	131,718	329,924	9	3	21	18	..	10	70	79
危地马拉	14,657	37,322	24	12	20	28	14	20	56	59
几内亚	3,694	4,103	19	17	29	53	4	5	52	30
几内亚比绍	254	837	55	55	12	*13*	8	*10*	33	*32*
海地	2,695	6,479	..	..	..	..	..	..	..	..
洪都拉斯	3,911	14,318	22	12	31	27	18	19	48	60

	国内生产总值 百万美元		农业 占GDP的百分比		工业 占GDP的百分比		制造业 占GDP的百分比		服务业 占GDP的百分比	
	1995	2009	1995	2009	1995	2009	1995	2009	1995	2009
匈牙利	44,656	128,964	7	*4*	32	*29*	24	*22*	61	*66*
印度	356,299	1,377,265	26	18	28	27	18	15	46	55
印度尼西亚[a]	202,132	540,274	17	16	42	49	24	27	41	35
伊朗	90,829	331,015	18	*10*	34	*44*	12	*11*	47	*45*
伊拉克	*10,114*	65,837	*9*	..	*75*	..	*1*	..	*16*	..
爱尔兰	67,061	227,193	7	1	38	31	30	24	55	68
以色列[a]	96,065	195,392	..	..	..	..	..	..	..	..
意大利	1,126,041	2,112,780	3	2	30	25	22	16	66	73
牙买加	5,813	12,070	9	6	37	22	16	9	54	72
日本	5,264,380	5,068,996	2	*1*	34	*28*	23	*20*	64	*71*
约旦	6,727	25,092	4	3	29	32	15	20	67	65
哈萨克斯坦	20,374	115,306	13	6	31	40	15	11	56	53
肯尼亚	9,046	29,376	31	23	16	15	10	9	53	62
朝鲜	..	..	..	..	..	..	..	..	..	..
韩国	517,118	832,512	6	3	42	37	28	28	52	61
科索沃	..	5,387	..	12	..	20	..	17	..	68
科威特[a]	27,192	*148,024*	0	..	55	..	4	..	45	..
吉尔吉斯斯坦	1,661	4,578	44	*29*	20	*19*	9	*13*	37	*51*
老挝	1,764	5,939	56	*35*	19	*28*	14	*9*	25	*37*
拉脱维亚	5,236	26,195	9	3	30	20	21	10	61	77
黎巴嫩	11,719	34,528	8	5	25	17	14	9	68	78
莱索托	814	1,579	19	8	43	34	17	17	38	58
利比里亚	135	876	82	*61*	5	*17*	3	*13*	13	*22*
利比亚	25,541	62,360	..	*2*	..	*78*	..	*4*	..	*20*
立陶宛	7,905	37,206	11	*4*	31	*31*	19	*18*	58	*64*
前南斯拉夫马其顿共和国	4,449	9,221	13	11	30	36	23	23	57	52
马达加斯加	3,160	8,590	27	29	9	16	8	14	64	55
马拉维	1,397	4,727	30	31	20	16	16	10	50	53
马来西亚[a]	88,832	193,093	13	10	41	44	26	25	46	46
马里	2,466	8,996	50	*37*	19	*24*	8	*3*	32	..
毛里塔尼亚	1,415	3,024	37	21	25	35	8	4	37	45
毛里求斯	4,040	8,589	10	4	32	29	23	19	58	67
墨西哥	286,698	874,810	6	4	28	35	21	17	66	61
摩尔多瓦	1,753	5,405	33	10	32	13	26	13	35	77
蒙古	1,227	4,202	41	24	29	33	12	5	30	44
摩洛哥	32,986	91,375	15	16	34	29	19	16	51	55
莫桑比克	2,247	9,790	35	31	15	24	8	14	51	45
缅甸[a]	..	..	60	..	10	..	7	..	30	..
纳米比亚	3,503	9,265	12	9	28	33	13	15	60	58
尼泊尔	4,401	12,531	42	34	23	16	10	7	35	50
荷兰	418,969	792,128	3	2	27	24	17	13	69	74
新西兰	62,795	126,679	7	..	27	..	18	..	66	..
尼加拉瓜	3,191	6,140	23	19	27	30	19	20	49	51
尼日尔[a]	1,881	5,383	40	..	17	..	6	..	43	..
尼日利亚	28,109	173,004	..	*33*	..	*41*	..	..	..	*27*
挪威	148,920	381,766	3	1	34	40	13	10	63	59
阿曼[a]	13,803	46,114	3	..	46	..	5	..	51	..
巴基斯坦	60,636	161,990	26	22	24	24	16	17	50	54
巴拿马	7,906	24,711	8	6	18	17	9	6	74	77
巴布亚新几内亚	4,636	7,893	35	36	34	45	8	6	31	20
巴拉圭[a]	8,066	14,236	21	19	23	21	16	13	56	59
秘鲁	53,674	130,325	9	7	31	34	17	14	60	59
菲律宾[a]	74,120	161,196	22	15	32	30	23	20	46	55
波兰	139,062	430,076	8	4	35	30	21	16	57	66
葡萄牙	116,419	232,874	6	2	28	23	19	13	66	75
波多黎各[a]	42,647	..	1	..	44	..	42	..	55	..
卡塔尔	8,138	98,313	..	..	..	..	..	..	..	..

	国内生产总值		农业		工业		制造业		服务业	
	百万美元		占GDP的百分比		占GDP的百分比		占GDP的百分比		占GDP的百分比	
	1995	2009	1995	2009	1995	2009	1995	2009	1995	2009
罗马尼亚	35,477	161,110	21	7	43	26	29	22	36	67
俄罗斯联邦	395,528	1,231,893	7	5	37	33	..	15	56	62
卢旺达[a]	1,293	5,216	44	34	16	15	10	6	40	51
沙特阿拉伯[a]	142,458	375,766	6	3	49	51	10	10	45	46
塞内加尔	4,879	12,822	21	17	24	22	17	13	55	62
塞尔维亚	*21,381*	42,984	..	13	..	28	..	..	..	59
塞拉利昂	871	1,942	43	51	39	22	9	..	18	27
新加坡	84,291	182,232	..	..	35	26	27	19	65	*74*
斯洛伐克共和国	25,240	87,642	6	3	38	35	27	19	56	63
斯洛文尼亚	20,814	48,477	4	*2*	35	*34*	26	*22*	60	*64*
索马里	..	..	..	..	..	..	..	..	..	..
南非	151,113	285,366	4	3	35	31	21	15	61	66
西班牙	596,751	1,460,250	5	3	29	26	18	13	66	71
斯里兰卡[a]	13,030	41,979	23	13	27	30	16	18	50	58
苏丹	13,830	54,681	39	30	11	26	5	7	51	44
斯威士兰	1,699	3,001	12	7	45	49	39	44	43	43
瑞典	253,680	406,072	3	2	30	25	22	16	66	73
瑞士	315,940	491,924	2	1	30	27	20	19	68	72
阿拉伯叙利亚共和国	11,397	52,177	32	21	20	34	15	13	48	45
塔吉克斯坦	1,232	4,978	38	22	39	24	28	11	22	54
坦桑尼亚[b]	5,255	21,368	47	29	15	24	7	10	38	47
泰国[a]	168,019	263,772	10	12	41	43	30	34	50	45
东帝汶[a]	..	558	..	..	..	..	..	..	..	..
多哥[a]	1,309	2,855	38	..	22	..	10	..	40	..
特立尼达和多巴哥	5,329	21,204	2	0	47	52	9	6	51	47
突尼斯[a]	18,031	39,561	11	8	29	30	19	17	59	62
土耳其	169,486	614,603	16	9	33	26	23	17	50	65
土库曼斯坦	2,482	19,947	17	12	63	54	40	47	20	34
乌干达	5,756	16,043	49	25	14	26	7	8	36	50
乌克兰	48,214	113,545	15	8	43	29	35	18	42	62
阿拉伯联合酋长国	42,807	230,252	3	2	52	*61*	10	*12*	45	*38*
英国	1,157,119	2,174,530	2	1	31	21	21	11	67	78
美国	7,359,300	14,119,000	2	*1*	26	*21*	19	*13*	72	*77*
乌拉圭	19,298	31,511	9	10	29	26	20	16	62	64
乌兹别克斯坦	13,350	32,104	32	20	28	33	12	13	40	47
委内瑞拉	74,889	326,133	6	..	41	..	15	..	53	..
越南[a]	20,736	97,180	27	21	29	40	15	20	44	39
西岸和加沙	3,220	..	..	..	..	..	..	..	..	..
也门共和国[a]	4,236	26,365	20	..	32	..	14	..	48	..
赞比亚	3,478	12,805	18	22	36	34	11	10	46	44
津巴布韦	7,111	5,625	15	18	29	29	22	17	56	53
全世界	**29,692,820 t**	**58,259,785 t**	**4 w**	**3 w**	**30 w**	**27 w**	**21 w**	**17 w**	**65 w**	**70 w**
低收入国家	153,755	432,171	37	26	20	24	11	12	43	50
中等收入国家	4,811,047	16,213,154	14	10	35	35	23	21	51	55
中低收入国家	1,992,261	8,887,269	21	13	39	39	26	26	40	48
中高收入国家	2,818,895	7,318,398	8	6	32	31	19	17	60	62
低收入和中等收入国家	4,965,895	16,657,552	15	10	34	35	22	21	51	55
东亚和太平洋地区	1,312,902	6,353,790	19	11	44	45	31	32	36	43
欧洲和中亚	763,913	2,591,705	14	8	35	30	*22*	17	51	62
拉丁美洲和加勒比地区	1,770,557	4,017,912	7	6	29	31	19	17	64	63
中东和北非	315,651	1,062,419	16	*11*	34	*43*	15	*12*	50	*46*
南亚	476,175	1,700,339	26	18	27	27	17	15	46	55
撒哈拉以南非洲地区	327,608	945,923	18	13	29	30	16	13	53	57
高收入国家	24,722,778	41,607,730	2	*1*	30	*25*	20	*16*	68	*74*
欧元区	7,286,803	12,465,331	3	2	29	24	21	15	68	74

a. 各部分由生产价格计价。b. 仅包括坦桑尼亚大陆。

关于数据的说明

一个经济体的国内生产总值代表了该国所有生产者创造的增加值之和。增加值是指生产者产出的总价值减去生产中消耗的中间产品和服务的价值，其中，中间产品和服务不包括生产过程中损耗的固定资产。联合国国民经济核算体系要求在估算增加值时，使用基本价格（扣除对产品的净税收）或者生产者价格（包括生产者支付的对产品的净税收，但是扣除销售税或者增值税）。然而，两种估值方法均需扣除生产者单独开发票支付的运输费。本表及其本书其他地方给出的 GDP 总值是用购买者价格测算的。各行业的增加值通常是用基本价格测算的。在使用生产者价格测算增加值时，“基本数据文献”会予以说明。

虽然使用生产法估算的 GDP 通常要比采用收入法或者支出法估算的结果更加可靠，但是不同的国家还是使用了不同的定义、方法和报告标准。世界银行的工作人员要核查国民经济核算数据的质量，有时需要调整加以改善，以使数据更符合国际准则。尽管如此，国际标准与实际做法之间仍然存在重大差异；许多统计机构，特别是那些发展中国家的统计机构，面临着资料来源、时间、培训和预算等方面的严重制约，进而难以做出可靠、全面的国民经济核算的统计数据序列。

测算产出时的数据问题

国民账户编制者面临的困难之一就是，非正规经济或者第二层次经济中有些经济活动没有报告。在发展中国家，很大一部分农业产出不进行交换（因为用于家庭内部消费），或者不用于货币交易。

农业生产一般必须要用涉及投入、产量和耕地面积的综合测算方法来间接估算。由于气候条件或者耕作技术之外的原因，使用这种方法得出的近似值会随着时间和农作物的不同而偏离真实值。与此类似，对于不能轻易分摊到特定产出的农业投入，也经常用同样原始的、无事先计划的近似法编制。关于农业生产测算的进一步讨论，见表 3.3 中“关于数据的说明”。

对于工业产出来讲，较为理想的测算方式就是对企业进行常规普查和调查。但是在大多数发展中国家，这种调查不能经常及时地进行，因此，许多调查结果必须用适当的指标进行推算。所选择的样本单位也会影响数据的质量，这些样本单位可能是企业（其回答可能基于其财务记录）或者机构（其生产单位可能分开记录）。此外，许多工业生产都是以非注册公司或者所有者自营的形式组织起来的，以正规部门为对象的调查不会涵盖它们。即使在很有可能受到常规调查的大型工业企业，逃避消费税和其他税种、隐瞒收入的现象也会引起对增加值的低估。随着各国从政府控制企业的模式转向发展私营企业的模式，该问题就变得更加严峻，因为有新的公司进入商业，而越来越多的新成立的企业不提供报告。根据国民经济核算体系的要求，产出应该包括所有上述没有报告的生产活动、非法活动以及其他未记录的非正规或者小规模经营活动的产值。这些活动的数据需要使用传统的企业调查方式之外的技术收集。

在诸如公用事业等大型机构和企业占主导地位的行业中，产出、就业和工资等数据一般容易获得而且较为可靠。但是服务行业存在许多个人独立经营的工作人员和个体户，有时很难找到他们，他们对答复调查也没有积极性，更别说报告其全部收入。未被记录的经济活动形式多样，包括女性和儿童只为极低的报酬或者根本不要报酬而付出的劳动，从而使问题更加复杂。关于使用国民经济核算数据存在问题的进一步讨论，见 Srinivasan（1994）和 Heston（1994）。

美元的换算

为得到以相同的标准货币单位衡量的国民经济核算总量，必须要把产值换算成以单一共同货币表示的数据。世界银行通常使用美元，并以国际货币基金组织为所示年份公布的平均官方汇率进行换算。如果官方汇率与实际用于外汇交易和产品贸易的汇率之间偏差很大，则使用替代换算系数。

定义

• **国内生产总值（GDP）**是以购买者价格计算的一个经济体所有常住生产者创造的总增加值之和，加上所有未包括在产出价值内的产品税（减去补贴）。计算中没有扣除成套设备资产的折旧或者自然资源的消耗与分解。增加值是指一个部门所有产出之和减去中间投入后的净产出。增加值的产业来源划分是根据国际标准产业分类（ISIC）第 3 次修订版确定的。**农业**指 ISIC 第 1—5 项所对应行业（包括林业和渔业）的生产总值扣减生产环节中使用的中间要素价值。 • **工业**指对应 ISIC 第 10—45 项（包括采矿业、制造业［也单独作为一个子类列出］、建筑业、电力、水和天然气行业）所对应的总产出扣减中间要素投入的价值。 • **制造业**指 ISIC 第 15—37 项对应的行业的总产出扣减中间要素投入。服务业与 ISIC 第 50—99 项对应。该部门是 GDP 扣除农业和工业以后的残值，或许不能恰当地反映服务业（包括银行和金融服务行业）产出的总值。对于一些国家来讲， • **服务业**包括了产品税（扣除补助），可能也包括了统计上的差异。

数据资料来源

大多数发展中国家的国民经济核算数据都是由世界银行访问团和常驻代表处取自各国的国民经济统计机构和中央银行。高收入经济体的数据来自经济合作与发展组织的数据档案。联合国统计署在《国民账户统计：主要综合数值与详细统计表》中公布了其成员国详细的国民经济核算数据，最新数据公布于《统计月报》。

制造业结构

	制造业增加值 百万美元		食品、饮料与烟草 占总数的百分比		纺织品与服装 占总数的百分比		机械与交通设备 占总数的百分比		化工 占总数的百分比		其他制造业[a] 占总数的百分比	
	1998	2009	1998	2007	1998	2007	1998	2007	1998	2007	1998	2007
阿富汗	..	1,632	..	..	..	..	..	..	..	..	..	..
阿尔巴尼亚	268	1,995	*20*	*17*	*27*	*22*	*3*	*3*	*5*	*17*	*46*	*41*
阿尔及利亚	4,372	7,315	*33*	..	*8*	..	..	..	*11*	..	*48*	..
安哥拉	407	4,586	..	..	..	..	..	..	..	..	..	..
阿根廷	53,326	60,116	26	..	8	..	13	..	15	..	38	..
亚美尼亚	377	1,213	..	..	..	..	..	..	..	..	..	..
澳大利亚	51,505	*95,726*	..	*19*	..	*3*	..	*14*	..	*7*	..	*58*
奥地利	37,828	64,124	10	*9*	5	*2*	24	*28*	7	*7*	54	*54*
阿塞拜疆	370	*1,927*	..	18	..	1	..	9	..	5	..	66
孟加拉国	6,887	15,472	24	..	40	..	3	..	11	..	21	..
白俄罗斯	4,487	12,638	..	..	..	..	..	..	..	..	..	..
比利时	45,588	59,032	13	*12*	6	*4*	19	*19*	18	*23*	44	*43*
贝宁	200	..	..	..	..	..	..	..	..	..	..	..
玻利维亚	1,189	2,014	35	..	5	..	0	..	5	..	55	..
波斯尼亚和黑塞哥维那	497	1,816	..	..	..	..	..	..	..	..	..	..
博茨瓦纳	253	475	23	22	8	5	*15*	..	5	..	69	73
巴西	117,276	216,924	20	18	7	6	20	21	13	11	40	44
保加利亚	2,180	6,424	22	16	13	12	18	14	9	7	39	50
布基纳法索	387	..	..	..	..	..	..	..	..	..	..	..
布隆迪	64	..	..	..	..	..	..	..	..	..	..	..
柬埔寨	436	1,403	*7*	..	*87*	..	*0*	..	*0*	..	*7*	..
喀麦隆	1,843	*3,328*	35	..	9	..	1	..	6	..	49	..
加拿大	104,352	*172,050*	14	..	4	..	29	..	9	..	44	..
中非共和国	91	..	..	..	..	..	..	..	..	..	..	..
乍得	188	*381*	..	..	..	..	..	..	..	..	..	..
智利	13,540	19,665	32	*14*	4	*2*	3	*2*	10	*14*	52	*69*
中国	324,603	1,691,153	16	12	12	10	15	24	11	11	46	43
中国香港	8,868	*4,971*	12	14	22	12	15	13	3	5	49	55
哥伦比亚	13,770	30,690	32	*27*	10	*9*	5	*6*	17	*13*	36	*45*
刚果民主共和国	370	582	..	..	..	..	..	..	..	..	..	..
刚果共和国	136	429	..	..	..	..	..	..	..	..	..	..
哥斯达黎加	2,972	5,034	46	*44*	8	*5*	3	*3*	11	*10*	32	*39*
科特迪瓦	2,499	4,187	*42*	..	*10*	..	*2*	..	*12*	..	*34*	..
克罗地亚	4,163	8,789	..	..	..	..	..	..	..	..	..	..
古巴	3,103	*4,955*	..	..	..	..	..	..	..	..	..	..
捷克共和国	14,416	39,662	13	*9*	6	*3*	23	*29*	6	*6*	52	*53*
丹麦	24,894	34,971	19	*17*	3	*2*	22	*19*	10	*13*	46	*50*
多米尼加共和国	5,136	10,577	..	..	..	..	..	..	..	..	..	..
厄瓜多尔	2,912	5,316	22	*30*	3	*4*	2	*3*	3	*5*	69	*58*
埃及	14,403	28,712	16	..	16	..	12	..	21	..	35	..
萨尔瓦多	2,569	4,319	29	..	28	..	2	..	16	..	25	..
厄立特里亚	64	102	49	44	12	19	1	1	6	5	31	31
爱沙尼亚	870	2,393	*17*	12	*15*	4	*10*	10	*4*	4	*53*	69
埃塞俄比亚	373	1,071	55	41	13	9	1	5	7	5	24	40
芬兰	29,158	37,557	8	*6*	2	*2*	30	*32*	6	*6*	54	*54*
法国	*209,123*	253,608	13	*14*	5	*3*	26	*24*	12	*13*	44	*45*
加蓬	252	479	..	..	..	..	..	..	..	..	..	..
冈比亚	22	32	..	..	..	..	..	..	..	..	..	..
格鲁吉亚	307	1,073	*37*	34	*1*	2	*12*	6	*7*	8	*43*	50
德国	449,216	567,902	8	*8*	3	*2*	35	*36*	10	*10*	44	*45*
加纳	672	1,759	..	..	..	..	..	..	..	..	..	..
希腊	*12,338*	29,718	24	*22*	12	*8*	11	*10*	10	*6*	43	*54*
危地马拉	2,631	6,937	..	..	..	..	..	..	..	..	..	..
几内亚	132	201	..	..	..	..	..	..	..	..	..	..
几内亚比绍	19	*44*	..	..	..	..	..	..	..	..	..	..
海地	..	..	..	..	..	..	..	..	..	..	..	..
洪都拉斯	826	2,470	*42*	..	*22*	..	*1*	..	*5*	..	*30*	..

	制造业增加值		食品、饮料与烟草		纺织品与服装		机械与交通设备		化工		其他制造业[a]	
	百万美元		占总数的百分比		占总数的百分比		占总数的百分比		占总数的百分比		占总数的百分比	
	1998	2009	1998	2007	1998	2007	1998	2007	1998	2007	1998	2007
匈牙利	9,959	28,619	15	11	7	3	27	31	11	10	40	44
印度	59,562	190,333	13	9	12	9	15	19	24	16	37	47
印度尼西亚	23,857	142,532	21	26	18	13	14	18	13	11	33	32
伊朗	13,607	29,832	13	10	8	4	16	24	13	13	49	50
伊拉克	91	..	31	..	15	..	2	..	23	..	29	..
爱尔兰	26,279	48,709	17	18	2	0	16	16	38	33	28	33
以色列	..	..	12	10	6	3	24	22	12	20	46	44
意大利	236,315	306,459	9	9	13	10	23	23	8	7	47	51
牙买加	914	973	48	..	7	..	..	..	19	..	27	..
日本	868,624	970,204	11	11	4	2	33	37	10	11	42	39
约旦	1,047	4,416	27	23	6	10	4	3	21	17	42	48
哈萨克斯坦	2,659	12,536	..	..	..	..	..	..	..	..	..	..
肯尼亚	1,540	2,801	46	30	8	4	4	2	8	4	34	62
朝鲜	..	..	..	..	..	..	..	..	..	..	..	..
韩国	85,569	208,142	9	6	9	5	35	46	11	8	36	35
科索沃	..	773	..	..	..	..	..	..	..	..	..	..
科威特	1,037	..	8	..	5	..	2	..	3	..	83	..
吉尔吉斯斯坦	233	570	..	..	..	..	..	..	..	..	..	..
老挝	216	478	46	..	22	..	8	..	3	..	22	..
拉脱维亚	965	2,278	26	20	11	7	8	10	3	4	52	60
黎巴嫩	2,144	2,645	26	..	10	..	3	..	6	..	55	..
莱索托	140	243	..	..	..	..	..	..	..	..	..	..
利比里亚	17	105	..	..	..	..	..	..	..	..	..	..
利比亚	..	3,879	..	..	..	..	..	..	..	..	..	..
立陶宛	1,807	7,562	27	23	18	9	12	10	3	9	40	48
前南斯拉夫马其顿共和国	645	1,816	31	18	21	17	9	4	8	6	31	55
马达加斯加	399	1,115	31	0	33	30	..	1	6	2	30	67
马拉维	216	447	44	..	8	..	5	..	16	..	28	..
马来西亚	20,774	49,213	10	9	4	2	8	30	11	15	67	44
马里	101	195	..	..	..	..	..	..	..	..	..	..
毛里塔尼亚	100	115	..	..	..	..	..	..	..	..	..	..
毛里求斯	877	1,483	22	31	51	31	1	1	4	..	26	37
墨西哥	82,015	144,431	24	25	4	3	23	18	15	19	32	35
摩尔多瓦	238	568	..	39	..	15	..	4	..	..	..	42
蒙古	46	176	53	38	33	17	0	1	2	3	12	41
摩洛哥	6,136	12,909	34	30	18	13	4	5	15	16	28	35
莫桑比克	422	1,219	..	..	..	..	..	..	..	..	..	..
缅甸	..	..	..	..	..	..	..	..	..	..	..	..
纳米比亚	369	1,247	..	..	..	..	..	..	..	..	..	..
尼泊尔	436	807	35	..	34	..	0	..	6	..	26	..
荷兰	58,120	89,029	18	18	2	2	15	19	13	14	51	47
新西兰	8,495	17,968	30	27	..	2	..	13	..	..	70	58
尼加拉瓜	538	1,086	..	..	..	..	..	..	..	..	..	..
尼日尔	128	..	..	..	..	..	..	..	..	..	..	..
尼日利亚	..	..	30	..	11	..	7	..	26	..	26	..
挪威	16,863	32,575	16	20	2	1	23	25	8	9	51	45
阿曼	654	..	17	8	7	0	2	1	7	12	67	79
巴基斯坦	9,131	26,290	23	22	26	29	5	8	16	14	30	26
巴拿马	1,135	1,490	52	..	7	..	..	..	7	..	34	..
巴布亚新几内亚	351	464	..	..	..	..	..	..	..	..	..	..
巴拉圭	1,239	1,850	..	..	..	..	..	..	..	..	..	..
秘鲁	8,080	16,897	26	30	10	12	4	2	10	12	51	44
菲律宾	14,254	32,889	35	24	7	6	21	25	10	8	28	38
波兰	30,022	61,948	25	16	7	4	16	20	7	8	45	52
葡萄牙	19,959	26,690	12	14	20	12	15	11	6	6	46	63
波多黎各	22,994	..	10	9	4	1	5	9	62	62	20	20
卡塔尔	..	..	4	1	8	2	0	0	21	17	67	80

4.3 制造业结构

	制造业增加值		食品、饮料与烟草		纺织品与服装		机械与交通设备		化工		其他制造业[a]	
	百万美元		占总数的百分比		占总数的百分比		占总数的百分比		占总数的百分比		占总数的百分比	
	1998	2009	1998	2007	1998	2007	1998	2007	1998	2007	1998	2007
罗马尼亚	9,601	31,753	29	15	11	12	14	17	5	5	40	51
俄罗斯联邦	..	161,878	22	15	3	2	18	10	9	8	48	65
卢旺达	223	335	75	..	2	..	..	..	6	..	17	..
沙特阿拉伯	15,492	39,128	..	19	..	5	..	6	..	27	..	43
塞内加尔	723	1,490	44	..	3	..	0	..	29	..	24	..
塞尔维亚	..	..	..	..	..	..	..	..	..	..	..	..
塞拉利昂	26	..	..	..	..	..	..	..	..	..	..	..
新加坡	18,839	33,499	4	2	1	1	52	45	13	32	30	20
斯洛伐克共和国	6,036	15,375	12	7	7	3	21	27	9	4	52	59
斯洛文尼亚	4,860	10,566	10	7	10	6	17	20	11	14	51	53
索马里	..	..	..	..	..	..	..	..	..	..	..	..
南非	23,678	39,014	18	17	6	3	14	14	11	7	51	58
西班牙	103,971	172,433	15	15	7	4	20	17	10	8	47	55
斯里兰卡	2,343	7,618	39	29	30	29	4	0	7	14	21	27
苏丹	957	3,515	..	..	..	..	..	..	..	..	..	..
斯威士兰	519	1,114	..	..	..	..	..	..	..	..	..	..
瑞典	48,915	56,948	8	7	1	1	37	34	9	13	46	46
瑞士	51,047	88,054	10	..	3	..	15	..	..	..	71	..
阿拉伯叙利亚共和国	1,286	6,686	..	..	..	..	..	..	..	..	..	..
塔吉克斯坦	255	479	..	..	..	..	..	..	..	..	..	..
坦桑尼亚	919	1,844	45	62	0	8	2	1	7	2	46	29
泰国	34,534	89,881	25	16	12	9	27	35	4	6	32	34
东帝汶	9	..	..	..	..	..	..	..	..	..	..	..
多哥	110	..	..	..	..	..	..	..	..	..	..	..
特立尼达和多巴哥	552	1,334	30	11	1	1	1	0	26	39	42	49
突尼斯	3,660	6,527	17	..	36	..	3	..	11	..	33	..
土耳其	64,408	92,715	15	12	18	19	14	20	8	7	45	42
土库曼斯坦	452	9,158	..	..	..	..	..	..	..	..	..	..
乌干达	545	1,190	65	..	5	..	..	..	10	..	20	..
乌克兰	10,578	17,992	..	..	..	..	..	..	..	..	..	..
阿拉伯联合酋长国	6,532	24,643	..	..	..	..	..	..	..	..	..	..
英国	251,809	217,594	13	16	5	3	26	23	10	11	46	47
美国	1,440,500	1,779,474	13	14	4	2	30	25	12	15	41	44
乌拉圭	3,598	4,377	36	42	9	7	3	4	8	8	44	39
乌兹别克斯坦	1,346	3,979	..	..	..	..	..	..	..	..	..	..
委内瑞拉	17,380	..	22	..	2	..	9	..	34	..	41	..
越南	4,666	18,099	30	..	22	..	11	..	7	..	30	..
西岸和加沙	..	..	15	27	23	13	2	1	5	4	55	55
也门共和国	638	..	45	60	5	9	0	0	2	4	48	27
赞比亚	372	1,192	..	..	..	..	..	..	..	..	..	..
津巴布韦	923	826	..	..	..	..	..	..	..	..	..	..
全世界	**5,516,751 t**	**9,102,310 t**	..	..	..	..	..	..	..	..	..	..
低收入国家	20,369	44,786	..	..	..	..	..	..	..	..	..	..
中等收入国家	1,085,340	3,432,566	..	..	..	..	..	..	..	..	..	..
中低收入国家	535,090	2,342,311	..	..	..	..	..	..	..	..	..	..
中高收入国家	563,006	1,036,562	..	..	..	..	..	..	..	..	..	..
低收入和中等收入国家	1,105,587	3,479,229	..	..	..	..	..	..	..	..	..	..
东亚和太平洋地区	425,997	2,036,104	..	..	..	..	..	..	..	..	..	..
欧洲和中亚	..	..	..	..	..	..	..	..	..	..	..	..
拉丁美洲和加勒比地区	334,974	570,166	..	..	..	..	..	..	..	..	..	..
中东和北非	49,450	117,926	..	..	..	..	..	..	..	..	..	..
南亚	78,797	241,774	..	..	..	..	..	..	..	..	..	..
撒哈拉以南非洲地区	43,316	83,017	..	..	..	..	..	..	..	..	..	..
高收入国家	4,411,013	5,603,504	..	..	..	..	..	..	..	..	..	..
欧元区	1,250,663	1,686,936	..	..	..	..	..	..	..	..	..	..

a. 包括未分配的数据。b. 仅包括坦桑尼亚大陆。

关于数据的说明

制造业增加值的行业分布数据是由联合国工业发展组织（UNIDO）提供的。UNIDO 从各种国家来源和国际来源那里获得了制造业增加值的数据，其中国际来源包括联合国统计署、世界银行、经济合作与开发组织以及国际货币基金组织。为了增强不同时间和不同国家之间数据的可比性，UNIDO 利用来自于工业普查、各国和国际组织提供的统计数据、从现场收集的未公开数据以及 UNIDO 秘书处所做的估算的信息，对上述数据进行了补充。尽管如此，数据的覆盖面可能还不完整，尤其是非正规部门。在不能直接获得投入与产出信息的情况下，UNIDO 可能使用估算法，由此可能导致行业加总数出现误差。此外，各国估算增加值时使用的参照期间（日历或者财政年度）和估值方法（基本价格、生产者价格或者购买者价格）也不相同（见表 4.2“关于数据的说明”）。

以美元表示的制造业增加值数据来自于世界银行国民经济核算文件，这些数字可能与 UNIDO 在计算各行业增加值所占份额时使用的数据不同，部分原因在于汇率的不同。因此，用各行业的份额乘以总的制造业增加值估算得出的特定行业的增加值与来自于 UNIDO 的数据不匹配。表中制造业的行业分类与联合国国际标准工业分类（ISIC）第三次修订版是一致的。ISIC 于 1948 年首次出版，《2008 年世界发展指标》以前的版本都是使用第二次修订版，第三次修订版于 1989 年完成，目前许多国家采用了它。但是在编制跨国比较的数据时，第二次修订版仍广泛使用。为了与第三次修订版保持一致，UNIDO 也将这些数据进行了转换。此外，使 ISIC 分类与各国分类体系以及标准国际贸易分类等相关体系相匹配的重要词语索引也可随时获得。

在建立分类体系时，编制者必须界定所描述的活动的类型以及报告其活动的组织单位。由于存在很多可能，不同的选择会影响对所得统计数据的解释，进而影响这些数据在分析经济行为时所发挥的作用。ISIC 强调生产过程的普遍性，而且明显无益于产出的衡量（此项工作由新近开发的中心产品分类承担）；尽管如此，ISIC 将经济活动视为“生产相似类别产品的过程”（联合国，1990 年［ISIC 第 3 次修订版第 4 号 M 序列］，第 9 页）。

企业生产一个产品一般要经过许多工序。例如，一家汽车制造商要从事锻造、焊接、油漆以及广告、会计和许多其他许多服务活动。对于一家拥有多个生产单位、产品多元化的大型企业来讲，在如此详细的层次收集数据，以便在非常高的层次记录生产数据，既是不切实际的，也是不现实的。因此，ISIC 对机构采用了以下定义，即“在一个地区独立从事一类经济活动或者以一类经济活动为主的企业或企业的一个部分……其数据可以获得……”（联合国，1990 年，第 25 页）。按其用意，该定义与联合国国民经济核算体系生产账户所要求的报告单位相符。ISIC 体系在联合国的《所有经济活动的国际标准产业分类》（第 3 版，1990 年）中有所介绍。关于 ISIC 的讨论引自 Jacob Ryten 的《ISIC 的 50 年：历史起源与未来展望》（1998）。

2009 年东亚和太平洋地区制造业仍然表现出了强劲增长 4.3a

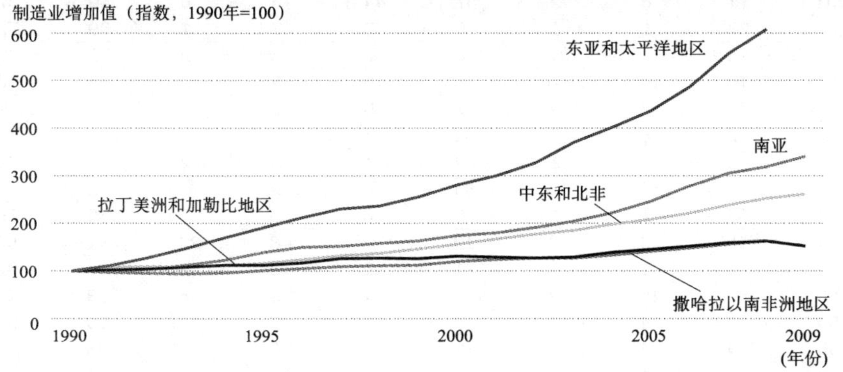

制造业依然是东亚和太平洋地区的主导产业，1990—2009 年之间平均每年大约增长 10.5%。
资料来源：《世界发展指标》数据档案。

定义

• **制造业增加值**是指归类于 ISIC 的主要项——第 3 项中各行业的总产值之和减去生产中使用的中间投入的价值。 • **食品、饮料与烟草**由 ISIC 第 15 项和第 16 项组成。 • **纺织品与服装**由 ISIC 第 17 项到第 19 项组成。 • **机械与交通设备**由 ISIC 第 29 项、第 30 项、第 32 项、第 34 项和第 35 项组成。 • **化工**由 ISIC 第 24 项组成。 • **其他制造业**包括木材及其相关产品（ISIC 第 20 项）、造纸及其相关产品（ISIC 第 21 项和第 22 项）、石油及其相关产品（ISIC 第 23 项）、基本金属及其矿产品（ISIC 第 27 项）、金属制品及其专业产品（ISIC 第 28 项）和其他行业（ISIC 第 25 项、第 26 项、第 31 项、第 33 项、第 36 项和第 37 项）。

数据资料来源

制造业增加值数据来自世界银行国民经济核算档案。用于计算各产业增加值份额的数据由 UNIDO 以电子文件向世界银行提供。最新出版的资料来源是 UNIDO 的《2010 年国际产业统计年鉴》。

4.4 商品出口结构

	商品出口		粮食		农业原材料		燃料		矿砂与金属		制成品	
	百万美元		占总数的百分比		占总数的百分比		占总数的百分比		占总数的百分比		占总数的百分比	
	1995	2009	1995	2009	1995	2009	1995	2009	1995	2009	1995	2009
阿富汗	166	560	..	55	..	8	..	..	..	0	..	18
阿尔巴尼亚	202	1,088	11	6	9	3	3	12	12	10	65	70
阿尔及利亚	10,258	45,194	1	0	0	0	95	98	1	0	4	2
安哥拉	3,642	40,080	..	..	..	..	..	..	..	..	..	..
阿根廷	20,967	55,668	50	50	4	1	10	10	2	4	34	33
亚美尼亚	271	698	11	20	5	1	1	0	26	47	54	33
澳大利亚	53,111	154,234	22	14	8	2	19	32	18	27	30	19
奥地利	57,738	137,672	4	7	3	2	1	3	3	3	88	81
阿塞拜疆	635	21,097	4	4	8	0	66	93	1	0	20	3
孟加拉国	3,501	15,084	10	7	3	3	0	2	0	0	85	88
白俄罗斯	4,803	21,283	..	11	..	2	..	37	..	1	..	48
比利时	178,265[a]	369,854	10[a]	10	1[a]	1	3[a]	7	4[a]	3	77[a]	77
贝宁	420	1,000	14	..	75	..	5	..	0	..	6	..
玻利维亚	1,100	4,848	21	20	10	1	15	40	35	33	19	6
波斯尼亚和黑塞哥维那	152	3,929	..	8	..	6	..	13	..	9	..	61
博茨瓦纳	2,142	3,458	..	5	..	0	..	0	..	16	..	78
巴西	46,506	152,995	29	34	5	4	1	9	10	12	54	39
保加利亚	5,355	16,455	18	17	3	1	7	13	10	15	60	53
布基纳法索	276	850	25	27	69	60	0	0	0	1	6	12
布隆迪	105	64	91	67	4	5	0	2	1	5	3	21
柬埔寨	855	4,200	..	1	..	1	..	0	..	3	..	96
喀麦隆	1,651	3,000	27	..	28	..	29	..	8	..	8	..
加拿大	192,197	316,713	8	11	9	4	9	25	7	7	63	50
中非共和国	171	120	4	..	20	..	1	..	30	..	45	..
乍得	243	2,800	..	..	..	..	..	..	..	..	..	..
智利	16,024	53,735	24	21	12	5	0	1	48	58	13	11
中国 †	148,780	1,201,534	8	3	2	0	4	2	2	1	84	94
中国香港 [b]	173,871	329,422	3	7	0	2	0	4	1	6	94	79
哥伦比亚	10,056	32,853	31	16	5	4	28	51	1	2	35	28
刚果民主共和国	1,563	3,100	..	..	..	..	..	..	..	..	..	..
刚果共和国	1,172	5,600	1	..	8	..	88	..	0	..	3	..
哥斯达黎加	3,453	8,788	63	25	5	2	1	1	1	1	25	47
科特迪瓦	3,806	8,900	63	48	20	6	10	30	0	0	7	15
克罗地亚	4,517	10,474	11	13	5	4	9	13	2	4	74	66
古巴	1,600	3,109	..	..	..	..	..	..	..	..	..	..
捷克共和国	21,335	113,437	6	5	4	1	4	4	3	2	82	87
丹麦	50,906	93,344	24	19	3	2	3	8	1	1	60	65
多米尼加共和国	3,780	5,463	19	25	0	1	0	0	0	3	78	70
厄瓜多尔	4,307	13,799	53	36	3	4	36	50	0	0	8	9
埃及	3,450	23,062	10	11	6	2	37	44	6	6	40	37
萨尔瓦多	1,652	3,797	57	23	1	1	0	3	3	1	39	72
厄立特里亚	86	15	..	..	..	..	..	..	..	..	..	..
爱沙尼亚	1,840	9,031	16	10	10	4	6	16	3	2	65	62
埃塞俄比亚	422	1,596	73	77	13	12	3	0	0	1	11	9
芬兰	40,490	62,798	2	2	8	4	2	7	3	4	83	77
法国	301,162	484,725	14	12	1	1	2	4	3	2	79	79
加蓬	2,713	5,100	0	..	13	..	83	..	2	..	2	..
冈比亚	16	15	60	53	1	1	0	0	1	7	36	39
格鲁吉亚	151	1,135	29	18	3	2	19	3	8	22	41	55
德国	523,461	1,126,383	5	6	1	1	1	2	3	2	87	82
加纳	1,724	5,500	58	63	15	9	5	2	9	6	13	19
希腊	11,054	20,093	30	25	4	3	7	9	7	7	50	54
危地马拉	2,155	7,214	65	44	4	3	2	4	0	5	28	43
几内亚	702	1,010	8	2	1	5	0	2	67	59	24	32
几内亚比绍	24	115	89	..	11	..	0	..	0	..	0	..
海地	110	576	37	..	0	..	0	..	0	..	62	..
洪都拉斯	1,769	5,196	87	54	3	1	0	4	0	4	9	35
† 中国台湾	113,047	203,675	3	1	2	1	1	6	1	2	93	89

	商品出口		粮食		农业原材料		燃料		矿砂与金属		制成品	
	百万美元		占总数的百分比		占总数的百分比		占总数的百分比		占总数的百分比		占总数的百分比	
	1995	2009	1995	2009	1995	2009	1995	2009	1995	2009	1995	2009
匈牙利	12,865	83,778	21	8	2	1	3	2	5	1	68	82
印度	30,630	162,613	19	8	1	1	2	13	3	6	74	67
印度尼西亚	45,417	119,481	11	17	7	5	25	28	6	9	51	41
伊朗	18,360	78,113	4	..	1	..	86	..	1	..	9	..
伊拉克	496	39,500	..	0	..	0	..	99	..	0	..	0
爱尔兰	44,705	114,587	19	9	1	0	0	1	1	1	72	86
以色列	19,046	47,935	5	3	2	1	0	0	1	1	89	94
意大利	233,766	405,777	7	8	1	1	1	4	1	2	89	83
牙买加	1,427	1,316	22	27	0	0	1	17	6	8	71	47
日本	443,116	580,719	0	1	1	1	1	2	1	3	95	88
约旦	1,769	6,366	25	17	2	0	0	1	24	9	49	73
哈萨克斯坦	5,250	43,196	10	4	3	0	25	71	24	11	38	14
肯尼亚	1,878	4,421	56	44	7	13	6	4	3	2	28	37
朝鲜	959	1,550	..	..	..	..	..	..	..	..	..	..
韩国	125,058	363,534	2	1	1	1	2	6	1	2	93	90
科索沃	..	..	..	..	..	..	..	..	..	..	..	..
科威特	12,785	50,328	0	0	0	0	95	93	0	0	5	6
吉尔吉斯斯坦	409	1,439	23	24	13	4	11	6	13	3	40	34
老挝	311	940	..	..	..	..	..	..	..	..	..	..
拉脱维亚	1,305	7,688	14	17	23	10	2	5	1	3	58	61
黎巴嫩	816	4,187	20	16	2	1	0	0	8	8	70	72
莱索托	160	750	..	..	..	..	..	..	..	..	..	..
利比里亚	820	150	..	..	..	..	..	..	..	..	..	..
利比亚	8,975	35,600	0	..	0	..	95	..	0	..	5	..
立陶宛	2,705	16,452	18	19	8	2	11	21	5	1	58	55
前南斯拉夫马其顿共和国	1,204	2,692	18	18	5	1	0	1	18	3	58	51
马达加斯加	507	1,140	69	29	6	5	1	5	7	3	14	57
马拉维	405	920	90	87	2	4	0	0	0	1	7	9
马来西亚	73,914	157,433	10	11	6	2	7	15	1	2	75	70
马里	441	2,100	23	28	75	42	0	6	0	1	2	22
毛里塔尼亚	488	1,370	57	12	0	0	1	22	42	60	0	0
毛里求斯	1,538	1,942	29	32	1	1	0	0	0	1	70	65
墨西哥	79,542	229,637	8	7	1	0	10	14	3	3	78	76
摩尔多瓦	745	1,288	72	74	2	1	1	0	3	2	23	23
蒙古	473	1,903	2	2	28	12	0	10	60	70	10	6
摩洛哥	6,881	13,863	31	22	3	2	2	2	12	9	51	65
莫桑比克	168	2,147	66	23	16	3	2	17	2	4	13	12
缅甸	860	6,710	..	..	..	..	..	..	..	..	..	..
纳米比亚	1,409	3,553	..	23	..	0	..	0	..	31	..	45
尼泊尔	345	813	8	25	1	3	0	0	0	5	84	67
荷兰	203,171	498,330	20	15	4	3	7	8	3	2	63	56
新西兰	13,645	24,932	45	56	19	10	2	5	5	3	29	23
尼加拉瓜	466	1,391	75	87	3	1	1	1	1	1	21	10
尼日尔	288	900	17	18	1	4	0	2	80	69	1	7
尼日利亚	12,342	52,500	2	5	2	1	96	90	0	0	1	4
挪威	41,992	120,880	8	6	2	0	47	65	9	5	27	20
阿曼	6,068	27,651	5	3	0	0	79	79	2	4	14	10
巴基斯坦	8,029	17,680	12	17	4	2	1	4	0	1	83	76
巴拿马	625	948	75	84	0	1	3	1	1	4	20	10
巴布亚新几内亚	2,654	4,328	13	..	20	..	38	..	25	..	4	..
巴拉圭	919	3,167	44	85	36	4	0	0	0	1	19	11
秘鲁	5,575	26,885	31	23	3	1	5	10	46	49	15	16
菲律宾	17,502	38,436	13	8	1	1	2	2	4	4	42	86
波兰	22,895	134,466	10	11	3	1	8	3	7	4	71	80
葡萄牙	22,783	43,358	7	11	5	2	3	5	2	3	83	72
波多黎各	..	..	..	..	..	..	..	..	..	..	..	..
卡塔尔	3,651	40,500	0	0	0	0	82	94	0	0	17	5

4.4 商品出口结构

	商品出口 百万美元		粮食 占总数的百分比		农业原材料 占总数的百分比		燃料 占总数的百分比		矿砂与金属 占总数的百分比		制成品 占总数的百分比	
	1995	2009	1995	2009	1995	2009	1995	2009	1995	2009	1995	2009
罗马尼亚	7,910	40,633	7	7	3	2	8	6	3	4	78	79
俄罗斯联邦	81,095	303,388	2	3	3	2	43	67	10	6	26	17
卢旺达	54	193	57	42	16	2	0	0	12	32	14	19
沙特阿拉伯	50,040	192,296	1	1	0	0	88	88	1	0	10	8
塞内加尔	993	2,180	9	30	7	1	22	24	12	3	48	41
塞尔维亚	..	8,345	28	19	4	2	2	3	15	10	49	66
塞拉利昂	42	231	..	..	..	..	..	..	..	..	..	..
新加坡[b]	118,268	269,832	4	2	1	0	7	15	2	1	84	74
斯洛伐克共和国	8,580	55,980	6	5	4	1	4	5	4	2	82	87
斯洛文尼亚	8,316	26,369	4	4	2	2	1	4	3	3	90	87
索马里	..	..	..	..	..	..	..	..	..	..	..	..
南非	27,853[c]	62,603	8[c]	10	4[c]	2	9[c]	11	8[c]	29	44[c]	47
西班牙	97,849	218,511	15	16	2	1	2	4	2	3	78	73
斯里兰卡	3,798	7,345	21	26	4	3	0	0	1	1	73	67
苏丹	555	7,834	44	6	47	1	0	92	0	0	6	0
斯威士兰	866	1,500	..	21	..	7	..	1	..	1	..	70
瑞典	80,440	131,243	2	5	6	4	2	6	3	4	79	76
瑞士	81,641	172,850	3	4	1	0	0	3	3	3	94	90
阿拉伯叙利亚共和国	3,563	10,400	12	22	7	1	63	39	1	4	17	33
塔吉克斯坦	750	1,009	..	..	..	..	..	..	..	..	..	..
坦桑尼亚	682	3,096	65	35	23	10	0	1	0	25	10	25
泰国	56,439	152,498	19	15	5	4	1	5	1	1	73	75
东帝汶	..	..	..	..	..	..	..	..	..	..	..	..
多哥	378	800	19	16	42	9	0	0	32	13	7	62
特立尼达和多巴哥	2,455	9,126	8	3	0	0	48	79	0	2	43	15
突尼斯	5,475	14,445	10	9	1	0	8	14	2	1	79	75
土耳其	21,637	102,129	20	11	1	0	1	4	3	3	74	80
土库曼斯坦	1,880	6,595	1	..	13	..	77	..	1	..	8	..
乌干达	460	2,478	90	63	5	6	0	1	1	2	4	27
乌克兰	13,128	39,703	19	24	1	1	4	5	7	6	68	63
阿拉伯联合酋长国	28,364	175,000	8	1	0	0	9	65	55	1	28	4
英国	237,953	352,491	8	7	1	1	6	11	3	3	81	72
美国	584,743	1,056,043	11	10	4	2	2	6	3	4	77	67
乌拉圭	2,106	5,386	44	64	15	8	1	1	1	0	39	26
乌兹别克斯坦	3,430	10,735	..	..	..	..	..	..	..	..	..	..
委内瑞拉	18,457	57,595	3	0	0	0	77	96	6	1	14	3
越南	5,449	57,096	30	20	3	3	18	20	0	1	44	55
西岸和加沙	..	..	..	..	..	..	..	..	..	..	..	..
也门共和国	1,945	5,594	3	6	1	0	95	92	1	0	1	2
赞比亚	1,040	4,312	3	8	1	1	3	1	87	81	7	8
津巴布韦	2,118	2,269	43	19	7	23	1	1	12	22	37	34
全世界	**5,172,552 t**	**12,492,190 t**	**9 w**	**8 w**	**3 w**	**2 w**	**7 w**	**12 w**	**3 w**	**4 w**	**76 w**	**70 w**
低收入国家	24,093	76,170	31	25	10	8	2	3	11	14	44	50
中等收入国家	894,340	3,720,635	14	11	3	2	12	22	5	5	63	59
中低收入国家	400,844	2,099,993	14	9	3	2	8	14	3	3	69	71
中高收入国家	493,582	1,619,211	15	12	4	2	15	29	6	7	58	48
低收入和中等收入国家	918,419	3,796,791	15	11	3	2	11	22	5	5	63	59
东亚和太平洋地区	354,784	1,747,540	11	8	4	2	6	8	2	2	74	80
欧洲和中亚	154,880	650,244	8	8	3	2	29	45	9	5	42	37
拉丁美洲和加勒比地区	223,980	677,205	20	18	3	2	15	20	7	8	55	51
中东和北非	62,002	276,399	6	..	1	..	73	..	3	..	17	..
南亚	46,657	204,760	17	11	2	1	1	11	3	5	76	68
撒哈拉以南非洲地区	76,554	242,566	18	14	7	3	36	37	8	15	28	31
高收入国家	4,253,742	8,697,557	8	8	2	1	6	9	3	3	78	73
欧元区	1,744,036	3,597,614	11	10	2	1	2	4	3	2	80	77

注：由于未落实归属的贸易，各部分加总可能不等于100%。黄金出口不包括在内。

a. 包括卢森堡。b. 包括转口。c. 指南部非洲关税同盟（包括博茨瓦纳、莱索托、纳米比亚、南非和斯威士兰）。

关于数据的说明

商品贸易数据来自于海关对进出入一个经济体的货物的报告，或者来自于国际收支平衡表中记录的关于商品贸易的金融交易报告。由于记录时间和定义的不同，从海关报告估算的贸易流量可能与基于国际收支平衡表得出的结果有所不同。一些国际机构在处理贸易数据时都进行了估算，以调整未报告的或者报告有误的数据，这又在可获得数据方面带来了其他出入。

关于国际货物贸易数据最详细的资料来源是联合国统计署维护的商品贸易数据库（COMTRADE）。国际货币基金组织（IMF）也收集海关方面的货物进出口数据。出口值以货物交付到出口国边境装船时的成本计算——即离岸价（f. o. b.）。许多国家都提供以美元为计价单位的贸易数据。如果一些国家提供以本币计价的贸易数据，联合国统计署就采用表中所给时期的平均官方汇率进行换算。

各国可能根据一般或者特殊贸易体系报告贸易情况。在一般贸易体系下，出口由下列出境货物组成：（a）全部或者部分在该国生产的货物；（b）从海关货仓出境的外国货物，这些货物既未出现改变、也未申报在国内消费；（c）起初是为国内消费而进口，但是随后并未发生改变就出口的货物。在这一特殊的贸易体系下，出口由 a 类和 c 类货物组成。有些汇编办法将 b 类和 c 类划分为转口。因为现实中报告做法的不同，各个经济体的出口数据可能不完全具有可比性。

本表中的货物（商品）出口总量数据来自世界贸易组织。世界贸易组织的数据主要有两个来源：各国官方统计机构和国际货币基金组织的《国际金融统计》。同时还以商品贸易数据库（COMTRADE）以及各种区域性机构、专业机构、经济团体以及私人机构（例如，欧洲统计局、联合国粮食与农业组织以及经济学家的 Intelligence Unit 关于各国的报告）的出版物或者数据库为以上数据做补充。近年来，许多国家建立了国家网站，开通了电子邮件这一直接沟通渠道，这对改善最新统计数据的收集工作帮助很大，也降低了估计数的比例。目前，WTO 数据库覆盖了非洲、亚洲和拉丁美洲大部分的主要贸易国，这些国家与高收入国家的贸易量之和接近世界贸易总量的 95%。欧洲与中亚国家在获得可靠的数据方面也得到了显著改善。

主要商品组别的出口份额来自商品贸易数据库。这儿所提供的出口总值与根据各国国民账户或者国际收支平衡表中得出的数据估计不完全相符。

商品的组别是根据国际贸易分类标准（SITC）第 3 次修订版分类的。以前版本所包含的数据是基于 SITC 的第 1 次修订版。以前版本中的前几年的数据可能因为方法的转变而有所不同。我们可以通过索引表将公布的数据由一个系统转换至另一个。

定义

• 商品出口表示提供给世界其他国家的商品的离岸价值。 • **食品**由 SITC 的第 0 类（食品和活动物）、第 1 类（饮料和烟草）、第 4 类（动植物油和脂肪）以及 SITC 第 22 项（可榨油的种子、坚果和核仁）组成。 • **农业原材料**由 SITC 第 2 类（除燃料之外的原材料）组成，但是不包括第 22 项、第 27 项（除煤、石油和宝石之外的天然肥料与矿藏）和第 28 项（金属矿石和废金属）。 • **燃料**由 SITC 第 3 项（矿物燃料）组成。 • **矿砂与金属**由 SITC 第 27 项、第 28 项和第 68 项（有色金属）中的商品组成。 • **制成品**由 SITC 第 5 类（化工产品）、第 6 类（基础制造产品）、第 7 类（机械和运输设备）和第 8 类（各种其他制成品）组成，但不包括第 68 项。

发展中经济体占世界商品出口的份额持续上升 4.4a

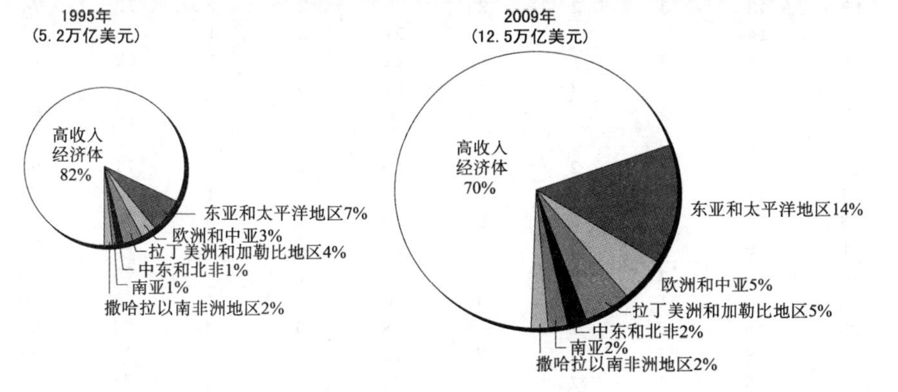

在 1995—2009 年间，发展中经济体占世界商品出口的份额增长了 12 个百分点。东亚和太平洋地区是最大的赢家，额外获得了 7 个百分点。其他所有发展中国家在世界贸易中的份额也都有所增加。

资料来源：《世界发展指标》数据档案和世界贸易组织。

数据资料来源

商品出口数据来自世界贸易组织。有关主要商品类别出口份额的数据来自商品贸易数据库。世界贸易组织在其《年报》中公布了世界贸易数据。国际货币基金组织的《国际金融统计》和《贸易方向统计》以及联合国统计署的《统计月报》也公布了货物出口总量的估计值。联合国贸易与发展会议（UNCTAD）在其《统计手册》中公布了出口结构的数据。出口的关税限额记录编制在联合国统计署的商品贸易数据库中。

商品进口结构

	商品进口		粮食		农业原材料		燃料		矿砂与金属		制成品	
	百万美元		占总数的百分比		占总数的百分比		占总数的百分比		占总数的百分比		占总数的百分比	
	1995	2009	1995	2009	1995	2009	1995	2009	1995	2009	1995	2009
阿富汗	387	3,970	..	18	..	0	..	24	..	0	..	17
阿尔巴尼亚	714	4,548	34	17	1	1	2	12	1	2	61	68
阿尔及利亚	10,100	39,294	29	16	3	1	1	1	2	1	65	80
安哥拉	1,468	17,000	..	..	..	..	..	..	..	..	..	..
阿根廷	20,122	38,780	5	4	2	1	4	6	2	2	86	86
亚美尼亚	674	3,304	31	19	0	1	27	16	0	4	39	59
澳大利亚	61,283	165,471	5	6	2	1	5	13	1	1	86	76
奥地利	66,237	143,382	6	8	3	2	4	11	4	4	82	75
阿塞拜疆	668	6,514	39	16	1	1	4	1	2	1	53	79
孟加拉国	6,694	21,833	17	22	3	8	8	11	2	3	69	54
白俄罗斯	5,564	28,563	..	8	..	1	..	40	..	3	..	45
比利时	164,934[a]	351,945	11[a]	9	2[a]	1	6[a]	12	5[a]	3	71[a]	73
贝宁	746	2,040	27	..	3	..	9	..	1	..	59	..
玻利维亚	1,424	4,410	10	9	2	1	5	11	3	1	82	78
波斯尼亚和黑塞哥维那	1,082	8,773	..	19	..	1	..	15	..	2	..	62
博茨瓦纳	1,911	4,728	..	13	..	1	..	13	..	2	..	70
巴西	54,137	133,669	11	5	3	1	12	15	3	3	71	76
保加利亚	5,660	23,330	8	10	3	1	34	20	4	7	48	59
布基纳法索	455	2,083	21	16	2	1	14	24	1	1	62	59
布隆迪	234	402	21	13	2	1	11	2	1	1	64	81
柬埔寨	1,187	6,200	..	7	..	1	..	8	..	2	..	82
喀麦隆	1,199	4,250	17	..	3	..	3	..	2	..	76	..
加拿大	168,426	329,904	6	8	2	1	4	10	3	2	83	77
中非共和国	175	300	16	..	10	..	9	..	2	..	64	..
乍得	365	1,950	24	..	1	..	18	..	1	..	56	..
智利	15,900	42,427	7	7	2	1	9	21	2	2	79	59
中国 †	132,084	1,005,688	7	5	5	3	4	13	4	14	79	64
中国香港	196,072	352,241	5	4	2	1	2	3	2	2	88	89
哥伦比亚	13,853	32,898	9	10	3	1	3	4	2	2	78	82
刚果民主共和国	871	3,600	..	..	..	..	..	..	..	..	..	..
刚果共和国	670	2,900	21	..	1	..	20	..	1	..	58	..
哥斯达黎加	4,036	11,395	10	7	1	1	9	9	2	1	78	60
科特迪瓦	2,931	6,050	21	23	1	1	19	25	1	1	57	49
克罗地亚	7,352	21,203	12	10	2	1	12	17	3	2	67	70
古巴	2,825	9,623	..	..	..	..	..	..	..	..	..	..
捷克共和国	25,085	105,179	7	6	3	1	8	9	4	3	77	78
丹麦	45,939	82,947	12	13	3	2	3	6	2	2	73	74
多米尼加共和国	5,170	12,283	..	14	..	1	..	21	..	1	..	63
厄瓜多尔	4,152	15,093	8	9	3	1	6	12	2	1	82	76
埃及	11,760	44,946	28	17	7	3	1	11	3	8	61	60
萨尔瓦多	3,329	7,255	15	19	2	2	9	15	2	1	72	63
厄立特里亚	454	540	..	..	..	..	..	..	..	..	..	..
爱沙尼亚	2,546	10,122	14	12	3	2	11	19	1	1	71	60
埃塞俄比亚	1,145	7,963	14	11	2	1	11	16	1	1	72	72
芬兰	29,470	60,753	6	7	4	2	9	15	6	5	74	64
法国	289,391	559,817	11	9	3	1	7	13	4	2	76	74
加蓬	882	2,200	19	..	1	..	4	..	1	..	75	..
冈比亚	182	304	36	34	1	1	14	16	0	1	46	48
格鲁吉亚	392	4,378	36	15	0	1	39	18	0	2	24	64
德国	463,872	938,295	10	8	3	1	6	11	4	3	73	67
加纳	1,906	8,140	8	15	1	1	6	14	0	1	77	69
希腊	25,898	59,858	16	13	2	1	7	15	3	2	71	69
危地马拉	3,292	11,531	12	14	2	1	12	19	1	1	73	64
几内亚	819	1,400	31	13	1	0	19	33	1	0	47	53
几内亚比绍	133	230	44	..	0	..	16	..	0	..	40	..
海地	653	2,050	..	..	..	..	..	..	..	..	..	..
洪都拉斯	1,879	7,788	13	19	1	1	12	19	1	1	74	60
†中国台湾	103,558	174,371	6	5	4	1	7	21	6	7	75	65

商品进口结构

	商品进口		粮食		农业原材料		燃料		矿砂与金属		制成品	
	百万美元		占总数的百分比		占总数的百分比		占总数的百分比		占总数的百分比		占总数的百分比	
	1995	2009	1995	2009	1995	2009	1995	2009	1995	2009	1995	2009
匈牙利	15,465	78,175	6	5	3	1	12	8	4	2	75	72
印度	34,707	249,590	4	4	4	2	24	34	7	6	54	52
印度尼西亚	40,630	91,749	9	9	6	3	8	20	4	3	73	65
伊朗	13,882	50,375	21	..	2	..	2	..	3	..	71	..
伊拉克	665	37,000	..	..	..	..	..	..	..	..	..	..
爱尔兰	32,340	62,507	8	12	1	1	3	10	2	1	76	68
以色列	29,578	49,278	7	8	2	1	6	17	2	2	82	72
意大利	205,990	412,721	12	10	6	2	7	18	5	3	68	65
牙买加	2,818	5,064	14	18	2	1	13	28	1	0	68	51
日本	335,882	551,960	16	10	6	1	16	28	7	6	54	52
约旦	3,697	14,075	21	17	2	1	13	18	3	2	61	60
哈萨克斯坦	3,807	28,409	10	9	2	1	25	10	5	1	59	80
肯尼亚	2,991	10,207	10	15	2	1	15	21	2	2	71	60
朝鲜	1,380	2,080	..	..	..	..	..	..	..	..	..	..
韩国	135,119	323,085	6	5	6	2	14	28	6	7	68	58
科索沃	..	..	..	..	..	..	..	..	..	..	..	..
科威特	7,790	17,920	16	15	1	1	1	1	2	3	81	81
吉尔吉斯斯坦	522	3,037	18	17	3	1	36	4	3	1	40	50
老挝	589	1,260	..	..	..	..	..	..	..	..	..	..
拉脱维亚	1,815	9,765	10	17	2	1	21	16	1	2	66	56
黎巴嫩	7,278	16,574	21	15	2	1	9	21	2	2	66	61
莱索托	1,107	1,950	..	..	..	..	..	..	..	..	..	..
利比里亚	510	552	..	..	..	..	..	..	..	..	..	..
利比亚	5,392	10,150	23	..	1	..	0	..	1	..	75	..
立陶宛	3,650	18,234	13	14	4	2	19	28	4	2	58	53
前南斯拉夫马其顿共和国	1,719	5,043	17	13	3	1	12	5	3	1	64	62
马达加斯加	628	3,250	16	11	2	1	14	10	1	0	65	78
马拉维	475	1,700	14	13	1	1	11	10	1	1	73	74
马来西亚	77,691	123,832	5	8	1	2	2	8	3	4	86	76
马里	772	2,644	20	12	1	0	16	21	1	1	62	65
毛里塔尼亚	431	1,430	24	28	1	1	22	35	0	0	53	36
毛里求斯	1,976	3,728	17	22	3	2	7	16	1	1	72	59
墨西哥	74,427	241,515	6	7	2	1	2	7	2	2	80	80
摩尔多瓦	840	3,278	8	15	3	1	46	22	2	1	42	61
蒙古	415	2,131	14	12	1	0	19	27	1	1	65	60
摩洛哥	10,023	32,892	20	11	6	2	14	21	4	2	56	63
莫桑比克	704	3,764	22	15	3	1	10	15	1	0	62	55
缅甸	1,348	4,316	..	..	..	..	..	..	..	..	..	..
纳米比亚	1,616	5,120	..	14	..	1	..	14	..	1	..	70
尼泊尔	1,333	4,392	12	15	3	2	12	17	3	3	46	62
荷兰	185,232	445,496	14	11	2	1	8	13	3	2	72	58
新西兰	13,957	25,545	7	11	1	1	5	15	3	1	83	72
尼加拉瓜	975	3,477	18	18	1	1	18	22	1	0	63	59
尼日尔	374	1,500	32	25	1	5	13	17	3	2	51	52
尼日利亚	8,222	39,000	18	12	1	1	1	1	2	2	77	84
挪威	32,968	69,292	7	8	3	1	3	5	6	5	81	79
阿曼	4,379	18,020	20	11	1	1	2	5	2	3	70	77
巴基斯坦	11,515	31,710	18	11	6	4	16	28	3	4	57	52
巴拿马	2,510	7,801	11	12	1	0	14	17	1	1	73	70
巴布亚新几内亚	1,452	3,200	..	..	..	..	..	..	..	..	..	..
巴拉圭	3,144	6,940	19	8	0	1	7	15	1	1	74	76
秘鲁	7,584	21,706	14	11	2	1	9	14	1	1	75	72
菲律宾	28,341	45,878	8	12	2	1	9	17	3	4	58	67
波兰	29,050	146,626	10	8	3	2	9	9	3	3	74	74
葡萄牙	32,610	69,844	14	13	4	1	8	13	2	2	72	62
波多黎各	..	..	..	..	..	..	..	..	..	..	..	..
卡塔尔	3,398	23,000	9	6	1	0	1	1	2	3	87	90

4.5 商品进口结构

	商品进口		粮食		农业原材料		燃料		矿砂与金属		制成品	
	百万美元		占总数的百分比		占总数的百分比		占总数的百分比		占总数的百分比		占总数的百分比	
	1995	2009	1995	2009	1995	2009	1995	2009	1995	2009	1995	2009
罗马尼亚	10,278	54,247	8	9	2	1	21	9	4	2	63	75
俄罗斯联邦	60,945	191,803	18	17	1	1	3	2	2	2	45	76
卢旺达	236	1,227	19	12	3	1	12	8	3	2	64	76
沙特阿拉伯	28,091	95,567	17	11	1	0	0	0	4	3	76	36
塞内加尔	1,412	4,713	25	24	2	2	30	23	1	1	42	50
塞尔维亚	..	15,582	14	6	4	2	14	17	7	6	60	69
塞拉利昂	133	520	..	..	..	..	..	..	..	..	..	..
新加坡	124,507	245,785	5	3	1	0	8	24	2	2	83	67
斯洛伐克共和国	8,770	55,301	9	7	3	1	13	12	6	2	70	78
斯洛文尼亚	9,492	26,464	8	9	5	3	7	11	4	4	74	72
索马里	..	..	..	..	..	..	..	..	..	..	..	..
南非	30,546[b]	73,172	7[b]	7	2[b]	1	8[b]	21	2[b]	1	78[b]	64
西班牙	113,537	287,567	14	11	3	1	8	16	4	3	71	68
斯里兰卡	5,306	10,207	16	16	2	1	6	19	1	1	75	62
苏丹	1,218	9,691	24	15	2	1	14	4	0	1	59	78
斯威士兰	1,008	1,600	..	21	..	1	..	14	..	1	..	63
瑞典	65,036	119,839	7	10	2	1	6	12	4	3	80	70
瑞士	80,152	155,706	6	6	2	1	3	7	3	4	85	81
阿拉伯叙利亚共和国	4,709	16,300	17	14	3	3	1	31	1	4	76	47
塔吉克斯坦	810	2,569	..	..	..	..	..	..	..	..	..	..
坦桑尼亚	1,675	6,347	10	9	1	1	1	23	4	1	84	66
泰国	70,786	133,801	4	6	4	2	7	19	3	4	81	69
东帝汶	..	..	..	..	..	..	..	..	..	..	..	..
多哥	594	1,500	18	15	2	1	30	27	1	2	49	55
特立尼达和多巴哥	1,714	6,955	16	10	1	1	1	33	6	3	76	53
突尼斯	7,902	19,096	13	9	4	2	7	11	3	3	73	75
土耳其	35,709	140,921	7	4	6	2	13	14	6	7	68	64
土库曼斯坦	1,365	6,750	24	..	0	..	3	..	2	..	71	..
乌干达	1,056	4,310	16	13	3	1	2	19	2	1	78	66
乌克兰	15,484	45,436	8	11	2	1	48	32	3	3	38	52
阿拉伯联合酋长国	23,778	140,000	15	7	0	0	4	1	6	5	75	73
英国	267,250	481,707	10	11	2	1	4	10	3	3	80	69
美国	770,852	1,605,296	5	5	2	1	8	17	3	2	79	70
乌拉圭	2,867	6,907	10	10	4	2	10	24	1	1	74	62
乌兹别克斯坦	2,750	9,023	..	..	..	..	..	..	..	..	..	..
委内瑞拉	12,649	40,597	14	16	4	1	1	1	4	1	77	79
越南	8,155	69,949	5	7	2	3	10	16	2	4	76	70
西岸和加沙	..	..	..	..	..	..	..	..	..	..	..	..
也门共和国	1,582	8,500	29	28	2	1	8	21	1	1	59	50
赞比亚	700	3,793	10	6	2	1	13	14	2	13	72	65
津巴布韦	2,660	2,900	6	22	2	0	9	13	2	5	78	58
全世界	**5,228,194 t**	**12,595,548 t**	**9 w**	**8 w**	**3 w**	**1 w**	**7 w**	**15 w**	**4 w**	**3 w**	**75 w**	**69 w**
低收入国家	36,735	127,386	16	16	3	3	12	16	2	2	66	60
中等收入国家	947,153	3,519,888	8	8	4	2	7	14	3	5	75	69
中低收入国家	434,758	2,038,080	9	7	5	2	8	18	4	8	72	64
中高收入国家	512,441	1,475,992	8	9	3	1	6	11	3	3	77	74
低收入和中等收入国家	983,905	3,647,212	8	8	4	2	7	14	3	5	75	69
东亚和太平洋地区	366,062	1,493,538	6	7	4	3	5	14	4	9	78	68
欧洲和中亚	163,415	626,665	12	10	3	2	15	14	4	4	57	66
拉丁美洲和加勒比地区	240,278	668,496	8	8	2	1	5	10	2	2	78	77
中东和北非	77,167	289,612	22	..	4	..	6	..	3	..	66	..
南亚	60,322	323,199	8	7	4	2	21	31	6	5	56	53
撒哈拉以南非洲地区	78,377	253,161	12	11	2	1	10	17	2	2	73	66
高收入国家	4,244,063	8,955,148	9	8	3	1	7	15	4	3	75	69
欧元区	1,647,277	3,519,840	11	10	3	1	7	13	4	3	73	68

注：由于未落实归属的贸易，各部分加总可能不等于100%。

a. 包括卢森堡。b. 指南部非洲关税同盟（包括博茨瓦纳、莱索托、纳米比亚、南非和斯威士兰）。

关于数据的说明

商品进口数据与商品出口数据的资料来源相同。从原则上来讲，世界出口与世界进口应该相等。同样，来自一个经济体的出口应该等于世界其他国家从该经济体的进口总量。但是由于记录时间和定义的不同，各个层次的报告值都存在差异。关于商品贸易指标的进一步讨论，见表4.4和表6.2中的“关于数据的说明”。

进口值一般为进口商购买货物的成本加上把货物运到进口国边境的运输成本和保险费用——即到岸价（c.i.f.）（成本、保险和运费），也就是外国商品在进入一国时所承担的成本。澳大利亚、加拿大和美国等少数国家都按离岸价收集进口数据，并根据运费和保费对数据进行调整。许多国家收集和报告的贸易数据都以美元计值。如果一些国家提供以本币表示的贸易数据，联合国统计署就会采用表中所给时期的平均官方汇率进行换算。

各国可能根据一般或者特殊贸易体系报告贸易情况。按一般贸易体系报告时，进口包括为国内消费而进口的商品和进口到保税仓库和自由贸易区的商品。按特殊贸易体系报告时，进口包括为国内消费（包括加工和修理）而进口的商品以及从保税仓库和自由贸易区返销到国内消费的商品。但是不包括经一国向第三国转运的商品。

本表中的货物（商品）进口总量数据来自世界贸易组织。关于世界贸易组织的资料来源和方法的进一步讨论见表4.4中的“关于数据的说明”。主要商品组别的进口份额来自联合国统计署商品贸易数据库。这儿所提供的进口总值与根据各国国民经济账户（表4.8中给出）或者国际收支平衡表（表4.17）中的数据估计得出的货物和服务的出口值不完全相符。

商品的组别是根据国际贸易分类标准（SITC）第3次修订版分类的。过去的版本包含基于SITC第1次修订版的数据。在过去版本中，前几年的数据可能因为方法的转变而不同。我们可以通过索引表来将一个系统中的数据转换到另一个系统。

定义

• **商品进口**表示从世界其他国家购买的商品的到岸价，以美元计价。 • **食品**由SITC的第0类（食品和活动物）、第1类（饮料和烟草）、第4类（动植物油和脂肪）以及SITC第22项（可榨油的种子、坚果和核仁）组成。 • **农业原材料**由SITC第2类（除燃料之外的原材料）组成，但是不包括第22项、第27项（除煤、石油和宝石之外的天然肥料和矿藏）和第28项（金属矿石和废金属）。 • **燃料**由SITC第3项（矿物燃料）组成。 • **矿砂与金属**由SITC第27项、第28项和第68项（有色金属）中的商品组成。 • **制成品**由SITC第5类（化工产品）、第6类（基础制造产品）、第7类（机械和运输设备）和第8类（各种其他制成品）组成，但不包括第68项。

2009年商品出口前10位的发展中经济体 4.5a

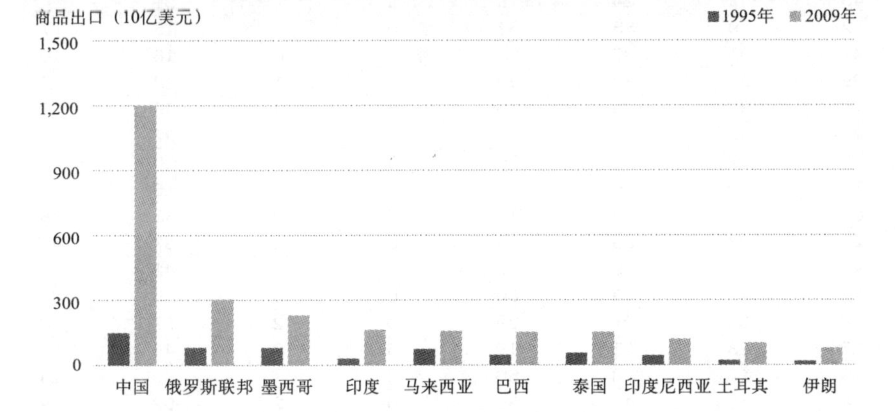

中国依然主导着发展中经济体的商品出口。即使加上发达经济体，中国还是排在第二位的商品出口国。

资料来源：《世界发展指标》数据档案和世界贸易组织。

数据资料来源

有关主要商品类别进口份额的数据来自商品贸易数据库。世界贸易组织在其《年报》中公布了世界贸易数据。国际货币基金组织的《国际金融统计》和《贸易方向统计》以及联合国统计署的《统计月报》也公布了货物进口总量的估计值。联合国贸易与发展会议（UNCTAD）在其《统计手册》中公布了进口结构的数据。进口的关税限额记录编制在联合国统计署的商品贸易数据库中。

4.6 服务业出口结构

	商业服务出口 百万美元		运输 占总数的百分比		旅游 占总数的百分比		保险和金融服务 占总数的百分比		计算机、信息、通讯和其他商业服务 占总数的百分比	
	1995	2009	1995	2009	1995	2009	1995	2009	1995	2009
阿富汗	..	..	..	..	..	..	..	..	..	..
阿尔巴尼亚	94	2,348	19	11	69	78	1	0	10	11
阿尔及利亚	..	..	..	..	..	..	..	..	..	..
安哥拉	113	623	32	5	*1*	86	9	0	59	9
阿根廷	3,676	10,758	27	15	60	37	0	0	12	48
亚美尼亚	27	580	53	19	5	58	*7*	3	41	21
澳大利亚	16,076	*44,513*	29	*18*	51	*56*	5	*3*	15	*22*
奥地利	31,692	54,080	12	22	42	35	4	4	42	38
阿塞拜疆	166	1,670	46	40	42	21	0	0	12	39
孟加拉国	469	935	15	15	5	7	0	6	80	72
白俄罗斯	466	3,453	65	66	5	11	0	0	30	23
比利时	35,466[a]	79,815[a]	..[a]	27[a]	..[a]	12[a]	..[a]	5[a]	..[a]	55[a]
贝宁	159	*328*	26	*4*	53	*72*	7	*2*	14	*22*
玻利维亚	174	498	45	13	32	56	10	14	14	17
波斯尼亚和黑塞哥维那	*457*	1,396	*4*	20	*54*	49	*3*	1	*39*	30
博茨瓦纳	236	842	16	10	68	54	8	4	7	33
巴西	6,005	26,245	43	15	16	20	17	7	24	57
保加利亚	1,431	6,889	35	21	33	55	0	3	32	22
布基纳法索	*38*	*109*	*17*	*19*	*48*	*57*	*0*	*2*	*35*	*21*
布隆迪	4	2	46	22	32	62	0	14	21	2
柬埔寨	103	1,592	31	12	52	74	0	0	18	13
喀麦隆	242	1,158	48	41	15	19	7	2	30	38
加拿大	25,425	57,476	21	15	31	24	11	11	37	50
中非共和国	*0*	..	*34*	..	*34*	..	*20*	..	*12*	..
乍得	*23*	..	*5*	..	*50*	..	*2*	..	*44*	..
智利	3,249	8,401	37	56	28	19	7	4	28	22
中国	18,430	128,600	18	18	47	31	10	2	24	49
中国香港	*33,790*	86,306	*33*	*31*	*17*	*17*	*9*	*13*	*41*	39
哥伦比亚	1,641	4,109	34	28	40	49	6	1	19	23
刚果民主共和国	..	..	..	..	..	..	..	..	..	..
刚果共和国	61	*303*	52	*4*	22	*18*	0	*31*	25	*47*
哥斯达黎加	957	3,694	14	8	71	49	0	0	15	43
科特迪瓦	426	816	29	29	21	14	12	0	38	57
克罗地亚	2,223	11,889	32	9	61	76	1	1	6	15
古巴	..	..	..	..	..	..	..	..	..	..
捷克共和国	6,638	20,278	22	27	43	32	1	1	34	40
丹麦	15,171	55,346	45	..	24	..	..	..	31	..
多米尼加共和国	1,894	4,864	2	9	83	83	*0*	1	15	7
厄瓜多尔	687	1,130	47	31	37	59	0	0	16	10
埃及	8,262	21,302	39	31	32	50	1	1	28	17
萨尔瓦多	342	806	28	34	25	40	8	4	39	23
厄立特里亚	49	..	70	..	3	..	*1*	..	27	..
爱沙尼亚	868	4,368	43	37	41	25	0	2	16	36
埃塞俄比亚	310	1,676	77	59	5	20	2	1	16	20
芬兰	7,334	27,536	28	10	22	10	2	2	48	78
法国	83,108	142,487	25	23	33	35	5	2	37	41
加蓬	191	..	46	..	9	..	3	..	41	..
冈比亚	38	104	22	19	73	60	0	0	5	21
格鲁吉亚	*188*	1,225	*48*	51	*25*	39	*0*	2	*27*	8
德国	73,576	226,638	27	23	25	15	5	7	44	54
加纳	139	1,722	59	19	8	56	3	1	30	24
希腊	9,528	37,690	4	50	43	39	0	2	52	9
危地马拉	628	1,818	9	14	34	65	4	2	54	20
几内亚	17	67	75	22	5	4	1	9	18	65
几内亚比绍	2	*44*	18	*0*	*14*	*87*	0	*1*	82	*12*
海地	98	327	5	..	92	96	1	0	2	4
洪都拉斯	221	933	26	5	36	66	2	2	36	28

服务业出口结构

	商业服务出口		运输		旅游		保险和金融服务		计算机、信息、通讯和其他商业服务	
	百万美元		占总数的百分比		占总数的百分比		占总数的百分比		占总数的百分比	
	1995	2009	1995	2009	1995	2009	1995	2009	1995	2009
匈牙利	5,086	18,419	8	19	58	31	3	1	31	49
印度	6,763	90,193	28	12	38	12	3	5	31	70
印度尼西亚	5,342	13,238	*1*	18	98	48	0	2	2	32
伊朗	533	..	26	..	13	..	9	..	53	..
伊拉克	..	*1,721*	..	*22*	..	*0*	..	*0*	..	78
爱尔兰	4,799	92,964	22	4	46	5	0	20	32	70
以色列	7,906	21,961	25	14	38	17	0	0	36	68
意大利	61,173	101,237	18	13	47	40	7	9	29	38
牙买加	1,568	2,616	16	13	68	74	1	2	15	11
日本	63,966	125,918	35	25	5	8	1	4	59	62
约旦	1,689	4,192	25	19	39	69	0	0	36	12
哈萨克斯坦	535	3,813	66	57	23	25	0	4	12	14
肯尼亚	1,183	2,198	59	48	36	31	1	1	3	20
朝鲜	..	..	..	..	..	..	..	..	..	..
韩国	22,133	57,304	42	51	23	16	0	5	34	28
科索沃	..	..	..	..	..	..	..	..	..	..
科威特	1,124	10,425	84	30	11	2	6	1	0	66
吉尔吉斯斯坦	39	850	40	16	12	54	0	2	48	28
老挝	68	368	23	8	76	73	1	3	1	16
拉脱维亚	718	3,812	92	51	3	19	2	7	3	23
黎巴嫩	..	16,869	..	2	..	40	..	2	..	56
莱索托	30	63	7	1	91	64	1	1	1	34
利比里亚	..	142	..	10	..	87	..	..	..	3
利比亚	20	385	63	68	12	13	..	16	25	3
立陶宛	482	3,769	60	56	16	30	1	1	23	14
前南斯拉夫马其顿共和国	*151*	845	*32*	30	*14*	26	*4*	2	*51*	43
马达加斯加	219	..	30	..	26	..	2	..	42	..
马拉维	24	..	28	..	72	..	0	..	0	..
马来西亚	11,438	28,727	22	15	35	55	0	2	44	28
马里	68	*442*	32	*7*	37	*62*	5	*1*	25	*30*
毛里塔尼亚	19	..	9	..	58	..	0	..	33	..
毛里求斯	773	2,225	26	15	56	50	0	4	19	30
墨西哥	9,585	15,420	12	10	64	73	7	10	17	6
摩尔多瓦	143	647	30	39	40	26	12	1	19	34
蒙古	47	412	32	33	44	57	5	1	19	9
摩洛哥	2,020	11,892	20	18	64	56	1	2	14	25
莫桑比克	242	544	25	28	..	30	..	1	75	35
缅甸	353	*256*	6	*51*	43	*18*	*0*	..	51	*31*
纳米比亚	301	505	..	23	92	72	1	1	6	4
尼泊尔	592	548	9	7	30	68	*0*	0	61	25
荷兰	44,646	90,853	40	27	15	14	1	2	44	57
新西兰	4,401	7,760	35	19	53	59	0	1	13	21
尼加拉瓜	94	429	18	10	52	81	2	1	27	8
尼日尔	12	*126*	3	*9*	58	*62*	0	*7*	39	*21*
尼日利亚	608	1,769	16	62	3	34	1	1	80	3
挪威	13,458	38,537	63	41	17	11	4	5	16	44
阿曼	13	1,792	100	32	*81*	39	0	1	0	28
巴基斯坦	1,432	2,463	58	44	8	11	1	6	33	39
巴拿马	1,298	5,463	60	56	24	27	6	7	10	9
巴布亚新几内亚	321	162	11	9	8	1	1	7	80	84
巴拉圭	566	1,288	13	13	24	16	5	2	57	69
秘鲁	1,042	3,517	32	21	41	58	7	9	19	12
菲律宾	9,323	10,101	3	11	12	23	1	1	84	65
波兰	10,637	28,856	29	30	22	31	8	2	41	37
葡萄牙	8,161	22,539	19	26	59	43	5	2	18	30
波多黎各	..	..	..	..	..	..	..	..	..	..
卡塔尔	..	..	..	..	..	..	..	..	..	..

4.6 服务业出口结构

	商业服务出口 百万美元		运输 占总数的百分比		旅游 占总数的百分比		保险和金融服务 占总数的百分比		计算机、信息、通讯和其他商业服务 占总数的百分比	
	1995	2009	1995	2009	1995	2009	1995	2009	1995	2009
罗马尼亚	1,476	9,737	32	30	40	13	5	2	23	56
俄罗斯联邦	10,567	41,068	36	30	41	23	1	4	23	44
卢旺达	11	249	61	22	22	70	0	1	18	8
沙特阿拉伯	3,475	9,335	..	20	..	64	..	13	..	3
塞内加尔	364	1,177	15	12	46	46	1	1	38	40
塞尔维亚	..	3,478	..	21	..	25	..	1	..	53
塞拉利昂	71	53	14	35	80	48	0	1	6	15
新加坡	27,234	90,690	30	34	28	10	15	12	27	44
斯洛伐克共和国	2,378	6,259	26	30	26	37	5	6	43	26
斯洛文尼亚	2,016	5,999	25	25	54	42	1	2	21	31
索马里	..	..	..	..	..	..	..	..	..	..
南非	4,414	11,656	24	12	48	65	10	8	18	15
西班牙	40,019	122,101	16	15	63	44	4	5	17	36
斯里兰卡	800	1,874	42	46	28	19	3	4	27	31
苏丹	82	392	1	4	10	76	4	15	86	24
斯威士兰	150	191	18	4	32	21	0	11	50	64
瑞典	15,336	59,073	32	16	23	17	2	4	43	62
瑞士	25,179	72,309	15	8	38	19	28	30	20	43
阿拉伯叙利亚共和国	1,632	3,770	15	5	77	84	0	4	8	7
塔吉克斯坦	..	142	..	50	..	2	..	5	..	44
坦桑尼亚	566	1,795	0	19	89	65	0	1	11	16
泰国	14,652	29,677	17	19	55	53	1	1	28	27
东帝汶	..	..	..	..	..	..	..	..	..	..
多哥	64	253	34	43	20	16	2	5	44	36
特立尼达和多巴哥	331	918	59	24	23	43	9	25	9	8
突尼斯	2,401	5,241	25	26	64	53	2	2	10	18
土耳其	14,475	32,758	12	23	34	65	2	3	52	9
土库曼斯坦	79	..	80	..	9	..	1	..	10	..
乌干达	104	854	18	4	75	78	0	4	7	14
乌克兰	2,846	13,324	76	47	7	27	3	3	15	23
阿拉伯联合酋长国	..	..	..	..	..	..	..	..	..	..
英国	77,549	236,254	21	13	26	13	18	28	35	46
美国	198,501	475,979	23	13	38	25	4	15	35	47
乌拉圭	1,309	2,132	31	16	47	62	1	4	21	18
乌兹别克斯坦	..	..	..	..	..	..	..	..	..	..
委内瑞拉	1,529	1,805	38	39	56	44	0	0	6	18
越南	2,243	5,656	..	..	..	..	..	..	..	..
西岸和加沙	265	407	0	4	96	66	0	0	4	30
也门共和国	141	1,085	22	4	35	83	0	0	43	13
赞比亚	112	241	64	48	26	41	0	2	10	9
津巴布韦	353	..	26	..	51	..	0	..	23	..
全世界	**1,228,960 t**	**3,417,725 t**	**27 w**	**21 w**	**33 w**	**26 w**	**5 w**	**8 w**	**36 w**	**45 w**
低收入国家	6,429	21,036	28	20	28	37	1	3	44	41
中等收入国家	174,925	641,508	25	21	45	42	5	4	27	33
中低收入国家	87,678	377,784	21	21	46	36	5	2	30	42
中高收入国家	87,180	264,293	27	22	43	47	5	5	25	25
低收入和中等收入国家	180,841	660,929	25	21	44	42	5	4	28	33
东亚和太平洋地区	62,745	220,270	17	17	49	40	5	1	31	41
欧洲和中亚	35,079	131,431	38	33	34	29	1	3	27	34
拉丁美洲和加勒比地区	38,013	98,855	24	18	51	54	7	7	18	21
中东和北非	..	..	..	..	..	..	..	..	..	..
南亚	10,333	97,113	32	20	30	13	2	5	36	62
撒哈拉以南非洲地区	12,144	35,613	26	28	31	53	6	4	40	16
高收入国家	1,047,874	2,755,581	27	21	30	22	6	9	38	48
欧元区	425,302	1,087,280	25	21	33	24	4	6	37	49

a. 包括卢森堡。

关于数据的说明

作为国际服务贸易的主要信息来源，国际收支统计存在许多缺陷。对重要组成部分的分解可能有限，而且各国之间的差异很大。报告统计项目的方法也存在不一致的情况。按净额记录主要贸易流量的做法比较普遍（例如，保险业的交易通常以保费减去赔偿金额记录）。这些因素导致国际收支平衡表报告的服务贸易值偏低。

人们正在努力改善服务贸易数据的覆盖面、质量和一致性。例如，欧洲统计局和经济合作与发展组织正在合作，以共同改进成员国服务贸易统计数据的收集工作。另外，国际货币基金组织（IMF）已经在《国际收支手册》的第5版（1993）中实施了新的服务贸易分类方法。

要完全涵盖国际服务贸易的各个方面仍然存在困难，这意味着数据的记录可能不完整。公司内部服务的跨境交易在近几年不断上升，然而，这部分交易通常没有计入到国际收支平衡表中。这类交易的一个例子就是，跨国公司往往让计算机主机日夜不停地处理数据，以利用本国与联营公司东道国之间的时区差异。另一种未计入国际收支统计中的重要的服务贸易就是机构的贸易——即外国联营公司在东道国进行的销售。与此相反，公司内部的跨境商品交易可能在国际收支平衡表中报告为出口或者进口。

与2000年以前的版本不同的是，本表中的服务出口数据和表4.7中的服务进口数据只包括商业服务，而排除了“其他项目也未包括的政府服务”。这些数据由国际货币基金组织基于各国资料的反馈编制而成。表4.17列示了取自国际货币基金组织国际收支数据库的货物与服务贸易总量的数据。

国际货币基金组织的《国际收支手册》（1993）将国际服务交易定义为无形商品的经济产出，其生产、转移和消费可以同时进行。定义会因不同经济体的公布方式而异。旅游服务包括旅客消费的货物和服务，例如，餐饮、住宿和交通（在参观的经济体内），还包括汽车租赁。

定义

• **商业服务出口**等于服务出口总额减去未包括在其他项目中的政府服务出口。 • **运输**包括一个经济体的居民为其他经济体的居民提供的所有运输服务（海洋、空中、陆地、内河、太空和管道），其中包括客运、货运、提供乘务人员的承运人租赁以及相关的支持性和辅助性服务。以下项目不包括在运输中：运输保险，它列入保险服务；非居民承运人在港口取得的货物以及运输设备的修理，它们列入货物；港口、铁路设施和航空设施的修理，它们列入建筑服务；不提供乘务人员的承运人租赁，它列入其他服务。 • **旅游**包括旅游者出于商务和个人目的在一国逗留不足一年的时间中，从该国获得的用于自己消费的货物和服务。 • **保险和金融服务**包括对出口产品的货运险和其他诸如生命险的直接保险；金融中介服务，例如，佣金、外汇交易和经纪服务；辅助性服务，例如，金融市场运营和监管服务。 • **计算机、信息、通讯和其他商业性服务**包括国际电讯与邮政和快递服务；计算机数据；居民与非居民之间的与新闻有关的服务交易；建筑劳务；版税和许可费；杂项商务、专业和技术服务；以及个人、文化和娱乐服务等。

2009年商业服务出口前10位的发展中经济体 4.6a

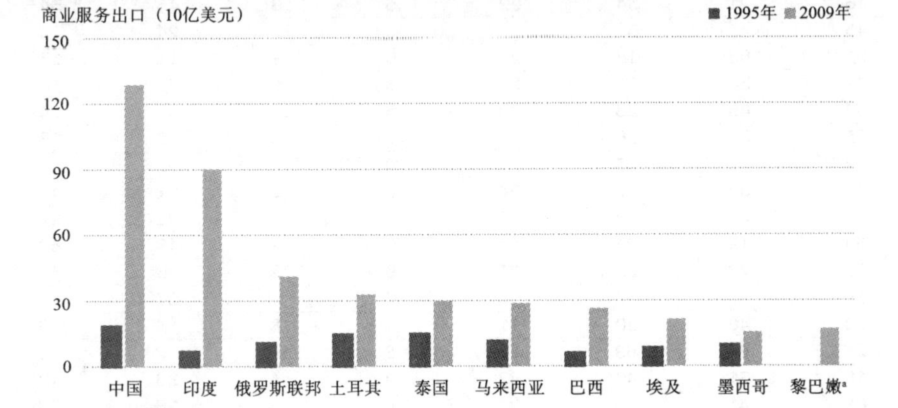

前10位发展中经济体的商业服务出口几乎占到发展中经济体商业服务出口总额的68%、世界商业服务出口总额的13%。

a. 1995年的数据无法获得。

资料来源：国际货币基金组织的国际收支数据档案。

数据资料来源

商业服务出口数据来自国际货币基金组织。国际货币基金组织在其《国际金融统计》和《国际收支统计年鉴》中公布了国际收支数据。

服务业进口结构

	商业服务进口 百万美元		运输 占总数的百分比		旅游 占总数的百分比		保险和金融服务 占总数的百分比		计算机、信息、通讯和其他商业服务 占总数的百分比	
	1995	2009	1995	2009	1995	2009	1995	2009	1995	2009
阿富汗	..	..	..	..	..	..	..	..	..	..
阿尔巴尼亚	98	2,215	61	15	7	72	22	5	10	9
阿尔及利亚	..	..	..	..	..	..	..	..	..	..
安哥拉	1,665	18,210	18	23	5	1	3	4	75	72
阿根廷	6,992	11,445	30	23	47	39	7	5	16	33
亚美尼亚	52	839	83	46	6	39	10	7	1	8
澳大利亚	16,979	*47,613*	37	*31*	30	*39*	7	*3*	26	*27*
奥地利	27,552	36,894	12	29	40	29	6	4	43	38
阿塞拜疆	297	3,297	31	24	49	11	1	3	19	62
孟加拉国	1,192	3,202	65	83	20	8	6	2	10	8
白俄罗斯	276	2,031	36	40	32	29	4	4	29	28
比利时	33,134[a]	73,008	24[a]	25	28[a]	25	10[a]	4	38[a]	47
贝宁	235	*500*	59	*62*	15	*13*	10	*5*	16	*20*
玻利维亚	321	993	66	38	15	29	9	13	10	19
波斯尼亚和黑塞哥维那	*262*	625	*51*	32	*31*	38	*10*	4	*8*	25
博茨瓦纳	440	1,040	43	40	33	22	8	4	16	34
巴西	13,161	44,074	44	18	26	25	10	8	21	49
保加利亚	1,278	5,037	42	22	15	35	0	8	43	35
布基纳法索	*116*	*564*	*56*	*59*	*20*	*11*	*5*	*17*	*20*	*13*
布隆迪	62	160	49	53	41	39	6	3	4	6
柬埔寨	181	939	46	58	5	11	4	5	45	27
喀麦隆	485	2,081	35	33	22	17	7	4	36	45
加拿大	32,985	77,579	24	22	31	31	11	12	34	35
中非共和国	*114*	..	*44*	..	*38*	..	*8*	..	*10*	..
乍得	*174*	..	*55*	..	*15*	..	*2*	..	*29*	..
智利	3,524	9,351	54	52	20	17	4	10	22	20
中国	24,635	158,107	39	29	15	28	17	8	29	35
中国香港	*24,962*	44,379	*22*	*34*	*54*	*34*	*6*	*8*	*18*	*24*
哥伦比亚	2,813	6,860	42	34	31	26	12	8	15	32
刚果民主共和国	..	..	..	..	..	..	..	..	..	..
刚果共和国	690	*3,523*	19	*15*	8	*5*	7	*5*	67	*75*
哥斯达黎加	895	1,407	41	36	36	26	5	9	18	29
科特迪瓦	1,235	2,324	50	58	15	15	11	0	23	27
克罗地亚	1,373	3,812	28	18	31	27	3	5	38	51
古巴	..	..	..	..	..	..	..	..	..	..
捷克共和国	4,860	18,887	16	21	34	22	5	3	45	54
丹麦	13,945	50,912	45	..	31	..	..	..	24	..
多米尼加共和国	957	1,733	61	58	18	20	10	9	11	13
厄瓜多尔	1,141	2,556	42	54	21	21	6	6	31	18
埃及	4,511	12,765	35	45	28	20	5	11	32	24
萨尔瓦多	488	1,231	55	57	15	15	11	15	19	13
厄立特里亚	45	..	*2*	..	7	..	*0*	..	93	..
爱沙尼亚	420	2,496	53	33	22	24	5	2	21	41
埃塞俄比亚	337	2,190	63	67	8	6	7	4	22	22
芬兰	9,418	25,687	23	19	24	17	5	2	48	62
法国	64,523	126,425	33	26	25	31	6	3	36	41
加蓬	832	..	18	..	17	..	9	..	57	..
冈比亚	47	83	60	46	30	11	6	8	4	36
格鲁吉亚	*249*	910	*27*	54	*63*	20	*8*	14	*2*	12
德国	128,865	253,467	18	21	47	32	2	4	33	43
加纳	331	2,166	61	41	6	27	6	4	26	28
希腊	4,003	19,525	30	51	33	17	5	8	33	24
危地马拉	672	2,058	41	46	21	35	9	10	29	9
几内亚	252	288	58	37	8	5	7	9	26	50
几内亚比绍	27	*85*	53	*38*	14	*54*	5	*5*	28	*4*
海地	236	736	78	72	15	9	2	1	6	19
洪都拉斯	326	1,077	60	42	18	27	2	6	20	25

	商业服务进口		运输		旅游		保险和金融服务		计算机、信息、通讯和其他商业服务	
	百万美元		占总数的百分比		占总数的百分比		占总数的百分比		占总数的百分比	
	1995	2009	1995	2009	1995	2009	1995	2009	1995	2009
匈牙利	3,765	16,407	13	17	40	22	5	3	43	57
印度	10,062	80,274	57	44	10	12	6	10	28	35
印度尼西亚	13,230	27,625	37	44	16	19	3	5	43	32
伊朗	2,192	..	43	..	11	..	10	..	36	..
伊拉克	..	*7,565*	..	*53*	..	*10*	..	*27*	..	*10*
爱尔兰	11,252	104,551	16	2	18	8	1	14	65	76
以色列	8,131	16,865	45	32	26	17	3	2	26	48
意大利	54,613	114,581	24	20	27	24	10	5	39	50
牙买加	1,073	1,824	46	43	14	12	9	11	31	34
日本	121,547	146,965	30	28	30	17	2	6	38	50
约旦	1,385	3,657	52	53	31	29	6	8	11	10
哈萨克斯坦	776	9,881	38	19	36	11	0	6	25	64
肯尼亚	900	1,634	46	51	21	14	10	8	22	26
朝鲜	..	..	..	..	..	..	..	..	..	..
韩国	25,394	74,978	38	31	25	18	2	2	36	49
科索沃	..	..	..	..	..	..	..	..	..	..
科威特	3,826	11,297	39	31	59	66	2	1	0	2
吉尔吉斯斯坦	193	858	27	48	3	31	4	2	65	19
老挝	119	114	43	12	25	72	4	–4	28	20
拉脱维亚	225	2,260	68	26	11	35	7	5	14	34
黎巴嫩	..	14,301	..	15	..	28	..	2	..	55
莱索托	58	91	75	79	23	15	0	*0*	2	6
利比里亚	..	141	..	60	..	20	..	2	..	17
利比亚	510	4,323	60	48	15	37	..	14	25	2
立陶宛	457	2,883	64	38	23	41	1	2	12	19
前南斯拉夫马其顿共和国	*300*	789	*50*	39	*9*	13	*21*	4	*21*	45
马达加斯加	277	..	56	..	21	..	4	..	20	..
马拉维	151	..	67	..	26	..	0	..	7	..
马来西亚	14,821	27,257	38	34	16	24	0	4	47	38
马里	412	*1,022*	60	*63*	12	*14*	1	*5*	27	*18*
毛里塔尼亚	197	..	62	..	12	..	1	..	25	..
毛里求斯	630	1,586	40	32	25	22	5	5	30	40
墨西哥	9,021	21,402	38	13	35	33	12	52	14	2
摩尔多瓦	193	678	52	38	29	36	9	3	10	24
蒙古	87	545	70	37	22	39	0	3	8	21
摩洛哥	1,350	5,302	48	44	22	21	4	5	26	30
莫桑比克	350	1,004	33	35	..	21	2	2	65	42
缅甸	233	*547*	11	*46*	8	*7*	1	..	81	*47*
纳米比亚	538	602	37	37	17	18	9	4	37	41
尼泊尔	305	771	36	28	45	56	3	4	16	12
荷兰	43,618	84,625	29	21	27	25	3	3	41	51
新西兰	4,571	7,825	41	29	28	33	5	4	26	34
尼加拉瓜	207	517	39	48	19	28	3	11	38	13
尼日尔	120	*599*	74	*67*	11	*11*	3	*4*	12	*18*
尼日利亚	4,398	16,127	22	38	21	25	3	3	54	34
挪威	13,052	36,504	38	26	32	34	6	4	24	37
阿曼	985	5,555	42	38	5	16	5	10	49	36
巴基斯坦	2,431	5,844	67	54	18	12	4	4	10	30
巴拿马	1,049	2,118	71	58	12	16	9	15	9	11
巴布亚新几内亚	642	1,915	25	23	9	2	3	12	63	63
巴拉圭	676	511	66	61	20	25	12	11	1	3
秘鲁	1,781	4,619	51	37	17	24	10	11	22	28
菲律宾	6,906	8,344	30	44	6	29	2	4	63	23
波兰	7,008	23,789	25	22	6	31	14	6	55	41
葡萄牙	6,339	14,186	27	30	33	27	9	4	31	40
波多黎各	..	..	..	..	..	..	..	..	..	..
卡塔尔	..	..	..	..	..	..	..	..	..	..

服务业进口结构

	商业服务进口 百万美元		运输 占总数的百分比		旅游 占总数的百分比		保险和金融服务 占总数的百分比		计算机、信息、通讯和其他商业服务 占总数的百分比	
	1995	2009	1995	2009	1995	2009	1995	2009	1995	2009
罗马尼亚	1,801	10,154	34	28	39	15	5	7	22	51
俄罗斯联邦	20,205	59,241	16	16	57	35	0	4	26	45
卢旺达	58	503	73	63	17	14	0	1	10	22
沙特阿拉伯	8,670	45,540	25	25	..	41	3	6	72	28
塞内加尔	405	1,384	57	55	18	13	7	11	18	21
塞尔维亚	..	3,406	..	27	..	28	..	4	..	40
塞拉利昂	79	107	17	57	63	12	4	9	16	22
新加坡	21,111	82,189	44	32	22	19	10	6	24	42
斯洛伐克共和国	1,800	7,933	17	22	18	26	5	14	60	37
斯洛文尼亚	1,429	4,330	31	20	40	31	2	4	27	45
索马里	..	..	..	..	..	..	..	..	..	..
南非	5,756	14,390	40	41	32	29	14	4	14	26
西班牙	22,354	86,988	31	20	20	19	7	8	41	52
斯里兰卡	1,169	2,487	58	62	16	17	5	6	21	15
苏丹	150	2,684	27	51	29	32	0	1	44	68
斯威士兰	206	539	16	33	21	13	4	6	59	48
瑞典	17,112	44,373	28	16	32	27	1	1	38	56
瑞士	14,899	38,867	35	19	50	27	1	8	14	46
阿拉伯叙利亚共和国	1,358	3,127	57	58	37	26	6	9	6	7
塔吉克斯坦	..	289	..	49	..	2	..	10	..	38
坦桑尼亚	729	1,685	30	36	49	45	3	4	18	15
泰国	18,629	37,541	42	45	23	12	5	5	30	38
东帝汶	..	..	..	..	..	..	..	..	..	..
多哥	148	358	71	71	12	5	4	10	12	14
特立尼达和多巴哥	223	271	42	47	31	28	8	3	19	22
突尼斯	1,245	2,812	45	53	20	15	6	10	28	23
土耳其	4,654	15,607	30	42	20	27	8	13	42	19
土库曼斯坦	403	..	40	..	18	..	7	..	35	..
乌干达	563	1,408	38	61	14	13	4	10	43	16
乌克兰	1,334	11,070	34	32	16	30	7	13	43	25
阿拉伯联合酋长国	..	..	..	..	..	..	..	..	..	..
英国	62,524	160,036	27	18	40	32	4	7	29	44
美国	129,227	334,311	32	20	36	24	6	21	26	35
乌拉圭	814	1,072	46	42	29	31	5	6	20	21
乌兹别克斯坦	..	..	..	..	..	..	..	..	..	..
委内瑞拉	4,654	9,223	31	44	37	17	3	6	30	33
越南	2,304	7,044	..	..	..	..	..	..	..	..
西岸和加沙	349	786	28	8	46	68	3	1	25	23
也门共和国	604	2,038	36	46	12	11	7	9	45	35
赞比亚	282	674	79	57	9	6	0	11	12	26
津巴布韦	645	..	56	..	19	..	3	..	23	..
全世界	**1,221,691 t**	**3,144,723 t**	**31 w**	**25 w**	**31 w**	**25 w**	**6 w**	**10 w**	**32 w**	**40 w**
低收入国家	9,833	29,059	51	58	18	18	5	4	27	19
中等收入国家	218,955	749,008	39	32	24	26	9	14	28	28
中低收入国家	109,579	443,081	42	38	16	22	10	7	32	32
中高收入国家	109,232	304,268	38	27	30	28	8	20	25	25
低收入和中等收入国家	228,417	777,282	40	33	23	25	9	14	28	28
东亚和太平洋地区	82,593	272,307	38	35	16	24	10	6	37	35
欧洲和中亚	35,575	139,286	30	30	33	29	5	8	33	33
拉丁美洲和加勒比地区	52,313	127,915	41	24	31	29	10	30	17	17
中东和北非	19,571	62,588	45	47	21	19	..	11	28	23
南亚	15,377	93,734	59	51	13	13	5	8	23	29
撒哈拉以南非洲地区	24,587	88,519	40	42	24	23	9	4	28	31
高收入国家	992,976	2,368,417	29	22	33	25	5	9	33	43
欧元区	422,763	995,810	25	23	32	27	5	4	38	46

a. 包括卢森堡。

关于数据的说明

由于服务的生产和消费是同时进行的，所以服务贸易不同于货物贸易。因此，向旅游者提供的服务可能就在生产国消费（例如，使用旅店客房），但是仍被归类为旅游者本国的进口。在其他情况下，服务的提供还可能来自一个遥远的地方，例如，保险服务可能在某个地方提供，但是在另一个地方消费。关于服务贸易衡量问题的进一步讨论，见表4.6中的“关于数据的说明”。

与2000年以前的版本不同的是，表4.6中的服务出口数据和本表中的服务进口数据只包括商业服务，而排除了“其他项目也未包括的政府服务”。这些数据由国际货币基金组织基于各国资料的反馈编制而成。

国际货币基金组织的《国际收支手册》（1993）将国际服务交易定义为无形商品的经济产出，其生产、转移和消费可以同时进行。各个报告经济体之间的定义也可能不同。

旅游服务包括旅游者所消费的货物和服务，例如，餐饮、住宿和交通（在参观的经济体内），其中包括汽车租赁。

定义

• **商业服务进口**等于服务进口总额减去未包括在其他项目中的政府服务进口。 • **运输**包括一个经济体的居民为其他经济体的居民提供的所有运输服务（海洋、空中、陆地、内河、太空和管道），其中包括客运、货运、提供乘务人员的承运人租赁以及相关的支持性和辅助性服务。以下项目不包括在运输中：运输保险，它列入保险服务；非居民承运人在港口取得的货物以及运输设备的修理，它们列入货物；港口、铁路设施和航空设施的修理，它们列入建筑服务；不提供乘务人员的承运人租赁，它列入其他服务。 • **旅游**包括旅游者出于商务和个人目的在一国逗留不足一年的时间中，从该国获得的用于自己消费的货物和服务。 • **保险和金融服务**包括对出口产品的货运险和其他诸如生命险的直接保险；金融中介服务，例如，佣金、外汇交易和经纪服务；辅助性服务，例如，金融市场运营和监管服务。 • **计算机、信息、通讯和其他商业性服务**包括国际电讯与邮政和快递服务；计算机数据；居民与非居民之间的与新闻有关的服务交易；建筑劳务；版税和许可费；杂项商务、专业和技术服务；以及个人、文化和娱乐服务等。

发展中经济体商业服务的进口结构在不断发生变化 4.7a

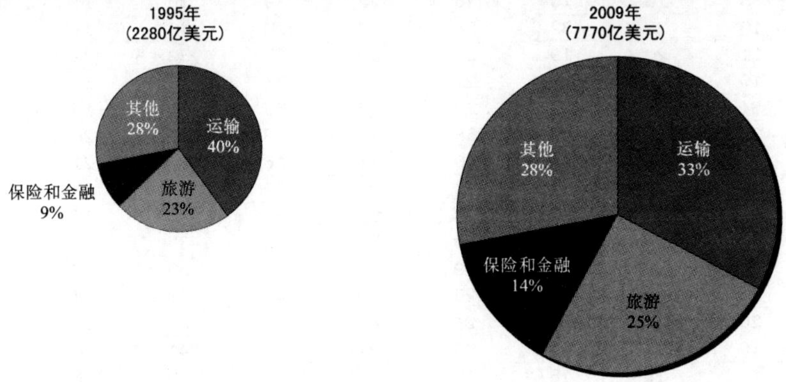

在1995—2009年间，发展中经济体的商业服务进口增长了两倍多。保险和金融服务以及旅游服务取代运输服务，成为发展中经济体最为重要的服务进口类别。

资料来源：国际货币基金组织的国际收支数据档案。

数据资料来源

商业服务进口的数据来自国际货币基金组织。国际货币基金组织在其《国际金融统计》和《国际收支统计年鉴》中公布了国际收支数据。

4.8 需求结构

	家庭最终消费支出		一般政府最终消费支出		资本形成总值		货物和服务的出口		货物和服务的进口		储蓄总额	
	占GDP的百分比		占GDP的百分比		占GDP的百分比		占GDP的百分比		占GDP的百分比		占GDP的百分比	
	1995	2009	1995	2009	1995	2009	1995	2009	1995	2009	1995	2009
阿富汗	..	*88*	..	*9*	..	*25*	..	*16*	..	*48*	..	..
阿尔巴尼亚	87	87	14	10	21	29	12	29	35	54	20	17
阿尔及利亚	55	41	17	14	31	41	26	40	29	36	..	..
安哥拉	*34*	..	*40*	..	*35*	15	*82*	52	*68*	46	*78*	10
阿根廷	69	59	13	15	18	21	10	21	10	16	16	23
亚美尼亚	109	82	11	11	18	31	24	12	62	36	–9	20
澳大利亚	60	*57*	18	*17*	24	*28*	18	*20*	20	*22*	18	*21*
奥地利	56	54	20	20	25	21	35	51	36	46	22	24
阿塞拜疆	77	37	13	14	24	22	28	52	42	25	13	45
孟加拉国	83	77	5	5	19	24	11	19	17	27	22	39
白俄罗斯	59	56	21	17	25	38	50	51	54	62	21	25
比利时	54	52	21	25	21	20	65	73	62	70	29	22
贝宁	82	..	11	..	20	25	20	14	33	28	11	*11*
玻利维亚	76	66	14	15	15	17	23	36	27	33	11	23
波斯尼亚和黑塞哥维那	..	80	..	23	20	22	20	33	71	58	..	13
博茨瓦纳	34	63	29	24	25	24	51	34	38	45	36	16
巴西	62	62	21	22	18	17	7	11	9	11	16	15
保加利亚	66	66	17	16	16	26	52	48	50	56	15	16
布基纳法索	63	..	25	..	24	..	14	..	27	..	*29*	..
布隆迪	89	..	19	..	6	..	13	..	27	..	6	..
柬埔寨	95	74	6	8	15	21	31	60	47	63	6	19
喀麦隆	72	*72*	9	*9*	13	*18*	24	27	18	31	14	*20*
加拿大	57	59	21	22	19	21	37	29	34	30	18	18
中非共和国	79	93	15	4	14	11	20	14	28	22	*11*	..
乍得	91	79	7	16	13	34	22	42	34	70	*12*	..
智利	61	60	10	13	26	19	29	38	27	30	25	22
中国	43	35	14	13	42	48	20	27	19	22	42	54
中国香港	62	62	8	9	34	23	143	194	148	187	..	31
哥伦比亚	65	64	15	16	26	23	15	16	21	18	19	18
刚果民主共和国	81	74	5	8	9	30	28	10	24	22	..	..
刚果共和国	49	42	13	12	37	25	65	72	64	51	–2	*18*
哥斯达黎加	71	62	14	17	18	20	38	43	40	42	15	20
科特迪瓦	66	72	11	9	16	11	42	42	34	34	12	15
克罗地亚	67	57	26	20	16	27	33	36	42	39	11	22
古巴	71	*54*	24	*33*	7	*11*	13	*20*	16	*18*	..	..
捷克共和国	51	51	21	22	33	22	51	70	55	64	29	20
丹麦	51	49	25	30	20	17	38	48	33	44	22	22
多米尼加共和国	81	85	5	8	18	15	36	22	39	30	16	10
厄瓜多尔	68	69	13	10	22	32	26	37	28	48	17	24
埃及	74	76	11	11	20	19	23	25	28	32	22	17
萨尔瓦多	87	92	9	10	20	13	22	22	38	38	18	11
厄立特里亚	94	86	44	*31*	23	*11*	22	4	83	20	19	..
爱沙尼亚	54	53	26	22	28	19	68	71	76	65	24	24
埃塞俄比亚	80	88	8	8	18	22	10	11	16	29	21	16
芬兰	52	54	23	25	18	18	37	37	29	35	22	20
法国	57	58	24	25	19	19	23	23	22	25	19	16
加蓬	41	41	12	12	23	28	59	52	36	33	33	..
冈比亚	90	78	14	16	20	26	49	30	73	50	8	19
格鲁吉亚	102	83	11	24	4	12	26	30	42	49	*1*	0
德国	58	59	20	20	22	16	24	41	23	36	20	21
加纳	76	82	12	10	20	20	24	31	33	41	18	16
希腊	76	75	15	19	18	16	17	19	27	29	18	3
危地马拉	86	86	6	10	15	13	19	23	25	33	11	12
几内亚	74	75	8	8	21	22	21	41	25	45	21	8
几内亚比绍	95	83	6	*14*	22	*23*	12	*26*	35	*47*	10	..
海地	86	..	7	..	26	27	9	14	29	44	..	..
洪都拉斯	64	80	9	19	32	20	44	42	48	61	27	16

	家庭最终消费支出		一般政府最终消费支出		资本形成总值		货物和服务的出口		货物和服务的进口		储蓄总额	
	占GDP的百分比		占GDP的百分比		占GDP的百分比		占GDP的百分比		占GDP的百分比		占GDP的百分比	
	1995	2009	1995	2009	1995	2009	1995	2009	1995	2009	1995	2009
匈牙利	68	*67*	11	*9*	21	*22*	46	*81*	46	*80*	17	*15*
印度	64	56	11	12	27	36	11	20	12	24	27	35
印度尼西亚	62	57	8	10	32	31	26	24	28	21	28	23
伊朗	46	*45*	16	*11*	29	*33*	22	*32*	13	*22*	37	..
伊拉克	..	..	..	..	..	..	..	..	..	..	..	..
爱尔兰	54	52	16	19	18	14	76	89	65	74	23	9
以色列	56	57	28	24	25	16	29	35	37	32	13	20
意大利	58	60	18	22	20	19	26	24	22	24	22	16
牙买加	70	81	11	16	29	21	51	35	61	53	25	13
日本	55	60	15	20	28	20	9	13	8	12	30	24
约旦	65	83	24	24	33	15	52	43	73	65	29	10
哈萨克斯坦	71	50	14	12	20	30	39	42	44	34	15	28
肯尼亚	70	76	15	16	22	21	33	25	39	38	23	15
朝鲜	..	..	..	..	..	..	..	..	..	..	..	..
韩国	52	54	11	16	38	26	29	50	30	46	36	30
科索沃	..	..	..	18	..	28	..	14	..	54	..	..
科威特	43	*28*	32	*13*	15	*19*	52	*66*	42	*26*	38	*59*
吉尔吉斯斯坦	75	86	20	23	18	22	29	50	42	81	8	14
老挝	..	*66*	..	*8*	..	*37*	23	*33*	37	*44*	..	*25*
拉脱维亚	63	61	24	21	14	19	43	42	45	43	14	29
黎巴嫩	103	79	12	16	36	30	11	22	62	47	..	13
莱索托	93	79	35	50	76	31	24	51	128	112	39	28
利比里亚	..	*202*	..	*19*	..	*20*	*9*	*31*	*72*	*173*	..	*–2*
利比亚	59	*23*	22	*9*	12	*28*	29	*67*	22	*27*	..	*67*
立陶宛	68	65	21	*19*	21	*27*	47	*60*	58	*72*	12	*15*
前南斯拉夫马其顿共和国	70	81	19	18	21	24	33	44	43	67	*13*	18
马达加斯加	90	80	7	11	11	33	24	28	32	52	2	..
马拉维	79	62	21	21	17	25	30	30	48	38	8	..
马来西亚	48	50	12	14	44	14	94	96	98	75	34	31
马里	83	*77*	10	*10*	23	*22*	21	*26*	36	*36*	15	*19*
毛里塔尼亚	77	72	11	21	20	25	37	50	45	68	14	..
毛里求斯	63	75	14	15	26	21	59	48	61	59	25	17
墨西哥	67	67	10	12	20	22	30	28	28	29	19	22
摩尔多瓦	57	87	27	22	25	27	49	37	58	73	18	19
蒙古	56	55	13	1	32	50	48	56	49	63	35	42
摩洛哥	68	57	17	18	21	36	27	29	34	39	17	31
莫桑比克	90	84	8	13	27	21	16	25	41	44	9	9
缅甸	..	..	..	..	14	..	1	..	2	..	..	..
纳米比亚	54	62	30	24	22	27	49	47	56	60	32	27
尼泊尔	75	81	9	11	25	30	25	16	35	37	21	38
荷兰	49	46	24	29	21	18	59	69	54	62	27	22
新西兰	59	60	17	20	23	18	29	28	28	27	18	16
尼加拉瓜	83	91	11	12	22	23	19	35	35	61	–1	10
尼日尔	86	..	14	..	7	..	17	..	24	..	–1	..
尼日利亚	..	..	..	..	..	..	44	36	42	27	..	..
挪威	50	43	22	22	22	20	38	42	32	27	26	32
阿曼	51	*34*	25	*15*	15	*30*	44	*59*	36	*38*	10	*39*
巴基斯坦	72	80	12	8	19	19	17	13	19	20	21	22
巴拿马	52	49	15	10	30	25	101	77	98	61	30	35
巴布亚新几内亚	44	69	17	11	22	20	61	58	44	57	35	20
巴拉圭	76	78	10	12	26	16	59	47	71	52	18	12
秘鲁	71	64	10	10	25	22	13	24	18	20	16	23
菲律宾	74	74	11	11	22	15	36	32	44	31	19	40
波兰	60	61	20	19	19	20	23	39	21	39	20	19
葡萄牙	65	67	17	21	24	20	27	28	34	36	24	10
波多黎各	..	..	..	..	..	..	72	..	97	..	..	..
卡塔尔	32	21	32	25	35	39	44	47	43	31	..	..

4.8 需求结构

	家庭最终消费支出		一般政府最终消费支出		资本形成总值		货物和服务的出口		货物和服务的进口		储蓄总额	
	占GDP的百分比		占GDP的百分比		占GDP的百分比		占GDP的百分比		占GDP的百分比		占GDP的百分比	
	1995	2009	1995	2009	1995	2009	1995	2009	1995	2009	1995	2009
罗马尼亚	68	61	14	15	24	31	28	33	33	40	19	29
俄罗斯联邦	52	54	19	20	25	19	29	28	26	20	28	23
卢旺达	97	81	10	15	13	22	5	12	26	29	20	15
沙特阿拉伯	47	38	24	25	20	26	38	54	28	43	20	32
塞内加尔	80	83	13	9	14	28	31	24	37	44	8	*16*
塞尔维亚	*73*	74	*23*	19	*12*	24	*17*	27	*24*	44	..	17
塞拉利昂	88	84	14	14	6	15	19	16	26	29	–3	8
新加坡	41	*43*	8	*10*	34	*29*	..	*221*	..	*203*	53	*45*
斯洛伐克共和国	52	47	22	20	24	38	58	99	56	104	27	29
斯洛文尼亚	60	55	19	20	24	23	50	59	52	57	23	22
索马里	..	..	..	..	..	..	..	..	..	..	..	..
南非	63	60	18	21	18	19	23	27	22	28	17	15
西班牙	60	56	18	21	22	24	22	23	22	26	22	20
斯里兰卡	73	64	11	18	26	25	36	21	46	28	20	24
苏丹	85	67	5	14	14	25	5	15	10	21	3	12
斯威士兰	82	73	15	27	16	17	60	60	74	76	16	2
瑞典	49	49	27	28	17	17	40	49	33	42	20	24
瑞士	60	58	12	11	23	20	36	52	31	41	30	32
阿拉伯叙利亚共和国	66	72	13	14	27	16	31	34	38	36	27	*14*
塔吉克斯坦	62	93	16	28	29	22	66	13	72	56	..	12
坦桑尼亚	86	62	12	20	20	30	24	23	42	35	7	21
泰国	55	54	10	13	42	22	42	68	49	58	34	30
东帝汶	..	..	..	..	..	..	..	..	..	..	..	..
多哥	77	..	12	*9*	16	..	32	*42*	37	62	17	..
特立尼达和多巴哥	53	*49*	12	*10*	21	*12*	54	*68*	39	*39*	27	*31*
突尼斯	63	63	16	13	25	27	45	52	49	55	20	23
土耳其	68	72	11	15	25	15	20	23	24	24	22	13
土库曼斯坦	*44*	49	12	10	*49*	11	84	76	84	46	*50*	..
乌干达	85	76	11	11	12	24	12	23	21	35	13	18
乌克兰	55	65	21	19	27	17	47	46	50	48	23	16
阿拉伯联合酋长国	48	*46*	16	*10*	30	*20*	69	*87*	63	*64*	..	..
英国	63	65	20	23	17	14	28	28	28	30	15	12
美国	68	71	15	17	18	14	11	11	12	14	16	10
乌拉圭	73	68	12	13	15	18	19	26	19	26	14	17
乌兹别克斯坦	51	56	22	18	27	26	28	36	28	36	..	..
委内瑞拉	69	64	7	13	18	25	27	18	22	20	21	22
越南	74	66	8	6	27	38	33	68	42	79	*20*	29
西岸和加沙	98	..	18	..	35	..	16	..	68	..	12	..
也门共和国	71	..	14	..	22	..	51	..	58	..	26	..
赞比亚	72	61	15	13	16	22	36	36	40	32	9	19
津巴布韦	65	113	18	14	20	2	38	36	41	65	*18*	..
全世界	**61 w**	**62 w**	**17 w**	**19 w**	**22 w**	**19 w**	**21 w**	**24 w**	**21 w**	**24 w**	**22 w**	**19 w**
低收入国家	81	78	9	10	18	24	18	23	26	36	17	*24*
中等收入国家	60	56	14	15	27	28	23	27	24	26	26	29
中低收入国家	55	50	12	13	34	37	23	29	24	28	33	40
中高收入国家	63	62	15	16	22	20	23	25	23	24	20	19
低收入和中等收入国家	60	57	14	15	27	28	23	27	24	26	26	29
东亚和太平洋地区	48	42	13	13	40	40	27	35	28	30	38	47
欧洲和中亚	61	62	16	17	25	19	29	30	31	29	23	19
拉丁美洲和加勒比地区	66	64	15	16	20	20	18	21	19	21	18	19
中东和北非	63	*55*	15	*13*	25	*28*	26	*38*	29	*33*	..	..
南亚	67	61	10	11	25	33	12	19	15	24	25	34
撒哈拉以南非洲地区	69	67	16	18	18	21	28	30	30	34	16	15
高收入国家	61	63	17	20	21	17	21	24	20	24	21	16
欧元区	57	58	20	22	21	19	29	36	28	35	21	19

a. 仅包括坦桑尼亚大陆。

关于数据的说明

以支出法计算的国内生产总值（GDP）由家庭最终消费支出、广义政府最终消费支出、资本形成总值（私人部门和公共部门的固定资产投资、库存变动和贵重物品的净获得值）以及货物与服务净出口（出口减进口）构成。这些支出以购买者价格记录并且包括净产品税。

因为政策制定者倾向于关注促进产出的增长，同时又因为生产数据比支出数据更加容易获得，因此，许多国家主要使用生产法估算GDP。此外，许多国家没有估算国民支出的所有独立的组成部分，而是将GDP（以生产法为基础）作为控制总量间接得出一些主要的总量数据。家庭最终消费支出（在1968年的国民经济核算体系［SNA］中称为私人消费）通常由GDP减去所有其他已知的支出的剩余值估算得出。由此得到的总数可能产生相当大的出入。当单独计算家庭消费时，许多估计值都是基于对家庭所做的调查，该调查的时间跨度往往为一年，覆盖面也有限。因此，估测值很快就会过时，必须用以价格和数量为基础的统计估算程序作补充。在许多发展中国家，用于个体商业的现金支出与用于家庭的现金支出之间区分不太清楚，这更使问题复杂了。《世界发展指标》将非营利性机构服务于家庭的支出也视为家庭消费。

广义政府最终消费支出（在1968年的国民经济核算体系中称为政府消费）包括用于个人消费的货物与服务支出以及用于集体消费的服务支出。防御开支作为经常性支出处理，其中包括资本支出（特定情况除外）。

资本形成总值（在1968年的国民经济核算体系中，称为国内投资总额）由一个经济体的新增固定资产支出和库存变化净值构成。该数据通常从行业收购报告中获得，仅仅对资本支出的大致类别加以区分。1993年修订的国民经济核算体系确认了资本支出的第三种类型：贵重物品的净获得值。根据1993年修订的国民经济核算体系指南，资本支出总额还包括用于防御设施的资本支出，这些设施可供普通公众使用，例如，学校、机场、医院以及诸如计算机软件开发和矿藏开发等无形开支。资本支出的数据可能依据对企业的直接调查和行政管理部门的记录加以估算，或者以商品流量法为基础，使用生产、贸易和建筑活动的数据加以估算。政府部门固定资本支出的数据质量取决于政府核算体系的质量（发展中国家一般比较薄弱），而对家庭和企业固定资本支出的测算——特别是那些小型的、非有限公司制企业的资本支出——通常很不可靠。

库存变化的估算值很少是完整的，但是通常包括最重要的经济活动或者商品。在一些国家，这些估算值是与家庭最终消费支出一起作为综合剩余值推出的。根据国民经济核算的惯例，若存货价值因价格变化而升值，应对其进行调整，但各国并不总是这样做。在通货膨胀严重的经济体，这一因素的影响可能是巨大的。

进出口数据是从海关申报单和国际收支数据中收集的。尽管来自支付方的进出口数据提供了合理可靠的跨境交易记录，但是严格来讲，它们可能与国际收支中关于估值和时间的合理定义不严格相符，或者与所有权变更的标准不一致。随着国际商务全球化程度的日益加深，该问题变得更加重要了。对于发生在许多国家的非法交易，海关或者国际收支数据通常都未计入。旅游者合法跨境携带的但是未申报短途贩运交易的商品可能会进一步扭曲贸易统计数据。

储蓄总额表示可支配收入与消费之差并取代了国内总储蓄，国内总储蓄是世界银行使用的一个概念，《世界发展指标》2006年之前的版本都使用这一概念。这以便更主要为了与国民经济核算体系的概念和定义保持统一。关于国民账户汇编问题的进一步讨论，见Srinivasan（1994）、Heston（1994）和Ruggles（1994）。关于对外贸易统计数据和国民收入统计数据可靠性的经典分析，见Morgenstern（1963）。

定义

• **家庭最终消费支出**是指家庭购买的所有货物和服务的市场价值，其中包括耐用产品（例如，汽车和计算机）。购买住房不算在其中，但是包括估算出的自用住房租金。同时它还包括为获得允许和许可而提供给政府的支出和费用。包括非盈利性机构服务于家庭的支出，即使各国单独报告。家庭消费支出可能包括资源使用相对于资源供给的所有统计误差。 • **广义政府最终消费支出**包括政府用于购买货物和服务的所有经常性开支（包括支付给员工的薪金）。它还包括用于国家防御和安全的大部分支出，但是政府的军事开支除外，因为军事开支具有广泛潜在的公共用途并且还是政府投资的一部分。

• **资本形成总值**由一个经济体的新增固定资产支出、库存变化净值以及贵重物品的净获得值构成。固定资产包括土地改良（筑篱笆、修引水沟以及排水沟等）；厂房、机器和设备的购置；公路、铁路以及学校、办公室、医院、私人住宅和工商业建筑等的修建。库存是指企业为应付生产或者销售发生的临时性或者预料之外的波动而储存的商品，也包括"正在加工的产品"。 • **货物与服务的进出口**表示提供给世界其他国家和从其他国家获得的所有货物和服务的价值。其中包括商品、货运、保险、运输、旅游、版税、许可费以及其他服务的价值，例如，通讯、建筑、金融、信息、商务、个人及政府服务。劳动收入、不动产收入（在1968年的国民经济核算体系中称为要素服务）和转移支付不算在其中。 • **储蓄总额**以国民总收入减去总消费再加上净转移支付加以计算。

数据资料来源

大多数发展中国家的国民经济核算指标都是由世界银行考察团和常驻机构从各国国家统计机构和中央银行收集获得。高收入经济体的数据来自经济合作与发展组织的数据档案。

4.9 消费和投资的增长

	家庭最终消费支出				一般政府最终消费总支出		资本形成总值		货物和服务			
	年均增长百分比		每人年均增长百分比		年均增长百分比		年均增长百分比		年均增长百分比 出口		进口	
	1990–2000	2000–2009	1990–2000	2000–2009	1990–2000	2000–2009	1990–2000	2000–2009	1990–2000	2000–2009	1990–2000	2000–2009
阿富汗	..	..	..	..	..	..	..	..	..	..	..	..
阿尔巴尼亚	1.3	5.3	2.2	4.9	14.5	7.9	25.8	6.1	18.9	9.8	15.7	13.7
阿尔及利亚	–0.1	3.6	–1.9	2.1	3.6	9.0	–0.6	8.8	3.2	2.3	–1.0	7.8
安哥拉	..	..	..	..	..	..	..	..	..	..	..	..
阿根廷	2.8	4.7	1.5	3.7	2.2	3.6	7.4	11.1	8.7	6.3	15.6	9.2
亚美尼亚	–0.5	8.8	1.1	8.7	–1.5	10.9	–1.9	18.3	–18.4	5.0	–12.7	8.6
澳大利亚	3.2	3.9	2.0	2.4	2.9	3.2	5.1	7.6	7.7	2.2	7.6	9.2
奥地利	1.7	1.4	1.4	0.9	2.7	1.6	2.3	1.2	5.8	4.7	4.8	3.9
阿塞拜疆	2.0	14.0	1.0	12.9	–4.8	23.0	41.6	19.3	5.7	23.0	14.1	19.7
孟加拉国	2.6	4.5	0.6	2.8	4.7	8.8	9.2	7.8	13.1	11.5	9.7	8.8
白俄罗斯	–0.5	11.2	–0.3	11.7	–1.9	0.0	–7.5	18.8	–4.8	5.7	–8.7	10.9
比利时	1.8	1.2	1.6	0.6	1.6	1.6	2.4	3.0	5.3	2.8	5.0	2.9
贝宁	2.6	2.3	–0.7	–1.1	4.4	8.3	12.2	7.7	1.8	2.7	2.1	1.8
玻利维亚	3.6	3.4	1.4	1.5	3.6	3.5	8.5	3.9	4.5	7.7	6.0	5.6
波斯尼亚和黑塞哥维那	..	..	..	..	..	..	..	5.3	..	9.0	..	2.6
博茨瓦纳	3.9	6.7	1.4	5.2	6.9	4.9	5.3	3.0	4.9	2.8	4.9	4.8
巴西	3.7	3.6	2.2	2.4	1.0	3.2	4.2	4.0	5.9	7.1	11.6	7.5
保加利亚	–2.6	6.3	–2.0	6.9	–8.0	2.0	–5.3	13.5	4.3	7.9	2.9	10.5
布基纳法索	5.7	4.5	2.8	1.1	2.9	8.7	3.1	9.0	4.4	10.9	1.9	7.2
布隆迪	..	..	..	..	..	..	..	..	..	..	..	..
柬埔寨	6.0	8.2	3.4	6.4	7.2	11.4	10.3	14.2	21.7	15.2	14.8	14.8
喀麦隆	3.1	4.5	0.5	2.1	0.7	2.8	0.4	4.4	3.2	–0.4	5.1	3.8
加拿大	2.6	3.4	1.6	2.3	0.3	2.7	4.6	4.7	8.7	–0.4	7.1	3.3
中非共和国	..	–0.9	..	–2.7	..	–1.3	..	–0.1	..	–3.6	..	–3.9
乍得	1.5	2.7	–1.7	–0.8	–8.3	2.7	4.0	–2.4	2.3	33.6	–1.8	–3.7
智利	7.3	5.5	5.6	4.4	3.7	4.8	9.3	7.7	9.4	5.6	11.7	10.5
中国	8.9	7.7	7.7	7.1	9.6	8.8	10.8	13.9	15.5	20.2	16.7	16.9
中国香港	3.8	3.7	2.0	3.1	3.7	1.6	4.8	2.2	7.8	9.7	8.4	7.8
哥伦比亚	2.4	4.0	0.6	2.4	10.9	4.0	2.1	9.8	5.0	5.7	9.3	9.7
刚果民主共和国	–1.1	..	–3.8	..	–20.4	..	2.6	..	–0.5	6.5	–2.4	16.3
刚果共和国	..	..	..	..	..	..	..	..	..	..	..	..
哥斯达黎加	5.1	4.2	2.5	2.4	2.0	2.7	5.1	5.8	10.9	6.9	9.2	5.4
科特迪瓦	4.1	..	0.9	..	0.8	3.1	8.1	2.5	1.9	2.4	8.2	3.9
克罗地亚	2.3	3.5	3.0	3.5	1.7	2.9	7.2	9.2	6.3	3.8	4.9	5.7
古巴	4.0	5.0	3.5	4.9	–2.9	7.6	0.7	8.8	–9.0	12.2	–2.9	10.1
捷克共和国	3.0	3.6	3.0	3.3	–0.9	2.2	4.6	2.9	8.7	10.5	12.0	9.1
丹麦	2.2	2.1	1.8	1.7	2.4	1.8	5.7	1.3	5.0	3.4	6.0	5.3
多米尼加共和国	6.1	6.7	4.2	5.1	7.0	4.9	11.7	1.7	8.3	1.1	9.9	2.4
厄瓜多尔	2.1	5.4	0.3	4.3	–1.5	4.2	–0.6	7.8	5.3	6.1	2.8	8.7
埃及	3.7	4.4	1.7	2.5	4.4	2.7	5.8	7.3	3.5	16.8	3.0	14.4
萨尔瓦多	5.3	3.3	4.1	2.9	2.8	1.5	7.1	0.7	13.4	2.9	11.6	3.3
厄立特里亚	–5.0	1.6	–6.6	–2.2	22.6	1.2	19.1	–1.0	–2.5	–6.3	7.5	–3.7
爱沙尼亚	0.6	6.8	2.1	7.1	5.7	2.2	0.5	14.6	11.0	6.7	12.0	7.4
埃塞俄比亚	3.6	10.7	0.4	7.9	9.0	0.7	6.5	11.3	7.1	10.1	5.8	16.5
芬兰	1.8	3.1	1.4	2.7	0.9	1.6	3.2	2.0	10.3	4.5	6.7	5.1
法国	1.6	2.1	1.2	1.4	1.4	1.7	1.8	1.8	6.9	1.4	5.7	3.3
加蓬	–0.3	4.5	–3.1	2.5	3.7	2.1	3.0	5.6	2.1	–2.0	0.1	3.8
冈比亚	3.6	..	–0.2	..	–2.2	..	1.9	..	0.1	1.1	0.1	1.3
格鲁吉亚	..	..	..	..	..	..	..	..	..	..	..	..
德国	1.9	0.3	1.6	0.4	1.9	0.9	1.1	–0.1	6.0	5.9	5.8	4.7
加纳	..	..	..	..	..	..	..	..	..	..	..	..
希腊	2.2	3.8	1.4	3.4	2.1	3.1	4.1	1.9	7.6	2.9	7.4	2.7
危地马拉	4.2	3.8	1.8	1.3	5.1	3.0	6.1	0.5	6.1	2.1	9.2	2.1
几内亚	5.2	4.1	2.0	2.1	–0.5	0.3	0.1	–0.5	0.3	2.3	–1.1	0.5
几内亚比绍	..	..	..	..	..	..	..	..	..	..	..	..
海地	..	..	..	..	..	..	9.0	1.5	10.1	4.4	19.4	2.1
洪都拉斯	3.0	5.2	0.6	3.1	2.0	6.6	6.9	3.9	1.6	5.1	3.8	5.4

消费和投资的增长

	家庭最终消费支出				一般政府最终消费总支出		资本形成总值		货物和服务			
	年均增长百分比		每人年均增长百分比		年均增长百分比		年均增长百分比		年均增长百分比 出口		进口	
	1990–2000	2000–2009	1990–2000	2000–2009	1990–2000	2000–2009	1990–2000	2000–2009	1990–2000	2000–2009	1990–2000	2000–2009
匈牙利	–0.1	3.8	0.1	4.1	0.9	1.3	9.6	1.3	9.9	11.2	11.4	10.0
印度	4.8	6.9	2.9	5.4	6.6	5.7	6.9	13.4	12.3	16.0	14.4	16.5
印度尼西亚	6.6	4.3	5.0	2.9	0.1	8.2	–0.6	5.9	5.9	7.8	5.7	8.6
伊朗	3.2	7.4	1.6	5.8	1.6	3.6	–0.1	8.3	1.2	5.0	–6.8	13.2
伊拉克	..	..	..	..	..	..	..	..	..	..	..	..
爱尔兰	5.6	3.7	4.7	1.8	4.1	4.3	9.9	1.5	15.7	4.2	14.5	3.9
以色列	5.0	3.4	2.5	1.5	2.7	1.4	2.0	2.3	10.9	5.9	7.6	3.8
意大利	1.6	0.6	1.5	–0.1	–0.2	1.6	1.6	0.3	5.9	0.4	4.4	1.2
牙买加	..	..	..	..	..	..	..	..	..	..	..	..
日本	1.4	1.0	1.1	0.9	2.9	1.6	–0.8	–0.9	4.3	5.5	4.3	2.5
约旦	4.9	7.5	1.1	5.0	4.7	6.7	0.3	6.7	2.6	5.7	1.5	6.9
哈萨克斯坦	–7.5	9.3	–6.4	8.5	–7.1	7.8	–19.0	17.2	–1.9	5.9	–12.7	5.6
肯尼亚	3.6	4.0	0.6	1.3	6.9	2.3	6.1	9.0	1.0	6.6	9.4	8.3
朝鲜	..	..	..	..	..	..	..	..	..	..	..	..
韩国	4.9	3.0	3.9	2.6	4.7	4.9	3.4	3.1	16.0	10.6	10.0	8.3
科索沃	..	..	..	..	..	..	..	..	..	..	..	..
科威特	4.5	..	0.6	..	–2.4	..	1.0	..	–1.6	..	0.8	..
吉尔吉斯斯坦	–4.8	9.9	–5.8	9.0	–7.2	4.2	–1.1	3.8	–1.6	5.1	–8.2	16.0
老挝	..	–7.8	..	–9.4	..	9.7	..	15.2	..	–7.6	..	–7.2
拉脱维亚	–3.9	8.0	–2.7	8.6	1.8	2.1	–3.7	16.4	4.3	7.1	7.6	8.0
黎巴嫩	–0.2	..	–1.9	..	10.9	..	–5.8	6.3	18.6	10.2	–1.1	6.3
莱索托	1.8	9.5	0.1	8.4	8.1	6.4	0.2	–0.5	10.3	10.0	2.7	12.2
利比里亚	..	..	..	..	..	..	..	..	..	..	..	..
利比亚	..	..	..	..	..	..	..	..	..	..	..	..
立陶宛	5.3	9.7	6.1	10.3	1.9	4.3	11.1	13.6	4.9	11.2	7.5	14.0
前南斯拉夫马其顿共和国	2.2	4.8	1.7	4.6	–0.4	0.0	3.6	4.7	4.2	2.4	7.5	4.0
马达加斯加	2.2	2.2	–0.8	–0.7	0.0	5.5	3.3	14.1	3.8	6.7	4.1	9.3
马拉维	5.4	..	3.2	..	–4.4	..	–8.4	..	4.0	..	–1.1	..
马来西亚	5.3	7.5	2.6	5.6	4.8	7.9	5.3	2.1	12.0	5.3	10.3	6.1
马里	3.0	0.9	1.0	–1.5	3.2	..	0.4	6.2	9.9	6.3	3.5	3.9
毛里塔尼亚	..	7.4	..	4.5	..	3.1	..	23.8	–1.3	–2.1	0.6	14.1
毛里求斯	5.1	5.6	3.9	4.7	3.6	3.8	4.8	5.3	5.6	2.0	5.1	2.3
墨西哥	3.9	3.2	2.2	2.1	1.8	0.8	4.7	0.4	14.6	4.3	12.3	4.7
摩尔多瓦	9.9	7.9	10.0	8.2	–12.4	5.9	–15.5	9.8	0.7	9.1	5.6	11.1
蒙古	..	..	..	..	..	..	..	..	..	..	..	..
摩洛哥	1.8	4.7	0.3	3.5	3.9	3.8	2.5	8.9	5.9	6.4	5.1	8.3
莫桑比克	5.8	6.2	2.6	3.6	3.2	–4.6	8.6	5.9	13.1	16.0	7.6	6.2
缅甸	..	..	..	..	..	..	..	..	..	..	..	..
纳米比亚	4.8	5.7	2.3	3.7	3.3	4.5	7.3	9.4	3.8	6.0	5.4	9.5
尼泊尔	..	..	..	..	..	..	..	..	..	..	..	..
荷兰	3.1	0.6	2.5	0.3	2.0	3.2	4.4	1.1	7.3	4.1	7.6	3.8
新西兰	3.2	3.4	2.0	2.0	2.4	4.1	6.1	3.7	5.2	2.2	6.2	4.5
尼加拉瓜	6.1	3.7	3.9	2.3	–1.5	2.7	11.3	2.1	9.3	8.3	12.2	5.1
尼日尔	..	..	..	..	..	..	..	..	..	..	..	..
尼日利亚	..	..	..	..	..	..	..	..	..	..	..	..
挪威	3.5	3.7	3.0	2.9	2.7	2.4	6.0	5.0	5.5	0.7	5.8	5.0
阿曼	5.4	..	2.6	..	2.4	..	4.0	..	6.2	..	5.9	..
巴基斯坦	4.9	4.6	2.3	2.2	0.7	8.3	1.8	6.3	1.7	7.1	2.5	7.3
巴拿马	6.4	7.2	4.2	5.4	1.7	3.6	10.4	10.2	–0.4	7.8	1.2	6.9
巴布亚新几内亚	2.5	..	–0.2	..	2.5	..	1.9	..	5.1	..	3.4	..
巴拉圭	2.6	3.0	0.3	1.1	2.5	3.3	0.7	3.0	3.1	7.0	2.9	6.0
秘鲁	4.0	5.2	2.2	3.9	5.2	5.2	7.4	10.5	8.5	7.8	9.0	9.5
菲律宾	3.7	5.1	1.5	3.1	3.8	3.1	4.1	1.3	7.8	5.2	7.8	2.9
波兰	5.2	3.7	5.1	3.7	3.7	4.2	10.6	5.9	11.3	9.0	16.7	8.0
葡萄牙	3.0	1.5	2.7	1.1	2.9	1.5	5.9	–1.8	5.7	3.3	7.6	2.7
波多黎各	..	..	..	..	..	..	..	..	1.6	..	4.5	..
卡塔尔	..	..	..	..	..	..	..	..	..	..	..	..

4.9 消费和投资的增长

	家庭最终消费支出				一般政府最终消费总支出		资本形成总值		货物和服务			
	年均增长百分比		每人年均增长百分比		年均增长百分比		年均增长百分比		年均增长百分比			
									出口		进口	
	1990–2000	2000–2009	1990–2000	2000–2009	1990–2000	2000–2009	1990–2000	2000–2009	1990–2000	2000–2009	1990–2000	2000–2009
罗马尼亚	1.3	6.2	1.7	6.7	0.8	4.3	–5.1	11.5	8.1	9.6	6.0	13.5
俄罗斯联邦	–0.9	9.9	–0.7	10.3	–2.2	2.1	–19.1	9.0	0.8	7.1	–6.1	15.9
卢旺达	..	..	..	..	..	..	..	..	..	..	..	..
沙特阿拉伯	..	*5.3*	..	*2.9*	..	*7.6*	..	*11.4*	..	*6.9*	..	*16.9*
塞内加尔	2.6	5.3	–0.2	2.5	0.9	–0.6	3.5	9.6	4.1	4.0	2.0	7.8
塞尔维亚	..	3.3	..	3.6	..	4.5	..	18.3	..	10.5	..	10.7
塞拉利昂	..	..	..	..	..	..	..	..	..	..	..	..
新加坡	..	..	..	..	..	..	..	..	..	..	..	..
斯洛伐克共和国	6.0	5.3	5.8	5.2	*1.8*	3.3	*7.7*	7.8	*9.6*	11.0	12.4	9.6
斯洛文尼亚	3.9	*3.2*	4.0	*3.0*	2.2	*3.2*	10.4	*7.5*	1.7	*9.1*	5.2	*8.9*
索马里	..	..	..	..	..	..	..	..	..	..	..	..
南非	2.9	4.6	0.6	3.4	0.3	5.0	4.7	9.1	5.8	2.7	7.1	8.1
西班牙	2.4	2.8	2.0	1.2	2.7	5.1	3.2	3.3	10.5	2.9	9.4	4.7
斯里兰卡	..	..	..	..	10.5	..	6.9	..	7.5	..	8.6	..
苏丹	3.7	5.9	1.1	*3.7*	5.5	*8.4*	22.0	11.2	11.6	*14.3*	8.4	*12.0*
斯威士兰	7.3	2.0	4.9	1.0	7.1	6.0	–4.7	–0.3	6.4	5.2	6.2	4.7
瑞典	1.5	2.2	1.1	1.7	0.7	0.9	2.0	3.3	8.6	4.6	6.4	4.2
瑞士	1.1	1.4	0.5	0.6	0.5	1.2	0.7	0.4	4.1	4.7	4.3	3.6
阿拉伯叙利亚共和国	3.0	7.5	0.3	4.6	2.0	8.4	3.3	–0.4	12.0	6.5	4.4	11.3
塔吉克斯坦	–11.8	6.1	–13.1	4.8	*–15.7*	1.6	–17.6	7.3	–5.3	9.5	–6.0	10.6
坦桑尼亚	5.1	6.2	2.0	3.3	–8.8	13.5	–1.1	12.8	11.7	11.6	4.7	15.9
泰国	3.7	4.0	2.7	3.1	5.1	5.3	–4.0	4.8	9.5	5.8	4.5	5.7
东帝汶	..	..	..	..	..	..	..	..	..	..	..	..
多哥	5.0	*0.5*	2.0	*–2.1*	0.0	*1.3*	–0.1	5.9	1.2	*6.0*	1.1	*3.1*
特立尼达和多巴哥	0.7	*13.3*	0.1	*12.9*	0.3	*4.3*	12.5	*4.2*	6.9	*5.8*	9.9	9.5
突尼斯	4.3	5.3	2.6	4.3	4.1	4.4	3.6	2.9	5.1	4.1	3.8	3.6
土耳其	3.8	5.3	2.1	3.9	4.6	4.0	4.7	6.9	11.1	6.4	10.8	8.8
土库曼斯坦	..	..	..	..	..	..	..	1.6	*–2.4*	22.4	*7.2*	15.2
乌干达	6.7	1.9	3.3	–1.3	7.7	4.0	9.2	12.0	15.4	19.5	9.7	11.2
乌克兰	–6.9	12.1	–6.4	12.9	–4.1	2.6	–18.5	5.1	–3.6	1.1	–6.6	5.2
阿拉伯联合酋长国	*7.1*	..	*1.2*	..	*6.8*	..	*5.5*	..	*5.5*	..	*6.4*	..
英国	3.0	2.1	2.8	1.5	1.0	2.2	4.7	1.6	6.5	3.1	6.8	3.4
美国	3.7	2.4	2.5	1.4	0.7	2.1	7.6	0.0	7.3	4.5	9.8	3.3
乌拉圭	5.0	2.9	4.3	2.8	2.3	1.3	6.1	6.6	6.0	7.8	9.9	6.4
乌兹别克斯坦	..	..	..	..	..	..	–2.5	*4.7*	*2.5*	*4.9*	*–0.4*	*4.2*
委内瑞拉	0.6	8.7	–1.5	6.8	3.7	7.0	11.0	11.2	1.0	–2.0	8.2	13.8
越南	*5.4*	7.8	*3.9*	6.4	*3.2*	7.7	19.8	12.3	19.2	11.4	19.5	13.6
西岸和加沙	*5.3*	*–1.5*	*1.1*	*–4.9*	*12.7*	*1.3*	*9.2*	*–3.0*	*8.7*	*–3.1*	*7.5*	*–2.3*
也门共和国	3.2	..	–0.7	..	1.7	..	11.4	..	16.6	..	8.3	..
赞比亚	2.4	*0.1*	–0.5	*–2.1*	–8.1	*24.9*	3.9	*6.6*	6.7	*21.9*	15.5	*15.6*
津巴布韦	..	..	..	..	..	..	..	..	3.9	–10.7	3.1	–5.8
全世界	**3.0 w**	**2.7 w**	**1.6 w**	**1.5 w**	**1.7 w**	**2.6 w**	**3.3 w**	**3.1 w**	**7.0 w**	**5.9 w**	**7.0 w**	**5.7 w**
低收入国家	2.9	*4.5*	0.5	*2.2*	–1.3	*6.8*	5.5	8.7	5.5	9.7	5.3	9.4
中等收入国家	4.1	5.7	2.6	4.5	3.3	5.4	2.6	9.9	7.5	10.4	6.4	10.7
中低收入国家	5.7	6.6	4.1	5.3	6.6	7.4	6.3	12.2	9.3	14.7	8.3	12.9
中高收入国家	3.0	5.0	1.8	4.1	1.4	3.7	–0.5	6.3	6.3	5.5	5.1	8.5
低收入和中等收入国家	4.0	5.7	2.4	4.3	3.3	5.5	2.7	9.9	7.4	10.4	6.4	10.7
东亚和太平洋地区	7.4	6.9	6.1	6.0	8.0	8.4	7.8	12.4	11.8	14.5	10.9	12.6
欧洲和中亚	0.5	7.6	0.4	7.5	–0.8	3.3	–11.2	9.1	1.8	7.2	–2.3	11.9
拉丁美洲和加勒比地区	3.6	4.1	2.0	2.9	1.9	3.3	5.4	5.0	8.1	5.0	10.4	6.7
中东和北非	2.8	*5.3*	0.6	*3.3*	3.5	*3.6*	1.2	*7.4*	4.0	*7.7*	0.0	9.9
南亚	4.6	6.4	2.6	4.8	5.9	6.1	6.5	12.4	10.0	14.6	11.2	14.8
撒哈拉以南非洲地区	3.3	4.9	0.6	2.4	0.3	5.1	4.6	8.5	..	..	5.7	*8.8*
高收入国家	2.8	2.0	2.1	1.3	1.5	2.1	3.4	0.8	6.9	4.6	7.2	4.3
欧元区	2.0	1.4	1.6	0.8	1.5	1.9	2.2	1.2	6.8	3.8	6.3	3.8

a. 仅包括坦桑尼亚大陆。

关于数据的说明

对消费和投资增长的衡量在准确性上受到两个因素的制约：一是按当前价格水平测算支出存在困难，表4.8中的“关于数据的说明”对此进行了描述；二是为测算实物量的增长而缩减的当前价格数据也会影响其准确性，因为测算的结果取决于所使用的价格指数和权重的相关性和可靠性。测算投资性商品价格的变化比消费性商品更加困难，因为许多投资都是一次性的，同时又因为资本商品的技术进步率使人们难于掌握质量的变化（计算机就是一个例子——随着质量的提高，价格不断下降）。一些国家从供给方估算投资，直接从详细的生产和国际贸易统计数据中确定进入一国的资本商品。这意味着用于缩减生产和国际贸易并反映交付或者供给价格的价格指数将决定需求方投资支出的平减指数。

家庭最终消费支出、人均家庭最终消费支出、广义政府最终消费支出、资本形成总值以及货物和服务进出口的增长率均以不变价格数据估算（表4.8给出了消费、资本形成以及货物和服务进出口占GDP的份额）。

为获取以不变价格计算的政府消费，各国可能使用工资（价格）指数缩减其现值，或者从政府职员人数的变化中推算得出。但这两种技术方法既没有考虑生产率的提高，也没有反映政府服务质量的变化。家庭消费的平减指数通常以消费价格指数为基础计算。许多国家将家庭消费作为剩余值估算，其中剩余值包括与其他支出项目相关的统计误差，例如，库存的变动值；因而这些估算值缺少对家庭消费支出的详细分类。

一些地区的人均GDP仍然落后 4.9a

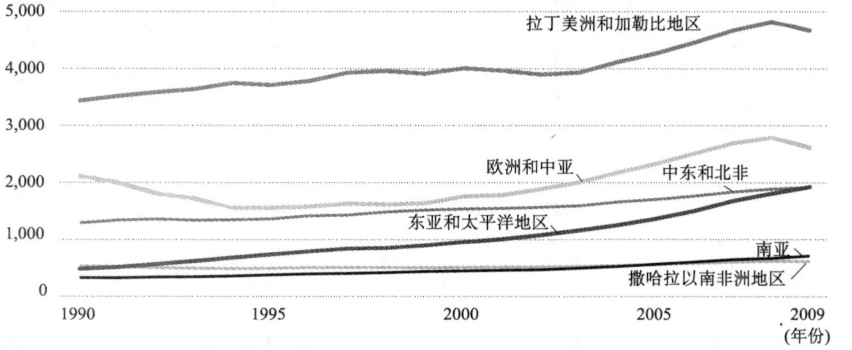

尽管在1990—2009年之间，东亚和太平洋地区的人均GDP增长了3倍多，但是仍然低于拉丁美洲和加勒比地区、欧洲和中亚的人均GDP。

资料来源：《世界发展指标》数据档案。

定义

• **家庭最终消费支出**是指家庭购买的所有货物和服务的市场价值，其中包括耐用产品（例如，汽车和计算机）。购买住房不算在其中，但是包括估算出的自用住房租金。同时它还包括为获得允许和许可而提供给政府的支出和费用。包括非盈利性机构服务于家庭的支出，即使各国单独报告。家庭消费支出可能包括资源使用相对于资源供给的所有统计误差。 • **人均家庭最终消费支出**为家庭最终消费支出除以年中人口数量。 • **广义政府最终消费支出**包括政府用于购买货物和服务的所有经常性开支（包括支付给员工的薪金）。它还包括用于国家防御和安全的大部分支出，但是政府的军事开支除外，因为军事开支具有广泛潜在的公共用途并且还是政府投资的一部分。 • **资本形成总值**由一个经济体的新增固定资产支出、库存变化净值以及贵重物品的净获得值构成。固定资产包括土地改良（筑篱笆、修引水沟以及排水沟等）；厂房、机器和设备的购置；公路、铁路以及学校、办公室、医院、私人住宅和工商业建筑等的修建。库存是指企业为应付生产或者销售发生的临时性或者预料之外的波动而储存的商品，也包括“正在加工的产品”。 • **货物和服务的进出口**表示提供给世界其他国家和从其他国家获得的所有货物和服务的价值。其中包括商品、货运、保险、运输、旅游、版税、许可费以及其他服务的价值，例如，通讯、建筑、金融、信息、商务、个人及政府服务。劳动收入、不动产收入（在1968年的国民经济核算体系中称为要素服务）和转移支付不算在其中。

数据资料来源

大多数发展中国家的国民经济核算指标都是由世界银行考察团和常驻机构从各国国家统计机构和中央银行收集获得。高收入经济体的数据来自经济合作与发展组织的数据档案。

对国民收入更全面的衡量

	国内生产总值	国民总收入	调整额		调整后的净国民收入	国内生产总值	国民总收入	调整后的净国民收入
			固定资本耗减占GNI的百分比	自然资源耗减占GNI的百分比		增长百分比	增长百分比	增长百分比
	10亿美元 2009	10亿美元 2009	2009	2009	10亿美元 2009	2000–2009	2000–2009	2000–2009
阿富汗	14.5	10.6	7.7	3.4	9.5	..	..	..
阿尔巴尼亚	12.0	11.9	10.5	1.3	10.5	5.4	5.8	7.3
阿尔及利亚	140.6	139.6	10.5	16.9	101.2	4.0	3.7	4.9
安哥拉	75.5	67.5	11.7	29.1	40.0	13.1	..	..
阿根廷	307.2	297.7	11.8	4.9	248.2	5.4	5.1	5.4
亚美尼亚	8.7	8.9	9.7	0.5	8.0	10.5	10.5	11.4
澳大利亚	924.8	900.7	14.4	5.1	725.2	3.3	3.6	3.3
奥地利	381.1	377.1	14.3	0.1	322.8	2.0	1.9	2.0
阿塞拜疆	43.0	40.3	11.5	32.7	22.5	17.9	19.4	19.8
孟加拉国	89.4	97.5	6.8	2.6	88.3	5.9	5.3	5.9
白俄罗斯	49.0	47.9	11.1	0.9	42.2	8.4	8.6	10.6
比利时	471.2	475.0	14.0	0.0	408.7	1.7	1.9	1.3
贝宁	6.7	6.6	7.9	1.2	6.0	4.0	3.9	3.6
玻利维亚	17.3	16.7	9.5	11.2	13.2	4.1	4.3	3.0
波斯尼亚和黑塞哥维那	17.0	17.4	10.4	..	..	5.0	5.9	..
博茨瓦纳	11.8	11.3	11.5	2.8	9.7	4.4	4.2	3.0
巴西	1,594.5	1,562.4	11.8	3.1	1,330.0	3.6	3.4	3.6
保加利亚	48.7	46.6	11.7	1.1	40.7	5.4	6.1	4.9
布基纳法索	8.1	8.0	7.4	1.6	7.3	5.4	6.0	5.5
布隆迪	1.3	1.3	5.5	10.6	1.1	3.0	..	..
柬埔寨	9.9	9.4	8.1	0.2	8.6	9.0	9.3	10.2
喀麦隆	22.2	22.1	8.6	4.8	19.1	3.3	2.7	4.4
加拿大	1,336.1	1,317.3	14.2	2.3	1,100.4	2.1	1.9	2.9
中非共和国	2.0	2.0	7.2	0.0	1.8	0.8	–0.9	–1.2
乍得	6.8	6.1	9.9	25.2	4.1	10.2	20.2	–5.5
智利	163.7	153.4	12.6	10.0	118.8	4.1	5.0	4.9
中国	4,985.5	5,028.8	10.2	3.1	4,355.8	10.9	10.6	9.9
中国香港	210.6	216.9	13.6	0.0	188.5	4.7	4.4	4.2
哥伦比亚	234.0	224.5	11.3	6.2	185.3	4.5	4.7	4.3
刚果民主共和国	10.6	9.8	5.9	10.7	8.2	5.2	5.5	7.5
刚果共和国	9.6	6.9	13.6	50.6	2.5	4.0	..	..
哥斯达黎加	29.2	28.8	11.3	0.2	25.5	5.1	4.6	4.0
科特迪瓦	23.3	22.4	8.8	3.1	19.7	0.8	0.6	0.6
克罗地亚	63.0	60.5	12.9	0.8	52.2	3.9	4.0	5.2
古巴	62.7	61.8	..	3.3	52.8	6.7	6.6	6.7
捷克共和国	190.3	178.1	13.6	0.3	153.3	4.1	4.6	4.6
丹麦	309.6	318.3	16.5	1.5	261.1	1.2	0.7	2.0
多米尼加共和国	46.8	45.0	11.1	0.5	39.8	5.5	5.4	5.1
厄瓜多尔	57.2	56.1	10.7	9.9	44.5	5.0	4.5	5.2
埃及	188.4	188.6	9.6	7.3	156.9	4.9	5.0	2.8
萨尔瓦多	21.1	20.4	10.5	0.5	18.2	2.6	2.7	2.3
厄立特里亚	1.9	1.9	6.8	0.8	1.7	0.2	1.4	4.0
爱沙尼亚	19.1	18.5	12.8	0.7	16.0	5.9	6.1	6.7
埃塞俄比亚	28.5	28.5	6.7	4.5	25.3	8.5	8.4	10.3
芬兰	238.0	238.1	17.0	0.1	197.6	2.5	2.4	1.7
法国	2,649.4	2,671.2	14.2	0.0	2,292.1	1.5	1.5	1.4
加蓬	11.1	9.5	13.2	29.2	5.5	2.1	2.6	3.3
冈比亚	0.7	0.7	7.5	1.0	0.6	5.2	5.4	3.6
格鲁吉亚	10.7	10.6	8.8	0.1	9.6	7.4	..	..
德国	3,330.0	3,377.0	13.8	0.1	2,908.2	1.0	0.6	1.4
加纳	26.2	25.9	8.6	6.9	19.7	5.8	..	..
希腊	329.9	320.8	13.9	0.2	275.8	3.6	4.1	3.0
危地马拉	37.3	36.1	10.1	1.2	32.0	3.7	3.8	3.2
几内亚	4.1	3.7	7.7	6.6	3.2	3.0	4.1	0.9
几内亚比绍	0.8	0.8	7.4	0.0	0.8	1.0	..	..
海地	6.5	..	..	..	..	0.7	..	..
洪都拉斯	14.3	13.8	9.6	0.4	12.4	4.9	4.8	3.0

对国民收入更全面的衡量

	国内生产总值	国民总收入	调整额		调整后的净国民收入	国内生产总值	国民总收入	调整后的净国民收入
			固定资本耗减占GNI的百分比	自然资源耗减占GNI的百分比				
	10亿美元	10亿美元			10亿美元	增长百分比	增长百分比	增长百分比
	2009	2009	2009	2009	2009	2000–2009	2000–2009	2000–2009
匈牙利	129.0	121.2	13.0	0.2	105.2	2.9	4.0	3.1
印度	1,377.3	1,369.3	8.6	4.2	1,194.1	7.9	7.8	7.5
印度尼西亚	540.3	478.4	10.9	6.5	395.3	5.3	5.1	3.0
伊朗	331.0	328.6	10.7	17.9	234.7	5.4	6.2	6.7
伊拉克	65.8	61.8	10.1	45.7	27.4	–0.3	..	..
爱尔兰	227.2	184.4	17.7	0.1	151.8	3.9	3.8	2.4
以色列	195.4	190.8	13.6	0.2	164.4	3.6	2.6	4.4
意大利	2,112.8	2,076.3	14.0	0.1	1,784.1	0.5	0.6	0.4
牙买加	12.1	11.4	11.2	0.7	10.1	1.5	..	..
日本	5,069.0	5,228.3	13.5	0.0	4,521.8	1.1	0.8	1.5
约旦	25.1	25.7	10.3	1.1	22.8	6.9	6.7	6.9
哈萨克斯坦	115.3	103.4	12.7	22.0	67.6	8.8	9.9	9.1
肯尼亚	29.4	29.3	7.4	1.2	26.8	4.4	4.2	5.1
朝鲜	..	..	..	..	..	..	..	..
韩国	832.5	836.9	13.3	0.0	725.3	4.2	4.1	3.3
科索沃	5.4	5.6	..	..	..	4.8	..	..
科威特	148.0	158.1	5.2	37.0	91.3	8.4	..	..
吉尔吉斯斯坦	4.6	4.4	8.4	0.5	4.0	4.6	4.3	4.8
老挝	5.9	5.8	8.4	0.0	5.3	6.9	6.6	1.0
拉脱维亚	26.2	28.1	11.3	0.3	24.8	6.2	6.0	8.2
黎巴嫩	34.5	35.4	11.2	0.0	31.4	4.6	3.9	4.7
莱索托	1.6	1.9	6.4	1.4	1.8	3.1	0.8	8.9
利比里亚	0.9	0.6	8.2	11.0	0.5	0.0	..	..
利比亚	62.4	62.0	11.9	30.5	35.8	5.4	..	..
立陶宛	37.2	37.2	12.0	0.2	32.7	6.3	8.1	9.3
前南斯拉夫马其顿共和国	9.2	9.0	10.9	0.1	8.0	3.1	3.2	2.9
马达加斯加	8.6	8.5	7.3	0.2	7.9	3.6	3.5	2.3
马拉维	4.7	4.7	7.4	0.9	4.3	4.8	..	..
马来西亚	193.1	188.9	11.6	7.9	152.3	5.1	4.5	7.2
马里	9.0	9.0	7.7	0.0	8.3	5.3	5.9	5.7
毛里塔尼亚	3.0	3.0	8.1	18.8	2.2	4.7	3.2	5.1
毛里求斯	8.6	8.9	10.9	0.0	7.9	3.7	3.3	2.2
墨西哥	874.8	860.2	11.7	5.4	713.2	2.2	2.1	1.5
摩尔多瓦	5.4	5.7	8.5	0.2	5.2	5.6	5.0	6.1
蒙古	4.2	4.0	9.5	11.1	3.1	7.4	..	..
摩洛哥	91.4	89.5	10.1	1.4	79.2	5.0	4.8	4.4
莫桑比克	9.8	9.7	7.1	3.8	8.6	7.9	7.7	6.3
缅甸	..	..	..	..	..	..	..	..
纳米比亚	9.3	9.2	10.6	0.3	8.2	5.3	5.7	6.1
尼泊尔	12.5	12.8	6.8	4.2	11.4	3.7	..	..
荷兰	792.1	773.9	14.6	0.8	654.9	1.7	2.1	1.3
新西兰	126.7	121.4	14.1	0.9	103.3	2.5	2.6	2.8
尼加拉瓜	6.1	5.9	8.8	0.8	5.3	3.3	3.0	2.5
尼日尔	5.4	5.3	2.9	1.2	5.1	4.3	..	..
尼日利亚	173.0	162.9	9.0	15.0	123.8	6.6	..	..
挪威	381.8	376.4	15.2	10.6	279.2	2.1	2.2	3.7
阿曼	46.1	58.1	13.5	37.8	28.3	4.5	..	..
巴基斯坦	162.0	166.4	8.0	3.1	147.8	5.2	4.8	4.7
巴拿马	24.7	23.1	12.1	0.0	20.3	6.9	7.2	6.7
巴布亚新几内亚	7.9	7.8	8.6	19.9	5.6	3.4	..	..
巴拉圭	14.2	14.0	9.7	0.0	12.6	3.4	3.7	3.3
秘鲁	130.3	122.6	11.3	5.9	101.6	6.0	6.7	5.2
菲律宾	161.2	161.1	8.0	1.0	168.2	4.9	4.1	4.3
波兰	430.1	416.1	12.4	1.0	360.4	4.4	4.7	4.2
葡萄牙	232.9	225.1	17.2	0.1	186.1	0.8	1.0	0.5
波多黎各	..	..	..	..	..	..	..	..
卡塔尔	98.3	..	..	..	..	14.2	..	..

对国民收入更全面的衡量

	国内生产总值	国民总收入	调整额		调整后的净国民收入	国内生产总值	国民总收入	调整后的净国民收入
			固定资本耗减占GNI的百分比	自然资源耗减占GNI的百分比		增长百分比	增长百分比	增长百分比
	10亿美元 2009	10亿美元 2009	2009	2009	10亿美元 2009	2000–2009	2000–2009	2000–2009
罗马尼亚	161.1	164.1	11.2	1.3	143.5	5.6	5.4	7.2
俄罗斯联邦	1,231.9	1,192.4	12.0	14.5	876.2	6.0	6.1	8.4
卢旺达	5.2	5.2	7.4	2.4	4.7	7.6	..	..
沙特阿拉伯	375.8	384.4	12.6	28.9	226.8	3.8	3.4	6.2
塞内加尔	12.8	12.8	8.4	0.3	11.7	4.3	4.1	..
塞尔维亚	43.0	42.3	..	..	..	5.0	5.3	..
塞拉利昂	1.9	1.9	6.8	2.1	1.7	9.5	..	..
新加坡	182.2	179.2	14.1	0.0	154.0	6.5	..	..
斯洛伐克共和国	87.6	84.7	13.0	0.3	73.4	5.8	6.1	5.6
斯洛文尼亚	48.5	47.3	13.5	0.2	40.8	3.8	4.7	4.4
索马里	..	..	..	..	..	..	..	..
南非	285.4	279.0	14.1	5.4	224.6	4.1	4.1	3.8
西班牙	1,460.3	1,430.2	13.9	0.0	1,231.5	2.8	2.9	2.7
斯里兰卡	42.0	41.5	9.5	0.5	37.3	5.5	..	..
苏丹	54.7	49.3	9.7	11.1	39.0	7.3	7.5	5.7
斯威士兰	3.0	2.9	10.2	0.1	2.6	2.6	3.2	1.7
瑞典	406.1	413.4	13.3	0.2	357.4	2.4	2.0	2.5
瑞士	491.9	512.3	14.1	0.0	440.2	1.9	2.6	1.5
阿拉伯叙利亚共和国	52.2	50.9	9.9	10.2	40.7	4.4	4.0	6.3
塔吉克斯坦	5.0	4.9	7.9	0.2	4.5	8.2	7.8	5.5
坦桑尼亚	21.4	21.4	7.3	2.5	19.3	7.1	6.9	6.4
泰国	263.8	252.0	10.9	3.2	216.6	4.6	4.8	4.4
东帝汶	0.6	2.9	1.2	..	..	2.4	..	..
多哥	2.9	2.8	7.0	3.6	2.5	2.5	2.3	3.0
特立尼达和多巴哥	21.2	20.7	12.9	28.2	12.2	7.4	8.3	5.7
突尼斯	39.6	37.3	11.0	4.6	31.5	4.9	5.0	3.7
土耳其	614.6	606.9	11.7	0.2	534.7	4.9	4.8	4.0
土库曼斯坦	19.9	19.2	10.8	..	..	13.9	14.0	..
乌干达	16.0	15.7	7.4	4.7	13.8	7.8	7.8	7.5
乌克兰	113.5	111.1	9.9	3.8	95.9	5.6	5.6	8.1
阿拉伯联合酋长国	230.3	..	..	..	..	7.0	..	..
英国	2,174.5	2,218.1	13.5	1.2	1,892.3	2.0	1.8	2.1
美国	14,119.0	14,011.0	14.3	0.7	11,909.0	2.0	2.2	1.4
乌拉圭	31.5	30.8	12.0	0.4	27.0	3.4	3.7	2.8
乌兹别克斯坦	32.1	32.5	8.4	17.8	24.0	6.9	5.0	–6.4
委内瑞拉	326.1	323.5	12.2	9.8	252.4	4.9	4.6	8.6
越南	90.1	85.2	8.8	7.2	71.5	7.6	8.0	7.0
西岸和加沙	..	..	..	..	..	–0.9	0.2	..
也门共和国	26.4	24.9	9.0	13.2	19.4	3.9	..	..
赞比亚	12.8	11.4	9.3	11.5	9.1	5.4	7.4	5.3
津巴布韦	5.6	5.2	..	3.5	4.6	–7.5	–7.2	–9.0
全世界	**58,252.1 w**	**57,867.2 w**	**13.1 w**	**2.4 w**	**48,996.8 w**	**2.9 w**	**2.8 w**	**2.6 w**
低收入国家	431.5	433.8	7.2	3.8	383.4	5.4	5.6	5.6
中等收入国家	16,206.0	16,112.0	10.7	5.8	13,495.7	6.4	6.4	6.2
中低收入国家	8,880.2	8,952.6	9.9	4.5	7,727.3	8.5	8.4	7.8
中高收入国家	7,318.4	7,173.2	11.8	7.5	5,782.6	4.4	4.3	4.7
低收入和中等收入国家	16,649.8	16,558.2	10.7	5.8	13,887.1	6.4	6.3	6.2
东亚和太平洋地区	6,346.0	6,307.5	10.3	3.6	5,456.9	9.4	9.2	8.6
欧洲和中亚	2,591.7	2,521.8	11.7	9.2	1,977.5	5.9	5.9	6.8
拉丁美洲和加勒比地区	4,017.9	3,921.9	11.7	4.8	3,277.5	3.8	3.7	3.8
中东和北非	1,062.4	1,192.9	10.4	14.8	945.9	4.7	4.9	5.0
南亚	1,700.3	1,702.0	8.4	3.9	1,492.3	7.3	7.3	7.0
撒哈拉以南非洲地区	945.9	904.2	10.6	9.3	722.6	5.1	4.5	4.2
高收入国家	41,607.7	41,369.3	14.1	1.0	35,134.3	2.0	1.9	1.7
欧元区	12,465.3	12,368.9	14.2	0.1	10,599.8	1.5	1.4	1.4

a. 仅包括坦桑尼亚大陆。

关于数据的说明

如表4.1所示，人们通常用产出量的变化来衡量一个国家的经济增长。其中，受关注最多的产出指标就是国民生产总值（GDP）。但并不是所有国家的综合经济绩效都适合用GDP衡量，比如，用消耗资本存量换来的产出就不能纳入GDP。对于自然资源有限且拥有外国投资的国家，我们可以用GDP辅以经调整的净国民收入来评估其经济发展（Hamilton和Ley，2010）。

本表列举了三种测量经济发展的方法：国内生产总值（GDP）、国民总收入（GNI）和调整后的净国民收入。GDP涵盖了全部国内产出，不区分收入归属国内机构还是外国机构。GNI则考虑了外国投资者，部分国内产出的收入可能因此向国外流出。GNI加上非本国居民支付的净收入就构成了GDP。GNI减去固定资本折旧（即净国民收入）和自然资源耗减就得到调整后的净国民收入。自然资源耗减包括森林耗减、能源耗减和矿产耗减，扣除掉自然资源耗减可以反映出资产价值随自然资源减少而降低的情况。有关资本耗减和自然资源耗减的更多估值法和计算法见表4.11“关于数据的说明”。

美国国民账户体系（SNA）把机构组织有效管理的非生产自然资产（例如，土地、矿产和森林）纳入了资产范畴，这样就把调整后的净国民收入（含森林、能源和矿产净耗减）也包含在内。这一点很重要，因为这样国内生产总值、国民总收入和调整后的净国民收入就有了可比性，通过比较可以看出自然资源耗减对经济的影响，而其他许多常见经济指标都往往忽略了这点。

调整后的净国民收入对于监测自然资源丰富的低收入国家的经济状况尤为重要，例如，撒哈拉以南非洲地区的许多国家，这些国家自然资源消耗量巨大，而且向国外出口大量资源。近年来，调整后的净国民收入所反映的增长景象与国内生产总值所反映的景象迥然不同。

只有国家财富增长才能提高未来消费和生活水平——这里所谓的国家财富不仅仅是传统意义上的资本（如生产资本和人力资本），还包括自然资本。土地、森林和地下资源等资产构成了自然资本，这三种形式的资本都是经济可持续增长的关键。经过固定资本折旧和自然资源耗减调整的净国民收入能够更准确地反映出可以用于消费和投资的可支配收入，这样才能提高一个国家的未来消费。有关综合财富随时间变化的更多测算法见表4.11。

本文的经济增长数据是根据统计方法计算得出，有关计算方法的详细信息见data.worldbank.org/。

定义

- **国民生产总值**是指国内生产的价值总和加上未计入产值的产品税（扣除补贴）。
- **国民总收入**是指GDP加上国外流入的净收入（雇员的劳动补偿和产权收入）。
- **固定资本折旧**是指固定资本在生产中耗减后，更新固定资本的价值。
- **自然资源耗减**是指净森林耗减、能源耗减和矿产耗减的总和。净森林耗减是指单位资源租金乘以超出圆木自然生长量的超额采伐量。能源耗减是指能源存量的价值与剩余储藏期限（上限为25年）的比率。其中包括煤、原油和天然气。矿产耗减是指矿产存量的价值与剩余储藏期限（上限为25年）的比率。其中包括锡、金、铅、锌、铁、铜、镍、银、铁矾土和磷酸盐。
- **调整后的净国民收入**是指GNI扣减固定资本消耗和自然资源耗减。

2000—2009年间撒哈拉以南非洲地区的GDP和调整后的净国民收入（以2000年不变价格计，十亿美元） 4.10a

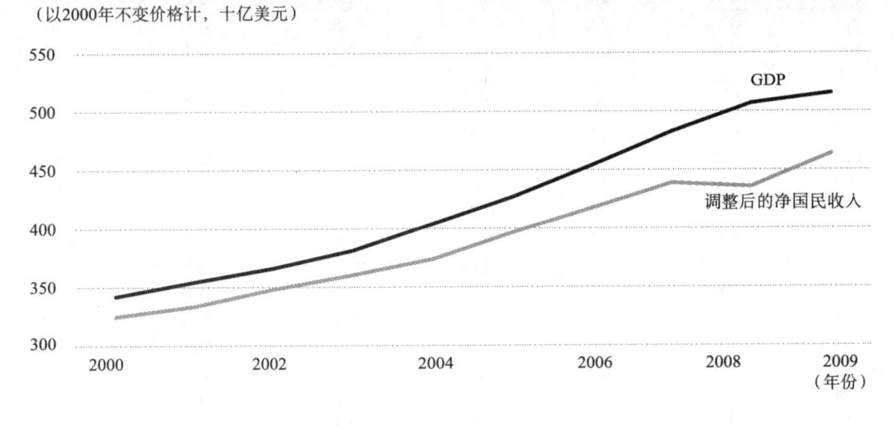

资料来源：《世界发展指标》数据档案。

数据资料来源

GNI和GDP数据为世界银行根据国民账户数据或各国统计机构向OECD等国际机构报告的数据估算得到。固定资本折旧数据来自《国民账户统计：主要总量和明细表》，外推至2009年。能源耗减、矿产耗减和森林耗减数据根据世界银行《国家财富的变化：对新千年发展目标可持续发展的衡量》（世界银行，2011a）中的数据源和测算法估算得到。

4.11 对储蓄更全面的衡量

	总储蓄 占GNI的百分比 2009	固定资产的消耗 占GNI的百分比 2009	教育支出 占GNI的百分比 2009	净森林消耗 占GNI的百分比 2009	能源消耗 占GNI的百分比 2009	矿产资源消耗 占GNI的百分比 2009	二氧化碳排放损害 占GNI的百分比 2009	当地污染损害 占GNI的百分比 2009	调整后的净储蓄 占GNI的百分比 2009
阿富汗	..	*7.7*	..	*3.4*	*0.0*	*0.0*	*0.1*	0.7	..
阿尔巴尼亚	17.6	10.5	2.8	0.0	1.3	0.0	0.3	0.2	8.2
阿尔及利亚	..	10.5	4.5	0.1	16.7	0.1	0.8	0.2	..
安哥拉	10.9	11.7	2.3	0.0	29.1	0.0	0.3	1.2	−29.2
阿根廷	23.9	11.8	4.9	0.0	4.5	0.3	0.5	1.1	10.6
亚美尼亚	19.5	9.7	2.2	0.0	0.0	0.5	0.5	1.6	9.6
澳大利亚	*22.4*	14.4	4.5	0.0	1.9	3.1	0.3	0.0	1.7
奥地利	24.4	14.3	5.2	0.0	0.1	0.0	0.1	0.1	15.0
阿塞拜疆	48.0	11.5	2.9	0.0	32.7	0.0	1.0	0.3	5.4
孟加拉国	35.3	6.8	2.0	0.6	2.1	0.0	0.4	0.4	27.1
白俄罗斯	25.7	11.1	4.4	0.0	0.9	0.0	1.3	0.0	16.9
比利时	21.7	14.0	5.8	0.0	0.0	0.0	0.2	0.1	13.2
贝宁	*10.6*	7.9	3.3	1.2	0.0	0.0	0.4	0.3	4.1
玻利维亚	23.8	9.5	4.7	0.0	9.7	1.5	0.6	1.0	6.2
波斯尼亚和黑塞哥维那	12.9	10.4	..	..	0.7	0.9	1.3	0.1	..
博茨瓦纳	17.1	11.5	7.4	0.0	0.3	2.5	0.3	0.2	9.6
巴西	15.0	11.8	4.8	0.0	1.6	1.5	0.2	0.1	4.6
保加利亚	16.7	11.7	3.8	0.0	0.4	0.7	0.9	0.8	6.1
布基纳法索	..	7.4	4.3	1.6	0.0	0.0	0.1	0.6	..
布隆迪	..	5.5	7.1	9.8	0.0	0.8	0.1	0.1	..
柬埔寨	20.3	8.1	1.6	0.2	0.0	0.0	0.4	0.3	13.0
喀麦隆	*20.4*	8.6	3.1	0.0	4.7	0.1	0.2	0.4	6.8
加拿大	18.0	14.2	4.7	0.0	1.9	0.4	0.3	0.0	5.8
中非共和国	..	7.2	1.3	0.0	0.0	0.0	0.1	0.2	..
乍得	..	*9.9*	2.3	0.0	25.2	0.0	0.0	1.0	..
智利	23.0	12.6	3.6	0.0	0.1	9.9	0.4	0.5	3.2
中国	53.2	10.2	1.8	0.0	2.9	0.2	1.1	0.8	39.7
中国香港	30.3	*13.6*	3.0	0.0	0.0	0.0	0.1	..	..
哥伦比亚	19.2	11.3	4.0	0.0	5.9	0.3	0.2	0.1	5.4
刚果民主共和国	..	5.9	0.9	0.0	2.9	7.9	0.2	0.5	..
刚果共和国	*26.2*	13.6	2.5	0.0	50.6	0.0	0.2	0.7	−44.7
哥斯达黎加	20.8	11.3	6.2	0.1	0.0	0.1	0.2	0.1	15.2
科特迪瓦	15.4	8.8	4.3	0.0	3.1	0.0	0.2	0.3	7.3
克罗地亚	22.6	12.9	3.9	0.2	0.7	0.0	0.3	0.2	12.3
古巴	..	..	13.6	*0.0*	*2.4*	*1.0*	*0.3*	0.1	..
捷克共和国	21.8	13.6	4.0	0.0	0.3	0.0	0.6	0.0	11.3
丹麦	21.4	16.5	7.4	0.0	1.5	0.0	0.1	0.0	10.7
多米尼加共和国	10.5	11.1	1.9	0.0	0.0	0.5	0.4	0.0	0.4
厄瓜多尔	24.1	10.7	1.4	0.0	9.8	0.0	0.4	0.0	4.4
埃及	16.7	9.6	4.4	0.1	7.0	0.1	0.8	0.5	3.1
萨尔瓦多	11.7	10.5	3.3	0.5	0.0	0.0	0.3	0.1	3.7
厄立特里亚	..	6.8	1.6	0.8	0.0	0.0	0.2	0.3	..
爱沙尼亚	24.2	12.8	4.4	0.0	0.7	0.0	0.8	0.0	14.4
埃塞俄比亚	16.2	6.7	3.7	4.4	0.0	0.1	0.2	0.2	8.3
芬兰	19.8	17.0	5.5	0.0	0.0	0.1	0.2	0.0	8.1
法国	16.3	14.2	5.0	0.0	0.0	0.0	0.1	0.0	7.0
加蓬	..	13.2	3.1	0.0	29.1	0.1	0.2	0.0	..
冈比亚	20.0	7.5	2.1	1.0	0.0	0.0	0.4	0.4	12.9
格鲁吉亚	0.2	8.8	2.8	0.0	0.1	0.0	0.4	0.7	−7.1
德国	21.2	13.8	4.3	0.0	0.1	0.0	0.2	0.0	11.4
加纳	15.7	8.6	4.7	2.1	0.0	4.8	0.3	0.0	−4.7
希腊	3.4	13.9	3.3	0.0	0.1	0.0	0.2	0.3	−7.9
危地马拉	12.9	10.1	2.9	0.8	0.4	0.0	0.3	0.1	4.0
几内亚	8.5	7.7	2.3	2.9	0.0	3.7	0.3	0.5	−4.2
几内亚比绍	..	7.4	2.3	0.0	0.0	0.0	0.3	0.6	..
海地	..	..	1.5	..	..	..	..	0.4	..
洪都拉斯	16.6	9.6	3.5	0.0	0.0	0.4	0.5	0.2	9.5

	总储蓄 占GNI的百分比 2009	固定资产的消耗 占GNI的百分比 2009	教育支出 占GNI的百分比 2009	净森林消耗 占GNI的百分比 2009	能源消耗 占GNI的百分比 2009	矿产资源消耗 占GNI的百分比 2009	二氧化碳排放损害 占GNI的百分比 2009	当地污染损害 占GNI的百分比 2009	调整后的净储蓄 占GNI的百分比 2009
匈牙利	*16.0*	13.0	5.3	0.0	0.2	0.0	0.4	0.0	*4.5*
印度	35.2	8.6	3.1	0.9	2.2	1.1	0.9	0.5	24.1
印度尼西亚	26.2	10.9	3.3	0.0	5.3	1.2	0.6	0.5	11.0
伊朗	..	10.7	4.0	0.0	17.7	0.2	1.1	0.5	..
伊拉克	..	10.1	..	0.0	45.7	0.0	1.3	2.6	..
爱尔兰	11.5	17.7	5.2	0.0	0.0	0.0	0.2	0.0	–1.1
以色列	20.8	13.6	5.7	0.0	0.1	0.1	0.3	0.1	12.2
意大利	16.3	14.0	4.1	0.0	0.1	0.0	0.2	0.1	6.1
牙买加	13.5	11.2	6.2	0.0	0.0	0.7	0.8	0.2	6.9
日本	22.9	13.5	3.2	0.0	0.0	0.0	0.2	0.2	12.1
约旦	9.6	10.3	5.6	0.0	0.1	1.0	0.7	0.2	3.0
哈萨克斯坦	30.8	12.7	4.4	0.0	20.8	1.2	1.6	0.1	–1.2
肯尼亚	15.4	7.4	6.6	1.2	0.0	0.0	0.3	0.1	13.1
朝鲜	..	..	..	..	..	..	..	0.8	..
韩国	30.1	13.3	3.9	0.0	0.0	0.0	0.5	0.3	20.0
科索沃	..	..	..	..	..	..	0.0	..	..
科威特	*55.5*	*5.2*	3.2	0.0	*37.0*	*0.0*	*0.4*	0.3	*15.7*
吉尔吉斯斯坦	14.4	8.4	5.2	0.0	0.5	0.0	1.1	0.2	9.4
老挝	*25.7*	8.4	1.1	0.0	0.0	0.0	0.2	0.4	*17.8*
拉脱维亚	26.6	11.3	5.6	0.3	0.0	0.0	0.2	0.0	20.4
黎巴嫩	12.9	11.2	1.6	0.0	0.0	0.0	0.4	0.2	2.7
莱索托	22.9	6.4	9.4	1.4	0.0	0.0	0.0	0.1	24.4
利比里亚	*–2.7*	8.2	3.1	10.4	0.0	0.7	1.0	0.3	*–18.3*
利比亚	66.8	11.9	..	0.0	30.4	0.0	0.8	1.0	..
立陶宛	*15.1*	12.0	4.4	0.1	0.1	0.0	0.3	0.1	*6.0*
前南斯拉夫马其顿共和国	18.8	10.9	4.9	0.1	0.0	0.0	1.0	0.1	11.6
马达加斯加	..	*7.3*	2.6	0.2	0.0	0.0	0.2	0.1	..
马拉维	..	7.4	3.5	0.9	0.0	0.0	0.2	0.1	..
马来西亚	31.7	11.6	4.0	0.0	7.9	0.0	0.8	0.0	15.4
马里	*18.6*	7.7	3.3	0.0	0.0	0.0	0.1	1.1	13.5
毛里塔尼亚	..	8.1	3.1	0.5	0.0	18.3	0.5	0.4	..
毛里求斯	16.2	10.9	3.1	0.0	0.0	0.0	0.3	0.0	8.0
墨西哥	22.1	11.7	4.8	0.0	5.1	0.3	0.4	0.2	9.1
摩尔多瓦	17.8	8.5	8.4	0.1	0.1	0.0	0.7	0.6	16.2
蒙古	44.7	9.5	4.6	0.0	3.8	7.3	2.1	1.6	24.9
摩洛哥	31.8	10.1	5.2	0.0	0.0	1.4	0.4	0.1	25.0
莫桑比克	9.2	7.1	4.0	0.5	3.2	0.0	0.2	0.1	2.0
缅甸	..	..	0.8	..	..	..	..	0.4	..
纳米比亚	26.8	10.6	6.4	0.0	0.0	0.3	0.2	0.0	21.9
尼泊尔	36.8	6.8	3.5	4.2	0.0	0.0	0.2	0.0	29.1
荷兰	22.7	14.6	4.7	0.0	0.8	0.0	0.2	0.2	11.6
新西兰	16.6	14.1	6.6	0.0	0.6	0.3	0.2	0.0	8.0
尼加拉瓜	10.6	8.8	3.0	0.1	0.0	0.7	0.6	0.0	3.4
尼日尔	..	2.9	3.6	1.2	0.0	0.0	0.1	1.1	..
尼日利亚	..	9.0	0.9	0.3	14.7	0.0	0.5	0.5	..
挪威	32.6	15.2	6.2	0.0	10.6	0.0	0.1	0.0	12.8
阿曼	*40.3*	*13.5*	3.7	0.0	*37.8*	*0.0*	*0.5*	0.0	*–7.9*
巴基斯坦	21.5	8.0	1.9	1.0	2.2	0.0	0.7	0.8	10.7
巴拿马	37.4	12.1	3.5	0.0	0.0	0.0	0.3	0.1	28.4
巴布亚新几内亚	19.7	8.6	..	0.0	0.0	19.9	0.5	0.0	..
巴拉圭	12.3	9.7	3.6	0.0	0.0	0.0	0.2	0.8	5.2
秘鲁	24.0	11.3	2.4	0.0	0.7	5.2	0.3	0.4	8.6
菲律宾	35.0	8.0	2.5	0.1	0.3	0.7	0.3	0.1	28.0
波兰	19.2	12.4	4.8	0.1	0.7	0.2	0.6	0.2	9.7
葡萄牙	10.4	17.2	5.3	0.0	0.0	0.1	0.2	0.0	–1.8
波多黎各	..	..	..	..	..	..	..	..	..
卡塔尔	..	..	..	..	..	..	..	0.1	..

4.11 对储蓄更全面的衡量

	总储蓄 占GNI的百分比 2009	固定资产的消耗 占GNI的百分比 2009	教育支出 占GNI的百分比 2009	净森林消耗 占GNI的百分比 2009	能源消耗 占GNI的百分比 2009	矿产资源消耗 占GNI的百分比 2009	二氧化碳排放损害 占GNI的百分比 2009	当地污染损害 占GNI的百分比 2009	调整后的净储蓄 占GNI的百分比 2009
罗马尼亚	28.4	11.2	3.4	0.0	1.4	0.0	0.5	0.0	18.8
俄罗斯联邦	23.4	12.0	3.5	0.0	13.8	0.7	1.1	0.1	–0.8
卢旺达	15.2	7.4	3.6	2.4	0.0	0.0	0.1	0.1	8.8
沙特阿拉伯	31.5	*12.6*	7.2	0.0	28.9	0.0	0.8	0.7	–3.9
塞内加尔	*16.1*	8.4	5.4	0.0	0.0	0.3	0.3	0.5	7.8
塞尔维亚	17.5	..	4.7	..	0.4	0.0	0.0	..	..
塞拉利昂	8.0	6.8	3.4	1.7	0.0	0.4	0.5	0.8	1.2
新加坡	*45.2*	14.1	2.8	0.0	0.0	0.0	0.3	0.4	*33.0*
斯洛伐克共和国	29.9	13.0	3.6	0.3	0.0	0.0	0.4	0.0	19.8
斯洛文尼亚	22.7	13.5	4.9	0.1	0.1	0.0	0.3	0.1	13.6
索马里	..	..	..	..	..	..	..	0.4	..
南非	15.8	14.1	5.4	0.3	2.8	2.2	1.2	0.1	0.4
西班牙	19.9	13.9	4.0	0.0	0.0	0.0	0.2	0.2	9.7
斯里兰卡	24.3	9.5	2.6	0.5	0.0	0.0	0.2	0.2	16.4
苏丹	13.5	9.7	0.9	0.0	11.1	0.0	0.2	0.5	–7.1
斯威士兰	2.5	10.2	7.2	0.1	0.0	0.0	0.3	0.0	–0.9
瑞典	23.6	13.3	6.1	0.0	0.0	0.2	0.1	0.0	16.0
瑞士	31.0	14.1	4.8	0.0	0.0	0.0	0.1	0.1	21.6
阿拉伯叙利亚共和国	*13.9*	9.9	2.6	0.0	10.0	0.1	1.1	0.7	–14.1
塔吉克斯坦	12.4	7.9	3.2	0.0	0.2	0.0	1.1	0.3	6.2
坦桑尼亚[a]	21.1	7.3	2.4	0.0	0.2	2.3	0.2	0.1	13.5
泰国	31.0	10.9	4.6	0.2	3.0	0.0	0.9	0.2	20.5
东帝汶	..	*1.2*	1.6	..	*0.0*	*0.0*	*0.0*	..	..
多哥	..	7.0	4.5	2.3	0.0	1.3	0.4	0.1	..
特立尼达和多巴哥	*34.3*	12.9	4.0	0.0	28.2	0.0	1.4	0.2	–32.4
突尼斯	24.1	11.0	6.7	0.1	3.5	1.0	0.5	0.1	14.6
土耳其	13.0	11.7	2.6	0.0	0.2	0.0	0.3	0.6	2.9
土库曼斯坦	..	10.8	..	..	30.4	0.0	2.1	0.9	..
乌干达	17.9	7.4	3.0	4.7	0.0	0.0	0.1	0.0	8.6
乌克兰	15.9	9.9	5.9	0.0	3.8	0.0	2.4	0.1	5.6
阿拉伯联合酋长国	..	..	..	..	..	..	..	0.5	..
英国	11.9	13.5	5.1	0.0	1.2	0.0	0.2	0.0	2.2
美国	9.8	14.3	4.8	0.0	0.7	0.1	0.3	0.1	–0.8
乌拉圭	17.5	12.0	2.3	0.4	0.0	0.0	0.2	1.1	6.1
乌兹别克斯坦	..	8.4	9.4	0.0	17.8	0.0	3.2	0.3	..
委内瑞拉	21.8	12.2	3.6	0.0	9.5	0.3	0.4	0.0	2.9
越南	31.2	8.8	2.8	0.2	7.0	0.0	1.1	0.3	16.6
西岸和加沙	..	..	..	..	..	..	..	..	..
也门共和国	..	9.0	4.2	0.0	13.2	0.0	0.7	..	..
赞比亚	21.3	9.3	1.3	0.0	0.0	11.5	0.2	0.2	1.4
津巴布韦	..	..	6.9	0.0	2.2	1.3	1.1	0.2	..
全世界	**21.1 w**	**13.1 w**	**4.2 w**	**0.0 w**	**2.0 w**	**0.3 w**	**0.4 w**	**0.2 w**	**6.4 w**
低收入国家	23.9	7.2	3.2	1.4	1.2	1.3	0.3	0.3	..
中等收入国家	33.2	10.7	3.2	0.1	5.1	0.7	0.8	0.5	14.5
中低收入国家	43.3	9.9	2.4	0.2	4.0	0.4	1.0	0.7	26.2
中高收入国家	20.0	11.8	4.1	0.0	6.4	1.0	0.6	0.2	3.9
低收入和中等收入国家	33.0	10.7	3.2	0.1	5.0	0.7	0.8	0.5	14.6
东亚和太平洋地区	48.7	10.3	2.1	0.0	3.3	0.3	1.0	0.7	33.1
欧洲和中亚	21.1	11.7	3.6	0.0	8.7	0.4	0.9	0.2	1.4
拉丁美洲和加勒比地区	18.9	11.7	4.4	0.0	3.5	1.3	0.3	0.3	6.8
中东和北非	..	10.4	4.3	0.0	14.5	0.3	0.9	0.6	..
南亚	33.6	8.4	2.9	0.9	2.1	0.9	0.9	0.5	21.6
撒哈拉以南非洲地区	15.4	10.6	3.6	0.6	7.5	1.2	0.6	0.3	–1.8
高收入国家	16.5	14.1	4.6	0.0	0.9	0.1	0.2	0.1	5.2
欧元区	18.6	14.2	4.5	0.0	0.1	0.0	0.2	0.1	8.7

a. 仅包括坦桑尼亚大陆。

关于数据的说明

调整后的净储蓄可测算给定资产价值的变化，不包括资本收益。如果一个国家的净储蓄是正值，而且核算包括了范围足够广泛的资产，那么经济理论则表明社会福利的现值处于增加状态。相反，如果调整后的净储蓄持续是负值，则表明经济是不可持续的。

本表表明了目前从大量的自然资源以及人力资本的变化所获取的资金能够在多大程度上通过净储蓄——也就是给后代的遗产加以平衡。

调整后的净储蓄是对国内总储蓄的标准国民核算尺度经过 4 次调整得到的。第一，扣除生产资产的固定资本消耗的估计值，以得到净国内储蓄；第二，把当前的教育支出加入到净国内储蓄中（在标准的国民核算中，这些支出作为消费处理）；第三，减去各类自然资源消耗的估计值，以反映与这些资源的开发和采集相关的资产价值的下降；第四，减去二氧化碳和颗粒物排放造成的损害。

这次是把公共教育支出看作对储蓄成果的一种补充。但是由于各国公共教育支出的有效性差别很大，因此，这些数据不能解释成人力资本的投资值。读者应当认识到当前 1 美元的教育支出并不一定能够带来 1 美元的人力资本。尽管计算过程中应当也要考虑私人教育支出，但是许多国家的数据无法得到。

尽管内容广泛，但是自然资源消耗和污染成本的核算仍然存在一些漏洞。从资源角度来看，关键的估计值缺失，包括从含水层提取的岩层水的价值、渔业存量净消耗以及土壤的消耗与退化。影响人体健康和经济资产的重要污染物也没有包括在内，因为缺少关于地表臭氧或者二氧化硫排放造成的损害方面的国际可比数据资料。

对资源消耗的估计是基于 Hamilton 和 Ruta（2008）所描述的“真实财富变化”法，其将消耗估计视为资源总价值与该资源所剩使用年限的比率。该资源的总价值是其当前和未来的开采租金的现值。经济租金是生产中特定因素的超额回报。自然资源产生租金，因为它是不可生产的；与此相反，生产货物和服务的竞争力将会扩大供给，直到经济利润达到零。对于各类资源和各个国家，单位资源租金就是世界价格（反映资源开采的社会成本）与平均单位开发或者采集成本（包括资本的“正常”回报）之间的差价。然后，用单位租金乘以开发或者采集的物理量得到总租值。为了估计该资源的价值，租金被假定在其存续期内恒定（El Serafy 法），而租金现金流的现值是用 4% 的社会折现率计算的。自然财富估计的详情见世界银行（2011a）。

森林资源净消耗的正值意味着采集率超过了自然生长率，这不同于森林面积的减少，森林面积减少代表土地使用情况的变化（见表 3.4 的“定义”）。原则上来讲，生长率大于采集率的国家，储蓄应该有所增加，但是经验估计值表明大多数的这种净生长都是在森林地区，而这些地区在经济上目前还不能开采。因为消耗估计值只反映了木材价值，所以忽略了与立木有关的所有外部和非木材效益。

二氧化碳排放造成的污染损害是用单位污染的边际社会成本乘以二氧化碳存量的增量得到的。单位损害值代表单位污染物在大气中存在的时间内对全球经济资产和人类福利损害的现值。

颗粒物排放造成的污染损害是通过评估城市地区暴露于颗粒物对人体造成的健康影响而得到的估计值。该估计值算作为免于因颗粒物排放而导致死亡的支付意愿（尤其与成年人心肺疾病、成年人肺癌、儿童急性呼吸系统感染有关的死亡率）。

调整后的净储蓄旨在成为一个尽可能全面的衡量指标，以便人们更好地理解一国财富创造或者消耗的速度。为了达到这一目的，它将教育作为投资，并考利资产的污染损失和人口福利，这些都超出了联合国国民核算体系的范围。

对于方法的更详细的注释，见 www.worldbank.org/data。

定义

• **总储蓄**是国民总收入与公共和私人消费之间的差额，加上净经常转移支付。 • **固定资产的消耗**代表在生产过程中消耗的资本的替代价值。 • **净储蓄**等于总储蓄减去固定资产的消耗值。 • **教育支出**是指在教育上的当前公共运作支出，其中包括工资和薪水，不包括在建筑物和设备方面的资本投资。 • **净森林消耗**等于单位资源租金和超过自然生长量的原木采集量的乘积。 • **能源消耗**是指能源储备价值与剩余使用年限（上限为 25 年）的比率，其中包括煤炭、原油和天然气。 • **矿产资源消耗**是指矿产储备价值与剩余使用年限（上限为 25 年）的比率，其中包括锡、金、铅、锌、铁、铜、镍、银、铝土矿和磷酸盐。 • **二氧化碳排放损害**估计为按照每吨碳 20 美元（以 1995 年美元计的单位损害值）乘以碳排放量的吨数。 • **颗粒物排放损害**算作为免于因颗粒物排放而导致疾病和死亡的支付意愿。 • **调整后的净储蓄**等于国内净储蓄加上教育支出，减去能源消耗、矿产资源消耗、净森林消耗、二氧化碳排放损害和颗粒物排放损害。

数据资料来源

总储蓄来自经济部分记录的世界银行国民核算数据文件。固定资产的消费来自联合国统计署的《国民核算统计：主要的汇总数据与详细表格》，外推至 2009 年。教育支出的数据来自联合国教科文组织统计研究所的在线数据库。缺失的数据是世界银行工作人员的估计值。能源、矿产和森林损耗的估计基于世界银行（2011a）提供的来源和方法。二氧化碳排放的单位损害数据来自 Fankhauser（1995）。颗粒物排放损害的估计值来自 Pandey 等的《空气污染的人类成本：对发展中国家的最新估计》（2006 年）。储蓄测算的概念基础见 Hamilton 和 Clemens 的《发展中国家的实际储蓄率》（1999 年）。

中央政府的财政

	收入[a]		支出		现金盈余或赤字		净债务				债务和利息支付	
	占GDP的百分比		占GDP的百分比		占GDP的百分比		国内债务占GDP的百分比		外债占GDP的百分比		总债务占GDP的百分比	利息占收入的百分比
	1995	2009	1995	2009	1995	2009	1995	2009	1995	2009	2009	2009
阿富汗[b]	..	9.1	..	38.0	..	0.2	..	0.1	..	0.8	..	0.0
阿尔巴尼亚[b]	21.2	..	25.6	..	−8.9	..	7.4	..	2.1	..	..	..
阿尔及利亚	..	36.6	..	25.0	..	−4.4	..	5.9	..	0.0	..	1.0
安哥拉	..	..	..	..	..	..	..	..	..	..	..	..
阿根廷	..	..	..	..	..	..	..	..	..	..	..	..
亚美尼亚[b]	..	22.1	..	23.7	..	−7.5	..	1.3	..	12.3	..	2.3
澳大利亚	..	24.6	..	26.6	..	−2.4	..	..	..	..	24.1	3.7
奥地利	36.6	36.6	42.5	39.6	−5.5	−2.6	..	..	..	..	70.7	7.0
阿塞拜疆[b]	..	27.3	..	15.5	..	0.4	..	0.0	..	0.2	..	0.3
孟加拉国[b]	..	11.1	..	11.3	..	−1.7	..	3.1	..	0.4	..	21.7
白俄罗斯[b]	30.0	35.4	28.7	33.0	−2.7	0.2	2.2	−2.5	0.4	8.4	18.1	2.1
比利时	41.5	40.3	45.7	45.3	−3.9	−5.1	..	1.0	−0.5	6.5	92.4	8.5
贝宁[b]	..	17.6	..	15.0	..	−4.5	..	2.2	..	2.1	..	2.5
玻利维亚	..	23.3	..	21.8	..	1.2	..	−0.2	..	−0.1	..	8.0
波斯尼亚和黑塞哥维那	..	38.6	..	41.2	..	−4.3	..	3.7	..	3.2	..	1.2
博茨瓦纳[b]	40.5	..	30.3	..	4.9	..	0.2	..	−0.4	..	..	..
巴西[b]	26.9	23.1	32.9	25.6	−2.7	−3.5	..	8.3	..	−0.1	61.0	20.7
保加利亚[b]	35.6	32.3	39.5	31.6	−5.1	−0.1	7.5	−0.4	−0.8	0.5	..	2.2
布基纳法索	..	14.0	..	13.0	..	−4.8	..	4.5	..	2.9	..	2.2
布隆迪[b]	19.3	..	23.6	..	−4.7	..	3.1	..	4.0	..	..	..
柬埔寨	..	11.0	..	11.0	..	−2.3	..	−2.0	..	2.3	..	1.3
喀麦隆[b]	11.8	..	10.6	..	0.2	..	−0.3	..	0.3	..	..	..
加拿大[b]	19.8	17.4	23.8	19.2	−4.0	−1.9	..	..	..	..	53.2	10.1
中非共和国[b]	..	..	..	..	..	..	..	..	..	..	..	..
乍得	..	..	..	..	..	..	..	..	..	..	..	..
智利	..	20.1	..	22.6	..	−4.5	..	0.8	..	−0.4	..	2.8
中国[b]	5.4	11.1	..	..	..	..	1.6	0.4	..	0.0	..	..
中国香港	..	19.7	..	18.9	..	0.6	..	1.0	..	−0.1	30.5	0.3
哥伦比亚	..	17.0	..	19.5	..	−4.0	..	5.8	..	0.9	59.3	18.9
刚果民主共和国[b]	5.3	..	8.2	..	0.0	..	0.0	..	0.2	..	..	..
刚果共和国[b]	23.6	..	29.8	..	−8.2	..	..	..	..	..	..	..
哥斯达黎加	..	24.7	..	26.0	..	−3.4	..	..	..	..	..	8.8
科特迪瓦	..	18.7	..	17.6	..	0.9	..	..	..	..	..	7.1
克罗地亚[b]	36.8	34.1	36.2	36.2	−1.1	−3.0	−2.3	3.0	0.7	2.2	..	4.8
古巴	..	..	..	..	..	..	..	..	..	..	..	..
捷克共和国[b]	33.2	29.1	32.6	37.3	−0.9	−6.1	−0.5	2.9	−0.4	1.9	31.9	4.1
丹麦	37.6	40.0	41.5	42.4	−3.7	−2.1	..	..	..	..	41.0	4.9
多米尼加共和国	..	16.4	..	16.2	..	−3.8	..	2.4	..	1.5	..	9.7
厄瓜多尔[b]	30.9	..	26.3	..	0.1	..	..	..	..	..	..	..
埃及[b]	34.8	27.0	28.1	30.2	3.4	−6.6	..	9.9	..	−0.2	79.5	15.2
萨尔瓦多	..	17.5	..	21.6	..	−5.0	..	2.0	..	5.9	48.5	12.3
厄立特里亚	..	..	..	..	..	..	..	..	..	..	..	..
爱沙尼亚	36.2	37.1	32.8	36.8	1.6	−1.3	..	..	..	..	9.1	0.6
埃塞俄比亚[b]	12.2	..	12.0	..	−3.1	..	1.8	..	2.6	..	..	..
芬兰	40.4	39.0	49.7	35.0	−7.5	4.6	8.9	−0.2	0.2	−0.6	36.2	3.2
法国	43.3	40.5	47.6	47.6	−4.1	−7.3	..	..	..	..	82.8	5.4
加蓬	..	..	..	..	..	..	..	..	..	..	..	..
冈比亚[b]	..	..	..	..	..	..	..	..	..	..	..	..
格鲁吉亚[b]	12.2	25.2	15.4	31.0	−4.3	−7.8	2.2	1.3	2.4	3.7	34.7	3.4
德国	29.9	29.4	38.6	31.7	−8.3	−2.2	..	3.1	..	−0.2	47.2	5.5
加纳[b]	17.0	15.3	..	17.9	..	−5.6	..	2.8	..	2.6	..	15.2
希腊	35.3	36.2	44.3	50.7	−9.1	−15.2	..	..	..	..	138.5	14.3
危地马拉[b]	8.4	11.0	7.6	12.6	−0.5	−3.2	..	1.4	0.4	1.4	23.3	12.6
几内亚[b]	11.2	..	12.1	..	−4.3	..	−0.1	..	4.5	..	..	..
几内亚比绍	..	..	..	..	..	..	..	..	..	..	..	..
海地	..	..	..	..	..	..	..	..	..	..	..	..
洪都拉斯	..	20.8	..	24.1	..	−4.5	..	5.0	..	1.0	..	2.9

	收入[a]		支出		现金盈余或赤字		净债务				债务和利息支付	
	占GDP的百分比		占GDP的百分比		占GDP的百分比		国内债务占GDP的百分比		外债占GDP的百分比		总债务占GDP的百分比	利息占收入的百分比
	1995	2009	1995	2009	1995	2009	1995	2009	1995	2009	2009	2009
匈牙利	43.0	40.5	53.2	45.3	–9.1	–4.0	17.0	–1.9	0.2	5.8	81.7	10.6
印度[b]	12.3	11.9	14.4	16.2	–2.2	–4.9	5.1	5.6	0.0	0.2	53.0	28.5
印度尼西亚[b]	15.6	15.4	9.5	15.7	1.7	–1.7	..	0.9	–0.4	0.4	28.3	10.9
伊朗[b]	24.2	31.9	15.8	24.7	1.1	0.6	..	1.4	0.1	0.0	..	0.6
伊拉克	..	..	..	..	..	..	..	..	..	..	..	..
爱尔兰	35.5	30.4	37.5	43.4	–2.2	–13.9	..	..	..	..	69.2	6.9
以色列	..	34.6	..	40.6	..	–4.3	..	..	..	..	..	9.7
意大利	40.4	38.5	48.0	44.0	–7.5	–4.9	..	..	..	..	118.9	11.1
牙买加	..	27.0	..	41.5	..	–15.9	..	7.4	..	4.7	115.8	64.5
日本	..	..	..	..	..	..	..	..	..	..	157.7	..
约旦[b]	28.2	23.5	26.1	28.6	0.9	–8.5	–2.5	7.6	6.1	1.2	57.9	8.7
哈萨克斯坦[b]	14.0	9.2	18.7	16.9	–1.8	–2.0	0.8	2.8	2.8	0.5	9.5	2.5
肯尼亚[b]	21.6	20.5	25.8	21.7	–5.1	–5.5	3.9	3.0	–1.3	0.1	..	10.4
朝鲜	..	..	..	..	..	..	..	..	..	..	..	..
韩国[b]	17.8	23.1	14.3	21.9	2.4	0.0	–0.3	5.4	–0.1	–0.1	..	4.7
科索沃	..	..	..	..	..	..	..	..	..	..	..	..
科威特[b]	36.8	47.1	44.0	21.9	–9.9	20.0	..	..	..	..	..	0.0
吉尔吉斯斯坦[b]	16.7	19.2	25.6	19.3	–10.8	–1.4	..	0.5	..	7.7	..	3.3
老挝	..	13.9	..	11.3	..	–1.6	..	–0.3	..	2.1	..	3.2
拉脱维亚[b]	25.8	24.9	28.3	34.8	–2.7	–6.4	2.4	–2.7	1.5	15.1	41.8	3.8
黎巴嫩	..	22.5	..	29.5	..	–8.3	..	11.8	..	0.3	..	48.7
莱索托[b]	57.1	66.4	39.4	52.1	5.8	5.8	0.0	–0.4	7.2	1.6	..	1.3
利比里亚[b]	..	0.4	..	0.3	..	0.0	..	0.0	..	0.0	..	2.1
利比亚	..	..	..	..	..	..	..	..	..	..	..	..
立陶宛	..	28.3	..	38.8	..	–9.0	..	1.9	..	9.1	33.3	4.0
前南斯拉夫马其顿共和国[b]	..	34.0	..	31.3	..	–0.8	..	–0.6	..	0.2	..	1.9
马达加斯加	..	14.1	..	11.7	..	–1.9	..	0.6	..	3.0	..	3.9
马拉维	..	..	..	..	..	..	..	..	..	..	..	..
马来西亚[b]	23.3	23.3	18.7	22.7	1.5	–6.4	..	6.5	..	0.9	53.3	9.0
马里	..	17.1	..	14.6	..	–2.1	..	–4.4	..	2.6	..	1.7
毛里塔尼亚	..	..	..	..	..	..	..	..	..	..	..	..
毛里求斯	..	23.5	..	21.6	..	0.6	..	3.1	..	1.3	38.9	12.0
墨西哥[b]	15.3	..	15.0	..	–0.6	..	..	..	5.5	..	..	..
摩尔多瓦[b]	28.4	33.1	38.4	38.3	–6.3	–5.7	3.0	2.7	2.7	3.3	24.4	4.0
蒙古[b]	19.0	29.2	13.8	28.8	2.9	–4.5	1.6	8.6	1.3	5.2	64.8	1.6
摩洛哥[b]	..	33.1	..	27.9	..	1.0	..	0.1	..	1.7	46.9	3.1
莫桑比克	..	..	..	..	..	..	..	..	..	..	..	..
缅甸[b]	6.4	..	..	..	..	..	..	..	..	..	..	..
纳米比亚[b]	31.7	29.2	35.7	24.1	–5.0	2.0	..	–0.8	..	–0.1	..	6.3
尼泊尔[b]	10.5	14.5	..	..	..	..	0.6	3.2	2.5	0.0	43.7	4.9
荷兰	41.5	41.0	50.8	45.6	–9.2	–4.8	..	..	..	..	58.3	4.6
新西兰	..	36.1	..	32.1	..	3.1	..	..	..	..	37.9	3.4
尼加拉瓜[b]	12.8	19.1	14.2	20.9	0.6	–2.3	..	..	3.4	..	..	6.4
尼日尔	..	13.6	..	11.8	..	–0.9	..	–1.9	..	2.4	..	1.8
尼日利亚[b]	..	9.7	..	7.2	..	–1.7	..	0.1	..	..	3.0	6.6
挪威	..	47.2	..	35.9	..	10.7	..	6.3	..	–15.3	36.3	2.1
阿曼[b]	27.8	..	32.4	..	–8.9	..	–0.1	..	0.0	..	..	..
巴基斯坦[b]	17.2	14.0	19.1	16.8	–5.3	–4.8	..	..	..	..	..	41.7
巴拿马[b]	26.1	..	22.0	..	1.5	..	..	..	..	..	..	..
巴布亚新几内亚[b]	22.7	..	24.5	..	–0.5	..	1.5	..	–0.7	..	..	..
巴拉圭[b]	17.2	19.0	14.5	17.1	0.2	0.1	0.0	1.3	–0.8	0.1	..	3.1
秘鲁[b]	17.4	17.2	17.4	17.1	–1.3	–1.5	..	0.2	3.9	1.1	23.6	7.2
菲律宾[b]	17.7	14.6	15.9	18.6	–0.8	–3.9	–0.5	1.2	–0.7	2.0	..	25.7
波兰	..	30.1	..	35.8	..	–6.1	..	1.6	..	3.6	48.1	8.1
葡萄牙	33.2	34.7	37.1	43.2	–5.1	–8.7	–1.2	3.4	4.2	5.9	84.4	7.7
波多黎各	..	..	..	..	..	..	..	..	..	..	..	..
卡塔尔[b]	..	47.2	..	19.3	..	15.2	..	..	..	..	..	2.1

中央政府的财政

	收入[a]		支出		现金盈余或赤字		净债务				债务和利息支付	
	占GDP的百分比		占GDP的百分比		占GDP的百分比		国内债务占GDP的百分比		外债占GDP的百分比		总债务占GDP的百分比	利息占收入的百分比
	1995	2009	1995	2009	1995	2009	1995	2009	1995	2009	2009	2009
罗马尼亚	..	30.9	..	33.8	..	–4.6	..	2.4	..	0.9	..	2.0
俄罗斯联邦	..	35.4	..	30.9	..	5.3	..	0.8	..	–0.2	8.6	1.3
卢旺达[b]	10.6	..	15.0	..	–5.6	..	2.9	..	..	..	..	..
沙特阿拉伯	..	..	..	..	..	..	..	..	..	..	..	..
塞内加尔[b]	15.2	..	..	..	..	..	..	..	..	..	..	..
塞尔维亚[b]	..	36.3	..	37.7	..	–2.6	..	2.8	..	1.2	..	2.0
塞拉利昂[b]	9.4	11.6	..	22.5	..	–3.1	0.3	..	..	..	..	8.3
新加坡[b]	26.7	18.2	12.4	15.2	19.8	1.7	10.3	13.7	0.0	..	113.3	0.1
斯洛伐克共和国	..	28.5	..	37.6	..	–7.3	..	2.9	..	3.0	38.1	4.7
斯洛文尼亚[b]	35.8	37.5	34.3	42.7	–0.1	–5.5	–0.4	12.4	0.3	–1.2	..	2.9
索马里	..	..	..	..	..	..	..	..	..	..	..	..
南非	..	28.2	..	33.0	..	–4.9	..	7.0	..	1.0	..	8.4
西班牙	32.0	22.4	37.1	30.7	–5.8	–8.6	..	6.4	..	4.8	46.5	6.1
斯里兰卡[b]	20.4	14.9	26.0	19.2	–7.6	–6.6	5.2	6.9	3.2	–0.1	85.0	31.0
苏丹[b]	7.2	..	6.8	..	–0.4	..	0.3	..	..	..	..	..
斯威士兰[b]	..	..	..	..	..	..	..	..	..	..	..	..
瑞典	38.6	34.7	..	..	..	..	..	..	..	..	44.0	..
瑞士[b]	22.6	18.4	25.7	17.0	–0.6	1.3	–0.5	2.0	..	..	28.9	3.5
阿拉伯叙利亚共和国[b]	22.9	..	..	..	..	..	..	..	..	..	..	..
塔吉克斯坦[b]	9.3	..	11.4	..	–3.3	..	0.1	..	2.3	..	..	..
坦桑尼亚	..	..	..	..	..	..	..	..	..	..	..	..
泰国	..	18.6	..	19.6	..	–3.0	..	5.3	..	0.0	28.6	5.8
东帝汶	..	..	..	..	..	..	..	..	..	..	..	..
多哥	..	18.8	..	17.4	..	–0.6	..	2.7	..	–0.5	..	4.0
特立尼达和多巴哥[b]	27.2	36.1	25.3	28.4	–0.1	2.3	2.8	–0.6	2.6	0.5	14.1	5.0
突尼斯[b]	30.0	31.4	28.4	29.9	–2.4	–1.7	0.9	0.3	2.9	0.0	47.1	7.0
土耳其[b]	..	21.8	..	27.3	..	–5.5	..	6.1	..	0.6	51.4	24.1
土库曼斯坦	..	..	..	..	..	..	..	..	..	..	..	..
乌干达[b]	10.6	12.4	..	13.7	..	–0.9	..	1.5	..	1.8	32.7	7.7
乌克兰[b]	..	34.5	..	40.6	..	–5.6	..	6.7	..	4.9	..	3.1
阿拉伯联合酋长国[b]	10.1	..	11.0	..	0.5	..	..	..	..	..	..	..
英国	35.2	35.9	40.4	46.4	–5.5	–10.9	..	..	..	..	73.2	5.3
美国	..	15.9	..	26.3	..	–10.4	..	6.5	..	4.7	67.1	11.4
乌拉圭[b]	27.6	29.4	27.1	29.3	–1.2	–1.5	7.9	3.8	1.1	2.4	49.5	9.3
乌兹别克斯坦	..	..	..	..	..	..	..	..	..	..	..	..
委内瑞拉[b]	16.9	..	18.5	..	–2.3	..	1.1	..	0.1	..	..	..
越南	..	..	..	..	..	..	..	..	..	..	..	..
西岸和加沙	..	..	..	..	..	..	..	..	..	..	..	1.1
也门共和国[b]	17.3	..	19.1	..	–3.9	..	..	..	..	..	..	..
赞比亚[b]	20.0	17.6	21.4	22.9	–3.1	–0.8	28.0	..	16.2	..	..	7.2
津巴布韦[b]	26.7	..	32.1	..	–5.4	..	–1.4	..	1.6	..	..	..
全世界	**.. w**	**24.3 w**	**.. w**	**31.1 w**	**.. w**	**–7.1 w**	**.. m**	**.. m**	**.. m**	**.. m**	**.. m**	**5.4 m**
低收入国家	..	..	..	..	..	..	..	..	..	..	..	..
中等收入国家	14.6	20.0	..	..	..	..	..	0.9	..	0.2	..	7.0
中低收入国家	10.7	14.7	..	..	..	..	..	0.5	..	..	..	6.0
中高收入国家	..	..	..	..	..	..	..	3.7	..	0.9	..	7.2
低收入和中等收入国家	14.6	19.8	..	..	..	..	..	0.6	..	..	..	4.5
东亚和太平洋地区	7.2	13.4	..	..	..	..	..	1.2	..	2.0	..	5.8
欧洲和中亚	..	29.3	..	30.1	..	–0.4	..	1.9	..	3.3	..	2.5
拉丁美洲和加勒比地区	21.2	..	23.3	..	–1.4	..	..	0.1	..	–0.2	..	9.1
中东和北非	..	30.6	..	27.3	..	–3.0	..	6.7	..	0.1	..	7.0
南亚	13.1	12.1	15.3	16.0	–2.7	–4.6	3.8	3.2	1.1	0.3	56.5	21.7
撒哈拉以南非洲地区	..	24.5	..	24.2	..	–1.0	..	..	..	..	..	..
高收入国家	..	24.7	..	32.2	..	–7.7	..	..	..	..	55.7	5.3
欧元区	34.9	34.5	42.3	39.8	–7.4	–5.2	..	0.8	..	0.4	69.9	6.1

a. 不包括捐赠。b. 数据依据现金收付制公布，并根据权责发生制框架进行调整。

关于数据的说明

表4.12至表4.14提供了相对国民经济而言中央政府规模和作用的概览。这些表中的数据都是以国际货币基金组织的《2001年政府财政统计手册》（第二版）的概念和建议为基础。在2005年之前，《世界发展指标》所使用的数据都是根据1986年的《政府财政统计手册》中的现金收付制推出的。2001年的《政府财政统计手册》与1993年的国民经济核算体系取得了一致，该手册推荐采用权责发生制进行核算。新的手册关注所有影响资产、负债、收入和支出的经济事件，而不仅仅是那些涉及现金交易的事件。它将所有的存量都考虑了进去，因此，会计核算期末的存量数据等于会计核算期初的存量数据加上这段时期的流量。1986年的《政府财政统计手册》仅仅考虑了债务存量数据。进而，不像1986年的《政府财政统计手册》，新的手册并没有区分经常收支和资本收支。新的手册还引入了非金融资产和金融资产的概念。然而，大多数国家还是仍然遵循1986年的版本。国际货币基金组织重新划分了《政府财政统计手册》的历史数据，以便与2001年的《政府财政统计手册》相一致。由于数据报告上的差异，重新划分的数据低估了收入和支出。

《2001年政府财政统计手册》将政府的经济功能描述为：基于非市场基础提供货物和服务以用于集体消费和个人消费，以及通过转移支付将收入和财富再分配。尽管政府活动的资金筹集主要通过税收和其他的划拨收入，但是也可以通过其他方式筹集资金，例如，暂时性贷款。政府的定义排除了国有企业和准企业（例如，中央银行）。

虽然满足这个定义的政府单位存在许多层次，从地方行政单位到高层国家政府，但是统计涵盖范围的不足妨碍了对国家以下层次的数据提供。对于少数国家来讲，虽然在《2001年政府财政统计手册》中一般政府的数据可以获得，但是为了使相互之间的不一致最小化，所有国家只给出了中央政府的数据。然而，由于各个中央政府不同的会计核算概念致使跨国比较有了潜在的误导性。

中央政府可能使用两个会计核算概念中的一个：合并或者预算。对于大多数国家来讲，中央政府财政数据已经合并为一个账户，而对于其他国家来讲，只有中央政府预算账户数据。报告预算数据的国家见“基本数据文献”中的注释。因为预算账户未必包括全部的中央政府单位（例如，社会保障基金），所以它所提供的中央政府活动情况往往并不全面。

国际货币基金组织通过向成员国政府分发问卷的方式收集政府收入和支出的数据，经济合作与发展组织也收集此类数据。尽管国际货币基金组织尽量使公共财政数据的收集标准化，但是统计数据仍然经常是不完全、不及时，并且国家之间也不可比。

政府财政统计以本国货币报告。此处的指数是以占GDP的百分比表示。许多国家按照财政年度报告政府财政数据。关于每个国家的财政年份末期的信息，参见“基本数据文献”。

中央政府的债务占GDP的比率达到或者超过65%的20个经济体 4.12a

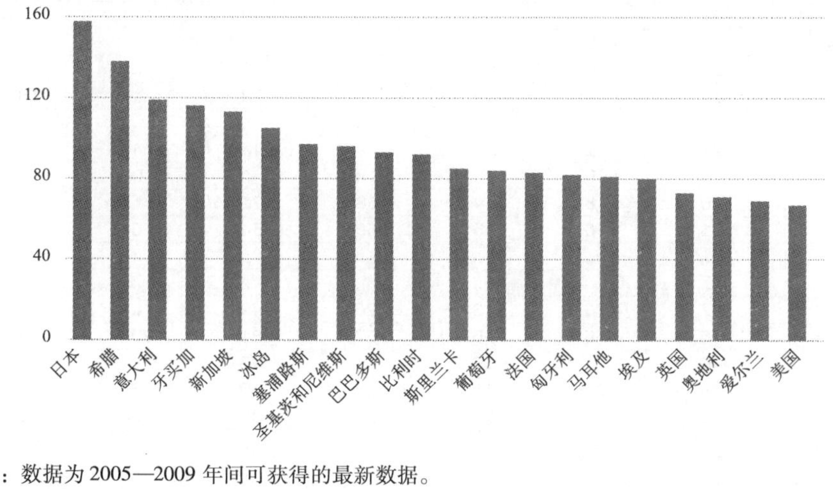

注：数据为2005—2009年间可获得的最新数据。

资料来源：国际货币基金组织的《政府财政统计》数据档案和《世界发展指标》数据档案。

定义

• **收入**是来自于税收、社会捐献和其他收入——例如，罚金、规费、租金以及来自财产或者销售的收入——的所有现金收入。虽然赠款也被看作收入，但是这儿将其排除在外。 • **支出**是指政府在提供货物和服务的业务运作中的现金支付。包括支付给员工的报酬、利息和补贴、赠款、社会福利以及其他支出，例如，租金和红利。 • **现金盈余或赤字**就是收入（包括赠款）减去支出和非金融资产的净获得额。在2005年之前的版本中，非金融资产包括在收入和支出总额中。现金盈余与赤字最接近于早期的总的预算盈余（缺少的仍然是贷款减去债务偿还，该项在下面被记作金融资产净获得额下的融资项目）。 • **净债务**包括国外融资（从非居民手中获得）和国内融资（从居民手中获得），其方式或者是通过政府提供的金融资源弥补预算赤字，或者是从预算盈余中分配金融资源。净债务应当通过金融资产的净获得（另一个融资项目）来弥补。现金余额或者赤字与三个融资项目之差就是现金存量的净变动。 • **债务总额**指政府在某一特定日期未偿还的所有直接的、固定期限结构的全部债务存量。包括国内债务和国外债务，例如，货币存款、除股票之外的有价证券和贷款等。它是政府负债总额减去政府所持有的权益和金融衍生工具的金额。因为债务是一个存量而不是一个流量，因此，要按某一给定的日期测算，通常是财政年度的最后一天。 • **利息支付**包括向本国居民和外国居民支付的政府债务——包括长期债券、长期贷款和其他债务——的利息。

数据资料来源

中央政府的财政数据来自国际货币基金组织的政府财政统计数据库。每个国家的账户均采用统一的定义和分类体系进行报告，该体系可见国际货币基金组织的《2001年政府财政统计手册》。关于概念、定义和数据来源的完整和权威的解释也见这些资料来源。

4.13 中央政府的支出

	货物和服务		员工报酬		利息支付		补贴和其他转移支付		其他支出	
	占支出的百分比		占支出的百分比		占支出的百分比		占支出的百分比		占支出的百分比	
	1995	2009	1995	2009	1995	2009	1995	2009	1995	2009
阿富汗[a]	..	72	..	23	..	0	..	4	..	0
阿尔巴尼亚[a]	18	..	14	..	9	..	59	..	0	..
阿尔及利亚	..	11	..	34	..	1	..	45	..	8
安哥拉	..	..	..	..	..	..	..	..	..	..
阿根廷	..	..	..	..	..	..	..	..	..	..
亚美尼亚[a]	..	13	..	25	..	2	..	37	..	23
澳大利亚	..	10	..	10	..	3	..	73	..	6
奥地利	5	6	14	14	9	7	68	71	6	5
阿塞拜疆[a]	..	9	..	12	..	1	..	18	..	61
孟加拉国[a]	..	12	..	19	..	22	..	35	..	12
白俄罗斯[a]	39	12	5	11	1	2	55	70	0	6
比利时	3	3	7	7	18	8	71	53	2	0
贝宁[a]	..	18	..	47	..	3	..	30	..	2
玻利维亚	..	14	..	22	..	10	..	47	..	7
波斯尼亚和黑塞哥维那	..	23	..	28	..	1	..	44	..	4
博茨瓦纳[a]	32	..	30	..	2	..	36	..	2	..
巴西[a]	5	13	8	19	45	19	45	49	1	0
保加利亚[a]	18	9	7	19	37	2	38	64	2	6
布基纳法索	..	19	..	46	..	3	..	11	..	21
布隆迪[a]	20	..	30	..	6	..	14	..	10	..
柬埔寨	..	32	..	43	..	2	..	21	..	2
喀麦隆[a]	17	..	40	..	26	..	14	..	..	..
加拿大[a]	8	8	10	12	24	9	57	69	3	3
中非共和国[a]	..	..	..	..	..	..	..	..	..	..
乍得	..	..	..	..	..	..	..	..	..	..
智利	..	10	..	20	..	2	..	51	..	19
中国[a]	..	..	..	..	..	..	..	..	..	..
中国香港	..	26	..	22	..	0	..	17	..	38
哥伦比亚	..	6	..	16	..	17	..	47	..	15
刚果民主共和国[a]	37	..	58	..	1	..	2	..	..	..
刚果共和国[a]	7	..	35	..	47	..	10	..	..	..
哥斯达黎加	..	11	..	46	..	8	..	21	..	14
科特迪瓦	..	29	..	38	..	9	..	16	..	7
克罗地亚[a]	35	8	27	26	3	5	32	56	3	5
古巴	..	..	..	..	..	..	..	..	..	..
捷克共和国[a]	7	6	9	8	3	3	75	72	5	11
丹麦	8	9	12	13	14	5	59	17	10	2
多米尼加共和国	..	15	..	31	..	10	..	39	..	5
厄瓜多尔[a]	6	..	49	..	26	..	..	..	..	..
埃及[a]	18	8	22	25	26	14	6	45	..	9
萨尔瓦多	..	15	..	36	..	10	..	22	..	18
厄立特里亚	..	..	..	..	..	..	..	..	..	..
爱沙尼亚	21	13	23	21	1	1	39	48	4	4
埃塞俄比亚[a]	35	..	40	..	15	..	18	..	0	..
芬兰	8	10	9	10	8	4	68	71	11	8
法国	8	6	23	21	6	5	59	54	6	2
加蓬	..	..	..	..	..	..	..	..	..	..
冈比亚[a]	..	..	..	..	..	..	..	..	..	..
格鲁吉亚[a]	52	19	11	17	10	3	26	49	..	12
德国	4	5	5	5	6	5	67	81	20	4
加纳[a]	..	16	..	40	..	16	..	28	..	12
希腊	10	12	21	24	25	10	38	50	8	7
危地马拉[a]	15	15	50	29	12	11	18	33	6	12
几内亚[a]	17	..	34	..	28	..	9	..	1	..
几内亚比绍	..	..	..	..	..	..	..	..	..	..
海地	..	..	..	..	..	..	..	..	..	..
洪都拉斯	..	17	..	54	..	3	..	7	..	19

	货物和服务		员工报酬		利息支付		补贴和其他转移支付		其他支出	
	占支出的百分比		占支出的百分比		占支出的百分比		占支出的百分比		占支出的百分比	
	1995	2009	1995	2009	1995	2009	1995	2009	1995	2009
匈牙利	8	10	10	13	17	10	56	63	13	8
印度[a]	14	11	10	10	27	21	33	51	0	7
印度尼西亚[a]	22	9	20	14	17	11	40	54	2	12
伊朗[a]	21	11	56	40	0	1	..	34	..	14
伊拉克	..	..	..	..	..	..	..	..	..	..
爱尔兰	5	10	15	23	14	5	33	40	1	1
以色列	..	27	..	25	..	9	..	32	..	9
意大利	4	4	14	15	24	10	54	66	6	6
牙买加	..	6	..	14	..	43	..	6	..	31
日本	..	..	..	..	..	..	..	..	..	..
约旦[a]	7	11	67	50	11	8	12	30	4	2
哈萨克斯坦[a]	..	19	..	8	3	2	58	69	..	2
肯尼亚[a]	15	20	28	37	46	10	..	31	2	1
朝鲜	..	..	..	..	..	..	..	..	..	..
韩国[a]	16	11	15	10	3	5	63	57	3	17
科索沃	..	..	..	..	..	..	..	..	..	..
科威特[a]	34	10	33	16	5	0	21	58	7	15
吉尔吉斯斯坦[a]	32	30	36	29	5	4	27	34	..	3
老挝	..	27	..	49	..	5	..	10	..	10
拉脱维亚[a]	20	8	20	15	3	3	56	70	0	4
黎巴嫩	..	3	..	21	..	38	..	36	..	2
莱索托[a]	32	42	45	35	5	2	8	14	3	6
利比里亚[a]	..	37	..	36	..	2	..	24	..	..
利比亚	..	..	..	..	..	..	..	..	..	..
立陶宛	..	10	..	16	..	3	..	68	..	6
前南斯拉夫马其顿共和国[a]	..	28	..	17	..	2	..	49	..	4
马达加斯加	..	15	..	40	..	7	..	25	..	14
马拉维	..	..	..	..	..	..	..	..	..	..
马来西亚[a]	14	17	34	28	14	9	36	46	1	0
马里	..	31	..	34	..	2	..	15	..	17
毛里塔尼亚	..	..	..	..	..	..	..	..	..	..
毛里求斯	..	12	..	34	..	14	..	31	..	10
墨西哥[a]	9	..	19	..	19	..	..	..	..	..
摩尔多瓦[a]	10	19	8	15	11	4	71	56	1	6
蒙古[a]	30	20	12	33	2	2	56	45	0	1
摩洛哥[a]	..	9	..	48	..	4	..	27	..	13
莫桑比克	..	..	..	..	..	..	..	..	..	..
缅甸[a]	..	..	..	..	..	..	..	..	..	..
纳米比亚[a]	28	20	53	45	1	8	..	13	4	14
尼泊尔[a]	..	..	..	..	..	..	..	..	..	..
荷兰	5	8	8	7	9	4	77	79	3	4
新西兰	..	30	..	25	..	4	..	38	..	7
尼加拉瓜[a]	14	13	25	39	17	7	29	36	14	5
尼日尔	..	30	..	30	..	3	..	9	..	28
尼日利亚[a]	..	15	..	24	..	9	..	53	..	..
挪威	..	11	..	16	..	3	..	67	..	5
阿曼[a]	55	..	30	..	7	..	8	..	0	..
巴基斯坦[a]	..	22	..	4	28	35	2	21	..	18
巴拿马[a]	16	..	45	..	8	..	30	..	1	..
巴布亚新几内亚[a]	19	..	36	..	20	..	26	..	1	..
巴拉圭[a]	12	9	51	50	5	4	31	29	0	9
秘鲁[a]	20	20	19	18	19	7	33	47	8	7
菲律宾[a]	15	28	34	30	33	20	15	20	..	2
波兰	..	5	..	12	..	7	..	71	..	7
葡萄牙	9	7	30	24	15	6	43	51	7	1
波多黎各	..	..	..	..	..	..	..	..	..	..
卡塔尔[a]	..	25	..	32	..	5	..	21	..	16

中央政府的支出

	货物和服务 占支出的百分比		员工报酬 占支出的百分比		利息支付 占支出的百分比		补贴和其他转移支付 占支出的百分比		其他支出 占支出的百分比	
	1995	2009	1995	2009	1995	2009	1995	2009	1995	2009
罗马尼亚	..	13	..	19	..	2	..	60	..	8
俄罗斯联邦	..	12	..	16	..	1	..	68	..	10
卢旺达 [a]	52	..	36	..	12	..	5	..	..	..
沙特阿拉伯	..	..	..	..	..	..	..	..	..	..
塞内加尔 [a]	..	..	..	..	..	..	..	..	..	..
塞尔维亚 [a]	..	13	..	26	..	2	..	58	..	1
塞拉利昂 [a]	..	24	..	28	..	7	..	23	..	18
新加坡 [a]	38	36	39	27	8	0	15	0	..	..
斯洛伐克共和国	..	7	..	12	..	4	..	68	..	14
斯洛文尼亚 [a]	19	13	21	20	3	3	55	62	3	3
索马里	..	..	..	..	..	..	..	..	..	..
南非	..	13	..	13	..	7	..	63	..	4
西班牙	5	4	14	8	11	5	42	80	2	5
斯里兰卡 [a]	23	14	20	28	22	25	24	23	10	10
苏丹 [a]	44	..	38	..	8	..	10	..	..	..
斯威士兰 [a]	..	..	..	..	..	..	..	..	..	..
瑞典	..	..	..	..	..	..	..	..	..	..
瑞士 [a]	24	6	6	6	4	4	66	83	0	3
阿拉伯叙利亚共和国 [a]	..	..	..	..	..	..	..	..	..	..
塔吉克斯坦 [a]	47	..	8	..	12	..	33	..	..	..
坦桑尼亚	..	..	..	..	..	..	..	..	..	..
泰国	..	31	..	36	..	5	..	28	..	3
东帝汶	..	..	..	..	..	..	..	..	..	..
多哥	..	24	..	40	..	5	..	18	..	13
特立尼达和多巴哥 [a]	20	14	36	21	20	6	24	38	1	21
突尼斯 [a]	7	7	37	36	13	7	36	38	7	13
土耳其 [a]	..	10	..	23	..	20	..	44	..	5
土库曼斯坦	..	..	..	..	..	..	..	..	..	..
乌干达 [a]	..	31	..	14	..	9	..	45	..	1
乌克兰 [a]	..	12	..	13	..	3	..	70	..	2
阿拉伯联合酋长国 [a]	48	..	33	..	..	..	..	..	..	..
英国	14	18	15	14	9	4	57	53	8	12
美国	..	15	..	12	..	7	..	62	..	6
乌拉圭 [a]	13	12	17	25	6	9	64	47	0	7
乌兹别克斯坦	..	..	..	..	..	..	..	..	..	..
委内瑞拉 [a]	6	..	22	..	27	..	61	..	2	..
越南	..	..	..	..	..	..	..	..	..	..
西岸和加沙	..	12	..	67	..	1	..	18	..	1
也门共和国 [a]	8	..	67	..	16	..	8	..	0	..
赞比亚 [a]	32	32	35	30	16	7	19	24	0	7
津巴布韦 [a]	16	..	34	..	31	..	19	..	..	..
全世界	**.. m**	**12 m**	**.. m**	**21 m**	**.. m**	**5 m**	**.. m**	**46 m**	**.. m**	**6 m**
低收入国家	..	..	..	..	..	..	..	..	..	..
中等收入国家	..	12	..	25	..	7	..	45	..	7
中低收入国家	..	15	..	31	..	7	..	36	..	8
中高收入国家	..	12	..	20	..	7	..	47	..	6
低收入和中等收入国家	..	15	..	27	..	6	..	37	..	7
东亚和太平洋地区	..	27	..	33	..	5	..	28	..	2
欧洲和中亚	..	13	..	17	..	2	..	58	..	6
拉丁美洲和加勒比地区	..	13	..	27	..	9	..	35	..	13
中东和北非	..	9	..	36	..	7	..	36	..	9
南亚	..	17	..	14	27	21	24	28	..	10
撒哈拉以南非洲地区	..	..	..	..	..	..	..	..	..	..
高收入国家	10	9	15	14	9	5	56	62	4	5
欧元区	5	7	14	15	10	5	55	62	5	4

注：由于四舍五入或者数据缺失，各部分加总可能不等于100%。

a. 数据依据现金收付制公布，并根据权责发生制框架进行调整。

关于数据的说明

自2005年版的《世界发展指标》以来，本表都将术语“支出（expenditure）”替换成“支出（expense）”以保持与国际货币基金组织《2001年政府财政统计手册》的一致。政府支出包括所有不可偿付的支付，不论是经常性支出还是资本性支出，也不论是有偿的支出还是无偿的支出。国际货币基金组织《政府财政统计年鉴》所提供的中央政府支出总额可以与1993年的国民经济核算体系所使用的概念相比较。

支出既可以按功能（卫生、防务、教育）进行测算，也可以按经济类型（利息支出、工资和薪金、货物和服务的采购）进行测算。按功能测算的数据通常不完整而且覆盖范围各国也不相同，因为各级政府的职责差异较大，数据无法获得。防御支出通常是中央政府的责任，在表5.7中给出。关于教育支出进一步的信息见表2.11；关于医疗卫生支出进一步的信息见表2.16。

本表按经济类型划分的支出可以看出政府是否生产货物和服务并将其分配，是否从第三方购买货物和服务并将其分配，还是向家庭转移支付现金让其直接购买。如果政府生产并提供货物和服务，那么成本就是通过提供给员工的报酬、货物和服务的使用以及固定资本的消费加以反映。若是从第三方购买并向家庭转移支付现金，则以补贴、其他转移支付以及其他支出的形式给出。按经济类型分类可能存在问题。例如，给予国有企业或银行的补贴可能作为资本融资而予以掩盖，或者隐藏在货物和服务特定的契约性定价之中。关于政府财政统计数据的进一步讨论见表4.12和表4.14中的“关于数据的说明”。

定义

• **货物和服务**包括政府的所有支出，以换取用于市场性和非市场性货物和服务生产的货物和服务。不包括自身账户的资本形成。

• **员工的报酬**包括为取得员工服务向员工支付的所有现金和各种实物（例如，食品和住房）以及政府向社会保障体系的捐赠（例如，社会保障和养老金）这些都给员工带来了收益。 • **利息支付**是指由于使用贷款而向非居民、居民以及其他一般政府单位支付的资金（本金的偿付以融资项目列示，而佣金的支付以服务采购列示）。 • **补贴和其他转移支付**包括经常账户下向私人和国有企业提供的所有无偿的、不可归还的转移支付；向外国政府、国际组织以及其他政府单位的赠款；社会保障福利、社会援助福利以及以现金和实物向员工支付的社会福利。

• **其他支出**包括在红利、租金以及其他各种各样的支出，其中包括所提供的固定资本消耗。

一些发展中经济体将政府支出的大部分用作利息支付 4.13a

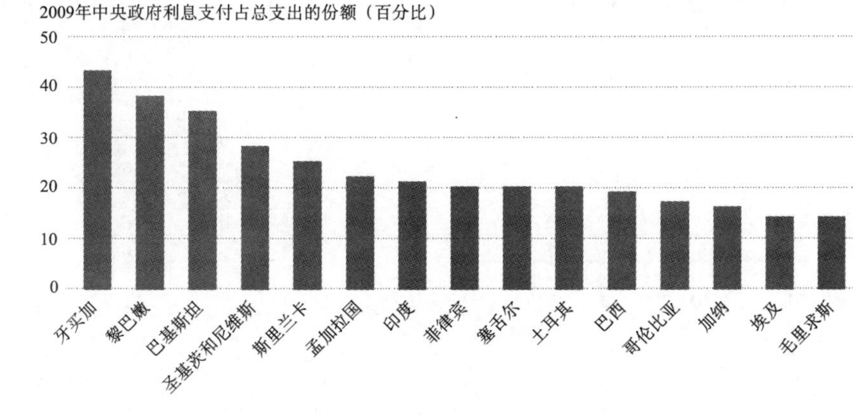

2009年，15个国家的利息支付占到了总支出的14%以上。

资料来源：国际货币基金组织的《政府财政统计》数据档案。

数据资料来源

中央政府支出的数据来自国际货币基金组织的政府财政统计数据库。每个国家的账户均采用统一的定义和分类体系进行报告，该体系可见国际货币基金组织的《2001年政府财政统计手册》。关于概念、定义和数据来源的完整和权威的解释也见这些资料来源。

4.14 中央政府的收入

	所得税、利得税和资本收益税		货物和服务税		国际贸易税		其他税收		社会缴款		赠款和其他收入	
	占收入的百分比		占收入的百分比		占收入的百分比		占收入的百分比		占收入的百分比		占收入的百分比	
	1995	2009	1995	2009	1995	2009	1995	2009	1995	2009	1995	2009
阿富汗[a]	..	4	..	3	..	5	..	0	..	0	..	88
阿尔巴尼亚[a]	8	..	39	..	14	..	1	..	15	..	22	..
阿尔及利亚	..	60	..	28	..	4	..	1	..	..	..	6
安哥拉	..	..	..	..	..	..	..	..	..	..	..	..
阿根廷	..	..	..	..	..	..	..	..	..	..	..	..
亚美尼亚[a]	..	20	..	41	..	3	..	8	..	14	..	14
澳大利亚	..	65	..	23	..	2	..	0	..	..	..	10
奥地利	21	23	22	23	0	0	5	5	43	42	9	7
阿塞拜疆[a]	..	33	..	23	..	4	..	1	..	..	..	39
孟加拉国[a]	..	19	..	29	..	24	..	3	..	..	..	24
白俄罗斯[a]	16	6	33	29	6	16	11	3	31	33	3	13
比利时	36	34	23	24	..	..	2	0	36	37	3	3
贝宁[a]	..	17	..	39	..	18	..	6	..	2	..	18
玻利维亚	..	10	..	43	..	3	..	9	..	7	..	28
波斯尼亚和黑塞哥维那	..	5	..	43	..	0	..	2	..	39	..	11
博茨瓦纳[a]	21	..	4	..	15	..	0	..	..	..	59	..
巴西[a]	14	30	24	33	2	2	4	2	31	26	26	6
保加利亚[a]	17	16	28	45	8	1	3	0	21	23	23	16
布基纳法索	..	14	..	37	..	12	..	2	..	..	..	36
布隆迪[a]	14	..	30	..	20	..	1	..	5	..	30	..
柬埔寨	..	11	..	36	..	16	..	0	..	..	..	37
喀麦隆[a]	17	..	25	..	28	..	3	..	2	..	25	..
加拿大[a]	48	55	18	15	3	1	..	..	21	24	10	8
中非共和国[a]	..	..	..	..	..	..	..	..	..	..	..	..
乍得	..	..	..	..	..	..	..	..	..	..	..	..
智利	..	28	..	46	..	1	..	2	..	7	..	16
中国[a]	9	26	61	55	7	5	0	3	..	..	22	12
中国香港	..	44	..	9	..	0	..	13	..	0	..	34
哥伦比亚	..	26	..	32	..	5	..	5	..	6	..	25
刚果民主共和国[a]	21	..	12	..	21	..	5	..	1	..	41	..
刚果共和国[a]	6	..	21	..	18	..	1	..	..	..	54	..
哥斯达黎加	..	17	..	32	..	4	..	3	..	34	..	10
科特迪瓦	..	15	..	20	..	33	..	8	..	6	..	18
克罗地亚[a]	11	10	42	43	9	2	1	2	33	35	4	9
古巴	..	..	..	..	..	..	..	..	..	..	..	..
捷克共和国[a]	15	15	32	27	4	0	1	1	40	45	8	12
丹麦	37	45	40	36	..	..	8	5	4	3	11	..
多米尼加共和国	..	22	..	54	..	10	..	5	..	2	..	8
厄瓜多尔[a]	50	..	26	..	11	..	1	..	..	..	12	..
埃及[a]	17	28	13	22	10	5	10	2	10	..	41	43
萨尔瓦多	..	27	..	39	..	5	..	0	..	12	..	17
厄立特里亚	..	..	..	..	..	..	..	..	..	..	..	..
爱沙尼亚	18	8	35	39	0	..	0	..	34	36	..	..
埃塞俄比亚[a]	19	..	13	..	27	..	3	..	1	..	36	..
芬兰	16	20	31	32	0	..	1	2	34	31	17	15
法国	17	22	25	23	0	0	3	4	47	45	8	6
加蓬	..	..	..	..	..	..	..	..	..	..	..	..
冈比亚[a]	..	..	..	..	..	..	..	..	..	..	..	..
格鲁吉亚[a]	7	32	48	51	10	1	..	1	13	17	22	15
德国	16	16	20	24	..	..	0	..	58	55	6	4
加纳[a]	15	23	31	29	24	16	..	..	..	..	9	32
希腊	17	21	32	29	0	0	3	3	31	36	16	12
危地马拉[a]	19	29	46	56	23	7	3	2	2	3	6	4
几内亚[a]	8	..	4	..	62	..	2	..	1	..	23	..
几内亚比绍	..	..	..	..	..	..	..	..	..	..	..	..
海地	..	..	..	..	..	..	..	..	..	..	..	..
洪都拉斯	..	20	..	39	..	3	..	1	..	13	..	23

	所得税、利得税和资本收益税		货物和服务税		国际贸易税		其他税收		社会缴款		赠款和其他收入	
	占收入的百分比		占收入的百分比		占收入的百分比		占收入的百分比		占收入的百分比		占收入的百分比	
	1995	2009	1995	2009	1995	2009	1995	2009	1995	2009	1995	2009
匈牙利	16	23	28	32	10	0	1	1	35	32	9	12
印度[a]	23	47	28	23	24	13	0	0	0	0	25	18
印度尼西亚[a]	52	37	32	31	5	2	1	4	..	..	10	26
伊朗[a]	12	19	5	3	9	6	1	1	6	19	66	52
伊拉克	..	..	..	..	..	..	..	..	..	..	..	..
爱尔兰	37	33	..	..	0	0	2	2	17	22	..	..
以色列	..	26	..	31	..	1	..	5	..	17	..	19
意大利	32	32	21	20	..	..	5	7	35	36	6	5
牙买加	..	25	..	37	..	7	..	10	..	3	..	18
日本	..	..	..	..	..	..	..	..	..	..	..	..
约旦[a]	10	17	23	38	22	6	9	3	..	0	36	36
哈萨克斯坦[a]	*11*	24	*28*	20	*3*	6	*5*	0	*48*	..	*6*	51
肯尼亚[a]	35	40	40	41	14	10	1	1	*0*	..	10	8
朝鲜	..	..	..	..	..	..	..	..	..	..	..	..
韩国[a]	31	28	32	26	7	4	10	9	8	16	12	17
科索沃	..	..	..	..	..	..	..	..	..	..	..	..
科威特[a]	1	1	0	..	2	1	0	0	..	..	97	98
吉尔吉斯斯坦[a]	26	12	56	42	5	9	1	..	..	..	11	37
老挝	..	21	..	46	..	9	..	1	..	..	..	22
拉脱维亚[a]	7	8	41	35	3	0	0	0	35	31	13	26
黎巴嫩	..	15	..	44	..	6	..	10	..	1	..	23
莱索托[a]	15	*17*	12	*12*	49	*57*	1	*3*	..	..	24	*11*
利比里亚[a]	..	*28*	..	*15*	..	*39*	..	*1*	..	..	..	*18*
利比亚	..	..	..	..	..	..	..	..	..	..	..	..
立陶宛	..	10	..	36	..	..	..	0	..	42	..	13
前南斯拉夫马其顿共和国[a]	..	*13*	..	*40*	..	*5*	..	*0*	..	*29*	..	*13*
马达加斯加	..	*12*	..	*15*	..	*31*	..	*6*	..	*4*	..	*32*
马拉维	..	..	..	..	..	..	..	..	..	..	..	..
马来西亚[a]	*38*	46	*27*	16	*12*	2	6	3	..	..	*17*	33
马里	..	19	..	29	..	10	..	10	..	..	..	31
毛里塔尼亚	..	..	..	..	..	..	..	..	..	..	..	..
毛里求斯	..	23	..	46	..	2	..	7	..	4	..	17
墨西哥[a]	27	..	54	..	4	..	2	..	14	..	16	..
摩尔多瓦[a]	*6*	1	38	46	*5*	4	*1*	0	38	33	2	16
蒙古[a]	31	21	18	30	9	6	0	0	15	17	27	26
摩洛哥[a]	..	28	..	31	..	6	..	5	..	12	..	17
莫桑比克	..	..	..	..	..	..	..	..	..	..	..	..
缅甸[a]	20	..	26	..	12	..	..	..	..	..	42	..
纳米比亚[a]	27	28	32	*19*	28	*44*	2	*1*	..	*0*	11	*7*
尼泊尔[a]	10	14	33	35	26	16	4	5	..	..	27	29
荷兰	26	26	24	27	..	..	2	2	40	35	8	10
新西兰	..	*57*	..	*26*	..	*3*	..	*0*	..	*0*	..	*15*
尼加拉瓜[a]	9	29	52	49	7	4	0	0	..	..	31	18
尼日尔	..	*12*	..	*18*	..	*26*	..	*3*	..	..	..	*41*
尼日利亚[a]	..	*1*	..	*2*	..	..	..	..	..	..	..	*97*
挪威	..	28	..	24	..	0	..	1	..	21	..	26
阿曼[a]	21	..	1	..	3	..	2	..	..	..	74	..
巴基斯坦[a]	18	25	27	32	24	8	7	0	..	..	24	35
巴拿马[a]	20	..	*17*	..	*11*	..	3	..	16	..	34	..
巴布亚新几内亚[a]	40	..	8	..	27	..	2	..	0	..	23	..
巴拉圭[a]	15	16	36	43	18	7	4	1	6	7	22	26
秘鲁[a]	15	30	46	39	10	2	8	6	10	10	11	13
菲律宾[a]	33	39	26	29	29	20	4	..	..	..	8	13
波兰	..	14	..	37	..	0	..	1	..	37	..	10
葡萄牙	23	23	33	31	0	0	2	2	30	33	..	..
波多黎各	..	..	..	..	..	..	..	..	..	..	..	..
卡塔尔[a]	..	40	..	..	..	2	..	..	..	..	..	58

4.14 中央政府的收入

	所得税、利得税和资本收益税		货物和服务税		国际贸易税		其他税收		社会缴款		赠款和其他收入	
	占收入的百分比		占收入的百分比		占收入的百分比		占收入的百分比		占收入的百分比		占收入的百分比	
	1995	2009	1995	2009	1995	2009	1995	2009	1995	2009	1995	2009
罗马尼亚	..	22	..	35	..	0	..	0	..	33	..	10
俄罗斯联邦	..	1	..	16	..	18	..	0	..	17	..	48
卢旺达[a]	11	..	25	..	23	..	3	..	2	..	36	..
沙特阿拉伯	..	..	..	..	..	..	..	..	..	..	..	..
塞内加尔[a]	17	..	19	..	36	..	2	..	..	..	26	..
塞尔维亚[a]	..	9	..	43	..	5	..	0	..	35	..	7
塞拉利昂[a]	15	17	34	25	39	14	0	..	..	..	12	44
新加坡[a]	26	36	20	26	1	0	15	14	..	..	38	24
斯洛伐克共和国	..	9	..	33	..	0	..	0	..	43	..	15
斯洛文尼亚[a]	13	13	33	33	9	0	0	0	42	41	3	12
索马里	..	..	..	..	..	..	..	..	..	..	..	..
南非	..	53	..	32	..	3	..	2	..	2	..	8
西班牙	28	24	21	13	0	..	0	0	40	58	..	4
斯里兰卡[a]	12	18	49	45	17	14	4	8	1	1	18	14
苏丹[a]	17	..	41	..	27	..	1	..	..	..	14	..
斯威士兰[a]	..	..	..	..	..	..	..	..	..	..	..	..
瑞典	13	11	33	37	..	..	4	13	32	25	..	..
瑞士[a]	11	24	21	26	1	6	2	3	49	36	17	5
阿拉伯叙利亚共和国[a]	23	..	37	..	13	..	8	..	0	..	19	..
塔吉克斯坦[a]	6	..	63	..	12	..	0	..	13	..	5	..
坦桑尼亚	..	..	..	..	..	..	..	..	..	..	..	..
泰国	..	38	..	38	..	5	..	1	..	5	..	14
东帝汶	..	..	..	..	..	..	..	..	..	..	..	..
多哥	..	17	..	34	..	18	..	3	..	..	..	28
特立尼达和多巴哥[a]	50	63	26	13	6	4	1	8	2	4	15	9
突尼斯[a]	16	27	20	31	28	6	4	4	15	19	17	12
土耳其[a]	..	26	..	51	..	1	..	5	..	..	..	16
土库曼斯坦	..	..	..	..	..	..	..	..	..	..	..	..
乌干达[a]	10	22	45	47	7	10	2	0	..	..	37	22
乌克兰[a]	..	10	..	34	..	2	..	0	..	37	..	17
阿拉伯联合酋长国[a]	..	..	15	..	..	..	..	..	1	..	84	..
英国	37	36	32	28	..	..	6	7	20	23	5	6
美国	..	47	..	3	..	1	..	1	..	43	..	6
乌拉圭[a]	10	18	32	41	4	3	10	2	31	30	8	6
乌兹别克斯坦	..	..	..	..	..	..	..	..	..	..	..	..
委内瑞拉[a]	38	..	33	..	9	..	0	..	4	..	19	..
越南	..	..	..	..	..	..	..	..	..	..	..	..
西岸和加沙	..	2	..	21	..	11	..	0	..	0	..	66
也门共和国[a]	17	..	10	..	18	..	3	..	..	..	51	..
赞比亚[a]	27	33	22	36	36	8	0	0	0	..	15	23
津巴布韦[a]	36	..	22	..	17	..	3	..	2	..	19	..
全世界	**.. m**	**23 m**	**.. m**	**32 m**	**.. m**	**5 m**	**.. m**	**2 m**	**.. m**	**.. m**	**.. m**	**17 m**
低收入国家	..	..	..	..	..	..	..	..	..	..	..	..
中等收入国家	..	25	..	36	..	5	..	2	..	..	..	17
中低收入国家	17	26	27	33	16	6	2	1	..	..	23	17
中高收入国家	..	23	..	36	..	4	..	2	..	22	..	16
低收入和中等收入国家	..	21	..	36	..	7	..	2	..	..	..	18
东亚和太平洋地区	32	37	26	31	10	6	2	1	..	..	23	26
欧洲和中亚	..	10	..	42	..	4	..	0	..	29	..	16
拉丁美洲和加勒比地区	..	27	..	39	..	4	..	2	..	10	..	17
中东和北非	16	27	16	31	16	6	6	3	..	6	38	23
南亚	15	19	31	29	24	13	4	0	..	0	25	29
撒哈拉以南非洲地区	..	..	..	..	..	..	..	..	..	..	..	..
高收入国家	21	24	28	27	..	0	2	2	34	36	10	12
欧元区	22	23	24	27	0	0	2	2	36	37	7	8

注：由于数据缺失或者对税收收入的调整，各部分加总可能不等于100%。

a. 数据依据现金收付制公布，并根据权责发生制框架进行调整。

关于数据的说明

国际货币基金组织将政府收入划分为税收、赠款和财产收入。税收基于税收的征收对象划分，赠款基于来源划分，财产收入基于类型（例如，利息、红利和租金）划分。其中收入最重要的来源就是税收。赠款是来自其他政府单位和外国政府，或者来自国际组织的无偿的、不可偿付的非强制性收入。交易通常以现金收付制记录。

国际货币基金组织的《政府财政统计手册》（2001）把税收定义为个人、企业或者机构向政府的强制性的、无偿的支付。税收基于税收的征收对象可以划分为6大种类：收入、利润和资本所得税；工资和劳务税；财产税；货物和服务税；国际贸易和交易税以及其他税收。然而，它们之间的区分并不总是非常清晰。针对个人和企业的收入和利润征收的税划分为直接税，针对货物和服务征收的税划分为间接税。虽然这一区分可能是一种有用的简化说明，但是除了用于确定税率，它并没有什么特定的统计分析意义。直接税通常累计征收，而间接税通常按比例征收。

社会保障税并不反映雇主向准备基金或者其他类似目的机构的强制性支付。与此类似，这类基金的支出也不反映在政府的支出中（见表4.13）。关于税收和税收政策的进一步讨论见表5.6中的“关于数据的说明”。关于政府收入和支出的进一步讨论见表4.12和表4.113中的“关于数据的说明”。

富裕经济体更依赖直接税 4.14a

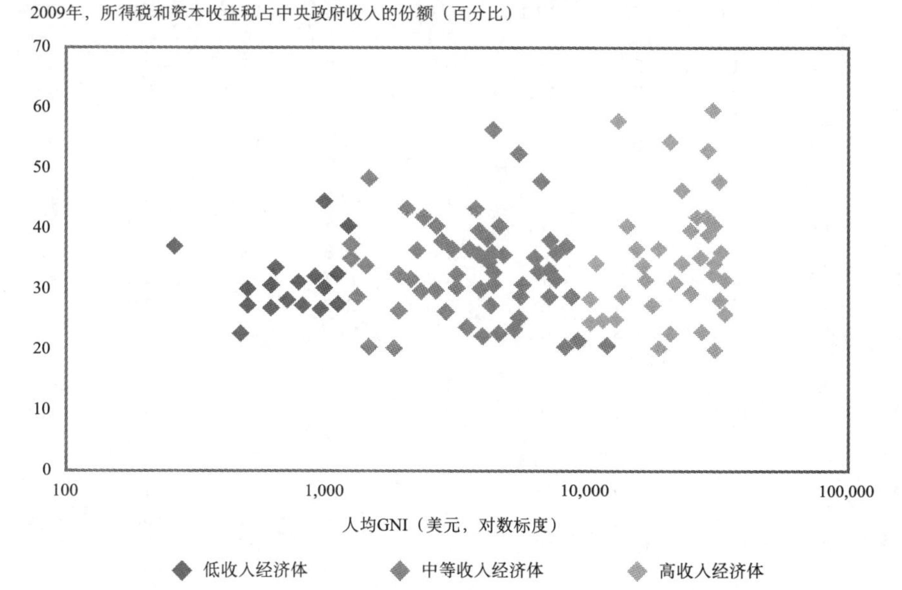

高收入经济体倾向于征收所得税和财产税，而低收入经济体倾向于征收针对国际贸易以及商品与服务的间接税。但是所有组别都存在例外。

注：数据为2005—2009年间可获得的最新数据。

资料来源：国际货币基金组织的《政府财政统计》数据档案和《世界发展指标》数据档案。

定义

• **所得税、利得税和资本收益税**是对个人实际或者推定的净收入、公司和企业利润以及依靠土地、证券或者其他资产获得的资本利得所征收的税收，无论这种资本利得实现与否。合并数据时未考虑政府内部的支付。 • **货物和服务税**包括一般销售和周转税或者增值税、部分商品消费税、部分服务税、商品或者财产使用税、矿藏采掘和生产税以及财政垄断利润税。 • **国际贸易税**包括进口关税、出口关税、出口或者进口垄断利润税、汇兑利润税和交易税。 • **其他税收**包括工资和劳务税、财产税以及不能纳入其他分类的税收，例如，延期支付的罚款以及没有交付的税收。

• **社会捐赠**包括雇员、雇主和自由职业者提供的社会保障捐献以及其他不能确定来源的捐赠。其中，还包括向政府运作的社会保障体系提供的实际的和估算的捐赠。 • **赠款和其他收入**包括来自其他外国政府、国际组织和其他政府单位的赠款；利息；红利；租金；用于公共目的的无偿的、不可归还的收入（例如，罚金、行政管理费或者来自政府具有财产所有权的企业的收入）；除赠款之外的自愿的、无偿的并且不可归还的收入。

数据资料来源

中央政府收入的数据来自国际货币基金组织的政府财政统计数据库。每个国家的账户均采用统一的定义和分类体系进行报告，该体系可见国际货币基金组织的《2001年政府财政统计手册》。国际货币基金组织还得到了经济合作与发展组织部分成员国税收收入的额外信息。关于概念、定义和数据来源的完整和权威的解释见国际货币基金组织的资料来源。

4.15 货币指标

	广义货币		对国内经济的债权		对中央政府的债权		利率					
	年增长百分比		年增长占广义货币的百分比		年增长占广义货币的百分比		百分比 存款		贷款		实际	
	2000	2009	2000	2009	2000	2009	2000	2009	2000	2009	2000	2009
阿富汗	..	33.0	..	8.0	..	–9.5	..	..	..	15.0	..	36.1
阿尔巴尼亚	12.0	6.8	0.9	5.4	4.8	2.4	8.3	6.8	22.1	12.7	17.0	10.1
阿尔及利亚	14.1	1.6	8.4	7.7	–11.6	0.2	7.5	1.8	10.0	8.0	–11.7	19.2
安哥拉[a]	303.7	62.6	35.8	33.3	–413.7	48.1	39.6	7.6	103.2	15.7	–60.8	22.8
阿根廷[a]	1.5	17.0	–2.9	5.1	–0.8	18.9	8.3	11.6	11.1	15.7	9.9	5.2
亚美尼亚	38.6	16.4	0.3	15.0	–5.7	–11.8	18.1	8.7	31.6	18.8	33.4	17.1
澳大利亚[a]	3.7	0.5	13.3	8.7	–1.8	–2.7	4.2	2.8	9.3	6.0	6.5	1.0
奥地利[b]	..	..	..	..	..	..	2.2	..	5.6	..	5.2	..
阿塞拜疆	73.4	–0.3	–23.9	13.2	15.4	4.3	12.9	12.2	19.7	20.0	6.4	44.2
孟加拉国	19.3	20.3	10.7	13.3	5.6	1.3	8.6	8.2	15.5	14.6	13.4	7.6
白俄罗斯	219.3	25.9	59.9	64.6	22.2	–40.9	37.6	10.7	67.7	11.7	–41.2	7.5
比利时[b]	..	..	..	..	..	..	3.6	..	8.0	9.2	5.9	7.1
贝宁[a]	26.0	8.0	8.5	6.7	0.9	7.5	3.5	3.5	..	..	..	..
玻利维亚	1.6	11.8	–1.3	6.0	3.1	–3.0	11.0	3.4	34.6	12.4	27.9	15.1
波斯尼亚和黑塞哥维那[a]	11.3	–0.1	10.3	–3.8	–0.4	–0.1	14.7	3.6	30.5	7.9	1.3	7.9
博茨瓦纳	1.4	–1.3	10.3	5.3	–56.2	18.7	9.4	7.5	15.5	13.8	15.4	20.6
巴西	19.7	15.8	8.3	6.7	13.5	1.2	17.2	9.3	56.8	44.7	47.7	36.8
保加利亚	30.8	4.2	6.5	4.2	8.5	2.5	3.1	6.2	11.3	11.3	4.4	7.0
布基纳法索[a]	6.2	22.3	8.3	1.0	5.3	2.7	3.5	3.5	..	..	..	..
布隆迪	15.5	14.5	15.0	8.3	–22.6	13.0	..	..	15.8	14.1	2.3	0.4
柬埔寨	26.9	35.6	5.4	6.3	–6.9	5.7	6.8	1.7	..	..	..	..
喀麦隆[a]	19.1	6.3	7.4	4.5	–12.3	0.9	5.0	3.3	22.0	15.0	18.6	12.7
加拿大	6.6	15.1	3.6	23.3	2.4	4.7	3.5	0.1	7.3	2.4	3.0	4.6
中非共和国[a]	2.4	13.3	2.9	2.8	6.8	–0.3	5.0	3.3	22.0	15.0	18.3	12.2
乍得[a]	19.4	1.1	0.4	5.7	15.1	72.5	5.0	3.3	22.0	15.0	15.9	9.4
智利	9.1	1.3	4.1	–0.6	4.0	0.6	9.2	2.0	14.8	7.3	9.8	2.9
中国[a]	12.3	28.4	9.5	22.7	0.0	0.6	2.3	2.3	5.9	5.3	3.7	6.0
中国香港[a]	9.3	5.2	1.7	3.6	0.4	8.8	4.8	0.0	9.5	5.0	13.6	4.8
哥伦比亚	3.6	8.1	8.9	2.7	6.0	7.2	12.1	6.1	18.8	13.0	–10.3	7.7
刚果民主共和国[a]	40.0	50.4	3.8	19.2	–34.0	–14.5	..	15.9	..	65.4	..	27.0
刚果共和国[a]	58.5	5.0	–23.0	5.2	–11.7	12.0	5.0	3.3	22.0	15.0	–17.0	14.4
哥斯达黎加	24.0	8.0	14.1	4.9	–0.2	2.8	13.4	7.0	24.9	19.7	16.7	9.9
科特迪瓦[a]	–1.9	17.2	2.9	6.0	–7.6	7.4	3.5	3.5	..	..	..	..
克罗地亚	29.1	–0.6	21.3	–0.6	2.0	0.2	3.7	3.2	12.1	11.6	7.1	8.0
古巴	..	..	..	..	..	..	..	..	..	..	..	..
捷克共和国	16.0	0.2	–11.0	0.7	2.6	3.9	3.4	1.3	7.2	6.0	5.6	3.2
丹麦	–12.1	7.0	26.1	–4.4	3.0	6.3	3.2	..	8.1	..	4.9	..
多米尼加共和国	16.8	13.4	13.2	5.3	2.8	8.0	17.7	7.8	26.8	18.1	18.6	14.7
厄瓜多尔	47.0	10.1	–10.8	5.5	–28.1	8.8	8.8	4.8	17.1	12.1	26.0	6.3
埃及	11.6	9.5	4.1	0.5	7.7	10.5	9.5	6.5	13.2	12.0	7.9	1.0
萨尔瓦多	1.6	2.1	2.6	–4.1	2.3	–1.3	9.3	..	14.0	..	10.5	..
厄立特里亚	17.3	15.7	3.7	0.2	25.7	11.9	..	..	..	..	..	..
爱沙尼亚	25.7	–0.1	..	–9.0	–3.2	–3.6	3.8	4.8	7.4	9.4	2.4	10.0
埃塞俄比亚[a]	13.1	23.4	3.0	17.7	19.8	2.5	6.0	4.7	10.9	8.0	3.8	–17.2
芬兰[b]	..	..	..	..	..	..	1.6	..	5.6	..	2.9	..
法国[b]	..	..	..	..	..	..	2.6	1.9	6.7	..	5.2	..
加蓬[a]	18.3	2.1	6.2	–2.6	–42.2	4.0	5.0	3.3	22.0	15.0	–4.8	9.3
冈比亚[a]	34.8	19.4	4.2	5.4	2.7	5.2	12.5	15.5	24.0	27.0	19.6	24.1
格鲁吉亚	39.2	8.2	18.7	–18.1	19.8	11.0	10.2	10.3	32.8	25.5	26.8	28.1
德国[b]	..	..	..	..	..	..	3.4	..	9.6	..	10.4	..
加纳	54.2	39.2	7.5	30.4	32.9	22.1	28.6	17.1	..	..	..	..
希腊[b]	..	..	..	..	..	..	6.1	..	12.3	..	8.6	..
危地马拉	21.4	11.3	4.2	–2.4	10.2	6.8	10.2	5.6	20.9	13.8	13.2	11.2
几内亚[a]	12.9	..	2.3	..	7.9	..	7.5	..	19.4	..	7.4	..
几内亚比绍[a]	60.8	6.9	5.5	3.9	16.2	–13.3	3.5	3.5	..	..	..	..
海地	20.3	10.3	12.3	6.2	13.8	–12.4	12.1	1.1	19.1	17.3	7.3	13.3
洪都拉斯	15.4	0.6	7.9	7.1	–2.6	4.8	15.9	10.8	26.8	19.4	–3.1	14.4

	广义货币		对国内经济的债权		对中央政府的债权		利率					
	年增长百分比		年增长占广义货币的百分比		年增长占广义货币的百分比		百分比 存款		贷款		实际	
	2000	2009	2000	2009	2000	2009	2000	2009	2000	2009	2000	2009
匈牙利	12.6	3.3	*14.5*	−4.2	−2.0	0.1	9.5	5.8	12.6	11.0	0.9	6.1
印度[a]	15.2	18.0	9.9	7.8	4.7	9.4	..	..	12.3	12.2	8.5	4.3
印度尼西亚	16.6	13.0	*7.2*	6.9	17.2	2.5	12.5	9.3	18.5	14.5	−1.7	5.6
伊朗[a]	22.4	27.7	15.8	10.2	−7.9	2.0	*11.7*	13.1	..	12.0	..	11.3
伊拉克	..	26.7	..	2.0	..	33.6	..	7.8	..	15.6	..	61.5
爱尔兰[b]	..	..	..	..	..	..	0.1	..	4.8	..	−1.1	..
以色列[a]	8.0	6.1	10.7	−0.5	−4.8	1.1	8.6	1.1	12.9	3.7	11.1	−1.4
意大利[b]	..	..	..	..	..	..	1.8	..	7.0	4.8	5.0	2.6
牙买加	−7.0	5.4	*9.1*	2.6	−2.3	9.4	11.6	7.0	23.3	16.4	11.5	9.3
日本	1.3	2.1	*−5.4*	−2.9	2.6	4.4	0.1	0.4	2.1	1.7	3.9	2.7
约旦[a]	7.6	24.3	3.2	0.8	−1.2	2.5	7.0	4.9	11.8	9.2	12.2	1.1
哈萨克斯坦	45.0	19.5	*32.2*	14.1	−3.2	−4.7	..	..	..	..	..	..
肯尼亚	4.9	16.5	*4.7*	11.5	−2.1	8.2	8.1	6.0	22.3	14.8	15.3	7.6
朝鲜	..	..	..	..	..	..	..	..	..	..	..	..
韩国[a]	25.4	12.2	21.9	3.9	−1.4	2.2	7.9	3.5	8.5	5.6	3.4	2.2
科索沃	*−12.2*	11.2	*12.1*	7.6	*−37.7*	1.8	..	4.0	..	14.1	..	18.1
科威特	6.3	13.4	*8.5*	7.1	−7.4	−1.0	5.9	2.8	8.9	6.2	−9.7	*2.5*
吉尔吉斯斯坦[a]	11.7	*33.2*	3.5	*29.2*	7.8	*−8.8*	18.4	3.9	51.9	23.0	19.5	20.5
老挝[a]	46.0	*18.3*	22.4	*19.4*	17.6	*−3.4*	12.0	*4.7*	32.0	*24.0*	5.5	*14.4*
拉脱维亚	27.0	−2.7	*31.2*	−25.9	7.8	−9.6	4.4	8.0	11.9	16.2	7.4	17.1
黎巴嫩[a]	9.8	19.6	2.9	4.8	10.5	4.5	11.2	7.3	18.2	9.6	20.7	3.5
莱索托	1.4	17.7	*6.6*	7.2	14.9	−0.5	4.9	4.9	17.1	13.0	14.4	9.2
利比里亚[a]	18.3	43.4	−10.0	17.1	197.0	47.7	6.2	4.1	20.5	14.2	22.1	6.3
利比亚[a]	3.1	17.4	0.2	2.0	−10.4	1.8	3.0	2.5	7.0	6.0	−9.6	57.8
立陶宛	16.5	0.6	*14.4*	−12.9	0.5	−4.1	3.9	4.8	12.1	8.4	11.1	10.8
前南斯拉夫马其顿共和国	22.2	5.5	*2.7*	3.1	−15.9	1.3	11.2	7.0	18.9	10.1	9.9	7.1
马达加斯加[a]	17.2	11.3	7.9	3.7	0.1	8.9	15.0	11.5	26.5	45.0	18.0	33.8
马拉维[a]	45.5	24.6	16.5	19.3	7.7	21.2	33.3	3.5	53.1	25.3	17.3	15.6
马来西亚	10.0	7.7	*5.5*	5.5	2.1	3.3	3.4	2.1	7.7	5.1	−1.1	12.6
马里[a]	12.2	14.6	−1.5	7.0	−5.0	−13.3	3.5	3.5	..	..	..	..
毛里塔尼亚[a]	16.1	..	41.1	..	−64.3	..	9.4	*8.0*	25.6	*23.5*	23.9	*15.1*
毛里求斯	9.2	8.1	*5.8*	0.8	−4.7	1.1	9.6	8.4	20.8	19.3	18.3	17.5
墨西哥	−4.5	11.5	*10.1*	8.1	3.5	4.1	8.3	2.0	16.9	7.1	4.3	2.7
摩尔多瓦	41.7	3.2	*24.4*	−4.0	−5.7	4.0	24.9	14.9	33.8	20.5	5.1	18.1
蒙古	17.6	26.9	*29.6*	1.2	−7.1	−6.4	16.8	13.3	37.0	21.7	8.6	21.3
摩洛哥	8.4	5.8	*3.6*	9.0	3.6	−1.1	5.2	3.8	13.3	..	14.0	..
莫桑比克	38.3	32.6	*11.9*	32.7	6.9	0.2	9.7	9.5	19.0	15.7	6.3	12.0
缅甸[a]	42.5	30.6	13.9	5.2	25.0	29.9	9.8	12.0	15.3	17.0	12.5	..
纳米比亚	13.2	5.9	*19.4*	11.3	−4.0	−4.1	7.4	6.2	15.3	11.1	−9.0	4.4
尼泊尔	18.8	29.4	*−4.6*	26.4	2.6	−1.6	6.0	2.5	9.5	8.0	4.8	−3.6
荷兰[b]	..	..	..	..	..	..	2.9	2.6	4.8	2.0	0.6	2.3
新西兰[a]	1.5	−0.6	8.0	1.3	−0.9	2.7	6.4	4.0	9.3	10.4	5.9	8.6
尼加拉瓜	9.4	14.3	*7.0*	*−7.4*	10.0	7.0	10.8	6.0	18.1	14.0	8.8	−2.0
尼日尔[a]	12.4	18.7	14.8	12.1	−14.1	28.9	3.5	3.5	..	..	..	..
尼日利亚	48.1	14.4	*5.8*	17.5	−43.0	12.7	11.7	13.3	21.3	18.4	−12.2	19.1
挪威[a]	8.7	..	18.0	..	−4.8	..	6.7	2.3	8.9	4.3	−5.8	8.7
阿曼	6.0	4.7	*1.1*	7.3	9.5	1.4	7.6	4.1	10.1	7.4	−8.3	*−16.0*
巴基斯坦	12.1	14.8	*2.0*	8.0	2.6	7.4	..	8.7	..	14.5	..	*−4.6*
巴拿马	9.3	10.3	*−8.4*	2.5	0.2	−0.6	7.1	3.5	10.5	8.2	11.9	4.0
巴布亚新几内亚	5.0	21.9	*1.2*	8.4	−4.6	10.1	8.5	2.3	17.5	10.1	3.9	14.2
巴拉圭	2.8	22.2	*1.7*	14.8	4.7	−3.5	15.7	1.5	26.8	28.3	13.1	28.4
秘鲁[a]	−0.4	2.6	−2.7	0.8	2.3	0.3	9.8	2.8	30.0	21.0	25.4	17.5
菲律宾	8.1	*10.0*	2.2	*5.4*	1.5	*2.5*	8.3	2.7	10.9	8.6	4.3	5.9
波兰	11.6	8.1	..	7.9	−5.8	1.7	14.2	*2.2*	20.0	*5.5*	12.0	*3.9*
葡萄牙[b]	..	..	..	..	..	..	*2.4*	..	*5.2*	..	*1.8*	..
波多黎各	..	..	..	..	..	..	..	..	..	..	..	..
卡塔尔	10.7	16.9	*−1.7*	2.9	−23.1	26.7	0.0	4.2	..	7.0	..	31.0

	广义货币		对国内经济的债权		对中央政府的债权		利率					
	年增长百分比		年增长占广义货币的百分比		年增长占广义货币的百分比		百分比 存款		贷款		实际	
	2000	2009	2000	2009	2000	2009	2000	2009	2000	2009	2000	2009
罗马尼亚	40.8	9.0	*20.0*	1.9	–1.1	10.7	33.1	12.0	53.9	17.3	6.7	10.1
俄罗斯联邦	57.9	16.4	*33.2*	2.1	–18.1	14.0	6.5	8.6	24.4	15.3	–9.6	12.5
卢旺达[a]	15.6	..	10.3	..	–11.4	..	10.1	*6.7*	17.0	*16.5*	20.6	*3.3*
沙特阿拉伯[a]	4.5	10.8	3.3	0.0	–3.5	8.9	..	..	..	..	..	..
塞内加尔[a]	10.7	11.4	19.1	2.6	–3.9	4.3	3.5	3.5	..	..	..	..
塞尔维亚	160.8	21.3	*–71.0*	18.1	22.5	4.9	78.7	11.8	6.3	11.8	–40.1	1.6
塞拉利昂[a]	12.1	27.5	1.6	14.2	54.6	4.0	9.2	*9.7*	26.3	*24.5*	19.0	*12.0*
新加坡[a]	–2.0	11.3	5.1	1.6	–1.6	8.9	1.7	0.3	5.8	5.4	2.0	7.4
斯洛伐克共和国[b]	..	..	..	..	..	..	8.5	3.7	14.9	*5.8*	5.0	*2.8*
斯洛文尼亚[b]	..	..	..	..	..	..	10.0	1.4	15.8	5.9	9.9	4.0
索马里	..	..	..	..	..	..	..	..	..	..	..	..
南非	7.2	1.8	*–11.8*	0.1	0.2	5.5	9.2	8.5	14.5	11.7	5.2	4.1
西班牙[b]	..	..	..	..	..	..	3.0	..	5.2	..	1.7	..
斯里兰卡[a]	12.9	18.7	9.1	–4.6	12.5	4.4	9.2	10.6	16.2	15.7	8.3	9.5
苏丹	36.9	23.7	*16.9*	13.6	33.9	13.0	..	..	..	..	..	..
斯威士兰	–6.6	26.8	*16.9*	12.5	1.7	17.4	6.5	5.4	14.0	11.4	13.8	5.6
瑞典	1.9	2.5	*8.5*	3.8	2.4	1.6	2.2	..	5.8	..	4.3	..
瑞士[a]	–16.9	7.6	–1.2	5.1	2.1	0.6	3.0	0.1	4.3	2.8	3.1	2.5
阿拉伯叙利亚共和国	19.0	8.6	*–4.1*	8.6	–6.1	1.4	4.0	6.4	9.0	10.0	–0.6	19.0
塔吉克斯坦[a]	63.3	*–3.6*	8.2	*145.1*	36.6	*–9.8*	1.3	5.8	25.6	22.9	2.4	8.5
坦桑尼亚	14.8	17.7	*12.2*	5.8	0.7	6.2	7.4	8.0	21.6	15.0	13.0	7.1
泰国	4.9	6.8	*6.2*	3.6	0.5	0.9	3.3	1.0	7.8	6.0	6.4	3.9
东帝汶	*41.1*	39.3	*45.7*	0.6	*–36.8*	12.1	*0.8*	0.8	*16.7*	11.2	*11.4*	1.1
多哥[a]	15.2	16.0	0.5	9.7	–0.5	6.3	3.5	3.5	..	..	..	..
特立尼达和多巴哥[a]	11.7	30.6	8.8	–3.1	–13.2	25.3	8.2	3.4	16.5	11.9	3.2	32.8
突尼斯[a]	14.1	12.5	23.7	9.7	5.6	1.4	..	..	..	..	..	..
土耳其	40.7	12.7	*16.2*	9.4	26.8	12.4	47.2	17.6	..	..	..	..
土库曼斯坦[a]	83.3	..	10.8	..	–53.4	..	..	..	..	..	..	..
乌干达	18.1	17.5	*8.2*	10.1	29.4	0.4	9.8	9.8	22.9	21.0	10.6	3.8
乌克兰	44.5	–5.5	*30.9*	–3.4	–1.7	9.4	13.7	13.8	41.5	20.9	15.0	6.6
阿拉伯联合酋长国[a]	15.3	9.8	8.7	1.4	–9.6	13.3	6.2	..	9.7	..	–9.9	..
英国[a]	11.1	0.0	17.4	–2.6	–2.4	7.9	*4.5*	..	6.0	0.6	4.7	–0.7
美国	8.1	–0.6	*5.0*	–1.3	0.5	4.5	..	..	9.2	3.3	6.9	2.3
乌拉圭	9.5	–2.6	*45.1*	–10.3	–1.8	3.0	18.3	4.4	46.1	15.3	41.1	8.9
乌兹别克斯坦	..	..	..	..	..	..	..	..	..	..	..	..
委内瑞拉[a]	33.7	*26.1*	14.3	*18.6*	–6.4	*–1.9*	16.3	16.4	25.2	19.9	–3.3	10.6
越南[a]	35.4	26.2	29.6	35.0	–2.4	7.0	3.7	*12.7*	10.6	10.1	6.9	3.8
西岸和加沙	..	..	..	..	..	..	..	..	..	..	..	..
也门共和国[a]	25.3	12.8	3.6	–1.2	–45.6	26.2	14.0	10.7	19.5	18.0	–4.9	23.1
赞比亚	73.8	7.7	*–11.4*	–3.4	162.0	16.2	20.2	7.1	38.8	22.1	6.7	8.3
津巴布韦[a]	45.7	*111.3*	27.2	*56.4*	29.5	*–28.7*	50.2	*121.5*	68.2	*579.0*	67.8	..

a. 对于这些国家来讲，数据依据对国内经济的债权（仅包括对私人部门的债权）公布。b. 作为欧洲货币联盟的成员，这些国家共同使用单一货币——欧元。

关于数据的说明

记录货币供应情况的货币和金融账户是一个国家金融系统的核心。货币供应该存在一些普遍使用的定义。最狭义的是M1，包括公众持有的现金和银行活期存款。M2包括M1加上银行定期存款和储蓄存款，该存款要求有提款通知单。M3包括M2和各种货币市场工具，例如，银行发行的存折、以外币计值的银行存款以及在除银行之外的金融机构的存款。然而无论怎样定义，货币都是银行体系的一种负债，有别于其他形式的银行负债，因为它具有交换媒介、计价单位和价值储存的特定作用。

银行系统的资产包括净国外资产和净国内信用。净国内信用包括对私人部门和一般政府的信贷，以及以短期和长期政府证券投资和向国有企业贷款的形式提供的对非金融公共部门的信贷，其中，扣减了以银行系统存款形式表示的对公共部门和私人部门的债务。净国内信贷还包括对银行和非银行金融机构的信贷。

国内信用是控制货币供应变化的主要工具，而中央银行向政府的贷款通常发挥着最重要的作用。中央银行可以多种方式调控向私人部门的信贷——例如，通过调整提供给银行的再融资资金的成本，通过公开市场业务改变市场利率，或者通过改变银行存款准备金要求和银行向私人部门提供信用的限额，控制信贷的可获得性。

货币账户从金融机构——中央银行、商业银行和非银行金融中介机构的资产负债表得出。尽管这些资产负债表通常是可靠的，但是其准确性还是会受到分类、估值和时间确认上的误差以及会计惯例差异的影响。例如，利息收入是按权责发生制还是现金收付制记录，其差异相当大，对不良资产的处理也是这样。估值误差一般出现于外汇交易中，尤其在实行浮动汇率制的国家，或者那些报告期内经历货币贬值的国家。金融衍生工具和银行系统净负债的估值也很困难。商业银行报告的质量也会由于银行分支机构报告的不及时而受到负面影响，尤其在分支机构财务处理没有计算机化的国家。因此，商业银行资产负债表的数据可能以初步估测数为基础，并且需要经常修订。这个问题对于非银行金融中介机构来讲，可能更为严重。

许多利率可以在一个经济体中并存，以反映竞争条件、存贷款控制条件以及债权人和债务人地位和状况的差别。在一些经济体中，利率是通过法规或者行政法令确定的。在一些市场不完善或者公布的名义利率不能反映有效利率的经济体中，可能很难获得能够反映实际市场交易的利率数据。国际货币基金组织收集的存贷款利率是银行向居民客户提供的具有代表性的利率。然而，这些利率所附带的条件和条款各国存在着差异，限制了它们的可比性。实际利率是通过对一个经济体通货膨胀率的估计，进而对名义利率进行调整而计算得出的。负的实际利率表明本金购买力的丧失。本表中的实际利率是利用 $(i-P)/(1+P)$ 计算得出的，该式中 i 是名义利率，P 是通货膨胀率（根据GDP平缩指数测算）。

2009年，国际货币基金组织开始公布各国货币统计数据的最新列报，其公布的数据都是依据国际货币基金组织的《2000年货币和金融统计手册》提供的。同样，各国列报公布的数据也都是依据国际货币基金组织的《国际金融统计》提供的。

定义

• **广义货币**（《国际金融统计》第35L..ZK行）是由银行之外的通货，除中央政府之外的活期存款，除中央政府之外的居民定期存款、储蓄存款和外币存款，银行和旅行者的支票，以及其他诸如存款单、商业票据之类的有价证券。广义货币的变化都是以年末总量相对于上一年的差额衡量的。对于根据旧的货币统计列报方法（2001年之前，所有国家都采用这种方法）公布数据的国家来讲，数据是基于货币和准货币之和。

• **对国内经济的债权**（《国际金融统计》第32S..ZK行）包括金融系统向家庭、服务于家庭的非营利机构、非金融企业、中央政府和地方政府以及社会保障基金。一国对国内经济的债权的数据无法获得，数据为对私人部门的债权（《国际金融统计》第32D..ZK行或者第32D..ZF行）。 • **对中央政府的债权**（《国际金融统计》第32AN..ZK行）包括中央政府机构的贷款和净存款。 • **存款利率**是商业银行或者类似银行为活期、定期或者储蓄存款支付的利率。 • **贷款利率**是银行向其主要客户收取的贷款利率。 • **实际利率**是通过GDP平减指数对通货膨胀率加以衡量，然后对贷款利率加以调整得出的。

数据资料来源

国际收支数据公布于国际货币基金组织的《国际收支统计年鉴》和《国际金融统计》之中。世界银行与国际货币基金组织通过电子文件交换数据，在大多数情况下，这些电子文件比来自出版物的数据更为及时，覆盖的时间跨度更大。关于国际收支的设计和编撰的更多信息可在国际货币基金组织的《国际收支手册》第5版(1993)、《国际收支教材》（1996）和《国际收支编撰指南》(1995)中找到。国际货币基金组织的国际金融统计和国际收支数据库也可以通过CD-ROM得到。

4.16 汇率和价格

	官方汇率		购买力平价转换因子		购买力平价转换因子与市场汇率的比率	实际有效汇率	GDP隐含平减指数		消费价格指数		批发价格指数	
	本币单位对美元		本币单位对国际美元			指数 2000年=100	年均增长百分比		年均增长百分比		年均增长百分比	
	2009	2010[a]	1995	2009	2009	2009	1990–2000	2000–2009	1990–2000	2000–2009	1990–2000	2000–2009
阿富汗	50.23	45.21	..	18.1	0.4	..	..	9.0	..	9.5	..	..
阿尔巴尼亚	94.98	104.95	24.4	41.5	0.4	..	37.7	3.5	27.8	2.8	..	4.5
阿尔及利亚	72.65	74.25	15.3	35.8	0.5	102.1	18.5	8.6	17.3	3.0	..	4.0
安哥拉	79.33	92.35	0.0	55.7	0.7	..	739.4	41.1	711.0	41.1	..	..
阿根廷	3.71	3.96	1.0	2.0	0.5	..	5.2	12.9[b]	8.9	10.0	0.1	15.7
亚美尼亚	363.28	360.50	116.6	194.5	0.5	124.4	212.5	4.5	70.5	4.0	..	1.3
澳大利亚	1.28	1.01	1.3	1.5	1.1	100.8	1.4	4.1	2.1	3.0	1.1	3.6
奥地利[c]	0.72	0.76	0.9	0.8	1.2	101.5	1.6	1.7	2.2	2.0	0.3	2.4
阿塞拜疆	0.80	0.80	0.2	0.4	0.5	..	203.0	9.9	179.7	8.3	..	..
孟加拉国	69.04	70.63	19.2	26.8	0.4	..	4.1	5.2	5.5	6.8	..	..
白俄罗斯	2,789.49	3,010.98	3.4	1,085.6	0.4	..	355.1	23.1	271.3	18.7	267.8	22.5
比利时[c]	0.72	0.76	0.9	0.9	1.2	104.3	1.8	2.1	1.9	2.1	1.2	2.9
贝宁	472.19	496.24	187.4	233.3	0.5	..	8.7	3.4	8.7	3.2	..	..
玻利维亚	7.02	7.02	1.7	2.8	0.4	127.6	8.6	6.9	8.7	5.3	..	..
波斯尼亚和黑塞哥维那	1.41	1.48	0.6	0.7	0.5	..	4.1	3.9	..	..	..	..
博茨瓦纳	7.16	6.58	1.4	3.2	0.5	..	9.7	9.0	10.4	8.9	..	..
巴西	2.00	1.70	0.7	1.6	0.8	..	211.8	8.3	199.5	6.9	204.9	10.0
保加利亚	1.41	1.48	0.0	0.7	0.5	126.0	102.1	6.0	117.5	6.4	85.7	6.2
布基纳法索	472.19	496.24	189.5	205.5	0.4	..	3.7	2.5	5.5	3.1	..	..
布隆迪	1,230.18	1,230.91	126.6	500.6	0.4	109.4	13.4	10.4	16.1	9.2	..	..
柬埔寨	4,139.33	4,096.00	1,142.3	1,526.8	0.4	..	4.4	5.0	6.3	6.0	..	..
喀麦隆	472.19	496.24	241.1	243.3	0.5	108.0	6.3	2.1	6.5	2.5	..	..
加拿大	1.14	1.01	1.2	1.2	1.1	96.8	1.5	2.6	1.7	2.1	2.7	1.4
中非共和国	472.19	496.24	271.9	282.8	0.6	115.8	4.5	2.7	5.3	3.2	6.0	4.4
乍得	472.19	496.24	163.1	221.6	0.5	..	7.1	5.6	6.9	2.7	..	..
智利	560.86	474.78	264.1	377.1	0.7	100.3	7.9	6.3	..	..	7.0	6.5
中国	6.83	6.65	3.4	3.8	0.6	119.8	7.9	4.3	8.6	2.3	..	..
中国香港	7.75	7.77	7.9	5.4	0.7	..	4.5	−1.3	5.9	0.3	0.6	−0.2
哥伦比亚	2,166.79	1,925.90	417.8	1,233.7	0.6	113.1	22.6	6.1	20.2	5.8	16.4	4.9
刚果民主共和国	809.79	907.62	0.0	414.3	0.5	597.2	964.9	27.2	930.2	26.9	..	..
刚果共和国	472.19	496.24	149.2	289.8	0.6	..	9.0	7.4	9.3	3.4	..	..
哥斯达黎加	573.29	512.34	103.0	329.5	0.6	108.4	15.9	10.2	15.6	11.2	14.1	13.0
科特迪瓦	472.19	496.24	261.8	306.9	0.7	105.7	9.2	3.5	7.2	3.0	..	..
克罗地亚	5.28	5.59	3.1	3.8	0.7	108.6	90.0	3.9	86.3	2.9	69.8	3.0
古巴	..	..	..	..	..	..	6.4	3.3	..	..	..	..
捷克共和国	19.06	19.03	11.1	13.5	0.7	120.4	12.8	2.2	7.8	2.5	8.2	2.3
丹麦	5.36	5.64	8.5	8.0	1.5	105.6	1.6	2.3	2.1	2.0	1.1	2.4
多米尼加共和国	36.03	37.41	7.3	19.7	0.6	96.2	9.8	13.7	8.7	14.6	..	..
厄瓜多尔	..	..	0.4	0.5	0.5	98.8	4.4	9.1	37.1	6.6	..	7.9
埃及	5.54	5.74	1.2	2.2	0.4	..	8.7	8.3	8.8	8.0	6.1	9.6
萨尔瓦多	8.75	8.75	0.4	0.5	0.5	..	6.2	3.6	8.5	3.9	..	4.7
厄立特里亚	15.38	15.38	1.9	9.8	0.6	..	7.9	18.6	..	..	..	..
爱沙尼亚	11.26	11.82	4.8	8.1	0.7	..	53.7	5.3	21.6	4.4	8.1	3.4
埃塞俄比亚	11.78	..	2.1	4.3	0.4	..	6.5	10.8	5.5	12.3	..	..
芬兰[c]	0.72	0.76	1.0	0.9	1.3	103.8	1.9	1.1	1.5	1.5	0.9	2.1
法国[c]	0.72	0.76	1.0	0.9	1.2	101.8	1.3	2.1	1.6	1.8	..	1.8
加蓬	472.19	496.24	187.9	245.7	0.5	105.3	7.0	5.0	4.6	2.1	..	..
冈比亚	26.64	28.12	3.9	8.1	0.3	104.4	4.2	9.8	4.0	7.6	..	..
格鲁吉亚	1.67	1.76	0.4	0.9	0.5	124.3	356.7	7.0	24.7	7.0	..	6.7
德国[c]	0.72	0.76	1.0	0.8	1.1	102.3	1.7	1.1	2.1	1.7	0.4	2.5
加纳	1.41	1.49	0.1	1.0	0.7	91.9	26.7	27.2	28.4	16.2	..	..
希腊[c]	0.72	0.76	0.6	0.7	1.0	106.9	9.2	3.1	9.0	3.2	3.6	4.3
危地马拉	8.16	7.98	2.9	4.6	0.6	..	10.4	5.4	10.1	7.3	..	..
几内亚	..	..	747.4	2,066.8	0.4	..	5.5	16.1	..	..	..	..
几内亚比绍	472.19	496.24	58.6	229.0	0.5	..	32.5	11.8	34.0	2.4	..	..
海地	41.20	39.90	5.8	23.1	0.6	..	18.1	15.3	21.9	16.5	..	..
洪都拉斯	18.90	18.90	3.0	9.4	0.5	..	19.9	6.4	18.8	7.9	..	..

	官方汇率		购买力平价转换因子		购买力平价转换因子与市场汇率的比率	实际有效汇率	GDP隐含平减指数		消费价格指数		批发价格指数	
	本币单位对美元		本币单位对国际美元			指数 2000年=100	年均增长百分比		年均增长百分比		年均增长百分比	
	2009	2010[a]	1995	2009	2009	2009	1990–2000	2000–2009	1990–2000	2000–2009	1990–2000	2000–2009
匈牙利	202.34	209.67	61.7	128.2	0.6	103.8	19.6	4.9	20.3	5.5	16.8	3.5
印度	48.41	45.16	10.8	17.2	0.4	..	8.1	5.6	9.1	5.3	7.4	5.1
印度尼西亚	10,389.94	8,948.00	1,031.3	5,813.6	0.6	..	15.8	11.1	13.7	9.1	15.4	11.2
伊朗	9,864.30	10,364.64	567.2	3,875.0	0.4	142.1	27.7	16.4	26.0	15.4	28.4	*10.8*
伊拉克	1,170.00	1,170.00	*252.5*	689.4	0.6	..	..	11.6	..	..	..	..
爱尔兰[c]	0.72	0.76	0.8	0.9	1.3	107.4	3.6	2.1	2.3	3.2	1.6	–0.1
以色列	3.93	3.60	2.8	3.7	1.0	110.2	11.0	1.3	9.7	1.8	8.1	4.5
意大利[c]	0.72	0.76	0.8	0.8	1.1	103.2	3.8	2.6	3.7	2.3	2.9	2.7
牙买加	87.89	85.67	14.6	52.0	0.6	..	24.8	11.2	23.5	11.7	..	..
日本	93.57	83.43	175.0	114.7	1.2	101.4	0.0	–1.1	0.8	–0.1	–1.0	0.7
约旦	0.71	0.71	0.4	0.5	0.8	..	3.2	6.1	3.5	4.4	..	9.1
哈萨克斯坦	147.50	147.41	17.5	93.0	0.6	..	204.7	14.9	*67.8*	8.6	*16.3*	13.3
肯尼亚	77.35	80.57	15.8	36.3	0.5	..	16.6	6.0	15.6	11.3	..	..
朝鲜	..	..	..	..	..	..	..	..	..	..	..	..
韩国	1,276.93	1,146.23	709.6	804.7	0.6	..	5.9	2.2	5.1	3.1	3.7	2.5
科索沃	0.72	0.76	..	..	..	..	..	0.8	..	*1.5*	..	..
科威特	0.29	0.28	0.2	*0.3*	*0.9*	..	*1.5*	*9.8*	2.0	3.4	1.4	*2.5*
吉尔吉斯斯坦	42.90	47.00	3.5	16.2	0.4	..	110.6	8.3	*23.3*	6.9	*35.6*	10.2
老挝	8,516.05	8,245.42	327.6	3,548.2	0.4	..	27.2	8.9	28.3	8.3	..	..
拉脱维亚	0.51	0.53	0.2	0.4	0.7	..	48.0	8.8	*29.2*	6.5	*12.0*	7.3
黎巴嫩	1,507.50	1,507.50	774.7	942.9	0.6	..	19.0	2.6	..	..	..	..
莱索托	8.47	6.84	2.1	4.5	0.5	93.2	9.7	8.1	*5.9*	7.8	..	..
利比里亚	68.29	71.85	0.6	38.2	0.6	..	51.8	10.3	..	..	..	..
利比亚	1.25	1.23	..	0.7	0.6	..	..	17.9	5.6	0.4	..	..
立陶宛	2.48	2.61	1.2	1.6	0.6	..	75.0	4.1	*32.6*	3.1	*24.8*	4.8
前南斯拉夫马其顿共和国	44.10	46.55	18.0	17.8	0.4	104.2	79.3	3.8	*10.6*	2.4	*8.5*	2.5
马达加斯加	1,956.21	2,117.83	287.5	852.8	0.4	..	19.1	11.2	18.7	10.7	..	..
马拉维	141.17	150.80	4.2	55.1	0.4	107.5	33.6	17.0	33.8	12.2	..	..
马来西亚	3.52	3.13	1.4	1.8	0.5	103.3	4.1	4.0	3.6	2.4	3.4	4.8
马里	472.19	496.24	226.7	275.4	0.6	..	7.0	4.5	5.2	2.5	..	..
毛里塔尼亚	262.37	..	62.4	125.0	0.5	..	8.7	10.8	6.1	7.3	..	..
毛里求斯	31.96	30.54	10.5	16.8	0.5	..	6.3	6.0	6.9	6.3	..	..
墨西哥	13.51	12.40	2.9	7.7	0.6	..	19.0	7.8	19.5	4.5	18.4	6.1
摩尔多瓦	11.11	12.15	1.2	5.9	0.5	135.3	119.6	11.0	*21.4*	10.8	..	..
蒙古	1,437.80	1,256.47	158.6	643.7	0.5	..	57.8	14.6	*35.7*	8.7	..	..
摩洛哥	8.06	8.43	4.9	5.0	0.6	102.4	4.0	2.0	3.9	2.0	2.9	..
莫桑比克	27.52	35.64	4.0	13.0	0.5	..	34.1	8.0	31.8	10.9	..	..
缅甸	5.52	5.42	..	..	..	..	25.3	..	25.9	22.4	..	..
纳米比亚	8.47	6.84	2.2	5.6	0.7	..	11.1	7.1	..	5.9	..	..
尼泊尔	77.55	72.38	15.4	28.4	0.4	..	8.0	6.6	8.7	6.2	..	..
荷兰[c]	0.72	0.76	0.9	0.9	1.2	102.7	2.1	2.1	2.4	1.9	1.3	2.7
新西兰	1.60	1.29	1.5	1.5	1.0	86.4	1.7	3.1	1.8	2.7	1.5	3.3
尼加拉瓜	20.34	21.84	3.5	8.2	0.4	107.8	42.4	7.7	..	8.8	..	..
尼日尔	472.19	496.24	203.1	241.0	0.5	..	6.0	3.1	6.1	2.8	..	..
尼日利亚	148.90	148.57	15.5	75.6	0.5	109.4	29.5	15.3	32.5	12.5	..	..
挪威	6.29	5.98	9.2	8.9	1.4	97.8	2.7	4.6	2.2	1.8	1.6	7.9
阿曼	0.38	0.38	0.2	*0.3*	*0.9*	..	0.1	*9.8*	..	2.9	..	..
巴基斯坦	81.71	85.77	10.1	28.8	0.4	98.6	11.1	8.5	9.7	8.0	10.4	8.9
巴拿马	1.00	1.00	0.5	0.6	0.6	..	3.6	2.4	1.1	2.5	1.0	3.8
巴布亚新几内亚	2.76	2.64	0.7	1.4	0.5	116.1	7.6	6.5	9.3	5.9	..	..
巴拉圭	4,965.39	4,667.57	948.9	2,462.5	0.5	135.7	11.5	10.2	13.1	8.4	..	10.3
秘鲁	3.01	2.82	1.2	1.6	0.5	..	26.7	3.5	27.3	2.4	23.7	2.8
菲律宾	47.68	43.95	14.1	23.6	0.5	121.3	8.4	5.1	7.7	5.5	*6.3*	7.0
波兰	3.12	3.02	1.2	1.9	0.6	98.5	24.7	2.7	25.3	2.5	19.8	2.7
葡萄牙[c]	0.72	0.76	0.7	0.6	0.9	102.1	5.2	2.6	4.5	2.7	..	2.6
波多黎各	..	..	..	..	..	..	3.0	..	..	..	..	..
卡塔尔	3.64	3.64	..	2.8	0.8	..	..	10.6	2.8	7.2	..	..

4.16 汇率和价格

	官方汇率 本币单位对美元		购买力平价转换因子 本币单位对国际美元		购买力平价转换因子与市场汇率的比率	实际有效汇率 指数 2000年=100	GDP隐含平减指数 年均增长百分比		消费价格指数 年均增长百分比		批发价格指数 年均增长百分比	
	2009	2010[a]	1995	2009	2009	2009	1990–2000	2000–2009	1990–2000	2000–2009	1990–2000	2000–2009
罗马尼亚	3.05	3.24	0.1	1.6	0.5	102.2	98.0	15.9	100.5	11.5	93.8	15.3
俄罗斯联邦	31.74	30.85	1.7	14.6	0.5	115.3	161.5	15.8	*99.1*	12.5	99.8	15.7
卢旺达	568.28	594.45	126.3	261.0	0.5	..	14.3	10.5	*16.2*	8.9	..	..
沙特阿拉伯	3.75	3.75	1.8	2.4	0.6	103.8	1.6	7.6	1.0	2.2	1.3	2.5
塞内加尔	472.19	496.24	251.9	265.2	0.6	..	6.0	2.8	5.4	2.2	..	..
塞尔维亚	67.58	80.39	*2.9*	33.4	0.5	..	..	16.5	*50.2*	15.4	..	..
塞拉利昂	3,385.65	..	379.5	1,399.7	0.4	104.5	31.9	9.5	..	..	..	..
新加坡	1.45	1.31	1.3	1.1	0.7	107.9	1.3	1.2	1.7	1.5	–1.0	2.8
斯洛伐克共和国[c]	0.72	0.76	0.4	0.5	0.7	137.2	11.1	3.4	*8.4*	4.8	9.5	4.7
斯洛文尼亚[c]	0.72	0.76	0.4	0.6	0.9	..	29.3	4.0	*12.0*	4.2	*9.1*	3.9
索马里	..	..	..	..	..	..	..	..	..	..	..	..
南非	8.47	6.84	2.3	4.8	0.6	87.8	9.9	7.2	8.7	5.7	7.7	6.7
西班牙[c]	0.72	0.76	0.7	0.7	1.0	106.2	3.9	3.7	3.8	3.1	2.4	3.2
斯里兰卡	114.94	111.11	18.2	49.8	0.4	..	9.1	10.7	9.9	11.1	8.1	12.4
苏丹	2.30	..	0.3	1.4	0.6	..	65.5	10.0	72.0	8.6	..	..
斯威士兰	8.47	6.84	2.2	4.2	0.5	..	10.5	7.9	9.5	7.3	..	..
瑞典	7.65	6.85	9.4	8.9	1.2	89.5	2.2	1.7	1.9	1.5	2.5	2.9
瑞士	1.09	0.97	2.0	1.5	1.4	101.6	1.1	1.2	1.6	1.0	–0.4	1.1
阿拉伯叙利亚共和国	11.23	11.23	12.8	24.4	0.5	..	7.9	8.0	6.4	6.2	4.7	*3.2*
塔吉克斯坦	4.14	4.40	0.0	1.5	0.4	..	235.0	20.9	..	12.7	..	..
坦桑尼亚	1,320.31	1,462.88	159.4	487.3	0.4	..	23.0	7.3	20.9	6.5	..	..
泰国	34.29	30.12	15.1	16.7	0.5	..	4.2	3.2	4.9	2.9	3.8	5.5
东帝汶	..	..	..	0.6	0.6	..	..	4.5	..	*5.1*	..	..
多哥	472.19	496.24	238.5	239.5	0.5	104.8	7.0	1.4	8.5	2.8	..	..
特立尼达和多巴哥	6.32	6.37	2.8	3.9	0.6	123.7	5.4	6.5	5.7	6.5	2.8	3.8
突尼斯	1.35	1.45	0.5	0.6	0.5	94.2	4.4	3.2	4.4	3.3	3.6	4.5
土耳其	1.55	1.52	0.0	0.9	0.6	..	81.7	15.3	79.9	16.9	75.2	16.9
土库曼斯坦	..	..	0.0	1.5	0.5	..	408.2	13.0	..	..	..	..
乌干达	2,030.31	..	500.3	767.5	0.4	103.2	11.6	5.6	8.3	6.7	..	..
乌克兰	7.79	7.96	0.3	3.2	0.4	96.8	271.0	16.4	*155.7*	10.9	*161.6*	14.6
阿拉伯联合酋长国	3.67	3.67	1.7	3.2	0.9	..	2.2	10.2	..	..	..	..
英国	0.64	0.64	0.6	0.6	1.0	80.8	2.8	2.6	2.9	2.9	2.4	1.8
美国	1.00	1.00	1.0	1.0	1.0	95.2	2.0	2.6	2.7	2.7	1.2	4.2
乌拉圭	22.57	19.99	5.5	16.1	0.7	120.9	32.6	8.4	33.9	9.1	27.2	13.6
乌兹别克斯坦	..	..	11.2	602.5	0.4	..	245.8	24.7	..	..	..	..
委内瑞拉	2.15	2.59	0.1	2.0	0.9	191.2	45.3	25.0	49.0	21.2	44.1	26.0
越南	17,065.08	18,932.00	3,168.8	6,434.3	0.4	..	15.2	8.3	*4.1*	7.8	..	..
西岸和加沙	..	..	..	..	..	..	*5.7*	*3.4*	..	..	..	..
也门共和国	202.85	214.40	22.1	91.8	0.5	..	22.4	13.0	26.3	11.4	..	..
赞比亚	5,046.11	4,735.74	404.0	3,492.7	0.7	119.5	52.1	16.4	57.0	15.9	*101.4*	..
津巴布韦	..	..	..	..	..	..	–3.9	4.1	29.0	*497.7*	*25.9*	..

注：GDP 平减指数与消费价格指数和批发价格指数增长率的差额主要由一个时期内每项指数可得数据的差额得出的。

a. 12 月或最近可获得数据的月份的平均值。b. 私人分析家估计 2007—2009 年消费者价格指数的通货膨胀非常高，他们认为 GDP 数额的增长已大大低于自 2008 年最后一个季度以来官方发布的报告。c. 作为欧元区的成员国，这些国家共同使用单一货币——欧元。

关于数据的说明

在以市场为基础的经济中，家庭、生产者以及政府在资源配置上作出的选择，受到相对价格——一个经济体中的实际汇率、实际工资、实际利率以及其他价格——的影响。相对价格在很大程度上也反映了这些行为主体的选择。因此，相对价格传达了一个经济体中经济行为主体相互影响以及该经济体与世界其他地区相互影响的重要信息。

汇率是一种货币用另一种货币来计算的价格。官方汇率和汇率安排都是由各国政府制定的。政府充分认可的其他汇率包括市场汇率，它在很大程度上取决于合法的市场力量，以及国家维持的多重汇率安排，主要汇率、双重汇率和三重汇率。

官方或市场汇率常常被用来转换经济统计数据，即将本地货币计价转换为用一种通用货币计价，从而可以比较各国数据的情况。由于汇率最多只能反映可交易商品的相对价格，因此1美元按官方汇率兑换成其他国家的货币在该国所能买到的货物和服务，就不可能与1美元在美国可以买到的货物和服务数量一致。当不可交易货物和服务在该国占有重要比重时情况更是如此。而另一种替代汇率——购买力平价（PPP）换算系数——是更可取的，因为其同时反映了可交易和不可交易货物和服务的价格水平的差别，因此提供了一个更有意义的比较真实产出的方法。更进一步的讨论，见表1.1。

购买力平价换算系数和官方汇率——国内价格水平或者说可比较价格水平——在国内生产总值（GDP）层面上对价格水平的量度是不同的。价格水平指数倾向于在穷国更低，随着收入的上升而高企。实际有效汇率是为说明东道国、部分国家以及欧元区价格水平以及成本指数的相对波动，对名义有效汇率指数调整后的汇率。名义有效汇率指数是指一种货币在一定时期的平均汇率指数与部分国家以及欧元区货币的几何加权平均汇率的比率（基于2000年=100给出）。对于大多数高收入国家来讲，权数来自工业国之间的制成品贸易。数据根据名义有效汇率指数以及制造业针对相对标准化的单位劳动力成本编制的成本指数汇集而成。对于部分其他国家来讲，名义有效汇率指数是基于各国与其贸易伙伴国或者贸易竞争国的制成品贸易和初级产品贸易。对于这些国家来讲，实际有效汇率指数是根据消费价格的相对变化对名义有效汇率指数调整后得出的。实际有效汇率的提高意味着本币的升值。由于概念和数据的限制，在解释实际有效汇率的变化时，必须要小心从事。

虽然通货膨胀以价格指数的增长比率来衡量，但是实际价格的变动也可能为负值。使用哪一种指数取决于所考察的是经济中的哪一组价格。GDP平减指数反映了国内生产总值的价格变化，该指数考虑了政府消费、投资（包括存货升值）、国际贸易和家庭最终消费支出这一主要的组成部分，是最常用的一种衡量总体价格水平的指标。GDP平减指数通常被隐含地引申为当前价格GDP与不变价格GDP的比值，即帕斯克指数（Paasche index）。但是由于该指数的推导估算时滞较长，而且还由于通常只有年度数据，那么在政策中该指数作为常用的衡量通货膨胀的指标就存在问题。

消费价格指数则更为及时，生成得也更加频繁。该指数以对一篮子特定消费货物和服务的成本调查为基础，进而结构很明朗。尽管如此，消费价格指数应该谨慎地加以解释。对家庭的定义、商品篮子的选择以及消费者价格调查所覆盖的地域（城市或者乡村）和收入组别在不同国家差别可能非常大。除此之外，其权重也来自对家庭支出的调查，由于预算的原因，这种调查在发展中国家不能经常进行，导致不同时间的数据不可比。虽然消费价格指数是衡量一个国家消费价格通货膨胀的有用指标，但是在进行跨国比较时并无太大价值。

批发价格指数则以商品的初始商业交易价格为基础，这些商品在一国的生产和消费中都具有重要地位，也构成了一国重要的商品交易。其价格是农业产品的农场交货价格和工业产品的出厂价格。优先选择那些在一个经济体中覆盖范围最广的指数。最小二乘方法通常用来计算GDP隐含平减指数、消费价格指数和批发价格指数的增长率。

定义

• **官方汇率**是指由国家行政当局确定的汇率，或者由合法的外汇交易市场确定的汇率。它是在月平均数的基础上计算得出的年平均数（本国货币单位与美元的汇率）。 • **购买力平价换算系数**是指在本国市场上为购买1美元在美国可购买到的相同数量的货物和服务所需支付的本国货币单位数。 • **购买力平价换算系数与市场汇率的比率**是购买力平价换算系数除以市场汇率得出的结果。 • **实际有效汇率**是名义有效汇率（对一种货币相对于数种外币加权平均值的价值衡量）除以价格平减指数或者成本指数。 • **GDP隐含平减指数**衡量的是整个经济在给定时期内的年均价格变化率。 • **消费价格指数**反映消费者获得一揽子货物和服务的平均成本变化，这一揽子货物和服务可以是固定的，也可以按特定的时间间隔（例如，1年）变化。通常采用拉斯佩雷斯公式。 • **批发价格指数**是指不同生产、分配阶段农业产品和工业产品的综合指数，其中包括进口关税。通常都是使用拉斯比尔公式。

数据资料来源

有关官方汇率、实际有效汇率、消费价格指数和批发价格指数的数据来自国际货币基金组织的《国际金融统计》。购买力平价换算系数和GDP平减指数来自世界银行的数据档案。

4.17 经常账户收支

	货物和服务				净收入		经常性转移支付净额		经常账户余额		储备总额[a]	
	百万美元				百万美元		百万美元		百万美元		百万美元	
	出口		进口									
	1995	2009	1995	2009	1995	2009	1995	2009	1995	2009	1995	2009
阿富汗	..	..	..	..	..	..	..	..	..	..	..	..
阿尔巴尼亚	304	3,458	836	6,495	44	−145	477	1,307	−12	−1,875	265	2,369
阿尔及利亚	..	..	..	..	..	..	..	..	..	..	4,164	155,112
安哥拉	3,836	41,451	3,519	41,829	−767	−6,823	156	−370	−295	−7,572	213	13,664
阿根廷	24,987	66,563	26,066	48,951	−4,636	−9,013	597	34	−5,118	8,632	15,979	48,007
亚美尼亚	300	1,338	726	3,688	40	166	168	814	−218	−1,369	111	2,004
澳大利亚	69,710	*234,298*	74,841	*242,311*	−14,036	*−39,399*	−109	*−374*	−19,277	*−47,786*	14,952	41,742
奥地利	89,906	189,999	92,055	175,559	−1,597	−1,148	−1,702	−2,296	−5,448	10,995	23,369	17,904
阿塞拜疆	785	22,847	1,290	9,872	−6	−3,519	111	722	−401	10,178	121	5,364
孟加拉国	4,431	17,011	7,589	23,165	68	−1,376	2,265	10,875	−824	3,345	2,376	10,342
白俄罗斯	5,269	24,843	5,752	30,360	−51	−1,114	76	242	−458	−6,389	377	5,640
比利时	190,686[b]	334,175[b]	178,798[b]	328,387[b]	..[b]	6,641[b]	7,822[b]	−8,907[b]	..[b]	3,522[b]	24,120[b]	23,862[b]
贝宁	614	*1,630*	895	*2,400*	−8	*−11*	121	*245*	−167	*−536*	198	1,230
玻利维亚	1,234	5,433	1,574	5,159	−207	−674	244	1,213	−303	813	1,005	8,575
波斯尼亚和黑塞哥维那	..	5,480	..	9,464	..	535	..	2,275	..	−1,175	80	3,245
博茨瓦纳	2,421	4,179	2,050	5,131	−32	−452	−39	878	300	−526	4,695	8,704
巴西	52,641	180,723	63,293	174,679	−11,105	−33,684	3,621	3,338	−18,136	−24,302	51,477	238,539
保加利亚	6,776	23,270	6,502	27,196	−432	−2,116	132	1,291	−26	−4,751	1,635	18,522
布基纳法索	272	*744*	*483*	*2,858*	*−29*	*−4*	*255*	*409*	*15*	*−1,709*	347	1,296
布隆迪	129	116	259	520	−13	−17	153	257	10	−164	216	323
柬埔寨	969	5,927	1,375	6,898	−57	−468	277	574	−186	−866	192	3,286
喀麦隆	2,040	5,313	1,608	6,540	−412	−303	69	393	90	−1,137	15	3,676
加拿大	219,501	383,759	200,991	407,655	−22,721	−12,591	−117	−1,892	−4,328	−38,380	16,369	54,356
中非共和国	179	..	*244*	..	*−23*	..	63	..	*−25*	..	238	211
乍得	190	..	*411*	..	*−7*	..	*191*	..	*−38*	..	147	617
智利	19,358	62,242	18,301	49,335	−2,714	−10,306	307	1,616	−1,350	4,217	14,860	25,292
中国 †	147,240	1,333,346	135,282	1,113,234	−11,774	43,282	1,435	33,748	1,618	297,142	80,288	2,452,899
中国香港	..	408,142	..	393,077	..	5,530	..	−3,177	..	17,418	55,424	255,841
哥伦比亚	12,294	38,222	16,012	38,404	−1,596	−9,432	799	4,614	−4,516	−5,001	8,452	24,987
刚果民主共和国	..	..	..	..	..	..	..	..	..	..	157	1,615
刚果共和国	1,374	*6,127*	1,346	*6,386*	−695	*−1,885*	42	*−38*	−625	*−2,181*	64	3,806
哥斯达黎加	4,451	12,566	4,717	12,286	−226	−1,176	134	359	−358	−537	1,060	4,068
科特迪瓦	4,337	11,478	3,806	8,803	−787	−890	−237	116	−492	1,670	529	3,267
克罗地亚	6,972	22,626	9,152	24,900	−53	−2,491	802	1,450	−1,431	−3,314	1,896	14,895
古巴	..	..	..	..	..	..	..	..	..	..	..	..
捷克共和国	28,202	132,920	30,044	122,069	−104	−12,194	572	−805	−1,374	−2,147	14,613	41,608
丹麦	65,655	147,276	57,860	134,738	−4,549	3,933	−1,391	−5,248	1,855	11,222	11,652	76,618
多米尼加共和国	5,731	10,465	6,137	14,160	−769	−1,769	992	3,305	−183	−2,159	373	2,905
厄瓜多尔	5,196	15,574	5,708	16,876	−930	−1,463	442	2,497	−1,000	−268	1,788	3,792
埃及	13,260	44,609	17,140	53,842	−405	−2,076	4,031	7,960	−254	−3,349	17,122	34,897
萨尔瓦多	2,040	4,696	3,623	7,966	−67	−664	1,389	3,561	−262	−373	940	3,122
厄立特里亚	135	..	498	..	8	..	324	..	−31	..	40	58
爱沙尼亚	2,573	13,539	2,860	12,435	3	−529	126	318	−158	893	583	3,981
埃塞俄比亚	768	3,433	1,446	9,046	−19	−37	736	3,459	39	−2,191	815	1,781
芬兰	47,973	90,571	37,705	83,807	−4,440	2,394	−597	−2,344	5,231	6,814	10,657	11,429
法国	362,717	617,335	333,746	663,242	−8,964	31,844	−9,167	−37,796	10,840	−51,857	58,510	131,786
加蓬	2,945	..	1,723	..	−665	..	−42	..	515	..	153	1,993
冈比亚	175	278	230	343	−5	−8	52	135	−8	63	106	224
格鲁吉亚	575	3,207	*1,413*	5,266	*127*	−118	*197*	967	*−514*	−1,210	199	2,110
德国	600,347	1,376,861	586,662	1,212,133	−2,814	47,352	−38,768	−46,610	−27,897	165,471	121,816	179,040
加纳	1,582	7,809	2,120	10,789	−129	−296	523	2,078	−144	−1,198	804	..
希腊	15,523	59,150	24,711	84,204	−1,684	−12,516	8,008	1,657	−2,864	−35,913	16,119	5,486
危地马拉	2,823	9,220	3,728	12,726	−159	−1,111	491	4,626	−572	8	783	5,205
几内亚	700	1,122	1,011	1,391	−85	−168	179	34	−216	−403	87	..
几内亚比绍	30	*172*	89	*284*	−21	*−15*	46	*98*	−35	*−29*	20	169
海地	192	933	802	2,813	−31	13	553	1,635	−87	−232	199	790
洪都拉斯	1,635	6,028	1,852	8,641	−226	−487	243	2,652	−201	−449	270	2,492
† 中国台湾	128,369	235,091	124,171	202,629	4,188	12,512	−2,912	..	5,474	42,911	95,559	363,010

	货物和服务				净收入		经常性转移支付净额		经常账户余额		储备总额[a]	
	百万美元				百万美元		百万美元		百万美元		百万美元	
	出口		进口									
	1995	2009	1995	2009	1995	2009	1995	2009	1995	2009	1995	2009
匈牙利	19,765	100,098	19,916	93,412	−1,701	−7,890	203	505	−1,650	−699	12,017	44,181
印度	38,013	258,822	48,225	328,036	−3,734	−6,514	8,382	49,102	−5,563	−26,626	22,865	284,683
印度尼西亚	52,923	133,255	54,461	112,233	−5,874	−15,140	981	4,861	−6,431	10,743	14,908	66,119
伊朗	18,953	..	15,113	..	−478	..	−4	..	3,358	..	..	..
伊拉克	..	*65,695*	..	*37,731*	..	*2,106*	..	*−2,936*	..	*27,133*	8,347	46,461
爱尔兰	49,439	199,942	42,169	166,569	−7,325	−38,752	1,776	−1,109	1,721	−6,488	8,770	2,151
以色列	27,478	67,877	35,287	63,129	−2,654	−4,558	5,673	7,402	−4,790	7,592	8,123	60,611
意大利	295,618	509,797	250,319	520,563	−15,644	−38,480	−4,579	−16,952	25,076	−66,199	60,690	131,497
牙买加	3,394	4,038	3,729	6,356	−371	−668	607	1,860	−99	−1,126	681	2,076
日本	493,991	673,615	419,556	650,364	44,285	131,339	−7,676	−12,397	111,044	142,194	192,620	1,048,991
约旦	3,479	10,915	4,903	16,300	−279	612	1,444	3,523	−259	−1,251	2,279	12,135
哈萨克斯坦	5,975	48,258	6,102	38,877	−146	−12,729	59	−900	−213	−4,248	1,660	23,183
肯尼亚	3,526	7,414	5,922	11,314	−219	−58	1,037	2,297	−1,578	−1,661	384	3,850
朝鲜	..	..	..	..	..	..	..	..	..	..	..	..
韩国	147,761	432,097	155,104	393,172	−1,303	4,554	−19	−811	−8,665	42,668	32,804	270,437
科索沃	..	..	..	..	..	..	..	..	..	..	..	830
科威特	14,215	61,692	12,615	30,679	4,881	7,726	−1,465	−10,133	5,016	28,605	4,543	23,028
吉尔吉斯斯坦	448	2,560	726	3,680	−35	−190	79	1,208	−235	−102	134	1,584
老挝	408	1,444	748	1,581	−6	−47	110	193	−237	9	99	1,010
拉脱维亚	2,088	11,231	2,193	11,486	19	1,655	71	883	−16	2,284	602	6,902
黎巴嫩	..	21,600	..	30,215	..	−767	..	1,827	..	−7,555	8,100	39,132
莱索托	199	789	1,046	1,792	314	424	210	547	−323	−32	457	..
利比里亚	..	454	..	1,704	..	−128	..	1,101	..	−277	28	372
利比亚	7,513	37,440	5,755	27,065	133	578	−220	−1,572	1,672	9,381	7,415	103,754
立陶宛	3,191	20,309	3,902	20,605	−13	318	109	1,625	−614	1,646	829	6,657
前南斯拉夫马其顿共和国	1,302	3,548	*1,773*	5,665	*−30*	−128	*213*	1,599	*−288*	−646	275	2,288
马达加斯加	749	..	987	..	−167	..	129	..	−276	..	109	1,135
马拉维	470	..	660	..	−44	..	157	..	−78	..	115	163
马来西亚	83,369	186,424	86,851	144,873	−4,144	−4,170	−1,017	−5,580	−8,644	31,801	24,699	96,704
马里	529	*2,551*	991	*3,760*	−41	*−313*	219	*455*	−284	*−1,066*	323	1,604
毛里塔尼亚	504	..	510	..	−48	..	76	..	22	..	90	238
毛里求斯	2,349	4,181	2,454	5,106	−19	27	101	224	−22	−675	887	2,316
墨西哥	89,321	245,206	82,168	257,976	−12,689	−14,925	3,960	21,468	−1,576	−6,228	17,046	99,889
摩尔多瓦	884	2,000	1,006	3,989	−18	303	56	1,221	−85	−465	257	1,480
蒙古	508	2,300	521	2,632	−25	−195	77	186	39	−342	158	1,327
摩洛哥	9,044	26,381	11,243	37,307	−1,318	−1,495	2,330	7,451	−1,186	−4,971	3,874	23,568
莫桑比克	411	2,464	1,055	4,305	−140	−95	339	764	−445	−1,171	195	2,181
缅甸	1,307	..	2,020	..	−110	..	562	..	−261	..	651	..
纳米比亚	1,734	4,057	2,100	5,128	139	−70	403	1,261	176	120	221	2,051
尼泊尔	1,029	1,493	1,624	5,086	9	158	230	3,426	−356	−10	646	..
荷兰	241,517	518,122	216,558	459,194	7,247	−12,001	−6,434	−10,345	25,773	36,581	47,162	39,284
新西兰	17,883	33,210	17,248	31,953	−3,955	−5,148	255	267	−3,065	−3,624	4,410	15,594
尼加拉瓜	662	2,857	1,150	4,482	−372	−235	138	1,018	−722	−841	142	1,573
尼日尔	321	*1,043*	457	*1,951*	−47	26	31	*230*	−152	*−651*	95	656
尼日利亚	12,342	61,545	12,841	47,843	−2,878	−10,020	799	17,977	−2,578	21,659	1,709	45,510
挪威	56,058	160,687	46,848	104,496	−1,919	−1,660	−2,059	−4,408	5,233	50,122	22,976	48,859
阿曼	6,078	29,443	5,035	21,607	−374	−2,810	−1,469	−5,313	−801	−287	1,943	12,204
巴基斯坦	10,214	22,220	14,185	35,008	−1,939	−3,619	2,562	12,824	−3,349	−3,583	2,528	13,606
巴拿马	7,610	16,652	7,768	15,446	−466	−1,460	153	210	−471	−44	781	3,028
巴布亚新几内亚	2,992	4,579	1,905	4,802	−488	−625	75	176	674	−672	267	2,629
巴拉圭	4,802	7,253	5,200	7,374	110	−312	195	519	−92	86	1,106	3,862
秘鲁	6,622	30,538	9,597	25,777	−2,482	−7,371	832	2,856	−4,625	247	8,653	33,225
菲律宾	26,795	47,611	33,317	54,950	3,662	−69	880	15,960	−1,980	8,552	7,781	44,206
波兰	35,716	171,071	33,825	170,631	−1,995	−16,575	958	6,537	854	−9,598	14,957	79,522
葡萄牙	32,260	67,268	39,545	83,259	21	−10,952	7,132	2,992	−132	−23,952	22,063	15,829
波多黎各	..	..	..	..	..	..	..	..	..	..	..	..
卡塔尔	..	..	..	..	..	..	..	..	..	..	848	18,804

	货物和服务				净收入		经常性转移支付净额		经常账户余额		储备总额[a]	
	百万美元				百万美元		百万美元		百万美元		百万美元	
	出口		进口									
	1995	2009	1995	2009	1995	2009	1995	2009	1995	2009	1995	2009
罗马尼亚	9,404	50,491	11,306	60,470	−241	−2,968	369	5,649	−1,774	−7,298	2,624	44,383
俄罗斯联邦	92,987	344,934	82,809	253,233	−3,372	−39,474	157	−2,862	6,963	49,365	18,024	439,342
卢旺达	75	534	374	1,479	7	−37	350	604	57	−379	99	743
沙特阿拉伯	53,450	201,964	44,874	160,639	2,800	8,613	−16,694	−27,172	−5,318	22,765	10,399	420,984
塞内加尔	1,506	*3,500*	1,821	*7,020*	−124	−48	195	*1,685*	−244	*−1,884*	272	2,123
塞尔维亚	..	11,858	..	18,486	..	−710	..	4,925	..	−2,412	..	15,228
塞拉利昂	128	323	260	628	−30	−36	43	148	−118	−193	35	405
新加坡	159,488	364,332	144,904	325,605	541	−3,061	−894	−3,037	14,230	32,628	68,816	187,803
斯洛伐克共和国	10,969	61,792	10,658	61,806	−14	−1,837	93	−959	390	−2,810	3,863	1,804
斯洛文尼亚	10,377	28,542	10,749	27,980	201	−1,081	95	−202	−75	−720	1,821	1,078
索马里	..	..	..	..	..	..	..	..	..	..	..	..
南非	34,402	78,563	33,375	80,816	−2,875	−6,389	−645	−2,684	−2,493	−11,327	4,464	39,603
西班牙	133,910	346,893	135,000	374,259	−5,402	−42,120	4,525	−10,889	−1,967	−80,375	40,531	28,051
斯里兰卡	4,617	8,977	5,982	11,708	−137	−488	732	3,005	−770	−215	2,112	5,354
苏丹	681	8,226	1,238	11,212	−3	−2,402	60	1,480	−500	−3,908	163	1,094
斯威士兰	1,020	1,860	1,274	2,344	81	−123	144	192	−30	−414	298	959
瑞典	95,525	194,516	81,142	165,275	−6,473	7,303	−2,970	−5,083	4,940	31,460	25,870	47,255
瑞士	123,320	280,162	108,916	243,800	10,708	14,922	−4,409	−12,312	20,703	38,972	68,620	134,566
阿拉伯叙利亚共和国	5,757	*19,374*	5,541	*19,309*	−560	*−1,149*	607	*1,150*	263	*66*	448	18,300
塔吉克斯坦	..	1,218	..	3,062	..	−71	..	1,735	..	−180	*39*	..
坦桑尼亚	1,265	5,219	2,139	7,543	−110	−175	395	683	−590	−1,816	270	3,470
泰国	70,292	180,653	82,246	155,777	−2,114	−7,499	487	4,484	−13,582	21,861	36,939	138,419
东帝汶	..	..	..	..	..	..	..	..	..	..	..	250
多哥	465	*1,136*	671	*1,666*	−34	*−15*	118	*324*	−122	*−222*	130	703
特立尼达和多巴哥	2,799	*19,622*	2,110	*9,948*	−390	*−1,202*	−4	*47*	294	*8,519*	379	9,245
突尼斯	7,979	19,917	8,811	21,091	−716	−2,011	774	1,951	−774	−1,234	1,689	11,294
土耳其	36,581	142,865	40,113	151,453	−3,204	−8,121	4,398	2,299	−2,338	−14,410	13,891	74,933
土库曼斯坦	1,774	..	*1,796*	..	*17*	..	*5*	..	*0*	..	1,168	..
乌干达	664	3,954	1,490	5,210	−96	−329	639	1,133	−281	−451	459	2,994
乌克兰	17,090	54,253	18,280	56,206	−434	−2,440	472	2,661	−1,152	−1,732	1,069	26,501
阿拉伯联合酋长国	..	..	..	..	..	..	..	..	..	..	7,778	36,104
英国	322,114	595,914	327,000	650,834	3,393	40,655	−11,943	−22,786	−13,436	−37,050	49,144	66,550
美国	794,397	1,570,797	890,784	1,945,705	20,899	121,418	−38,073	−124,944	−113,561	378,435	175,996	404,099
乌拉圭	3,507	8,557	3,568	7,794	−227	−689	76	140	−213	215	1,813	8,038
乌兹别克斯坦	..	..	..	..	..	..	..	..	..	..	..	..
委内瑞拉	20,753	59,600	16,905	48,064	−1,943	−2,652	109	−323	2,014	8,561	10,715	34,318
越南	9,498	62,752	*12,334*	72,446	*−384*	−3,028	*1,200*	6,448	*−2,020*	−6,274	1,324	16,447
西岸和加沙	764	*1,168*	2,789	*4,962*	607	*911*	435	*3,418*	−984	535	..	..
也门共和国	2,160	7,092	2,471	10,001	−561	−1,171	1,056	1,515	184	−2,565	638	6,990
赞比亚	1,222	4,560	*1,338*	4,119	*−249*	−1,363	*182*	516	*−182*	−406	223	1,892
津巴布韦	2,344	..	*2,515*	..	*−294*	..	*40*	..	*−425*	..	888	..
全世界	**6,395,661 t**	**15,641,184 t**	**6,248,111 t**	**15,144,783 t**	..	..	..	..	..	..	..	..
低收入国家	29,028	104,191	46,738	149,627	..	..	..	..	..	..	..	..
中等收入国家	1,087,422	4,483,392	1,137,135	4,125,043	..	..	..	..	..	..	..	..
中低收入国家	492,428	2,563,013	532,363	2,390,741	..	..	..	..	..	..	..	..
中高收入国家	594,996	1,906,819	604,453	1,722,447	..	..	..	..	..	..	..	..
低收入和中等收入国家	1,115,105	4,583,161	1,182,581	4,271,461	..	..	..	..	..	..	..	..
东亚和太平洋地区	397,583	1,969,911	413,806	1,684,481	..	..	..	..	..	..	..	..
欧洲和中亚	193,610	795,858	205,686	759,347	..	..	..	..	..	..	..	..
拉丁美洲和加勒比地区	273,265	796,196	288,584	781,728	..	..	..	..	..	..	..	..
中东和北非	..	..	106,423	334,137	..	..	..	..	..	..	..	..
南亚	58,893	310,779	78,652	407,949	..	..	..	..	..	..	..	..
撒哈拉以南非洲地区	89,266	296,829	99,774	327,513	..	..	..	..	..	..	..	..
高收入国家	5,304,481	11,224,885	5,072,079	11,020,075	..	..	..	..	..	..	..	..
欧元区	2,100,300	4,450,297	1,977,018	4,275,187	..	..	..	..	..	..	..	..

a. 国际储备包括以伦敦金价估值的黄金价值。b. 包括卢森堡。

关于数据的说明

国际收支记录了一个经济体与世界其他经济体之间的交易。国际收支账户可以分为两类：经常账户，主要记录商品、服务、收入以及经常性转移支付的交易；资本和金融账户，主要记录资本转移支付、非生产性的非金融资产的获得与处置，以及金融资产与负债的交易。本表给出了经常账户数据，附带提供了国际储备的总额。

国际收支是一种复式会计系统，它给出了流入、流出一个经济体的货物和服务的总量；所有无条件地提供给别国或者由别国提供的实物资源或者资金索取权对应项目的转移支付，例如，捐款和赠款等；以及经济交易引起的居民对非居民的债权和债务的所有变化。所有交易记录都两次——一次记借方，一次记贷方。原则上来讲，净余额应该为零，但是现实中账户经常不平衡。在这种情况下就包括了一个平衡项——净错误与遗漏。

国际收支可能产生误差，因为国际收支数据的来源并不单一，进而也就无法确保得到的数据完全一致。资料来源包括海关数据、银行系统的货币账户、外债记录、企业提供的信息、对服务交易估计值的调查以及外汇交易记录。收集方法的不同——例如，时间的选择、居民和所有权的定义、交易估值所使用的汇率——都是净错误与遗漏项的来源。除此之外，走私以及其他违法和半合法的交易也会漏记或者错记。对商品与服务贸易数据记录的相关事项的进一步讨论，见表4.4至表4.7中的“关于数据的说明”。

本表中数据的概念和定义都是基于国际货币基金组织《国际收支手册》第5版（1993）。《国际收支手册》第5版将以前一些定义在经常账户中的交易重新定义为资本转移，例如，债务豁免、移民的资本转移以及通过外国援助获得的资本商品。因此，目前经常账户余额更精确地反映了除商品、服务（以前是非要素服务）和收入（以前是要素收入）交易之外的净经常性转移收入。许多国家按照《国际收支手册》第4版（1977）维护其数据收集系统。在必要的情况下，国际货币基金组织会把在这种系统下生成的数据转换为与《国际收支手册》第5版一致的数据（见“基本数据文献”）。价值数据按市场汇率转换为美元。

2009年，外汇储备最多的15个经济体 4.17a

	总储备（10亿美元）		占世界储备总额的份额（百分比）	年度变化（百分比）	进口月数（百分比）
	2008年	2009年	2009年	2008—2009年	2009年
中国	1,966	2,453	26.1	24.8	25.0
日本	1,031	1,049	11.2	1.8	18.1
俄罗斯联邦	426	439	4.7	3.0	16.1
沙特阿拉伯	451	421	4.5	-6.7	29.4
美国	294	404	4.3	37.4	2.0
中国台湾	304	363	3.9	19.6	20.7
印度	257	285	3.0	10.6	9.8
韩国	202	270	2.9	34.2	8.0
中国香港	183	256	2.7	40.2	6.3
巴西	194	239	2.5	23.1	13.2
新加坡	174	188	2.0	7.8	5.9
德国	139	179	1.9	29.1	1.5
阿尔及利亚	148	155	1.7	4.7	..
泰国	111	138	1.5	24.7	9.8
瑞士	74	135	1.4	81.6	5.0

资料来源：国际货币基金组织的《国际金融统计》数据档案。

定义

- **货物和服务的进出口**由一个经济体的居民与世界其他经济体的居民进行的全部交易组成，其中包括一般商品、送去加工和修理的商品、非货币黄金以及服务。 • **净收入**包括非居民工人报酬的收入与支出、投资所得（直接投资、证券投资以及其他投资的收入与支出以及储备资产的收入）。使用无形资产得到的收入记录在商业服务之中。 • **经常性转移支付净额**是指记录在国际收支中的不论是一个经济体提供的还是收到的商品、服务和收入或者没有附带条件的金融项目。所有未视为资本的转移支付都是经常性转移支付。
- **经常账户余额**是货物和服务的净出口额、净收入和净经常性转移支付额的总和。
- **储备总额**包括持有的货币黄金、特别提款权、国际货币基金组织持有的成员国储备、货币当局控制的外汇持有额组成。这些储备中的黄金部分以年底（12月31日）伦敦金价计值（1995年为每盎司386.75美元，2009年为每盎司1087.5美元）。

数据资料来源

国际收支数据公布于国际货币基金组织的《国际收支统计年鉴》和《国际金融统计》之中。世界银行与国际货币基金组织通过电子文件交换数据，在大多数情况下，这些电子文件比来自出版物的数据更为及时，覆盖的时间跨度更大。关于国际收支的设计和编撰的更多信息可在国际货币基金组织的《国际收支手册》第5版（1993）、《国际收支教材》（1996）和《国际收支编撰指南》（1995）中找到。

政府与市场

5

2000 年世界银行发布的企业快照（World Bank Group Entrepreneurial Snapshots）显示，大多数国家新成立的企业数量最近几年急剧减少。2008年的经济和金融危机使许多国家的失业率上升，致使人力资本和生产资本紧张，减贫进程也因此受阻。各国政府都面临着财政赤字以及增加公共支出和加快企业改革的压力。私人部门可以提供就业机会和投资资金，公共部门则有能力创造稳定的监管环境，两者合作才是推动发展的关键。

本部分的一系列指标主要监测政府效率和责任以及私人部门的活力，只有两者结合起来才能为穷人提供就业机会和各项服务，使他们变得强大。13 个表展现的主题包括：私人部门发展、公共部门政策、基础设施、信息、交通、通讯和科学技术。最新数据显示，企业改革有助于商业发展和新公司的建立，更具包容性的金融体系将为经济增长和发展铺平道路。

良好的商业氛围推动商业发展

世界银行企业快照（www.enterprisesurveys.org）涵盖了 112 个国家，报告显示，在治理良好、税赋较低、手续简便以及法律法规健全的国家，新成立的公司往往能够快速发展。同样，在金融市场发达的国家，新成立的公司数量也较金融市场欠发达的国家更多。然而，这些国家也会因此受到拖累，在最近一次金融和经济危机中，信贷市场崩盘对金融市场发达国家造成的冲击也更大，这些国家新成立的公司数量急剧萎缩。更多的有限责任公司在高收入国家兴起——每 1,000 适龄工作人口中就有超过 4 人供职于有限责任公司。这一比例在低收入国家只有 0.3%。有关商业准入和商业密度的数据见表 5.1。

《全球工商企业运营报告》数据（www.doingbusiness.org）显示，2009 年 6 月至 2010 年 5 月，117 个国家进行了 216 项商法改革，便利了商业设立和经营，加强了产权保护，改进了商业争端解决方式和破产申请程序。Klapper 和 Love（2010a）根据企业快照和《全球工商企业运营报告》数据对比各种改革的效果，他们发现，如果只对商业企业注册登记的成本、时间和程序进行小规模改革，改革力度不超过 40%，往往很难推动新企业进行注册登记。也就是说，“象征性”改革无法激发私人部门的活力，商业环境脆弱的国家需要大力改革才能促使新公司的成立。研究还指出，同时推进的两项改革所产生的影响远远大于相隔时间很长的两次改革所产生的影响。

40 个国家在 2009—2010 年间改善了税收环境

世界银行的全球工商企业运营项目收集了 183 个国家的税赋、纳税耗时以及公司担负的总税率等数据。在与普华永道合作的基础上，该项目在全球范围内收集了商业税收系统的相关信息，使各国政府可以借鉴他国经验制定本国税收政策，研究人员可以藉此分析提高公司税率对企业设立和投资产生的影响。

2009 年 6 月至 2010 年 5 月，40 个国家改善了税收环境，从而降低了公司成本并促进就业。高额税收通常伴随着非正规部门扩张和腐败滋生，最终会损害就业、投资和增长。简单明了的税收政策不但有助于政策执行，还可以减少逃税漏税。贯彻落实税收政策一方面可以维持税收体系的正常运转，另一方面也为政府项目和服务提供资金支持。

在过去 6 年中，全球工商企业运营项目

所覆盖的60%的国家都改善了税收环境或降低了当地企业的税负。税收环境改善的国家通常都为国内企业建立了电子平台以申报所得税和缴纳税款，针对每类税基只设立一个税种，在自审评估的基础上建立税收申报系统。在高收入国家，企业每年准备、申报和缴纳税款的平均耗时为180个小时；而在拉丁美洲和加勒比地区则须耗费400多个小时（见图5a）。

过去几版《世界发展指标》收录了最高边际所得税率数据（公司所得收入的法定税率）。但这一税种只是公司所负担的许多税赋之一，并不能全面地反映公司的税负总量。有些国家对税收进行了大规模补贴，显著减少了公司营业税；而另一些国家则没有采取这一政策，相对提高了有效税率。

2009年在拉丁美洲和加勒比地区，企业每年准备、申报和缴纳税款的平均耗时高达400小时 **5a**

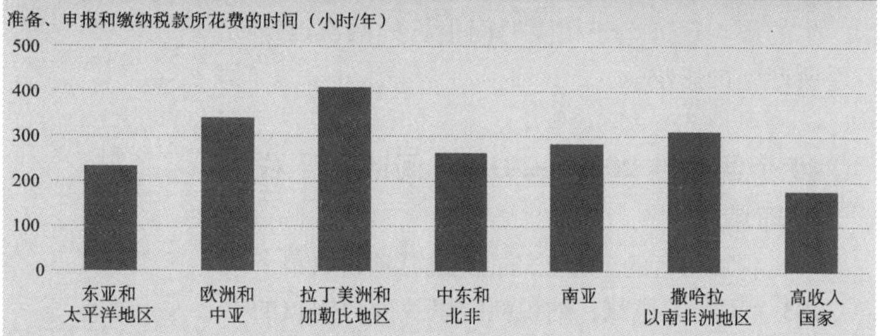

资料来源：《2011年全球工商企业运营报告》。

2010年东亚和太平洋地区的公司营业税税率最低 **5b**

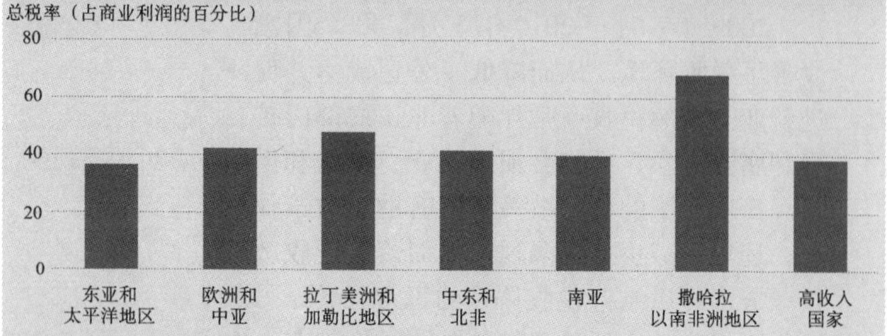

资料来源：《2011年全球工商企业运营报告》。

本部分表5.6税收政策反映了总营业税率占商业利润的比例，包含了有关公司税赋、雇主代雇员缴纳的税费、社会责任支出以及其他税费等详细信息。总税率是一项综合指标，反映了公司企业所负担的全部税费成本。总税率不同于法定税率，后者只规定了每种税基适用的税率。应纳税额除以商业利润就得到总税率。东亚和太平洋地区的总税率最低，撒哈拉以南非洲地区的总税率最高（见图5b）。需要指出的是，这些税率都是根据全球工商企业运营项目定义的“标准公司”所提出的“法定”税率。

商业环境质量标准——全球工商企业运营项目和企业调查互为补充

世界银行的企业调查是在一个国家非农私人部门的代表性样本中进行的公司层面的调查。调查范围涵盖了商业环境的各个方面，包括腐败、基础设施、犯罪、竞争、绩效考核及融资渠道等。有关企业调查的数据见表5.2。

全球工商企业运营项目则运用指标集和评级法评估各国商业法规以及量化工商企业运营的难易程度。这些指标在标准案例分析的基础上，对成立公司和注册资产等平常事务进行评估。数据通常来自当地经验丰富的商业人士组织的调查，反映了该国的法律法规制度。有关工商企业运营指标的数据见表5.3和表5.6。

专栏5c比较了企业调查和全球工商企业运营项目的数据来源、覆盖范围和收集的信息。

全球近一半家庭没有正规金融机构开立的存款账户

金融排斥是经济发展的一大障碍。家庭调查数据显示，如果穷人能够获得如储蓄、支付和贷款等基本金融服务，他们的生活将发生巨大变化。对于企业来说，缺乏融资渠道同样也严重制约了其发展增长。在数字化和全球化的背景下，许多国家都拓宽了金融服务供给的渠道——比如，向当地的农民提供信贷便利、扩大消费者保护法适用范围，各个方面都有所改善。

然而，尽管许多金融监管者把金融普惠——涵盖消费者保护、农村金融供给等多方面内容——提上议程，但由于缺乏威信和资源，许多发展中国家都没有将这些措施贯彻落实。虽然如此，发展中国家的金融监管者中仍有超过70%致力于保护消费者的利益，60%大力普及金融知识。

本部分表5.5中收录了来自《2010年金融服务覆盖状况》（Financial Access 2010，www. cgap. org/financialindicators）的5项新金融指标：商业银行存款、商业银行贷款、商业银行分支机构、自动柜员机（ATM）和销售点终端机（POS机）。

许多非银行机构（合作社、特殊国家金融机构和小额信贷机构）也提供金融服务，但中央银行和金融监管者掌握的最完整的信息都是有关商业银行的，商业银行的存款额占到了金融体系存款总额的85%，开立的账户占账户总数的96%。可以利用拥有商业银行账户的人数来衡量一个国家的金融普惠程度，这一指标在东亚和太平洋地区的发展中国家也比较高，但在撒哈拉以南非洲地区却一直处于低位（见图5d）。

存款和贷款服务的覆盖状况因地区而异。收入高、基础设施完善以及法律体系健全的国家情况往往比较好。无法在正规金融机构开立账户、获得贷款的人群通常会依赖非正规机构提供的金融服务，这些服务不但收费高昂而且不太可靠。中低收入国家拥有的银行分支机构、ATM机和POS终端机的数量都不及高收入国家，但低收入国家的ATM机数量比银行分支机构的数量相对较多。随着移动银行和网上银行电子支付等新技术的出现，被排斥在银行大门之外的人群也能享受到金融服务。

商业环境数据的两大来源：全球工商企业运营项目和企业调查 **5c**

项目	企业调查	经商项目
全球覆盖范围	125个国家	183个国家
数据来源	公司数据；与公司所有者或高管进行面对面访谈。各种商业调查，如基础设施、零售、建筑、交通、通讯及其他服务	当地专业人士（律师、会计、建筑师等）实施的各类调查。调查信息经相关法律法规认可
观察样本的数量	在较小国家有150—360个；在较大国家有1,200—1,800个	各个国家的相关法律法规，平均每个国家39个调查
观察国的地理覆盖范围	经济发达的主要城市或地区	商业发达（人口稠密）的主要城市和实施调查的其他城市
收集信息	根据公司经历、绩效指标、公司特征、增长制约等信息归纳出的商业环境观察数据	在标准案例分析的基础上，测算公司完成日常事务所耗时间和成本；相关法律法规
	商业特征；约20个投资环境主题	标准商务；10个商业监管主题
数据样本	硬数据：申请建筑执照需要的时间 软数据：有关建筑项目能否拿到土地问题的各方观点	硬数据：开立商店面临的法律法规、手续流程和成本 软数据：专业人士估计每道手续需要的时间
对数据的演绎	分层随机抽样调查，确保数据能够代表各种类型的正式公司（拥有5个及以上员工）	有关日常商业环境的标准案例分析，使各国的基准具有可比性
	测度运营中的公司对投资环境（如税赋等）的感受以及反映增长制约因素的调查	标准公司执行法律规章制度的预期成本。举例来说，"缴税"反映了公司的税负、时耗和税率
	公司日常经营中的实际操作。举例来说，公司是否要通过行贿来获得重要执照以及获得执照需要花费的时间	假设所有法律法规都得到贯彻执行而且公司也严格遵守这些规章制度，信息收集时间可以忽略不计。模拟这一情形产生的结果
	定位需要改革的商业领域以及评估改革对商业产生的影响	定位私人部门法规中的瓶颈或缺陷部分，在这些方面进行改革以及借鉴其他国家的经验

资料来源：对www. enterprisesurveys. org/Methoddogy/Compare. asx网站信息的总结。

2009年东亚和太平洋地区发展中国家的居民比其他地区发展中国家的居民拥有更多的商业银行账户 **5d**

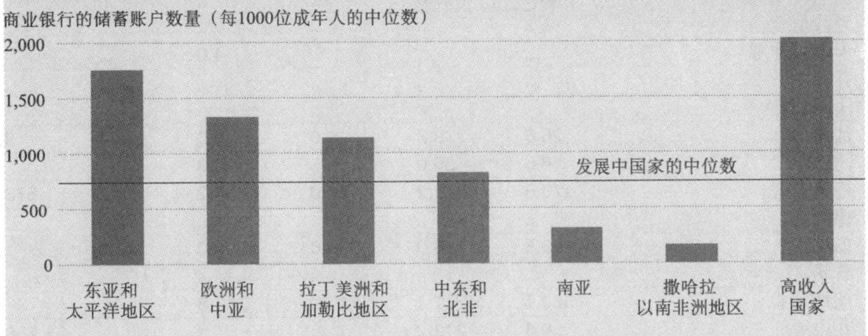

资料来源：《2010年金融服务覆盖状况》，CGAP和世界银行。

	有私人参与的基础设施项目投资[a]								对私营部门的国内信贷	注册的企业	
	百万美元										
	电信		能源		运输		供水和医疗卫生设施		占GDP的百分比	新企业	准入密度
	2000-2005	2006-2009	2000-2005	2006-2009	2000-2005	2006-2009	2000-2005	2006-2009	2009	2009	2009
阿富汗	466.1	1,040.4	1.6	..	..	..	..	..	9.1	..	..
阿尔巴尼亚	569.2	670.0	790.6	664.0	308.0	..	8.0	0.0	37.0	2,045	0.84
阿尔及利亚	3,422.5	1,925.0	962.0	2,320.0	120.9	269.0	510.0	1,572.0	16.2	10,544	0.44
安哥拉	278.7	1,129.0	45.0	9.4	..	53.0	..	..	21.2	..	..
阿根廷	5,836.8	5,033.6	3,826.9	3,479.0	203.6	1,402.6	791.6	..	13.5	11,924	0.46
亚美尼亚	317.1	488.8	74.0	127.0	63.0	715.0	0.0	0.0	23.1	2,698	1.28
澳大利亚	..	..	..	..	..	..	..	..	127.8	*89,960*	*6.38*
奥地利	..	..	..	..	..	..	..	..	126.9	3,228	0.58
阿塞拜疆	355.6	1,283.5	375.2	..	..	..	0.0	..	19.6	5,314	0.93
孟加拉国	1,294.3	3,729.8	501.5	243.5	0.0	0.0	..	..	41.5	..	..
白俄罗斯	735.4	2,219.2	..	1,875.0	..	4.0	..	..	37.3	5,508	0.80
比利时	..	..	..	..	..	..	..	..	97.9	29,548	4.28
贝宁	116.9	399.7	590.0	..	..	..	..	..	22.2	..	..
玻利维亚	520.5	284.7	884.4	137.3	16.6	..	..	..	37.0	2,504	0.43
波斯尼亚和黑塞哥维那	0.0	1,086.6	..	800.0	..	..	..	..	57.3	1,896	0.58
博茨瓦纳	104.0	183.9	..	..	..	..	..	..	25.5	..	..
巴西	41,053.8	31,121.4	26,171.6	46,690.5	3,398.4	22,086.9	1,234.4	1,365.4	54.0	315,645	2.38
保加利亚	2,179.1	1,866.5	3,253.5	2,246.7	2.1	536.2	152.0	..	75.6	35,545	7.20
布基纳法索	41.9	680.6	..	..	..	..	..	..	17.5	610	0.08
布隆迪	53.6	0.0	..	..	..	..	..	..	21.7	..	..
柬埔寨	136.1	436.9	82.1	695.8	125.3	40.1	..	..	24.5	2,003	0.22
喀麦隆	394.4	701.4	91.8	440.0	0.0	..	..	0.0	11.3	..	..
加拿大	..	..	..	..	..	..	..	..	*128.6*	174,000	7.56
中非共和国	0.0	20.8	..	..	..	..	..	..	7.0	..	..
乍得	11.0	246.4	0.0	..	..	..	..	..	5.2	..	..
智利	3,561.6	4,167.6	1,590.5	2,397.7	4,821.2	1,311.1	1,495.2	3.1	97.5	*23,541*	*2.12*
中国	8,548.0	0.0	10,970.9	7,170.5	15,350.1	15,795.0	3,505.2	3,992.2	127.3	..	..
中国香港	..	..	..	..	..	..	..	..	158.0	101,023	19.19
哥伦比亚	1,570.9	5,294.7	351.6	944.6	1,005.4	2,344.4	314.3	305.0	29.9	31,132	1.07
刚果民主共和国	473.4	880.0	..	..	..	..	..	..	7.5	..	..
刚果共和国	61.8	330.7	..	..	..	735.0	0.0	..	4.8	..	..
哥斯达黎加	..	..	80.0	190.0	465.2	373.0	..	..	49.4	26,765	8.78
科特迪瓦	134.9	885.4	0.0	0.0	176.4	..	..	0.0	17.1	..	..
克罗地亚	1,205.7	3,035.0	7.1	85.0	451.0	492.0	298.7	..	66.3	7,800	2.57
古巴	60.0	0.0	116.0	60.0	0.0	..	600.0	..	..	..	..
捷克共和国	..	..	..	..	..	..	..	..	55.3	21,717	3.00
丹麦	..	..	..	..	..	..	..	..	231.6	16,519	4.57
多米尼加共和国	393.0	220.1	1,306.6	0.0	898.9	879.9	..	..	21.3	12,881	2.13
厄瓜多尔	357.8	1,764.7	302.0	129.0	685.0	766.0	510.0	..	25.3	..	..
埃及	3,471.9	8,864.0	678.0	469.0	821.5	1,370.0	..	..	36.2	*6,291*	0.13
萨尔瓦多	1,110.6	901.9	85.0	0.0	..	..	..	..	41.3	4,400	1.19
厄立特里亚	40.0	0.0	..	..	..	..	..	..	16.6	..	..
爱沙尼亚	..	..	..	..	..	..	..	..	110.2	*7,199*	*8.10*
埃塞俄比亚	..	..	..	4.0	..	..	..	..	*17.8*	1,327	0.03
芬兰	..	..	..	..	..	..	..	..	94.4	11,820	3.37
法国	..	..	..	..	..	..	..	..	110.3	128,906	3.08
加蓬	26.6	278.8	0.0	0.0	177.4	3.9	..	..	10.1	3,490	4.27
冈比亚	6.6	35.0	..	0.0	..	..	..	..	18.9	..	..
格鲁吉亚	173.8	612.2	40.0	634.2	..	573.0	..	435.0	31.2	7,226	2.32
德国	..	..	..	..	..	..	..	..	112.3	*64,840*	1.19
加纳	156.5	2,916.0	590.0	100.0	10.0	..	0.0	..	*15.9*	*9,606*	*0.72*
希腊	..	..	..	..	..	..	..	..	91.7	*8,426*	*1.18*
危地马拉	560.1	1,511.4	110.0	263.8	..	..	..	6.7	25.4	5,133	0.68
几内亚	50.6	242.2	..	..	..	159.0	..	..	..	..	..
几内亚比绍	21.9	96.4	..	..	..	..	..	..	5.6	..	..
海地	18.0	306.0	5.5	..	..	..	..	0.0	14.5	..	..
洪都拉斯	135.0	930.5	358.8	..	120.0	..	207.9	..	52.6	..	..

	有私人参与的基础设施项目投资[a]								对私营部门的国内信贷	注册的企业	
	百万美元								占GDP的百分比		
	电信		能源		运输		供水和医疗卫生设施			新企业	准入密度
	2000–2005	2006–2009	2000–2005	2006–2009	2000–2005	2006–2009	2000–2005	2006–2009	2009	2009	2009
匈牙利	5,172.8	1,523.3	851.6	1,707.0	3,297.5	1,588.0	0.0	0.0	71.3	42,951	6.26
印度	20,030.5	33,682.4	8,369.2	50,754.4	4,172.2	23,012.8	112.9	241.7	46.8	*84,800*	*0.12*
印度尼西亚	6,557.2	9,748.1	1,860.5	3,779.3	159.2	1,731.5	44.8	20.2	27.6	28,998	0.18
伊朗	695.0	1,506.0	650.0	..	..	..	..	..	36.7	..	..
伊拉克	984.0	4,521.0	..	590.0	..	..	..	..	6.4	..	..
爱尔兰	..	..	..	..	..	..	..	..	230.3	13,188	4.67
以色列	..	..	..	..	..	..	..	..	84.5	*19,758*	*4.46*
意大利	..	..	..	..	..	..	..	..	110.8	68,508	1.78
牙买加	700.3	301.6	201.0	78.0	565.0	..	..	..	28.5	2,003	1.16
日本	..	..	..	..	..	..	..	..	171.0	*105,698*	*1.28*
约旦	1,589.0	648.6	..	989.0	0.0	1,380.0	169.0	951.0	71.7	2,737	0.74
哈萨克斯坦	1,153.7	3,170.2	300.0	0.0	231.0	31.0	..	..	50.3	27,978	2.59
肯尼亚	1,434.0	2,973.8	..	332.7	..	404.0	..	..	31.5	*17,896*	0.85
朝鲜	..	400.0	..	..	..	..	..	..	..	..	..
韩国	..	..	..	..	..	..	..	..	107.6	*60,039*	*1.72*
科索沃	..	..	..	..	..	..	..	..	36.1	141	0.12
科威特	..	..	..	..	..	..	..	..	*63.3*	..	..
吉尔吉斯斯坦	11.5	115.9	..	..	..	..	0.0	..	*15.1*	4,412	1.26
老挝	87.7	135.0	1,250.0	1,425.0	0.0	..	..	..	*9.5*	..	..
拉脱维亚	700.0	468.1	158.1	184.0	..	135.0	..	..	107.8	7,175	4.62
黎巴嫩	138.1	0.0	..	..	153.0	..	0.0	..	73.9	..	..
莱索托	88.4	30.6	0.0	..	..	..	..	..	13.5	..	..
利比里亚	70.3	73.8	..	..	..	..	..	..	16.1	..	..
利比亚	..	..	..	..	..	..	..	..	10.9	..	..
立陶宛	993.0	490.2	514.3	417.6	..	..	..	..	70.9	5,399	2.18
前南斯拉夫马其顿共和国	706.6	489.6	..	655.0	..	295.0	..	..	44.3	8,074	5.63
马达加斯加	12.6	304.8	0.0	..	61.0	17.5	..	..	11.5	724	0.07
马拉维	36.3	197.7	0.0	..	..	..	..	..	14.2	619	0.08
马来西亚	3,777.0	1,700.0	6,637.6	384.5	4,263.0	1,379.0	6,502.2	0.0	117.1	41,638	2.55
马里	82.6	583.0	365.9	..	55.4	..	..	..	17.4	..	..
毛里塔尼亚	92.1	133.1	..	..	..	..	..	..	..	..	..
毛里求斯	413.0	102.1	0.0	..	..	..	..	0.0	85.1	6,626	7.33
墨西哥	18,758.0	12,622.6	6,749.3	1,483.0	2,970.4	11,434.1	523.7	303.8	23.3	44,084	0.61
摩尔多瓦	46.1	392.3	227.2	68.0	0.0	60.0	..	..	36.2	4,180	1.32
蒙古	22.1	0.0	..	..	..	..	..	..	43.9	..	..
摩洛哥	6,139.5	2,549.6	1,049.0	..	200.0	200.0	..	..	64.4	26,166	1.28
莫桑比克	123.0	156.2	1,205.8	..	334.6	0.0	..	..	25.1	..	..
缅甸	..	..	..	556.1	..	..	..	..	..	..	..
纳米比亚	35.0	8.5	1.0	..	..	..	0.0	..	46.8	..	..
尼泊尔	109.3	26.0	15.1	..	..	..	..	..	59.4	..	..
荷兰	..	..	..	..	..	..	..	..	215.3	35,100	3.10
新西兰	..	..	..	..	..	..	..	..	147.0	47,897	17.08
尼加拉瓜	218.5	380.1	126.3	95.0	104.0	..	..	..	34.4	..	..
尼日尔	85.5	251.7	..	..	..	..	3.4	..	12.2	24	0.00
尼日利亚	6,949.7	11,348.1	1,920.0	280.0	2,355.4	644.1	..	..	37.6	65,089	0.79
挪威	..	..	..	..	..	..	..	..	..	*13,805*	*4.49*
阿曼	..	..	..	..	..	..	..	..	49.0	3,165	1.67
巴基斯坦	6,594.9	8,706.5	375.4	4,058.2	112.8	923.7	..	..	23.5	2,759	0.03
巴拿马	211.4	1,224.0	449.3	576.7	51.4	0.0	..	..	85.7	548	0.26
巴布亚新几内亚	..	150.0	..	..	..	..	..	..	32.1	..	..
巴拉圭	199.0	591.4	..	..	..	..	..	..	29.1	..	..
秘鲁	2,241.4	2,485.0	2,498.9	1,142.9	522.5	3,157.6	152.0	..	24.1	51,151	2.65
菲律宾	4,616.4	4,177.0	3,428.4	9,463.3	943.5	678.9	0.0	530.5	*30.3*	11,435	0.19
波兰	16,800.1	7,750.0	2,620.5	2,475.4	1,672.0	3,642.3	64.3	0.8	52.9	14,434	0.52
葡萄牙	..	..	..	..	..	..	..	..	187.8	27,759	3.92
波多黎各	..	..	..	..	..	..	..	..	..	..	..
卡塔尔	..	..	..	..	..	..	..	..	51.5	..	..

5.1 经济体中的私人部门

	有私人参与的基础设施项目投资[a]								对私营部门的国内信贷	注册的企业	
	百万美元										
	电信		能源		运输		供水和医疗卫生设施		占GDP的百分比	新企业	准入密度
	2000–2005	2006–2009	2000–2005	2006–2009	2000–2005	2006–2009	2000–2005	2006–2009	2009	2009	2009
罗马尼亚	3,906.9	4,188.9	1,240.8	6,288.7	..	116.8	116.0	41.0	47.1	56,698	3.66
俄罗斯联邦	22,049.4	24,525.8	1,726.0	27,214.2	109.4	191.0	904.7	1,241.7	45.3	261,633	2.61
卢旺达	72.3	351.0	1.6	..	..	..	..	..	..	3,028	0.51
沙特阿拉伯	..	..	..	..	..	..	..	..	52.1	..	..
塞内加尔	593.1	1,333.0	93.3	..	55.4	398.0	0.0	0.0	24.7	1,636	0.22
塞尔维亚	563.5	3,297.4	..	..	..	..	0.0	..	42.2	9,715	1.94
塞拉利昂	48.8	111.2	..	1.2	..	..	..	..	9.3	..	..
新加坡	..	..	..	..	..	..	..	..	103.2	26,416	7.40
斯洛伐克共和国	..	..	..	..	..	..	..	..	*44.7*	15,825	4.04
斯洛文尼亚	..	..	..	..	..	..	..	..	94.0	5,836	4.16
索马里	13.4	0.0	..	..	..	..	..	..	..	..	..
南非	10,519.5	7,714.0	1,251.3	9.9	504.7	3,483.0	31.3	0.0	147.1	24,700	0.77
西班牙	..	..	..	..	..	..	..	..	211.5	79,757	2.92
斯里兰卡	766.1	1,444.5	270.8	..	..	..	..	..	24.8	4,223	0.29
苏丹	747.7	1,748.3	..	..	..	30.0	..	120.7	12.3	..	..
斯威士兰	27.7	48.3	..	..	..	..	..	..	25.0	..	..
瑞典	..	..	..	..	..	..	..	..	139.3	24,228	4.09
瑞士	..	..	..	..	..	..	..	..	174.8	25,250	4.88
阿拉伯叙利亚共和国	583.0	307.7	..	..	..	82.0	..	..	20.3	..	..
塔吉克斯坦	8.5	125.0	16.0	..	..	..	..	..	*29.0*	2,171	0.48
坦桑尼亚	515.3	1,484.5	348.0	28.4	27.7	134.0	8.5	..	15.3	..	..
泰国	5,602.7	3,106.0	4,693.3	2,341.0	939.0	..	522.7	18.8	116.3	27,520	0.59
东帝汶	0.0	0.0	..	..	..	..	..	..	18.6	..	..
多哥	0.0	44.0	657.7	190.0	..	..	..	..	21.9	*125*	*0.04*
特立尼达和多巴哥	..	..	..	..	..	..	..	..	31.5	..	..
突尼斯	751.0	2,805.0	30.0	..	..	840.0	..	..	68.4	9,079	1.23
土耳其	12,788.6	12,068.7	6,754.8	8,862.7	3,118.6	4,138.5	..	..	36.5	44,472	0.87
土库曼斯坦	20.0	158.1	..	..	..	..	..	..	..	..	..
乌干达	387.6	1,463.0	113.9	1,000.6	..	404.0	0.0	..	13.1	11,152	0.72
乌克兰	3,162.9	4,508.8	160.0	54.0	..	130.0	100.0	102.0	73.3	19,300	0.60
阿拉伯联合酋长国	..	..	..	..	..	..	..	..	93.0	..	..
英国	..	..	..	..	..	..	..	..	213.5	330,100	8.05
美国	..	..	..	..	..	..	..	..	202.9	..	..
乌拉圭	114.2	158.5	330.0	..	251.1	..	368.0	..	20.6	4,664	2.08
乌兹别克斯坦	285.6	942.1	..	..	..	25.0	0.0	..	..	14,428	0.78
委内瑞拉	3,337.0	2,619.8	39.5	..	34.0	..	15.0	..	*21.7*	..	..
越南	430.0	1,593.7	2,360.6	297.0	20.0	965.0	266.0	..	112.7	..	..
西岸和加沙	279.8	47.0	150.0	..	..	..	..	..	..	..	..
也门共和国	376.8	392.2	..	15.8	..	220.0	..	..	7.4	..	..
赞比亚	208.3	624.0	3.0	..	15.6	..	0.0	..	12.0	5,509	0.88
津巴布韦	72.0	343.0	..	..	..	..	..	..	..	..	..
全世界	.. s	.. s	.. s	.. s	.. s	.. s	.. s	.. s	138.2 w		
低收入国家	6,362.3	20,932.3	..	..	..	..	..	..	26.4		
中等收入国家	227,575.0	248,323.5	107,077.9	191,687.3	50,686.8	105,160.9	16,175.1	6,654.9	72.8		
中低收入国家	84,109.2	27,585.0	38,840.9	82,564.1	26,511.7	51,724.0	3,704.9	5,271.6	92.9		
中高收入国家	143,465.8	134,452.2	49,324.0	109,123.2	5,696.9	41,208.8	407.0	..	47.8		
低收入和中等收入国家	233,937.3	269,255.8	87,324.8	196,264.6	5,403.2	86,781.7	..	..	72.0		
东亚和太平洋地区	29,862.2	4,662.0	31,290.4	26,112.4	21,800.1	20,589.5	10,840.9	4,561.7	117.1		
欧洲和中亚	50,274.6	62,911.8	5,316.0	47,981.4	..	..	..	..	45.0		
拉丁美洲和加勒比地区	81,401.1	72,021.9	45,682.0	57,940.1	16,150.3	43,755.5	2,516.1	..	40.8		
中东和北非	13,435.4	23,566.1	..	..	..	..	..	..	34.5		
南亚	29,314.5	48,647.1	9,533.6	55,257.1	4,285.0	23,936.5	112.9	241.7	43.5		
撒哈拉以南非洲地区	24,654.4	40,481.6	..	..	..	..	..	..	65.1		
高收入国家	..	..	..	..	..	..	..	..	165.1		
欧元区	..	..	..	..	..	..	..	..	133.0		

a. 数据为上述各时期的合计。包括 1990—2009 年间完成财务结算的私营部门参与的基础设施项目。

关于数据的说明

私人部门的发展和投资，即发掘私人部门的主动性和投资，并将之用于有益于社会的目的，对于减贫来讲是至关重要的。私人投资，尤其是竞争性市场上的私人投资，与公共部门的努力一样，具有促进经济增长的巨大潜力。私人市场是促进生产率提高的发动机，能够创造生产岗位和高收入。除了对政府在调控、提供资金以及提供服务方面的作用进行补充之外，私人的主动性和投资还能够帮助提供基本服务和条件，并通过完善卫生、教育以及基础设施来授权于穷人。

私人参与基础设施为缓解财政约束，提高基础设施服务的效率，以及将其服务提供给穷人作出了重大贡献。发展中国家处于了前列，创建了更好地提供基础设施服务的方法，并且从日益激烈的竞争和客户聚集中受益匪浅。

有关私人参与基础设施项目投资的数据，是指对下列项目的全部投资（公共投资和私人投资），在这些项目中，私人公司在营运期间要承担营运风险，或者在承包期间要承担开发和营运风险。承诺的投资还未支付。为了便于测算，外国国有公司也按照私人单位对待。

投资被分为两类：实物资产投资——公司承诺将投资于扩大和使设施现代化的资源；向政府的支付，以收购国有企业或获得在特定地区提供服务或使用部分电台频谱的权利。

数据来自世界银行的私人参与基础设施（PPI）项目数据库，其追踪发展中国家私人参与的基建项目。该数据库提供 1984—2009 年 137 个发展中经济体超过 4, 600 项基建工程。数据库对每个项目的纪录包含 30 个以上的领域，其中包括国家、融资终止年份、所提供的基础设施服务、私人参与形式、投资、技术、能力、项目地址、合同期限、私人赞助、招标过程和开发银行支持等。项目的数据源于对可得的公共信息的汇集。数据库致力于尽可能的全面，但有些项目，尤其是涉及地方和小规模经营者的项目，可能因没有公开报道而被省略。该数据库由世界银行财政、经济、城市发展部门和公共—私人基础设施咨询机构联合构建。世界银行发展数据组计算了地理和收入总量。更多信息见 http：//ppi. worldbank. org/。

信贷是货币交易过程中的重要纽带；它向生产、消费和投资提供资金，进而影响经济活动水平。有关国内对私人部门信贷的数据来自国际货币基金组织（IMF）的《国际金融统计》对银行业的调查，或者当无法获得这些数据的时候，则取自对货币的调查。货币调查的对象包括货币当局（中央银行）、储蓄银行和其他银行机构，例如，财务公司、开发银行和存贷款机构。在一些情况下，私人部门的信贷可能包括国有企业或者部分国有的企业的信贷。

企业家对于增强现代市场经济的活力是至关重要的，更多新的企业加入将提高其竞争力，推动经济增长。本表涵盖了 2008 年世界银行集团企业家精神调查中的商业注册数据，其中包括 2000—2008 年 100 个国家的企业家活动。调查数据通常用于分析企业创立、企业创立与经济增长和减贫的关系以及对监管和制度改革的影响。2008 年的调查完善了之前调查的方法和国家的覆盖范围，以更好地进行跨国比较。注册的总企业和注册的新企业数据由各国企业注册机构直接收集。对于跨国比较，仅仅包括在正规部门运作的有限责任公司。有关资料来源、方法、企业家比率的计算以及数据的限制性更多的信息见 http：//econ. worldbank. org/research/entrepreneurship。

定义

• **有私人参与的基础设施项目投资**包括电信、能源（电力和天然气的输送及其销售）、运输、供水和卫生等基础设施项目。这些项目已经终止了与财政的关系，直接或者间接地向公众提供服务。焚烧炉、动产、孤立的固体废料项目以及诸如风车等小项目均不包括在内。包括在内的项目类型具有营运和管理合约、特许权（含有大量资本支出的营运和管理合约）、绿地项目（私人单位或者公私合营企业在该土地上建设和营运新的风险投资项目）以及剥离的资产等。投资承诺是实物资本投资以及对政府支付的总和。实物资本投资是在合同期间项目公司承诺投资于新设备或者添加、更新现存设备的资源。对政府的支付是项目公司用于购买政府资产的资源，例如，国有企业、为特定地区提供服务的权利以及对特定无线电频的使用等都属于政府资产。 • **对私营部门的国内信贷**是指提供给私人部门的资金——例如，通过发放贷款，购买非产权债券及其贸易信贷和其他应收账款等——进而构成要求偿付的债权。对于一些国家来讲，这些债权也包括给予国有企业的信贷。 • **注册的新企业数**为在日历年注册的有限责任公司的数量。 • **准入密度**为每千名 15—64 岁新注册的有限责任公司的数量。

数据资料来源

私人参与基础设施项目投资数据来自世界银行的私人参与基础设施（PPI）项目数据库（http：//ppi. worldbank. org）。国内信贷数据来自国际货币基金组织的《国际金融统计》。企业注册数据来自世界银行企业家精神调查和数据库（http：//econ. worldbank. org/research/entrepreneurship）。

	调查年份	监管和税收：与官员打交道的时间占管理时间的百分比	监管和税收：会见税收官员的平均次数	执照与许可证办理：获得营业执照所需时间(天)	腐败：给予官员的非正常支出占企业的百分比	犯罪：因偷盗、敲诈、破坏和纵火造成的损失占销售额的百分比	违规行为：正规注册并开始经营的企业占企业的百分比	性别：女性参与行使所有权的企业占企业的百分比	融资：利用银行为投资融资的企业占企业的百分比	基础设施：停电造成的价值损失占销售额的百分比	创新：持有国际质量认证证书的企业占企业的百分比	贸易：出口清关平均时间(天)	劳动力：提供正规培训的企业占企业的百分比[a]
阿富汗	2008	6.8	1.2	13.8	41.5	1.5	88.0	2.8	1.4	6.5	8.5	14.6	14.6
阿尔巴尼亚	2007	18.7	3.9	21.2	57.7	0.5	89.4	10.8	12.4	13.7	24.6	1.9	19.9
阿尔及利亚	2007	25.1	2.3	19.3	64.7	0.9	98.3	15.0	8.9	4.0	5.0	14.1	17.3
安哥拉	2006	7.1	3.3	24.1	46.8	0.4	..	23.4	2.1	3.7	5.1	16.5	19.4
阿根廷	2006	13.8	2.2	78.3	18.7	1.5	93.8	30.3	6.9	1.6	26.9	5.5	52.2
亚美尼亚	2009	10.3	2.1	20.0	11.6	0.6	96.2	31.8	31.9	1.8	26.9	3.3	30.4
澳大利亚		..	..	..	..	..	..	..	..	..	..	..	..
奥地利		..	..	..	..	..	..	..	..	..	..	..	..
阿塞拜疆	2009	3.0	2.1	15.8	32.0	0.3	85.1	10.8	19.0	1.8	18.2	1.9	10.5
孟加拉国	2007	3.2	1.3	6.0	85.1	0.1	..	16.1	24.7	10.6	7.8	8.4	16.2
白俄罗斯	2008	13.6	1.1	38.2	13.5	0.4	98.5	52.9	35.8	0.8	13.9	2.6	44.4
比利时		..	..	..	..	..	..	..	..	..	..	..	..
贝宁	2009	20.7	1.2	64.3	54.5	1.9	87.9	43.9	4.2	7.5	7.3	9.6	32.4
玻利维亚	2006	13.5	1.7	26.0	32.4	0.9	90.5	41.1	22.2	4.4	13.8	15.3	53.9
波斯尼亚和黑塞哥维那	2009	11.2	1.0	21.4	8.1	0.2	98.6	32.8	59.7	1.9	30.1	1.4	66.5
博茨瓦纳	2006	5.0	0.9	13.7	27.6	1.3	..	40.9	11.3	1.4	12.7	1.4	37.7
巴西	2009	18.7	1.2	83.5	9.7	1.7	95.8	59.3	48.4	3.0	25.7	15.9	52.9
保加利亚	2009	10.6	2.2	20.8	8.5	0.5	98.5	33.9	34.7	1.6	19.9	4.2	30.7
布基纳法索	2009	22.2	1.5	35.8	8.5	0.3	77.7	19.2	25.6	5.8	14.4	7.4	24.8
布隆迪	2006	5.7	1.8	27.3	56.5	1.1	..	34.8	12.3	10.7	7.1	..	22.1
柬埔寨	2007	5.6	1.0	..	61.2	0.0	87.5	..	11.3	2.4	2.8	1.5	48.4
喀麦隆	2009	7.0	4.4	30.0	50.8	1.7	82.1	15.7	31.4	4.9	20.4	15.1	25.5
加拿大		..	..	..	..	..	..	..	..	..	..	..	..
中非共和国		..	..	..	..	..	..	..	..	..	..	..	..
乍得	2009	20.8	3.4	24.3	41.8	2.5	77.1	40.1	4.2	3.3	43.3	11.9	43.4
智利	2006	9.0	3.0	67.7	8.2	0.6	97.8	27.8	29.1	1.8	22.0	5.8	46.9
中国	2003	18.3	14.4	11.6	72.6	0.1	..	..	28.8	1.3	35.9	6.6	84.8
中国香港		..	..	..	..	..	..	..	..	..	..	..	..
哥伦比亚	2006	14.3	0.6	28.2	8.2	0.7	85.6	43.0	30.6	2.3	5.9	7.0	39.5
刚果民主共和国	2010	29.4	8.0	40.0	65.7	1.8	61.9	38.9	6.7	22.7	8.5	18.0	24.1
刚果共和国	2009	6.0	2.7	..	49.2	3.3	84.3	31.8	7.7	16.4	19.6	..	37.5
哥斯达黎加	2005	9.6	0.5	..	33.8	0.4	..	65.3	14.9	1.9	10.5	3.5	46.4
科特迪瓦	2009	1.8	3.6	14.5	30.6	3.4	56.4	61.9	13.9	5.0	4.3	16.6	19.1
克罗地亚	2007	10.9	0.7	26.5	14.5	0.2	98.1	33.5	60.0	0.8	16.5	1.3	28.0
古巴		..	..	..	..	..	..	..	..	..	..	..	..
捷克共和国	2009	10.4	1.5	19.9	8.7	0.4	98.0	25.0	33.4	0.6	43.5	5.7	70.7
丹麦		..	..	..	..	..	..	..	..	..	..	..	..
多米尼加共和国	2005	8.8	0.5	..	26.3	0.7	..	..	12.5	15.2	9.6	11.4	53.3
厄瓜多尔	2006	17.3	0.6	19.9	21.5	0.9	91.1	32.7	24.0	2.7	18.2	7.0	61.6
埃及	2008	8.8	3.4	90.6	15.2	3.0	14.3	34.0	5.6	3.4	21.1	6.2	21.7
萨尔瓦多	2006	9.2	2.7	35.4	34.3	2.6	79.5	39.6	17.3	2.9	11.0	2.5	49.6
厄立特里亚	2009	0.5	0.2	..	0.0	0.0	100.0	4.2	11.9	0.2	15.1	9.6	26.1
爱沙尼亚	2009	5.5	0.4	8.3	1.6	0.9	97.4	36.3	41.5	0.5	21.2	1.8	69.3
埃塞俄比亚	2006	3.8	1.1	11.4	12.4	1.4	..	30.9	11.0	0.9	4.2	4.3	38.2
芬兰		..	..	..	..	..	..	..	..	..	..	..	..
法国		..	..	..	..	..	..	..	..	..	..	..	..
加蓬	2009	2.8	15.2	12.1	26.1	0.4	63.7	33.1	6.3	1.7	18.6	3.8	30.9
冈比亚	2006	7.3	2.5	8.4	52.4	2.7	..	21.3	7.6	11.8	22.2	5.0	25.6
格鲁吉亚	2008	2.1	0.6	11.8	4.1	0.7	99.6	40.8	38.2	1.4	16.0	3.8	14.5
德国	2005	1.2	1.3	..	..	0.5	..	20.3	45.0	..	..	4.7	35.4
加纳	2007	4.0	4.1	6.4	38.8	0.9	66.4	44.0	16.0	6.0	6.8	7.8	33.0
希腊	2005	1.8	1.7	..	21.6	0.0	..	24.4	25.9	..	11.7	5.5	20.0
危地马拉	2006	9.2	2.1	75.4	15.7	1.5	91.3	28.4	12.8	4.5	8.0	4.5	28.1
几内亚	2006	2.7	2.8	13.0	84.8	2.0	..	25.4	0.9	14.0	5.2	4.3	21.1
几内亚比绍	2006	2.9	3.4	30.4	62.7	1.1	..	19.9	0.7	5.3	8.4	5.6	12.4
海地		..	..	..	..	..	..	..	..	..	..	..	..
洪都拉斯	2006	4.6	1.5	31.6	16.7	2.2	89.4	39.9	8.5	3.8	16.5	6.0	33.3

	调查年份	监管和税收		执照与许可证办理	腐败	犯罪	违规行为	性别	融资	基础设施	创新	贸易	劳动力
		与官员打交道的时间占管理时间的百分比	会见税收官员的平均次数	获得营业执照所需时间(天)	给予官员的非正常支出占企业的百分比	因偷盗、敲诈、破坏和纵火造成的损失占销售额的百分比	正规注册并开始经营的企业占企业的百分比	女性参与行使所有权的企业占企业的百分比	利用银行为投资融资的企业占企业的百分比	停电造成的价值损失占销售额的百分比	持有国际质量认证证书的企业占企业的百分比	出口清关平均时间(天)	提供正规培训的企业占企业的百分比[a]
匈牙利	2009	13.5	0.8	35.6	4.0	0.1	100.0	42.4	48.7	0.9	39.4	4.3	14.8
印度	2006	6.7	2.6	..	47.5	0.1	..	9.1	46.7	6.6	22.5	15.1	15.9
印度尼西亚	2009	1.9	0.2	21.1	14.6	0.3	29.1	42.8	11.7	2.4	2.9	2.4	4.7
伊朗		..	..	..	..	..	..	..	..	..	..	..	..
伊拉克		..	..	..	..	..	..	..	..	..	..	..	..
爱尔兰	2005	2.3	1.3	..	8.3	0.3	..	41.6	37.4	1.5	17.2	2.6	73.2
以色列		..	..	..	..	..	..	..	..	..	..	..	..
意大利		..	..	..	..	..	..	..	..	..	..	..	..
牙买加	2005	6.3	1.8	..	17.7	1.1	..	32.2	37.0	11.8	16.4	4.3	53.5
日本		..	..	..	..	..	..	..	..	..	..	..	..
约旦	2006	6.7	1.7	6.4	18.1	0.1	..	13.1	8.6	1.7	15.5	3.8	23.9
哈萨克斯坦	2009	4.7	2.6	30.8	23.3	1.0	97.4	34.4	31.0	3.7	10.8	8.5	40.9
肯尼亚	2007	5.1	6.7	23.4	79.2	3.9	..	37.1	22.9	6.4	9.8	5.6	40.7
朝鲜		..	..	..	..	..	..	..	..	..	..	..	..
韩国	2005	0.1	2.2	..	14.1	0.0	..	19.1	39.9	..	17.6	7.2	39.5
科索沃	2009	9.8	4.5	18.8	2.2	0.3	89.2	10.9	25.3	17.1	7.9	1.7	24.6
科威特		..	..	..	..	..	..	..	..	..	..	..	..
吉尔吉斯斯坦	2009	4.9	2.1	18.0	37.5	0.3	95.9	60.4	17.9	10.5	16.2	15.8	29.7
老挝	2009	1.6	4.4	13.6	39.8	0.3	93.5	39.4	0.0	4.3	7.2	7.5	11.1
拉脱维亚	2009	9.7	1.5	11.5	11.3	0.3	98.5	46.3	37.3	1.1	18.2	1.9	43.4
黎巴嫩	2009	8.9	2.2	81.0	23.0	0.0	97.6	33.5	23.8	9.4	17.9	7.6	52.4
莱索托	2009	5.6	1.8	16.4	14.0	2.9	86.8	18.4	32.7	6.7	24.7	5.4	42.5
利比里亚	2009	7.5	6.5	16.0	55.2	2.8	73.8	53.0	10.1	2.9	2.4	..	17.0
利比亚		..	..	..	..	..	..	..	..	..	..	..	..
立陶宛	2009	9.3	0.8	65.5	8.5	0.4	97.1	38.7	47.4	0.7	15.6	2.4	46.0
前南斯拉夫马其顿共和国	2009	14.5	3.0	33.8	11.5	0.7	99.2	36.4	47.0	5.9	21.5	2.5	19.0
马达加斯加	2009	17.1	0.9	41.3	19.2	1.2	97.5	50.0	12.2	7.7	8.7	14.2	27.0
马拉维	2009	3.5	2.7	15.0	10.8	5.7	78.6	23.9	20.6	17.0	17.9	4.9	48.4
马来西亚	2007	7.8	2.6	22.4	..	1.0	53.0	13.1	48.6	3.0	54.1	2.7	50.1
马里	2007	2.4	1.6	41.0	28.9	0.6	85.4	18.4	7.0	1.8	8.6	4.8	22.5
毛里塔尼亚	2006	5.8	1.8	10.7	82.1	0.6	..	17.3	3.2	1.6	5.9	3.9	25.5
毛里求斯	2009	9.4	0.5	19.1	1.6	1.4	84.2	16.9	37.5	2.2	11.1	10.3	25.6
墨西哥	2006	20.5	0.6	11.2	22.6	0.7	94.1	24.8	2.6	2.4	20.3	5.2	24.6
摩尔多瓦	2009	7.0	1.9	13.9	25.4	0.4	97.9	53.1	30.8	2.0	9.1	2.4	33.1
蒙古	2009	12.1	2.0	43.5	30.4	0.6	90.1	52.0	26.5	0.8	16.7	18.6	61.2
摩洛哥	2007	11.4	0.9	3.4	13.4	0.0	86.0	13.1	12.3	1.3	17.3	1.8	24.7
莫桑比克	2007	3.3	1.9	35.2	14.8	1.8	85.9	24.4	10.5	2.4	18.7	10.1	22.1
缅甸		..	..	..	..	..	..	..	..	..	..	..	..
纳米比亚	2006	2.9	0.3	9.6	11.4	1.3	..	33.4	8.1	0.7	17.6	1.4	44.5
尼泊尔	2009	6.5	1.3	14.5	15.2	0.9	94.0	27.4	17.5	27.0	3.1	5.6	8.8
荷兰		..	..	..	..	..	..	..	..	..	..	..	..
新西兰		..	..	..	..	..	..	..	..	..	..	..	..
尼加拉瓜	2006	9.3	1.3	19.7	17.2	0.9	85.4	41.4	13.0	8.7	18.7	5.0	28.9
尼日尔	2009	21.1	1.6	39.7	35.2	0.9	90.5	17.6	9.3	1.9	4.6	2.6	32.1
尼日利亚	2007	6.1	3.0	12.1	40.9	4.1	..	20.0	2.7	8.9	8.5	7.5	25.7
挪威		..	..	..	..	..	..	..	..	..	..	..	..
阿曼	2003	..	4.4	11.8	33.2	..	..	..	31.0	4.2	10.8	3.4	20.9
巴基斯坦	2007	2.2	1.6	16.4	27.2	0.5	..	6.7	9.7	9.9	9.6	4.8	6.7
巴拿马	2006	10.3	1.4	41.2	25.4	0.5	98.0	37.1	19.2	2.4	14.7	5.7	43.9
巴布亚新几内亚		..	..	..	..	..	..	..	..	..	..	..	..
巴拉圭	2006	7.9	0.7	37.8	84.8	0.9	94.0	44.8	8.2	2.5	7.1	5.5	46.9
秘鲁	2006	13.5	1.4	81.1	11.3	0.4	99.2	32.8	30.9	3.2	14.6	5.4	57.7
菲律宾	2009	9.1	1.6	10.6	18.6	1.1	97.5	69.4	22.0	3.4	15.7	8.1	31.1
波兰	2009	12.8	0.6	14.6	5.0	0.5	99.3	47.9	40.7	1.9	17.3	6.0	60.9
葡萄牙	2005	1.1	1.6	..	14.5	0.2	..	50.8	24.4	..	12.7	7.2	31.9
波多黎各		..	..	..	..	..	..	..	..	..	..	..	..
卡塔尔		..	..	..	..	..	..	..	..	..	..	..	..

5.2 工商业环境：企业调查

	调查年份	监管和税收		执照与许可证办理	腐败	犯罪	违规行为	性别	融资	基础设施	创新	贸易	劳动力
		与官员打交道的时间占管理时间的百分比	会见税收官员的平均次数	获得营业执照所需时间(天)	给予官员的非正常支出占企业的百分比	因偷盗、敲诈、破坏和纵火造成的损失占销售额的百分比	正规注册并开始经营的企业占企业的百分比	女性参与行使所有权的企业占企业的百分比	利用银行为投资融资的企业占企业的百分比	停电造成的价值损失占销售额的百分比	持有国际质量认证证书的企业占企业的百分比	出口清关平均时间(天)	提供正规培训的企业占企业的百分比[a]
罗马尼亚	2009	9.2	2.3	23.7	9.8	0.3	98.7	47.9	37.3	2.2	26.1	2.0	24.9
俄罗斯联邦	2009	19.9	1.6	57.4	29.4	0.8	94.7	33.1	30.6	1.2	11.7	4.6	52.2
卢旺达	2006	5.9	3.3	6.5	20.0	1.3	..	41.0	15.9	8.7	10.8	6.7	27.6
沙特阿拉伯		..	..	..	..	..	..	..	..	..	..	..	..
塞内加尔	2007	2.9	1.3	21.4	18.1	0.5	78.9	26.3	19.8	5.0	6.1	7.4	16.3
塞尔维亚	2009	12.2	1.4	28.0	18.0	0.6	95.0	28.8	42.8	1.3	21.8	1.6	36.5
塞拉利昂	2009	7.4	1.9	12.6	18.8	0.8	89.2	7.9	6.9	6.6	13.8	..	18.6
新加坡		..	..	..	..	..	..	..	..	..	..	..	..
斯洛伐克共和国	2009	6.7	0.9	32.1	9.1	0.7	100.0	29.6	33.5	0.3	28.6	2.4	33.1
斯洛文尼亚	2009	7.3	0.3	56.1	5.4	0.4	99.9	42.2	52.2	0.5	28.0	2.2	47.5
索马里		..	..	..	..	..	..	..	..	..	..	..	..
南非	2007	6.0	0.8	36.2	15.1	1.0	91.0	22.6	34.8	1.6	26.4	4.5	36.8
西班牙	2005	0.8	1.5	..	4.4	0.2	..	34.1	32.6	3.0	21.3	4.9	51.3
斯里兰卡[a]	2004	3.5	4.9	49.5	16.3	0.5	..	..	26.2	..	..	7.6	32.6
苏丹		..	..	..	..	..	..	..	..	..	..	..	..
斯威士兰	2006	4.4	1.4	24.0	40.6	1.3	..	28.6	7.7	2.5	22.1	2.1	51.0
瑞典		..	..	..	..	..	..	..	..	..	..	..	..
瑞士		..	..	..	..	..	..	..	..	..	..	..	..
阿拉伯叙利亚共和国	2009	12.2	2.3	169.2	83.8	0.8	..	14.4	20.7	8.6	7.4	5.1	38.3
塔吉克斯坦	2008	11.7	1.4	22.6	40.5	0.3	92.7	34.4	21.4	15.1	16.7	20.4	21.1
坦桑尼亚	2006	4.0	2.7	15.9	49.5	1.2	..	30.9	6.8	9.6	14.7	5.7	36.5
泰国	2006	0.4	1.0	32.1	..	0.1	..	..	74.4	1.5	39.0	1.3	75.3
东帝汶	2009	4.1	0.9	16.6	19.4	1.5	91.8	42.9	1.6	7.6	2.2	..	49.7
多哥	2009	2.7	1.2	56.4	16.7	2.4	75.8	31.8	16.9	10.5	6.6	6.7	31.0
特立尼达和多巴哥		..	..	..	..	..	..	..	..	..	..	..	..
突尼斯		..	..	..	..	..	..	..	..	..	..	..	..
土耳其	2008	27.1	1.3	36.0	17.7	0.4	94.1	40.7	51.9	2.8	30.0	5.2	28.8
土库曼斯坦		..	..	..	..	..	..	..	..	..	..	..	..
乌干达	2006	5.2	2.4	9.3	51.7	1.0	..	34.7	7.7	10.2	15.5	3.2	35.0
乌克兰	2008	11.3	2.1	31.0	22.9	0.6	95.8	47.1	32.1	4.4	13.0	3.4	24.8
阿拉伯联合酋长国		..	..	..	..	..	..	..	..	..	..	..	..
英国		..	..	..	..	..	..	..	..	..	..	..	..
美国		..	..	..	..	..	..	..	..	..	..	..	..
乌拉圭	2006	7.0	0.7	133.8	7.3	0.7	97.8	41.6	6.9	0.9	6.8	2.5	24.6
乌兹别克斯坦	2008	11.1	0.7	9.1	56.2	0.7	100.0	39.8	8.2	5.4	1.3	5.1	9.6
委内瑞拉	2006	33.6	2.9	41.6	..	1.4	97.3	..	35.7	4.4	12.5	14.1	42.3
越南[a]	2009	4.9	1.1	15.9	52.1	0.3	87.5	59.2	21.5	3.7	16.7	4.5	43.6
西岸和加沙	2006	5.7	1.7	21.3	13.3	1.2	..	18.0	4.2	4.6	18.2	6.0	26.5
也门共和国	2010	11.8	7.3	6.5	68.2	0.6	81.7	6.4	4.2	13.2	4.4	6.2	12.9
赞比亚	2007	4.6	1.9	48.3	14.3	1.0	96.2	37.2	10.2	3.7	17.2	2.3	26.0
津巴布韦		..	..	..	..	..	..	..	..	..	..	..	..

注：企业调查每年升级几次；最近年份的升级见 www. enterprisesurveys. org。

a. 调查数据取自2006年和2007年，数据仅仅为制造业模块的数据。

关于数据的说明

世界银行集团的企业调查收集了企业层面的有关工商业环境的数据，据以评估制约私人部门增长和企业业绩的约束因素。标准化的调查覆盖世界各地，现在我们可得到118个国家近100,000多个企业的数据。调查涵盖了工商业环境的11个方面，其中包括监管、腐败、犯罪、违规行为、金融、基础设施和贸易。对于一些国家而言，企业层面的横截面数据的可得性使其可以追踪工商业环境随时间的变化。

企业评价投资的替代选择方案，政府对改善经商环境的兴趣以及经济学家试图对经济表现加以解释，都离不开对工商业环境的界定与衡量。企业调查中得出的企业层面的数据为衡量绩效和监督的进展提供了有用的工具。

大多数国家能够在不损害更广泛的社会利益的前提下改善监管与税收。过度的监管将伤害企业的绩效并危及经济增长。例如，在缴税时，花费在与税收官员打交道上的时间是企业可能面临的一个负担。政府不确定性的增加会破坏工商业环境，使企业面临或者被强加不必要的成本以及不稳健的监管和税收风险。获取营业执照和许可所花费的时间以及与此相关的繁文缛节制约了企业业务的开展。

在一些国家，开办工商企业必须对海关、税务、工商执照、监管、服务等诸如此类的部门不正规地付钱或者送礼才能“办成事”。此类腐败行为通过扭曲决策的制定、削弱政府的信誉和将公共资源转为他用而损害经商环境。犯罪、偷盗和扰乱秩序的行为也会给企业和社会带来额外的成本。

许多发展中国家都存在无执照的非正规企业，这些企业很少能够获得融资和公共服务渠道，而且只能参与到极少数类型的合同与投资活动中，制约了私营部门的增长。

女性与男性享有同等的机会有利于经济的发展。本表提供的女性参与行使企业所有权的情况是衡量女性作为决策者参与企业经营活动的一把尺度。

金融市场是沟通企业与贷款人和投资者的桥梁，使企业得以抓住机遇拓展其业务：信誉良好的企业能够从金融媒介以具有竞争力的价格获得信贷。但是，常见的情况是，市场的不完善以及政府所造成的扭曲限制了企业获取信贷的渠道，从而抑制了经济的增长。

可靠而又可以得到的基础设施能够惠及千家万户，也是经济发展的根本。企业能够用上现代化、高效率的基础设施——通信、可靠的电力与交通运输设施——就能够提高生产力。企业层面上的创新以及现代技术的应用能够提高企业在工商业环境中的竞争力。

清关的延误将带来高昂的代价，妨碍企业参与外贸，或者使其在全球市场上失去竞争力。考虑不周的劳动力管理制度将压制企业创造就业岗位的积极性，而能使已就业的劳动者受益的规章制度则可能使失业的、低技能的或者在非正规部门就业的劳动者得不到实惠。劳动者受到培训能够使企业繁荣，具有竞争力，有能力创新并采用新技术。

本表的数据来自世界银行融资与私人部门发展组的企业调查。东亚和太平洋地区、欧洲和中亚、拉丁美洲和加勒比地区、中东和北非、撒哈拉以南非洲地区（2009）以及阿富汗、孟加拉国、印度都是引自一个除金融与公共部门以外的注册的非农企业的总样本。其他经济体的样本仅取自制造业部门并在本表的脚注中加以说明。典型样本的规模从150到1,800个，这取决于各经济体的规模。每个国家的样本都是通过分层随机抽样选取，除非另有说明。分层随机抽样法使我们能够推算出按部门、企业规模和地理区域划分的指标，从而与其他样本随机抽样相比，提高了经济指标的准确度。按部门活动分层将经济体划分为制造业、零售业和其他服务部门。对于中等规模和较大规模的经济体，制造业部门可以按行业进一步分层。企业规模被分为小型（5—19名雇员）、中型（20—99名雇员）和大型（99名以上雇员）。地理分层将一国的经济活动划分成主要的经济活动中心带。

定义

• **调查年份**指收集基础数据的年份。 • **与官员打交道的时间**指高级管理层花在处理政府规章制度要求上的时间。 • **会见税收官员的平均次数**指应邀会见或要求会见税收官员的平均次数。 • **获得营业执照需要的时间**指从提交申请之日起到颁发经营执照所需等待的天数。 • **给予官员的非正常付款**指企业为了“办成事”而向海关、税务、工商执照、监管、服务以及诸如此类的部门的非正规付款。 • **因偷盗、敲诈、破坏和纵火造成的损失**是由发生在确定场所中的此类事件造成的估计损失占年度销售额的百分比。 • **正规注册并开始经营的企业**指一个国家中正规注册并开始经营的企业所占的百分比。没有正规注册的企业（其他企业）为该经济体的非正规部门。 • **女性参与行使所有权的企业**指主要所有权人中有女性的企业所占的百分比。 • **利用银行为投资融资的企业**指用银行来为投资融资的企业所占的百分比。 • **停电造成的价值损失**是停电造成的损失占销售额的百分比。 • **持有国际质量认证证书的企业**是获得国际标准认证机构（ISO）的质量认证的企业所占的百分比，例如，国际标准认证机构的ISO9000、ISO9002和ISO14000，以及危害分析和关键控制点系统。 • **出口清关平均时间**指直接出口货物通过海关检查所需花费的平均天数。 • **提供正规培训的企业**指为其永久性全日制雇员提供正规培训的企业所占的百分比。

数据资料来源

关于工商业环境的数据资料，来源于世界银行集团的企业调查网站（www. enterprisesurveys. org）。

	创办企业			财产注册登记		建筑许可证的办理		履行合同		保护投资者	关闭企业
	程序数量 2010年6月	所需要的时间（天）2010年6月	创办成本占人均收入的百分比 2010年6月	程序数量 2010年6月	所需要的时间（天）2010年6月	创建仓库的程序数量 2010年6月	创建仓库所需要的时间（天）2010年6月	程序数量 2010年6月	所需要的时间（天）2010年6月	披露指数 0（更少）至10（更多）2010年6月	破产清算时间（年）2010年6月
阿富汗	4	7	26.7	9	250	13	340	47	1,642	1	..
阿尔巴尼亚	5	5	16.8	6	42	24	331	39	390	8	..
阿尔及利亚	14	24	12.9	11	47	22	240	46	630	6	2.5
安哥拉	8	68	163.0	7	184	12	328	46	1,011	5	6.2
阿根廷	14	26	14.2	6	52	28	338	36	590	6	2.8
亚美尼亚	6	15	3.1	3	7	20	137	49	285	5	1.9
澳大利亚	2	2	0.7	5	5	16	221	28	395	8	1.0
奥地利	8	28	5.2	3	21	14	194	25	397	3	1.1
阿塞拜疆	6	8	3.1	4	11	31	207	39	237	7	2.7
孟加拉国	7	19	33.3	8	245	14	231	41	1,442	6	4.0
白俄罗斯	5	5	1.6	3	15	16	151	28	225	5	5.8
比利时	3	4	5.4	8	79	14	169	26	505	8	0.9
贝宁	7	31	152.6	4	120	15	320	42	825	6	4.0
玻利维亚	15	50	100.8	7	92	17	249	40	591	1	1.8
波斯尼亚和黑塞哥维那	12	55	17.7	7	33	16	255	37	595	3	3.3
博茨瓦纳	10	61	2.2	5	16	24	167	29	625	7	1.7
巴西	15	120	7.3	14	42	18	411	45	616	6	4.0
保加利亚	4	18	1.6	8	15	24	139	39	564	10	3.3
布基纳法索	4	14	49.8	4	59	15	122	37	446	6	4.0
布隆迪	11	32	129.3	5	94	25	212	44	832	4	..
柬埔寨	9	85	128.3	7	56	23	709	44	401	5	..
喀麦隆	6	19	51.2	5	93	14	213	43	800	6	3.2
加拿大	1	5	0.4	6	17	14	75	36	570	8	0.8
中非共和国	8	22	228.4	5	75	21	239	43	660	6	4.8
乍得	13	75	226.9	6	44	14	164	41	743	6	..
智利	8	22	6.8	6	31	18	155	36	480	8	4.5
中国	14	38	4.5	4	29	37	336	34	406	10	1.7
中国香港	3	6	2.0	5	36	7	67	24	280	10	1.1
哥伦比亚	9	14	14.7	7	20	10	50	34	1,346	8	3.0
刚果民主共和国	10	84	735.1	6	54	14	128	43	625	3	5.2
刚果共和国	10	160	111.4	6	55	17	169	44	560	6	3.3
哥斯达黎加	12	60	10.5	6	21	23	191	40	852	2	3.5
科特迪瓦	10	40	133.0	6	62	21	592	33	770	6	2.2
克罗地亚	6	7	8.6	5	104	13	315	38	561	1	3.1
古巴	..	..	..	..	..	..	..	..	..	..	..
捷克共和国	9	20	9.3	4	43	36	150	27	611	2	3.2
丹麦	4	6	0.0	3	42	6	69	35	410	7	1.1
多米尼加共和国	8	19	19.2	7	60	17	214	34	460	5	3.5
厄瓜多尔	13	56	32.6	9	16	19	155	39	588	1	5.3
埃及	6	7	6.3	7	72	25	218	41	1,010	8	4.2
萨尔瓦多	8	17	45.0	5	31	34	155	30	786	5	4.0
厄立特里亚	13	84	69.2	11	78	..	..	39	405	4	..
爱沙尼亚	5	7	1.9	3	18	14	134	36	425	8	3.0
埃塞俄比亚	5	9	14.1	10	41	12	128	37	620	4	3.0
芬兰	3	14	1.1	3	14	18	66	32	375	6	0.9
法国	5	7	0.9	8	59	13	137	29	331	10	1.9
加蓬	9	58	21.9	7	39	16	210	38	1,070	6	5.0
冈比亚	8	27	199.6	5	66	17	146	32	434	2	3.0
格鲁吉亚	3	3	5.0	1	2	10	98	36	285	8	3.3
德国	9	15	4.8	5	40	12	100	30	394	5	1.2
加纳	7	12	20.3	5	34	18	220	36	487	7	1.9
希腊	15	19	20.7	11	22	15	169	39	819	1	2.0
危地马拉	12	37	49.1	4	23	22	178	31	1,459	3	3.0
几内亚	13	41	146.6	6	104	32	255	50	276	6	3.8
几内亚比绍	17	216	183.3	9	211	15	167	40	1,140	6	..
海地	13	105	212.0	5	405	11	1,179	35	508	2	5.7
洪都拉斯	13	14	47.2	7	23	17	106	45	900	0	3.8

	创办企业			财产注册登记		建筑许可证的办理		履行合同		保护投资者	关闭企业
	程序数量 2010年6月	所需要的时间（天）2010年6月	创办成本占人均收入的百分比 2010年6月	程序数量 2010年6月	所需要的时间（天）2010年6月	创建仓库的程序数量 2010年6月	创建仓库所需要的时间（天）2010年6月	程序数量 2010年6月	所需要的时间（天）2010年6月	披露指数 0（更少）至10（更多）2010年6月	破产清算时间（年）2010年6月
匈牙利	4	4	8.2	4	17	31	189	35	395	2	2.0
印度	12	29	56.5	5	44	37	195	46	1,420	7	7.0
印度尼西亚	9	47	22.3	6	22	14	160	40	570	10	5.5
伊朗	6	8	4.0	9	36	17	322	39	505	5	4.5
伊拉克	11	77	107.8	5	51	14	215	51	520	4	..
爱尔兰	4	13	0.4	5	38	11	192	20	515	10	0.4
以色列	5	34	4.3	7	144	20	235	35	890	7	4.0
意大利	6	6	18.5	8	27	14	257	41	1,210	7	1.8
牙买加	6	8	5.2	6	37	10	156	35	655	4	1.1
日本	8	23	7.5	6	14	15	187	30	360	7	0.6
约旦	8	13	44.6	7	21	19	87	38	689	5	4.3
哈萨克斯坦	6	19	1.0	4	40	34	219	38	390	8	1.5
肯尼亚	11	33	38.3	8	64	11	120	40	465	3	4.5
朝鲜	..	..	..	..	..	..	..	..	..	..	..
韩国	8	14	14.7	7	11	13	34	35	230	7	1.5
科索沃	10	58	28.7	8	33	21	320	53	420	3	2.0
科威特	13	35	1.3	8	55	25	104	50	566	7	4.2
吉尔吉斯斯坦	2	10	3.7	4	5	13	143	39	260	8	4.0
老挝	7	100	11.3	9	135	24	172	42	443	2	..
拉脱维亚	5	16	1.5	6	42	24	186	27	309	5	3.0
黎巴嫩	5	9	75.0	8	25	21	218	37	721	9	4.0
莱索托	7	40	26.0	6	101	15	601	41	785	2	2.6
利比里亚	5	20	54.6	10	50	24	77	41	1,280	4	3.0
利比亚	..	..	..	..	..	..	..	..	..	..	..
立陶宛	6	22	2.8	3	3	17	162	30	275	5	1.5
前南斯拉夫马其顿共和国	3	3	2.5	5	58	21	146	37	370	9	2.9
马达加斯加	2	7	12.9	7	74	16	178	38	871	5	..
马拉维	10	39	108.4	6	49	21	268	42	312	4	2.6
马来西亚	9	17	17.5	5	56	25	261	30	585	10	2.3
马里	6	8	79.7	5	29	15	168	36	620	6	3.6
毛里塔尼亚	9	19	33.6	4	49	25	201	46	370	5	8.0
毛里求斯	5	6	3.8	4	26	18	107	36	645	6	1.7
墨西哥	6	9	12.3	5	74	11	105	38	415	8	1.8
摩尔多瓦	8	10	10.9	5	5	30	292	31	365	7	2.8
蒙古	7	13	3.2	5	11	21	215	32	314	5	4.0
摩洛哥	6	12	15.8	8	47	19	163	40	615	7	1.8
莫桑比克	9	13	13.9	8	42	17	381	30	730	5	5.0
缅甸	..	..	..	..	..	..	..	..	..	..	..
纳米比亚	10	66	18.5	9	23	12	139	33	270	5	1.5
尼泊尔	7	31	46.6	3	5	15	424	39	735	6	5.0
荷兰	6	8	5.7	5	7	18	230	26	514	4	1.1
新西兰	1	1	0.4	2	2	7	65	30	216	10	1.3
尼加拉瓜	6	39	117.9	8	124	17	219	35	540	4	2.2
尼日尔	9	17	118.6	4	35	17	265	39	545	6	5.0
尼日利亚	8	31	78.9	13	82	18	350	40	457	5	2.0
挪威	5	7	1.8	1	3	14	252	33	280	7	0.9
阿曼	5	12	3.3	2	16	15	186	51	598	8	4.0
巴基斯坦	10	21	10.7	6	50	12	223	47	976	6	2.8
巴拿马	6	9	10.3	8	32	20	116	31	686	1	2.5
巴布亚新几内亚	6	51	17.7	4	72	24	217	42	591	5	3.0
巴拉圭	7	35	55.1	6	46	13	179	38	591	6	3.9
秘鲁	6	27	13.6	4	7	19	188	41	428	8	3.1
菲律宾	15	38	29.7	8	33	26	169	37	842	2	5.7
波兰	6	32	17.5	6	152	32	311	38	830	7	3.0
葡萄牙	6	6	6.5	1	1	19	272	31	547	6	2.0
波多黎各	7	7	0.7	8	194	22	209	39	620	7	3.8
卡塔尔	8	12	9.7	10	16	19	76	43	570	5	2.8

工商业环境：运营指标

	创办企业			财产注册登记		建筑许可证的办理		履行合同		保护投资者	关闭企业
	程序数量 2010年6月	所需要的时间（天）2010年6月	创办成本占人均收入的百分比 2010年6月	程序数量 2010年6月	所需要的时间（天）2010年6月	创建仓库的程序数量 2010年6月	创建仓库所需要的时间（天）2010年6月	程序数量 2010年6月	所需要的时间（天）2010年6月	披露指数 0（更少）至10（更多）2010年6月	破产清算时间（年）2010年6月
罗马尼亚	6	10	2.6	8	48	17	228	31	512	9	3.3
俄罗斯联邦	9	30	3.6	6	43	53	540	37	281	6	3.8
卢旺达	2	3	8.8	4	55	14	195	24	230	7	..
沙特阿拉伯	4	5	7.0	2	2	12	89	43	635	9	1.5
塞内加尔	4	8	63.1	6	122	16	210	44	780	6	3.0
塞尔维亚	7	13	7.9	6	91	20	279	36	635	7	2.7
塞拉利昂	6	12	110.7	7	86	25	252	40	515	6	2.6
新加坡	3	3	0.7	3	5	11	25	21	150	10	0.8
斯洛伐克共和国	6	16	1.9	3	17	13	287	31	565	3	4.0
斯洛文尼亚	2	6	0.0	6	113	14	199	32	1,290	3	2.0
索马里	..	..	..	..	..	..	..	..	..	..	..
南非	6	22	6.0	6	24	17	174	30	600	8	2.0
西班牙	10	47	15.1	4	18	11	233	39	515	5	1.0
斯里兰卡	4	35	5.4	8	83	22	214	40	1,318	4	1.7
苏丹	10	36	33.6	6	9	19	271	53	810	0	..
斯威士兰	12	56	33.0	9	44	14	116	40	972	2	2.0
瑞典	3	15	0.6	1	7	8	116	30	508	8	2.0
瑞士	6	20	2.1	4	16	14	154	31	417	0	3.0
阿拉伯叙利亚共和国	7	13	38.1	4	19	26	128	55	872	7	4.1
塔吉克斯坦	8	27	36.9	6	37	30	228	34	430	8	1.7
坦桑尼亚	12	29	30.9	9	73	22	328	38	462	3	3.0
泰国	7	32	5.6	2	2	11	156	36	479	10	2.7
东帝汶	10	83	18.4	..	..	22	208	51	1,285	3	..
多哥	7	75	178.1	5	295	15	277	41	588	6	3.0
特立尼达和多巴哥	9	43	0.8	8	162	20	261	42	1,340	4	..
突尼斯	10	11	5.0	4	39	20	97	39	565	5	1.3
土耳其	6	6	17.2	6	6	25	188	35	420	9	3.3
土库曼斯坦	..	..	..	..	..	..	..	..	..	..	..
乌干达	18	25	94.4	13	77	18	171	38	490	2	2.2
乌克兰	10	27	6.1	10	117	22	374	30	345	5	2.9
阿拉伯联合酋长国	8	15	6.4	1	2	17	64	49	537	4	5.1
英国	6	13	0.7	2	8	11	95	28	399	10	1.0
美国	6	6	1.4	4	12	19	40	32	300	7	1.5
乌拉圭	11	65	42.1	8	66	30	234	41	720	3	2.1
乌兹别克斯坦	7	15	11.9	12	78	28	274	42	195	4	4.0
委内瑞拉	17	141	30.2	8	47	11	395	29	510	3	4.0
越南	9	44	12.1	4	57	13	194	34	295	6	5.0
西岸和加沙	11	49	93.7	7	47	21	199	44	540	6	..
也门共和国	6	12	82.1	6	19	15	107	36	520	6	3.0
赞比亚	6	18	27.9	5	40	17	254	35	471	3	2.7
津巴布韦	9	90	182.8	5	31	17	1,012	38	410	8	3.3
全世界	**8 u**	**34 u**	**40.7 u**	**6 u**	**58 u**	**18 u**	**207 u**	**38 u**	**605 u**	**5 u**	**2.9 u**
低收入国家	8	41	107.9	7	94	18	275	39	613	5	3.7
中等收入国家	8	39	31.7	6	54	19	201	39	638	5	3.1
中低收入国家	8	35	44.4	6	65	18	197	40	679	5	3.3
中高收入国家	8	43	16.1	6	41	19	206	38	588	6	2.9
低收入和中等收入国家	8	39	52.6	6	65	19	221	39	631	5	3.3
东亚和太平洋地区	8	40	31.5	5	99	19	181	37	564	5	3.1
欧洲和中亚	6	18	8.9	6	36	23	235	38	382	7	2.9
拉丁美洲和加勒比地区	9	60	39.6	7	62	16	220	39	698	4	3.2
中东和北非	8	23	54.6	7	39	20	181	42	701	6	3.5
南亚	7	25	24.5	6	100	18	241	44	1,053	4	4.5
撒哈拉以南非洲地区	9	43	95.2	7	69	18	240	39	641	5	3.4
高收入国家	6	18	7.3	5	38	17	169	35	532	6	2.1
欧元区	6	14	6.7	5	35	14	227	31	602	5	1.6

注：地区合计值仅仅包括发展中国家。

关于数据的说明

一国经济运营状况不仅是通过宏观经济概念来衡量，其他因素也深深地影响了经济活动，如法律、规章和制度安排。运营指标衡量了运营监管、规范监管的结果，并衡量了知识产权保护的程度、就业监管的灵活性以及企业的税务负担。

本表列出了运营指标的一个子集，其覆盖了10套指标中的6套：创办企业、财产注册登记、建筑许可处理、雇用工人、履行合同和关闭企业等。表5.5包括对获取信贷的运营状况衡量，表5.6列出了缴纳税款的数据。

运营项目的基本前提是经济活动需要良好的法规和监管，使其变得高效，让每个需要使用的人都可以使用，并且执行简单。因此，经营指标对监管给予更多关注，例如，对关联方交易的更严格的信息披露；其还更加关注监管的简化，例如，一站式完成业务启动手续。

在构建指标时，我们假定企业家知晓并遵守所有的规章；在实践中，企业家可能无法了解所有必要的程序，或者试图避免法律所规定的程序。但监管越重，非正式的程度就越高，这就带来了代价：非正式部门的企业成长缓慢，其获得的融资较少，雇佣的员工较少——这些员工不受劳动法的保护。本表中的指标可以帮助决策者了解一国的经商环境，并且在从其他渠道（如世界银行企业调查）获取信息的情况下，洞察需要改革的潜在领域。

运营数据是由标准化的调查收集的，后者使用简单的商业案例来保证跨经济体和时间的可比性——即对业务的法律形式、业务规模、业务所在地及其操作状况给出假设。183个国家的调查有超过8,200个当地专家参与，其中包括律师、商业顾问、会计师、货运代理、政府官员和其他参与例行管理或就法律和监管要求提供咨询意见的专业人士。

运营项目包括两类数据：来自法律和监管议案的数据和来自时间和动态指标的数据，后者衡量了达到某个监管目标的效率。时间和动态指标成本估计是在使用情况下所记录的官方收费标准。来自调查的数据受到众多实验的修正，从而导致信息收集的修订或扩大。

当解释这些数据时，我们应当考虑到运营方法的局限性。第一，数据来自经济体中最大的城市的运营情况，其可能无法代表该经济体其他地区的监管状况。为了解决这一问题，部分经济体的地方指标正在收集中。这些次级研究指向改革速度的显著差异，且便于同一经济体跨城市通商。第二，这些数据经常集中于特定的商业形式（通常是特定规模的有限责任公司），且不代表对其他商业形式（如独资经营）监管。第三，标准化商业案例中的交易所指的是一系列特定问题，可能不代表企业所遇到的所有问题。第四，时间的衡量涉及专家答辩所作出的判定。当资料表明不同估计时，运营时间指标代表了标准案例假定下某些回复的中间值。第五，该方法假设企业拥有其所需要的所有信息，并且在完成程序时不耗费时间。

定义

• **创办企业的手续数量**包括为创办企业履行的手续，其中包括为获取必要的许可证，为完成创办营业所需要的所有注册登记、认证以及通告所履行的手续。数据是关于企业在所有权、规模和生产类型方面所具有的特定特征的数据。 • **创办企业的时间**是指为完成企业合法经营所需要的程序必须花费的天数。如果花费额外费用能够加快手续的办理，一般选用最快的程序，而不考虑费用。 • **创办企业的成本**通常以其占人均国民总收入的百分比加以标准化。其中包括法律上需要的专业服务和法定服务的所有官方费用。 • **财产注册登记的手续数量**是指企业为合法划拨财产所需要办理的手续数量。 • **财产注册登记所需要的时间**是指企业为合法划拨财产保障产权所需要的天数。 • **创建仓库的手续数量**是指企业职工或者管理者与外部机构人员交涉所需要的手续数量，其中包括政府官员、公共监管人员、公证机构人员、土地登记注册机构人员以及工程建筑机构的技术专家。 • **创建仓库所需要的时间**是指完成创建仓库所需要的程序必须花费的天数。如果花费额外费用能够加快手续的办理，一般选用最快的程序，而不考虑费用。 • **履行合同的手续数量**是由法律和法院批准办理的手续的数量。它要求合同相关方之间或者合同相关方与法官、法院官员相互配合。 • **履行合同所需要的时间**是指从原告向法院提出诉讼到作出终审判决以及支付相关费用（有关案件）所需要的天数。 • **披露指数**衡量的是通过所有权和财务信息的披露，投资者受保护的程度。较高的数值表明更多的披露。 • **破产清算时间**是指从向法院提出破产申请到清算不良资产、支付给债权人所需要的年数。

数据资料来源

工商业运营环境数据都是来自世界银行的《全球工商企业运营报告》项目（www. doingbnsiness. org/）。

5.4 股票市场

	市场资本总额				市场流动性		周转率		国内上市公司		S&P全球股权指数	
	百万美元		占GDP的百分比		交易额占GDP的百分比		成交股票金额占资本总市值的百分比		数量		变动百分比	
	2000	2010	2000	2009	2000	2009	2000	2010	2000	2010	2009	2010
阿富汗	..	..	..	..	..	..	..	..	..	..	..	..
阿尔巴尼亚	..	..	..	..	..	..	..	..	..	..	..	..
阿尔及利亚	..	..	..	..	..	..	..	..	..	..	..	..
安哥拉	..	..	..	..	..	..	..	..	..	..	..	..
阿根廷	166,068	63,910	58.4	15.9	2.1	0.9	4.8	4.6	127	101	97.8[a]	55.3[a]
亚美尼亚	*2*	28	*0.1*	1.6	*0.0*	0.0	*11.9*	*0.2*	*105*	2	..	..
澳大利亚	372,794	1,454,547	89.4	136.1	54.3	82.4	56.5	90.1	1,330	1,913	72.4	12.5
奥地利	29,935	67,683	15.7	14.1	4.9	6.7	29.8	79.4	97	72	57.0	10.9
阿塞拜疆	*3*	..	*0.1*	..	..	..	..	..	*2*	..	..	..
孟加拉国	1,186	47,000	2.5	7.9	1.6	16.3	74.8	54.4	221	302	38.6[a]	37.6[a]
白俄罗斯	..	..	..	..	..	..	..	..	..	..	..	..
比利时	182,481	269,342	78.5	55.5	16.4	27.1	20.7	42.0	174	161	54.5	0.5
贝宁	..	..	..	..	..	..	..	..	..	..	..	..
玻利维亚	1,742	3,388	20.7	16.1	0.8	*0.1*	5.7	0.4	26	38	..	..
波斯尼亚和黑塞哥维那	..	..	..	..	..	..	..	..	..	..	..	..
博茨瓦纳	978	4,076	17.4	33.8	0.8	0.9	4.7	3.5	16	21	24.3[a]	–6.8[a]
巴西	226,152	1,545,566	35.1	73.2	15.7	40.7	44.6	66.4	459	373	125.1	6.5
保加利亚	617	7,276	4.8	14.6	0.4	0.8	8.7	2.8	503	390	17.2[a]	–15.2[a]
布基纳法索	..	..	..	..	..	..	..	..	..	..	..	..
布隆迪	..	..	..	..	..	..	..	..	..	..	..	..
柬埔寨	..	..	..	..	..	..	..	..	..	..	..	..
喀麦隆	..	..	..	..	..	..	..	..	..	..	..	..
加拿大	841,385	2,160,229	116.1	125.8	87.6	92.8	77.3	71.1	1,418	3,805	57.5	22.0
中非共和国	..	..	..	..	..	..	..	..	..	..	..	..
乍得	..	..	..	..	..	..	..	..	..	..	..	..
智利	60,401	341,584	80.3	128.0	8.1	23.0	9.5	19.7	258	227	84.0	47.2
中国	580,991	4,762,837	48.5	100.4	60.2	179.6	158.3	164.4	1,086	2,063	66.3	6.9
中国香港	623,398	2,711,334	368.6	1,088.3	223.4	707.4	61.3	63.9	779	1,396	67.1	21.3
哥伦比亚	9,560	208,502	9.5	57.0	0.4	5.5	3.8	13.4	126	84	75.7[a]	44.1[a]
刚果民主共和国	..	..	..	..	..	..	..	..	..	..	..	..
刚果共和国	..	..	..	..	..	..	..	..	..	..	..	..
哥斯达黎加	2,924	1,445	18.3	5.0	*0.7*	0.1	*4.0*	2.8	21	9	..	..
科特迪瓦	1,185	7,099	11.4	26.4	0.3	0.6	2.5	2.0	41	38	–10.7[a]	19.3[a]
克罗地亚	2,742	24,912	12.8	40.7	0.9	2.3	7.1	4.1	64	221	31.1[a]	–0.4[a]
古巴	..	..	..	..	..	..	..	..	..	..	..	..
捷克共和国	11,002	43,056	19.4	27.7	11.6	10.8	57.7	29.4	131	16	23.0	0.2
丹麦	107,666	231,746	67.3	60.4	57.2	47.9	86.0	69.1	225	196	40.6	25.1
多米尼加共和国	..	..	..	..	..	..	..	..	..	..	..	..
厄瓜多尔	704	5,263	4.4	7.4	0.1	2.4	2.0	3.8	30	40	–13.1[a]	9.7[a]
埃及	28,741	82,495	28.8	47.7	11.1	28.0	36.1	43.0	1,076	211	35.6	11.5
萨尔瓦多	2,041	4,227	15.5	21.0	0.2	..	1.2	..	40	61	..	..
厄立特里亚	..	..	..	..	..	..	..	..	..	..	..	..
爱沙尼亚	1,846	2,260	32.5	13.9	5.7	2.0	18.0	13.1	23	15	32.9[a]	56.0[a]
埃塞俄比亚	..	..	..	..	..	..	..	..	..	..	..	..
芬兰	293,635	118,160	241.2	38.2	169.8	38.3	64.3	97.4	154	123	17.5	10.7
法国	1,446,634	1,926,488	108.9	74.4	81.6	51.6	74.1	42.5	808	901	25.6[b]	–9.9[b]
加蓬	..	..	..	..	..	..	..	..	..	..	..	..
冈比亚	..	..	..	..	..	..	..	..	..	..	..	..
格鲁吉亚	24	1,060	0.8	6.8	0.1	0.0	*11.3*	0.3	269	143	..	..
德国	1,270,243	1,429,707	66.8	39.0	56.3	38.7	79.1	103.0	1,022	571	25.8[c]	7.4[c]
加纳	502	3,531	10.1	9.6	0.2	0.2	1.4	3.4	22	35	–42.7[a]	94.1[a]
希腊	110,839	72,639	88.3	16.6	75.7	15.7	60.4	67.7	329	287	22.1	–43.8
危地马拉	*172*	..	*0.9*	..	*0.1*	..	*6.4*	..	*7*	..	..	..
几内亚	..	..	..	..	..	..	..	..	..	..	..	..
几内亚比绍	..	..	..	..	..	..	..	..	..	..	..	..
海地	..	..	..	..	..	..	..	..	..	..	..	..
洪都拉斯	*458*	..	*8.8*	..	..	..	..	..	*94*	..	..	..

	市场资本总额				市场流动性		周转率		国内上市公司		S&P全球股权指数	
	百万美元		占GDP的百分比		交易额占GDP的百分比		成交股票金额占资本总市值的百分比		数量		变动百分比	
	2000	2010	2000	2009	2000	2009	2000	2010	2000	2010	2009	2010
匈牙利	12,021	27,708	25.1	21.9	25.4	20.1	85.8	94.5	60	48	73.0	–10.8
印度	148,064	1,615,860	32.2	85.6	110.8	79.1	306.5	75.6	5,937	4,987	94.1	18.7
印度尼西亚	26,834	360,388	16.3	33.0	8.7	21.3	31.5	48.1	290	420	130.1	37.9
伊朗	7,350	86,616	7.3	19.1	1.1	5.2	7.4	22.9	304	341	..	..
伊拉克	..	..	..	..	..	..	..	..	..	..	..	..
爱尔兰	81,882	33,722	84.8	13.2	14.9	8.1	19.2	52.9	76	50	44.7	–7.7
以色列	64,081	218,055	51.4	93.2	18.8	45.2	36.6	66.7	654	596	56.8	7.4
意大利	768,364	318,140	70.0	15.0	70.9	21.8	104.0	169.7	291	291	23.1	–17.4
牙买加	3,582	6,626	39.8	51.4	0.8	1.0	2.5	3.3	46	39	–15.8[a]	22.4[a]
日本	3,157,222	4,099,591	67.6	66.6	57.7	82.7	69.9	114.5	2,561	3,553	16.4[d]	9.6[d]
约旦	4,943	30,864	58.4	127.0	4.9	54.4	7.7	30.1	163	277	–13.9[a]	–8.6[a]
哈萨克斯坦	1,342	60,742	7.3	50.0	0.5	3.5	4.9	3.9	23	60	1.5[a]	–1.0[a]
肯尼亚	1,283	14,461	10.1	36.6	0.4	1.7	3.5	8.6	57	53	0.6[a]	33.8[a]
朝鲜	..	..	..	..	..	..	..	..	..	..	..	..
韩国	171,587	1,089,217	32.2	100.5	200.2	190.0	376.6	168.9	1,308	1,781	67.2	25.3
科索沃	..	..	..	..	..	..	..	..	..	..	..	..
科威特	20,772	119,621	55.1	*72.4*	11.2	*82.9*	21.3	38.8	77	215	–10.4[a]	29.1[a]
吉尔吉斯斯坦	4	79	0.3	1.6	1.7	1.5	580.6	11.9	80	11	..	..
老挝	..	..	..	..	..	..	..	..	..	..	..	..
拉脱维亚	563	1,252	7.2	7.0	2.9	0.1	47.8	1.8	64	33	2.2[a]	39.4[a]
黎巴嫩	1,583	12,586	9.2	37.3	0.7	3.0	6.7	14.7	12	10	43.4[a]	–8.7[a]
莱索托	..	..	..	..	..	..	..	..	..	..	..	..
利比里亚	..	..	..	..	..	..	..	..	..	..	..	..
利比亚	..	..	..	..	..	..	..	..	..	..	..	..
立陶宛	1,588	5,661	13.9	12.0	1.8	0.8	14.8	5.8	54	39	36.7[a]	44.0[a]
前南斯拉夫马其顿共和国	7	2,647	0.2	10.0	3.3	0.7	1,612.9	2.0	1	34	..	..
马达加斯加	..	..	..	..	..	..	..	..	..	..	..	..
马拉维	..	1,363	..	29.3	..	*0.4*	..	1.5	..	14	..	..
马来西亚	116,935	410,534	124.7	132.6	62.4	37.8	44.6	27.1	795	957	46.7	35.1
马里	..	..	..	..	..	..	..	..	..	..	..	..
毛里塔尼亚	..	..	..	..	..	..	..	..	..	..	..	..
毛里求斯	1,331	6,506	29.0	55.2	1.6	3.8	5.1	6.4	40	86	44.2[a]	8.2[a]
墨西哥	125,204	454,345	21.5	38.9	7.8	8.8	32.5	27.3	179	130	55.8	26.6
摩尔多瓦	*38*	..	*3.2*	..	1.9	0.2	*80.2*	..	*34*	..	..	..
蒙古	37	1,093	3.4	10.2	0.7	0.4	23.2	6.4	410	336	..	..
摩洛哥	10,899	69,153	29.4	68.8	3.0	32.2	8.9	16.3	53	73	–1.7	13.1
莫桑比克	..	..	..	..	..	..	..	..	..	..	..	..
缅甸	..	..	..	..	..	..	..	..	..	..	..	..
纳米比亚	311	1,176	8.0	9.1	0.6	0.2	4.4	1.8	13	7	22.6[a]	24.2[a]
尼泊尔	790	4,843	14.4	43.8	0.6	1.8	5.4	1.9	110	190	..	..
荷兰	640,456	661,204	166.3	68.5	175.9	76.3	101.4	98.4	234	113	41.7	1.2
新西兰	18,866	36,295	36.7	52.9	21.0	29.4	45.9	20.8	142	102	40.4	5.2
尼加拉瓜	..	..	..	..	..	..	..	..	..	..	..	..
尼日尔	..	..	..	..	..	..	..	..	..	..	..	..
尼日利亚	4,237	50,883	9.2	19.3	0.6	2.6	7.3	12.5	195	215	–35.4[a]	20.3[a]
挪威	65,034	250,922	38.6	59.5	35.7	64.9	93.4	90.8	191	195	91.4	13.7
阿曼	3,463	20,267	17.4	37.5	2.8	12.6	14.2	18.2	131	120	22.0[a]	12.2[a]
巴基斯坦	6,581	38,169	8.9	20.5	44.6	14.5	486.8	36.2	762	644	56.7[a]	15.3[a]
巴拿马	2,794	10,917	24.0	32.6	1.3	0.2	4.7	2.0	29	34	15.4[a]	12.8[a]
巴布亚新几内亚	*1,520*	9,742	*49.3*	*116.1*	*0.0*	*0.2*	*0.1*	..	*7*	10	..	..
巴拉圭	*224*	42	*3.5*	*0.3*	*0.1*	*0.1*	*3.5*	..	*56*	50	..	..
秘鲁	10,562	99,831	19.8	53.5	2.9	2.4	12.7	4.7	230	199	79.3	51.3
菲律宾	25,957	157,321	34.2	49.7	10.8	10.7	24.1	22.6	228	251	71.5	56.7
波兰	31,279	190,235	18.3	31.5	8.5	13.0	48.1	47.6	225	569	41.9	11.3
葡萄牙	60,681	81,996	51.9	42.4	46.5	19.7	85.5	34.6	109	47	35.0	–16.6
波多黎各	..	..	..	..	..	..	..	..	..	..	..	..
卡塔尔	5,152	123,592	29.0	89.4	1.3	25.9	4.5	17.3	22	43	5.1[a]	27.7[a]

	市场资本总额				市场流动性		周转率		国内上市公司		S&P全球股权指数	
	百万美元		占GDP的百分比		交易额占GDP的百分比		成交股票金额占资本总市值的百分比		数量		变动百分比	
	2000	2010	2000	2009	2000	2009	2000	2010	2000	2010	2009	2010
罗马尼亚	1,069	32,385	2.9	18.8	0.6	1.2	24.3	5.4	5,555	1,383	26.1[a]	–6.6[a]
俄罗斯联邦	38,922	1,004,525	15.0	69.9	7.8	55.4	36.6	85.7	249	345	106.6	21.7
卢旺达	..	..	..	..	..	..	..	..	..	..	..	..
沙特阿拉伯	67,171	353,414	35.6	84.8	9.2	89.7	27.1	60.5	75	146	28.5[e]	9.0[e]
塞内加尔	..	..	..	..	..	..	..	..	..	..	..	..
塞尔维亚	*734*	9,690	*4.9*	26.8	0.1	1.3	..	2.2	6	7	..	..
塞拉利昂	..	..	..	..	..	..	..	..	..	..	..	..
新加坡	152,827	370,091	164.8	170.5	98.7	138.4	52.1	82.9	418	461	76.7	18.4
斯洛伐克共和国	1,217	4,150	4.2	5.3	3.1	0.2	78.7	3.9	493	90	–23.1[a]	5.4[a]
斯洛文尼亚	2,547	9,428	12.8	24.3	2.3	2.1	19.7	2.6	38	71	16.1[a]	–20.3[a]
索马里	..	..	..	..	..	..	..	..	..	..	..	..
南非	204,952	1,012,538	154.2	247.0	58.3	120.0	33.2	39.6	616	360	53.7	32.1
西班牙	504,219	1,171,615	86.8	88.8	169.8	109.5	210.7	76.0	1,019	3,310	29.0	–24.5
斯里兰卡	1,074	19,924	6.6	19.4	0.9	2.1	10.8	23.6	239	241	118.0[a]	84.6[a]
苏丹	..	..	..	..	..	..	..	..	..	..	..	..
斯威士兰	73	..	4.9	*6.9*	0.0	..	0.3	..	6	5	..	..
瑞典	328,339	581,174	132.8	106.5	157.7	96.1	111.2	86.8	292	331	66.0	32.6
瑞士	792,316	1,229,357	317.0	217.7	243.7	161.7	82.0	75.6	252	246	24.5	11.0
阿拉伯叙利亚共和国	..	..	..	..	..	..	..	..	..	..	..	..
塔吉克斯坦	..	..	..	..	..	..	..	..	..	..	..	..
坦桑尼亚	233	1,264	2.3	*5.4*	0.4	*0.1*	19.4	..	4	11	..	..
泰国	29,489	277,732	24.0	52.4	19.0	51.2	52.9	104.8	381	541	72.8	52.1
东帝汶	..	..	..	..	..	..	..	..	..	..	..	..
多哥	..	..	..	..	..	..	..	..	..	..	..	..
特立尼达和多巴哥	4,330	12,158	53.1	52.6	1.7	1.1	3.1	1.2	27	37	–10.2[a]	0.8[a]
突尼斯	2,828	10,682	14.5	23.1	3.2	3.2	22.6	17.2	44	54	40.6[a]	11.7[a]
土耳其	69,659	306,662	26.1	36.7	67.2	39.6	196.5	158.4	315	337	99.6	21.4
土库曼斯坦	..	..	..	..	..	..	..	..	..	..	..	..
乌干达	*35*	..	*0.6*	..	*0.0*	..	*1.7*	..	*2*	8	..	..
乌克兰	1,881	39,457	6.0	14.8	0.9	0.5	19.2	7.5	139	183	31.1[a]	53.8[a]
阿拉伯联合酋长国	5,727	104,669	8.1	47.6	0.2	28.5	1.8	25.6	54	101	24.6[a]	–6.8[a]
英国	2,576,992	3,107,038	174.4	128.6	124.2	156.5	66.6	101.9	1,904	2,056	35.2[f]	5.2[f]
美国	15,104,037	17,138,978	152.6	106.8	321.9	331.0	200.8	189.1	7,524	4,279	23.5[g]	12.8[g]
乌拉圭	161	157	0.7	*0.4*	*0.0*	*0.0*	*0.9*	..	16	6	..	..
乌兹别克斯坦	32	..	0.2	..	0.1	0.0	25.7	..	5	..	..	..
委内瑞拉	8,128	3,991	6.9	2.7	0.6	0.0	8.8	0.8	85	55	..	..
越南	..	20,385	..	21.8	..	6.8	..	141.4	..	164	46.9[a]	0.5[a]
西岸和加沙	765	2,450	18.6	..	4.6	..	23.4	18.7	24	41	..	..
也门共和国	..	..	..	..	..	..	..	..	..	..	..	..
赞比亚	236	2,817	7.3	*17.4*	0.2	*0.8*	3.1	..	9	19	16.7[a]	17.4[a]
津巴布韦	2,432	11,476	36.8	*161.4*	4.2	*16.1*	11.3	..	69	76	*–83.8*	..
全世界	**32,187,124 s**	**56,172,634 s**	**101.7 w**	**85.2 w**	**151.4 w**	**142.5 w**	**140.2 w**	**122.0 w**	**47,751 s**	**47,071 s**		
低收入国家	..	86,835	..	*37.7*	..	*7.9*	18.3	32.5	..	719		
中等收入国家	1,941,548	13,277,006	36.5	73.2	34.5	82.7	93.8	101.1	21,522	16,778		
中低收入国家	879,123	7,570,880	36.2	82.2	54.6	124.3	162.2	132.4	11,444	11,088		
中高收入国家	1,062,425	5,706,126	36.8	62.1	17.5	31.5	44.2	55.7	10,078	5,690		
低收入和中等收入国家	1,948,214	13,363,841	36.1	72.6	34.0	81.9	93.5	100.8	22,094	17,497		
东亚和太平洋地区	780,487	6,001,435	47.1	91.0	49.8	149.0	116.2	146.0	3,190	4,758		
欧洲和中亚	115,145	1,473,816	17.5	50.8	30.1	38.3	131.0	91.2	7,199	2,963		
拉丁美洲和加勒比地区	620,023	2,750,758	31.7	52.9	8.4	20.9	27.1	46.1	1,672	1,457		
中东和北非	57,110	294,845	19.9	38.0	5.1	16.2	21.4	27.7	1,676	1,007		
南亚	157,695	1,725,795	26.1	73.3	90.2	67.0	308.8	73.5	7,269	6,364		
撒哈拉以南非洲地区	217,754	1,117,191	89.8	*154.1*	32.3	*48.1*	31.7	37.1	1,088	948		
高收入国家	30,238,910	42,808,793	115.2	89.9	175.5	165.3	143.0	128.5	25,657	29,574		
欧元区	5,435,393	6,276,893	86.8	49.3	80.2	45.6	90.1	75.0	5,051	6,278		

a. 数据为标准普尔待开发市场 BMI 指数。b. 数据为法国 CAC 40 指数。c. 数据为德国 DAX 指数。d. 数据为东京证券交易所 225 指数。e. 数据为沙特阿拉伯国家指数。f. 金融时报 100 指数。g. 数据为标准普尔 500 指数。

关于数据的说明

一个经济体金融市场的发展是与该经济体的总体发展密切相关的。运行良好的金融体系能够提供既良好又容易获得的信息。这有助于降低交易成本，反过来又能改善资源的配置，进而促进经济增长。不仅银行系统而且股票市场都能促进经济增长，而经济增长又是减贫的主要推动因素。在低水平的经济发展阶段，商业银行在整个金融系统中一般处于主导地位。在高水平的经济发展阶段，相对于国内银行业，国内股票市场一般更为活跃、更为有效。

开放的经济加上健全的宏观经济政策、健全的法律系统和对股东的保护，都能够吸引资本，进而形成规模更大的金融市场。近期对股票市场发展的研究表明，新的通信技术以及金融一体化的不断增强使跨国资金流动进一步增强，并在全世界形成了强大的金融企业，促进了国际市场上股票交易业务的流动。目前，新兴市场上的许多企业已经在国际交易市场上跨国交互上市，从而获得了成本更低的资金以及流动性更好并且易于交易的股票。然而，这也意味着新兴市场上的股票交易不具有使其得以维持的足够的金融活动，进而迫使其重新考虑自身的经营业务。

本表给出的指标来自标准普尔新兴市场数据库，包括对规模（市场资本总额和国内上市公司的数量）和流动性（交易值占国内生产总值的百分比和交易值占市场资本总额的百分比）的衡量。各国之间这些指标的可比性可能因概念和统计上的缺陷（例如，报告不精确和会计准则方面的差异）而受到限制。以美元表示的发展中经济体股票市场价格的百分比变化来自标准普尔全球股权指数（S&P IFCI）和标准普尔待开发市场指数（BMI），法国、德国、日本、英国和美国的百分比变化来自当地股票市场价格。该指标是一个重要的测量总体业绩的指数。规章和制度方面的因素都能够影响投资者的信心，例如，进入和退出的限制、证券交易委员会的存在以及保护投资者的法律质量，这些都可能影响股票市场的运行，但是本表没有包括。

尽管股票市场的规模可以用许多方法加以衡量，但是这些方法对各国的排序不同。市场资本总额表明以美元表示的股票市场总体规模以及占 GDP 的百分比。国内上市公司的数量是另一个衡量市场规模的指标。市场规模与资本活动能力、风险分散能力正相关。

市场流动性，即为证券买卖提供方便的能力，可以用交易总额除以 GDP 的方法衡量。周转率——即股票交易总额占市场资本总额的百分比——也是一个测量流动性和交易成本的指标（周转率高则表明交易成本低）。周转率可以作为交易额与 GDP 比率的补充，因为周转率同市场规模和交易额与经济规模的比率相关。规模小、流动性好的市场，其周转率高，但是交易额与经济规模的比率小。流动性是股票市场发展的重要因素，因为从理论上来讲，流动性好的市场可以改善资本的配置，并且能够强化长期经济增长的前景。一个更为综合的衡量流动性的方法应该包括交易成本和时间，以及交易过程中寻找对手的不确定性。

标准普尔的新兴市场数据库（S&P/EMDB）是本表全部数据的来源，它提供了 21 个新兴股票市场和 36 个待开发市场定期更新的数据。标准普尔为投资于发展中国家股票市场感兴趣的投资者开发了一系列指数。S&P/IFCG 指数，标准普尔先导新兴市场指数，旨在追踪那些在法律上和实践上向外国组合投资开放的新兴市场股票的组合。标准普尔 BMI 指数衡量的是在 36 个具流动性的小型市场的表现。个别国家指数包括了所有上市公司，反映了各个市场至少 80% 或者 80% 以上的市场资本化。对国际证券管理来讲，这些指数都是广泛使用的基准。若想获得关于这些指数的进一步的信息，见 www. standardandpoors. com。

由于标准普尔的新兴市场分类中所包含的市场在发展水平上各不相同，如欲掌握最为重要的市场趋势，最好参阅整个分类。股票市场的趋势可能会因为货币兑换率问题而扭曲，尤其当一种货币大幅度贬值时，记住这一点是非常有用的。

“关于数据说明” 以 Demirgüc - Kunt 和 Levine（1996），Beck 和 Levine（2001），以及 Classens、Klingebiel 和 Schmukler（2002）为依据。

定义

• **市场资本总额**（也称作市值）为股票价格乘以已公开发行的股票数量。 • **市场流动性**是交易总额除以 GDP。交易总额指某一期间股票买卖的总额。通过表明市场规模是否与交易相匹配，该指标为市场资本化率提供了补充。 • **周转率**为某一期间股票买卖的总额除以该期间平均市场资本总额。平均市场资本总额按本期期末市值和上期市值的平均数计算。 • **国内上市公司**是指年末在一国股票市场上市的国内注册公司。该指标不包括投资公司、共同基金或者其他集体投资工具。 • **S&P/全球股权指数**衡量以美元表示的股票市场价格变化。

数据资料来源

股票市场数据来自标准普尔的《2010 年全球股票市场纪实》，该纪实以 EMDB 为数据来源，由标准普尔提供的其他数据作补充。标准普尔通过每年一次对世界各股票交易所进行的调查收集数据，另外辅之以其通信网络和路透社提供的信息。GDP 数据来自世界银行的国民账户数据档案。

5.5 资金的获取、稳定与效率

	获取信贷		金融服务可及性					银行资本与资产的比率	银行不良贷款与毛贷款总额的比率	由银行部门提供的国内信贷	利率差价	贷款的风险溢价
	法定权利强度指数 由0(弱)到10(强) 2010年6月	信贷信息深度指数 由0(低)到6(高) 2010年6月	商业银行的存款账户 每一千成年人 2009	商业银行的贷款账户 每一千成年人 2009	商业银行分支机构 每10万成年人 2009	自动柜员机 每10万成年人 2009	销售点终端机 每10万成年人 2009	百分比 2009	百分比 2009	占GDP的百分比 2009	贷款利率减去存款利率的百分点 2009	基本贷款利率减去短期国库券利率的百分点 2009
阿富汗	6	0	..	4	1.1	0.18	..	..	..	1.5	..	..
阿尔巴尼亚	9	4	451	102	21.4	26.87	123	8.7	10.5	68.5	5.9	6.4
阿尔及利亚	3	2	683	..	5.3	4.13	8	..	..	-8.9	6.3	7.3
安哥拉	4	3	..	..	5.5	7.82	25	..	..	29.2	8.1	..
阿根廷	4	6	875	503	13.3	33.04	..	13.3	3.0	28.0	4.1	..
亚美尼亚	6	5	572	192	15.7	22.22	94	21.0	4.8	19.9	10.1	9.3
澳大利亚	9	5	..	..	31.8	159.30	3,939	5.0	1.2	143.6	3.2	2.9
奥地利	7	6	2,442	..	..	118.37	4,890	7.0	2.3	141.1	..	..
阿塞拜疆	6	5	702	..	8.6	23.05	112	..	..	23.1	7.8	16.7
孟加拉国	7	2	319	42	5.2	..	..	6.5	*11.2*	60.4	6.4	..
白俄罗斯	3	5	..	..	44.9	29.71	165	16.6	4.2	34.6	1.0	..
比利时	7	4	3,725	..	50.0	85.96	1,086	4.5	2.7	119.3	..	5.6
贝宁	3	1	..	..	..	..	..	..	..	19.1	..	..
玻利维亚	1	6	274	72	6.3	15.11	33	8.7	3.5	49.5	8.9	9.5
波斯尼亚和黑塞哥维那	5	5	380	344	25.0	27.14	502	15.2	5.9	58.3	4.3	..
博茨瓦纳	7	4	481	80	6.9	29.26	..	..	..	-1.0	6.3	..
巴西	3	5	..	390	12.2	110.19	1,471	9.5	4.2	97.5	35.4	34.9
保加利亚	8	6	1,987	456	88.1	78.22	683	10.8	6.4	69.4	5.2	6.2
布基纳法索	3	1	..	..	..	..	..	..	..	15.2	..	..
布隆迪	2	1	21	1	1.7	0.04	0	..	..	36.5	..	..
柬埔寨	8	0	76	25	3.7	..	36	..	..	19.0	..	..
喀麦隆	3	2	..	..	..	..	..	..	..	6.9	*10.8*	..
加拿大	6	6	..	..	23.7	202.78	2,202	5.7	1.3	*178.1*	2.3	2.0
中非共和国	3	2	..	..	..	..	..	..	..	17.2	*10.8*	..
乍得	3	1	..	..	..	..	..	..	..	8.3	*10.8*	..
智利	4	5	746	629	15.0	55.56	450	7.4	3.0	98.8	5.2	..
中国	6	4	..	..	..	..	..	5.6	1.6	145.2	3.1	..
中国香港	10	5	..	..	24.4	..	..	12.7	1.1	166.8	5.0	4.9
哥伦比亚	5	5	1,151	..	13.7	26.31	..	13.6	4.1	37.2	6.9	..
刚果民主共和国	3	0	6	..	0.3	..	..	..	..	7.6	49.5	..
刚果共和国	3	2	..	..	..	..	..	..	..	-15.9	*10.8*	..
哥斯达黎加	5	5	..	..	..	53.35	0	13.9	2.0	54.3	12.8	..
科特迪瓦	3	1	..	..	..	..	..	..	..	22.8	..	..
克罗地亚	6	4	..	..	33.2	88.62	2,121	13.9	7.8	76.9	8.4	..
古巴	..	..	..	..	..	..	..	..	..	..	..	..
捷克共和国	6	5	1,680	..	22.4	38.40	651	6.1	4.6	62.4	4.7	4.7
丹麦	9	4	..	..	46.7	70.42	2,023	5.7	*0.3*	223.0	..	..
多米尼加共和国	3	6	..	310	10.0	27.21	..	9.1	4.0	40.6	10.3	..
厄瓜多尔	3	5	494	..	1.6	26.01	..	7.7	2.9	18.9	*7.1*	..
埃及	3	6	..	..	..	..	..	6.4	13.4	75.4	5.5	2.1
萨尔瓦多	5	6	737	..	8.2	22.86	250	13.2	3.6	44.5	..	..
厄立特里亚	2	0	..	..	..	..	..	..	..	112.1	..	..
爱沙尼亚	7	5	2,752	1,022	22.2	89.09	1,417	8.5	5.2	106.2	4.6	..
埃塞俄比亚	4	2	82	1	1.2	..	..	..	..	*37.1*	*3.3*	*7.3*
芬兰	7	5	..	..	18.5	38.74	66	6.4	0.7	98.7	..	..
法国	7	4	..	..	23.0	102.55	2,153	4.5	3.6	128.4	..	..
加蓬	3	2	..	..	..	..	..	16.2	9.8	7.5	*10.8*	..
冈比亚	5	0	269	44	5.5	1.48	5	..	..	38.7	11.5	..
格鲁吉亚	7	6	661	349	18.6	28.77	169	18.3	6.3	33.2	15.2	19.5
德国	7	6	..	..	16.3	79.74	799	4.8	3.3	131.8	..	..
加纳	8	3	270	..	4.4	4.16	4	17.0	16.2	*27.9*	..	..
希腊	3	5	3,219	1,297	38.8	76.06	3,827	6.1	7.7	112.7	..	..
危地马拉	8	6	1,050	374	33.1	22.18	486	10.5	2.7	37.7	8.3	..
几内亚	3	0	..	..	..	..	..	..	..	..	..	..
几内亚比绍	3	1	..	..	..	..	..	..	..	4.9	..	..
海地	3	2	330	11	..	0.58	..	..	..	25.8	16.2	..
洪都拉斯	6	6	744	..	1.5	21.89	..	..	..	54.1	8.6	..

	获取信贷		金融服务可及性					银行资本与资产的比率	银行不良贷款与毛贷款总额的比率	由银行部门提供的国内信贷	利率差价	贷款的风险溢价
	法定权利强度指数 由0(弱)到10(强)	信贷信息深度指数 由0(低)到6(高)	商业银行的存款账户 每一千成年人	商业银行的贷款账户 每一千成年人	商业银行分支机构 每10万成年人	自动柜员机 每10万成年人	销售点终端机 每10万成年人	百分比	百分比	占GDP的百分比	贷款利率减去存款利率的百分点	基本贷款利率减去短期国库券利率的百分点
	2010年6月	2010年6月	2009	2009	2009	2009	2009	2009	2009	2009	2009	2009
匈牙利	7	5	1,571	..	17.1	54.24	585	8.5	6.7	79.9	5.2	2.6
印度	8	4	680	124	9.3	3.55	..	*6.4*	2.3	69.4	..	..
印度尼西亚	3	4	484	181	6.7	13.44	120	10.3	3.3	36.9	5.2	..
伊朗	4	4	..	..	28.8	23.97	1,353	..	..	37.2	-1.1	..
伊拉克	3	0	..	..	..	..	..	..	..	-16.3	7.8	*1.8*
爱尔兰	8	5	..	..	34.1	..	..	5.6	9.0	219.8	..	..
以色列	9	5	2,254	1,055	19.8	47.38	..	6.0	1.5	78.1	2.6	2.3
意大利	3	5	763	597	53.0	93.93	2,386	8.0	7.0	141.6	..	3.8
牙买加	8	0	1,172	215	7.2	21.89	674	..	..	59.8	9.5	-3.5
日本	7	6	..	..	12.5	..	..	4.7	1.7	320.5	1.3	1.6
约旦	4	2	814	160	16.2	..	..	11.0	6.7	99.3	4.3	..
哈萨克斯坦	4	5	..	..	21.6	52.83	173	-9.3	21.2	54.6	..	..
肯尼亚	10	4	296	70	4.0	6.67	..	12.7	7.9	44.8	8.8	7.4
朝鲜	..	..	..	..	..	..	..	..	..	..	..	..
韩国	7	6	..	..	12.6	..	..	10.9	1.2	112.4	2.2	..
科索沃	8	4	..	..	..	..	..	..	4.4	14.3	10.1	..
科威特	4	4	..	..	15.1	50.05	904	12.1	9.7	*65.1*	3.3	5.2
吉尔吉斯斯坦	10	3	115	25	6.3	..	..	..	..	*14.0*	19.2	12.5
老挝	4	0	..	..	1.7	3.06	..	..	..	*10.5*	*19.3*	*11.5*
拉脱维亚	9	5	1,219	687	12.0	..	..	7.4	16.4	93.2	8.2	5.8
黎巴嫩	3	5	1,310	..	29.1	38.55	1,293	7.0	6.0	165.0	2.3	4.7
莱索托	6	0	199	18	1.9	7.13	..	*7.9*	4.0	-15.5	8.2	5.2
利比里亚	4	1	..	..	..	..	..	..	..	149.5	10.1	..
利比亚	..	..	..	..	..	..	..	..	..	-65.9	3.5	..
立陶宛	5	6	2,142	381	28.8	51.69	1,413	7.9	19.3	69.3	3.6	-0.1
前南斯拉夫马其顿共和国	7	4	1,302	962	22.1	45.98	1,297	11.4	8.9	44.0	3.0	..
马达加斯加	2	0	34	21	1.0	0.96	2	..	..	11.6	33.5	37.4
马拉维	7	0	124	17	1.8	1.48	2	..	..	32.0	21.8	15.1
马来西亚	10	6	2,227	973	11.6	43.25	941	9.0	3.7	137.4	3.0	3.0
马里	3	1	..	..	..	..	..	..	..	10.7	..	..
毛里塔尼亚	3	1	37	..	3.8	0.74	..	..	..	..	*15.5*	*13.1*
毛里求斯	5	3	2,110	417	19.4	37.71	647	..	..	109.7	10.8	..
墨西哥	5	6	1,014	..	14.0	40.15	..	9.7	3.1	44.1	5.1	1.6
摩尔多瓦	8	0	..	..	9.7	..	..	16.0	16.3	41.6	5.6	9.2
蒙古	6	3	1,935	272	56.7	18.18	448	..	..	32.2	8.4	*15.0*
摩洛哥	3	5	277	..	11.6	16.65	46	7.6	5.5	100.5	..	..
莫桑比克	2	4	112	20	2.9	4.32	34	7.7	1.8	22.8	6.2	5.1
缅甸	..	..	..	..	..	..	..	..	..	..	5.0	..
纳米比亚	8	5	466	356	7.3	27.31	217	7.9	2.7	43.5	4.9	2.9
尼泊尔	6	2	165	38	3.2	1.13	..	..	..	69.6	5.5	1.7
荷兰	6	5	1,772	..	26.1	63.78	2,286	4.3	..	224.4	-0.6	..
新西兰	10	5	..	..	31.7	72.34	3,916	..	..	154.2	6.3	7.6
尼加拉瓜	3	5	198	185	6.8	..	..	..	..	67.5	8.0	..
尼日尔	3	1	..	..	..	..	..	..	..	12.2	..	..
尼日利亚	8	0	..	..	..	..	..	18.4	6.6	35.9	5.1	14.6
挪威	7	4	..	..	35.0	59.73	2,827	6.0	1.5	..	2.0	..
阿曼	4	2	..	..	22.1	..	..	13.5	3.5	41.9	3.3	..
巴基斯坦	6	4	226	47	7.5	3.39	47	10.1	12.2	48.4	5.9	2.0
巴拿马	6	6	757	435	18.9	36.94	427	11.7	1.4	81.6	4.8	..
巴布亚新几内亚	5	3	..	..	2.8	..	..	..	..	39.1	7.8	3.0
巴拉圭	3	6	80	89	6.2	..	..	8.7	1.6	25.5	26.8	..
秘鲁	7	6	716	367	7.5	17.67	40	9.9	2.7	18.1	18.2	..
菲律宾	3	3	517	..	10.5	13.33	..	11.1	4.1	*49.4*	5.8	*5.3*
波兰	9	4	1,527	..	32.6	42.16	253	9.0	7.6	61.5	..	..
葡萄牙	3	5	..	..	55.9	189.60	2,548	6.5	3.2	196.1	..	..
波多黎各	7	5	1,026	..	16.6	43.33	1,398	..	..	..	..	..
卡塔尔	3	2	..	..	..	..	..	..	..	75.7	2.8	..

5.5 资金的获取、稳定与效率

	获取信贷		金融服务可及性					银行资本与资产的比率	银行不良贷款与毛贷款总额的比率	由银行部门提供的国内信贷	利率差价	贷款的风险溢价
	法定权利强度指数 由0(弱)到10(强)	信贷信息深度指数 由0(低)到6(高)	商业银行的存款账户 每一千成年人	商业银行的贷款账户 每一千成年人	商业银行分支机构 每10万成年人	自动柜员机 每10万成年人	销售点终端机 每10万成年人	百分比	百分比	占GDP的百分比	贷款利率减去存款利率的百分点	基本贷款利率减去短期国库券利率的百分点
	2010年6月	2010年6月	2009	2009	2009	2009	2009	2009	2009	2009	2009	2009
罗马尼亚	8	5	..	431	27.6	50.63	460	7.6	15.3	52.7	5.3	6.4
俄罗斯联邦	3	5	..	..	2.9	65.60	275	15.7	9.7	33.8	6.7	..
卢旺达	8	4	202	2	3.1	0.38	1	13.0	13.1	..	*9.8*	*8.9*
沙特阿拉伯	5	6	..	..	..	..	..	11.9	3.3	0.6	..	..
塞内加尔	3	1	..	..	..	..	..	9.3	18.7	26.6	..	..
塞尔维亚	8	5	..	..	44.9	41.31	959	21.0	15.5	44.8	0.0	1.4
塞拉利昂	6	0	..	..	..	..	..	18.9	16.5	10.7	*14.8*	*9.0*
新加坡	10	4	2,305	899	11.0	50.64	1,887	10.5	2.3	91.2	5.1	5.0
斯洛伐克共和国	9	4	..	..	25.7	47.76	611	9.6	5.3	*53.8*	*4.3*	..
斯洛文尼亚	5	2	1,394	..	15.7	99.47	1,925	8.3	2.3	94.5	4.5	4.8
索马里	..	..	..	..	..	..	..	..	..	..	..	..
南非	9	6	788	297	8.0	54.85	..	6.7	5.9	183.5	3.2	3.9
西班牙	6	5	741	310	40.5	157.10	3,523	6.8	5.1	228.4	..	..
斯里兰卡	4	5	1,652	487	9.1	10.46	..	..	..	39.6	5.1	2.7
苏丹	5	0	..	..	..	..	..	..	..	20.0	..	..
斯威士兰	6	5	270	98	2.9	15.96	52	16.9	8.1	9.1	6.0	3.4
瑞典	5	4	..	..	22.8	36.94	..	5.0	2.0	143.8	..	..
瑞士	8	5	..	..	..	93.70	2,004	5.5	0.4	191.0	2.7	2.8
阿拉伯叙利亚共和国	1	2	157	23	2.2	0.95	..	..	..	45.1	3.7	..
塔吉克斯坦	3	0	..	..	3.9	2.97	2	..	..	*27.5*	17.1	..
坦桑尼亚	8	0	..	..	1.8	2.63	11	..	..	18.1	7.1	7.9
泰国	4	5	1,498	276	10.9	65.48	..	9.8	5.3	136.9	4.9	4.7
东帝汶	1	0	..	..	..	..	..	..	..	-18.4	10.3	..
多哥	3	1	..	..	..	..	..	..	..	30.2	..	..
特立尼达和多巴哥	8	4	..	..	..	..	..	..	..	26.5	8.5	9.2
突尼斯	3	5	672	176	13.6	14.26	172	..	13.2	75.2	..	..
土耳其	4	5	1,851	315	17.3	40.99	3,046	13.3	5.6	63.0	..	..
土库曼斯坦	..	..	..	..	..	..	..	..	..	..	..	..
乌干达	7	4	154	21	1.9	2.24	3	13.4	4.2	11.2	11.2	13.9
乌克兰	9	3	3,755	..	3.3	70.09	293	13.1	40.2	88.5	7.1	..
阿拉伯联合酋长国	4	5	..	..	..	..	..	16.0	4.8	114.5	..	..
英国	9	6	..	..	..	127.07	2,177	5.4	3.5	228.9	..	0.1
美国	8	6	1,761	..	35.4	169.23	2,156	11.0	5.4	230.5	..	3.1
乌拉圭	5	6	507	439	13.9	30.57	275	8.9	1.0	27.9	10.9	3.4
乌兹别克斯坦	2	3	..	..	..	..	..	..	..	..	..	..
委内瑞拉	2	0	518	484	18.5	27.99	..	9.4	3.0	*20.5*	3.5	..
越南	8	5	..	..	3.3	..	..	..	..	123.0	*3.1*	2.0
西岸和加沙	0	3	..	..	..	..	..	..	..	..	..	..
也门共和国	2	2	106	6	1.8	2.44	17	..	..	19.3	7.3	4.5
赞比亚	9	5	293	19	3.5	4.54	11	..	..	18.5	15.0	6.7
津巴布韦	6	0	139	..	2.8	..	..	..	..	..	*457.5*	*330.2*
全世界	**5.5 u**	**3.0 u**						**9.4 m**	**4.2 m**	**169.0 w**	**6.2 m**	
低收入国家	4.9	1.3						..	..	35.1	*11.5*	
中等收入国家	5.1	3.1						10.1	4.8	89.4	6.3	
中低收入国家	4.6	2.6						*10.0*	5.1	110.3	7.3	
中高收入国家	5.7	3.6						9.7	4.2	63.3	5.5	
低收入和中等收入国家	5.0	2.6						..	5.3	88.4	6.8	
东亚和太平洋地区	5.8	1.9						..	..	134.2	7.1	
欧洲和中亚	6.3	4.1						13.3	9.3	47.1	5.7	
拉丁美洲和加勒比地区	5.2	3.4						9.6	3.0	67.1	7.7	
中东和北非	2.5	3.1						..	..	40.9	4.3	
南亚	5.4	2.1						*6.4*	*10.5*	65.6	5.9	
撒哈拉以南非洲地区	4.6	1.6						..	..	78.5	*8.5*	
高收入国家	6.7	4.3						6.8	3.4	201.8	..	
欧元区	6.3	4.1						6.5	3.6	152.0	..	

关于数据的说明

获取金融服务在拓宽融资获取渠道的同时，提高银行服务的可及性，并且降低人们与企业获得融资的障碍，扩大了所有人的机遇。一个能够促进有效储蓄和投资的稳定的金融体系，对于振兴民主和市场经济来说，也是至关重要的。

金融服务的可及性涉及几个方面：服务的可获得性、成本以及质量。信贷市场的发展与增长有赖于及时、可靠的服务获取渠道以及有关借款者信用情况的准确数据。改善信贷可及性的有效途径就是更容易地制定和实施抵押协议以及增强有关潜在借款人信贷价值的信息。当增加贷款时，贷款人就会关注借款人的信贷历史和抵押资产。在那些缺少信用登记及其有效的担保抵押法的地方——许多发展中国家——银行很少贷款。这些指标涵盖了信贷的获取，其中包括法定权利指数和信贷信息深度指数。

“无银行账户”必须利用非正式的方式来管理它们的资金——家中的现金、向家庭或者朋友的借款或者贷给他人的款项——这些通常都不可靠而且相对于正式的银行机构成本更高。本表提供了有关金融服务获取（包括存款和贷款）和覆盖面指标（例如，分支机构、自动柜员机、销售点终端机的数量）的数据。

有关金融服务获取的数据涵盖了142个国家，并提供了有关储蓄、信贷、银行和受监管的非银行金融机构服务收费的指标。数据都是从商业银行和受监管的非银行金融机构（合作社、信贷联盟、国家专业金融机构和小额信贷机构）收集。

国际游资的规模和流动性使人们越来越认识到，对金融体系的稳健状况加以监督是何等重要。金融体系的繁荣有助于增强经济活动，并提高福利，但是金融体系不稳也会干扰经济活动，并给经济带来巨大而且广泛的压力。银行资本与总资产的比率作为衡量银行清偿力和适应力的尺度，还提供了一个衡量银行应对意外损失的能力的尺度。资本包括第一层次的资本（认缴的份额和普通股），它在所有国家的银行系统中具有共同的特征，以及总调控资本，包括几个特殊类型的附属债务工具，如果为保持最低资本水平（由第2层次和第3层次的资本构成）而需要资金时，这些附属债务无须偿还。总资产包括金融与非金融的所有资产。数据来自内部一致的财务报表。

银行不良贷款占总贷款额的份额，是衡量银行健康状况和效率的一个尺度。它有助于甄别贷款组合中与资产质量有关的问题。较高的该比率可能是信贷投资组合质量恶化的信号。国际指导原则建议，当本利的支付超过到期日90天及其以上，或者当没有充分的收入来保证未来本利的支付时，该贷款即可界定为不良贷款。由银行部门提供的国内信贷占GDP的份额，是衡量银行部门的金融深度和以规模衡量的金融部门发展情况的一个尺度。只有很少国家的政府会在银行系统而不是在中央银行中将国际储备作为存款来持有。由于对中央政府的债权是一项净额（对中央政府的债权减去中央政府的存款），该净值可能是负数，从而导致银行部门提供的国内信贷呈负数。

利率差价——债务筹集的成本与资产赢利之间的差幅——衡量的是金融部门融通资金时的效率。利率差价小意味着交易成本低，降低投资基金的总成本，进而对于经济增长至关重要。

贷款的风险溢价是向私营部门贷款的利率与向政府的“无风险的”贷款利率之间的差价。差价小表明市场认为其最佳的公司客户的风险较小。利率差价用年度平均值表示。在某些国家，该差价可能是负数，表明市场认为其最佳公司客户的风险比政府的风险小。

定义

• **法定权利指数**主要用来衡量有利于借贷的抵押担保法和破产法对贷款人和借款人权利的保护程度。指数越大表明为增加信贷的获取而设计的这些法律越好。 • **信贷信息深度指数**主要用来衡量影响通过公共和私营征信机构获得信贷信息的范围、渠道及其质量的规则。指数越大表明可以从公共征信机构或者私营信贷所获得越多的信贷信息。 • **存款账户**是指商业银行的账户，账户持有者可以在其中存钱，也可以从中取钱。主要的几类存款账户包括：支票账户、储蓄账户和定期存款账户。 • **商业银行的贷款账户**包括银行向个人、企业以及其他机构的贷款，其中包括家庭抵押贷款、消费贷款、商业贷款、贸易贷款、学生贷款、应急贷款、农业贷款以及类似的贷款。 • **商业银行分支机构**是指能够提供各式各样的人工和自动金融服务的业务受理点。

• **自动柜员机**是指在公共地点由计算机控制的向金融机构客户提供金融交易服务的计算机电信设备。 • **销售点终端机**是指在交易发生地点通常由销售人员操作用于管理销售过程设备。 • **银行资本与资产的比率**是银行资本与总资产储备的比率。资本与储备包括所有者捐缴的基金、留存收益、一般和专项储备、准备金以及对估价的调整。 • **银行不良贷款与毛贷款总额的比率**为不良贷款与贷款组合（包括扣除特别贷款损失准备金之前的不良贷款额）的总价值之比。就像资产负债表中记录的一样，报告为不良贷款的贷款额应该是贷款的毛值，而不只是逾期的贷款额。

• **由银行部门提供的国内信贷**包括向各个部门提供的所有以毛值计的信贷，向中央政府的信贷除外（该信贷是净值）。银行部门包括货币当局、存款银行以及其他可获得数据的银行机构。 • **利率差价**是银行向主要客户的贷款收取的利率，减去商业银行或类似机构为活期、定期或储蓄存款而支付的利率之间的差额。 • **贷款的风险溢价**是银行向主要私人部门客户的贷款收取的利率减去“无风险的”国库券利率的差价，国库券利率是以市场上发行或交易的短期政府债券的利率计价的。

数据资料来源

信贷获取数据来自世界银行的《全球工商企业运营报告》项目（www. doingbusiness. org/）。关于资金获取和金融覆盖面的数据来自世界银行贫困援助顾问团和《2010年金融服务覆盖面》。有关银行资本与不良贷款的数据，来自国际货币基金组织的《全球金融稳定性报告》。有关信贷和利率的数据，来自国际货币基金组织的《国际金融统计》。

	中央政府征收的税收收入		企业应纳税总额					
	占 GDP 的百分比		支付次数	准备、归档和纳税的时间(小时)	利润税占商业利润的百分比	劳务税及捐献占商业利润的百分比	其他税收占商业利润的百分比	总税收占商业利润的百分比
	2000	2009	2010年6月	2010年6月	2010年6月	2010年6月	2010年6月	2010年6月
阿富汗	..	7.3	8	275	0.0	0.0	36.4	36.4
阿尔巴尼亚	*16.1*	..	44	360	8.5	27.3	4.9	40.6
阿尔及利亚	..	34.3[a]	34	451	6.6	29.7	35.7	72.0
安哥拉	..	..	31	282	24.6	9.0	19.5	53.2
阿根廷	*9.8*[a]	..	9	453	2.8	29.4	76.0	108.2
亚美尼亚	..	16.4	50	581	16.6	23.0	1.1	40.7
澳大利亚	23.0[a]	22.1[a]	11	109	25.9	20.7	1.3	47.9
奥地利	19.9[a]	18.7[a]	22	170	15.7	34.6	5.1	55.5
阿塞拜疆	..	*16.7*	18	306	13.8	24.8	2.2	40.9
孟加拉国	*7.6*	8.6	21	302	25.7	0.0	9.2	35.0
白俄罗斯	16.6	19.4	82	798	22.0	39.3	19.2	80.4
比利时	27.4[a]	24.0[a]	11	156	4.8	50.4	1.8	57.0
贝宁	*15.5*[a]	16.1[a]	55	270	14.8	27.3	23.9	66.0
玻利维亚	*13.2*[a]	*17.0*[a]	42	1,080	0.0	15.5	64.6	80.0
波斯尼亚和黑塞哥维那	..	19.6[a]	51	422	5.3	12.6	5.0	23.0
博茨瓦纳	..	..	19	152	15.9	0.0	3.6	19.5
巴西	14.0	15.6	10	2,600	21.4	40.9	6.6	69.0
保加利亚	17.9	20.9	17	616	4.6	20.4	3.9	29.0
布基纳法索	*10.5*[a]	12.9[a]	46	270	16.1	22.6	6.2	44.9
布隆迪	*13.6*	..	32	211	19.4	7.8	126.2	153.4
柬埔寨	*8.2*[a]	9.6[a]	39	173	18.9	0.1	3.5	22.5
喀麦隆	*11.2*	..	44	654	29.9	18.3	0.9	49.1
加拿大	15.3[a]	11.8[a]	8	131	9.8	12.6	6.9	29.2
中非共和国	..	..	54	504	176.8	8.1	18.9	203.8
乍得	..	..	54	732	31.3	28.4	5.7	65.4
智利	16.7[a]	15.3[a]	9	316	18.0	3.8	3.2	25.0
中国	6.8	*10.3*	7	398	6.0	49.6	7.9	63.5
中国香港	*9.1*[a]	*13.0*[a]	3	80	18.7	5.3	0.1	24.1
哥伦比亚	*11.0*[a]	11.9[a]	20	208	17.7	33.9	27.1	78.7
刚果民主共和国	3.5	..	32	336	58.9	7.9	272.8	339.7
刚果共和国	5.9	..	61	606	0.0	32.9	32.6	65.5
哥斯达黎加	..	13.9[a]	42	272	18.9	29.5	6.6	55.0
科特迪瓦	..	16.4[a]	64	270	8.8	20.1	15.5	44.4
克罗地亚	22.4	19.1	17	196	11.4	19.4	1.6	32.5
古巴	..	..	..	..	..	..	..	..
捷克共和国	15.4	13.5	12	557	7.4	38.4	3.0	48.8
丹麦	30.8[a]	34.5[a]	9	135	21.9	3.6	3.7	29.2
多米尼加共和国	..	*14.9*[a]	9	324	20.5	18.3	1.8	40.7
厄瓜多尔	..	..	8	654	18.4	13.7	3.2	35.3
埃及	*13.4*	15.7	29	433	13.2	25.8	3.6	42.6
萨尔瓦多	*10.7*[a]	12.5[a]	53	320	17.0	17.2	0.8	35.0
厄立特里亚	..	..	18	216	8.8	0.0	75.8	84.5
爱沙尼亚	15.8[a]	17.6[a]	7	81	8.0	39.2	2.4	49.6
埃塞俄比亚	*8.1*	..	19	198	26.8	0.0	4.3	31.1
芬兰	24.7[a]	*21.3*[a]	8	243	15.9	27.7	1.0	44.6
法国	23.2[a]	19.6[a]	7	132	8.2	51.7	5.9	65.8
加蓬	..	..	26	488	18.4	22.7	2.3	43.5
冈比亚	..	..	50	376	41.4	12.9	238.0	292.3
格鲁吉亚	7.7	23.2	18	387	13.3	0.0	2.0	15.3
德国	11.9[a]	12.0[a]	16	215	23.0	22.0	3.3	48.2
加纳	*17.2*	12.5	33	224	18.1	14.1	0.5	32.7
希腊	23.3[a]	19.1[a]	10	224	13.9	31.7	1.6	47.2
危地马拉	10.1	10.4	24	344	25.9	14.3	0.7	40.9
几内亚	*11.1*	..	56	416	19.4	24.5	10.8	54.6
几内亚比绍	..	..	46	208	14.9	24.8	6.1	45.9
海地	..	..	42	160	23.3	12.4	4.3	40.1
洪都拉斯	..	14.4[a]	47	224	26.7	10.7	10.9	48.3

	中央政府征收的税收收入		企业应纳税总额					
	占 GDP 的百分比		支付次数	准备、归档和纳税的时间(小时)	利润税占商业利润的百分比	劳务税及捐献占商业利润的百分比	其他税收占商业利润的百分比	总税收占商业利润的百分比
	2000	**2009**	2010年6月	2010年6月	2010年6月	2010年6月	2010年6月	2010年6月
匈牙利	21.9[a]	23.5[a]	14	277	16.7	34.4	2.2	53.3
印度	9.0	9.8	56	258	24.0	18.2	21.1	63.3
印度尼西亚	*11.6*	11.4	51	266	26.6	10.6	0.1	37.3
伊朗	6.3	9.3	20	344	17.8	25.9	0.4	44.1
伊拉克	..	..	13	312	14.9	13.5	0.0	28.4
爱尔兰	26.0[a]	20.8[a]	9	76	11.9	11.6	3.0	26.5
以色列	28.7[a]	23.0[a]	33	235	23.8	5.3	2.6	31.7
意大利	23.2[a]	23.0[a]	15	285	22.8	43.4	2.4	68.6
牙买加	..	21.9[a]	72	414	28.6	13.0	8.5	50.1
日本	..	9.2[a]	14	355	27.9	14.7	6.0	48.6
约旦	19.0	16.2	26	101	15.2	12.4	3.6	31.2
哈萨克斯坦	10.2	8.1	9	271	16.3	11.5	1.9	29.6
肯尼亚	16.8	19.6	41	393	33.1	6.8	9.9	49.7
朝鲜	..	..	..	..	..	..	..	..
韩国	15.4	15.5	14	250	15.3	12.9	1.6	29.8
科索沃	..	21.1	33	163	10.2	5.6	0.6	16.5
科威特	*1.3*	*0.9*	15	118	4.7	10.7	0.0	15.5
吉尔吉斯斯坦	11.7	15.4	48	202	8.9	21.5	26.7	57.2
老挝	..	12.5	34	362	25.2	5.6	2.9	33.7
拉脱维亚	14.2	12.6	7	293	6.5	27.2	4.8	38.5
黎巴嫩	11.9[a]	17.3[a]	19	180	6.1	24.1	0.0	30.2
莱索托	37.4	*60.0*	21	324	16.4	0.0	3.2	19.6
利比里亚	..	*0.3*	32	158	0.0	5.4	38.3	43.7
利比亚	..	..	..	..	..	..	..	..
立陶宛	14.6[a]	13.8[a]	11	175	0.0	35.1	3.6	38.7
前南斯拉夫马其顿共和国	..	*19.7*	40	119	6.3	0.6	3.8	10.6
马达加斯加	11.3[a]	*13.0[a]*	23	201	15.8	20.3	1.6	37.7
马拉维	..	..	19	157	23.3	1.1	0.7	25.1
马来西亚	13.7	15.7	12	145	16.7	15.6	1.4	33.7
马里	13.2[a]	14.7[a]	59	270	12.9	32.6	6.7	52.2
毛里塔尼亚	..	..	38	696	44.2	17.6	6.6	68.4
毛里求斯	..	19.2[a]	7	161	11.8	5.0	7.3	24.1
墨西哥	11.7	..	6	404	23.1	26.1	1.3	50.5
摩尔多瓦	14.7	17.8	48	228	0.0	30.2	0.7	30.9
蒙古	14.5	18.0	43	192	9.5	12.4	1.0	23.0
摩洛哥	*19.9[a]*	23.8[a]	28	358	18.1	22.2	1.4	41.7
莫桑比克	..	..	37	230	27.7	4.5	2.1	34.3
缅甸	3.0	..	..	..	..	..	..	..
纳米比亚	27.5	*27.3*	37	375	4.0	1.0	4.6	9.6
尼泊尔	8.7	12.2	34	338	16.2	11.3	10.7	38.2
荷兰	22.3[a]	22.7[a]	9	134	20.9	17.9	1.7	40.5
新西兰	*29.2[a]*	*30.8[a]*	8	192	30.4	3.0	0.9	34.3
尼加拉瓜	13.8	17.8	64	222	24.8	19.2	19.2	63.2
尼日尔	..	*11.5[a]*	41	270	20.1	19.6	6.8	46.5
尼日利亚	..	*0.3*	35	938	21.8	9.7	0.7	32.2
挪威	27.4[a]	25.4[a]	4	87	24.4	15.9	1.3	41.6
阿曼	7.2	..	14	62	9.7	11.8	0.1	21.6
巴基斯坦	10.1	9.3	47	560	14.3	15.0	2.3	31.6
巴拿马	10.2	..	62	482	17.0	22.6	10.5	50.1
巴布亚新几内亚	19.0	..	33	194	22.0	11.7	8.6	42.3
巴拉圭	10.9	13.0	35	311	9.6	18.6	6.7	35.0
秘鲁	12.2	13.4	9	380	26.0	11.0	3.2	40.2
菲律宾	13.7	12.8	47	195	21.3	10.3	14.2	45.8
波兰	*16.0[a]*	16.4[a]	29	325	17.7	22.1	2.5	42.3
葡萄牙	20.6[a]	19.7[a]	8	298	14.9	26.8	1.6	43.3
波多黎各	..	..	16	218	26.3	14.4	27.0	67.7
卡塔尔	..	19.8	3	36	0.0	11.3	0.0	11.3

	中央政府征收的税收收入		企业应纳税总额					
	占GDP的百分比		支付次数	准备、归档和纳税的时间(小时)	利润税占商业利润的百分比	劳务税及捐献占商业利润的百分比	其他税收占商业利润的百分比	总税收占商业利润的百分比
	2000	2009	2010年6月	2010年6月	2010年6月	2010年6月	2010年6月	2010年6月
罗马尼亚	*11.7*[a]	*17.9*[a]	113	222	10.4	32.3	2.2	44.9
俄罗斯联邦	*13.6*[a]	12.9[a]	11	320	9.0	31.8	5.7	46.5
卢旺达	..	..	26	148	21.2	5.7	4.4	31.3
沙特阿拉伯	..	..	14	79	2.1	12.4	0.0	14.5
塞内加尔	16.1	..	59	666	14.8	24.1	7.0	46.0
塞尔维亚	..	21.0	66	279	11.6	20.2	2.2	34.0
塞拉利昂	10.2	10.8	29	357	0.0	11.3	224.3	235.6
新加坡	15.4	13.8	5	84	7.4	14.9	3.1	25.4
斯洛伐克共和国	..	12.4[a]	31	257	7.0	39.6	2.1	48.7
斯洛文尼亚	20.6	18.3	22	260	14.8	18.2	2.4	35.4
索马里	..	..	..	..	..	..	..	..
南非	24.0[a]	25.4[a]	9	200	24.4	2.5	3.7	30.5
西班牙	16.2[a]	8.5[a]	8	197	20.9	35.0	0.7	56.5
斯里兰卡	14.5	*13.3*	62	256	27.4	16.9	20.3	64.7
苏丹	*6.4*	..	42	180	13.8	19.2	3.1	36.1
斯威士兰	24.9	..	33	104	28.1	4.0	4.7	36.8
瑞典	23.6[a]	21.5[a]	2	122	16.4	36.6	1.6	54.6
瑞士	11.1	*10.9*	19	63	8.9	17.5	3.6	30.1
阿拉伯叙利亚共和国	..	..	20	336	23.2	19.3	0.5	42.9
塔吉克斯坦	7.7	..	54	224	17.7	28.5	39.9	86.0
坦桑尼亚	..	..	48	172	19.9	18.0	7.3	45.2
泰国	..	15.1[a]	23	264	28.9	5.7	2.8	37.4
东帝汶	..	..	6	276	0.0	0.0	0.2	0.2
多哥	..	17.0[a]	53	270	8.8	28.3	13.7	50.8
特立尼达和多巴哥	*22.1*	*31.6*	40	210	21.6	5.8	5.8	33.1
突尼斯	21.3	21.9	8	144	15.0	25.2	22.5	62.8
土耳其	..	18.9[a]	15	223	17.0	23.1	4.4	44.5
土库曼斯坦	..	..	..	..	..	..	..	..
乌干达	10.4	12.0	32	161	23.3	11.3	1.1	35.7
乌克兰	14.1	16.4	135	657	10.4	43.3	1.8	55.5
阿拉伯联合酋长国	*1.7*	..	14	12	0.0	14.1	0.0	14.1
英国	28.4[a]	26.0[a]	8	110	23.1	10.8	3.3	37.3
美国	*12.5*[a]	8.2[a]	11	187	27.6	10.0	9.2	46.8
乌拉圭	14.7	18.8	53	336	23.6	15.6	2.9	42.0
乌兹别克斯坦	..	..	44	205	1.6	27.1	66.9	95.6
委内瑞拉	13.3	..	70	864	10.0	18.0	24.6	52.6
越南	..	..	32	941	12.5	20.3	0.3	33.1
西岸和加沙	..	..	27	154	16.2	0.0	0.6	16.8
也门共和国	*9.4*	..	44	248	35.1	11.3	1.4	47.8
赞比亚	*18.6*	*17.1*	37	132	1.7	10.4	4.0	16.1
津巴布韦	..	..	49	242	24.0	6.2	10.1	40.3
全世界	**15.5 w**	**14.2 w**	**30 u**	**282 u**	**17.9 u**	**16.3 u**	**13.7 u**	**47.8 u**
低收入国家	*10.4*	*11.6*	38	271	24.8	12.6	39.2	76.5
中等收入国家	10.9	*14.1*	34	337	17.1	15.8	8.6	41.5
中低收入国家	8.2	*11.3*	36	326	16.3	14.3	9.6	40.2
中高收入国家	..	15.8	32	351	18.0	17.5	7.5	43.0
低收入和中等收入国家	10.9	*14.0*	35	319	19.2	14.9	17.0	51.1
东亚和太平洋地区	7.7	*11.1*	27	233	18.4	10.3	7.8	36.5
欧洲和中亚	..	15.0	47	340	10.0	22.7	9.6	42.2
拉丁美洲和加勒比地区	13.0	..	34	408	21.4	15.3	11.2	47.9
中东和北非	*12.0*	17.5	25	263	16.6	18.9	6.1	41.6
南亚	9.3	9.7	31	283	17.8	7.8	14.2	39.9
撒哈拉以南非洲地区	..	*17.9*	37	311	23.3	13.2	31.7	68.2
高收入国家	*16.4*	14.2	15	179	14.3	20.1	4.2	38.6
欧元区	19.1	17.1	15	190	13.9	29.2	2.4	45.5

注：企业应支付税收的地区合计值仅包括发展中国家。

a. 数据基于现金收付制公布，并根据国际货币基金组织《2001 年政府财政统计手册》中的权责发生制进行了调整。

关于数据的说明

税收是大多数政府的主要收入来源。税收收入的来源和这些来源的相对贡献取决于政府针对何处征税和如何征税的政策选择以及经济结构的变化。税收政策可以反映人们对分配效果、经济效率（包括对外部性的更正）以及税收体系管理中的现实问题的关注。不存在理想的税收水平。但是税收可以影响激励机制，从而影响经济主体的行为和经济体的竞争力。

税收水平通常以税收收入占国内生产总值的份额衡量。对各国税收水平的比较，给私人部门面临的财政负担和激励提供了一个快速评估。本表仅仅给出了中央政府的数据，这些数据可能大大低估了总的税收负担，尤其那些省政府和市政府规模较大的国家或者税收机构庞大的国家。

税收收入与 GDP 的低比率可能反映了管理力量的薄弱或者存在大规模的逃税和偷税现象。低比率也可能说明存在着大规模的地下经济，其收入既没有记录，也没有披露。税收收入比率倾向于随着收入的提高而增加，相对于低收入国家所能提供的社会服务和社会保障，高收入国家依靠其税收，能够为更多的社会服务和社会保障融资。

企业应支付的总税率提供了一个全面衡量企业承担的所有税收成本的尺度。该指标不同于法定税率，法定税率是一个用于课税的基础因素。在计算企业税率时，是以实际应支付税额除以商业利润得出。涵盖企业税收的指标衡量了政府（任何层次的政府——联邦政府、州政府和地方政府）强制收取的所有税收和缴费，该指标可以应用于定型的企业进而对其损益表产生影响。税收涵盖的范围不仅超过了政府国民账户中税收的定义（向一般政府强制性的支付和无偿支付），而且还衡量了影响企业账户的任何关税，其主要差别在于劳动缴费和增值税。上述指标给出了由雇主支付的政府强制性交费，其中包括无偿的个人养老金和工人保险金，但是不包括增值税，因为它们不影响企业会计上核算的利润——也就是说它们没有反映在损益表中。

为了使各国之间的数据具有一定的可比性，需要对企业做出一些假定，其中主要对有限责任公司做一些假定，这些公司的业务都在该国人口最多的城市，都由国内拥有，它们通常开展一些工业或者商业活动，拥有一定的启动资本、员工以及营业额。更详细的材料见《2011 年全球工商企业运营报告》中的假定。

关于企业税收的《全球工商企业运营报告》方法与普华永道公司创建的总税负分析模型是一致的，该分析模型衡量了企业负担的并影响其损益表的税收。然而，普华永道公司用于计算的基础数据都是来自各经济体最大的公司，尽管《全球工商企业运营报告》主要关注标准化的中型企业。

定义

• **向中央政府上交的税收收入**是指为公共目的向中央政府递交的强制性转移支付。不包括一定形式的强制性支付，例如，罚款、罚金以及社会保障缴款。退税以及对误征税款的退还以负收入对待。国际货币基金组织的《2001 年政府金融统计手册》（GFSM，2001）是以权责发生制和收支平衡表为基础。对于那些仍以现金为基础提供政府金融数据的国家，国际货币基金组织依据《2001 年政府金融统计手册》中的权责发生制框架调整了数据。这些国家在本表脚注中给出。 • **企业支付的税负**是企业在 1 年内支付的税负总数。如果可以获得电子文档，即便缴税是经常发生的，税负也是按照一年的交付额计算的。 • **缴税与准备的时间**是每年为缴纳公司利得税、增值或销售税和劳工税（包括工资税和社会保障缴费）等三种主要税收而用于准备、填报申报表和支付（或待支付）所需的时间。

• **利润税**是企业支付的针对企业利润征收的税额。 • **劳务税及捐献**是企业支付的针对劳务的税费及其强制性捐献的税费。 • **其他税收**包括支付的财产税、流转税以及其他小额税费（例如，市政税费、车船税以及燃油税）税额。 • **总税率**衡量了一个企业在运营的第二年所应支付的税收和强制性捐献的税费，以占商业利润的份额表示。《2011 年全球工商企业运营报告》公布了 2009 财政年度的总税率。公司不支付的代缴税收（例如，销售税、增值税和个人所得税）不包括在内。有关评估应纳税总额所使用的方法的详情，见《2011 年全球工商企业运营报告》。

数据资料来源

中央政府税收收入数据来自于国际货币基金组织的《政府金融统计手册》（印刷版和电子版）。有关企业支付的税收数据来自《2011 年全球工商企业运营报告》（www. doingbusiness. org/）。

	军费开支				武装部队人员				武器交易 趋势指标值 1990年百万美元			
	占GDP的百分比		占中央政府支出的百分比		千人		占劳动力的百分比		出口额		进口额	
	2000	2009	2000	2009	2000	2009	2000	2009	2000	2009	2000	2009
阿富汗	..	1.8	..	4.6	400	256	5.4	2.7	..	..	*33*	344
阿尔巴尼亚	1.2	2.1	*5.4*	..	68	15	5.2	1.0	..	..	..	25
阿尔及利亚	3.4	3.8	..	15.0	305	334	2.7	2.3	..	..	418	942
安哥拉	6.4	4.2	..	..	118	117	1.9	1.4	*2*	..	200	11
阿根廷	1.1	0.8	*5.5*	..	102	104	0.6	0.5	2	..	209	11
亚美尼亚	3.6	4.0	..	17.1	42	56	2.9	3.4	..	..	*2*	1
澳大利亚	1.9	1.9	7.8	7.3	52	57	0.5	0.5	*43*	51	364	757
奥地利	1.0	0.9	2.5	2.3	41	26	1.0	0.6	21	33	25	330
阿塞拜疆	2.3	3.5	..	*22.9*	87	82	2.5	2.0	..	..	3	49
孟加拉国	1.4	1.1	*14.9*	10.0	137	221	0.2	0.3	..	..	205	*12*
白俄罗斯	1.3	1.8	5.3	5.5	91	183	1.9	3.7	295	*292*	*41*	..
比利时	1.4	1.1	3.2	2.5	39	39	0.9	0.8	24	217	39	84
贝宁	0.6	*1.0*	*4.7*	*6.8*	7	7	0.3	0.2	..	..	*6*	2
玻利维亚	1.9	1.6	*7.6*	*7.9*	70	83	2.0	1.8	..	..	19	5
波斯尼亚和黑塞哥维那	*3.6*	1.5	..	3.8	76	11	4.1	0.5	*4*	..	*25*	..
博茨瓦纳	3.3	3.1	..	..	10	11	1.3	1.1	..	..	52	10
巴西	1.8	1.6	8.1	6.4	673	713	0.8	0.7	*26*	49	124	210
保加利亚	2.7	2.3	8.6	7.2	114	65	3.2	1.8	2	7	*7*	153
布基纳法索	1.2	1.3	*9.8*	10.4	11	11	0.2	0.2	..	..	..	1
布隆迪	6.0	*3.8*	*30.3*	..	46	51	1.4	1.1	..	..	*1*	..
柬埔寨	2.2	*1.2*	*16.8*	*13.9*	360	191	6.1	2.4	1	..	..	4
喀麦隆	1.3	1.5	*12.4*	..	22	23	0.4	0.3	..	..	*1*	*1*
加拿大	1.1	1.4	6.0	7.5	69	66	0.4	0.3	110	177	550	80
中非共和国	*1.0*	1.8	..	..	5	3	0.3	0.2	..	..	..	..
乍得	1.9	6.4	..	..	35	35	1.1	0.8	..	..	*15*	23
智利	3.7	3.1	17.7	13.6	117	104	1.9	1.4	1	*133*	179	231
中国	1.8[a]	2.0[a]	*19.8*[a]	*16.1*[a]	3,910	2,945	0.5	0.4	272	870	2,015	595
中国香港	..	..	..	..	..	..	..	..	..	..	..	..
哥伦比亚	2.8	4.1	*15.6*	20.9	247	442	1.6	2.3	..	..	62	250
刚果民主共和国	1.0	1.1	11.4	..	93	159	0.5	0.6	..	..	74	..
刚果共和国	*1.4*	*1.2*	*5.9*	..	15	12	1.2	0.8	..	..	0	0
哥斯达黎加	..	..	..	..	15	10	1.0	0.5	..	*0*	..	..
科特迪瓦	..	*1.6*	..	*8.8*	*15*	19	*0.2*	0.2	..	..	*33*	..
克罗地亚	3.1	1.8	7.8	5.0	101	22	5.1	1.1	2	..	*70*	3
古巴	..	*3.2*	..	..	85	76	1.8	1.5	..	..	..	..
捷克共和国	2.0	1.5	6.1	4.1	63	27	1.2	0.5	78	19	16	5
丹麦	1.5	1.4	4.3	3.3	22	19	0.8	0.6	20	12	64	47
多米尼加共和国	0.7	0.6	..	*3.8*	40	40	1.1	0.9	..	..	13	6
厄瓜多尔	1.7	3.3	..	..	58	59	1.2	1.0	..	..	*12*	46
埃及	3.2	2.1	*12.3*	7.1	679	866	3.1	3.2	..	..	788	217
萨尔瓦多	0.9	0.6	*4.3*	3.0	29	33	1.3	1.3	..	..	*16*	4
厄立特里亚	36.4	..	..	..	200	202	14.5	9.4	*0*	..	17	*4*
爱沙尼亚	1.4	2.3	4.7	6.2	8	5	1.2	0.8	..	..	27	56
埃塞俄比亚	7.6	1.3	*29.7*	..	353	138	1.2	0.3	..	..	124	..
芬兰	1.3	1.5	3.7	*3.8*	35	25	1.3	0.9	9	40	516	70
法国	2.5	2.4	5.7	5.1	389	342	1.5	1.2	1,055	1,851	106	149
加蓬	1.8	*1.1*	..	..	7	7	1.2	0.9	..	..	..	*21*
冈比亚	0.8	*0.7*	..	..	1	1	0.1	0.1	..	..	..	..
格鲁吉亚	0.6	5.6	5.3	18.1	33	32	1.4	1.4	54	..	6	81
德国	1.5	1.4	4.7	4.3	221	251	0.5	0.6	1,603	2,473	135	137
加纳	1.0	0.4	*3.3*	2.4	8	16	0.1	0.1	..	..	1	13
希腊	4.3	4.0	9.8	7.9	163	143	3.3	2.8	*2*	..	710	1,269
危地马拉	0.8	0.4	7.5	3.5	53	34	1.3	0.6	..	..	*1*	*0*
几内亚	1.5	..	*11.8*	..	19	19	0.5	0.4	..	..	19	*0*
几内亚比绍	4.4	..	..	..	9	6	1.7	1.0	..	..	..	..
海地	..	..	..	..	5	0	0.1	0.0	..	..	..	1
洪都拉斯	0.5	0.8	..	3.2	14	20	0.6	0.7	..	..	..	*0*

	军费开支				武装部队人员				武器交易			
									趋势指标值 1990年百万美元			
	占GDP的百分比		占中央政府支出的百分比		千人		占劳动力的百分比		出口额		进口额	
	2000	2009	2000	2009	2000	2009	2000	2009	2000	2009	2000	2009
匈牙利	1.7	1.3	4.1	2.9	58	42	1.4	1.0	*34*	*6*	14	2
印度	3.1	2.7	19.5	16.6	2,372	2,626	0.6	0.6	16	22	911	2,116
印度尼西亚	1.0	0.9	*5.8*	5.6	492	582	0.5	0.5	*16*	..	171	452
伊朗	3.8	*2.7*	22.5	*12.2*	753	563	3.4	1.9	0	5	415	91
伊拉克	..	6.3	..	..	479	659	8.0	8.6	..	..	..	365
爱尔兰	0.7	0.6	2.6	1.5	12	10	0.7	0.5	..	4	0	1
以色列	7.8	6.9	17.6	17.0	181	185	7.2	6.0	354	760	357	158
意大利	2.0	1.7	5.2	3.9	503	327	2.2	1.3	189	588	37	112
牙买加	0.5	*0.6*	..	*1.6*	3	3	0.3	0.2	..	..	*5*	2
日本	1.0	1.0	..	..	249	260	0.4	0.4	..	..	431	391
约旦	6.2	5.5	23.1	19.3	149	111	10.4	5.7	..	44	130	195
哈萨克斯坦	0.8	1.2	5.7	6.9	99	81	1.3	0.9	19	..	147	49
肯尼亚	1.3	1.9	7.8	8.7	27	29	0.2	0.2	..	..	9	35
朝鲜	..	..	..	..	1,244	1,379	11.2	11.2	13	..	18	5
韩国	2.6	2.9	15.6	13.2	688	660	3.0	2.7	8	163	1,262	1,172
科索沃	..	..	..	..	..	..	..	..	..	..	..	..
科威特	7.1	*3.2*	*24.9*	7.5	20	23	1.8	1.5	*99*	..	238	17
吉尔吉斯斯坦	2.9	*3.6*	18.0	*21.4*	14	20	0.7	0.8	..	*16*	..	..
老挝	0.8	*0.4*	..	*3.6*	129	129	5.2	4.2	..	..	7	7
拉脱维亚	0.9	2.6	3.2	7.5	9	6	0.8	0.5	..	..	3	0
黎巴嫩	5.4	4.1	17.7	14.0	77	79	6.5	5.4	*45*	..	4	47
莱索托	4.1	2.8	*7.8*	*3.1*	2	2	0.2	0.2	..	..	*6*	..
利比里亚	..	0.8	..	..	15	2	1.3	0.1	..	..	8	..
利比亚	3.2	*1.2*	..	..	77	76	4.2	3.2	*11*	12	*145*	11
立陶宛	1.7	1.7	6.5	4.4	17	25	1.0	1.6	*3*	..	5	26
前南斯拉夫马其顿共和国	1.9	2.1	..	*5.8*	24	8	2.8	0.9	..	..	11	..
马达加斯加	1.2	*1.1*	11.5	*9.3*	29	22	0.4	0.2	..	..	..	..
马拉维	0.7	*1.2*	..	..	6	5	0.1	0.1	1	..	..	..
马来西亚	1.6	2.0	9.9	8.9	116	134	1.2	1.1	*8*	..	30	1,494
马里	2.4	2.0	20.7	13.4	15	12	0.5	0.3	..	..	7	7
毛里塔尼亚	3.5	3.8	..	..	21	21	2.0	1.5	..	..	31	..
毛里求斯	0.2	*0.2*	..	..	2	2	0.3	0.4	..	..	..	..
墨西哥	0.6	0.5	3.7	..	208	332	0.5	0.7	..	..	227	57
摩尔多瓦	0.4	0.5	1.4	1.2	13	8	0.7	0.5	6	11	..	..
蒙古	2.2	*1.4*	9.5	*5.8*	16	17	1.4	1.2	..	..	..	12
摩洛哥	2.3	3.3	*12.0*	12.0	241	246	2.4	2.1	..	..	123	*49*
莫桑比克	1.3	0.9	..	..	6	11	0.1	0.1	..	..	0	..
缅甸	2.3	..	..	..	429	513	1.7	1.9	..	..	3	*3*
纳米比亚	2.4	3.3	8.3	*10.7*	9	15	1.5	1.9	..	..	*18*	10
尼泊尔	1.0	1.6	..	..	90	158	0.9	1.2	..	..	*11*	..
荷兰	1.6	1.5	4.0	3.4	57	43	0.7	0.5	280	608	141	243
新西兰	1.2	1.1	*3.5*	*3.1*	9	10	0.5	0.4	1	..	*45*	48
尼加拉瓜	0.8	0.7	4.7	3.2	16	12	0.9	0.5	..	..	..	..
尼日尔	1.1	..	..	..	11	11	0.3	0.2	..	..	..	0
尼日利亚	0.8	0.9	..	*10.8*	107	162	0.3	0.3	..	..	38	73
挪威	1.7	1.5	5.3	4.1	27	26	1.1	1.0	3	17	263	576
阿曼	10.6	8.7	40.4	..	48	47	5.4	4.3	..	..	120	93
巴基斯坦	4.0	3.0	23.4	18.0	900	921	2.2	1.6	3	..	158	1,146
巴拿马	*1.0*	..	*4.6*	..	12	12	0.9	0.8	..	..	*0*	..
巴布亚新几内亚	0.9	0.5	2.9	..	4	3	0.2	0.1	..	..	..	..
巴拉圭	1.1	0.9	6.4	5.2	35	25	1.5	0.8	..	..	6	..
秘鲁	2.0	1.2	10.9	6.7	193	192	1.7	1.4	*10*	..	24	33
菲律宾	1.1	0.8	6.2	4.6	149	166	0.5	0.4	..	*4*	9	4
波兰	1.8	2.0	*5.4*	5.7	239	121	1.4	0.7	45	93	159	94
葡萄牙	1.9	2.0	5.1	4.6	91	91	1.7	1.6	..	40	2	431
波多黎各	..	..	..	..	..	..	..	..	..	..	..	..
卡塔尔	*4.7*	*2.2*	..	*13.7*	12	12	3.6	1.2	*9*	..	11	285

5.7 国防开支与武器交易

	军费开支				武装部队人员				武器交易			
									趋势指标值 1990年百万美元			
	占GDP的百分比		占中央政府支出的百分比		千人		占劳动力的百分比		出口额		进口额	
	2000	2009	2000	2009	2000	2009	2000	2009	2000	2009	2000	2009
罗马尼亚	2.5	1.4	8.9	4.4	283	152	2.4	1.6	3	3	23	56
俄罗斯联邦	3.7	4.3	19.3	14.0	1,427	1,495	2.0	2.0	3,985	4,469	..	1
卢旺达	3.5	1.4	..	..	76	35	2.0	0.7	..	..	14	6
沙特阿拉伯	10.6	11.0	..	..	217	249	3.4	2.9	..	..	80	626
塞内加尔	1.3	1.6	10.4	..	15	19	0.4	0.3	..	..	..	3
塞尔维亚	5.5	2.2	..	5.9	136	29	..	..	..	..	..	..
塞拉利昂	3.7	2.3	12.8	11.2	4	11	0.2	0.5	..	..	13	..
新加坡	4.7	4.3	28.7	27.9	169	148	8.2	5.5	10	124	622	1,729
斯洛伐克共和国	1.7	1.5	..	4.0	41	17	1.6	0.6	92	8	2	1
斯洛文尼亚	1.1	1.8	2.9	4.1	14	12	1.4	1.2	..	..	1	6
索马里	..	..	..	..	50	2	1.7	0.1	..	..	1	..
南非	1.6	1.4	5.6	4.4	72	77	0.5	0.4	18	154	16	139
西班牙	1.2	1.3	3.9	4.1	242	222	1.3	1.0	46	925	332	430
斯里兰卡	5.0	3.5	21.9	18.5	204	223	2.6	2.7	..	..	274	64
苏丹	4.7	..	53.0	..	120	127	1.1	0.9	..	..	107	39
斯威士兰	1.6	2.1	7.3	..	3	..	0.8	..	..	..	1	..
瑞典	2.0	1.3	..	..	88	22	2.0	0.4	306	353	210	46
瑞士	1.1	0.8	4.2	4.7	28	26	0.7	0.6	176	270	14	31
阿拉伯叙利亚共和国	5.3	4.2	..	..	425	403	8.6	5.8	..	..	19	175
塔吉克斯坦	1.2	..	13.4	..	7	16	0.4	0.6	..	..	..	7
坦桑尼亚	1.3	1.0	..	..	35	28	0.2	0.1	..	..	..	0
泰国	1.4	1.8	..	9.1	417	420	1.2	1.1	..	..	90	34
东帝汶	..	11.8	..	..	..	1	..	0.3	..	..	..	..
多哥	..	2.0	..	13.0	8	9	0.4	0.3	..	..	..	..
特立尼达和多巴哥	..	..	..	..	8	4	1.3	0.6	..	..	10	6
突尼斯	1.7	1.4	6.2	4.6	47	48	1.5	1.2	..	..	11	8
土耳其	3.7	2.8	..	10.1	828	613	3.6	2.4	15	36	1,170	675
土库曼斯坦	2.9	..	..	..	15	22	0.8	0.9	..	..	..	47
乌干达	2.5	2.2	16.0	15.9	51	47	0.5	0.3	..	..	6	1
乌克兰	3.6	2.9	13.5	7.0	420	215	1.8	0.9	288	214	..	..
阿拉伯联合酋长国	9.4	5.6	..	..	66	51	3.5	1.8	..	3	243	604
英国	2.4	2.7	6.6	5.8	213	178	0.7	0.6	1,484	1,024	829	288
美国	3.0	4.7	15.6	17.8	1,455	1,564	1.0	1.0	7,220	6,795	301	831
乌拉圭	1.3	1.6	5.0	5.3	25	25	1.6	1.5	1	..	4	37
乌兹别克斯坦	1.2	..	..	..	79	87	0.9	0.7	..	90	6	..
委内瑞拉	1.5	1.3	7.1	..	79	115	0.8	0.9	..	17	108	172
越南	..	2.2	..	..	524	495	1.4	1.1	..	..	5	44
西岸和加沙	..	..	..	..	..	56	..	5.9	..	..	..	14
也门共和国	5.0	4.4	23.9	..	136	138	3.2	2.2	..	..	158	45
赞比亚	1.8	1.7	10.3	5.7	23	17	0.6	0.3	..	..	27	3
津巴布韦	5.2	2.8	..	..	62	51	1.2	1.0	3	..	2	..
全世界	2.3 w	2.6 w	10.2 w	10.0 w	29,353 s	27,924 s	1.1 w	0.9 w	.. s	.. s	18,088 s	22,223 s
低收入国家	2.2	1.5	..	..	4,040	3,845	1.3	1.0	..	..	572	329
中等收入国家	2.1	2.2	15.0	12.2	18,924	18,350	1.0	0.8	..	..	8,353	10,467
中低收入国家	2.2	2.1	18.0	14.3	12,446	12,108	0.8	0.7	983	1,251	5,109	5,682
中高收入国家	2.0	2.2	..	9.8	6,478	6,242	1.6	1.4	..	..	3,244	4,785
低收入和中等收入国家	2.1	2.1	15.0	12.2	22,965	22,195	1.0	0.8	..	..	8,925	10,889
东亚和太平洋地区	1.7	1.9	18.7	14.6	7,794	6,978	0.8	0.6	389	870	2,339	2,644
欧洲和中亚	3.4	3.3	..	12.0	3,871	3,227	2.1	1.7	4,667	4,830	..	1,162
拉丁美洲和加勒比地区	1.4	1.5	7.2	..	2,084	2,439	0.9	0.9	..	..	970	1,058
中东和北非	3.5	3.5	12.7	12.3	3,379	3,591	3.8	3.1	..	..	2,056	2,065
南亚	3.1	2.6	19.9	16.5	4,114	4,404	0.8	0.7	19	22	1,548	3,606
撒哈拉以南非洲地区	2.0	1.7	..	..	1,724	1,554	0.7	0.5	..	..	647	354
高收入国家	2.3	2.8	10.1	9.9	6,388	5,729	1.2	1.0	13,136	16,637	9,163	11,334
欧元区	1.8	1.7	4.8	4.2	1,869	1,569	1.3	1.0	3,319	6,779	2,075	3,322

注：某些国家的数据是部分或者不确定的数据，或者粗略的估计数据。见斯德哥尔摩和平研究所（2010）。

a. 估计值不同于中国政府的官方统计值中公布的下列估计值：军费开支占GDP的百分比（2000年为1.2%，2008年为1.4%），军费开支占中央政府支出的百分比（2000年为7.6%，2008年为6.7%），见中国国家统计局，www. stats. gov. cn。

关于数据的说明

尽管国防是政府的一项重要职能，而且抵御外来威胁有利于经济发展，但是高额的国防开支给经济带来了负担，进而可能阻碍经济增长。作为国内生产总值一部分的军费开支数据不仅是衡量用于军事行动的国内资源的大体指标，也是衡量给国民经济造成的负担的大致指标。军费开支即使用“投入”衡量，军费开支也不直接与军事行动、军事能力或者军事安全的“产出”相关。对各国国防开支的比较应当考虑影响脆弱性和风险的许多因素，其中包括历史和文化传统，需要防御的边境长度，与邻国关系的质量以及武装力量在国家政治中的角色。

政府提供的国防开支数据并没有运用标准定义进行汇编，进而这些数据往往是不完整的，也是不可靠的。即使在那些由国会对政府预算和开支进行谨慎审核的国家，国防开支和武器交易也往往不会受到详细严密的审查（见 Ball，1984；Happe 和 Wakeman – Linn，1994）。然而，斯德哥尔摩国际和平研究所（SIPRI）采取了北大西洋公约组织（NATO）对军费开支的定义（见定义）。有关军费开支占 GDP 的份额以及军费开支占中央政府支出的份额由斯德哥尔摩国际和平研究所估计。中央政府开支数据来自国际货币基金组织（IMF）。进而本表给出的数据可能不同于各国政府公布的具有可比性的数据。

斯德哥尔摩国际和平研究所有关军费开支数据的初始资料来源是各国政府提供的官方数据。这些数据来自各国预算文件、国防白皮书以及政府官方机构颁布的其他公开文件，其中包括各国政府对斯德哥尔摩国际和平研究所、联合国或者欧洲安全与合作组织的问卷答复。第二手来源包括国际统计数据，例如，NATO 的统计数据和 IMF 的《政府金融统计年鉴》等国际统计资料。其他二手来源包括经济学人智库的国别报告、IMF 工作人员的国别报告以及专业期刊和报纸。

在许多情况下，斯德哥尔摩国际和平研究所不能作出独立估计时，就使用各国提供的数据。因为定义的不同以及对数据的准确性和完整性很难进行核实，所以关于军费开支的数据在各国之间并不具有严格的可比性。然而，斯德哥尔摩国际和平研究所最为优先考虑的是确保各国数据序列在时间上的可比性。有关 SIPRI 的军费开支项目的更多信息请登录网站 www. sipri. org/contents/milap/。

关于武装力量的数据是指现役的军事人员，其中包括准武装力量。因为数据不包括非现役人员，所以这些数据低估了为国防建设工作的劳动力份额。由于各国政府很少公布其武装力量规模的数据，因此这些数据一般来自情报单位。

斯德哥尔摩国际和平研究所的武器交易项目从公开资源收集了武器交易的数据。由于可以获得的公开信息不足以追踪所有武器和其他军事装备，SIPRI 仅仅将其称作的大宗常规武器包括在内。数据包括通过销售、援助、赠予以及生产许可提供的武器，因此，与其说是武器交易，还不如说是武器贸易。斯德哥尔摩国际和平研究所的数据还包括武器冲突中提供给或者来自反叛力量的武器，以及在一个可以接受的范围内提供给无论是供应人或者接受人都无法确认的武器；这些数据在斯德哥尔摩国际和平研究所的数据库中都可以获得。

斯德哥尔摩国际和平研究所对武器交易的估计值被指定为测定相关趋势的工具，其中相似的武器具有相似的价值，以反映交易的武器的数量和质量。SIPRI 告诫，这些估计值并不反映金额（对武器交易的付款），其理由有三：可靠的交易价值数据无法获得；甚至即使知道交易值，但是所包含的通常要比实际常规武器多，例如，备件、支持系统和培训；甚至在知道交易值的情况下，财务安排更详细的细节仍然无从知晓，例如，信贷和贷款条件以及折扣等。

鉴于这些衡量测算问题，SIPRI 估计军事资源交易的方法纳入了对武器技术参数的评估。如果不知道武器的价格，则将其与相同的、可以获得实际购买价格的武器（核心武器）比较，或者与最为匹配的武器相比较。这些武器都被制定了一个价值指数，该指数反映了与“核心武器”相比，其军事资源的价值。这些相关的协调匹配都是基于诸如规模、性能和电子种类等特征，对二手武器则要做一些调整。关于斯德哥尔摩国际和平研究所武器交易项目的更多信息可从 www. sipri. org/contents/armstrad/获取。

定义

• **军费开支**来自从北大西洋公约组织的定义中得出的 SIPRI 数据。包括用于武装力量的日常开支和资本开支，武装力量包括维和部队、国防部以及从事国防项目的其他政府机构、准武装力量（如果他们受过训练并装备了武器）以及军事空间活动等。这些开支包括军职人员和文职人员，其中包括军事人员的退休金以及向军事人员提供的社会服务、运转和维护费用、采购、军事研究与开发以及军事援助（包括在援助国的军费开支内）等。民间防御以及用于以往军事活动的日常开支不包括在内，例如，退役军人的福利、复员、转业以及武器的销毁等。该定义并不适用于所有国家，然而，这需要更为详细的信息，而不仅仅是军费预算和预算外军费开支项目中所包含的内容（例如，军费预算是否包括民间防御、后备军和辅助部队、警察和准武装力量以及军事人员退休金）。 • **武装部队人员**是指现役军人，其中包括准军事人员，如果对这些人员的训练、组织、装备以及控制表明可以用作支持或者替换正规军事部队。和平时期的非全职储备力量不包括在内。这些数据也不包括国防建设中的文职人员，所以与用于军事人员的军费开支数据不一致。 • **武器交易**包括通过销售、援助以及赠予供应的武器，还包括通过生产许可制造的武器。交易的武器必须是供应商自愿交易的，必须用于军事目的，并且必须是提供给武装力量或者准武装力量的，或者另一国家情报部门的。本表给出的趋势仅仅基于实际提供的数量。数据囊括了大宗常规武器，例如，飞机、装甲车、火炮、雷达系统、导弹和军用船只等。其他军事装备的交易不包括在内，例如，小型和轻型武器、卡车、小型火炮、弹药、支持设备、技术转移以及其他服务等。

数据资料来源

有关军费开支的数据来自斯德哥尔摩国际和平研究所的《2010 年鉴：军备、裁军和国际安全》。有关武装力量的数据来自国际战略研究所的《2011 年军事收支》。有关武器交易的数据来自斯德哥尔摩国际和平研究所的武器交易项目（www. sipri. org/contents/armstrad/transfers）。

	国际开发协会资源配置指数 1–6 低至高 2009	和平建设与和平维护 组织名称[a] 2010年12月	和平建设与和平维护 部队、警察和军事观察员人数 2010年12月	与战争相关的死亡 人数 2000–2008[b]	故意杀人 每10万人 公共医疗卫生资料来源 2004	故意杀人 每10万人 刑事司法资料来源 2004–2008[c]	军费开支 占GDP的百分比 2009	工商业环境 调查年份	工商业环境 由偷盗、破坏和纵火造成的损失 占销售额的百分比	工商业环境 开始经营业务时就正式注册登记的公司 占企业数量的百分比
阿富汗	2.8	UNAMA	16	26,589	3.4	..	1.8	2008	1.5	88.0
安哥拉	2.8		..	3,534	38.6	5.0	4.2	2006	0.4	..
波斯尼亚和黑塞哥维那	3.7		..	0	1.9	1.9	1.5	2009	0.2	98.6
布隆迪	3.1	BINUB	4	4,937	37.4	..	*3.8*	2006	1.1	..
中非共和国	2.6	MINURCAT[e]	3	350	29.8	..	1.8		..	..
乍得	2.5	MINURCAT	..	4,328	19.2	..	6.4	2009	2.5	77.1
科摩罗	2.5		..	0	11.9	..	..		..	..
刚果民主共和国	2.7	MONUC	19,105	75,118	35.0	..	1.1	2010	1.8	61.9
刚果共和国	2.8		..	116	19.9	..	*1.2*	2009	3.3	84.3
科特迪瓦	2.8	UNOCI	9,071	1,265	50.8	0.4	*1.6*	2009	3.4	56.4
厄立特里亚	2.2		..	57	16.1	..	..	2009	0.0	100.0
格鲁吉亚	4.4		..	648	3.7	7.6	5.6	2008	0.7	99.6
几内亚	2.8		..	1,174	16.9	0.4	..	2006	2.0	..
几内亚比绍	2.6		..	0	17.6	..	..	2006	1.1	..
海地	2.9	MINUSTAH	11,984	244	21.8	..	0.0		..	..
伊拉克	..	UNAMI	235	124,002	7.3	..	6.3		..	..
基里巴斯	3.1			0	6.6	..	..		..	..
科索沃	3.4	UNMIK	16	0	..	..	..	2009	0.3	89.2
利比里亚	2.8	UNMIL	9,392	2,487	17.4	..	0.8	2009	2.8	73.8
缅甸	..		..	2,833	15.6	..	..		..	..
尼泊尔	3.3	UNMIN	72	11,520	13.6	2.2	1.6	2009	0.9	94.0
圣多美和普林西比	2.9		..	0	5.3	..	..		..	..
塞拉利昂	3.2		..	212	37.2	2.6	*2.3*	2009	0.8	89.2
所罗门群岛	2.8	RAMSI	580	0	1.5	..	..		..	..
索马里	..		..	3,983	3.2	..	..		..	..
苏丹	2.5	UNMIS[g]	10,416	12,363	27.2	..	..		..	..
塔吉克斯坦	3.2		..	0	1.9[h]	2.3	..	2008	0.3	92.7
东帝汶	2.9	UNMIT	1,517	0	12.5	..	11.8	2009	1.5	91.8
多哥	2.8		..	0	14.3	..	*2.0*	2009	2.4	75.8
西岸和加沙	..		..	0	..	3.9	..	2006	1.2	..
西撒哈拉[j]	..	MINURSO	242	..	..	..	..		..	..
也门	3.2		..	0	2.5	4.0	*4.4*	2010	0.6	81.7
津巴布韦	1.9		..	0	34.3	8.7	*2.8*		..	..
脆弱的局势				275,761 s	21.1 w	..	3.2 w			
低收入经济体				146,844	17.6	..	1.4			

注：表中列举的局势脆弱的国家为符合国际开发协会援助条件的国家，过去3年中这些国家在国家政策和制度评估（CPIA）方面的调和平均分只有3.2分，甚至更低。负责给这些国家评分的机构除世界银行之外，还有其他相应的地区性开发银行、肩负着联合国或地区性和平建设和政治使命的机构（如非盟、欧盟和美洲国家组织）以及维和机构（如非盟、欧盟、北约和美洲国家组织）。这一定义是依照世界银行和其他多边发展银行在2007年国际开发协会第15轮会议达成的协议。局势脆弱的国家和地区名单只是临时的，进而世界银行对脆弱的定义也将随之完善甚至重新定义。

a. UNAMA代表联合国阿富汗支援团。BINUB代表联合国布隆迪综合办事处。MINURCAT代表联合国驻中非共和国和乍得特派团。UNOCI代表联合国科特迪瓦维和行动，MONUC代表联合国驻刚果民主共和国特派团。MINUSTAH代表联合国海地稳定特派团。UNMIK代表联合国驻科索沃临时行政特派团。UNMIL代表联合国利比里亚特派团。UNMIN代表联合国尼泊尔特派团。RAMSI代表所罗门区域援助团。UNMIS代表联合国苏丹特派团。UNMIT代表联合国东帝汶综合特派团。MINURSO联合国西撒哈拉全民投票特派团。b. 该时期内总数。c. 数据为最近年份可获得的数据。d. 该时期内的平均值。e. 包括乍得的维和部队，其使命于2010年结束。f. 国内流离失所检测中心（IDMC）较高的估计值；较低的估计值是50,000。g. 不包括来自非洲联盟/联合国达尔富尔混合行动部队的22,444名军人、警察和军事观察员。h. 数据为2005年的数据。i. 包括联合国近东巴勒斯坦难民救济和工程处授权的巴基斯坦难民，但是这些难民不包括在来自联合国难民高级委员会的数据中。j. "西撒哈拉"替代了"前西属撒哈拉"（更改后名称在地图的封面和封底处使用），联合国安理会第690/1991号决议同意在这一地区成立联合国维和部队，这一名称为维和部队对该地区的习惯称呼。这一称谓并不代表世界银行对如此确定的版图地位的看法。k. 国内流离失所检测中心（IDMC）较高的估计值；较低的估计值是570,000。

5.8 脆弱的局势

	童工		难民		国际流民	获得改善的水源	获得改善的医疗卫生设施	孕产妇死亡率 每千例活产儿		5岁以下儿童死亡率	饥饿深度	小学总入学率
	调查年份	占7-14岁儿童的百分比	按来源国计 2009	按庇护国计 2009	人数 2009	占人口的百分比 2008	占人口的百分比 2008	国家估算 2004–2009[c]	模型估算 2008	每千人 2009	每日每人千卡 2005–2007[d]	占适龄人群的百分比 2009
阿富汗		..	2,887,123	37	297,000	48	37	..	1,400	199	..	104
安哥拉	2001	30.1	141,021	14,734	*20,000*	50	57	..	610	161	320	*128*
波斯尼亚和黑塞哥维那	2006	10.6	70,018	7,132	114,000	99	95	3	9	14	140	109
布隆迪	2005	11.7	94,239	24,967	100,000	72	46	615	970	166	380	147
中非共和国	2000	67.0	159,554	27,047	162,000	67	34	543	850	171	300	89
乍得	2004	60.4	55,014	338,495	168,000	50	9	1,099	1,200	209	310	90
科摩罗		..	268	..	..	95	36	..	340	104	300	*119*
刚果民主共和国	2000	39.8	455,852	185,809	1,900,000	46	23	549	670	199	410	90
刚果共和国	2005	30.1	20,544	111,411	7,800	71	30	781	580	128	230	120
科特迪瓦	2006	45.7	23,153	24,604	*621,000*	80	23	543	470	119	230	74
厄立特里亚		..	209,168	4,751	10,000	61	14	..	280	55	350	48
格鲁吉亚	2006	31.8	15,020	870	230,000	98	95	14	48	29	150	108
几内亚	1994	48.3	10,920	15,325	..	71	19	980	680	142	260	90
几内亚比绍	2006	50.5	1,109	7,898	..	61	21	405	1,000	193	250	*120*
海地	2005	33.4	24,116	3	..	63	17	630	300	87	430	..
伊拉克	2006	14.7	1,785,212	35,218	2,764,000	79	73	84	75	44	..	*103*
基里巴斯		..	33	..	..	*61*	*31*	..	..	46	180	*116*
科索沃		..	..	..	19,700	..	..	..	..	..	..	..
利比里亚	2007	37.4	71,599	6,952	..	68	17	994	990	112	340	91
缅甸		..	406,669	..	470,000	71	81	316	240	71	230	116
尼泊尔	1999	47.2	5,108	108,461	70,000[f]	88	31	281	380	48	220	..
圣多美和普林西比		..	33	..	..	89	26	148	..	78	160	131
塞拉利昂	2007	14.9	15,417	9,051	..	49	13	857	970	192	340	*158*
所罗门群岛		..	66	..	..	69	29	..	100	36	180	*107*
索马里	2006	43.5	678,309	1,815	1,500,000	30	23	1,044	1,200	180	..	*33*
苏丹	2000	19.1	368,195	186,292	4,900,000	57	34	1,107	750	108	240	74
塔吉克斯坦	2005	8.9	562	2,679	..	70	94	38	64	61	240	*102*
东帝汶		..	7	1	400	69	50	..	370	56	260	113
多哥	2006	38.7	18,378	8,531	*1,500*	60	12	..	350	98	280	115
西岸和加沙		..	95,201	1,885,188[i]	..	91	89	..	..	30	190	79
西撒哈拉[j]		..	..	..	160,000	..	..	..	..	..	..	..
也门	2006	18.3	1,934	170,854	175,000	62	52	..	210	66	270	*85*
津巴布韦	1999	14.3	22,449	3,995	1,000,000[k]	82	44	555	790	90	300	..
脆弱的局势			**7,636,291 s**	**3,182,120 s**	**14,047,900 s**	**64 w**	**43 w**	..	**640 w**	**132 w**	**290 w**	***94 w***
低收入经济体			5,427,548	1,893,823	..	64	35	..	580	118	285	*104*

关于数据的说明

图表列举了局势脆弱的国家的部分数据，从数据中我们可以看出制度软弱无力与发展停滞、局势脆弱、冲突隐现等问题有着千丝万缕的联系。这些国家糟糕的制度安排无法应对经济冲击、自然灾害、非法贸易或者平息冲突，使得这些灾难蔓延至其他国家。包括暴力犯罪在内的有组织暴力使得人力资本和社会资源流失、服务供给混乱、百姓流离失所、未来投资信心下降，从而阻断了经济和社会发展。自然而然，局势脆弱的国家大都很难取得发展成果，千年发展目标进程也不尽如人意。

根据武装暴力与发展的日内瓦宣言，全球每年大约有74万人死于暴力武装冲突和各种规模的暴力犯罪。恢复和重建需要时日，而且困难重重：基础设施需要重建、犯罪率居高不下、卫生问题四处泛滥、教育体系有待重整、遗留地雷急需清除。绝大多数经历过冲突的国家都没有能力重建经济。因此，要实现经济增长首先就要建设这些国家的能力，而且能力建设还关系着和平建设，并为可持续减贫创造环境。虽然世界银行和其他国际机构可以提供援助，但局势脆弱的国家需要根据自身情况量身订制符合本国国情的各项制度。在战后地区开展维和行动可以有效地避免冲突再次发生。

表中列举的局势脆弱的国家主要是符合国际开发协会援助条件的国家以及过去3年中在国家政策和制度评估（CPIA）方面的调和平均分只有3.2分甚至更低的世界银行非成员国或者无行动的国家和地区。负责给这些国家评分的机构除世界银行外还有其他相应的地区性开发银行、肩负着联合国或地区性和平建设任务的机构（如非盟、欧盟和美洲国家组织）以及维和机构（如非盟、欧盟、北约和美洲国家组织）。和平建设与和平维护需要军队、警察和民众等各方面力量协同一致，才能为可持续的和平事业打下坚实的基础。局势脆弱的国家和地区名单只是临时的一个名单，世界银行将不断更新和完善对脆弱的理解。

势不两立的两方对抗最终会演化成武装冲

关于数据的说明（续）

突，这一问题一直困扰着部分国家和地区，势力双方（其中一方为政府）的武装力量每年都会造成至少25人阵亡。2009年在26个地点共发生了35起武装冲突。武装冲突的死亡人数不算在故意杀人犯罪——故意非法剥夺他人生命的行为——之内。故意杀人致人死亡的数据有两个来源：一是公共医疗卫生数据库，二是联合国毒品和犯罪问题办公室根据刑事司法资料给出的估计数。由于两个数据关注的重点不同，因此完全重合的可能性较小。

各国政府公开的军费开支不但没有统一的统计口径，而且往往也不完整可靠。即便国家议会对预算开支的控制紧之又紧，军费开支和武器转让也很难得到严密监控和充分披露。数据来自斯德哥尔摩国际和平研究所（SIPRI），该研究所采用了北大西洋公约组织（NATO）2004年之前对军费开支的定义。因此，表中数据可能与各国政府的公开数据有一定的出入。关于军费开支的详细内容参见表5.7的数据说明。

除公共部门的努力之外，私人部门发展壮大和私人投资——尤其在竞争性市场进行投资——也能够极大地推动增长和减贫。世界银行企业调查评估了私人部门的商业环境以及阻碍私人部门增长和运营的瓶颈因素。在部分国家，商人只有进行了非正常支付后，才能在海关、税收、执照、法规、服务等环节顺利过关。此外，犯罪、盗窃和动乱也加重了商业和社会的负担。而且许多发展中国家都存在无证经营的非正规企业，这些企业无法获得金融支持和公共服务，合同类型和投资方式也很单一，这些因素都制约了企业发展。表中数据给出了因盗窃、抢劫、破坏、纵火等原因遭受损失的非正规企业比例以及受损金额。有关企业调查的详细信息参见表5.2中的“关于数据的说明”。

从表中数据我们可以看出，无论在什么情况下武装暴力造成的人员伤亡都是触目惊心的。除此之外，局势脆弱的国家的国内制度也往往比较脆弱，其直接后果就是增长乏力以及各项服务质量低下。无法提供用水、卫生和教育等服务无疑会让已经摇摇欲坠的政府更加被动。图表列举了一些衡量脆弱局势下的生活条件的指标：童工、难民数量、国内难民、用水和医疗卫生供给情况、孕产妇以及5岁以下儿童死亡率、饥饿深度以及小学入学率。有关这些指标的详细信息参见以下数据说明：表2.6（童工）、表6.18（难民）、表2.18（获得改善的水源和医疗卫生设施）、表2.19（孕产妇死亡率）、表2.22（5岁以下儿童死亡率）和表2.12（小学入学率）。

定义

• **国际开发协会资源配置指数**来自于国家政策和制度评估，取宏观经济、治理、社会和发展结构4个指标集的平均值。其中发展结构包括经济管理、结构政策、社会包容度和平等性政策以及公共部门管理与制度（见表5.9）。最低分为1，最高分为6。 • **和平建设与和平维护**是指加强国家的冲突管理能力以防止卷入或再次卷入冲突，为可持续和平与发展奠定基础；为停战地区提供必要保护以巩固和平成果，辅助停战协议缔约各方履行协议。联合国维和行动由联合国秘书长授权，由联合国维持和平行动部和外勤资助部负责规划、管理、指导和提供支持。联合国宪章赋予了安理会维护国际和平和安全的基本职责，其中就包括开展联合国维和行动。 • **和平建设与和平维护行动中的部队、警察和军事观察员**是指参与官方和平建设与维和行动的人员。维和人员被部署在战后地区，否则这些地区没有人愿意或者能够阻止冲突发生或升级。阵亡人员是指冲突双方的死亡人员，往往是由对立双方的武装冲突（正面交火、游击战以及针对军事驻地、城市和村庄制造的各类爆炸）造成的。武装交火、不定向爆破以及其他军事行动的破坏目标一般是军事基地及其配套设施、国家机构和国家代表处，但往往也会造成大量平民伤亡。 • **故意杀人**是指故意非法剥夺他人生命。这种行为一般发生于因争夺土地产生的家庭纠纷、肢体对抗和暴力冲突，以及争夺势力范围或控制权引发的群体暴力，或者武装力量发动的掠夺和杀戮。并不是所有的蓄意杀害都是故意杀人，两者的区别在于实施杀害行动的组织方不同。个人或者小型组织采取的杀害行动才是故意杀人，而数百人集聚起来爆发武装冲突造成的人员死亡则不包含在内。数据来自国际卫生组织［例如，世界卫生组织（WHO）和泛美健康组织］和联合国犯罪趋势和刑事司法系统运行情况调查报告（CTS），这些机构都是从国家法律执行、国际法律执行以及犯罪判决资源中获得数据。 • **军费开支**是斯德哥尔摩国际和平研究所根据北大西洋公约组织2004年之前的定义发展而来的一个概念，涵盖了用于武装部队的当期全部资金支出，包括维和部队、国防部和其他负责防御计划的机构、受过训练可以开展军事行动的准军事力量以及军事空间项目。这部分开支也包括军职人员和部分平民的人力成本，包括退休金和军职人员应享受的社会服务、运行和维护、采购、军事研发和军事援助（包含在援助国的军费开支中）。民用防御开支以及由前期军事行动引起的当期军费开支不包含在内，例如，退伍军人的福利、遣散复员、武器改装和销毁等。但是，由于缺乏部分军费预算和预算外军费开支的细节信息（例如，军费预算是否包含民用防御开支、预备人员和后备人员费用、警察和准武装力量以及军队抚恤金等），这一定义并不是对于每个国家都适用。 • **调查年份**是指采集收集第一手数据的年份。 • **开始经营业务时就正式注册登记的公司**是指在一个国家开始经营业务时就正式登记注册的公司比例。 • **童工**是指在调查期间（一周内）至少从事一小时经济活动的儿童。 • **难民**是指被1951年《关于难民地位的公约》及其1967年《议定书》、1969年《非洲统一组织关于非洲难民问题某些特定方面的公约》以及联合国难民署认定为难民的人，以及获得难民待遇和受到临时保护的人。正在寻求庇护的人——已经申请庇护或难民地位但还没有被确认的人以及被认为是庇护寻求者的人——不包括在内。巴勒斯坦难民是指在1946年6月至1948年5月期间生活在巴勒斯坦地区并在1948年中东战争中失去家园和生计的人（以及他们的后代）。 • **来源国**是指申请人的国籍或公民身份所在国。 • **庇护国**是指收容申请审核国和难民地位授予国。 • **国际流民**是指因为武装冲突、战争避难、大规模暴力、人权危机、天灾人祸等原因被迫离开或者逃离家园或居住地、但尚未越出国境的个人或群体。 • **获得改善水源**是指人们可以通过适当的渠道获得改善的水源，例如，房宅管道水、公共水龙头、井水以及收集的雨水。适当的渠道是指在房宅周边1公里范围内能够找到水源保证每人每天至少20升水。 • **获得改善卫生设施**是指人们有足够的厕所，防止人类、家畜和蚊虫与粪便相互接触。从旱厕到卫生间都属于改善设施。 • **孕产妇死亡率**是指每千例活产中死于与妊娠有关的各种原因的孕产妇人数。国家估计数据根据全国性调查、人口注册记录、监管数据以及社区和医院记录产生。抽样估计数据来自于WHO、联合国儿童基金会、联合国人口基金会和世界银行的抽样调查。详细信息见表2.19中的“关于数据的说明”。 • **5岁以下儿童死亡率**是指按照当前特定年龄人群死亡率，每1,000个活产儿在5岁之前夭折的概率。 • **饥饿深度**又称食物匮乏度，是指个体能够获得的食物量与最低食物需求（以食物能量计算）之间的差距。其计算方法是：营养不良人群从摄入食物中获得的平均食物能量/维持体重和从事轻体力劳动所需的最低食物能量。饥饿深度的衡量标准是：每人每日缺口在200千卡以内为低，超过300千卡为高。 • **小学总入学率**是指入学总人数（不考虑年龄）与应该接受小学教育的适龄人口比例。通过小学教育儿童应具备基本的读、写和运算能力，以及初步了解历史、地理、自然科学、社会科学、美术和音乐等课程。

数据资料来源

有关国际开发协会资源配置指数的数据来自世界银行集团所属的国际开发协会数据库（www. worldbank. org/ida）。有关和平建设与和平维护的数据来自联合国维持和平行动部。有关阵亡人数的数据主要来自奥斯陆和平研究所和乌普萨拉冲突数据计划1946—2009年的武装冲突数据组（2010年版，www. pcr. uu. se/research/UCDP/index. htm），并由乌普萨拉冲突数据计划与战争相关的阵亡数据组中的数据（2010年版）作补充。有关故意杀人的数据来自联合国毒品和犯罪问题办公室国际命案统计数据库。有关军费开支的数据来自《斯德歌尔摩国际和平研究所年鉴2010：军备、裁军和国际安全》以及该研究所数据库（www. sipri. org/databases/milex）。有关工商业环境的数据来自世界银行的《企业调查》（www. enterprisesurveys. org）。有关雇佣儿童的数据是由“理解儿童的工作”项目组根据家庭调查的有效数据进行的估算，家庭调查的数据来源有：国际劳工组织“儿童劳工的统计监测计划”项目下的“消除儿童劳工国际计划”、联合国儿童基金会的多指标集调查报告、世界银行生活水平测量法研究计划以及各国的国家统计局（见表2.6）。有关难民的数据来自联合国难民署《2009年统计年鉴》，后经联合国近东巴勒斯坦难民救济和工作处网站（www. unrwa. org）授权后根据该网站的巴勒斯坦难民统计数据进行了补充。国际流民数据来自国际流民监测中心。获得水源和医疗卫生设施的数据来自世界卫生组织和联合国儿童基金会的《卫生防疫和饮用水进展》（2010）。有关孕产妇死亡人数的国家估计数据来自联合国儿童基金会《2009年世界儿童状况报告》和宏观国际的儿童信息和人口与健康调查报告。抽样估计数据来自世界卫生组织、联合国儿童基金会、联合国人口基金会和世界银行的《1990—2008年孕产妇死亡率趋势》（2010）。关于5岁以下儿童死亡率的数据由机构间儿童死亡率估计小组（包括联合国儿童基金会、世界卫生组织、世界银行、联合国人口署以及大学与研究机构）估算得到，主要依据家庭调查、人口普查和出生登记数据，并由世界银行人力开发网络根据出生登记和抽样登记数据（见表2.22）进行补充。有关饥饿深度数据来自联合国粮食与农业组织的《粮食安全统计》（www. fao. org/economic/ess/food - security - statistics/en/）。有关小学总入学率的数据来自联合国教科文组织统计研究所。

	IDA资源分配指数 1(低)到6(高)	经济管理 1(低)到6(高)				结构性政策 1(低)到6(高)			
		宏观经济管理	财政政策	债务政策	平均	贸易	金融部门	商业监管环境	平均
	2009	2009	2009	2009	2009	2009	2009	2009	2009
阿富汗	2.8	3.5	3.0	3.5	3.3	3.0	2.5	2.5	2.7
安哥拉	2.8	3.0	3.0	3.0	3.0	4.0	2.5	2.0	2.8
亚美尼亚	4.2	5.0	5.0	5.0	5.0	4.5	4.0	4.0	4.2
阿塞拜疆	3.8	4.0	4.5	5.0	4.5	4.0	3.5	4.0	3.8
孟加拉国	3.5	4.0	4.0	4.0	4.0	3.5	3.5	3.5	3.5
贝宁	3.5	4.0	3.5	3.5	3.7	4.0	3.5	3.5	3.7
不丹	3.9	4.5	4.5	4.5	4.5	3.0	3.0	3.5	3.2
玻利维亚	3.8	4.0	4.0	4.5	4.2	5.0	4.0	2.5	3.8
波斯尼亚和黑塞哥维那	3.7	4.0	3.5	4.0	3.8	4.0	4.0	4.0	4.0
布基纳法索	3.8	4.5	4.5	4.0	4.3	4.0	3.0	3.5	3.5
布隆迪	3.1	3.5	3.5	3.0	3.3	4.0	2.5	2.5	3.0
柬埔寨	3.3	4.5	3.5	3.5	3.8	4.0	2.5	3.5	3.3
喀麦隆	3.2	4.0	4.0	3.0	3.7	3.5	3.0	3.0	3.2
佛得角	4.2	4.5	4.5	4.5	4.5	4.0	4.0	3.5	3.8
中非共和国	2.6	3.5	3.0	2.5	3.0	3.5	2.5	2.0	2.7
乍得	2.5	2.5	2.5	2.5	2.5	3.0	3.0	2.5	2.8
科摩罗	2.5	3.0	2.0	2.0	2.3	3.0	2.5	2.5	2.7
刚果民主共和国	2.7	3.5	3.5	2.5	3.2	3.5	2.0	2.0	2.5
刚果共和国	2.8	3.5	3.0	2.5	3.0	3.5	3.0	2.5	3.0
科特迪瓦	2.8	3.5	2.5	2.5	2.8	4.0	3.0	3.0	3.3
吉布提	3.2	3.5	3.0	2.5	3.0	4.0	3.5	3.5	3.7
多米尼克	3.8	4.0	4.5	3.0	3.8	4.0	3.5	4.5	4.0
厄立特里亚	2.2	2.0	2.0	1.5	1.8	1.5	1.0	2.0	1.5
埃塞俄比亚	3.4	3.5	4.0	3.5	3.7	3.0	3.0	3.5	3.2
冈比亚	3.3	4.0	3.5	3.0	3.5	3.5	3.0	3.5	3.3
格鲁吉亚	4.4	4.5	4.5	5.0	4.7	6.0	3.5	5.5	5.0
加纳	3.8	3.5	3.5	4.0	3.7	4.0	4.0	4.0	4.0
格林纳达	3.7	3.5	2.5	3.0	3.0	4.5	4.0	4.0	4.2
几内亚	2.8	2.5	2.5	2.0	2.3	4.0	3.0	3.0	3.3
几内亚比绍	2.6	2.5	2.5	1.5	2.2	4.0	3.0	2.5	3.2
圭亚那	3.4	3.5	3.0	4.0	3.5	4.0	3.5	3.0	3.5
海地	2.9	4.0	3.5	2.5	3.3	4.0	3.0	2.5	3.2
洪都拉斯	3.5	3.0	3.5	4.0	3.5	4.5	3.0	3.5	3.7
印度	3.8	4.5	3.5	4.0	4.0	3.5	4.0	3.5	3.7
肯尼亚	3.7	4.5	4.0	4.0	4.2	4.0	4.0	4.0	4.0
基里巴斯	3.1	2.5	3.0	5.0	3.5	3.0	3.0	3.0	3.0
科索沃	3.4	3.5	3.0	3.5	3.3	5.0	3.5	3.5	4.0
吉尔吉斯斯坦	3.7	4.5	4.0	4.0	4.2	5.0	3.0	3.5	3.8

关于数据的说明

国际开发协会（IDA）是世界银行集团的一部分，为旨在促进经济增长、改善生活条件的项目提供优惠贷款和赠款，帮助最贫困的国家减轻贫困。IDA的援助资金帮助这些国家应对在实现千年发展目标中所面临的复杂挑战。

如上表所示的世界银行国际发展协会资源分配指数（IRAI），是基于实施年度国家政策和制度评估（CPIA）的结果，包括符合国际发展协会条件的国家。本表不包括缅甸和索马里，因为这些国家在2009年没有进行评估，尽管它们也是符合国际发展协会条件的国家。自20世纪70年代中期以来，世界银行工作人员开始实施对国家的年度评估。随着时间的流逝，评估的标准也不断加以修订，从主要集中在宏观经济，到包括治理和更广泛的社会和结构方面。国家表现将根据分成4类的16种指标进行评估：经济管理、结构政策、促进社会包容和平等的政策、公共部门的管理和制度。就人均资源而言，IDA资源是根据IDA的发展评估对国家进行分配，在有限的程度上是基于人均国民总收入。这确保了发展良好的国家能够获得更多的IDA人均资源分配。IRAI是评定国家表现的关键因素。

CPIA的运用旨在了解一个国家政策和制度安排的本质特点。CPIA的运用集中在国家控制之内的关键要素，而不受结果的影响（例如，经济增长率），因为这些结果受到国家控制之外事件的影响。更具体地说，CPIA衡量了一个国家的政策和制度框架支持持续增长和减贫的程度，以及使用发展援助的有效性。

每一类中的所有标准将获得同等的权重，在所有分数中，每一类都包括25%的权重，这是通过将4类的平均分加以平均得来的。

	IDA资源分配指数 1(低)到6(高)	经济管理 1(低)到6(高)				结构性政策 1(低)到6(高)			
		宏观经济管理	财政政策	债务政策	平均	贸易	金融部门	商业监管环境	平均
	2009	2009	2009	2009	2009	2009	2009	2009	2009
老挝	3.2	4.0	4.0	3.0	3.7	3.5	2.0	3.0	2.8
莱索托	3.5	4.0	4.0	4.0	4.0	3.5	3.5	3.0	3.3
利比里亚	2.8	3.5	3.5	2.5	3.2	3.0	2.5	3.0	2.8
马达加斯加	3.5	4.0	3.0	4.0	3.7	4.0	3.0	3.5	3.5
马拉维	3.4	3.0	3.5	3.0	3.2	4.0	3.0	3.5	3.5
马尔代夫	3.4	2.5	2.0	3.0	2.5	4.0	3.0	4.0	3.7
马里	3.7	4.5	4.0	4.5	4.3	4.0	3.0	3.5	3.5
毛里塔尼亚	3.2	3.5	2.5	3.5	3.2	4.0	2.5	3.5	3.3
摩尔多瓦	3.7	3.5	3.5	4.0	3.7	4.5	3.5	3.5	3.8
蒙古	3.4	3.5	3.0	3.0	3.2	4.5	2.0	3.5	3.3
莫桑比克	3.7	4.5	4.5	4.5	4.5	4.5	3.5	3.0	3.7
尼泊尔	3.3	3.5	3.5	3.0	3.3	3.5	3.0	3.0	3.2
尼加拉瓜	3.7	4.0	4.0	4.5	4.2	4.5	3.0	3.5	3.7
尼日尔	3.3	4.0	3.5	4.0	3.8	4.0	3.0	3.0	3.3
尼日利亚	3.5	4.0	4.5	4.5	4.3	3.5	3.5	3.5	3.5
巴基斯坦	3.2	3.0	3.0	3.5	3.2	3.5	3.5	4.0	3.7
巴布亚新几内亚	3.3	4.0	3.5	4.5	4.0	4.5	3.0	3.0	3.5
卢旺达	3.8	4.0	4.0	3.5	3.8	4.0	3.5	4.0	3.8
萨摩亚	4.1	4.0	4.0	5.0	4.3	5.0	4.0	3.5	4.2
圣多美和普林西比	2.9	3.0	3.0	2.5	2.8	4.0	2.5	2.5	3.0
塞内加尔	3.7	4.0	4.0	4.0	4.0	4.0	3.5	4.0	3.8
塞拉利昂	3.2	4.0	3.5	3.5	3.7	3.5	3.0	3.0	3.2
所罗门群岛	2.8	3.5	2.5	3.0	3.0	3.0	3.0	2.5	2.8
斯里兰卡	3.5	3.0	3.0	3.5	3.2	3.5	3.5	4.0	3.7
圣卢西亚	3.8	4.0	3.5	3.5	3.7	4.0	3.5	4.5	4.0
圣文森特和格林纳丁斯	3.8	4.0	3.5	3.5	3.7	4.0	3.5	4.5	4.0
苏丹	2.5	3.5	3.0	1.5	2.7	2.5	2.5	3.0	2.7
塔吉克斯坦	3.2	3.5	3.5	3.5	3.5	4.0	2.5	3.0	3.2
坦桑尼亚	3.8	4.5	4.5	4.0	4.3	4.0	4.0	3.5	3.8
东帝汶	2.9	3.0	3.5	3.5	3.3	4.5	2.5	1.5	2.8
多哥	2.8	3.0	3.0	2.5	2.8	4.0	2.5	3.0	3.2
汤加	3.5	3.0	3.0	3.0	3.0	5.0	3.5	3.0	3.8
乌干达	3.9	4.5	4.5	4.5	4.5	4.0	3.5	4.0	3.8
乌兹别克斯坦	3.3	4.0	4.0	4.0	4.0	2.5	3.0	3.0	2.8
瓦努阿图	3.4	4.0	3.5	4.5	4.0	3.5	3.0	3.5	3.3
越南	3.8	4.5	4.5	4.0	4.3	3.5	3.0	3.5	3.3
也门共和国	3.2	3.5	2.5	3.5	3.2	4.5	2.0	3.5	3.3
赞比亚	3.4	4.0	3.0	3.5	3.5	4.0	3.5	3.0	3.5
津巴布韦	1.9	2.0	2.0	1.0	1.7	3.0	1.5	2.0	2.2

对于16个标准中的每一个标准，各国根据规模从1（低）到6（高）的顺序进行等级评定。分数取决于一个国家在给定年份根据标准的发展情况评估，而不是与前一年相比发展变化情况。所有16个CPIA标准包括每一等级的详细描述。在评估国家的发展情况时，世界银行工作人员按照每一标准和分配等级，评估了国家的实际情况。该等级反映了基于国家知识和相关公开可获得指标的多种指标、观察和判断情况。在说明这些评估分数时，是以一种处于发展状态的中立行为标准来设计标准的。相应的，一个国家拥有更加强劲促进增长和减贫的政策和制度框架，在给定的发展阶段能够获得更高的分数。

准备进行评估的国家小组对于需评估的国家非常了解，评估小组的评估基于对该国的诊断研究（由世界银行和其他发展组织准备）和他们自身的专业知识。早期协商由国家授权进行，以确保评估随时获悉最新信息。为确保分数一直被这些国家所了解，这一过程包括两个关键阶段。在基准阶段，从所有国家提取少量具有代表性的样本国家进行评定。首先在地区层面对国家小组准备的建议进行评审，随后在银行进行评审。相似的过程将用于评审剩余的国家，并将基准国家的得分作为评定的准则。最终的评定由随后的银行评估所决定。数字IRAI总得分和单独的标准得分在2006年6月首次公开公布。

欲获得更多信息，见IDA网站www.worldbank.org/ida。

	社会包容和平等 1(低)到6(高)						公共部门管理和制度 1(低)到6(高)					
	性别平等 2009	公共资源使用的公平 2009	人力资源积累 2009	社会保护和劳动力 2009	使环境具有可持续性的政策和制度 2009	平均 2009	财产权和基于制度的治理 2009	预算和金融管理的质量 2009	税收流通的效率 2009	公共管理质量 2009	政府部门的透明度、责任感和腐败程度 2009	平均 2009
阿富汗	2.0	3.0	3.0	2.5	2.5	2.6	1.5	3.5	3.0	2.0	2.0	2.4
安哥拉	3.5	2.5	2.5	3.0	3.0	2.9	2.0	2.5	2.5	2.5	2.5	2.4
亚美尼亚	4.5	4.5	4.0	4.5	3.0	4.1	3.5	4.5	3.5	4.0	3.0	3.7
阿塞拜疆	4.0	4.0	4.0	4.0	3.0	3.8	3.0	4.0	3.5	3.0	2.5	3.2
孟加拉国	4.0	3.5	4.0	3.5	3.0	3.6	3.0	3.0	3.0	3.0	3.0	3.0
贝宁	3.5	3.0	3.5	3.0	3.5	3.3	3.0	3.5	3.5	3.0	3.5	3.3
不丹	4.0	4.0	4.0	3.5	4.5	4.0	3.5	3.5	4.0	4.0	4.5	3.9
玻利维亚	4.0	4.0	4.0	3.5	3.5	3.8	2.5	3.5	4.0	3.0	3.5	3.3
波斯尼亚和黑塞哥维那	4.5	3.5	3.5	3.5	3.5	3.7	3.0	3.5	4.0	3.0	3.0	3.3
布基纳法索	3.5	4.0	3.5	3.5	3.5	3.6	3.5	4.5	3.5	3.5	3.5	3.7
布隆迪	4.0	3.5	3.0	3.0	3.0	3.3	2.5	3.0	3.0	2.5	2.0	2.6
柬埔寨	4.0	3.0	3.5	3.0	3.0	3.3	2.5	3.5	3.0	2.5	2.0	2.7
喀麦隆	3.0	3.0	3.5	3.0	3.0	3.1	2.5	3.0	3.5	3.0	2.5	2.9
佛得角	4.5	4.5	4.5	4.5	3.5	4.3	4.0	4.0	3.5	4.0	4.5	4.0
中非共和国	2.5	2.5	2.5	2.0	3.0	2.5	2.0	2.5	2.5	2.5	2.5	2.4
乍得	2.5	2.5	2.5	2.5	2.0	2.4	2.0	2.0	2.5	2.5	2.0	2.2
科摩罗	3.0	2.5	3.0	2.5	2.0	2.6	2.5	2.0	2.5	2.5	2.5	2.4
刚果民主共和国	2.5	3.0	3.0	3.0	2.5	2.8	2.0	2.5	2.5	2.0	2.0	2.2
刚果共和国	3.0	2.5	3.0	2.5	2.5	2.7	2.5	2.5	3.0	2.5	2.5	2.6
科特迪瓦	2.5	2.0	2.5	2.5	2.5	2.4	2.0	2.5	4.0	2.0	2.5	2.6
吉布提	3.0	3.0	3.5	3.0	3.5	3.2	2.5	3.0	3.5	2.5	2.5	2.8
多米尼克	3.5	3.5	4.0	3.5	3.5	3.6	4.0	3.5	4.0	3.5	4.0	3.8
厄立特里亚	3.5	2.5	3.5	2.5	2.0	2.8	2.5	2.5	3.5	3.0	2.0	2.7
埃塞俄比亚	3.0	4.5	4.0	3.5	3.0	3.6	3.0	3.5	3.5	3.5	2.5	3.2
冈比亚	3.5	3.5	3.5	2.5	3.5	3.3	3.0	3.0	3.5	3.0	2.0	2.9
格鲁吉亚	4.5	4.5	4.5	4.5	3.0	4.2	3.5	4.0	4.5	4.0	3.0	3.8
加纳	4.0	4.0	4.5	3.5	3.5	3.9	3.5	3.5	4.5	3.5	4.0	3.8
格林纳达	4.5	3.5	4.0	3.5	4.0	3.9	3.5	4.0	3.5	3.5	4.0	3.7
几内亚	3.5	3.0	3.0	3.0	2.5	3.0	2.0	3.0	3.0	3.0	2.0	2.6
几内亚比绍	2.5	3.0	2.0	2.5	2.5	2.5	2.5	2.5	3.0	2.5	2.5	2.6
圭亚那	4.0	3.5	4.0	3.0	3.0	3.5	3.0	3.5	3.5	2.5	3.0	3.1
海地	3.0	3.0	2.5	2.5	2.5	2.7	2.0	3.0	2.5	2.5	2.5	2.5
洪都拉斯	4.0	4.0	3.5	3.5	3.5	3.7	3.0	4.0	4.0	2.5	3.0	3.3
印度	3.5	4.0	4.0	3.5	3.5	3.7	3.5	4.0	4.0	3.5	3.5	3.7
肯尼亚	3.0	3.5	4.0	3.5	3.5	3.5	2.5	3.5	4.0	3.5	3.0	3.3
基里巴斯	2.5	3.5	2.5	3.0	3.0	2.9	3.5	3.0	3.0	3.0	3.0	3.1
科索沃	3.5	3.5	2.5	3.5	3.0	3.2	3.0	4.0	3.5	2.5	3.0	3.2
吉尔吉斯斯坦	4.5	3.5	3.5	3.5	3.0	3.6	2.5	3.5	3.5	3.0	2.5	3.0

定义

• **IDA资源分配指数**计算每一类的平均分数，然后再将这些分数加以平均。对于16个标准中的每一标准，各国按照1（低）到6（高）的顺序进行等级评定。 • **经济管理类：宏观经济管理**评估货币、汇率和政策框架的总需求。 • **财政政策**评估中、短期财政政策的可持续性及其对增长的影响（考虑货币和汇率政策以及公共债务的持续性）。

• **债务政策**评估债务管理战略是否有助于使预算风险最小化并确保长期债务的可持续性。 • **结构政策类：贸易**评估政策框架如何促进商品贸易。 • **金融部门**评估金融部门的结构、政策以及影响金融部门的规章制度。

• **商业监管环境**评估法律、制度和政策环境在多大程度上有助于或阻碍了私营行业的投资、就业岗位的产生和获得更高产量。 • **社会包容和平等类：性别平等**评估国家制定的制度和计划，在多大程度上强化了旨在促进男女在教育、健康保健、经济和保护平等方面的法律和政策。 • **公共资源使用的公平**评估公共支出和税收征收模式对穷人的影响以及与优先保证国家减贫的一致程度。 • **人力资源积累**评估国家政策和公共、私营部门所提供的服务，这些服务影响了获得卫生保健（包括HIV/AIDS、肺结核和疟疾的治疗和预防）和教育等服务。 • **社会保护和劳动力**评估政府在社会保护和劳动力市场制度的政府政策，这些政策旨在降低成为穷人的风险并帮助那些穷人更好地管理未来风险，确保所有人拥有最低的福利水平。 • **使环境具有可持续性的政策和制度**评估环境政策促进自然资源保护和可持续使用以及污染管理的程度。 • **公共部门管理和制度类：财产权和基于制度的治理**评

	社会包容和平等 1(低)到6(高)						公共部门管理和制度 1(低)到6(高)					
	性别平等	公共资源使用的公平	人力资源积累	社会保护和劳动力	使环境具有可持续性的政策和制度	平均	财产权和基于制度的治理	预算和金融管理的质量	税收流通的效率	公共管理质量	政府部门的透明度、责任感和腐败程度	平均
	2009	2009	2009	2009	2009	2009	2009	2009	2009	2009	2009	2009
老挝	3.5	4.0	3.0	2.5	4.0	3.4	3.0	3.5	3.0	3.0	2.0	2.9
莱索托	4.0	3.0	3.5	3.0	3.0	3.3	3.5	3.0	4.0	3.0	3.5	3.4
利比里亚	2.5	3.0	2.5	2.5	2.0	2.5	2.5	2.5	3.5	2.5	3.0	2.8
马达加斯加	3.5	4.0	3.5	3.5	3.5	3.6	3.5	3.0	4.0	3.5	2.5	3.3
马拉维	3.5	3.5	3.5	3.5	3.5	3.5	3.5	3.0	4.0	3.5	3.0	3.4
马尔代夫	4.0	4.0	3.5	3.5	4.0	3.8	4.0	3.0	4.0	3.5	3.0	3.5
马里	3.5	3.5	3.5	3.5	3.0	3.4	3.5	3.5	3.5	3.0	3.5	3.4
毛里塔尼亚	4.0	3.5	3.5	3.0	3.0	3.4	3.0	3.0	3.5	3.0	2.5	3.0
摩尔多瓦	5.0	3.5	4.0	3.5	3.5	3.9	3.5	4.0	3.5	3.0	3.0	3.4
蒙古	3.5	3.5	4.0	3.5	3.0	3.5	3.0	4.0	3.5	3.5	3.0	3.4
莫桑比克	3.5	3.5	3.5	3.0	3.0	3.3	3.0	4.0	4.0	3.0	3.0	3.4
尼泊尔	4.0	4.0	4.0	3.0	3.5	3.7	2.5	3.0	3.5	3.0	3.0	3.0
尼加拉瓜	3.5	3.5	3.5	3.5	3.5	3.5	3.0	4.0	4.0	3.0	3.0	3.4
尼日尔	2.5	3.5	3.5	3.0	3.0	3.1	3.0	3.5	3.5	3.0	2.5	3.1
尼日利亚	3.0	3.5	3.0	3.5	3.0	3.2	2.5	3.0	3.0	3.0	3.0	2.9
巴基斯坦	2.0	3.5	3.0	3.0	3.0	2.9	2.5	3.5	3.0	3.5	2.5	3.0
巴布亚新几内亚	2.5	3.5	2.5	3.0	2.0	2.7	2.0	3.0	3.5	2.5	3.0	2.8
卢旺达	3.5	4.5	4.5	3.5	3.5	3.9	3.0	4.0	3.5	3.5	3.5	3.5
萨摩亚	3.5	4.5	4.0	3.5	4.0	3.9	4.0	3.5	4.5	4.0	4.0	4.0
圣多美和普林西比	3.0	3.0	3.0	2.5	2.5	2.8	2.5	3.0	3.5	3.0	3.5	3.1
塞内加尔	3.5	3.5	3.5	3.0	3.5	3.4	3.5	3.0	4.0	3.5	3.0	3.4
塞拉利昂	3.0	3.0	3.5	3.5	2.5	3.1	2.5	3.5	2.5	3.0	3.0	2.9
所罗门群岛	3.0	2.5	3.0	2.5	2.0	2.6	3.0	2.5	2.5	2.0	3.0	2.6
斯里兰卡	4.0	3.5	4.5	3.5	3.5	3.8	3.5	4.0	3.5	3.0	3.0	3.4
圣卢西亚	3.5	4.0	4.0	3.5	3.5	3.7	4.0	3.5	4.5	3.5	4.5	4.0
圣文森特和格林纳丁斯	4.0	3.5	4.0	3.5	3.5	3.7	4.0	3.5	4.0	3.5	4.0	3.8
苏丹	2.0	2.5	2.5	2.5	2.0	2.3	2.0	2.0	3.0	2.5	1.5	2.2
塔吉克斯坦	4.0	3.5	3.0	3.5	3.0	3.4	2.5	3.0	3.0	3.0	2.0	2.7
坦桑尼亚	3.5	4.0	4.0	3.5	3.5	3.7	3.5	3.5	4.0	3.5	3.0	3.5
东帝汶	3.5	3.0	2.5	2.5	2.5	2.8	2.0	3.0	3.0	2.5	3.0	2.7
多哥	3.0	2.0	3.0	3.0	2.5	2.7	2.5	2.5	3.0	2.0	2.0	2.4
汤加	3.0	4.0	4.0	3.0	3.0	3.4	3.5	3.5	4.0	3.5	3.5	3.6
乌干达	3.5	4.0	4.0	3.5	4.0	3.8	3.5	4.0	3.5	3.0	2.5	3.3
乌兹别克斯坦	4.0	3.5	4.0	3.5	3.5	3.7	2.5	3.5	3.5	3.0	1.5	2.8
瓦努阿图	3.5	3.5	2.5	2.0	3.0	2.9	3.5	3.5	3.5	3.0	3.0	3.3
越南	4.5	4.5	4.0	3.5	3.5	4.0	3.5	4.0	4.0	3.5	3.0	3.6
也门共和国	2.0	3.5	3.0	3.5	3.5	3.1	2.5	3.5	3.0	3.0	3.0	3.0
赞比亚	3.5	3.5	4.0	3.0	3.5	3.5	3.0	3.5	3.5	3.0	3.0	3.2
津巴布韦	2.5	1.5	1.0	1.0	2.0	1.6	1.5	2.0	3.5	1.5	1.5	2.0

估有效的法律体系和基于制度的治理结构对于私营经济活动的促进程度，在有效的法律体系和基于制度的治理结构中，财产权和合同权得到可靠的尊重和强化。 • **预算和金融管理的质量**评估全面、可信的预算与政策重点的联系程度，金融管理体系的有效性，及时准确地会计和金融报告包括及时地审计公共账目的联系程度。 • **税收流通的效率**评估税收流通的整体模式，不仅包括实际的税收结构，而且包括实际征收的来自所有渠道的收入。

• **公共管理质量**评估文官中央政府工作人员制定、实施政府政策和提供有效服务的组织程度。 • **政府部门的透明度、责任感和腐败程度**评估行政部门对资金使用以及选民、立法机关和法院对其行动结果负责的程度，行政部门内雇员需要对管理决策进行说明的程度，资源使用和获得结果的程度。这3个主要方面评估了行政部门对其雇员表现的制度监督、使全民社会获得公共事务信息、国家归属狭隘的利益集团所统治。

数据资料来源

公共政策和制度数据来源于世界银行小组 CPIA 数据库，可在 www. worldbank. org/ida 上获得。

	公路				铁路			港口	航空		
	公路网络总量 公里 2000–2008[a]	铺设的道路百分比 2000–2008[a]	客运量 百万人—公里 2000–2008[a]	货运量 百万吨—公里 2000–2008[a]	铁路线总长度 公里 2000–2009[a]	客运量 百万人—公里 2000–2009[a]	货运量 百万吨—公里 2000–2009[a]	集装箱运输 (千 TEUs) 2009	离港飞机数 千架次 2009	客运量 千人 2009	货运量 百万吨—公里 2009
阿富汗	42,150	29.3	..	..	..	..	..	..	..	..	..
阿尔巴尼亚	18,000	39.0	197	2,200	423	32	46	..	5	231	0
阿尔及利亚	111,261	73.5	..	..	4,723	1,141	1,184	..	53	4,371	4
安哥拉	51,429	10.4	166,045	4,709	..	..	..	..	3	275	64
阿根廷	231,374	30.0	..	..	25,023	6,979	12,025	1,555	75	5,695	112
亚美尼亚	7,704	90.5	2,742	179	845	27	354	..	8	653	6
澳大利亚	818,356	..	302,369	189,847	9,674	1,546	62,083	6,197	403	50,027	2,769
奥地利	110,778	100.0	69,000	26,411	5,784	10,210	20,202	..	139	8,521	342
阿塞拜疆	52,942	50.6	14,041	9,947	2,079	1,025	7,592	..	10	840	7
孟加拉国	239,226	9.5	..	..	2,835	5,609	870	1,182	16	1,409	0
白俄罗斯	94,797	88.6	8,184	22,767	5,510	7,401	42,742	..	6	333	1
比利时	153,595	78.2	132,404	46,891	3,578	10,493	6,542	9,701	250	4,859	1,427
贝宁	19,000	9.5	..	..	758	..	36	..	..	..	..
玻利维亚	62,479	7.0	..	..	2,866	313	1,060	..	19	1,537	7
波斯尼亚和黑塞哥维那	21,846	52.3	..	300	1,016	61	988	..	1	80	0
博茨瓦纳	25,798	32.6	..	..	888	94	674	..	6	234	0
巴西	1,751,868	5.5	..	..	29,817	..	267,700	6,246	752	67,946	1,782
保加利亚	40,231	98.4	13,688	11,843	4,150	2,144	3,152	..	11	798	2
布基纳法索	92,495	4.2	..	..	622	..	..	..	1	79	0
布隆迪	12,322	10.4	..	..	..	..	..	..	..	..	..
柬埔寨	38,257	6.3	201	..	650	45	92	..	3	184	1
喀麦隆	51,346	8.4	..	..	977	377	978	..	10	466	23
加拿大	1,409,000	39.9	493,814	129,600	58,345	2,901	258,280	4,175	1,198	52,584	1,347
中非共和国	24,307	..	..	..	..	..	..	..	..	..	..
乍得	40,000	0.8	..	..	..	..	..	..	..	..	..
智利	79,814	20.2	..	..	5,352	840	4,032	2,814	97	8,097	1,179
中国	3,730,164	53.5	1,247,611	3,286,819	65,491	787,890	2,523,917	105,977	2,140	229,062	11,976
中国香港	2,040	100.0	..	..	..	..	..	21,040	150	23,973	13,293
哥伦比亚	164,183	..	157	39,726	1,672	..	11,884	2,042	196	12,115	2,420
刚果民主共和国	153,497	1.8	..	..	3,641	35	182	..	..	..	..
刚果共和国	17,000	7.1	..	..	795	211	234	..	..	..	..
哥斯达黎加	38,049	25.3	27	1	..	..	..	876	33	933	9
科特迪瓦	81,996	7.9	..	..	639	10	675	..	..	..	..
克罗地亚	29,248	86.9	4,093	11,042	2,723	1,835	2,641	..	25	1,679	2
古巴	..	49.0	6,551	2,222	5,076	1,285	1,351	..	11	780	27
捷克共和国	130,573	100.0	88,468	50,877	9,539	6,462	11,249	..	78	5,048	22
丹麦	73,257	100.0	70,173	10,717	2,131	7,312	2,030	..	86	6,773	14
多米尼加共和国	12,600	49.4	..	..	..	..	..	1,263	..	..	..
厄瓜多尔	43,670	14.8	11,819	1,193	..	..	..	1,001	46	2,897	3
埃及	104,918	86.9	12,793	..	5,195	40,837	3,840	6,250	56	6,216	180
萨尔瓦多	10,029	19.8	..	..	..	..	..	..	19	1,997	15
厄立特里亚	4,010	21.8	..	..	..	..	..	..	..	..	..
爱沙尼亚	58,034	28.8	3,190	7,641	929	274	5,780	..	9	396	1
埃塞俄比亚	44,359	13.7	219,113	2,456	..	..	..	..	44	2,914	424
芬兰	78,860	65.5	71,800	28,500	5,919	3,876	8,872	1,064	105	7,423	484
法国	951,200	100.0	769,000	313,000	33,778	87,667	26,482	4,491	772	58,318	6,625
加蓬	9,170	10.2	..	..	810	95	2,485	..	5	525	62
冈比亚	3,742	19.3	16	..	..	..	..	..	..	..	..
格鲁吉亚	20,329	94.1	5,269	586	1,566	626	5,417	..	5	294	2
德国	644,288	100.0	949,306	472,700	33,706	76,772	93,946	12,765	1,081	103,397	10,188
加纳	57,614	14.9	..	..	953	85	181	..	..	..	..
希腊	116,711	91.8	..	18,360	1,552	1,413	538	935	113	8,795	31
危地马拉	14,095	34.5	..	..	..	..	..	906	..	..	..
几内亚	44,348	9.8	..	..	..	..	..	..	..	..	..
几内亚比绍	3,455	27.9	..	..	..	..	..	..	..	..	..
海地	4,160	24.3	..	..	..	..	..	..	..	..	..
洪都拉斯	13,600	20.4	..	..	..	..	..	..	..	..	..

	公路				铁路			港口	航空		
	公路网络总量 公里 2000-2008[a]	铺设的道路百分比 2000-2008[a]	客运量 百万人-公里 2000-2008[a]	货运量 百万吨-公里 2000-2008[a]	铁路线总长度 公里 2000-2009[a]	客运量 百万人-公里 2000-2009[a]	货运量 百万吨-公里 2000-2009[a]	集装箱运输 (千 TEUs) 2009	离港飞机数 千架次 2009	客运量 千人 2009	货运量 百万吨-公里 2009
匈牙利	197,534	37.7	20,449	35,743	7,793	5,708	447	..	46	2,953	10
印度	4,236,429	49.3	..	..	63,273	838,032	551,448	7,889	602	54,446	1,235
印度尼西亚	437,759	59.1	..	..	3,370	14,344	4,390	6,394	330	27,421	277
伊朗	174,301	73.3	..	..	7,555	15,312	20,540	2,206	134	13,053	96
伊拉克	45,550	84.3	..	..	2,025	54	121	..	..	..	..
爱尔兰	96,424	100.0	..	15,900	1,919	1,683	79	817	528	77,747	121
以色列	18,096	100.0	..	..	1,005	1,968	1,055	2,033	48	4,605	985
意大利	487,700	100.0	97,560	192,700	16,959	45,590	13,569	9,532	383	33,195	400
牙买加	22,210	73.3	..	..	..	..	..	1,690	17	1,380	10
日本	1,200,858	79.6	947,562	327,632	20,036	253,555	22,100	16,286	642	86,897	10,486
约旦	7,816	100.0	..	..	294	..	353	..	32	2,324	163
哈萨克斯坦	93,612	89.9	106,878	63,481	14,205	14,860	197,302	..	19	1,193	15
肯尼亚	63,265	14.1	..	22	1,917	226	1,399	..	34	2,949	272
朝鲜	25,554	2.8	..	..	..	..	..	..	2	101	2
韩国	104,237	78.5	97,854	12,545	3,378	31,298	9,273	16,054	256	34,169	15,163
科索沃	..	..	..	..	..	..	..	..	..	..	..
科威特	5,749	85.0	..	..	..	..	..	..	18	2,597	281
吉尔吉斯斯坦	34,000	91.1	6,468	903	417	106	745	..	5	309	2
老挝	34,994	13.5	2,113	287	..	..	..	..	10	303	2
拉脱维亚	69,684	100.0	17,966	12,344	1,885	75	18,693	..	27	1,302	18
黎巴嫩	6,970	..	..	..	..	..	..	995	14	1,308	94
莱索托	5,940	18.3	..	..	..	..	..	..	..	..	..
利比里亚	10,600	6.2	..	..	..	..	..	..	..	..	..
利比亚	83,200	57.2	..	..	..	..	..	..	10	1,147	0
立陶宛	81,030	28.6	42,739	20,419	1,767	357	11,888	..	12	617	7
前南斯拉夫马其顿共和国	13,922	56.5	1,239	3,978	699	154	497	..	1	87	0
马达加斯加	49,827	11.6	..	..	854	10	12	..	10	500	14
马拉维	15,451	45.0	..	..	797	44	33	..	4	157	1
马来西亚	98,722	82.8	..	..	1,665	1,527	1,384	15,843	182	23,766	2,853
马里	18,912	19.0	..	..	733	196	189	..	..	..	..
毛里塔尼亚	11,066	26.8	..	..	728	47	7,566	..	1	142	0
毛里求斯	2,028	98.0	..	..	..	..	..	..	11	1,093	153
墨西哥	366,096	35.3	463,865	227,290	26,704	449	71,136	2,869	222	15,728	714
摩尔多瓦	12,778	85.8	1,640	1,577	1,157	423	1,017	..	5	402	1
蒙古	49,250	3.5	1,215	782	1,814	1,009	7,852	..	5	257	3
摩洛哥	58,256	67.8	..	794	2,110	4,190	4,111	1,222	62	4,931	63
莫桑比克	30,331	20.8	..	..	3,116	114	695	..	11	490	6
缅甸	27,000	11.9	..	..	..	4,163	885	..	28	1,527	3
纳米比亚	66,467	12.8	47	591	..	..	..	..	5	455	0
尼泊尔	17,782	55.9	..	..	..	..	..	..	7	484	6
荷兰	136,135	90.0	..	77,100	2,886	15,400	4,331	10,066	292	29,109	4,520
新西兰	93,911	65.9	..	..	..	..	4,078	2,955	217	12,104	799
尼加拉瓜	20,333	12.0	123	..	..	..	..	..	..	..	..
尼日尔	18,948	20.7	..	..	..	..	..	..	..	..	..
尼日利亚	193,200	15.0	..	..	3,528	174	77	..	17	1,365	8
挪威	93,247	80.5	63,362	17,564	4,114	2,877	2,092	..	110	8,786	14
阿曼	53,430	43.5	..	..	..	..	..	3,768	26	2,361	39
巴基斯坦	260,420	65.4	263,788	129,249	7,791	24,731	6,187	2,058	51	5,303	304
巴拿马	13,727	38.1	..	..	..	..	..	4,597	66	6,348	0
巴布亚新几内亚	19,600	3.5	..	..	..	..	..	..	21	847	19
巴拉圭	29,500	50.8	..	..	..	..	..	..	10	428	0
秘鲁	102,887	13.9	..	..	2,020	78	900	1,335	66	5,843	257
菲律宾	200,037	9.9	..	..	479	83	1	4,116	87	10,481	227
波兰	383,313	68.2	26,791	174,223	19,764	16,454	29,940	859	83	4,279	55
葡萄牙	82,900	86.0	..	46,406	2,842	3,766	872	1,042	124	9,904	314
波多黎各	25,645	95.0	..	10	..	..	..	1,674	..	..	..
卡塔尔	7,790	90.0	..	..	..	..	..	..	77	10,211	2,276

	公路				铁路			港口	航空		
	公路网络总量 公里 2000–2008[a]	铺设的道路 百分比 2000–2008[a]	客运量 百万人—公里 2000–2008[a]	货运量 百万吨—公里 2000–2008[a]	铁路线总长度 公里 2000–2009[a]	客运量 百万人—公里 2000–2009[a]	货运量 百万吨—公里 2000–2009[a]	集装箱运输 (千 TEUs) 2009	离港飞机数 千架次 2009	客运量 千人 2009	货运量 百万吨—公里 2009
罗马尼亚	198,817	30.2	20,194	56,377	10,776	5,975	8,902	*1,381*	58	3,268	4
俄罗斯联邦	963,000	80.1	78,000	206,000	85,194	153,500	1,865,305	2,178	475	34,403	2,306
卢旺达	14,008	19.0	..	..	..	..	..	..	..	..	..
沙特阿拉伯	221,372	21.5	..	..	1,020	337	1,748	4,431	157	17,508	1,838
塞内加尔	14,805	29.3	..	..	906	129	384	..	0	573	0
塞尔维亚	40,130	47.7	4,719	1,112	4,058	683	3,013	..	17	927	2
塞拉利昂	11,300	8.0	..	..	..	..	..	..	0	22	8
新加坡	3,325	100.0	5,964	..	..	..	..	25,866	84	18,427	7,391
斯洛伐克共和国	43,848	87.0	32,214	22,114	3,623	2,247	6,465	..	32	3,441	0
斯洛文尼亚	38,872	100.0	815	16,261	1,228	840	2,668	..	25	953	3
索马里	22,100	11.8	..	..	..	..	..	..	..	..	..
南非	362,099	17.3	..	434	22,051	13,865	113,342	3,726	151	12,504	676
西班牙	667,064	99.0	397,117	132,868	15,043	22,959	7,348	10,193	548	49,289	1,080
斯里兰卡	97,286	81.0	21,067	..	1,463	4,767	135	3,464	17	2,418	279
苏丹	11,900	36.3	..	..	4,508	34	766	..	7	607	42
斯威士兰	3,594	30.0	..	..	300	..	..	..	..	..	..
瑞典	574,741	23.6	108,100	42,400	9,946	7,038	11,500	1,251	62	5,824	16
瑞士	71,355	100.0	93,675	16,226	3,544	17,417	12,460	..	168	14,701	1,058
阿拉伯叙利亚共和国	64,983	91.0	589	..	1,801	1,120	2,370	685	19	1,343	11
塔吉克斯坦	27,767	..	150	14,572	616	45	1,282	..	10	765	6
坦桑尼亚	87,524	7.4	..	..	2,600[b]	475[b]	728[b]	..	21	684	1
泰国	180,053	98.5	..	..	4,429	8,037	3,161	5,898	124	19,619	2,133
东帝汶	..	..	..	..	..	..	..	..	..	..	..
多哥	11,652	21.0	..	..	..	..	..	..	..	..	..
特立尼达和多巴哥	8,320	51.1	..	..	..	..	..	..	14	1,014	70
突尼斯	19,371	75.2	..	16,611	1,991	1,493	2,073	..	24	2,279	14
土耳其	426,951	..	206,098	181,935	8,686	5,374	9,681	4,522	272	31,339	856
土库曼斯坦	24,000	81.2	..	..	3,095	1,685	11,547	..	15	1,706	9
乌干达	70,746	23.0	..	..	259	..	218	..	0	64	27
乌克兰	169,502	97.8	60,671	36,866	21,678	48,327	196,188	*1,112*	59	3,428	63
阿拉伯联合酋长国	4,080	100.0	..	..	..	..	..	14,425	171	31,762	8,960
英国	419,634	100.0	736,000	173,077	16,173	51,467	12,512	5,987	1,004	102,465	6,615
美国	6,506,221	67.4	7,980,611	1,889,923	226,205	9,476	2,431,181[c]	34,300	9,182[d]	679,423[d]	61,684[d]
乌拉圭	77,732	..	2,032	..	2,993	15	284	..	9	564	4
乌兹别克斯坦	81,600	87.3	56,674	21,038	4,230	2,832	24,238	..	23	1,850	76
委内瑞拉	96,155	33.6	..	..	336	..	81	1,168	124	5,121	2
越南	160,089	47.6	49,372	24,647	2,347	4,129	3,807	4,751	84	11,074	312
西岸和加沙	5,147	100.0	..	..	..	..	..	..	..	..	..
也门共和国	71,300	8.7	..	..	..	..	..	..	15	1,050	26
赞比亚	66,781	22.0	..	..	1,273	183	..	..	*4*	62	..
津巴布韦	97,267	19.0	..	..	2,583	..	1,580	..	6	261	7
全世界		**49.0 m**	**.. m**	**..m**	**.. s**	**2,264 m**	**5,321 m**	**443,740 s**	**26,379 s**	**2,270,901 s**	**202,136 s**
低收入国家		12.0	..	..	..	..	..	..	228	13,439	783
中等收入国家		35.4	..	..	..	1,343	4,072	206,537	7,169	664,804	31,329
中低收入国家		36.3	..	..	..	1,917	4,049	150,612	3,954	398,922	17,548
中高收入国家		36.8	..	..	..	1,083	5,812	55,926	3,215	265,882	13,781
低收入和中等收入国家		24.3	..	..	..	..	3,910	207,719	7,398	678,243	32,112
东亚和太平洋地区		11.4	..	..	..	4,248	3,483	142,980	3,093	326,294	17,878
欧洲和中亚		..	27,816	21,038	171,322	1,025	7,592	*11,018*	1,018	83,523	3,365
拉丁美洲和加勒比地区		22.0	..	..	..	..	..	28,362	1,794	138,460	6,576
中东和北非		81.0	..	..	..	1,493	2,222	..	419	38,022	653
南亚		51.8	..	..	..	24,731	3,529	14,593	700	64,196	1,825
撒哈拉以南非洲地区		12.1	..	..	..	..	..	..	373	27,749	1,815
高收入国家		93.4	..	29,505	..	7,038	8,872	236,021	18,981	1,592,658	170,024
欧元区		100.0	69,000	45,032	130,021	10,210	6,542	62,931	4,488	399,964	33,950

a. 该期间最近年份可获得的数据。b. 包括坦赞铁路。c. 仅指第一类铁路。d. 数据只包括由美国交通部指定的主要的、国有的航空公司。

关于数据的说明

交通运输基础设施——公路、铁路、港口和水路、机场和空中交通控制系统——以及由此带来的服务，对家庭、生产者和政府的活动具有至关重要的作用。因为业绩指标由于运输方式和侧重点（无论是有形基础设施，还是来自这些基础设施的服务）的不同而存在显著差异，所以制订高度专业化和精心划分的指标就是必须的。本表给出了有关公路、铁路和航空运输系统的规模、范围和生产率的指标，以及这些运输方式和港口运输量的规模、范围和生产率的指标。

运输部门的数据并不总是具有国际可比性。与人口统计数据、国民收入核算数据以及国际贸易数据不同，基础设施数据的收集尚未做到“国际化”。但是公路数据已由国际公路联合会（IRF）收集，航空运输数据已由国际民航组织（ICAO）收集。

各国公路协会是国际公路联合会数据的主要来源。对于那些尚未建立此类协会或者未给予答复的国家，国际公路联合会则向其他部门索取数据，例如，公路理事会、交通部或者公共事务部以及中央统计办公室等。然而，结果将会带来定义、数据收集方法以及汇集的数据质量的参差不齐。除此之外，虽然很少衡量运输服务的质量（可靠性、运送时间和货物递送状况），但是对于评价一个经济体的运输系统来讲，质量可能与数量同等重要。

不像公路部门，大量合格的汽车司机可以在公路网络的任何地方驾驶，而对于铁路来讲，则不像公路部门，铁路是一个受到限制的交通体系，其车辆限制在固定的导轨上。考虑到其成本和服务特征，铁路通常最适合于运载——具有有效的竞争力——距离为500—5,000公里的大批量商品和集装箱货物以及距离为50—1,000公里的乘客。低于这一限制，公路运输似乎更具有竞争力，而高于这一限制，乘客和货物的航空运输或者货物的海洋运输似乎更具有竞争力。本表给出的铁路指标主要关注规模和产出的衡量：路程—公里、乘客—公里，货物以吨—公里拉进。

港口集装箱运输的衡量，可以提供一些有关一国经济增长的指标，因为其运送的货物大都具有中等到较高的附加值。但是，当运输仅仅是转运时，则大部分经济利益会归终点运作公司以及为轮船和集装箱提供辅助性服务的公司所有，而不是广泛落入该国手中。在各转运中心，空箱可能占到运输的40%之多。

航空运输数据包括在一国国内登记注册的航空运输机构承担的（国际和国内）定期航班的总数。各国根据ICAO颁布的标准规定和定义向其上报航空运输数据。然而在许多情况下，数据还包括ICAO对未上报的航空运输机构的估计数。只要可能，这些估计数均基于以前几次上报的数据，再辅之以该航空运输机构公布的信息，例如，航班表。

尽管数据包括定期航班的航空运输量，但是欧洲对航空运输规章的修改使人们更加难以对定期与非定期航班分类。因此，近期一些欧洲国家航空运输量的增加，可能就是由于航空运输分类的变化所致，而不是实际的增长。对于那些只有几家或者仅有一家航空运输机构的国家来讲，以本国为基地的航空运输机构航班的增加或者中断，都可能致使航空运输量发生显著变化。

定义

• **公路网络总量**包括高速公路、公路、干线或者国道、二级道路和区级道路以及国内其他一切道路。 • **铺敷道路**是指用碎石块（碎石）与焦油或者沥青做黏合剂的搅拌料、混凝土或者卵石铺敷路面的道路。 • **公路客运量**是公路运载客人数量乘以运载公里数。

• **公路货运量**是公路运载工具运载的货物数量，以公吨乘以运载公里数衡量。 • **铁路线**是指用于列车运行服务的铁路线路长度，不考虑平行铁轨的数量。 • **铁路客运量**是铁路运载客人数量乘以运载公里数。 • **铁路货运量**是铁路运载的货物数量，以公吨乘以运载公里数衡量。 • **港口集装箱运输**衡量的是集装箱从陆地到海上运输模式的流量，反之亦然，计量单位是相当于20次（TEUs）的标准集装箱。数据包括沿海航运和国际航运。倒装指的是在中间港的二次吊装（一次是卸吊，一次是装吊），空箱也包括在内。 • **离港飞机数**是指在国内注册登记的航空运输机构起飞离港的国内航班和国际航班。 • **航空客运量**包括在国内注册登记的航空运输机构国内航班和国际航班的乘客数。 • **航空货运量**是指在国内注册登记的航空运输机构每一个航次（指飞机起飞后到下一次着陆之间的运营）承运的货物、快件和外交包裹，以公吨乘以运载公里数衡量。

数据资料来源

道路数据来自国际公路联合会的《世界公路统计》，由世界银行工作人员的估计加以补充。铁路数据来自世界银行交通运输、水资源、信息和通讯技术部下属的交通运输处维护的数据库，其中主要基于国际铁路联盟的数据。港口集装箱运输数据来自国际集装箱化的《国际集装箱化年鉴》。航空运输数据来自国际民航组织的《世界民用航空统计》和国际民航组织工作人员的估计。

电力与通信

	电力		电话[a]								
			可及性和使用				质量	经济承受能力和效率			
			每百人		每人的国际通话量			美元/月			
	人均消费千瓦时	输配损耗占发电量的百分比	固定电话	移动电话用户	固定电话	合计	移动蜂窝网络覆盖的人口百分比	居民固定电话费用	移动电话预付费用	电信收入占GDP的百分比	移动和固定电话用户/雇员
	2008	2008	2009	2009	2008	2008	2008	2009	2009	2008	2008
阿富汗	..	..	0	40	1	7	75	..	..	0.0	58
阿尔巴尼亚	1,372	50	12	132	127	263	99	6.0	13.4	6.0	871
阿尔及利亚	957	18	7	94	15	34	82	4.2	6.3	2.5	285
安哥拉	189	15	2	44	..	..	40	16.6	11.0	..	..
阿根廷	2,789	13	24	129	42	..	94	3.9	13.7	3.1	1,929
亚美尼亚	1,578	15	20	85	..	..	88	4.1	5.8	4.5	..
澳大利亚	11,217	7	41	111	..	..	99	26.0	34.9	3.4	346
奥地利	8,218	5	39	141	..	..	99	27.3	6.8	1.7	843
阿塞拜疆	2,317	13	16	88	..	77	99	2.5	4.4	2.4	484
孟加拉国	208	5	1	31	6	..	90	1.6	1.3	..	..
白俄罗斯	3,427	11	41	100	..	..	99	1.0	3.4	2.1	..
比利时	8,523	5	39	115	..	..	100	33.6	20.8	2.8	732
贝宁	76	..	1	56	12	309	80	10.0	14.8	1.0	1,652
玻利维亚	561	13	8	72	80	..	46	23.5	7.3	6.8	376
波斯尼亚和黑塞哥维那	2,467	17	27	86	109	..	99	8.8	9.4	5.5	567
博茨瓦纳	1,503	52	7	96	115	..	99	18.0	8.1	2.9	1,018
巴西	2,232	17	21	90	..	..	91	13.4	34.6	4.5	358
保加利亚	4,594	10	29	140	27	105	100	13.8	17.6	5.1	565
布基纳法索	..	..	1	21	11	..	61	11.5	14.4	4.0	..
布隆迪	..	..	0	10	..	..	80	..	..	3.1	492
柬埔寨	113	13	0	38	..	..	87	7.8	5.0	..	1,712
喀麦隆	263	10	2	38	4	..	58	14.1	14.0	3.1	1,050
加拿大	17,061	8	54	68	..	..	98	18.3	17.7	2.5	..
中非共和国	..	..	0	4	..	..	19	10.1	12.9	..	293
乍得	..	..	0	24	..	..	24	..	..	..	..
智利	3,319	9	21	97	35	43	100	23.6	10.2	..	592
中国	2,455	6	24	56	9	..	97	2.3	3.7	2.5[b]	1,310
中国香港	5,866	13	60	174	1,435	1,435	100	7.1	0.8	3.6	980
哥伦比亚	974	19	16	92	142	..	83	5.7	9.5	3.7	..
刚果民主共和国	95	11	0	15	..	6	50	..	..	7.4	3,628
刚果共和国	150	77	1	59	..	..	53	..	..	..	..
哥斯达黎加	1,866	10	33	43	120	132	69	4.1	2.3	1.8	497
科特迪瓦	186	24	1	63	..	..	59	21.7	11.5	5.5	3,274
克罗地亚	3,878	14	42	136	229	302	100	19.2	18.4	4.6	892
古巴	1,327	16	10	4	..	..	77	13.2	22.7	..	..
捷克共和国	6,464	6	20	136	136	197	100	29.3	17.7	3.8	812
丹麦	6,460	6	37	134	210	357	..	24.5	6.5	2.4	543
多米尼加共和国	1,377	11	10	86	..	..	..	12.3	8.5	..	..
厄瓜多尔	1,137	20	15	100	3	..	84	1.3	9.4	4.1	513
埃及	1,425	11	12	67	27	44	95	3.0	4.1	3.7	855
萨尔瓦多	953	2	18	123	578	510	95	11.5	7.1	4.8	2,275
厄立特里亚	..	..	1	3	17	29	80	..	..	3.0	117
爱沙尼亚	6,348	11	37	203	..	..	100	13.2	12.3	4.5	742
埃塞俄比亚	42	9	1	5	2	5	10	0.9	2.4	1.3	233
芬兰	16,350	4	27	144	..	..	100	18.5	13.4	2.3	708
法国	7,931	6	57	95	242	301	99	29.3	35.2	2.0	695
加蓬	1,158	18	2	93	..	..	79	..	..	2.0	..
冈比亚	..	..	3	84	..	..	85	2.4	6.3	..	466
格鲁吉亚	1,678	13	15	67	44	268	98	3.5	7.6	6.9	355
德国	7,149	5	59	128	..	..	99	32.7	9.5	2.5	787
加纳	268	22	1	63	6	61	73	3.8	4.3	..	1,780
希腊	5,723	8	53	118	..	..	100	25.4	23.6	3.7	813
危地马拉	543	14	10	123	..	206	76	7.8	7.3	..	..
几内亚	..	..	0	56	..	..	80	3.0	3.1	..	..
几内亚比绍	..	..	0	35	..	..	65	..	..	..	..
海地	23	53	1	36	..	..	..	..	..	..	..
洪都拉斯	708	21	11	103	39	224	90	..	..	7.2	391

	电力		电话[a]								
			可及性和使用				质量	经济承受能力和效率			
			每百人		每人的国际通话量			美元/月			
	人均消费 千瓦时	输配损耗占发电量的百分比	固定电话	移动电话用户	固定电话	合计	移动蜂窝网络覆盖的人口百分比	居民固定电话费用	移动电话预付费用	电信收入占GDP的百分比	移动和固定电话用户/雇员
	2008	2008	2009	2009	2008	2008	2008	2009	2009	2008	2008
匈牙利	3,989	10	31	118	*120*	*159*	99	24.0	15.4	3.8	1,127
印度	566	23	3	45	..	..	*61*	3.1	1.4	*1.9*	..
印度尼西亚	591	10	15	69	..	..	*90*	5.6	2.8	..	..
伊朗	2,423	18	35	72	..	..	*95*	0.2	3.6	..	*913*
伊拉克	1,164	7	4	63	0	..	*72*	..	..	..	1,098
爱尔兰	6,301	8	47	109	..	..	99	43.8	20.9	2.5	..
以色列	7,054	2	44	121	413	..	100	17.0	13.8	4.0	..
意大利	5,661	7	35	150	..	..	*100*	28.2	18.4	2.9	1,657
牙买加	2,552	12	11	110	39	224	*95*	9.6	5.6	1.4	..
日本	8,071	5	35	90	..	..	100	22.8	44.3	3.1	12
约旦	2,087	14	8	101	67	258	99	9.4	5.7	6.3	1,132[b]
哈萨克斯坦	4,689	9	24	94	*47*	*52*	94	1.9	8.8	*2.9*	253
肯尼亚	155	15	2	49	*3*	6	83	10.1	7.5	6.4	2,354
朝鲜	820	16	5	0	..	..	*0*	..	..	..	..
韩国	8,853	4	40	98	33	64	94	5.2	12.2	4.7	657
科索沃	..	..	..	..	..	..	..	..	..	..	..
科威特	16,747	12	20	*107*	..	..	*100*	8.6	7.8	..	..
吉尔吉斯斯坦	1,449	31	9	84	..	..	*24*	1.3	2.9	*4.8*	*311*
老挝	..	..	2	51	..	..	..	3.8	3.5	..	*748*
拉脱维亚	3,087	15	29	99	..	..	*99*	11.2	7.3	*4.0*	*697*
黎巴嫩	2,267	16	18	36	..	*190*	*100*	10.3	15.8	..	..
莱索托	..	..	2	32	..	..	*55*	12.8	12.9	..	..
利比里亚	..	..	0	21	..	..	..	..	..	*8.2*	..
利比亚	3,909	14	17	78	*65*	..	*71*	..	..	..	*1,717*
立陶宛	3,557	8	22	149	57	132	100	14.3	8.6	2.8	*402*
前南斯拉夫马其顿共和国	3,723	23	22	95	159	256	*100*	13.4	13.4	6.3	*1,065*
马达加斯加	..	..	1	31	1	8	*23*	12.2	10.5	3.9	2,427
马拉维	..	..	1	16	..	..	*93*	3.3	10.8	3.6	..
马来西亚	3,490	3	16	111	..	..	92	4.8	4.9	..	..
马里	..	..	1	29	*2*	*13*	*22*	9.4	10.0	4.3	2,059
毛里塔尼亚	..	..	2	66	4	57	62	11.9	9.9	6.9	2,842
毛里求斯	..	..	30	85	100	215	99	5.6	4.5	3.6	..
墨西哥	2,020	17	18	78	174	..	100	17.3	8.6	2.7	838
摩尔多瓦	1,287	53	32	77	*155*	*457*	98	2.9	8.2	*10.1*	*294*
蒙古	1,473	11	7	84	*5*	..	82[b]	0.7	3.6	6.7[b]	341[b]
摩洛哥	736	11	11	79	21	87	*98*	23.5	22.2	5.1	..
莫桑比克	461	9	0	26	..	..	*44*	13.1	8.0	*1.2*	..
缅甸	97	27	2	1	..	*3*	*10*	0.9	12.8	..	90
纳米比亚	1,797	18	7	56	..	..	*95*	13.0	12.8	..	..
尼泊尔	89	19	3	26	..	..	60[b]	3.0	1.2	*1.0*	565
荷兰	7,226	4	44	128	..	..	98	27.8	29.7	0.7	..
新西兰	9,492	7	43	109	*310*	..	97	33.1	27.9	2.9	605
尼加拉瓜	457	24	4	56	39	..	..	4.7	14.0	..	..
尼日尔	..	..	0	17	..	..	*45*	12.9	15.3	..	..
尼日利亚	126	9	1	47	1	26	83	5.7	10.4	3.4	..
挪威	24,867	7	39	111	..	..	..	29.4	8.7	1.2	..
阿曼	4,894	13	11	140	30	431	96	12.8	6.2	2.5	967
巴基斯坦	436	21	2	61	..	..	*90*	2.9	1.0	*2.7*	*50*
巴拿马	1,646	14	16	164	61	118	83	12.0	5.0	3.2	380
巴布亚新几内亚	..	..	1	13	..	..	..	4.0	17.8	..	..
巴拉圭	1,002	5	6	88	*35*	..	..	6.6	5.3	*4.8*	*799*
秘鲁	1,032	8	10	85	..	113	95	14.3	8.9	3.1	*624*
菲律宾	588	13	4	81	..	..	99	15.9	6.2	..	..
波兰	3,732	8	25	117	..	32	99	17.4	9.6	3.9	396
葡萄牙	4,822	9	38	143	..	..	99	27.5	9.2	4.5	1,534
波多黎各	..	..	22	68	..	..	..	..	..	..	..
卡塔尔	15,682	7	20	175	..	..	100	9.1	8.6	*1.7*	*597*

电力与通信

	电力		电话[a]								
			可及性和使用				质量	经济承受能力和效率			
			每百人		每人的国际通话量			美元/月			
	人均消费 千瓦时	输配损耗 占发电量的百分比	固定电话	移动电话用户	固定电话	合计	移动蜂窝网络覆盖的人口百分比	居民固定电话费用	移动电话预付费用	电信收入占GDP的百分比	移动和固定电话用户/雇员
	2008	2008	2009	2009	2008	2008	2008	2009	2009	2008	2008
罗马尼亚	2,488	11	25	118	41	124	98	19.3	10.6	3.4	564
俄罗斯联邦	6,435	11	32	162	..	..	95	5.4	5.8	2.6	..
卢旺达	..	..	0	24	11	8	92	8.1	6.6	3.0	1,952
沙特阿拉伯	7,527	9	16	177	..	..	98	9.2	7.4	2.7	1,618
塞内加尔	158	20	2	55	27	101	85	24.0	8.3	9.8	1,859
塞尔维亚	4,284	16	42	135	136[b]	203[b]	94[b]	3.9	5.2	4.9[b]	883[b]
塞拉利昂	..	..	1	20	..	..	70	..	..	..	..
新加坡	8,185	5	37	133	1,531	..	100	7.7	3.9	2.6	..
斯洛伐克共和国	5,268	3	19	101	123	228	100	22.7	24.9	3.3	665
斯洛文尼亚	6,920	5	51	103	96	220	100	19.6	15.8	3.3	644
索马里	..	..	1	7	..	..	..	..	..	..	..
南非	4,759	9	9	94	..	..	100	21.6	12.6	7.3	..
西班牙	6,315	5	44	111	..	..	99	28.5	31.6	4.1	855
斯里兰卡	409	11	17	69	34	..	95	4.7	0.9	..	919
苏丹	96	12	1	36	6	13	66	3.9	3.4	3.2	2,168
斯威士兰	..	..	4	55	..	41	91	4.9	12.8	4.5	1,118
瑞典	14,869	7	55	123	..	..	98	26.2	14.8	2.7	894
瑞士	8,307	6	60	120	..	..	100	31.5	33.7	3.3	601
阿拉伯叙利亚共和国	1,521	24	18	46	78	..	96	1.3	7.6	3.0	409
塔吉克斯坦	2,072	18	4	70	..	..	..	0.9	2.9	..	..
坦桑尼亚	84	19	0	40	0	1	65	12.2	10.2	..	..
泰国	2,079	6	10	123	..	..	38	8.3	2.4	4.0	1,957
东帝汶	..	..	..	..	..	..	..	..	..	7.9	..
多哥	99	..	3	33	6	28	85	12.8	12.4	7.4	1,059
特立尼达和多巴哥	5,789	2	24	147	..	443	100	19.5	6.5	2.6	..
突尼斯	1,298	12	12	93	79	..	100[b]	2.8	7.2	4.3	1,004
土耳其	2,308	14	22	84	39	60	100	13.8	23.9	2.3	2,145
土库曼斯坦	2,273	14	9	29	..	..	14	..	..	..	..
乌干达	..	..	1	29	7	..	100	9.9	7.9	..	..
乌克兰	3,534	12	28	120	0	..	100	2.8	4.3	5.7	..
阿拉伯联合酋长国	16,891	12	34	232	..	..	100	4.1	4.1	3.1	924
英国	6,061	7	54	130	..	..	100	24.1	16.5	4.3	..
美国	13,654	6	50	97	..	216	100	12.8	15.3	2.8	416
乌拉圭	2,393	20	29	114	..	125	100	12.5	12.7	3.2	692
乌兹别克斯坦	1,646	9	7	59	..	..	93	1.1	1.1	2.5	739
委内瑞拉	3,074	28	24	99	..	79	90	9.0	28.6	3.5	1,500
越南	799	10	35	101	..	..	70	2.1	3.2	..	..
西岸和加沙	..	..	9	30	..	..	95	..	..	..	880
也门共和国	220	23	5	16	..	..	68	0.7	4.8	..	..
赞比亚	602	23	1	34	..	..	50	24.6	12.7	2.6	..
津巴布韦	1,022	6	3	24	22	19	75	..	..	..	711
全世界	**2,875 w**	**8 w**	**18 w**	**69 w**	**.. w**	**.. w**	**80 w**	**10.1 m**	**8.7 m**	**3.1 w**	**755 m**
低收入国家	231	15	1	27	..	..	53	8.8	8.0	..	..
中等收入国家	1,670	11	15	67	..	..	80	5.7	7.6	3.2	665
中低收入国家	1,318	10	13	58	..	..	77	4.7	7.1	3.0	..
中高收入国家	3,001	13	22	101	..	..	94	10.0	8.8	3.3	576
低收入和中等收入国家	1,505	11	13	61	..	..	76	6.6	7.9	3.2	624
东亚和太平洋地区	1,972	6	20	62	9	..	93	4.0	3.7	2.6	..
欧洲和中亚	4,052	12	25	119	..	..	91	3.9	7.6	2.8	462
拉丁美洲和加勒比地区	1,907	16	18	90	..	..	92	10.6	8.8	3.8	586
中东和北非	1,494	15	16	67	27	..	93	3.0	6.3	..	880
南亚	503	22	3	45	..	..	61	3.0	1.2	2.0	565
撒哈拉以南非洲地区	531	11	1	37	..	..	56	11.5	10.4	..	..
高收入国家	9,518	6	45	111	..	..	99	22.8	14.8	3.0	765
欧元区	6,970	5	48	123	..	..	99	27.6	19.6	2.6	765

a. 数据来自国际电信联盟（ITU）的《世界电信发展报告》数据库。第三方引用这些数据时，请注明引自国际电信联盟。b. 2009 年的数据。

关于数据的说明

一个经济体基础设施的质量，其中包括电力和通信设施，是本国投资者和外国投资者投资决策时考虑的主要因素。在满足对现代基础设施的投资需求方面，单靠政府的力量是不够的。国家与私人之间的合作，尤其当地供应商和金融家的参与对降低成本和实现资金的价值是至关重要的。在电信部门，市场的竞争和健全的规章制度都能够降低成本，改善全球电信服务的质量并且使服务的获得更为容易。

一个经济体的发电量和消费量是其发展规模和发展水平的基本指标。尽管少数几个国家出口电力，但是大部分发电量也都是用于国内消费。增加电力供应，以满足日新月异的城市化和工业化经济不断增长的需要，而又无须付出不可接受的社会、经济和环境代价，乃是发展中国家面临的巨大挑战之一。

有关电力生产和消费的数据由国际能源组织（IEA）取自各国能源部门，并由国际能源组织进行调整以适用于国际定义（有关电力生产的数据，见表3.10）。电力消费量等于发电量减去发电厂自用电量和输配电与变压器的损耗，再减去出口加上进口。它包括辅助性变电站的消费量、作为变电站一个组成部分的变压器的损耗以及抽水蓄能电站生产的电力。如果数据可以获得，它将涵盖初级能源，即煤、石油、煤气、核能、水力、地热、风能和潮汐、海浪以及可再生的燃料生产的电力。无论是生产数据还是消费数据，均不反映供电的可靠性，包括停电次数、超负荷以及断电的频率。

在过去10年中，新资金的投入、新技术的运用、私有化和自由化共同使许多国家的电信业获取了惊人发展。随着移动电话的迅速发展，国际互联网的全球扩张，信息通信技术作为一种重要的发展工具越来越得到人们的认可，进而有助于推动全球一体化，增强公共部门的效率和透明度。本表给出了一些电信的指标，其中包括准入、质量、支付能力以及效率。

在过去15年，人们获得的电话服务所提升的幅度是史无前例的。这种增长主要是由移动电话和电信市场的自由化驱动的，移动电话和电信市场的自由化使网络的运行更快，网络部署成本更低。2002年，全球移动电话的数量超过固定电话的数量。据国际电信联盟的估计，2010年全球移动电话用户达到50亿。技术在全世界从来没有传播的如此之快。移动通讯对农村地区带来了极其重大的影响。无线技术的移动性、方便使用、携带灵活、成本较低以及网络部署城的下降使无线电话很容易到达收入和文化水平较低的农村地区。未来10亿移动电话用户仍将主要集中在农村地区。

尽管可及性是向人们提供通信服务的关键，但是如果大多数人无经济力量承担这种服务，就不能实现普及使用通信的目标。本表给出了衡量通信的经济承受能力的两个指标：固定电话服务的一篮子价格、移动通信服务预付一篮子价格。通信的效率是用通信业务的总收入占GDP的百分比，以及每名雇员服务的移动电话和固定电话用户总数来衡量的。

运营商是有关通信的数据的传统主要来源，因而对大多数国家来说，有关用户的信息是广泛可获得的。这里给出了衡量可及性的一般思路，但是更精确的衡量尺度是渗透率——即可获得通信服务的居民户所占的份额。在过去几年，有关信息通讯技术使用的更多信息已可以从家庭和企业调查中获取。同样重要的是有关通信设施的实际使用情况。关于通信的理想的统计数据（和其他信息以及电信技术）应该从三个方面的测算值来收集整理，即订购与租用、可及性以及使用情况。由于各国涵盖数据提供条款的法规存在差异，在提供报告的国家中，数据的质量也存在差异。

定义

• **人均电力消费量**衡量的是发电厂和热电厂的发电量减去输电、变电和配电的损耗以及热电厂的自用量，然后除以年中人口。

• **电力输配损耗**是指供电来源地至配电站以及配电站至用户之间的输电损耗，其中包括窃电。 • **电话干线**是指连接用户至电话交换台之间的电话连接线。 • **移动电话用户**是指利用公共移动电话服务的用户，这些移动电话服务都是利用蜂窝技术，而蜂窝技术提供公共交换电话网接入服务。预付费用用户和后付费用用户都包括在内。 • **国际通话费率**是国际电话费（按分钟计）收入和支出之和除以总人口的比率。 • **移动蜂窝网络覆盖人口**是指生活在提供移动蜂窝信号的地区的人口所占的百分比，不管其是否使用该服务。

• **居民固定电话一篮子价格**是以月租费和30次3分钟市话费成本（15次高峰期电话，15次非高峰期电话）计算的。 • **移动电话一篮子价格**是按经济合作与发展组织对低频用户的定义来计算的，即每月为25次拨打预付的费用，它包括同一移动网络内的、其他移动电话网络的和移动电话向固定电话的拨打，以及高峰期、非高峰期和周末的拨打。还包括每月发30个短信。 • **通信总收入**是从提供诸如固定电话、移动电话和数字电话的服务中得到的收入除以GDP的比率。 • **每名雇员服务的电话用户**是电话用户（固定电话加移动电话）除以电信系统雇员总数之值。

数据资料来源

电力消费和损耗数据来自国际能源署（IEA）的《2010年非经济合作与发展组织成员国的能源统计和收支》和IEA的《2010年经济合作与发展组织成员国的能源统计》以及联合国统计署的《能源统计年鉴》。电信数据来自国际电信联盟（ITU）的《世界电信发展报告》数据库和电信地理公司。

	日报	电视用户[a]	个人计算机和互联网						信息与通信技术贸易		
			可及性和使用		质量		花费	运用	商品		
	每千人拥有的份数	百分比	每百人个人计算机[a]	每百人互联网用户[a]	每百人固定宽带网用户[a]	人均每秒国际互联网带宽[a]	固定宽带网接入费用[a] 美元/月	每百万人的互联网安全服务器	出口占商品总出口的百分比	进口占商品总进口的百分比	服务出口占服务总出口的百分比
	2000–2005[b]	2008	2008	2009	2009	2009	2009	2010年12月	2009	2009	2009
阿富汗	..	..	0.4	3.4	0.00	550	..	1	..	0.4	..
阿尔巴尼亚	24	..	4.6	41.2	2.85	1,902	22	9	1.1	5.4	5.7
阿尔及利亚	..	..	..	13.5	2.34	..	15	1	0.0	4.9	..
安哥拉	2	36	0.6	3.3	0.11	17	157	3	..	..	5.4
阿根廷	36	..	..	30.4	8.80	2,320	31	26	0.4	11.2	12.2
亚美尼亚	8	97	..	6.8	0.19	..	31	17	1.5	5.0	16.1
澳大利亚	155	..	..	72.0	24.69	5,457	26	1,761	1.4	11.4	4.9
奥地利	311	97	..	73.5	22.45	20,323	36	857	5.5	7.0	6.5
阿塞拜疆	16	99	8.0	42.0	1.14	1,399	49	5	0.0	8.5	4.7
孟加拉国	..	30	2.3	0.4	0.03	4	50	0	0.6	5.7	11.5
白俄罗斯	81	95	..	45.9	11.30	2,277	7	9	0.7	2.4	9.0
比利时	165	99	..	75.2	29.05	24,945	29	490	2.8	4.3	9.8
贝宁	0	25	0.7	2.2	0.02	35	118	0	..	..	0.7
玻利维亚	..	69	..	11.2	2.86	225	35	8	0.0	4.6	12.6
波斯尼亚和黑塞哥维那	..	97	6.4	37.7	7.76	1,195	19	16	0.6	3.7	9.2
博茨瓦纳	41	..	6.2	6.2	0.77	220	62	9	0.4	5.5	3.3
巴西	36	97	..	39.2	7.51	2,108	28	41	1.8	11.4	2.0
保加利亚	79	98	11.0	44.8	12.91	37,657	15	73	3.6	6.4	5.6
布基纳法索	..	18	0.6	1.1	0.04	15	91	0	0.0	2.0	11.6
布隆迪	..	..	0.9	0.8	0.00	2	..	0	1.9	10.9	0.0
柬埔寨	..	..	0.4	0.5	0.20	19	89	2	0.1	4.0	6.5
喀麦隆	..	32	..	3.8	0.00	23	89	1	..	..	6.6
加拿大	175	99	94.3	77.7	29.55	16,193	25	1,237	4.4	9.6	11.2
中非共和国	..	..	..	0.5	0.00	..	1,329	0	..	..	..
乍得	..	..	..	1.7	0.00	1	..	..	..	..	..
智利	51	100	..	34.0	9.81	4,076	48	53	0.2	6.8	2.8
中国	74	..	5.7	28.8	7.78	651	18	2	29.5	24.0	6.0
中国香港	222	99	69.3	61.4	29.42	560,989	13	455	44.6	43.6	1.7
哥伦比亚	23	88	11.2	45.5	4.64	2,940	35	14	0.3	9.9	7.4
刚果民主共和国	..	14	..	0.6	0.00	1	..	0	..	..	..
刚果共和国	..	..	..	6.7	0.00	0	..	1	..	..	..
哥斯达黎加	65	96	..	34.5	6.01	4,333	6	108	18.7	17.9	21.9
科特迪瓦	..	..	..	4.6	0.05	40	44	1	0.4	4.5	0.0
克罗地亚	..	97	..	50.4	15.45	15,892	21	168	5.1	6.3	3.6
古巴	65	88	5.6	14.3	0.02	27	1,630	0	..	..	..
捷克共和国	183	..	..	63.7	19.26	7,075	43	318	15.6	16.7	8.9
丹麦	353	98	54.9	85.9	37.46	34,506	29	1,866	4.8	8.9	..
多米尼加共和国	39	77	..	26.8	3.93	1,387	26	15	3.6	5.4	4.1
厄瓜多尔	99	83	13.0	15.1	1.77	484	40	15	0.2	7.5	4.9
埃及	..	97	3.9	20.0	1.30	1,172	8	2	1.8	4.4	4.7
萨尔瓦多	38	83	..	14.4	2.42	243	20	13	2.9	5.5	16.9
厄立特里亚	..	..	1.0	4.9	0.00	6	..	..	..	..	..
爱沙尼亚	191	98	25.5	72.3	25.25	12,680	28	434	5.8	6.5	8.6
埃塞俄比亚	5	..	0.7	0.5	0.00	3	487	0	0.7	9.5	5.3
芬兰	431	93	..	83.9	29.33	17,221	39	1,246	12.6	11.3	25.4
法国	164	97	65.2	71.3	30.98	29,356	36	306	5.6	7.8	4.3
加蓬	..	..	3.4	6.7	0.20	141	..	8	..	..	..
冈比亚	..	..	3.5	7.6	0.02	38	307	3	0.4	4.0	17.8
格鲁吉亚	4	..	5.5	30.5	3.52	752	42	13	0.4	7.8	2.6
德国	267	95	65.6	79.5	30.53	25,654	43	874	6.8	9.3	8.4
加纳	..	43	1.1	5.4	0.11	97	44	2	0.1	7.3	0.0
希腊	..	100	9.4	44.1	16.99	4,537	24	124	3.0	5.9	2.2
危地马拉	..	69	..	16.3	0.78	186	34	10	0.7	6.3	14.1
几内亚	..	..	..	0.9	0.00	0	503	0	0.0	5.8	21.6
几内亚比绍	..	..	..	2.3	0.00	1	..	1	..	..	0.2
海地	..	25	5.1	10.0	0.00	16	..	1	..	..	2.5
洪都拉斯	..	68	2.5	9.8	0.00	241	..	8	0.2	6.6	26.8

	日报	电视用户[a]	个人计算机和互联网						信息与通信技术贸易		
			可及性和使用		质量		花费	运用	商品		
	每千人拥有的份数	百分比	每百人个人计算机[a]	每百人互联网用户[a]	每百人固定宽带网用户[a]	人均每秒国际互联网带宽[a]	固定宽带网接入费用[a] 美元/月	每百万人的互联网安全服务器	出口占商品总出口的百分比	进口占商品总进口的百分比	服务出口占服务总出口的百分比
	2000–2005[b]	2008	2008	2009	2009	2009	2009	2010年12月	2009	2009	2009
匈牙利	217	99	25.6	61.6	18.76	5,987	30	166	24.6	18.8	8.8
印度	71	55	3.3	5.3	0.67	32	5	2	3.8	8.8	53.1
印度尼西亚	..	69	2.0	8.7	0.74	110	21	2	5.7	9.7	8.4
伊朗	..	..	10.6	38.3	0.55	151	30	1	..	..	..
伊拉克	..	..	..	1.0	0.00	3	..	0	..	..	0.6
爱尔兰	182	98	58.2	68.4	21.94	15,261	36	1,005	11.5	14.0	37.1
以色列	..	90	..	49.7	24.86	2,003	7	399	19.2	11.0	36.1
意大利	137	94	..	48.5	19.59	12,989	29	154	3.0	6.7	2.4
牙买加	..	..	..	58.6	4.16	741	22	39	0.8	3.9	7.1
日本	551	99	..	77.7	24.86	5,770	37	650	14.7	12.0	1.2
约旦	..	97	7.6	29.3	3.42	1,811	30	20	3.1	5.4	..
哈萨克斯坦	..	..	..	33.4	8.61	1,342	17	5	0.1	4.3	3.0
肯尼亚	..	..	..	10.0	0.02	477	40	3	1.3	6.2	14.5
朝鲜	..	..	..	0.0	0.00	0	..	0	..	..	..
韩国	..	..	57.6	80.9	33.54	6,065	25	1,167	22.6	14.6	1.5
科索沃	..	..	..	..	..	..	..	..	..	..	..
科威特	..	..	..	39.4	1.61	871	19	133	0.4	7.2	60.9
吉尔吉斯斯坦	1	99	..	41.2	0.10	112	48	1	0.3	2.6	1.2
老挝	3	..	..	4.7	0.13	142	194	1	..	..	8.5
拉脱维亚	154	99	32.7	66.7	11.48	3,537	25	173	6.1	6.2	5.9
黎巴嫩	54	..	10.2	23.7	5.26	223	23	28	3.0	3.5	2.9
莱索托	..	..	..	3.7	0.02	5	50	0	..	..	..
利比里亚	..	9	..	0.5	..	..	..	1	..	..	..
利比亚	..	..	..	5.5	0.16	50	..	1	..	..	2.6
立陶宛	108	98	24.2	58.8	18.98	14,300	15	176	2.9	4.3	3.8
前南斯拉夫马其顿共和国	89	99	36.8	51.8	10.59	17	14	24	0.5	5.5	14.3
马达加斯加	..	..	..	1.6	0.02	12	102	0	1.6	3.9	..
马拉维	..	9	..	4.7	0.02	5	493	0	0.3	5.3	..
马来西亚	109	97	23.1	57.6	6.09	5,097	19	42	38.1	32.0	7.0
马里	..	22	0.8	1.9	0.07	51	55	1	0.2	3.6	23.2
毛里塔尼亚	..	..	4.5	2.3	0.27	76	58	2	..	1.6	..
毛里求斯	77	96	17.6	22.7	7.25	364	17	87	0.6	4.2	3.7
墨西哥	93	93	14.4	26.5	9.24	312	16	22	22.9	20.9	1.3
摩尔多瓦	..	..	11.4	35.9	5.19	6,660	13	13	7.5	5.1	20.2
蒙古	20	88	24.6	13.1	0.91	2,920	8	11	0.1	5.1	3.0
摩洛哥	12	..	5.7	32.2	1.49	1,600	17	3	4.6	6.0	7.5
莫桑比克	3	..	..	2.7	0.05	56	80	1	0.4	3.9	5.8
缅甸	..	..	0.9	0.2	0.03	20	28	0	..	..	..
纳米比亚	28	37	23.9	5.9	0.02	27	47	14	0.6	4.9	2.4
尼泊尔	..	33	..	2.1	0.26	5	22	2	0.2	5.6	..
荷兰	307	98	91.2	90.0	35.70	78,156	36	2,276	12.6	13.5	11.3
新西兰	182	99	52.6	83.4	22.73	4,544	29	1,489	1.8	9.4	4.8
尼加拉瓜	..	67	..	3.5	0.82	144	34	8	0.4	4.4	7.2
尼日尔	0	10	..	0.8	0.01	11	266	0	0.7	3.6	11.6
尼日利亚	..	39	..	28.4	0.05	5	105	1	0.0	7.2	1.6
挪威	516	95	62.9	91.8	37.19	26,904	51	1,653	2.4	8.8	8.6
阿曼	..	88	16.9	43.5	1.44	1,365	31	27	1.5	3.2	..
巴基斯坦	50	58	..	12.0	0.37	43	15	1	0.3	3.7	12.0
巴拿马	65	83	6.3	27.8	5.82	15,964	17	127	0.0	7.3	4.8
巴布亚新几内亚	9	..	..	1.9	0.00	2	142	3	..	..	1.2
巴拉圭	..	85	..	15.8	2.22	662	22	7	0.2	21.6	1.4
秘鲁	..	73	..	27.7	2.79	2,646	36	14	0.1	8.3	3.5
菲律宾	79	71	7.2	6.5	1.87	113	22	7	54.2	34.5	16.2
波兰	114	98	16.9	58.8	13.54	2,748	14	211	7.5	8.9	5.3
葡萄牙	..	99	18.2	48.6	17.54	4,790	29	174	4.6	6.6	4.5
波多黎各	..	..	..	25.2	10.78	1,764	..	84	..	..	..
卡塔尔	..	..	15.7	28.3	9.22	2,044	55	99	0.0	8.2	..

	日报	电视用户[a]	个人计算机和互联网						信息与通信技术贸易		
			可及性和使用		质量		花费	运用	商品		
	每千人拥有的份数	百分比	每百人个人计算机[a]	每百人互联网用户[a]	每百人固定宽带网用户[a]	人均每秒国际互联网带宽[a]	固定宽带网接入费用[a] 美元/月	每百万人的互联网安全服务器	出口占商品总出口的百分比	进口占商品总进口的百分比	服务出口占服务总出口的百分比
	2000–2005[b]	2008	2008	2009	2009	2009	2009	2010年12月	2009	2009	2009
罗马尼亚	70	97	19.2	36.2	13.05	18,271	7	40	8.4	9.3	18.9
俄罗斯联邦	92	..	13.3	42.1	9.09	573	13	20	0.6	8.4	6.3
卢旺达	..	3	0.3	4.5	0.08	35	88	1	1.4	12.3	0.1
沙特阿拉伯	..	..	69.3	38.6	5.66	1,731	27	18	0.3	4.6	..
塞内加尔	9	46	..	7.4	0.47	372	40	1	0.4	4.5	15.6
塞尔维亚	..	..	25.8	56.1	8.07	12,660	14	20	2.2	5.4	8.0
塞拉利昂	..	10	..	0.3	0.00	..	..	0	..	..	2.2
新加坡	361	..	74.3	73.3	22.52	22,783	17	523	35.4	28.2	2.9
斯洛伐克共和国	126	99	58.1	75.0	14.36	7,567	29	128	17.5	14.7	8.0
斯洛文尼亚	173	99	42.5	63.6	22.79	6,720	22	301	3.8	5.6	7.2
索马里	..	..	..	1.2	0.00	..	..	0	..	..	..
南非	30	69	..	9.0	0.98	70	27	63	2.0	9.8	3.9
西班牙	144	100	39.3	61.2	21.05	11,008	29	233	3.0	8.4	6.6
斯里兰卡	26	76	..	8.7	0.84	190	4	4	1.0	3.6	17.2
苏丹	..	..	10.7	9.9	0.11	322	23	0	0.0	4.7	1.2
斯威士兰	24	35	3.7	7.6	0.13	35	858	10	0.1	3.6	11.3
瑞典	481	94	88.1	90.3	40.85	49,828	35	1,266	10.0	11.5	14.8
瑞士	420	92	96.2	70.9	33.91	29,413	33	1,876	3.3	6.6	..
阿拉伯叙利亚共和国	..	..	9.0	18.7	0.16	261	31	0	0.2	1.4	4.4
塔吉克斯坦	..	..	..	10.1	0.05	37	364	0	..	..	19.6
坦桑尼亚	2	9	..	1.5	0.02	2	64	0	0.6	6.9	2.7
泰国	..	92	..	25.8	1.47	818	19	13	19.8	18.1	..
东帝汶	..	..	..	..	..	..	..	1	..	..	..
多哥	2	..	..	5.4	0.04	23	186	2	0.1	4.2	18.6
特立尼达和多巴哥	149	..	13.2	36.2	7.84	7,916	13	72	0.2	4.0	..
突尼斯	23	..	9.7	33.5	3.57	2,699	12	14	6.0	7.5	4.9
土耳其	..	98	6.1	35.3	8.54	4,323	18	95	2.3	5.9	1.9
土库曼斯坦	9	..	..	1.6	0.05	48	..	0	..	..	..
乌干达	..	7	1.7	9.8	0.02	36	194	1	4.9	9.3	6.1
乌克兰	131	97	4.5	33.3	4.15	206	7	13	1.3	2.6	5.6
阿拉伯联合酋长国	..	94	33.1	82.2	15.01	13,233	41	243	2.0	5.3	..
英国	290	99	80.2	83.2	29.68	39,664	24	1,396	8.6	10.5	7.9
美国	193	..	80.5	78.1	27.78	11,279	20	1,443	13.0	15.1	4.6
乌拉圭	..	91	..	55.5	7.33	903	18	45	0.1	7.0	9.5
乌兹别克斯坦	..	..	3.1	16.9	0.32	46	199	0	..	..	..
委内瑞拉	93	95	..	31.2	6.56	628	31	7	0.1	9.3	7.4
越南	..	..	9.6	27.5	3.04	581	15	3	3.8	7.1	..
西岸和加沙	10	95	..	8.8	5.76	313	..	4	..	..	5.4
也门共和国	4	..	2.8	1.8	0.00	28	220	0	0.1	2.5	8.5
赞比亚	5	24	..	6.3	0.06	8	51	1	0.1	3.7	8.0
津巴布韦	..	31	7.6	11.4	0.14	17	..	1	0.6	4.8	..
全世界	**105 w**	**.. m**	**15.3 w**	**27.1 w**	**7.30 w**	**3,526 w**	**30 m**	**156 w**	**13.0 w**	**13.9 w**	**9.1 w**
低收入国家	..	..	..	2.7	0.04	7	90	1	0.6	..	6.5
中等收入国家	68	..	5.5	20.9	4.07	348	22	9	16.3	16.6	13.3
中低收入国家	71	..	4.5	17.2	3.37	151	30	3	21.3	18.4	19.9
中高收入国家	..	93	..	34.6	6.69	1,120	19	32	12.2	15.1	5.4
低收入和中等收入国家	59	..	5.1	18.1	3.53	299	31	8	16.2	16.4	13.1
东亚和太平洋地区	74	..	5.6	24.1	5.81	742	21	3	28.9	24.4	6.8
欧洲和中亚	..	..	9.8	36.4	7.66	1,087	17	33	1.5	6.6	6.1
拉丁美洲和加勒比地区	64	85	..	31.5	6.62	1,408	30	27	11.6	15.2	5.5
中东和北非	..	..	5.7	21.5	1.25	323	23	2	..	..	..
南亚	68	55	3.3	5.5	0.55	31	15	2	3.0	7.4	49.9
撒哈拉以南非洲地区	..	..	..	8.8	0.13	31	88	5	1.0	7.8	4.5
高收入国家	255	98	65.4	72.3	25.78	19,521	29	906	12.2	13.3	8.1
欧元区	201	98	56.0	67.3	25.90	32,455	29	545	6.6	8.6	9.8

a. 数据来自国际电信联盟（ITU）的《世界电信发展报告》数据库。第三方引用这些数据时，请注明引自国际电信联盟。b. 最近年份可获得的数据。

关于数据的说明

数字和信息革命已经改变了全球学习、交流、全球商业环境报告和治病的方式。新的信息和通信技术（ICT）为各国生活各个方面的进步提供了众多的机会——促进经济增长、增进健康、提供更好的服务、通过远程教育进行学习以及促进社会和文化进步的机会。

需要有关信息通信技术准入、使用、质量以及可负担性的比较统计数据来阐述能够带动该部门增长的政策，进而监视和评估该部门对发展的影响。虽然从许多国家都可以获得基本的准入数据，但是在大多数发展中国家很少人知道谁在使用信息通信技术，他们用这些技术干什么（学校、工作、企业、研究和政府），以及这些技术是如何对人们和企业产生影响的。衡量信息通信技术对发展影响的全球战略伙伴关系项目正帮助发展中国家建立相关标准，统一信息通信技术的统计数据，建立汇集统计数据的能力。更多的信息见 www. itu. int/ITU－D/ict/partnership/。

关于报纸发行数量的数据来自联合国教科文组织（UNESCO）统计研究所的调查，该调查涵盖了报纸发行、在线报纸标题、杂志、社区报纸以及新闻机构等领域。

有关电视用户的估计来自家庭调查。一些国家仅仅提供了彩色电视的数据，因此，实际的数量可能高于国家提供的数据。

个人计算机的估计数来自国际电信联盟每年的调查表，再辅之以其他来源。许多政府缺乏在全国各地调查个人电脑使用量的能力——家庭、学校、企业、政府部门、图书馆、网吧——因此大多数估计值都是来自每年个人电脑售出的数量。每年售出的数据乘以更换之前估计的平均使用期限大约就能得出个人电脑的数量。尽管没有精确的方法测算更换率，但是一般来讲，个人电脑每隔 3—5 年就要更换一次。

有关互联网用户以及相关因特网指标的数据是以各国上报国际电信联盟的数据为基础。尽管一些国家从调查中获取了这些数据，但是由于调查中的问题与定义在各国之间存在差异，因此，估计数可能并不具有严格的可比性。对于那些没有实施调查的国家来讲，其估计数通常来自互联网服务提供商上报的用户人数乘以主机的使用人数。这种方法有可能低估了使用互联网的实际人数，尤其在发展中国家，因为在这些国家存在许多商业用户出租与互联网连接的计算机，或者使用预先付费的上网卡接入互联网。

宽带是指提供网络上传或者下载的技术，其速度至少达到 256k/秒的能力。这些技术包括数字用户线、电缆调制解调器、卫星宽带网络、光纤到户网络接入、以太网当地接入网络和无线网络。宽带就是可利用信号的频率范围。宽带的频率越高，同时可传递的信息量就越大。因为报告国对宽带的定义可能存在差异，所以数据不具有严格的可比性。

根据 Netcraft 的安全服务器调查得出的安全服务器的数量，提供了一个衡量许多公司如何在互联网上进行秘密交易的指标。通过自身广泛的探索、记录使用安全套接层的网站数量，Netcraft 的调查检测了互联网上秘密交易的状况。120 万明显有效的第三方认证大约 1/3的起源国都无法识别。一些国家，例如韩国，通过使用应用接层（就是安全套接层）建立了秘密渠道。这些数据都在本表予以公布。

信息通信技术产品的进出口的定义是由信息社会指标的工作组给出的，并上报经济合作与发展组织的《信息社会衡量指南》（2005）。信息通信技术产品的出口数据是基于 IMF《国际收支统计年鉴》的分类。

定义

• **日报**是指每周至少出版 4 期的报纸，报道印刷之前 24 小时内的事件，并按每 1,000 人中的平均发行量（或者印刷份数）计算。 • **电视用户**是指拥有电视的家庭百分比。 • **个人计算机**是供单个人使用的自备计算机。包括便携式电脑和笔记本，不包括连接到主机的末端电脑、主要用户设备（例如，智能电话、个人数字助理）或者共同使用的小型机。 • **互联网用户**是指连接到全球网络的用户。 • **固定宽带用户**是指拥有数字用户线路、电缆调制解调器或者其他高速技术的宽带用户的总数量。 • **国际互联网容量**是指国与国之间通过互联网传输信息既定能力。 • **固定互联网宽带接入价格**是指每秒 100 千比特带宽的每月最低成本，并根据每月服务从低速到高速变化的费用来计算。每月费用不包括安装费或调制解调器出租费。 • **互联网安全服务器**是指在互联网交易中使用保密技术的器件。 • **信息通信技术产品的进出口**包括电信、视频和音频、计算机和相关设备、电子零件和其他信息通信技术产品，不包括软件。 • **信息通信技术服务出口**包括计算机和通信服务（电信、邮政和信使服务），以及信息服务（计算机数据和与新闻相关的服务交易）

数据资料来源

有关报纸的数据由联合国教科文组织（UNESCO）的统计研究所汇集。有关电视机、个人计算机、互联网用户、互联网上网费用、宽带用户以及国际互联网容量的数据均来自国际电信联盟的《世界电信发展报告》数据库和电信地理公司。互联网安全服务的数据均来自 Netcraft（www. netcraft. com）和官方政府渠道。信息通信技术产品贸易的数据来自联合国统计署的商品贸易数据库。信息通信技术服务的出口数据来自 IMF 的《国际收支统计》数据库。

	从事R&D的研究人员	从事R&D的技术人员	发表于科技刊物上的论文	R&D支出	高科技出口		版税与许可费		提交的专利申请[a,b]		提交的商标申请[a,c]
	每百万人	每百万人		占GDP的百分比	百万美元	占制成品出口的百分比	百万美元收入额	百万美元支付额	居民	非居民	总计
	2000–2008[d]	2000–2008[d]	2007	2000–2008[d]	2009	2009	2009	2009	2009	2009	2009
阿富汗	..	..	4	..	..	..	..	..	..	..	..
阿尔巴尼亚	..	..	12	..	10	1	6	14	..	..	3,072
阿尔及利亚	170	35	481	0.07	4	1	..	..	84	765	2,144
安哥拉	..	..	3	..	..	..	0	0	..	..	..
阿根廷	980	196	3,362	0.51	1,548	9	106	1,331	..	..	73,717
亚美尼亚	..	..	175	0.21	7	4	0	0	116	11	4,398
澳大利亚	4,224	..	17,831	2.06	3,550	13	703	3,026	2,821	23,525	8,611
奥地利	4,123	1,960	4,825	2.66	12,097	11	752	1,280	2,263	292	11,699
阿塞拜疆	..	..	97	0.17	6	1	2	19	222	5	3,221
孟加拉国	..	..	235	..	97	1	0	11	29	270	8,232
白俄罗斯	..	..	412	0.96	315	3	9	73	1,510	220	5,403
比利时	3,435	1,407	7,071	1.92	29,676	10	2,376	2,144	669	148	25,566[e]
贝宁	..	..	43	..	0	0	0	3	..	..	..
玻利维亚	120	..	51	0.28	15	5	3	19	..	..	6,081
波斯尼亚和黑塞哥维那	197	71	54	0.03	76	3	12	6	59	12	3,786
博茨瓦纳	..	..	62	0.50	24	1	1	12	..	..	712
巴西	694	..	11,885	1.10	8,316	14	434	2,512	4,023	17,802	119,841
保加利亚	1,499	476	801	0.49	714	8	9	117	242	24	7,904
布基纳法索	..	..	43	0.11	0	1	0	0	..	..	..
布隆迪	..	..	3	..	2	12	0	0	..	..	..
柬埔寨	17	13	26	0.05	4	0	0	8	..	..	2,866
喀麦隆	..	..	154	..	3	3	0	0	..	..	..
加拿大	4,260	1,690	27,800	1.84	25,080	18	3,221	7,716	5,067	32,410	40,956
中非共和国	..	..	4	..	..	..	..	..	..	..	..
乍得	..	..	3	..	..	..	..	..	..	..	..
智利	833	302	1,740	0.68	266	4	59	461	531	3,421	33,026
中国	1,071	..	56,806	1.44	348,295	31	429	11,065	229,096	85,477	808,546
中国香港	2,650	459	..	0.81	1,849	31	380	1,610	149	11,708	24,754
哥伦比亚	126	..	489	0.16	466	5	48	258	121	1,860	23,952
刚果民主共和国	..	..	7	0.48	..	..	..	..	..	..	..
刚果共和国	34	37	21	..	..	..	..	..	..	..	..
哥斯达黎加	122	..	100	0.32	1,682	41	1	65	..	..	11,754
科特迪瓦	66	..	37	..	187	12	0	0	..	..	..
克罗地亚	1,514	605	1,102	0.90	756	11	32	213	250	68	5,990
古巴	..	..	244	0.49	248	35	..	..	69	189	1,450
捷克共和国	2,886	1,466	3,689	1.47	15,200	16	96	726	789	92	11,047
丹麦	5,670	2,166	5,236	2.72	10,743	18	..	..	1,518	131	8,329
多米尼加共和国	..	..	8	..	177	5	0	53	..	..	5,208
厄瓜多尔	69	20	66	0.15	51	4	0	47	..	794	12,605
埃及	617	378	1,934	0.23	95	1	0	285	490	1,452	2,828
萨尔瓦多	49	..	5	0.09	136	5	0	26	..	..	..
厄立特里亚	..	..	8	..	..	..	..	..	..	..	..
爱沙尼亚	2,966	617	502	1.29	656	10	24	46	76	20	3,230
埃塞俄比亚	21	12	149	0.17	7	4	2	3	12	25	719
芬兰	7,707	..	4,989	3.46	8,599	18	1,738	1,282	1,806	127	5,564
法国	3,496	1,880	30,740	2.02	83,827	23	9,397	5,274	14,295	1,809	84,213
加蓬	..	..	16	..	71	32	..	..	..	..	..
冈比亚	..	..	17	..	0	1	0	0	..	..	327
格鲁吉亚	..	..	129	0.18	21	3	7	9	250	218	4,382
德国	3,532	1,301	44,408	2.54	142,449	16	13,785	14,104	47,859	11,724	74,676
加纳	..	..	109	..	6	1	0	0	..	..	677
希腊	1,873	764	4,980	0.57	1,212	11	48	654	698	22	2,458
危地马拉	29	37	22	0.06	141	5	13	86	7	322	11,003
几内亚	..	..	4	..	0	0	0	0	..	..	..
几内亚比绍	..	..	10	..	..	..	..	0	..	..	6
海地	..	..	4	..	..	..	3	0	..	..	..
洪都拉斯	..	..	6	0.04	7	1	0	18	..	..	7,403

	从事R&D的研究人员 每百万人 2000–2008[d]	从事R&D的技术人员 每百万人 2000–2008[d]	发表于科技刊物上的论文 2007	R&D支出 占GDP的百分比 2000–2008[d]	高科技出口 百万美元 2009	高科技出口 占制成品出口的百分比 2009	版税与许可费 百万美元 收入额 2009	版税与许可费 百万美元 支付额 2009	提交的专利申请[a,b] 居民 2009	提交的专利申请[a,b] 非居民 2009	提交的商标申请[a,c] 总计 2009
匈牙利	1,733	512	2,452	0.96	17,444	26	862	1,369	757	30	6,671
印度	137	94	18,194	0.80	10,143	9	193	1,860	*5,314*	*23,626*	*130,172*
印度尼西亚	205	..	198	0.05	5,940	13	38	1,530	*282*	*4,324*	*52,649*
伊朗	706	..	4,366	0.67	*375*	*6*	..	..	*5,970*	*557*	3,013
伊拉克	..	..	73	..	*0*	*0*	*1,312*	*396*	..	..	..
爱尔兰	3,090	684	2,487	1.42	24,738	25	1,697	34,873	908	53	4,091
以色列	..	..	6,623	4.86	10,268	23	761	897	1,387	5,387	*10,742*
意大利	1,616	..	26,544	1.18	25,988	8	1,115	1,899	8,814	903	40,702
牙买加	..	..	49	0.06	4	1	9	45	*21*	*132*	*1,708*
日本	5,573	589	52,896	3.44	99,210	20	21,698	16,835	295,315	53,281	110,622
约旦	..	..	344	0.34	49	1	0	0	*59*	*507*	*9,145*
哈萨克斯坦	..	..	106	0.22	1,802	30	0	64	*11*	*162*	3,500
肯尼亚	..	..	262	..	*78*	*5*	19	21	*38*	*33*	1,430
朝鲜	..	..	10	..	..	..	..	..	7,956	55	1,351
韩国	4,627	720	18,467	3.21	103,400	32	3,185	7,049	127,316	36,207	134,211
科索沃	..	..	..	..	..	..	..	..	..	..	..
科威特	166	33	242	0.09	*6*	*0*	0	0	..	..	..
吉尔吉斯斯坦	..	..	16	0.23	11	5	4	12	*135*	*3*	2,580
老挝	16	..	12	0.04	..	..	0	0	..	..	..
拉脱维亚	1,935	543	147	0.61	363	8	7	26	*114*	*37*	3,566
黎巴嫩	..	..	238	..	138	7	0	1	..	..	..
莱索托	10	11	3	0.06	..	..	18	..	..	..	634
利比里亚	..	..	0	..	..	..	..	..	..	..	489
利比亚	..	..	30	..	..	..	0	0	..	..	..
立陶宛	2,547	553	456	0.80	931	10	0	29	91	16	4,465
前南斯拉夫马其顿共和国	521	75	58	0.21	42	3	6	20	*34*	*406*	3,788
马达加斯加	50	15	48	0.14	10	2	..	..	1	43	1,605
马拉维	..	..	63	..	3	3	..	..	..	..	*804*
马来西亚	372	44	808	0.64	51,560	47	266	1,133	*818*	*4,485*	24,070
马里	42	13	19	..	*3*	*3*	*0*	*2*	..	..	..
毛里塔尼亚	..	..	3	..	..	..	..	..	..	..	..
毛里求斯	..	..	18	0.37	13	1	0	5	*2*	*22*	*24*
墨西哥	353	186	4,223	0.37	37,354	22	656	0	822	13,459	75,250
摩尔多瓦	726	117	70	0.55	10	5	4	11	134	5	5,046
蒙古	..	..	21	0.23	*7*	*8*	0	1	*103*	*110*	1,399
摩洛哥	647	48	378	0.64	646	7	2	49	*177*	*834*	3,774
莫桑比克	16	35	24	0.53	24	10	0	4	*18*	*22*	870
缅甸	18	137	13	0.16	..	..	..	..	..	..	..
纳米比亚	..	..	14	..	*21*	*1*	0	6	..	..	858
尼泊尔	59	137	72	..	2	0	..	..	..	..	*1,132*
荷兰	3,089	1,764	14,210	1.63	58,450	24	5,473	4,073	2,575	279	..
新西兰	4,365	894	3,173	1.21	504	10	159	529	1,555	4,803	16,190
尼加拉瓜	..	..	11	0.05	7	6	0	0	..	..	*5,975*
尼日尔	8	10	22	..	*2*	*8*	*0*	*0*	..	..	..
尼日利亚	..	..	427	..	46	3	0	208	..	..	..
挪威	5,468	..	4,079	1.62	4,694	20	637	553	*1,140*	*4,280*	13,607
阿曼	..	..	129	..	7	0	..	..	..	..	2,103
巴基斯坦	152	64	741	0.67	227	2	6	90	*170*	*1,375*	*14,872*
巴拿马	144	106	78	0.21	0	0	0	25	..	*371*	8,553
巴布亚新几内亚	..	..	21	..	..	..	..	..	*1*	*45*	*612*
巴拉圭	71	..	12	0.09	38	11	295	2	..	..	..
秘鲁	..	..	153	0.15	87	3	2	147	37	657	*24,825*
菲律宾	81	10	195	0.12	21,531	66	2	421	*216*	*3,095*	14,912
波兰	1,623	191	7,136	0.61	*7,172*	5	103	1,542	2,899	241	17,877
葡萄牙	3,799	403	3,424	1.51	1,288	4	148	507	*381*	*24*	2,681
波多黎各	..	..	..	..	..	..	..	..	..	..	..
卡塔尔	..	..	48	..	*0*	*0*	..	..	..	..	..

	从事R&D的研究人员	从事R&D的技术人员	发表于科技刊物上的论文	R&D支出	高科技出口		版税与许可费		提交的专利申请[a,b]		提交的商标申请[a,c]
	每百万人	每百万人		占GDP的百分比	百万美元	占制成品出口的百分比	百万美元 收入额	支付额	居民	非居民	总计
	2000–2008[d]	2000–2008[d]	2007	2000–2008[d]	2009	2009	2009	2009	2009	2009	2009
罗马尼亚	908	216	1,252	0.59	3,230	10	193	339	1,054	37	12,977
俄罗斯联邦	3,191	493	13,953	1.03	4,576	9	494	4,107	25,598	12,966	49,189
卢旺达	..	..	12	..	11	31	0	1	..	..	238
沙特阿拉伯	..	..	589	0.05	40	0	..	..	128	642	..
塞内加尔	276	..	68	0.09	104	14	0	9	..	..	..
塞尔维亚	1,196	299	1,057	0.35	..	..	63	144	319	40	7,237
塞拉利昂	..	..	3	..	..	..	1	1	..	..	750
新加坡	6,088	529	3,792	2.52	97,207	49	1,340	11,686	750	7,986	15,332
斯洛伐克共和国	2,331	392	971	0.47	3,171	5	92	155	176	63	5,534
斯洛文尼亚	3,490	1,696	1,280	1.66	1,264	7	36	290	373	12	4,073
索马里	..	..	0	..	..	..	..	..	..	..	..
南非	393	123	2,805	0.93	1,418	6	48	1,658	..	10,753	26,621
西班牙	2,944	1,143	20,981	1.34	10,841	5	1,041	3,449	3,596	207	46,711
斯里兰卡	93	65	125	0.17	44	1	0	0	201	264	5,916
苏丹	..	..	36	0.29	11	34	0	0	3	13	743
斯威士兰	..	..	4	..	0	0	0	116	..	..	680
瑞典	5,239	1,871	9,914	3.75	17,059	17	4,709	1,832	2,549	306	12,706
瑞士	3,436	2,317	9,190	2.90	38,556	25	..	..	1,684	394	28,945
阿拉伯叙利亚共和国	..	..	80	..	83	2	0	30	124	133	2,432
塔吉克斯坦	..	..	22	0.06	..	..	1	0	11	1	2,496
坦桑尼亚	..	..	123	..	24	4	0	0	..	..	556
泰国	311	160	1,728	0.25	28,655	26	145	2,250	802	5,939	36,087
东帝汶	..	..	..	..	..	..	..	..	..	..	..
多哥	34	17	12	..	0	0	0	5	..	..	..
特立尼达和多巴哥	..	..	67	0.06	3	0	..	..	..	551	..
突尼斯	1,588	43	757	1.02	663	6	25	14	..	..	..
土耳其	680	102	8,638	0.72	1,463	2	..	648	2,555	177	71,466
土库曼斯坦	..	..	2	..	..	..	..	..	..	..	2,337
乌干达	..	..	164	0.39	5	1	3	3	6	1	..
乌克兰	1,458	325	1,847	0.85	1,519	3	112	644	2,434	2,380	8,568
阿拉伯联合酋长国	..	..	214	..	29	3	..	..	..	..	..
英国	4,269	893	47,121	1.88	57,178	23	12,928	9,498	15,985	6,480	33,542
美国	4,663	..	209,695	2.82	141,519	23	89,791	25,230	224,912	231,194	266,845
乌拉圭	346	..	215	0.64	73	5	0	17	33	706	11,501
乌兹别克斯坦	..	..	166	..	..	..	..	..	238	174	4,541
委内瑞拉	187	..	497	..	66	4	0	352	..	..	..
越南	115	..	283	0.19	1,685	5	..	..	..	..	4,187
西岸和加沙	..	..	..	..	..	..	0	1	..	..	..
也门共和国	..	..	18	..	0	0	33	–5	11	24	4,518
赞比亚	..	..	36	0.03	6	2	0	0	..	..	795
津巴布韦	..	..	80	..	7	1	..	..	..	..	..
全世界	**1,281 w**	**.. w**	**758,132 s**	**2.07 w**	**1,858,138 s**	**20 w**	**181,636 s**	**188,861 s**	**994,324 s**	**634,131 s**	**2,884,372 s**
低收入国家	..	..	1,690	..	..	3	34	67	..	..	..
中等收入国家	596	..	144,072	0.98	576,048	20	3,767	32,422	179,049	198,050	1,559,267
中低收入国家	479	..	85,227	1.19	414,058	25	1,336	18,747	134,475	131,207	955,629
中高收入国家	1,112	..	58,845	0.79	117,380	14	2,431	13,675	36,842	55,416	603,638
低收入和中等收入国家	579	..	145,762	0.98	540,234	20	3,800	32,489	185,505	198,493	1,575,589
东亚和太平洋地区	1,071	..	60,164	1.44	..	32	881	16,411	237,052	85,532	890,552
欧洲和中亚	2,064	351	29,335	0.88	16,275	9	923	6,257	33,042	16,049	214,396
拉丁美洲和加勒比地区	487	..	23,240	0.68	50,434	13	1,629	5,477	5,287	41,517	313,022
中东和北非	..	..	8,700	..	1,571	2	60	343	..	..	14,191
南亚	129	87	19,375	0.79	..	8	208	1,962	5,580	25,831	151,906
撒哈拉以南非洲地区	..	..	4,946	..	3,260	6	99	2,039	..	..	..
高收入国家	3,945	..	612,370	2.29	1,116,596	19	177,835	156,372	764,583	406,316	1,104,532
欧元区	2,977	1,376	167,647	1.68	392,305	16	38,296	70,574	84,182	15,710	313,484

a. 关于专利和商标的原始信息由世界知识产权组织（WIPO）提供。世界知识产权组织国际局对这些数据的使用和转化不承担任何责任。b. 不包括非洲知识产权组织（非居民提出的申请为448份）、欧洲专利局（非居民提出的申请为134,580份）和欧亚专利组织（非居民提出的申请为2,801份）赞助下提出的申请。c. 不包括欧洲内部市场协调局赞助下提出的申请（88,086份）。d. 最近年份可获得的数据。e. 包括卢森堡和荷兰。

关于数据的说明

联合国教科文组织（UNESCO）统计研究所通过问卷和专门调查的形式，从世界各国、各地区收集了有关研究人员、技术人员以及研究与开发支出的数据，辅之以从其他国际来源获取的信息。研究与开发包括基础研究、应用研究和实验发展。研究人员与技术人员数据通常以全日制或者转换成全日制计算。

科技论文数量都是来自所划分的一系列期刊，科学信息研究所的科学论文索引（SCI）和社会科学论文索引（SSCI）囊括了这一系列期刊。论文数量基于相关部分进行划分，例如，一篇文章具有来自不同国家的两个作者，那么这篇文章每个国家就要各分一半（见“定义”中的相关部分）。尽管SCI和SSCI数据库囊括了一套核心科技期刊，但是可能并没有把某些地区或者当地的重要刊物包括进去。并且这两个数据库也可能反映出对英文刊物的某种偏向。

研究与开发支出是指一个国家内所有的研究与开发项目开支，其中包括资本开支和日常开支（每年的工资、薪水以及与研究人员、技术人员、员工资助相关的费用，以及材料、供应品和研发设备的非资本性购买，例如，图书、期刊、参考资料、图书馆和科学会馆的图书订阅以及实验室材料）。

用于测定一国高技术出口的方法是由经济合作与发展组织与欧洲统计局合作开发出的。这一方法称为“产品方法”，以区别于“部门方法”，这一方法是基于对6国（德国、意大利、日本、荷兰、瑞典和美国）在各类产品上的研究与开发力度（研究与开发支出除以销售总额）的计算。因为以很少生产高技术产品为特征的工业部门也可以生产许多低技术产品，所以产品法比部门法更适用于国际贸易。尽管这种方法仅仅考虑了研究与开发的力度，但是高技术的其他特征，例如，技术诀窍、科技人员数量以及专利的技术含量，也是非常重要的。如果把这些特征都考虑进去，那么就会有另一份不同的清单（见Hatzichronoglou，1997）。

专利是为某一项发明授予一定时期的专有权（通常为20年），它为制造某种物品提出了新的方法，或者为某种问题提出了新的技术解决方案。该专利实际必须能够应用，并且在其技术领域现存的知识中，拥有一种不为人知的新的特征。

大多数国家都已经实施了保护专利发明的制度。国际专利合作条约为专利申请的提交提供了一个两阶段的国际体系。2009年142个合格国家提交的国际申请都将自动被指定。专利申请将被查询、公布并讲仁义对其进行国际补充查询和初步检测。在国家或者地区阶段专利的申请需要通过申请的国家程序，实施国家查询、检测以及认定程序，在这些国家可以寻求保护。在该条约下的国际申请仅仅为国家专利认定作了规定——没有国际专利。对于一个给定的区域，国家阶段的提交代表了部分积极寻求专利保护申请的行动，而对于国际阶段的提交而言，尽管他们代表一种合法权利，但是并不能准确地反映专利保护最终寻求的地方。居民提交的申请主要是来自所涉及国家或者地区的居民申请者。非居民提交的申请主要是来自相关国家或者地区之外的申请者。对于地区办公室的情况，例如，欧洲专利局，来自地区专利协定任何一个成员国的居民专利申请都被看做居民提交的申请。一些办公室（尤其是美国专利商标办公室）则使用发明者的住处，而不是将申请划分为居民提交的申请和非居民提交的申请。有关专利合作条约的更多信息，见专利合作条约年度评论，http://www.wipo.int/export/sites/www/ipstats/en/statistics/pct/pdf/901e_2009.pdf。

商标是鉴别由特定的人或者企业生产的商品和服务的标识。商标通过确保使用上的专有权来给商标所有者提供保护，以区分货物和服务，或者授权他人以支付费用的方式使用。尽管商标保护期限存在不同，但是在到期之后可以重新交纳费用，无限期地申请延长。商标申请的详细材料可以在《世界发展指标》的CD-ROM和《世界发展指标》在线中获得，其中包括居民的直接申请（国内申请者可以在指定的国家知识产权局申请）；非居民的直接申请（外国申请者可以在指定的国家知识产权局申请）；集体直接申请（国家知识产权局不能鉴别的本国居民和外国居民申请者）；马德里体系（国际申请和国际知识产权组织（WIPO）——认定马德里体系为国家或者地区知识产权局）。数据基于年度调查中各知识产权局向WIPO提供的信息，再由各知识产权局的报告加以补充。可能缺失一些知识产权局或者一些时期的数据。

定义

• **从事研究与开发的研究人员**是指从事新知识、新产品、新程序、新方法或者新制度的构思与创造的专业人员，以及从事相关项目管理的专业人员。从事研究与开发的博士研究生也包括在内（1997年版《国际教育标准分类》，第6类）。 • **从事研究与开发的技术人员**是指其主要工作需要工程、自然生命科学（技术人员）或者社会科学和人文科学（类似员工）方面的技术知识的人士。这些人士所从事的研究与开发工作，主要是在研究人员的监督下，通过执行科学技术任务参与相关构思和运作方法的应用。 • **发表于科技刊物上的论文**是指就下列领域发表的科学与工程学论文：物理、生物、化学、数学、临床医学、生物医学研究、工程和制造工艺以及地球和空间科学。 • **研究与开发支出**是指为增加知识存量，系统性地承担的创造性工作的日常开支和资本开支，其中这些知识包括人类学、文化学和社会学知识以及知识的新应用。 • **高科技出口**是指研究与开发力度大的产品。例如，航空航天产品、计算机、药品、科学仪器以及电子设备。 • **版税与许可费**是指居民和非居民之间为得到无形资产、非生产资产、非金融资产及其产权（专利、版权、商标和工业处理方法），以及通过许可协议是用原样和原机（胶卷和手稿）而支付和收取的费用。 • **提交的专利申请**包括国家或者地区办公室的专利申请和国际专利申请（处于专利合作条约的国际阶段）。 • **提交的商标申请**是指向国家或者地区商标局登记注册商标而提出的申请。

数据资料来源

有关研究与开发支出的数据来自联合国教科文组织统计研究所。有关科学技术期刊论文的数据来自美国国家科学基金会的《2008年科学和工程学指标》。有关高技术出口的数据来自联合国统计署的商品贸易（COMTRADE）数据库。有关版税和许可费的数据来自国际货币基金组织的《国际收支统计年鉴》。有关专利和商标的数据来自世界知识产权组织（WIPO）的《世界知识产权指标》（2010）和www.wipo.int/econ_stat。

全球联系

6

在过去3年里，我们多次看到发生在世界一个角落的事件极大地影响了世界其他地方居民的生活，当然，影响效应有时会经过一段时间才显现出来。2008年冲击高收入国家的金融危机在2009年又蔓延至中低收入国家。全球的货物与服务出口从2008年的19.6万亿美元下降至2009年的15.6万亿美元，降幅达20%。高收入国家首当其冲，中低收入国家受到的影响相对较小。发展中国家的出口在全球出口中所占的份额持续上升，甚至在2008年也增加了1个百分点，从2000年的19%上升至2009年的27%。高收入国家对货物和服务的进口需求下滑了22%，从2008年的14万亿美元下降至2009年的10.9万亿；中低收入国家的进口则减少了19%。

发展中国家从外部私人部门获得的投资也因金融危机而减少，从2007年的高点9,320亿美元下降至2009年的5,210亿美元。外国直接投资净流入从2008年的高点5,970亿美元下降至2009年的3,590亿美元。但股权投资却从2008年净流出530亿美元反转直上，到2009年变成净流入1,080亿美元。债券发行量从2007年的880亿美元下降至2008年的240亿美元，2009年回升至510亿美元。商业融资和贸易融资则一路下滑，从2007年的1,950亿美元下降至2008年的1,720亿美元，2009年更是急转直下至17亿美元。私人信贷总量在2009年只有590亿美元，降幅达70%。而官方信贷在2009年却大幅上升至1,710亿美元，比2008年增长了50%，主要来自国际货币基金组织（IMF）和世界银行等多边机构。

全球食品价格在2010年和2011年再次飙升，一些大宗商品的价格甚至刷新了2008年的最高记录。2011年2月，世界银行食品价格指数（见表6.6）创纪录地达到311，超过2008年6月的高点293。在一些食品支出占居民收入一半以上的中低收入国家，食品价格膨胀的势头更是愈演愈烈。在2009年9月到2010年8月这一年的时间里，印度尼西亚的食品价格上升了13.2%，印度上升了10.4%，孟加拉国上升了9.6%。

金融危机也凸显了数据和定期更新数据的重要性，只有这样才能更好地监测全球的交易行为。《世界发展指标》数据库中有400多个年度指标监测着各个国家之间的贸易情况，而且监测范围也在逐年扩大。还有许多指标由于结构或覆盖面等问题没有被选入数据库，但这些指标也有助于我们了解全球联系。大多数高收入国家和部分中低收入国家都在编制季度或月度经济统计数据，我们在此选取一部分做简要介绍。

双边贸易数据

《世界发展指标》包含的数据有：大宗商品贸易额（见表4.4和表4.5）、服务贸易额（见表4.6和表4.7）、区域贸易和区域间贸易（见表6.5）、商品贸易指标（见表6.2）、关税（见表6.8）以及测量贸易便利性的相关指标（见表6.9）。我们越来越需要更加细化的数据，如按照贸易伙伴国、商品类型和参与部门，将贸易进一步细分。表6a汇总了有关双边贸易的主要数据，其中有些数据可以在世界综合贸易方案数据库中找到（http：//wits.worldbank.org）。

服务贸易壁垒

服务贸易占全球贸易的比重从2000年的20%上升至22%。2000—2009年，发展中国家的名义服务贸易量每年以16%的速

双边贸易数据 **6a**

编制机构	出版物和数据库名称	涵盖的国家	涵盖的数据	周期	链接
国际货币基金组织	贸易方向统计数据库	大多数发展中国家和发达国家	货物贸易数据，没有根据部门和贸易伙伴分类，需订购	季度和年度	http：//www2.imfstatistics.org/DOT/，该链接为5天试用版
联合国贸易和发展会议	联合国贸发会议统计署货物贸易名目	大多数发展中国家和发达国家	根据贸易伙伴国和商品类别分类的货物贸易数据	年度	http：//unctadstat.unctad.org/
联合国统计署	商品贸易统计数据库	大多数发展中国家和发达国家	根据贸易伙伴国和商品类别分类的货物贸易数据	年度	http：//wits.worldbank.org/wits/
经济合作与发展组织	国际贸易月度统计数据库	OECD成员国	与贸易伙伴国发生的商品贸易总量	月度	http：//stats.oecd.org/，精简版数据库可通过"国际贸易和国际收支"版块登录完整版数据库，需订购
	国际商品贸易统计数据库	OECD成员国和欧盟成员国	根据贸易伙伴国和商品类别分类的货物贸易数据	年度	
	服务贸易数据库	OECD成员国、欧盟成员国及少数其他国家	根据贸易伙伴国和服务类别分类的服务贸易数据	年度	
欧洲统计局（Eurostat）	对外贸易统计数据库	27个欧盟成员国	根据贸易伙伴国和商品类别分类的货物贸易数据	月度、季度和年度	http：//epp.eurostat.ec.europa.eu/portal/page/portal/external_trade/data/database

度增长，不但比1990—2000年间的增长率翻了一倍，而且超过了同期发达国家11%的增速。然而，除了这些增长率数据，我们对影响服务贸易的政策知之甚少，这严重阻碍了我们对贸易政策和贸易状况进行分析。

为了解决这一问题，世界银行建立了服务政策限制数据库（Services Policy Restrictiveness Database），该数据库涵盖了102个国家的5个主要服务部门的相关信息，这5个部门还根据下级部门以及下级部门的服务供给模式进行了细分。目前数据库收录的信息主要是关于影响外国服务供给的歧视性政策。完整版的数据库将于2011年第二季度上载http：//econ.worldbank.org/programs/trade/services。

专业服务贸易面临最高的贸易壁垒 **6b**

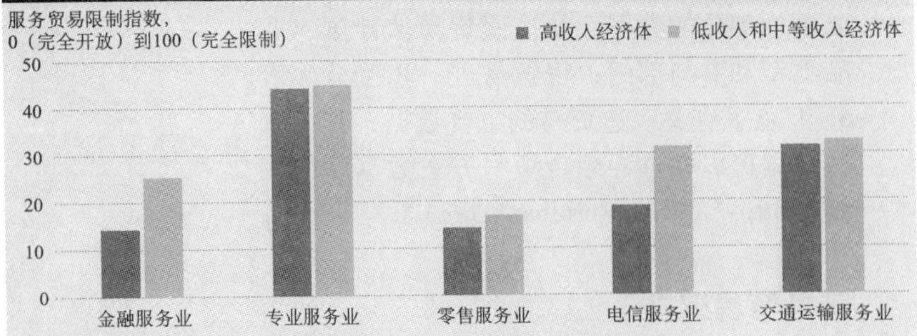

注：数据为单个国家得分的简单平均值。数据涵盖102个国家。

资料来源：世界银行服务政策限制数据库（World Bank Services Policy Restrictiveness Database）。

世界银行新创建了服务贸易限制指数（Services Trade Restrictiveness Index）来评估了中低收入国家和高收入国家的五大服务部门的限制形式和限制程度（见图6b）。所有国家的专业化服务贸易（包括人员流动）面临的贸易壁垒最高，其次是交通运输服务。与中低收入国家相比，高收入国家的金融、通讯和零售部门更为开放（Borchert、Gootiiz和Mattoo，即将出版）。

外国直接投资

虽然越来越多的国家开始编制外国直接投资（FDI）的流量和存量数据，

FDI 净流量的测度一直存在偏差 **6c**

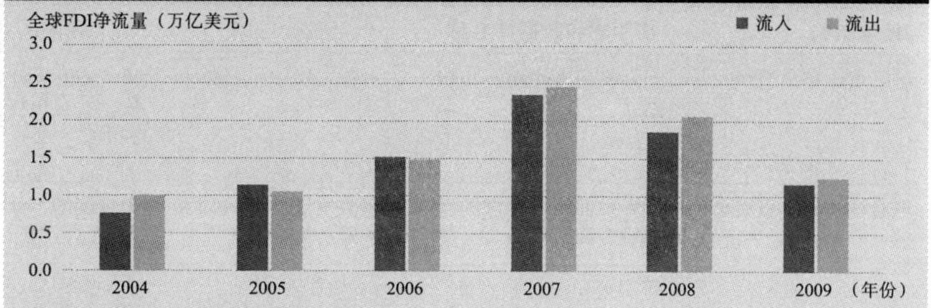

资料来源：《世界发展指标》数据库。

但这一数据的覆盖范围依然存在缺漏。如果 FDI 的流量数据是完整而且可比的，那么从投资国流出的 FDI 总量就应该等于接受国流入的 FDI 总量。但是从 2009 年的数据来看，全球 FDI 的流出量和流入量之间的差额有 820 亿美元（相当于全球 FDI 流出量的 7%，见图 6c）。这一差异主要是由统计口径的不同造成的。一些国家在统计 FDI 流出量时，包含了再投资收益，而相应国家在统计 FDI 流入量时，却没有将这部分收益计算在内。此外，不同国家的公司会计制度和估值方法也可能不尽相同。

各类国际机构发布的 FDI 统计数据都存在偏差，即便这些机构采用共同的计算标准也都无济于事。不同国家采集 FDI 的时点和口径、部门覆盖范围以及报告发布的时滞都可能造成数据偏差。为了解决这一问题，IMF 在全球范围内发起了统计数据收集运动——直接投资协同调查（Coordinated Direct Investment Survey，http：//cdis. imf. org），以提高 FDI 数据的质量。调查的初步结果已于 2010 年 12 月发布。

表 6. 12 列举了 FDI 的相关数据，其中包括 FDI 接收国统计的外国居民 FDI 净流入和 FDI 投资国统计的本国居民 FDI 净流出。《世界发展指标》发布的 FDI 和投资数据未经分类，使用者可从其他数据来源获得按部门和伙伴国分类的数据。表 6d 汇总了有关 FDI 的主要数据。

双边汇款

《世界发展指标》收录了汇款汇入国和汇出国的汇款总额（见表 6. 18）。虽然数据覆盖面和数据质量都有所提高，但是统计口径不一致和数据缺失的现象仍然存在。如果所有国家报告的数据都是完整、连续的，那么汇入国的汇入汇款总额就应该等于汇出国的汇出汇款总额。但 2009 年两者的差额却高达 1，270 亿美元（相当于汇款总额的 30%，见图 6e）。这主要是因为大量通过私人渠道和非正式渠道发生的汇款没有汇出汇入记录。

目前，还没有建立有关双边汇款的完整数据库，通常只能根据务工人员的流动量或劳务报酬收支量近似估计、分配汇入汇款和汇出汇款额，www. worldbank. org/prospects/migrationandremittances（Ratha 和 Shaw，2007）。但是，通过这些数据计算出的汇款流量对选取的假设前提和分配方法十分敏感。

双边移民存量

由于移民数据大都是由目的地国提供，因此，目的地国对境内移民的调查数据质量将决定全球移民数据的质量。对外来移民建立系统的登记记录并非易事，特别对于统计能力薄弱或者遭遇国内动乱、自然灾害的国家来说，更是巨大的挑战。此外，确保移民数据的可比性也是一个长期难题，因为目的地国有关移民的分类标准经常发生变化。许多国家根据移民的国籍编制数据，而有些国家则根据移民的出生地编制数据。

《世界发展指标》编制的国际移民总量和净移民量数据来源主要有：联合国人口署人口普查数据，跨境统计数据、行政记录、调查及难民登记数据（见表 6. 1 和表 6. 18）。

目前还没有关于双边移民的完整数据。2008 年 OECD 建立了 OECD 成员国之间的双边移民数据库（http：//stats. oecd. org/）。该数据库包含了诸如年龄、性别、教育背景和职业等社会人口信息。其他有

FDI 数据 6d

编制机构	出版物和数据库名称	涵盖的国家	涵盖的数据	周期	链接
国际货币基金组织	国际收支统计年鉴和数据库	大多数发展中经济体和发达经济体	报告国的 FDI 流量和存量，没有根据贸易伙伴和部门分类，需订购	季度和年度	http：//www2.imfstatistics.org/BOP，该链接为5天试用版
联合国贸易和发展会议	世界投资报告和外国直接投资数据库	大多数发展中经济体和发达经济体	报告国的 FDI 流量和存量汇总数据	年度	http：//unctadstat.unctad.org
	跨国公司统计数据库	全球跨国公司	有关跨国公司业务和并购的详细数据，根据贸易伙伴和部门分类；可通过数据提取服务获得	年度	www.unctad.org/Templates/Page.asp？intItemID=3159&lang=1
经济合作与发展组织	国际直接投资数据库	32 个 OECD 成员国	根据伙伴国和部门分类的 FDI 存量（年度）和流量（年度和季度）数据。完整版数据库需订购	季度和年度	http：//stats.oecd.org/，精简版数据库可通过“全球化”版块登录
欧洲统计局	欧盟外国直接投资年鉴和数据库	27 个欧盟成员国	根据伙伴国和部门分类的 FDI 存量和流量数据，包括汇总数据和双边数据	年度	http：//epp.eurostat.ec.europa.eu/portal/page/portal/balance_of_payments/data/database
东南亚国家联盟	外国直接投资统计数据库	10 个东盟成员国	双边 FDI 流入和流出数据	年度	www.aseansec.org/18144.htm
法国智库国际发展信息研究中心	外国直接投资统计数据库	全球贸易分析模型数据库6.2版（GTAP 6.2 database）中96个国家的存量数据和70个国家的流量数据	26 个部门双边 FDI 流量和存量的调和数据。采用重回归法以及参考 IMF、UNCTAD、OECD 和欧洲统计局的原始数据填补了原数据缺口	年度，只有2004年	www.cepii.fr/anglaisgraph/bdd/fdi.htm
金融时报	FDI 数据库 FDI 智库	新增外国直接投资项目（Greenfield FDI projects）所覆盖的所有国家	2003 年以来的新增外国直接投资项目，需订购。该数据库运用的计算方法与国际收支和国际投资头寸标准运用的方法有很大差别。数据多来自出版报告	每日	www.fdimarkets.com
Dealogic 公司	M&A 分析数据库	全球并购交易（涵盖所有交易类型）	并购交易信息，包括并购目标、收购方、交易价值和资金安排等	月度	www.dealogic.com

关 OECD 移民信息的出版数据有：移民受教育程度（Docquier 和 Marfouk，2006）、移民性别与受教育程度（Docquier、Lowell 和 Marfouk，2009）、移民申请获批时的年龄和教育程度（Beine、Docquier 和 Marfouk，2006）。研究人员根据 2000 年的人口普查和双边移民及汇款信息建立了全球双边数据库（Ratha 和 Shaw，2007）。

2008 年，联合国人口署与世界银行、联合国统计署、诺丁汉大学和萨塞克斯大学合作建立了全球移民数据库（www.un-migration.org）。数据库收集了过去 50 年中超过 230 个目的国家和地区的国际移民信息，包括年龄、性别、出生地和国籍。但该数据库所包含的原始数据点并不全面，不足以建立全球移民数据体系。

但是，经验法弥补了原始数据的缺失（Özden 等，即将出版），使建立全球移民数据体系成为可能。这一体系涵盖了 226 个移民国和 226 个目的地国（即将发布于 www.data.worldbank.org/data-catalog）。建立这一体系可谓困难重重，需要选取相关度最高的数据来源、将来自于集聚地理区域和未知地区的移民归入特定国家以及全面考虑各类调查数据和定义。该体系的构成如下：12%—14% 来自原始普查数据，40%—60% 在原始数据基础上根据联合国人口署的移民数据或移民类别加以调整，26%—48% 则通过内插法和外推法估算获得。

该体系的数据显示，全球移民总量从 1960 年的 9,200 万上升至 2000 年的 16,500 万。来自高收入国家的移民数量保持稳定，而来自中低收入国家的移民数量却从 1960 年的 1,400 万上升至 2000 年的 6,000 万（见图 6f）。新增移民主要流向美国（增加了 2,400 万）和西欧（增加了 2,200 万）。

公共部门债务

《世界发展指标》提供了政府债务和政府对外担保债务的数据（见表 6.10、表 6.11 和表 6.13）。但这些数据只是公共部门债务总量的一部分，主要被国内债权人持有。国内债务数据对当地金融市场影响很大，因此，也是制定经济政策的重要参考。为了填补数据空缺，世界银行与 IMF 在 2009 年共同创建了公共部门债务季度数据库（Quarterly Public Sector Debt database，http：//data.worldbank.org/data－catalog）。该数据库清晰地区分了不同层级的债务，可以提供发展中国家和新兴市场国家的中央政府债务、国家债务和地方政府债务数据，以及预算外机构和基金的债务数据。此外，该数据库还根据融资工具、估值方式、到期形式和持有人对债务进行了分类。

公共部门的债务水平和构成受许多内外部经济因素的影响。最近的全球金融危机使得私人部门失业率上升，公共部门凭借自身较高的信用增加对外债务，以拉动国内经济。2009 年发展中国家的大部分外债都是来自 IMF 和世界银行等官方多边机构。20 世纪 90 年代亚洲金融危机爆发后，许多政府都更倾向于对内借债以降低汇率波动的敞口风险，使得新兴市场国家的国内债务急剧增加。从目前有数据的发展中国家来看，国内债务大约占到政府债务总量的78%。 由于缺乏前几年的相关数据，我们无法对该数据进行对比。

至少 30% 的汇款流入，流出经济体没有汇出记录　6e

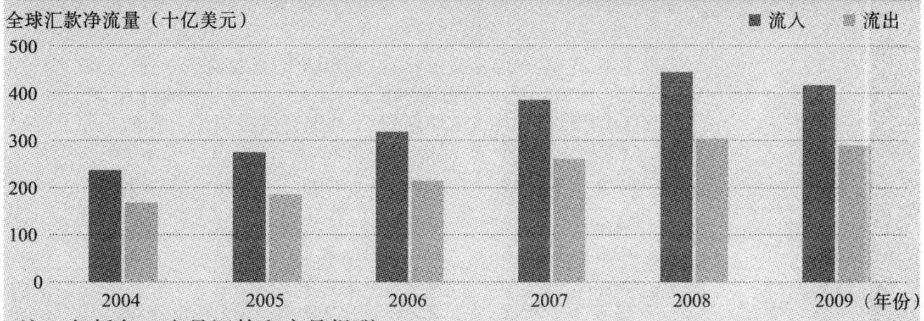

注：包括务工人员汇款和雇员报酬。
资料来源：《世界发展指标》数据库。

新兴市场国家同时也发行以本国货币计价的债券，以解决货币错配和期限错配问题。2010 年 9 月，发展中国家的本币债务平均占政府债务总量的 67%（巴西和中国除外，这两个国家高达 96%）。

许多国家为填补财政赤字而大举融资，使得这些国家的主权债务占其 GDP 的比例大幅上升。发展中国家的中央政府债务占 GDP 的平均比例从 2009 年的 42% 上升至 2010 年的 46%。巴西为了刺激经济增加了反周期支出并削减税收，因此，该国的债务总量占 GDP 比例最高（约 70%；见图 6g）。

从中低收入经济体移居到高收入经济体的人数在 1960—2000 年间增加了 5 倍　6f

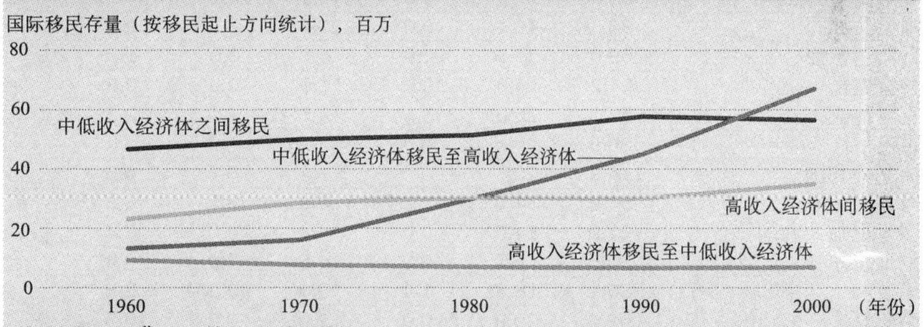

资料来源：Özden 等（即将出版）。

2007—2010 年间大部分国家中央政府债务占 GDP 的比例呈上升态势　6g

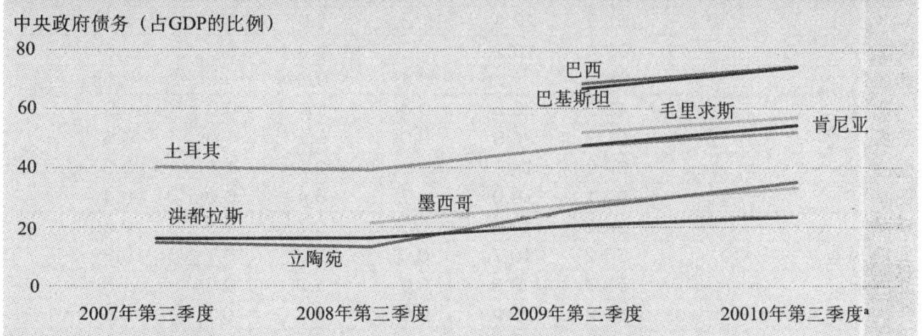

a. 2010 年 GDP 数据尚未公布，根据 2009 年的 GDP 数据推算。
资料来源：世界银行公共部门债务季度数据库（World Bank Quarterly Public Sector Debt database）。

	贸易		国际金融				人口流动			通信	
	占GDP的百分比		占GDP的百分比								
	商品	服务	国际资本市场融资总流入	外国直接投资净流入量	外国直接投资净流出量	劳工侨汇和雇员报酬	净移民千人	国际移民存量占总人口的百分比	移居OECD国家的受过高等教育的移民占25岁及其以上受过高等教育的人口的百分比	每人国际通话分钟数[a]	国际互联网带宽[a]人均比特/秒
	2009	2009	2009	2009	2009	2009	2005–2010	2010	2000	2008	2009
阿富汗	31.3	..	0.0	1.3	..	..	1,000	0.3	22.6	7	550
阿尔巴尼亚	46.9	38.6	0.0	8.1	0.3	11.0	–75	2.8	17.5	*263*	1,902
阿尔及利亚	60.1	..	0.0	2.0	..	1.5[b]	–140	0.7	9.5	*34*	..
安哥拉	75.6	26.2	2.2	2.9	0.0	*0.1*	80	0.3	3.7	..	*17*
阿根廷	30.7	7.4	0.2	1.3	0.2	0.2	30	3.6	2.8	..	*2,320*
亚美尼亚	45.9	16.6	0.0	8.9	0.6	8.8	–75	10.5	8.9	..	..
澳大利亚	34.6	*9.0*	..	2.4	*3.7*	0.4[b]	500	21.1	2.7	..	*5,457*
奥地利	73.8	24.1	..	2.3	1.4	0.9	160	15.6	13.5	..	*20,323*
阿塞拜疆	64.2	11.9	0.1	1.1	0.8	3.0	–50	3.0	1.8	77	1,399
孟加拉国	41.3	6.0	0.2	0.8	0.0	11.8	–570	0.7	4.4	..	*4*
白俄罗斯	101.6	11.3	0.5	3.8	0.2	0.7	0	11.3	3.2	..	2,277
比利时	153.2	33.0	..	–8.2	–16.7	2.2	200	9.0	5.5	..	*24,945*
贝宁	45.7	*12.8*	0.0	1.4	*–0.1*	3.6[b]	50	2.5	8.7	*309*	35
玻利维亚	53.4	8.8	0.0	2.4	0.0	6.2	–100	1.5	5.8	..	*225*
波斯尼亚和黑塞哥维那	74.5	11.9	0.0	1.4	–0.1	12.2	–10	0.7	20.3	..	1,195
博茨瓦纳	69.2	15.9	0.0	2.1	0.0	0.7	15	5.8	5.1	..	*220*
巴西	18.0	4.7	3.9	1.6	–0.6	0.3	–229	0.4	2.0	..	*2,108*
保加利亚	81.7	24.5	0.0	9.4	–0.3	3.2	–50	1.4	9.6	105	*37,657*
布基纳法索	36.0	*8.7*	0.0	2.1	*0.6*	1.2[b]	–65	6.4	2.6	..	*15*
布隆迪	35.2	17.1	0.0	0.0	*0.0*	2.1	323	0.7	9.3	..	2
柬埔寨	105.3	26.8	0.0	5.4	0.2	3.4	–5	2.2	21.5	..	*19*
喀麦隆	32.7	15.2	0.6	1.5	1.8	0.7	–19	1.0	17.3	..	23
加拿大	48.4	10.3	..	1.5	3.0	..	1,050	21.1	4.7	..	*16,193*
中非共和国	20.9	..	0.0	2.1	..	..	5	1.8	7.3	..	..
乍得	69.5	..	0.0	6.8	..	..	–75	3.4	9.1	..	*1*
智利	58.8	11.1	3.2	7.8	4.9	0.0	30	1.9	6.0	43	*4,076*
中国	44.3	5.8	1.0	1.6	0.9	1.0[b]	–1,731[c]	0.1[c]	3.8	..	651
中国香港	323.7	62.1	..	24.9	30.4	0.2	113	38.9	29.6	1,435	560,989
哥伦比亚	28.1	4.8	3.4	3.1	1.3	1.8	–120	0.2	10.4	..	2,940
刚果民主共和国	63.4	..	0.0	9.0	..	..	–100	0.7	14.9	*6*	*1*
刚果共和国	88.7	*46.1*	0.0	21.7	..	0.1[b]	–50	3.8	28.2	..	*0*
哥斯达黎加	69.0	17.5	0.0	4.6	0.0	1.8	30	10.5	7.1	132	4,333
科特迪瓦	64.2	14.8	0.0	1.6	0.0	0.8	–145	11.2	6.2	..	*40*
克罗地亚	50.3	25.0	..	4.7	2.1	2.3	10	15.8	24.6	302	*15,892*
古巴	*30.9*	..	*0.0*	..	..	..	–194	0.1	28.8	..	*27*
捷克共和国	114.9	20.7	..	1.4	0.7	0.6	226	4.3	8.5	197	*7,075*
丹麦	56.9	34.3	..	0.9	2.1	0.3	30	8.7	7.8	357	*34,506*
多米尼加共和国	37.9	14.6	0.0	4.4	0.0	7.4	–140	4.2	22.4	..	1,387
厄瓜多尔	50.5	6.7	0.0	0.6	0.0	4.4	–350	2.9	9.5	..	484
埃及	36.1	18.8	1.4	3.6	0.3	3.8	–340	0.3	4.7	44	1,172
萨尔瓦多	52.4	9.9	0.0	2.0	–0.6	16.5	–280	0.7	31.7	510	243
厄立特里亚	29.6	..	0.0	0.0	..	..	55	0.3	35.2	29	6
爱沙尼亚	100.4	36.4	..	9.2	8.2	1.7	0	13.6	9.9	..	*12,680*
埃塞俄比亚	33.5	14.4	0.0	0.8	0.0	0.9	–300	0.6	9.8	5	*3*
芬兰	51.9	22.4	..	0.0	1.6	0.4	55	4.2	7.2	..	*17,221*
法国	39.4	10.2	..	2.3	5.6	0.6	500	10.6	3.5	*301*	*29,356*
加蓬	66.0	..	0.4	0.3	..	0.1[b]	5	18.9	14.6	..	*141*
冈比亚	43.5	25.5	0.0	5.4	0.0	10.9	15	16.6	67.8	..	*38*
格鲁吉亚	51.3	21.3	0.0	6.1	0.0	6.6	–250	4.0	2.8	268	*752*
德国	62.0	14.6	..	1.2	1.8	0.3	550	13.2	5.8	..	*25,654*
加纳	52.1	18.0	4.7	6.4	0.0	0.4	–51	7.6	44.7	*61*	97
希腊	24.2	17.5	..	0.7	0.6	0.6	150	10.0	12.2	..	*4,537*
危地马拉	50.2	10.7	0.0	1.6	0.1	10.8	–200	0.4	23.9	206	*186*
几内亚	58.7	9.8	0.0	1.2	0.0	1.6	–300	3.8	4.7	..	*0*
几内亚比绍	41.2	*15.2*	0.0	1.7	*–0.1*	5.6	–12	1.2	27.7	..	1
海地	40.5	17.9	0.0	0.6	0.0	21.2	–140	0.4	83.4	..	*16*
洪都拉斯	90.7	14.1	0.2	3.5	0.0	17.6	–100	0.3	24.8	224	*241*

	贸易		国际金融				人口流动			通信	
	占GDP的百分比 商品	占GDP的百分比 服务	占GDP的百分比 国际资本市场融资总流入	占GDP的百分比 外国直接投资净流入量	占GDP的百分比 外国直接投资净流出量	占GDP的百分比 劳工侨汇和雇员报酬	净移民 千人	国际移民存量占总人口的百分比	移居OECD国家的受过高等教育的移民占25岁及其以上受过高等教育的人口的百分比	每人国际通话分钟数[a]	国际互联网带宽[a] 人均比特/秒
	2009	2009	2009	2009	2009	2009	2005–2010	2010	2000	2008	2009
匈牙利	125.6	27.3	..	2.2	2.1	1.7	75	3.7	12.8	*159*	5,987
印度	29.9	12.5	1.6	2.5	1.1	3.6	–1,000	0.5	4.3	..	*32*
印度尼西亚	39.1	7.7	2.3	0.9	0.5	1.3	–730	0.1	2.9	..	*110*
伊朗	38.8	..	0.0	0.9	..	0.3[b]	–500	2.9	14.3	..	*151*
伊拉克	116.2	*11.5*	0.0	1.6	*0.0*	*0.1*	–577	0.3	10.9	..	3
爱尔兰	77.9	86.9	..	11.1	10.6	0.3	200	20.2	33.7	..	*15,261*
以色列	49.8	20.0	..	2.0	0.6	0.6	85	38.8	7.8	..	*2,003*
意大利	38.7	10.4	..	1.4	2.1	0.1	1,650	7.4	9.7	..	*12,989*
牙买加	52.9	37.5	9.0	4.5	0.5	15.8	–100	1.1	84.7	224	741
日本	22.3	5.5	..	0.2	1.5	0.0	150	1.7	1.2	..	*5,770*
约旦	81.5	33.3	0.0	9.5	0.3	14.3	250	48.8	7.4	258	1,811
哈萨克斯坦	62.1	12.4	2.1	11.8	2.7	0.1	–100	19.1	1.2	*52*	1,342
肯尼亚	49.8	16.1	0.2	0.5	0.2	5.7[b]	–189	2.0	38.5	6	477
朝鲜	..	..	..	..	..	..	0	0.2	..	..	*0*
韩国	82.5	16.1	..	0.2	1.3	0.3	–30	1.1	7.5	64	6,065
科索沃	..	..	0.0	7.5	..	..	..	..	..	..	..
科威特	*75.9*	*18.0*	..	*0.0*	*6.1*	..	120	73.3	7.1	..	*871*
吉尔吉斯斯坦	97.8	37.7	0.0	4.1	0.0	21.7[b]	–75	4.2	0.9	..	112
老挝	37.0	8.6	0.0	5.4	0.0	0.6	–75	0.3	37.2	..	142
拉脱维亚	66.6	23.4	0.0	0.4	–0.2	2.3	–10	14.9	8.5	..	*3,537*
黎巴嫩	60.1	90.4	2.7	13.9	3.3	21.9	–13	17.8	43.9	*190*	*223*
莱索托	171.0	12.5	0.0	4.0	0.0	26.2	–36	0.3	4.1	..	5
利比里亚	80.1	162.0	0.0	24.9	0.0	6.2[b]	248	2.3	44.3	..	..
利比亚	73.4	8.7	0.0	2.7	1.9	0.0[b]	20	10.4	4.3	..	*50*
立陶宛	93.2	18.4	6.4	0.6	0.5	3.1	–100	3.9	8.4	132	14,300
前南斯拉夫马其顿共和国	83.9	18.3	2.6	2.7	0.1	4.1	–10	6.3	29.4	256	*17*
马达加斯加	51.1	..	0.0	6.3	..	0.1[b]	–5	0.2	7.7	8	12
马拉维	55.4	..	0.0	1.3	..	0.0[b]	–20	1.8	20.9	..	5
马来西亚	145.7	29.1	5.8	0.7	4.2	0.6	130	8.4	10.5	..	5,097
马里	52.7	*17.0*	0.0	1.2	*0.0*	4.5[b]	–202	1.2	14.8	*13*	*51*
毛里塔尼亚	92.6	..	0.0	–1.3	..	0.1[b]	10	2.9	8.6	57	*76*
毛里求斯	66.0	44.8	0.0	3.0	0.4	2.5[b]	0	3.3	56.0	215	*364*
墨西哥	53.9	4.5	3.1	1.7	0.9	2.5	–2,430	0.7	15.5	..	312
摩尔多瓦	84.5	25.6	0.0	2.4	0.1	22.4	–172	11.4	4.1	*457*	6,660
蒙古	96.0	23.1	0.1	14.8	1.3	4.8	–10	0.4	7.4	..	2,920
摩洛哥	51.2	21.1	0.0	2.2	0.5	6.9	–425	0.2	18.6	87	1,600
莫桑比克	60.4	17.1	0.6	9.0	0.0	1.1	–20	1.9	22.6	..	56
缅甸	..	..	..	..	..	..	–500	0.2	3.9	*3*	*20*
纳米比亚	93.6	12.2	0.0	5.3	0.0	0.1	–1	6.3	3.4	..	*27*
尼泊尔	41.5	11.5	0.0	0.3	..	23.8	–100	3.2	4.0	..	5
荷兰	119.2	22.6	..	4.2	3.5	0.5	100	10.5	9.6	..	*78,156*
新西兰	39.8	12.5	..	–1.0	–0.5	0.5	50	22.0	21.8	..	*4,544*
尼加拉瓜	79.3	16.7	0.0	7.1	0.0	12.5	–200	0.7	30.2	..	*144*
尼日尔	44.6	*13.7*	0.0	13.7	*0.5*	1.7	–28	1.3	5.5	..	*11*
尼日利亚	52.9	11.4	0.7	3.3	0.1	5.5[b]	–300	0.7	10.5	26	5
挪威	49.8	19.8	..	3.0	7.1	0.2	135	9.9	6.2	..	*26,904*
阿曼	99.0	15.9	..	4.8	0.9	0.1	20	28.4	0.4	431	1,365
巴基斯坦	30.5	6.4	0.2	1.5	0.0	5.4	–1,416	2.4	12.7	..	*43*
巴拿马	35.4	31.2	8.8	7.2	0.0	0.7	11	3.4	16.7	118	*15,964*
巴布亚新几内亚	95.4	26.9	58.3	5.4	0.1	0.2	0	0.4	27.8	..	*2*
巴拉圭	71.0	13.9	0.0	1.4	0.1	4.3	–40	2.5	3.8	..	662
秘鲁	37.3	6.5	2.6	3.7	0.3	1.8	–625	0.1	5.8	113	*2,646*
菲律宾	52.3	11.6	4.5	1.2	0.2	12.3	–900	0.5	13.6	..	*113*
波兰	65.4	12.4	3.8	3.2	1.2	1.9	–120	2.2	14.3	32	*2,748*
葡萄牙	48.6	15.9	..	1.2	0.5	1.5	200	8.6	19.0	..	*4,790*
波多黎各	..	..	..	..	..	..	–21	8.1	..	..	1,764
卡塔尔	64.6	..	..	..	..	..	562	86.5	2.1	..	*2,044*

	贸易		国际金融				人口流动			通信	
	占GDP的百分比		占GDP的百分比								
	商品	服务	国际资本市场融资总流入	外国直接投资净流入量	外国直接投资净流出量	劳工侨汇和雇员报酬	净移民千人	国际移民存量占总人口的百分比	移居OECD国家的受过高等教育的移民占25岁及其以上受过高等教育的人口的百分比	每人国际通话分钟数[a]	国际互联网带宽[a]人均比特/秒
	2009	2009	2009	2009	2009	2009	2005–2010	2010	2000	2008	2009
罗马尼亚	58.9	12.4	0.1	3.9	0.1	3.1	–200	0.6	11.3	*124*	18,271
俄罗斯联邦	40.2	8.4	2.4	3.0	3.6	0.4	250	8.7	1.4	..	*573*
卢旺达	27.2	16.5	0.0	2.3	0.0	1.8	15	4.5	31.7	8	35
沙特阿拉伯	76.6	22.1	..	2.8	0.6	0.1	150	28.0	0.9	..	1,731
塞内加尔	53.8	*20.6*	2.8	1.6	*1.0*	10.6	–100	1.6	17.2	*101*	372
塞尔维亚	55.7	16.2	0.0	4.5	0.1	12.6[b,d]	0	7.2	..	*203*	12,660
塞拉利昂	38.7	8.7	0.0	3.8	0.0	2.4	60	1.8	49.2	..	..
新加坡	282.9	95.1	..	9.2	3.3	..	500	38.3	14.5	..	*22,783*
斯洛伐克共和国	127.0	16.3	..	0.0	0.5	1.9	20	2.4	14.3	228	7,567
斯洛文尼亚	109.0	21.6	..	–1.2	0.3	0.6	22	7.9	11.0	220	*6,720*
索马里	..	..	..	..	..	..	–250	0.2	34.5	..	..
南非	47.6	9.4	2.7	1.9	0.5	0.3	700	3.7	7.4	..	*70*
西班牙	34.7	14.4	..	0.4	0.5	0.7	1,750	13.8	4.2	..	*11,008*
斯里兰卡	41.8	10.5	1.3	1.0	0.0	8.0	–300	1.7	28.2	..	*190*
苏丹	32.1	5.6	0.0	4.9	0.0	5.5[b]	135	1.7	6.8	13	*322*
斯威士兰	103.3	25.4	0.0	2.2	0.2	3.1	–6	3.4	5.4	41	35
瑞典	61.8	25.6	..	2.8	7.9	0.2	150	13.9	4.5	..	*49,828*
瑞士	66.8	23.0	..	5.6	6.8	0.5	100	22.6	9.6	..	*29,413*
阿拉伯叙利亚共和国	51.2	*13.3*	0.1	2.7	*0.0*	2.6[b]	800	10.2	6.2	..	261
塔吉克斯坦	71.9	9.5	0.0	0.3	0.0	35.1	–200	4.0	0.6	..	*37*
坦桑尼亚	44.2	16.7	0.0	1.9	0.0	0.1	–300	1.5	12.1	*1*	*2*
泰国	108.5	25.7	0.3	1.9	1.6	0.6	300	1.7	2.2	..	*818*
东帝汶	..	..	0.0	..	..	..	10	1.2	16.5	..	..
多哥	80.6	*22.2*	19.9	1.8	*–0.5*	10.7[b]	–5	2.7	16.5	*28*	23
特立尼达和多巴哥	75.8	*4.9*	..	3.3	*2.7*	0.5[b]	–20	2.6	78.9	*443*	*7,916*
突尼斯	84.8	21.4	0.1	4.0	0.2	5.0	–20	0.3	12.6	..	2,699
土耳其	39.5	8.2	1.7	1.4	0.3	0.2	–44	1.9	5.8	60	4,323
土库曼斯坦	66.9	..	0.0	6.8	..	..	–25	4.0	0.4	..	*48*
乌干达	42.3	14.9	0.0	3.8	0.0	4.7	–135	1.9	36.0	..	36
乌克兰	75.0	22.3	0.9	4.2	0.1	4.5	–80	11.5	4.3	..	*206*
阿拉伯联合酋长国	136.8	..	..	..	..	..	343	70.0	0.7	..	*13,233*
英国	38.4	18.6	..	3.4	2.0	0.3	948	10.4	17.1	..	*39,664*
美国	18.8	6.1	..	1.0	1.9	0.0	5,052	13.8	0.5	*216*	*11,279*
乌拉圭	39.0	10.5	1.6	4.0	0.0	0.3	–50	2.4	9.0	125	*903*
乌兹别克斯坦	61.5	..	0.0	2.3	..	..	–400	4.2	0.8	..	46
委内瑞拉	30.1	3.6	1.5	–1.0	0.6	0.0	40	3.5	3.8	*79*	628
越南	141.0	14.1	1.5	8.4	0.8	7.4[b]	–200	0.1	27.0	..	*581*
西岸和加沙	..	..	..	..	..	..	–10	46.3	12.0	..	*313*
也门共和国	53.5	12.8	0.0	0.5	0.0	4.4	–135	2.1	6.0	..	*28*
赞比亚	63.3	7.4	0.5	5.5	0.0	0.3	–85	1.8	16.4	..	*8*
津巴布韦	91.9	..	0.0	1.1	..	..	–700	2.9	13.1	19	17
全世界	**42.8 w**	**11.2 w**	**.. w**	**1.8 w**	**2.1 w**	**0.8 w**	**..[e] s**	**3.1 w**	**5.4 w**	**..**	**3,526 w**
低收入国家	48.9	13.3	0.6	2.7	0.0	6.6	–2,737	1.5	13.1	..	*7*
中等收入国家	44.7	8.9	1.8	2.2	0.9	1.8	–13,203	1.4	6.8	..	*348*
中低收入国家	46.7	9.2	1.2	2.0	0.8	2.4	–9,231	0.9	6.6	..	*151*
中高收入国家	42.3	8.5	2.5	2.4	1.1	1.1	–3,972	3.3	7.0	..	*1,120*
低收入和中等收入国家	44.8	9.0	1.8	2.2	0.9	1.9	–15,941	1.4	7.1	..	*299*
东亚和太平洋地区	51.5	7.9	1.4	1.6	1.0	1.4	–3,781	0.3	7.0	..	*742*
欧洲和中亚	48.3	10.5	1.8	3.3	2.0	1.4	–1,671	6.8	3.4	..	*1,087*
拉丁美洲和加勒比地区	33.6	5.9	2.9	1.9	0.3	1.4	–5,214	1.1	10.6	..	*1,408*
中东和北非	53.5	..	0.3	2.6	..	3.2	–1,089	3.6	10.5	..	*323*
南亚	31.0	11.5	1.3	2.3	0.9	4.5	–2,376	0.8	5.3	..	*31*
撒哈拉以南非洲地区	52.7	13.4	1.4	3.1	0.2	2.5	–1,810	2.1	12.6	..	*31*
高收入国家	42.0	12.5	..	2.0	2.8	0.3	15,894	12.0	4.1	..	*19,521*
欧元区	57.1	16.9	..	3.0	3.8	0.5	5,607	11.0	7.1	..	*32,455*

a. 数据来自国际电信联盟（ITU）的《世界电信发展报告》数据库。第三方引用这些数据时，请注明引自国际电信联盟。b. 世界银行的估计。c. 包括中国台湾。d. 包括黑山。e. 尽管世界总数由联合国计算并且其总数为零，但是由于此处给出的合计数是参照世界银行的定义，因此各地区和各收入组别的合计数并不等于零。

关于数据的说明

全球化——世界经济的一体化——已经成为过去25年的一个永恒话题。跨国经济活动的增长已经改变了一个国家的经济结构和政治社会结构。尽管全球化的所有影响并不是都能直接衡量的，但是其变化的范围和步伐可以从4个方面加以监测：货物和服务贸易、资金流量、人口流动和通信。

基于总流动的贸易数据捕捉到了货物和服务的双向流动。在常规的国际收支核算中，出口被计入贷方而进口则计入借方。表4.4和表4.5列出了商品贸易中主要贸易构成的数据，而表4.6和表4.7则列出服务贸易的同类数据。

国际资本市场融资包括总的债券发行、银行贷款和新型的股权分配（相关信息由专门从事投资银行业的公司Dealogic公布）。在财务会计中，（外商）在国内投资计入贷方，而对外投资计入借方。与净流量相比，总流量是更好地衡量一体化的指标，因为其反映了一个时期金融交易的总价值，而净流量是借贷两方的总和，代表的是许多交易抵消后的平衡。国际资本市场的融资组成通过市场信息来源以美元计价予以公布。

外国直接投资（FDI）包括股权投资、收益的再投资以及母公司和外国子公司之间的短期贷款和长期贷款。有别于其他类型的国际投资，FDI对其他国家的公司保持了长期利益或有效的管理控制权。在发展中国家，FDI可能会被低估，因为一些国家无法公布收益的再投资，而且不同国家对长期贷款的定义也不同。然而，由于国际和各国统计机构的不断努力，数据的质量和覆盖面正在得到完善（见表6.12“关于数据的说明”）。FDI数据以贸易方向为基础进行记录，正如流入直接投资企业其经济体的贸易流量，就是流出直接投资者其经济体的贸易流量。净流量是指报告期间新的投资减去缩减投资。

劳工侨汇是指在移居国一年以上的移民工人向其原籍国进行经常性的私人转移支付，无论其是何种移民身份。雇员报酬是那些在东道国居住不到一年的移民的收入形式。

劳工侨汇和雇员报酬数据是国际货币基金组织《国际收支手册》（第五版）定义的三个项目之和，即劳工侨汇、雇员报酬和移民转移支付。这三个项目之间的差别并不总是与各国向国际货币基金组织提供的数据一致。在一些情况下，各国基于移民劳工的公民身份而不是其居住身份汇总数据。一些国家也会将劳工侨汇或者雇员报酬作为一个整体来提供汇款数据。根据1993年的《国际收支手册》第5版，移民的转移支付被认作资本账户交易，但是先前的版本则将其视为经常账户交易。由于这些原因，本表提供的数据考虑了以上所有三个项目。更多的信息，见表6.18中的数据。

移民的重要性在不断上升，现在已经是全球一体化的重要组成部分。净移民数据由联合国人口署基于移民存量、出生率和死亡率假定数据估计得出，该估计考虑了各国或各地区的移民历史、各国的移民政策以及近期的难民流入。对国际移民数量的估计基于的是外国出生人口数据——出生在一个国家，却居住在另一个国家——这主要是来自人口普查（见表6.18“关于数据的说明”和“定义”）。

移民的一个负面效应就是“人才外流”——高学历的人才移居国外。本表所列示的是受过高等教育的移民的数据，该研究来自Docquier、Lowell和Marfouk（2009）。该研究还分析了技术移民，所用的数据来自经济发展与合作组织（OECD）成员国的人口普查和选民登记册，并提供了1990年和2000年的按性别划分的数据。

发达的通信基础设施会吸引投资，并令投资者享受数字化所带来的好处。更多的数据信息见表5.11和表5.12“关于数据的说明”。

定义

• **商品贸易**是商品进出口总额。 • **服务贸易**是服务进出口总额。 • **国际资本市场融资**是新发行债券、银团贷款和新的股权安排的绝对价值总额。 • **外国直接投资净流入和净流出**为FDI流入和流出净额（股权资本、收益的再投资和其他短期资本和长期资本）。• **劳工侨汇和雇员报酬**分别指移民工人的经常性转移支付和非移民工人的工资和薪金。 • **净移民**是指5年期间内的外国向本国移民人数减本国向外国移民人数，包括公民和非公民。 • **国际移民数量**指出生在一个国家而居住在另一个国家的人口数量，包括难民。 • **受高等教育的向OECD国家的移民**指25岁及以上的、出生在别国的、至少接受了1年的高等教育的OECD国家的居民。 • **国际通话**是传入与传出的国际话务总量（分钟）除以总人口。 • **国际互联网带宽**指国家间互联网传输流量的承载能力。

数据资料来源

商品贸易数据来源于世界贸易组织年度报告。服务贸易数据来自国际货币经济组织（IMF）的国际收支数据库。国际资本市场融资数据基于Dealogic公布的数据。FDI数据基于IMF公布的国际收支数据，并以工作人员运用联合国贸易与发展会议的数据以及各国官方数据所做的估算加以补充。劳工侨汇数据来自联合国人口署的《世界人口展望》（2008年修订版）。国际移民数量数据来自联合国人口署的《移民数量总趋势》（2008年修订版）。受高等教育的移民的数据来自Docquier、Lowell和Marfouk的《按性别划分的人才流失评估》（2009）。国际语音电信业务和国际互联网带宽的数据来自国际电信联盟的国际发展报告数据库。

6.2 商品贸易的增长

	出口量		进口量		出口额		进口额		净易货贸易条件指数	
	年均增长百分比		年均增长百分比		年均增长百分比		年均增长百分比		2000年=100	
	1990-2000	2000-2009	1990-2000	2000-2009	1990-2000	2000-2009	1990-2000	2000-2009	1995	2009
阿富汗[a]	..	15.2	..	3.9	*-0.2*	24.0	*20.6*	9.4	..	107.6
阿尔巴尼亚	..	..	..	..	..	..	..	..	..	..
阿尔及利亚	2.8	-0.1	-0.8	12.7	2.0	16.3	-1.3	18.8	57.9	161.0
安哥拉	6.2	12.9	7.1	20.1	6.2	30.7	7.8	24.6	80.8	170.8
阿根廷	8.4	5.9	17.7	11.3	10.1	12.2	17.0	14.4	91.6	126.0
亚美尼亚	..	..	..	..	..	..	..	..	..	..
澳大利亚[a]	7.3	7.6	9.2	7.5	5.7	20.0	8.7	12.3	99.4	163.0
奥地利[a]	6.2	4.9	5.6	4.2	..	..	..	..	..	..
阿塞拜疆	..	..	..	..	..	..	..	..	..	..
孟加拉国	12.9	11.0	5.9	4.6	15.8	12.5	10.4	13.0	111.8	64.5
白俄罗斯[b]	..	6.0	..	10.1	..	18.4	..	19.4	..	121.0
比利时[a]	*6.0*	2.9	*5.7*	3.5	*4.8*	10.9	*5.3*	11.4	104.3	103.1
贝宁	1.0	5.9	8.2	6.8	3.3	14.0	9.7	16.1	106.6	83.1
玻利维亚	2.8	9.9	9.1	7.8	4.3	21.9	9.7	13.3	89.4	136.9
波斯尼亚和黑塞哥维那	..	..	..	..	..	..	..	..	..	..
博茨瓦纳	4.8	2.9	4.0	5.1	4.8	7.4	4.2	11.5	89.3	79.1
巴西	5.1	7.6	16.7	7.2	5.9	16.2	12.6	14.3	110.4	107.8
保加利亚	..	..	..	..	..	..	..	..	..	..
布基纳法索	13.2	11.7	3.6	7.3	12.9	17.1	3.6	15.6	131.0	78.6
布隆迪	8.6	-4.2	4.0	10.4	-4.3	6.2	-6.9	15.9	163.6	137.9
柬埔寨	..	12.8	..	9.4	26.9	15.2	25.2	15.1	..	85.0
喀麦隆	0.3	-1.8	5.0	3.7	-3.6	11.2	2.1	13.1	90.4	121.6
加拿大	9.1	-0.7	9.0	3.3	9.4	5.6	8.9	7.3	103.2	114.8
中非共和国	20.0	-3.7	4.3	5.7	3.5	-0.5	0.2	12.7	193.0	78.5
乍得	*-0.9*	31.7	*2.0*	6.5	*-3.5*	49.6	*0.5*	12.2	92.6	136.0
智利	11.1	5.1	10.7	11.3	9.4	18.3	10.3	15.3	135.6	166.7
中国[†]	13.8	21.9	12.8	15.4	14.5	23.7	13.0	21.6	101.9	79.7
中国香港	8.4	7.1	8.9	6.9	8.3	7.9	8.8	8.2	99.1	97.6
哥伦比亚	4.5	6.6	8.5	11.4	7.3	14.9	9.7	15.8	86.8	114.4
刚果民主共和国	-1.8	8.3	4.6	14.6	-7.2	18.8	-0.5	21.5	79.8	112.0
刚果共和国	6.6	1.2	4.9	17.7	7.5	16.9	8.7	24.4	52.0	147.5
哥斯达黎加	14.0	7.6	14.9	7.6	17.0	7.5	13.9	9.9	104.6	87.2
科特迪瓦	5.0	0.9	-0.3	6.6	6.1	12.4	3.0	15.7	122.0	140.4
克罗地亚	..	..	..	..	..	..	..	..	..	..
古巴	..	*1.5*	..	*8.2*	-1.7	11.9	2.5	13.7	..	*111.1*
捷克共和国	..	..	..	..	..	..	..	..	..	..
丹麦[a]	5.4	2.7	5.8	3.7	4.1	9.8	4.9	10.7	102.1	102.9
多米尼加共和国	3.9	-0.7	11.6	2.7	4.2	2.3	12.0	6.4	98.2	96.8
厄瓜多尔	6.3	8.2	5.9	12.3	6.8	17.3	7.8	17.8	80.6	109.7
埃及	-0.2	10.2	1.8	8.8	0.7	24.6	4.7	17.2	116.3	128.1
萨尔瓦多	2.9	2.4	7.6	4.2	9.0	4.7	10.9	7.3	121.1	99.1
厄立特里亚	*-28.3*	-8.7	*-3.2*	-5.2	*-31.0*	-5.1	*-0.2*	1.7	101.7	73.3
爱沙尼亚	..	..	..	..	..	..	..	..	..	..
埃塞俄比亚	*10.5*	7.8	*7.3*	17.5	*10.7*	17.8	*7.3*	25.1	151.0	121.1
芬兰[a]	..	..	..	..	..	..	..	..	110.6	83.1
法国[a]	8.3	*4.9*	6.6	*6.4*	4.9	*10.5*	3.7	*12.2*	106.4	*99.8*
加蓬	5.2	-1.2	2.5	7.2	0.8	13.8	2.2	12.4	125.4	155.3
冈比亚	-11.6	-3.0	0.1	2.2	-12.3	2.1	0.2	9.8	100.0	85.5
格鲁吉亚	..	..	..	..	..	..	..	..	..	..
德国[a]	6.5	5.6	4.9	5.1	3.7	11.6	2.9	10.9	107.5	105.9
加纳	7.7	4.8	8.6	10.0	9.0	16.6	8.3	16.5	106.7	178.4
希腊[a]	8.9	..	9.3	..	8.2	..	8.2	..	89.6	90.8
危地马拉	8.5	8.8	10.0	5.8	10.1	13.1	10.4	11.5	117.9	91.4
几内亚	5.0	-7.4	-1.4	3.4	0.6	6.6	-2.6	10.5	89.6	143.3
几内亚比绍[a]	*12.2*	3.6	*-16.0*	7.2	*18.6*	9.1	*-15.7*	17.5	102.7	66.0
海地	12.6	5.9	13.3	2.3	12.2	8.6	14.4	9.8	113.2	70.6
洪都拉斯	2.5	3.5	12.7	4.3	5.3	5.8	12.8	9.3	96.3	81.9
† 中国台湾	3.1	7.6	4.8	2.3	7.2	8.0	8.5	7.8	89.9	69.2

	出口量		进口量		出口额		进口额		净易货贸易条件指数	
	年均增长百分比		年均增长百分比		年均增长百分比		年均增长百分比		2000年=100	
	1990–2000	2000–2009	1990–2000	2000–2009	1990–2000	2000–2009	1990–2000	2000–2009	1995	2009
阿富汗[a]	..	15.2	..	3.9	*-0.2*	24.0	*20.6*	9.4	..	107.6
阿尔巴尼亚	..	..	..	..	..	..	..	..	..	..
阿尔及利亚	2.8	-0.1	-0.8	12.7	2.0	16.3	-1.3	18.8	57.9	161.0
安哥拉	6.2	12.9	7.1	20.1	6.2	30.7	7.8	24.6	80.8	170.8
阿根廷	8.4	5.9	17.7	11.3	10.1	12.2	17.0	14.4	91.6	126.0
亚美尼亚	..	..	..	..	..	..	..	..	..	..
澳大利亚[a]	7.3	7.6	9.2	7.5	5.7	20.0	8.7	12.3	99.4	163.0
奥地利[a]	6.2	4.9	5.6	4.2	..	..	..	..	..	..
阿塞拜疆	..	..	..	..	..	..	..	..	..	..
孟加拉国	12.9	11.0	5.9	4.6	15.8	12.5	10.4	13.0	111.8	64.5
白俄罗斯[b]	..	6.0	..	10.1	..	18.4	..	19.4	..	121.0
比利时[a]	*6.0*	2.9	*5.7*	3.5	*4.8*	10.9	*5.3*	11.4	104.3	103.1
贝宁	1.0	5.9	8.2	6.8	3.3	14.0	9.7	16.1	106.6	83.1
玻利维亚	2.8	9.9	9.1	7.8	4.3	21.9	9.7	13.3	89.4	136.9
波斯尼亚和黑塞哥维那	..	..	..	..	..	..	..	..	..	..
博茨瓦纳	4.8	2.9	4.0	5.1	4.8	7.4	4.2	11.5	89.3	79.1
巴西	5.1	7.6	16.7	7.2	5.9	16.2	12.6	14.3	110.4	107.8
保加利亚	..	..	..	..	..	..	..	..	..	..
布基纳法索	13.2	11.7	3.6	7.3	12.9	17.1	3.6	15.6	131.0	78.6
布隆迪	8.6	-4.2	4.0	10.4	-4.3	6.2	-6.9	15.9	163.6	137.9
柬埔寨	..	12.8	..	9.4	26.9	15.2	25.2	15.1	..	85.0
喀麦隆	0.3	-1.8	5.0	3.7	-3.6	11.2	2.1	13.1	90.4	121.6
加拿大	9.1	-0.7	9.0	3.3	9.4	5.6	8.9	7.3	103.2	114.8
中非共和国	20.0	-3.7	4.3	5.7	3.5	-0.5	0.2	12.7	193.0	78.5
乍得	*-0.9*	31.7	*2.0*	6.5	*-3.5*	49.6	*0.5*	12.2	92.6	136.0
智利	11.1	5.1	10.7	11.3	9.4	18.3	10.3	15.3	135.6	166.7
中国[†]	13.8	21.9	12.8	15.4	14.5	23.7	13.0	21.6	101.9	79.7
中国香港	8.4	7.1	8.9	6.9	8.3	7.9	8.8	8.2	99.1	97.6
哥伦比亚	4.5	6.6	8.5	11.4	7.3	14.9	9.7	15.8	86.8	114.4
刚果民主共和国	-1.8	8.3	4.6	14.6	*-7.2*	18.8	*-0.5*	21.5	79.8	112.0
刚果共和国	6.6	1.2	4.9	17.7	7.5	16.9	8.7	24.4	52.0	147.5
哥斯达黎加	14.0	7.6	14.9	7.6	17.0	7.5	13.9	9.9	104.6	87.2
科特迪瓦	5.0	0.9	-0.3	6.6	6.1	12.4	3.0	15.7	122.0	140.4
克罗地亚	..	..	..	..	..	..	..	..	..	..
古巴	..	*1.5*	..	*8.2*	-1.7	11.9	2.5	13.7	..	*111.1*
捷克共和国	..	..	..	..	..	..	..	..	..	..
丹麦[a]	5.4	2.7	5.8	3.7	4.1	9.8	4.9	10.7	102.1	102.9
多米尼加共和国	3.9	-0.7	11.6	2.7	4.2	2.3	12.0	6.4	98.2	96.8
厄瓜多尔	6.3	8.2	5.9	12.3	6.8	17.3	7.8	17.8	80.6	109.7
埃及	-0.2	10.2	1.8	8.8	0.7	24.6	4.7	17.2	116.3	128.1
萨尔瓦多	2.9	2.4	7.6	4.2	9.0	4.7	10.9	7.3	121.1	99.1
厄立特里亚	*-28.3*	-8.7	*-3.2*	-5.2	*-31.0*	-5.1	*-0.2*	1.7	101.7	73.3
爱沙尼亚	..	..	..	..	..	..	..	..	..	..
埃塞俄比亚	*10.5*	7.8	*7.3*	17.5	*10.7*	17.8	*7.3*	25.1	151.0	121.1
芬兰[a]	..	..	..	..	..	..	..	..	110.6	83.1
法国[a]	8.3	*4.9*	6.6	*6.4*	4.9	*10.5*	3.7	*12.2*	106.4	*99.8*
加蓬	5.2	-1.2	2.5	7.2	0.8	13.8	2.2	12.4	125.4	155.3
冈比亚	-11.6	-3.0	0.1	2.2	-12.3	2.1	0.2	9.8	100.0	85.5
格鲁吉亚	..	..	..	..	..	..	..	..	..	..
德国[a]	6.5	5.6	4.9	5.1	3.7	11.6	2.9	10.9	107.5	105.9
加纳	7.7	4.8	8.6	10.0	9.0	16.6	8.3	16.5	106.7	178.4
希腊[a]	8.9	..	9.3	..	8.2	..	8.2	..	89.6	90.8
危地马拉	8.5	8.8	10.0	5.8	10.1	13.1	10.4	11.5	117.9	91.4
几内亚	5.0	-7.4	-1.4	3.4	0.6	6.6	-2.6	10.5	89.6	143.3
几内亚比绍[a]	*12.2*	3.6	*-16.0*	7.2	*18.6*	9.1	*-15.7*	17.5	102.7	66.0
海地	12.6	5.9	13.3	2.3	12.2	8.6	14.4	9.8	113.2	70.6
洪都拉斯	2.5	3.5	12.7	4.3	5.3	5.8	12.8	9.3	96.3	81.9
† 中国台湾	3.1	7.6	4.8	2.3	7.2	8.0	8.5	7.8	89.9	69.2

6.2 商品贸易的增长

	出口量 年均增长 百分比		进口量 年均增长 百分比		出口额 年均增长 百分比		进口额 年均增长 百分比		净易货贸易条件指数 2000年=100	
	1990–2000	2000–2009	1990–2000	2000–2009	1990–2000	2000–2009	1990–2000	2000–2009	1995	2009
罗马尼亚	..	..	..	..	..	..	..	..	..	..
俄罗斯联邦	..	..	..	..	..	..	..	..	..	..
卢旺达	–8.0	3.6	0.8	15.2	–4.0	17.8	–1.7	22.7	110.1	155.3
沙特阿拉伯	2.9	0.5	..	11.4	3.1	17.6	0.8	17.0	..	175.6
塞内加尔	10.6	0.8	4.9	7.1	4.0	9.4	3.6	16.5	156.3	99.2
塞尔维亚	..	..	..	..	..	..	..	..	..	..
塞拉利昂 [a]	..	28.7	..	3.1	..	35.2	..	14.3	..	64.6
新加坡	11.7	10.9	8.3	8.0	9.9	12.6	7.8	12.0	104.4	82.6
斯洛伐克共和国	..	..	..	..	..	..	..	..	..	..
斯洛文尼亚	..	..	..	..	..	..	..	..	..	..
索马里 [a]	..	0.4	..	5.4	2.3	8.3	4.5	13.0	..	101.3
南非	4.5	0.5	7.6	6.6	2.5	12.8	5.9	15.7	106.0	135.0
西班牙 [a]	11.4	3.1	9.3	4.7	8.6	10.6	6.2	11.8	104.3	107.2
斯里兰卡	7.4	3.1	8.0	1.7	11.3	6.3	8.9	9.1	99.0	78.5
苏丹	12.6	8.3	8.4	17.9	14.0	24.7	9.8	23.5	100.0	152.5
斯威士兰	4.0	2.5	3.1	4.3	5.9	8.9	5.0	10.2	100.0	112.8
瑞典 [a]	8.9	3.5	6.4	4.4	7.4	9.7	5.4	12.1	110.2	89.6
瑞士 [a]	3.7	3.7	4.2	2.5	4.4	5.7	3.6	4.4	96.4	106.6
阿拉伯叙利亚共和国	2.2	0.4	..	12.5	0.9	14.1	3.6	20.5	..	148.3
塔吉克斯坦	..	..	..	..	..	..	..	..	..	..
坦桑尼亚	6.0	6.4	–2.0	11.8	6.4	17.0	0.1	20.5	98.0	121.1
泰国	9.6	7.4	2.6	7.8	10.5	12.6	5.0	13.0	116.0	97.1
东帝汶	..	..	..	..	..	..	..	..	..	..
多哥	9.1	3.2	6.0	–1.7	6.6	9.9	5.5	14.8	99.1	28.6
特立尼达和多巴哥	..	2.8	..	2.8	6.8	17.9	12.1	12.1	..	131.0
突尼斯	5.7	7.7	4.3	5.0	6.0	13.4	5.2	11.7	95.8	94.3
土耳其	10.7	11.5	11.1	9.8	9.1	19.3	10.3	18.4	105.7	95.0
土库曼斯坦	..	..	..	..	..	..	..	..	..	..
乌干达	17.8	15.7	22.4	8.8	15.6	25.9	21.0	16.0	197.2	120.4
乌克兰	..	..	..	..	..	..	..	..	..	..
阿拉伯联合酋长国	..	7.8	..	15.9	6.6	20.9	10.7	21.6	..	134.7
英国 [a]	6.3	1.1	6.5	3.2	6.2	6.2	6.5	7.9	100.1	104.0
美国 [a]	6.6	4.0	9.1	2.9	7.2	6.6	9.5	6.5	103.3	99.0
乌拉圭	6.1	8.1	10.5	5.9	5.2	14.3	10.1	13.3	116.2	98.5
乌兹别克斯坦	..	..	..	..	..	..	..	..	..	..
委内瑞拉	5.2	–1.9	4.8	12.3	5.4	13.9	5.2	15.7	63.4	187.1
越南	..	11.8	..	12.8	22.7	19.7	22.7	21.2	..	97.4
西岸和加沙	..	..	..	..	..	..	..	..	..	..
也门共和国	..	–4.7	4.4	9.5	20.6	9.9	0.6	18.4	..	126.6
赞比亚	6.1	8.9	2.9	15.1	–4.6	25.7	1.3	21.8	189.7	155.9
津巴布韦	8.8	–5.1	8.0	–2.1	3.4	2.8	1.9	7.4	96.8	90.9

a. 数据来自国际货币基金组织的《国际金融统计》数据库。b. 数据来自各国的资料来源。

关于数据的说明

国际货物贸易的数据在各国的国际收支平衡表中和海关都有记录。国际收支表关注的是伴随贸易产生的金融交易，而海关数据则记录了贸易的方向和进入或者离开关税区的货物的实物数量与价值。由于估算上存在差异，记录的时间也不同，海关数据可能与国际收支平衡表中的数据存在差异。尽管1993年国民经济核算体系和国际货币基金组织的《国际收支手册》第5版（1993年）都试图统一国际贸易统计的定义和报告标准，但是资料来源、报告时间以及各国习惯做法的差异限制了它们的可比性。因此，由贸易量指数以及基于单位价格指数的贸易条件推出的实际经济增长率就可能不同于从国民经济总量中得出的数据。

货物贸易或者商品贸易包括所有会增加或者减少一个经济体原材料资源的货物。贸易数据都是在一个国家关税区的基础上收集的，在大多数情况下，关税区与地理区域相同。尽管外国援助所提供的货物也包括在内，但是供给本国领土之外机构（例如，大使馆）的货物不算在内。

收集贸易统计数据和制表是比较困难的。一些发展中国家缺乏及时报告数据的能力，尤其对于那些内陆国家和领土边界不清的国家来讲，更是困难。因此，必须根据其贸易伙伴国提供的数据估算这些国家的贸易状况（关于使用贸易伙伴国提供的数据的进一步讨论，见表6.3“关于数据的说明”）。属于共同关税联盟的一些国家的数据可能必须通过直接的咨询公司来收集数据。在一些情况下，可能出于经济上或者政治上的考虑隐瞒或者误报一定的贸易数据，例如，石油、军事装备或者居于支配地位的生产者的出口。其他情况包括为了实现资本转移或者逃避税收而有意低开或者高开发票，结果可能扭曲所提供的贸易数据。此外，在某些地区，走私和黑市交易也会导致无法提供贸易数据。

根据国际协议，海关数据应向联合国统计署提供，该署维护着商品贸易（COM—TRADE）数据库。联合国贸易与发展会议（UNCTAD）根据一些国际和国内资料来源编制了各种国际贸易统计数据，其中包括价格、价值和数量指数，例如，国际货币基金组织的统计数据库、联合国拉丁美洲和加勒比地区经济委员会、美国劳动统计署、日本海关和日本银行、联合国贸易与发展会议的商品价格统计数据。国际货币基金组织也根据国际金融统计数据库编制贸易价格和数量的数据。

除非另有说明，本表给出的贸易增长率和贸易条件都是从UNCTAD编制的指数中计算出来的。部分经济体的贸易增长率和贸易条件是根据国际货币基金组织的《国际金融统计》中的指数计算得出。由于估值程序的不同，有时不同资料来源的价格指数与数量指数可能差异很大。因为国际货币基金组织并不公布贸易价值指数，所以对于一些经济体来讲，贸易价值指数来自于数量指数和价格指数。所有指数均以2000年为基年重新做了调整。

贸易条件衡量的是一个国家进出口的相对价格。计算贸易条件的方法存在若干种。最通用的就是净易货贸易条件或者商品贸易条件，即出口价格指数与进口价格指数之比。当一个国家的净易货贸易条件上升时，则意味着该国的出口更加值钱或者进口更加便宜。

定义

• **进出口量**是货物贸易数量指数。这些指数来自于联合国贸易与发展会议的数量指数系列，是进口或者出口价值指数与相应的单位价值指数的比率。单位价值指数是以各国提供的数据为基础（这些国家在联合国贸易与发展会议的质量控制之下并表明与其一致），并由联合国贸易与发展会议的估计作补充，这些估计是利用前年的贸易额（以国际贸易标准分类三位数水平作权重）得出的。为改善数据的覆盖范围，尤其是最近一段时期的数据，联合国贸易与发展会议利用联合国贸易与发展会议的商品价格统计数据库、国际和国内资料来源以及联合国贸易与发展会议秘书处的估计，依据国际贸易标准分类（第三次修订版）三位数分类产品，创建了一系列平均价格指数，并且以当年的贸易额做权重计算出国家层面的单位价值指数。对于那些联合国贸易与发展会议没有公布其数据的经济体来讲，国际货币基金组织《国际金融统计》中的出口和进口数量指数（72行和73行）通常用于计算年均增长率。 • **进出口额**是出口（离岸价）和进口（到岸价）的当前价值，都转换成美元，并以占基期（2000年）平均值的百分比表示。联合国贸易与发展会议的出口值或者进口值指数都是来自大多数经济体。对于部分经济体来讲，联合国贸易与发展会议并没有公布其数据，进出口值指数来自国际货币基金组织《国际金融统计》中的进口量或者出口量指数（72行和73行）和相应的出口和进口的单位价值指数（74行和75行）。 • **净易货贸易条件**是出口价格指数与其相对应的进口价格指数之比，其中进出口价格指数均以2000年为基年。

数据资料来源

对于大多数经济来讲，贸易指数数据来源于UNCTAD每年编制的《统计手册》，而对于部分经济体来讲，贸易指数数据来源于国际货币基金组织的《国际金融统计》。

贸易方向

高收入进口方

占世界贸易的百分比，2009 年

出口来源	欧盟	日本	美国	其他高收入经济体	所有高收入经济体
高收入经济体	28.5	2.3	6.5	13.1	50.4
欧盟	21.9	0.4	2.3	4.6	29.2
日本	0.6	..	0.8	1.5	2.8
美国	1.8	0.4	..	3.1	5.3
其他高收入经济体	4.2	1.5	3.4	3.8	13.0
低收入和中等收入经济体	6.5	1.6	5.4	6.2	19.7
东亚和太平洋地区	2.3	1.3	2.3	4.2	10.2
中国	1.8	0.8	1.8	2.9	7.3
欧洲和中亚	1.9	0.1	0.1	0.6	2.7
俄罗斯联邦	0.9	0.1	0.1	0.3	1.3
拉丁美洲和加勒比地区	0.7	0.1	2.2	0.5	3.5
巴西	0.3	0.0	0.1	0.2	0.6
中东和北非	0.8	0.1	0.2	0.2	1.3
阿尔及利亚	0.2	0.0	0.1	0.0	0.3
南亚	0.4	0.0	0.2	0.5	1.1
印度	0.3	0.0	0.1	0.4	0.9
撒哈拉以南非洲地区	0.4	0.1	0.3	0.2	1.0
南非	0.1	0.0	0.0	0.1	0.3
全世界	35.0	4.0	11.8	19.3	70.1

低收入和中等收入进口方

占世界贸易的百分比，2009 年

出口来源	东亚和太平洋地区	欧洲和中亚	拉丁美洲和加勒比地区	中东和北非	南亚	撒哈拉以南非洲地区	所有低收入和中等收入经济体
高收入经济体	8.2	2.6	3.3	1.4	1.5	1.0	18.2
欧盟	1.2	2.0	0.7	0.9	0.4	0.6	5.7
日本	1.4	0.0	0.2	0.0	0.1	0.1	1.8
美国	0.8	0.1	1.8	0.1	0.2	0.1	3.2
其他高收入经济体	4.8	0.4	0.5	0.4	0.9	0.3	7.5
低收入和中等收入经济体	2.7	1.6	1.7	0.9	1.1	0.8	9.2
东亚和太平洋地区	1.7	0.5	0.5	0.3	0.5	0.3	3.9
中国	0.6	0.4	0.4	0.2	0.3	0.3	2.4
欧洲和中亚	0.2	1.0	0.0	0.3	0.1	0.0	1.6
俄罗斯联邦	0.2	0.3	0.0	0.1	0.0	0.0	0.6
拉丁美洲和加勒比地区	0.4	0.1	1.0	0.1	0.1	0.1	1.8
巴西	0.2	0.0	0.3	0.0	0.0	0.0	0.6
中东和北非	0.2	0.1	0.0	0.2	0.2	0.0	0.7
阿尔及利亚	0.0	0.0	0.0	0.0	0.0	0.0	0.1
南亚	0.2	0.0	0.0	0.1	0.1	0.1	0.5
印度	0.2	0.0	0.0	0.1	0.1	0.1	0.4
撒哈拉以南非洲地区	0.1	0.0	0.1	0.0	0.1	0.2	0.7
南非	0.1	0.0	0.0	0.0	0.0	0.1	0.2
全世界	11.7	4.3	5.2	2.3	2.5	1.8	27.5

贸易的名义增长

高收入进口方

1998—2009年年均增长百分比

出口来源	欧盟	日本	美国	其他高收入经济体	所有高收入经济体
高收入经济体	9.1	6.6	3.8	9.1	8.1
欧盟	9.3	4.5	5.8	10.8	9.1
日本	2.8	..	–0.6	6.9	3.4
美国	5.4	0.1	..	5.5	5.0
其他高收入经济体	11.3	9.9	3.9	11.8	8.6
低收入和中等收入经济体	16.7	11.3	11.0	17.4	14.6
东亚和太平洋地区	18.9	10.7	15.2	17.3	16.1
中国	26.4	13.3	21.8	22.7	21.9
欧洲和中亚	19.8	17.1	7.8	18.5	18.6
俄罗斯联邦	20.3	16.9	4.6	17.5	18.3
拉丁美洲和加勒比地区	12.5	11.5	7.1	15.7	9.0
巴西	12.6	10.5	7.3	19.8	12.0
中东和北非	13.3	14.0	19.9	17.1	14.9
阿尔及利亚	13.8	22.9	26.4	25.1	17.5
南亚	14.5	6.7	8.6	20.5	14.6
印度	16.5	8.1	10.8	22.9	17.2
撒哈拉以南非洲地区	11.7	19.5	18.2	14.3	14.6
南非[a]	10.4	22.0	14.8	14.3	13.3
全世界	10.2	8.3	6.4	11.1	9.6

低收入和中等收入进口方

1998—2009年年均增长百分比

出口来源	东亚和太平洋地区	欧洲和中亚	拉丁美洲和加勒比地区	中东和北非	南亚	撒哈拉以南非洲地区	所有低收入和中等收入经济体
高收入经济体	15.4	19.4	8.0	13.6	19.6	13.0	14.2
欧盟	15.8	19.0	8.8	11.8	15.9	12.0	14.7
日本	12.6	27.1	8.9	11.9	12.1	10.8	12.4
美国	12.0	13.5	6.5	12.1	20.3	13.1	8.8
其他高收入经济体	17.0	22.7	12.6	19.2	22.5	15.6	17.5
低收入和中等收入经济体	22.6	22.9	17.6	23.2	25.2	21.7	22.1
东亚和太平洋地区	21.4	37.9	26.6	25.5	27.2	26.9	25.2
中国	27.4	40.9	31.3	30.5	35.3	31.7	32.2
欧洲和中亚	18.7	20.1	20.4	22.9	23.2	22.1	20.7
俄罗斯联邦	19.0	19.3	21.0	21.5	19.8	14.6	19.6
拉丁美洲和加勒比地区	30.9	20.3	14.5	17.4	25.1	24.1	17.9
巴西	32.2	21.9	16.6	20.8	20.3	26.8	20.6
中东和北非	25.0	17.8	15.2	24.9	34.1	25.0	24.7
阿尔及利亚	42.4	12.5	8.4	21.6	60.7	10.1	17.2
南亚	26.1	15.9	21.8	23.7	19.9	24.6	22.7
印度	27.9	14.2	24.2	26.8	20.1	25.8	24.2
撒哈拉以南非洲地区	20.5	24.7	21.8	13.8	15.8	15.7	21.0
南非[a]	28.0	18.7	12.0	20.4	20.7	12.9	17.0
全世界	17.3	20.8	10.7	16.4	21.2	16.0	16.3

a. 1999 年的数据是基于其他经济体公布的从南非进口的数据，因为南非的出口数据不可获得。

6.3 商品贸易流向与增长

关于数据的说明

本表给出了不同组别经济体之间商品贸易流量的估计数。这些数据来源于国际货币基金组织的贸易方向数据库。所有高收入经济体和发展中经济体都及时地报送了数据，大约涵盖了近年来贸易额的85%。不及时提供和完全不提供数据的国家，其贸易数据则依据贸易伙伴国报告的数据估计得出。由于一些最大的出口国和进口国报告的数据都比较可靠，因此，大部分未统计的贸易流量可以通过贸易伙伴的报告估计得出。由于走私、机密性、不同的汇率、过境贸易的重复统计、是否包含运费以及不同的评估地点和记录时间，贸易伙伴国所提供的数据可能存在差异。

此外，自关税同盟建立之后，欧盟内的贸易估计数极大地受到了报告方法变化的影响。当前收集欧盟成员国之间贸易数据的系统——Intrastat（自1993年开始运行）——涵盖范围比先前基于海关的贸易统计系统要窄，结果带来了一些不对称问题（所估计的进口比出口大约低5%）。尽管存在这些问题，国际货币基金组织的《贸易方向统计年鉴》和贸易方向数据库所遗漏的贸易统计数据估计只占世界贸易的一小部分。

大多数国家都是以本币报告其贸易数据，这些数据依据国际货币基金组织发布的针对报告国家每期的平均汇率（rf或者rh序列，市场或者官方月度平均汇率）进行换算。如果这些汇率无法获得，则以纽约的月度平均汇率进行换算。由于进口以成本、保险费和运费的到岸价报告，而出口则以离岸价报告，因此，国际货币基金组织以进口值除以1.10来估计相应的出口值，进而调整各国的报告。该近似值是否准确，取决于贸易伙伴的贸易形式和贸易项目。影响贸易数据准确性的其他因素包括报告不及时、各国之间记录的不同以及一国是按照一般的制度还是特殊的贸易制度来报告贸易数据（关于出口和进口测算方法的进一步讨论，见表4.4和表4.5的“关于数据的说明”）。

本表给出的区域贸易流量是按现行价格计算的。给出的增长率是名义上的，因此，贸易增长率包括了贸易量和价格变化的影响。

定义

• **商品贸易**包括所有的货物贸易，但不包括服务贸易。 • **高收入经济体**是世界银行所列出的那些高收入经济体（见内封）。 • **欧盟**是指所有高收入的欧盟成员国，包括奥地利、比利时、塞浦路斯、捷克共和国、丹麦、爱沙尼亚、芬兰、法国、德国、希腊、匈牙利、爱尔兰、意大利、卢森堡、马耳他、荷兰、葡萄牙、斯洛伐克共和国、斯洛文尼亚、西班牙、瑞典和英国。 • **其他高收入经济体**包括除欧盟、日本和美国之外的所有高收入经济体（OECD成员国和非OECD成员国）。 • **低收入和中等收入经济体组别**都是基于世界银行的分类（见封三的列示区域集团），可能与其他机构的分类有所不同。

高收入经济体之间的商品贸易占到了世界商品贸易总额的一半以上，但是低收入和中等收入经济体占全球贸易的份额在过去15年已有所提高 **6.3a**

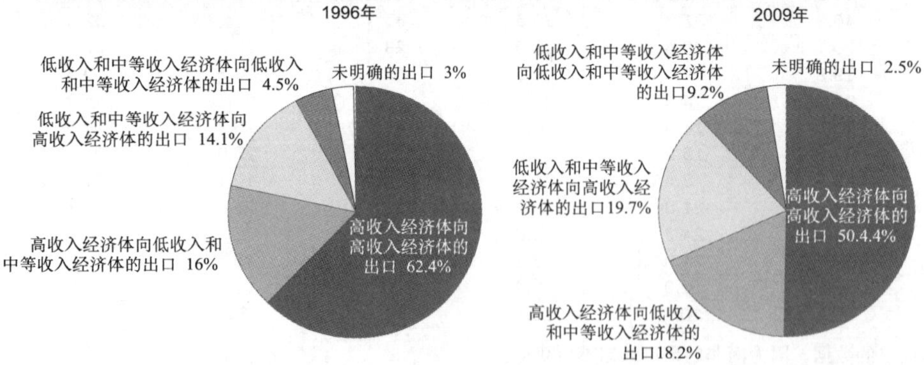

低收入和中等收入经济体之间的贸易占世界商品贸易的份额，与1996年的4.5%相比，2009年大约占到了9.2%。低收入和中等收入经济体向高收入经济体的贸易份额在1996—2009年期间提高了9.8%。
资料来源：世界银行工作人员基于国际货币基金组织的贸易流向数据库的计算。

数据资料来源

商品贸易的方向和增长数据是依据国际货币基金组织的贸易方向数据库计算得出的。按地区和收入对经济体进行的分类主要依据世界银行2010年7月1日的经济体分类，见本报告的封二和封三。

高收入经济体与低收入经济体和中等收入经济体的贸易

向低收入经济体的出口

	高收入经济体		欧盟		日本		美国	
	1999	**2009**	**1999**	**2009**	**1999**	**2009**	**1999**	**2009**
总计(10亿美元)	**32.0**	**86.9**	**15.7**	**40.2**	**3.5**	**6.1**	**3.4**	**12.0**
占出口总额的百分比								
粮食	12.5	10.5	14.2	9.8	0.4	0.3	25.2	17.2
谷物	4.0	4.1	3.2	3.0	0.2	0.2	17.4	12.6
农业原材料	2.5	2.1	1.8	1.5	1.2	2.3	4.8	4.6
矿石和有色金属	1.0	1.4	0.9	1.3	0.6	0.7	0.6	1.5
燃料	4.9	11.5	3.1	15.6	0.3	0.3	1.8	5.9
原油	0.1	0.4	0.1	0.0	0.0	0.0	0.0	0.0
石油产品	4.4	10.7	2.7	15.3	0.3	0.1	1.2	5.1
制成品	77.1	67.3	78.4	68.0	96.4	94.4	62.0	58.7
化工产品	12.3	11.0	15.2	12.0	3.4	3.1	10.6	7.3
钢铁	2.6	2.9	2.3	2.2	6.9	8.1	0.8	1.2
机械和运输设备	44.2	42.0	43.6	40.4	74.2	74.5	37.9	41.9
家具	0.4	0.3	0.6	0.4	0.1	0.1	0.3	0.2
纺织品	5.9	2.2	2.5	1.7	3.0	1.2	5.2	1.0
鞋	0.2	0.1	0.2	0.2	0.0	0.0	0.2	0.2
其他	11.6	9.0	14.0	11.1	8.8	7.4	6.8	6.9
杂项货物	2.0	7.2	1.5	3.8	1.2	2.1	5.5	12.2

来自低收入经济体的进口

	高收入经济体		欧盟		日本		美国	
	1999	**2009**	**1999**	**2009**	**1999**	**2009**	**1999**	**2009**
总计(10亿美元)	**40.2**	**100.4**	**20.1**	**47.7**	**2.1**	**2.9**	**11.8**	**34.5**
占进口总额的百分比								
粮食	23.0	15.1	31.9	22.0	37.1	23.7	7.5	4.3
谷物	0.7	0.7	0.3	0.3	0.0	0.0	0.1	0.1
农业原材料	5.5	2.4	6.8	3.6	9.9	2.7	1.1	0.6
矿石和有色金属	5.1	5.1	5.6	5.0	17.1	23.3	2.1	0.6
燃料	23.3	39.5	13.3	29.6	8.9	23.0	41.4	64.3
原油	21.2	34.1	12.5	23.5	7.6	5.3	36.3	61.2
石油产品	1.7	1.6	0.5	0.2	0.1	5.0	4.6	2.8
制成品	41.5	33.2	41.2	38.9	24.0	26.4	47.6	29.5
化工产品	0.6	0.8	0.9	1.2	0.3	0.6	0.1	0.2
钢铁	0.5	0.1	0.4	0.1	2.3	0.8	0.4	0.0
机械和运输设备	1.9	1.6	2.4	2.9	1.6	0.8	0.3	0.1
家具	0.2	0.2	0.2	0.1	0.1	0.1	0.2	0.3
纺织品	30.1	27.4	25.5	31.0	15.0	14.3	42.3	28.0
鞋	0.4	0.7	0.5	0.9	1.7	7.6	0.0	0.1
其他	7.9	2.4	11.3	2.7	2.9	2.1	4.4	1.0
杂项货物	1.7	4.8	1.2	0.9	3.0	1.0	0.4	0.7

来自低收入经济体的简单应用进口关税税率(%)[a]

	高收入经济体		欧盟		日本		美国	
	1999	**2009**	**1999**	**2009**	**1999**	**2009**	**1999**	**2009**
平均值	**4.3**	**2.7**	**1.3**	**0.8**	**3.0**	**1.3**	**5.2**	**3.5**
粮食	6.8	3.0	3.1	0.7	9.1	2.6	3.8	2.3
谷物	16.9	5.8	24.0	0.1	2.6	5.3	2.7	0.4
农业原材料	3.3	1.6	0.1	0.1	0.7	0.1	0.4	0.2
矿石和有色金属	1.2	1.1	0.2	0.2	1.3	0.0	0.1	0.1
燃料	3.1	1.2	0.2	0.0	2.0	0.5	0.4	0.2
原油	1.3	0.5	0.0	0.0	1.2	0.0	0.3	0.0
石油产品	4.5	1.6	0.4	0.0	6.3	1.1	0.9	0.4
制成品	4.1	2.8	1.1	0.9	2.1	1.3	5.9	4.0
化工产品	2.7	2.1	1.2	0.3	1.1	0.2	0.3	0.1
钢铁	4.2	2.4	0.8	0.2	0.2	0.0	0.4	0.0
机械和运输设备	1.7	1.3	0.4	0.2	0.1	0.0	0.2	0.1
家具	3.2	2.2	0.1	0.1	0.0	0.0	0.6	0.9
纺织品	7.5	4.5	2.5	2.4	3.6	1.6	10.7	7.3
鞋	7.2	4.4	2.9	1.7	6.4	4.4	12.5	8.7
其他	2.1	1.6	0.6	0.2	0.7	1.1	1.0	0.7
杂项货物	0.7	0.8	0.2	0.2	0.0	0.0	0.4	0.0

6.4 高收入经济体与低收入经济体和中等收入经济体的贸易

	高收入经济体		欧盟		日本		美国	
	1999	2009	1999	2009	1999	2009	1999	2009
向中等收入经济体的出口								
总计（10亿美元）	**646.4**	**1845.4**	**224.9**	**700.5**	**89.0**	**222.8**	**184.4**	**346.7**
占出口总额的百分比								
粮食	6.7	6.5	8.1	6.1	0.4	0.4	8.2	12.8
谷物	1.7	1.4	1.5	1.1	0.1	0.0	3.0	2.8
农业原材料	1.8	1.9	1.3	1.5	1.0	1.1	2.1	3.6
矿石和有色金属	2.0	4.5	1.5	2.7	1.9	3.8	1.5	3.9
燃料	3.1	6.2	1.7	3.2	0.5	1.6	2.1	7.1
原油	0.5	0.5	0.2	0.1	0.0	0.0	0.0	0.0
石油产品	1.9	4.4	1.3	2.7	0.4	1.4	1.5	5.4
制成品	83.8	75.2	85.7	82.5	93.3	88.2	81.6	63.4
化工产品	11.7	14.0	13.7	14.6	8.2	9.9	10.5	14.4
钢铁	2.5	3.4	2.4	3.3	5.9	6.8	1.0	1.5
机械和运输设备	48.8	41.8	46.3	45.4	63.9	58.0	50.0	33.2
家具	0.5	0.4	0.9	0.7	0.1	0.3	0.7	0.3
纺织品	6.2	2.6	5.4	3.3	3.6	1.7	5.7	1.9
鞋	0.1	0.2	0.3	0.4	0.0	0.0	0.1	0.0
其他	14.1	13.3	16.7	14.8	11.6	11.6	13.7	12.1
杂项货物	2.6	5.7	1.6	4.0	2.9	4.8	4.4	9.3
来自中等收入经济体的进口								
总计（10亿美元）	**1,010.3**	**2,816.6**	**285.1**	**998.3**	**106.5**	**243.4**	**364.4**	**796.0**
占进口总额的百分比								
粮食	10.0	7.6	14.2	9.4	15.6	9.2	6.5	5.9
谷物	0.4	0.5	0.3	0.4	0.4	0.3	0.2	0.3
农业原材料	2.3	1.1	3.4	1.3	4.3	2.0	1.2	0.7
矿石和有色金属	4.8	3.7	6.3	3.3	8.8	8.7	2.7	1.8
燃料	13.3	19.8	18.8	25.6	13.8	16.6	11.3	19.1
原油	9.0	12.7	13.0	16.2	6.6	7.0	8.9	15.8
石油产品	1.9	3.6	2.5	3.8	1.1	1.8	2.1	2.9
制成品	67.8	64.0	56.4	56.9	56.2	62.0	75.5	69.6
化工产品	2.9	3.6	3.7	3.7	2.7	4.1	2.0	2.9
钢铁	1.9	1.7	2.1	1.8	1.0	1.0	1.6	1.0
机械和运输设备	29.2	31.8	18.6	24.6	21.6	27.8	36.9	36.2
家具	1.7	1.8	1.4	1.6	1.5	1.7	2.4	2.7
纺织品	13.9	9.5	15.3	11.0	14.9	12.0	12.6	9.4
鞋	2.6	1.7	2.1	2.0	1.7	1.4	3.2	2.1
其他	15.7	14.2	13.3	12.3	12.7	14.0	16.8	15.3
杂项货物	1.8	3.8	0.9	3.4	1.3	1.6	2.8	2.8
来自中等收入经济体的简单应用行进口关税税率（%）[a]								
平均值	**5.6**	**3.2**	**3.9**	**1.1**	**2.9**	**2.2**	**3.4**	**2.5**
粮食	10.3	4.3	9.7	2.9	13.5	6.9	3.6	2.9
谷物	15.2	6.7	22.1	0.7	10.0	10.5	2.3	1.1
农业原材料	2.5	1.9	1.0	0.4	0.9	0.5	0.5	0.4
矿石和有色金属	1.9	1.3	1.4	0.5	0.1	0.0	0.3	0.4
燃料	2.8	1.5	0.9	0.1	1.3	0.2	0.6	1.3
原油	1.5	0.4	0.0	0.0	1.2	0.0	0.5	0.0
石油产品	5.5	2.1	2.9	0.1	4.2	0.6	1.7	3.0
制成品	5.2	3.1	3.4	1.0	1.6	1.8	3.6	2.5
化工产品	3.6	2.0	3.3	0.6	0.6	0.3	1.2	1.1
钢铁	3.6	1.6	2.3	0.1	0.1	0.2	2.0	0.3
机械和运输设备	3.0	1.9	1.6	0.2	0.0	0.0	0.4	0.5
家具	5.0	3.2	0.7	0.0	0.0	0.1	0.3	0.4
纺织品	9.7	6.0	7.6	3.3	4.2	4.9	10.3	6.8
鞋	11.6	6.4	8.6	3.4	19.7	16.9	13.3	8.0
其他	3.8	2.3	2.3	0.3	0.4	0.7	0.9	0.8
杂项货物	1.7	0.9	1.2	0.5	0.0	0.0	0.5	0.3

a. 包括特定税率的从价税等值。

高收入经济体与低收入经济体和中等收入经济体的贸易 6.4

关于数据的说明

发展中经济体在全球贸易体系中的重要性日益加强。自20世纪90年代初期以来，高收入经济体与中、低收入经济体之间的贸易增长速度就快于高收入经济体之间的贸易增长。贸易的增长有利于消费者和生产者。但是正如世界贸易组织2001年10月在卡塔尔多哈、2003年9月在墨西哥坎昆以及2005年12月在中国香港召开的部长级会议所表明的，从贸易中要取得更有利于发展的成果仍然面临着挑战。我们需要加强国际间的磋商以妥善处理这一问题。多哈会议之后的谈判将会（或继续）主要围绕服务业、农业、制造业、WTO规则、环境、争端解决、知识产权保护以及区域一体化规则等问题展开。各国商务部长最近在中国香港谈判达成协议——到2013年取消农产品出口补贴；废除棉花出口补贴并允许部分撒哈拉以南非洲棉花生产国无限制地出口；进一步削减欧盟、日本和美国国内的农产品补助；为发展中经济体提供更多的援助以帮助这些国家增强在全球贸易中的竞争力。

高收入经济体与中、低收入经济体之间的贸易流量反映出向发展中经济体出口以及从发展中经济体进口组合的变化。尽管在高收入经济体的进口中食品和初级产品所占份额持续下降，但是从中、低收入经济体进口的制成品占进口的份额却在增长。此外，发展中经济体之间的贸易在过去10年中也大幅度增长，这是发展中经济体占世界产出份额上升、发展中经济体的贸易自由化以及其他影响的结果。

但是贸易壁垒依然很高。表中给出了部分产品组别关税税率的信息。应用关税税率是在一些优惠贸易协定中实际对伙伴国采用的关税，例如，北美自由贸易协定。当这些数据无法得到时，则采用最惠国关税税率。最惠国税税率与应用关税税率之间有可能存在巨大差别。由于通常认为相对于加权平均关税税率，应用关税税率能够更好地体现关税保护，因此，表中给出了应用关税税率的简单平均值。

贸易流量数据来自于联合国统计署商品贸易数据库。由高收入经济体提供的贸易伙伴国的报告既被用于计算出口，也被用于计算进口。由于数据来源、时间以及对未统计数据的处理方式的不同，本表中的数据可能与表6.3和表6.5用于计算贸易方向的数据或者表4.4、表4.5和表6.2中的总流量数据不完全一致。关税数据来自联合国贸易与发展会议贸易分析和信息系统（TRAINS）数据库。税号数据与标准国际贸易分类（SITC）第2次修订版的号码一致以便定义商品组别。关于商品贸易统计数据进一步的讨论，见表4.4、表4.5、表6.2、表6.3和表6.5中“关于数据的说明”；关于关税壁垒的信息，见表6.8。

定义

表中的产品分类是按照国际贸易标准分类（SITC）第3次修订版确定的： • **食品**（0、1、22和4）； • **谷物**（04）； • **农业原材料**（2，不包括22、27和28）； • **矿石和有色金属**（27、28和68）； • **燃料**（3）； • **原油**（从沥青矿物中提取的原油和石油，333），以及 • **石油产品**（非原油和石油制备，334）； • **制成品**（5—8，不包括68）； • **化工产品**（5）； • **钢铁**（67）； • **机械和运输设备**（7）； • **家具**（82）； • **纺织品**（65和84）； • **鞋**（85）和 • **其他制成品**（6和8，不包括65，67，68，82，84和85），以及 • **杂项货物**（9）。 • **出口**是指联合国统计署商品贸易数据库中记录的高收入经济体向中、低收入经济体出口的商品总额。出口按离岸价计算。 • **进口**是指联合国统计署商品贸易数据库中记录的高收入经济体从中、低收入经济体进口的商品总额。进口包括保险与货运费。 • **高收入经济体、中等收入经济体和低收入经济体**是世界银行所列出的那些高收入经济体、中等收入经济体和低收入经济体（见封三）。 • **欧盟**是指所有高收入的欧盟成员国，包括奥地利、比利时、塞浦路斯、捷克共和国、丹麦、爱沙尼亚、芬兰、法国、德国、希腊、匈牙利、爱尔兰、意大利、卢森堡、马耳他、荷兰、葡萄牙、斯洛伐克共和国、斯洛文尼亚、西班牙、瑞典和英国。

在全球各种商品市场中，低收入经济体的市场份额较小 6.4a

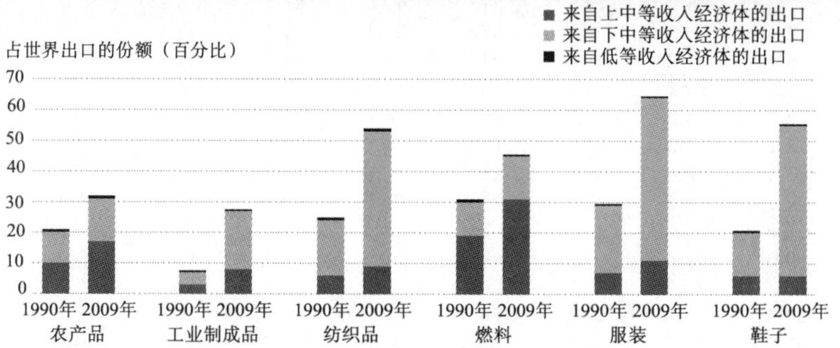

低收入经济体专业化生产劳动密集型部门的产品，但是其在全球劳动密集型产品市场的份额非常小。2009年，中低收入经济体占到全球纺织品、服装、鞋子贸易的绝大部分。高收入经济体则占农产品和工业制成品贸易的主要部分。

资料来源：世界银行工作人员基于联合国统计署商品贸易数据库的估计。

数据资料来源

贸易额来自联合国统计署商品贸易数据库。关税税率来自联合国贸易与发展会议贸易分析和信息系统（TRAINS）数据库，并由世界银行工作人员利用世界综合贸易方案（WITS）系统计算得出，见 http：//wits. worldbank. org。

6.5 发展中经济体的贸易流向

	出口						进口					
	占商品总出口的百分比						占商品总进口的百分比					
	向发展中经济体的出口				向高收入经济体的出口		来自发展中经济体的进口				来自高收入经济体的进口	
	区域内		区域外				区域内		区域外			
	1999	2009	1999	2009	1999	2009	1999	2009	1999	2009	1999	2009
东亚和太平洋地区	**8.1 w**	**11.9 w**	**7.2 w**	**15.5 w**	**83.9 w**	**73.7 w**	**11.0 w**	**15.9 w**	**8.9 w**	**18.0 w**	**80.5 w**	**64.1 w**
柬埔寨	*7.4*	3.6	0.3	1.4	60.5	96.5	38.0	54.6	1.8	2.7	60.0	44.0
中国	4.2	6.6	8.6	17.7	87.2	77.9	6.8	9.1	8.0	17.1	82.8	65.4
斐济	8.9	19.6	0.1	1.5	80.6	51.2	8.0	18.7	2.2	3.4	89.1	76.0
印度尼西亚	11.1	22.4	8.1	14.1	80.8	64.0	14.6	26.4	7.9	10.0	76.8	63.4
朝鲜	7.5	50.8	42.0	35.7	50.5	13.7	34.8	43.2	25.4	50.3	39.8	6.5
老挝	..	..	0.6	0.2	32.1	18.0	81.8	83.5	1.0	1.7	16.0	13.5
马来西亚	9.9	23.8	6.6	10.9	83.5	65.5	12.7	28.1	3.1	6.6	82.8	64.7
蒙古	..	..	14.5	4.1	28.4	34.3	*19.1*	27.0	*37.1*	41.1	53.8	32.0
缅甸	20.1	57.6	13.4	22.1	53.2	14.3	49.2	66.7	1.7	4.8	49.0	28.4
巴布亚新几内亚	8.0	10.1	0.1	1.3	63.3	50.4	11.6	24.3	1.7	1.2	85.8	73.3
菲律宾	8.7	16.2	1.8	2.5	88.2	79.7	12.4	26.2	4.2	5.1	82.2	68.7
泰国	13.2	27.0	6.0	11.9	79.2	60.7	14.7	27.0	7.3	7.1	76.0	64.3
越南	20.7	20.2	6.2	6.7	72.0	69.1	17.8	37.2	4.9	7.8	77.0	53.5
欧洲和中亚	**22.5 w**	**19.9 w**	**11.3 w**	**14.2 w**	**64.0 w**	**55.7 w**	**27.9 w**	**26.1 w**	**12.9 w**	**14.7 w**	**61.1 w**	**54.6 w**
阿尔巴尼亚	3.3	5.1	0.1	6.9	96.6	87.7	12.3	16.8	1.1	8.3	86.5	72.9
亚美尼亚	24.8	35.7	*10.5*	7.0	56.6	56.3	32.4	43.1	*13.6*	19.2	50.4	37.7
阿塞拜疆	31.0	12.4	5.3	12.6	62.3	77.3	46.3	46.2	7.6	14.7	45.7	39.5
白俄罗斯	65.6	46.5	11.3	10.6	22.8	42.9	66.5	65.5	3.4	6.3	30.1	26.8
波斯尼亚和黑塞哥维那	5.6	5.9	..	..	91.7	92.4	4.0	9.9	..	..	95.8	89.2
保加利亚	25.8	27.4	5.7	6.9	66.5	64.7	28.4	33.1	7.1	7.8	64.0	59.1
克罗地亚	58.3	66.3	5.8	4.4	35.6	29.4	55.7	53.8	3.4	9.1	40.9	37.8
格鲁吉亚	29.0	26.1	14.6	18.1	49.5	43.2	46.9	41.7	6.6	27.7	46.4	30.7
哈萨克斯坦	42.7	80.0	..	..	47.8	9.5	46.6	22.6	*10.1*	71.5	41.7	6.0
立陶宛	19.5	24.5	1.3	3.6	79.1	72.8	25.3	33.9	4.0	4.4	69.1	62.4
前南斯拉夫马其顿共和国	29.0	31.5	1.6	1.8	68.8	55.2	31.2	33.3	4.3	11.2	64.5	55.6
摩尔多瓦	66.4	62.3	1.7	1.9	32.0	34.9	59.6	51.5	1.6	11.0	38.9	37.6
罗马尼亚	11.7	16.0	8.1	6.6	79.7	77.9	12.9	15.5	5.4	8.7	80.3	77.1
俄罗斯联邦	20.0	14.5	11.5	12.2	67.2	55.9	29.7	12.8	13.8	23.4	56.1	62.2
塞尔维亚	..	32.3	..	1.9	..	57.4	..	20.6	..	4.7	..	64.6
塔吉克斯坦	46.1	36.7	..	..	50.7	15.1	78.9	62.2	..	..	18.6	15.8
土耳其	8.7	13.3	11.6	24.1	74.9	59.1	11.2	21.0	12.2	23.1	72.9	55.6
土库曼斯坦	52.1	45.2	..	..	25.2	36.3	51.9	42.8	..	..	35.0	35.4
乌克兰	38.5	42.9	21.8	26.0	39.6	29.8	60.0	48.1	5.3	12.0	34.5	40.3
乌兹别克斯坦	51.4	69.3	..	..	40.2	13.1	33.9	41.9	..	..	63.4	36.9
拉丁美洲和加勒比地区	**14.4 w**	**18.8 w**	**4.0 w**	**13.9 w**	**77.6 w**	**66.0 w**	**14.3 w**	**19.2 w**	**3.5 w**	**12.8 w**	**78.0 w**	**62.1 w**
阿根廷	45.1	42.3	15.3	23.6	39.5	32.6	30.4	40.1	9.4	17.5	58.4	38.1
玻利维亚	38.4	64.4	0.6	3.7	59.4	31.5	41.8	67.2	2.3	4.6	55.7	28.0
巴西	23.0	22.4	10.9	28.2	64.3	48.0	19.0	17.1	9.9	26.8	71.0	56.1
智利	20.3	16.3	5.3	28.7	67.9	51.4	28.1	29.5	8.6	14.9	49.9	45.0
哥伦比亚	24.1	29.3	1.1	6.7	73.4	63.1	25.9	25.9	4.4	15.8	68.7	55.0
哥斯达黎加	12.4	26.2	0.7	12.1	26.9	61.3	20.1	22.5	3.3	9.6	41.1	63.5
古巴	8.8	24.9	36.0	31.6	55.3	43.5	17.0	43.5	17.5	23.2	65.5	33.4
多米尼加共和国	2.8	17.4	0.5	2.6	96.5	71.1	17.5	25.1	1.7	7.6	80.7	63.6
厄瓜多尔	21.6	42.3	5.5	6.4	72.2	50.7	32.7	39.9	4.4	11.7	61.9	47.3
萨尔瓦多	60.9	44.0	1.5	1.2	37.1	58.3	40.0	41.4	2.1	6.2	56.3	61.4
危地马拉	22.2	37.7	1.0	2.2	74.2	56.7	29.3	34.6	3.9	8.9	65.7	55.0
海地	2.5	9.7	0.8	2.1	96.9	87.9	15.2	34.8	3.9	11.4	80.5	53.7
洪都拉斯	7.7	29.0	0.1	3.0	82.6	68.0	15.1	44.4	2.8	7.8	72.2	47.8
牙买加	2.9	5.0	7.1	3.9	89.5	89.9	11.7	24.5	3.7	7.3	81.4	66.2
墨西哥	3.2	6.3	0.3	1.9	96.1	94.5	2.3	4.3	3.4	18.5	93.7	80.7
尼加拉瓜	31.9	47.7	0.1	0.6	62.4	50.9	48.6	53.5	0.4	12.1	45.4	35.5
巴拿马	23.6	45.9	0.8	10.7	73.6	43.0	24.4	9.2	1.2	15.7	60.7	68.5
巴拉圭	62.0	69.6	0.6	14.4	30.3	14.1	54.9	48.5	3.2	32.7	41.7	18.4
秘鲁	16.2	15.5	8.6	17.9	75.1	81.2	30.4	33.5	3.3	23.2	66.2	48.1
乌拉圭	53.0	44.1	9.2	22.2	36.8	33.5	47.8	52.6	8.9	20.6	42.8	28.3
委内瑞拉	15.2	12.0	..	10.5	63.2	56.0	18.2	38.4	0.2	10.9	69.4	47.3

	出口						进口					
	占商品总出口的百分比						占商品总进口的百分比					
	向发展中经济体的出口				向高收入经济体的出口		来自发展中经济体的进口				来自高收入经济体的进口	
	区域内		区域外				区域内		区域外			
	1999	2009	1999	2009	1999	2009	1999	2009	1999	2009	1999	2009
中东和北非	**3.2 w**	**8.0 w**	**13.0 w**	**25.8 w**	**78.2 w**	**61.1 w**	**3.5 w**	**7.4 w**	**12.3 w**	**22.1 w**	**72.7 w**	**59.9 w**
阿尔及利亚	1.8	3.0	15.1	15.6	83.1	81.4	1.5	3.2	17.2	32.9	81.4	64.5
埃及	7.2	21.1	11.9	22.8	65.6	52.9	1.1	2.9	21.7	34.7	69.3	60.9
伊朗	..	2.1	13.7	42.1	73.4	39.8	..	0.6	22.3	38.8	65.6	59.5
伊拉克	4.1	2.4	5.9	29.0	90.0	68.6	12.8	22.9	37.1	42.5	50.1	34.7
约旦	20.8	31.2	35.4	22.2	40.8	44.6	15.3	10.7	17.1	28.2	65.4	60.9
黎巴嫩	17.6	40.5	12.2	10.5	69.4	48.3	6.0	14.2	18.5	26.1	73.9	58.6
利比亚	4.1	3.7	8.5	14.1	87.4	82.1	11.4	11.9	9.9	27.9	78.6	60.1
摩洛哥	2.4	3.3	10.4	22.3	80.7	73.1	1.7	6.2	9.0	18.3	79.0	75.8
阿拉伯叙利亚共和国	8.5	52.5	11.9	5.7	76.2	41.8	4.8	17.4	26.8	36.2	45.9	46.5
突尼斯	5.7	11.8	5.9	7.5	84.1	77.9	4.4	8.6	7.8	16.0	85.9	74.8
也门共和国	0.9	2.7	62.0	73.5	35.8	22.8	4.0	3.9	20.7	43.9	72.8	51.3
南亚	**4.3 w**	**5.4 w**	**14.7 w**	**25.1 w**	**78.8 w**	**67.4 w**	**3.8 w**	**3.6 w**	**10.7 w**	**15.5 w**	**66.8 w**	**58.1 w**
阿富汗	46.6	48.3	17.6	19.3	35.8	32.4	24.8	30.1	35.2	24.5	40.0	45.5
孟加拉国	1.9	2.6	4.4	6.8	78.7	76.8	13.5	14.3	16.4	36.1	52.5	43.5
印度	4.2	4.5	17.5	27.4	78.2	65.3	0.9	0.6	29.6	39.7	69.5	59.4
尼泊尔	29.6	64.6	..	..	60.2	29.6	14.0	52.9	..	..	45.1	15.8
巴基斯坦	4.5	12.4	12.0	23.8	81.2	61.9	2.3	4.2	23.3	31.8	72.8	63.1
斯里兰卡	3.1	5.7	10.4	16.0	82.4	115.8	10.1	19.9	14.3	35.5	61.4	61.2
撒哈拉以南非洲地区	**13.3 w**	**13.7 w**	**13.8 w**	**27.9 w**	**66.4 w**	**57.9 w**	**12.0 w**	**11.8 w**	**12.7 w**	**22.7 w**	**70.3 w**	**52.3 w**
安哥拉	1.0	3.9	8.9	47.1	90.1	49.0	11.5	5.1	12.7	32.7	75.8	62.7
贝宁	5.9	30.8	68.7	54.7	25.1	14.5	24.3	7.2	16.9	58.4	58.5	34.5
布基纳法索	10.2	15.5	31.6	37.9	55.8	43.1	39.5	37.2	5.1	13.8	51.1	44.5
布隆迪	2.1	8.8	..	12.5	72.3	66.7	23.8	24.2	8.1	18.9	57.8	46.9
喀麦隆	6.9	12.8	8.4	18.1	84.1	68.4	20.0	18.6	10.7	26.5	68.1	55.1
中非共和国	1.4	9.2	14.6	32.8	84.0	58.0	18.0	14.9	7.9	14.3	57.9	43.8
乍得	5.5	0.4	..	..	81.3	96.0	31.6	19.1	..	..	62.4	55.9
科摩洛	..	..	..	..	93.4	66.5	..	..	..	..	51.4	46.4
刚果民主共和国	1.1	21.0	0.6	46.9	98.0	31.9	50.6	48.1	5.6	15.2	41.5	36.7
刚果共和国	1.6	1.3	8.1	33.2	88.0	65.3	12.9	4.7	9.0	30.0	64.3	63.9
科特迪瓦	24.8	27.6	16.5	7.7	58.7	84.4	16.8	26.8	14.3	26.3	63.0	53.3
埃塞俄比亚	1.7	5.1	18.4	24.9	70.5	55.1	2.3	2.7	19.1	35.1	70.5	33.8
加蓬	0.9	3.2	10.1	24.9	83.3	56.0	5.7	9.7	2.6	16.8	90.9	72.3
冈比亚	18.1	5.9	4.7	61.7	77.2	32.4	8.4	16.3	24.2	53.4	67.4	30.4
加纳	7.8	10.3	12.1	24.6	74.0	53.2	23.9	24.5	15.0	33.0	60.4	41.8
几内亚	4.7	2.6	1.1	24.1	90.0	51.8	11.1	5.8	16.3	17.3	72.5	33.6
几内亚比绍	1.6	26.8	..	..	16.8	2.4	15.4	18.7	..	..	44.1	36.6
肯尼亚	30.7	34.3	16.2	14.8	51.9	42.9	9.5	12.2	15.2	33.6	74.6	53.4
利比里亚	2.4	18.3	9.3	8.9	88.3	72.9	4.6	0.9	1.8	19.0	93.5	80.1
马达加斯加	5.8	4.8	8.5	11.0	74.6	76.2	8.7	8.4	22.1	46.7	59.5	37.2
马拉维	19.4	19.7	9.0	32.6	71.2	47.3	67.5	56.4	6.3	16.1	25.1	27.7
马里	5.7	9.2	32.3	50.9	60.1	28.3	23.7	27.2	5.8	10.9	38.6	32.9
毛里塔尼亚	11.3	14.1	9.0	46.9	78.6	37.8	6.3	5.4	17.2	35.6	68.3	49.8
毛里求斯	6.7	14.2	0.9	3.5	92.4	82.4	13.9	11.4	24.1	46.0	62.0	42.6
莫桑比克	45.1	16.5	13.2	8.3	40.6	63.2	29.9	36.6	7.1	18.8	20.2	32.1
尼日尔	39.1	26.9	0.3	0.5	60.6	72.8	31.0	17.6	21.1	31.7	46.2	51.0
尼日利亚	10.6	10.9	27.6	24.8	61.2	63.1	3.8	4.7	24.6	27.2	71.3	52.0
卢旺达	4.8	56.5	14.7	19.8	43.3	23.0	27.8	42.0	6.2	12.4	47.3	44.7
塞内加尔	25.5	44.3	18.8	11.7	49.1	37.9	12.3	15.9	19.6	32.8	66.5	74.0
塞拉利昂	..	9.3	..	11.0	66.9	75.7	11.4	24.5	11.9	32.9	72.0	38.2
索马里	0.7	4.2	30.9	21.4	68.4	74.4	12.9	8.5	61.1	65.0	15.0	14.1
南非	16.3	18.7	8.5	21.8	60.1	60.3	3.7	7.0	14.4	35.3	81.7	58.0
苏丹	10.4	1.6	24.2	77.0	65.2	21.3	4.0	6.5	37.1	48.7	58.8	41.3
坦桑尼亚	16.7	18.1	24.1	28.4	57.3	44.6	18.8	16.2	23.4	39.5	57.7	40.7
多哥	24.0	58.8	30.5	32.5	41.1	8.1	21.4	16.0	9.7	31.6	65.2	50.5
乌干达	3.1	46.8	5.0	7.3	92.0	43.2	49.4	25.2	10.3	23.1	39.7	51.8
赞比亚	35.6	22.8	12.2	16.0	32.0	63.8	55.8	60.2	4.5	9.7	35.3	30.2
津巴布韦	29.1	49.1	14.5	20.6	54.8	30.4	46.0	73.3	6.6	8.7	39.1	14.0

注：东帝汶、科索沃、西岸和加沙、博茨瓦纳、厄立特里亚、莱索托、纳米比亚和斯威士兰的双边贸易数据不可获得。由于存在与非特定贸易伙伴的贸易或者存在与世界银行分类中未包括的经济体的贸易，因此，各部分之和未必等于100%。

6.5 发展中经济体的贸易流向

关于数据的说明

发展中经济体是全球贸易体系一个日益重要的组成部分。其在世界贸易中的比例由1990年的15%上升到2009年的30%。而高收入经济体和中、低收入经济体之间的贸易增长速度要快于高收入经济体间的增速。这使得发展中经济体和高收入经济体国家的生产者和消费者都从贸易增长中获益。

本表给出了同一地区和其他地区的发展中经济体，以及发展中经济体和高收入经济体之间的货物贸易往来。进口和出口的数据来自国际货币基金组织（IMF）的贸易方向数据库，并且应与其他数据来源（例如，联合国统计署的商品贸易数据库）大体一致。所有高收入经济体以及大部分发展中经济体都是按时向国际货币基金组织提供贸易数据，其中囊括了近几年大约85%的贸易数据。没有按时提供贸易数据的国家以及没有提供贸易数据的国家都是依据贸易伙伴国提供的数据加以估算。因此，发展中经济体和高收入经济体之间的贸易数据一般而言是完整的。但是，许多发展中国家——尤其是撒哈拉以南非洲国家——它们之间的贸易流向并未被很好地记录，而且发展中国家的贸易总价值也可能被低估。该表不包括某些发展中经济体，因为其双边贸易流动的数据无法获得。部分高收入经济体之间贸易方向的数据在表6.3和表6.4中给出并加以讨论。

在区域的层面上，尽管大多数发展中经济体的出口是流向高收入国家，但是区域间的贸易份额正在增加。地理贸易格局因国家和商品的不同而有很大差异。产油国和资源密集型经济体更多的出口是流向高收入经济体。

相对内陆国家、与区域内最大的经济体有着密切贸易往来的小国而言，区域内贸易更重要一些。对大多数发展中经济体（尤其是较小的经济体）而言，存在一种“地理偏见”，即支持区域内贸易。尽管存在全球化和削减贸易壁垒的大趋势，在1999—2009年期间，大多数国家区域内贸易的相对份额还是有所增加。这部分是因为其与贸易有关的优势，例如，地理位置相近、运输成本降低、不断交流带来知识的增加以及文化和历史间的密切联系。贸易方向还受一国与其他经济体签署的贸易互惠协定的影响。虽然贸易自由化的正式协议并不自动增加贸易量，但是还是会影响加入协议的经济体的贸易方向。表6.7给出了正式签署贸易互惠协定的现存区域贸易集团的规模。

尽管全球一体化在上升，但是发展中经济体还是面临着其他市场准入的贸易壁垒（见表6.8）。

定义

• **向区域内发展中经济体的出口**是指在世界银行所划分的相同区域内，从所报告经济体出口至其他发展中经济体的总额占该经济体总商品出口的百分比。 • **向区域外发展中经济体的出口**是指所报告经济体出口到世界银行划分的其他区域的发展中经济体的总额占该经济体总商品出口的百分比。 • **向高收入经济体的出口**是指所报告经济体出口至高收入经济体的总额占该经济体总商品出口的百分比。 • **来自区域内其他发展中经济体的进口**是指在世界银行划分的相同区域内，所报告经济体从区域中其他经济体中的进口占该经济体商品进口总量的百分比。 • **来自其他区域经济体的进口**是指世界银行所划分的其他经济体向所报告经济体的进口总额占该经济体总商品进口的百分比。 • **来自高收入经济体的进口**是指高收入经济体向所报告经济体进口的总额占该经济体商品进口总额的百分比。

发展中经济体与其他发展中经济体之间的贸易越来越多 **6.5a**

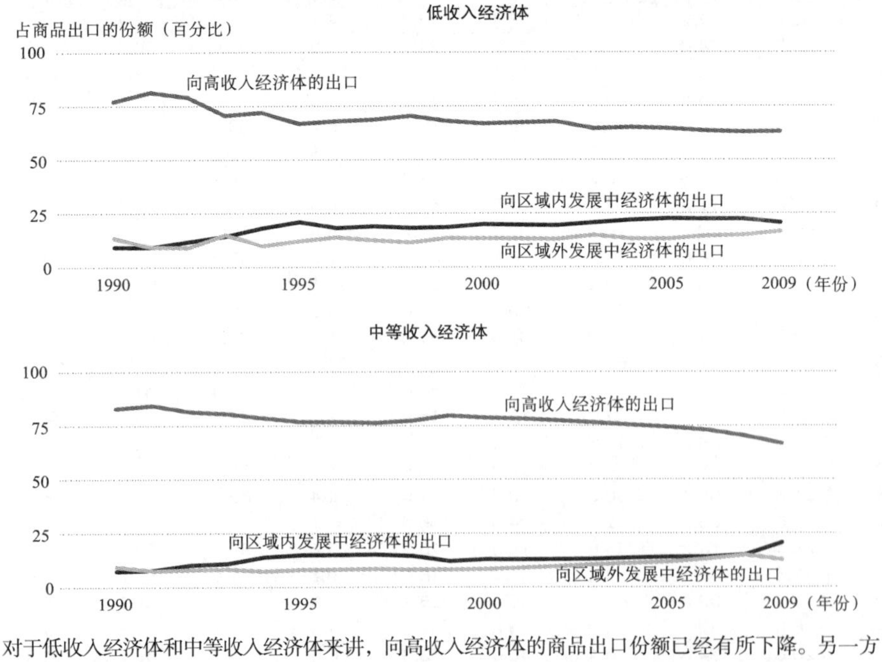

对于低收入经济体和中等收入经济体来讲，向高收入经济体的商品出口份额已经有所下降。另一方面，它们向其他发展中经济体的出口则有所上升，尤其是向同一区域内的发展中经济体的出口。

资料来源：世界银行工作人员基于国际货币基金组织（IMF）贸易方向数据库的计算。

数据资料来源

商品贸易流动的数据公布于IMF的《贸易方向统计年鉴》和《贸易方向统计季刊》。表中的数据是通过运用IMF的贸易数据库指南计算得出。区域集团和收入集团的分类是参照世界银行2010年7月1日所划分的经济体分类，并列示于本书封三。

	1970	1980	1990	1995	2000	2004	2005	2006	2007	2008	2009	2010
世界银行商品价格指数												
(2000年=100)												
能源	19	153	79	53	100	123	171	197	209	274	179	225
非能源商品	183	177	115	117	100	121	135	172	192	218	178	224
农业	188	195	113	122	100	118	121	134	154	184	165	192
饮料	230	273	117	136	100	109	125	130	145	168	184	210
粮食	201	199	116	117	100	123	121	131	158	198	171	186
脂肪和油类	237	196	105	126	100	134	120	123	178	222	181	203
谷类	204	199	121	124	100	115	115	134	161	225	179	179
其他粮食	151	205	124	101	100	117	129	140	127	142	152	170
原材料	136	143	105	125	100	109	119	143	149	157	141	197
木材	97	92	88	105	100	90	100	113	117	120	116	119
其他原材料	179	198	124	146	100	129	140	177	185	196	168	282
化肥	82	177	98	110	100	125	148	151	205	453	245	232
金属和矿产	185	141	122	106	100	126	162	251	268	261	197	288
基金金属	200	145	124	112	100	127	152	253	272	230	174	247
钢铁产品[a]	..	134	131	118	100	153	170	162	155	231	190	190
商品价格												
(2000年价格)												
能源												
煤，澳大利亚(美元/吨)	..	49	39	33	26	48	43	44	56	102	60	82
天然气，欧洲(美元/mmBtu)	..	5.21	2.48	2.26	3.86	3.88	5.74	7.57	7.30	10.72	7.27	6.87
天然气，美国(美元/mmBtu)	0.57	1.91	1.65	1.43	4.31	5.35	8.09	6.01	5.96	7.09	3.30	3.64
液化天然气，日本(美元/mmBtu)	..	7.02	3.54	2.86	4.71	4.66	5.44	6.32	6.56	10.04	7.46	9.00
石油现货平均价(美元/桶)	4	45	22	14	28	34	48	57	61	78	52	66
饮料(美分/千克)												
咖啡	233	321	123	119	91	141	140	142	167	206	241	260
咖啡，阿拉比卡	397	427	192	277	192	161	230	225	232	247	265	358
咖啡，罗巴斯达	316	400	115	230	91	72	101	133	163	186	137	144
茶叶，三次拍卖平均价	289	205	200	124	188	153	150	168	174	194	227	239
茶叶，科伦坡拍卖价	217	137	182	118	179	162	167	171	215	223	262	273
茶叶，加尔各答拍卖价	343	253	273	145	181	156	147	157	164	180	210	233
茶叶，蒙巴萨拍卖价	307	224	144	108	203	141	134	175	142	177	210	212
粮食												
脂肪和油类(美元/吨)												
椰油	1,376	831	327	556	450	600	560	542	784	979	606	932
干椰子油[a]	779	558	224	364	305	409	376	360	518	653	401	622
落花生油	1,312	1,059	937	823	714	1,054	963	867	1,154	1,705	988	1,164
棕榈油	901	719	282	521	310	428	383	427	666	759	570	747
棕榈仁油[a]	..	..	..	..	444	588	569	519	758	904	585	982
大豆	405	365	240	215	212	278	249	240	328	418	365	373
豆粕	355	324	195	164	189	219	195	187	263	340	340	314
豆油	992	737	435	519	338	559	495	535	752	1,007	709	833
谷类(美元/吨)												
大麦	..	96	78	86	77	90	86	104	147	160	107	131
玉米	202	154	106	103	89	102	90	109	140	178	138	154
大米，泰国，5%	438	506	263	266	202	216	260	272	279	520	463	405
大米，泰国，25%[a]	..	..	254	247	173	205	241	248	262	425	382	366
大米，泰国，A1[a]	..	..	152	218	143	186	198	196	232	386	273	318
高粱[a]	179	159	101	99	88	100	87	110	139	166	126	137
小麦，加拿大[a]	218	235	152	172	147	169	179	194	256	364	251	259
小麦，美国，硬红冬小麦	190	213	132	147	114	142	138	172	218	261	187	185
小麦，美国，软红冬小麦[a]	197	208	125	139	99	131	123	142	204	217	155	190

	1970	1980	1990	1995	2000	2004	2005	2006	2007	2008	2009	2010
商品价格(续)												
(2000年价格)												
粮食(续)												
其他粮食												
香蕉，美国(美元/吨)	573	467	526	369	424	476	547	605	577	675	707	720
牛肉(美分/千克)	452	340	249	158	193	228	238	228	222	251	220	278
鸡肉(美分/千克)	..	85	96	92	119	138	135	124	134	136	143	143
鱼粉(美元/吨)[a]	682	621	401	411	413	589	664	1,040	1,005	906	1,027	1,399
柑橘(美元/吨)	582	482	516	441	363	780	794	741	817	886	759	857
虾，墨西哥(美分/千克)	..	1,420	1,039	1,253	1,515	928	939	915	862	855	789	1,033
糖，欧盟国内(美分/千克)	39	60	57	57	56	61	60	58	58	56	44	37
糖，美国国内(美分/千克)	57	82	50	42	43	41	43	44	39	37	46	66
糖，世界(美分/千克)	29	78	27	24	18	14	20	29	19	23	33	39
农业原材料												
棉花，指数A(美分/千克)	219	252	177	177	130	124	110	113	119	126	115	189
原木，喀麦隆(美元/立方米)[a]	149	310	334	282	275	301	304	285	325	421	352	355
原木，马来西亚(美元/立方米)	149	241	172	212	190	179	184	214	229	234	240	231
橡胶，新加坡(美分/千克)	141	176	84	131	67	116	135	186	193	207	160	303
橡胶，TSR20(美分/千克)[a]	..	..	..	..	63	110	126	174	184	202	150	280
胶合板(美分/张)[a]	357	338	345	485	448	422	462	532	547	516	471	472
锯木，马来西亚(美元/立方米)	608	489	518	614	595	528	599	670	688	711	673	703
烟草(美元/吨)[a]	3,727	2,806	3,297	2,194	2,976	2,488	2,533	2,653	2,830	2,871	3,541	3,570
木质纸浆(美元/吨)[a]	615	661	792	708	664	582	577	624	655	656	513	719
化肥(美元/吨)												
磷酸二铵	187	274	167	180	154	201	224	233	369	774	270	415
磷酸盐岩	38	58	39	29	44	37	38	40	61	276	102	102
氯化钾	109	143	95	98	123	113	144	156	171	456	526	275
过磷酸钙	147	222	128	124	138	169	183	180	289	703	215	317
尿素	63	237	116	155	101	159	199	199	264	394	208	239
金属和矿产												
铝(美元/吨)	1,926	1,795	1,593	1,499	1,549	1,558	1,724	2,297	2,252	2,058	1,390	1,802
铜(美元/吨)	4,904	2,690	2,586	2,437	1,813	2,602	3,340	6,007	6,076	5,564	4,300	6,248
黄金(美元/toz)[a]	125	750	373	319	279	372	404	540	595	697	812	1,016
铁矿石(美分/dmtu)	34	35	32	24	29	34	59	69	72	112	84	134
铁矿石现货价格，CFR中国(美分/dmtu)	..	..	..	..	..	..	..	..	108	125	69	126
铅(美分/千克)	105	112	79	52	45	80	89	115	220	167	144	178
镍(美元/吨)	9,860	8,037	8,614	6,830	8,638	12,551	13,387	21,675	31,778	16,888	12,237	18,084
银(美分/toz)[a]	614	2,544	475	431	500	607	666	1,034	1,145	1,200	1,227	1,675
锡(美分/千克)	1,273	2,068	591	516	544	773	670	785	1,241	1,481	1,133	1,692
锌(美分/千克)	102	94	147	86	113	95	125	293	277	150	138	179
MUV G5指数(2000年=100)	29	81	103	120	100	110	110	112	117	125	120	121

注：dmtu = dry metric ton unit，mmBtu = million British thermal units（百万英国热量单位），toz = troy ounce（金衡盎司），CFR = Cost and freight（成本加运费）。

a. 数据序列不包括非能源指数。

关于数据的说明

初级商品——将被转化为最终产品的原材料或者经部分加工的材料——通常是发展中国家出口最重要的部分，从商品中获得的收入会影响这些国家的生活水平。初级商品价格的数据是通过多种途径收集的，其中包括国际商品研究机构、政府机构、行业贸易期刊以及彭博资讯和 Datastream 这样的资料提供系统。价格不是通过美元计价汇集，就是通过将当地物价转换为美元计值。

本表是根据经常性的价格更新报告编制的。在数据可以获得的条件下，就使用出口商得到的价格，否者使用进口商支付的价格或贸易单位价格。一般情况下，年度价格序列是依据频度更高的数据计算得出的简单平均数。表中的不变价格数列是按五国集团国家制成品单位价值（MUV）减缩后得出的（见下文）。

商品价格指数是根据拉斯佩雷斯（Laspeyres）指数计算得出的，其中以 2002—2004 年中、低收入经济体的出口值（基于 2001 年的国民总收入）为固定权数，基年则重新确定为 2000 年。出口数据是通过多种渠道收集的，其中包括联合国统计司的商品贸易统计数据库国际标准贸易分类（STIC）第三次修订版、联合国粮食与农业组织的 FAOSTAT 数据库、国际能源机构数据库、BP 公司的《世界能源统计评论》、世界金属统计局以及世界银行工作人员的估算。

表中的每个指数都代表过去一段时间一个固定的初级商品出口篮子。非能源商品价格指数包括 34 种非能源商品的 41 种价格序列。

石油和钢铁产品的价格指数是单独编制的，其不包括在非能源商品价格指数中。

MUV 指数是 5 个主要工业化国家（5 国集团，即法国、德国、日本、英国和美国）向中、低收入经济体出口的制成品的价格综合指数，以美元计价。该指数包括了标准国际贸易分类（SITC）第 1 次修订版中的第 5—8 组产品。对于 5 国集团国家 MUV 指数，每个国家以当地货币计价的单位价值指数要利用市场汇率转换成美元计价，然后根据某一基年（1995 年）内各国的出口份额确定权数，然后将各国的单位价值指数综合在一起。法国的出口份额为 8.2%，德国的出口份额为 17.4%，日本的出口份额为 35.6%，英国的出口份额为 6.6%，美国的出口份额为 32.2%。

定义

• **能源价格指数**是煤炭、石油和天然气的复合指数，根据中低收入国家出口的上述每种商品确定权重。 • **非能源商品价格指数**包括 34 种非能源初级商品，它们构成农产品、化肥以及金属与矿产指数。 • **农业**包括饮料、食品和农业原材料。 • **饮料**包括可可、咖啡和茶叶。 • **食品**包括油脂、谷物和其他食品。油脂包括椰子油、花生油、棕榈油、大豆、豆粕油和豆粕。谷物包括大麦、玉米、大米和小麦。其他食品包括香蕉、牛肉、鸡肉、橙子、虾和糖。 • **农业原材料**包括木材和其他原材料。木材又分为原木和锯木。其他原材料包括棉花、天然橡胶和烟草。 • **化肥**包括磷酸、磷矿石、钾和氮肥产品。 • **金属和矿产品**包括铝、铜、铁矿石、铅、镍和锌。 • **钢铁产品价格指数**是 8 种钢铁产品的综合价格指数，以 2001 年以前不包括运往中国和美国的日本离岸价格（f. o. b.）为基础，以德国、日本和美国明显的消费总量（发运量）中产品所占份额为权数。 • **商品价格**——关于其定义和资料来源，见全球展望网站（网址：www. worldbank. org/prospects）中的“商品价格数据”（也被称为“粉红单”）网页。 • **五国集团国家制成品单位价值指数**指五国集团中各国出口到中、低收入经济体的制成品单位价值指数。

2010 年初级商品价格再次大涨 6.6a

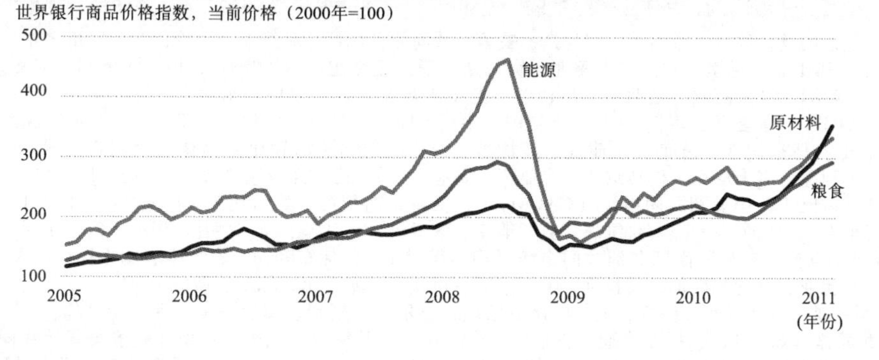

粮食商品价格指数在 2009 年年初开始再次上涨，到 2011 年 2 月末则超过了 2008 年 6 月的最高纪录。原材料价格指数也创出新高，能源价格指数在整个 2009 年和 2010 年也在上涨。

资料来源：世界银行商品价格数据。

数据资料来源

商品价格数据和五国集团国家制成品单位价值指数是由世界银行发展展望小组编制。商品价格的月度更新数据可从网址 http：//www. worldbank. org/prospects 和 http：//data. worldbank. org/data－catalog 中获得。

6.7 区域贸易集团

集团内的商品出口

	创立年份	最新协定生效的年份	最新协定的类型[a]	百万美元 1990	1995	2000	2005	2007	2008	2009
高收入和中低收入经济体										
APEC[b]	1989		None	901,560	1,688,708	2,261,791	3,318,699	4,192,784	4,606,339	3,738,989
EEA	1994	1994	EIA	1,079,711	1,463,232	1,714,018	3,037,759	4,025,418	4,446,686	3,392,597
EFTA	1960	2002	EIA	782	925	831	1,252	2,196	2,910	2,006
欧盟	1957	1958	EIA, CU	1,032,397	1,404,255	1,641,609	2,905,551	3,846,547	4,233,112	3,237,024
NAFTA	1994	1994	FTA	226,273	394,472	676,141	824,359	951,258	1,013,245	768,820
SPARTECA	1981	1981	PTA	5,299	9,135	8,579	15,201	18,617	20,263	17,079
Trans-Pacific SEP	2006	2006	EIA, FTA	1,110	2,614	1,438	2,345	3,290	4,262	3,548
东亚、太平洋地区和南亚										
APTA	1975	1976	PTA	2,429	21,728	37,895	127,340	193,951	233,617	204,745
ASEAN	1967	1992	FTA	27,365	79,544	98,060	165,458	216,727	251,285	198,915
MSG	1993	1994	PTA	5	18	22	51	78	89	78
PICTA	2001	2003	FTA	4	4	8	22	34	38	34
SAARC	1985	2006	FTA	945	2,081	2,894	8,619	12,747	13,177	11,095
欧洲、中亚和中东										
Agadir Agreement	2004		NNA	156	226	294	635	1,046	1,913	2,075
CEFTA	1992	1994	FTA	..	619	1,187	2,847	6,160	7,543	5,083
CEZ	2003	2004	FTA	..	10,154	13,283	23,469	43,003	47,731	19,094
CIS	1991	1994	FTA	..	31,277	28,422	58,113	98,050	123,052	60,389
EAEC	1997	2000	CU	..	10,919	13,936	24,818	45,714	51,186	21,872
ECO	1985	2003	PTA	1,243	4,746	4,518	12,579	22,064	26,739	18,412
GCC	1981	2003[c]	CU	6,906	6,832	8,029	15,408	24,372	31,514	21,849
PAFTA (GAFTA)	1997	1998	FTA	13,204	12,948	16,188	41,659	61,100	82,267	61,881
UMA	1989	1994[c]	NNA	958	1,109	1,041	1,885	2,695	4,570	3,422
拉丁美洲和加勒比地区										
安第斯集团	1969	1988	CU	544	1,788	2,046	4,572	5,926	7,029	5,785
CACM	1961	1961	CU	667	1,594	2,655	4,311	5,637	6,475	5,287
CARICOM	1973	1997	EIA	456	877	1,078	2,235	3,112	3,808	2,716
LAIA (ALADI)	1980	1981	PTA	13,350	35,986	44,253	71,711	110,006	143,283	98,510
MERCOSUR	1991	2005	EIA	4,127	14,199	17,829	21,128	32,421	46,657	32,689
OECS	1981	1981[c]	NNA	29	39	38	68	104	118	104
撒哈拉以南非洲地区										
CEMAC	1994	1999	CU	139	120	96	201	305	355	300
CEPGL	1976		NNA	7	8	10	20	29	73	64
COMESA	1994	1994	FTA	1,146	1,367	1,443	2,695	4,021	6,676	6,114
EAC	1996	2000	CU	335	628	689	1,075	1,385	1,797	1,572
ECCAS	1983	2004[c]	NNA	160	157	182	255	385	449	378
ECOWAS	1975	1993	PTA	1,532	1,875	2,715	5,497	6,717	9,355	7,312
印度洋委员会	1984	2005[c]	NNA	63	113	106	162	214	217	183
SADC	1992	2000	FTA	1,655	3,615	4,427	7,799	12,051	16,011	11,697
UEMOA	1994	2000	CU	621	560	741	1,390	1,735	2,281	1,927

注：各区域集团成员如下：**北非四国自由贸易协议**，包括埃及、约旦、摩洛哥、突尼斯；**安第斯共同体**，包括玻利维亚、哥伦比亚、厄瓜多尔、秘鲁；**阿拉伯马革里布同盟（UMA）**，包括阿尔及利亚、利比亚、毛里塔尼亚、摩洛哥、突尼斯；**亚太经合组织（APEC）**，包括澳大利亚、文莱、加拿大、智利、中国、中国香港、印度尼西亚、日本、韩国、马来西亚、墨西哥、新西兰、巴布亚新几内亚、秘鲁、菲律宾、俄罗斯联邦、新加坡、中国台湾、泰国、美国、越南；**亚太贸易协定（APTA；前曼谷协定）**，包括孟加拉国、中国、印度、韩国、老挝、斯里兰卡；**东南亚国家联盟（ASEAN）**，包括文莱、柬埔寨、印度尼西亚、老挝、马来西亚、缅甸、菲律宾、新加坡、泰国、越南；**加勒比共同体和共同市场（CARICOM）**，包括安提瓜和巴布达、巴哈马、巴巴多斯、伯利兹、多米尼克、格林纳达、圭亚那、海地、牙买加、蒙特塞拉特岛、圣基茨和尼维斯、圣卢西亚、圣文森特和格林纳丁斯、苏里南、特立尼达、多巴哥；**中美洲共同市场（CACM）**，包括哥斯达黎加、萨尔瓦多、危地马拉、洪都拉斯、尼加拉瓜；**中欧自由贸易区（CEFTA）**，包括阿尔巴尼亚、波斯尼亚和黑塞哥维那、克罗地亚、科索沃、马其顿、摩尔多瓦、黑山、塞尔维亚；**共同经济区（CEZ）**，包括白俄罗斯、哈萨克斯坦和俄罗斯联邦；**东部和南部非洲共同市场（COMESA）**，包括布隆迪、科摩罗、刚果民主共和国、吉布提、埃及、厄立特里亚、埃塞俄比亚、肯尼亚、利比亚、马达加斯加、马拉维、毛里求斯、卢旺达、塞舌尔、苏丹、斯威士兰、乌干达、赞比亚、津巴布韦；**独联体（CIS）**，包括亚美尼亚、阿塞拜疆、白俄罗斯、格鲁吉亚、哈萨克斯坦、吉尔吉斯斯坦、摩尔多瓦、俄罗斯联邦、塔吉克斯坦、土库曼斯坦、乌克兰、乌兹别克斯坦；**东非共同体（EAC）**，包括布隆迪、肯尼亚、卢旺达、坦桑尼亚、乌干达；**中非经济与货币共同体（CEMAC，前中非关税与经济联盟［UDEAC］）**，包括喀麦隆、中非共和国、乍得、刚果共和国、赤道几内亚、加蓬；**中非国家经济共同体（ECCAS）**，包括安哥拉、布隆迪、喀麦隆、中非共和国、乍得、刚果民主共和国、刚果共和国、赤道几内亚、加蓬、圣多美和普林西比；**大湖国家经济共同体（CEPGL）**，包括布隆迪、刚果民主共和国、卢旺达；**西非国家经济共同体（ECOWAS）**，包括贝宁、布基纳法索、佛得角、科特迪瓦、冈比亚、加纳、几内亚、几内亚比绍、利比里亚、马里、尼日尔、尼日利亚、塞内加尔、塞拉利昂、多哥；**经济合作组织（ECO）**，包括阿富汗、阿塞拜疆、伊朗、哈萨克斯坦、吉尔吉斯斯坦、巴基斯坦、塔吉克斯坦、土耳其、土库曼斯坦、乌兹别克斯坦；**欧亚经济共同体（EAEC）**，包括

集团内的商品出口

	创立年份	最新协定生效的年份	最新协定的类型[a]	占集团总出口的百分比 1990	1995	2000	2005	2007	2008	2009
高收入和中低收入经济体										
APEC[b]	1989		None	68.3	71.7	73.0	70.8	67.3	65.2	66.3
EEA	1994	1994	EIA	68.8	67.9	69.0	73.0	73.3	72.8	71.9
EFTA	1960	2002	EIA	0.8	0.7	0.6	0.5	0.7	0.8	0.7
European Union	1957	1958	EIA, CU	67.3	66.5	67.7	71.6	71.9	71.4	70.4
NAFTA	1994	1994	FTA	41.4	46.2	55.7	55.7	51.3	49.5	48.0
SPARTECA	1981	1981	PTA	10.5	12.9	10.7	11.4	10.5	8.9	9.1
Trans-Pacific SEP	2006	2006	EIA, FTA	1.5	1.7	0.8	0.8	0.8	1.0	1.0
东亚、太平洋地区和南亚										
APTA	1975	1976	PTA	1.6	6.8	8.0	11.0	11.0	11.4	11.6
ASEAN	1967	1992	FTA	18.9	24.4	23.0	25.3	25.2	25.5	24.5
MSG	1993	1994	PTA	0.3	0.4	0.6	0.8	0.8	0.8	0.8
PICTA	2001	2003	FTA	0.3	0.1	0.3	0.4	0.4	0.4	0.4
SAARC	1985	2006	FTA	3.5	4.5	4.6	6.6	6.6	5.9	5.4
欧洲、中亚和中东										
Agadir Agreement	2004		NNA	1.3	1.4	1.4	1.8	2.0	2.7	3.8
CEFTA	1992	1994	FTA	..	9.0	14.5	16.3	21.2	22.4	20.2
CEZ	2003	2004	FTA	..	11.6	11.0	8.4	10.4	8.8	5.6
CIS	1991	1994	FTA	..	28.4	19.8	17.7	20.1	18.0	14.8
EAEC	1997	2000	CU	..	12.3	11.5	8.9	10.9	9.3	6.3
ECO	1985	2003	PTA	3.2	7.9	5.6	6.9	8.0	6.8	7.2
GCC	1981	2003[c]	CU	8.0	6.8	4.9	4.4	5.0	4.5	5.1
PAFTA (GAFTA)	1997	1998	FTA	10.2	9.8	7.2	9.2	9.4	8.9	10.6
UMA	1989	1994[c]	NNA	2.9	3.8	2.2	1.9	2.0	2.5	3.1
拉丁美洲和加勒比地区										
安第斯集团	1969	1988	CU	4.0	8.6	7.7	9.0	7.8	7.5	7.5
CACM	1961	1961	CU	15.3	21.8	19.6	23.2	23.5	24.8	22.3
CARICOM	1973	1997	EIA	8.0	12.0	14.4	12.1	13.1	12.9	13.7
LAIA (ALADI)	1980	1981	PTA	11.6	17.3	13.2	13.6	15.3	16.5	15.5
MERCOSUR	1991	2005	EIA	8.9	20.3	20.0	12.9	14.7	14.7	15.2
OECS	1981	1981[c]	NNA	8.1	12.6	10.0	11.5	12.1	12.0	13.0
撒哈拉以南非洲地区										
CEMAC	1994	1999	CU	2.3	2.1	1.0	0.9	1.1	0.8	1.2
CEPGL	1976		NNA	0.5	0.5	0.8	1.2	1.4	1.9	2.2
COMESA	1994	1994	FTA	4.7	6.1	4.6	4.6	4.5	5.3	7.2
EAC	1996	2000	CU	17.7	19.5	22.6	18.0	17.8	19.2	18.9
ECCAS	1983	2004[c]	NNA	1.4	1.5	1.0	0.6	0.6	0.4	0.6
ECOWAS	1975	1993	PTA	8.0	9.0	7.6	9.3	7.8	8.5	9.9
印度洋委员会	1984	2005[c]	NNA	3.9	5.9	4.4	4.9	5.8	5.7	5.8
SADC	1992	2000	FTA	6.6	10.2	9.5	9.3	10.2	10.3	11.0
UEMOA	1994	2000	CU	13.0	10.3	13.1	13.4	14.9	15.9	13.2

白俄罗斯、哈萨克斯坦、吉尔吉斯斯坦、俄罗斯联邦、塔吉克斯坦、乌兹别克斯坦；**欧洲经济区（EEA）**，包括欧盟加上冰岛、列支敦士登、挪威；**欧洲自由贸易联盟（EFTA）**，包括冰岛、列支敦士登、挪威、瑞士；**欧盟（EU，前身为欧洲经济共同体和欧洲共同体）**，包括奥地利、比利时、保加利亚、塞浦路斯、捷克共和国、丹麦、爱沙尼亚、芬兰、法国、德国、希腊、匈牙利、爱尔兰、意大利、拉脱维亚、立陶宛、卢森堡、马耳他、荷兰、波兰、葡萄牙、罗马尼亚、斯洛伐克、斯洛文尼亚、西班牙、瑞典、英国；**海湾合作委员会（GCC）**，包括巴林、科威特、阿曼、卡塔尔、沙特阿拉伯、阿拉伯联合酋长国；**印度洋委员会**，包括科摩罗、马达加斯加、毛里求斯、留尼汪、塞舌尔；**拉丁美洲一体化协会（LAIA，其前身是拉丁美洲自由贸易区）**，包括阿根廷、玻利维亚、巴西、智利、哥伦比亚、古巴、厄瓜多尔、墨西哥、巴拉圭、秘鲁、乌拉圭、委内瑞拉；**美拉尼西亚先锋集团（MSG）**，包括斐济、巴布新几内亚、所罗门群岛、瓦努阿图；**北美自由贸易协定（NAFTA）**，包括加拿大、墨西哥、美国；**东加勒比国家组织（OECS）**，包括安圭拉岛、安提瓜和巴布达、英属维尔京群岛、多米尼克、格林纳达、蒙特塞拉特岛、圣基茨和尼维斯、圣卢西亚、圣文森特和格林纳丁斯；**太平洋岛国贸易协定（PICTA）**，包括库克群岛、斐济、密克罗尼西亚联邦、瑙鲁、纽埃、巴布亚新几内亚、萨摩亚、所罗门群岛、汤加、图瓦卢、瓦努阿图；**泛阿拉伯自由贸易区（PAFTA，也称作大阿拉伯自由贸易区）**，包括巴林、埃及、伊拉克、约旦、科威特、黎巴嫩、利比亚、摩洛哥、阿曼、卡塔尔、沙特阿拉伯、苏丹、叙利亚、突尼斯、阿拉伯联合酋长国、也门；**南亚地区合作联盟（SAARC）**，包括孟加拉国、不丹、印度、马尔代夫、尼泊尔、巴基斯坦、斯里兰卡；**南太平洋地区经济贸易合作协定（SPARTECA）**，包括澳大利亚、库克群岛、斐济、基里巴斯、马绍尔群岛、密克罗尼西亚、瑙鲁、新西兰、纽埃岛、巴布亚新几内亚、所罗门群岛、汤加、图瓦卢、瓦努阿图、西萨摩亚；**南部非洲发展共同体（SADC）**，包括安哥拉、博茨瓦纳、刚果民主共和国、莱索托、马达加斯加、马拉维、毛里求斯、莫桑比克、纳米比亚、塞舌尔、南非、斯威士兰、坦桑尼亚、赞比亚、津巴布韦；**南方共同市场（MERCOSUR）**，包括阿根廷、巴西、巴拉圭、乌拉圭、委内瑞拉；**泛太平洋战略经济伙伴关系协定（Trans－Pacific SEP）**，包括文莱、智利、新西兰和新加坡；**西非经济与货币联盟（UEMOA）**，包括贝宁、布基纳法索、科特迪瓦、几内亚比绍、马里、尼日尔、塞内加尔和多哥。

6.7 区域贸易集团

集团内的商品出口

	创立年份	最新协定生效的年份	最新协定的类型[a]	占全世界总出口的百分比						
				1990	1995	2000	2005	2007	2008	2009
高收入和中低收入经济体										
APEC[b]	1989		None	39.0	46.4	48.5	45.1	44.8	44.1	45.7
EEA	1994	1994	EIA	46.4	42.4	38.9	40.1	39.5	38.1	38.3
EFTA	1960	2002	EIA	2.9	2.4	2.2	2.3	2.3	2.3	2.4
欧盟	1957	1958	EIA, CU	45.3	41.5	38.0	39.1	38.5	37.0	37.3
NAFTA	1994	1994	FTA	16.2	16.8	19.0	14.3	13.4	12.8	13.0
SPARTECA	1981	1981	PTA	1.5	1.4	1.3	1.3	1.3	1.4	1.5
Trans-Pacific SEP	2006	2006	EIA, FTA	2.2	3.0	2.7	2.9	2.9	2.8	2.9
东亚、太平洋地区和南亚										
APTA	1975	1976	PTA	4.5	6.3	7.5	11.2	12.7	12.8	14.3
ASEAN	1967	1992	FTA	4.3	6.4	6.7	6.3	6.2	6.1	6.6
MSG	1993	1994	PTA	0.1	0.1	0.1	0.1	0.1	0.1	0.1
PICTA	2001	2003	FTA	0.0	0.1	0.0	0.1	0.1	0.1	0.1
SAARC	1985	2006	FTA	0.8	0.9	1.0	1.3	1.4	1.4	1.7
欧洲、中亚和中东										
Agadir Agreement	2004		NNA	0.3	0.3	0.3	0.3	0.4	0.4	0.4
CEFTA	1992	1994	FTA	..	0.1	0.1	0.2	0.2	0.2	0.2
CEZ	2003	2004	FTA	..	1.7	1.9	2.7	3.0	3.4	2.8
CIS	1991	1994	FTA	..	2.2	2.2	3.2	3.5	4.3	3.3
EAEC	1997	2000	CU	..	1.7	1.9	2.7	3.0	3.4	2.8
ECO	1985	2003	PTA	1.1	1.2	1.3	1.8	2.0	2.5	2.1
GCC	1981	2003[c]	CU	2.6	2.0	2.6	3.3	3.5	4.3	3.5
PAFTA (GAFTA)	1997	1998	FTA	3.8	2.6	3.5	4.4	4.7	5.8	4.7
UMA	1989	1994[c]	NNA	1.0	0.6	0.8	0.9	1.0	1.1	0.9
拉丁美洲和加勒比地区										
安第斯集团	1969	1988	CU	0.4	0.4	0.4	0.5	0.5	0.6	0.6
CACM	1961	1961	CU	0.1	0.1	0.2	0.2	0.2	0.2	0.2
CARICOM	1973	1997	EIA	0.2	0.1	0.1	0.2	0.2	0.2	0.2
LAIA (ALADI)	1980	1981	PTA	3.4	4.1	5.3	5.1	5.2	5.4	5.2
MERCOSUR	1991	2005	EIA	1.4	1.4	1.4	1.6	1.6	2.0	1.7
OECS	1981	1981[c]	NNA	0.0	0.0	0.0	0.0	0.0	0.0	0.0
撒哈拉以南非洲地区										
CEMAC	1994	1999	CU	0.2	0.1	0.1	0.2	0.2	0.3	0.2
CEPGL	1976		NNA	0.0	0.0	0.0	0.0	0.0	0.0	0.0
COMESA	1994	1994	FTA	0.7	0.4	0.5	0.6	0.6	0.8	0.7
EAC	1996	2000	CU	0.1	0.1	0.0	0.1	0.1	0.1	0.1
ECCAS	1983	2004[c]	NNA	0.3	0.2	0.3	0.4	0.5	0.7	0.5
ECOWAS	1975	1993	PTA	0.6	0.4	0.6	0.6	0.6	0.7	0.6
印度洋委员会	1984	2005[c]	NNA	0.0	0.0	0.0	0.0	0.0	0.0	0.0
SADC	1992	2000	FTA	0.7	0.7	0.7	0.8	0.9	1.0	0.9
UEMOA	1994	2000	CU	0.1	0.1	0.1	0.1	0.1	0.1	0.1

a. CU：关税同盟（Customs Union）；EIA：经济一体化协定（Economic Integration Agreement）；FTA：自由贸易协定（Free Trade Agreement）；PTA：优惠贸易协定（Preferential Trade Agreement）；NNA：非通告协定（Not Notified Agreement），即未向世界贸易组织通告的、成员国国之间建立的优惠贸易协定（这些协定功能上类似于其他协定）。b. 非优惠贸易协定。c. 最近一些协定签订的年份是从官方贸易集团网站收集的。

关于数据的说明

贸易集团是指已经制订了监督成员国之间贸易的特定优惠安排的国家组成的集团。虽然在一些条件下这些优惠条款——例如，较低的关税或者免受数量限制等——可能并不比其他贸易伙伴得到的优惠多，但是这些安排的目的在于鼓励集团成员国之间的出口——有时被称作内部贸易。

绝大多数国家都是区域贸易集团的成员国，而且全世界1/3以上的贸易都是通过这些安排进行的。尽管贸易集团在结构上存在着较大差别，但是它们都有一个共同的目标，即减少成员国之间的贸易壁垒。不过有效的一体化所需要的远不止是削减关税和配额。除非分割市场和阻碍商品、服务和投资自由流动的其他障碍也被消除，否则由竞争和规模所带来的收益可能无法获得。例如，许多区域性贸易集团仍然对集团内贸易实施临时性保护或者限制，其中包括反倾销、补偿性关税，以及为解决国际收支问题或者为保护国内工业免受进口大量增加的影响而实施的“紧急保护”等。其他壁垒包括不同的产品标准、政府采购的歧视性待遇以及繁杂并且成本较高的清关手续等。

成为区域贸易集团的成员国不仅可以降低贸易摩擦的成本，增加其改革倡议的可信度，而且还可以加强贸易伙伴之间的安全。但是要使区域贸易集团有效地发挥作用，这对任何一个政府来讲，都是一个挑战。一国经济中的所有部门可能都会受到影响，一些部门可能会扩张，而另一些部门可能会萎缩，因此，重要的是权衡成为贸易集团成员国可能带来的潜在成本与收益。

表中给出了一些重要区域贸易集团的内部商品贸易（不包括服务出口）的价值，以及内部贸易相对于每个集团总的商品出口的规模，集团总出口占世界出口的份额等。虽然亚太经合组织（APEC）并没有任何优惠安排，但是本表也将其包括进来，因为该集团的成员国之间的贸易非常大。

有关各国出口的数据来源于国际货币基金组织贸易方向数据库，这些数据大体上应该与其他来源的数据一致，例如，联合国贸易统计数据库（COMTRADE）。所有高收入经济体以及大部分发展中经济体都是按时向国际货币基金组织提供贸易数据，其中囊括了近几年大约85%的贸易数据。没有按时提供贸易数据的国家以及没有提供贸易数据的国家都是依据贸易伙伴国提供的数据加以估算。因此，发展中经济体和高收入经济体之间的贸易数据一般而言是完整的。但是，许多发展中国家之间的贸易流量记录不佳，撒哈拉以南非洲地区尤其如此，进而发展中国家之间的贸易额可能被低估。

除非脚注中另有说明，有关贸易协定的类型和执行日期的信息都是基于世界贸易组织（WTO）的区域贸易协定名单，除非脚注中另有说明。其他类型的优惠贸易协定生效的时间可能要比本表给出的协定要早，并且仍然有效。

尽管贸易集团的出口数据是以现在的成员国为基础，并且追溯到1990年。但是有些集团是在1990年之后成立的，而且成员国也会随时间而改变。鉴于此，因为贸易优惠制度也会发生变化，所以早些年的内部贸易可能不受最近几年相同的贸易优惠的影响。此外，一些国家加入了一个以上的贸易集团，重复计算会导致世界贸易份额超过100%。区域集团的出口包括所有商品贸易，这可能包括集团贸易协定外的项目。现在与过去所公布估计的区别可能要归因于成员国的变化或基本数据的修正。

定义

- **集团内商品出口**是指贸易集团内成员国对其他成员国出口的总和。表中既给出了以美元表示的商品出口，也给出了占集团商品总出口的百分比。 • **集团商品出口**总额占世界出口的份额是指集团商品出口总额（既包括集团内部的出口，也包括对世界其他地区的出口）占全世界所有经济体出口总额的比率。
- **最新协定类型**包括关税同盟（其成员国大大消除了它们间的所有关税和非关税壁垒，并且对所有非会员国设置了统一的对外关税）、经济一体化协定（其使得成员国间的劳务贸易自由化，并涵盖了大量部门，对贸易额和贸易模式有着重大影响，而它是非歧视性的，与服务供应商的待遇相同）；自由贸易协定（协定下的成员国大大削减了它们之间的关税和非关税壁垒，但对来自非成员国的进口设置了壁垒）；优惠贸易协定（一种上报WTO的贸易协定，它并非自由贸易协定，也不是关税同盟或经济一体化协定）；非上报协定（成员国间签署的贸易优惠安排，不上报WTO，其职能可能与其他任何协定相同）。

全球优惠贸易协定数据库 6.7a

全球优惠贸易协定数据库（GPTAD）提供了世界范围内优惠贸易协定的信息，其中包括那些没有在世界贸易组织（WTO）注册的协定。其创建主要是为了便于政策制定者、学者以及商业人士更好地理解和运用世界范围内的优惠贸易协定。该数据库定期更新，并且当前就涵盖了330多项优惠贸易协定，这些协定都以当地语言起草，以世界贸易组织的标准检索，并且可以下载其pdf文件。使用者可以通过相关条款或者关键词、多边协定间的比较条款、成员国间的协定类型、签订日期以及其他主要标准进行搜索。该数据库由世界银行和达特茅斯大学塔克商学院国际商务中心联合开发，并得到了多方捐助贸易与发展信托基金的支持，该基金由芬兰、挪威、瑞典和英国政府提供资金。该数据库与世界贸易整合解决方案数据库进行了整合，已成为世界银行共享数据倡议的一部分（http：//wits. worldbank. org/gptad/）。

数据资料来源

商品贸易流动数据发布在国际货币基金组织的《贸易方向统计年鉴》和《贸易方向统计季刊》上；本表中的数据是利用国际货币基金组织贸易方向数据库的数据计算得出。贸易集团成员国的数据来自于世界银行的政策研究报告《贸易集团》（2000）、联合国贸易与发展会议的《2007年贸易与发展报告》、世界贸易组织的区域贸易协定信息系统、世界银行和达特茅斯大学塔克商学院国际商务中心的全球优惠贸易协定数据库。

6.8 关税壁垒

	最近的年份	所有产品 约束范围	百分比 简单平均约束税率	简单平均关税	加权平均关税	达到国际最高关税水平的关税种类所占比重	特定关税种类所占比重	初级产品 百分比 简单平均关税	加权平均关税	制成品 百分比 简单平均关税	加权平均关税
阿富汗	2008	..	..	6.2	6.4	4.4	0.0	7.0	6.7	6.1	6.3
阿尔巴尼亚	2009	100.0	7.1	5.7	5.1	0.0	0.0	6.8	5.4	5.5	4.9
阿尔及利亚	2009	..	..	14.2	8.6	53.2	0.0	14.5	7.8	14.0	8.8
安哥拉	2009	100.0	59.2	7.4	7.4	23.4	0.0	11.6	13.9	6.7	5.9
安提瓜和巴布达	2009	97.9	58.7	13.8	14.6	49.4	0.0	17.2	14.8	13.0	14.5
阿根廷	2010	100.0	31.9	11.4	6.2	24.3	0.0	7.5	1.6	11.8	7.0
亚美尼亚	2008	100.0	8.5	3.7	2.3	0.0	0.3	5.6	2.2	3.5	2.4
澳大利亚	2010	97.0	10.0	2.9	1.9	0.0	0.0	1.3	0.4	3.1	2.5
阿塞拜疆	2009	..	..	8.3	3.9	46.5	0.0	9.5	3.8	8.0	3.9
巴哈马	2006	..	..	28.5	23.9	77.4	0.0	24.4	15.1	29.4	29.7
巴林	2009	73.6	34.8	4.3	3.6	0.2	0.0	6.7	6.9	4.0	3.1
孟加拉国	2008	15.9	169.9	13.9	13.0	38.0	0.0	16.3	8.8	13.5	14.0
巴巴多斯	2007	97.8	78.1	15.1	14.8	44.9	0.6	26.3	21.9	13.4	12.2
白俄罗斯	2009	..	..	8.0	2.3	27.2	0.0	6.8	0.6	8.2	4.3
伯利兹	2009	97.9	58.4	11.2	5.9	30.1	0.0	17.2	4.0	10.1	9.3
贝宁	2010	39.5	28.7	13.3	15.4	50.2	0.0	15.5	12.4	12.9	17.0
百慕大	2009	..	..	18.1	27.8	66.7	0.0	10.0	16.1	19.5	28.8
不丹	2007	..	..	18.2	17.8	50.7	0.0	43.5	44.9	15.6	16.0
玻利维亚	2010	100.0	40.0	9.6	5.4	11.9	0.0	8.4	5.8	9.6	5.2
波斯尼亚和黑塞哥维那	2009	..	..	3.7	2.0	5.7	0.0	1.6	1.3	3.9	2.5
博茨瓦纳	2010	96.1	19.0	8.8	5.2	20.2	0.0	6.1	0.5	9.0	6.6
巴西	2010	100.0	31.4	13.4	7.6	26.4	0.0	8.1	1.5	13.9	9.6
文莱	2010	95.3	24.1	3.8	4.1	20.8	0.0	0.2	0.1	4.4	5.0
保加利亚	2010	39.4	42.5	12.4	8.8	44.5	0.0	11.4	8.1	12.5	9.2
布基纳法索	2010	22.3	67.8	9.8	5.5	29.8	0.0	15.4	9.4	9.1	4.5
布隆迪	2008	100.0	19.1	12.4	9.9	19.7	0.0	13.8	11.8	12.1	9.6
柬埔寨	2009	13.7	79.9	18.4	15.0	52.5	0.0	20.5	12.9	18.1	16.0
喀麦隆	2010	99.7	5.2	3.3	1.0	7.2	0.0	2.1	0.3	3.5	1.3
加拿大	2010	100.0	15.8	14.7	11.6	44.3	0.0	16.2	12.2	14.3	10.9
中非共和国	2007	62.5	36.0	17.5	13.6	47.4	0.0	18.9	13.8	17.3	13.3
乍得	2009	13.9	79.9	17.6	14.7	47.4	0.0	22.5	17.2	16.7	13.8
智利	2010	100.0	25.1	4.9	4.0	0.0	0.0	4.4	2.7	4.9	4.8
中国 †	2009	100.0	10.0	8.2	4.2	13.4	0.0	8.1	1.7	8.1	5.5
中国香港	2010	45.8	0.0	0.0	0.0	0.0	0.0	0.0	0.0	0.0	0.0
中国澳门	2010	28.2	0.0	0.0	0.0	0.0	0.0	0.0	0.0	0.0	0.0
哥伦比亚	2010	100.0	43.1	11.2	8.9	19.8	0.0	10.9	8.8	11.2	8.8
科摩洛	2008	..	..	7.8	7.8	42.8	0.0	4.2	3.8	8.7	10.3
刚果民主共和国	2009	100.0	96.2	12.9	11.0	42.5	0.0	14.2	10.8	12.6	11.1
刚果共和国	2007	16.5	27.4	18.6	14.7	52.6	0.0	21.9	18.6	18.1	14.1
哥斯达黎加	2009	100.0	43.2	4.8	2.4	0.7	0.0	6.3	3.3	4.6	2.0
科特迪瓦	2010	33.8	11.2	13.1	7.3	47.9	0.0	15.1	5.4	12.8	9.3
克罗地亚	2010	100.0	6.0	2.4	1.2	4.1	0.0	4.5	1.9	2.1	0.9
古巴	2010	31.7	21.4	10.5	8.7	11.6	0.0	11.1	6.2	10.4	9.8
吉布提	2009	100.0	41.2	20.6	15.2	69.4	0.0	15.9	8.7	21.4	18.6
多米尼克	2007	94.7	58.7	11.9	7.9	43.3	0.0	19.2	5.7	10.5	9.3
多米尼加共和国	2008	100.0	34.9	9.0	4.9	28.8	0.0	11.6	4.5	8.6	5.2
厄瓜多尔	2010	100.0	21.7	9.3	6.0	20.2	0.0	9.0	4.3	9.3	6.7
埃及	2009	99.3	37.3	12.6	8.0	18.3	0.0	37.5	6.2	9.3	9.1
萨尔瓦多	2010	100.0	36.9	5.1	5.5	1.9	0.0	8.4	7.4	4.7	4.2
赤道几内亚	2007	..	..	18.3	15.6	52.3	0.0	21.5	21.4	17.7	14.3
厄立特里亚	2006	..	..	9.6	5.4	22.4	0.0	9.2	3.5	9.5	7.1
埃塞俄比亚	2009	..	..	18.1	9.7	55.4	0.0	19.2	5.6	17.9	12.8
欧盟	2010	100.0	4.2	1.8	1.4	1.1	0.0	2.4	0.6	1.6	1.9
斐济	2009	51.4	40.1	11.9	10.1	20.9	0.0	13.7	7.7	11.6	12.8
玻里尼西亚	2009	..	..	6.8	4.2	28.1	0.0	4.1	2.7	7.3	5.2
加蓬	2009	100.0	21.4	18.7	14.5	53.1	0.0	21.2	15.1	18.3	14.3
冈比亚	2009	13.7	101.8	18.7	14.8	91.2	0.0	16.9	12.8	19.1	16.9
格鲁吉亚	2009	100.0	7.2	0.5	0.4	0.0	0.0	4.0	1.0	0.1	0.0
加纳	2009	14.4	92.5	13.0	8.6	40.5	0.0	16.6	8.9	12.4	8.5
†中国台湾	2010	100.0	6.0	5.3	2.5	6.0	0.0	8.4	2.0	4.7	2.7

	最近的年份	所有产品						初级产品		制成品	
		约束范围	百分比 简单平均约束税率	简单平均关税	加权平均关税	达到国际最高关税水平的关税种类所占比重	特定关税种类所占比重	百分比 简单平均关税	加权平均关税	百分比 简单平均关税	加权平均关税
格林纳达	2008	100.0	56.8	10.6	8.8	43.3	0.0	14.1	9.9	10.0	8.4
危地马拉	2009	100.0	42.3	4.4	2.7	18.1	0.0	4.9	2.1	4.3	3.1
几内亚	2009	38.6	20.3	13.5	11.9	56.1	0.0	15.6	13.9	13.2	10.2
几内亚比绍	2010	97.6	48.6	13.3	9.9	51.8	0.0	14.6	10.0	12.9	9.7
圭亚那	2008	100.0	56.8	10.7	6.8	41.3	0.0	17.7	5.9	9.7	7.3
海地	2009	89.8	17.6	3.0	5.1	5.1	0.0	5.8	4.1	2.5	5.9
洪都拉斯	2009	100.0	32.5	6.4	6.5	0.5	0.0	9.9	8.1	5.9	5.4
冰岛	2009	95.0	13.5	1.9	0.9	5.7	0.0	2.4	1.1	1.8	0.8
印度	2009	74.5	50.2	10.2	7.9	6.6	0.0	20.0	7.3	8.7	8.0
印度尼西亚	2009	96.6	37.5	5.2	3.1	11.4	0.0	5.6	2.0	5.2	3.5
伊朗	2008	..	..	24.8	19.6	56.5	0.0	21.7	12.5	24.8	21.1
伊拉克		..	..	..	..	..	..	..	..	..	..
以色列	2009	75.2	22.0	5.5	3.2	1.1	0.0	5.5	2.2	5.4	3.6
牙买加	2007	100.0	49.7	9.2	9.0	36.1	0.0	16.1	8.6	8.3	9.3
日本	2010	99.7	3.0	2.6	1.6	8.6	0.0	5.1	1.6	2.1	1.6
约旦	2009	100.0	16.3	9.7	5.2	29.5	0.0	14.2	3.9	8.9	5.9
哈萨克斯坦	2008	..	..	4.3	2.7	8.8	11.5	7.3	1.3	4.0	3.1
肯尼亚	2010	15.2	95.3	12.1	9.2	36.6	0.0	16.0	12.6	11.7	6.6
朝鲜		..	..	..	..	..	..	..	..	..	..
韩国	2010	95.1	16.1	10.3	8.7	7.0	0.0	26.3	12.7	7.3	5.0
科索沃		..	..	..	..	..	..	..	..	..	..
科威特	2009	99.9	100.0	4.1	4.2	0.0	0.0	3.2	3.1	4.2	4.4
吉尔吉斯斯坦	2009	99.9	7.5	3.6	8.4	0.9	0.0	4.4	1.3	3.5	9.4
老挝	2008	..	..	9.3	13.2	20.4	0.0	16.0	14.2	8.4	12.6
黎巴嫩	2007	..	..	5.6	4.8	11.6	0.0	8.2	5.0	5.2	5.0
莱索托	2010	100.0	78.9	9.5	10.5	21.6	0.0	9.2	1.6	9.5	10.9
利比里亚		..	..	..	..	..	..	..	..	..	..
利比亚	2006	..	..	0.0	0.0	0.0	0.0	0.0	0.0	0.0	0.0
前南斯拉夫马其顿共和国	2009	100.0	6.9	4.3	3.2	14.5	0.0	7.6	6.0	3.9	2.4
马达加斯加	2008	30.5	27.3	12.1	8.3	41.1	0.0	13.9	4.2	11.9	10.4
马拉维	2009	32.0	75.9	13.0	7.0	47.5	0.0	14.8	8.6	12.7	6.5
马来西亚	2009	83.9	14.6	5.3	3.1	16.3	0.0	2.4	2.1	5.8	3.6
马尔代夫	2009	97.0	37.2	21.7	20.6	88.1	0.0	17.5	18.4	22.8	22.6
马里	2010	40.5	28.9	12.8	8.4	47.9	0.0	12.8	7.9	12.8	8.7
毛里塔尼亚	2007	39.4	19.6	12.6	10.1	49.0	0.0	11.1	9.2	12.8	11.0
毛里求斯	2009	17.7	98.3	2.0	1.0	10.4	0.0	1.2	0.3	2.1	1.6
马约特岛	2009	..	..	5.3	1.8	2.6	0.0	3.8	1.3	5.5	2.1
墨西哥	2010	100.0	35.1	7.8	6.1	6.4	0.0	10.7	11.5	7.4	4.6
摩尔多瓦	2008	99.9	6.7	4.2	3.0	7.7	3.4	6.6	3.6	3.8	2.7
蒙古	2009	100.0	17.5	4.9	5.1	0.1	0.0	5.2	5.4	4.9	4.9
黑山共和国	2009	..	..	2.2	3.2	5.4	0.0	6.2	5.2	1.6	2.4
摩洛哥	2009	100.0	41.3	9.1	7.1	23.6	0.0	18.0	8.9	8.2	5.7
莫桑比克	2009	14.0	97.4	7.7	4.5	25.4	0.0	8.2	4.4	7.5	4.3
缅甸	2008	17.6	83.8	4.0	3.2	4.1	0.0	5.1	2.7	3.9	3.4
纳米比亚	2010	96.1	19.4	6.3	1.8	16.7	0.0	4.1	2.1	6.7	1.6
尼泊尔	2009	99.4	26.2	12.8	14.3	50.4	0.0	15.6	11.0	12.5	16.5
新西兰	2010	100.0	10.0	2.5	1.6	0.0	0.0	1.4	0.4	2.6	2.1
尼加拉瓜	2009	100.0	41.7	4.4	2.6	17.1	0.0	5.9	3.0	4.2	2.2
尼日尔	2010	96.6	44.9	13.0	9.1	48.9	0.0	14.0	10.7	12.8	7.6
尼日利亚	2010	19.5	119.4	10.9	10.6	34.9	0.0	11.8	9.1	10.7	10.8
挪威	2009	100.0	3.0	0.4	0.3	0.5	0.0	1.8	1.0	0.3	0.2
阿曼	2009	100.0	13.9	3.6	3.2	0.2	0.0	4.4	3.3	3.5	3.2
巴基斯坦	2009	98.6	60.0	14.8	9.5	45.3	0.0	14.2	6.4	14.7	12.1
帕劳共和国	2006	..	..	2.6	2.2	0.5	0.0	0.5	0.6	3.1	3.2
巴拿马	2009	99.9	23.5	7.6	7.6	2.8	0.0	11.5	8.4	7.1	7.2
巴布亚新几内亚	2008	100.0	31.5	4.8	2.6	24.4	0.7	15.2	3.3	3.4	2.2
巴拉圭	2010	100.0	33.5	8.1	3.7	18.3	0.0	5.8	0.8	8.2	4.8
秘鲁	2010	100.0	30.1	4.8	2.5	10.0	0.0	3.8	1.3	4.9	3.0
菲律宾	2010	67.2	25.8	5.3	4.8	5.4	0.0	6.8	5.1	5.0	4.6
波多黎各		..	..	..	..	..	..	..	..	..	..

6.8 关税壁垒

	最近的年份	所有产品						初级产品		制成品	
				百分比				百分比		百分比	
		约束范围	简单平均约束税率	简单平均关税	加权平均关税	达到国际最高关税水平的关税种类所占比重	特定关税种类所占比重	简单平均关税	加权平均关税	简单平均关税	加权平均关税
卡塔尔	2009	100.0	16.0	4.2	3.8	0.2	0.0	5.0	4.0	4.1	3.8
俄罗斯	2009	..	..	8.1	5.9	24.6	0.0	7.7	4.4	8.2	6.2
卢旺达	2010	100.0	89.3	9.9	6.0	31.4	0.0	11.5	6.4	9.7	5.9
沙特阿拉伯	2009	100.0	10.8	4.0	3.9	0.0	0.0	3.3	2.8	4.1	4.2
塞内加尔	2010	100.0	30.0	13.4	8.9	50.5	0.0	14.1	7.7	13.2	10.2
塞尔维亚	2005[a]	..	..	8.1	6.0	17.8	0.0	10.9	4.5	7.8	6.8
塞锡尔群岛	2007	..	..	6.5	28.3	12.8	0.0	14.0	50.5	4.8	6.4
塞拉利昂	2004	100.0	47.4	..	..	..	..	..	..	..	..
新加坡	2010	69.6	7.0	0.0	0.0	0.0	0.0	0.0	0.0	0.0	0.0
索罗门群岛	2008	100.0	78.7	9.9	17.3	2.6	0.8	14.8	23.3	9.2	8.8
索马里		..	..	..	..	..	..	..	..	..	..
南非	2010	96.1	19.4	7.6	4.4	17.9	0.0	5.4	1.9	7.8	5.6
斯里兰卡	2009	38.1	30.1	10.1	6.4	42.7	0.0	15.3	8.4	9.4	5.2
圣基茨和尼维斯	2009	97.9	75.9	14.3	13.7	43.1	0.0	16.5	13.5	13.7	13.7
圣卢西亚	2007	99.6	61.9	9.6	9.0	39.9	0.0	12.7	4.9	9.1	12.2
圣文森多格瑞纳	2007	99.7	62.5	11.3	8.4	44.4	0.2	15.1	7.8	10.5	8.6
苏丹	2009	..	..	13.4	7.9	25.4	0.0	15.9	7.7	13.0	7.9
苏里南	2010	27.6	18.1	11.6	11.9	36.2	0.0	18.3	15.0	10.4	10.4
斯威士兰	2010	96.1	19.4	10.9	10.2	26.2	0.0	9.7	1.3	11.1	15.9
瑞士	2010	99.8	0.0	0.0	0.0	0.0	0.0	0.0	0.0	0.0	0.0
阿拉伯叙利亚共和国	2010	..	..	6.7	6.1	27.6	0.0	6.5	6.1	6.5	5.7
塔吉克斯坦	2006	..	..	4.9	3.8	0.1	0.7	5.4	2.1	4.9	5.3
坦桑尼亚	2010	13.8	120.0	12.9	8.2	39.9	0.0	17.5	8.7	12.4	8.0
泰国	2009	74.7	26.1	10.8	4.9	19.3	0.0	14.0	2.7	10.2	5.9
东帝汶		..	..	..	..	..	..	..	..	..	..
多哥	2010	14.3	80.0	12.8	14.2	47.3	0.0	14.4	12.4	12.6	14.9
汤加	2009	100.0	17.6	10.8	7.3	64.7	0.0	12.1	5.5	10.5	9.0
特立尼达和多巴哥	2008	100.0	55.8	8.7	10.0	43.6	0.4	16.6	3.1	7.6	17.2
突尼斯	2008	58.3	58.0	21.9	16.0	57.8	0.0	26.8	12.0	21.2	17.9
土耳其	2009	50.3	29.2	2.4	2.3	4.6	0.0	13.8	4.3	1.2	1.4
土库曼斯坦	2002	..	..	5.4	2.9	14.8	2.8	14.7	12.6	3.8	1.1
乌干达	2010	16.1	73.5	12.1	8.2	37.5	0.0	15.7	8.8	11.6	7.9
乌克兰	2010	100.0	5.8	4.5	2.8	1.1	0.0	5.9	2.5	4.3	3.0
阿拉伯联合酋长国	2009	100.0	14.8	4.3	3.7	0.2	0.0	4.5	2.7	4.2	4.2
美国	2010	100.0	3.7	2.9	1.8	3.4	0.0	2.6	1.2	3.0	2.0
乌拉圭	2010	100.0	31.6	9.6	3.6	29.3	0.0	5.6	1.1	9.9	5.2
乌兹别克斯坦	2009	..	..	11.8	6.9	20.1	0.0	12.6	3.9	11.7	7.3
瓦努阿图	2009	..	..	16.8	15.0	65.0	0.0	19.5	16.9	16.1	14.2
委内瑞拉	2010	100.0	36.5	13.1	10.6	21.9	0.0	12.2	10.0	13.1	10.7
越南	2008	100.0	11.5	8.0	5.2	19.8	0.0	10.7	4.1	7.4	5.7
西岸和加沙		..	..	..	..	..	..	..	..	..	..
也门共和国	2009	..	..	5.5	4.2	1.4	0.0	7.1	3.8	5.2	4.6
赞比亚	2009	17.1	106.9	10.8	3.8	51.2	0.0	9.2	3.1	10.9	4.1
津巴布韦	2007[b]	22.2	91.4	16.7	*17.3*	*38.8*	0.0	17.4	*20.4*	16.1	*14.7*
全世界		**77.8 w**	**27.3 w**	**6.2 w**	**2.5 w**	**10.8 w**	**0.0 w**	**6.6 w**	**2.4 w**	**6.1 w**	**2.5 w**
低收入国家		42.2	57.7	12.1	10.0	40.6	0.0	14.4	9.4	11.8	10.2
中等收入国家		86.6	30.3	8.9	6.3	16.0	0.0	8.6	5.4	8.9	6.5
中低收入国家		84.7	31.8	8.4	5.8	15.4	0.0	9.7	4.8	8.2	6.2
中高收入国家		88.3	29.0	9.2	6.4	16.3	0.0	7.9	5.6	9.3	6.6
低收入和中等收入国家		73.9	35.5	9.5	6.4	18.5	0.0	9.8	5.7	9.4	6.6
东亚和太平洋地区		67.2	25.8	5.3	4.8	5.4	0.0	6.8	5.1	5.0	4.6
欧洲和中亚		100.0	5.8	4.5	2.8	1.1	0.0	5.9	2.5	4.3	3.0
拉丁美洲和加勒比地区		90.0	32.5	9.2	6.6	15.7	0.0	8.6	6.2	9.2	6.7
中东和北非		99.9	30.4	6.7	6.1	27.6	0.0	6.5	6.1	6.5	5.7
南亚		81.5	41.6	13.0	8.2	37.4	0.0	17.1	7.3	12.3	8.4
撒哈拉以南非洲地区		61.7	41.8	11.1	7.5	33.6	0.0	12.1	5.9	10.9	8.1
高收入国家		87.9	7.9	2.7	1.8	3.5	0.0	4.2	1.9	2.5	1.8
欧元区		99.0	10.7	3.6	2.2	4.0	0.0	5.3	2.3	3.3	2.1
非欧元区		73.1	9.1	1.8	0.6	3.2	0.0	2.5	0.7	1.6	0.6

a. 包括黑山。b. 税率为最惠国关税税率。

关于数据的说明

发展中国家的穷人基本上从事于农业和劳动力密集型制造业，而这些部门面临的贸易壁垒却最多。取消商品贸易壁垒可以使这些国家的经济增长率提高——甚至如果服务贸易也实施自由化，那么经济增长率将会进一步提高。

从总体上来看，虽然高收入国家对来自发展中国家的进口征收的关税并不高，但是仍然是对来自其他高收入国家的进口所征收的关税的2倍。不过贸易保护对于发展中国家而言也是一个问题，发展中国家自身对于农业商品、劳动力密集型制成品以及其他产品和服务也征收较高的关税。

各国通常会结合关税和非关税措施来管制进口。最常用的关税种类是从价税，即基于进口额，但关税也可以基于特定的基础或者按每单位商品征收，或者同时使用从价和特定税率。征收关税的目的可能是增加财政收入，或者保护国内产业免受外国的竞争，或者两者兼而有之。非关税壁垒的作用在于限制特定商品进口的数量，其中包括配额、禁止进口、许可证制度、出口限制安排，以及卫生与检疫措施等。由于非关税壁垒很难综合成一个总指标，因此，本表没有包括非关税壁垒。

本表中计算各种指标所采用的关税税率均为实际应用关税税率，除非另有说明是最惠国贸易伙伴的关税税率。实际应用关税税率是在诸如北美自由贸易协定等优惠贸易协定下，针对贸易伙伴所实际采用的关税税率。最惠国贸易伙伴的关税税率与实际应用关税税率之间可能存在很大差异。由于目前越来越多的国家公布了其自由贸易协定，关税削减以及其他一些特定优惠安排，因此，本年度的《世界发展指标》给大多数国家都纳入了实际应用关税税率。所有的估计值都是以最新的信息计算的，但每年的信息不一定都是最新的。因此，与前几年的出版物相比，相同年份的数据可能不同。

本表给出了衡量平均关税的3种措施：简单约束税率、简单平均关税和加权平均关税。约束税率是基于一国关税税目中的所有产品计算出来的，而最惠国关税税率或者实际应用关税税率则是采用所有贸易产品计算出来的。加权平均关税的权重则依据一国与每个贸易伙伴的贸易金额进行衡量。与加权平均关税相比，简单平均关税可以更好地体现关税保护水平，加权平均关税一般偏低，因为较高的税率不利于开展贸易，从而降低了采用这些税率的权重。约束税率是因贸易谈判而产生的，并且已经纳入了一国贸易许可的时间表，因此，这种税率具有强制性。

一些国家对所有进口商品实行基本统一的关税税率。其他国家则更多地实施选择性关税，对某些产品制定高关税以保护国内支持的产业。达到国际最高关税水平的关税种类所占的比例表明了如何选择性地应用关税。如果关税体系能够系统性地区分原材料、中间产品以及最终产品，那么有效保护率——产业附加值受保护的程度——就可能超过名义关税税率。

特定关税种类所占比例表明一国利用以实物数量或者其他非从价措施为基础的关税程度。一些国家只征收特定关税，例如，瑞士就是如此。这些特定关税已经转换成等值的从价税，并包含在简单加权关税的计算中。

数据采用协调系统的6位或者8位数字进行分类。关税税率数据来自联合国贸易与发展会议（UNCTAD）的贸易分析和信息系统数据库和世界贸易组织（WTO）的整合数据库和综合关税减让表数据库。有关关税的数据是与国际贸易标准分类（SITC）第2次修订版一致的，以确定商品种类和进口权重。进口权重采用联合国统计署商品贸易数据库（COMTRADE）中的数据计算得出。本表给出了3类商品的关税税率：所有产品、初级产品和制成品。6位或者8位数字产品的实际应用关税税率是每个商品组产品的平均值。当不能获得实际应用关税税率时，则使用最惠国关税税率加以替代。

表中只提供那些具有完整数据的经济体、人口达到或者超过100万的所有经济体以及人口低于100万但是数据可以获得的经济体最后1年的数据。欧盟成员国使用欧盟统一给出的关税税率，而不是各自的关税税率。

定义

• **约束范围**是指达成约束关税税率的产品所占的比例。 • **简单平均约束关税**是关税进度表中给出的所有约束关税的未加权平均数。 • **简单平均关税**是为所有贸易商品计算的有效应用关税税率的未加权平均数或者所有课税产品最惠国关税税率的未加权平均数。 • **加权平均关税**是以每个贸易伙伴国的产品进口份额为权重，计算得出的有效应用税率或者最惠国关税税率的平均关税。 • **达到国际最高关税水平的关税种类所占比例**是指关税税率超过15%的关税所占比例。 • **特定关税种类所占比例**是指按照从量税征收或者从量税与从价税一起计征的关税所占比例。 • **初级产品**是国际贸易标准分类（SITC）第2次修订版中第0—4类，加上第68部分（有色金属）。 • **制成品**是国际贸易标准分类（SITC）第2次修订版中第5—8类，不包括第68部分。

数据资料来源

本表中的所有指标均由世界银行工作人员采用世界综合贸易方式（WITS）系统计算得出，见 http://wits.worldbank.org。关税税率数据由联合国贸易与发展会议（UNCTAD）的贸易分析和信息系统数据库和世界贸易组织（WTO）的整合数据库和综合关税减让表数据库提供。全球进口数据来源于联合国统计署的商品贸易数据库。

	后勤绩效指数	海关手续负担	交期		单据		班轮运输相关性指数	港口设施质量	向美国运输货物的费率
	1—5 (最差到最好)	1—7 (最差到最好)	天数		数量		0—100 (低到高)	1—7 (最差到最好)	1千克DHL空运包裹 美元
			出口	进口	出口	进口			
	2009	2009–2010[b]	2009	2009	2010年6月	2010年6月	2010	2009–2010[b]	2011
阿富汗	2.24	..	2.0	4.0	12	11	..	..	143.10
阿尔巴尼亚	2.46	4.0	1.7	2.0	7	9	4.3	3.5	155.85
阿尔及利亚	2.36	3.2	4.6	7.1	8	9	31.4	3.2	157.10
安哥拉	2.25	2.8	6.0	8.0	11	8	10.7	2.1	157.10
阿根廷	3.10	2.7	3.7	3.8	9	7	27.6	3.8	90.75
亚美尼亚	2.52	2.6	..	..	3	6	..	2.9[c]	143.10
澳大利亚	3.84	5.0	2.6	2.8	6	5	28.1	4.9	98.00
奥地利	3.76	5.3	2.0	3.7	4	5	..	4.8[c]	129.45
阿塞拜疆	2.64	3.5	7.0	3.0	9	14	..	4.2[c]	155.85
孟加拉国	2.74	3.4	1.4	1.4	6	8	7.5	3.4	98.00
白俄罗斯	*2.53*	..	..	..	8	8	..	..	155.85
比利时	3.94	4.6	1.7	1.6	4	5	84.0	6.4	112.50
贝宁	2.79	4.2	*3.0*	*7.0*	7	7	11.5	4.0	157.10
玻利维亚	2.51	2.7	15.0	28.3	8	7	..	2.9[c]	90.75
波斯尼亚和黑塞哥维那	2.66	3.6	2.0	2.0	5	7	..	1.6	155.85
博茨瓦纳	2.32	4.7	..	..	6	9	..	3.8[c]	157.10
巴西	3.20	3.3	2.8	3.9	8	7	31.7	2.9	90.75
保加利亚	2.83	3.5	2.0	3.9	5	7	5.5	3.8	155.85
布基纳法索	2.23	4.4	4.0	14.0	10	10	..	3.9[c]	157.10
布隆迪	*2.29*	3.0	..	..	9	10	..	3.0[c]	157.10
柬埔寨	2.37	3.5	1.3	4.0	10	10	4.5	3.9	95.70
喀麦隆	2.55	3.8	3.4	8.9	11	12	11.3	3.3	157.10
加拿大	3.87	4.9	2.8	3.7	3	4	42.4	5.7	72.20
中非共和国	..	..	..	..	9	17	..	..	157.10
乍得	2.49	2.7	74.0	*35.0*	6	10	..	2.6[c]	157.10
智利	3.09	5.7	3.5	3.0	6	7	22.1	5.5	90.75
中国	3.49	4.5	2.8	2.6	7	5	143.6	4.3	84.55
中国香港	3.88	6.5	1.7	1.6	4	4	113.6	6.8	90.45
哥伦比亚	2.77	4.1	*7.0*	*7.0*	6	8	26.1	3.5	90.75
刚果民主共和国	2.68	..	2.0	3.0	8	9	5.2	..	157.10
刚果共和国	2.48	..	..	..	11	10	10.5	..	157.10
哥斯达黎加	2.91	4.0	2.0	2.0	6	7	12.8	2.7	90.75
科特迪瓦	2.53	3.8	1.0	1.0	10	9	17.5	5.0	157.10
克罗地亚	2.77	4.1	1.0	1.0	7	8	9.0	4.0	155.85
古巴	2.07	..	..	..	..	..	6.6	..	75.05
捷克共和国	3.51	4.6	2.5	3.5	4	7	0.4	4.6[c]	155.85
丹麦	3.85	5.6	1.0	1.0	4	3	26.8	6.1	129.45
多米尼加共和国	2.82	4.7	2.2	3.5	6	7	22.2	4.3	75.05
厄瓜多尔	2.77	3.5	2.1	3.4	9	7	18.7	3.7	90.75
埃及	2.61	4.5	1.3	3.1	6	6	47.5	4.2	143.10
萨尔瓦多	2.67	4.2	*2.0*	*2.0*	8	8	9.6	4.1	90.75
厄立特里亚	1.70	..	3.0	3.0	9	13	0.0	..	157.10
爱沙尼亚	3.16	5.3	4.0	4.0	3	4	5.7	5.6	155.85
埃塞俄比亚	2.41	3.6	5.0	6.0	8	8	..	4.4[c]	157.10
芬兰	3.89	5.7	1.6	1.8	4	5	8.4	6.4	129.45
法国	3.84	4.9	*3.2*	*4.5*	2	2	74.9	5.9	112.50
加蓬	2.41	..	4.3	13.0	7	8	8.5	..	157.10
冈比亚	2.49	5.4	4.6	3.5	6	8	5.4	5.1	157.10
格鲁吉亚	2.61	4.7	..	..	4	4	4.0	4.0	155.85
德国	4.11	5.1	3.6	*2.4*	4	5	90.9	6.4	112.50
加纳	2.47	3.8	2.9	6.8	6	7	17.3	4.5	157.10
希腊	2.96	4.1	*3.0*	*3.5*	5	6	34.3	4.0	129.45
危地马拉	2.63	4.2	2.6	3.4	10	10	13.3	4.5	90.75
几内亚	2.60	..	*3.5*	*3.9*	7	9	6.3	..	157.10
几内亚比绍	2.10	..	..	..	6	6	3.5	..	157.10
海地	2.59	..	*4.2*	*5.3*	8	10	7.6	..	75.05
洪都拉斯	2.78	4.2	*2.4*	*3.2*	6	10	9.1	5.3	90.75

	后勤绩效指数 1—5 (最差到最好) 2009	海关手续负担 1—7 (最差到最好) 2009–2010[b]	交期 天数 出口 2009	交期 天数 进口 2009	单据 数量 出口 2010年6月	单据 数量 进口 2010年6月	班轮运输相关性指数 0—100 (低到高) 2010	港口设施质量 1—7 (最差到最好) 2009–2010[b]	向美国运输货物的费率 1千克DHL空运包裹 美元 2011
匈牙利	2.99	4.3	3.5	5.0	5	7	..	4.0[c]	155.85
印度	3.12	4.0	2.3	5.3	8	9	41.4	3.9	98.00
印度尼西亚	2.76	3.9	2.1	5.4	5	6	25.6	3.6	98.00
伊朗	2.57	3.5	2.6	28.3	7	8	30.7	3.9	143.10
伊拉克	2.11	..	..	..	10	10	4.2	..	143.10
爱尔兰	3.89	5.2	1.0	1.0	4	4	7.6	4.4	112.00
以色列	3.41	4.3	*2.0*	*2.0*	5	4	33.2	4.6	143.10
意大利	3.64	4.2	2.6	3.0	4	4	59.6	3.9	112.50
牙买加	2.53	3.8	10.0	10.0	6	6	33.1	5.3	75.05
日本	3.97	4.6	1.0	1.0	4	5	67.4	5.2	120.80
约旦	2.74	4.5	3.2	4.6	7	7	17.8	4.4	143.10
哈萨克斯坦	2.83	3.5	2.8	11.5	10	12	..	3.3[c]	155.85
肯尼亚	2.59	3.3	3.0	5.9	8	7	13.1	3.8	157.10
朝鲜	..	..	..	..	..	..	..	..	95.70
韩国	3.64	4.5	1.6	2.0	3	3	82.6	5.5	98.00
科索沃	..	..	..	..	8	8	..	..	..
科威特	3.28	4.1	2.0	3.0	8	10	8.3	4.4	143.10
吉尔吉斯斯坦	2.62	3.0	*2.0*	..	7	7	..	1.4[c]	155.85
老挝	2.46	..	..	..	9	10	..	..	95.70
拉脱维亚	3.25	4.1	1.3	1.6	5	6	6.0	4.7	155.85
黎巴嫩	3.34	3.5	3.4	2.2	5	7	30.3	4.5	143.10
莱索托	2.30	3.8	..	..	6	8	..	3.1[c]	157.10
利比里亚	2.38	..	*4.0*	*5.0*	10	9	5.9	..	157.10
利比亚	2.33	3.5	3.2	10.0	..	..	5.4	3.2	157.10
立陶宛	3.13	4.8	2.0	2.3	6	6	9.5	4.7	155.85
前南斯拉夫马其顿共和国	2.77	4.3	..	..	6	6	..	3.7[c]	155.85
马达加斯加	2.66	3.9	..	..	4	9	7.4	3.4	157.10
马拉维	2.42	3.9	4.2	3.7	11	10	..	3.6[c]	157.10
马来西亚	3.44	4.8	2.6	2.8	7	7	88.1	5.6	98.00
马里	2.27	4.1	5.0	4.0	7	10	..	3.7[c]	157.10
毛里塔尼亚	2.63	4.5	2.0	3.0	11	11	5.6	3.6	157.10
毛里求斯	2.72	4.6	3.0	2.4	5	6	16.7	4.5	157.10
墨西哥	3.05	3.9	2.1	2.5	5	4	36.3	3.7	58.80
摩尔多瓦	2.57	3.4	..	..	6	7	..	2.9	155.85
蒙古	2.25	3.3	14.0	12.0	8	8	..	3.3[c]	95.70
摩洛哥	2.38	4.3	2.0	3.2	7	10	49.4	4.4	157.10
莫桑比克	2.29	3.7	..	..	7	10	8.2	3.5	157.10
缅甸	2.33	..	4.6	8.4	..	..	3.7	..	95.70
纳米比亚	2.02	4.2	3.0	3.0	11	9	14.4	5.6	157.10
尼泊尔	2.20	3.4	1.8	6.3	9	10	..	2.9[c]	95.70
荷兰	4.07	5.2	1.8	1.9	4	5	90.0	6.6	112.50
新西兰	3.65	5.8	1.3	1.6	7	5	18.4	5.4	98.00
尼加拉瓜	2.54	3.6	3.2	3.2	5	5	8.7	2.9	90.75
尼日尔	2.54	..	..	..	8	10	..	..	157.10
尼日利亚	2.59	3.1	2.5	4.1	10	9	18.3	3.0	157.10
挪威	3.93	5.2	*1.0*	*2.0*	4	4	7.9	5.7	129.45
阿曼	2.84	5.2	..	..	9	9	48.5	5.3	143.10
巴基斯坦	2.53	3.6	2.3	1.6	9	8	29.5	4.0	143.10
巴拿马	3.02	4.4	1.4	1.4	3	4	41.1	6.0	90.75
巴布亚新几内亚	2.41	..	..	..	7	9	6.4	..	95.70
巴拉圭	2.75	3.8	*1.0*	*4.0*	8	10	0.0	3.4[c]	90.75
秘鲁	2.80	4.5	2.0	3.8	6	8	21.8	3.3	90.75
菲律宾	3.14	3.0	1.8	5.0	8	8	15.2	2.8	98.00
波兰	3.44	4.3	3.0	3.6	5	5	26.2	3.3	155.85
葡萄牙	3.34	4.9	2.5	5.0	4	5	38.1	4.9	129.45
波多黎各	..	4.7	..	..	7	10	..	5.4	..
卡塔尔	2.95	4.9	3.8	2.3	5	7	7.7	5.4	143.10

	后勤绩效指数	海关手续负担	交期		单据		班轮运输相关性指数	港口设施质量	向美国运输货物的费率
			天数		数量				1千克DHL空运包裹
	1—5 (最差到最好)	1—7 (最差到最好)	出口	进口	出口	进口	0—100 (低到高)	1—7 (最差到最好)	美元
	2009	2009–2010[b]	2009	2009	2010年6月	2010年6月	2010	2009–2010[b]	2011
罗马尼亚	2.84	3.9	2.0	2.0	5	6	15.5	3.0	155.85
俄罗斯联邦	2.61	2.9	4.0	2.9	8	13	20.9	3.7	155.85
卢旺达	2.04	4.8	..	..	8	8	..	2.8	157.10
沙特阿拉伯	3.22	4.9	2.3	6.3	5	5	50.4	5.2	143.10
塞内加尔	2.86	4.7	1.4	2.7	6	5	13.0	4.7	157.10
塞尔维亚	2.69[d]	3.6	2.0[d]	3.0[d]	6	6	3.0[d]	2.8	155.85
塞拉利昂	1.97	..	2.0	32.0	7	7	5.8	..	157.10
新加坡	4.09	6.3	2.2	1.8	4	4	103.8	6.8	90.45
斯洛伐克共和国	3.24	4.4	3.0	5.0	6	8	..	4.0[c]	155.85
斯洛文尼亚	2.87	5.2	1.0	2.0	6	8	20.6	5.3	155.85
索马里	1.34	..	..	..	..	..	4.2	..	157.10
南非	3.46	4.4	2.3	*3.3*	8	9	32.5	4.7	157.10
西班牙	3.63	4.6	4.0	7.1	6	7	74.3	5.6	129.45
斯里兰卡	2.29	4.2	1.3	2.5	8	6	40.2	4.9	98.00
苏丹	2.21	..	39.0	5.0	6	6	10.1	..	157.10
斯威士兰	..	3.5	..	..	9	10	..	4.2	157.10
瑞典	4.08	5.8	1.0	2.6	3	3	30.6	6.2	129.45
瑞士	3.97	5.1	2.6	2.6	4	5	2.6	5.2[c]	129.45
阿拉伯叙利亚共和国	2.74	2.8	2.5	3.2	8	9	15.2	3.1	143.10
塔吉克斯坦	2.35	3.6	7.0	..	10	9	..	1.9[c]	155.85
坦桑尼亚	2.60	3.4	3.2	7.1	5	7	10.6	3.0	157.10
泰国	3.29	4.1	1.6	2.6	4	3	43.8	5.0	98.00
东帝汶	*1.71*	3.6	..	..	6	7	..	2.5	95.70
多哥	2.60	..	..	..	6	8	14.2	..	157.10
特立尼达和多巴哥	..	3.1	..	..	5	6	15.8	4.3	75.05
突尼斯	2.84	4.7	1.7	7.0	4	7	6.5	5.0	157.10
土耳其	3.22	3.8	*2.2*	3.8	7	8	36.1	4.1	143.10
土库曼斯坦	2.49	..	3.0	..	..	..	..	..	155.85
乌干达	2.82	4.1	5.5	14.0	6	8	..	3.5[c]	157.10
乌克兰	2.57	3.0	1.7	7.0	6	8	21.1	3.6	155.85
阿拉伯联合酋长国	3.63	5.8	2.5	2.0	4	5	63.4	6.2	143.10
英国	3.95	4.8	3.3	1.9	4	4	87.5	5.5	112.50
美国	3.86	4.5	2.8	4.0	4	5	83.8	5.5	..
乌拉圭	2.75	4.0	3.0	3.0	10	10	24.5	5.2	90.75
乌兹别克斯坦	2.79	..	*1.4*	2.0	7	9	..	..	155.85
委内瑞拉	2.68	2.2	*9.4*	*12.1*	8	9	18.6	2.4	90.75
越南	2.96	3.6	1.4	1.7	6	8	31.4	3.6	98.00
西岸和加沙	..	..	..	..	6	6	..	..	..
也门共和国	2.58	..	3.1	3.6	6	9	12.5	..	143.10
赞比亚	2.28	4.2	9.2	4.0	6	8	..	3.6[c]	157.10
津巴布韦	*2.29*	3.6	*25.0*	*18.0*	7	9	..	4.4[c]	157.10
全世界	**2.87[e] u**	**4.2 u**	**3.8[e] u**	**4.6[e] u**	**7 u**	**7 u**	**..**	**4.3 u**	**..**
低收入国家	2.38	3.8	6.8	7.2	8	9	..	3.5	..
中等收入国家	2.69	3.8	3.8	5.0	7	8	..	3.8	..
中低收入国家	2.62	3.7	4.4	5.1	7	8	..	3.8	..
中高收入国家	2.75	3.9	3.1	4.9	7	8	..	3.9	..
低收入和中等收入国家	2.59	3.8	4.6	5.6	7	8	..	3.7	..
东亚和太平洋地区	2.73	3.8	3.6	4.9	7	7	..	3.8	..
欧洲和中亚	2.68	3.7	2.9	3.1	7	8	..	3.3	..
拉丁美洲和加勒比地区	2.74	3.8	3.9	5.5	7	7	..	3.9	..
中东和北非	2.60	3.8	2.7	7.2	7	8	..	4.0	..
南亚	2.49	3.7	1.9	3.3	9	9	..	3.8	..
撒哈拉以南非洲地区	2.42	3.9	8.1	7.0	8	9	..	3.8	..
高收入国家	3.54	4.9	2.1	2.7	5	5	..	5.3	..
欧元区	3.57	4.9	2.2	2.9	4	5	..	5.3	..

a. 仅指运输费用，不包括燃料费用、审核费用、超载罚款、关税和税收。b. 2009 年和 2010 年调查评级的平均值。c. 内陆国家。d. 包括黑山。
e. 合计值依据世界银行于 2010 年 7 月 1 日对各经济体的分类加以计算，可能不同于原始资料来源公布的数据。

关于数据的说明

广义上来讲，贸易便利涵盖了贸易发生地的通关效率及其他自然环境和监管环境、各项标准与国际准则的协调程度以及在国家和港口间运输货物及相关单据的后勤保障。尽管在过去十年中有关贸易便利的数据日益增多，但是具有较高评估价值尤其是针对发展中国家的数据仍然匮乏。目前，有关贸易便利的数据主要来自私人机构和国际机构的研究报告，其中大多数都是企业主管人员和专业人士的主观评价。由于被调查人员具有不同的背景、价值观和性格，对于同一情形作出的判断可能截然不同。因此，当解释各项具有主观色彩的指标时，需要谨慎。但无论如何，这些数据传递了有关贸易便利的重要信息。

表中数据来自后勤绩效调查报告，该调查由世界银行携同国际后勤领域的学术机构和国际机构、私人公司以及个人共同发起。后勤绩效指数对构成后勤环境的6个方面（见定义）进行了评估，综合了近1000家国际货运代理商的5000余份国家评估问卷。被调查者对8个市场的6项核心构成要素从1（最低）到5（最高）打分。这些市场有被调查者所在国家最重要的进出口市场、随机选择的市场以及连接内陆国家与国际市场的邻国市场。调查者取6个方面得分的平均值，将其整合为一个综合得分。调查方法和指数构成法的详细内容见Arvis等（2010）。

有关通关手续的数据来自世界经济论坛企业高层主管意见调查。2010年调查涵盖了来自139个国家的15,000余位受访者，在取样过程中根据公司规模和执行部门对样本进行分层。调查数据来自网络采访和面对面的采访，调查结果通过部门加权平均予以整合。最近一年的数据要结合上一年数据得出一个两年的移动平均值。被调查者分别评估各自所在国的海关通关效率。最低得分（1）意味着海关效率极低，最高得分（7）则意味海关效率极高。

跨境贸易的直接成本包括运费、关税和储存费。间接成本包括进出口货物的时间价值以及货物延期和海损风险。交期过长以及冗繁的手续会削弱贸易的竞争力。有关交期的数据来自LPI调查。被调查者分别给最好情形（占运输贸易的10%）和中间情形（占运输贸易的50%）打分，调查者则取这两项得分的对数，经指数平均处理后得到最终数据。

有关进出口单据数量的数据来自世界银行工商业运营环境调查，汇总了海路运输标准单位货物在当地货运代理商、航运公司、报关行、港口官员和银行等各个环节需要出具的各类单证。为了使不同经济体之间的数据便于比较，调查设计者对商业经营和贸易物品设定了若干假设前提（见 www. doingbusiness. org）。

后勤绩效受很多因素的影响，例如，能否接入全球海运、空运网络以及港口和道路的质量和覆盖率等。本表给出了两项与贸易和交通运输服务基础设施有关的指标：班轮运输相关性指数和港口设施质量评级。班轮运输相关性指数在于衡量各个国家与全球海运网络接合程度，该指数由联合国贸易与发展大会根据海运部门的5个构成部分设计而成：班轮数量、班轮装载集装箱能力、船舶最大吨位、班轮业务数量以及使用港口调度集装箱运货船的公司数量。一个国家的每一分项得分要先除以2004年该国对应分项的最高分，5个分项得分再取平均数得到该国的平均分，班轮运输相关性指数=（该国平均分/2004年最高平均分）×100。一个国家2004年在该指数上具有最高均值，其得分为100。

港口设施质量衡量的是企业家对本国港口设施的评价。该项指标分值最低为1（港口设施极端落后），最高为7（按国际标准衡量的港口设施发达高效）。内陆国家的企业主管则需回答“通往港口的交通状况如何（1=极不方便，7=极方便）”。

交通运输的服务成本对出口竞争力具有决定性影响。本表采用的替代指标为国际运输公司通过海路向美国运输货物的费率。

定义

• **后勤绩效指数**反映的是一个国家的后勤服务总体情况，包括海关通关效率、贸易和交通运输设施质量、货物运输竞争程度、后勤服务质量、追踪在途货物的难易程度以及货物按时送达收货人处的概率。该指数分值从1到5，得分越高绩效越好。 • **海关手续负担**反映了企业家对本国海关办事效率的评价。分值从1到7，得分越高效率越高。 • **出口交期**是指从装船地点到卸货地点所需的中位时间（50%的运输所耗用的时间）。 • **进口交期**是指从发货地点到收货地点所需的中位时间（50%的运输所耗时间）。 • **出口单据和进口单据**是指进出口各环节需出具的各类单据，这些环节包括政府部门、海关当局、港口和集装箱集散站、卫生和技术监控机构以及进出口银行。需每年更新的单据和一次性单据不包括在内。 • **班轮运输相关性指数**是根据一国海运部门的情况衡量该国与全球海运网络的接合程度。2004年的最高值为100。 • **港口设施质量**衡量企业家对本国港口设施的评价。分值从1到7，得分越高港口设施越发达。 • **向美国运输货物的费率**是美国DHL国际运输公司在全球范围内向美国空运1公斤包裹收取的一口价费率。不包括燃料、审核费/附加费、关税和税收。

数据资料来源

有关后勤绩效指数和进出口交期的数据来自Arvis等的《2010年连接竞争：全球经济中的贸易后勤服务》。有关海关手续负担和港口设施质量评级的数据来自世界经济论坛《2010—2011年全球竞争力报告》。有关进出口单据数量的数据来自世界银行工商业运营环境项目（www. doingbusiness. org）。有关班轮运输相关性指数的数据来自UNTCTAD的《2010世界海运回顾》。有关向美国运输货物运费的数据来自DHL公司《2011年DHL货运公司标准运费指南》（2011）。

外债

	外债总额		长期债务						短期债务		IMF贷款的使用	
			百万美元									
			公共债务和公共担保债务									
	百万美元		总额		国际复兴开发银行贷款和国际开发协会信贷		私人无担保债务		百万美元		百万美元	
	1995	2009	1995	2009	1995	2009	1995	2009	1995	2009	1995	2009
阿富汗	..	2,328	..	2,203	..	471	..	0	..	20	..	106
阿尔巴尼亚	456	4,719	330	2,829	109	874	0	983	62	835	65	71
阿尔及利亚	33,053	5,345	31,314	2,871	2,049	10	0	982	261	1,492	1,478	0
安哥拉	11,500	16,715	9,543	13,722	81	385	0	0	1,958	2,634	0	359
阿根廷	98,465	120,183	54,913	72,923	4,913	5,305	16,066	27,723	21,355	19,537	6,131	0
亚美尼亚	371	4,935	298	2,376	96	1,214	0	1,461	2	512	70	587
澳大利亚	..	..	..	..	..	..	..	..	..	..	..	..
奥地利	..	..	..	..	..	..	..	..	..	..	..	..
阿塞拜疆	321	4,865	206	3,403	30	939	0	590	14	810	101	62
孟加拉国	15,726	23,820	14,905	21,206	5,692	10,746	0	0	199	1,939	622	675
白俄罗斯	1,694	17,158	1,301	4,758	116	256	0	1,504	110	8,024	283	2,871
比利时	..	..	..	..	..	..	..	..	..	..	..	..
贝宁	1,398	1,073	1,267	990	498	309	0	0	47	45	84	39
玻利维亚	5,272	5,745	4,459	2,545	865	316	239	2,647	307	554	268	0
波斯尼亚和黑塞哥维那	..	9,583	..	3,569	472	1,520	..	4,051	..	1,677	48	286
博茨瓦纳	717	1,617	707	1,388	108	5	0	0	10	229	0	0
巴西	160,469	276,932	98,260	87,317	6,038	10,065	30,830	149,826	31,238	39,789	142	0
保加利亚	10,379	40,582	8,808	4,772	444	1,509	342	17,232	512	18,578	717	0
布基纳法索	1,271	1,835	1,140	1,725	608	721	0	0	56	0	75	110
布隆迪	1,162	518	1,099	420	591	147	0	0	15	7	48	91
柬埔寨	2,284	4,364	2,110	4,099	65	566	0	0	102	265	72	0
喀麦隆	10,950	2,941	9,620	2,128	1,082	303	288	615	991	23	51	175
加拿大	..	..	..	..	..	..	..	..	..	..	..	..
中非共和国	946	396	854	250	414	9	0	0	57	67	35	78
乍得	843	1,743	777	1,711	379	896	0	0	17	4	49	29
智利	22,038	71,646	7,178	9,282	1,383	216	11,429	44,888	3,431	17,476	0	0
中国	118,090	428,442	94,674	93,125	14,248	22,226	1,090	94,808	22,325	240,509	0	0
中国香港	..	..	..	..	..	..	..	..	..	..	..	..
哥伦比亚	25,044	52,223	13,946	35,364	2,559	6,571	5,553	12,749	5,545	4,110	0	0
刚果民主共和国	13,239	12,183	9,636	10,788	1,413	2,497	0	0	3,118	596	485	800
刚果共和国	5,887	5,041	4,867	4,785	279	298	0	0	1,002	213	19	43
哥斯达黎加	3,766	8,070	3,097	3,190	303	58	214	2,538	430	2,341	24	0
科特迪瓦	18,899	11,701	11,902	10,979	2,386	1,823	2,660	271	3,910	99	427	352
克罗地亚	..	..	..	..	..	..	..	..	..	..	..	..
古巴	..	..	..	..	..	..	..	..	..	..	..	..
捷克共和国	..	..	..	..	..	..	..	..	..	..	..	..
丹麦	..	..	..	..	..	..	..	..	..	..	..	..
多米尼加共和国	4,447	11,003	3,653	7,714	300	756	19	843	616	1,679	160	767
厄瓜多尔	13,877	12,930	11,951	6,910	1,108	542	440	4,600	1,312	1,419	173	0
埃及	33,475	33,257	30,687	30,622	2,356	3,250	313	74	2,372	2,561	103	0
萨尔瓦多	2,509	11,384	1,979	6,131	327	578	5	3,139	525	2,114	0	0
厄立特里亚	37	1,019	37	1,013	24	477	0	0	0	6	0	0
爱沙尼亚	..	..	..	..	..	..	..	..	..	..	..	..
埃塞俄比亚	10,322	5,025	9,788	4,812	1,470	1,422	0	0	460	45	73	168
芬兰	..	..	..	..	..	..	..	..	..	..	..	..
法国	..	..	..	..	..	..	..	..	..	..	..	..
加蓬	4,361	2,130	3,977	2,022	110	18	0	0	287	108	97	0
冈比亚	426	520	385	449	162	64	0	0	15	42	26	29
格鲁吉亚	1,240	4,231	1,039	2,596	84	1,253	0	518	85	330	116	786
德国	..	..	..	..	..	..	..	..	..	..	..	..
加纳	5,495	5,720	4,200	4,126	2,434	1,581	27	0	620	1,323	648	271
希腊	..	..	..	..	..	..	..	..	..	..	..	..
危地马拉	3,282	13,801	2,328	4,931	158	1,112	142	7,644	811	1,226	0	0
几内亚	3,248	2,926	2,991	2,827	847	1,269	0	0	164	40	94	59
几内亚比绍	895	1,111	794	950	210	304	0	0	95	151	6	10
海地	821	1,244	766	1,078	389	39	0	0	27	0	29	166
洪都拉斯	4,851	3,675	4,247	2,446	828	502	123	880	382	317	99	32

	外债总额		长期债务						短期债务		IMF贷款的使用	
	百万美元		百万美元 公共债务和公共担保债务 总额		国际复兴开发银行贷款和国际开发协会信贷		私人无担保债务		百万美元		百万美元	
	1995	2009	1995	2009	1995	2009	1995	2009	1995	2009	1995	2009
匈牙利	..	..	..	..	..	..	..	..	..	..	..	..
印度	95,174	237,692	81,091	76,531	27,348	34,028	6,618	118,211	5,049	42,950	2,416	0
印度尼西亚	124,413	157,517	65,323	86,020	13,259	10,111	33,123	52,834	25,966	18,662	0	0
伊朗	21,565	13,435	15,116	7,524	316	836	0	0	6,449	5,911	0	0
伊拉克	..	..	..	..	..	..	..	..	..	..	..	..
爱尔兰	..	..	..	..	..	..	..	..	..	..	..	..
以色列	..	..	..	..	..	..	..	..	..	..	..	..
意大利	..	..	..	..	..	..	..	..	..	..	..	..
牙买加	4,581	10,959	3,721	6,664	595	398	128	3,241	492	1,054	240	0
日本	..	..	..	..	..	..	..	..	..	..	..	..
约旦	7,661	6,615	6,624	5,445	806	1,109	0	0	785	1,158	251	12
哈萨克斯坦	3,750	109,873	2,834	2,487	295	547	103	98,710	381	8,676	432	0
肯尼亚	7,309	8,005	5,857	6,543	2,412	3,156	445	0	634	1,011	374	451
朝鲜	..	..	..	..	..	..	..	..	..	..	..	..
韩国	..	..	..	..	..	..	..	..	..	..	..	..
科索沃	..	359	..	359	..	359	..	0	..	0	..	0
科威特	..	..	..	..	..	..	..	..	..	..	..	..
吉尔吉斯斯坦	609	2,900	472	2,320	141	656	0	332	13	81	124	167
老挝	2,155	5,539	2,091	2,923	285	680	0	2,601	0	0	64	16
拉脱维亚	..	..	..	..	..	..	..	..	..	..	..	..
黎巴嫩	2,974	24,864	1,559	20,979	113	318	50	670	1,365	3,096	0	119
莱索托	684	705	642	681	207	313	0	0	4	0	38	24
利比里亚	2,466	1,660	1,153	677	269	69	0	0	978	92	336	891
利比亚	..	..	..	..	..	..	..	..	..	..	..	..
立陶宛	769	31,717	430	9,059	62	23	29	16,708	49	5,949	262	0
前南斯拉夫马其顿共和国	1,277	5,589	788	1,874	181	653	289	1,816	143	1,900	57	0
马达加斯加	4,302	2,213	3,687	1,846	1,121	1,105	0	4	542	262	73	101
马拉维	2,238	1,093	2,078	899	1,306	213	0	0	44	67	116	127
马来西亚	34,343	66,390	16,023	21,364	1,059	39	11,046	21,332	7,274	23,695	0	0
马里	2,958	2,667	2,739	2,592	863	698	0	0	72	32	147	44
毛里塔尼亚	2,396	2,029	2,127	1,851	347	282	0	0	169	163	100	16
毛里求斯	1,416	742	1,148	661	157	212	267	81	1	0	0	0
墨西哥	165,379	192,008	93,902	99,374	13,823	10,143	18,348	69,299	37,300	23,335	15,828	0
摩尔多瓦	695	3,457	450	783	152	443	9	1,203	6	1,318	230	154
蒙古	531	2,212	472	1,817	59	392	0	141	12	72	47	182
摩洛哥	23,771	23,752	23,190	19,219	3,999	2,557	331	2,354	198	2,179	52	0
莫桑比克	7,458	4,168	5,209	3,354	890	1,356	1,769	0	279	643	202	171
缅甸	5,771	8,186	5,378	6,320	777	777	0	0	393	1,866	0	0
纳米比亚	..	..	..	..	..	..	..	..	..	..	..	..
尼泊尔	2,410	3,683	2,339	3,563	1,023	1,483	0	0	23	44	48	76
荷兰	..	..	..	..	..	..	..	..	..	..	..	..
新西兰	..	..	..	..	..	..	..	..	..	..	..	..
尼加拉瓜	10,396	4,420	8,572	2,461	341	418	0	1,093	1,785	716	39	150
尼日尔	1,604	991	1,347	909	598	266	133	7	72	18	52	57
尼日利亚	34,092	7,846	28,140	4,157	3,489	2,852	301	175	5,651	3,514	0	0
挪威	..	..	..	..	..	..	..	..	..	..	..	..
阿曼	..	..	..	..	..	..	..	..	..	..	..	..
巴基斯坦	30,169	53,710	23,727	41,484	6,403	11,844	1,593	3,265	3,235	1,466	1,613	7,495
巴拿马	6,098	12,418	3,781	11,282	175	435	0	1,136	2,207	0	111	0
巴布亚新几内亚	2,506	1,555	1,668	1,037	407	231	711	397	78	121	50	0
巴拉圭	2,574	4,323	1,453	2,308	189	296	338	1,263	784	752	0	0
秘鲁	30,833	29,593	18,931	20,791	1,729	2,846	1,288	4,073	9,659	4,730	955	0
菲律宾	39,379	62,911	28,525	41,738	5,185	2,669	4,847	17,171	5,279	4,002	728	0
波兰	..	..	..	..	..	..	..	..	..	..	..	..
葡萄牙	..	..	..	..	..	..	..	..	..	..	..	..
波多黎各	..	..	..	..	..	..	..	..	..	..	..	..
卡塔尔	..	..	..	..	..	..	..	..	..	..	..	..

6.10 外　债

	外债总额		长期债务						短期债务		IMF贷款的使用	
			百万美元									
			公共债务和公共担保债务									
	百万美元		总额		国际复兴开发银行贷款和国际开发协会信贷		私人无担保债务		百万美元		百万美元	
	1995	2009	1995	2009	1995	2009	1995	2009	1995	2009	1995	2009
罗马尼亚	6,832	117,511	3,957	17,904	844	2,995	534	69,031	1,303	21,032	1,038	9,544
俄罗斯联邦	121,401	381,339	101,582	99,990	1,524	3,211	0	250,725	10,201	30,624	9,617	0
卢旺达	1,029	747	971	725	512	254	0	0	32	6	26	15
沙特阿拉伯	..	..	..	..	..	..	..	..	..	..	..	..
塞内加尔	3,916	3,503	3,266	2,961	1,160	921	44	357	260	18	347	167
塞尔维亚	10,785[a]	33,402	6,788[a]	8,725	1,252[a]	2,459	1,773[a]	19,076	2,139[a]	4,000	84[a]	1,601
塞拉利昂	1,220	444	1,028	371	234	124	0	0	27	0	165	73
新加坡	..	..	..	..	..	..	..	..	..	..	..	..
斯洛伐克共和国	..	..	..	..	..	..	..	..	..	..	..	..
斯洛文尼亚	..	..	..	..	..	..	..	..	..	..	..	..
索马里	2,678	2,973	1,961	1,987	432	448	0	0	551	810	166	176
南非	25,358	42,101	9,837	15,063	0	21	4,935	13,764	9,673	13,274	913	0
西班牙	..	..	..	..	..	..	..	..	..	..	..	..
斯里兰卡	8,395	17,208	7,175	13,647	1,512	2,487	90	967	535	1,873	595	721
苏丹	17,603	20,139	9,779	12,998	1,279	1,306	496	0	6,368	6,739	960	403
斯威士兰	249	418	238	391	25	10	0	0	11	27	0	0
瑞典	..	..	..	..	..	..	..	..	..	..	..	..
瑞士	..	..	..	..	..	..	..	..	..	..	..	..
阿拉伯叙利亚共和国	21,897	5,236	16,955	4,480	471	16	0	0	4,942	756	0	0
塔吉克斯坦	634	2,514	590	1,603	0	373	0	855	43	15	0	41
坦桑尼亚	7,365	7,325	6,204	4,637	2,269	2,598	0	1,016	964	1,342	197	329
泰国	100,039	58,755	16,826	11,185	1,906	133	39,117	19,689	44,095	27,881	0	0
东帝汶	..	..	..	..	..	..	..	..	..	..	..	..
多哥	1,476	1,640	1,286	1,502	541	586	0	0	85	47	105	91
特立尼达和多巴哥	..	..	..	..	..	..	..	..	..	..	..	..
突尼斯	10,818	21,709	9,022	14,837	1,766	1,405	193	2,070	1,310	4,801	293	0
土耳其	73,781	251,372	50,317	84,875	5,069	9,816	7,079	118,814	15,701	39,725	685	7,958
土库曼斯坦	402	576	385	463	1	13	0	38	17	75	0	0
乌干达	3,609	2,490	3,089	2,245	1,792	1,379	0	0	103	235	417	9
乌克兰	8,429	93,153	6,581	10,449	491	3,294	84	51,857	223	19,873	1,542	10,974
阿拉伯联合酋长国	..	..	..	..	..	..	..	..	..	..	..	..
英国	..	..	..	..	..	..	..	..	..	..	..	..
美国	..	..	..	..	..	..	..	..	..	..	..	..
乌拉圭	5,318	12,159	3,833	10,955	513	1,099	127	80	1,336	1,124	21	0
乌兹别克斯坦	1,799	4,109	1,415	3,238	157	368	15	727	212	144	157	0
委内瑞拉	35,744	54,503	28,428	35,184	1,639	0	2,013	3,310	3,063	16,009	2,239	0
越南	25,428	28,674	21,778	23,403	231	6,270	0	0	3,272	5,186	377	84
西岸和加沙	..	..	..	..	..	..	..	..	..	..	..	..
也门共和国	6,251	6,356	5,562	5,861	827	2,187	0	0	689	442	0	53
赞比亚	6,958	3,049	5,291	1,210	1,434	407	13	1,020	415	474	1,239	345
津巴布韦	4,989	5,015	3,462	3,742	896	985	381	89	685	1,068	461	116
全世界	.. s	.. s	.. s	.. s	.. s	.. s	.. s	.. s	.. s	.. s	.. s	.. s
低收入国家	130,267	135,593	109,551	110,863	33,428	39,578	2,818	5,946	11,139	12,833	6,760	5,951
中等收入国家	1,729,983	3,409,521	1,151,625	1,296,127	144,453	185,309	205,673	1,346,264	319,724	720,903	52,961	46,227
中低收入国家	841,940	1,417,085	578,607	597,241	97,821	123,481	94,497	394,555	156,647	402,423	12,188	22,866
中高收入国家	888,043	1,992,436	573,018	698,886	46,632	61,827	111,176	951,710	163,077	318,479	40,772	23,361
低收入和中等收入国家	1,860,250	3,545,114	1,261,176	1,406,990	177,881	224,887	208,491	1,352,210	330,863	733,736	59,721	52,179
东亚和太平洋地区	455,544	825,602	255,399	293,956	37,604	44,253	89,982	208,994	108,826	322,361	1,337	291
欧洲和中亚	246,178	1,126,252	189,044	269,524	11,522	33,110	10,256	656,239	31,250	165,385	15,628	35,103
拉丁美洲和加勒比地区	608,666	912,980	371,875	432,115	38,485	41,907	87,303	340,984	122,856	138,637	26,632	1,243
中东和北非	161,737	141,321	140,298	112,569	12,751	11,847	887	6,150	18,375	22,402	2,177	200
南亚	152,282	339,983	129,636	159,965	42,036	61,257	8,301	122,442	9,051	48,495	5,293	9,081
撒哈拉以南非洲地区	235,842	198,976	174,924	138,861	35,483	32,512	11,760	17,399	40,504	36,456	8,654	6,261
高收入国家	..	..	..	..	..	..	..	..	..	..	..	..
欧元区	..	..	..	..	..	..	..	..	..	..	..	..

a. 包括黑山。

关于数据的说明

一国的外债状况影响其信誉和投资者的看法。发展中国家的外债数据由世界银行通过其债务人报告系统收集。世界银行工作人员使用发展中国家逐项提交的长期政府债务和政府担保债务的报告，辅之以各国或者债权人通过国际清算银行和经济合作与发展组织的报告体系收集到的短期债务信息，来计算发展中国家的债务状况。这些数据再通过来自主要多边银行的借贷信息、来自主要债权国家官方贷款机构的贷款报告以及来自世界银行和国际货币基金组织工作人员估计的信息加以补充。除此之外，表中还包括长期私人非担保债务数据，这些数据或者由各国向世界银行报告，或者由世界银行工作人员估计得出。

不同国家债务数据的覆盖范围、质量和时效性存在很大差异。债务工具和借款人的覆盖范围也不一样。随着债务工具和投资者范围的扩大、私人非担保贷款的膨胀，长期外债的总体范围变得更加复杂。报告国监督债务的能力存在差异，尤其是私人无担保的债务。甚至政府债务和政府担保债务也受到了报告覆盖范围和准确性的影响——此外，还存在监控能力以及有时不愿提供信息等原因。一个关键的没有报告的部分就是军事债务。目前，有 128 个发展中国家向债务人报告系统（DRS）通报数据。那些不通报数据的国家可能与世界银行、其他国际金融机构和私人债权人有未偿付的贷款。

因为债务数据一般以偿付货币报告，所以编制汇总表时，必须将其转换为美元。存量数据（未偿还债务额）按国际货币基金组织出版的《国际金融统计》（ae 行）中公布的期末汇率来转换。流量数据按年平均汇率（rf 行）转换。预计偿债金额用期末汇率转换。可使用多种货币、货物和服务偿付的债务以及附带保值条款的债务以账面价值列示。

因为流量数据以年均汇率转换，存量数据以年末汇率转换，各年之间债务存量和偿还额的变化有时并不等于净流量（偿还额减去本金偿还）；与此类似，未偿还债务的变化，其中包括未支付债务，并不等于债务协议总额减去偿还额。当一年之中汇率变化巨大时，这种差异尤其明显。其他债务的豁免或者重组为长期政府债务也会导致这种差异。

对重组债务报告的变更也会影响各国之间的可比性。例如，在官方债权人巴黎俱乐部赞助下的重组，可能会使一般重组协议的缔结和特定的、决定重组债务条款的双边协议的缔结之间出现滞后。其他不一致的方面包括各国在处理拖欠款和处理非居民以外币计价的国民存款等方面的差别。

长期私人非担保债务总额数据每年都予以公布。债务人报告系统国家认识到了监控其私人部门贷款的重要性，尤其当私人部门贷款占到其外债总额的很大比例时，但是许多国家发现做起来太难。更详细的数据只能来自要求登记私人非担保债务的国家，大部分国家通常都存在外汇管制。这些国家私人非担保债务的正式登记并不是强制性的，其汇编者必须依据国际收支数据和金融调查。本表给出的私人非担保债务数据要么是公布的数据，要么是那些这种外部债务形式很重要的国家的估计值。估计值以各国季度外债统计数据为基础。

债务人报告系统鼓励债务国自愿提供有关其短期外部债务的信息。从本质上来讲，短期外部债务难以监控：贷款逐项登记一般是不切实际的，监控系统通常还依赖于中央银行向银行部门要求定期提供的信息。世界银行认为债务国是其短期债务信息最权威的资料来源。然而，这些信息却无法从债务国获取，资料来源于债权国的数据通常可能被用作大量国家短期外部债务数据的替代指标。这些数据来自国际清算银行基于初定偿还期到期期限的国际银行贷款数据。尽管该数据根据剩余期限公布，但是依据初定偿还期的短期外部债务的估计值可以从 1 年内到期（或者早于 12 个月到期，或者 1—2 年内到期）的债权中推算得出。然而，并不是所有的商业银行以一种到期期限分布完全确定的方式向国际清算银行提供数据，而且国际清算银行的数据只包括国际清算银行报告区内的银行债务。在解释结果时，应谨慎对待。

与国际货币基金组织业务相关的数据由国际货币基金组织财务部提供。这些数据都是利用针对存量的期末汇率和针对流量的期间平均汇率将特别提款权转化为美元。国际货币基金组织贷款工具已经随时间有所改变，以应对其成员国特定的环境。

定义

• **外债总额**是一个国家的政府或者个人拖欠非居民债权人的、以外币、货物和服务形式偿付的债务。外债总额是政府债务、政府担保债务和私人无担保长期债务、国际货币基金组织贷款的使用和短期债务的总和。 • **长期债务**是原始期限或者延长期限超过一年的债务。它由政府债务、政府担保的债务和私人无担保债务 3 部分组成。 • **政府债务以及政府担保的债务**由政府债务人的长期外债和政府实体担保偿付的私人债务人的外债组成，其中政府债务人包括一国政府、政治上的次级单位（或者任一机构）和自治政府实体。 • **国际复兴开发银行贷款和国际开发协会贷款**由世界银行发放。国际复兴开发银行（IBRD）以市场利率放贷。国际开发协会（IDA）的信贷采用优惠利率。 • **私人无担保外债**由私人债务人的长期外债组成，它没有政府实体提供的偿付担保。 • **短期债务**是拖欠非居民的原始期限为一年或者不足一年的债务、长期债务和 IMF 贷款拖欠的利息。 • **国际货币基金组织（IMF）贷款**的使用表示其成员国从 IMF 而非从国家的储备档头寸中提款，其中包括中期贷款、备用贷款、迅速贷款、备用信贷安排、灵活信贷额度和中期贷款便利。

数据资料来源

外债数据的主要来源是接受国际复兴开发银行贷款或者国际开发协会信贷的成员国通过债务人报告系统向世界银行报告的数据。额外信息来自世界银行、国际货币基金组织、非洲开发银行和非洲开发基金、亚洲开发银行和亚洲开发基金、泛美洲开发银行的档案。发展中国家的外债简表每年公布在世界银行的《全球发展融资》、《全球发展融资》的 CD－ROM 和全球发展融资数据库中。

6.11 外债比率

	外债总额		债务还本付息总额		多边债务还本付息额		短期债务				债务现值	
	占GNI的百分比		占货物、服务以及收入出口的百分比[a]		占公共债务和公共担保债务还本付息额的百分比		占总债务的百分比		占总储备的百分比		占GNI的百分比[a]	占货物、服务以及收入出口的百分比[a]
	1995	2009	1995	2009	1995	2009	1995	2009	1995	2009	2009	2009
阿富汗	..	..	..	0.4	..	73.4	..	0.9	..	..	5	25
阿尔巴尼亚	18.5	40.3	2.8	6.9	11.4	43.1	13.7	17.7	23.5	35.2	31	96
阿尔及利亚	83.5	3.8	..	..	17.7	0.4	0.8	27.9	6.3	1.0	3	5
安哥拉	311.9	28.2	12.0	8.4	0.6	0.3	17.0	15.8	919.7	19.3	24	21
阿根廷	38.9	40.1	30.2	17.3	21.6	44.7	21.7	16.3	133.6	40.7	41	156
亚美尼亚	25.3	55.3	3.2	20.9	69.8	55.6	0.6	10.4	1.9	25.5	36	148
澳大利亚	..	..	..	..	..	..	..	..	..	..	..	..
奥地利	..	..	..	..	..	..	..	..	..	..	..	..
阿塞拜疆	10.6	12.1	1.3	1.7	21.8	28.4	4.4	16.6	11.6	15.1	10	14
孟加拉国	40.2	24.0	16.1	5.6	28.0	70.2	1.3	8.1	8.4	18.8	17	90
白俄罗斯	12.2	35.6	3.4	5.0	55.4	3.1	6.5	46.8	29.2	142.3	30	51
比利时	..	..	..	..	..	..	..	..	..	..	..	..
贝宁	71.2	16.1	7.5	..	54.6	74.5	3.4	4.2	23.7	3.6	12[b]	62[b]
玻利维亚	81.2	34.5	29.5	14.4	75.5	84.0	5.8	9.6	30.5	6.5	16[b]	34[b]
波斯尼亚和黑塞哥维那	..	54.6	..	10.5	..	72.7	..	17.5	..	51.7	45	106
博茨瓦纳	15.1	14.1	3.1	1.2	76.0	59.6	1.4	14.2	0.2	2.6	8	16
巴西	21.2	17.9	38.5	23.4	18.5	28.3	19.5	14.4	60.7	16.7	17	125
保加利亚	81.9	90.4	16.5	21.3	10.5	55.1	4.9	45.8	31.3	100.3	85	132
布基纳法索	53.6	22.9	..	..	76.7	65.0	4.4	0.0	16.1	0.0	17[b]	154[b]
布隆迪	117.6	38.9	27.6	..	70.6	95.8	1.3	1.4	6.9	2.3	13[b]	143[b]
柬埔寨	67.6	45.0	0.7	0.8	11.9	75.1	4.5	6.1	53.1	8.1	38	60
喀麦隆	133.4	13.6	21.0	7.4	61.0	37.3	9.0	0.8	6,444.5	0.6	4[b]	12[b]
加拿大	..	..	..	..	..	..	..	..	..	..	..	..
中非共和国	85.9	20.0	..	..	100.0	65.0	6.0	17.0	24.0	31.9	12[b]	75[b]
乍得	58.5	28.6	..	2.8	86.1	85.3	2.0	0.2	11.6	0.6	22[b]	41[b]
智利	32.1	46.7	24.5	22.6	76.2	3.7	15.6	24.4	23.1	69.1	43	84
中国	16.5	8.7	9.9	2.9	7.6	27.2	18.9	56.1	27.8	9.8	9	25
中国香港	..	..	..	..	..	..	..	..	..	..	..	..
哥伦比亚	27.5	23.6	33.5	22.4	32.7	36.6	22.1	7.9	65.6	16.4	20	111
刚果民主共和国	271.4	121.4	..	..	..	35.5	23.6	4.9	1,980.9	36.9	24[b]	71[b]
刚果共和国	479.3	83.8	13.5	..	21.1	18.4	17.0	4.2	1,575.1	5.6	20[b]	18[b]
哥斯达黎加	32.8	28.1	14.2	9.6	50.6	25.4	11.4	29.0	40.5	57.5	27	50
科特迪瓦	188.7	53.0	23.1	9.5	59.3	96.0	20.7	0.8	739.1	3.0	46[b]	88[b]
克罗地亚	..	..	..	..	..	..	..	..	..	..	..	..
古巴	..	..	..	..	..	..	..	..	..	..	..	..
捷克共和国	..	..	..	..	..	..	..	..	..	..	..	..
丹麦	..	..	..	..	..	..	..	..	..	..	..	..
多米尼加共和国	28.5	24.6	7.0	12.1	39.8	25.2	13.8	15.3	165.3	57.8	22	73
厄瓜多尔	72.0	23.3	26.6	40.8	32.0	12.9	9.5	11.0	73.4	37.4	23	59
埃及	55.8	17.6	16.0	6.5	26.3	30.2	7.1	7.7	13.9	7.3	16	53
萨尔瓦多	26.4	54.3	13.4	25.2	55.1	67.9	20.9	18.6	55.9	67.7	49	162
厄立特里亚	6.3	..	0.1	..	100.0	56.1	0.0	0.6	0.0	..	34[b]	811[b]
爱沙尼亚	..	..	..	..	..	..	..	..	..	..	..	..
埃塞俄比亚	136.8	17.6	18.5	3.1	41.9	45.8	4.5	0.9	56.5	2.5	12[b]	89[b]
芬兰	..	..	..	..	..	..	..	..	..	..	..	..
法国	..	..	..	..	..	..	..	..	..	..	..	..
加蓬	101.6	22.3	15.3	8.1	17.9	16.9	6.6	5.1	187.8	5.4	19	18
冈比亚	113.0	75.3	15.5	..	49.1	51.4	3.5	8.1	14.0	18.9	30[b]	81[b]
格鲁吉亚	48.2	40.0	..	7.3	0.4	47.4	6.9	7.8	43.0	15.7	28	80
德国	..	..	..	..	..	..	..	..	..	..	..	..
加纳	86.9	37.3	24.2	2.9	48.4	18.7	11.3	23.1	77.1	..	27[b]	60[b]
希腊	..	..	..	..	..	..	..	..	..	..	..	..
危地马拉	22.6	38.8	12.5	18.4	47.5	74.9	24.7	8.9	103.6	23.6	33	126
几内亚	90.0	48.3	24.9	..	30.5	62.8	5.0	1.4	188.9	..	44[b]	152[b]
几内亚比绍	379.4	253.2	52.4	..	86.3	100.0	10.6	13.6	469.2	89.5	203[b]	647[b]
海地	..	..	51.0	4.6	92.2	81.0	3.2	0.0	13.4	0.0	15[b]	113[b]
洪都拉斯	132.9	25.9	34.7	6.8	55.9	44.0	7.9	8.6	141.7	..	13[b]	25[b]

	外债总额		债务还本付息总额		多边债务还本付息额		短期债务				债务现值	
	占GNI的百分比		占货物、服务以及收入出口的百分比[a]		占公共债务和公共担保债务还本付息额的百分比		占总债务的百分比		占总储备的百分比		占GNI的百分比[a]	占货物、服务以及收入出口的百分比[a]
	1995	2009	1995	2009	1995	2009	1995	2009	1995	2009	2009	2009
匈牙利	..	..	..	..	..	..	..	..	..	..	..	..
印度	27.0	18.2	34.4	5.9	24.2	31.9	5.3	18.1	22.1	15.1	17	71
印度尼西亚	63.4	30.2	30.3	18.4	28.4	25.3	20.9	11.8	174.2	28.2	30	99
伊朗	23.9	4.1	29.7	..	1.3	4.2	29.9	44.0	..	..	4	..
伊拉克	..	..	..	..	..	..	..	..	..	..	..	..
爱尔兰	..	..	..	..	..	..	..	..	..	..	..	..
以色列	..	..	..	..	..	..	..	..	..	..	..	..
意大利	..	..	..	..	..	..	..	..	..	..	..	..
牙买加	82.3	77.8	18.8	33.9	40.6	17.6	10.7	9.6	72.2	50.8	82	178
日本	..	..	..	..	..	..	..	..	..	..	..	..
约旦	118.8	28.3	16.7	4.8	33.5	50.7	10.2	17.5	34.4	9.5	27	46
哈萨克斯坦	18.5	113.0	3.9	80.2	7.8	45.7	10.2	7.9	23.0	37.4	96	157
肯尼亚	83.8	26.5	25.3	5.0	32.5	40.7	8.7	12.6	164.9	26.3	19	72
朝鲜	..	..	..	..	..	..	..	..	..	..	..	..
韩国	..	..	..	..	..	..	..	..	..	..	..	..
科索沃	..	6.4	..	20.8	..	100.0	..	0.0	..	0.0	4	25
科威特	..	..	..	..	..	..	..	..	..	..	..	..
吉尔吉斯斯坦	37.5	65.8	13.3	14.0	59.0	78.1	2.1	2.8	9.7	5.1	36[b]	62[b]
老挝	122.6	95.5	6.1	..	37.4	79.7	0.0	0.0	0.0	0.0	78	233
拉脱维亚	..	..	..	..	..	..	..	..	..	..	..	..
黎巴嫩	24.4	70.7	..	18.0	13.5	5.7	45.9	12.5	16.9	7.9	80	105
莱索托	55.8	33.2	6.1	3.0	60.3	81.7	0.6	0.0	0.9	..	19	27
利比里亚	..	257.5	..	..	..	30.3	39.6	5.5	3,481.0	..	316[b]	347[b]
利比亚	..	..	..	..	..	..	..	..	..	..	..	..
立陶宛	9.8	85.3	1.3	31.0	31.8	8.9	6.4	18.8	6.0	89.4	72	120
前南斯拉夫马其顿共和国	29.0	62.2	..	14.8	99.9	63.9	11.2	34.0	51.9	83.0	59	100
马达加斯加	143.3	..	7.7	2.3	74.3	61.9	12.6	11.8	497.1	23.0	17[b]	59[b]
马拉维	165.8	24.7	24.9	..	51.4	33.4	1.9	6.1	37.8	41.0	16[b]	65[b]
马来西亚	40.6	35.8	7.0	5.2	15.5	1.9	21.2	35.7	29.5	24.5	31	27
马里	122.3	29.6	16.1	..	45.5	57.5	2.4	1.2	22.2	2.0	14[b]	51[b]
毛里塔尼亚	175.3	66.6	23.1	..	49.6	58.1	7.1	8.0	187.9	68.4	83[b]	153[b]
毛里求斯	35.2	8.4	8.7	2.7	34.5	35.6	0.1	0.0	0.1	0.0	7	11
墨西哥	60.5	22.3	28.1	16.0	19.5	9.3	22.6	12.2	218.8	23.4	18	61
摩尔多瓦	40.3	59.7	7.9	14.9	79.1	43.1	0.9	38.1	2.3	89.0	55	109
蒙古	44.2	55.8	10.2	4.8	2.8	29.9	2.2	3.3	7.4	5.4	35	57
摩洛哥	75.1	26.4	40.4	12.5	30.3	49.8	0.8	9.2	5.1	9.2	23	65
莫桑比克	360.6	43.0	34.5	1.6	17.4	71.4	3.7	15.4	142.8	..	18[b]	53[b]
缅甸	..	..	18.9	..	15.0	8.4	6.8	22.8	60.4	..	..	..
纳米比亚	..	..	..	..	..	..	..	..	..	..	..	..
尼泊尔	54.7	28.7	7.9	10.4	54.2	77.6	0.9	1.2	3.5	..	23	154
荷兰	..	..	..	..	..	..	..	..	..	..	..	..
新西兰	..	..	..	..	..	..	..	..	..	..	..	..
尼加拉瓜	368.6	76.2	43.1	17.2	30.3	49.8	17.2	16.2	1,256.8	45.5	36[b]	68[b]
尼日尔	87.6	18.8	17.1	4.5	95.5	92.0	4.5	1.9	75.6	2.8	13[b]	67[b]
尼日利亚	131.7	5.1	14.7	0.8	45.4	61.0	16.6	44.8	330.7	7.7	4	8
挪威	..	..	..	..	..	..	..	..	..	..	..	..
阿曼	..	..	..	..	..	..	..	..	..	..	..	..
巴基斯坦	49.4	31.3	30.9	15.0	43.2	50.5	10.7	2.7	128.0	10.8	24	157
巴拿马	80.9	52.5	3.4	5.5	52.7	22.5	36.2	0.0	282.4	0.0	54	66
巴布亚新几内亚	57.3	19.9	20.8	11.7	31.7	58.0	3.1	7.8	29.1	4.6	18	21
巴拉圭	31.5	29.5	5.8	6.1	48.0	52.6	30.4	17.4	70.8	19.5	26	48
秘鲁	60.3	24.8	17.3	11.8	49.9	33.2	31.3	16.0	111.6	14.2	23	78
菲律宾	51.7	39.2	16.3	18.5	29.2	13.5	13.4	6.4	67.8	9.1	35	90
波兰	..	..	..	..	..	..	..	..	..	..	..	..
葡萄牙	..	..	..	..	..	..	..	..	..	..	..	..
波多黎各	..	..	..	..	..	..	..	..	..	..	..	..
卡塔尔	..	..	..	..	..	..	..	..	..	..	..	..

6.11 外债比率

	外债总额		债务还本付息总额		多边债务还本付息额		短期债务				债务现值	
	占GNI的百分比		占货物、服务以及收入出口的百分比[a]		占公共债务和公共担保债务还本付息额的百分比		占总债务的百分比		占总储备的百分比		占GNI的百分比[a]	占货物、服务以及收入出口的百分比[a]
	1995	2009	1995	2009	1995	2009	1995	2009	1995	2009	2009	2009
罗马尼亚	19.4	71.6	10.5	31.4	21.3	44.1	19.1	17.9	49.7	47.4	53	166
俄罗斯联邦	31.0	31.9	6.3	17.7	9.7	4.7	8.4	8.0	56.6	7.0	26	74
卢旺达	79.2	14.9	20.5	4.7	99.0	70.4	3.1	0.8	32.3	0.9	8[b]	64[b]
沙特阿拉伯	..	..	..	..	..	..	..	..	..	..	..	..
塞内加尔	82.9	27.1	17.8	..	62.2	59.1	6.6	0.5	95.6	0.8	20[b]	73[b]
塞尔维亚	..	79.7	..	37.1	100.0[c]	51.9	19.8[c]	12.0	..	26.3	71	223
塞拉利昂	149.0	23.4	63.6	2.2	8.4	62.9	2.2	0.0	77.8	0.0	20[b]	104[b]
新加坡	..	..	..	..	..	..	..	..	..	..	..	..
斯洛伐克共和国	..	..	..	..	..	..	..	..	..	..	..	..
斯洛文尼亚	..	..	..	..	..	..	..	..	..	..	..	..
索马里	..	..	..	..	..	..	20.6	27.2	..	..	..	..
南非	17.1	15.1	9.5	9.3	0.0	2.5	38.1	31.5	216.7	33.5	15	44
西班牙	..	..	..	..	..	..	..	..	..	..	..	..
斯里兰卡	65.3	41.5	9.3	15.6	14.0	20.0	6.4	10.9	25.3	35.0	35	136
苏丹	136.3	40.5	10.1	5.8	100.0	22.3	36.2	33.5	3,898.2	615.9	73[b]	352[b]
斯威士兰	14.0	15.4	1.5	2.1	64.0	82.8	4.5	6.5	3.7	2.8	13	16
瑞典	..	..	..	..	..	..	..	..	..	..	..	..
瑞士	..	..	..	..	..	..	..	..	..	..	..	..
阿拉伯叙利亚共和国	188.9	10.3	4.5	..	55.3	30.2	22.6	14.4	1,102.7	4.1	9	24
塔吉克斯坦	53.6	51.2	..	38.4	..	39.8	6.8	0.6	..	..	39	114
坦桑尼亚	143.5	34.0	17.4	3.5	66.7	69.6	13.1	18.3	356.6	38.7	13[b]	57[b]
泰国	60.5	23.3	11.6	6.8	20.9	4.8	44.1	47.5	119.4	20.1	22	28
东帝汶	..	..	..	..	..	..	..	..	..	..	..	..
多哥	116.7	57.5	6.2	..	75.5	98.3	5.8	2.9	65.1	6.7	50[b]	136[b]
特立尼达和多巴哥	..	..	..	..	..	..	..	..	..	..	..	..
突尼斯	63.0	58.2	18.3	10.1	45.2	41.7	12.1	22.1	77.6	42.5	54	80
土耳其	44.4	41.2	30.1	41.6	20.7	13.4	21.3	15.8	113.0	53.0	35	144
土库曼斯坦	16.1	3.0	..	..	1.9	2.2	4.3	13.0	1.5	..	3	4
乌干达	63.3	16.2	19.8	2.0	69.7	66.0	2.8	9.4	22.4	7.9	8[b]	34[b]
乌克兰	17.8	83.8	6.6	36.2	13.6	16.9	2.6	21.3	20.9	75.0	62	123
阿拉伯联合酋长国	..	..	..	..	..	..	..	..	..	..	..	..
英国	..	..	..	..	..	..	..	..	..	..	..	..
美国	..	..	..	..	..	..	..	..	..	..	..	..
乌拉圭	28.0	34.5	22.1	21.0	27.3	22.3	25.1	9.2	73.7	14.0	37	121
乌兹别克斯坦	13.5	12.5	..	..	1.9	21.6	11.8	3.5	..	..	12	29
委内瑞拉	49.0	16.7	22.9	6.4	11.6	13.4	8.6	29.4	28.6	46.6	19	66
越南	124.0	32.3	..	1.8	2.9	18.3	12.9	18.1	247.2	31.5	27	34
西岸和加沙	..	..	..	..	..	..	..	..	..	..	..	..
也门共和国	169.9	25.5	4.6	..	78.3	58.7	11.0	7.0	107.9	6.3	17	47
赞比亚	215.1	26.8	..	3.8	50.6	48.6	6.0	15.6	186.2	25.1	10[b]	24[b]
津巴布韦	73.5	..	..	..	33.6	0.0	13.7	21.3	77.2	..	..	335
全世界	.. w	.. w	.. w	.. w	.. w	.. w	.. w	.. w	.. w	.. w	..	..
低收入国家	88.4	30.9	..	3.9	40.2	57.1	8.6	9.5	96.0	16.2	..	..
中等收入国家	36.8	21.8	18.0	11.6	22.5	20.2	18.5	21.1	72.7	14.9	..	..
中低收入国家	40.4	15.6	17.2	6.2	25.5	27.9	18.6	28.4	70.4	12.2	..	..
中高收入国家	33.9	30.3	18.6	19.5	20.0	15.4	18.4	16.0	74.8	21.0	..	..
低收入和中等收入国家	38.8	22.1	18.0	11.3	23.0	21.0	17.8	20.7	73.3	15.0	..	..
东亚和太平洋地区	35.5	13.2	12.7	4.8	18.2	18.4	23.9	39.0	64.9	11.3	..	..
欧洲和中亚	32.7	44.7	10.9	26.9	16.6	13.3	12.7	14.7	67.6	24.4	..	..
拉丁美洲和加勒比地区	35.8	23.7	27.3	17.9	26.2	23.3	20.2	15.2	88.6	25.0	..	..
中东和北非	59.2	15.4	21.1	..	19.7	23.3	11.4	15.9	31.1	..	..	..
南亚	32.2	20.7	29.7	6.8	27.4	38.4	5.9	14.3	29.5	15.4	..	..
撒哈拉以南非洲地区	76.1	22.9	16.2	5.9	35.0	25.1	17.2	18.3	193.5	21.3	..	..
高收入国家	..	..	..	..	..	..	..	..	..	..	..	..
欧元区	..	..	..	..	..	..	..	..	..	..	..	..

a. 分子为2009年的数据，而分母为2007—2009年3年的平均值。b. 数据来自低收入国家的债务可持续性分析。对这些国家的现值估算只涉及公共债务和公共担保的债务。c. 包括黑山。

关于数据的说明

一国的外债负担（包括未偿还债务和债务还本付息额）影响该国的信誉和脆弱性。本表给出了相对于国家规模（国民总收入，GNI）总的外债。总债务还本付息额是与一国通过商品、服务的出口、收入以及劳工侨汇获取外汇的能力相对应的。

多边债务还本付息额（以占政府债务和政府担保的债务还本付息额的份额表示）是欠国际金融机构的债务，例如，世界银行、国际货币基金组织和地区性开发银行。多边债务还本付息要优于私人债务和双边债务的还本付息，借款者必须要偿还当前的多边债务以维持其信誉。尽管双边和私人债权人经常注销债务，但是国际金融机构的规章制度禁止减免债务或者直接取消债务。然而，近期一些国家多边债务还本付息率的下降反映了一些特定计划的债务减免，例如，重债穷国的债务倡议和多边债务减免倡议（见表 1.4）。其他国家也加快了未偿债务的偿还。债务国也可以向巴黎俱乐部和伦敦俱乐部申请就拖欠国家或者私人债权人的债务重新谈判。

因为短期债务是一种即期负担并且对于监控脆弱性非常重要，所以可以与说明这种债务的承担状况的债务总额和外汇储备相比较。外债现值提供了衡量未来债务偿付情况的尺度。

外债现值是通过对长期外债贷款期限内的债务还本付息额（利息加上分期偿还额）贴现后计算的。短期债务按其面值计算。债务数据用官方汇率换算为美元计值（见表 6.10 中的“关于数据的说明”）。长期债务使用的贴现率由偿付贷款的货币决定，并以经济合作与发展组织提供的商业参考利率为基础。来自国际复兴开发银行的贷款和来自国际开发协会的信贷都使用特别提款权参考利率贴现，对国际货币基金组织的债务也是这样计算。当贴现率比贷款利率高时，现值比未来债务还本付息总额的名义值低。

债务比率通常用于评估一国债务偿还的可持续性，但是没有一个绝对的规则能够决定什么样的值过高。对发展中国家的经历及其债务偿付表现的实证分析表明，当债务现值与出口之比达到 200% 时，债务还本付息的困难可能会变得日益严重。此外，可持续的债务负担结构国与国之间也不同。经济增长和出口快速增长的国家一般都能够维持较高的债务水平。

定义

• **外债总额**是政府债务、政府担保债务和私人无担保长期债务、国际货币基金组织贷款的使用和短期债务的总和。以占 GNI 的份额表示。 • **债务还本付息总额**是以外币、货物和服务形式实际偿付的本金和利息之和，其中包括长期债务、短期债务的利息支付以及对 IMF 的偿还（回购和费用）。 • **货物、服务和收入的出口**是指商品和服务出口、非居民劳工的报酬收入和投资收入的总额。 • **多边债务还本付息**是对世界银行、地区性开发银行以及其他多边与政府间机构偿付的本金和利息。 • **短期债务**包括所有原始期限为一年或者不足一年的债务和长期债务拖欠的利息。 • **储备总额**包括持有的货币黄金、特别提款权、IMF 持有的 IMF 成员国的储备以及货币当局持有的外汇。 • **债务现值**是短期外债总额加上政府债务和政府担保债务偿付总额的贴现值、整个贷款期限内私人无担保的长期外债贴现值之和。

对于中等收入经济体来讲，随着出口收入的下降，2009 年债务还本付息额与出口额的比率急剧上升 **6.11a**

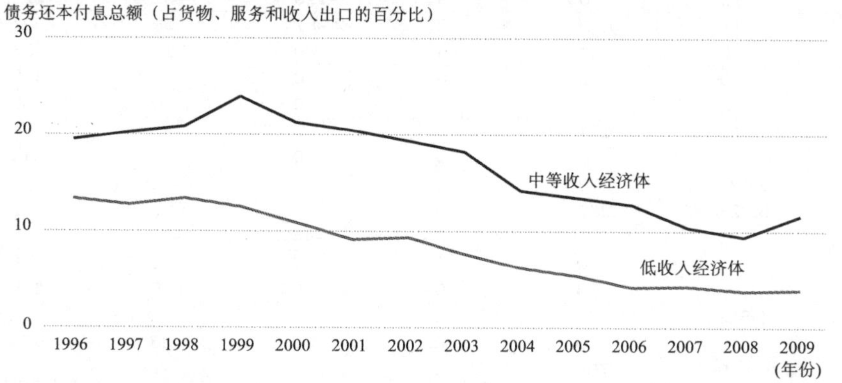

受全球金融危机的影响，2009 年中等收入经济体的出口收入下降了 20%，低收入经济体下降了 8%。出口收入的下降造成了债务还本付息额与出口额比率的急剧上升，自 2000 年以来，由于债务的减免和出口的增长，该比率已经有所下降。

资料来源：《全球发展融资》数据档案。

数据资料来源

外债信息的主要来源是接受国际复兴开发银行贷款或者国际开发协会信贷的成员国通过债务人报告系统向世界银行报告的数据。额外信息来自世界银行、国际货币基金组织、非洲开发银行和非洲开发基金、亚洲开发银行和亚洲开发基金、泛美洲开发银行的档案。GNI、货物和服务出口、总储备数据来自世界银行的国民经济核算档案、国际货币基金组织的国际收支数据库和国际金融统计数据库。发展中国家的外债简表每年公布在世界银行的《全球发展融资》、《全球发展融资》的 CD - ROM 和全球发展融资数据库中。

6.12 全球私人资金流量

	股权流量				债务流量			
	百万美元				百万美元			
	外国直接投资		组合证券		债券		商业银行和其他贷款	
	1995	**2009**	**1995**	**2009**	**1995**	**2009**	**1995**	**2009**
阿富汗	0	185	..	..	..	0	..	0
阿尔巴尼亚	70	978	0	4	0	0	0	451
阿尔及利亚	..	2,847	..	..	–278	0	788	–607
安哥拉	472	2,205	0	0	0	0	123	156
阿根廷	5,609	3,902	1,552	–212	3,705	–1,114	754	–1,849
亚美尼亚	25	777	..	1	0	0	0	42
澳大利亚	12,026	22,572	2,585	..	..	..	..	..
奥地利	1,901	8,714	1,262	498	..	..	..	..
阿塞拜疆	330	473	..	0	0	0	0	400
孟加拉国	2	674	–15	–154	0	0	–20	–13
白俄罗斯	15	1,884	..	1	0	0	103	–31
比利时	10,689[a]	–38,860	6,505[a]	–3,242	..	..	..	..
贝宁	13	93	0	..	0	0	0	0
玻利维亚	393	423	0	0	0	–10	41	–156
波斯尼亚和黑塞哥维那	..	235	..	..	..	0	..	–40
博茨瓦纳	70	252	6	18	0	0	-6	–1
巴西	4,859	25,949	2,775	37,071	2,636	19,111	8,283	4,731
保加利亚	90	4,595	0	8	–6	–372	–93	304
布基纳法索	10	171	..	..	0	0	0	–3
布隆迪	2	0	0	..	0	0	–1	0
柬埔寨	151	530	..	0	0	0	13	0
喀麦隆	7	340	0	0	0	0	–65	–12
加拿大	9,319	19,898	–3,077	23,349	..	..	..	..
中非共和国	6	42	..	..	0	0	0	0
乍得	33	462	..	..	0	0	0	0
智利	2,957	12,702	–249	316	489	1,900	1,773	2,572
中国	35,849	78,193	0	28,161	317	–39	4,696	–12,050
中国香港	..	52,395	..	9,492	..	..	..	..
哥伦比亚	968	7,207	165	67	1,008	6,768	1,250	–1,018
刚果民主共和国	–22	951	0	..	0	0	0	–61
刚果共和国	125	2,083	0	..	0	0	–53	–1
哥斯达黎加	337	1,347	0	0	–4	–225	–20	538
科特迪瓦	211	381	1	–9	0	0	14	–143
克罗地亚	108	2,951	4	23	..	..	..	..
古巴	..	..	..	..	..	..	..	..
捷克共和国	2,568	2,666	1,236	-311	..	..	..	..
丹麦	4,139	2,905	..	8,152	..	..	..	..
多米尼加共和国	414	2,067	..	0	0	–125	–31	–213
厄瓜多尔	452	316	13	2	0	–2,987	59	–997
埃及	598	6,712	0	393	0	0	–311	–33
萨尔瓦多	38	431	0	0	0	0	–31	175
厄立特里亚	..	0	..	..	0	0	0	0
爱沙尼亚	201	1,751	10	–131	..	..	..	..
埃塞俄比亚	14	221	..	0	0	0	–48	1,019
芬兰	1,044	60	2,027	–273	..	..	..	..
法国	23,736	59,989	6,823	68,285	..	..	..	..
加蓬	–315	33	..	..	0	–44	–75	74
冈比亚	8	39	..	0	0	0	0	0
格鲁吉亚	..	658	..	13	0	0	0	135
德国	11,985	39,153	–1,513	11,806	..	..	..	..
加纳	107	1,685	0	0	0	0	38	224
希腊	1,053	2,419	0	764	..	..	..	..
危地马拉	75	600	..	0	44	–50	–34	-574
几内亚	1	50	..	0	0	0	–15	4
几内亚比绍	0	14	..	..	0	0	0	0
海地	7	38	..	0	0	0	0	0
洪都拉斯	50	500	0	0	–13	50	38	222

	股权流量				债务流量			
	百万美元				百万美元			
	外国直接投资		组合证券		债券		商业银行和其他贷款	
	1995	2009	1995	2009	1995	2009	1995	2009
匈牙利	4,804	2,783	–62	954	..	..	..	..
印度	2,144	34,577	1,590	21,112	285	1,822	955	8,343
印度尼西亚	4,346	4,877	1,493	787	2,248	5,112	60	5,872
伊朗	17	3,016	0	..	0	0	–37	–1,417
伊拉克	2	1,070	..	..	..	..	..	..
爱尔兰	1,447	25,233	0	29,184	..	..	..	..
以色列	1,350	3,894	991	2,122	..	..	..	..
意大利	4,842	28,976	5,358	20,915	..	..	..	..
牙买加	147	541	0	0	13	740	15	–62
日本	39	11,834	50,597	12,432	..	..	..	..
约旦	13	2,382	0	-30	0	-2	–201	–3
哈萨克斯坦	964	13,619	..	46	0	-2,108	240	6,554
肯尼亚	42	141	5	3	0	0	–163	24
朝鲜	..	..	..	..	..	..	..	..
韩国	1,776	1,506	4,219	25,661	..	..	..	..
科索沃	..	406	..	0	..	0	..	0
科威特	7	145	0	0	..	..	..	..
吉尔吉斯斯坦	96	189	..	1	0	0	0	29
老挝	95	319	0	0	0	0	0	387
拉脱维亚	180	94	0	–8	..	..	..	..
黎巴嫩	..	4,804	..	929	350	789	333	–41
莱索托	275	63	..	..	0	0	12	–1
利比里亚	5	218	..	0	0	0	0	–32
利比亚	–88	1,711	..	0	..	..	..	..
立陶宛	73	230	6	–2	0	2,488	55	–1,971
前南斯拉夫马其顿共和国	9	248	..	–14	0	244	0	244
马达加斯加	10	543	..	..	0	0	–4	0
马拉维	6	60	..	..	0	0	–23	0
马来西亚	4,178	1,387	0	–449	2,440	143	1,231	–1,592
马里	111	109	..	..	0	0	0	1
毛里塔尼亚	7	–38	0	..	0	0	0	–1
毛里求斯	19	257	22	–33	150	0	126	29
墨西哥	9,526	14,462	519	4,169	3,758	7,499	1,401	–9,314
摩尔多瓦	26	128	–1	2	0	–6	24	–18
蒙古	10	624	0	4	0	0	–14	46
摩洛哥	92	1,970	20	–4	0	0	158	–61
莫桑比克	45	881	0	0	0	0	24	20
缅甸	280	323	..	..	0	0	36	0
纳米比亚	153	490	46	4	..	..	..	..
尼泊尔	..	38	0	..	0	0	–5	–1
荷兰	12,206	33,287	–743	19,256	..	..	..	..
新西兰	3,316	–1,259	..	967	..	..	..	..
尼加拉瓜	89	434	0	0	0	0	–81	–75
尼日尔	7	739	..	..	0	0	–24	–7
尼日利亚	1,079	5,787	0	522	0	0	–448	–55
挪威	2,393	11,271	636	2,470	..	..	..	..
阿曼	46	2,210	0	326	..	..	..	..
巴基斯坦	723	2,387	10	–37	0	–500	317	26
巴拿马	223	1,773	0	0	0	1,323	–12	70
巴布亚新几内亚	455	423	..	..	–32	0	–311	25
巴拉圭	103	205	0	0	0	0	–16	425
秘鲁	2,557	4,760	171	47	0	2,828	43	–258
菲律宾	1,478	1,948	0	–1,096	1,110	3,527	–215	–783
波兰	3,659	13,796	219	1,579	..	..	..	..
葡萄牙	685	2,808	–179	1,616	..	..	..	..
波多黎各	..	..	..	..	..	..	..	..
卡塔尔	..	..	..	..	..	..	..	..

6.12 全球私人资金流量

	股权流量				债务流量			
	百万美元				百万美元			
	外国直接投资		组合证券		债券		商业银行和其他贷款	
	1995	2009	1995	2009	1995	2009	1995	2009
罗马尼亚	419	6,310	0	7	0	32	413	7,022
俄罗斯联邦	2,065	36,751	47	3,369	−810	−1,968	444	7,328
卢旺达	2	119	0	0	0	0	0	0
沙特阿拉伯	−1,875	10,499	0	..	..	..	..	..
塞内加尔	32	208	4	..	0	200	−25	157
塞尔维亚	45[b]	1,921	..	23	0	0	0	104
塞拉利昂	7	74	0	6	0	0	−28	0
新加坡	11,535	16,809	−159	2,058	..	..	..	..
斯洛伐克共和国	236	−31	−16	182	..	..	..	..
斯洛文尼亚	150	−579	..	31	..	..	..	..
索马里	1	108	..	..	0	0	0	0
南非	1,248	5,354	2,914	9,364	731	1,750	748	2,291
西班牙	8,086	6,451	4,216	9,378	..	..	..	..
斯里兰卡	56	404	..	−382	0	400	103	238
苏丹	12	2,682	0	0	0	0	0	0
斯威士兰	52	66	1	−7	0	0	0	0
瑞典	14,939	11,538	1,853	1,400	..	..	..	..
瑞士	4,158	27,588	5,851	9,241	..	..	..	..
阿拉伯叙利亚共和国	100	1,434	0	..	0	0	−1	0
塔吉克斯坦	10	16	..	0	0	0	0	−54
坦桑尼亚	120	415	0	3	0	0	18	84
泰国	2,068	4,976	2,253	1,334	2,123	−341	3,702	−1,134
东帝汶	..	..	..	..	..	..	..	..
多哥	26	50	0	..	0	0	0	0
特立尼达和多巴哥	299	709	17	..	..	..	..	..
突尼斯	264	1,595	12	−89	588	−313	−96	30
土耳其	885	8,403	195	2,827	627	1,152	174	−12,036
土库曼斯坦	233	1,355	..	..	0	0	20	−24
乌干达	121	604	0	122	0	0	−9	0
乌克兰	267	4,816	..	105	−200	−1,115	−19	−1,605
阿拉伯联合酋长国	..	..	..	..	..	..	..	..
英国	21,731	72,924	8,070	78,845	..	..	..	..
美国	57,800	134,710	16,523	160,534	..	..	..	..
乌拉圭	157	1,262	0	-12	144	−420	39	−19
乌兹别克斯坦	−24	750	..	..	0	0	201	−118
委内瑞拉	985	−3,105	270	121	−468	4,992	-216	−322
越南	1,780	7,600	..	128	0	−20	356	−1
西岸和加沙	123	..	0	..	..	..	..	..
也门共和国	−218	129	..	0	0	0	−2	−1
赞比亚	97	699	..	−13	0	0	−37	−36
津巴布韦	118	60	..	..	−30	0	140	0
全世界	**340,573 s**	**1,163,874 s**	**127,074 s**	**744,295 s**	**.. s**	**.. s**	**.. s**	**.. s**
低收入国家	1,540	10,950	−10	−33	−30	0	−107	1,601
中等收入国家	93,318	348,451	13,835	108,577	20,954	51,121	26,661	88
中低收入国家	54,045	177,583	5,397	50,913	6,470	8,555	8,991	−2,246
中高收入国家	39,273	170,868	8,438	57,663	14,484	42,566	17,670	2,335
低收入和中等收入国家	94,858	359,401	13,824	108,544	20,924	51,121	26,554	1,689
东亚和太平洋地区	50,797	101,428	3,746	28,868	8,206	8,383	9,554	−9,217
欧洲和中亚	5,599	86,067	248	6,386	−389	−1,653	1,563	6,921
拉丁美洲和加勒比地区	30,212	76,629	5,216	41,570	11,311	40,290	13,240	−6,172
中东和北非	907	27,766	32	1,200	660	473	632	−2,132
南亚	2,931	38,414	1,585	20,539	285	1,722	1,350	8,575
撒哈拉以南非洲地区	4,411	29,096	2,998	9,981	851	1,906	214	3,715
高收入国家	245,715	804,473	113,249	635,751	..	..	..	..
欧元区	89,322	371,020	23,747	296,975	..	..	..	..

a. 包括卢森堡。b. 包括黑山。

关于数据的说明

私人资金流量解释了金融的巨大发展，其被分为两大类——股权和债务。股权流量包括外国直接投资（FDI）和组合证券。债务流量是通过证券发行、银行贷款和供应商信用融资的。有关股权的数据是基于国际货币基金组织（IMF）所公布的国际收支数据，并以世界银行工作人员的估算作为补充，而世界银行工作人员所用的数据来自联合国贸易与发展会议和各国的官方数据。

FDI 的国际公认定义来自 IMF《国际收支手册》第五版（1993）。FDI 由 3 部分组成：股权投资、收益的再投资、母公司与国外子公司间短期贷款和长期贷款。有别于其他形式的国际投资，FDI 作为一种投资旨在对他国公司建立长期利益联系或者有效控制管理。

具有代表性的是，投资企业一直感兴趣的是在海外创建仓库、制造设备以及其他永久性或者长期组织机构。直接投资可能会采取绿地投资、合资经营以及兼并和收购的形式，其中，绿地投资就是投资者通过在东道国购置新的运营设备来创立新的投资项目，合资经营就是投资者与外国公司签订合作协议来创建新的企业，兼并和收购就是投资者在国外收购现存的企业。

IMF 建议将持有超过 10% 的有表决权的股份视作 FDI。在实践中，许多国家设置了更高的门槛。此外，许多国家未能公布收益的再投资，而不同国家对长期贷款的定义也不相同。

FDI 数据并不能完全反映对某一经济体的国际投资情况。国际收支平衡表中关于外国直接投资的数据不包括国内筹集的资本，在一些发展中国家，国内资本已成为投资项目融资的主要来源。此外，FDI 数据只是反映了涉及参股的跨境投资流量，而没有反映非股权跨境交易，例如，企业之间的货物和服务流动。对数据问题更详细的讨论，见世界银行《1993—1994 年世界债务表》（第 1 册第 3 章）。

债券、银行贷款、供应商信贷的统计信息，是通过公共部门、公共部门担保的债务以及私人未担保债务的个别交易汇总所得。此外，外公共部门和公共部门担保的债券的交易额是由世界银行成员经济体通过债务人报告系统提供的，这些成员经济体或者接受了国际复兴开发银行贷款，或者接受了国际开发协会的信贷。这些报告结果经来自市场渠道的信息核实，这些渠道同样提供交易信息。当一些国家未向债务人报告系统提供数据时，私人未担保债券和银行贷款的信息则通过市场渠道收集。

本表给出是所有能够获得数据的国家的股权流量数据；同时，本表仅仅给出了向债务人报告系统通报的 128 个发展中国家的债务流量数据；未通报国家可能同样存在债务流量。

世界银行所公布的全球私人资金流量通常与其他渠道所公布的不同，其原因在于数据来源、经济体的分类以及对所报告的信息资料进行调整和分类加工的方法都有所不同。此外，尤其对于债务资金而言，其差异同样来自是否包含交易的特定分期付款，以及如何对待某些离岸发行的做法。

定义

• **外国直接投资**是指为获取长期管理收益，运作于一个经济体的企业和投资者投资的净流入量。它是国际收支平衡表中给出的权益资本、收益再投资、其他长期资本和短期资本的总和。净流入量是指新的投资减去缩减投资后的净额。 • **组合证券**包括股权证券（而非那些以直接投资为名公布的投资）的净流入，以及股份、股票、托付凭证和外国投资者在当地股市直接购买的股份。 • **债券**是以固定利率发行的期限在一年以上的证券，其中包括跨国的公共部门、公共部门担保的债券以及私人非担保债券三者的净流量。 • **商业银行和其他贷款**包括净商业银行贷款（公共部门发行的、公共部门担保的以及私人部门未担保的）和其他私人信贷。

数据资料来源

有关股权和债务流量的数据依据多种公共和私人渠道汇编而成，包括世界银行的债务人报告系统、国际货币基金组织的国际金融统计数据库、国际收支数据库和 Dealogic 数据库。这些数据每年还公布在世界银行的《全球发展融资》、《全球发展融资》的 CD-ROM 和全球发展融资数据库中。

6.13 净官方资金流量

	总额		国际金融机构							联合国[b,c]			
	百万美元		百万美元							百万美元			
	来自双边机构	来自多边机构[a,b,c]	世界银行[a] IDA	世界银行[a] IBRD	IMF 优惠性	IMF 非优惠性	地区性开发银行[b] 优惠性	地区性开发银行[b] 非优惠性	其他机构	UNICEF	UNRWA	UNTA	其他
	2009	2009	2009	2009	2009	2009	2009	2009	2009	2009	2009	2009	2009
阿富汗	1.0	194.1	26.7	0.0	17.4	0.0	73.9	0.0	7.4	39.5	0.0	1.0	28.2
阿尔巴尼亚	26.3	130.8	25.5	6.9	–12.1	1.9	0.0	21.1	83.0	1.0	0.0	0.4	3.1
阿尔及利亚	–84.8	7.2	0.0	–0.5	0.0	0.0	0.0	0.0	–0.8	1.0	0.0	0.9	6.6
安哥拉	786.6	386.4	13.5	0.0	0.0	353.3	1.6	–0.4	0.8	8.5	0.0	0.8	8.3
阿根廷	282.5	1,437.1	0.0	235.6	0.0	0.0	0.0	914.8	282.3	0.8	0.0	1.0	2.6
亚美尼亚	610.9	758.9	128.5	48.6	–23.4	465.7	119.1	1.3	11.4	0.8	0.0	1.6	5.3
澳大利亚													
奥地利													
阿塞拜疆	–17.5	304.9	36.1	121.6	–15.6	–2.9	15.1	93.8	47.1	1.0	0.0	0.6	8.1
孟加拉国	–146.1	1,004.7	62.8	0.0	–23.4	0.0	149.8	701.9	38.7	22.2	0.0	0.8	51.9
白俄罗斯	975.7	3,040.3	0.0	213.5	0.0	2,825.2	0.0	–2.1	0.0	0.7	0.0	0.5	2.5
比利时													
贝宁	25.3	134.2	51.4	0.0	15.7	0.0	25.5	0.0	22.9	4.9	0.0	0.8	13.0
玻利维亚	61.9	168.3	32.3	0.0	0.0	0.0	95.7	–36.1	67.9	1.5	0.0	0.6	6.4
波斯尼亚和黑塞哥维那	33.8	483.8	18.0	–24.7	0.0	281.7	0.0	129.5	69.4	0.8	0.0	0.8	8.3
博茨瓦纳	–5.1	982.5	–0.5	0.0	0.0	0.0	–3.6	971.7	8.3	1.2	0.0	0.4	5.0
巴西	2,998.3	441.6	0.0	–597.9	0.0	0.0	0.0	1,018.9	12.1	1.1	0.0	1.5	5.9
保加利亚	–5.2	259.3	0.0	285.0	0.0	0.0	0.0	–13.6	–12.1	..	..	..	..
布基纳法索	13.6	270.6	89.7	0.0	54.2	0.0	78.3	0.0	4.1	17.7	0.0	1.1	25.5
布隆迪	0.0	63.5	8.6	0.0	13.4	0.0	4.2	0.0	2.6	9.9	0.0	0.6	24.2
柬埔寨	116.0	96.5	16.4	0.0	0.0	0.0	47.6	0.0	4.5	7.3	0.0	0.8	19.9
喀麦隆	–38.9	225.1	46.3	–5.4	147.3	0.0	23.6	–21.9	12.1	6.8	0.0	1.0	15.3
加拿大													
中非共和国	–3.4	30.1	2.1	0.0	20.3	0.0	–1.8	0.0	–2.0	4.5	0.0	0.5	6.5
乍得	–1.9	25.3	–14.6	0.0	–12.7	0.0	0.4	0.0	9.4	13.4	0.0	0.5	28.9
智利	–20.8	58.6	–0.7	14.9	0.0	0.0	0.0	40.7	0.0	0.8	0.0	0.9	2.0
中国	–339.4	1,098.7	–329.8	298.5	0.0	0.0	0.0	1,069.1	17.7	10.5	0.0	2.2	30.5
中国香港	..	..	..	..	..	..	..	..	..	..	..	..	..
哥伦比亚	–113.6	1,633.2	–0.7	1,115.6	0.0	0.0	–2.6	534.9	–23.6	1.3	0.0	0.8	7.5
刚果民主共和国	–168.9	264.6	78.1	0.0	131.7	0.0	14.3	–43.1	–13.1	55.4	0.0	1.3	40.0
刚果共和国	–62.6	2.8	0.8	0.0	3.7	0.0	–0.4	–8.5	–3.6	1.3	0.0	0.2	9.3
哥斯达黎加	74.8	143.9	–0.2	16.7	0.0	0.0	–9.2	3.8	128.7	0.8	0.0	0.7	2.6
科特迪瓦	–15.4	–289.9	–27.3	–73.3	282.9	–125.4	–4.2	–369.4	–4.3	8.4	0.0	1.1	21.6
克罗地亚	..	..	0.0	39.8	..	..	..	..	..	0.3	0.0	0.6	2.9
古巴	..	..	..	..	..	..	..	..	..	1.0	0.0	1.4	3.4
捷克共和国	..	..	0.0	0.0	..	..	..	..	..	..	..	..	..
丹麦													
多米尼加共和国	203.2	977.0	–0.7	298.6	0.0	261.2	–21.3	373.5	62.3	0.8	0.0	0.8	1.8
厄瓜多尔	–175.1	61.4	–1.1	–80.7	0.0	0.0	–26.4	125.6	38.5	0.8	0.0	0.8	3.9
埃及	–907.4	858.9	–50.5	595.4	0.0	0.0	–5.0	145.0	160.8	3.5	0.0	1.4	8.3
萨尔瓦多	–38.8	402.1	–0.8	169.3	0.0	0.0	–22.9	233.3	17.6	1.3	0.0	0.7	3.6
厄立特里亚	41.6	23.0	0.8	0.0	0.0	0.0	3.4	0.0	0.6	2.7	0.0	1.1	14.4
爱沙尼亚	..	..	0.0	–6.7	..	..	..	..	..	..	..	..	..
埃塞俄比亚	335.1	977.1	549.2	0.0	165.0	0.0	163.0	–6.7	21.6	35.9	0.0	1.1	48.0
芬兰													
法国													
加蓬	–99.4	20.1	0.0	–2.3	0.0	0.0	–0.2	33.3	–16.0	0.7	0.0	0.4	4.2
冈比亚	2.9	46.5	2.0	0.0	15.8	0.0	7.4	0.0	12.9	1.4	0.0	0.3	6.7
格鲁吉亚	23.8	655.4	155.2	100.0	–27.7	340.6	111.4	–5.9	–27.6	0.8	0.0	0.8	7.8
德国													
加纳	99.2	476.8	239.7	0.0	104.3	0.0	99.6	–2.0	2.2	8.2	0.0	0.9	23.9
希腊	..	..	0.0	0.0	..	..	..	..	..	..	..	..	..
危地马拉	–10.8	554.1	0.0	306.3	0.0	0.0	–6.9	255.5	–5.4	0.8	0.0	0.6	3.2
几内亚	3.9	–29.3	–27.2	0.0	–12.8	0.0	2.9	–5.6	–12.3	7.6	0.0	0.5	17.6
几内亚比绍	0.0	9.6	0.0	0.0	–1.6	2.7	–1.2	0.0	0.0	2.7	0.0	0.2	6.8
海地	109.1	159.2	–11.0	0.0	57.4	0.0	75.6	0.0	11.8	2.4	0.0	0.8	22.2
洪都拉斯	12.7	87.4	49.4	0.0	0.0	0.0	32.7	–19.8	16.2	0.7	0.0	1.1	7.1

	总额		国际金融机构							联合国[b,c]			
	百万美元		百万美元							百万美元			
			世界银行[a]		IMF		地区性开发银行[b]						
	来自双边机构 2009	来自多边机构[a,b,c] 2009	IDA 2009	IBRD 2009	优惠性 2009	非优惠性 2009	优惠性 2009	非优惠性 2009	其他机构 2009	UNICEF 2009	UNRWA 2009	UNTA 2009	其他 2009
匈牙利	..	−23.1	0.0	−23.1	..	..	..	..	..	..	..	..	..
印度	−152.3	2,079.7	455.3	671.5	0.0	0.0	0.0	857.9	12.0	42.0	0.0	0.3	40.7
印度尼西亚	−1,099.1	1,131.2	212.8	908.6	0.0	0.0	88.6	−99.4	0.0	6.3	0.0	1.1	13.2
伊朗	−247.4	81.8	0.0	74.7	0.0	0.0	0.0	0.0	0.0	1.7	0.0	0.6	4.8
伊拉克	..	..	..	..	..	..	..	..	..	2.0	0.0	0.4	7.8
爱尔兰													
以色列	..	..	..	..	..	..	..	..	..	..	..	..	..
意大利													
牙买加	−61.3	185.4	0.0	71.1	0.0	0.0	−4.6	81.6	34.7	1.1	0.0	0.3	1.2
日本		..											
约旦	−65.1	548.3	−2.6	240.0	0.0	−15.9	0.0	0.0	190.1	0.8	133.5	0.9	1.5
哈萨克斯坦	−13.3	604.2	0.0	83.8	0.0	0.0	−0.2	532.6	−16.1	1.0	0.0	0.3	2.8
肯尼亚	59.8	385.0	82.9	0.0	191.2	0.0	54.0	−5.0	11.1	11.8	0.0	1.9	37.1
朝鲜	..	..	..	..	..	..	..	..	..	5.5	0.0	1.4	7.6
韩国													
科索沃	0.0	−199.4	0.0	−207.7	0.0	0.0	0.0	0.0	0.0	1.5	0.0	0.0	6.8
科威特	..	..	..	..	..	..	..	..	..	..	..	..	..
吉尔吉斯斯坦	332.0	17.8	−4.1	0.0	−0.3	0.0	12.2	−4.6	4.7	1.4	0.0	1.3	7.2
老挝	114.9	44.0	−9.6	0.0	−5.6	0.0	8.1	0.5	33.9	2.7	0.0	0.7	13.3
拉脱维亚	..	..	0.0	273.2	..	..	..	..	..	..	..	..	..
黎巴嫩	−95.9	106.3	0.0	−49.8	0.0	0.0	0.0	0.0	29.1	0.8	123.0	1.0	2.2
莱索托	12.8	3.9	5.9	−0.7	−5.9	0.0	−4.6	0.0	0.4	1.4	0.0	0.6	6.8
利比里亚	0.0	37.6	−3.3	0.0	17.6	0.0	−1.0	0.0	0.0	5.7	0.0	0.4	18.2
利比亚	..	..	..	..	..	..	..	..	..	0.0	0.0	0.4	2.5
立陶宛	−2.3	1,000.6	0.0	−3.1	0.0	0.0	0.0	−8.0	1,011.7	..	..	..	..
前南斯拉夫马其顿共和国	6.4	20.5	−7.0	33.3	0.0	0.0	0.0	−4.9	−5.4	0.9	0.0	1.0	2.6
马达加斯加	34.8	92.5	30.4	0.0	0.0	0.0	27.1	0.0	−0.9	12.7	0.0	1.3	21.9
马拉维	12.2	84.8	24.2	0.0	0.0	0.0	18.3	−2.0	7.9	9.3	0.0	1.0	26.1
马来西亚	−912.1	−89.6	0.0	−46.7	0.0	0.0	0.0	−40.3	−7.2	0.7	0.0	0.6	3.3
马里	84.3	383.8	159.2	0.0	3.1	0.0	58.8	0.0	132.1	14.7	0.0	0.7	15.2
毛里塔尼亚	33.3	204.6	37.9	0.0	0.0	0.0	24.8	−8.0	133.0	2.1	0.0	0.7	14.1
毛里求斯	−24.8	107.1	−0.6	101.0	0.0	0.0	−0.2	13.6	−10.0	0.0	0.0	0.6	2.7
墨西哥	466.6	6,463.4	0.0	4,213.3	0.0	0.0	0.0	2,247.5	0.0	1.0	0.0	1.0	0.6
摩尔多瓦	−22.8	11.9	18.0	−17.6	−8.6	−6.4	0.0	−3.5	19.2	0.9	0.0	1.5	8.4
蒙古	57.2	262.9	51.0	0.0	−6.5	165.5	43.3	0.0	1.6	0.8	0.0	1.2	6.0
摩洛哥	606.8	1,301.8	−1.4	2.7	0.0	0.0	−1.1	545.2	751.1	1.5	0.0	0.9	2.9
莫桑比克	193.6	484.7	197.1	0.0	153.3	0.0	68.8	0.0	20.6	16.3	0.0	0.8	27.8
缅甸	−7.9	34.7	0.0	0.0	0.0	0.0	0.0	0.0	−0.8	17.0	0.0	1.1	17.4
纳米比亚	..	..	..	..	..	..	..	..	..	1.1	0.0	0.7	5.3
尼泊尔	−10.7	35.6	−33.5	0.0	−2.2	0.0	14.9	0.0	16.1	7.4	0.0	1.1	31.8
荷兰													
新西兰													
尼加拉瓜	−11.3	265.8	66.7	0.0	36.7	0.0	106.6	25.8	20.7	1.3	0.0	1.4	6.6
尼日尔	6.3	110.5	15.8	0.0	5.1	0.0	19.5	0.0	35.2	18.2	0.0	0.7	16.0
尼日利亚	−72.1	386.2	475.6	−96.1	0.0	0.0	15.4	−91.3	4.3	48.8	0.0	1.0	28.5
挪威		..											
阿曼	..	..	0.0	0.0	..	..	..	..	..	0.0	0.0	0.1	0.4
巴基斯坦	887.5	4,639.2	988.8	−163.3	−223.3	3,307.1	223.6	419.4	18.1	19.8	0.0	1.9	47.1
巴拿马	15.2	292.0	0.0	164.3	0.0	0.0	−6.1	131.6	2.0	0.7	0.0	0.5	−1.0
巴布亚新几内亚	−20.1	6.5	10.5	−9.0	0.0	0.0	−9.2	9.5	−3.9	1.5	0.0	0.0	7.1
巴拉圭	−12.9	60.3	−1.5	68.1	0.0	0.0	−15.7	−2.1	7.7	0.8	0.0	0.5	2.5
秘鲁	−961.9	1,689.9	0.0	134.4	0.0	0.0	−3.5	1,380.8	171.0	0.9	0.0	0.8	5.5
菲律宾	−425.8	1,067.9	−7.0	−32.7	0.0	0.0	−38.9	1,116.4	13.0	3.1	0.0	0.8	13.2
波兰	..	..	0.0	2,658.3	..	..	..	..	..	..	..	..	..
葡萄牙													
波多黎各	..	..	..	..	..	..	..	..	..	..	..	..	..
卡塔尔	..	..	..	..	..	..	..	..	..	..	..	..	..

6.13 净官方资金流量

	总额		国际金融机构							联合国[b,c]			
	百万美元		百万美元							百万美元			
	来自双边机构	来自多边机构[a,b,c]	世界银行[a]		IMF		地区性开发银行[b]						
			IDA	IBRD	优惠性	非优惠性	优惠性	非优惠性	其他机构	UNICEF	UNRWA	UNTA	其他
	2009	2009	2009	2009	2009	2009	2009	2009	2009	2009	2009	2009	2009
罗马尼亚	–14.4	12,394.0	0.0	441.6	0.0	9,390.6	0.0	–26.0	2,587.8	..	..	..	..
俄罗斯联邦	–296.3	–764.1	0.0	–634.9	0.0	0.0	0.0	–130.5	1.3	..	..	..	..
卢旺达	12.0	115.1	10.5	0.0	3.6	0.0	21.7	0.0	46.4	9.6	0.0	0.8	22.5
沙特阿拉伯	..	..	..	..	..	..	..	..	..	..	..	..	..
塞内加尔	127.2	324.2	134.5	0.0	99.8	0.0	38.5	–12.8	43.1	6.3	0.0	1.3	13.5
塞尔维亚	477.1	1,916.3	16.6	55.7	0.0	1,575.1	0.0	109.1	151.2	0.6	0.0	1.0	7.0
塞拉利昂	–1.5	79.5	15.1	0.0	18.8	0.0	16.8	0.0	2.9	8.4	0.0	1.1	16.4
新加坡	..	..	..	..	..	..	..	..	..	..	..	..	..
斯洛伐克共和国	..	..	0.0	–43.4	..	..	..	..	..	..	..	..	..
斯洛文尼亚	..	..	0.0	–6.1	..	..	..	..	..	..	..	..	..
索马里	0.0	38.9	0.0	0.0	0.0	0.0	0.0	0.0	0.0	10.0	0.0	0.0	28.9
南非	0.0	–25.2	0.0	–5.5	0.0	0.0	0.0	–32.1	0.0	4.0	0.0	0.5	7.9
西班牙													
斯里兰卡	341.6	827.9	90.8	0.0	–11.8	552.6	60.4	88.5	21.9	3.4	0.0	1.2	20.9
苏丹	551.3	99.2	0.0	0.0	0.0	–10.6	0.0	–2.7	57.6	13.8	0.0	0.8	40.3
斯威士兰	9.0	1.9	–0.3	–6.6	0.0	0.0	–1.4	–5.0	9.0	0.9	0.0	0.6	4.7
瑞典													
瑞士													
阿拉伯叙利亚共和国	–324.9	181.8	*–1.5*	*0.0*	0.0	0.0	0.0	0.0	108.3	0.8	60.1	1.3	12.8
塔吉克斯坦	88.0	125.3	4.9	0.0	25.1	0.0	62.7	1.8	16.2	3.4	0.0	0.8	10.4
坦桑尼亚	4.8	1,256.8	607.6	0.0	306.8	0.0	222.9	–1.0	41.2	21.4	0.0	1.1	56.8
泰国	–334.6	–46.6	–3.4	9.3	0.0	0.0	–46.2	–4.4	–11.3	0.9	0.0	1.2	7.3
东帝汶	..	..	..	..	..	..	..	..	..	1.1	0.0	0.5	6.0
多哥	22.2	17.4	–21.8	0.0	41.3	0.0	–1.9	0.0	–13.5	4.5	0.0	0.5	8.3
特立尼达和多巴哥	..	..	0.0	–7.7	..	..	..	..	..	0.0	0.0	0.1	0.7
突尼斯	40.3	443.7	–2.1	31.7	0.0	0.0	0.0	149.0	260.6	0.9	0.0	0.8	2.8
土耳其	405.0	1,984.6	–5.9	1,619.0	0.0	–706.5	0.0	0.0	1,067.5	1.3	0.0	0.6	8.6
土库曼斯坦	–87.2	–0.2	0.0	–1.3	0.0	0.0	0.0	0.0	–1.5	0.9	0.0	0.0	1.7
乌干达	9.8	508.9	363.3	0.0	0.0	0.0	73.5	–0.9	–1.0	22.1	0.0	1.1	50.8
乌克兰	–154.6	6,992.3	0.0	274.5	0.0	6,081.6	0.0	549.7	78.3	0.8	0.0	1.8	5.6
阿拉伯联合酋长国	..	..	..	..	..	..	..	..	..	..	..	..	..
英国													
美国													
乌拉圭	–21.2	704.6	0.0	364.7	0.0	0.0	–2.1	318.0	20.2	0.8	0.0	0.6	2.4
乌兹别克斯坦	100.9	157.1	27.6	–27.3	0.0	0.0	18.7	78.0	48.2	3.5	0.0	0.4	8.0
委内瑞拉	151.3	443.9	0.0	0.0	0.0	0.0	0.0	143.6	292.0	1.4	0.0	0.5	6.4
越南	922.2	2,218.4	1,158.6	0.0	–38.3	0.0	392.4	647.3	26.2	3.7	0.0	1.5	27.0
西岸和加沙	..	..	..	..	..	..	..	..	..	4.9	455.3	0.1	8.5
也门共和国	66.4	121.1	58.8	0.0	–41.0	–2.8	0.0	0.0	68.8	9.2	0.0	0.9	27.2
赞比亚	–5.0	312.7	32.5	0.0	243.6	0.0	32.4	–5.4	–15.5	9.0	0.0	1.6	14.5
津巴布韦	12.9	25.3	0.0	0.0	–0.1	0.0	0.0	0.0	0.0	6.6	0.0	0.5	18.3
全世界	.. s	.. s	.. s	.. s	.. s	.. s	..	.. s	.. s	1,086.2 s	771.8 s	645.3 s	2,561.1 s
低收入国家	1,421.6	8,153.0	2,579.9	0.0	1,552.6	1.0	1,469.8	619.9	579.9	456.0	0.0	33.1	860.8
中等收入国家	4,206.7	65,736.3	3,871.5	11,287.2	198.1	24,750.4	1,257.5	14,527.3	8,079.3	268.3	771.8	111.8	613.1
中低收入国家	114.0	30,161.2	3,782.9	2,998.2	193.2	11,114.1	1,293.0	7,063.5	2,251.4	236.9	648.8	39.3	539.9
中高收入国家	4,092.7	35,590.5	88.5	8,289.0	4.9	13,636.3	–35.6	7,463.8	5,827.9	31.5	123.0	25.0	136.2
低收入和中等收入国家	5,628.3	75,594.8	6,451.3	11,287.1	1,750.7	24,751.5	2,727.3	15,147.1	8,659.3	1,085.1	771.8	644.3	2,319.3
东亚和太平洋地区	–1,882.0	5,945.1	1,099.7	1,126.6	–41.5	165.5	482.7	2,699.7	70.8	66.8	0.0	98.3	176.5
欧洲和中亚	2,478.3	29,917.9	417.2	2,357.9	–62.6	20,246.6	338.9	1,315.9	5,162.0	21.7	0.0	13.7	106.6
拉丁美洲和加勒比地区	2,975.6	16,487.2	136.2	6,489.2	126.7	269.6	251.2	7,784.3	1,174.5	28.4	0.0	67.8	159.3
中东和北非	–997.0	4,246.7	6.4	894.2	–42.9	–18.7	10.5	839.2	1,584.6	29.2	771.8	71.9	100.5
南亚	1,006.3	8,845.7	1,614.0	508.2	–240.2	3,861.3	545.5	2,075.8	110.4	137.5	0.0	6.4	226.8
撒哈拉以南非洲地区	2,047.0	8,987.7	3,177.8	–88.9	2,011.1	227.1	1,098.5	432.3	557.0	454.7	0.0	156.0	962.1
高收入国家	..	..	..	..	..	..	..	..	..	1.1	0.0	1.0	6.2
欧元区	..	..	..	..	..	..	..	..	..	..	..	..	..

a. 合计数包括未向世界银行债务报告制度提交的经济体的数据，合计数可能与《2011 年全球发展融资》公布的数据不同。b. 合计数包括未在其他地方明确的经济体的数据。c. 世界和各收入组别的合计数包括未落实到国家或地区的资金流量。

关于数据的说明

本表给出了来自官方双边渠道、主要国际金融机构和联合国相关机构的优惠和非优惠的资金流量。国际金融机构主要通过销售低利息高评级的债券为非优惠贷款业务融资，这些债券依托于其成员机构谨慎的借贷和融资政策，并获得它们财务上的大力支持。这些资金随后以略高于资金成本的利率、贷款期限相对较长（15—20年）的条件贷给发展中国家。贷款条件由于市场条件和各银行政策的不同会有所不同。

来自国际金融机构的优惠资金流量是通过优惠性贷款便利提供的信用。来自捐助者或其他渠道的补贴降低了这些贷款的成本。赠款不包括在净流量中。根据经济合作与发展组织（OECD）发展援助委员会（DAC）的定义，来自于双边援助国的优惠资金必须至少含有25%的赠款成分。在进行评估时，所假定的名义市场利率为10%。

世界银行提供的所有优惠贷款都是由国际开发协会（IDA）来实施的，其依据是国民总收入（GNI）的人均资本与绩效的标准，这些标准由世界银行的工作人员评估。自2010年7月1日起，世界银行在其每个财政年度所设置的IDA信贷资格为人均GNI不低于1165美元，该指标的衡量采用的是世界银行的Atlas方法（参见《用户指南》），并以2009年的美元值计算。在一些特殊情况下，对正在进行重大经济调整但是不符合国际复兴开发银行贷款条件（IBRD）的国家，也会临时性地发放IDA信贷。对一些小型岛屿经济体的贷款也有特例。IBRD以初始利率向信誉良好国家的贷款包括6个月期限的伦敦银行间同业拆借利率（LIBOR）的可变基础利率、可变期限或者固定期限贷款的利差。贷款利率基于利率的支付期限每6个月重新设定一次，并且应用于这一时期开始的利率期限。虽然一些IBRD未偿贷款其利率已经很低，如果按照DAC的定义，则可以划分为优惠性贷款，但是本表给出的IBRD贷款都被划分为非优惠性贷款。本表不包括国际金融公司、多边投资担保机构和国际投资争端解决中心所提供的贷款。

国际货币基金组织通过中期贷款（2010年取代了减贫与增长基金）、备用贷款和迅速贷款发放优惠性贷款。一个国家是否符合获得优惠贷款的条件主要取决于其人均收入和IDA贷款的条件。来自国际货币基金组织的非优惠性贷款主要通过备用安排、灵活信贷额度和中期贷款的形式提供。针对其成员国的特殊情况，国际货币基金组织的贷款工具随着时间的推移已做了变更。

地区性开发银行也存在提供优惠资金的窗口。本表记录的主要地区性开发银行的贷款是依据每个机构的分类，而不是依据DAC的定义。

对于128个向世界银行债务人系统提供数据的国家，其来自国际金融机构的流量数据是可得的。而世界银行对于未通报国家的流量数据是通过其交易记录收集的。未通报国家可能有来自其他国际金融机构的净流量。

来自联合国的官方流量主要是优惠性资金流入，其被划分为官方发展援助，但也有可能包括非优惠性资金流入，其被OECD－DAC数据库划分为其他官方资金流入。

定义

• **净官方资金流量总额**是指公共贷款或者公共担保贷款和信贷的拨付额减去贷款偿还额。 • **IDA**即国际开发协会，世界银行集团提供优惠性贷款的机构。 • **IBRD**即国际复兴开发银行，世界银行集团的创始成员，也是最大的成员。 • **IMF**即国际货币基金组织，其优惠性贷款通过中期贷款、备用贷款和迅速贷款的形式提供，向成员国的非优惠性贷款在于满足这些国家国际收支平衡的需要。 • **地区性开发银行**包括非洲开发银行，向包括北非在内的整个非洲提供贷款；亚洲开发银行，为南亚、中亚、东亚和太平洋地区的国家服务；欧洲复兴与开发银行，为东欧和中亚地区的国家提供服务；泛美开发银行，为美洲国家提供贷款。 • **优惠性**资金流量包括通过优惠贷款安排进行的资金支付额。 • **非优惠性**资金流量包括所有其他支付额。 • **其他机构**是指其他多边机构，其中包括加勒比开发银行、欧洲委员会、欧洲开发基金、伊斯兰开发银行和北欧开发银行等机构。 • **联合国**包括联合国儿童基金会（UNICEF）、联合国近东巴勒斯坦难民救济和工程处（近东救济工程处）、联合国技术援助经常项目（UNTA），以及其他联合国机构，例如，国际原子能机构、国际农业开发基金、联合国艾滋病规划署、联合国开发项目、联合国人口基金、联合国难民署、联合国粮食计划署和世界卫生组织。

数据资料来源

国际金融机构的净资金流量数据来自于世界银行的债务人报告系统，这些数据每年都公布在世界银行的《全球发展融资：发展中国家的外债》以及电子版的全球发展融资数据库上。联合国机构的官方流量数据来自OECD发展援助委员会的年度报告《发展合作报告》，用户还可以从OECD的《国际发展统计》的CD－ROM和OECD的网站 http://www.oecd.org/dac/stats/idsonline 中查询有关数据。

6.14 来自发展援助委员会成员国的资金流量

净支出

百万美元	净流量总额[a] 2009	官方发展援助[a] 总额 2009	官方发展援助[a] 双边捐赠 2009	官方发展援助[a] 双边贷款 2009	官方发展援助[a] 对多边机构的赠款 2009	其他官方资金流量[a] 2009	私人资金流量[a] 总额 2009	私人资金流量[a] 外国直接投资 2009	私人资金流量[a] 双边组合投资 2009	私人资金流量[a] 多边组合投资 2009	私人资金流量[a] 私人出口信贷 2009	非政府组织的净捐赠[a] 2009
澳大利亚	3,188	2,762	2,224	88	450	426	0	0	0	0	0	0
奥地利	3,273	1,142	513	–6	635	–44	2,035	2,551	46	0	–562	140
比利时	3,224	2,610	1,594	–9	1,025	90	147	3	0	0	144	377
加拿大	7,340	4,000	3,182	–41	859	–1,138	3,140	6,604	–37	0	–3,427	1,338
丹麦	3,757	2,810	1,914	–8	904	233	599	599	0	0	0	116
芬兰	3,185	1,290	765	26	499	137	1,741	791	950	0	0	17
法国	38,418	12,600	5,814	1,205	5,581	294	25,524	16,300	9,434	0	–210	0
德国	26,003	12,079	6,747	350	4,983	187	12,367	9,726	58	1,242	1,341	1,369
希腊	850	607	297	0	310	0	241	241	0	0	0	2
爱尔兰	4,188	1,006	693	0	313	0	3,000	0	3,000	0	0	182
意大利	5,569	3,297	871	4	2,423	–72	2,181	129	1,590	0	463	162
日本	49,405	9,469	5,327	674	3,467	8,216	31,187	19,440	10,981	1,987	–1,220	533
韩国	6,442	816	366	214	235	452	5,018	5,018	0	0	0	156
卢森堡	428	415	266	0	149	0	0	0	0	0	0	13
荷兰	6,045	6,426	4,914	–116	1,628	0	–923	540	–2,853	989	401	542
新西兰	387	309	226	0	83	8	24	24	0	0	0	46
挪威	4,089	4,086	3,125	43	918	4	0	0	0	0	0	0
葡萄牙	1,209	513	225	52	236	0	692	–2	–63	0	757	4
西班牙	12,809	6,584	4,098	375	2,111	0	6,225	6,294	0	0	–70	0
瑞典	7,164	4,548	2,919	90	1,539	68	2,473	885	0	0	1,588	74
瑞士	9,106	2,310	1,734	16	559	0	6,438	5,570	0	1,462	–593	357
英国	68,936	11,491	6,994	663	3,834	–13	57,129	55,947	–2,143	0	3,326	329
美国	115,276	28,831	25,992	–819	3,658	988	69,168	28,275	27,223	13,160	510	16,288
总计	380,290	120,000	80,800	2,802	36,398	9,836	228,407	158,934	48,185	18,839	2,449	22,047

官方发展援助

	承诺[b] 百万美元 2000	承诺[b] 百万美元 2009	总拨付[b] 百万美元 2000	总拨付[b] 百万美元 2009	净拨付 百万美元[b] 2000	净拨付 百万美元[b] 2009	净拨付 人均[b] 美元 2000	净拨付 人均[b] 美元 2009	净拨付 占GNI的百分比[a] 2000	净拨付 占GNI的百分比[a] 2009	净拨付 占政府总支出的百分比[a] 2000	净拨付 占政府总支出的百分比[a] 2009
澳大利亚	2,251	2,963	1,939	2,912	1,939	2,912	101	136	0.27	0.29	0.71	0.87
奥地利	1,026	1,252	792	1,188	787	1,174	97	141	0.23	0.30	0.44	0.57
比利时	1,558	3,068	1,558	2,750	1,517	2,670	148	250	0.36	0.55	0.72	1.02
加拿大	3,412	4,925	3,023	4,372	2,981	4,328	97	130	0.25	0.30	0.59	0.68
丹麦	2,994	2,938	3,193	2,960	3,159	2,923	592	530	1.06	0.88	1.94	1.54
芬兰	618	1,639	661	1,323	649	1,323	125	248	0.31	0.54	0.63	0.97
法国	8,699	14,928	9,276	15,933	7,616	12,920	129	207	0.30	0.47	0.60	0.85
德国	9,825	16,924	9,973	13,693	8,641	12,397	105	151	0.27	0.35	0.59	0.76
希腊	451	618	451	618	451	618	41	55	0.20	0.19	0.39	0.36
爱尔兰	450	1,083	450	1,083	450	1,083	119	250	0.29	0.54	0.77	0.93
意大利	3,115	3,918	3,082	3,514	2,653	3,334	46	56	0.13	0.16	0.27	0.30
日本	16,257	16,429	15,485	14,848	12,833	8,545	101	67	0.28	0.18	0.74	0.45
韩国	399	2,206	282	949	260	910	6	19	0.04	0.10	0.18	0.31
卢森堡	257	435	257	435	257	435	583	889	0.70	1.04	1.61	1.86
荷兰	6,580	6,490	6,171	6,841	5,995	6,676	376	405	0.84	0.82	1.84	1.57
新西兰	229	358	216	333	216	333	56	78	0.25	0.28	0.56	0.61
挪威	2,481	5,902	2,800	4,650	2,787	4,650	621	969	0.76	1.06	1.77	2.32
葡萄牙	822	633	822	565	535	528	52	51	0.26	0.23	0.56	0.45
西班牙	2,940	6,724	2,940	7,213	2,531	6,800	63	147	0.22	0.46	0.53	0.98
瑞典	2,287	5,230	2,861	5,090	2,861	5,085	323	549	0.80	1.12	1.32	2.03
瑞士	1,536	2,753	1,513	2,286	1,509	2,276	210	296	0.34	0.45	1.01	1.39
英国	6,723	17,757	6,723	13,400	6,649	13,162	113	216	0.32	0.52	0.83	1.03
美国	15,431	33,018	13,293	29,286	12,182	28,469	44	94	0.10	0.21	0.30	0.48
总计	**90,339**	**152,192**	**87,757**	**136,242**	**79,456**	**123,551**	**89**	**131**	**0.22**	**0.31**	**0.56**	**0.69**

注：由于报告的数据不完全，合计数可能与总数不符。

a. 按当前价格和汇率计算。b. 按2008年的价格和汇率计算。

关于数据的说明

OECD发展援助委员会（DAC）的成员国向发展中经济体提供的官方资金流量和私人资金流量的数据是由DAC根据DAC成员国利用DAC秘书处发布的标准调查问卷所提供的报告而汇编的。

本表给出了DAC成员国提供的数据，并没有包括欧盟委员会（DAC的多边成员）提供的援助。

DAC的目的是帮助其成员国协调其发展援助，鼓励流向援助接收经济体的总的援助资源，并提高资源使用的有效性。在这项职能中，尽管DAC监控所有金融资金的流动，但是主要关注于官方发展援助（ODA）。对DAC接受援助的名单中的国家或者地区的赠款或者贷款必须符合以下三条标准，才算作官方发展援助：由官方机构提供，例如，中央政府、地方政府或者其行政机构；将推动发展中国家的经济发展并促进其福利增长作为主要目标；援助资金以优惠条件提供，贷款中至少包括25%以上的赠款成分（以10%的折现率计算）。DAC的《统计报告指南》为这一定义及其所有与ODA相关的规则提供了最为详细的解释。

官方发展援助的这一定义排除了官方债权人提供的非优惠贷款和军事援助，前者属于“其他官方援助”或者用于军事和反恐目的的援助。提供给私人个人的转移支付，例如，养老金、赔款以及保险支出通常不包括在内。除了资金流量，ODA还包括技术合作。大部分联合国委派的维和行动支出及其向难民提供的援助都包括在ODA内。同时ODA还包括对诸如联合国及其专门机构之类的多边机构的捐助，以及向多边发展银行提供的优惠资金。

DAC的援助接受国名单表明所有国家和地区都有资格获取官方发展援助。其中包括所有低收入国家和中等收入国家，除了那些8国集团成员国和欧盟成员国（包括那些在固定日期加入欧盟的国家）。DAC每3年修订一次援助接受国名单。评估时连续三年超出高收入限值的国家将会从名单中移除。为了使其符合评估程序，DAC在2008年9月最后一次修订了该名单。考虑到科索沃和前南斯拉夫马其顿共和国，2009年8月则进一步进行了更新以适应其变化。过去，DAC都是将获得官方发展援助的国家和地区分为第一类和第二类。第一类ODA接受国包括许多被世界银行划归为低收入经济体和中等收入经济体的国家。第二类国家的援助主要是官方援助，其中包括较发达的中东欧国家、从前苏联中独立的国家以及一些较发达的发展中国家和地区。2005年的援助流量中这一差别已经有所降低。

资金流量就是资源的转移支付，或者以现金的形式，或者以货物和服务（以现金为基础来衡量）的形式。短期资本交易（1年内或者未到期）并不包括在内。ODA贷款本金（不包括利息）的偿付将以负资金流量来记录。在发展中国家进行官方证券投资的收益记作ODA，尽管其随后出售的收益将记作负资金流量。

因为这些数据都是以援助国的报告为基础，所以它不能全面地反映发展中经济体所获得的资金情况，原因有以下两点：首先，DAC国家提供的资金只是这些经济体获得的资金总量的一部分。其次，向多边机构捐款方面的数据，反映了DAC成员国向这些机构提供的资金，但是并没有反映这些机构向发展中经济体和转型经济体提供资金的情况。

援助占国民总收入（GNI）的份额、人均援助和ODA占援助国政府总支出的份额都是由OECD计算得出的。本书在计算这些比率时所采用的分母可能由于时间和定义的不同而不同于其他地方相应的数值。

定义

• **净支出**为赠款和贷款总支付额减去对以前贷款的偿付额。 • **净流量总额**包括ODA或者官方援助流量、其他官方资金流量、私人资金流量和非政府组织的净赠款额。 • **官方发展援助**包括符合DAC对ODA定义的资金流量，并且要拨付给DAC援助接收国名单上的国家和地区。 • **双边捐赠**是指无需偿还的资金和实物的转移。 • **双边贷款**是指政府或者官方机构提供的至少含有25%赠款成分的贷款（以10%的折现率计算）。 • **对多边机构的赠款**是指多边机构所获得的DAC成员国以赠款或者认缴资本形式提供的优惠资金。 • **其他官方资金流量**是指由官方机构提供的不以发展为目的或者赠款成分不到25%的资金往来。 • **私人资金流量**是指捐赠国家的私人部门以市场条件提供的资金，包括报告国居民持有的私人长期资产的变化。 • **外国直接投资**是指DAC成员国的居民所进行的投资，其目的在于获得在接受国经营的某一企业的长期利益（获得10%以上有投票权的股份）。表中数据反映的是接受投资国中子公司净资产的变化，这些公司的母公司在DAC成员国。 • **双边证券投资**包括DAC成员国居民在接受国进行的银行贷款、购买债券、股票和房地产。 • **多边证券投资**记录的是DAC成员国私人银行和非银行机构购买的由多边机构发行的证券。 • **私人出口信贷**是DAC成员国的私人部门向接受国提供的贷款，其目的在于促进贸易，并得到官方担保的支持。 • **非政府组织（NGOs）的净赠款**就是NGOs提供的私人赠款额以及来自于政府部门的净补贴。 • **承诺**是以书面的形式给出的严格的义务，并且有必要的资金支持或者由官方援助者承担，以向援助接受国或者多边组织提供的特殊援助。 • **总支出**为金融资源、货物和服务（价值以捐赠国的成本衡量）实际的国际转移支付额。

数据资料来源

资金流量数据由OECD发展援助委员会提供，并在其年度统计报告《流向发展中国家的资金流量的地理分布》及其年度报告《发展合作报告》中公布。用户还可以从OECD发展援助委员会的《国际发展统计》的CD-ROM和OECD的网站http://www.oecd.org/dac/stats/idsonline中查询有关数据。

6.15 来自发展援助委员会成员国的双边援助分配

6.15a 按目的划分的援助

	净拨付		占双边官方发展援助净拨付的份额 百分比									
	百万美元[a]		发展项目、计划和其他来源的供应		技术合作[b]		与债务相关的援助		人道主义援助		行政管理成本	
	2000	2009	2000	2009	2000	2009	2000	2009	2000	2009	2000	2009
澳大利亚	758	2,312	27.8	32.7	55.1	49.2	1.1	0.1	9.7	13.3	6.2	4.7
奥地利	273	507	28.7	23.6	41.8	49.7	20.4	11.6	2.7	7.2	6.4	7.9
比利时	477	1,585	33.6	40.9	46.9	39.2	6.6	6.6	5.4	7.4	7.5	6.0
加拿大	1,160	3,141	39.6	15.4	43.0	64.2	1.1	1.5	5.0	10.3	11.4	8.6
丹麦	1,024	1,905	65.8	71.9	25.3	11.0	1.0	1.9	0.0	6.8	8.0	8.5
芬兰	217	791	40.8	31.1	41.4	45.6	0.0	0.0	10.5	13.1	7.2	10.1
法国	2,829	7,019	25.4	10.9	50.6	42.7	17.0	39.5	0.4	0.6	6.7	6.3
德国	2,687	7,097	16.8	24.6	63.8	65.0	6.6	1.2	4.1	5.2	8.7	4.1
希腊	99	297	69.6	14.8	23.8	72.2	0.0	0.0	6.4	5.1	0.2	7.9
爱尔兰	154	693	79.1	75.9	0.4	3.6	0.0	0.0	15.5	14.1	5.1	6.5
意大利	377	875	10.2	49.4	8.1	10.9	57.5	19.9	18.3	13.0	5.9	6.8
日本	9,768	6,001	60.4	59.7	24.9	38.4	4.2	–14.5	0.9	4.4	9.5	12.1
韩国	131	581	77.8	66.8	15.7	25.5	0.0	0.0	0.4	2.9	6.1	4.8
卢森堡	99	266	84.4	74.6	3.2	3.6	0.8	0.0	10.4	14.4	1.2	7.3
荷兰	2,243	4,798	41.1	71.3	33.7	14.5	6.8	0.9	9.1	6.3	9.4	6.9
新西兰	85	226	39.7	54.3	48.1	28.3	0.0	0.0	3.4	6.9	8.8	10.6
挪威	934	3,168	57.9	56.2	23.0	27.9	1.0	0.5	11.3	8.6	6.9	6.8
葡萄牙	179	277	30.4	49.6	50.4	53.4	14.6	–10.0	1.9	0.4	2.7	6.6
西班牙	720	4,473	69.3	60.1	17.9	23.5	2.3	2.2	3.7	9.9	6.8	4.2
瑞典	1,242	3,009	60.9	64.1	13.6	15.9	3.1	0.7	14.6	12.0	7.7	7.3
瑞士	627	1,751	58.6	42.3	19.4	30.1	0.9	9.3	20.2	9.1	0.9	9.3
英国	2,710	7,657	47.7	75.9	25.5	8.9	5.7	0.6	12.7	9.5	8.4	5.2
美国	7,405	25,174	14.6	70.5	64.4	6.0	1.7	0.7	9.6	17.4	9.7	5.4
总计	**36,195**	**83,602**	**40.6**	**54.6**	**39.3**	**25.2**	**5.3**	**3.5**	**6.1**	**10.3**	**8.6**	**6.3**

a. 按当前价格和汇率计算。b. 包括为提高发展意识的援助以及提供给援助经济体难民的援助。

关于数据的说明

援助可以用于许多方面。援助流入的部门、援助的形式、获得援助所受到的限制是影响援助有效性的重要因素。表中所示的官方发展援助（ODA）的分配数据，主要基于经济合作和发展组织（OECD）发展援助委员会（DAC）成员国的报告。关于 ODA 更详细的解释，见表 6.14 中“关于数据的说明”。

受益的部门或经济体所获得的官方发展援助的形式同样重要。提供资源和技术合作这两种形式存在区别。提供资源主要包括现金或以现金方式的资本转移和为投资计划提供资金的方式，还包括得到融资支持、提供商品和供应。技术合作形式的援助包括同意受援国国民在本国或国外接受教育或训练，为受援国的顾问、咨询人员以及教师和管理服务人员等类似人员支付酬金。技术合作的支出主要在援助国。

列举出其他两种形式的援助是因为这两种援助服务于不同的目的。与债务相关的援助旨在为那些偿还债务困难的债务国提供债务减免。因此，这种形式的援助可能不会为发展提供具有全部价值的新资源流动，特别是那些重债穷国。人道主义援助旨在减轻突如其来的灾害的不良影响，在非紧急情况下支持食品计划。这种形式的援助一般对于为长期发展提供经费没有贡献。

定义

• **净支出**为赠款和贷款总支付额减去对以前贷款的偿付额。 • **发展项目、计划和其他来源的供应**是以现金转移、类似援助、发展食品援助以及资本项目融资方式提供的援助。其致力于增加或改善受援国的物质资本存量，并通过融资或提供商品供应支持受援国的发展计划和其他活动。 • **技术合作**指资源供应，其主要目的在于增加受援国的人员智力资本储备，例如，知识水平、技能、专门技术和创新型人口数量（包括相关设备成本）。捐助主要采取捐助国提供人力资源形式或采取针对人力资源的行动（例如，训练或建议）。还包括促进发展援助和提供给援助国难民的援助。专门用于促进资本计划实施的援助并不包括在内。 • **与债务相关的援助**包括所有与债务有关的活动，包括债务免除、以货易货、回购、重订计划和重新募集资金。 • **人道主义援助**包括紧急情况和灾害免除（包括对难民的援助和灾害准备的援助）。 • **监管费用**包括负责制定和实施捐助国援助计划的全部预算经费制度，以及捐助国在提供援助过程中所发生的其他管理成本。

数据资料来源

资金流量数据由 OECD 发展援助委员会提供，并在其年度统计报告《流向发展中国家的资金流量的地理分布》及其年度报告《发展合作报告》中公布。用户还可以从 OECD 发展援助委员会的《国际发展统计》的 CD – ROM 和 OECD 的网站 http://www.oecd.org/dac/stats/idsonline 中查询有关数据。

6.15b 按部门划分的援助

占双边官方发展援助承诺额的份额(百分比)	部门分配援助总额	社会基础设施和服务						经济基础设施、服务和生产部门			多部门或跨部门	非限制用途援助[a]
		总额	教育	卫生	人口	水源供应和医疗卫生设施	政府和公民社会	总额	运输和通讯	农业		
	2009	2009	2009	2009	2009	2009	2009	2009	2009	2009	2009	2009
澳大利亚	77.7	48.7	11.9	7.5	2.2	1.9	22.6	11.8	5.3	4.6	17.2	90.8
奥地利	67.5	45.8	23.8	5.9	0.4	4.3	9.1	15.2	1.8	2.0	6.6	55.2
比利时	73.2	39.5	13.1	9.2	1.6	3.2	9.7	28.0	4.7	7.7	5.7	95.5
加拿大	72.7	52.4	15.4	15.2	2.5	2.0	16.2	12.2	0.4	6.8	8.1	98.3
丹麦	68.8	42.2	5.1	7.6	2.8	8.5	16.3	18.0	3.4	5.8	8.5	96.6
芬兰	72.9	32.6	6.7	3.3	0.5	4.3	14.1	28.1	6.2	7.8	12.2	90.3
法国	68.8	36.3	19.2	1.5	0.3	8.8	1.6	16.3	6.8	5.3	16.2	89.2
德国	87.6	49.6	19.1	3.6	1.9	8.7	14.7	27.8	2.6	3.7	10.1	97.1
希腊	74.5	62.8	32.4	4.6	2.6	1.0	16.0	6.1	2.4	1.3	5.6	49.8[b]
爱尔兰	70.8	58.0	13.0	13.5	4.0	2.5	16.4	9.5	0.1	8.0	3.3	100.0[b]
意大利	64.1	35.6	10.3	9.4	0.9	4.9	6.5	23.9	3.9	16.7	4.6	56.2
日本	74.5	28.9	5.3	2.0	0.4	18.9	1.2	41.3	26.7	4.9	4.2	94.7
韩国	96.2	27.6	9.7	10.4	0.2	4.7	1.7	64.5	52.1	3.5	4.0	48.3
卢森堡	68.1	47.2	12.5	12.7	4.6	8.4	5.1	10.7	0.2	5.0	10.2	100.0[b]
荷兰	71.1	26.8	4.2	2.7	2.1	3.7	10.7	12.7	1.0	3.3	31.6	80.8
新西兰	61.9	45.5	21.0	5.5	2.3	1.1	14.4	14.6	7.2	3.7	1.9	90.1
挪威	64.0	40.6	8.6	6.2	2.0	1.3	19.9	14.3	0.2	6.8	9.2	100.0
葡萄牙	70.3	56.9	24.1	2.9	0.1	0.1	22.3	10.2	8.3	1.5	3.2	27.9
西班牙	70.8	44.6	7.1	6.2	4.3	12.7	9.9	20.4	2.5	3.8	5.8	76.6
瑞典	54.3	33.4	3.1	3.5	1.9	2.5	19.8	12.3	1.2	2.5	8.6	99.9
瑞士	42.9	21.6	3.1	3.1	0.2	2.4	11.8	11.5	0.8	3.5	9.7	99.2
英国	72.4	41.7	8.9	7.8	5.0	1.4	14.7	20.1	2.6	1.7	10.6	100.0
美国	73.2	53.5	4.0	3.7	19.0	1.6	18.6	15.1	4.5	5.0	4.6	69.8
总计	**72.8**	**42.7**	**8.8**	**4.6**	**6.7**	**6.2**	**12.5**	**21.3**	**7.4**	**4.7**	**8.8**	**84.5**

a. 不包括技术合作和行政费用。b. 总支出。

关于数据的说明

发展援助委员会（DAC）对援助的部门分类分为3个层次。最高层按照主题分类，包括社会基础设施和服务；经济基础设施和服务、生产部门；以及跨多部门的领域。第二层次更为具体，例如，教育、卫生、运输和仓储。第三层次包括子部门，例如，基础教育和基本的卫生。一些援助还是以非部门分配援助的形式给出。

捐助国所报告的接受援助的部门以及援助形式可能并不完整。而且，由于分类、信息的可获得性和所记录时间的不同，援助分配的衡量可能与捐助国和受援国的观点有所不同。

在这里提出非限制用途援助部分是由于特定用途援助可能会阻止受援国从其所获援助资金中获得最大价值。限制用途的援助需要受援国从捐助国或特定的类型国家购买货物和服务。尽管这种安排可能会防止受援国滥用援助或者对援助管理不当，但是限制用途援助同样受到捐助国援助提供者希望获益愿望的推动。

定义

• **双边官方发展援助（ODA）承诺**是严格的义务。援助以书面形式表达并得到必要经费的支持，由官方双边捐助国实施，为受援国或多边组织提供特定的援助。双边承诺以全部期望转移进行登记，不管完成支出所需的时间。 • **所有部门分配援助**是能够被分配用于特定部门或多个部门的全部援助。 • **社会基础设施和服务**指发展援助接受国潜在的人力资本和改善援助接受国的生活条件作出的行动。 • **教育**包括所有层次的一般教学和指导，以及专用于提高或改善教育设施的行动。在特定领域的训练（如农业），根据所关注部门报告。 • **医疗卫生**包括向医院、门诊部、其他医疗和牙科服务、公共保健管理和医疗保险计划提供援助。 • **人口**包括所有关于计划生育和人口问题研究的所有行动。 • **水资源供应和医疗设施**包括为水资源供应和使用、医疗设施和水资源发展（包括河水）提供援助。 • **政府和公民社会**包括为强化监管设施和政府规划、促进良好治理和加强公民社会的活动提供援助。 • **经济基础设施、服务和生产部门援助**是指用于促进经济活动的网络、公用事业和服务的援助，以及向所有直接生产部门提供的援助。 • **运输和通信**包括公路、铁路、水路、航空运输、邮政和电信、广播、电视和印刷媒体。 • **农业**包括农业部门的政策、农业发展和投入、农作物和家畜生产、农业贷款、合作和研究。 • **多部门或跨部门**包括为横跨几个部门的项目提供支持。 • **非限制用途援助**是官方发展援助中捐款用途并不受限制的部分。

数据资料来源

资金流量数据由OECD发展援助委员会提供，并在其年度统计报告《流向发展中国家的资金流量的地理分布》及其年度报告《发展合作报告》中公布。用户还可以从OECD发展援助委员会的《国际发展统计》的CD－ROM和OECD的网站http：//www. oecd. org/dac/stats/idsonline中查询有关数据。

6.16 援助依存度

	净官方发展援助 总计 百万美元 2000	净官方发展援助 总计 百万美元 2009	净官方发展援助 人均 美元 2000	净官方发展援助 人均 美元 2009	援助依存度比率 净官方发展援助占GNI的百分比 2000	援助依存度比率 净官方发展援助占GNI的百分比 2009	净官方发展援助占资本形成总值的百分比 2000	净官方发展援助占资本形成总值的百分比 2009	净官方发展援助占货物、服务和收入进口的百分比 2000	净官方发展援助占货物、服务和收入进口的百分比 2009	净官方发展援助占中央政府支出的百分比 2000	净官方发展援助占中央政府支出的百分比 2009
阿富汗	136	6,070	6	204	..	..	..	..	..	..	..	112.5
阿尔巴尼亚	317	358	103	113	8.4	3.0	34.8	10.3	21.0	5.1	..	..
阿尔及利亚	200	319	7	9	0.4	0.2	1.5	0.6	..	..	..	0.9
安哥拉	302	239	21	13	4.1	0.4	22.0	2.1	4.1	0.5	..	..
阿根廷	52	128	1	3	0.0	0.0	0.1	0.2	0.1	0.2	..	..
亚美尼亚	216	528	70	171	11.0	5.9	60.6	19.3	21.2	12.5	..	25.6
澳大利亚												
奥地利												
阿塞拜疆	139	232	17	26	2.8	0.6	12.8	2.5	5.8	1.7	..	..
孟加拉国	1,172	1,227	8	8	2.4	1.3	10.8	5.6	11.7	5.0	..	12.2
白俄罗斯	..	98	..	10	..	0.2	..	0.5	..	0.3	..	0.6
比利时	..	..	..	..	..	..	..	..	..	..	..	..
贝宁	243	683	37	76	10.9	10.3	57.0	41.1	32.7	..	..	68.2
玻利维亚	482	726	58	74	5.9	4.4	31.6	24.7	19.7	12.0	..	..
波斯尼亚和黑塞哥维那	737	415	199	110	12.1	2.4	65.1	11.0	17.4	4.3	..	5.9
博茨瓦纳	31	280	18	143	0.6	2.5	1.7	9.8	1.0	4.7	..	..
巴西	231	338	1	2	0.0	0.0	0.2	0.1	0.2	0.2	0.2	0.1
保加利亚	..	..	..	..	..	..	..	..	..	..	..	..
布基纳法索	180	1,084	15	69	6.9	13.5	41.1	..	26.0	..	..	102.5
布隆迪	93	549	14	66	12.9	41.2	213.8	..	56.5	102.0	..	..
柬埔寨	396	722	31	49	10.9	7.7	60.3	34.3	16.1	9.7	..	62.9
喀麦隆	377	649	24	33	4.0	2.9	22.4	..	12.7	9.4	..	..
加拿大												
中非共和国	75	237	20	54	8.0	11.9	82.4	111.2	..	..	..	..
乍得	130	561	15	50	9.5	9.2	40.4	24.2	..	..	..	..
智利	49	80	3	5	0.1	0.1	0.3	0.3	0.2	0.1	0.3	0.2
中国	1,712	1,132	1	1	0.1	0.0	0.4	0.0	0.6	0.1	..	..
中国香港	..	..	..	..	..	..	..	..	..	..	..	..
哥伦比亚	186	1,060	5	23	0.2	0.5	1.2	2.0	1.0	2.2	..	2.3
刚果民主共和国	177	2,354	3	36	4.5	23.9	119.1	74.6	..	..	15.2	..
刚果共和国	32	283	11	77	1.4	4.1	4.4	12.0	1.6	..	5.0	..
哥斯达黎加	10	109	2	24	0.1	0.4	0.4	1.9	0.1	0.8	..	1.4
科特迪瓦	351	2,366	20	112	3.6	10.6	31.2	90.4	7.9	23.9	..	57.6
克罗地亚	66	169	15	38	0.3	0.3	1.6	1.0	0.6	0.6	0.8	0.7
古巴	44	116	4	10	0.1	..	1.2	..	..	..	..	..
捷克共和国	..	..	..	..	..	..	..	..	..	..	..	..
丹麦												
多米尼加共和国	56	120	6	12	0.2	0.3	1.0	1.7	0.5	0.7	..	..
厄瓜多尔	146	209	12	15	1.0	0.4	4.6	1.1	2.3	1.1	..	..
埃及	1,327	925	19	11	1.3	0.5	6.8	2.5	5.6	1.6	..	1.6
萨尔瓦多	180	277	30	45	1.4	1.4	8.1	10.0	3.0	3.1	..	53.2
厄立特里亚	176	145	48	29	27.7	7.8	116.6	..	34.4	..	..	..
爱沙尼亚	..	..	..	..	..	..	..	..	..	..	..	..
埃塞俄比亚	686	3,820	10	46	8.4	13.4	41.4	59.7	41.0	42.0	..	..
芬兰												
法国												
加蓬	12	78	9	53	0.3	0.8	1.1	2.5	0.5	..	..	..
冈比亚	50	128	38	75	12.4	18.5	67.8	67.3	..	35.3	..	..
格鲁吉亚	169	908	36	213	5.3	8.6	20.8	69.7	13.6	15.6	47.9	27.3
德国	..	..	..	..	..	..	..	..	..	..	..	..
加纳	598	1,583	31	66	12.4	6.1	50.0	30.9	17.2	14.1	..	33.8
希腊												
危地马拉	263	376	23	27	1.4	1.0	7.6	7.7	4.4	2.7	12.5	8.0
几内亚	153	215	18	21	5.0	5.8	24.9	24.2	15.7	13.6	..	..
几内亚比绍	81	146	62	90	39.9	17.6	333.0	..	..	..	..	..
海地	208	1,120	24	112	..	..	20.7	63.1	15.1	39.5	..	..
洪都拉斯	448	457	72	61	6.4	3.3	22.3	16.3	8.9	5.0	..	13.3

	净官方发展援助				援助依存度比率							
	总计 百万美元		人均 美元		净官方发展援助占GNI的百分比		净官方发展援助占资本形成总值的百分比		净官方发展援助占货物、服务和收入进口的百分比		净官方发展援助占中央政府支出的百分比	
	2000	2009	2000	2009	2000	2009	2000	2009	2000	2009	2000	2009
匈牙利	..	..	..	..	..	..	..	..	..	..	..	..
印度	1,373	2,393	1	2	0.3	0.2	1.2	0.5	1.7	0.7	1.9	1.1
印度尼西亚	1,651	1,049	8	5	1.1	0.2	4.5	0.6	2.5	0.8	..	1.2
伊朗	130	93	2	1	0.1	0.0	0.4	..	0.7	..	0.2	0.1
伊拉克	100	2,791	4	89	..	4.5	..	..	..	..	..	..
爱尔兰												
以色列	..	..	..	..	..	..	..	..	..	..	..	..
意大利												
牙买加	9	150	3	55	0.1	1.3	..	5.8	0.2	2.1	..	3.0
日本	..	..	..	..	..	..	..	..	..	..	..	..
约旦	552	761	115	128	6.5	3.0	29.2	20.5	8.7	4.5	24.1	10.6
哈萨克斯坦	189	298	13	19	1.1	0.3	5.6	0.8	1.8	0.6	7.5	1.5
肯尼亚	509	1,778	16	45	4.1	6.1	23.0	29.0	12.9	15.4	23.9	27.9
朝鲜	73	67	3	3	..	..	..	..	..	..	..	..
韩国												
科索沃	1	788	1	437	..	14.0	..	52.7	..	..	..	..
科威特	..	..	..	..	..	..	..	..	..	..	..	..
吉尔吉斯斯坦	215	315	44	59	16.7	7.1	78.3	31.2	28.5	8.1	99.2	35.7
老挝	281	420	52	66	16.9	7.2	57.2	..	44.0	25.2	..	62.5
拉脱维亚	..	..	..	..	..	..	..	..	..	..	..	..
黎巴嫩	199	641	53	152	1.1	1.8	5.7	6.2	..	1.9	3.8	6.3
莱索托	37	123	19	60	3.8	6.4	11.1	24.8	4.4	6.7	..	..
利比里亚	67	505	24	128	17.4	78.3	..	..	..	27.3	..	..
利比亚	..	39	..	6	..	0.1	..	..	..	0.1	..	..
立陶宛	..	..	..	..	..	..	..	..	..	..	..	..
前南斯拉夫马其顿共和国	250	193	124	95	7.1	2.2	31.3	8.6	10.5	3.2	..	..
马达加斯加	320	445	21	23	8.4	5.2	54.9	15.9	20.2	..	77.8	..
马拉维	446	772	38	51	26.1	16.6	188.6	65.6	65.6	..	..	..
马来西亚	45	144	2	5	0.1	0.1	0.2	0.5	0.0	0.1	0.3	0.3
马里	288	985	27	76	12.0	11.0	48.4	..	27.5	..	102.4	74.9
毛里塔尼亚	221	287	85	87	20.2	9.4	105.5	37.7	..	..	..	..
毛里求斯	20	156	17	122	0.4	1.8	1.7	8.5	0.7	2.8	..	8.4
墨西哥	–58	185	–1	2	0.0	0.0	0.0	0.1	0.0	0.1	–0.1	..
摩尔多瓦	123	245	30	68	9.4	4.3	39.7	16.7	11.2	5.7	32.9	11.8
蒙古	217	372	91	139	20.0	9.4	68.6	17.6	27.4	13.1	85.2	30.7
摩洛哥	419	912	15	28	1.2	1.0	4.4	2.8	3.1	2.3	..	3.6
莫桑比克	906	2,013	50	88	22.6	20.8	68.9	98.2	51.4	44.1	..	..
缅甸	106	357	2	7	..	..	..	..	4.0	..	..	..
纳米比亚	152	326	84	150	3.9	3.6	22.8	13.0	8.2	5.9	13.7	..
尼泊尔	386	855	16	29	7.0	6.7	28.9	23.0	21.1	16.6	..	..
荷兰												
新西兰												
尼加拉瓜	560	774	110	135	15.0	13.1	47.2	53.7	23.5	16.4	86.4	60.2
尼日尔	208	470	19	31	11.7	8.9	101.4	..	43.0	..	..	..
尼日利亚	174	1,659	1	11	0.4	1.0	..	..	1.1	2.8	..	..
挪威												
阿曼	45	212	19	75	0.2	..	1.9	..	0.6	0.8	0.9	..
巴基斯坦	700	2,781	5	16	1.0	1.7	5.5	9.1	4.8	7.1	5.7	10.6
巴拿马	15	66	5	19	0.1	0.3	0.5	1.1	0.1	0.4	0.6	..
巴布亚新几内亚	275	414	51	61	8.3	5.3	35.7	26.3	13.7	7.6	26.2	..
巴拉圭	82	148	15	23	1.1	1.1	6.1	6.7	2.3	1.8	6.6	6.1
秘鲁	397	442	15	15	0.8	0.4	3.7	1.5	3.4	1.3	4.2	2.0
菲律宾	572	310	7	3	0.8	0.2	3.6	1.3	1.1	0.5	4.3	1.0
波兰	..	..	..	..	..	..	..	..	..	..	..	..
葡萄牙												
波多黎各	..	..	..	..	..	..	..	..	..	..	..	..
卡塔尔	..	..	..	..	..	..	..	..	..	..	..	..

	净官方发展援助				援助依存度比率							
	总计 百万美元		人均 美元		净官方发展援助占GNI的百分比		净官方发展援助占资本形成总值的百分比		净官方发展援助占货物、服务和收入进口的百分比		净官方发展援助占中央政府支出的百分比	
	2000	2009	2000	2009	2000	2009	2000	2009	2000	2009	2000	2009
罗马尼亚	..	..	..	..	..	..	..	..	..	..	..	..
俄罗斯联邦	..	..	..	..	..	..	..	..	..	..	..	..
卢旺达	321	934	40	93	18.7	18.0	101.2	82.3	71.2	61.0	..	..
沙特阿拉伯	22	..	1	..	0.0	..	0.1	..	0.0	..	..	..
塞内加尔	429	1,018	43	81	9.3	8.0	44.7	28.4	22.3	..	71.9	..
塞尔维亚	1,134[a]	608	151[a]	83	18.6[a]	1.4	212.2[a]	5.9	..	3.1	..	3.8
塞拉利昂	181	437	43	77	29.3	23.0	413.2	148.8	68.8	64.8	98.8	101.9
新加坡	..	..	..	..	..	..	..	..	..	..	..	..
斯洛伐克共和国	..	..	..	..	..	..	..	..	..	..	..	..
斯洛文尼亚	61	..	31	..	0.3	..	1.1	..	0.5	..	187.8	..
索马里	101	662	14	72	..	..	..	..	..	..	..	..
南非	486	1,075	11	22	0.4	0.4	2.3	1.9	1.3	1.2	1.3	1.1
西班牙												
斯里兰卡	275	704	15	35	1.7	1.7	6.0	6.8	3.2	5.7	7.3	..
苏丹	220	2,289	6	54	1.9	4.6	9.7	16.6	8.5	16.8	..	..
斯威士兰	13	58	12	49	0.9	2.0	5.1	11.4	0.9	2.1	3.9	..
瑞典												
瑞士												
阿拉伯叙利亚共和国	158	245	10	12	0.9	0.5	4.7	2.9	2.4	..	..	..
塔吉克斯坦	124	409	20	59	15.0	8.3	152.5	37.9	..	13.0	160.3	..
坦桑尼亚	1,063	2,934	31	67	10.6	13.7	62.0	46.1	47.6	37.2	..	..
泰国	697	–77	11	–1	0.6	0.0	2.5	–0.1	0.9	0.0	..	–0.1
东帝汶	231	217	284	191	71.6	..	285.9	..	..	..	..	..
多哥	70	499	13	75	5.4	17.5	29.4	..	10.5	..	..	100.6
特立尼达和多巴哥	–2	7	–1	5	0.0	0.0	–0.1	..	0.0	..	..	..
突尼斯	222	474	23	45	1.2	1.3	4.2	4.5	2.1	2.0	4.1	4.0
土耳其	327	1,362	5	18	0.1	0.2	0.6	1.5	0.5	0.8	..	0.8
土库曼斯坦	31	40	7	8	1.2	0.2	3.1	1.8	..	..	..	..
乌干达	853	1,786	35	55	14.0	11.4	70.7	46.8	54.2	32.0	96.5	86.9
乌克兰	..	668	..	15	..	0.6	..	3.4	..	1.1	..	1.4
阿拉伯联合酋长国	..	..	..	..	..	..	..	..	..	..	..	..
英国												
美国												
乌拉圭	17	51	5	15	0.1	0.2	0.5	0.9	0.3	0.6	0.3	0.5
乌兹别克斯坦	186	190	8	7	1.4	0.6	8.3	2.3	..	..	..	..
委内瑞拉	76	67	3	2	0.1	0.0	0.3	0.1	0.3	0.1	0.3	..
越南	1,681	3,744	22	43	5.5	4.4	18.2	10.9	9.3	4.9	..	..
西岸和加沙	637	3,026	212	748	13.3	..	47.4	..	19.2	..	..	..
也门共和国	263	500	14	21	3.0	2.0	14.3	..	6.2	4.4	..	..
赞比亚	795	1,269	76	98	25.8	11.1	140.8	44.7	53.1	23.1	..	..
津巴布韦	176	737	14	59	2.8	14.1	19.6	581.9	..	..	..	..
全世界	**49,527 s**	**127,527 s**	**8 w**	**19 w**	**0.2 w**	**0.2 w**	**0.7 w**	**1.0 w**	**0.5 w**	**0.7 w**	**..**	**..**
低收入国家	12,349	39,834	18	47	7.0	9.2	35.3	38.7	22.8	24.9	..	..
中等收入国家	25,127	50,840	6	11	0.5	0.3	1.8	1.0	1.5	1.1	..	..
中低收入国家	18,635	39,070	5	10	0.7	0.4	2.5	1.1	2.4	1.5	..	..
中高收入国家	5,777	10,762	6	11	0.2	0.2	0.9	0.7	0.6	0.5	..	..
低收入和中等收入国家	49,234	127,093	10	22	0.9	0.8	3.5	2.5	2.8	2.7	..	..
东亚和太平洋地区	8,563	10,278	5	5	0.5	0.2	1.6	0.4	1.4	0.6	..	..
欧洲和中亚	4,462	8,101	11	20	0.6	0.3	3.2	1.6	1.8	0.9	..	..
拉丁美洲和加勒比地区	4,847	9,104	9	16	0.2	0.2	1.2	1.2	0.9	1.0	..	..
中东和北非	4,472	13,589	16	41	1.0	1.1	4.0	..	3.3	3.9	..	..
南亚	4,114	14,332	3	9	0.7	0.8	2.9	2.5	3.5	3.3	..	..
撒哈拉以南非洲地区	13,067	44,510	19	53	4.0	4.9	23.0	25.0	10.9	12.0	..	..
高收入国家	294	433	0	0	0.0	0.0	0.0	0.0	0.0	0.0	..	..
欧元区	..	..	..	..	..	..	..	..	..	..	..	..

注：地区合计数包括未在本表列出的经济体的数据。世界和各收入组别总数包括未落实到国家或地区的援助额——包括行政成本、有关发展问题的研究以及对非政府组织的援助。因此，地区和收入组别的合计数并不等于世界总数。
a. 包括黑山。

关于数据的说明

本表给出了援助接受国官方发展援助的数据（ODA，见表6.14中“关于数据的说明”）。援助数据包括发展援助委员会成员国、多边组织和一些非发展援助委员会成员提供的贷款和赠款，它们并没有反映受援国给予其他发展中国家的援助。其结果是，一些净援助方（例如，沙特阿拉伯）在表中被划为受援国（见表6.16a）。

本表数据未区分不同类型的援助（计划贷款、项目贷款、粮食援助、紧急救助、维和行动或者技术合作），不同的援助类型对经济的影响可能大不相同。技术合作支出未必总能够使受援国在一定程度上直接受益，因为要支付发生在国外的技术专家的工资和津贴以及提供技术服务公司的管理费用。

援助相对于国民总收入（GNI）、总投资额、进口额和政府支出的比率给出了衡量受援国对援助的依存度的指标。但如果以此得出政策结论，则必须小心谨慎。由于外交政策上的原因，一些国家传统上获得了大量的援助。因此，援助依存度既反映了受援国的需求，也在同样程度上反映了援助国的利益。总体而言，撒哈拉以南非洲地区的援助依存度比率要高于其他地区，而且这一比率在20世纪80年代还在提高。这些高比率只能部分归因于援助资金流量的增加。在20世纪80年代，许多非洲国家的贸易条件严重恶化，再加上政策的不力，进而导致了收入、进口和投资的下降。因此，援助依存度的提高所反映的只是那些既影响分子（援助）又影响分母（GNI）的事件。

由于本表依据的是援助国提供的信息，因此与受援国国际收支平衡表中记录的信息并不必然一致，后者通常不包括全部的或者部分的技术援助——尤其是援助国直接向移民支付的款项。同样，商品援助捐赠可能有时不计入贸易数据或者国际收支账户之中。此外，发展援助委员会的统计数据不包括用于军事和反恐目的的援助。

这里所使用的名义值一般会高估受援国接受援助的实际价值。国际价格和汇率的变化会降低援助的购买力。实践中，尽管有附加条件的援助的重要性在不断降低，并且还会降低援助款的购买力，但是仍然流行（见表6.15中“关于数据的说明”）。

由于总数参考了世界银行对各经济体的分类，因此可能不同于OECD的数据。

2005—2009年，非DAC援助方提供的官方发展援助　6.16a

净拨付（百万美元）

	2005年	2006年	2007年	2008年	2009年
OECD成员国（非DAC国家）					
捷克共和国	135	161	179	249	215
匈牙利	100	149	103	107	117
冰岛	27	41	48	48	34
以色列[a]	95	90	111	138	124
波兰	205	297	363	372	375
斯洛伐克共和国	56	55	67	92	75
斯洛文尼亚	35	44	54	68	71
土耳其	601	714	602	780	707
阿拉伯国家					
科威特	218	158	110	283	221
沙特阿拉伯	1,026	2,025	1,551	4,979	3,134
阿拉伯联合酋长国	141	219	429	88	834
其他援助方					
中国台湾	483	513	514	435	411
泰国	..	74	67	178	40
其他[b]	51	77	134	275	313
总计	3,175	4,617	4,333	8,094	6,672

注：本表没有给出一些主要的新兴市场经济体（非OECD国家）提供的援助，因为这些国家并不披露其援助信息。

a. 以色列的统计数据由以色列相关当局提供，并由其负责。OECD对这些数据的运用并没有对戈兰高地、东耶路撒冷以及以色列依据国际法在西岸的驻地存在偏见。数据包括2005年的4,920万美元、2006年的4,550万美元、2007年的4,290万美元、2008年的4,360万美元和2009年的3,540万美元，其中包括对那些来自发展中国家（其中很多国家在经历战乱或者严重的国内冲突）的居民，或者由于人道主义原因或者由于政治原因，而离开原来居住的国家的人所提供的第1年的生活费用。b. 包括塞浦路斯、爱沙尼亚、拉脱维亚、列支敦士登、立陶宛、马耳他和罗马尼亚。

资料来源：经济合作与发展组织（OECD）。

定义

• **净官方发展援助**包括满足发展援助委员会定义的官方发展援助的资金流量（净偿还额），并且要拨付给发展援助委员会受援国名单上的国家和地区。见表6.14中“关于数据的说明”。 • **人均净官方发展援助**是净官方发展援助除以年中人口数。 • **援助依存度比率**是以官方汇率换算后的美元值计算的。货物、服务和收入的进口是指涉及一般商品所有权变更、送去加工和维修的货物、非货币黄金、服务、非居民劳工的报酬收入以及投资收入的国际交易。关于国民总收入、国内总投资、货物和服务进口以及中央政府支出的定义，见表1.1、表4.8和表4.10中的“定义”部分。

数据资料来源

资金流量数据由OECD发展援助委员会提供，并在其年度统计报告《流向发展中国家的资金流量的地理分布》及其年度报告《发展合作报告》中公布。用户还可以从OECD发展援助委员会的《国际发展统计》的CD-ROM和OECD的网站http://www.oecd.org/dac/stats/idsonline中查询有关数据。关于人口、国民总收入、国内总投资、货物和服务的进口以及用于计算援助依存度的中央政府支出数据都是来自世界银行和国际货币基金组织的数据库。

发展援助委员会成员国提供的净援助分布

	总额 百万美元 2009	10 个主要的 DAC 捐赠国 百万美元 美国 2009	欧盟 2009	英国 2009	德国 2009	法国 2009	日本 2009	荷兰 2009	西班牙 2009	瑞典 2009	加拿大 2009	其他 DAC 捐赠国 百万美元 2009
阿富汗	5,319.2	2,979.9	395.4	324.4	337.3	49.8	170.5	147.9	98.9	115.9	232.6	466.5
阿尔巴尼亚	314.9	33.0	69.3	2.2	58.8	4.2	-2.0	8.2	14.3	1.0	0.1	125.7
阿尔及利亚	282.9	8.1	82.8	3.6	13.1	94.5	1.9	0.0	54.4	0.9	2.8	20.9
安哥拉	170.4	41.5	38.9	4.4	8.4	4.2	6.8	-3.3	20.3	17.8	0.9	30.4
阿根廷	100.2	2.6	21.3	1.0	22.7	12.3	9.0	0.2	24.1	0.1	2.1	4.8
亚美尼亚	273.8	78.5	38.8	1.0	31.0	5.7	98.7	3.0	0.4	3.1	0.7	13.0
澳大利亚												
奥地利												
阿塞拜疆	136.5	40.4	12.5	1.4	42.7	27.9	-2.0	0.0	0.7	4.0	0.3	8.7
孟加拉国	849.5	63.8	131.9	250.1	67.3	-3.6	14.1	70.4	6.0	14.6	52.5	182.5
白俄罗斯	72.3	12.2	11.1	0.6	21.7	4.5	0.6	0.0	0.8	2.6	0.0	18.3
比利时												
贝宁	472.3	58.9	146.6	0.0	43.1	50.4	25.8	42.0	3.5	0.0	7.0	94.9
玻利维亚	562.8	101.6	77.8	0.5	45.7	10.0	31.8	45.6	97.6	6.4	24.3	121.6
波斯尼亚和黑塞哥维那	349.0	31.1	72.6	9.6	27.6	4.7	5.0	21.8	36.9	15.9	4.1	120.0
博茨瓦纳	255.7	214.4	32.3	0.9	2.1	1.0	-2.6	0.0	0.1	1.8	1.3	4.4
巴西	328.0	8.1	18.8	13.1	196.1	47.1	-93.2	0.6	64.9	29.5	10.8	32.2
保加利亚	..	..	..	..	..	..	..	..	..	..	..	..
布基纳法索	618.3	51.1	165.4	0.2	47.5	77.4	49.8	66.0	10.2	0.5	23.5	126.6
布隆迪	391.9	47.6	131.1	14.4	27.9	12.9	20.4	18.3	5.7	25.1	6.1	82.5
柬埔寨	516.8	68.6	43.1	32.3	37.9	29.8	127.5	0.1	29.1	3.2	10.9	134.4
喀麦隆	326.9	31.4	59.2	2.3	91.0	90.6	8.1	0.1	4.0	0.4	7.1	32.7
加拿大												
中非共和国	153.3	30.5	54.7	2.4	6.6	25.9	6.1	2.8	4.3	0.6	3.8	15.6
乍得	474.5	169.6	119.0	5.6	27.9	41.0	14.0	8.4	13.2	2.2	12.1	61.6
智利	70.5	1.8	10.8	0.6	11.5	9.6	7.9	0.2	9.6	13.3	2.0	3.2
中国	1,199.8	52.9	42.9	116.0	340.9	364.4	142.0	5.3	45.8	21.7	11.1	57.1
中国香港	..	..	..	..	..	..	..	..	..	..	..	..
哥伦比亚	1,044.4	652.3	45.9	7.8	45.2	22.5	-6.7	32.5	148.6	11.6	25.3	59.4
刚果民主共和国	1,332.0	238.7	232.8	225.5	79.4	30.3	65.7	43.4	42.7	28.1	44.9	300.7
刚果共和国	252.3	9.3	26.2	0.0	25.8	93.2	0.4	0.0	44.4	0.1	7.6	45.4
哥斯达黎加	105.5	-0.6	6.8	2.6	15.0	4.7	58.3	3.8	9.3	0.7	2.1	2.8
科特迪瓦	1,794.4	230.7	71.9	0.2	15.1	1,200.6	10.4	36.5	50.8	1.6	43.7	133.1
克罗地亚	160.7	3.7	129.9	1.9	12.6	4.0	-0.7	0.2	0.7	3.6	0.1	4.6
古巴	103.5	20.0	16.9	1.0	2.5	2.7	3.6	0.1	37.7	0.8	7.7	10.7
捷克共和国	..	..	..	..	..	..	..	..	..	..	..	..
丹麦												
多米尼加共和国	118.3	14.1	66.1	0.1	–2.2	3.4	0.2	0.0	29.2	0.3	2.6	4.4
厄瓜多尔	209.9	52.1	62.6	-0.2	24.7	1.2	-11.8	1.6	48.7	1.6	3.2	26.0
埃及	784.7	185.1	204.7	35.6	138.8	111.6	-18.8	17.8	20.6	0.7	17.0	71.7
萨尔瓦多	284.6	82.1	24.9	0.0	18.1	2.4	-3.8	0.4	125.7	0.5	3.2	31.1
厄立特里亚	86.3	3.6	42.9	6.5	1.4	0.5	8.8	3.7	1.8	9.6	0.6	7.0
爱沙尼亚	..	..	..	..	..	..	..	..	..	..	..	..
埃塞俄比亚	2,019.0	726.0	202.5	342.9	79.8	38.3	97.8	85.9	94.0	37.8	87.2	226.9
芬兰												
法国												
加蓬	61.8	1.2	9.2	0.0	-3.3	54.0	0.1	0.0	0.4	0.0	1.0	–0.8
冈比亚	37.1	5.0	15.2	3.7	0.3	0.3	11.4	0.7	3.0	0.1	1.2	–3.9
格鲁吉亚	603.6	279.1	167.7	7.3	67.0	14.0	12.3	5.1	0.9	11.0	0.8	38.5
德国												
加纳	987.2	150.5	166.9	153.9	61.2	49.7	64.8	98.3	24.1	2.5	99.8	115.5
希腊												
危地马拉	369.3	83.9	28.0	0.7	16.1	2.9	26.0	28.4	113.4	7.7	7.1	55.2
几内亚	212.2	34.9	41.2	0.9	19.5	82.1	18.2	0.0	5.0	0.0	5.2	5.4
几内亚比绍	110.7	1.1	60.1	0.1	0.4	6.1	9.4	0.0	13.1	0.0	1.2	19.2
海地	806.8	319.6	102.7	8.0	16.9	49.0	24.8	0.2	144.9	4.3	119.7	16.8
洪都拉斯	344.5	128.8	39.8	0.1	15.9	1.4	41.7	0.8	58.4	1.4	24.1	32.2

发展援助委员会成员国提供的净援助分布

	总额 百万美元 2009	10 个主要的 DAC 捐赠国 百万美元 美国 2009	欧盟 2009	英国 2009	德国 2009	法国 2009	日本 2009	荷兰 2009	西班牙 2009	瑞典 2009	加拿大 2009	其他 DAC 捐赠国 百万美元 2009
匈牙利	..	..	..	..	..	..	..	..	..	..	..	..
印度	1,567.6	48.1	98.9	521.1	263.4	−29.0	517.0	7.2	25.3	16.1	11.5	87.8
印度尼西亚	446.0	121.3	113.1	68.8	−34.8	187.1	−512.8	81.1	3.4	12.9	20.0	385.9
伊朗	67.7	0.7	1.9	0.7	46.1	14.6	−17.4	4.5	5.2	0.8	3.3	7.3
伊拉克	2,686.0	2,346.3	57.3	48.6	38.2	9.3	28.1	7.3	2.4	11.6	12.1	124.9
爱尔兰												
以色列	..	..	..	..	..	..	..	..	..	..	..	..
意大利												
牙买加	112.3	−2.1	105.9	8.3	−6.9	−0.8	−5.3	−4.3	1.2	0.1	5.9	10.2
日本												
约旦	571.7	394.6	85.4	1.5	39.8	58.9	−57.4	0.6	10.2	0.8	11.0	26.3
哈萨克斯坦	185.5	97.3	13.3	7.0	17.5	2.9	37.1	0.6	−0.4	3.1	0.1	7.0
肯尼亚	1,308.3	590.2	84.3	131.2	85.7	44.8	33.7	25.4	50.7	15.5	31.7	215.1
朝鲜	49.8	13.5	3.4	0.1	2.7	0.3	0.0	1.2	2.0	4.8	3.6	18.2
韩国												
科索沃	744.6	207.4	315.9	11.8	32.6	1.0	0.2	0.5	0.9	21.2	0.0	153.3
科威特	..	..	..	..	..	..	..	..	..	..	..	..
吉尔吉斯斯坦	168.4	52.5	28.7	8.9	24.0	0.9	17.8	0.1	1.3	3.4	0.1	30.7
老挝	285.9	7.4	25.9	0.3	27.4	19.1	92.4	0.0	1.7	3.2	1.8	106.8
拉脱维亚	..	..	..	..	..	..	..	..	..	..	..	..
黎巴嫩	463.3	136.9	74.3	5.4	31.6	102.5	3.5	0.7	24.2	9.8	13.9	60.7
莱索托	86.8	24.7	16.1	8.2	5.4	−1.5	2.6	0.0	9.8	1.0	1.0	19.7
利比里亚	400.3	96.9	59.5	33.4	28.1	0.3	14.7	0.0	5.8	15.4	2.2	144.1
利比亚	34.4	5.7	2.2	1.9	3.6	19.1	0.1	0.0	0.0	0.0	0.1	1.8
立陶宛	..	..	..	..	..	..	..	..	..	..	..	..
前南斯拉夫马其顿共和国	186.5	29.9	53.2	2.0	18.8	3.0	24.2	18.3	1.8	7.0	0.0	28.6
马达加斯加	297.2	76.6	55.6	1.3	17.8	97.5	19.0	0.3	4.1	8.4	2.1	14.5
马拉维	519.3	111.4	84.1	111.7	30.2	0.3	35.8	0.9	9.8	63.6	19.5	52.0
马来西亚	133.0	16.3	0.1	4.2	11.0	−0.1	91.8	0.1	0.1	0.7	0.1	8.8
马里	676.4	111.3	101.7	0.1	46.9	74.7	35.5	77.3	24.3	12.6	83.5	108.5
毛里塔尼亚	157.9	10.2	35.7	0.8	11.6	35.0	9.6	0.0	44.7	0.7	1.3	8.3
毛里求斯	156.8	0.1	93.2	20.8	0.5	43.2	−2.1	0.0	0.0	0.4	0.3	0.4
墨西哥	164.8	129.4	6.1	11.6	40.8	13.1	−30.7	−0.3	−14.5	0.0	4.4	4.8
摩尔多瓦	202.4	32.2	106.2	3.2	9.0	7.0	3.1	2.1	0.4	3.7	0.0	35.5
蒙古	212.6	34.9	5.4	0.7	25.4	2.1	74.7	9.6	−1.3	1.3	2.7	57.1
摩洛哥	987.1	31.6	282.4	4.8	81.7	238.1	97.9	1.7	190.7	0.0	8.4	49.9
莫桑比克	1,492.3	255.6	204.7	54.9	113.8	14.7	60.7	99.3	68.8	80.4	75.2	464.4
缅甸	310.8	35.2	76.8	53.1	9.7	2.1	48.3	5.8	1.1	18.9	2.5	57.4
纳米比亚	279.1	90.3	32.6	0.7	36.7	50.1	39.8	1.9	12.0	−6.7	0.7	21.0
尼泊尔	548.8	73.5	44.0	103.2	59.6	−3.4	45.3	3.1	49.6	45.3	5.5	123.2
荷兰												
新西兰												
尼加拉瓜	519.0	89.3	46.1	7.1	28.8	1.1	17.4	31.0	142.4	17.5	13.6	124.8
尼日尔	319.8	37.1	64.4	6.2	22.0	57.4	35.1	0.1	22.2	1.6	9.8	63.9
尼日利亚	769.4	354.0	81.9	188.9	26.7	9.1	28.9	4.5	7.0	9.2	17.5	41.8
挪威												
阿曼	8.4	5.3	0.0	0.6	0.7	0.7	0.7	0.3	0.0	0.0	0.0	0.1
巴基斯坦	1,428.3	613.0	97.6	217.5	107.5	8.8	131.4	38.9	13.7	46.6	41.9	111.4
巴拿马	60.8	16.7	2.2	0.1	1.7	0.1	33.5	0.0	6.3	0.0	0.8	−0.5
巴布亚新几内亚	354.5	2.8	32.4	1.0	2.5	0.1	−4.2	0.0	0.9	1.7	0.2	317.1
巴拉圭	152.9	26.5	31.5	0.0	6.2	0.6	37.3	0.0	38.9	0.9	2.2	8.6
秘鲁	412.5	104.4	73.8	1.1	79.8	9.0	−36.8	0.3	100.2	−7.3	17.9	70.1
菲律宾	294.8	89.5	50.4	4.4	40.1	−7.3	−8.4	2.2	−31.4	1.8	17.0	136.3
波兰	..	..	..	..	..	..	..	..	..	..	..	..
葡萄牙												
波多黎各	..	..	..	..	..	..	..	..	..	..	..	..
卡塔尔	..	..	..	..	..	..	..	..	..	..	..	..

6.17 发展援助委员会成员国提供的净援助分布

	总额 百万美元	10个主要的DAC捐赠国 百万美元 美国	欧盟	英国	德国	法国	日本	荷兰	西班牙	瑞典	加拿大	其他DAC 捐赠国 百万美元
	2009	2009	2009	2009	2009	2009	2009	2009	2009	2009	2009	2009
罗马尼亚	..	..	..	..	..	..	..	..	..	..	..	..
俄罗斯联邦	..	..	..	..	..	..	..	..	..	..	..	..
卢旺达	624.3	145.9	104.5	89.9	44.0	3.5	21.3	54.2	25.0	3.6	13.7	118.8
沙特阿拉伯	..	..	..	..	..	..	..	..	..	..	..	..
塞内加尔	648.8	67.7	134.5	6.5	22.2	140.9	46.7	45.7	59.3	0.5	54.5	70.5
塞尔维亚	565.4	46.5	292.9	7.7	114.5	12.7	3.7	2.6	4.0	19.9	4.8	56.0
塞拉利昂	305.3	17.0	108.9	80.3	15.8	0.3	37.4	1.5	3.4	3.1	8.9	28.8
新加坡	..	..	..	..	..	..	..	..	..	..	..	..
斯洛伐克共和国	..	..	..	..	..	..	..	..	..	..	..	..
斯洛文尼亚	..	..	..	..	..	..	..	..	..	..	..	..
索马里	607.5	194.9	108.0	43.8	20.9	4.7	22.6	14.8	52.8	33.3	25.7	85.9
南非	1,014.6	523.7	153.3	67.3	86.9	–15.6	4.7	48.9	5.3	36.1	13.0	90.9
西班牙												
斯里兰卡	433.2	32.3	59.2	18.2	–5.6	12.7	91.6	2.7	18.6	35.3	25.0	143.2
苏丹	2,136.8	954.6	225.8	292.4	47.2	10.4	111.0	97.3	26.0	92.1	105.0	174.9
斯威士兰	33.7	15.6	15.1	–3.8	–0.2	0.2	1.2	0.0	1.2	3.2	0.9	0.3
瑞典												
瑞士												
阿拉伯叙利亚共和国	116.0	18.6	54.8	1.1	37.8	25.7	–54.5	0.1	6.3	0.0	0.9	25.3
塔吉克斯坦	177.6	40.5	37.3	4.5	26.1	4.7	26.2	0.3	6.3	3.1	2.5	26.0
坦桑尼亚	1,547.2	283.7	138.4	216.7	87.1	7.9	120.5	62.6	25.1	116.4	94.0	394.9
泰国	–71.2	23.6	21.3	9.9	1.9	–11.7	–150.3	3.6	4.5	0.7	2.8	22.5
东帝汶	193.3	29.1	10.3	0.1	5.6	0.1	11.9	0.0	10.8	8.5	2.0	114.8
多哥	408.2	3.8	46.4	10.4	24.0	40.5	34.1	0.9	3.8	0.1	2.5	241.7
特立尼达和多巴哥	6.0	0.5	1.6	0.4	0.2	1.1	0.1	0.0	0.1	0.0	1.8	0.2
突尼斯	457.6	–5.3	108.1	3.8	30.8	170.0	14.4	–0.8	124.1	0.0	2.1	10.3
土耳其	1,345.1	–6.5	787.0	2.2	6.7	154.6	210.8	–0.3	135.3	0.2	–2.3	57.5
土库曼斯坦	17.4	10.8	4.0	0.3	1.9	0.2	–1.2	0.0	0.0	0.6	0.0	0.8
乌干达	1,141.3	366.9	128.0	117.4	60.1	14.6	54.1	45.0	5.9	67.3	16.9	265.3
乌克兰	574.0	103.0	177.0	2.4	121.6	19.5	61.9	0.0	3.8	3.1	18.0	63.7
阿拉伯联合酋长国	..	..	..	..	..	..	..	..	..	..	..	..
英国												
美国												
乌拉圭	44.2	1.0	11.8	0.0	–0.3	1.4	2.4	0.0	12.2	0.2	1.3	14.1
乌兹别克斯坦	83.6	9.9	6.1	1.8	32.1	2.9	20.4	0.0	0.7	0.3	0.0	9.4
委内瑞拉	50.2	11.7	3.4	2.2	8.7	7.1	2.1	0.1	12.9	0.0	0.5	1.5
越南	2,127.8	78.1	51.9	93.8	112.5	142.9	1,191.4	45.4	32.7	15.9	35.3	327.9
西岸和加沙	2,275.9	844.3	538.3	94.9	98.7	79.2	76.7	46.2	99.4	100.1	41.2	256.9
也门共和国	276.0	26.2	23.6	35.9	82.9	5.9	37.2	30.9	3.9	0.7	2.5	26.3
赞比亚	852.9	231.9	152.4	73.5	55.5	7.4	36.6	64.8	11.8	62.7	13.0	143.4
津巴布韦	700.1	249.7	79.7	109.9	34.7	4.6	12.4	22.3	8.2	28.9	28.3	121.4
全世界	**96,623.9 s**	**25,173.7 s**	**13,021.4 s**	**7,657.0 s**	**7,096.7 s**	**7,019.4 s**	**6,001.2 s**	**4,798.0 s**	**4,473.1 s**	**3,168.2 s**	**3,141.0 s**	**15,074.3 s**
低收入国家	27,536.0	7,955.5	3,842.7	2,622.5	1,702.3	993.6	1,553.4	1,067.9	927.6	836.8	1,152.7	4,881.1
中等收入国家	39,141.0	10,578.1	6,543.1	2,083.3	3,199.0	4,510.2	2,729.5	899.5	2,240.8	655.9	775.7	4,925.8
中低收入国家	28,607.7	8,235.8	3,859.8	1,852.0	2,103.0	3,157.9	2,329.6	609.1	1,461.4	484.1	610.8	3,904.0
中高收入国家	9,649.3	2,276.5	2,327.5	225.9	965.2	1,254.3	398.9	255.7	738.7	150.8	144.1	911.8
低收入和中等收入国家	96,408.4	25,163.7	12,879.0	7,653.4	7,083.1	7,010.9	6,001.0	4,797.4	4,450.5	3,164.6	3,135.4	15,069.4
东亚和太平洋地区	7,305.6	823.5	526.8	389.5	604.5	899.2	1,228.5	157.0	100.4	97.1	146.1	2,333.0
欧洲和中亚	6,418.5	1,340.6	2,240.2	74.4	714.3	273.7	522.3	66.2	209.7	110.5	29.4	837.4
拉丁美洲和加勒比地区	7,714.7	2,030.9	1,117.6	158.6	917.4	231.7	142.5	262.0	1,501.4	138.1	452.6	761.9
中东和北非	9,508.6	4,082.5	1,623.7	247.5	703.5	1,000.9	142.1	108.9	589.7	137.1	125.4	747.3
南亚	10,370.5	3,906.6	845.4	1,438.0	844.6	35.4	1,013.7	274.8	212.4	280.3	372.5	1,146.7
撒哈拉以南非洲地区	30,845.3	7,436.4	4,816.7	2,708.4	1,781.1	3,396.9	1,374.3	1,197.6	1,127.2	902.4	1,308.7	4,795.8
高收入国家	215.5	9.9	142.4	3.6	13.5	8.5	0.3	0.5	22.6	3.6	5.6	4.9
欧元区	..	..	..	..	..	..	..	..	..	..	..	..

注：地区合计数中包括未在其他地方明确的经济体的数据。世界和各收入组别的总额包括未按国家和地区分配的援助额。

发展援助委员会成员国提供的净援助分布

关于数据的说明

本表给出的是OECD发展援助委员会（DAC）成员国向低收入经济体和中等收入经济体提供的净双边援助。DAC拥有24个成员，其中23个是经济体，1个是多边机构（欧盟）。过去版本中本表只包括DAC成员国，而目前的版本本表还包括了欧盟的数据。

由于表中的数据是基于援助国的双边计划报告编制的，可能与受援国的报告不一致。受援国可能缺乏一些援助支出的信息，例如，发展研究资金、援助国由援助资金资助的学生的薪水和日常开支以及援助国聘用专家的支出等。此外，完整的数据记录应该包括援助国向多边机构提供的捐赠、多边机构向受援国提供的援助资金流量以及非DAC成员国提供的援助资金流量。

本表中的数据不包括发展援助委员会的多边援助（向多边机构的常规预算拨款），这些数据都包括在表6.14公布的数据中。多边机构和非政府组织代表发展援助委员会成员国执行的项目被划归为双边援助（因为援助国可以有效地控制资金的使用），并且包含在本表公布的数据中。

数据还包括本表未给出的向一些国家和地区提供的援助，以及向未注明的经济体提供的援助，这些援助只在地区或者全球层次上记录。对本表未给出的向一些国家和地区提供的援助，根据世界银行的地区分类系统，已经归总到各地区的总额之中。向未注明的经济体提供的援助，也包括在地区总额之中，如果有可能，也包括在收入组别的总额之中。不按国家或者地区分配的援助——包括行政管理费用、对发展问题的研究以及向非政府组织提供的援助等——都包括在全世界的援助总额之中；因此，地区和收入组别的援助总额与全世界的援助总额并不一致。

本表所给出的一些受援国本身又是援助国。近几年非DAC成员国的发展合作行动有所增加，而且在一些情况下都超过了个别DAC成员国。一些非DAC成员国自愿向DAC提供了其发展合作行动数据，而其他许多非DAC成员国则没有向DAC提供援助数据。非DAC成员国提供的官方发展援助的汇总见表6.16a。

超越发展援助委员会（DAC）：发挥其他发展援助提供国的作用　6.17a

来自非DAC援助国的发展援助资金（百万美元）

国别	估计值	年份	资料来源
20个向DAC提供数据的国家（见表6. 16a）	8, 094	2008	OECD/DAC的统计数据
巴西	437	2007	DAC的《发展合作报告》，由巴西官方加以估计
中国	1, 800—3, 000	2008	中国财政部的《财政年鉴》《2009年上估计：Brautigam》
印度	610	2008/2009	印度外交部的《年报》
俄罗斯联邦	200	2008	俄罗斯联邦政府2010年4月的DAC高层会议
南非	109	2008/2009	南非外交部和国家金库的《2009年公共支出估计》

许多国家并不是OECD发展援助委员会的成员国，但是这些国家却提供了几十年的发展援助。在过去十年中，发展援助额的飞速上涨是有目共睹的，并且在一些情况下，其发展援助的水平目前已超过个别发展援助委员会成员国。发展援助委员会估计来自非发展援助委员会援助国的总的净官方发展援助流量在2008年达到120—140亿美元，占到全球官方发展援助流量的9%—10%（假定该流量与发展援助委员会的定义一致）。对来自非发展援助委员会援助国的总援助额进行估计面临着挑战。20个国家（主要是新兴援助国和阿拉伯地区的援助国）每年都主动向发展援助委员会提供援助额数据（见表6. 16a）。许多其他国家并不是这样，其中包括大多数主要的发展中援助国（向发展中国家提供援助），例如巴西、中国、印度和南非。没有向发展援助委员会提供数据的国家的援助额估计值必须谨慎对待。官方数字经常遗漏一些重要的合作活动（例如，向关注发展的国际组织的捐赠），从而导致低估，并且这些数字经常包括一些不能作为官方发展援助的支出（例如，与安全相关的支出、有文化动机的支出或者附有条件的贷款），从而导致高估。

资料来源：Smith、Fordelone和Zimmermann（2010）；OECD（2010）。

定义

- **净援助**包括满足发展援助委员会官方发展援助定义的净双边官方发展援助，同时要拨付给发展援助委员会受援国名单上的国家和地区（见表6.14中的“关于数据的说明”）。
- **其他DAC援助国**包括澳大利亚、奥地利、比利时、丹麦、芬兰、希腊、爱尔兰、意大利、韩国、卢森堡、新西兰、葡萄牙、瑞典和瑞士。

数据资料来源

资金流量数据由OECD发展援助委员会提供，并在其年度统计报告《流向发展中国家的资金流量的地理分布》及其年度报告《发展合作报告》中公布。用户还可以从OECD发展援助委员会的《国际发展统计》的CD－ROM和OECD的网站http://www.oecd.org/dac/stats/idsonline中查询有关数据。

人口跨国流动

	净移民		国际移民存量		难民				劳工侨汇和雇员报酬			
	千人		千人		千人				百万美元			
					按来源国划分		按庇护国划分		收到		支付	
	1990–1995	2005–2010	1995	2010	1995	2009	1995	2009	1995	2009	1995	2009
阿富汗	3,266	1,000	70	91	2,679.1	2,887.1	19.6	0.0	..	..	..	..
阿尔巴尼亚	–423	–75	71	89	5.8	15.7	4.7	0.1	427	1,317	..	10
阿尔及利亚	–50	–140	299	242	1.5	8.2	192.5	94.1	1,120[a]	2,059[a]	..	..
安哥拉	143	80	38	65	246.7	141.0	10.9	14.7	*5*	*82*	210	716
阿根廷	120	30	1,588	1,449	0.3	0.6	10.3	3.2	64	658	195	702
亚美尼亚	–500	–75	682	324	201.4	18.0	219.0	3.6	65	769	*17*	145
澳大利亚	371	500	3,854	4,711	0.0	0.0	62.1	22.5	1,651	4,089[a]	700	3,000[a]
奥地利	234	160	989	1,310	0.0	0.0	34.4	38.9	1,012	3,286	346	3,377
阿塞拜疆	–116	–50	525	264	200.5	16.9	233.7	1.6	3	1,274	9	652
孟加拉国	–500	–570	1,006	1,085	57.0	10.4	51.1	228.6	1,202	10,523	*1*	8
白俄罗斯	0	0	1,185	1,090	0.1	5.5	29.0	0.6	29	358	12	112
比利时	85	200	916	975	0.0	0.1	31.7	15.5	4,937	10,437	3,252	4,136
贝宁	105	50	146	232	0.1	0.4	23.8	7.2	100	243[a]	26	88
玻利维亚	–100	–100	70	146	..	..	0.7	0.7	7	1,069	9	103
波斯尼亚和黑塞哥维那	–1,025	–10	73	28	769.8	70.0	*40.0*	7.1	..	2,081	..	61
博茨瓦纳	14	15	39	115	0.0	0.0	0.3	3.0	59	88	200	102
巴西	–184	–229	731	688	0.1	1.0	2.1	4.2	3,315	4,234	347	1,003
保加利亚	–349	–50	47	107	4.2	2.7	1.3	5.4	*42*	1,558	*34*	101
布基纳法索	–128	–65	464	1,043	0.1	1.0	29.8	0.5	78[a]	99[a]	50[a]	100
布隆迪	–250	323	295	61	350.6	94.2	173.0	25.0	..	28	5	1
柬埔寨	150	–5	116	336	61.2	17.0	0.0	0.1	12	338	52	215
喀麦隆	–5	–19	246	197	2.0	14.8	45.8	100.0	11	148	22	94
加拿大	643	1,050	5,047	7,202	0.0	0.1	152.1	169.4	..	..	..	..
中非共和国	37	5	67	80	0.2	159.6	33.9	27.0	*0*	..	*27*	..
乍得	–10	–75	78	388	59.7	55.0	0.1	338.5	*1*	..	*15*	..
智利	90	30	136	320	14.3	1.3	0.3	1.5	..	4	13[a]	6
中国	–829[b]	–1,731[b]	437[b]	686[b]	124.7[c]	200.6[c]	288.3	301.0	878[a]	48,729[a]	86[a]	4,444
中国香港	300	113	2,431	2,742	0.2	0.0	1.5	0.1	..	348	..	413
哥伦比亚	–250	–120	109	110	1.9	389.8	0.2	0.2	815	4,180	150	92
刚果民主共和国	1,208	–100	1,919	445	89.7	455.9	1,433.8	185.8	..	..	..	..
刚果共和国	–14	–50	131	143	0.2	20.5	19.4	111.4	4	14[a]	27	102
哥斯达黎加	62	30	228	489	0.2	0.3	24.2	19.1	123	513	36	239
科特迪瓦	375	–145	1,985	2,407	0.2	23.2	297.9	24.6	151	185	457	756
克罗地亚	153	10	721	700	245.6	76.5	198.6	1.2	544	1,476	*16*	99
古巴	–120	–194	25	15	24.9	7.5	1.8	0.5	..	..	..	..
捷克共和国	8	226	454	453	2.0	1.1	2.7	2.3	191	1,201	101	2,562
丹麦	58	30	297	484	0.0	0.0	64.8	20.4	523	894	209	3,413
多米尼加共和国	–129	–140	322	434	0.0	0.2	1.0	..	839	3,467	7	29
厄瓜多尔	–50	–350	88	394	0.2	1.0	0.2	116.6	386	2,502	4	81
埃及	–498	–340	174	245	0.9	7.0	5.4	94.4	3,226	7,150	223	255
萨尔瓦多	–249	–280	28	40	23.5	5.1	0.2	0.0	1,064[a]	3,482	1[a]	21
厄立特里亚	–359	55	12	16	286.7	209.2	1.1	4.8	..	..	..	..
爱沙尼亚	–108	0	309	182	0.4	0.2	..	0.0	1	325	3	81
埃塞俄比亚	768	–300	795	548	101.0	62.9	393.5	121.9	27	262	0	27
芬兰	43	55	103	226	0.0	0.0	10.2	7.4	74	859	54	454
法国	239	500	6,085	6,685	0.0	0.1	155.2	196.4	4,640	15,551	4,935	5,224
加蓬	20	5	164	284	0.0	0.1	0.8	8.8	4	10[a]	99	186
冈比亚	45	15	148	290	0.2	2.0	6.6	10.1	19[a]	80	..	8
格鲁吉亚	–544	–250	250	167	0.3	15.0	0.1	0.9	*284*	714	*12*	32
德国	2,649	550	8,992	10,758	0.4	0.2	1,267.9	593.8	4,523	10,879	11,348	15,924
加纳	40	–51	1,038	1,852	13.6	14.9	83.2	13.7	17	114	5	6
希腊	470	150	549	1,133	0.2	0.1	4.4	1.7	3,286	2,020	300	1,843
危地马拉	–360	–200	46	59	42.9	5.8	1.5	0.1	358	4,019	8	22
几内亚	350	–300	814	395	0.4	10.9	672.3	15.3	1	64	10	45
几内亚比绍	20	–12	32	19	0.8	1.1	15.4	7.9	2[a]	47	3	17[a]
海地	–133	–140	22	35	13.9	24.1	..	0.0	..	1,376	..	135
洪都拉斯	–120	–100	31	24	1.2	1.2	0.1	0.0	124	2,520	8	12

	净移民		国际移民存量		难民				劳工侨汇和雇员报酬			
	千人		千人		千人				百万美元			
					按来源国划分		按庇护国划分		收到		支付	
	1990–1995	2005–2010	1995	2010	1995	2009	1995	2009	1995	2009	1995	2009
匈牙利	104	75	293	368	2.3	1.5	11.4	6.0	152	2,130	146	1,223
印度	–960	–1,000	7,022	5,436	5.0	19.5	227.5	185.3	6,223	49,468	419	2,893
印度尼西亚	–725	–730	219	123	9.8	18.2	0.0	0.8	651	6,793	..	2,702
伊朗	–1,164	–500	3,016	2,129	112.4	72.8	2,072.0	1,070.5	1,600[a]	1,045[a]	..	..
伊拉克	–154	–577	134	83	718.7	1,785.2	116.7	35.2	..	*71*	..	31[a]
爱尔兰	–1	200	264	899	0.0	0.0	0.4	9.6	347	576	173	1,988
以色列	484	85	1,919	2,940	0.9	1.3	..	17.7	701	1,267	1,407	3,283
意大利	294	1,650	1,723	4,463	0.1	0.0	74.3	55.0	2,364	2,683	1,824	12,986
牙买加	–113	–100	22	30	0.0	0.9	0.0	0.0	653	1,912	74	314
日本	474	150	1,363	2,176	0.0	0.2	5.4	2.3	1,151	1,776	1,820	4,069
约旦	509	250	1,608	2,973	0.5	2.1	1,288.9[d]	2,434.5[d]	1,441	3,597	107	502
哈萨克斯坦	–1,509	–100	3,295	3,079	0.1	3.7	15.6	4.3	116	124	503	3,138
肯尼亚	222	–189	528	818	9.3	9.6	234.7	358.9	298[a]	1,686[a]	9	61
朝鲜	0	0	35	37	0.0	0.9	..	..	..	..	..	..
韩国	–627	–30	584	535	0.0	0.6	0.0	0.3	1,080	2,522	635	3,120
科索沃	..	..	..	..	..	..	..	..	..	..	..	..
科威特	–598	120	1,090	2,098	0.8	0.9	3.3	0.2	..	..	1,354	9,912
吉尔吉斯斯坦	–273	–75	482	223	0.0	2.6	13.4	0.4	1	992[a]	41	188
老挝	–30	–75	23	19	58.2	8.4	..	..	22	38	9	22
拉脱维亚	–134	–10	527	335	0.2	0.8	..	0.0	*41*	591	1	46
黎巴嫩	230	–13	656	758	13.5	16.3	348.0[d]	476.1[d]	1,225[a]	7,558	..	5,749
莱索托	–84	–36	6	6	*0.0*	0.0	*0.1*	..	411	414	75	35
利比里亚	–523	248	199	96	744.6	71.6	120.1	7.0	..	54[a]	..	1
利比亚	10	20	506	682	0.6	2.2	4.0	9.0	..	14[a]	222	1,361
立陶宛	–99	–100	272	129	0.1	0.5	*0.0*	0.8	1	1,169	1	620
前南斯拉夫马其顿共和国	–27	–10	115	130	12.9	7.9	9.0	1.5	*68*	381	*1*	26
马达加斯加	–7	–5	44	38	0.1	0.3	*0.1*	..	14	10[a]	11	21
马拉维	–920	–20	325	276	0.0	0.1	1.0	5.4	1	1[a]	1	0[a]
马来西亚	287	130	1,193	2,358	0.1	0.5	5.3	66.1	116	1,131	1,329	6,529
马里	–260	–202	174	163	77.2	2.9	17.9	13.5	112	405[a]	42	105
毛里塔尼亚	–15	10	118	99	84.3	39.1	34.4	26.8	5	2[a]	14	..
毛里求斯	–7	0	18	43	0.0	0.0	..	..	132[a]	211[a]	1	12
墨西哥	–1,364	–2,430	458	726	0.4	6.4	38.7	1.2	4,368	21,953	..	..
摩尔多瓦	–121	–172	473	408	0.5	5.9	..	0.1	1	1,211	1	104
蒙古	–173	–10	7	10	0.0	1.5	..	0.0	..	200	..	83
摩洛哥	–450	–425	55	49	0.3	2.3	0.1	0.8	1,970	6,270	20	61
莫桑比克	650	–20	246	450	125.6	0.1	0.1	3.5	59	111	21	63
缅甸	–126	–500	114	89	152.3	406.7	..	..	81	137[a]	..	32[a]
纳米比亚	–13	–1	118	139	0.0	0.9	1.7	7.2	16	14	11	16
尼泊尔	–101	–100	625	946	0.0	5.1	124.8	108.5	57	2,986	9	12
荷兰	191	100	1,387	1,753	0.1	0.0	80.0	76.0	1,359	3,691	2,802	14,212
新西兰	143	50	594	962	..	0.0	3.8	3.3	1,652	628	427	977
尼加拉瓜	–114	–200	27	40	23.9	1.5	0.6	0.1	75	768	..	..
尼日尔	–3	–28	171	202	10.3	0.8	27.6	0.3	8	89	29	22[a]
尼日利亚	–96	–300	582	1,128	1.9	15.6	8.1	9.1	804[a]	9,585[a]	5	66
挪威	42	135	237	485	0.0	0.0	47.6	37.8	239	631	603	4,174
阿曼	23	20	582	826	0.0	0.1	..	0.0	39	39	1,537	5,313
巴基斯坦	–2,611	–1,416	4,077	4,234	5.3	35.1	1,202.5	1,740.7	1,712	8,717	4	8
巴拿马	8	11	73	121	0.2	0.1	0.9	16.9	112	175	20	229
巴布亚新几内亚	0	0	31	25	2.0	0.1	9.6	9.7	16	12	16	323
巴拉圭	–30	–40	183	161	0.1	0.1	0.1	0.1	287	609	..	..
秘鲁	–300	–625	51	38	5.9	6.3	0.6	1.1	599	2,378	34	85
菲律宾	–900	–900	210	435	0.5	1.0	0.8	0.1	5,360	19,766	151	58
波兰	–77	–120	964	827	19.7	2.1	0.6	15.3	724	8,126	262	1,330
葡萄牙	0	200	528	919	0.0	0.0	0.2	0.4	3,953	3,585	527	1,460
波多黎各	–4	–21	339	324	0.0	..	..	..	..	..	..	..
卡塔尔	14	562	406	1,305	0.0	0.1	..	0.0	..	..	..	..

人口跨国流动

	净移民		国际移民存量		难民				劳工侨汇和雇员报酬			
	千人		千人		千人				百万美元			
					按来源国划分		按庇护国划分		收到		支付	
	1990–1995	2005–2010	1995	2010	1995	2009	1995	2009	1995	2009	1995	2009
罗马尼亚	–529	–200	135	133	17.0	4.4	0.2	1.1	9	4,929	2	310
俄罗斯联邦	2,220	250	11,707	12,270	207.0	109.5	*246.7*	4.9	2,502	5,359	3,938	18,548
卢旺达	–1,681	15	337	465	1,819.4	129.1	7.8	54.0	21	93	1	71
沙特阿拉伯	–500	150	4,611	7,289	0.3	0.6	13.2	0.6	..	217	16,594	25,969
塞内加尔	–100	–100	291	210	17.6	16.3	66.8	22.2	146	1,365	76	144[a]
塞尔维亚	451	0	874	525	86.1[e]	195.6	650.7[e]	86.4	*1,295*	5,406[a]	..	91
塞拉利昂	–450	60	101	107	379.5	15.4	4.7	9.1	24	47	0	3
新加坡	250	500	992	1,967	0.0	0.1	0.1	0.0	..	..	..	..
斯洛伐克共和国	–3	20	114	131	0.0	0.3	2.3	0.4	26	1,671	3	134
斯洛文尼亚	38	22	200	164	12.9	0.0	22.3	0.3	272	279	31	191
索马里	–893	–250	19	23	638.7	678.3	0.6	1.8	..	..	..	..
南非	900	700	1,098	1,863	0.5	0.4	101.4	48.0	105	902	629	1,158
西班牙	324	1,750	1,041	6,378	0.0	0.0	5.9	4.0	3,237	9,904	868	12,646
斯里兰卡	–256	–300	426	340	107.6	145.7	0.0	0.3	809	3,363	16	435
苏丹	–168	135	1,111	753	445.3	368.2	674.1	186.3	346	2,993[a]	1	2[a]
斯威士兰	–38	–6	35	40	0.0	0.0	0.7	0.8	83	93	4	11
瑞典	151	150	906	1,306	0.0	0.0	199.2	81.4	288	652	336	787
瑞士	227	100	1,471	1,763	0.0	0.0	82.9	46.2	1,473	2,524	10,114	19,562
阿拉伯叙利亚共和国	–70	800	817	2,206	8.0	17.9	373.5[d]	1,526.6[d]	339	1,332[a]	15	212[a]
塔吉克斯坦	–296	–200	305	284	59.0	0.6	0.6	2.7	..	1,748	..	124
坦桑尼亚	591	–300	1,134	659	0.1	1.2	829.7	118.7	1	23	1	81
泰国	–39	300	549	1,157	0.2	0.5	106.6	105.3	1,695	1,637	..	..
东帝汶	0	10	10	14	..	0.0	..	0.0	..	..	..	..
多哥	–122	–5	169	185	93.2	18.4	10.9	8.5	15	307[a]	5	58[a]
特立尼达和多巴哥	–24	–20	46	34	0.0	0.2	..	0.0	32	99[a]	14	..
突尼斯	–43	–20	38	34	0.3	2.3	0.2	0.1	680	1,964	36	13
土耳其	–70	–44	1,212	1,411	44.9	146.4	12.8	10.4	3,327	970	..	141
土库曼斯坦	50	–25	260	208	0.0	0.7	23.3	0.1	*4*	..	*7*	..
乌干达	120	–135	661	647	24.2	7.6	229.4	127.3	..	750	..	463
乌克兰	100	–80	6,172	5,258	1.7	24.5	5.2	7.3	*6*	5,073	*1*	25
阿拉伯联合酋长国	340	343	1,716	3,293	*0.0*	0.4	0.4	0.3	..	..	..	..
英国	167	948	4,191	6,452	0.1	0.2	90.9	269.4	2,469	7,252	2,581	3,400
美国	6,565	5,052	28,522	42,813	0.2	2.4	623.3	275.5	2,179	2,947	22,181	48,308
乌拉圭	–20	–50	93	80	0.3	0.2	0.1	0.2	..	101	..	6
乌兹别克斯坦	–340	–400	1,474	1,176	0.1	6.7	2.6	0.6	..	..	..	..
委内瑞拉	40	40	1,019	1,007	0.5	6.2	1.6	201.3	2	131	203	581
越南	–840	–200	39	69	543.5	339.3	34.4	2.4	..	6,626[a]	..	..
西岸和加沙	1	–10	1,201	1,924	72.8	95.2	1,201.0[d]	1,885.2[d]	582	1,261[a]	19	9[a]
也门共和国	650	–135	378	518	0.4	1.9	53.5	170.9	1,081	1,160	61	337
赞比亚	–11	–85	271	233	0.0	0.2	130.0	56.8	..	41	59	66
津巴布韦	–192	–700	433	372	0.0	22.4	0.5	4.0	*44*	..	7	..
全世界	..[f] s	..[f] s	165,674[g] s	213,450[g] s	18,068.7[s,d] h	15,163.2[s,d] h	18,068.7[d] s	15,163.2[d] s	101,254 s	416,158 s	100,950 s	289,122 s
低收入国家	287	–2,737	13,555	13,368	7,990.4	5,427.5	4,727.2	1,893.8	2,189	22,706	357	2,047
中等收入国家	–13,401	–13,203	63,453	67,824	4,260.8	4,558.6	10,086.9	11,285.2	53,012	284,357	10,230	57,377
中低收入国家	–9,961	–9,231	31,848	34,166	2,733.4	3,451.1	6,322.0	9,104.7	31,182	206,323	2,147	15,095
中高收入国家	–3,441	–3,972	31,605	33,657	1,527.3	1,107.4	3,764.8	2,180.5	21,830	78,033	8,084	42,283
低收入和中等收入国家	–13,114	–15,941	77,009	81,192	12,251.1	9,986.1	14,814.0	13,179.1	55,202	307,063	10,587	59,425
东亚和太平洋地区	–3,285	–3,781	3,048	5,434	952.9	996.7	447.0	485.5	8,925	85,788	1,703	14,459
欧洲和中亚	–3,386	–1,671	29,607	27,346	1,611.6	655.6	1,221.3	163.8	6,482	35,433	4,507	24,427
拉丁美洲和加勒比地区	–3,388	–5,214	5,454	6,569	155.5	462.0	93.9	367.4	13,322	56,590	1,138	3,788
中东和北非	–1,044	–1,089	8,985	11,957	948.0	2,014.0	5,683.0	7,809.4	13,275	33,442	704	8,536
南亚	–1,262	–2,376	13,257	12,175	2,958.7	3,192.1	1,625.5	2,263.4	10,005	75,061	476	3,471
撒哈拉以南非洲地区	–749	–1,810	16,659	17,710	5,624.4	2,665.8	5,743.4	2,089.5	3,193	20,749	2,060	4,743
高收入国家	13,097	15,894	88,665	132,259	287.1	90.8	3,254.7	1,984.1	46,052	109,095	90,363	229,697
欧元区	4,604	5,607	23,080	36,135	13.9	1.0	1,690.4	1,011.4	30,827	67,529	28,741	85,677

a. 世界银行的估计。b. 包括中国台湾。c. 包括藏族人，联合国难民署将其单独列出。d. 包括在联合国近东巴勒斯坦难民救济和工作处委托管辖下的巴勒斯坦难民，但这并不包括在联合国难民署的数据中。e. 包括黑山。f. 尽管世界总数由联合国计算并且其总数为零，但是由于此处给出的合计数是参照世界银行的定义，因此各地区和各收入组别的合计数并不等于零。g. 世界总数由世界银行计算并且仅仅包括《世界发展指标》涵盖的经济体，所以数据可能不同于联合国人口署公布的数据。h. 包括没有特定来源国的难民、联合国近东巴勒斯坦难民救济和工作处委托管辖下的巴勒斯坦难民，因此，各地区和各收入组别的合计数并不等于世界总数。

关于数据的说明

通常以移民方式实现的人口流动已经成为一体化的重要组成部分。移民对于东道国的经济和母国的经济来讲都具有帮助。但是关于移民的可靠的统计数据不仅非常难以收集，而且还经常不完整，这使国际比较面临着挑战。

联合国人口署提供了有关净移民和移民存量的数据。为得到净移民的估计值，该机构考察了一个国家或者一个地区过去的移民历史、一个国家的移民政策以及最近时期流入的难民。计算这些官方统计值的数据来自不同的渠道，其中包括边境统计、行政记录、调查以及人口普查。当由于缺乏数据而无法作出官方估计时，净移民则通过平衡方程得出，该方程为总人口增长与1990—2000年两次人口普查期间人口的自然增长之差。

通常在一个特定的时间点上用于估计国际移民存量的数据主要来自对人口的普查。估计数值从外国出生的人口的数据中得出，这些外国出生的人口所居住的国家不是其出生的国家。当外国出生的人口的数据无法获取时，就利用外国人口——这些人不是居住国的公民，而是其他国家的公民——的数据进行估计。

苏联于1991年解体之后，居住在新的独立的国家而其出生地在另一个国家的人口都被划作国际移民。对从1990年以来的新的独立的国家的移民存量的估计都是基于苏联在1989年的人口普查。

对于那些至少在两个时间点上拥有国际移民存量信息的国家来讲，归纳或者添补通常用于估计指定年份的7月1日的国际移民存量。对于那些只有一个观察点的国家来讲，指定年份的估计值都是利用前年或者后年可获得的单个观察点的移民存量的变化率推出。模型通常用于估计那些没有数据的国家的移民。

因为难民已经成为移民存量的重要组成部分，所以本表给出了难民数据。这儿给出的难民是指那些跨越国际边境去寻求避难所进而被认定为难民或者类似难民身份或者寻求临时保护的人口。寻求庇护者和国内流离失所人口——经常被误认为难民——不包括在内。国内流离失所人口不像难民，他们依然是在本国政府的保护下，尽管他们逃离的原因与难民类似。

注册登记与其他资料来源——包括估计和调查——成为难民数据的主要资料来源。但是在收集准确的统计收据方面，还存在一些困难。尽管难民通常单独注册，但是注册的准确性却存在很大差异。许多难民可能并没有意识到注册的必要性，或者可能选择不这样做。由于注册要比取消注册容易，所以行政管理记录通常会高估难民的实际数量。联合国难民署（UNHCR）收集并维护有关难民的数据，除了在联合国近东巴勒斯坦难民救济与工作署（UNRWA）委托管辖下的巴勒斯坦难民。UNRWA向居住在特定区域的并且在该机构注册的难民提供服务。注册是自愿的，UNRWA对巴勒斯坦难民人数的估计并不准确。本表给出了UNHCR收集的难民估计数，并由对UNRWA委托管辖下的巴勒斯坦难民的估计作补充。因此，这儿的总数不同于UNHCR公布的其他数据。

劳工侨汇和雇员报酬都是世界银行员工基于国际货币基金组织《国际收支手册》中的数据进行的估计。世界银行员工的估计弥补国际货币基金组织数据中缺乏的一些国家的数据，而劳工侨汇对于这些国家来讲是非常重要的。构成劳工侨汇、雇员报酬以及移民的转移支付3个项目的数据都是取自国际货币基金组织的《国际收支手册》（第5版）。

这3个项目之间的区别并不总是与各国向国际货币基金组织提供的数据一致。在一些情况下，一些国家基于移民劳工的公民身份而不是其居民身份收集了一些相关数据。一些国家提供的侨汇数据有时也将劳工侨汇和雇员报酬作为了一个整体。根据1993年的《国际收支手册》第5版，移民转移支付被视作资本交易，而在前一版中则被视作经常性转移支付。由于这方面的原因，表中给出的数据将这3个项目都考虑了进去。

定义

- **净移民**是指在一定期间内每年的净平均移民数量，也就是每年移入移民的数量减去每年移出移民的数量，其中包括公民和非公民。表中给出的数据是5年的估计数。
- **国际移民存量**是指在一个国家出生而不在这个国家生活的人口数量，也包括难民。
- **难民**是指根据1951年的《难民地位公约》、1967年的《难民地位草案》以及1969年的《非洲难民问题特殊方面公约》被认作难民的人口、依据联合国难民事务高级专员办事处的条例被认作难民的人口、被授予视同难民的人道主义身份的人口以及被提供了临时性保护的人口。寻求庇护者是指那些已经申请避难或者难民身份的人口以及那些还没有收到决定或者通过其他方式注册为寻求庇护者的人口。巴勒斯坦难民是那些1946年6月到1948年5月期间居住在巴勒斯坦而由于阿、以冲突导致其失去家园和生活手段的人口。
- **来源国**通常是指那些给予提出要求庇护者公民身份的国家。
- **庇护国**是指那些提出庇护要求的国家。
- **劳工侨汇和雇员报酬**（收到的和支付的）包括移民劳工的经常性转移支付和非居民劳工赚取的工资和薪水。劳工侨汇被划分为移民劳工作为东道国的居民向其母国接收者提供的经常性私人转移支付，其中仅仅包括那些在东道国居住了一年以上的劳工的转移支付，而不管是何种移民身份。雇员报酬是指在东道国居住时间少于一年的移民所获取的报酬。

数据资料来源

净移民数据来自于联合国人口署的《世界人口展望》（2008年修订版）。移民存量数据来自于联合国人口署的《总移民存量趋势》（2008年修订版）。难民数据来自于联合国难民事务高级委员会的《2009年统计年鉴》，并由联合国近东巴勒斯坦难民救济与工作署在其网站上公布的巴勒斯坦难民统计数据作补充。侨汇数据是世界银行员工基于国际货币基金组织的国际收支数据估算得出。

	国际旅游				入境旅游支出				出境旅游支出			
	千人											
	入境旅游		出境旅游		百万美元		占出口的百分比		百万美元		占进口的百分比	
	1995	2009	1995	2009	1995	2009	1995	2009	1995	2009	1995	2009
阿富汗	..	..	..	..	..	..	..	..	..	..	..	..
阿尔巴尼亚	304[a,b]	1,856[a,b]	12	3,404	70	2,012	23.2	58.2	19	1,692	2.3	26.0
阿尔及利亚	520[a,c]	1,912[a,c]	1,090	1,677	32[d]	330[d]	..	..	186[d]	470[d]	..	..
安哥拉	9	366	3	..	27	554	0.7	1.3	113	270	3.2	0.6
阿根廷	2,289	4,329	3,815	4,975	2,550	4,478	10.2	6.7	4,013	5,759	15.4	11.8
亚美尼亚	12	575	..	526	14	374	4.7	27.9	12	379	1.7	10.3
澳大利亚	3,726[a]	5,584[a]	2,519	6,285	11,915	27,864	17.1	*11.9*	7,260	21,459	9.7	*10.0*
奥地利	17,173[e]	21,355[e]	*3,713*	10,121	14,529	21,239	16.2	11.2	11,686	12,771	12.7	7.3
阿塞拜疆	..	*1,409*	*432*	*2,162*	87	516	11.1	2.3	165	456	12.8	4.6
孟加拉国	156	267	830	2,254	25[f]	76[f]	0.6	0.4	234[f]	651	3.1	2.8
白俄罗斯	161	95	626	316	28	562	0.5	2.3	101	702	1.8	2.3
比利时	5,560[e]	6,815[e]	*5,645*	11,123	4,548[f]	11,144	2.4	3.3	8,115[f]	19,673	4.5	6.0
贝宁	138	190	..	..	85[f]	*236*	13.8	*14.5*	48	*102*	5.4	*4.3*
玻利维亚	284	671	249	628	92	306	7.5	5.6	72	388	4.6	7.5
波斯尼亚和黑塞哥维那	*115*[e]	311[e]	..	..	*257*	761	*22.9*	13.9	*97*	284	*2.4*	3.0
博茨瓦纳	521	1,553	..	..	176	454[f]	7.3	10.9	153	231[f]	7.5	4.5
巴西	1,991	4,802	2,600	4,952	1,085	5,635	2.1	3.1	3,982	12,897	6.3	7.4
保加利亚	3,466	5,739	3,524	4,993	662	4,273	9.8	18.4	312	1,955	4.8	7.2
布基纳法索	124[g]	269[g]	..	..	..	*82*	..	*11.0*	..	*110*	..	*3.8*
布隆迪	34[c]	*201*[c]	36	..	2	2	1.9	1.5	25[f]	71	9.7	13.7
柬埔寨	..	2,046	31	340	71	1,312	7.3	22.1	22	162	1.6	2.3
喀麦隆	100[g]	*185*[g]	..	..	75	222	3.7	4.2	140	549	8.7	8.4
加拿大	16,932	15,737	18,206	*27,037*	9,176	15,555	4.2	4.1	12,658	30,232	6.3	7.4
中非共和国	26[b]	52[b]	..	*11*	4[d]	6	..	..	43[d]	61	..	..
乍得	19[g]	*25*[g]	..	..	43[d]	..	..	..	38[d]	..	..	..
智利	1,540	2,750	1,070	2,895	1,186	2,270	6.1	3.6	934	1,956	5.1	4.0
中国	20,034	50,875	4,520	47,656	8,730[f]	42,632	5.9	3.2	3,688[f]	47,108	2.7	4.2
中国香港	*7,137*	16,926	..	81,958	9,604[d,f]	20,884[d]	*3.5*	5.1	10,497[d,f]	15,960[d,f]	6.5	4.1
哥伦比亚	1,399[a]	2,147[a]	1,057	2,122	887	2,671	7.2	7.0	1,162	2,302	7.3	6.0
刚果民主共和国	35[b]	53[b]	*50*	..	..	..	..	..	..	..	..	..
刚果共和国	37[g]	85[g]	..	..	15	*54*	1.1	*0.9*	69	*168*	5.1	2.6
哥斯达黎加	785	1,923	273	579	763	1,985	17.1	15.8	336	463	7.1	3.8
科特迪瓦	188	..	..	..	103	113[f]	2.4	1.0	312	345[f]	8.2	3.9
克罗地亚	1,485[e]	9,335[e]	..	2,497	1,349[f]	9,224	19.3	40.8	422[f]	1,034	4.6	4.2
古巴	742[b]	2,405[b]	72	206	1,100[d]	2,106	..	..	..	..	..	..
捷克共和国	3,381[e]	6,032[e]	..	6,618	2,880[f]	7,396	10.2	5.6	1,635[f]	4,157	5.4	3.4
丹麦	2,124[e]	*4,503*[e]	*5,035*	*6,347*	3,691[f]	*6,686*[f]	5.6	*3.6*	4,288[f]	*9,678*[f]	7.4	5.5
多米尼加共和国	1,776[b,c]	3,992[b,c]	168	415	1,571[f]	4,051[f]	27.4	38.7	267	514[f]	4.4	3.6
厄瓜多尔	440[a,h]	968[a,h]	271	814	315	674	6.1	4.3	331	806	5.8	4.8
埃及	2,871	11,914	2,683	*4,531*	2,954	11,757	22.3	26.4	1,371	2,941	8.0	5.5
萨尔瓦多	235	1,091	348	*1,012*	152	549	7.5	11.7	99	253	2.7	3.2
厄立特里亚	315[a,c]	79[a,c]	..	..	58[d]	26	43.1	..	..	..	..	..
爱沙尼亚	530	1,900	1,764	752	452	1,444	17.6	10.7	121	697	4.2	5.6
埃塞俄比亚	103[b]	*330*[c]	120	..	177	1,119	23.1	32.6	30	139[f]	2.1	1.5
芬兰	*2,644*	3,423	5,147	5,832	2,383	4,141	5.0	4.6	2,853	5,205	7.6	6.2
法国	60,033	76,800	18,686	*23,347*	31,295	58,480	8.6	9.5	20,699	45,938	6.2	6.9
加蓬	125[b]	*358*	*203*	..	94	..	3.2	..	182	..	10.6	..
冈比亚	45	142	..	*307*	28[f]	64	16.0	23.0	16	9	7.0	2.6
格鲁吉亚	85[a]	1,500[a]	228	1,980	*75*	531	*13.1*	16.6	*171*	311	*12.1*	5.9
德国	14,847[e]	24,220[e]	*55,800*	72,300	24,052	47,505	4.0	3.5	66,527	92,738	11.3	7.7
加纳	286[c]	803[c]	..	..	30	1,049	1.9	13.4	74	848	3.5	7.9
希腊	10,130	14,915	..	..	4,182	14,796	26.9	25.0	1,495	3,401	6.0	4.0
危地马拉	563[a]	1,777[a]	333	1,326	216	820[f]	7.7	8.9	167	680	4.5	5.3
几内亚	*12*[b]	*30*[b]	..	..	1	5	0.1	0.4	29	28	2.9	2.0
几内亚比绍	..	*30*	..	..	*3*	*38*	*5.5*	*22.2*	6	*46*	6.5	*16.2*
海地	145	*304*	..	..	90[f]	315	46.8	33.8	35[f]	443	4.4	15.7
洪都拉斯	271	870	149	395	85	611	5.2	10.1	99	355	5.3	4.1

	国际旅游				入境旅游支出				出境旅游支出			
	千人											
	入境旅游		出境旅游		百万美元		占出口的百分比		百万美元		占进口的百分比	
	1995	2009	1995	2009	1995	2009	1995	2009	1995	2009	1995	2009
匈牙利	..	9,058	13,083	16,906	2,938	6,740	14.9	6.7	1,501	4,117	7.5	4.4
印度	2,124[h]	5,109[h]	3,056	11,067	2,582[f]	11,509	6.8	4.4	996[f]	11,507	2.1	3.5
印度尼西亚	4,324	6,324	..	5,053	5,229[f]	6,773	9.9	5.1	2,172[f]	9,579	4.0	8.5
伊朗	489	*2,034*	1,000	..	205	*2,196*	1.1	..	247	*9,482*	1.6	..
伊拉克	61[a]	..	..	..	18[f]	*555*	..	*1.4*	117[f]	*705*	..	*3.3*
爱尔兰	4,818	7,189	2,547	7,047	2,698	8,187	5.5	4.1	2,034[f]	8,887	4.8	5.3
以色列	2,215[h]	2,321[h]	2,259	4,007	3,491	4,332	12.7	6.4	2,626	3,869	7.4	6.1
意大利	31,052	43,239	*18,173*	29,060	30,426	41,872	10.3	8.2	17,219	34,329	6.9	6.6
牙买加	1,147[b,c]	1,831[b,c]	..	..	1,199	2,070	35.3	51.3	173	259	4.6	4.1
日本	3,345[a,h]	6,790[a,h]	15,298	15,446	4,894	12,537	1.0	1.9	46,966	34,788	11.2	5.3
约旦	1,075[h]	3,789[c]	1,128	2,368	973	3,468	28.0	31.8	719	1,202	14.7	7.4
哈萨克斯坦	..	3,118	*523*	*5,243*	155	1,184	2.6	2.5	296	1,320	4.9	3.4
肯尼亚	918	1,392	..	..	785	1,095	22.3	14.8	230	234[f]	3.9	2.1
朝鲜	..	..	..	..	..	..	..	..	..	..	..	..
韩国	3,753[a,c]	7,818[a,c]	3,819	9,494	6,670	12,927	4.5	3.0	6,947	14,648	4.5	3.7
科索沃	..	..	..	..	..	..	..	..	..	..	..	..
科威特	72[g]	297[g]	878	*2,649*	307	553	2.2	0.9	2,514	8,244	19.9	26.9
吉尔吉斯斯坦	36	*2,435*	42	*1,521*	5[f]	506	1.1	19.8	7[f]	391	1.0	10.6
老挝	60	1,239	..	..	52	271[f]	12.8	18.8	34	91[f]	4.5	5.8
拉脱维亚	539	1,323	1,812	3,268	37	1,013	1.8	9.0	62	906	2.8	7.9
黎巴嫩	450	1,844	..	..	710	7,157	..	33.1	..	4,928	..	16.3
莱索托	87	320	..	..	29	40[f]	14.6	5.1	17	22	1.6	1.2
利比里亚	..	..	..	..	..	123[f]	..	27.1	..	51	..	3.0
利比亚	..	*34*	484	..	4	159	0.1	0.4	493	1,683	8.6	6.2
立陶宛	650	1,341	1,925	1,288	102	1,183	3.2	5.8	107	1,140	2.7	5.5
前南斯拉夫马其顿共和国	147[e]	259[e]	..	..	19[f]	232	2.7	6.5	27[f]	150	*1.7*	2.6
马达加斯加	75[b]	163[b]	39	..	106	518	14.2	..	79	123[f]	8.0	..
马拉维	192	755	..	..	22	*48*	4.7	..	53	*84*	8.0	..
马来西亚	7,469	23,646	20,642	..	5,044	17,231	6.1	9.2	2,722	7,196	3.1	5.0
马里	42[b,g]	160[b,g]	..	..	26	*286*	4.9	*11.2*	74	*228*	7.5	*6.1*
毛里塔尼亚	..	..	..	..	11[f]	..	2.2	..	30	..	5.9	..
毛里求斯	422	871	107	196	616	1,390	26.2	33.2	184	384	7.5	7.5
墨西哥	20,241[c]	21,454[c]	8,450	13,942	6,847	12,309	7.7	5.0	3,587	8,628	4.4	3.3
摩尔多瓦	32	7	71	93	71	235	8.0	11.7	73	307	7.3	7.7
蒙古	108	411	..	..	33	253[f]	6.5	11.0	22	242	4.2	9.2
摩洛哥	2,602[c]	8,341[c]	1,317	2,293	1,469	7,978	16.2	30.2	356	1,712	3.2	4.6
莫桑比克	..	2,224	..	..	*49*	217	*10.2*	8.8	68	249	6.6	5.8
缅甸	117	243	..	..	169	*59*	12.9	*1.2*	18[f]	*40*	0.9	*1.4*
纳米比亚	272	*931*	..	..	278[f]	469	16.0	11.6	90[f]	109	4.3	2.1
尼泊尔	363	510	100	589	232	397	22.5	26.6	167	511	10.3	10.0
荷兰	6,574[e]	9,921[e]	12,313	18,408	10,611	17,876	4.4	3.5	13,151	21,076	6.1	4.6
新西兰	*1,475*	2,422	920	1,917	2,318[f]	4,396[f]	13.0	13.2	1,259[f]	2,559[f]	7.3	8.0
尼加拉瓜	281	932	255	858	51	346[f]	7.7	12.1	56	224	4.9	5.0
尼日尔	35	*73*	10	..	7[f]	*86*	2.2	*8.2*	26	*98*	5.7	*5.0*
尼日利亚	656	*1,313*	..	..	47	791	0.4	1.3	938	5,308	7.3	11.1
挪威	2,880	4,288	590	*3,395*	2,730	4,444	4.9	2.8	4,481	12,366[f]	9.6	11.8
阿曼	279[g]	*1,273*[g]	..	..	*193*	1,108	2.5	3.8	*349*[f]	1,277	*6.3*	5.9
巴基斯坦	378	*823*	..	..	582	903	5.7	4.1	654	1,098	4.6	3.1
巴拿马	345	1,200	185	336	372	2,279	4.9	13.7	181	503	2.3	3.3
巴布亚新几内亚	42	*114*	51	..	25[f]	1	0.8	0.0	58[f]	48	3.0	1.0
巴拉圭	438[h]	439[h]	427	280	162	247	3.4	3.4	173	288	3.3	3.9
秘鲁	479	2,140	508	1,958	521	2,471	7.9	8.1	428	1,379	4.5	5.3
菲律宾	1,760[c]	3,017[c]	1,615	*3,066*	1,141	2,837	4.3	6.0	551	2,989	1.7	5.4
波兰	19,215	11,890	36,387	*50,243*	6,927	9,853	19.4	5.8	5,865	7,842	17.3	4.6
葡萄牙	9,511[h]	*12,321*[c]	..	*20,989*	5,646	12,329	17.5	18.3	2,539	4,604	6.4	5.5
波多黎各	3,131[b]	3,551[b]	1,237	1,319	1,828[d]	3,473[d]	..	..	1,155[d]	1,613[d]	..	..
卡塔尔	309[g]	*1,405*[g]	..	..	..	*874*[d]	..	..	..	*3,751*[d]	..	..

6.19 旅游和旅游业

	国际旅游				入境旅游支出				出境旅游支出			
	千人											
	入境旅游		出境旅游		百万美元		占出口的百分比		百万美元		占进口的百分比	
	1995	2009	1995	2009	1995	2009	1995	2009	1995	2009	1995	2009
罗马尼亚	5,445[a]	7,575[a]	5,737	11,723	689	1,669	7.3	3.3	749	1,769	6.6	2.9
俄罗斯联邦	10,290[a]	*23,676*[a]	21,329	*36,538*	4,312[f]	12,300	4.6	3.6	11,599[f]	23,529	14.0	9.3
卢旺达	..	699	..	..	4	218[f]	5.4	40.8	13	115	3.5	7.8
沙特阿拉伯	3,325	10,897	..	6,032	..	6,678[d]	..	3.3	..	20,964[d]	..	13.1
塞内加尔	..	*875*	..	..	168	*637*	11.2	*18.2*	154	*276*	8.5	3.9
塞尔维亚	..	645	..	..	..	986	..	8.3	..	1,076	..	5.8
塞拉利昂	38[b]	*36*[b]	*6*	*73*	57[f]	25[f]	44.4	7.7	51	16	19.4	2.5
新加坡	6,070	7,489	2,867	6,961	7,611[f]	9,200[f]	4.8	2.5	4,663[f]	15,808[f]	3.2	4.9
斯洛伐克共和国	903[e]	1,298[e]	218	*19,917*	630	2,539	5.7	4.1	338	2,249	3.2	3.6
斯洛文尼亚	732[e]	1,824[e]	..	2,586	1,128	2,733	10.9	9.6	606	1,533	5.6	5.5
索马里	..	..	..	..	..	..	..	..	..	..	..	..
南非	4,488	9,934	2,520	4,424	2,654	8,683	7.7	11.1	2,414	6,420	7.2	7.9
西班牙	34,920	52,231	3,648	12,844	27,369	58,586	20.4	16.9	5,826	21,482	4.3	5.7
斯里兰卡	403[h]	448[h]	504	963	367	754	7.9	8.4	279	735	4.7	6.3
苏丹	29	420	195	..	8[f]	299[f]	1.2	3.6	43[f]	868[f]	3.5	7.7
斯威士兰	300[i]	908[g]	..	1,245	54	40	5.3	2.2	45	98	3.5	4.2
瑞典	2,310[e]	4,678[e]	10,127	11,699	4,390	12,114	4.6	6.2	6,816	13,432	8.4	8.1
瑞士	6,946[g]	8,294[g]	11,148	*11,147*	11,354	16,335	9.2	5.8	9,478	12,552	8.7	5.1
阿拉伯叙利亚共和国	815[e]	6,092[e]	1,746	5,215	1,258[f]	5,152	21.9	*16.4*	498[f]	*910*[f]	9.0	*4.7*
塔吉克斯坦	..	..	..	..	..	20	..	1.6	..	6[f]	..	0.2
坦桑尼亚	285	714	157	..	502[f]	1,192	39.7	22.8	360[f]	806	16.8	10.7
泰国	6,952[c]	14,150	1,820	4,535	9,257	19,421	13.2	10.8	4,791	5,659	5.8	3.6
东帝汶	..	..	..	..	..	..	..	..	..	..	..	..
多哥	53[g]	150[g]	..	..	13[f]	*44*	2.8	*3.9*	40	*68*	6.0	*4.1*
特立尼达和多巴哥	260[b]	413[b]	261	..	232	*557*	8.3	*2.8*	91	*102*	4.3	*1.0*
突尼斯	4,120[h]	6,901[h]	1,778	2,623	1,838	3,526	23.0	17.7	294	492	3.3	2.3
土耳其	7,083	25,506	3,981	10,493	4,957[f]	24,556	13.6	17.2	911[f]	4,627	2.3	3.1
土库曼斯坦	218	*8*	21	*38*	*13*	..	*0.7*	..	*74*	..	*4.1*	..
乌干达	160	817	*148*	*337*	78[f]	683	11.7	17.3	80[f]	336	5.4	6.4
乌克兰	3,716	20,798	6,552	15,334	191[f]	4,349	1.1	8.0	210[f]	3,751	1.1	6.7
阿拉伯联合酋长国	2,315[c,i]	..	..	..	632	*7,162*[d]	..	..	..	*13,288*[d]	..	..
英国	21,719	28,199	41,345	58,614	27,577	38,545	8.6	6.5	30,749	61,130	9.4	9.4
美国	43,490	54,884	51,285	61,419	93,700	147,554	11.8	9.4	60,924	105,202	6.8	5.4
乌拉圭	2,022	2,056	*562*	826	725	1,408	20.7	16.5	332	436	9.3	5.6
乌兹别克斯坦	92	*1,069*	*246*	*1,150*	*15*	*64*[d]	..	..	..	..	..	..
委内瑞拉	700	615	534	1,651	995	853	4.8	1.4	1,852	2,234	11.0	4.6
越南	1,351[a]	3,747[a]	..	..	..	3,050[d]	..	4.9	..	1,100	..	1.5
西岸和加沙	*220*[g]	396[g]	..	..	255[f]	*269*[f]	33.4	*23.0*	162[f]	*544*[f]	5.8	*11.0*
也门共和国	61[g]	434[g]	..	..	50[f]	496[f]	2.3	7.0	76[f]	277	3.1	2.8
赞比亚	163	710	..	..	*29*	98	*2.4*	2.1	*83*	83	*6.2*	2.0
津巴布韦	1,416[a]	*1,956*[a]	256	*593*	145	*294*[d]	..	..	106[d]	..	..	..
全世界	**537,385 t**	**894,012 t**	**555,382 t**	**961,575 t**	**487,033 t**	**1,022,301 t**	**7.6 w**	**6.4 w**	**458,869 t**	**923,915 t**	**7.4 w**	**5.9 w**
低收入国家	6,379	*18,801*	..	..	3,253	11,845	12.2	12.9	2,591	7,641	5.1	5.0
中等收入国家	139,405	329,738	129,489	*327,671*	82,794	270,868	7.7	6.2	60,850	214,809	5.4	5.1
中低收入国家	58,101	160,100	35,678	134,442	40,251	135,230	8.5	5.3	20,926	110,735	4.0	4.5
中高收入国家	82,221	171,751	86,296	..	42,566	135,451	7.1	7.3	39,917	104,850	6.7	5.9
低收入和中等收入国家	147,674	352,280	141,222	*363,391*	85,892	281,994	7.8	6.3	63,336	222,402	5.4	5.1
东亚和太平洋地区	43,654	107,674	33,153	..	31,197	94,687	7.8	4.8	14,770	75,780	3.5	4.4
欧洲和中亚	33,946	*106,987*	47,292	*106,450*	12,014	58,244	6.3	7.3	16,380	48,211	8.1	6.2
拉丁美洲和加勒比地区	39,151	60,093	21,841	41,194	21,838	49,773	7.6	6.0	18,774	41,573	6.5	5.3
中东和北非	13,555	44,880	13,407	*25,352*	9,771	43,050	13.0	20.5	4,844	*19,825*	5.7	6.7
南亚	3,819	7,949	5,151	17,100	4,016	14,339	6.8	4.6	2,393	14,787	3.0	3.6
撒哈拉以南非洲地区	12,978	31,497	..	..	6,928	22,170	7.8	7.5	6,810	25,420	6.8	6.4
高收入国家	384,359	535,465	374,257	564,431	401,084	740,277	7.6	6.4	394,726	703,266	7.9	6.3
欧元区	203,060	280,972	*141,785*	235,326	164,475	310,544	7.8	6.9	155,113	280,349	7.8	6.5

注：合计数是根据世界银行的国家分类，不同于世界旅游组织。地区和收入组别的合计数包括没有在本表中列出的国家其可以获得的数据。

a. 指国家边界上的非居民到访者。b. 不包括居住在国外的国民。c. 包括居住在国外的国民。d. 数据来自各国资料来源。e. 所有住处的到访者。f. 仅指有关旅游项目的支出，不包括乘客的交通费用。g. 旅店或者类似住处的到访者。h. 仅包括旅店的到访者。i. 仅包括乘坐飞机的到访者。

关于数据的说明

旅游被定义为人们在通常居住的环境之外的地方旅行和居住，连续时间不超过1年，其目的在于消遣、商务以及与从访问地点获取报酬无关的其他目的。在过去25年中，旅游的社会和经济影响极大地提高了。

关于旅游的统计信息主要来源于与国际收支信息一致的旅客到达和隔夜停留的数据。但这些数据不仅不能完全反映旅游的经济影响，而且也无法给政府部门、商业界以及居民个人提供制定有效的公共政策、进行有效的商业运作的必要信息。可信的数据必须基于旅游业的规模和重要性。而且关于旅游业在世界各国经济中充当的角色的信息尤其缺乏。虽然世界旅游组织报告宣称在使各国关于旅游数据的定义和计算单位保持一致方面取得了进展，但是由于各国在做法上的不同，这些数据仍然不具有完全的国际可比性。

一个国家通常的环境是旅游统计数据中的主要概念，并且被定义为一定的地理区域，在该区域内个人能够例行日常事务。这一概念排除了访问旅行者在其通常的居住地点和工作地点或者学习地点往返；其日常事务中经常访问的地点——例如，朋友家或者亲戚家、购物中心、教堂、医院以及其他远距离的地方；经常有规律访问的不同行政区域。

旅游要么是国内旅游，要么是国际旅游。本表给出了与国际旅游相关的数据，其中游客的居住国并不是正在旅游的国家。国际旅游包括入境旅游和出境旅游。数据来源于联合国的一个专门机构——世界旅游组织。有关国际入境旅游和出境旅游的数据是指考察期内到达和离开的游览者的数量，而不是游客的数量。因此，如果一个人在既定的时间内多次到该国旅行，其每次入境都记作新到达者。除非脚注中另有说明，国家旅游数据是跨越国界的非居民游客人数（隔夜访问者）。当国际游客数据不能获得或者不完全时，本表则给出访问者的数量，其中包括游客、单日游览者、闲散游客及其随队服务人员。

有关来访者的资料来源和数据的收集方法各国不同。在一些情况下，数据是从更广泛的统计数据中获得的（政策、移民以及类似的），并由更广泛的调查作补充。在其他情况下，数据来自旅游住宿机构。对于一些国家来讲，来访者的数量仅限于乘坐飞机的来访者和住在旅馆的来访者。一些国家包括居住在国外的本国来访者，而另一些国家则不包括。国家之间来访者的比较应当谨慎。

世界旅游组织增加了其旅游支出数据的覆盖范围。目前，该机构正利用从各个国家收集的数据来弥补国际货币基金组织的国际收支数据。表中给出的这些新的数据目前包括国际货币基金组织《国际收支手册》（1993年）中所定义的旅游与乘客运输项目。当国际货币基金组织没有给出乘客运输项目数据时，则给出旅游项目支出数据。

旅游支出并不包括游客所有可能的支出。它不包括没有用于商品和服务消费的支出（例如，税收和关税，它们并不是游客购买的商品价格的组成部分）、购买的金融和非金融资产（其中包括土地和房地产）、购买的再销售商品以及向慈善机构或者其他个人的捐赠。旅游的预订支出也是非常重要的，因为交通和住宿经常要预订并且还要提前支付相关费用。也有可能得到相关服务后再支付相关费用，例如，当游客使用信用卡支付时或者用于旅游目的的特殊贷款。当商品和服务实际已经获得，就应提供旅游支出数据，而不管什么时候付费。最终，旅游支出的估算取决于相关商品和服务获取的形式。在市场交易中，支出应该用购买价格——游客支付的金额估算。这一价格应该包括所有税收以及住宿、餐饮服务部门普遍存在的自愿支付和非自愿支付的小费。同时还要考虑向非居民收取的消费税或者增值税的折扣和返点，即使在边界偿还。然而，以上针对旅游统计的建议并非适用于所有国家。本表提供的旅游支出数据可能不具有完全的可比性，因此，在进行跨国比较时，需要谨慎。

本表中的汇总数据是利用世界银行的加权汇总方法（见“统计方法”）计算出来的，因此，与世界旅游组织提供的总数有所不同。

定义

• **国际入境旅游人数**（隔夜访问者）是指到非常住国家旅行的旅行人员的数量，这些访问者在非常住国家停留时间不超过12个月，其主要目的不是从事从访问国获取报酬的活动。当游客的数量不能获得时，则给出访问者的数量，其中包括游客、单日游览者、闲散游客及其随队服务人员。 • **国际出境旅游人数**是指从常住国家到其他国家旅行的出境次数，其访问的目的不在于从事从访问国获取报酬的活动。 • **入境旅游支出**是指国际入境访问者的支出，包括对承担国际运输的该国运输企业的支付。这种收入不仅包括对目的地国家所获得的货物和服务的其他预付款项，而且还可能包括来自短暂停留旅客的收入，除非这些收入非常重要以至于需要单独分类。对于一些国家来讲，并没有包括乘客运输项目。其在出口中的份额是指它与货物和服务出口（包括一国居民与其他国家居民之间所有的涉及一般商品、送去加工和维修的货物、非货币黄金和服务的、从居民到非居民的所有权变更的交易）之比。 • **出境旅游支出**是指国际出境访问者在其他国家的支出，包括对承担国际运输的外国运输企业的支付。这种支出可能还包括居民到国外短暂停留旅游的支出，除非这些支出非常重要以至于需要单独分类。对于一些国家来讲，并没有包括乘客运输项目。其在进口中的份额是指它与货物和服务进口（包括一国居民与其他国家居民之间所有的涉及一般商品、送去加工和维修的货物、非货币黄金和服务的从非居民到居民的所有权变更的交易）之比。

数据资料来源

到访者和旅游支出的数据来自世界旅游组织的《2011年旅游业统计年鉴和概要》。表中数据根据世界旅游组织提供的电子文件进行了更新。进出口数据来源于国际货币基金组织的《国际收支统计年鉴》及其数据档案。

2011

基本数据文献

作为社会经济数据的主要使用者，世界银行认识到了数据文献对使用不同方法和准则的使用者的重要性，即主要的数据收集机构——通常是各国统计机构、中央银行和海关部门——和国际组织，他们提供的统计数据都包含在《世界发展指标》的数据库中。所使用的方法和准则的差异可能使一段时间内各国国内和国家之间的数据产生重大分歧。数据报告时的拖延以及使用旧的调研资料作为估算当前数据的基础，都可能严重损害各国数据的质量。

本部分中的各表提供了《世界发展指标》中有关主要人口统计、经济与环境指标的资料来源、数据收集计算方法以及报告标准。除此之外的文献，可见 www. worldbank. org/data 上登载的世界银行国别统计信息数据库。

对高质量统计数据的需求与日俱增。及时可靠的统计资料对于拓展发展战略至关重要，通常还被称为“对发展结果加以管理”。对于公众公认的指标进行监督和报告是实施减贫战略的核心内容，而且它也是千年发展目标的核心内容，也处于国际开发协会第 14 次增资时所采纳的新的结果衡量系统的中心地位。

为改善各国和国际统计的质量而采取的全球行动计划，在 2004 年 2 月于摩洛哥的马拉喀什举行的有关衡量结果的第二次圆桌会议期间通过。该计划现在也被称为马拉喀什统计行动计划，已经得到广泛签署，并已形成对统计能力建设意义深远的框架。2007 年 2 月，在越南河内举行的第 3 次圆桌会议重申 MAPS 应当作为提高国家和国际统计系统能力的指导性战略。关于该报告的资料见 www. mfdr. org/RT3。

基本数据文献

各经济体	货币	国民账户 基年	参考年份	国民账户体系	SNA价格评估	替代转换系数	PPP调查年份	国际收支和贸易 使用的《国际收支手册》	外债	贸易制度	政府财政 会计概念	IMF数据公布标准
阿富汗	阿富汗尼	2002/2003			VAB				实际数	G	C	G
阿尔巴尼亚	阿尔巴尼亚列克	[a]	1996	[b]	VAB		2005	BPM5	实际数	S	C	G
阿尔及利亚	阿尔及利亚第纳尔	1980			VAB			BPM4	实际数	S	B	G
东萨摩亚	美元											
安道尔	欧元									G		
安哥拉	安哥拉宽扎	1997			VAP	1991–1996	2005	BPM5	实际数			G
安提瓜和巴布达	东加勒比元	1990			VAB			BPM5		G		G
阿根廷	阿根廷比索	1993		[b]	VAB	1971–1984	2005	BPM5	实际数	S	C	S
亚美尼亚	亚美尼亚德拉姆	[a]	1996	[b]	VAB	1990–1995	2005	BPM5	实际数	G	C	S
阿鲁巴岛	阿鲁巴弗罗林	1995						BPM5		G		
澳大利亚	澳大利亚元	[a]	2007	[b]	VAB		2005	BPM5		G	C	S
奥地利	欧元	2000		[b]	VAB		2005	BPM5		S	C	S
阿塞拜疆	阿塞拜疆马纳特	[a]	2003	[b]	VAB	1992–1995	2005	BPM5	实际数	G	B	G
巴哈马	巴哈马元	2006		[b]	VAB			BPM5		G	B	G
巴林	第纳尔	1985			VAP		2005	BPM5		G	B	G
孟加拉国	孟加拉塔卡	1995/1996		[b]	VAB		2005	BPM5	实际数	G	C	G
巴贝多	巴贝多美元	1974			VAB			BPM5		G	B	G
白俄罗斯	白俄罗斯卢布	[a]	2000	[b]	VAB	1990–1995	2005	BPM5	实际数	G	C	S
比利时	欧元	2000		[b]	VAB		2005	BPM5		S	C	S
伯利兹	伯利兹美元	2000		[b]	VAB			BPM5	实际数	G	B	G
贝宁	非洲法郎	1985			VAP	1992	2005	BPM5	实际数	G	B	G
百慕大群岛	百慕大元	1996			VAB			BPM5				
不丹	努扎姆	2000		[b]	VAB		2005		实际数	G	C	G
玻利维亚	玻利维亚诺货币	1990		[b]	VAB	1960–1985	2005	BPM5	实际数	S	C	G
波斯尼亚和黑塞哥维那	可兑换马克	[a]	1996	[b]	VAB		2005	BPM5	实际数	S	C	
波茨瓦纳	波札那普拉	1993/1994		[b]	VAB		2005	BPM5	实际数	S	B	G
巴西	巴西雷亚尔	2000		[b]	VAB		2005	BPM5	实际数	S	C	S
文莱	文莱元	2000			VAP		2005			S		G
保加利亚	保加利亚列瓦	[a]	2002	[b]	VAB	1978–1989, 1991–1992	2005	BPM5	实际数	S	C	S
布基纳法索	非洲法郎	1999			VAB	1992–1993	2005	BPM4	估计数	G	B	G
布隆迪	布隆迪法郎	1980			VAB		2005	BPM5	实际数	G	C	
柬埔寨	柬埔寨瑞尔	2000			VAB		2005	BPM5	实际数	G	C	G
喀麦隆	非洲法郎	2000		[b]	VAB		2005	BPM5	实际数	S	B	G
加拿大	加拿大元	2000		[b]	VAB		2005	BPM5		G	C	S
佛得角	埃斯库多	1980			VAP		2005	BPM5	实际数	S	C	G
开曼群岛	岛元											
中非共和国	非洲法郎	2000			VAB		2005	BPM4	初步数	S	B	G
乍得	非洲法郎	1995		[b]	VAB		2005	BPM4	实际数			G
海峡群岛	泽西镑和根西镑	2003, 2007	2007	[b]	VAB							
智利	智利比索	2003		[b]	VAB		2005	BPM5	实际数	S	C	S
中国	人民币	2000		[b]	VAP	1978–1993	2005	BPM5	初步数	G	B	G
中国香港	港元	2008		[b]	VAB		2005	BPM5		G	C	S
中国澳门	澳门元	2002			VAB		2005	BPM5		G	C	G
哥伦比亚	哥伦比亚比索	2005		[b]	VAB	1992–1994	2005	BPM5	实际数	G	B	S
科摩罗	非洲法郎	1990			VAP		2005		初步数	G		
刚果民主共和国	刚果法郎	1987		[b]	VAB	1999–2001	2005	BPM4	估计数		C	G
刚果共和国	非洲法郎	1978			VAP	1993	2005	BPM5	初步数		C	G
哥斯达黎加	哥斯达黎加科郎	1991		[b]	VAB			BPM5	实际数	S	C	S
科特迪瓦	非洲法郎	1996			VAP		2005	BPM5	实际数	S	C	G
克罗地亚	克罗地亚库那	[a]	2000	[b]	VAB		2005	BPM5		S	C	S
古巴	古巴比索	1990			VAB					S		
塞浦路斯	欧元	[a]	2000		VAB		2005	BPM5		G	C	S
捷克	捷克克朗	2000	1995	[b]	VAB		2005	BPM5		S	C	S
丹麦	丹麦克朗	2000		[b]	VAB		2005	BPM5		G	C	S
吉布提	非洲法郎	1990			VAB		2005		实际数			

基本数据文献

	最新人口普查	最新人口、教育或健康家庭调查	最新收入和支出数据来源	人口动态登记的完整性	最新农业人口普查	最新工业数据	最新贸易数据	最新水资源使用数据
阿富汗	1979	MICS, 2003	IHS, 2008			2009	2009	2000
阿尔巴尼亚	2001	DHS, 2008/2009	LSMS, 2008	是	1998	2009	2008	2000
阿尔及利亚	2008	MICS, 2006	IHS, 1995		2001	2009	2008	2000
东萨摩亚	2010			是			2009	
安道尔	[c]			是			2006	
安哥拉	1970	MICS, 2001; MIS, 2006/2007	IHS, 2000		1964–1965	2009	1991	2000
安提瓜和巴布达	2001			是		2009	2007	1990
阿根廷	2010		IHS, 2009	是	2002	2009	2009	2000
亚美尼亚	2001	DHS, 2005	IHS, 2009	是		2009	2009	2000
阿鲁巴岛	2010			是			2009	
澳大利亚	2006		ES/BS, 1994	是	2001	2008	2009	2000
奥地利	2001		IS, 2000	是	1999–2000	2009	2009	2000
阿塞拜疆	2009	DHS, 2006	ES/BS, 2008	是		2008	2009	2005
巴哈马	2010					2006	2009	
巴林	2010			是		1995	2007	2003
孟加拉国	2001	DHS, 2007	IHS, 2005		2005	2009	2007	2000
巴贝多	2010			是		2005	2009	2000
白俄罗斯	2009	MICS, 2005	ES/BS, 2009	是	1994	2009	2009	2000
比利时	2001		IHS, 2000	是	1999–2000[d]	2009	2009	
伯利兹	2010	MICS, 2006	ES/BS, 1999			2008	2008	2000
贝宁	2002	DHS, 2006	CWIQ, 2003		1992	2005	2006	2001
百慕大群岛	2010			是			2009	
不丹	2005		IHS, 2003		2000	2009	2009	2000
玻利维亚	2001	DHS, 2008	IHS, 2007		1984–1988	2009	2009	2000
波斯尼亚和黑塞哥维那	1991	MICS, 2006	LSMS, 2007	是		2009	2010	
波茨瓦纳	2001	MICS, 2000	ES/BS, 2003		1993	2009	2009	2000
巴西	2010	DHS, 1996	LFS, 2008		1996	2009	2010	2000
文莱	2001			是		2006	2006	
保加利亚	2001		ES/BS, 2007	是		2009	2009	2000
布基纳法索	2006	MICS, 2006	CWIQ, 2003		1993	2006	2009	2000
布隆迪	2008	MICS, 2005	CWIQ, 2007			2005	2009	2000
柬埔寨	2008	DHS, 2005	IHS, 2007			2009	2008	2000
喀麦隆	2005	MICS, 2006	PS, 2007		1984	2007	2006	2000
加拿大	2006		LFS, 2000	是	1996/2001	2007	2009	2000
佛得角	2010	DHS, 2005	ES/BS, 2007	是	2004	2009	2009	
开曼群岛	2010			是				
中非共和国	2003	MICS, 2006	PS, 2008		1985	2006	2005	2000
乍得	2009	DHS, 2004	PS, 2002/2003			2008	1995	2000
海峡群岛	2001							
智利	2002		IHS, 2009	是	1997	2009	2009	2000
中国	2010	NSS, 2007	IHS, 2005		1997	2009	2009	2000
中国香港	2006			是		2008	2009	
中国澳门	2006			是		2007	2009	
哥伦比亚	2006	DHS, 2005	IHS, 2009		2001	2009	2009	2000
科摩罗	2003	MICS, 2000	IHS, 2004			2009	2007	
刚果民主共和国	1984	MICS, 2010	1-2-3, 2005/2006		1990	2009	1986	2000
刚果共和国	2007	DHS, 2005; AIS, 2009	CWIQ/PS, 2005		1985–1986	2009	2005	2002
哥斯达黎加	2000	RHS, 1993	LFS, 2009	是	1973	2009	2009	2000
科特迪瓦	1998	MICS, 2006	IHS, 2008		2001	2009	2009	
克罗地亚	2001		ES/BS, 2008	是	2003	2009	2009	
古巴	2002	MICS, 2006		是		2008	2006	2000
塞浦路斯	2001			是		2008	2009	2000
捷克	2001	RHS, 1993	IS, 1996	是	2000	2009	2009	2000
丹麦	2001		ITR, 1997	是	1999–2000	2009	2009	2000
吉布提	2009	MICS, 2006	PS, 2002			2007	2009	2000

基本数据文献

各经济体	货币	国民账户						国际收支和贸易			政府财政	IMF数据公布标准
		基年	参考年份	国民账户体系	SNA价格评估	替代转换系数	PPP调查年份	使用的《国际收支手册》	外债	贸易制度	会计概念	
多米尼克	东加勒比元	1990		[b]	VAB			BPM5	实际数	S		G
多米尼加共和国	多米尼加比索	1991			VAB			BPM5	实际数	G	C	G
厄瓜多尔	美元	2000		[b]	VAB		2005	BPM5	实际数	S	B	S
埃及	埃及镑	1991/1992			VAB		2005	BPM5	实际数	S	C	S
萨尔瓦多	萨尔瓦多科朗	1990			VAB			BPM5	实际数	G	C	S
赤道几内亚	西非法郎	2000			VAB	1965–1984	2005					
厄立特里亚	厄立特里亚纳克法	1992			VAB			BPM4	实际数			
爱沙尼亚	爱沙尼亚克朗	2000		[b]	VAB	1987–1995	2005	BPM5		G	C	S
埃塞俄比亚	埃塞俄比亚比尔	1999/2000		[b]	VAB		2005	BPM5	实际数	G	B	G
法罗群岛	丹麦克朗				VAB			BPM5		G		
斐济	斐济元	2005			VAB		2005	BPM5	实际数	G	B	G
芬兰	欧元	2000		[b]	VAB		2005	BPM5		S	C	S
法国	欧元	[a]	2000	[b]	VAB		2005	BPM5		S	C	S
法属玻利尼西亚	非洲法郎									S		
加蓬	非洲法郎	1991			VAP	1993	2005	BPM5	估计数	S		G
冈比亚	冈比亚达拉西	1987			VAB		2005	BPM5	初步数	G	C	G
格鲁吉亚	格鲁吉亚瓦瑞	[a]	1996	[b]	VAB	1990–1995	2005	BPM5	实际数	G	C	S
德国	欧元	2000		[b]	VAB		2005	BPM5		S	C	S
加纳	加纳塞迪	2006			VAB	1973–1987	2005	BPM5	实际数	G	B	G
直布罗陀	直布罗陀磅											
希腊	欧元	[a]	2000		VAB		2005	BPM5		S	C	S
格陵兰	丹麦克朗									G		
格林纳达岛	东加勒比元	1990			VAB			BPM5	实际数	S	B	G
关岛	美元											
危地马拉	危地马拉格查尔	2001		[b]	VAB			BPM5	实际数	G	B	G
几内亚	几内亚法郎	1996			VAB		2005	BPM5	初步数	S	B	G
几内亚比绍	非洲法郎	2005			VAB		2005	BPM5	实步数			G
圭亚那	圭亚那元	2006			VAB			BPM5	实际数	S		
海地	海地古德	1986/1987			VAB	1991		BPM5	实际数			G
洪都拉斯	洪都拉斯伦皮拉	2000		[b]	VAB	1988–1989		BPM5	实际数	S	C	G
匈牙利	匈牙利福林	[a]	2000	[b]	VAB		2005	BPM5		S	C	S
冰岛	冰岛克朗	2000			VAB		2005	BPM5		S	C	S
印度	印度卢比	2004/2005		[b]	VAB		2005	BPM5	实际数	G	C	S
印度尼西亚	印度尼西亚卢比	2000			VAP		2005	BPM5	实际数	G	B	S
伊朗	伊朗里亚尔	1997/1998			VAB	1980–2002	2005	BPM4	实际数	S	C	
伊拉克	伊拉克第纳尔	1997			VAB	1997, 2004	2005	BPM5				G
爱尔兰	欧元	2000		[b]	VAB		2005	BPM5		G	C	S
马恩岛	马恩镑	2005	2003									
以色列	以色列新谢克尔	2005		[b]	VAP		2005	BPM5		S	C	S
意大利	欧元	2000		[b]	VAB		2005	BPM5		S	C	S
牙买加	牙买加元	2003			VAB			BPM5	实际数	G	C	G
日本	日元	2000			VAB		2005	BPM5		G	C	S
约旦	约旦第纳尔	1994			VAB		2005	BPM5	实际数	S	B	S
哈萨克斯坦	哈萨克斯坦滕戈	[a]	2000	[b]	VAB	1987–1995	2005	BPM5	实际数	G	C	S
肯尼亚	肯尼亚先令	2001		[b]	VAB		2005	BPM5	实际数	G	B	G
基里巴斯	澳元	2006			VAB					S		G
朝鲜	朝鲜圆							BPM4				
韩国	韩圆	2000		[b]	VAB		2005	BPM5		G	C	S
科索沃	欧元								实际数			
科威特	科威特第纳尔	1995			VAP		2005	BPM5		S	B	G
吉尔吉斯斯坦	吉尔吉斯索姆	[a]	1995	[b]	VAB	1990–1995	2005	BPM5	实际数	G	B	S
老挝	老挝基普	1990			VAB		2005	BPM5	估计数		B	
拉脱维亚	拉脱维亚拉特	2000		[b]	VAB	1987–1995	2005	BPM5		S	C	S
黎巴嫩	黎巴嫩镑	1997			VAB		2005	BPM5	实际数	S	B	G
莱索托	莱索托洛蒂	1995		[b]	VAB		2005	BPM5	实际数	G	C	G

基本数据文献

	最新人口普查	最新人口、教育或健康家庭调查	最新收入和支出数据来源	人口动态登记的完整性	最新农业人口普查	最新工业数据	最新贸易数据	最新水资源使用数据
多米尼克	2001			是		2009	2008	
多米尼加共和国	2010	DHS, 2007	IHS, 2007		1971	2009	2009	2000
厄瓜多尔	2010	RHS, 2004	LFS, 2009		1999–2000	2009	2009	2000
埃及	2006	DHS, 2008	ES/BS, 2004/2005	是	1999–2000	2009	2008	2000
萨尔瓦多	2007	RHS, 2008	IHS, 2008	是	1970–1971	2009	2009	2000
赤道几内亚	2002					2009		2000
厄立特里亚	1984	DHS, 2002				2009	2003	2004
爱沙尼亚	2000		ES/BS, 2004	是	2001	2009	2009	2000
埃塞俄比亚	2007	DHS, 2005	ES/BS, 2005		2001–2002	2009	2009	2002
法罗群岛	[c]			是			2009	
斐济	2007		ES/BS, 2009	是		2009	2009	2000
芬兰	2010		IS, 2000	是	1999–2000	2009	2009	2000
法国	2006[e]		ES/BS, 1994/1995	是	1999–2000	2009	2009	2000
法属玻利尼西亚	2007			是			2010	
加蓬	2003	DHS, 2000	CWIQ/IHS, 2005		1974–1975	2009	2006	2000
冈比亚	2003	MICS, 2005/2006	IHS, 2003		2001–2002	2009	2009	2000
格鲁吉亚	2002	MICS, 2005; RHS, 2005	IHS, 2008	是	2004	2009	2008	2005
德国	[c]		IHS, 2000	是	1999–2000	2009	2009	2000
加纳	2010	DHS, 2008	LSMS, 2006		1984	2009	2008	2000
直布罗陀	2001			是				
希腊	2001		IHS, 2000	是	1999–2000	2009	2009	2000
格陵兰	2010			是			2007	
格林纳达岛	2001			是		2009	2009	
关岛	2010			是				
危地马拉	2002	RHS, 2002	LSMS, 2006	是	2003	2009	2009	2000
几内亚	1996	DHS, 2005	CWIQ, 2007		2000–2001	2009	2008	2000
几内亚比绍	2009	MICS, 2010	CWIQ, 2002		1988	2002	2005	2000
圭亚那	2002	MICS, 2006	IHS, 1998			2009	2009	2000
海地	2003	DHS, 2005/2006	IHS, 2001		1971		1997	2000
洪都拉斯	2001	DHS, 2005/2006	IHS, 2007		1993	2009	2009	2000
匈牙利	2001		ES/BS, 2007	是	2000	2008	2009	2000
冰岛	[c]			是		2008	2009	2000
印度	2001	DHS, 2005/2006	IHS, 2004/2005		1995–1996/ 2000–2001	2009	2009	2000
印度尼西亚	2010	DHS, 2007	IHS, 2007		2003	2009	2009	2000
伊朗	2006	DHS, 2000	ES/BS, 2005	是	2003	2007	2006	2004
伊拉克	1997	MICS, 2006	IHS, 2007		1981	2002	2008	2000
爱尔兰	2006		IHS, 2000	是	2000	2009	2009	2000
马恩岛	2006			是				
以色列	2009		ES/BS, 2001	是	1981		2009	2004
意大利	2001		ES/BS, 2000	是	2000	2009	2009	2000
牙买加	2001	MICS, 2005	LSMS, 2007	是	1996	2009	2009	2000
日本	2010		IS, 1993	是	2000	2008	2009	2000
约旦	2004	DHS, 2009	ES/BS, 2006		1997	2009	2009	2005
哈萨克斯坦	2009	MICS, 2006	ES/BS, 2007	是		2009	2009	2000
肯尼亚	2009	SPA, 2004; DHS, 2008/2009	IHS, 2005-2006		1977–1979	2009	2009	2003
基里巴斯	2005					2009	2009	
朝鲜	2009	MICS, 2010						2000
韩国	2005		ES/BS, 1998	是	2000	2009	2009	2000
科索沃	1981		IHS, 2006			2009		
科威特	2010	FHS, 1996		是	1970	2003	2009	2002
吉尔吉斯斯坦	2009	MICS, 2005/2006	ES/BS, 2007	是	2002	2008	2009	2000
老挝	2005	MICS, 2006	ES/BS, 2008		1998–1999	2008	1975	2000
拉脱维亚	2000		IHS, 2008	是	2001	2009	2009	2000
黎巴嫩	1970	MICS, 2000		是	1998–1999	2009	2009	2005
莱索托	2006	DHS, 2009/2010	ES/BS, 2002/2003		1999–2000	2009	2004	2000

基本数据文献

各经济体	货币	国民账户 基年	参考年份	国民账户体系	SNA价格评估	替代转换系数	PPP调查年份	国际收支和贸易 使用的《国际收支手册》	外债	贸易制度	政府财政 会计概念	IMF数据公布标准
利比里亚	利比里亚第纳	1992			VAP		2005	BPM5	估计数		B	G
利比亚	利比亚第纳尔	1999			VAB	1986		BPM5				G
列支敦士登	瑞士法郎				VAB					S		
立陶宛	立陶宛立特	2000		[b]	VAB	1990–1995	2005	BPM5	实际数	S	C	S
卢森堡	欧元		2000		VAB		2005	BPM5		S	C	S
前南斯拉夫马其顿共和国	马其顿第纳尔	1997	1995	[b]	VAB		2005	BPM5	实际数	S		G
马达加斯加	马尔加什法郎	1984			VAB		2005	BPM5	实际数	G	C	G
马拉维	马拉维克瓦查	1994			VAB		2005	BPM5	实际数	G		G
马来西亚	马来西亚林吉特	2000			VAP		2005	BPM5	估实数	G	B	S
马尔代夫	马尔代夫卢比	1995			VAB		2005	BPM5	实际数	G	C	
马里	非洲法郎	1987			VAB		2005	BPM4	实步数	G	B	G
马耳他	欧元	2005			VAB		2005	BPM5		G	C	S
马绍尔群岛	美元	1991			VAB							
毛里塔尼亚	毛里塔尼亚乌吉亚	1998			VAB		2005	BPM4	实际数	G		G
毛里求斯	毛里求斯卢比	2006			VAB		2005	BPM5	初步数	G	C	G
马约特岛	欧元									G		
墨西哥	墨西哥新比索	2003		[b]	VAB		2005	BPM5	实际数	G	C	S
密克罗尼西亚	美元	1998			VAB							
摩尔多瓦	摩尔多瓦列伊	[a]	1996	[b]	VAB	1990–1995	2005	BPM5	实际数	G	C	S
摩纳哥	欧元									S		
蒙古	蒙古图格里克	2005		[b]	VAB		2005	BPM5	实际数	G	C	G
黑山	欧元	2000		[b]	VAB		2005	BPM5	实际数			
摩洛哥	摩洛哥迪拉姆	1998			VAB		2005	BPM5	实际数	S	C	S
莫桑比克	莫桑比克梅蒂卡尔	2003			VAB	1992–1995	2005	BPM5	实际数	G		G
缅甸	缅元	1985/1986			VAP			BPM5	估计数		C	
纳米比亚	纳米比亚元	2004/2005		[b]	VAB		2005	BPM5		G	B	G
尼泊尔	非洲法郎	2000/2001			VAB		2005	BPM5	实际数		C	G
荷属安的列斯群岛	荷属安的列斯盾							BPM5		S		
荷兰	欧元	[a]	2000	[b]	VAB		2005	BPM5		S	C	S
新卡里多尼亚	非洲法郎									S		
新西兰	新西兰元	2000/2001			VAB		2005	BPM5		G	C	
尼加拉瓜	尼加拉瓜金科多	1994		[b]	VAB	1965–1995		BPM5	实际数	S	B	G
尼日尔	非洲法郎	1987			VAP	1993	2005	BPM4	实际数	G	B	G
尼日利亚	尼日利亚奈拉	2002			VAB	1971–1998	2005	BPM5	实际数	G	B	G
北马里亚纳群岛	美元											
挪威	挪威克朗	[a]	2000	[b]	VAB		2005	BPM5		G	C	S
阿曼	阿曼里亚尔	1988			VAP		2005	BPM5		G	B	G
巴基斯坦	巴基斯坦卢比	1999/2000		[b]	VAB		2005	BPM5	实际数	G	B	G
帕劳	美元	1995			VAB							
巴拿马	巴拿马巴波亚	1996		[b]	VAB			BPM5	实际数	S	C	G
巴布亚新几内亚	巴布亚新几内亚基那	1998			VAB	1989		BPM5	实际数	G	B	
巴拉圭	巴拉圭瓜拉尼	1994			VAP		2005	BPM5	实际数	G	B	G
秘鲁	科鲁新索尔	1994			VAB	1985–1990	2005	BPM5	实际数	S	C	S
菲律宾	菲律宾比索	1985			VAP		2005	BPM5	实际数	G	B	S
波兰	波兰兹罗提	[a]	2002	[b]	VAB		2005	BPM5		S	C	S
葡萄牙	欧元	2000		[b]	VAB		2005	BPM5		S	C	S
波多黎各	美元	1954			VAP					G		
卡塔尔	卡塔尔里亚尔	2001			VAP		2005			S	B	G
罗马尼亚	卢旺达法郎	[a]	2005	[b]	VAB	1987–1989, 1992	2005	BPM5	实际数	S	C	S
俄罗斯联邦	俄罗斯卢布	2000		[b]	VAB	1987–1995	2005	BPM5	实步数	G	C	S
卢旺达	卢旺达法郎	1995			VAP	1994	2005	BPM5	估计数	G	C	G
萨摩亚群岛	萨摩亚塔拉	2002			VAB			BPM5	实际数	G		
圣马力诺	挪威克朗	1995	2000	[b]	VAB						C	G

基本数据文献

	最新人口普查	最新人口、教育或健康家庭调查	最新收入和支出数据来源	人口动态登记的完整性	最新农业人口普查	最新工业数据	最新贸易数据	最新水资源使用数据
利比里亚	2008	DHS, 2007; MIS, 2009	CWIQ, 2007			2008	1985	2000
利比亚	2006	MICS, 2000			2001	2008	2004	2000
列支敦士登	2010			是				
立陶宛	2001		ES/BS, 2008	是	2003	2008	2009	2000
卢森堡	2001			是	1999–2000[d]	2009	2009	
前南斯拉夫马其顿共和国	2002	MICS, 2005	ES/BS, 2008	是	1994	2009	2009	
马达加斯加	1993	DHS, 2008/2009	PS, 2005		2004	2009	2009	2000
马拉维	2008	MICS, 2006	LSMS, 2004/2005		1993	2009	2010	2000
马来西亚	2010		ES/BS, 2009	是		2009	2009	2000
马尔代夫	2006	DHS, 2009	IHS, 2004	是		2009	2008	
马里	2009	DHS, 2006	IHS, 2006		1984	2007	2008	2000
马耳他	2005			是	2001	2009	2009	2000
马绍尔群岛	1999					1999		
毛里塔尼亚	2000	MICS, 2007	IHS, 2000		1984–1985	2009	2008	2000
毛里求斯	2000			是		2009	2009	2003
马约特岛	2007			是			2009	
墨西哥	2010	ENPF, 1995	LFS, 2008		1991	2009	2009	2000
密克罗尼西亚	2000		IHS, 2000					
摩尔多瓦	2004	DHS, 2005	ES/BS, 2008	是		2009	2009	2000
摩纳哥	2008			是				
蒙古	2010	MICS, 2005	LSMS, 2007/2008	是		2009	2007	2000
黑山	2003	MICS, 2005/2006	ES/BS, 2008	是		2009		
摩洛哥	2004	MICS, 2006	ES/BS, 2007		1996	2009	2009	2000
莫桑比克	2007	DHS, 2003; AIS, 2009	ES/BS, 2008		1999–2000	2009	2009	2000
缅甸	1983	MICS, 2000			2003		2001	2000
纳米比亚	2001	DHS, 2006/2007	ES/BS, 1993/1994		1996–1997	2009	2008	2000
尼泊尔	2001	DHS, 2006	LSMS, 2003/2004		2002	2009	2009	2000
荷属安的列斯群岛	2001			是			2008	2000
荷兰	2001		IHS, 1999	是	1999–2000[d]	2009	2009	
新卡里多尼亚	2009			是		1997	2008	
新西兰	2006		IS, 1997	是	2002	2009	2010	2000
尼加拉瓜	2005	RHS, 2006/2007	LSMS, 2005		2001	2009	2009	2000
尼日尔	2001	DHS, 2006	CWIQ/PS, 2005		1980	2003	2008	2000
尼日利亚	2006	DHS, 2008	IHS, 2003/2004		1960	2006	2009	2000
北马里亚纳群岛	2010							
挪威	2001		IS, 2000	是	1999	2009	2010	2000
阿曼	2010	FHS, 1995			1978–1979	2004	2009	2003
巴基斯坦	1998	DHS, 2006/2007	IHS, 2006		2000	2009	2009	2000
帕劳	2010			是		2007		
巴拿马	2010	LSMS, 2003	LFS, 2009		2001	2009	2009	2000
巴布亚新几内亚	2000	DHS, 1996	IHS, 1996			2009	2004	2000
巴拉圭	2002	RHS, 2004	IHS, 2008		1991	2009	2009	2000
秘鲁	2007	DHS, 2007/2008	IHS, 2009		1994	2009	2009	2000
菲律宾	2010	DHS, 2008	ES/BS, 2009	是	2002	2009	2009	2000
波兰	2002		ES/BS, 2008	是	1996/2002	2009	2009	2000
葡萄牙	2001		IS, 1997	是	1999	2009	2009	2000
波多黎各	2010	RHS, 1995/1996		是	1997/2002	2001		
卡塔尔	2010			是	2000–2001		2008	2005
罗马尼亚	2002	RHS, 1999	LFS, 2008	是	2002	2009	2009	2000
俄罗斯联邦	2010	RHS, 1996	IHS, 2008	是	1994–1995	2009	2009	2000
卢旺达	2002	DHS, 2007/2008	IHS, 2005		1984	2009	2009	2000
萨摩亚群岛	2006	DHS, 2009			1999	2009	2009	
圣马力诺	2010			是				

基本数据文献

各经济体	货币	国民账户 基年	参考年份	国民账户体系	SNA价格评估	替代转换系数	PPP调查年份	国际收支和贸易 使用的《国际收支手册》	外债	贸易制度	政府财政 会计概念	IMF数据公布标准
圣多美和普林西比	多布腊	2001			VAP		2005		初步数	S		G
沙特阿拉伯	沙特阿拉伯里亚尔	1999			VAP		2005	BPM5		G		G
塞内加尔	非洲法郎	1999	1987	b	VAB		2005	BPM5	实际数	G	B	G
塞尔维亚	南斯拉夫新第纳尔	a	2002	b	VAB		2005	BPM5	实际数	G	C	G
塞舌尔	塞舌尔卢比	1986			VAP			BPM5	实际数	G	C	G
塞拉利昂	塞拉利昂利昂	1990		b	VAB		2005	BPM5	初步数		B	G
新加坡	新加坡元	2000		b	VAB		2005	BPM5		G	C	S
斯洛伐克共和国	欧元	2000	1995	b	VAB		2005	BPM5		S	C	S
斯洛文尼亚	欧元	a	2000	b	VAB		2005	BPM5		S	C	S
所罗门群岛	所罗门群岛元	1990			VAB			BPM5	实际数	S		
索马里	索马里先令	1985			VAB	1977–1990			估计数			
南非	南非兰特	2005		b	VAB		2005	BPM5	初步数	G	C	S
西班牙	欧元	2000		b	VAB		2005	BPM5		S	C	S
斯里兰卡	斯里兰卡卢比	2002			VAP		2005	BPM5	实际数	G	B	G
圣基茨和尼维斯	东加勒比元	1990		b	VAB			BPM5	估计数	S	C	G
圣卢西亚	东加勒比元	1990			VAB			BPM5	实际数	G		G
圣文森岛	东加勒比元	1990			VAB			BPM5	实际数	S	B	G
苏丹	苏丹第纳尔	1981/1982[f]	1996		VAB		2005	BPM5	实际数	G	B	G
苏里南	苏里南盾	1990		b	VAB			BPM5	实际数	G		G
斯威士兰	里兰吉尼	2000			VAB		2005	BPM5	实际数	G	B	G
瑞典	瑞典克朗	a	2000		VAB		2005	BPM5		S	C	S
瑞士	瑞士法朗	2000			VAB		2005	BPM5		S	C	S
阿拉伯叙利亚共和国	叙利亚镑	2000			VAB	1970–2008	2005	BPM5	实际数	S	C	G
塔吉克斯坦	塔吉克索莫尼	a	2000	b	VAB	1990–1995	2005	BPM4	实际数		C	G
坦桑尼亚	坦桑尼亚先令	a	2001		VAB		2005	BPM5	实际数	G		G
泰国	泰铢	1988			VAP		2005	BPM5	实际数	S	C	S
东帝汶	美元	2000			VAP					G		
多哥	非洲法朗	1978			VAP		2005	BPM5	实际数	S	B	G
汤加	潘比	2000/2001			VAB			BPM5	实际数	G		G
特立尼达和多巴哥	特立尼达和多巴哥元	2000		b	VAB			BPM5		S	C	G
突尼斯	突尼斯第纳尔	1990			VAP		2005	BPM5	实际数	G	C	S
土耳其	土耳其里拉	1998			VAB		2005	BPM5	实际数	S	B	S
土库曼斯坦	土库曼斯坦马纳特	a	2007	b	VAB	1987–1995, 1997–2007		BPM4	估计数			
特克斯和凯科斯群岛	美元									G		
图瓦卢	澳大利亚元											
乌干达	乌干达先令	2001/2002			VAB		2005	BPM5	实际数	G	B	G
乌克兰	乌克兰格里夫尼亚	a	2003	b	VAB	1987–1995	2005	BPM5	实际数	G	C	S
阿拉伯联合酋长国	阿联酋迪拉姆	1995			VAB			BPM4		S	B	G
英国	英镑	2000		b	VAB		2005	BPM5		G	C	S
美国	美元	a	2000		VAB		2005	BPM5		G	C	S
乌拉圭	乌拉圭比索	2005			VAB		2005	BPM5	实际数	S	C	S
乌兹别克斯坦	乌兹别克苏姆	a	1997	b	VAB	1990–1995		BPM4	实际数			
瓦努阿图	瓦图	2006			VAP			BPM5	实际数	G	C	G
委内瑞拉	委内瑞拉博利瓦	1997			VAB		2005	BPM5	实际数	G	C	G
越南	越南盾	1994		b	VAP	1991	2005	BPM4	初步数	S		G
美属维尔京群岛	美元	1982								G		
西岸和加沙	以色列谢克尔	1997			VAB			BPM5		S	B	G
也门共和国	也门里亚尔	1990			VAP	1990–1996	2005	BPM5	实际数	S	B	G
赞比亚	赞比亚克瓦查	1994			VAB	1990–1992	2005	BPM5	初步数	S	B	G
津巴布韦	津巴布韦元	2009			VAB	1991, 1998	2005	BPM4	实际数	G	C	G

基本数据文献

	最新人口普查	最新人口、教育或健康家庭调查	最新收入和支出数据来源	人口动态登记的完整性	最新农业人口普查	最新工业数据	最新贸易数据	最新水资源使用数据
圣多美和普林西比	2001	DHS, 2008/2009	PS, 2000/2001			2005	2009	
沙特阿拉伯	2010	Demographic survey, 2007			1999	2009	2009	2006
塞内加尔	2002	DHS, 2005; MIS, 2008/2009	PS, 2005		1998–1999	2009	2009	2002
塞尔维亚	2002	MICS, 2005/2006	IHS, 2008	是			2008	
塞舌尔	2010		IHS, 2007	是	1998	2009	2008	2003
塞拉利昂	2004	DHS, 2008	IHS, 2003		1984–1985	2003	2002	2000
新加坡	2010	General household, 2005		是		2009	2009	
斯洛伐克共和国	2001		IS, 1996	是	2001	2009	2009	
斯洛文尼亚	2002		ES/BS, 2004	是	2000	2008	2009	
所罗门群岛	2009					2009	2007	
索马里	1987	MICS, 2006				1990	1982	2003
南非	2001	DHS, 2003	ES/BS, 2005		2000	2009	2009	2000
西班牙	2001		IHS, 2000	是	1999	2009	2009	2000
斯里兰卡	2001	DHS, 2006/2007	ES/BS, 2007	是	2002	2009	2009	2000
圣基茨和尼维斯	2001			是		2009	2008	
圣卢西亚	2010		IHS, 1995	是		2009	2008	
圣文森岛	2001			是		2009	2009	
苏丹	2008	MICS/PAPFAM, 2006				2009	2009	2000
苏里南	2004	MICS, 2006	ES/BS, 1999	是		2008	2008	2000
斯威士兰	2007	DHS, 2006/2007	ES/BS, 2000/2001		2003	2009	2007	2000
瑞典	[c]		IS, 2000	是	1999–2000	2009	2009	2000
瑞士	2010		ES/BS, 2000	是	2000	2009	2009	2000
阿拉伯叙利亚共和国	2004	MICS, 2006	ES/BS, 2004		1981	2009	2008	2003
塔吉克斯坦	2010	MICS, 2005	LSMS, 2004		1994	2009	2000	2000
坦桑尼亚	2002	DHS, 2004/2005; AIS, 2007/2008	ES/BS, 2007		2002–2003	2009	2009	2002
泰国	2010	MICS, 2005/2006	IHS, 2009		2003	2009	2009	2000
东帝汶	2010	DHS, 2009	LSMS, 2007			2000	2005	
多哥	2010	MICS, 2006	CWIQ, 2006		1996	2005	2007	2002
汤加	2006			是	2001	2009	2007	
特立尼达和多巴哥	2000	MICS, 2006	IHS, 1992	是	2004	2009	2009	2000
突尼斯	2004	MICS, 2006	IHS, 2000		2004	2009	2009	2000
土耳其	2000	DHS, 2003	LFS, 2008		2001	2009	2009	2003
土库曼斯坦	1995	MICS, 2006	LSMS, 1998	是		2009	2000	2000
特克斯和凯科斯群岛	2001			是			2009	
图瓦卢	2002						2008	
乌干达	2002	DHS, 2006; MIS, 2009/2010	PS, 2005		1991	2009	2008	
乌克兰	2001	DHS, 2007	ES/BS, 2008	是		2009	2009	2000
阿拉伯联合酋长国	2010				1998	2007	2009	2005
英国	2001		IS, 1999	是	1999–2000[d]	2009	2009	2000
美国	2010	CPS (monthly)	LFS, 2000	是	1997/2002	2009	2009	2000
乌拉圭	2004		IHS, 2009	是	2000	2009	2009	2000
乌兹别克斯坦	1989	MICS, 2006	ES/BS, 2003	是		2009		2000
瓦努阿图	2009	MICS, 2007				2008	2007	
委内瑞拉	2001	MICS, 2000	IHS, 2009	是	1997	2005	2009	
越南	2009	MICS, 2006	IHS, 2008	是	2001	2009	2008	2000
美属维尔京群岛	2010			是				
西岸和加沙	2007	PAPFAM, 2006	IHS, 2009		1971		2008	
也门共和国	2004	MICS, 2006	ES/BS, 2005		2002	2003	2009	2000
赞比亚	2000	DHS, 2007	IHS, 2004/05		1990	2009	2009	2000
津巴布韦	2002	DHS, 2005/2006	IHS, 2003		1960	2009	2009	2002

注：表中所使用的缩略语的解释，见表后的说明。

a. 重新调整的原不变价格数据。b. 使用1993年国民账户体系方法的国家。c. 以注册为基础。d. 按年度运作。e. 投票。f. 从1996年起，报告期由财政年度改为日历年度。1996年之前的数据已转换成日历年度数据。

• **基年**是在各国的国民经济账户计算中用以作为不变价格基期的年份。来自国民经济账户加总数值的价格指数，如GDP平减指数，以相对于基年价格的当年价格表示。 • **参考年份**是指评估一国本币、不变价格序列的年份。通常情况下，参考年份是与基年相同的，同样用于报告不变价格序列。然而，当不变价格数据是连接的链时，基年每年都会变化，所以针对特定的参考年份，需要重新调整数据，以便提供一致的时间序列。当一国没有对基年的数据作出以上调整，世界银行的工作人员就会重新调整数据，以便维持较长的历史时间序列。为了进行跨国之间的比较或者对数据进行加总，《世界发展指标》提供的不变价格数据都会重新调整为共同的参考年份（2000年）和共同的货币（美元）。 • **国民账户体系**区分了使用1993年国民账户体系的国家（1993年，SNA）。自2001年以来，《世界发展指标》所使用的术语都汇编在了国民账户中。虽然越来越多的国家采用1993年的国民账户体系，但是仍有许多国家在使用1968年的国民账户体系，甚至一些低收入国家还在使用1953年的国民账户体系的概念。 • **SNA价格评估**表明国民账户中的增加值是以基本价格（VAB）来报告，还是以生产者价格（VAP）来报告。生产者价格中包括了生产者缴纳的税值，因而一般会夸大生产中的实际增加值。然而，对于那些农业补贴较高的国家来讲，其基本价格可能高于生产者价格。如欲了解更多的有关国民账户的评估，请参阅表4.1和表4.2中的“关于数据的说明”。 • **替代转换系数**确认的是那些以世界银行估算的转换系数替代了官方汇率（IMF的《国际金融统计》）的国家和年份。请参阅“统计方法”，以更多地了解转换系数的使用。 • **购买力平价（PPP）调查年份**指的是可以获得国际比较项目的购买力平价（PPPs）估测值的最近的调查年份。更多有关购买力平价的详细描述，见表1.1中的“关于数据的说明”。 • **使用的《国际收支手册》**指的是在表4.17中为编制和报告国际收支数据项目而采用的分类体系。BPM4指IMF的《国际收支手册》第4版（1977年），BPM5指第5版（1993年）。 • **外债**表明的是2009年的债务报告情况。“实际数”表明已报告数据，“初步数”表明数据是初步的，基于报告或者手机的信息，并包含有世界银行工作人员的估算。“估算值”是指世界银行工作人员估算的数据。 • **贸易制度**指一般贸易制度（G）或特别贸易制度（S）。在一般贸易制度下，直接由国内消费或存放在海关货栈中的货物都在第一次到达时被记录为进口。在特别贸易制度下，当货物入境或从海关货栈移出时如申报用于国内消费，则记录为进口。一般贸易制度下的出口包括以下向外运送的货物：（1）全部或部分由该国生产的货物；（2）既未申报为、也不会转化为用户国内消费的从海关货栈外运的外国货物；（3）申报用于国内消费的在未转化的情况下外运的本国化了的货物。在特别贸易制度下，出口包括（1）类和（3）类。按某些编制方法，（2）类和（3）类被列为再出口。由仅出于运输目的而进入和离开的货物组成的直接过境贸易不包括在进出口贸易统计中，关于进一步的详细资料，请参阅表4.4、表4.5和表6.2中的“关于数据的说明”。 • **政府财政会计概念**描述了中央政府财政数据报告的会计基础。大多数国家的政府财政数据已将（C）并入一套会计账户中，它包括所有中央政府的财政活动。中央政府预算账户（B）不包括中央政府单位。关于进一步的详细资料，请参阅表4.12、表4.13和表4.14中的“关于数据的说明”。 • **IMF数据公布标准**列示了赞同IMF的特别数据公布标准（SDDS）或者一般数据公布标准（GDDS）的国家。“S”指赞同SDDS并且赞同在互联网公布标准公告板上公布数据的国家（公布的数据，见http://dsbb.imf.org）；而“G”指赞同GDDS的国家。对那些已得到或正式寻求进入国际资本市场途径的成员国，IMF建立SDDS以引导它们向公众提供经济和金融数据。GDDS有助于指导成员国向公众及时公布综合的、可以获得的可靠的经济、金融和社会人口统计资料。IMF的成员国可以自愿选择参与SDDS或GDDS。GDDS和SDDS两者有望能够提高得到及时和完整的数据的可能性，从而有助于健康的宏观经济政策的执行。SDDS有望为改善金融市场的功能做出贡献。 • **最新的人口普查**表明了进行人口普查的最近年份并至少公布了初步结果。在基本数据（例如，按年龄和性别划分的人口，以及会计账目、覆盖面和完整性的详细定义）可得的情况下，我们能够通过及时的修订版本反映最近人口普查的初步结果。人口普查包括以下国家和地区基于登记制度的普查，它们是安道尔、法罗群岛、格陵兰、冰岛、圣马力诺和瑞典。这些国家每隔5年或者10年就会生成类似的表格，而不是执行传统的人口普查。德国2001年的人口普查是利用1.2%的人口进行的以注册为基础的测试普查。法国的情况较为罕见，其自2004年以来每年都开展滚动普查，其最新的同时覆盖全部人口的普查是1999年的全民人口普查（www.insee.fr/en/recensement/page_accueil_rp.htm）。 • **最新人口统计、教育或健康家庭调查**提供了在第二部分编制人口、教育和健康数据时使用的有关调查的信息。AIS是艾滋病指标调查，CPS是当前人口调查，DGHS是人口和综合卫生调查，DHS是人口和卫生调查，ENPF是国家家庭计划调查，FHS是家庭健康调查，LSMS是生活水平衡量调查，MICS是多指标集群调查，NSS是人口变化的全国抽样调查，PAPFAM是泛阿拉伯家庭卫生项目，RHS是生殖卫生调查以及SPA是服务供应评估。有关DHS和SPA的详细信息，见www.measuredhs.com/aboutsurveys；有关MICS的详细信息，见www.childinfo.org；有关RHS的详细信息，见www.cdc.gov/reproductivehealth/surveys。 • **最新收入和支出数据来源**是为采集收入和支出数据而进行的家庭调查。家庭调查的名称详细信息，见国际家庭调查的网站（www.surveynetwork.org）。核心福利指标问卷调查（CWIQ）是世界银行开发的，其衡量的是不同人口组别的关键社会指标，尤其是对核心社会和经济服务的获取、使用和满意度的指标。支出调查/预算调查（ES/BS）收集了家庭消费和人口、社会和经济总体特点的详细信息。家庭综合调查（IHS）收集了各种项目的详细信息，包括卫生、教育、经济活动、住房和公共事业。收入调查（IS）收集了关于家庭收入和财富，以及各种社会和经济特点的信息。劳动力核心调查（LFS）收集的信息包括就业、失业、劳动小时数、收入和工资。生活水平衡量调查（LSMS）是由世界银行开发的，它提供了家庭财富及其影响因素的全面图景，通常合并了个人、家庭和社区层面的数据。优先调查（PS）是由世界银行设计的根据监测结果显示的调查，其高效快捷地收集了大量家庭的成本数据。收入税登记（ITR）提供了关于人口收入和补贴的信息，如不同社会组别的总收入、应税收入和税收。1－2－3调查（1－2－3）的实施分三个阶段，其收集的是社会人口和就业数据、非正规部门的数据，以及生活条件和家庭消费的信息。• **人口动态登记完整性**经由联合国统计署确认，人口动态登记至少达到90%的国家被认定有完整的人口动态登记（出生与死亡）统计，并公布在《人口与人口动态统计报告》中。相对于其他国家，拥有完整的人口动态统计登记的国家能够提供更准确、更及时的人口统计指标。• **最新农业人口普查**列举了进行最近一次农业人口调查并报告给联合国粮食与农业组织的年份。• **最新工业数据**指在联合国工业发展组织数据库中可得到按国际标准产业分类（第2或第3次修订版）三位数水平的制造业增加值数据的最近年份。• **最新贸易数据**指从联合国商品贸易统计数据库获得的最近年份的有关商品贸易的数据。• **最新水资源使用数据**指根据不同来源编制的数据的最近年份。请参阅表3.5中的"关于数据的说明"以了解更多的情况。

特殊报告时期

大多数经济体的财政年度是与日历年一致的，本表给出了例外情况。财政年度的截止期是中央政府财政年度结束的日期。其下属各级政府的财年和统计调查的报告年份可能不同。

国民账户的报告期数据被指定为基于日历年度（CY）或者财政年度（FY）。大多数经济体用日历年度来报告其国民账户和国际收支数据，但也有一些国家使用跨两个日历年的财政年度。在《世界发展指标》中，财年的数据被指定为占该财年较大部分时间的日历年的数据。如果某个国家的财年截止期在6月30日前，其数据将列在该财年期间日历年的第一年中；如果财年截止期在6月30日或以后，该数据将列在第二年。在《世界发展指标》中国际收支数据按日历年列示。

特殊报告期的经济体

经济体	财政年度结束期	国民账户数据报告期
阿富汗	3月20日	FY
澳大利亚	6月30日	FY
孟加拉国	6月30日	FY
博茨瓦纳	6月30日	FY
加拿大	3月31日	CY
埃及	6月30日	FY
埃塞俄比亚	7月7日	FY
冈比亚	6月30日	CY
海地	9月30日	FY
印度	3月31日	FY
印度尼西亚	3月31日	CY
伊朗	3月20日	FY
日本	3月31日	CY
肯尼亚	6月30日	CY
科威特	6月30日	CY
莱索托	3月31日	CY
马拉维	3月31日	CY
缅甸	3月31日	FY
纳米比亚	3月31日	CY
尼泊尔	7月14日	FY
新西兰	3月31日	FY
巴基斯坦	6月30日	FY
波多黎各	6月30日	FY
塞拉利昂	6月30日	CY
新加坡	3月31日	CY
南非	3月31日	CY
斯威士兰	3月31日	CY
瑞典	6月30日	CY
泰国	9月30日	CY
乌干达	6月30日	FY
美国	9月30日	CY
津巴布韦	6月30日	CY

对国民账户数据的修订

当改变方法或者完善数据资料来源时，各国统计机构就会对其国民账户数据进行修订。当数据资料来源发生改变时，《世界发展指标》中的国民账户数据也会修订。以下的注释尽管不全面，但是也提供了对以前数据修订的信息。

保加利亚：国家统计局已经修订了自1995年以来的国民账户数据。以当前价格衡量的GDP要比以前的估计值高出4%。• **哥伦比亚**：基年已经从2000年变更到2005年，2000年以来的数据是新的。以当前价格衡量的GDP要比以前的估计值高出2.8%。• **克罗地亚**：统计署已经修订了1995—2007年的国民账户数据。新的基年为2000年。• **古巴**：1970—2008年的国民账户数据根据联合国统计署的数据进行了修订。新的基年为1990年，国民经济核算体系中的价格已经转换成基础价格。• **斐济**：新的基年为2005年。2005年以来的数据已根据政府官方数据进行了修订。• **加纳**：加纳统计局修订了加纳国民账户1993—2006年的系列数据。新的GDP数据比以前报告的数据高出60%，并且融入了更完善的数据资料和方法。• **几内亚比绍**：2003—2009年的国民账户数据已经进行了修订。新的数据覆盖面更广，涵盖了该经济体的所有部门，新的基年为2005年。以当前价格衡量的GDP要比以前的估计值平均高出89%。• **圭亚那**：国家统计局重新依据2006年给出了新的GDP数据。以当前价格衡量的GDP要比以前的估计值平均高出63%。• **印度**：基年已经从1999年变更到2004年。2004年以来的数据已根据政府官方数据进行了修订。以当前价格衡量的GDP要比以前的估计值平均高出4%。• **哈萨克斯坦**：国家统计局已经修订了国民账户数据。新的基年为2000年。• **基里巴斯**：基年已经从2005年变更到2006年。2000年以来的数据已根据政府官方数据进行了修订。• **纳米比亚**：国家统计局已经修订了2000—2007年的国民账户数据。一项更宽泛的数据调查已经导致产出估计值大幅度向上调整，尤其是采矿业、服务业和制造业。不变价格数据则重新依据1995—2004年的价格。以当前价格衡量的GDP要比以前的估计值平均高出14%。• **南非**：基年已经从2000年变更到2005年。2000年以来的数据已根据政府官方数据进行了修订。• **多哥**：1995年以来的数据已根据政府官方数据进行了修订。以当前价格衡量的GDP要比以前的估计值平均高出20%。• **瓦努阿图**：基年已经从1983年变更到2006年。1998年以来的数据已根据政府官方数据进行了修订。以当前价格衡量的GDP要比以前的估计值平均高出11%。

国家货币的变化

马耳他：2008年1月1日，欧元取代马耳他里拉成为马耳他的货币。• **津巴布韦**：2009年1月1日，其主要使用的货币有多种硬通货，例如，兰特、英镑和美元。

统计方法

本部分将介绍编写《世界发展指标》时使用的一些统计方法。内容包括：计算地区和收入组别的合计数所使用的方法以及计算增长率所使用的方法；还介绍了为得到用于测算以美元计的国民总收入（GNI）和人均GNI估算值的转换系数而使用的世界银行图表集法。每张表格后的“关于数据的说明”还介绍了其他统计方法和计算方法。

合计原则

在大多数表格的末尾都有按世界银行对各经济体的地区和收入分类而进行的加总。在本书封面和封底的勒口处可以找到世界银行的地区和收入分类一览表。大多数的表格中包含了欧元区的合计数。这一合计数包括欧盟中的经济及货币联盟（EMU）成员国，这些成员国都采用欧元作为其货币：奥地利、比利时、塞浦路斯、芬兰、法国、德国、希腊、爱尔兰、意大利、卢森堡、马耳他、荷兰、葡萄牙、斯洛伐克共和国、斯洛文尼亚和西班牙。其他一些分类，例如，欧盟和区域性贸易集团，则在它们所在表格后面的“关于数据的说明”中作了说明。

由于数据缺失，有些国家组别的合计数只能看作是未知总额或平均值的近似值。地区和收入组别的合计数根据尽可能多的可得数据算出，包括主要表格中出现的155个经济体、表1.6中出现的其他经济体，以及中国台湾的数据。使用合计原则是为了得到固定不变的一组经济体从一个时期到另一个时期的估算值以及所有指标的估算值。由于使用了近似值，子组别合计值与总计值及平均值之间可能会出现微小的差异。此外，汇编错误和数据报告的实际做法也可能使理论上应该完全一致的合计值（例如，世界出口额和进口额）有所差异。

《世界发展指标》中使用的主要加总方法有5种：

- **对于在表格中标以字母“t”的各组别和世界总计数**，缺失的数据则是根据可获得数据的总值和上一年度估算数总值的关系计算出来的。从2000年往前和往后进行计算加工。2000年的缺失数据是根据数据最齐全的那一年的替代变量之一计算而得。计算得出的数据值（或其替代变量）与可获得数据的总值具有相同的关系。如果缺失数据占基准年度数据总量的1/3以上，则不予计算。用作替代的变量有：以美元计值的GNI、总人口、以美元计算的货物和劳务进出口值，以及以美元计值的农业、工业、制造业和服务业的增加值。
- **标有字母“s”的合计值是全部可获数据之和**。缺失的数据不予估算。如果某一给定年份的系列观测数据或系列数据的替代值缺失1/3以上，则该年的总计值不予计算。
- **加总比率（标以字母“w”）**通常是按票面价值计算为这些比率的加权平均值，有时也使用其他指标作为权数。当计算为未加权平均值时，标以字母“u”。加总比率按可获得数据计算得出，其中包括未在主要表格中出现的经济体的数据。缺失数据被假定为与可获得数据相同的平均值。如果缺失数据在基准年度中占权数值的1/3以上，则加总比率不予计算。在极少数情况下，加总比率可以这样计算：根据前述计算总额的原则算出缺失数据值之后，再算出该组别总值的比率。
- **加总增长率（标以字母“w”）**通常是增长率的加权平均数值。在极少数情况下，增长率可以根据该组别总值的时间序列来计算。如果某个时期内缺失一半以上的观察数据，则不计算增长率。有关增长率计算方法的进一步说明，参见后文。
- **标有字母“m”的合计数**是表格中所列数值的中位数。如果人口超过100万的国家缺失的观察数据在一半以上，则数值不予列示。

以上合计原则在全书中都有例外情况。根据世界银行分析人员的判断，合计数可以只按可获数据的50%来计算。在其他情况下，如果缺失或被剔除的数值被认为微不足道或具有很大随机性时，合计数则仅仅根据表格中列出的数据计算得出。

增长率

增长率是年平均增长率，并以百分数来表示。除非特别注明，否则价值增长率就是依据不变价格序列计算得出的。计算增长率的方法主要有3种：最小二乘方法、指数端点法和几何端点法。从一个时期到下一个时期的变化率是按与前一时期成比例的变化计算的。

最小二乘方法增长率。只要有足够长的时间序列使计算变得可靠，就使用最小二乘方法增长率。如果某个时期内的观测数据缺失一半以上，则不计算增长率。最小二乘方法增长率r按如下方法计算：把变量在相关时期内的每年数据的对数拟合成一条线性回归曲线。回归方程的形式如下：

$$\ln X_t = a + bt$$

这相当于下面这个复合增长方程的对数变形：

$$X_t = X_0\ (1+r)^t$$

在这个方程中，X 是变量，t 是时间，$a=\ln X_0$ 和 $b=\ln\ (1+r)$ 均为待估参数。如果 b^* 是 b 的最小二乘法估计值，则年均增长率 r 等于 $[\exp(b^*)-1]$，再乘以 100 即可取得百分数。算出的增长率为平均增长率，它代表的是整个时期内所获得的观测数据。它不一定与任何两个时期之间的实际增长率相等。

指数增长率。某些人口指标，特别是劳动力和人口数量，在两个时间点之间的增长率是按如下方程计算的：

$$r=\ln\ (p_n/p_0)/n$$

其中，p_n 和 p_0 分别是这段时期内最后一个和第一个观测数据，n 是这一时期内的年数，ln 是自然对数算子。这个增长率是按两个时间点之间连续的指数增长模型计算。它不考虑这个序列的中间值。指数增长率与根据一年间隔期测算的年度变化比率并不相同，后者假设为 $(p_n-p_n-1)/p_n-1$。

几何增长率。几何增长率可以用于衡量不连续阶段内的复合增长，例如，利息或红利的支付与再投资。尽管以指数增长率代表的持续增长可能更符合实际情况，但大多数经济现象只是每隔一段时间后估量一次，因此，宜使用复合增长模型。在 n 个时期内的平均增长率按如下方程计算：

$$r=\exp[\ln\ (p_n/p_0)/n]-1$$

与指数增长率类似，它不考虑序列的中间值。

世界银行图表集法

在出于某些实用目的计算用美元计值的 GNI 和人均 GNI 时，世界银行使用图表集转换系数。使用这一转换系数是为了在对国民收入进行跨国比较时减少汇率波动的影响。

每年的图表集转换系数都是一个国家当年的汇率（或替代转换系数）和前两年的汇率的平均值，同时还应按该国与日本、英国、美国和欧元区的通货膨胀率之间的差别进行调整。一个国家的通货膨胀率是用 GDP 平减指数来衡量的。

日本、英国、美国和欧元区的通货膨胀率代表着国际通货膨胀，是以 SDR 平减指数来衡量的（SDR：特别提款权，它是国际货币基金组织的记账单位）。SDR 平减指数是这些国家以 SDR 表示的 GDP 平减指数的加权平均数。权数由一个 SDR 单位中所含的各国货币量来决定。权数随时间而改变，因为每种货币出现价值波动时，SDR 的构成及每种货币的相对汇率都要改变。SDR 平减指数先以 SDR 为单位进行计算，然后再按 SDR 对美元的图表集转换系数转换成美元计算。于是该转换系数可用于算出一国的 GNI。把以美元计值的 GNI 除以年中的人口数，得出人均 GNI。

如果一国的官方汇率被认为不可靠或不能代表这一时期的实际汇率，就要使用图表集公式中汇率的替代估计值（参见下文）。

以下两个公式分别用于计算 t 年的图表集转换系数：

$$e_t^*=\frac{1}{3}\left[e_{t-2}\left(\frac{p_t}{p_{t-2}}\Big/\frac{p_t^{s\$}}{p_{t-2}^{s\$}}\right)+e_{t-1}\left(\frac{p_t}{p_{t-1}}\Big/\frac{p_t^{s\$}}{p_{t-1}^{s\$}}\right)+e_t\right]$$

和以美元计值的 t 年人均 GNI：

$$Y_t^{\$}=(Y_t/N_t)/e_t^*$$

其中，e_t^* 是 t 年的图表集转换系数（本国货币对美元），e_t 是 t 年的年度平均汇率（本国货币对美元），p_t 是 t 年的 GDP 平减指数，$p_t^{\$\$}$ 是 t 年的以美元计值的 SDR 平减指数，$Y_t^{\$}$ 是 t 年的以美元计值的图表集人均 GNI，Y_t 是 t 年的以本国货币计值的 GNI 现值，N_t 是 t 年的年中人口数。

替代转换系数

世界银行对官方汇率是否适宜于做转换系数进行系统性地评估。当官方汇率被认为严重偏离国内的外币交易和贸易产品交易中使用的实际汇率时，需使用另一种替代转换系数。这一点只适用于在“基本数据文献”中列出的少数几个国家。在图表集法以及《世界发展指标》其他地方使用的替代转换系数仅用作单一年份的转换系数。

作出贡献的其他人员

1. 世界概览

第一部分由 Eric Swanson 领导的团队撰写。Eric Swanson 起草了导言部分，参与的人员还有 Uranbileg Batjargal 和 Neil Fantom。Bala Bhaskar Naidu Kalimili 整理了表 1.1 和表 1.6。Shota Hatakeyama、Mehdi Akhlagi、Buyant Khaltarkhuu 和 Masako Hiraga 准备了表 1.2、表 1.3 和表 1.5。Uranbileg Batjargal 准备了表 1.4，并得到了 Azita Amjadi 的帮助。世界银行经济政策与债务处的 Signe Zeikate 提供了重债穷国债务倡议和多边债务减免倡议下的债务减免估计值。

2. 人口

第二部分由 Masako Hiraga 和 Shota Hatakeyama 起草，世界银行人类发展网络和发展经济学副行长手下的发展研究组参与了此项工作。Sulekha Patel 和 Masako Hiraga 撰写了引言，Eric Swanson 也提供了有价值的信息和评论。全球贫困工作小组——来自贫困削减与平等网络、发展研究组和发展数据组的贫困专家组根据贫困线整理了贫困估计值。世界银行发展研究组的 Shaohua Chen 和 Prem Sangraula 根据国际贫困线准备了贫困估计值。来自理解儿童工作情况项目的 Lorenzo Guarcello 和 Furio Rosati 准备了有关童工的数据。为本部分做出贡献的人士还有 Emi Suzuki（人口、医疗卫生和营养）；Montserrat Pallares - Miralles 和 Carolina Romero Robayo（脆弱性和安全）；国际劳工组织的 Sara Elder（劳动力）；联合国教科文组织统计研究所的 Amelie Gagnon、Said Ould Voffal 和 Weixin Lu（教育和识字率）；世界卫生组织的 Chandika Indikadahena（医疗卫生支出）；Charu Garg（国民卫生账户）；Monika Bloessner 和 Mercedes de Onis（营养不良和超重）；Neeru Gupta 和 Teena Kunjument（医疗卫生工作者）；Jessica Ho（医院病床）；Rifat Hossain（水和卫生设施）；Hazim Timimi（肺结核）；国际糖尿病联盟的 Delice Gan（糖尿病）；联合国儿童基金会的 Nyein Nyein Lwin（医疗卫生）。Eric Swanson 对引言以及整个过程给予了宝贵的建议和评论。

3. 环境

第三部分在与世界银行可持续发展网络的合作下，由 Mehdi Akhlaghi 起草。Soong Sup Lee 和 Neil Fantom 撰写了本部分的引言。非常感谢 Glenn - Marie Lange 的指导。联合国粮食与农业组织的 Carola Fabi 和 Edward Gillin，国际能源署的 Ricardo Quercioli 和 Karen Treanton，世界保护监测中心的 Laura Battlebury，以及德国技术合作公司（GTZ）的 Gerhard Metchies 做出了重要贡献。世界银行环境局为本书提供了大量的人力资源，对此本编写组致以衷心的感谢。作出贡献的其他人员还有 Brian Blankespoor、Lopamudra Chakraborti、Susmita Dasgupta、Olivier Dupriez、Kirk Hamilton、Esther Grace Lee、Craig Meisner、Kiran Pandey、Giovanni Ruta 和 Akiko Saesaka。

4. 经济

在世界银行发展数据组可持续发展和经济数据小组的密切配合下，第四部分由 Bala Bhaskar Naidu Kalimili、Mahyar Eshragh - Tabary 和 Soong Sup Lee 起草。本部分引言由 Soong Sup Lee 撰写，Eric Swanson 和国际货币基金组织金融机构部统计处提出了宝贵的建议。Azita Amjadi、Lopamudra Chakraborti、Kirk Hamilton、Barbro Hexeberg、Esther Grace Lee、Giovanni Ruta 和国际货币基金组织统计信息管理部统计处的 Justin Thyme Matz、Yutong Li 为本部分做出了贡献。低收入经济体和中等收入经济体国民核算账户数据由世界银行地区工作人员通过年度统一调查汇集得出。Maja Bresslauer、Mahyar Eshragh - Tabary、Bala Bhaskar Naidu Kalimili 和 Buyant Khaltarkhuu 进行了国民账户数据库的更新、估算和确证工作。本编写组感谢欧洲统计局、国际货币基金组织、经济合作与发展组织、联合国工业发展组织、世界贸易组织提供的数据库。

5. 政府与市场

在世界银行金融与私营部门发展网络、减贫与经济管理网络、可持续发展网络、国际金融公司以及外部合作伙伴的协助下，第五部分由 David Cieslikowski 和 Buyant Khaltarkhuu 起草。David Cieslikowski 在 Eric Swanson 的帮助下撰写了引言。为本部分做出贡献的其他人员还有 Ada Karina Izaguirre（私有化和基础设施项目）；Leora Klapper 和 Inessa Love（营业登记）；Federica Saliola 和 Joshua Wimpey（企业调查）；Sylvia Solf 和 Carolin Geginat（全球工商业运营环境）；Alka Banerjee 和 Michael Orzano（标准普尔全球股票市场指数）；Oya Pinar Ardic Alper（金融准入）；Satish Mannan（公共政策和制度）；国际战略研究所的 Henry Boyd 和 James Hackett（军事人员）；斯德哥尔摩国际和平研究所的 Sam Perlo - Freeman 和 Siemon Wezeman（军费开支和武器交易）；国际道路联合会的 Kacem Iaych、国际民用航空组织的 Narjess Teyssier、Zubair Anwar 和 Hélène Stephan（交通）；国际集装箱化杂志的 Jane Degerlund（港口）；国际电信联盟的 Vanessa Grey、Esperanza Magpantay 和 Susan Teltscher；联合国教科文组织统计所的 Georges Boade（研究与开发、研究人员和技术人员）；世界知识产权组织的 Ryan Lamb（专利和商标）。

6. 全球联系

在世界银行数据发展组的金融数据小组、发展研究组（贸易）、发展展望组（商品价格和侨汇）、国际贸易组（贸易便利）和外部合作伙伴的协助下，Uranbileg Batjargal 起草了第6部分。Uranbileg Batjargal 撰写了本部分的引言，Ingo Borchert（服务政策限制数据库）、Caglar Ozden（双边移民矩阵）和 Evis Rucaj（公共部门债务）提供了大量帮助。Eric Swanson 提供了有价值的评论。大量数据和表的编制来自 Azita Amjadi（贸易和关税）以及 Yasue Sakuramoto（外债和金融数据）。其他提供帮助的人员还有 Frederic Docquier（移民率）；联合国贸易与发展会议的 Flavine Creppy 和 Yumiko Mochizuki（贸易）；Betty Dow（商品价格）；世界经济论坛的 Thierry Geiger（贸易便利）；DHL 的 Jeff Reynolds 和 Joe Siegel（运输成本）；OECD 的 Yasmin Ahmad 和 Elena Bernaldo（援助）；Hiroko Maeda 和 Ibrahim Levent（外债）；联合国难民署的 Henrik Pilgaard（难民）；联合国人口署的 Costanza Giovannelli 和 Bela Hovy（移民）；Sanket Mohapatra 和 Ani Rudra Silwal（侨汇）；世界旅游组织的 Teresa Ciller（旅游）；Ramgopal Erabelly、Shelley Lai Fu 和 William Prince 提供了有价值的技术援助。

其他部分

内封的地图由世界银行地图设计单位的 Jeff Lecksell 协调完成。"使用指南"由 William Prince 撰写。"统计方法"由 Eric Swanson 撰写。Maja Bresslauer、Buyant Erdene Khal tarkhuu 和 William Prince 撰写了基本数据文献说明。Alison Kwong 撰写了《世界发展指标》的"合作者"和"索引"。

数据管理

世界发展指标数据库整合管理工作由 William Prince 协调完成。Reza Farivari 领导下的数据和信息系统小组，包括 Ramgopal Erabelly、Shelley Fu 和 Shahin Outadi，负责数据库管理系统的运作。

设计、制作与编辑

Azita Amjadi、Alison Kwong 和 Jomo Tariku 协调了制作的各个方面。Jomo Tariku 制作了封面。Deborah Arroyo、Jomo Tariku 和 Elaine Wilson 负责本书的排版。在 Meta de Coquereaumont、Bruce Ross – Larson 和 Christopher Trott 的领导下，通信发展公司提供了全面的设计指导和编辑。Katrina Van Duyn 对本书进行了校对。对外关系部的工作人员监督了该书的印刷与发行。

客户服务

发展数据组的客户服务与通讯组（Azita Amjadi、Buyant Erdene Khaltarkhuu、Alison Kwong、Beatriz Prieto – Oramas、Jomo Tariku 和 Vera Wen）对本书的设计和规划做出了贡献，并帮助协调了出版局的工作。

行政助理、办公技术和系统支持

Awatif Abuzeid、Elysee Kiti、Premi Ratham Raj 和 Estela Zamora 提供了行政方面的援助。信息技术支持由 Jean – Pierre Djomalieu、Gytis Kanchas 和 Nacer Megherbi 提供。Ramvel Chandrasekaran、Ugendran Makhachkala、Atsushi Shimo 和 Malarvizhi Veerappan 为《世界发展指标》的数据平台应用提供了系统支持。

出版与发行

由 Carlos Rossel 领导的出版局在整个制作过程中提供了有价值的帮助。Denise Bergeron、Nazim Aziz Gokdemir、Stephen McGroarty 和 Nora Ridolfi 协调了印刷工作，并监督了营销与发行。发展经济学副行长办公室的 Merrell Tuck – Primdahl 对通信战略进行了管理。

《世界发展指标》CD – ROM

在 Ramgopal Erabelly、Buyant Erdene Khaltarkhuu、Parastoo Oloumi 和 William Prince 的帮助下，光盘的制作和测试由 Vilas Mandlekar 管理。Reza Farivari 领导的数据和信息系统小组承担了系统创建工作。William Prince 协调了使用者界面的设计、整个制作过程，并提供了质量保证，Jomo Tariku 提供了帮助。世界银行图片资料室提供了照片。

《世界发展指标》在线

Neil Fantom 和 Nicole Frost 对开放数据网站（data. worldbank. org/）进行了协调。由 Reza Farivari 及其领导的小组负责设计、编程和测试。该小组成员有：Azita Amjadi、Ramvel Chandrasekaran、Shelley Fu、Buyant Erdene Khaltarkhuu、Ugendran Machakkalai、Shanmugam Natarajan、Atsushi Shimo、Lakshmikanthan Subramanian、Jomo Tariku、Malarvizhi Veerappan 和 Vera Wen。William Prince 协调了制作工作并提供了质量保证。来自对外关系部公关处的支持由 Livia Barton、George Gongadze 和 Jeffrey Mccoy 组成的小组提供。Valerie Hufbauer 领导了多语种网站小组。

客户反馈

编写组还要感谢不辞辛苦为本书提供帮助的许多人士，他们的反馈意见和建议有助于我们改进今年的版本。请联系我们 data@ worldbank. org。

参考文献

AbouZahr, Carla, John Cleland, Francesca Coullare, Sarah Macfarlane, Francis Notzon, Philip Setel, and **Simone Szreter**. 2007. "Who Counts? 4. The Way Forward." Lancet 370 (9601): 1791–99.

Amin, Mohammad. 2010. "Necessity vs. Opportunity Entrepreneurs in the Informal Sector." Enterprise Surveys Note 17. World Bank, Washington, D.C.

Aminian, Nathalie, K.C. Fung, and Francis Ng. 2008. "Integration of Markets vs. Integration by Agreements." Policy Research Working Paper 4546. World Bank, Development Research Group, Washington, D.C.

Anderson, Kym, Marianne Kurzweil, Will Martin, Damiano Sandri, and Ernesto Valenzuela. 2008. "Measuring Distortions to Agricultural Incentives, Revisited." Policy Research Working Paper 4612. World Bank, Development Research Group, Washington, D.C.

Arvis, Jean-François, Monica Alina Mustra, Lauri Ojala, Ben Shepherd, and Daniel Saslavsky. 2010. *Connecting to Compete 2010: Trade Logistics in the Global Economy: The Logistics Performance Index and Its Indicators.* Washington, D.C.: World Bank, International Trade Department.

Arvis, Jean-François, Monica Alina Mustra, John Panzer, Lauri Ojala, and Tapio Naula. 2007. *Connecting to Compete 2007: Trade Logistics in the Global Economy: The Logistics Performance Index and Its Indicators.* Washington, D.C.: World Bank, International Trade Department.

Asian Development Bank. 2009. "The GMS Program." [www.adb.org/GMS/Program]. Manila.

ASEAN (Association of Southeast Asian Nations). n.d. Foreign Direct Investment Statistics. Online database. [www.aseansec.org/18144.htm]. Jakarta.

Aung, Malar. 2010. "Gender Statistics in Myanmar." Presentation at the Global Forum on Gender Statistics, October 11–13, Manila.

Babinard, Julie, and Peter Roberts. 2006. "Maternal and Child Mortality Development Goals: What Can the Transport Sector Do?" Transport Paper 12. World Bank, Transport Sector Board, Washington, D.C.

Ball, Nicole. 1984. "Measuring Third World Security Expenditure: A Research Note." *World Development* 12 (2): 157–64.

Beck, Thorsten, and Ross Levine. 2001. "Stock Markets, Banks, and Growth: Correlation or Causality?" Policy Research Working Paper 2670. World Bank, Development Research Group, Washington, D.C.

Behrman, Jere R. 2008. "What Have We Learned and What's Next?" In John Cockburn and Martin Valdivia, eds., *Reaching the MDGs: An International Perspective*. Dakar: Poverty and Economic Policy Research Network.

Berg, Andrew, and Anne Kruger. 2003. "Trade, Growth, and Poverty: A Selective Survey." Working Paper 03/30. International Monetary Fund, Washington, D.C.

Boerma, Ties, and Sally Stansfield. 2007. "Health Statistics Now: Are We Making the Right Investments?" *Lancet* 369 (9563): 779–86.

Borchert, Ingo, Batshur Gootiiz, and Aaditya Mattoo. Forthcoming. "Policy Barriers To International Trade In Services: New Empirical Evidence." World Bank, Washington, D.C.

Bourzac, Katherine. 2010. "Bacteria Make Diesel from Biomass." *Technology Review*, January 28.

Bown, Chad P. 2009. "The Pattern of Antidumping and Other Types of Contingent Protection." *PREMnotes* 144. World Bank, Poverty Reduction and Economic Management Network, Washington, D.C.

Bown, Chad P. 2010. "Taking Stock of Antidumping, Safeguards, and Countervailing Duties, 1990-2009". Policy Research Working Paper 5436. World Bank, Development Research Group, Washington, D.C.

Brautigam, Deborah. 2009. *The Dragon's Gift: The Real Story of China in Africa*, Oxford University Press, New York.

Buys, Piet, Uwe Deichmann, and David Wheeler. 2006. "Road Network Upgrading and Overland Trade Expansion in Sub-Saharan Africa." Policy Research Working Paper 4097. World Bank, Development Research Group, Washington, D.C.

Caiola, Marcello. 1995. *A Manual for Country Economists.* Training Series 1, Vol. 1. Washington, D.C.: International Monetary Fund.

CEPII (Centre d'Etudes Prospectives et d'Informations Internationales). n.d. Foreign Direct Investment Database. Online database. [www.cepii.fr/anglaisgraph/bdd/fdi.htm]. Paris.

CGAP (Consultative Group to Assist the Poor) and World Bank. 2010. *Financial Access 2010: The State of Financial Inclusion Through the Crisis.* Washington, D.C.: Consultative Group to Assist the Poor.

Chen, Shaohua, and Martin Ravallion. 2008. "The Developing World Is Poorer than We Thought, but No Less Successful in the Fight Against Poverty." Policy Research Working Paper 4703. World Bank, Washington, D.C.

Chomitz, Kenneth M., Piet Buys, and Timothy S. Thomas. 2005. "Quantifying the Rural-Urban Gradient in Latin America and the Caribbean." Policy Research Working Paper 3634. World Bank, Development Research Group, Washington, D.C.

CIESIN (Center for International Earth Science Information Network). 2005. Gridded Population of the World. [http://sedac.ciesin.columbia.edu/gpw/]. New York and Cali, Columbia.

CIIFAD (Cornell International Institute for Food, Agriculture and Development). n.d. "The System of Rice Intensification." [http://sri.ciifad.cornell.edu]. Ithaca, N.Y.

Claessens, Stijn, Daniela Klingebiel, and Sergio L. Schmukler. 2002. "Explaining the Migration of Stocks from Exchanges in Emerging Economies to International Centers." Policy Research Working Paper 2816. World Bank, Washington, D.C.

Commission on Growth and Development. 2008. *The Growth Report: Strategies for Sustainable Growth and Inclusive Development.* Washington, D.C.: World Bank.

Containerisation International. 2009. *Containerisation International Yearbook 2009*. London: Informa Maritime and Transport.

Cooper, Richard, Babatunde Osotimehin, Jay Kaufman, and Terrence Forrester. 1998. "Disease Burden in Sub-Saharan Africa: What Should We Conclude in the Absence of Data?" *Lancet* 351 (9097): 208–10.

Corrao, Marlo Ann, G. Emmanuel Guindon, Namita Sharma, and Dorna Fakhrabadi Shokoohi. 2000. *Tobacco Control Country Profile.* Atlanta, Ga.: American Cancer Society.

Dealogic. n.d. M&A Analytics. Online database. [www.dealogic.com/]. New York.

De Onis, Mercedes, and Monika Blössner. 2003. "The WHO Global Database on Child Growth and Malnutrition: Methodology and Applications." *International Journal of Epidemiology* 32: 518–26.

De Onis, Mercedes, Adelheid W. Onyango, Elaine Borghi, Cutberto Garza, and Hong Yang. 2006. "Comparison of the World Health Organization (WHO) Child Growth Standards and the National Center for Health Statistics/WHO International Growth Reference: Implications for Child Health Programmes." *Public Health Nutrition* 9 (7): 942–47.

Demirgüç-Kunt, Asli, and Ross Levine. 1996. "Stock Market Development and Financial Intermediaries: Stylized Facts." *World Bank Economic Review* 10 (2): 291–321.

DHL. 2011. "DHL Express Standard Rate Guide 2011." Bonn, Germany.

Djankov, Simeon, Caroline L. Freund, and Cong S. Pham. 2010. "Trading on Time." *Review of Economics and Statistics* 92 (1): 166–73.

Docquier, Frédéric, B. Lindsay Lowell, and Abdeslam Marfouk. 2009. "A Gendered Assessment of Highly Skilled Emigration." *Population and Development Review* 35 (2): 297–322.

Docquier, Frédéric, and Abdeslam Marfouk. 2006. "International Migration by Educational Attainment (1990–2000). Release 1.1." In Çaglar Özden and Maurice Schiff, eds., *International Migration, Remittances and Development*. New York: Palgrave Macmillan.

Eurostat (Statistical Office of the European Communities). n.d. Demographic Statistics. [http://epp.eurostat.ec.europa.eu/portal/page/portal/eurostat/home/]. Luxembourg.

———. Various years. *European Union Foreign Direct Investment Yearbook.* Luxembourg

———. Various years. *Statistical Yearbook*. Luxembourg

———. n.d. European Union Foreign Direct Investment Database. Online database. [http://epp.eurostat.ec.europa.eu/portal/page/portal/balance_of_payments/data/database]. Paris.

———. n.d. External Trade Database. Online database. [http://epp.eurostat.ec.europa.eu/portal/page/portal/external_trade/data/database]. Paris.

Fankhauser, Samuel. 1995. *Valuing Climate Change: The Economics of the Greenhouse.* London: Earthscan.

FAO (Food and Agriculture Organization of the United Nations). 2001. "Global Estimates of Gaseous Emissions of NH3, NO and N20 from Agricultural Land, 2001." Food and Agriculture Organization of the United Nations, Rome.

———. 2003. "How the World Is Fed." In *Agriculture, Food and Water*. Rome: Food and Agriculture Organization.

———. 2005. *Global Forest Resources Assessment 2005.* Rome: Food and Agriculture Organization. [Can this be dropped now that the 2010 edition is cited?]

———. 2007. *Coping with Water Scarcity: Challenge of the Twenty-First Century.* Report for World Water Day 2007. Rome: Food and Agriculture Organization.

———. 2008a. "Climate Change Adaptation and Mitigation in the Food and Agriculture Sector." Technical background document from the expert consultation, March 5–7, Rome.

———. 2008b. "Climate Change and Food Security: A Framework Document." Food and Agriculture Organization, Rome.

———. 2009a. "2050: A Third More Mouths to Feed." Press release, September 23. Food and Agriculture Organization, Rome.

———. 2009b. "More People Than Ever Are Victims of Hunger." Press release, June 19. Food and Agriculture Organization, Rome.

———. 2010a. *Global Forest Resources Assessment 2010.* Rome: Food and Agriculture Organization.

———. 2010b. "Water and Poverty: An Issue of Life and Livelihoods." [www.fao.org/nr/water/issues/scarcity.html]. Rome.

———. n.d. FAOSTAT. Online database. [http://faostat.fao.org/default.aspx]. Rome.

———. Various years. *The State of Food Insecurity in the World.* Rome: Food and Agriculture Organization.

Faurès, Jean-Marc, Jippe Hoogeveena, and Jelle Bruinsmab. 2004. "The FAO Irrigated Area Forecast for 2030." Food and Agriculture Organization, Rome.

Filmer, Deon, Amer Hasan, and Lant Pritchett. 2006. "A Minimum Learning Goal: Measuring Real Progress in Education." Working Paper 97. Center for Global Development, Washington, D.C.

Financial Times. n.d. fDi Markets: Crossborder Invesment Monitor. Online database. [www.fdimarkets.com]. London.

Fredricksen, Birger. 1993. *Statistics of Education in Developing Countries: An Introduction to Their Collection and Analysis.* Paris: United Nations Educational, Scientific, and Cultural Organization.

Froese, R., and D. Pauly, eds. n.d. FishBase. Online database. [www.fishbase.org]. Manila.

Geneva Declaration. 2008. *Global Burden of Armed Violence.* Geneva: Geneva Declaration.

Glasier, Anna, A. Metin Gulmezoglu, George P. Schmid, Claudia Garcia Moreno, and Paul F. A. van Look. 2006. "Sexual and Reproductive Health: A Matter of Life and Death." *Lancet* 368 (9547): 1595–1607.

Goss, Sarah, and Ignacio Mas. 2010. "Broadening the Financial Inclusion Cast of Characters." Technology Blog, December 16. [http://technology.cgap.org/2010/12/16/broadening-the-financial-inclusion-cast-of-characters/]. Consultative Group to Assist the Poor, Washington, D.C.

Hamilton, Kirk, and Michael Clemens. 1999. "Genuine Savings Rates in Developing Countries." *World Bank Economic Review* 13 (2): 333–56.

———. 2006. *Where Is the Wealth of Nations? Measuring Capital for the 21st Century.* Washington, D.C.: World Bank.

参考文献

Hamilton, Kirk, and Giovanni Ruta. 2008. "Wealth Accounting, Exhaustible Resources and Social Welfare." *Environmental and Resource Economics* 42 (1): 53–64.

Hanushek, A. Eric. 2002. *The Long-Run Importance of School Quality.* NBER Working Paper 9071. Cambridge, Mass.: National Bureau of Economic Research.

Hanushek, A. Eric, and Ludger Wössman. 2007. *Education Quality and Economic Growth.* Washington, D.C.: World Bank.

Happe, Nancy, and John Wakeman-Linn. 1994. "Military Expenditures and Arms Trade: Alternative Data Sources." Working Paper 94/69. International Monetary Fund, Policy Development and Review Department, Washington, D.C.

Hatcher, Jefrrry. 2009 "Securing Tenure Rights and Reducing Emissions from Deforestation and Degradation (REDD): Costs and Lessons Learned." Social Development Paper 120. World Bank, Development Research Group, Washington, D.C.

Hatzichronoglou, Thomas. 1997. "Revision of the High-Technology Sector and Product Classification." STI Working Paper 1997/2. Organisation for Economic Co-operation and Development, Directorate for Science, Technology, and Industry, Paris.

Hausman, Warren H., Hau L. Lee, and Uma Subramanian. 2005. "Global Logistics Indicators, Supply Chain Metrics, and Bilateral Trade Patterns." Policy Research Working Paper 3773. World Bank, Development Research Group, Washington, D.C.

Heston, Alan. 1994. "A Brief Review of Some Problems in Using National Accounts Data in Level of Output Comparisons and Growth Studies." *Journal of Development Economics* 44 (1): 29–52.

Hettige, Hemamala, Muthukumara Mani, and David Wheeler. 1998. "Industrial Pollution in Economic Development: Kuznets Revisited." Policy Research Working Paper 1876. World Bank, Development Research Group, Washington, D.C.

Hill, Kenneth, Kenji Shibuya, and Prabhat Jha. 2007. "Who Counts? 3. Interim Measures for Meeting Needs for Health Sector Data: Births, Deaths, and Cause of Death." *Lancet* 370 (9600) 1726–35.

Hinz. Richard P., Montserrat Pallares-Miralles, Carolina Romero, and Edward Whitehouse. April 2011. "International Patterns of Pension Provision II. Facts and Figures of the 2000s., Social Protection Discussion Paper. World Bank, Washington, D.C.

Hogge, Becky. 2010. "Open Data Study: Commissioned by the Transparency and Accountability Initiative." Accessed on line at http://www.soros.org/initiatives/information/focus/communication/articles_publications/publications/open-data-study-20100519/open-data-study-100519.pdf.

ICAO (International Civil Aviation Organization). 2010. *Civil Aviation Statistics of the World.* Montreal: International Civil Aviation Organization.

IDMC (International Displacement Monitoring Centre). 2010. Internal Displacement: Global Overview of Trends and Development in 2009. Geneva.

IEA (International Energy Agency). 2009. "World Energy Outlook 2009 Fact Sheet: Why Is Our Current Energy Pathway Unsustainable?" International Energy Agency, Paris.

———. Various years. *Energy Balances of OECD Countries.* Paris: International Energy Agency.

———. Various years. *Energy Statistics and Balances of Non-OECD Countries*. Paris: International Energy Agency.

———. Various years. *Energy Statistics of OECD Countries.* Paris: International Energy Agency.

ILO (International Labour Organization). 2009a. *Guide to the New Millennium Development Goals Employment Indicators.* Geneva: International Labour Office.

———. 2009b. Resolution Concerning Statistics of Child Labour. Resolution II, Rpt. ICLS/18/2008/IV/FINAL, 18th International Conference of Labour Statisticians, Geneva.

———. 2010. *Accelerating Action Against Child Labour*. Geneva: International Labour Office.

———. Various years. *Key Indicators of the Labour Market.* Geneva: International Labour Organization.

———. Various years. *Yearbook of Labour Statistics.* Geneva: International Labour Organization.

IMF (International Monetary Fund). 1977. *Balance of Payments Manual.* 4th ed. Washington, D.C.: International Monetary Fund.

———. 1993. *Balance of Payments Manual.* 5th ed. Washington, D.C.: International Monetary Fund.

———. 1995. *Balance of Payments Compilation Guide*. Washington, D.C.: International Monetary Fund.

———. 1996. *Balance of Payments Textbook.* Washington, D.C.: International Monetary Fund.

———. 2000. *Monetary and Financial Statistics Manual.* Washington, D.C.: International Monetary Fund.

———. 2001. *Government Finance Statistics Manual.* Washington, D.C.: International Monetary Fund.

———. 2004. *Compilation Guide on Financial Soundness Indicators.* Washington, D.C.: International Monetary Fund.

———. 2008. *Monetary and Financial Statistics Compilation Guide.* Washington, D.C.: International Monetary Fund.

———. 2009. *World Economic Outlook: Sustaining the Recovery.* Washington, D.C.: International Monetary Fund.

———. 2010. *Global Financial Stability Report.* Washington, D.C.

———. Various issues. *Direction of Trade Statistics Quarterly*. Washington, D.C.: International Monetary Fund.

———. Various issues. *Government Finance Statistics Yearbook*. Washington, D.C.: International Monetary Fund.

———. Various issues. *International Financial Statistics.* Washington, D.C.: International Monetary Fund.

———. Various years. *Balance of Payments Statistics Yearbook.* Parts 1 and 2. Washington, D.C.: International Monetary Fund.

———. Various years. *Direction of Trade Statistics Yearbook.* Washington, D.C.: International Monetary Fund.

———. Various years. *International Financial Statistics* Yearbook. Washington, D.C.: International Monetary Fund.

Inter-agency Group for Child Mortality Estimation. 2010. *Levels and Trends in Child Mortality: 201, Report*. New York: Inter-agency Group for Child Mortality Estimation.

———. n.d. Child Mortality Estimation Info database. [www.childmortality.org]. New York.

International Diabetes Federation. Various years. *Diabetes Atlas*. Brussels: International Diabetes Federation.

International Institute for Strategic Studies. 2011. *The Military Balance 2011.* London: Oxford University Press.

International Trade Centre, UNCTAD (United Nations Conference on Trade and Development), and WTO (World Trade Organization). n.d. The Millennium Development Goals database. Online database. [www.mdg-trade.org]. Geneva.a

International Working Group of External Debt Compilers. 1987. *External Debt Definitions.* Washington, D.C.: International Working Group of External Debt Compilers.

IPCC (Intergovernmental Panel on Climate Change). 2007. *Climate Change 2007: The Physical Science Basis. Contribution of Working Group I to the Fourth Assessment Report of the Intergovernmental Panel on Climate Change.* Cambridge, U.K.: Cambridge University Press.

IRF (International Road Federation).2010. *World Road Statistics 2010.* Geneva.

ITU (International Telecommunication Union). 2010. World Telecommunication Indicators database. Geneva.

IUCN International Union for Conservation of Nature). 2008. *2008 IUCN Red List of Threatened Species.* Gland, Switzerland: International Union for Conservation of Nature.

Kenyan National Coordinating Agency for Population and Developmena, Kenyan Ministry of Health, Kenyan Central Bureau of Statistics, and ORC Macro. 2005. *Kenya Service Provision Assessment Survey 2004.* Nairobi: Kenyan National Coordinating Agency for Population and Development, Kenyan Ministry of Health, Kenyan Central Bureau of Statistics, and ORC Macro.

Khandker, Shahidur, Zaid Bakht, and Gayatri B. Koolwal. 2006. "The Poverty Impact of Rural Roads: Evidence from Bangladesh." Policy Research Working Paper 3875. World Bank, Washington, D.C.

Klapper, Leora, and Inessa Love. 2010a. "The Impact of Business Environment Reforms on New Firm Registration." Policy Research Working Paper 5493. World Bank, Washington, D.C.

———. 2010b. "The Impact of the Financial Crisis on New Firm Registration. Policy Research Working Paper 5444. World Bank, Washington, D.C.

———. 2010c. "New Firm Creation." Viewpoint Note 324. World Bank, Financial and Private Sector Development Vice Presidency, Washington, D.C.

Kundzewicz, Zbigniew W., and Luis José Mata. 2007. "Freshwater Resources and Their Management." In S. Solomon, D. Qin, M. Manning, Z. Chen, M. Marquis, K.B. Averyt, M. Tignor and H. L. Miller, eds., *Climate Change 2007: Climate Change Impacts, Adaptation and Vulnerability. Working Group II Contribution to the Fourth Assessment Report of the Intergovernmental Panel on Climate Change.* Cambridge, U.K.: Cambridge University Press.

Kunte, Arundhati, Kirk Hamilton, John Dixon, and Michael Clemens. 1998. "Estimating National Wealth: Methodology and Results." Environmental Economics Series 57. World Bank, Environment Department, Washington, D.C.

Lin, Justin Yifu. 2010. "Stimulus in a Volatile Financial World." World Bank, Washington, D.C.

Lloyd, Peter J., Johanna L. Croser, and Kym Anderson. 2009. "Global Distortions to Agricultural Markets New Indicators of Trade and Welfare Impacts, 1955 to 2007." Policy Research Working Paper 4865. World Bank, Development Research Group, Washington, D.C.

Luxembourg Income Study. n.d. Online database. [www.lisproject.org]. Luxembourg.

Macro International. Various years. *Demographic and Health Surveys*. [www.measuredhs.com]. Calverton, Md.: Macro International.

Mahapatra, Prasanta, Kenji Shibuya, Alan Lopez, Francesca Coullare, Francis Notzon, Chalapati Rao, and Simon Szreter. 2007. "Who Counts? 2. Civil Registration Systems and Vital Statistics: Successes and Missed Opportunities." *Lancet* 370 (9599): 1656–63.

Manning, Richard. 2009. "Using Indicators to Encourage Development: Lessons from the Millennium Development Goals." Report 2009:01. Danish Institute for International Studies, Copenhagen.

Mishra, Prachi, and David Newhouse. 2007. "Health Aid and Infant Mortality." Working Paper 07/100. International Monetary Fund, Fiscal Affairs and Research Departments, Washington, D.C.

Morgenstern, Oskar. 1963. *On the Accuracy of Economic Observations*. Princeton, N.J.: Princeton University Press.

Murray, Christopher, Julie Knoll Rajaratnam, Jacob Marcus, Thomas Laakso, and Alan Lopez. 2010. "What Can We Conclude from Death Registration? Improved Methods for Evaluating Completeness." *PLoS Medicine* 7 (4).

National Science Board. 2010. *Science and Engineering Indicators 2010.* Arlington, Va.: National Science Foundation.

Netcraft. 2010. "Netcraft Secure Server Survey." [www.netcraft.co/].

OECD (Organisation for Economic Co-operation and Development). 2005. *Guide to Measuring the Information Society.* DSTI/ICCP/ISS (2005)/6. Paris: Organisation for Economic Co-operation and Development.

———. 2008. *A Profile of Immigrant Populations in the 21st Century: Data from OECD Countries*. Paris: Organisation for Economic Co-operation and Development.

———. 2009. *Agricultural Policies in OECD Countries: Monitoring and Evaluation*. Paris: Organisation for Economic Co-operation and Development.

———. 2010a. *OECD Economic Surveys: China 2010.* Paris: Organisation for Economic Co-operation and Development.

参考文献

———. 2010b *Restoring Fiscal Sustainability: Lessons for the Public Sector*. Paris: Organisation for Economic Co-operation and Development.

———. n.d. Creditor Reporting System. Online database. [http://stats.oecd.org/index.aspx?datasetcode=crsnew].

———. n.d. Database on Immigrants in OECD Countries. Online database. [http://stats.oecd.ors]. Paris.

———. n.d. International Direct Investment database Online database. [http://stats.oecd.orn]. Paris.

———. n.d. International Trade by Commodity Statistics. Online database. [http://stats.oecd.ors]. Paris.

———. n.d. Monthly Statistics of International Trade. Online database. [http://stats.oecd.ors]. Paris.

———. n.d. Producer and Consumer Support Estimates. Online database. [www.oecd.org/tad/support/psecse]. Paris.

———. n.d. Trade in Services. Online database. [http://stats.oecd.ors]. Paris.

———. Various issues. *Main Economic Indicators*. Paris: Organisation for Economic Co-operation and Development.

———. Various years. *National Accounts*. Vol. 1, Main Aggregates. Paris: Organisation for Economic Co-operation and Development.

———. Various years. *National Accounts*. Vol. 2, Detailed Tables. Paris: Organisation for Economic Co-operation and Development.

———. Various years. *OECD Health Data*. Paris: Organisation for Economic Cooperation and Development.

OECD (Organisation for Economic Co-operation and Development) DAC (Development Assistance Committee). 1996. *Shaping the 21st Century: The Contribution of Development Cooperation*. Paris: Organisation for Economic Co-operation and Development.

———. Various years. *Development Co-operation Report*. Paris: Organisation for Economic Co-operation and Development.

———. Various years. *Geographical Distribution of Financial Flows to Developing Economies*. Paris: Organisation for Economic Co-operation and Development.

———. Various years. *International Development Statistics*. CD-ROM. Paris: Organisation for Economic Co-operation and Development.

Özden, Çaglar, Christopher R. Parsons, Maurice Schiff, and Terrie L. Walmsley. Forthcoming. "Where on Earth is Everybody? The Evolution of Global Bilateral Migration 1960—2000., *World Bank Economic Review.*

Pandey, Kiran D., Piet Buys, Kenneth Chomitz, and David Wheeler. 2006b. "Biodiversity Conservation Indicators: New Tools for Priority Setting at the Global Environmental Facility." World Bank, Development Economics Research Group and Environment Department, Washington, D.C.

Pandey, Kiran D., David Wheeler, Bart Ostro, Uwe Deichmann, Kirk Hamilton, and Katie Bolt. 2006c. "Ambient Particulate Matter Concentrations in Residential and Pollution Hotspots of World Cities: New Estimates Based on the Global Model of Ambient Particulates (GMAPS)." World Bank, Development Economics Research Group and Environment Department, Washington, D.C.

PARIS21 (The Partnership in Statistics for Development in the 21st Century). 2009. "PARIS21 at Ten: Improvements in Statistical Capacity since 1999." The Partnership in Statistics for Development in the 21st Century, Paris.

Parsons, Christopher R., Ronald Skeldon, Terrie L. Walmsley, and L. Alan Winters. 2007, "Quantifying the International Bilateral Movements of Migrants."Çaglar Özden and Maurice Schiff,(ed). *International Migration, Economic Development and Policy*, New York: Palgrave Macmillak.

Partnership on Measuring ICT for Development. 2008. *The Global Information Society: A Statistical View.* Santiago: United Nations.

Patterson, Neil, Marie Montanjees, John Motala, and Colleen Cardillo. 2004, *Foreign Direct Investment: Trends, Data Availability, Concepts, and Recording Practices*, Washington, D.C.: International Monetary FunC.

Pollock, Rufus. 2010. "Welfare Gains from Opening Up Public Sector Information in the UK."Accessed online at http://www.rufuspollock.org/economics/papers/psi_openness_gains.pdf

PricewaterhouseCoopers, International Finance Corporation, and World Bank. 2010. *Paying Taxes 2011: The Global Picture.* London and Washington, D.C

Rahemtulla, Hanif. 2011. "The Open Data Revolution and the Emergence of Linked Data in Higher Education." Processed. School of Geography, University of Nottingham. Processed.

RAMSI (Regional Assistance Mission to Solomon Islands). 2011. [www.ramsi.org]. Honiara, Solomon Islands.

Ratha, Dilip, and William Shaw. 2007. "South-South Migration and Remittances., Working Paper 102, World Bank, Washington, D.C.

Ravallion, Martin, and Shaohua Chen. 1996. "What Can New Survey Data Tell Us about the Recent Changes in Living Standards in Developing and Transitional Economies?" Policy Research Working Paper 16943. World Bank, Development Research Group, Washington, D.C.

Ravallion, Martin, Shaohua Chen, and Prem Sangraula. 2008. "Dollar a Day Revisited." Policy Research Working Paper 4620. World Bank, Development Research Group, Washington, D.C.

Ravallion, Martin, Gaurav Datt, and Dominique van de Walle. 1991. "Quantifying Absolute Poverty in the Developing World." *Review of Income and Wealth* 37(4): 345–61.

Ruggles, Robert. 1994. "Issues Relating to the UN System of National Accounts and Developing Countries." *Journal of Development Economics* 44 (1): 77–85.

Rwandan National Institute of Statistics, Rwandan Ministry of Health, and Macro International Inc. 2008. *Rwanda Service Provision Assessment Survey 2007*. Calverton, Md.: Rwandan National Institute of Statistics, Rwandan Ministry of Health, and Macro International Inc.

Ryten, Jacob. 1998. "Fifty Years of ISIC: Historical Origins and Future Perspectives." ECA/STAT.AC. 63/22. United Nations Statistics Division, New York.

Schwartz, Jordan, Luis Andres, and Georgeta Dragoiu. 2009. "Crisis in Latin America: Infrastructure Investment, Employment and the Expectations of Stimulus." Policy Research Working Paper 5009. World Bank, Washington, D.C.

Setel, Philip, Sarah Macfarlane, Simon Szreter, Lene Mikkelsen, Prabhat Jha, Susan Stout, and Carla AbouZahr. 2007. "Who Counts? 1. A Scandal of Invisibility: Making Everyone Count by Counting Everyone." Lancet 370 (959): 1569–77.

Setel, Philip, Osman Sankoh, Chalapati Rao, Victoria Velkoff, Colin Mathers, Yang Gonghuan, Yusuf Hemed, Prabhat Jha, and Alan Lopez. 2005. "SamplerRegistration of Vital Events with Verbal Autopsy: ArRenewed Commitment to Measurine and Monitoring Vital Statistics." *Bulletin of the World Health Organizatio*. 83 (8): 611–17.

Shankar, Anuraj, Linda Bartlett, Vincent Fauveau, Monir Islam, and Nancy Terreri. 2008. "Delivery of MDG 5 by Active Management with Data." *Lancet* 371 (9620): 12–18.

Singh, R.B., P. Kumar, and T. Woodhead. 2002. "Smallholder Farmers in India: Food Security and Agricultural Policy." Food and Agriculture Organization, Regional Office for Asia and the Pacific, Bangkok.

SIPRI (Stockholm International Peace Research Institute). 2010. *SIPRI Yearbook 2010: Armaments, Disarmament, and International Security.* Oxford, U.K.: Oxford University Press.

Smith Kimberly, Talita Yamashiro Fordelone, and Felix Zimmermann. 2010. "Beyond the DAC: The Welcome Role of Other Providers of Development Co-operation." DCD Issues Brief. Organisation for Economic Co-operation and Development, Development Co-operation Directorate, Paris.

Smith, Lisa, and Laurence Haddad. 2000. "Overcoming Child Malnutrition in Developing Countries: Past Achievements and Future Choices." 2020 Brief 64. International Food Policy Research Institute, Washington, D.C.

SPC (Secretariat of the Pacific Community.). n.d. Online Statistics and Demography. [www.spc.int]. Nouméa.

Srinivasan, T. N. 1994. "Database for Development Analysis: An Overview." *Journal of Development Economics* 44 (1): 3–28.

Standard & Poor's. 2000. *The S&P Emerging Market Indices: Methodology, Definitions, and Practices.* New York: Standard & Poor's.

———. 2010. *Global Stock Markets Factbook 2010*. New York: Standard & Poor's.

Stiglitz, Joseph E., Amartya Sen, and Jean-Paul Fitoussi. 2009. *Report by the Commission on the Measurement of Economic Performance and Social Progress.* Paris: Commission on the Measurement of Economic Performance and Social Progress.

Takle, Eugene, and Don Hofstrand. 2008. "Global Warming: Agriculture's Impact on Greenhouse Gas Emissions." *Ag Decision Maker*, April.

Taylor, Benjamin J., and John S. Wilson. 2009. "The Crisis and Beyond: Why Trade Facilitation Matters." Research at the World Bank: A Brief from the Development Research Group. World Bank, Washington, D.C.

UNAIDS (Joint United Nations Programme on HIV/AIDS) and WHO (World Health Organizatio.). Various years. *Report on the Global AIDS Epidemic.* Geneva: Joint United Nations Programme on HIV/AIDS.

UNCTAD (United Nations Conference on Trade and Development). 2001. *Electronic Commerce and Development Report 2001.* New York and Geneva: United Nations Conference on Trade and Development.

———. 2007. *Trade and Development Report 2007: Regional Cooperation for Development.* New York and Geneva: United Nations Conference on Trade and Development.

———. 2008. *Trade and Development Report 2008: Commodity Prices, Capital Flows and the Financing of Investment.* New York and Geneva: United Nations Conference on Trade and Development.

———. 2009. *UNCTAD Training Manual on Statistics for FDI and the Operations of TNCs*, Vols I, II, and III. New York and Geneva: United Nations Conference on Trade and Development.

———. 2010. *Review of Maritime Transport 2010.* New York and Geneva: United Nations Conference on Trade and Development.

———. n.d. UnctadStat. Online database. [http://unctadstat.unctad.org/]. New York and Geneva.

———. Various years. *Handbook of Statistics.* New York and Geneva: United Nations Conference on Trade and Development.

———. Various years. *World Investment Report.* New York and Geneva: United Nations Conference on Trade and Development.

UNCTAD (United Nations Conference on Trade and Development) and UNEP (United Nations Environment Programme). 2008. *Organic Agriculture and Food Security in Africa.* UNCTAD-UNEP Capacity Building Task Force on Trade, Environment and Development. New York: United Nations.

Understanding Children's Work (UC.). n.d. Online database. [www.ucw-project.org]. Rome.

UNDP (United Nations Development Programme). 1990. *Human Development Report 1990.* New York: Oxford University Press.

UNDPKO (United Nations Department of UN Peacekeeping Opeaations). 2011. "Current Peacekeeping Operations." [www.un.org/en/peacekeeping/operations/current.shtml] New York

UNESCO (United Nations Educational, Scientific, and Cultural Organization). 1997. *International Standard Classification of Education.* Paris: United Nations Educational, Scientific, and Cultural Organization.

———. 2009. *World Water Development Report 3: Water in a Changing World.* Paris: United Nations Educational, Scientific, and Cultural Organization.

———. 2010. *UNESCO Science Report 2010.* Paris: United Nations Educational, Scientific, and Cultural Organization.

———. Various years. *EFA Global Monitoring Report.* Paris: United Nations Educational, Scientific, and Cultural Organization.

UNESCO (United Nations Educational, Scientific, and Cultural Organization) Institute for Statistics. 2008a. "A Typology of Out-of-School Children to Improve Policies that Address Exclusion." Background document for the 48th Session of the International Conference on Education, November 25–28, Geneva.

———. n.d. Online database. [www.uis.unesco.org]. Montreal.

参考文献

———. Various years. *Global Education Digest*. Paris.

UNHCR (The UN Refugee Agency). Various years. *Statistical Yearbook*. Geneva: The UN Refugee Agency.

UNICEF (United Nations Children's Fund). Various years. *Multiple Indicator Cluster Surveys*. [www.childinfo.org]. New York.

———. Various years. *The State of the World's Children*. New York: Oxford University Press.

———. n.d. Online database. [www.childinfo.org].

UNIDO (United Nations Industrial Development Organizatio.). Various years. *International Yearbook of Industrial Statistics*. Vienna: United Nations Industrial Development Organization.

UNIFEM (United Nations Development Fund for Women). 2005. *Progress of the World's Women*. New York: United Nations Development Fund for Women.

United Nations. 1990. *International Standard Industrial Classification of All Economic Activities, Third Revision*. Statistical Papers Series M, No. 4, Rev. 3. New York: United Nations.

———. 1992. "Kyoto Protocol to the United Nations Framework Convention on Climate Change." United Nations, New York.

———. 2001. *UN Secretary-General's Road Map towards the Implementation of the Millennium Declaration*. New York: United Nations.

———. 2009a. "Copenhagen Accord." December 18. United Nations Framework Convention on Climate Change, Copenhagen.

———. 2009b. "Fact Sheet: Stepping Up International Action on Climate Change: The Road to Copenhagen. United Nations Framework Convention on Climate Change, New York.

———. 2009d. *World Economic and Social Survey 2009: Promoting Development, Saving the Planet*. New York: United Nations, Department of Economic and Social Affairs.

United Nations Population Division. 2006. *World Population Prospects: The 2004 Revision*. Vol. III. Analytical Report. New York: United Nations, Department of Economic and Social Affairs.

———. 2009a. *Trends in Total Migrant Stock: 2008 Revision*. New York: United Nations, Department of Economic and Social Affairs.

———. 2009b. *World Population Prospects: The 2008 Revision*. New York: United Nations, Department of Economic and Social Affairs.

———. 2010. "United Nations Climate Change Conference Cancu —COP 16." November 29–December 10, Cancun, Mexico.

———. Various years. *World Urbanization Prospects*. New York: United Nations, Department of Economic and Social Affairs.

United Nations Statistics Division. n.d. Cement Manufacturing Data Set. New York: United Nations.

———. n.d. Comtrade database. New York.

———. n.d. *International Standard Industrial Classification of All Economic Activities, Third Revision*. [http://unstats.un.org/unsd/cr/registry/]. New York.

———. n.d. World Energy Data Set. New York: United Nations.

———. Various issues. *Monthly Bulletin of Statistics*. New York: United Nations.

———. Various issues. *Population and Vital Statistics Report*. New York: United Nations.

———. Various years. *Demographic Yearbook*. New York: United Nations.

———. Various years. *Energy Statistics Yearbook*. New York: United Nations.

———. Various years. *International Trade Statistics Yearbook*. New York: United Nations.

———. Various years. *National Accounts Statistics: Main Aggregates and Detailed Tables. Parts 1 and 2*. New York: United Nations.

———. Various years. *National Income Accounts*. New York: United Nations.

———. Various years. *Statistical Yearbook*. New York: United Nations.

University of California, Berkeley, and Max Planck Institute for Demographic Research. n.d. Human Mortality Database. Online database. [www.mortality.ore] [www.humanmortality.de simply redirects to mortality.org]. Berkley, Calif., and Rostock, Germany.

UNODC (United Nations Office on Drugs and Crime).

———. 2010. *International Homicide Statistics*. Vienna: United Nations Office on Drugs and Crime.

USAID (U.S. Agency for International Development). 2007. "Calculating Tariff Equivalents for Time in Trade." U.S. Agency for International Development, Washington, D.C.

U.S. Census Bureau. n.d. International Data Base). [www.census.gov/ipc/www/idb/]. Washington, D.C.

U.S. Center for Disease Control and Prevention. Various years. International Reproductive Health Surveys. [www.cdc.gov/reproductivehealth/Surveys/]. Atlanta, Ga.

U.S. National Science Board. 2008. *Science and Engineering Indicators 2008*. Arlington, Va.: National Science Foundation.

U.S. President. 2010. *Economic Report of the President*. Washington, D.C.: U.S. Government Printing Office.

Vandermoortele, Jan. 2009. "Taking the MDGs Beyond 2015: Hasten Slowly." European Association for Development Research and Training Institutes, Bonn, Germany.

Watkins, Kevin. 2008. *The Millennium Development Goals: Three Proposals for Renewing the Vision and Reshaping the Future*. Paris: United Nations Educational, Scientific, and Cultural Organization.

WHO (World Health Organization). 2007. "Civil Registration: Why Counting Births and Deaths Is Important." Fact sheet 324. [www.who.int/mediacentre/factsheets/fs324/en]. Geneva.

———. 2008a. *Health Metrics Network Framework and Standards for Country Health Information Systems*. Geneva: World Health Organization.

———. 2008b. "Measuring Health System Strengthening and Trends: A Toolkit for Countries." World Health Organization, Geneva.

———. 2008c. *Worldwide Prevalence of Anemia 1993–2005.* Geneva: World Health Organization.

———. 2009. *WHO Report on the Global Tobacco Epidemic 2009: Implementing Smoke-Free Environments.* Geneva: World Health Organization.

———. n.d. Global Database on Child Growth and Malnutrition. Online database. [www.who.int/nutgrowthdb]. Geneva.

———. n.d. National Health Account database. Online database. [www.who.int/nha/en/]. Geneva.

———. Various years. *Global Tuberculosis Control Report.* Geneva: World Health Organization.

———. Various years. *World Health Report.* Geneva: World Health Organization.

———. Various years. *World Health Statistics.* Geneva: World Health Organization.

WHO (World Health Organization) and UNICEF (United Nations Children's Fund). 2003. *Antenatal Care in Developing Countries: Promises, Achievements, andm-Missed Opportunities.* Geneva: World Health Organization and United Nations Children's Fund.

———. 2010. *Progress on Sanitation and Drinking Water.* Geneva: World Health Organization and United Nations Children's Fund.

———. 2011. *Global Atlas of the Health Workforce*. Geneva: World Health Organization and United Nations Children's Fund.

———. Various years. WHO-UNICEF estimates of national immunization coverage database. Online database. [www.who.int/immunization_monitoring/routine/immunization_coverage/en/index4.html]. Geneva.

WHO (World Health Organization), UNICEF (United Nations Children's Fund), UNFPA (United Nations Population Fund), and **World Bank**. 2010. *Trends in Maternal Mortality: 1990–2008 Estimates Developed by WHO, UNICEF, UNFPA, and the World Bank.* Geneva: World Health Organization.

WIPO (World Intellectual Property Organization). 2010. *WIPO Patent Report: Statistics on Worldwide Patent Activity*. Geneva: World Intellectual Property Organization.

World Bank. 1990. *World Development Report 1990: Poverty.* Washington, D.C.: World Bank.

———. 2000. *Trade Blocs.* New York: Oxford University Press.

———. 2001. *World Development Report 2000/2001: Attacking Poverty*. New York: Oxford University Press.

———. 2002. *Global Economic Prospects 2002: Making Trade Work for the World's Poor.* Washington, D.C.: World Bank.

———. 2007. *Healthy Development: The World Bank Strategy for Health, Nutrition, and Population Results.* Washington, D.C.: World Bank.

———. 2008a. "Brazil Country Partnership Strategy 2008–2011." World Bank, Latin America and the Caribbean Region, Washington, D.C.

———. 2008b. "Improving Trade and Transport for Landlocked Developing Countries: World Bank Contributions to Implementing the Almaty Programme of Action: A Report for the Mid-Term Review October 2008." World Bank, International Trade Department, Washington, D.C.

———. 2009a. *Africa's Development in a Changing Climate: Act Now, Act Together, Act Differently.* Washington, D.C.: World Bank.

———. 2009b. "Air Freight: A Market Study with Implications for Landlocked Countries." Transport Paper 26. World Bank, Washington, D.C.

———. 2010a. *Doing Business 2011.* Washington, D.C.: World Bank.

———. 2010b. "Investment in New Private Infrastructure Projects and Developing Countries Slowed Down in the First Quarter of 2010." PPI Data Update Note 38, World bank, Washington, D.C.

———. 2010c. *The World Bank's Country Policy and Institutional Assessment: An IEG Evaluation.* Washington, D.C.

———. 2011a. *The Changing Wealth of Nations: Measuring Sustainable Development in the New Millennium.* Washington, D.C.: World Bank.

———. 2011b. *Global Economic Prospects Volume 2: January 2011: Navigating Strong Currents*. Washington, D.C.: World Bank.

———. n.d. Enterprise Surveys. [www.enterprisesurveys.org]. Washington, D.C.

———. n.d. Performance Assessments and Allocation of IDA Resources Online database. [www.worldbank.org/ida]. Washington, D.C.

———. n.d. PovcalNet oOnline database. [http://iresearch.worldbank.org/PovcalNet]. Washington, D.C.

———. n.d. Private Participation in Infrastructure Database. Online database. [http://ppi.worldbank.org/]. Washington, D.C.

———.n.d. Quarterly Public Sector Debt. Online database. [http://databank.worldbank.org/ddp/home.do?Step=12&id=4&CNO=3009]. Washington, D.C.

———. n.d. World Trade Indicators. Online database. [www.worldbank.org/wti]. Washington, D.C.

———. Various issues. *Commodity Market Review*. Washington, D.C.: World Bank, Development Prospects Group.

———. Various issues. *Food price watch*. Washington, D.C.: World Bank, Poverty Reduction and equity Group.

———. Various issues. *Commodity Price Data.* Washington, D.C.: World Bank, Development Prospects Group.

———. Various issues. *Migration and Development Briefs*. Washington, D.C.: World Bank, Development Prospects Group.

———. Various years. *Global Development Finance: External Debt of Developing Countries*. Washington, D.C.: World Bank.

———. Various years. *Global Development Finance: Volumes I and II.* Washington, D.C.: World Bank.

———. Various years. *World Debt Tables.* Washington, D.C.: World Bank.

———. Various years. *World Development Indicators.* Washington, D.C.: World Bank.

World Bank and Dartmouth College. n.d. Global Preferential Trade Agreements Database. Online database. [http://wits.worldbank.org/gptad/]. Washington, D.C.

World Bank and IFPRI (International Food Policy Research Institute). 2006. *Agriculture and Achieving the Millennium Development Goals.* Report 32729-GLB. Washington, D.C.: World Bank.

参考文献

World Bank and IMF (International Monetary Fund). 2011. *Global Monitoring Report 2011: Improving the Odds of Achieving the MDGs: Heterogeneity, Gaps, and Challenges*. Washington, DC: World Bank.

World Economic Forum. 2010. The Global Competitiveness Report 2010–2011. Geneva: World Economic Forum.

World Tourism Organization. Various years. *Compendium of Tourism Statistics*. Madrid: World Tourism Organization.

———. Various years. *Yearbook of Tourism Statistics*. Vols. 1 and 2. Madrid: World Tourism Organization.

WTO (World Trade Organization). n.d. Regional Trade Agreements Gateway. [www.wto.org/english/tratop_e/region_e/region_e.htm]. Geneva.

———. n.d. Regional Trade Agreements Information System. Online database. [http://rtais.wto.org/]. Geneva.

———. Various years. *Annual Report*. Geneva.